2025

공인노무사

1차 시험 [문제편]

7개년 기출문제집

공인노무연구소 편저

예문에듀
EDU

가이드

기본 정보

공인노무사 시험이란?

노동관계 법령 및 노무관리 분야에 대한 전문적인 지식과 경험을 제공함으로써 사업 또는 사업상의 노동관계 업무의 원활한 운영과 자율적인 인사노무관리의 합리적 개선을 이끄는 전문 인력이 필요하게 됨에 따라 도입

수행직무

- 노동관계 법령에 따라 관계기관에 대하여 행하는 신고, 신청, 보고, 진술, 청구(이의신청, 심사청구 및 심판청구를 포함) 및 구제 등의 대행 또는 대리
- 노동관계 법령에 따른 모든 서류의 작성 및 확인
- 노동관계 법령과 노무관리에 관한 상담, 지도
- 근로기준법을 적용받는 사업이나 사업장에 대한 노무관리진단
- 노동조합 및 노동관계조정법 제52조에서 정한 사적 조정이나 중재

  ※ "노무관리진단"이란 사업 또는 사업장의 노사 당사자 한쪽 또는 양쪽의 의뢰를 받아 그 사업 또는 사업장의 인사, 노무관리, 노사관계 등에 관한 사항을 분석, 진단하고 그 결과에 대하여 합리적인 개선 방안을 제시하는 일련의 행위를 말함

시험 정보

2025년 시험 일정(예정)

회차	구분	원서 접수	시험 시행	합격자 발표
34	1차	2025년 4월 中	2025년 5월 中	2025년 6월 中
	2차	2025년 7월 中	2025년 8월 中	2025년 11월 中
	3차		2025년 11월 中	2025년 12월 中

※ 제1 · 2차 시험은 서울, 부산, 대구, 인천, 광주, 대전에서, 제3차 시험은 서울에서 시행
※ 시험 일정에 변동이 있을 수 있으니 반드시 큐넷(http://www.q-net.or.kr) 공인노무사 페이지를 확인하시기 바랍니다.

응시자격

1. 공인노무사법 제4조 각 호의 결격 사유에 해당되지 않는 자(제3차 시험 합격자 발표일 기준)
2. 2차 시험은 당해 연도 1차 시험 합격자 또는 전년도 1차 시험 합격자
3. 3차 시험은 당해 연도 2차 시험 합격자 또는 전년도 2차 시험 합격자

■ 결격사유

1. 미성년자
2. 피성년후견인 또는 피한정후견인
3. 파산선고를 받은 자로서 복권되지 아니한 자
4. 공무원으로서 징계처분에 따라 파면된 자로서 3년이 지나지 아니한 자
5. 금고 이상의 실형을 선고받고 그 집행이 끝나거나 집행을 받지 아니하기로 확정된 후 3년이 지나지 아니한 자
6. 금고 이상의 형의 집행유예를 선고받고 그 유예기간이 끝난 날부터 1년이 지나지 아니한 사람
7. 금고 이상의 형의 선고유예기간 중에 있는 사람
8. 공인노무사법 제20조에 따라 영구등록취소된 사람
※ 결격사유 심사기준일은 제3차 시험 합격자 발표일 기준임

■ 시험과목 및 방법

구분	교시	시험과목	문항 수	시험시간	시험방법
제1차 시험	1	1. 노동법(1) 2. 노동법(2) ※ 영어(공인 어학성적으로 대체)	과목당 40문항 (총 80문항)	80분 (09:30~10:50)	객관식 5지택일형
	2	3. 민법 4. 사회보험법 5. 경제학원론, 경영학개론 중 1과목	과목당 40문항 (총 80문항)	120분 (11:20~13:20)	
제2차 시험	1, 2	1. 노동법	4문항	교시당 75분 (09:30~10:45) (11:15~12:30)	논문형
	3	2. 인사노무관리론	과목당 3문항	과목당 100분 (13:50~15:30) (09:30~11:10) (11:40~13:20)	
	4, 5	3. 행정쟁송법 4. 경영조직론, 노동경제학, 민사소송법 중 1과목			
제3차 시험		공인노무사법 제4조 제3항의 평정사항 1. 국가관, 사명감 등 정신자세 2. 전문지식과 응용능력 3. 예의, 품행 및 성실성 4. 의사발표의 정확성과 논리성			면접

※ 노동법(1) 또는 노동법(2)에는 노동법의 기본이념 등 총론 부분을 포함
※ 노동법에는 노동법의 기본이념 등 총론 부분을 포함
※ 법률 등을 적용하여 정답을 구하여야 하는 문제는 "시험시행일" 현재 시행 중인 법률 등을 적용하여야 함
※ 2024년도부터 제1차 시험 문항 수 및 시험시간 변경

■ 영어과목을 대체하는 영어능력검정시험의 종류 및 요구 점수

시험명	토플 (TOEFL)		토익 (TOEIC)	텝스 (TEPS)	지텔프 (G-TELP)	플렉스 (FLEX)	아이엘츠 (IELTS)
	PBT	IBT		'18.5.12. 이후			
일반응시자	530점	71점	700점	340점	65점 (Level 2)	625점	4.5
청각장애인	352점	–	350점	204점	43점 (Level 2)	375점	4.5

※ 영어성적인정기준은 자격시험 공고일부터 역산하여 2년이 되는 날이 속하는 해의 1월 1일 이후 실시된 영어능력검정시험에서 취득한 점수를 응시원서 접수 시 제출하여야 함
※ 영어과목은 그 시험공고일부터 거꾸로 계산하여 5년이 되는 날이 속하는 해의 1월 1일 이후 실시된 영어능력검정시험에서 취득한 성적(제1차 시험의 응시원서 접수마감일까지 발표되는 성적으로서 제10조2항에 따른 공고에서 정하는 방법에 따라 확인된 성적으로 한정한다)으로 대체(2024.1.16 관련 법 개정)

■ 합격기준

구분	합격결정기준
제1차 시험	• 영어과목을 제외한 나머지 과목에 대하여 각 과목 100점을 만점으로 하여 각 과목 40점 이상, 전 과목 평균 60점 이상을 득점한 자 • 제1차 시험 과목 중 일부를 면제받는 자는 영어과목을 제외한 나머지 응시한 각 과목 40점 이상, 응시한 전 과목 평균 60점 이상을 득점한 자
제2차 시험	• 각 과목 만점의 40% 이상, 전 과목 총점의 60% 이상을 득점한 자 • 제2차 시험 과목 중 일부를 면제받는 자는 응시한 각 과목 만점의 40% 이상, 응시한 전 과목 총점의 60% 이상을 득점한 자 • 최소합격인원 미달일 경우 각 과목 배점의 40% 이상을 득점한 자 중 전 과목 총득점이 높은 자부터 차례로 추가하여 합격자 결정 ※ 위의 단서에 따라 합격자를 결정하는 경우에는 제2차 시험과목 중 일부를 면제받는 자에 대하여 각 과목 배점 40% 이상 득점한 자의 과목별 득점 합계에 1.5를 곱하여 산출한 점수를 전 과목 총득점으로 봄 ※ 제2차 시험의 합격자 수가 동점자로 인하여 최소합격인원을 초과하는 경우에는 해당 동점자 모두를 합격자로 결정. 이 경우 동점자의 점수는 소수점 이하 셋째자리에서 반올림하여 둘째자리까지 계산
제3차 시험	• 제3차 시험은 평정요소마다 각각 "상"(3점), "중"(2점), "하"(1점)로 구분하고, 총 12점 만점으로 평균 8점 이상 득점한 자 • 위원의 과반수가 어느 하나의 평정요소에 대하여 "하"로 평정한 때에는 불합격

통계 분석현황

■ 수험현황

연도별	1차 시험 수험현황			
	대상자(명)	응시자(명)	합격자(명)	합격률
2018년	4,744	4,044	2,420	59.84%
2019년	6,211	5,269	2,494	47.33%
2020년	7,549	6,203	3,439	55.44%
2021년	7,654	6,692	3,413	51.0%
2022년	8,261	7,002	4,221	60.28%
2023년	10,225	8,611	3,019	35.05%
2024년	11,646	9,602	2,150	22.39%

구성과 특징

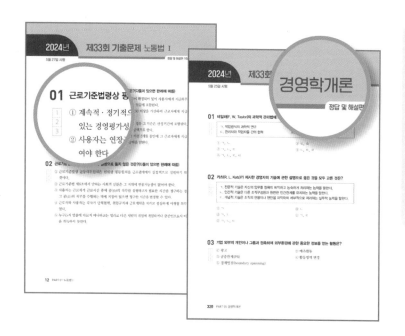

- 2024~2018년 7개년 기출문제(경영학개론 포함)를 과목별로 수록하여 출제유형을 파악할 수 있으며, 문제편과 첨삭형 해설편을 분리하여 꼼꼼하고 자세한 심화학습이 가능합니다.

- 전 문항에 회독 수를 체크할 수 있는 칸을 만들어 확실하게 복습할 수 있도록 구성하였습니다.

- 판례는 최대한 자세히 수록하되, 핵심 내용은 밑줄을 표기하여 시간을 절약할 수 있도록 하였습니다.

- 이론과 직결되는 주요 내용은 관련된 전체 법조항 및 하위 시행령 등을 모두 수록·정리하여 효율적인 학습이 가능합니다.

- 법령 개정으로 더 이상 성립되지 않는 문제를 현행 법령에 맞게 '수정하여 '기출 수정'이라고 표시하였으며, 이를 통해 비슷한 유형의 문제가 다시 출제되는 경우에 대비할 수 있습니다.

- 선지에 해당하는 관련 법령은 별도 표시를 통해 위치를 쉽게 파악하여 학습 시간을 절약할 수 있도록 하였습니다.

- 수험생들이 가장 어려워하는 노동법 Ⅰ·Ⅱ, 민법 과목의 빈출 판례를 요약한 소책자를 특별부록으로 제공합니다.

- 빠르게 잘라 쓰는 연습용 정답 마킹표를 수록하여 실제 시험처럼 언제든지 연습해 볼 수 있습니다.

본서의 법령 반영 기준

노동법 Ⅰ		노동법 Ⅱ · 민법 · 사회보험법	
법령	반영 시행일자	법령	반영 시행일자
근로기준법	2021.11.19	노동조합법	2021.07.06
근로기준법 시행령	2021.11.19	노동조합법 시행령	2024.01.01
근로기준법 시행규칙	2024.07.29	노동조합법 시행규칙	2024.01.01
산업안전보건법	2024.05.17	근로자참여법	2022.12.11
산업안전보건법 시행령	2024.07.01	근로자참여법 시행령	2022.12.11
산업안전보건법 시행규칙	2024.07.01	근로자참여법 시행규칙	2023.06.08
직업안정법	2024.07.24	노동위원회법	2022.05.19
직업안정법 시행령	2023.03.28	노동위원회법 시행령	2023.12.11
직업안정법 시행규칙	2024.06.12	노동위원회법 시행규칙	2015.07.21
남녀고용평등법	2022.05.19	공무원노조법	2023.12.11
남녀고용평등법 시행령	2023.12.12	공무원노조법 시행령	2024.01.01
남녀고용평등법 시행규칙	2024.04.01	공무원노조법 시행규칙	2024.06.08
파견법	2020.12.08	교원노조법	2023.12.11
파견법 시행령	2020.01.16	교원노조법 시행령	2023.12.11
파견법 시행규칙	2024.06.12	교원노조법 시행규칙	2021.07.06
기간제법	2021.05.18	사회보장기본법	2023.07.11
기간제법 시행령	2021.04.08	사회보장기본법 시행령	2023.07.11
기간제법 시행규칙	2007.07.01	사회보장기본법 시행규칙	2021.12.09
최저임금법	2020.05.26	고용보험법	2024.05.07
최저임금법 시행령	2019.01.01	고용보험법 시행령	2024.07.01
최저임금법 시행규칙	2019.01.01	고용보험법 시행규칙	2024.07.01
임금채권보장법	2024.08.07	산재보험법	2024.02.09
임금채권보장법 시행령	2024.08.07	산재보험법 시행령	2024.07.31
임금채권보장법 시행규칙	2024.08.07	산재보험법 시행규칙	2023.07.01
퇴직급여법	2022.07.12	국민연금법	2024.01.08
퇴직급여법 시행령	2022.07.12	국민연금법 시행령	2024.03.01
퇴직급여법 시행규칙	2022.07.12	국민연금법 시행규칙	2024.03.01
근로복지기본법	2023.06.11	국민건강보험법	2024.07.10
근로복지기본법 시행령	2024.01.01	국민건강보험법 시행령	2024.07.10
근로복지기본법 시행규칙	2024.01.01	국민건강보험법 시행규칙	2024.08.01
외국인고용법	2022.12.11	고용산재보험료징수법	2024.01.01
외국인고용법 시행령	2023.02.03	고용산재보험료징수법 시행령	2024.07.01
외국인고용법 시행규칙	2024.01.10	고용산재보험료징수법 시행규칙	2024.07.01
		민법	2024.05.17

목 차

공인노무사 1차 시험 7개년 기출문제집

노동법 I

01 근로기준법령상 평균임금에 관한 설명으로 옳은 것은?(다툼이 있으면 판례에 따름)

① 계속적·정기적으로 지급되고 지급대상, 지급조건 등이 확정되어 있어 사용자에게 지급의무가 있는 경영평가성과급은 평균임금 산정의 기초가 되는 임금에 포함된다.

② 사용자는 연장근로에 대하여는 평균임금의 100분의 50 이상을 가산하여 근로자에게 지급하여야 한다.

③ 평균임금의 산정기간 중에 출산전후휴가 기간이 있는 경우 그 기간은 산정기간에 포함된다.

④ 일용근로자의 평균임금은 최저임금위원회가 정하는 금액으로 한다.

⑤ 평균임금이란 이를 산정하여야 할 사유가 발생한 날 이전 3개월 동안에 그 근로자에게 지급된 임금의 총액을 그 기간의 총 근로시간 수로 나눈 금액을 말한다.

02 근로기준법상 기본원칙에 관한 설명으로 옳지 않은 것은?(다툼이 있으면 판례에 따름)

① 근로기준법상 균등대우원칙은 헌법상 평등원칙을 근로관계에서 실질적으로 실현하기 위한 것이다.

② 근로기준법 제6조에서 말하는 사회적 신분은 그 지위에 변동가능성이 없어야 한다.

③ 사용자는 근로자가 근로시간 중에 공(公)의 직무를 집행하고자 필요한 시간을 청구하는 경우 그 공(公)의 직무를 수행하는 데에 지장이 없으면 청구한 시간을 변경할 수 있다.

④ 근로자와 사용자는 각자가 단체협약, 취업규칙과 근로계약을 지키고 성실하게 이행할 의무가 있다.

⑤ 누구든지 법률에 따르지 아니하고는 영리로 다른 사람의 취업에 개입하거나 중간인으로서 이익을 취득하지 못한다.

03 근로기준법령상 적용범위에 관한 설명으로 옳지 않은 것은?(다툼이 있으면 판례에 따름)

① 가사(家事) 사용인에 대하여는 적용하지 아니한다.

② 상시 5명인 이상의 근로자를 사용하는 사업이라면 그 사업이 1회적이라도 근로기준법의 적용 대상이다.

③ 근로조건의 명시(제17조)는 상시 4명 이하의 근로자를 사용하는 사업에 적용한다.

④ 근로기준법상 사업은 그 사업의 종류를 한정하지 아니하고 영리사업이어야 한다.

⑤ 연차 유급휴가(제60조)는 상시 4명 이하의 근로자를 사용하는 사업에 적용하지 않는다.

04 근로기준법상 근로계약에 관한 설명으로 옳지 않은 것은?(다툼이 있으면 판례에 따름)

① 근로계약 체결에 관한 의사표시에 무효 또는 취소의 사유가 있으면 상대방은 이를 이유로 근로계약의 무효 또는 취소를 주장할 수 있다.

② 시용기간 중에는 사용자의 해약권이 유보되어 있으므로 그 기간 중에 확정적 근로관계는 존재한다고 볼 수 없다.

③ 사용자는 근로계약 체결 후 소정근로시간을 변경하는 경우에 근로자에게 이를 명시하여야 한다.

④ 시용기간 중에 있는 근로자를 해고하는 것은 보통의 해고보다는 넓게 인정된다.

⑤ 피용자가 노무를 제공하는 과정에서 생명을 해치는 일이 없도록 필요한 조치를 강구하여야 할 사용자의 보호의무는 근로계약에 수반되는 신의칙상의 부수적 의무이다.

05 근로기준법상 인사와 징계에 관한 설명으로 옳지 않은 것은?(다툼이 있으면 판례에 따름)

① 인사명령은 원칙적으로 인사권자인 사용자의 고유권한에 속한다.

② 사용자가 근로자 측과 성실한 협의절차를 거쳤는지는 전직처분이 정당한 이유가 있는지를 판단하는 요소의 하나이다.

③ 사용자가 인사처분을 함에 있어 노동조합의 사전 동의를 얻도록 단체협약에 규정하는 것은 사용자의 인사권의 본질적 내용을 침해하는 것으로 무효이다.

④ 근로자의 사생활에서의 비행이 기업의 사회적 평가를 훼손할 염려가 있는 것이라면 정당한 징계사유가 될 수 있다.

⑤ 여러 개의 징계사유 중 인정되는 일부 징계사유만으로 해당 징계처분의 타당성을 인정하기에 충분한지에 대한 증명책임은 사용자가 부담한다.

06 근로기준법상 경영상 이유에 의한 해고에 관한 설명으로 옳지 않은 것은?(다툼이 있으면 판례에 따름)

① 경영 악화를 방지하기 위한 사업의 양도·인수·합병은 긴박한 경영상의 필요가 있는 것으로 본다.

② 해고가 요건을 모두 갖추어 정당한지 여부는 각 요건을 구성하는 개별 사정들을 종합적으로 고려하여 판단한다.

③ 사용자가 근로자의 과반수로 조직된 노동조합과의 협의 외에 해고의 대상인 일정 급수 이상 직원들만의 대표를 새로이 선출케 하여 그 대표와 별도로 협의를 하지 않았다고 하여 해고를 협의절차의 흠결로 무효라 할 수는 없다.

④ 사용자는 해고된 근로자에 대하여 생계안정, 재취업, 직업훈련 등 필요한 조치를 우선적으로 취하여야 한다.

⑤ 해고 근로자는 사용자의 우선 재고용의무 불이행에 대하여 우선 재고용의무가 발생한 때부터 고용관계가 성립할 때까지의 임금 상당 손해배상금을 청구할 수 있다.

07 근로기준법상 근로관계와 영업양도에 관한 설명으로 옳지 않은 것은?(다툼이 있으면 판례에 따름)

① 영업양도란 일정한 영업목적에 의하여 조직화된 업체를 그 동일성은 유지하면서 일체로서 이전하는 것이다.

② 영업양도에 의하여 근로계약관계가 포괄적으로 승계된 경우에는 승계 후의 퇴직금 규정이 승계 전의 퇴직금 규정보다 근로자에게 불리하더라도 승계 후의 퇴직금 규정을 적용한다.

③ 영업 전부의 양도가 이루어진 경우 영업양도 당사자 사이에 정당한 이유 없이 해고된 근로자를 승계의 대상에서 제외하기로 하는 특약은 근로기준법제23조제1항에서 정한 정당한 이유가 있어야 유효하다.

④ 영업재산의 일부를 유보한 채 영업시설을 양도했어도 그 양도한 부분만으로도 종래의 조직이 유지되어 있다고 사회관념상 인정되면 영업의 양도이다.

⑤ 근로관계의 승계를 거부하는 근로자에 대하여는 그 근로관계가 양수하는 기업에 승계되지 아니하고 여전히 양도하는 기업과 사이에 존속된다.

08 근로기준법령상 구제신청과 구제명령에 관한 설명으로 옳은 것을 모두 고른 것은?

ㄱ. 노동위원회는 구제신청에 따라 당사자를 심문할 때 직권으로 증인을 출석하게 하여 필요한 사항을 질문할 수 있다.
ㄴ. 노동위원회는 근로계약기간의 만료로 원직복직이 불가능한 경우에도 부당해고가 성립한다고 판정하면 근로자가 해고기간 동안 근로를 제공하였더라면 받을 수 있었던 임금 상당액에 해당하는 금품을 사업주가 근로자에게 지급하도록 명할 수 있다.
ㄷ. 노동위원회가 사용자에게 구제명령을 하는 때에 정하는 이행기간은 사용자가 구제명령을 서면으로 통지받은 날부터 30일 이내로 한다.
ㄹ. 지방노동위원회의 구제명령에 불복하는 사용자는 중앙노동위원회에 재심을 신청하거나 행정소송법의 규정에 따라 소(訴)를 제기할 수 있다.

① ㄱ, ㄴ
② ㄷ, ㄹ
③ ㄱ, ㄴ, ㄷ
④ ㄴ, ㄷ, ㄹ
⑤ ㄱ, ㄴ, ㄷ, ㄹ

09 근로기준법령상 체불사업주 명단 공개에 관한 설명으로 옳지 않은 것은?

① 고용노동부장관은 명단 공개를 할 경우에 체불사업주에게 3개월 이상의 기간을 정하여 소명기회를 주어야 한다.
② 명단 공개는 공공장소에 1년간 게시한다.
③ 체불사업주가 법인인 경우에는 그 대표자의 성명·나이·주소 및 법인의 명칭·주소를 공개한다.
④ 관련 법령에 따라 임금등 체불자료를 받은 종합신용정보집중기관은 이를 체불사업주의 신용도·신용거래능력 판단과 관련한 업무에 이용할 수 있다.
⑤ 고용노동부장관은 체불사업주의 사망·폐업으로 임금등 체불자료 제공의 실효성이 없는 경우에는 종합신용정보집중기관에 임금등 체불자료를 제공하지 아니할 수 있다.

10 근로기준법상 휴식에 관한 설명으로 옳지 않은 것은?

① 사용자는 8시간을 초과한 휴일근로에 대하여는 통상임금의 100분의 50 이상을 가산하여 근로자에게 지급하여야 한다.

② 사용자는 근로자에게 1주에 평균 1회 이상의 유급휴일을 보장하여야 한다.

③ 사용자는 근로시간이 4시간인 경우에는 30분 이상의 휴게시간을 근로시간 도중에 주어야 한다.

④ 사용자는 계속하여 근로한 기간이 1년 미만인 근로자에게 1개월 개근 시 1일의 유급휴가를 주어야 한다.

⑤ 휴게(제54조)에 관한 규정은 감시(監視) 근로에 종사하는 사람으로서 사용자가 고용노동부장관의 승인을 받은 사람에 대하여는 적용하지 아니한다.

11 근로기준법상 탄력적 근로시간제에서 임금 정산에 관한 규정이다. (   )에 들어갈 내용으로 옳은 것은?

> 사용자는 제51조 및 제51조의2에 따른 단위기간 중 근로자가 근로한 기간이 그 단위기간보다 짧은 경우에는 그 단위기간 중 해당 근로자가 근로한 (   ) 전부에 대하여 제56조제1항에 따른 가산임금을 지급하여야 한다.

① 기간에서 1일 8시간을 초과하여 근로한 시간

② 기간에서 1주 40시간을 초과하여 근로한 시간

③ 기간에서 1일 8시간을 초과하거나 1주 40시간을 초과하여 근로한 시간

④ 기간을 평균하여 1일 8시간을 초과하여 근로한 시간

⑤ 기간을 평균하여 1주간에 40시간을 초과하여 근로한 시간

12 근로기준법상 야간근로에 관한 설명으로 옳지 않은 것은?

① 사용자는 야간근로에 대하여 통상임금의 100분의 50 이상을 가산하여 근로자에게 지급하여야 한다.

② 사용자는 근로자대표와의 서면 합의에 따라 야간근로에 대하여 임금을 지급하는 것을 갈음하여 휴가를 줄 수 있다.

③ 사용자는 18세 미만자의 경우 그의 동의가 있고 고용노동부장관의 인가를 받으면 야간근로를 시킬 수 있다.

④ 사용자는 18세 이상의 여성에 대하여는 그 근로자의 동의가 있는 경우에도 1일에 2시간, 1주에 6시간, 1년에 150시간을 초과하는 야간근로를 시키지 못한다.

⑤ 사용자는 임신 중의 여성이 명시적으로 청구하고 고용노동부장관의 인가를 받으면 야간근로를 시킬 수 있다.

13 근로기준법상 근로시간 및 휴게시간의 특례가 적용되는 사업을 모두 고른 것은?

| ㄱ. 노선여객자동차운송사업 | ㄴ. 수상운송업 |
| ㄷ. 보건업 | ㄹ. 영화업 |

① ㄱ, ㄴ
② ㄱ, ㄷ
③ ㄴ, ㄷ
④ ㄴ, ㄷ, ㄹ
⑤ ㄱ, ㄴ, ㄷ, ㄹ

14 근로기준법상 임산부의 보호에 관한 설명으로 옳지 않은 것은?

① 사용자는 산후 1년이 지나지 아니한 여성 근로자가 1일 소정근로시간을 유지하면서 업무의 시작 및 종료 시각의 변경을 신청하는 경우 이를 허용하여야 한다.

② 사용자는 한 명의 자녀를 임신한 여성에게 출산 전과 출산 후를 통하여 90일의 출산전후휴가를 주어야 한다.

③ 사용자는 만 42세의 임신 중인 여성 근로자가 출산전후휴가를 청구하는 경우 출산 전 어느 때라도 휴가를 나누어 사용할 수 있도록 하여야 한다.

④ 사용자는 임신한 여성 근로자가 모자보건법상 임산부 정기건강진단을 받는데 필요한 시간을 청구하는 경우 이를 허용하여야 한다.

⑤ 사용자는 임산부를 도덕상 또는 보건상 유해·위험한 사업에 사용하지 못한다.

15 근로기준법상 취업규칙의 불이익변경에서 근로자 측의 집단적 동의권에 관한 설명으로 옳지 않은 것은?(다툼이 있으면 판례에 따름)

① 노동조합이나 근로자들이 집단적 동의권을 남용하였다고 볼 만한 특별한 사정이 없는 한 해당 취업규칙의 변경에 사회통념상 합리성이 있다는 이유만으로 그 유효성을 인정할 수는 없다.

② 취업규칙의 불리한 변경에 대하여 근로자가 가지는 집단적 동의권은 변경되는 취업규칙의 내용이 갖는 타당성이나 합리성으로 대체될 수 없다.

③ 권리남용금지 원칙의 적용은 당사자의 주장이 있어야 가능하므로, 집단적 동의권의 남용에 해당하는지에 대하여는 법원이 직권으로 판단할 수 없다.

④ 근로자의 집단적 동의가 없다고 하여 취업규칙의 불리한 변경이 항상 불가능한 것은 아니다.

⑤ 근로자가 가지는 집단적 동의권은 사용자의 일방적 취업규칙의 변경 권한에 한계를 설정하고 헌법 제32조제3항의 취지와 근로기준법제4조가 정한 근로조건의 노사대등결정 원칙을 실현하는 데에 중요한 의미를 갖는 절차적 권리이다.

16 근로기준법상 취업규칙의 작성과 변경에 관한 설명으로 옳지 않은 것은?(다툼이 있으면 판례에 따름)

① 취업규칙에서 정한 기준에 미달하는 근로조건을 정한 근로계약은 그 부분에 관하여는 무효로 한다.

② 근로관계 종료 후의 권리·의무에 관한 사항은 사용자와 근로자 사이에 존속하는 근로관계와 직접 관련되는 것으로서 근로자의 대우에 관하여 정한 사항이라도 취업규칙에서 정한 근로조건에 해당한다고 할 수 없다.

③ 취업규칙의 작성·변경에 관한 권한은 원칙적으로 사용자에게 있다.

④ 취업규칙은 원칙적으로 객관적인 의미에 따라 해석하여야 하고, 문언의 객관적 의미를 벗어나는 해석은 신중하고 엄격하여야 한다.

⑤ 사용자가 근로자들에게 불리하게 취업규칙을 변경함에 있어서 근로자들의 집단적 의사결정 방법에 의한 동의를 얻지 아니하였다고 하더라도, 현행의 법규적 효력을 가진 취업규칙은 변경된 취업규칙이다.

17 근로기준법상 직장 내 괴롭힘의 금지 등에 관한 설명으로 옳은 것을 모두 고른 것은?

ㄱ. 사용자는 직장 내 괴롭힘 예방 교육을 매년 실시하여야 한다.
ㄴ. 사용자는 조사 기간 동안 직장 내 괴롭힘과 관련하여 피해를 입은 근로자를 보호하기 위하여 필요한 경우 해당 피해근로자에 대하여 근무장소의 변경 등 적절한 조치를 하여야 한다. 이 경우 사용자는 피해근로자의 의사에 반하는 조치를 하여서는 아니 된다.
ㄷ. 사용자는 조사 결과 직장 내 괴롭힘 발생 사실이 확인된 때에는 피해근로자가 요청하면 배치전환, 유급휴가 명령 등 적절한 조치를 하여야 한다.

① ㄱ

② ㄴ

③ ㄱ, ㄷ

④ ㄴ, ㄷ

⑤ ㄱ, ㄴ, ㄷ

18 파견근로자 보호 등에 관한 법률상 근로자파견 대상 업무에 해당하지 않는 것을 모두 고른 것은?

> ㄱ. 건설공사현장에서 이루어지는 업무
> ㄴ. 선원법상 선원의 업무
> ㄷ. 물류정책기본법상 하역업무로서 직업안정법에 따라 근로자공급사업 허가를 받은 지역의 업무

① ㄱ
② ㄴ
③ ㄱ, ㄷ
④ ㄴ, ㄷ
⑤ ㄱ, ㄴ, ㄷ

19 파견근로자 보호 등에 관한 법률에 관한 설명으로 옳지 않은 것은?

① 파견사업주는 쟁의행위 중인 사업장에 그 쟁의행위로 중단된 업무의 수행을 위하여 근로자를 파견하여서는 아니 된다.
② 파견사업주는 자기의 명의로 타인에게 근로자파견사업을 하게 하여서는 아니 된다.
③ 결혼중개업의 관리에 관한 법률상 결혼중개업에 해당하는 사업을 하는 자는 근로자파견사업을 할 수 없다.
④ 근로자파견사업을 하려는 자는 고용노동부장관의 허가를 받아야 한다.
⑤ 근로자파견사업 갱신허가의 유효기간은 그 갱신 전의 허가의 유효기간이 끝나는 날부터 기산하여 2년으로 한다.

20 기간제 및 단시간근로자 보호 등에 관한 법률에 관한 설명으로 옳은 것을 모두 고른 것은?

> ㄱ. 근로자가 학업, 직업훈련 등을 이수함에 따라 그 이수에 필요한 기간을 정한 경우 2년을 초과하여 기간제근로자로 사용할 수 있다.
> ㄴ. 고령자고용촉진법상 고령자와 근로계약을 체결하는 경우 2년을 초과하여 기간제근로자로 사용할 수 있다.
> ㄷ. 국가 및 지방자치단체의 기관에 대하여는 상시 사용하는 근로자의 수와 관계없이 이 법을 적용한다.
> ㄹ. 휴직·파견 등으로 결원이 발생하여 해당 근로자가 복귀할 때까지 그 업무를 대신할 필요가 있는 경우 2년을 초과하여 기간제근로자로 사용할 수 있다.

① ㄱ, ㄴ, ㄷ
② ㄱ, ㄴ, ㄹ
③ ㄱ, ㄷ, ㄹ
④ ㄴ, ㄷ, ㄹ
⑤ ㄱ, ㄴ, ㄷ, ㄹ

21 기간제 및 단시간근로자 보호 등에 관한 법률상 기간제근로자 차별적 처우의 시정에 관한 설명으로 옳지 않은 것은?(다툼이 있으면 판례에 따름)

① 노동위원회는 신청인이 주장한 비교대상 근로자와 동일성이 인정되는 범위 내에서 조사, 심리를 거쳐 적합한 근로자를 비교대상 근로자로 선정할 수 있다.

② 기간제근로자가 차별 시정신청을 하는 때에는 차별적 처우의 내용을 구체적으로 명시하여야 한다.

③ 기간제근로자는 계속되는 차별적 처우를 받은 경우 차별적 처우의 종료일부터 3개월이 지난 때에는 노동위원회에 그 시정을 신청할 수 없다.

④ 고용노동부장관은 사용자가 기간제근로자에 대해 차별적 처우를 한 경우에는 그 시정을 요구할 수 있다.

⑤ 노동위원회는 사용자의 차별적 처우에 명백한 고의가 인정되거나 차별적 처우가 반복되는 경우에는 손해액을 기준으로 3배를 넘지 아니하는 범위에서 배상을 명령할 수 있다.

22 기간제 및 단시간근로자 보호 등에 관한 법률상 사용자가 기간제근로자와 근로계약을 체결하는 때 서면으로 명시하여야 하는 것을 모두 고른 것은?

ㄱ. 휴일ㆍ휴가에 관한 사항
ㄴ. 근로시간ㆍ휴게에 관한 사항
ㄷ. 취업의 장소와 종사하여야 할 업무에 관한 사항
ㄹ. 근로일 및 근로일별 근로시간

① ㄱ, ㄴ
② ㄴ, ㄹ
③ ㄷ, ㄹ
④ ㄱ, ㄴ, ㄷ
⑤ ㄱ, ㄴ, ㄷ, ㄹ

23 남녀고용평등과 일·가정 양립 지원에 관한 법률에 관한 설명으로 옳지 않은 것은?

① 사업주는 사업장의 남녀고용평등 이행을 촉진하기 위하여 그 사업장 소속 근로자 중 노사협의회가 추천하는 사람을 명예고용평등감독관으로 위촉하여야 한다.

② 사업주가 동일 가치 노동의 기준을 정할 때에는 노사협의회의 근로자를 대표하는 위원의 의견을 들어야 한다.

③ 사업주가 가족돌봄을 위한 근로시간 단축을 허용하는 경우 단축 후 근로시간은 주당 15시간 이상이어야 하고 30시간을 넘어서는 아니 된다.

④ 사업주는 근로자가 인공수정 등 난임치료를 받기 위하여 휴가를 청구하는 경우에 연간 3일 이내의 휴가를 주어야 하며, 이 경우 최초 1일은 유급으로 한다.

⑤ 사업주는 55세 이상의 근로자에게 은퇴를 준비하기 위한 근로시간 단축을 허용한 경우에 그 근로자가 단축된 근로시간 외에 연장근로를 명시적으로 청구하면 주 12시간 이내에서 연장근로를 시킬 수 있다.

24 남녀고용평등과 일·가정 양립 지원에 관한 법률상 (   )에 들어갈 내용을 옳게 나열한 것은?

- 사업주는 근로자가 배우자의 출산을 이유로 휴가를 청구하는 경우에 (ㄱ)일의 휴가를 주어야 한다.
- 배우자 출산휴가는 근로자의 배우자가 출산한 날부터 (ㄴ)일이 지나면 청구할 수 없다.
- 가족돌봄휴직 기간은 연간 최장 (ㄷ)일로 한다.

① ㄱ : 5, ㄴ : 30, ㄷ : 90 　　　　② ㄱ : 5, ㄴ : 60, ㄷ : 90
③ ㄱ : 5, ㄴ : 90, ㄷ : 180 　　　④ ㄱ : 10, ㄴ : 90, ㄷ : 90
⑤ ㄱ : 10, ㄴ : 90, ㄷ : 180

25 남녀고용평등과 일·가정 양립 지원에 관한 법률상 육아기 근로시간 단축에 관한 설명으로 옳지 않은 것은?

① 육아기 근로시간 단축을 한 근로자의 평균임금을 산정하는 경우에는 그 근로자의 육아기 근로시간 단축 기간을 평균임금 산정기간에서 제외한다.

② 사업주가 육아기 근로시간 단축을 허용하지 아니하는 경우에는 해당 근로자에게 그 사유를 서면으로 통보하여야 한다.

③ 육아기 근로시간 단축을 허용하는 경우 단축 후 근로시간은 주당 10시간 이상이어야하고 30시간을 넘어서는 아니 된다.

④ 근로자는 육아기 근로시간 단축을 나누어 사용할 수 있다.

⑤ 사업주는 근로자의 육아기 근로시간 단축기간이 끝난 후에 그 근로자를 육아기 근로시간 단축 전과 같은 업무 또는 같은 수준의 임금을 지급하는 직무에 복귀시켜야 한다.

26 산업안전보건법령상 안전보건관리규정에 관한 설명으로 옳지 않은 것은?

① 취업규칙은 안전보건관리규정에 반할 수 없다. 이 경우 취업규칙 중 안전보건관리규정에 반하는 부분에 관하여는 안전보건관리규정으로 정한 기준에 따른다.

② 상시근로자 수가 300명인 보험업 사업주는 안전보건관리규정을 작성하여야 한다.

③ 사업주는 안전보건관리규정을 작성할 때 산업안전보건위원회가 설치되어 있지 아니한 사업장의 경우에는 근로자대표의 동의를 받아야 한다.

④ 근로자는 안전보건관리규정을 지켜야 한다.

⑤ 사고조사 및 대책수립에 관한 사항은 안전보건관리규정에 포함되어야 한다.

27 산업안전보건법상 용어의 정의로 옳지 않은 것은?

① "산업재해"란 노무를 제공하는 사람이 업무에 관계되는 건설물·설비·원재료·가스·증기·분진 등에 의하거나 작업 또는 그 밖의 업무로 인하여 사망 또는 부상하거나 질병에 걸리는 것을 말한다.

② "작업환경측정"이란 산업재해를 예방하기 위하여 잠재적 위험성을 발견하고 그 개선대책을 수립할 목적으로 조사·평가하는 것을 말한다.

③ "관계수급인"이란 도급이 여러 단계에 걸쳐 체결된 경우에 각 단계별로 도급받은 사업주 전부를 말한다.

④ "건설공사발주자"란 건설공사를 도급하는 자로서 건설공사의 시공을 주도하여 총괄·관리하지 아니하는 자를 말한다. 다만, 도급받은 건설공사를 다시 도급하는 자는 제외한다.

⑤ "도급인"이란 물건의 제조·건설·수리 또는 서비스의 제공, 그 밖의 업무를 도급하는 사업주를 말한다. 다만, 건설공사발주자는 제외한다.

28 산업안전보건법령상 근로자의 보건관리에 관한 설명으로 옳지 않은 것은?

① 사업주는 잠수 작업에 종사하는 근로자에게는 1일 5시간을 초과하여 근로하게 해서는 아니 된다.

② 도급인의 사업장에서 관계수급인의 근로자가 작업을 하는 경우에는 도급인이 법정 자격을 가진 자로 하여금 작업환경측정을 하도록 하여야 한다.

③ 사업주는 근로자대표(관계수급인의 근로자대표를 포함한다)가 요구하면 작업환경측정시 근로자대표를 참석시켜야 한다.

④ 사업주는 건강진단을 실시하는 경우 근로자대표가 요구하면 근로자대표를 참석시켜야 한다.

⑤ 사업주는 근로자(관계수급인의 근로자를 포함한다)가 신체적 피로와 정신적 스트레스를 해소할 수 있도록 휴식시간에 이용할 수 있는 휴게시설을 갖추어야 한다.

29 직업안정법상 직업소개에 관한 설명으로 옳지 않은 것은?

① 국외 무료직업소개사업을 하려는 자는 고용노동부장관에게 신고하여야 한다.

② 근로복지공단이 업무상 재해를 입은 근로자를 대상으로 하는 직업소개의 경우 신고를 하지 아니하고 무료직업소개사업을 할 수 있다.

③ 국내 유료직업소개사업을 하려는 자는 고용노동부장관에게 등록하여야 한다.

④ 유료직업소개사업을 등록한 자는 그 등록증을 대여하여서는 아니 된다.

⑤ 유료직업소개사업을 하는 자는 구직자에게 제공하기 위하여 구인자로부터 선급금을 받아서는 아니 된다.

30 최저임금법령상 최저임금의 결정 등에 관한 설명으로 옳지 않은 것은?

① 고용노동부장관은 매년 3월 31일까지 최저임금위원회에 최저임금에 관한 심의를 요청하여야 한다.

② 최저임금위원회는 고용노동부장관으로부터 최저임금에 관한 심의 요청을 받은 경우 이를 심의하여 최저임금안을 의결하고 심의 요청을 받은 날부터 90일 이내에 고용노동부장관에게 제출하여야 한다.

③ 고용노동부장관은 최저임금위원회가 심의하여 제출한 최저임금안에 따라 최저임금을 결정하기가 어렵다고 인정되면 20일 이내에 그 이유를 밝혀 위원회에 10일 이상의 기간을 정하여 재심의를 요청할 수 있다.

④ 고용노동부장관은 매년 8월 5일까지 최저임금을 결정하여야 한다.

⑤ 사용자를 대표하는 자는 고시된 최저임금안에 대하여 이의가 있으면 고시된 날부터 30일 이내에 고용노동부장관에게 이의를 제기할 수 있다.

31 최저임금법령상 최저임금위원회에 관한 설명으로 옳지 않은 것은?

① 위원장과 부위원장은 공익위원 중에서 위원회가 선출한다.

② 위원회에 2명의 상임위원을 두며, 상임위원은 근로자위원과 사용자위원 각 1명으로 한다.

③ 위원의 임기는 3년으로 하되, 연임할 수 있다.

④ 위원회의 회의는 이 법으로 따로 정하는 경우 외에는 재적위원 과반수의 출석과 출석위원 과반수의 찬성으로 의결한다.

⑤ 위원은 임기가 끝났더라도 후임자가 임명되거나 위촉될 때까지 계속하여 직무를 수행한다.

32 근로자퇴직급여 보장법상 퇴직급여제도에 관한 설명으로 옳지 않은 것은?

① 사용자는 계속근로기간이 1년 미만인 근로자에 대하여는 퇴직급여제도를 설정하지 않아도 된다.

② 퇴직급여제도를 설정하는 경우에 하나의 사업에서 급여 및 부담금 산정방법의 적용등에 관하여 차등을 두어서는 아니 된다.

③ 사용자가 퇴직급여제도를 다른 종류의 퇴직급여제도로 변경하려는 경우에는 근로자의 과반수를 대표하는 자와 사전협의를 하여야 한다.

④ 사용자는 근로자가 퇴직한 경우에는 그 지급사유가 발생한 날부터 14일 이내에 퇴직금을 지급하여야 하나, 특별한 사정이 있는 경우에는 당사자 간의 합의에 따라 지급기일을 연장할 수 있다.

⑤ 퇴직금을 받을 권리는 3년간 행사하지 아니하면 시효로 인하여 소멸한다.

33 근로자퇴직급여 보장법령상 확정기여형퇴직연금제도에 가입한 근로자가 적립금을 중도인출할 수 있는 경우를 모두 고른 것은?

> ㄱ. 무주택자인 가입자가 주거를 목적으로 주택임대차보호법제3조의2에 따른 보증금을 부담하는 경우(가입자가 하나의 사업 또는 사업장에 근로하는 동안 1회로 한정한다)
> ㄴ. 무주택자인 가입자가 본인 명의로 주택을 구입하는 경우
> ㄷ. 가입자 배우자의 부양가족의 장례비를 가입자가 부담하는 경우

① ㄱ   ② ㄷ
③ ㄱ, ㄴ   ④ ㄴ, ㄷ
⑤ ㄱ, ㄴ, ㄷ

34 임금채권보장법령에 관한 설명으로 옳지 않은 것은?

① 도산대지급금을 지급받으려는 사람은 도산등사실인정이 있은 날부터 3년 이내에 근로복지공단에 직접 대지급금의 지급을 청구해야 한다.

② 이 법은 국가와 지방자치단체가 직접 수행하는 사업에 적용하지 아니한다.

③ 재직 근로자에 대한 대지급금은 해당 근로자가 하나의 사업에 근로하는 동안 1회만 지급한다.

④ 임금채권보장기금은 고용노동부장관이 관리·운용한다.

⑤ 고용노동부장관은 사업주로부터 임금등을 지급받지 못한 근로자의 생활안정을 위하여 근로자의 신청에 따라 생계비에 필요한 비용을 융자할 수 있다.

35 임금채권보장법상 사업주로부터 징수하는 부담금에 관한 설명으로 옳지 않은 것은?

1
2
3

① 사업주가 부담하여야 하는 부담금은 그 사업에 종사하는 근로자의 보수총액에 1천분의 2의 범위에서 임금채권보장기금심의위원회의 심의를 거쳐 고용노동부장관이 정하는 부담금비율을 곱하여 산정한 금액으로 한다.

② 이 법은 사업주의 부담금에 관하여 다른 법률에 우선하여 적용한다.

③ 외국인근로자의 고용 등에 관한 법률에 따라 외국인근로자 출국만기보험 · 신탁에 가입한 사업주에 대하여는 부담금을 경감할 수 있다.

④ 근로기준법또는 근로자퇴직급여 보장법에 따라 퇴직금을 미리 정산하여 지급한 사업주에 대하여는 부담금을 경감할 수 있다.

⑤ 사업주의 부담금을 산정할 때 해당 연도의 보수총액을 결정하기 곤란한 경우에는 전년도의 보수총액을 기준으로 부담금을 결정한다.

36 근로복지기본법에 관한 설명으로 옳지 않은 것은?

1
2
3

① 누구든지 국가 또는 지방자치단체가 근로자의 주거안정, 생활안정 및 재산형성 등 근로복지를 위하여 이 법에 따라 융자한 자금을 그 목적사업에만 사용하여야 한다.

② 국가 또는 지방자치단체는 근로자가 아니면서 자신이 아닌 다른 사람의 사업을 위하여 다른 사람을 사용하지 아니하고 자신이 직접 노무를 제공하여 노무수령자로부터 대가를 얻는 사람을 대상으로 근로복지사업을 실시할 수 있다.

③ 사업주는 선택적 복지제도를 실시할 때에는 근로자의 직급, 근속연수, 부양가족 등을 고려하여 합리적인 기준에 따라 수혜 수준을 달리할 수 있다.

④ 근로복지시설을 설치 · 운영하는 자는 근로자의 소득수준, 가족관계 등을 고려하여 근로복지시설의 이용자를 제한하거나 이용료를 차등하여 받을 수 없다.

⑤ 우리사주조합의 규약 제정과 변경에 관한 사항은 반드시 우리사주조합원총회의 의결을 거쳐야 한다.

37 외국인근로자의 고용 등에 관한 법률상 취업활동 기간 제한의 특례에 관한 내용이다. (   )에 들어갈 내용을 옳게 나열한 것은?

> 고용허가를 받은 사용자에게 고용된 외국인근로자로서 취업활동 기간 (ㄱ)이 만료되어 출국하기 전에 사용자가 고용노동부장관에게 재고용 허가를 요청한 근로자는 한 차례만 (ㄴ) 미만의 범위에서 취업활동 기간을 연장받을 수 있다.

① ㄱ : 2년, ㄴ : 1년　　　　　　　② ㄱ : 2년, ㄴ : 2년

③ ㄱ : 3년, ㄴ : 1년　　　　　　　④ ㄱ : 3년, ㄴ : 2년

⑤ ㄱ : 3년, ㄴ : 3년

38 외국인근로자의 고용 등에 관한 법령에 관한 설명으로 옳지 않은 것은?

① 직업안정법에 따른 직업안정기관이 아닌 자는 외국인근로자의 선발, 알선, 그 밖의 채용에 개입하여서는 아니 된다.

② 법무부장관은 송출국가가 송부한 송출대상 인력을 기초로 외국인구직자 명부를 작성하고, 관리하여야 한다.

③ 외국인근로자 고용허가를 최초로 받은 사용자는 노동관계법령·인권 등에 관한 교육을 받아야 한다.

④ 외국인근로자는 입국한 후 15일 이내에 외국인 취업교육을 받아야 한다.

⑤ 고용허가에 따라 체결된 근로계약의 효력발생 시기는 외국인근로자가 입국한 날로 한다.

39 헌법 제32조에 명시된 내용으로 옳은 것은?

① 국가는 근로의 의무의 내용과 조건을 민주주의원칙에 따라 법률로 정한다.

② 사용자는 적정임금의 보장에 노력하여야 한다.

③ 전몰군경은 법률이 정하는 바에 의하여 우선적으로 근로의 기회를 부여받는다.

④ 근로의 권리는 인간의 존엄성을 보장하도록 법률로 정한다.

⑤ 미성년자의 근로는 고용·임금 및 근로조건에 있어서 부당한 차별을 받지 아니한다.

40 우리나라가 비준한 국제노동기구(ILO)의 협약을 모두 고른 것은?

ㄱ. 취업최저연령에 관한 협약(제138호)
ㄴ. 산업안전보건과 작업환경에 관한 협약(제155호)
ㄷ. 결사의 자유 및 단결권 보호에 관한 협약(제87호)
ㄹ. 단결권 및 단체교섭권 원칙의 적용에 관한 협약(제98호)

① ㄱ, ㄴ
② ㄱ, ㄴ, ㄷ
③ ㄱ, ㄷ, ㄹ
④ ㄴ, ㄷ, ㄹ
⑤ ㄱ, ㄴ, ㄷ, ㄹ

01 헌법 제32조에 명시적으로 규정된 내용은?

① 국가는 법률이 정하는 바에 의하여 적정임금제를 시행하여야 한다.

② 국가는 사회적 · 경제적 방법으로 근로자의 고용을 보장하여야 한다.

③ 장애인의 근로자는 특별한 보호를 받으며, 고용 · 임금 및 근로조건에 있어서 부당한 차별을 받지 아니한다.

④ 국가는 근로의 의무의 내용과 조건을 민주주의 원칙에 따라 법률로 정한다.

⑤ 국가는 전몰군경의 유가족이 우선적으로 근로의 기회를 부여받도록 노력하여야 한다.

02 노동법의 법원(法源)에 관한 설명으로 옳지 않은 것은?(다툼이 있으면 판례에 따름)

① 헌법에 따라 체결 · 공포된 조약은 국내법과 같은 효력을 가지므로 노동법의 법원이 된다.

② 노동조합규약은 일종의 자치적 법규범으로서 소속조합원에 대하여 법적 효력을 가진다.

③ 고용노동부의 행정해석은 고용노동부의 그 소속기관의 내부적 업무처리 지침에 불과하여 노동법의 법원이 아니다.

④ 노동관행은 그 자체로는 법적 구속력을 가지지 않지만, 일정한 요건을 갖춘 경우에는 법원으로 인정된다.

⑤ 근로자와 사용자가 개별적으로 체결한 근로계약은 노동법의 법원이 아니다.

03 근로기준법상 근로계약에 관한 설명으로 옳지 않은 것은?

1 2 3

① 근로기준법에 정하는 기준에 미치지 못하는 근로조건을 정한 근로계약은 그 부분에 한정하여 무효로 한다.

② 사용자는 근로계약에 덧붙여 저축금의 관리를 규정하는 계약을 체결할 수 있다.

③ 근로자는 근로계약 체결 시 명시된 근로조건이 사실과 다를 경우에 근로조건 위반을 이유로 손해의 배상을 청구할 수 있다.

④ 사용자는 근로계약 체결 후 소정근로시간을 변경하는 경우에 근로자에게 명시하여야 한다.

⑤ 단시간근로자의 근로조건은 그 사업장의 같은 종류의 업무에 종사하는 통상 근로자의 근로시간을 기준으로 산정한 비율에 따라 결정되어야 한다.

04 근로기준법상 기본원리에 대한 설명으로 옳지 않은 것은?

1 2 3

① 사용자뿐만 아니라 근로자도 취업규칙과 근로계약을 지키고 성실하게 이행할 의무가 있다.

② 사용자는 근로자에 대하여 국적·신앙 또는 사회적 신분을 이유로 근로조건에 대한 차별적 처우를 하지 못한다.

③ 누구든지 법률에 따르지 아니하고는 영리로 다른 사람의 취업에 개입하지 못한다.

④ 근로기준법에서 정하는 근로조건을 최저기준이므로 근로 관계 당사자는 이 기준을 이유로 근로조건을 낮출 수 없다.

⑤ 사용자는 근로자가 근로시간 중에 공(公)의 직무를 집행하기 위하여 필요한 시간을 청구하면 유급으로 보장하여야 한다.

05 근로기준법 제23조(해고 등의 제한) 제1항이 적용되는 사업장을 모두 고른 것은?(다툼이 있으면 판례에 따름)

1 2 3

ㄱ. 상시 5명의 동거하는 친족만을 사용하는 사업장
ㄴ. 상시 1명의 공무원이 아닌 근로자를 사용하는 지방자치단체
ㄷ. 상시 3명의 근로자를 사용하는 건설업체
ㄹ. 상시 5명의 유치원 교사를 채용하여 사용하는 종교단체

① ㄱ, ㄴ
② ㄱ, ㄷ
③ ㄴ, ㄷ
④ ㄴ, ㄹ
⑤ ㄴ, ㄷ, ㄹ

06 근로기준법령상 여성과 소년의 보호에 관한 설명으로 옳지 않은 것은?

① 15세 미만인 자를 사용하는 사용자가 취직인허증을 갖추어 둔 경우에는 가족관계기록사항에 관한 증명서와 친권자나 후견인의 동의서를 갖추어 두지 않아도 된다.

② 사용자는 취직인허증이 못쓰게 된 경우에는 고용노동부령으로 정하는 바에 따라 지체 없이 재교부 신청을 하여야 한다.

③ 사용자는 임신 중의 여성이 명시적으로 청구하는 경우로서 고용노동부장관의 인가를 받은 경우 휴일에 근로하게 할 수 있다.

④ 생후 1년 미만의 유아를 가진 여성 근로자가 청구하면 1일 2회 각각 60분 이상의 유급 수유 시간을 주어야 한다.

⑤ 사용자는 관리 · 감독 업무를 수행하기 위하여 일시적으로 필요한 경우 여성을 갱내(坑內)에서 근로시킬 수 있다.

07 근로기준법상 임산부의 보호에 관한 설명으로 옳지 않은 것은?

① 사용자는 임신 중의 여성 근로자에게 시간외근로를 하게 하여서는 아니 되며, 그 근로자의 요구와 관계없이 쉬운 종류의 근로로 전환하여야 한다.

② 사용자는 임신 중인 여성이 사산한 경우로서 그 근로자가 청구하면 대통령령으로 정하는 바에 따라 사산 휴가를 주어야 한다.

③ 사용자는 한 번에 둘 이상 자녀를 임신 중의 여성에게 출산 전과 출산 후를 통하여 120일의 출산전후휴가를 주어야 한다.

④ 사업주는 출산전후휴가 종료 후에는 휴가 전과 동일한 업무 또는 동등한 수준의 임금을 지급하는 직무에 복귀시켜야 한다.

⑤ 사용자는 1일 근로시간이 8시간인 임신 후 36주 이후에 있는 여성 근로자가 1일 2시간의 근로시간 단축을 신청하는 경우 이를 허용하여야 한다.

08 근로기준법상 직장 내 괴롭힘에 관한 설명으로 옳지 않은 것은?

① 사용자는 직장 내 괴롭힘 발생 사실을 인지한 경우에는 지체 없이 당사자 등을 대상으로 그 사실 확인을 위하여 객관적으로 조사를 실시하여야 한다.

② 사용자는 조사 기간 동안 직장 내 괴롭힘과 관련하여 피해를 입은 근로자를 보호하기 위하여 행위자에 대하여 근무장소의 변경 조치를 하여야 한다.

③ 직장 내 괴롭힘 발생 사실을 조사한 사람은 해당 조사 과정에서 알게 된 비밀을 피해근로자 등의 의사에 반하는 경우에도 관계 기관의 요청에 따라 필요한 정보를 제공할 수 있다.

④ 근로자는 직장에서의 지위 또는 관계 등의 우위를 이용하여 업무상 적정범위를 넘어 다른 근로자에게 신체적·정신적 고통을 주거나 근무환경을 악화시키는 행위를 하여서는 아니 된다.

⑤ 사용자가 직장 내 괴롭힘의 금지를 위반하여 직장 내 괴롭힘을 한 경우에는 1천만원 이하의 과태료를 부과한다.

09 근로기준법상 근로시간에 관한 설명으로 옳은 것은?

① 3개월 이내의 탄력적 근로시간제에 따라 근로자를 근로시킬 경우에는 근로일 종료 후 다음 근로일 개시 전까지 근로자에게 연속하여 11시간 이상의 휴식 시간을 주어야 한다.

② 3개월 이내의 탄력적 근로시간제에 따라 근로자를 근로시킬 경우에는 기존의 임금수준이 낮아지지 않도록 임금보전방안을 강구하여 고용노동부장관에게 신고하여야 한다.

③ 3개월 이내의 탄력적 근로시간제는 15세 이상 18세 미만의 근로자에 대하여는 적용하지 아니한다.

④ 3개월을 초과하는 탄력적 근로시간제에 있어 업무량 급증의 불가피한 사유가 발생한 때에는 근로자대표와의 합의를 거쳐 단위기간의 주별 근로시간을 변경해야 한다.

⑤ 15세 이상 18세 미만인 사람의 근로시간을 1일에 6시간, 1주에 30시간을 초과하지 못한다.

10 근로기준법령상 임금에 관한 설명으로 옳지 않은 것은?(다툼이 있으면 판례에 따름)

① 근로자가 임금채권을 양도한 경우 양수인이 스스로 사용자에 대하여 임금의 지급을 청구할 수 있다.

② 사용자가 근로자의 임금지급에 갈음하여 사용자가 제3자에 대하여 가지는 채권을 근로자에게 양도하기로 하는 약정을 전부 무효임이 원칙이다.

③ 사용자가 근로자에게 퇴직금 명목으로 지급한 금원 상당의 부당이득반환채권을 자동채권으로 하여 근로자의 퇴직금채권을 상계하는 것은 퇴직금채권의 2분의 1을 초과하는 부분에 해당하는 금액에 관하여만 허용한다.

④ 근로기준법에서 정한 통상임금에 산입될 수당을 통상임금에서 제외하기로 하는 노사 간의 합의는 근로기준법에서 정한 기준과 전체적으로 비교하여 그에 미치지 못하는 근로조건이 포함된 부분에 한하여 무효로 된다.

⑤ 근로자가 퇴직하여 더 이상 근로계약 관계에 있지 않은 상황에서 퇴직 시 발생한 퇴직금청구권을 나중에 포기하는 것은 허용된다.

11 근로기준법령상 연차 유급휴가에 관한 설명으로 옳지 않은 것은?(다툼이 있으면 판례에 따름)

① 사용자는 1년간 80퍼센트 미만 출근한 근로자에게 1개월 개근 시 1일의 유급휴가를 주어야 한다.

② 연차 휴가기간에 지급하여야 하는 임금은 유급휴가를 주기 전이나 준 직후의 임금지급일에 지급하여야 한다.

③ 근로자가 업무상 재해 등의 사정으로 말미암아 연차휴가를 사용한 해당 연도에 전혀 출근하지 못한 경우라 하더라도 이미 부여받은 연차휴가를 사용하지 않은 데 따른 연가휴가수당은 청구할 수 있다.

④ 사용자는 근로자대표와의 서면 합의에 따라 연차 유급휴가일을 갈음하여 특정한 근로일에 근로자를 휴무시킬 수 있다.

⑤ 근로자가 업무상 재해로 휴업한 기간은 소정근로일수와 출근일수에 모두 제외시켜 출근율 계산하여야 한다.

12 근로기준법 위반사항 중 피해자의 명시적인 의사와 다르게 공소를 제기할 수 없는 경우는 몇 개인가?

- 근로자에게 1주에 평균 1회 이상의 유급휴일을 보장하지 않는 경우
- 사용자의 귀책사유로 휴업하면서 휴업수당을 지급하지 않는 경우
- 연장 · 야간 · 휴일근로에 대한 가산수당을 지급하지 않는 경우
- 친권자나 후견인이 미성년자의 근로계약을 대리하는 경우
- 근로자를 즉시 해고하면서 해고예고수당을 지급하지 않는 경우

① 1개   ② 2개
③ 3개   ④ 4개
⑤ 5개

13 근로기준법상 취업규칙 불이익 변경에 관한 설명으로 옳지 않은 것은?(다툼이 있으면 판례에 따름)

① 취업규칙의 개정이 근로자들에게 불이익하게 변경된 것인지는 취업규칙의 개정이 이루어진 시점을 기준으로 판단하여야 한다.

② 근로조건이 이원화되어 있어 변경된 취업규칙이 적용되어 직접적으로 불이익을 받게 되는 근로자 집단 이외에 변경된 취업규칙의 적용이 예상되는 근로자 집단이 없는 경우에는 변경된 취업규칙이 적용되어 불이익을 받는 근로자 집단만이 동의주체가 된다.

③ 취업규칙이 근로자의 동의 없이 불이익하게 변경된 후에 이루어진 자의에 따른 사직 및 재입 사로 근로관계가 단절된 근로자에 대하여 재입사 후 적용되는 취업규칙은 변경 전 취업규칙 이다.

④ 근로자의 동의를 얻지 않은 취업규칙 불이익 변경의 경우 그 변경으로 기득이익이 침해되는 기존의 근로자에게는 종전 취업규칙의 효력이 그대로 유지되지만, 변경 후에 근로관계를 갖 게 된 근로자에게는 변경된 취업규칙이 적용된다.

⑤ 취업규칙 불이익 변경 시 근로자 과반수로 구성된 노동조합이 없는 때에는 근로자들의 회의 방식에 관한 과반수 동의가 필요하다.

14 기간제 및 단시간근로자 보호 등에 관한 법령상 사용기간의 제한과 관련된 설명으로 옳지 않은 것은?(다툼이 있으면 판례에 따름)

① 사용자의 부당한 갱신거절로 인해 근로자가 실제로 근로를 제공하지 못한 기간도 계약갱신에 대한 정당한 기대권이 존속하는 범위에서는 기간제 및 단시간근로자 보호 등에 관한 법률에서 정한 2년의 사용제한기간에 포함된다.

② 사용자는 4주 동안을 평균하여 1주 동안의 소정근로시간이 15시간 미만인 근로자를 2년을 초과하여 기간제근로자로 사용할 수 없다.

③ 사용자는 외국에서 수여받은 박사 학위를 소지하고 해당 분야에 종사하는 근로자를 2년을 초과하여 기간제근로자로 사용할 수 있다.

④ 사용자는 기간의 정함이 없는 근로계약을 체결하고자 하는 경우에는 해당 사업 또는 사업장의 동종 또는 유사한 업무에 종사하는 기간제근로자를 우선적으로 고용하도록 노력하여야 한다.

⑤ 기간제 및 단시간근로자 보호 등에 관한 법률은 총 사용기간을 2년으로 제한할 뿐 그 기간 중에 반복갱신의 횟수는 제한하고 있지 않다.

15 기간제 및 단시간근로자 보호 등에 관한 법률에 관한 내용으로 옳지 않은 것은?

① 사용자는 가사를 이유로 근로자가 단시간근로를 신청하는 때에는 해당 근로자를 단시간근로자로 전환하도록 노력하여야 한다.

② 단시간근로자의 동의를 받으면 소정근로시간을 초과하여 근로를 하게 할 수 있으나, 1주 12시간을 초과할 수는 없다.

③ 사업장에서 기간제 및 단시간근로자 보호 등에 관한 법률을 위반한 사실이 있는 경우 근로자는 그 사실을 고용노동부장관 또는 근로감독관에게 통지할 수 있다.

④ 기간제근로자와 근로계약을 체결할 때 근로계약기간 등 근로조건의 서면명시를 하지 않으면 500만원 이하의 벌금에 처한다.

⑤ 사용자는 단시간근로자와 근로계약을 체결하는 때에는 근로일 및 근로일별 근로시간을 서면으로 명시하여야 한다.

16 남녀고용평등과 일·가정 양립 지원에 관한 법률상 분쟁의 예방과 해결에 관한 설명으로 옳지 않은 것은?

① 근로자가 노동위원회에 차별적 처우 등의 시정신청을 하는 경우에는 차별적 처우 등의 내용을 구체적으로 명시하여야 한다.

② 노동위원회는 확정된 시정명령에 대하여 사업주에게 이행상황을 제출할 것을 요구할 수 있다.

③ 노동위원회는 사업주의 차별적 처우 등이 반복되는 경우에는 손해액을 기준으로 3배를 넘지 아니하는 범위에서 배상을 명령할 수 있다.

④ 고용노동부장관은 사업주가 차별적 처우를 한 경우에는 그 시정을 요구할 수 있다.

⑤ 근로자는 사업주로부터 차별적 처우 등을 받은 경우 노동위원회에 차별적 처우 등을 받은 날(차별적 처우 등이 계속되는 경우에는 그 종료일)부터 6개월 이내에 그 시정을 신청할 수 있다.

17 남녀고용평등과 일·가정 양립 지원에 관한 법률상 가족돌봄 등을 위한 근로시간 단축에 관한 설명으로 옳지 않은 것은?

① 사업주는 근로시간 단축을 하고 있는 근로자가 명시적으로 청구하는 경우에는 단축된 근로시간 외에 주 12시간 이내에서 연장근로를 시킬 수 있다.

② 사업주가 해당 근로자에게 근로시간 단축을 허용하는 경우 단축 후 근로시간은 주당 15시간 이상이어야 하고 30시간을 넘어서는 아니 된다.

③ 근로자는 근로자의 학업을 위한 경우에는 근로시간 단축의 기간을 연장할 수 없다.

④ 사업주가 근로시간 단축을 허용하지 아니하는 경우에는 해당 근로자에게 그 사유를 서면으로 통보하고 그 밖의 조치를 통하여 지원할 수 있는지를 해당 사업장의 근로자대표와 서면으로 협의하여야 한다.

⑤ 근로시간 단축을 한 근로자의 근로조건은 사업주와 그 근로자 간에 서면으로 정한다.

18 파견근로자 보호 등에 관한 법률상 근로기준법의 적용 특례에 관한 설명으로 옳지 않은 것은?

① 휴업수당의 지급에 대해서는 사용사업주를 사용자로 본다.

② 근로자 퇴직 시 금품청산에 대해서는 파견사업주를 사용자로 본다.

③ 휴게시간의 부여에 대해서는 사용사업주를 사용자로 본다.

④ 연차유급휴가의 부여에 대해서는 파견사업주를 사용자로 본다.

⑤ 야간근로수장의 지급에 대해서는 파견사업주를 사용자로 본다.

19 산업안전보건법상 유해 · 위험 방지 조치 중 사업주의 의무로 명시되어 있지 않은 것은?

① 위험성평가의 실시(산업안전보건법 제36조)

② 공정안전보고서의 작성 · 제출(산업안전보건법 제44조)

③ 중대재해 원인조사(산업안전보건법 제56조)

④ 유해 · 위험방지계획서의 작성 · 제출(산업안전보건법 제42조)

⑤ 안전보건표지의 설치 · 부착(산업안전보건법 제37조)

20 최저임금법령상 최저임금의 적용을 받는 사용자가 근로자에게 주지시켜야 할 최저임금의 내용을 모두 고른 것은?

> ㄱ. 적용을 받는 근로자의 최저임금액
> ㄴ. 최저임금에 산입하지 아니하는 금액
> ㄷ. 해당 사업에서 최저임금의 적용을 제외할 근로자의 범위
> ㄹ. 최저임금의 효력발생 연월일

① ㄱ, ㄷ   ② ㄴ, ㄹ

③ ㄱ, ㄴ, ㄷ   ④ ㄱ, ㄴ, ㄹ

⑤ ㄱ, ㄴ, ㄷ, ㄹ

21 외국인근로자의 고용 등에 관한 법률에 관한 설명으로 옳지 않은 것은?

① 사용자는 외국인근로자의 귀국 시 필요한 비용에 충당하기 위해 보험 또는 신탁에 가입해야 한다.

② 외국인근로자를 고용하려는 자는 직업안정법에 따른 직업안정기관에 우선 내국인 구인 신청을 하여야 한다.

③ 외국인근로자는 입국한 후에 국내 취업활동에 필요한 사항을 주지시키기 위하여 실시하는 교육을 받아야 한다.

④ 취업활동 기간이 연장되는 외국인근로자와 사용자는 연장된 취업활동 기간의 범위에서 근로계약을 체결할 수 있다.

⑤ 선원법의 적용을 받는 선박에 승무하는 선원 중 대한민국 국적을 가지지 아니한 선원에 대하여는 외국인근로자의 고용 등에 관한 법률을 적용하지 않는다.

22 근로복지기본법에 따라 근로자의 복지향상을 위한 지원을 할 때 우대될 수 있도록 하여야 하는 근로자를 모두 고른 것은?

> ㄱ. 중소 · 영세기업 근로자
> ㄴ. 저소득근로자
> ㄷ. 장기근속근로자
> ㄹ. 파견근로자 보호 등에 관한 법률에 따른 파견근로자

① ㄱ, ㄴ
② ㄱ, ㄷ
③ ㄱ, ㄴ, ㄹ
④ ㄴ, ㄷ, ㄹ
⑤ ㄱ, ㄴ, ㄷ, ㄹ

23 직업안정법에 관한 설명으로 옳은 것은?

① 고용노동부장관은 직업안정기관에 직업소개, 직업지도 및 고용정보 제공 등의 업무를 담당하는 민간직업상담원을 배치하여야 한다.
② 고용노동부장관은 새로 취업하려는 사람에게 직업지도를 하여야 한다.
③ 누구든지 국외에 취업할 근로자를 모집한 경우에는 고용노동부장관에게 신고하여야 한다.
④ 고용노동부장관은 무료직업소개사업 경비의 전부 또는 일부를 보조하여야 한다.
⑤ 직업안정기관의 장은 구직신청 내용이 법령을 위반한 경우에도 구직신청의 수리를 거부하여서는 아니 된다.

24 근로자퇴직급여 보장법령상 퇴직급여제도에 관한 설명으로 옳지 않은 것은?

① 가입자의 부양가족의 혼례비를 가입자가 부담하는 경우에는 퇴직연금제도의 급여를 받을 권리는 담보로 제공할 수 없다.
② 무주택자인 가입자가 본인 명의로 주택을 구입하는 경우 가입자별 적립금의 100분의 50 한도에서 퇴직연금제도의 급여를 받을 권리를 담보로 제공할 수 있다.
③ 6개월 이상 요양을 필요로 하는 근로자의 부상의료비를 근로자 본인 연간 임금총액의 1천분의 125를 초과하여 부담하는 경우 퇴직금을 미리 정산하여 지급할 수 있다.
④ 퇴직금을 중간정산하여 지급한 후의 퇴직금 산정을 위한 계속근로기간은 정산시점부터 새로 계산한다.
⑤ 사용자는 퇴직금을 미리 정산하여 지급한 경우 근로자가 퇴직한 후 5년이 되는 날까지 관련 증명 서류를 보존하여야 한다.

25 임금채권보장법령상 대지급금에 관한 설명으로 옳지 않은 것은?

① 퇴직한 근로자의 대지급금을 지급받을 권리는 양도 또는 압류하거나 담보로 제공할 수 없다.

② 대지급금을 받을 권리가 있는 사람이 부상으로 대지급금을 수령할 수 없는 경우에는 그 가족에게 수령을 위임할 수 있다.

③ 도산대지급금의 경우 도산등사실인정이 있은 날부터 1년 이내 고용노동부장관에게 대지급금 지급을 청구해야 한다.

④ 대지급금수급계좌의 예금에 관한 채권은 압류할 수 없다.

⑤ 재직 근로자에 대한 대지급금은 해당 근로자가 하나의 사업에 근로하는 동안 1회만 지급한다.

01 근로기준법령상 3개월을 초과하는 탄력적 근로시간제에 관한 규정에 따라 사용자와 근로자대표가 서면 합의로 정하는 사항에 해당하지 않는 것은?

① 대상 근로자의 범위

② 단위기간(3개월을 초과하고 6개월 이내의 일정한 기간으로 정하여야 한다)

③ 단위기간의 주별 근로시간

④ 단위기간의 일별 근로시간

⑤ 서면 합의의 유효기간

02 근로기준법상 직장 내 괴롭힘의 금지 및 발생 시 조치에 관한 설명으로 옳은 것은?

① 근로자에게 신체적·정신적 고통을 주는 행위 외에 근무환경을 악화시키는 행위는 직장 내 괴롭힘에 관한 규정으로 규율되지 아니한다.

② 직장 내 괴롭힘의 발생 사실을 알게 된 경우 그 피해근로자의 동의가 없으면 누구든지 그 사실을 사용자에게 신고할 수 없다.

③ 사용자는 직장 내 괴롭힘 사실을 인지하더라도 그 신고의 접수가 없으면 사실 확인을 위한 조사를 실시할 수 없다.

④ 사용자는 조사 결과 직장 내 괴롭힘 발생 사실이 확인된 때에는 피해근로자의 요청과 무관하게 피해근로자의 근무장소 변경, 배치전환 등 적절한 조치를 하여야 한다.

⑤ 사용자는 직장 내 괴롭힘의 피해근로자는 물론 그 발생 사실을 신고한 근로자에게도 해고나 그 밖의 불리한 처우를 하여서는 아니 된다.

03 근로기준법상 근로감독관 등에 관한 설명으로 옳지 않은 것은?

① 근로조건의 기준을 확보하기 위하여 고용노동부와 그 소속 기관에 근로감독관을 둔다.

② 근로감독관은 사업장을 현장조사하고 장부와 서류의 제출을 요구할 수 있으며 사용자와 근로자에 대하여 심문(尋問)할 수 있다.

③ 의사인 근로감독관은 취업을 금지하여야 할 질병에 걸릴 의심이 있는 근로자에 대하여 검진할 수 있다.

④ 근로감독관은 근로감독관을 그만둔 경우에도 직무상 알게 된 비밀을 엄수하여야 한다.

⑤ 근로기준법에 따른 현장조사, 서류의 제출, 근로감독관의 직무에 관한 범죄 등의 수사는 검사와 근로감독관이 전담하여 수행한다.

04 근로기준법령상 임금명세서의 기재사항으로 명시된 것을 모두 고른 것은?

ㄱ. 임금 총액	ㄴ. 임금지급일
ㄷ. 고용 연월일	ㄹ. 종사하는 업무

① ㄱ, ㄴ

② ㄷ, ㄹ

③ ㄱ, ㄴ, ㄹ

④ ㄴ, ㄷ, ㄹ

⑤ ㄱ, ㄴ, ㄷ, ㄹ

05 근로기준법령상 재량근로의 대상업무로 명시되지 않은 것은?

① 인문사회과학분야의 연구 업무

② 정보처리시스템의 교육 업무

③ 신문 사업에서의 기사의 취재 업무

④ 의복의 디자인 업무

⑤ 영화 제작 사업에서의 프로듀서 업무

06 근로기준법상 18세 미만인 사람에 관한 설명으로 옳지 않은 것은?

① 사용자는 18세 미만인 사람을 보건상 유해·위험한 사업에 사용하지 못한다.

② 사용자는 18세 미만인 사람에 대하여는 그 연령을 증명하는 가족관계기록사항에 관한 증명서 또는 친권자나 후견인의 동의서를 사업장에 갖추어 두어야 한다.

③ 사용자는 18세 미만인 사람과 근로계약을 체결하는 경우에는 법령에 따른 근로조건을 서면으로 명시하여 교부하여야 한다.

④ 18세 미만인 사람의 근로시간은 당사자 사이의 합의에 따라 1일에 1시간, 1주에 5시간을 한도로 연장할 수 있다.

⑤ 18세 미만인 사람의 동의가 있는 경우로서 고용노동부장관의 인가를 받으면 사용자는 18세 미만인 사람을 휴일에 근로시킬 수 있다.

07 근로기준법상 근로시간과 휴식에 관한 설명으로 옳은 것은?

① 사용자는 모든 근로자에게 근로시간이 8시간인 경우에는 30분의 휴게시간을 근로시간 도중에 주어야 한다.

② 사용자는 근로자에게 매월 평균 1회 이상의 유급휴일을 보장해야 한다.

③ 사용자는 근로자에게 대통령령으로 정하는 휴일을 유급으로 보장하여야 하므로 근로자대표와 서면 합의를 하였더라도 특정한 근로일로 대체할 수 없다.

④ 사용자는 8시간을 초과한 연장근로에 대하여는 통상임금의 100분의 100 이상을 가산하여 지급하여야 한다.

⑤ 사용자는 근로자대표와의 서면 합의에 따라 야간근로에 대하여 임금을 지급하는 것을 갈음하여 휴가를 줄 수 있다.

08 근로기준법상 취업규칙에 관한 설명으로 옳지 않은 것은?(다툼이 있으면 판례에 따름)

① 근로자에게 불이익하게 변경된 취업규칙은 집단적 동의를 받았다고 하더라도 근로자의 개별적 동의가 없는 한 그 취업규칙보다 유리한 근로계약의 내용이 우선하여 적용된다.

② 사용자는 취업규칙의 작성 시 해당 사업 또는 사업장에 근로자의 과반수로 조직된 노동조합이 없는 경우에는 근로자의 과반수의 의견을 들어야 한다.

③ 취업규칙에서 근로자에 대하여 감급(減給)의 제재를 정할 경우에 그 감액은 1회의 금액이 통상임금의 1일분의 2분의 1을, 총액이 1임금지급기의 임금 총액의 5분의 1을 초과하지 못한다.

④ 표창과 제재에 관한 사항이 없는 취업규칙의 경우 고용노동부장관은 그 변경을 명할 수 있다.

⑤ 취업규칙이 기존의 근로자에게 불이익하게 변경되었는지 여부를 불문하고 사용자가 취업규칙을 변경한 후 신규 취업한 근로자에게는 변경된 취업규칙이 적용된다.

09 근로기준법령상 임금에 관한 설명으로 옳지 않은 것은?(다툼이 있으면 판례에 따름)

① 통상임금에는 1개월 이내의 주기마다 정기적으로 지급되는 임금과 수당만이 포함된다.

② 산출된 평균임금액이 그 근로자의 통상임금보다 적으면 그 통상임금액을 평균임금으로 한다.

③ 임금은 매월 1회 이상 일정한 날짜를 정하여 지급하여야 하며, 다만 임시로 지급하는 임금에 대하여는 그러하지 아니하다.

④ 평균임금의 산정기간 중에 출산전후휴가 기간이 있는 경우에는 그 기간과 그 기간 중에 지급된 임금은 평균임금 산정기준이 되는 기간과 임금의 총액에서 각각 뺀다.

⑤ 평균임금이란 이를 산정하여야 할 사유가 발생한 날 이전 3개월 동안에 그 근로자에게 지급된 임금의 총액을 그 기간의 총일수로 나눈 금액을 말한다.

10 근로기준법상 구제명령 등에 관한 설명으로 옳은 것은?

① 중앙노동위원회의 재심판정에 대하여 사용자나 근로자는 재심판정서를 송달받은 날부터 20일 이내에 행정소송법의 규정에 따라 소(訴)를 제기할 수 있다.

② 노동위원회의 구제명령, 기각결정 또는 재심판정은 중앙노동위원회에 대한 재심 신청이나 행정소송 제기에 의하여 그 효력이 정지된다.

③ 노동위원회는 부당해고에 대한 구제명령을 할 때에 근로자의 의사와 무관하게 사용자가 원하지 아니하면 원직복직을 명하는 대신 해고기간 동안 임금 상당액 이상의 금품을 근로자에게 지급하도록 명하여야 한다.

④ 노동위원회가 이행강제금을 부과할 때에는 이행강제금의 액수, 부과 사유 등을 구두로 통보하여야 한다.

⑤ 노동위원회는 이행강제금 납부의무자가 납부기한까지 이행강제금을 내지 아니하면 기간을 정하여 독촉을 하고 지정된 기간에 이행강제금을 내지 아니하면 국세 체납처분의 예에 따라 징수할 수 있다.

11 근로자의 징계 등에 관한 설명으로 옳지 않은 것은?(다툼이 있으면 판례에 따름)

① 징계처분에서 징계사유로 삼지 아니한 비위행위라도 피징계자의 평소의 소행과 근무성적, 그 징계처분 사유 전후에 저지른 비위행위사실 등은 징계양정의 참작자료로 삼을 수 있다.

② 취업규칙에 따라 소명기회를 부여하였더라도 징계위원회가 그 개개의 혐의 사항에 대하여 구체적으로 질문하고 징계대상자가 이에 대하여 빠짐없이 진술하도록 조치하지 않았다면 부당한 징계가 된다.

③ 대기발령은 그 사유가 정당한 경우에도 그 기간은 합리적인 범위 내에서 이루어져야 한다.

④ 여러 개의 징계사유 중 일부가 인정되지 않더라도 인정되는 다른 일부 징계사유만으로도 해당 징계처분의 타당성을 인정하기에 충분한 경우에는 그 징계처분이 위법하지 않다.

⑤ 노동조합 간부에 대한 징계처분을 함에 있어 노동조합과 합의하도록 단체협약에 규정된 경우 그 합의를 거치지 않은 징계처분은 원칙적으로 무효이다.

12 근로기준법상 연차 유급휴가에 관한 설명으로 옳지 않은 것은?

① 사용자는 계속하여 근로한 기간이 1년 미만인 근로자에게 1개월 개근 시 1일의 연차 유급휴가를 주어야 한다.

② 사용자는 1년간 80퍼센트 미만 출근한 근로자에게 1개월 개근 시 1일의 연차 유급휴가를 주어야 한다.

③ 연차 유급휴가 일수의 산정 시 근로자가 업무상의 질병으로 휴업한 기간은 출근한 것으로 보지 않는다.

④ 사용자가 근로자에게 주어야 하는 연차 유급휴가의 총 휴가 일수는 가산휴가를 포함하여 25일을 한도로 한다.

⑤ 사용자는 근로자대표와의 서면 합의에 따라 연차 유급휴가일을 갈음하여 특정한 근로일에 근로자를 휴무시킬 수 있다.

13 근로기준법상 근로계약에 관한 설명으로 옳은 것을 모두 고른 것은?(다툼이 있으면 판례에 따름)

ㄱ. 사용자는 근로계약에 덧붙여 강제 저축 또는 저축금의 관리를 규정하는 계약을 체결하지 못한다.
ㄴ. 단시간근로자의 근로조건은 그 사업장의 같은 종류의 업무에 종사하는 통상 근로자의 근로시간을 기준으로 산정한 비율에 따라 결정되어야 한다.
ㄷ. 소정근로시간은 사용자가 근로계약을 체결할 때에 근로자에게 명시하여야 할 사항에 해당한다.
ㄹ. 시용근로관계는 사용자가 본 근로계약 체결의 거절을 구두로 통보하면 그 근로관계 종료의 정당성이 인정된다.

① ㄱ, ㄴ
② ㄷ, ㄹ
③ ㄱ, ㄴ, ㄷ
④ ㄴ, ㄷ, ㄹ
⑤ ㄱ, ㄴ, ㄷ, ㄹ

14 파견근로자 보호 등에 관한 법률에 대한 설명으로 옳지 않은 것은?

① 파견사업주는 쟁의행위 중인 사업장에 그 쟁의행위로 중단된 업무의 수행을 위하여 근로자를 파견하여서는 아니 된다.
② 파견사업주는 파견근로자의 고용관계가 끝난 후 사용사업주가 그 파견근로자를 고용하는 것을 정당한 이유 없이 금지하는 내용의 근로자파견계약을 체결하여서는 아니 된다.
③ 파견사업주는 파견근로자의 적절한 파견근로를 위하여 사용사업관리책임자를 선임하여야 한다.
④ 파견사업주의 근로자파견사업을 폐지하는 신고가 있을 때에는 근로자파견사업의 허가는 신고일부터 그 효력을 잃는다.
⑤ 근로자파견사업 허가의 유효기간은 3년으로 한다.

15 기간제 및 단시간근로자 보호 등에 관한 법률에 대한 설명으로 옳은 것은?

① 상시 5인 이상의 동거의 친족만을 사용하는 사업 또는 사업장에 적용된다.
② 휴직·파견 등으로 결원이 발생하여 해당 근로자가 복귀할 때까지 그 업무를 대신할 필요가 있는 경우에는 2년을 초과하여 기간제근로자로 사용할 수 있다.
③ 단시간근로자의 초과근로에 대하여 사용자는 평균임금의 100분의 100 이상을 가산하여 지급하여야 한다.
④ 사용자는 단시간근로자와 근로계약을 체결할 때 근로일별 근로시간을 서면으로 명시하지 않아도 된다.
⑤ 사용자는 통상근로자를 채용하고자 하는 경우에는 해당 사업 또는 사업장의 동종 또는 유사한 업무에 종사하는 단시간근로자를 우선적으로 고용하여야 한다.

16 산업안전보건법령에 관한 설명으로 옳지 않은 것은?

① 직업성 질병자가 동시에 2명 발생한 재해는 중대재해에 해당한다.

② 사업주는 전기, 열, 그 밖의 에너지에 의한 위험으로 인한 산업재해를 예방하기 위하여 필요한 조치를 하여야 한다.

③ 사업주는 산업재해가 발생할 급박한 위험이 있을 때에는 즉시 작업을 중지시키고 근로자를 작업장소에서 대피시키는 등 안전 및 보건에 관하여 필요한 조치를 하여야 한다.

④ 사업주는 산업재해 예방을 위한 조치를 할 수 있는 능력을 갖춘 사업주에게 도급하여야 한다.

⑤ 사업주는 산업안전보건법과 이 법에 따른 명령의 요지 및 안전보건관리규정을 각 사업장의 근로자가 쉽게 볼 수 있는 장소에 게시하거나 갖추어 두어 근로자에게 널리 알려야 한다.

17 직업안정법에 관한 설명으로 옳지 않은 것은?

① 직업안정기관의 장은 구인자가 구인조건을 밝히기를 거부하는 경우 구인신청의 수리(受理)를 거부할 수 있다.

② 직업안정기관의 장은 통근할 수 있는 지역에서 구직자에게 그 희망과 능력에 알맞은 직업을 소개할 수 없을 경우에는 광범위한 지역에 걸쳐 직업소개를 할 수 있다.

③ 한국장애인고용공단이 장애인을 대상으로 하는 직업소개의 경우에는 신고를 하지 아니하고 무료직업소개사업을 할 수 있다.

④ 유료직업소개사업의 등록을 하고 유료직업소개사업을 하는 자는 구직자에게 제공하기 위하여 구인자로부터 선급금을 받을 수 있다.

⑤ 근로자를 고용하려는 자는 광고, 문서 또는 정보통신망 등 다양한 매체를 활용하여 자유롭게 근로자를 모집할 수 있다.

18 남녀고용평등과 일·가정 양립 지원에 관한 법률에 대한 설명으로 옳지 않은 것은?

① 이 법과 관련한 분쟁에서 입증책임은 사업주와 근로자가 각각 부담한다.

② 사업주는 근로자를 모집·채용할 때 그 직무의 수행에 필요하지 아니한 용모·키·체중 등의 신체적 조건, 미혼 조건을 제시하거나 요구하여서는 아니 된다.

③ 사업주가 임금차별을 목적으로 설립한 별개의 사업은 동일한 사업으로 본다.

④ 누구든지 직장 내 성희롱 발생 사실을 알게 된 경우 그 사실을 해당 사업주에게 신고할 수 있다.

⑤ 적극적 고용개선조치란 현존하는 남녀 간의 고용차별을 없애거나 고용평등을 촉진하기 위하여 잠정적으로 특정 성을 우대하는 조치를 말한다.

19 **최저임금법에 관한 설명으로 옳지 않은 것은?**

① 선원법의 적용을 받는 선원과 선원을 사용하는 선박의 소유자에게는 적용하지 아니한다.

② 고용노동부장관은 최저임금을 결정한 때에는 지체 없이 그 내용을 고시하여야 한다.

③ 최저임금은 근로자의 생계비, 유사 근로자의 임금, 노동생산성 및 소득분배율 등을 고려하여 정한다.

④ 최저임금액은 시간 · 일(日) · 주(週) · 월(月) 또는 연(年)을 단위로 하여 정한다.

⑤ 고용노동부장관은 최저임금위원회가 심의하여 의결한 최저임금안에 따라 최저임금을 결정하여야 한다.

20 **근로자퇴직급여 보장법령에 관한 설명으로 옳지 않은 것은?**

① 사용자가 퇴직급여제도를 설정하려는 경우에 근로자 과반수가 가입한 노동조합이 있는 경우에는 그 노동조합의 동의를 받아야 한다.

② 무주택자인 근로자는 본인 명의로 주택을 구입하는 경우에 퇴직금 중간정산을 요구할 수 있다.

③ 퇴직금을 받을 권리는 3년간 행사하지 아니하면 시효로 인하여 소멸한다.

④ 중소기업퇴직연금기금제도의 급여를 받을 권리는 양도 또는 압류할 수 없다.

⑤ 퇴직연금사업자는 매분기당 1회 이상 적립금액 및 운용수익률 등을 고용노동부령으로 정하는 바에 따라 가입자에게 알려야 한다.

21 **임금채권보장법상 대지급금에 관한 설명으로 옳지 않은 것은?**

① 고용노동부장관은 근로자에게 대지급금을 지급하였을 때에는 그 지급한 금액의 한도에서 그 근로자가 해당 사업주에 대하여 미지급 임금 등을 청구할 수 있는 권리를 대위(代位)한다.

② 근로기준법에 따른 휴업수당 중 최종 3개월분은 퇴직한 근로자에 대한 대지급금 범위에 든다.

③ 대지급금에 관한 규정은 국가와 지방자치단체가 직접 수행하는 사업에 적용된다.

④ 미성년자인 근로자는 독자적으로 대지급금의 지급을 청구할 수 있다.

⑤ 대지급금수급계좌의 예금에 관한 채권은 압류할 수 없다.

22 근로복지기본법에 관한 설명으로 옳은 것은?

① 사용자는 사내근로복지기금의 설립 및 출연을 이유로 근로관계 당사자 간에 정하여진 근로조건을 낮출 수 있다.

② 국가가 근로자의 근로복지를 위하여 근로복지기본법에 따라 보조 또는 융자한 자금은 그 목적 외 사업에 사용될 수 있다.

③ 사내근로복지기금은 법인으로 한다.

④ 노동조합 및 근로자가 생산성 향상과 근로복지정책에 협력하도록 사용자는 임금 수준 상향의 조치를 취하여야 한다.

⑤ 사용자는 우리사주조합원의 의사와 무관하게 우리사주조합원을 소속, 계급 등 일정한 기준으로 분류하여 우리사주를 할당할 수 있다.

23 외국인근로자의 고용 등에 관한 법령에 대한 설명으로 옳지 않은 것은?

① 직업안정기관의 장은 출입국관리법을 위반하여 처벌을 받은 사용자에 대하여 그 사실이 발생한 날부터 6년간 외국인근로자의 고용을 제한할 수 있다.

② 고용허가서를 발급받은 날부터 6개월 이내에 내국인근로자를 고용조정으로 이직시킨 사용자는 외국인근로자의 고용이 제한될 수 있다.

③ 고용허가서를 발급받은 사용자는 고용허가서 발급일로부터 3개월 이내에 외국인근로자와 근로계약을 체결하여야 한다.

④ 외국인근로자는 입국한 날부터 3년의 범위에서 취업활동을 할 수 있다.

⑤ 외국인근로자를 고용하려는 자는 직업안정법에 따른 직업안정기관에 우선 내국인 구인 신청을 하여야 한다.

24 노동법 법원(法源)의 상충 등에 관한 설명으로 옳은 것을 모두 고른 것은?

ㄱ. 근로계약에서 정한 근로조건이 근로기준법에서 정하는 기준에 미치지 못하는 경우에는 그 근로계약을 무효로 한다.

ㄴ. 취업규칙에서 정한 기준에 미달하는 근로조건을 정한 근로계약은 그 부분에 관하여는 무효로 하며 무효로 된 부분은 취업규칙에 정한 기준에 따른다.

ㄷ. 취업규칙은 근로기준법과 어긋나서는 아니 된다.

ㄹ. 취업규칙은 해당 사업 또는 사업장에 대하여 적용되는 단체협약과 어긋나서는 아니 된다.

① ㄱ, ㄴ   ② ㄷ, ㄹ

③ ㄱ, ㄴ, ㄹ   ④ ㄴ, ㄷ, ㄹ

⑤ ㄱ, ㄴ, ㄷ, ㄹ

25 헌법상 근로의 권리와 의무에 관한 설명으로 옳지 않은 것은?

① 법인은 헌법상 근로의 권리의 주체가 될 수 없다.

② 근로조건의 기준은 인간의 존엄성을 보장하도록 법률로 정한다.

③ 근로의 권리는 공공복리를 위하여 필요한 경우에 한하여 법률로써 제한할 수 있다.

④ 국가유공자·상이군경 및 전몰군경의 유가족은 법률이 정하는 바에 의하여 우선적으로 근로의 의무를 이행하여야 한다.

⑤ 여자의 근로는 특별한 보호를 받으며, 고용·임금 및 근로조건에 있어서 부당한 차별을 받지 아니한다.

01 노동법의 법원(法源) 등에 관한 설명으로 옳은 것은?(다툼이 있으면 판례에 따름)

① 취업규칙은 노동법의 법원(法源)으로 인정되지 않는다.

② 단체협약은 노동법의 법원(法源)으로 인정되지 않는다.

③ 고용노동부 예규가 그 성질과 내용이 행정기관 내부의 사무처리지침에 불과한 경우에는 법원(法院)을 구속하지 않는다.

④ ILO 제100호 협약(동등보수에 관한 협약)은 국내법과 동일한 효력을 갖지 않는다.

⑤ 노동관행이 기업사회에서 일반적으로 근로관계를 규율하는 규범적인 사실로서 명확히 승인되더라도 근로계약의 내용으로 인정되지 않는다.

02 헌법 제32조에 명시된 내용으로 옳은 것을 모두 고른 것은?

> ㄱ. 근로조건의 기준은 인간의 존엄성을 보장하도록 법률로 정한다.
> ㄴ. 국가는 사회적·경제적 방법으로 근로자의 고용의 증진과 최저임금의 보장에 노력하여야 한다.
> ㄷ. 국가는 여자의 복지와 권익의 향상을 위하여 노력하여야 한다.
> ㄹ. 국가는 근로의 의무의 내용과 조건을 민주주의원칙에 따라 법률로 정한다.

① ㄱ

② ㄱ, ㄹ

③ ㄴ, ㄷ

④ ㄴ, ㄷ, ㄹ

⑤ ㄱ, ㄴ, ㄷ, ㄹ

03 근로기준법상 근로계약에 관한 설명으로 옳지 않은 것은?

① 사용자는 전차금(前借金)이나 그 밖에 근로할 것을 조건으로 하는 전대(前貸)채권과 임금을 상계하지 못한다.

② 취업규칙에서 정한 기준에 미달하는 근로조건을 정한 근로계약은 그 부분에 관하여는 무효로 한다. 이 경우 무효로 된 부분은 취업규칙에 정한 기준에 따른다.

③ 근로계약서에 명시된 근로조건이 사실과 다를 경우에 근로자는 근로조건 위반을 이유로 손해의 배상을 청구할 수 있으나 즉시 근로계약을 해제할 수는 없다.

④ 사용자는 근로계약 불이행에 대한 손해배상액을 예정하는 계약을 체결하지 못한다.

⑤ 사용자는 근로계약에 덧붙여 강제 저축을 규정하는 계약을 체결하지 못한다.

04 근로기준법령상 상시 4명 이하의 근로자를 사용하는 사업 또는 사업장에 적용되지 않는 것은?

① 근로조건의 명시(근로기준법 제17조)

② 해고의 예고(근로기준법 제26조)

③ 미지급 임금에 대한 지연이자(근로기준법 제37조)

④ 근로자의 명부 작성(근로기준법 제41조)

⑤ 근로시간(근로기준법 제50조)

05 근로기준법령상 임금에 관한 설명으로 옳지 않은 것은?(다툼이 있으면 판례에 따름)

① 근로자가 소정근로시간을 초과하여 근로를 제공함으로써 사용자로부터 추가로 지급받는 임금은 통상임금에 속한다.

② 평균임금 산정기간 중에 업무 외 질병을 사유로 사용자의 승인을 받아 휴업한 기간이 있는 경우에는 그 기간과 그 기간 중에 지급된 임금은 평균임금 산정기준이 되는 기간과 임금의 총액에서 각각 뺀다.

③ 법령 또는 단체협약에 특별한 규정이 있는 경우에는 임금의 일부를 공제하거나 통화 이외의 것으로 지급할 수 있다.

④ 상여금이 계속적·정기적으로 지급되고 그 지급액이 확정되어 있다면 이는 근로의 대가로 지급되는 임금의 성질을 가진다.

⑤ 사용자는 근로자가 혼인한 경우의 비용에 충당하기 위하여 임금 지급을 청구하면 지급기일 전이라도 이미 제공한 근로에 대한 임금을 지급하여야 한다.

06 근로기준법령상 체불사업주 명단 공개 등에 관한 설명으로 옳은 것은?

① 고용노동부장관은 체불사업주가 명단 공개 기준일 이전 1년 이내 임금 등의 체불 총액이 2천 만원 이상인 경우에는 그 인적사항을 공개하여야 한다.

② 체불사업주의 인적사항 등에 대한 공개 여부를 심의하기 위하여 고용노동부에 임금체불정보 심의위원회를 둔다.

③ 고용노동부장관이 체불사업주 명단을 공개할 경우, 체불사업주가 법인이라면 그 대표자의 성명·나이는 명단 공개의 내용에 포함되지 않는다.

④ 고용노동부장관은 체불사업주 명단을 공개할 경우에 체불사업주에게 1개월간 소명 기회를 주어야 한다.

⑤ 임금 등 체불자료를 받은 종합신용정보집중기관은 이를 체불사업주의 신용도·신용거래능력 판단과 관련한 업무 외의 목적으로 이용할 수 있다.

07 근로기준법령상 경영상 이유에 의한 해고에 관한 설명으로 옳지 않은 것은?(다툼이 있으면 판례에 따름)

① 경영 악화를 방지하기 위한 사업의 양도·인수·합병은 긴박한 경영상의 필요가 있는 것으로 본다.

② 상시 근로자수 99명 이하인 사업 또는 사업장의 사용자는 1개월 동안에 10명 이상의 인원을 경영상의 이유에 의하여 해고하려면 최초로 해고하려는 날의 30일 전까지 고용노동부장관에게 신고하여야 한다.

③ 사용자가 해고를 피하기 위한 방법과 해고의 기준 등에 관하여 근로자대표에게 해고를 하려는 날의 50일 전까지 통보하지 않은 경우 그 이유만으로 경영상 이유에 의한 해고는 부당하다.

④ 경영상의 이유에 의하여 근로자를 해고한 사용자는 근로자를 해고한 날로부터 3년 이내에 해고된 근로자가 해고 당시 담당하였던 업무와 같은 업무를 할 근로자를 채용하려고 할 경우 경영상의 이유에 의하여 해고된 근로자가 원하면 그 근로자를 우선적으로 고용하여야 한다.

⑤ 긴박한 경영상의 필요란 장래에 올 수도 있는 위기에 미리 대처하기 위하여 인원삭감이 필요한 경우도 포함되지만, 그러한 인원삭감은 객관적으로 보아 합리성이 있다고 인정되어야 한다.

08 근로기준법상 직장 내 괴롭힘에 관한 설명으로 옳지 않은 것은?

① 누구든지 직장 내 괴롭힘 발생 사실을 알게 된 경우 그 사실을 사용자에게 신고하여야 한다.

② 사용자는 직장 내 괴롭힘 발생 사실을 인지한 경우에는 지체 없이 그 사실 확인을 위한 조사를 실시하여야 한다.

③ 사용자는 직장 내 괴롭힘에 대한 조사 기간 동안 피해근로자 등을 보호하기 위하여 필요한 경우 해당 피해근로자 등에 대하여 근무장소의 변경, 유급휴가 명령 등 적절한 조치를 하여야 한다. 이 경우 사용자는 피해근로자 등의 의사에 반하는 조치를 하여서는 아니 된다.

④ 사용자는 직장 내 괴롭힘과 관련한 조사 결과 직장 내 괴롭힘 발생 사실이 확인된 때에는 지체 없이 행위자에 대하여 징계, 근무장소의 변경 등 필요한 조치를 하여야 한다. 이 경우 사용자는 징계 등의 조치를 하기 전에 그 조치에 대하여 피해근로자의 의견을 들어야 한다.

⑤ 사용자는 직장 내 괴롭힘에 대한 조사 결과 직장 내 괴롭힘 발생 사실이 확인된 때에는 피해근로자가 요청하면 근무장소의 변경, 배치전환, 유급휴가 명령 등 적절한 조치를 하여야 한다.

09 근로기준법령상 구제명령 등에 관한 설명이다. (　　　)에 들어갈 내용을 옳게 나열한 것은?

- 중앙노동위원회의 재심판정에 대하여 사용자나 근로자는 재심판정서를 송달받은 날부터 (ㄱ)일 이내에 행정소송법의 규정에 따라 소(訴)를 제기할 수 있다.
- 노동위원회의 구제명령 이행기한은 사용자가 구제명령을 서면으로 통지받은 날부터 (ㄴ)일 이내로 한다.

① ㄱ : 10, ㄴ : 15　　　　　　　　② ㄱ : 10, ㄴ : 30

③ ㄱ : 15, ㄴ : 15　　　　　　　　④ ㄱ : 15, ㄴ : 30

⑤ ㄱ : 30, ㄴ : 30

10 근로기준법령상 이행강제금에 관한 설명으로 옳지 않은 것은?

1 2 3

① 노동위원회는 이행강제금을 부과하기 30일 전까지 이행강제금을 부과·징수한다는 뜻을 사용자에게 미리 문서로써 알려 주어야 한다.

② 노동위원회는 구제명령을 받은 자가 구제명령을 이행하면 구제명령을 이행하기 전에 이미 부과된 이행강제금은 징수하지 아니한다.

③ 노동위원회는 이행강제금을 부과하는 때에는 이행강제금의 부과통지를 받은 날부터 15일 이내의 납부기한을 정하여야 한다.

④ 노동위원회는 천재·사변, 그 밖의 부득이한 사유로 구제명령을 이행하기 어려운 경우에는 직권 또는 사용자의 신청에 따라 그 사유가 없어진 뒤에 이행강제금을 부과할 수 있다.

⑤ 노동위원회는 중앙노동위원회의 재심판정이나 법원의 확정판결에 따라 노동위원회의 구제명령이 취소되면 직권 또는 사용자의 신청에 따라 이행강제금의 부과·징수를 즉시 중지하고 이미 징수한 이행강제금을 반환하여야 한다.

11 근로기준법 제51조 제2항의 규정이다. (   )에 들어갈 내용을 옳게 나열한 것은?

1 2 3

> 사용자는 근로자대표와의 서면 합의에 따라 다음 각 호의 사항을 정하면 3개월 이내의 단위기간을 평균하여 1주간의 근로시간이 제50조 제1항의 근로시간을 초과하지 아니하는 범위에서 특정한 주에 제50조 제1항의 근로시간을, 특정한 날에 제50조 제2항의 근로시간을 초과하여 근로하게 할 수 있다. 다만, 특정한 주의 근로시간은 (ㄱ)시간을, 특정한 날의 근로시간은 (ㄴ)시간을 초과할 수 없다.

① ㄱ : 48, ㄴ : 10   ② ㄱ : 48, ㄴ : 12

③ ㄱ : 52, ㄴ : 10   ④ ㄱ : 52, ㄴ : 12

⑤ ㄱ : 68, ㄴ : 12

12 근로기준법령상 유급휴가에 관한 설명으로 옳지 않은 것은?(다툼이 있으면 판례에 따름)

① 근로자가 연차휴가에 관한 권리를 취득한 후 1년이 지나기 전에 퇴직하는 등의 사유로 인하여 더 이상 연차휴가를 사용하지 못하게 될 경우 사용자에게 그 연차휴가일수에 상응하는 연차휴가수당을 청구할 수 없다.

② 연간 소정근로일수에 정당한 쟁의행위 기간이 차지하는 일수가 포함되어 있는 경우 연차 유급휴가 취득 요건과 관련한 출근율은 소정근로일수에서 그 쟁의행위 기간이 차지하는 일수를 제외한 나머지 일수를 기준으로 산정한다.

③ 사용자는 근로자대표와의 서면 합의에 따라 연차 유급휴가일을 갈음하여 특정한 근로일에 근로자를 휴무시킬 수 있다.

④ 사용자는 계속하여 근로한 기간이 1년 미만인 근로자에게 1개월 개근 시 1일의 유급휴가를 주어야 한다.

⑤ 연간 소정근로일수와 출근일수를 계산함에 있어서 사용자의 부당해고로 인하여 근로자가 출근하지 못한 기간은 연간 소정근로일수 및 출근일수에 모두 산입된다.

13 근로기준법상 여성과 소년에 관한 설명으로 옳지 않은 것은?

① 사용자는 임신 중인 여성을 도덕상 또는 보건상 유해·위험한 사업에 사용하지 못한다.

② 고용노동부장관은 근로계약이 미성년자에게 불리하다고 인정하는 경우에는 이를 해지할 수 있다.

③ 15세 이상 18세 미만인 사람의 근로시간은 1일에 7시간, 1주에 35시간을 초과하지 못한다. 다만, 당사자 사이의 합의에 따라 1일에 1시간, 1주에 5시간을 한도로 연장할 수 있다.

④ 사용자는 18세 이상의 여성 근로자에 대하여는 그 근로자의 동의 없이 휴일근로를 시킬 수 있다.

⑤ 사용자는 산후 1년이 지나지 아니한 여성에 대하여는 단체협약이 있는 경우라도 1일에 2시간, 1주에 6시간, 1년에 150시간을 초과하는 시간외근로를 시키지 못한다.

14 근로기준법령상 취직인허증에 관한 설명으로 옳지 않은 것은?

① 예술공연 참가를 위한 경우에는 13세 미만인 자도 취직인허증을 받을 수 있다.

② 의무교육 대상자가 취직인허증을 신청하는 경우 신청인은 사용자가 될 자의 취업확인서를 받아 친권자 또는 후견인과 연명으로 고용노동부장관에게 신청하여야 한다.

③ 고용노동부장관은 취직인허증 신청에 대하여 취직을 인허할 경우에는 고용노동부령으로 정하는 취직인허증에 직종을 지정하여 신청한 근로자와 사용자가 될 자에게 내주어야 한다.

④ 고용노동부장관은 거짓으로 취직인허증을 발급받은 사람에게는 그 인허를 취소하여야 한다.

⑤ 사용자 또는 15세 미만인 자는 취직인허증이 못쓰게 되거나 이를 잃어버린 경우에는 고용노동부령으로 정하는 바에 따라 지체 없이 재교부 신청을 하여야 한다.

15 근로기준법상 취업규칙에 관한 설명으로 옳지 않은 것은?

① 취업규칙을 작성하여 고용노동부장관에게 신고하여야 하는 사용자는 상시 10명 이상의 근로자를 사용하는 사용자이다.

② 사용자가 취업규칙을 작성하여 고용노동부장관에게 신고하여야 하는 경우, 해당 취업규칙에는 업무상과 업무 외의 재해부조(災害扶助)에 관한 사항이 포함되어야 한다.

③ 사용자는 취업규칙의 작성에 관하여 해당 사업 또는 사업장에 근로자의 과반수로 조직된 노동조합이 있는 경우에는 그 노동조합, 근로자의 과반수로 조직된 노동조합이 없는 경우에는 근로자의 과반수의 의견을 들어야 한다.

④ 취업규칙에서 근로자에 대하여 감급(減給)의 제재를 정할 경우에 그 감액은 1회의 금액이 평균임금의 1일분의 2분의 1을, 총액이 1임금지급기의 임금 총액의 10분의 1을 초과하지 못한다.

⑤ 고용노동부장관은 법령이나 단체협약에 어긋나는 취업규칙에 대하여 노동위원회의 의결을 받아 그 변경을 명하여야 한다.

16 산업안전보건법상 작업중지에 관한 설명으로 옳지 않은 것은?

① 사업주는 산업재해가 발생할 급박한 위험이 있을 때에는 즉시 작업을 중지시키고 근로자를 작업장소에서 대피시키는 등 안전 및 보건에 관하여 필요한 조치를 하여야 한다.

② 근로자는 산업재해가 발생할 급박한 위험이 있는 경우에는 작업을 중지하고 대피할 수 있다.

③ 사업주는 중대재해가 발생하였을 때에는 즉시 해당 작업을 중지시키고 근로자를 작업장소에서 대피시키는 등 안전 및 보건에 관하여 필요한 조치를 하여야 한다.

④ 중대재해 발생으로 작업이 중지된 경우, 사업주는 작업중지 해제에 관한 전문가 등으로 구성된 심의위원회의 심의를 거쳐 작업중지를 해제하여야 한다.

⑤ 사업주는 산업재해가 발생할 급박한 위험이 있다고 근로자가 믿을 만한 합리적인 이유가 있을 때에는 작업을 중지하고 대피한 근로자에 대하여 해고나 그 밖의 불리한 처우를 해서는 아니 된다.

17 직업안정법상 근로자공급사업에 관한 설명으로 옳지 않은 것은?

① 누구든지 고용노동부장관의 허가를 받지 아니하고는 근로자공급사업을 하지 못한다.

② 근로자공급사업은 공급대상이 되는 근로자가 취업하려는 장소를 기준으로 국내 근로자공급사업과 국외 근로자공급사업으로 구분한다.

③ 파견근로자 보호 등에 관한 법률에 따른 파견사업주는 국내 근로자공급사업의 허가를 받을 수 있다.

④ 국내에서 제조업을 하고 있는 자는 국외 근로자공급사업의 허가를 받을 수 있다.

⑤ 민법에 따른 비영리법인은 연예인을 대상으로 하는 국외 근로자공급사업의 허가를 받을 수 있다.

18 남녀고용평등과 일 · 가정 양립 지원에 관한 법률상 육아기 근로시간 단축에 관한 설명으로 옳지 않은 것은?

① 사업주가 해당 근로자에게 육아기 근로시간 단축을 허용하는 경우 단축 후 근로시간은 주당 15시간 이상이어야 하고 35시간을 넘어서는 아니 된다.

② 사업주는 정상적인 사업 운영에 중대한 지장을 초래하는 경우에는 육아기 근로시간 단축을 허용하지 아니할 수 있다.

③ 사업주는 육아기 근로시간 단축을 하고 있는 근로자에게 단축된 근로시간 외에 연장근로를 요구할 수 없다. 다만, 그 근로자가 명시적으로 청구하는 경우에는 사업주는 주 12시간 이내에서 연장근로를 시킬 수 있다.

④ 사업주는 근로자의 육아기 근로시간 단축기간이 끝난 후에 그 근로자를 육아기 근로시간 단축 전과 같은 업무 또는 같은 수준의 임금을 지급하는 직무에 복귀시켜야 한다.

⑤ 육아기 근로시간 단축을 한 근로자에 대하여 근로기준법에 따른 평균임금을 산정하는 경우에는 그 근로자의 육아기 근로시간 단축 기간은 평균임금 산정기간에 포함한다.

19 파견근로자 보호 등에 관한 법령상 파견이 허용되는 업무는?

① 출산으로 결원이 생긴 제조업의 직접생산공정업무

② 건설공사현장에서 이루어지는 업무

③ 선원법 제2조 제1호의 선원의 업무

④ 산업안전보건법 제58조에 따른 유해하거나 위험한 업무

⑤ 여객자동차 운수사업법 제2조 제3호에 따른 여객자동차운송사업에서의 운전업무

20 기간제 및 단시간근로자 보호 등에 관한 법령에 관한 설명으로 옳지 않은 것은?

① 박사 학위를 소지하고 해당 분야에 종사하는 경우에는 2년을 초과하여 기간제근로자로 사용할 수 있다.

② 특정한 업무의 완성에 필요한 기간을 정한 경우에는 2년을 초과하여 기간제근로자로 사용할 수 있다.

③ 사용자는 기간의 정함이 없는 근로계약을 체결하려는 경우에 당해 사업 또는 사업장의 동종 또는 유사한 업무에 종사하는 기간제근로자를 우선적으로 고용하여야 한다.

④ 고용노동부장관은 확정된 시정명령에 대하여 사용자에게 이행상황을 제출할 것을 요구할 수 있다.

⑤ 사용자는 기간제근로자임을 이유로 해당 사업 또는 사업장에서 동종 또는 유사한 업무에 종사하는 기간의 정함이 없는 근로계약을 체결한 근로자에 비하여 차별적 처우를 하여서는 아니 된다.

21 최저임금법령에 관한 설명으로 옳지 않은 것은?

① 1년 미만의 기간을 정하여 근로계약을 체결하고 수습 중에 있는 근로자로서 수습을 시작한 날부터 6개월 이내인 사람에 대하여는 고용노동부장관에 의해 고시된 최저임금액보다 적은 최저임금액을 정할 수 있다.

② 사용자가 고용노동부장관의 인가를 받아 최저임금의 적용을 제외할 수 있는 자는 정신 또는 신체의 장애가 업무 수행에 직접적으로 현저한 지장을 주는 것이 명백하다고 인정되는 사람으로 한다.

③ 최저임금위원회는 필요하다고 인정하면 사업의 종류별 또는 특정 사항별로 전문위원회를 둘 수 있다.

④ 고용노동부장관은 매년 8월 5일까지 최저임금을 결정하여야 한다.

⑤ 최저임금위원회에는 관계 행정기관의 공무원 중에서 3명 이내의 특별위원을 둘 수 있다.

22 근로자퇴직급여 보장법에 관한 설명으로 옳은 것은?

① 확정급여형퇴직연금제도란 급여의 지급을 위하여 사용자가 부담하여야 할 부담금의 수준이 사전에 결정되어 있는 퇴직연금제도를 말한다.

② 확정기여형퇴직연금제도란 근로자가 받을 급여의 수준이 사전에 결정되어 있는 퇴직연금제도를 말한다.

③ 사용자는 계속근로기간이 1년 미만인 근로자에 대하여도 퇴직급여제도를 설정하여야 한다.

④ 사용자는 근로자가 퇴직한 경우에는 그 지급사유가 발생한 날부터 14일 이내에 퇴직금을 지급하여야 하지만, 특별한 사정이 있는 경우에는 당사자 간의 합의에 따라 퇴직금의 지급기일을 연장할 수 있다.

⑤ 퇴직급여제도의 일시금을 수령한 사람은 개인형퇴직연금제도를 설정할 수 없다.

23 임금채권보장법에 관한 설명으로 옳지 않은 것은? 기출 수정

① 임금채권보장기금의 관리·운용에 관한 중요사항을 심의하기 위하여 고용노동부에 임금채권보장기금심의위원회를 둔다.

② 거짓으로 대지급금이 지급된 사실을 지방고용노동관서 또는 수사기관에 신고하거나 고발한 자에게는 대통령령으로 정하는 기준에 따라 포상금을 지급할 수 있다.

③ 미성년자인 근로자는 독자적으로 대지급금의 지급을 청구할 수 있다.

④ 대지급금을 지급받을 권리는 담보로 제공할 수 있다.

⑤ 고용노동부장관이 사업주로부터 부담금을 징수할 권리는 3년간 행사하지 아니하면 시효로 소멸한다.

24 근로복지기본법에 관한 설명으로 옳은 것은?

① 누구든지 국가 또는 지방자치단체가 근로자의 주거안정, 생활안정 및 재산형성 등 근로복지를 위하여 이 법에 따라 보조 또는 융자한 자금을 그 목적사업 외에도 사용할 수 있다.

② 고용노동부장관은 관계 중앙행정기관의 장과 협의하여 근로복지증진에 관한 기본계획을 3년마다 수립하여야 한다.

③ 국가의 보조를 받는 비영리법인이 근로복지사업을 추진하는 경우에는 고용노동부장관의 허가를 받아야 한다.

④ 근로자주택의 종류, 규모, 공급대상 근로자, 공급방법과 그 밖에 필요한 사항은 고용 노동부장관이 정한다.

⑤ 국가는 근로자의 생활안정을 지원하기 위하여 근로자 및 그 가족의 의료비 · 혼례비 · 장례비 등의 융자 등 필요한 지원을 하여야 한다.

25 외국인근로자의 고용 등에 관한 법률에 관한 설명으로 옳지 않은 것은?

① 외국인력정책위원회는 외국인근로자 도입 업종 및 규모 등에 관한 사항을 심의 · 의결한다.

② 외국인근로자를 고용하려는 자는 직업안정법에 따른 직업안정기관에 우선 내국인 구인 신청을 하여야 한다.

③ 사용자는 외국인근로자가 외국인 취업교육을 받을 수 있도록 하여야 한다.

④ 외국인근로자를 고용한 사업 또는 사업장의 사용자는 외국인근로자의 출국 등에 따른 퇴직금 지급을 위하여 외국인근로자를 피보험자 또는 수익자로 하는 보험 또는 신탁에 가입하여야 한다.

⑤ 외국인근로자는 고용허가를 받은 날부터 5년의 범위에서 취업활동을 할 수 있다.

01 근로기준법상 해고에 관한 설명으로 옳지 않은 것은?(다툼이 있으면 판례에 따름)

① 부당해고 등의 구제신청은 부당해고 등이 있었던 날부터 3개월 이내에 하여야 한다.

② 사용자의 근로자에 대한 해고가 무효로 판단되는 경우에는 그 해고가 곧바로 불법행위를 구성한다.

③ 사용자가 해고사유 등을 서면으로 통지할 때는 근로자의 처지에서 해고사유가 무엇인지를 구체적으로 알 수 있어야 한다.

④ 노동위원회는 최초의 구제명령을 한 날을 기준으로 매년 2회의 범위에서 구제명령이 이행될 때까지 반복하여 최대 2년간 이행강제금을 부과할 수 있다.

⑤ 노동위원회는 해고에 대한 구제명령을 할 때에 근로자가 원직복직을 원하지 아니하면 원직복직 대신 근로자가 해고기간 동안 근로를 제공하였더라면 받을 수 있었던 임금 상당액 이상의 금품을 근로자에게 지급하도록 명할 수 있다.

02 근로기준법상 연차 유급휴가에 관한 설명으로 옳지 않은 것은?(다툼이 있으면 판례에 따름)

① 사용자는 계속하여 근로한 기간이 1년 미만인 근로자에게 1개월 개근 시 1일의 유급휴가를 주어야 한다.

② 연차 유급휴가의 산정을 위한 출근율의 계산에서 출산전후휴가로 휴업한 기간은 출근한 것으로 본다.

③ 사용자는 근로자대표와의 서면 합의에 따라 연차 유급휴가일을 갈음하여 특정한 근로일에 근로자를 휴무시킬 수 있다.

④ 근로자가 업무상 재해로 연차 유급휴가를 사용할 해당 연도에 전혀 출근하지 못한 경우라면 미사용 연차 유급휴가에 대한 연차휴가수당은 청구할 수 없다.

⑤ 미사용 연차 유급휴가에 대하여는 통상임금의 100분의 50을 가산하여 지급하지 않아도 된다.

03 상시 5명 이상의 근로자를 사용하는 사업장의 휴업수당 지급과 관련하여 근로기준법령에 위반하지 않은 것을 모두 고른 것은?

> ㄱ. 사용자 A의 휴업에 귀책사유가 있어 평균임금의 100분의 80에 해당하는 금액을 휴업수당으로 지급하였다.
> ㄴ. 사용자 B의 휴업에 귀책사유가 없어 휴업수당을 지급하지 않았다.
> ㄷ. 사용자 C의 휴업에 귀책사유가 있는데 평균임금의 100분의 70에 해당하는 금액이 통상임금을 초과하므로 통상임금을 휴업수당으로 지급하였다.

① ㄱ
② ㄴ
③ ㄱ, ㄷ
④ ㄴ, ㄷ
⑤ ㄱ, ㄴ, ㄷ

04 근로기준법상 임금에 관한 설명으로 옳지 않은 것은?(다툼이 있으면 판례에 따름)

① 실비변상적 금원은 평균임금 산정의 기초가 되는 임금 총액에 포함되지 않는다.
② 산출된 평균임금액이 그 근로자의 통상임금보다 적으면 그 통상임금액을 평균임금으로 한다.
③ 사용자와 근로자는 통상임금의 의미나 범위에 관하여 단체협약 등에 의해 따로 합의할 수 있다.
④ "평균임금"이란 이를 산정하여야 할 사유가 발생한 날 이전 3개월 동안에 그 근로자에게 지급된 임금의 총액을 그 기간의 총일수로 나눈 금액을 말한다.
⑤ 정기상여금의 지급주기가 1개월을 넘는다는 사정만으로 그 임금이 통상임금에서 제외된다고 할 수는 없다.

05 사용자의 징계권 행사에 관한 설명으로 옳지 않은 것은?(다툼이 있으면 판례에 따름)

① 징계처분에서 징계사유로 삼은 비위행위가 아닌 평소의 소행과 근무성적, 당해 징계처분 사유 전후에 저지른 비위행위사실 등은 징계양정의 참작자료로 삼을 수 없다.
② 학력 등을 허위로 기재한 행위를 이유로 징계해고를 하는 경우에 그 정당성은 고용 당시의 사정뿐 아니라, 고용 이후 해고에 이르기까지 그 근로자가 종사한 근로의 내용과 기간, 허위기재를 한 학력 등이 종사한 근로의 정상적인 제공에 지장을 초래하는지 여부 등을 종합적으로 고려하여 판단하여야 한다.
③ 사생활에서의 비행은 사업활동에 직접 관련이 있거나 기업의 사회적 평가를 훼손할 염려가 있는 것에 한하여 정당한 징계사유가 될 수 있다.
④ 근로기준법 제23조 제1항의 '정당한 이유'란 징계해고의 경우에는 사회통념상 근로계약을 계속시킬 수 없을 정도로 근로자에게 책임있는 사유가 있는 것을 말한다.
⑤ 여러 개의 징계사유 중 일부가 인정되지 않더라도 인정되는 다른 일부 징계사유만으로도 해당 징계처분의 타당성을 인정하기에 충분한 경우에는 그 징계처분이 위법하지 않다.

06 근로기준법령상 근로시간제도에 관한 설명으로 옳지 않은 것은? `기출 수정`

1
2
3

① 임신 중인 여성 근로자에 대하여는 탄력적 근로시간제를 적용하지 아니한다.

② 선택적 근로시간제의 정산기간은 1개월 이내의 일정한 기간으로 정하여야 한다.

③ 당사자 간에 합의하면 1주간에 12시간을 한도로 제50조의 근로시간을 연장할 수 있다.

④ 재량근로의 대상업무는 사용자가 근로자 대표와 서면 합의로 정한 시간을 근로한 것으로 본다.

⑤ 사용자는 야간근로에 대하여는 통상임금의 100분의 50 이상을 가산하여 근로자에게 지급하여야 한다.

07 근로기준법령상 상시 4명 이하의 근로자를 사용하는 사업 또는 사업장에 적용되지 않는 것은?

1
2
3

① 공민권 행사의 보장(제10조)

② 근로조건의 명시(제17조)

③ 전차금 상계의 금지(제21조)

④ 휴게(제54조)

⑤ 연차 유급휴가(제60조)

08 근로기준법령상 미성년자 또는 연소자의 보호에 관한 설명으로 옳지 않은 것은?

1
2
3

① 미성년자는 독자적으로 임금을 청구할 수 있다.

② 친권자나 후견인은 미성년자의 근로계약을 대리할 수 없다.

③ 예술공연 참가를 위한 경우에는 13세 미만인 자도 취직인허증을 받을 수 있다.

④ 15세 이상 18세 미만인 사람의 근로시간은 1일에 6시간, 1주에 34시간을 초과하지 못한다.

⑤ 고용노동부장관은 근로계약이 미성년자에게 불리하다고 인정하는 경우에는 이를 해지할 수 있다.

09 근로기준법령상 임산부의 보호에 관한 설명으로 옳지 않은 것은?

① 한 번에 둘 이상 자녀를 임신한 경우 출산전후휴가 기간의 배정은 출산 후에 60일 이상이 되어야 한다.

② 사업주는 출산전후휴가 종료 후에는 휴가 전과 동일한 업무 또는 동등한 수준의 임금을 지급하는 직무에 복귀시켜야 한다.

③ 사용자는 임신 후 36주 이후에 있으며 1일 근로시간이 8시간인 여성 근로자가 1일 2시간의 근로시간 단축을 신청하는 경우 이를 허용하여야 한다.

④ 사용자는 임신 중의 여성 근로자에게 시간외근로를 하게 하여서는 아니 된다.

⑤ 사업주는 유산휴가를 청구한 근로자에게 임신기간이 28주 이상인 경우 유산한 날부터 30일까지 유산휴가를 주어야 한다.

10 근로기준법상 취업규칙에 관한 설명으로 옳은 것은?(다툼이 있으면 판례에 따름)

① 사용자는 취업규칙을 근로자에게 불리하게 변경하는 경우에는 근로자 과반수의 의견을 들어야 한다.

② 상시 5명 이상의 근로자를 사용하는 사용자는 근로기준법에서 정한 사항에 관한 취업규칙을 작성하여 고용노동부장관에게 신고하여야 한다.

③ 사용자가 애초에 취업규칙을 작성함에 있어 근로자 과반수의 의견을 듣지 아니하거나 그 동의를 얻지 아니한 경우 그 취업규칙의 내용이 근로기준법에 위반되는지와 관계없이 그 취업규칙은 전부 무효가 된다.

④ 취업규칙의 일부를 이루는 급여규정의 변경이 일부의 근로자에게는 유리하고 일부의 근로자에게는 불리한 경우 그러한 변경에 근로자집단의 동의를 요하는지를 판단하는 것은 근로자 전체에 대하여 획일적으로 결정되어야 한다.

⑤ 근로자의 집단적 의사결정방법에 의한 동의 없이 이루어진 취업규칙의 불리한 변경은 그 변경 후에 취업한 근로자에 대하여 효력이 없다.

11 근로기준법상 직장 내 괴롭힘의 금지에 관한 설명으로 옳지 않은 것은? 기출 수정

① 누구든지 직장 내 괴롭힘 발생 사실을 알게 된 경우 그 사실을 사용자에게 신고할 수 있다.

② 사용자는 직장 내 괴롭힘 발생 사실을 인지한 경우에는 지체 없이 그 사실 확인을 위한 조사를 실시하여야 한다.

③ 사용자는 직장 내 괴롭힘 발생 사실의 확인 조사 결과 그 사실이 확인된 때에는 피해근로자가 요청하면 근무장소의 변경 등 적절한 조치를 하여야 한다.

④ 사용자는 직장 내 괴롭힘 발생 사실을 신고한 근로자 및 피해근로자 등에게 해고나 그 밖의 불리한 처우를 하여서는 아니 된다.

⑤ 사용자가 직장 내 괴롭힘 발생 사실의 확인 조사 결과 그 사실이 확인되었음에도 지체 없이 이에 대한 필요한 조치를 하지 아니한 경우 1천만원 이하의 과태료를 부과한다.

12 근로기준법상 근로감독관에 관한 설명으로 옳지 않은 것은?

① 근로감독관은 사용자와 근로자에 대하여 심문할 수 있다.

② 근로조건의 기준을 확보하기 위하여 고용노동부와 그 소속 기관에 근로감독관을 둔다.

③ 근로감독관은 사업장, 기숙사, 그 밖의 부속 건물을 현장조사하고 장부와 서류의 제출을 요구할 수 있다.

④ 근로감독관의 위촉을 받은 의사는 취업을 금지하여야 할 질병에 걸릴 의심이 있는 근로자에 대하여 검진할 수 있다.

⑤ 근로감독관은 근로기준법 위반의 죄에 관하여 경찰관 직무집행법에서 정하는 바에 따라 사법경찰관의 직무를 수행한다.

13 근로기준법에 규정된 내용으로 옳은 것을 모두 고른 것은?

ㄱ. 이 법에서 정하는 근로조건은 최저기준이므로 근로 관계 당사자는 이 기준을 이유로 근로조건을 낮출 수 없다.

ㄴ. 사용자는 근로자에 대하여 국적·신앙 또는 사회적 신분을 이유로 근로조건에 대한 차별적 처우를 하지 못한다.

ㄷ. 사용자가 근로자를 폭행한 경우 피해자의 명시적인 의사와 다르게 공소를 제기할 수 없다.

ㄹ. 누구든지 법률에 따르지 아니하고는 영리로 다른 사람의 취업에 개입하거나 중간인으로서 이익을 취득하지 못한다.

① ㄱ, ㄴ

② ㄷ, ㄹ

③ ㄱ, ㄴ, ㄹ

④ ㄴ, ㄷ, ㄹ

⑤ ㄱ, ㄴ, ㄷ, ㄹ

14 헌법 제32조(근로의 권리)에 명시된 내용으로 옳지 않은 것은?

① 모든 국민은 근로의 권리를 가지며 근로의 의무를 진다.

② 여자 및 연소자의 근로는 특별한 보호를 받는다.

③ 신체장애자는 우선적으로 근로의 기회를 부여받는다.

④ 근로조건의 기준은 인간의 존엄성을 보장하도록 법률로 정한다.

⑤ 국가는 법률이 정하는 바에 의하여 최저임금제를 시행하여야 한다.

15 노동법의 법원(法源)에 관한 설명으로 옳은 것은?(다툼이 있으면 판례에 따름) `기출 수정`

① 근로관계 당사자의 권리와 의무를 규율하는 취업규칙은 노동법의 법원에 해당한다.

② 국제노동기구(ILO)의 강제근로의 폐지에 관한 협약(제105호)은 노동법의 법원에 해당한다.

③ 노동사건에 관련한 대법원 전원합의체 판결은 노동법의 법원에 해당한다.

④ 노동관계법령에 대한 법제처의 유권해석은 노동법의 법원에 해당한다.

⑤ 사용자와 개별근로자가 체결한 근로계약은 노동법의 법원에 해당하지 않는다.

16 산업안전보건법에 관한 설명으로 옳지 않은 것은?

① 근로자는 산업재해가 발생한 급박한 위험이 있는 경우에는 작업을 중지하고 대피할 수 있다.

② 사업주는 사업장에 근로자위원, 사용자위원 및 공익위원이 같은 수로 구성되는 산업안전보건위원회를 운영하여야 한다.

③ 산업재해 예방에 관한 기본계획은 고용노동부장관이 수립하며 산업재해보상보험 및 예방심의위원회의 심의를 거쳐 공표하여야 한다.

④ 고용노동부장관은 산업재해를 예방하기 위하여 대통령령으로 정하는 사업장의 근로자 산업재해 발생건수, 재해율 또는 그 순위 등을 공표하여야 한다.

⑤ 고용노동부장관은 역학조사를 하는 경우 근로자대표가 요구할 때 그를 역학조사에 참석하게 할 수 있다.

17 직업안정법상 용어의 정의로 옳지 않은 것은?

① "직업안정기관"이란 직업소개, 직업지도 등 직업안정업무를 수행하는 지방고용노동행정기관을 말한다.

② "직업소개"란 구인 또는 구직의 신청을 받아 구직자 또는 구인자(求人者)를 탐색하거나 구직자를 모집하여 구인자와 구직자 간에 고용계약이 성립되도록 알선하는 것을 말한다.

③ "무료직업소개사업"이란 수수료, 회비 또는 그 밖의 어떠한 금품도 받지 아니하고 하는 직업소개사업을 말한다.

④ "근로자공급사업"이란 근로자파견사업을 포함하여 공급계약에 따라 근로자를 타인에게 사용하게 하는 사업을 말한다.

⑤ "고용서비스"란 구인자 또는 구직자에 대한 고용정보의 제공, 직업소개, 직업지도 또는 직업능력개발 등 고용을 지원하는 서비스를 말한다.

18 남녀고용평등과 일·가정 양립 지원에 관한 법률상 배우자 출산휴가에 대한 설명으로 옳은 것은?

① 사업주는 근로자가 배우자 출산휴가를 청구하는 경우에 5일의 휴가를 주어야 한다.

② 배우자 출산휴가를 사용한 휴가기간 중 3일은 유급으로 한다.

③ 배우자 출산휴가는 2회에 한정하여 나누어 사용할 수 있다.

④ 배우자 출산휴가는 근로자의 배우자가 출산한 날부터 90일이 지나면 청구할 수 없다.

⑤ 출산전후휴가급여가 지급되었더라도 배우자 출산휴가에 대한 급여는 전액 지급되어야 한다.

19 파견근로자 보호 등에 관한 법률에 대한 설명으로 옳지 않은 것은?

① 사용사업주는 파견근로자를 사용하고 있는 업무에 근로자를 직접 고용하려는 경우에는 해당 파견근로자를 우선적으로 고용하여야 한다.

② 파견근로자는 차별적 처우를 받은 경우 차별적 처우가 있은 날부터 6개월 이내에 노동위원회에 그 시정을 신청할 수 있다.

③ 차별적 처우의 금지 및 시정에 관한 규정은 사용사업주가 상시 4명 이하의 근로자를 사용하는 경우에는 적용하지 아니한다.

④ 고용노동부장관은 확정된 차별시정명령을 이행할 의무가 있는 파견사업주의 사업장에서 해당 시정명령의 효력이 미치는 근로자 이외의 파견근로자에 대하여 차별적 처우가 있는 경우에는 그 시정을 요구할 수 있다.

⑤ 사용사업주는 파견근로자의 적절한 파견근로를 위하여 사용사업관리책임자를 선임하여야 한다.

20 기간제 및 단시간근로자 보호 등에 관한 법률에 대한 설명으로 옳지 않은 것은?

① 동거의 친족만을 사용하는 사업에 대하여는 적용하지 아니한다.

② 사용자는 가사, 학업 그 밖의 이유로 근로자가 단시간근로를 신청하는 때에는 해당 근로자를 단시간근로자로 전환하도록 노력하여야 한다.

③ 차별적 처우와 관련한 분쟁에 있어서 입증책임은 사용자가 부담한다.

④ 노동위원회는 사용자의 차별적 처우에 명백한 고의가 인정되는 경우에는 손해액을 기준으로 3배를 넘지 아니하는 범위에서 배상을 명령할 수 있다.

⑤ 노동위원회는 차별시정명령을 받은 후 이행기한까지 시정명령을 이행하지 아니한 사용자에게 이행강제금을 부과한다.

21 최저임금법에 관한 설명으로 옳은 것을 모두 고른 것은?

> ㄱ. 선원법의 적용을 받는 선원과 선원을 사용하는 선박의 소유자에게는 적용하지 아니한다.
> ㄴ. 최저임금은 매년 12월 31일까지 결정하여 고시한다.
> ㄷ. 최저임금위원회는 대통령 소속으로 둔다.
> ㄹ. 고용노동부장관은 근로자의 생계비와 임금실태 등을 매년 조사하여야 한다.

① ㄱ, ㄴ   ② ㄱ, ㄷ

② ㄱ, ㄹ   ④ ㄴ, ㄷ

⑤ ㄷ, ㄹ

22 근로자퇴직급여 보장법에 관한 설명으로 옳지 않은 것은?

① 퇴직연금제도의 급여를 받을 권리는 양도할 수 없다.

② 퇴직연금사업자는 자산관리업무에 관한 계약 체결과 관련된 약관을 변경하려는 경우 미리 고용노동부장관에게 보고하여야 한다.

③ 퇴직금제도를 설정하려는 사용자는 계속근로기간 1년에 대하여 30일분 이상의 평균임금을 퇴직금으로 퇴직 근로자에게 지급할 수 있는 제도를 설정하여야 한다.

④ 퇴직금을 받을 권리는 3년간 행사하지 아니하면 시효로 인하여 소멸한다.

⑤ 확정기여형퇴직연금제도에 가입한 근로자는 주택구입 등 대통령령으로 정하는 사유가 발생하면 적립금을 중도인출할 수 있다.

23 임금채권보장법령상 대지급금에 관한 설명으로 옳지 않은 것은?

① 고용노동부장관은 대지급금의 지급에 충당하기 위하여 임금채권보장기금을 설치한다.
② 대지급금은 근로기준법에 따른 휴업수당을 포함하지 않는다.
③ 소액대지급금은 판결이 있는 날부터 1년 이내에 청구하여야 한다.
④ 대지급금을 받을 권리가 있는 사람이 부상으로 대지급금을 수령할 수 없는 경우에는 그 가족에게 수령을 위임할 수 있다.
⑤ 대지급금을 지급받을 권리는 양도 또는 압류할 수 없다.

24 근로복지기본법상 근로복지증진에 관한 기본계획에 포함되어야 하는 사항이 아닌 것은?

① 고용동향과 인력수급전망에 관한 사항　② 사내근로복지기금제도에 관한 사항
③ 근로자의 생활안정에 관한 사항　④ 근로자의 주거안정에 관한 사항
⑤ 우리사주제도에 관한 사항

25 외국인근로자의 고용 등에 관한 법률에 대한 설명으로 옳지 않은 것은?

① 사용자가 법률에 따라 선정한 외국인근로자를 고용하려면 고용노동부령으로 정하는 표준근로계약서를 사용하여 근로계약을 체결하여야 한다.
② 고용허가를 받은 사용자와 외국인근로자는 입국한 날부터 3년의 기간 내에서 당사자 간의 합의에 따라 근로계약을 체결하거나 갱신할 수 있다.
③ 사용자는 외국인근로자의 귀국 시 필요한 비용에 충당하기 위하여 보험에 가입하여야 한다.
④ 직업안정기관의 장은 사용자의 임금체불로 근로계약을 유지하기 어렵다고 인정되는 경우 외국인근로자 고용허가를 취소할 수 있다.
⑤ 직업안정기관의 장은 외국인근로자 고용허가 또는 특례고용가능확인을 받지 아니하고 외국인근로자를 고용한 자에 대하여 그 사실이 발생한 날부터 3년간 외국인근로자의 고용을 제한할 수 있다.

01 근로기준법에서 규정하고 있는 기본원칙이 아닌 것은?

① 공민권 행사의 보장　　　　　　　　　② 균등한 처우

③ 강제 근로의 금지　　　　　　　　　　④ 폭행의 금지

⑤ 국제협약의 준수

02 근로기준법령상 상시 4명 이하의 근로자를 사용하는 사업 또는 사업장에도 적용되는 것은?

① 단시간근로자의 근로조건(근로기준법 제18조)

② 경영상 이유에 의한 해고의 제한(근로기준법 제24조)

③ 해고사유 등의 서면통지(근로기준법 제27조)

④ 부당해고 등의 구제신청(근로기준법 제28조)

⑤ 휴업수당(근로기준법 제46조)

03 근로기준법상 근로계약에 관한 설명으로 옳지 않은 것은?

① 15세 미만인 자가 고용노동부장관이 발급한 취직인허증을 지니고 있으면 근로자로 사용할 수 있다.

② 사용자는 18세 미만인 사람과 근로계약을 체결하는 경우에는 근로기준법 제17조에 따른 근로조건을 서면으로 명시하여 교부하여야 한다.

③ 근로기준법 제17조에 따라 명시된 근로조건이 사실과 다를 경우에 근로자는 근로조건 위반을 이유로 손해의 배상을 청구할 수 있으며 즉시 근로계약을 해제할 수 있다.

④ 친권자, 후견인 또는 고용노동부장관은 근로계약이 미성년자에게 불리하다고 인정하는 경우에는 이를 해지할 수 있다.

⑤ 미성년자의 근로계약은 미성년자의 동의를 얻어 친권자 또는 후견인이 대리할 수 있다.

04 채용내정 및 시용에 관한 설명으로 옳지 않은 것은?(다툼이 있으면 판례에 따름)

① 채용내정자의 해약권유보부 근로계약에는 근로기준법 제23조(해고 등의 제한)가 적용되지 않는다.

② 채용내정 취소가 무효인 경우 채용내정자는 취업하여 근로하였더라면 받을 수 있었을 임금의 지급을 청구할 수 있다.

③ 시용기간의 적용이 선택적 사항임에도 불구하고 근로자에게 시용기간이 명시되지 않았다면 근로자는 시용근로자가 아닌 정식 사원으로 채용되었다고 보아야 한다.

④ 시용기간 만료 후 사용자가 근로자에게 단순히 시용기간의 만료로 해고한다는 취지로만 통지한 것은 절차상 하자가 있어 근로계약 종료의 효력이 없다.

⑤ 사용자가 시용기간 만료 후 본 근로계약 체결을 거부하는 경우에도 객관적으로 합리적인 이유가 존재하여 사회통념상 상당성이 있어야 한다.

05 근로기준법상 임금에 관한 설명으로 옳지 않은 것은?(다툼이 있으면 판례에 따름)

① 임금은 통화(通貨)로 직접 근로자에게 그 전액을 지급하여야 한다.

② 임금은 매월 1회 이상 일정한 날짜를 정하여 지급하여야 한다.

③ 사용자가 근로자의 불법행위를 원인으로 한 손해배상 채권을 가지고 있더라도 근로자의 임금 채권과 상계할 수 없다.

④ 근로자의 임금포기에 관한 약정에 대해서는 문언의 기재 내용에 따라 엄격하게 해석해야 하기 때문에 임금포기를 한 경위나 목적 등 여러 사정을 반영하는 합목적적 해석을 해서는 안 된다.

⑤ 근로자로부터 임금채권을 양수받은 자라 하더라도 사용자로부터 직접 임금을 지급받을 수 없다.

06 근로기준법 제69조(근로시간)에 관한 규정이다. (ㄱ), (ㄴ), (ㄷ), (ㄹ)에 들어갈 각각의 시간을 모두 합한 시간은?

> 15세 이상 18세 미만인 자의 근로시간은 1일에 (ㄱ)시간, 1주에 (ㄴ) 시간을 초과하지 못한다. 다만, 당사자 사이의 합의에 따라 1일에 (ㄷ)시간, 1주에 (ㄹ)시간을 한도로 연장할 수 있다.

① 48시간
② 51시간
③ 56시간
④ 61시간
⑤ 68시간

07 근로기준법상 근로시간 및 휴게시간의 특례 사업이 아닌 것은?

① 보건업
② 항공운송업
③ 수상운송업
④ 육상운송 및 파이프라인 운송업
⑤ 노선(路線) 여객자동차운송사업

08 근로기준법 제60조 제1항에서 규정하고 있는 1년간 80% 이상 출근한 근로자에게 부여되는 연차 유급휴가에 관한 설명으로 옳지 않은 것은?(다툼이 있으면 판례에 따름)

① 연차 유급휴가를 사용할 권리는 다른 특별한 정함이 없는 한 그 전년도 1년간의 근로를 마친 다음날 발생한다.

② 연차 유급휴가를 사용하기 전에 퇴직 등의 사유로 근로관계가 종료되더라도 연차 유급휴가수당을 청구할 권리는 그대로 유지된다.

③ 사용하지 아니한 휴가에 대한 보상을 지급하는 연차 유급휴가 수당에 대하여는 별도의 휴일 근로수당이 적용되지 않는다.

④ 연차 유급휴가 규정을 적용하는 경우 육아휴직으로 휴업한 기간은 출근한 것으로 보지 않는다.

⑤ 연차 유급휴가 수당청구권의 소멸시효는 연차 유급휴가권을 취득한 날부터 1년이 경과하여 그 휴가불실시가 확정된 다음 날부터 기산한다.

09 근로기준법상 취업규칙에 관한 설명으로 옳지 않은 것은?(다툼이 있으면 판례에 따름)

① 사용자는 근로자의 근로조건, 근로형태, 직종 등의 특수성에 따라 근로자 일부에게 적용되는 별도의 취업규칙을 작성할 수 있다.

② 취업규칙 작성 시 과반수 노동조합이 있는 경우 사용자는 노동조합 대표자의 의견과 함께 집단적 회의 방식으로 조합원의 의견을 들어야 한다.

③ 취업규칙의 변경이 여러 근로자 집단 중 하나의 근로자 집단에게만 불이익하지만 향후 다른 근로자 집단에게도 변경된 취업규칙의 적용이 예상된다면, 해당 근로자 집단을 포함한 근로자 집단이 취업규칙 불이익변경의 동의주체가 된다.

④ 사용자가 취업규칙 불이익변경 절차를 거치지 않았더라도 노동조합이 불이익변경된 취업규칙에 따르기로 하는 단체협약을 체결한 경우에는 그 단체협약의 적용을 받게 되는 기존의 근로자들에게 변경된 취업규칙이 적용된다.

⑤ 취업규칙이 기존의 근로자에게 불이익하게 변경되었는지 여부를 불문하고, 사용자가 취업규칙을 변경한 후 신규 취업한 근로자에게는 변경된 취업규칙이 적용된다.

10 헌법 제32조에 관한 내용으로 옳지 않은 것은?

① 국가는 법률이 정하는 바에 의하여 최저임금제를 시행하여야 한다.

② 여자의 근로는 특별한 보호를 받으며, 고용·임금 및 근로 조건에 있어서 부당한 차별을 받지 아니한다.

③ 국가는 근로의 권리의 내용과 조건을 민주주의원칙에 따라 법률로 정하여야 한다.

④ 연소자의 근로는 특별한 보호를 받는다.

⑤ 국가유공자·상이군경 및 전몰군경의 유가족은 법률이 정하는 바에 의하여 우선적으로 근로의 기회를 부여받는다.

11 한국이 비준하고 있는 국제노동기구(ILO)의 협약이 아닌 것은? `기출 수정`

① 강제노동철폐 협약(제105호) ② 최저임금결정제도 협약(제26호)

③ 차별(고용과 직업) 협약(제111호) ④ 최저연령 협약(제138호)

⑤ 근로감독 협약(제81호)

12 징계에 관한 설명으로 옳지 않은 것은?(다툼이 있으면 판례에 따름)

① 근로자의 사생활에서의 비행은 기업활동에 직접 관련이 있거나 기업의 사회적 평가를 훼손할 염려가 있는 경우 정당한 징계사유가 될 수 있다.

② 징계위원회에 무자격위원이 참여한 상태에서 징계처분이 이루어진 경우 그 위원을 제외하더라도 의결정족수가 충족된다면 그 징계처분은 유효하다.

③ 노동조합 간부에 대한 징계처분을 함에 있어 노동조합과 합의를 하도록 단체협약에 규정된 경우 그 절차를 거치지 않은 징계처분은 원칙적으로 무효이다.

④ 원래의 징계 과정에 절차 위반의 하자가 있더라도 재심 과정에서 보완되었다면 그 절차 위반의 하자는 치유된다.

⑤ 취업규칙에서 근로자에 대하여 감급(減給)의 제재를 정할 경우에 그 감액은 1회의 금액이 평균임금의 1일분의 2분의 1을, 총액이 1임금지급기의 임금 총액의 10분의 1을 초과하지 못한다.

13 근로기준법상 구제명령 등에 관한 설명으로 옳지 않은 것은?

① 노동위원회는 심문을 끝내고 부당해고 등이 성립한다고 판정하면 사용자에게 구제명령을 하여야 한다.

② 노동위원회의 판정, 구제명령 및 기각결정은 사용자와 근로자에게 각각 서면으로 통지하여야 한다.

③ 지방노동위원회의 구제명령이나 기각결정에 불복하는 사용자나 근로자는 구제명령서나 기각결정서를 통지받은 날부터 10일 이내에 중앙노동위원회에 재심을 신청할 수 있다.

④ 중앙노동위원회의 재심판정에 대하여 사용자나 근로자는 재심판정서를 송달받은 날부터 30일 이내에 행정소송법의 규정에 따라 소(訴)를 제기할 수 있다.

⑤ 노동위원회의 구제명령, 기각결정 또는 재심판정은 중앙노동위원회에 대한 재심 신청이나 행정소송의 제기에 의하여 그 효력이 정지되지 아니한다.

14 근로기준법상 경영상 이유에 의한 해고의 제한에 관한 설명으로 옳지 않은 것은?(다툼이 있으면 판례에 따름)

① 긴박한 경영상의 필요란 기업의 일부 영업부문 내지 영업소의 수지만을 기준으로 할 것이 아니라 기업 전체의 경영사정을 종합적으로 검토하여 결정되어야 한다.

② 근로자의 과반수로 조직된 노동조합이 있는 경우에도 사용자가 그 노동조합과의 협의 외에 근로자집단의 대표와 별도로 협의하여야 한다.

③ 사용자는 대통령령으로 정하는 일정한 규모 이상의 인원을 해고하려면 대통령령으로 정하는 바에 따라 고용노동부장관에게 신고하여야 한다.

④ 경영 악화를 방지하기 위한 사업의 양도·인수·합병은 긴박한 경영상의 필요가 있는 것으로 본다.

⑤ 사용자가 해고를 회피하기 위한 방법에 관하여 노동조합 또는 근로자대표와 성실하게 협의하여 정리해고 실시에 관한 합의에 도달하였다면 이러한 사정도 해고회피노력의 판단에 참작되어야 한다.

15 산업안전보건법에 관한 설명으로 옳지 않은 것은? `기출 수정`

① 산업안전보건법은 국가 · 지방자치단체 및 공기업에는 적용하지 않는다.

② 사업주는 사업장의 안전 및 보건을 유지하기 위하여 안전보건교육에 관한 사항이 포함된 안전보건관리규정을 작성하여야 한다.

③ 사업주는 규정에 따른 건강진단을 실시하는 경우 근로자대표가 요구하면 근로자대표를 참석시켜야 한다.

④ 사업주는 고객의 폭언 등으로 근로자에게 건강장해가 발생하거나 발생할 현저한 우려가 있는 경우에는 업무의 일시적 중단 또는 전환 등 대통령령으로 정하는 필요한 조치를 하여야 한다.

⑤ 산업안전보건위원회가 설치되어 있지 아니한 사업장의 경우에는 근로자대표의 동의를 받아 안전보건관리규정을 작성하여야 한다.

16 직업안정법에 관한 설명으로 옳은 것은?

① 국외 무료직업소개사업을 하려는 자는 고용노동부장관의 허가를 받아야 한다.

② 국내 유료직업소개사업을 하려는 자는 주된 사업소의 소재지를 관할하는 관청에 신고하여야 한다.

③ 고용노동부장관에게 등록을 신청하면 누구든지 근로자공급사업을 할 수 있다.

④ 누구든지 성별, 연령, 종교, 신체적 조건, 사회적 신분 또는 혼인 여부 등을 이유로 직업소개 또는 직업지도를 받거나 고용관계를 결정할 때 차별대우를 받지 아니한다.

⑤ 직업안정기관의 장이 필요하다고 인정하면 구직자의 동의가 없어도 직업적성검사를 할 수 있다.

17 남녀고용평등과 일 · 가정 양립지원에 관한 법률에 대한 설명으로 옳지 않은 것은?(다툼이 있으면 판례에 따름)

① 사업주는 근로자를 모집하거나 채용할 때 남녀를 차별하여서는 아니 된다.

② 직장 내 성희롱과 관련된 분쟁해결에서 입증책임은 사업주가 부담한다.

③ 가족돌봄휴직 기간은 연간 최장 60일로 하며, 이를 나누어 사용할 수 있다.

④ 동일가치의 노동이라 함은 당해 사업 내의 서로 비교되는 남녀 간의 노동이 그 직무가 다소 다르더라도 객관적인 직무평가 등에 의하여 본질적으로 동일한 가치가 있는 노동을 포함한다.

⑤ 사업주는 근로자가 배우자의 출산을 이유로 휴가를 청구하는 경우에 10일의 휴가를 주어야 한다. 이 경우 사용한 휴가기간은 유급으로 한다.

18 근로기준법령상 해고 예고의 예외 사유에 해당하지 않는 것은?

① 근로자가 계속 근로한 기간이 3개월 미만인 경우
② 6개월을 초과하여 단시간 근로를 계속한 경우
③ 천재ㆍ사변, 그 밖의 부득이한 사유로 사업을 계속하는 것이 불가능한 경우
④ 제품 또는 원료 등을 몰래 훔치거나 불법 반출한 경우
⑤ 사업장의 기물을 고의로 파손하여 생산에 막대한 지장을 가져온 경우

19 파견근로자 보호 등에 관한 법률상 사용사업주가 파견근로자를 직접 고용할 의무가 발생하는 경우를 모두 고른 것은?

> ㄱ. 고용노동부장관의 허가를 받지 않고 근로자파견사업을 하는 자로부터 근로자파견의 역무를 제공받은 경우
> ㄴ. 제조업의 직접생산공정업무에서 일시적ㆍ간헐적으로 사용기간 내에 파견근로자를 사용한 경우
> ㄷ. 건설공사현장에서 이루어지는 업무에서 부상으로 결원이 생겨 파견근로자를 사용한 경우
> ㄹ. 건설공사현장에서 이루어지는 업무에서 연차 유급휴가로 결원이 생겨 파견근로자를 사용한 경우

① ㄱ, ㄷ
② ㄱ, ㄹ
③ ㄱ, ㄴ, ㄷ
④ ㄱ, ㄷ, ㄹ
⑤ ㄱ, ㄴ, ㄷ, ㄹ

20 기간제 및 단시간근로자 보호 등에 관한 법률상 차별시정제도에 대한 설명으로 옳지 않은 것은?

① 기간제근로자는 차별적 처우를 받은 경우 노동위원회에 차별적 처우가 있은 날부터 6개월이 경과하기 전에 그 시정을 신청할 수 있다.
② 기간제근로자가 차별적 처우의 시정신청을 하는 때에는 차별적 처우의 내용을 구체적으로 명시하여야 한다.
③ 노동위원회는 차별적 처우의 시정신청에 따른 심문의 과정에서 관계당사자 쌍방 또는 일방의 신청 또는 직권에 의하여 조정(調停)절차를 개시할 수 있다.
④ 노동위원회는 사용자의 차별적 처우에 명백한 고의가 인정되거나 차별적 처우가 반복되는 경우에는 손해액을 기준으로 3배를 넘지 아니하는 범위에서 배상을 명할 수 있다.
⑤ 시정신청을 한 근로자는 사용자가 확정된 시정명령을 이행하지 아니하는 경우 이를 중앙노동위원회에 신고하여야 한다.

21 최저임금법에 관한 설명으로 옳지 않은 것은?

① 최저임금액을 일(日)·주(週) 또는 월(月)을 단위로 하여 정할 때에는 시간급(時間給)으로도 표시하여야 한다.

② 최저임금은 근로자의 생계비, 유사 근로자의 임금, 노동생산성 및 소득분배율 등을 고려하여 정한다. 이 경우 사업의 종류별로 구분하여 정할 수 있다.

③ 사용자는 최저임금법에 따른 최저임금을 이유로 종전의 임금수준을 낮출 수 있다.

④ 도급으로 사업을 행하는 경우 도급인이 책임져야 할 사유로 수급인이 근로자에게 최저임금액에 미치지 못하는 임금을 지급한 경우 도급인은 해당 수급인과 연대(連帶)하여 책임을 진다.

⑤ 최저임금의 적용을 받는 근로자와 사용자 사이의 근로계약 중 최저임금액에 미치지 못하는 금액을 임금으로 정한 부분은 무효이다.

22 임금채권보장법에 관한 설명으로 옳지 않은 것은?

① 미성년자인 근로자는 독자적으로 대지급금의 지급을 청구할 수 없다.

② 고용노동부장관이 사업주의 신청에 따라 체불 임금등을 지급하는 데 필요한 비용을 융자하는 경우, 융자금액은 고용노동부장관이 해당 근로자에게 직접 지급하여야 한다.

③ 고용노동부장관은 근로자에게 대지급금을 지급하였을 때에는 그 지급한 금액의 한도에서 그 근로자가 해당 사업주에 대하여 미지급 임금 등을 청구할 수 있는 권리를 대위(代位)한다.

④ 사업장 규모 등 고용노동부령으로 정하는 기준에 해당하는 근로자가 대지급금을 청구하는 경우 고용노동부령으로 정하는 공인노무사로부터 대지급금 청구서 작성, 사실확인 등에 관한 지원을 받을 수 있다.

⑤ 고용노동부장관은 대지급금을 지급하는 데 드는 비용에 충당하기 위하여 사업주로부터 부담금을 징수한다.

23 근로자퇴직급여 보장법에 관한 설명으로 옳지 않은 것은?

① 퇴직급여제도란 확정급여형퇴직연금제도, 확정기여형퇴직연금제도 및 퇴직금제도를 말한다.

② 사용자는 퇴직급여제도를 설정하는 경우에 하나의 사업에서 급여 및 부담금 산정방법의 적용 등에 관하여 차등을 두어서는 아니 된다.

③ 사용자는 계속근로기간이 1년 미만인 근로자, 4주간을 평균하여 1주간의 소정근로시간이 15시간 미만인 근로자에 대하여는 퇴직급여제도를 설정하지 않아도 된다.

④ 사용자가 퇴직급여제도를 설정하거나 설정된 퇴직급여제도를 다른 종류의 퇴직급여제도로 변경하려는 경우 근로자의 과반수가 가입한 노동조합이 없는 경우에는 근로자 과반수의 동의를 받아야 한다.

⑤ 퇴직금제도를 설정하려는 사용자는 계속근로기간 1년에 대하여 30일분 이상의 통상임금을 퇴직금으로 퇴직 근로자에게 지급할 수 있는 제도를 설정하여야 한다.

24 근로복지기본법상의 사내근로복지기금법인이 그 수익금으로 시행할 수 있는 사업이 아닌 것은?

① 주택구입자금등의 보조 등 근로자 재산형성을 위한 지원

② 모성보호 및 일과 가정생활의 양립을 위하여 필요한 비용 지원

③ 장학금·재난구호금의 지급 등 근로자의 생활원조

④ 사업주의 체불임금 지급에 필요한 비용 지원

⑤ 해당 사업으로부터 직접 도급받는 업체의 소속 근로자의 복리후생 증진

25 외국인근로자의 고용 등에 관한 법률에 대한 설명으로 옳지 않은 것은?

① 사용자가 법률에 따라 선정한 외국인근로자를 고용하려면 고용노동부령으로 정하는 표준근로계약서를 사용하여 근로계약을 체결하여야 한다.

② 사용자는 외국인근로자와 근로계약을 체결하려는 경우 이를 한국산업인력공단 등에 대행하게 할 수 없다.

③ 외국인근로자와 근로계약을 체결한 사용자는 그 외국인근로자를 대리하여 법무부장관에게 사증발급인정서를 신청할 수 있다.

④ 취업활동 기간이 연장되는 외국인근로자와 사용자는 연장된 취업활동 기간의 범위에서 근로계약을 체결할 수 있다.

⑤ 직업안정기관이 아닌 자는 외국인근로자의 선발, 알선, 그 밖의 채용에 개입하여서는 아니 된다.

01 헌법상 근로의 권리에 관한 설명으로 옳지 않은 것은?(다툼이 있으면 판례에 따름)

① 헌법은 근로의 권리 주체를 국민으로 규정하고 있다.

② 근로조건의 기준은 인간의 존엄성을 보장하도록 법률로 정한다.

③ 국가에 대한 직접적인 직장존속보장청구권은 헌법상 근로의 권리에서 도출된다.

④ 국가는 사회적 · 경제적 방법으로 근로자의 고용의 증진과 적정임금의 보장에 노력하여야 한다.

⑤ 국가유공자 · 상이군경 및 전몰군경의 유가족은 법률이 정하는 바에 의하여 우선적으로 근로의 기회를 부여받는다.

02 우리나라 노동법의 법원(法源)에 관한 설명으로 옳지 않은 것은?(다툼이 있으면 판례에 따름)

기출 수정

① 고용노동부의 업무지침 등이 그 성질과 내용이 행정기관 내부의 사무처리지침에 불과한 경우에는 대외적인 구속력은 없다.

② 국제노동기구(ILO)의 강제근로의 폐지에 관한 협약(제105호)은 노동법의 법원에 해당한다.

③ 노동사건에 대한 판례는 노동법의 법원으로 인정되지 않는다.

④ 단체협약은 노동법의 법원으로 인정된다.

⑤ 노동조합규약은 일종의 자치적 법규범으로서 소속 조합원에 대하여 법적 효력을 가진다.

03 근로기준법상 사용자의 인사명령에 관한 설명으로 옳지 않은 것은?(다툼이 있으면 판례에 따름)

① 근로자에 대한 전직이나 전보처분은 원칙적으로 인사권자인 사용자의 권한에 속한다.

② 근로계약에서 근로의 내용이나 근무장소를 특별히 한정한 경우에 사용자가 근로자에 대하여 전보처분을 하려면 원칙적으로 근로자의 동의가 있어야 한다.

③ 근로자의 직무수행능력 부족을 이유로 한 잠정적 직위해제는 기업질서 유지를 목적으로 행하여지는 징벌적 제재로서의 징계와 그 성질이 동일하다.

④ 휴직명령은 근로자가 상당한 기간에 걸쳐 근로의 제공을 할 수 없다거나, 근로제공을 함이 매우 부적당하다고 인정되는 경우에는 정당한 이유에 해당한다.

⑤ 전적시 당사자 사이에 종전의 근로관계를 승계하기로 하는 특약이 없었다면, 전적(轉籍)으로 근로관계는 단절된다.

04 근로기준법상 근로계약의 체결에 관한 설명으로 옳지 않은 것은?(다툼이 있으면 판례에 따름)

① 사용자는 특별한 사정이 없는 한 근로자와 사이에 근로계약의 체결을 통하여 자신의 업무지휘권의 행사와 조화를 이루는 범위 내에서 근로자가 인격을 실현시킬 수 있도록 배려하여야 할 신의칙상의 의무를 부담한다.

② 고용노동부장관은 근로계약이 미성년자에게 불리하다고 인정하는 경우에는 이를 해지할 수 있다.

③ 사용자는 근로계약에 덧붙여 저축금의 관리를 규정하는 계약을 체결하지 못하나, 근로자의 위탁으로 저축을 관리할 수는 있다.

④ 취업규칙에 신규 채용 근로자에 대한 시용기간의 적용을 선택적 사항으로 규정하고 있는 경우, 근로계약에 시용기간의 적용을 명시하지 아니하고 고용한 근로자는 정식 사원으로 채용되었다고 보아야 한다.

⑤ 근로자에 대한 신원보증계약은 근로기준법상 위약 예정의 금지에 해당되어 무효이다.

05 근로기준법상 기본원칙에 관한 설명으로 옳지 않은 것은?(다툼이 있으면 판례에 따름)

① 사용자는 근로자에 대하여 국적·신앙 또는 사회적 이유로 근로조건에 대한 차별적 처우를 하지 못한다.

② 영리로 다른 사람의 취업에 개입하는 행위에는 취업을 원하는 사람에게 취업을 알선해 주기로 하면서 그 대가로 금품을 수령하는 정도의 행위는 포함되지 않는다.

③ 사용자는 정신상의 자유를 부당하게 구속하는 수단으로써 근로자의 자유의사에 어긋나는 근로를 강요하지 못한다.

④ 근로자와 사용자는 각자가 단체협약, 취업규칙과 근로계약을 지키고 성실하게 이행할 의무가 있다.

⑤ 사용자는 근로자가 근로시간 중에 선거권 행사를 위해 필요한 시간을 청구한 경우, 그 행사에 지장이 없으면 청구한 시간을 변경할 수 있다.

06 근로기준법상 근로시간과 휴식에 관한 설명으로 옳지 않은 것은?(다툼이 있으면 판례에 따름)

① 근로시간을 산정함에 있어 작업을 위하여 근로자가 사용자의 지휘·감독 아래에 있는 대기시간 등은 근로시간으로 본다.

② 15세 이상 18세 미만의 근로자에게는 탄력적 근로시간제가 적용되지 않는다.

③ 선택적 근로시간제를 시행하려는 사용자는 근로자대표와 서면 합의를 하여야 한다.

④ 근로자에 대한 임금을 월급으로 지급할 경우 그 월급에는 근로기준법상 소정의 유급휴일에 대한 임금도 포함된다.

⑤ 사용자는 취업규칙이 정하는 바에 따라 연장근로에 대하여 임금을 지급하는 것을 갈음하여 휴가를 줄 수 있다.

07 근로기준법상 여성의 보호에 관한 설명으로 옳은 것은?

① 사용자는 산후 2년이 지나지 아니한 여성을 보건상 유해·위험한 사업에 사용하지 못한다.

② 사용자는 임산부가 아닌 18세 이상의 여성을 보건상 유해·위험한 사업 중 임신 또는 출산에 관한 기능에 유해·위험한 사업에 사용하지 못한다.

③ 사용자는 여성을 휴일에 근로시키려면 근로자대표의 서면 동의를 받아야 한다.

④ 여성은 보건·의료, 보도·취재 등의 일시적 사유가 있더라도 갱내(坑內)에서 근로를 할 수 없다.

⑤ 사용자는 여성 근로자가 청구하면 월 1일의 유급생리휴가를 주어야 한다.

08 근로기준법령상 사용자가 3년간 보존하여야 하는 근로계약에 관한 중요한 서류가 아닌 것은?

① 연소자의 증명에 관한 서류　　　　　② 휴가에 관한 서류

③ 승급·감급에 관한 서류　　　　　　　④ 퇴직금 중간정산에 관한 증명서류

⑤ 임금대장

09 근로기준법상 휴일근로에 관한 규정이다. (　　　)에 들어갈 숫자를 옳게 짝지은 것은?

> 사용자는 휴일근로에 대하여는 다음 각 호의 기준에 따른 금액 이상을 가산하여 근로자에게 지급
> 하여야 한다.
> 1. 8시간 이내의 휴일근로 : 통상임금의 100분의 (ㄱ)
> 2. 8시간을 초과한 휴일근로 : 통상임금의 100분의 (ㄴ)

① ㄱ : 50, ㄴ : 100　　　　　　　　　② ㄱ : 50, ㄴ : 150

③ ㄱ : 50, ㄴ : 200　　　　　　　　　④ ㄱ : 100, ㄴ : 150

⑤ ㄱ : 100, ㄴ : 200

10 근로기준법상 적용범위에 관한 설명으로 옳지 않은 것은?(다툼이 있으면 판례에 따름)

① 동거하는 친족만을 사용하는 사업 또는 사업장과 가사사용인에 대하여는 적용하지 아니한다.

② 상시 사용하는 근로자 수의 산정에 있어 일용근로자는 포함되지 않는다.

③ 근로기준법이 상시 4명 이하의 사업 또는 사업장에 원칙상 적용되지 않는 것은 영세사업장의 현실과 국가의 근로감독 능력의 한계를 고려한 것이다.

④ 근로기준법의 적용 사업장은 영리사업인지 여부를 불문한다.

⑤ 야간근로에 대해 통상임금의 100분의 50 이상을 가산하여 지급하는 규정은 상시 4명 이하 사업장에는 적용되지 않는다.

11 근로기준법상 이행강제금에 관한 설명으로 옳은 것은? 기출 수정

① 노동위원회는 구제명령을 받은 후 이행기한까지 구제명령을 이행하지 아니한 사용자에게 2천만원 이하의 이행강제금을 부과한다.

② 노동위원회는 2년을 초과하지 않는 범위 내에서 최초의 구제명령을 한 날을 기준으로 매년 2회의 범위에서 행정소송이 제기될 때까지 반복하여 이행강제금을 부과·징수할 수 있다.

③ 노동위원회는 이행강제금 납부의무자가 납부기한까지 이행강제금을 내지 아니하면 즉시 국세 체납처분의 예에 따라 징수할 수 있다.

④ 노동위원회는 구제명령을 받은 자가 구제명령을 이행하면 새로운 이행강제금을 부과하지 아니하고, 구제명령을 이행하기 전에 이미 부과된 이행강제금의 부과처분은 취소하여야 한다.

⑤ 근로자는 구제명령을 받은 사용자가 이행기한까지 구제명령을 이행하지 아니하면 이행기한이 지난 때부터 15일 이내에 그 사실을 노동위원회에 알려줄 수 있다.

12 근로기준법령상 부당해고 구제제도에 관한 설명으로 옳지 않은 것은?

① 노동위원회는 사용자에게 구제명령을 하는 때에는 구제명령을 한 날부터 15일 이내의 이행기한을 정하여야 한다.

② 중앙노동위원회의 재심판정에 대하여 사용자나 근로자는 재심판정서를 송달받은 날부터 15일 이내에 행정소송을 제기할 수 있다.

③ 노동위원회는 구제명령을 할 때에 근로자가 원직복직을 원하지 아니하면 원직복직 대신 해고기간 동안의 임금 상당액 이상의 금품을 근로자에게 지급하도록 명할 수 있다.

④ 노동위원회의 구제명령은 행정소송 제기에 의하여 그 효력이 정지되지 아니한다.

⑤ 지방노동위원회의 구제명령에 불복하는 사용자는 구제명령서를 통지받은 날부터 10일 이내에 중앙노동위원회에 재심을 신청할 수 있다.

13 근로기준법령상 경영상 이유에 의한 해고에 관한 설명으로 옳은 것은?

① 경영 악화를 방지하기 위한 사업의 양도는 긴박한 경영상의 필요가 있는 것으로 보지 않는다.

② 사용자가 경영상 이유에 의하여 일정한 규모 이상의 인원을 해고하려면 고용노동부장관에게 지체 없이 통보하여야 한다.

③ 사용자는 해고를 피하기 위한 방법 등에 관하여 해고를 하려는 날의 30일 전까지 근로자대표에게 통보하고 성실하게 협의하여야 한다.

④ 경영상 이유에 의한 해고를 하는 때에도 해고의 예고 규정은 적용된다.

⑤ 사용자는 경영상 이유에 의해 해고된 근로자에 대하여 생계안정, 재취업 등 필요한 조치를 우선적으로 취하여야 한다.

14 근로기준법상 취업규칙에 관한 설명으로 옳지 않은 것은?(다툼이 있으면 판례에 따름)

① 고용노동부장관은 법령이나 단체협약에 어긋나는 취업규칙의 변경을 명할 수 있다.

② 상시 10명 이상의 근로자를 사용하는 사용자는 취업규칙을 작성하여 고용노동부장관에게 신고하여야 한다.

③ 사용자는 근로자의 근로조건, 근로형태, 직종 등의 특수성이 있더라도 근로자 일부에 적용되는 별도의 취업규칙을 작성할 수 없다.

④ 사용자는 취업규칙을 근로자에게 불리하게 변경하는 경우에 해당 사업장에 근로자의 과반수로 조직된 노동조합이 있는 경우에는 그 노동조합의 동의를 받아야 한다.

⑤ 취업규칙에서 정한 기준에 미달하는 근로조건을 정한 근로계약은 그 부분에 관하여는 무효로 한다.

15 근로기준법상 근로감독관에 관한 설명으로 옳지 않은 것은?

① 근로감독관이 근로기준법을 위반한 사실을 고의로 묵과하면 5년 이하의 징역에 처한다.

② 사용자는 근로기준법의 시행과 관련하여 근로감독관의 요구가 있으면 지체 없이 필요한 사항에 대하여 보고하거나 출석하여야 한다.

③ 근로감독관은 사용자와 근로자에 대하여 심문할 수 있다.

④ 근로감독관은 재직여부를 불문하고 직무상 알게 된 비밀을 엄수하여야 한다.

⑤ 근로감독관의 위촉을 받은 의사는 취업을 금지하여야 할 질병에 걸릴 의심이 있는 근로자에 대하여 검진할 수 있다.

16 산업안전보건법에 관한 내용으로 옳은 것을 모두 고른 것은? 기출 수정

ㄱ. 이 법은 국가 및 지방자치단체에는 적용하지 않는다.

ㄴ. 사업주는 근로자대표가 요구하면 근로자에 대한 건강진단 시 근로자대표를 참석시켜야 한다.

ㄷ. 사업주는 안전 및 보건에 관한 의식을 북돋우기 위한 홍보·교육 등 안전문화 확산 추진을 성실히 이행할 책무를 진다.

ㄹ. 고용노동부장관은 고용노동부령으로 정하는 건강장해가 발생할 우려가 있는 업무에 종사하였거나 종사하고 있는 사람 중 고용노동부령으로 정하는 요건을 갖춘 사람의 직업병 조기발견 및 지속적인 건강관리를 위하여 건강관리카드를 발급하여야 한다.

① ㄱ

② ㄱ, ㄷ

③ ㄴ, ㄹ

④ ㄴ, ㄷ, ㄹ

⑤ ㄱ, ㄴ, ㄷ, ㄹ

17 근로복지기본법상 규약으로 우리사주조합원총회를 갈음할 대의원회를 두는 경우에도 반드시 우리사주조합원총회의 의결을 거쳐야 하는 사항은?

① 규약의 제정과 변경에 관한 사항
② 우리사주조합의 대표자 등 임원 선출
③ 우리사주조합기금의 금융기관 예치에 관한 사항
④ 예산 및 결산에 관한 사항
⑤ 우리사주조합기금의 조성에 관한 사항

18 남녀고용평등과 일·가정 양립 지원에 관한 법령의 내용으로 옳은 것은?

① 사업주는 근로자가 초등학교 2학년 이하의 자녀(입양한 자녀를 제외한다)를 양육하기 위하여 휴직을 신청하는 경우에 이를 허용하여야 한다.
② 사업주는 정상적인 사업 운영에 중대한 지장을 초래하는 경우에는 육아휴직 및 육아기 근로시간 단축을 허용하지 아니할 수 있다.
③ 육아기 근로시간 단축 기간은 근속기간에 포함되나, 육아휴직 기간은 근속기간에 포함되지 않는다.
④ 사업주는 사업을 계속할 수 없는 경우에도 육아휴직 중인 근로자를 육아휴직 기간에 해고하지 못한다.
⑤ 사업주는 육아기 근로시간 단축을 하고 있는 근로자의 명시적 청구가 있으면 단축된 근로시간 외에 주 12시간 이내에서 연장근로를 시킬 수 있다.

19 직업안정법상 근로자공급사업에 관한 설명으로 옳지 않은 것은?

① 국내에서 용역업을 하고 있는 자는 근로자공급사업의 허가를 받을 수 있다.
② 근로자공급사업에는 파견근로자보호 등에 관한 법률에 따른 근로자파견사업은 제외한다.
③ 고용노동부장관의 허가를 받지 아니하고는 근로자공급사업을 하지 못한다.
④ 근로자공급사업 연장허가의 유효기간은 연장 전 허가의 유효기간이 끝나는 날부터 3년으로 한다.
⑤ 연예인을 대상으로 하는 국외 근로자공급사업의 허가를 받을 수 있는 자는 민법상 비영리법인으로 한다.

20 파견근로자보호 등에 관한 법률상 파견 중인 근로자의 파견근로에 관하여 사용사업주를 근로기준법 제2조의 사용자로 보는 근로기준법상 규정은?

① 근로조건의 명시(제17조) ② 해고 등의 제한(제23조)
③ 계약 서류의 보존(제42조) ④ 연장 근로의 제한(제53조)
⑤ 연소자 증명서(제66조)

21 기간제 및 단시간근로자 보호 등에 관한 법률상 단시간근로자에 관한 설명으로 옳지 않은 것은?

① "단시간근로자"란 1주 동안의 소정근로시간이 그 사업장에서 같은 종류의 업무에 종사하는 통상 근로자의 1주 동안의 소정근로시간에 비하여 짧은 근로자를 말한다.
② 사용자는 통상근로자를 채용하고자 하는 경우에는 당해 사업 또는 사업장의 동종 또는 유사한 업무에 종사하는 단시간근로자를 우선적으로 고용하여야 한다.
③ 사용자는 단시간근로자에 대하여 근로기준법상 소정근로시간을 초과하여 근로하게 하는 경우에는 당해 근로자의 동의를 얻어야 한다.
④ 사용자는 학업을 이유로 근로자가 단시간근로를 신청하는 때에는 당해 근로자를 단시간근로자로 전환하도록 노력하여야 한다.
⑤ 사용자는 단시간근로자임을 이유로 당해 사업 또는 사업장의 동종 또는 유사한 업무에 종사하는 통상근로자에 비하여 차별적 처우를 하여서는 아니 된다.

22 최저임금법에 관한 내용으로 옳지 않은 것은?

① 최저임금법은 선원법의 적용을 받는 선원과 선원을 사용하는 선박의 소유자에게는 적용하지 아니한다.
② 최저임금액은 시간 · 일 · 주 또는 월을 단위로 정하되, 일 · 주 또는 월을 단위로 하여 최저임금액을 정할 때에는 시간급으로도 표시하여야 한다.
③ 사용자는 최저임금법에 따른 최저임금을 이유로 종전의 임금수준을 낮추어서는 아니 된다.
④ 최저임금에 관한 중요 사항을 심의하기 위하여 대통령 직속의 최저임금위원회를 둔다.
⑤ 고용노동부장관은 근로자의 생계비와 임금실태 등을 매년 조사하여야 한다.

23 근로자퇴직급여 보장법령상 퇴직금의 중간정산 사유에 해당하지 않는 것은? 기출 수정

① 무주택자인 근로자가 본인 명의로 주택을 구입하는 경우

② 사용자가 기존의 정년을 보장하는 조건으로 단체협약 및 취업규칙을 통하여 일정 나이를 기준으로 임금을 줄이는 제도를 시행하는 경우

③ 퇴직금 중간정산을 신청하는 날부터 역산하여 5년 이내에 근로자가 채무자 회생 및 파산에 관한 법률에 따라 파산선고를 받은 경우

④ 퇴직금 중간정산을 신청하는 날부터 역산하여 5년 이내에 근로자가 채무자 회생 및 파산에 관한 법률에 따라 개인회생절차개시 결정을 받은 경우

⑤ 사용자가 근로자와의 합의에 따라 연장근로시간을 1일 1시간 또는 1주 5시간 이상 단축한 경우

24 임금채권보장법상 10년 이하의 징역 또는 1억원 이하의 벌금에 처하는 것은?

① 임금채권보장 업무에 종사하였던 자로서 업무 수행과 관련하여 알게 된 사업주 또는 근로자 등의 정보를 누설한 자

② 거짓으로 대지급금을 받은 자

③ 거짓으로 다른 사람으로 하여금 대지급금을 받게 한 자

④ 정당한 사유 없이 재산목록의 제출을 거부한 자

⑤ 정당한 사유 없이 거짓의 재산목록을 제출한 자

25 외국인근로자의 고용 등에 관한 법률의 내용으로 옳은 것은?

① 외국인근로자의 고용관리 및 보호에 관한 주요 사항을 심의 · 의결하기 위하여 고용노동부장관 소속으로 외국인력정책위원회를 둔다.

② 고용노동부장관은 외국인근로자 도입계획을 외국인력정책위원회의 심의 · 의결을 거쳐 매년 1월 31일까지 공표하여야 한다.

③ 외국인근로자를 고용하려는 자는 직업안정법에 따른 직업안정기관에 우선 내국인 구인 신청을 하여야 한다.

④ 사용자가 외국인근로자를 고용하려면 출입국관리법으로 정하는 표준근로계약서를 사용하여 근로계약을 체결하여야 한다.

⑤ 직업안정기관의 장은 고용허가를 받지 아니하고 외국인근로자를 고용한 사용자에 대하여 5년간 외국인근로자의 고용을 제한할 수 있다.

PART

02

공인노무사1차 시험 7개년 기출문제집

노동법 Ⅱ

01 노동조합 및 노동관계조정법의 연혁에 관한 설명으로 옳지 않은 것은?

① 1953년 제정된 노동조합법에는 복수노조 금지조항이 있었다.

② 1953년 제정된 노동쟁의조정법에는 쟁의행위 민사면책조항이 있었다.

③ 1963년 개정된 노동조합법에는 노동조합의 정치활동 금지 규정이 신설되었다.

④ 1997년에는 노동조합 및 노동관계조정법이 제정되었다.

⑤ 2010년 개정된 노동조합 및 노동관계조정법에는 교섭창구단일화의 절차와 방법에 관한 규정이 신설되었다.

02 헌법상 노동3권에 관한 설명으로 옳지 않은 것은?(다툼이 있으면 판례에 따름)

① 노동3권은 근로조건의 향상을 위한다는 생존권의 존재목적에 비추어 볼 때 노동3권 가운데에서도 단체교섭권이 가장 중핵적 권리이다.

② 노동3권의 사회권적 성격은 입법조치를 통하여 근로자의 헌법적 권리를 보장할 국가의 의무에 있다.

③ 근로자의 단결하지 않을 자유, 즉 소극적 단결권은 개인의 자기결정의 이념에 따라 적극적 단결권과 동등하게 보장되어야 한다는 것이 헌법재판소의 입장이다.

④ 법률이 정하는 주요방위산업체에 종사하는 근로자의 단체행동권은 법률이 정하는 바에 의하여 이를 제한하거나 인정하지 아니할 수 있다.

⑤ 단체협약에서 다른 노동조합의 단체교섭권을 사전에 배제하는 이른바 유일교섭단체조항은 단체교섭권의 본질적 내용을 침해할 우려가 있다.

03 노동조합 및 노동관계조정법령상 노동조합에 관한 설명으로 옳지 않은 것은?

① 사업 또는 사업장에 종사하는 근로자(이하 "종사근로자"라 한다)인 조합원이 해고되어 노동위원회에 부당노동행위의 구제신청을 한 경우에는 중앙노동위원회의 재심판정이 있을 때까지 종사근로자로 본다.

② 동일한 등기소의 관할구역안에서 주된 사무소를 이전한 경우에는 그 이전한 날부터 3주 이내에 변경등기를 해야 한다.

③ 노동조합에 대하여는 그 사업체를 제외하고는 세법이 정하는 바에 따라 조세를 부과하지 아니한다.

④ 노동조합의 대표자는 명칭이 변경된 경우에는 그 변경이 있는 날부터 3주 이내에 변경등기를 해야 한다.

⑤ 노동조합 및 노동관계조정법에 의하여 설립된 노동조합이 아니면 노동조합이라는 명칭을 사용할 수 없다.

04 노동조합 및 노동관계조정법상 노동조합의 설립에 관한 설명으로 옳지 않은 것은?

① 노동조합의 설립신고서에는 목적과 사업을 기재해야 한다.

② 노동조합은 매년 1월 31일까지 전년도 12월 31일 현재의 조합원수를 행정관청에 통보하여야 한다.

③ 노동조합이 신고증을 교부받은 경우에는 설립신고서가 접수된 때에 설립된 것으로 본다.

④ 행정관청은 설립신고서 또는 규약이 기재사항의 누락등으로 보완이 필요한 경우에는 대통령령이 정하는 바에 따라 20일 이내의 기간을 정하여 보완을 요구하여야 한다.

⑤ 행정관청은 설립하고자 하는 노동조합이 근로자가 아닌 자의 가입을 허용하는 경우 설립신고서를 반려하여야 한다.

05 노동조합 및 노동관계조정법상 노동조합의 관리에 관한 설명으로 옳은 것은?

① 노동조합은 조합원 명부를 3년간 보존하여야 한다.

② 예산·결산에 관한 사항은 총회에서 재적조합원 과반수의 출석과 출석조합원 3분의 2 이상의 찬성으로 의결한다.

③ 하나의 사업 또는 사업장을 대상으로 조직된 노동조합의 대의원은 그 사업 또는 사업장에 종사하는 조합원 중에서 선출하여야 한다.

④ 노동조합의 대표자는 대의원의 3분의 1 이상이 회의에 부의할 사항을 제시하고 회의의 소집을 요구한 때에는 15일 이내에 임시대의원회를 소집하여야 한다.

⑤ 행정관청은 노동조합에 총회의 소집권자가 없는 경우에 조합원의 3분의 1 이상이 회의에 부의할 사항을 제시하고 소집권자의 지명을 요구한 때에는 지체없이 회의의 소집권자를 지명하여야 한다.

06 노동조합 및 노동관계조정법령상 근로시간면제심의위원회에 관한 설명으로 옳은 것은?

① 근로시간면제심의위원회는 근로시간 면제 한도를 심의·의결하고, 3년마다 그 적정성 여부를 재심의하여 의결해야 한다.

② 근로시간면제심의위원회 위원장은 근로시간면제심의위원회가 의결한 사항을 고용노동부장관에게 즉시 통보하여야 한다.

③ 근로시간면제심의위원회 위원의 임기는 3년으로 한다.

④ 근로시간면제심의위원회의 위원은 임기가 끝났더라도 후임자가 위촉될 때까지 계속하여 그 직무를 수행한다.

⑤ 근로시간면제심의위원회는 경제사회노동위원회 위원장으로부터 근로시간 면제 한도를 정하기 위한 심의 요청을 받은 때에는 그 심의 요청을 받은 날부터 90일 이내에 심의·의결해야 한다.

07 노동조합 및 노동관계조정법령상 노동조합의 관리에 관한 설명으로 옳지 않은 것은?

① 근로자는 사용자의 동의가 있는 경우에는 사용자로부터 급여를 지급받으면서 근로계약 소정의 근로를 제공하지 아니하고 노동조합의 업무에 종사할 수 있다.

② 노동조합이 특정 조합원에 관한 사항을 의결할 경우에는 그 조합원은 표결권이 없다.

③ 노동조합의 대표자는 그 회계감사원으로 하여금 회계연도마다 당해 노동조합의 모든 재원 및 용도, 주요한 기부자의 성명, 현재의 경리 상황등에 대한 회계감사를 실시하게 하고 그 내용과 감사결과를 전체 조합원에게 공개하여야 한다.

④ 노동조합의 대표자는 회계연도마다 결산결과와 운영상황을 공표하여야 하며 조합원의 요구가 있을 때에는 이를 열람하게 하여야 한다.

⑤ 행정관청은 노동조합으로부터 결산결과 또는 운영상황의 보고를 받으려는 경우에는 그 사유와 그 밖에 필요한 사항을 적은 서면으로 10일 이전에 요구해야 한다.

08 노동조합 및 노동관계조정법령상 노동조합의 해산에 관한 설명으로 옳지 않은 것은?

① 노동조합의 임원이 없고 계속하여 1년 이상 조합원으로부터 조합비를 징수한 사실이 없어서 행정관청이 노동위원회의 의결을 얻은 경우 노동조합은 해산한다.

② 합병 또는 분할로 소멸한 경우 노동조합은 해산한다.

③ 총회 또는 대의원회의 해산결의가 있는 경우 노동조합은 해산한다.

④ 규약에서 정한 해산사유가 발생하여 노동조합이 해산한 때에는 그 대표자는 해산한 날부터 15일 이내에 행정관청에게 이를 신고하여야 한다.

⑤ 노동조합의 해산사유가 있는 경우, 노동위원회가 의결을 할 때에는 해산사유 발생일 이후의 해당 노동조합의 활동을 고려하여야 한다.

09 노동조합 및 노동관계조정법령상 교섭단위 결정 등에 관한 설명으로 옳지 않은 것은?

① 노동조합 또는 사용자는 사용자가 교섭요구 사실을 공고하기 전에는 노동위원회에 교섭단위를 분리하는 결정을 신청할 수 없다.

② 노동위원회는 법령에 따라 교섭단위 분리의 결정 신청을 받은 때에는 해당 사업 또는 사업장의 모든 노동조합과 사용자에게 그 내용을 통지하여야 한다.

③ 하나의 사업 또는 사업장에서 현격한 근로조건의 차이, 고용형태, 교섭 관행 등을 고려하여 교섭단위를 분리할 필요가 있다고 인정되는 경우에 노동위원회는 노동관계 당사자의 양쪽 또는 어느 한쪽의 신청을 받아 교섭단위를 분리하는 결정을 할 수 있다.

④ 교섭단위의 분리결정 신청은 사용자가 교섭요구 사실을 공고한 경우에는 교섭대표노동조합이 결정된 날 이후에 할 수 있다.

⑤ 교섭단위의 분리결정을 통지 받은 노동조합이 사용자와 교섭하려는 경우 자신이 속한 교섭단위에 단체협약이 있는 때에는 그 단체협약의 유효기간 만료일 이전 3개월이 되는 날부터 법령에 따라 필요한 사항을 적은 서면으로 교섭을 요구할 수 있다.

10 노동조합 및 노동관계조정법상 단체교섭 및 단체협약에 관한 설명으로 옳지 않은 것은?(다툼이 있으면 판례에 따름)

① 노동조합과 사용자 또는 사용자단체는 정당한 이유없이 교섭 또는 단체협약의 체결을 거부하거나 해태하여서는 아니된다.

② 단체협약의 유효기간이 만료되는 때를 전후하여 당사자 쌍방이 새로운 단체협약을 체결하고자 단체교섭을 계속하였음에도 불구하고 새로운 단체협약이 체결되지 아니한 경우에는 별도의 약정이 있더라도 종전의 단체협약은 그 효력만료일부터 3월까지 계속 효력을 갖는다.

③ 단체협약의 일반적 구속력으로서 그 적용을 받게 되는 '동종의 근로자'라 함은 당해 단체협약의 규정에 의하여 그 협약의 적용이 예상되는 자를 가리키며, 단체협약의 규정에 의하여 조합원의 자격이 없는 자는 단체협약의 적용이 예상된다고 할 수 없어 단체협약의 적용을 받지 아니한다.

④ 단체협약에 그 유효기간을 정하지 아니한 경우에 그 유효기간은 3년으로 한다.

⑤ 노동조합과 사용자 또는 사용자단체는 교섭 또는 단체협약의 체결에 관한 권한을 위임한 때에는 그 사실을 상대방에게 통보하여야 한다.

11 노동조합 및 노동관계조정법상 부당노동행위에 관한 설명으로 옳은 것은 모두 몇 개인가?

- 사용자의 부당노동행위로 인하여 그 권리를 침해당한 근로자 또는 노동조합은 노동위원회에 그 구제를 신청할 수 있다.
- 노동위원회는 부당노동행위 구제신청을 받은 때에는 지체없이 필요한 조사와 관계 당사자의 심문을 하여야 한다.
- 근로자가 노동조합의 업무를 위한 정당한 행위를 한 것을 이유로 그 근로자에게 불이익을 주는 사용자의 행위는 부당노동행위에 해당한다.
- 부당노동행위 구제의 신청은 부당노동행위가 있은 날(계속하는 행위는 그 종료일)부터 3월 이내에 이를 행하여야 한다.

① 0개   ② 1개
③ 2개   ④ 3개
⑤ 4개

12 노동조합 및 노동관계조정법상 부당노동행위에 관한 설명으로 옳지 않은 것은?(다툼이 있으면 판례에 따름)

① 사용자는 노동조합의 운영비를 원조하는 행위를 할 수 없으나, 노동조합의 자주적인 운영 또는 활동을 침해할 위험이 없는 범위에서의 운영비 원조행위는 할 수 있다.

② 노동조합 및 노동관계조정법 제81조(부당노동행위) 제1항 제4호 단서에 따른 "노동조합의 자주적인 운영 또는 활동을 침해할 위험" 여부를 판단할 때 원조된 운영비 금액과 원조방법을 고려할 필요가 없다.

③ 노동위원회는 부당노동행위가 성립한다고 판정한 때에는 사용자에게 구제명령을 발하여야 하며, 부당노동행위가 성립되지 아니한다고 판정한 때에는 그 구제신청을 기각하는 결정을 하여야 한다.

④ 지배·개입으로서의 부당노동행위의 성립에 반드시 근로자의 단결권의 침해라는 결과의 발생까지 요하는 것은 아니다.

⑤ 지방노동위원회의 구제명령은 중앙노동위원회에의 재심신청에 의하여 그 효력이 정지되지 아니한다.

13 노동조합 및 노동관계조정법상 단체협약 등에 관한 설명으로 옳지 않은 것은?

① 노동위원회는 단체협약 중 위법한 내용이 있는 경우에는 그 시정을 명할 수 있다.

② 노동조합의 대표자는 그 노동조합 또는 조합원을 위하여 사용자나 사용자단체와 교섭하고 단체협약을 체결할 권한을 가진다.

③ 단체협약의 당사자는 단체협약의 체결일부터 15일 이내에 단체협약을 행정관청에게 신고하여야 한다.

④ 단체협약의 이행방법에 관하여 관계 당사자 간에 의견의 불일치가 있는 때에는 단체협약에 정하는 바에 의하여 사용자가 노동위원회에 그 이행방법에 관한 견해의 제시를 요청할 수 있다.

⑤ 노동위원회는 단체협약의 이행방법에 관한 견해 제시를 요청받은 때에는 그날부터 30일 이내에 명확한 견해를 제시하여야 한다.

14 노동조합 및 노동관계조정법상 단체교섭 및 단체협약에 관한 설명으로 옳지 않은 것은?(다툼이 있으면 판례에 따름)

① 교섭대표노동조합과 사용자는 교섭창구 단일화 절차에 참여한 노동조합 또는 그 조합원 간에 합리적 이유 없이 차별을 하여서는 아니 된다.

② 사용자가 단체협약 등에 따라 교섭대표노동조합에게 상시적으로 사용할 수 있는 노동조합 사무실을 제공한 이상, 특별한 사정이 없는 한 교섭창구 단일화 절차에 참여한 다른 노동조합에게도 반드시 일률적이거나 비례적이지는 않더라도 상시적으로 사용할 수 있는 일정한 공간을 노동조합 사무실로 제공하여야 한다.

③ 노동조합과 사용자 또는 사용자단체는 신의에 따라 성실히 교섭하고 단체협약을 체결하여야 하며 그 권한을 남용하여서는 아니 된다.

④ 국가 및 지방자치단체는 기업 · 산업 · 지역별 교섭 등 다양한 교섭방식을 노동관계 당사자가 자율적으로 선택할 수 있도록 지원하고 이에 따른 단체교섭이 활성화될 수 있도록 노력하여야 한다.

⑤ 교섭대표노동조합이나 사용자가 교섭창구 단일화 절차에 참여한 다른 노동조합을 차별한 것으로 인정되는 경우, 그와 같은 차별에 합리적인 이유가 있다는 점에 대하여 교섭대표노동조합이나 사용자에게는 주장 · 증명책임이 없다.

15 노동조합 및 노동관계조정법령상 교섭창구 단일화 절차에 관한 설명으로 옳지 않은 것은?(다툼이 있으면 판례에 따름)

① 노동조합은 해당 사업 또는 사업장에 단체협약이 2개 이상 있는 경우에는 먼저 이르는 단체협약의 유효기간 만료일 이전 3개월이 되는 날부터 사용자에게 교섭을 요구할 수 있다.

② 하나의 사업 또는 사업장 단위에서 유일하게 존재하는 노동조합은, 설령 노동조합 및 노동관계조정법 및 그 시행령이 정한 절차를 형식적으로 거쳤다고 하더라도, 교섭대표노동조합의 지위를 취득할 수 없다.

③ 사용자는 노동조합으로부터 교섭 요구를 받은 때에는 그 요구를 받은 날부터 7일간 그 교섭을 요구한 노동조합의 명칭 등 고용노동부령으로 정하는 사항을 해당 사업 또는 사업장의 게시판 등에 공고하여 다른 노동조합과 근로자가 알 수 있도록 하여야 한다.

④ 교섭대표노동조합의 지위 유지기간이 만료되었음에도 불구하고 새로운 교섭대표노동조합이 결정되지 못할 경우 기존 교섭대표노동조합은 새로운 교섭대표노동조합이 결정될 때까지 기존 단체협약의 갱신을 위한 교섭대표노동조합의 지위를 유지한다.

⑤ 교섭대표노동조합으로 결정된 노동조합이 그 결정된 날부터 1년 동안 단체협약을 체결하지 못한 경우에는 어느 노동조합이든지 사용자에게 교섭을 요구할 수 있다.

16 노동조합 및 노동관계조정법상 위반 행위에 대하여 벌칙이 적용되지 않는 것은?

① 조합원이 노동조합에 의하여 주도되지 아니한 쟁의행위를 한 경우

② 노동조합 및 노동관계조정법에 의하여 설립된 노동조합이 아니면서 노동조합이라는 명칭을 사용한 경우

③ 노동조합이 사용자의 점유를 배제하여 조업을 방해하는 형태로 쟁의행위를 한 경우

④ 확정된 부당노동행위 구제명령에 위반한 경우

⑤ 조합원의 직접·비밀·무기명투표에 의한 조합원 과반수의 찬성으로 결정하지 아니한 쟁의행위를 행한 경우

17 노동조합 및 노동관계조정법령상 쟁의행위에 관한 설명으로 옳지 않은 것은?

① 작업시설의 손상이나 원료·제품의 변질 또는 부패를 방지하기 위한 작업은 쟁의행위 기간 중에도 정상적으로 수행되어야 한다.

② 행정관청은 쟁의행위가 그 쟁의행위와 관계없는 자의 정상적인 업무를 방해하는 방법으로 행하여지는 경우 즉시 관할 노동위원회에 신고하여야 한다.

③ 쟁의행위는 근로를 제공하고자 하는 자의 출입·조업을 방해하는 방법으로 행하여져서는 아니 된다.

④ 근로자는 쟁의행위 기간 중에는 현행범 외에는 노동조합 및 노동관계조정법 위반을 이유로 구속되지 아니한다.

⑤ 사용자는 노동조합이 쟁의행위를 개시한 이후에만 직장폐쇄를 할 수 있다.

18 노동조합 및 노동관계조정법상 쟁의행위에 관한 설명으로 옳지 않은 것은?

① 노동조합은 쟁의행위 기간에 대한 임금의 지급을 요구하여 이를 관철할 목적으로 쟁의행위를 하여서는 아니 된다.

② 방위사업법에 의하여 지정된 주요방위산업체에 종사하는 근로자 중 전력, 용수 및 주로 방산물자를 생산하는 업무에 종사하는 자는 쟁의행위를 할 수 없다.

③ 쟁의행위는 생산 기타 주요업무에 관련되는 시설과 이에 준하는 시설로서 대통령령이 정하는 시설을 점거하는 형태로 이를 행할 수 없다.

④ 노동관계 당사자는 노동쟁의가 발생한 때에는 어느 일방이 이를 상대방에게 서면으로 통보하여야 한다.

⑤ 노동위원회는 쟁의행위가 안전보호시설에 대하여 정상적인 유지·운영을 정지·폐지 또는 방해하는 행위에 해당한다고 인정하는 경우에는 그 행위를 중지할 것을 통보하여야 한다.

19 노동조합 및 노동관계조정법령상 필수유지업무에 관한 설명으로 옳지 않은 것은?

① 객실승무 업무는 항공운수사업의 필수유지업무에 해당한다..

② 필수유지업무의 정당한 유지·운영을 정지·폐지 또는 방해하는 쟁의행위는 할 수 없다.

③ 노동관계 당사자는 쟁의행위기간 동안 필수유지업무의 정당한 유지·운영을 위하여 필수유지업무협정을 쌍방이 서명 또는 날인하여 서면으로 체결하여야 한다.

④ 사용자는 필수유지업무협정이 체결된 경우 필수유지업무에 근무하는 조합원 중 쟁의행위기간 동안 근무하여야 할 조합원을 노동위원회에 통보하여야 한다.

⑤ 노동관계 당사자가 필수유지업무 유지·운영 수준, 대상직무 및 필요인원 등의 결정을 신청하면 관할 노동위원회는 지체 없이 그 신청에 대한 결정을 위한 특별조정위원회를 구성하여야 한다.

20 노동조합 및 노동관계조정법령상 사적 조정·중재에 관한 설명으로 옳지 않은 것은?

① 사적 조정의 신고는 조정이 진행되기 전에 하여야 한다.

② 노동관계 당사자는 사적 조정에 의하여 노동쟁의를 해결하기로 한 때에는 이를 노동위원회에 신고하여야 한다.

③ 사적 조정에 의하여 조정이 이루어진 경우에 그 내용은 단체협약과 동일한 효력을 가진다.

④ 노동조합 및 노동관계조정법 제2절(조정) 및 제3절(중재)의 규정은 노동관계 당사자가 쌍방의 합의 또는 단체협약이 정하는 바에 따라 각각 다른 조정 또는 중재방법에 의하여 노동쟁의를 해결하는 것을 방해하지 아니한다.

⑤ 사적 조정을 수행하는 자는 노동관계 당사자로부터 수수료, 수당 및 여비 등을 받을 수 있다.

21 노동조합 및 노동관계조정법상 노동쟁의의 조정 등에 관한 설명이다. (   )에 들어갈 내용으로 옳은 것은?

> • 조정위원회는 조정안이 관계 당사자의 쌍방에 의하여 수락된 후 그 해석 또는 이행방법에 관하여 관계 당사자 간에 의견의 불일치가 있어 명확한 견해의 제시를 요청받은 때에는 그 요청을 받은 날부터 (ㄱ)일 이내에 명확한 견해를 제시하여야 한다.
> • 노동쟁의가 중재에 회부된 때에는 그날부터 (ㄴ)간은 쟁의행위를 할 수 없다.
> • 관계 당사자는 긴급조정의 결정이 공표된 때에는 즉시 쟁의행위를 중지하여야 하며, 공표일부터 (ㄷ)일이 경과하지 아니하면 쟁의행위를 재개할 수 없다.

① ㄱ : 7, ㄴ : 7, ㄷ : 10   ② ㄱ : 7, ㄴ : 15, ㄷ : 30

③ ㄱ : 10, ㄴ : 10, ㄷ : 15   ④ ㄱ : 10, ㄴ : 15, ㄷ : 30

⑤ ㄱ : 15, ㄴ : 30, ㄷ : 30

22 노동조합 및 노동관계조정법상 노동쟁의의 조정에 관한 설명으로 옳은 것은?

① 조정위원회의 조정위원은 당해 노동위원회의 공익을 대표하는 위원중에서 관계당사자의 합의로 선정한 자에 대하여 그 노동위원회의 위원장이 지명한다.

② 노동위원회의 위원장은 조정위원회의 구성이 어려운 경우 노동위원회의 각 근로자를 대표하는 위원, 사용자를 대표하는 위원 및 공익을 대표하는 위원 각 1인씩 3인을 조정위원으로 지명할 수 있다.

③ 단독조정인은 그 노동위원회의 공익을 대표하는 위원중에서 노동조합과 사용자가 순차적으로 배제하고 남은 4인 내지 6인중에서 노동위원회의 위원장이 지명한다.

④ 중재위원회의 중재위원은 당해 노동위원회의 위원중에서 사용자를 대표하는 자, 근로자를 대표하는 자 및 공익을 대표하는 자 각 1인을 그 노동위원회의 위원장이 지명한다.

⑤ 특별조정위원회의 특별조정위원은 관계 당사자가 합의로 당해 노동위원회의 위원이아닌 자를 추천하는 경우에는 그 추천된 자를 노동위원회의 위원장이 지명한다.

23 노동조합 및 노동관계조정법령상 중재재정에 관한 설명으로 옳지 않은 것은?

① 중재재정은 서면으로 작성하며 그 서면에는 효력발생 기일을 명시하여야 한다.

② 중재재정의 해석 또는 이행방법에 관하여 관계 당사자간에 의견의 불일치가 있는때에는 당해 중재위원회의 해석에 따르며 그 해석은 중재재정과 동일한 효력을 가진다.

③ 중앙노동위원회는 지방노동위원회 또는 특별노동위원회의 중재재정을 재심한 때에는 지체없이 그 재심결정서를 관계 당사자와 관계 노동위원회에 각각 송달해야 한다.

④ 관계 당사자는 중앙노동위원회의 중재재정이나 재심결정이 위법이거나 월권에 의한것이라고 인정하는 경우에는 중재재정 또는 재심결정을 한 날부터 15일 이내에 행정소송을 제기할 수 있다.

⑤ 노동위원회의 중재재정 또는 재심결정은 중앙노동위원회에의 재심신청 또는 행정소송의 제기에 의하여 그 효력이 정지되지 아니한다.

24 노동조합 및 노동관계조정법상 필수공익사업에 해당하지 않는 사업을 모두 고른 것은?

ㄱ. 철도사업	ㄴ. 수도사업
ㄷ. 공중위생사업	ㄹ. 조폐사업
ㅁ. 방송사업	

① ㄱ
② ㄱ, ㄴ
③ ㄴ, ㄷ
④ ㄴ, ㄹ, ㅁ
⑤ ㄷ, ㄹ, ㅁ

25 근로자참여 및 협력증진에 관한 법률상 노사협의회의 운영에 관한 설명으로 옳지 않은 것은?

① 노사협의회는 3개월마다 정기적으로 회의를 개최하여야 하며, 필요에 따라 임시회의를 개최할 수 있다.

② 노사협의회 의장은 회의 개최 7일 전에 회의 일시, 장소, 의제 등을 각 위원에게 통보하여야 한다.

③ 노사협의회는 그 조직과 운영에 관한 규정을 제정하고 노사협의회를 설치한 날부터 30일 이내에 고용노동부장관에게 제출하여야 한다.

④ 노사협의회의 회의는 공개한다. 다만, 노사협의회의 의결로 공개하지 아니할 수있다.

⑤ 노사협의회 회의는 근로자위원과 사용자위원 각 과반수의 출석으로 개최하고 출석위원 3분의 2 이상의 찬성으로 의결한다.

26 근로자참여 및 협력증진에 관한 법률상 벌칙 등에 관한 설명으로 옳지 않은 것은?

① 제4조(노사협의회의 설치) 제1항에 따른 노사협의회의 설치를 정당한 사유 없이 거부하거나 방해한 자는 1천만원 이하의 벌금에 처한다.

② 제24조(의결 사항의 이행)를 위반하여 노사협의회에서 의결된 사항을 정당한 사유없이 이행하지 아니한 자는 1천만원 이하의 벌금에 처한다.

③ 제25조(임의 중재) 제2항을 위반하여 중재 결정의 내용을 정당한 사유 없이 이행하지아니한 자는 1천만원 이하의 벌금에 처한다.

④ 사용자가 정당한 사유 없이 제11조(시정명령)에 따른 시정명령을 이행하지 아니하면 1천만원 이하의 벌금에 처한다.

⑤ 사용자가 제18조(협의회규정)를 위반하여 노사협의회규정을 제출하지 아니한 때에는 200만원 이하의 과태료를 부과한다.

27 근로자참여 및 협력증진에 관한 법률상 노사협의회의 협의 사항으로 옳은 것은?

① 인력계획에 관한 사항

② 근로자의 복지증진

③ 사내근로복지기금의 설치

④ 각종 노사공동위원회의 설치

⑤ 복지시설의 설치와 관리

28 노동위원회법상 노동위원회의 화해의 권고 등에 관한 설명으로 옳지 않은 것은?

① 노동위원회는 노동조합 및 노동관계조정법 제84조에 따른 판정·명령 또는 결정이 있기 전까지 관계 당사자의 신청을 받아 화해를 권고하거나 화해안을 제시할 수 있다.

② 노동위원회는 노동조합 및 노동관계조정법 제84조에 따른 판정·명령 또는 결정이 있기 전까지 직권으로 화해를 권고하거나 화해안을 제시할 수 있다.

③ 노동위원회는 관계 당사자가 화해안을 수락하였을 때에는 화해조서를 작성하여야 한다.

④ 노동위원회법에 따라 작성된 화해조서는 민사소송법에 따른 재판상 화해의 효력을 갖는다.

⑤ 단독심판의 위원을 제외하고 화해에 관여한 부문별 위원회의 위원 전원은 화해조서에 모두 서명하거나 날인하여야 한다.

29 노동위원회법상 노동위원회의 공시송달에 관한 설명으로 옳은 것은?

① 노동위원회는 서류의 송달을 받아야 할 자의 주소가 분명하지 아니한 경우에는 공시송달을 하여야 한다.

② 노동위원회는 서류의 송달을 받아야 할 자의 주소가 통상적인 방법으로 확인할 수 없어 서류의 송달이 곤란한 경우에는 공시송달을 하여야 한다.

③ 공시송달은 노동위원회의 게시판이나 인터넷 홈페이지에 게시하는 방법으로 하며, 게시한 날부터 14일이 지난 때에 효력이 발생한다.

④ 노동위원회는 서류의 송달을 받아야 할 자에게 등기우편 등으로 송달하였으나 송달을 받아야 할 자가 없는 것으로 확인되어 반송되는 경우에는 공시송달을 하여야 한다.

⑤ 노동위원회는 서류의 송달을 받아야 할 자의 주소가 국외에 있어서 서류의 송달이 곤란한 경우에는 공시송달을 하여야 한다.

30 노동위원회법상 노동위원회의 권한 등에 관한 설명으로 옳지 않은 것은?

① 노동위원회는 그 사무집행을 위하여 필요하다고 인정하는 경우에 관계 행정기관에 협조를 요청할 수 있으며, 협조를 요청받은 관계 행정기관은 특별한 사유가 없으면 이에 따라야 한다.

② 노동위원회는 관계 행정기관으로 하여금 근로조건의 개선에 필요한 조치를 하도록 명령하여야 한다.

③ 중앙노동위원회는 지방노동위원회 또는 특별노동위원회에 대하여 노동위원회의사무처리에 관한 기본방침 및 법령의 해석에 관하여 필요한 지시를 할 수 있다.

④ 중앙노동위원회는 당사자의 신청이 있는 경우 지방노동위원회 또는 특별노동위원회의 처분을 재심하여 이를 인정·취소 또는 변경할 수 있다.

⑤ 중앙노동위원회의 처분에 대한 소송은 중앙노동위원회 위원장을 피고로 하여 처분의 송달을 받은 날부터 15일 이내에 제기하여야 한다.

31 노동위원회법상 위원이 해당 사건에 관한 직무집행에서 제척(除斥)되는 경우를 모두 고른 것은?

ㄱ. 위원이 해당 사건의 당사자와 친족이었던 경우
ㄴ. 위원이 해당 사건에 관하여 진술한 경우
ㄷ. 위원이 당사자의 대리인으로서 업무에 관여하였던 경우
ㄹ. 위원 또는 위원이 속한 법인, 단체 또는 법률사무소가 해당 사건의 원인이 된 처분 또는 부작위에 관여한 경우

① ㄱ
② ㄱ, ㄴ
③ ㄱ, ㄷ, ㄹ
④ ㄴ, ㄷ, ㄹ
⑤ ㄱ, ㄴ, ㄷ, ㄹ

32 근로자참여 및 협력증진에 관한 법률상 고충처리에 관한 설명으로 옳은 것은?

① 고충처리위원이 처리하기 곤란한 사항은 노사협의회의 회의에 부쳐 협의 처리한다.
② 고충처리위원은 노사를 대표하는 5명 이내의 위원으로 구성한다.
③ 고충처리위원은 근로자로부터 고충사항을 청취한 경우에는 15일 이내에 조치 사항과 그 밖의 처리결과를 해당 근로자에게 통보하여야 한다.
④ 고충처리위원은 임기가 끝난 경우에는 후임자가 선출되기 전이라도 계속 그 직무를 담당하지 못한다.
⑤ 모든 사업 또는 사업장에는 근로자의 고충을 청취하고 이를 처리하기 위하여 고충처리위원을 두어야만 한다.

33 교원의 노동조합 설립 및 운영 등에 관한 법률의 내용으로 옳지 않은 것은?

① 교원의 노동조합은 어떠한 정치활동도 하여서는 아니 된다.
② 교원은 임용권자의 동의를 받아 노동조합으로부터 급여를 지급받으면서 노동조합의 업무에만 종사할 수 있다.
③ 교원의 노동조합과 그 조합원은 노동운동이나 그 밖에 공무 외의 일을 위한 어떠한 집단행위도 하여서는 아니 된다.
④ 법령·조례 및 예산에 의하여 규정되는 내용은 단체협약으로 체결되더라도 효력을 가지지 아니한다.
⑤ 교원의 노동조합의 전임자는 그 전임기간 중 전임자임을 이유로 승급 또는 그 밖의 신분상의 불이익을 받지 아니한다.

34 교원의 노동조합 설립 및 운영 등에 관한 법령상 근무시간 면제에 관한 설명으로 옳지 않은 것은?

① 근무시간 면제 시간 및 사용인원의 한도를 정하기 위하여 경제사회노동위원회에 교원근무시간면제심의위원회를 둔다.

② 고등교육법에 따른 교원에 대해서는 시·도 단위를 기준으로 근무시간 면제한도를 심의·의결한다.

③ 교원근무시간면제심의위원회는 3년마다 근무시간 면제 한도의 적정성 여부를 재심의하여 의결할 수 있다.

④ 근무시간 면제 한도를 초과하는 내용을 정한 단체협약 또는 임용권자의 동의는 그 부분에 한정하여 무효로 한다.

⑤ 임용권자는 전년도에 노동조합별로 근무시간을 면제받은 시간 및 사용인원, 지급된 보수 등에 관한 정보를 고용노동부장관이 지정하는 인터넷 홈페이지에 3년간 게재하는 방법으로 공개하여야 한다.

35 공무원의 노동조합 설립 및 운영 등에 관한 법률의 내용으로 옳은 것은?

① 교원과 교육공무원은 공무원의 노동조합에 가입할 수 없다.

② 업무의 주된 내용이 다른 공무원에 대하여 지휘·감독권을 행사하거나 다른 공무원의 업무를 총괄하는 업무에 종사하는 공무원 중 대통령령으로 정하는 공무원은 공무원의 노동조합에 가입할 수 없다.

③ 교정·수사 등 공공의 안녕과 국가안전보장에 관한 업무에 종사하는 공무원은 공무원의 노동조합에 가입할 수 있다.

④ 공무원의 노동조합이 있는 경우 공무원이 공무원직장협의회를 설립·운영할 수 없다.

⑤ 공무원은 임용권자의 동의를 받아 노동조합으로부터 급여를 지급받으면서 노동조합의 업무에만 종사할 수 있으며, 그 기간 중 휴직명령을 받은 것으로 본다.

36 공무원의 노동조합 설립 및 운영 등에 관한 법률상 단체교섭 및 단체협약에 관한 설명으로 옳지 않은 것은?

① 공무원의 노동조합 설립 및 운영 등에 관한 법률은 단체교섭에 대하여 개별교섭방식만을 인정하고 있다.

② 단체협약의 유효기간은 3년을 초과하지 않는 범위에서 노사가 합의하여 정할 수 있다.

③ 정부교섭대표는 교섭을 요구하는 노동조합이 둘 이상인 경우에는 해당 노동조합에 교섭창구를 단일화하도록 요청할 수 있으며, 교섭창구가 단일화된 때에는 교섭에 응하여야 한다.

④ 법령 또는 조례에 의하여 위임을 받아 규정되는 내용은 단체협약으로 체결되더라도 효력을 가지지 않지만, 정부교섭대표는 그 내용이 이행될 수 있도록 성실하게 노력하여야 한다.

⑤ 법령 등에 따라 국가나 지방자치단체가 그 권한으로 행하는 정책결정에 관한 사항, 임용권의 행사 등 그 기관의 관리 · 운영에 관한 사항으로서 근무조건과 직접 관련되지 아니하는 사항은 교섭의 대상이 될 수 없다.

37 공무원의 노동조합 설립 및 운영 등에 관한 법률상 조정 및 중재에 관한 설명으로 옳은 것은?

① 단체교섭이 결렬된 경우 이를 조정 · 중재하기 위하여 중앙노동위원회에 특별조정위원회를 둔다.

② 중앙노동위원회 위원장이 직권으로 중재에 회부한다는 결정을 하는 경우 지체없이 중재를 한다.

③ 관계 당사자는 중앙노동위원회의 중재재정이 위법하거나 월권에 의한 것이라고 인정하는 경우에는 중재재정서를 송달받은 날부터 30일 이내에 중앙노동위원회 위원장을 피고로 하여 행정소송을 제기할 수 있다.

④ 관계 당사자는 확정된 중재재정을 따라야 하나, 위반에 대한 벌칙 규정은 없다.

⑤ 중앙노동위원회의 중재재정에 대한 행정소송이 제기되면 중재재정의 효력은 정지된다.

38 노동조합 및 노동관계조정법의 내용 중 공무원의 노동조합 설립 및 운영 등에 관한 법률에 적용되는 것으로 옳은 것은?

① 공정대표의무 등(노동조합 및 노동관계조정법 제29조의4)

② 일반적 구속력(노동조합 및 노동관계조정법 제35조)

③ 조정의 전치(노동조합 및 노동관계조정법 제45조)

④ 사적 조정 · 중재(노동조합 및 노동관계조정법 제52조)

⑤ 긴급조정의 결정(노동조합 및 노동관계조정법 제76조)

39 교원의 노동조합 설립 및 운영 등에 관한 법령상 단체교섭에 관한 설명으로 옳지 않은 것은?

① 노동조합의 대표자는 교섭하려는 사항에 대하여 권한을 가진 자에게 서면으로 교섭을 요구하여야 한다.

② 초·중등교육법 제19조 제1항에 따른 교원의 노동조합의 대표자는 교육부장관, 시·도 교육감 또는 사립학교 설립·경영자와 교섭하고 단체협약을 체결할 권한을 가진다.

③ 교섭위원의 수는 교섭노동조합의 조직 규모 등을 고려하여 정하되, 10명 이내로 한다.

④ 노동조합의 교섭위원은 해당 노동조합의 대표자와 그 조합원으로 구성하여야 한다.

⑤ 교섭노동조합이 둘 이상인 경우 교섭창구 단일화 합의가 이루어지지 않으면 교섭창구단일화 절차에 참여한 노동조합의 전체 조합원 과반수로 조직된 노동조합이 교섭대표노동조합이 된다.

40 교원의 노동조합 설립 및 운영 등에 관한 법률상 조정 및 중재에 관한 설명으로 옳은 것은?

① 중앙노동위원회가 제시한 조정안을 당사자의 어느 한쪽이라도 거부한 경우 중앙노동위원회는 중재를 하며, 중재기간에 대하여는 법률의 정함이 없다.

② 관계 당사자 쌍방의 동의를 얻은 경우에는 교원 노동관계 조정위원회에 갈음하여 단독조정인에게 조정을 행하게 할 수 있다.

③ 조정은 신청을 받은 날부터 30일 이내에 마쳐야 하며, 다만 당사자들이 합의한 경우에는 30일 이내의 범위에서 조정기간을 연장할 수 있다.

④ 관계 당사자의 일방이 단체협약에 의하여 중재를 신청한 때 중앙노동위원회는 중재를 한다.

⑤ 중앙노동위원회 위원장은 직권으로 중재에 회부한다는 결정을 할 수 없다.

01 노동조합 및 노동관계조정법상 총회 및 대의원회의 회의 등에 관한 설명으로 옳지 않은 것은?

① 총회에서 임원의 선임에 관한 사항을 의결할 때에는 재적조합원 과반수의 출석과 출석조합원 3분의 2 이상의 찬성이 있어야 한다.

② 연합단체인 노동조합의 대표자는 그 구성단체의 3분의 1 이상이 회의에 부의할 사항을 제시하고 회의의 소집을 요구한 때에는 지체 없이 임시총회 또는 임시대의원회를 소집하여야 한다.

③ 노동조합이 특정 조합원에 관한 사항을 의결할 경우에는 그 조합원은 표결권이 없다.

④ 하나의 사업 또는 사업장을 대상으로 조직된 노동조합의 대의원은 그 사업 또는 사업장에 종사하는 조합원 중에서 선출하여야 한다.

⑤ 대의원회는 회의개최일 7일 전까지 그 회의에 부의할 사항을 공고하여야 하나, 노동조합이 동일한 사업장 내의 근로자로 구성된 경우에는 그 규약으로 공고기간을 단축할 수 있다.

02 노동조합 및 노동관계조정법상 근로시간 면제에 관한 설명으로 옳은 것은 몇 개인가?

- 근로시간면제심의위원회는 노동위원회법에 따른 중앙노동위원회에 둔다.
- 고용노동부장관이 고시한 근로시간 면제 한도를 초과하는 내용의 단체협약은 그 초과한 부분에 한정하여 무효로 한다.
- 근로시간면제심의위원회는 성별을 고려하여 구성한다.
- 고용노동부장관은 통보받은 근로시간 면제 한도를 합리적인 범위 내에서 조정하여 고시할 수 있다.

① 0개   ② 1개
③ 2개   ④ 3개
⑤ 4개

03 노동조합 및 노동관계조정법상 노동조합의 관리 등에 관한 설명으로 옳지 않은 것은?

① 연합단체인 노동조합은 조합설립일부터 30일 이내에 그 구성단체의 명칭을 기재한 명부를 작성하여 그 주된 사무소에 비치하여야 한다.

② 노동조합의 대표자는 그 회계감사원으로 하여금 3월에 1회 이상 당해 노동조합의 현재의 경리 상황 등에 대한 회계감사를 실시하게 하여야 한다.

③ 노동조합은 재정에 관한 장부와 서류를 3연간 보존하여야 한다.

④ 임원의 임기를 2년으로 정한 규약의 규정은 적법하다.

⑤ 노동조합의 대표자는 필요하다고 인정할 때에는 임시총회 또는 임시대의원회를 소집할 수 있다.

04 노동조합 및 노동관계조정법령상 노동조합에 관한 설명으로 옳지 않은 것은?(다툼이 있으면 판례에 따름)

① 근로조건의 결정권이 있는 독립된 사업 또는 사업장에 조직된 노동단체는 지부·분회 등 명칭이 무엇이든 상관없이 노동조합의 설립신고를 할 수 있다.

② 주로 정치운동을 목적으로 하는 경우에는 노동조합의 설립신고를 마치고 신고증을 교부받았다고 하더라도, 그러한 단체는 적법한 노동조합으로 인정받지 못할 수 있다.

③ 노동조합 및 노동관계조정법상 노동조합이 아님을 통보하는 것을 행정입법으로 규정하려면 반드시 법률의 명시적으로 구체적인 위임이 있어야 한다.

④ 산업별 노동조합의 지회가 기업별로 구성된 노동조합에 준하는 실질을 가지고 있다면 총회의 의결을 거쳐 독립한 기업별 노동조합으로 조직형태를 변경할 수 있다.

⑤ 복수 노동조합 중 어느 한 노동조합은 다른 노동조합을 상대로 그 노동조합의 설립무효확인을 구하는 소를 제기할 수 없다.

05 노동조합 및 노동관계조정법상 노동조합의 규약 및 규정에 관한 설명으로 옳지 않은 것은?(다툼이 있으면 판례에 따름)

① 행정관청은 노동조합의 규약이 노동관계법령에 위반한 경우에는 고용노동부장관의 승인을 받아 그 시정을 명할 수 있다.

② 노동조합이 규약에 따라 자체적으로 마련한 선거관리규정은 조합 민주주의를 실현하기 위한 강행법규에 적합한 범위 내에서는 일종의 자치적 법규범으로서 국가법질서 내에서 법적 효력을 가진다.

③ 노동조합의 총회가 규약의 제 · 개정결의를 통하여 총회에 갈음할 대의원회를 두고 규약의 개정에 관한 사항을 대의원회의 의결사항으로 정한 경우라도 이로써 총회의 규약개정권한이 소멸된다고 볼 수 없다.

④ 단체협약 체결 업무 수행에 대한 적절한 통제를 위하여 규약 등에서 내부 절차를 거치도록 하는 등 대표자의 단체협약체결권한의 행사를 절차적으로 제한하는 것은, 그것이 단체협약체결권한을 전면적 · 포괄적으로 제한하는 것이 아닌 이상 허용된다.

⑤ 조합원의 재산권을 둘러싼 노동조합과 조합원 간의 분쟁에 관하여 그 분쟁이 발생하기 전 조합원이 노동조합을 상대로 일절 소송을 제기할 수 없도록 한 노동조합의 규정은 무효이다.

06 노동조합 및 노동관계조정법령상 노동조합에 관한 설명으로 옳은 것은?(다툼이 있으면 판례에 따름)

① 노동조합을 법인으로 하려는 때에는 그 주된 사무소의 소재지를 관할하는 행정관청에 등기해야 한다.

② 노동조합은 그 규약으로 조합비를 납부하지 아니하는 조합원의 권리를 제한할 수 있다.

③ 노동조합 및 노동관계조정법에 의하여 설립되지 아니한 노동조합도 노동위원회에 노동쟁의의 조정을 신청할 수 있다.

④ 노동조합 및 노동관계조정법에 의하여 설립된 노동조합이 아니더라도 노동조합이라는 명칭을 사용할 수 있다.

⑤ 노동조합의 사업체에 대해서는 세법이 정하는 바에 따라 조세를 부과하지 아니한다.

07 노동조합 및 노동관계조정법상 노동조합과 조합원 등에 관한 설명으로 옳은 것은?(다툼이 있으면 판례에 따름)

① 사업 또는 사업장에 종사하는 근로자가 아닌 노동조합의 조합원은 사용자의 사업 운영 지장 여부와 무관하게 사업 또는 사업장 내에서 노동조합 활동을 할 수 없다.

② 유니언 숍 협정이 체결된 사업장의 사용자는 단체협약에 명문 규정이 있는 경우에도 노동조합에서 제명된 것을 이유로 근로자에게 신분상 불이익한 행위를 할 수 없다.

③ 유니언 숍 협정에 따라 사용자가 노동조합을 탈퇴한 근로자를 해고한 경우에 해고된 근로자가 조합원지위확인을 구하는 소를 제기하여 승소하면 그 해고는 취소된 것으로 본다.

④ 일정 범위의 근로자에 대하여만 단체협약을 적용하기로 규정하였더라도 단체협약은 조합원 모두에게 현실적으로 적용된다.

⑤ 헌법재판소는 헌법 제33조 제1항에서 정한 근로자의 단결권은 단결할 자유뿐 아니라 단결하지 아니할 자유를 포함한다고 해석한다.

08 노동조합 및 노동관계조정법령상 교섭단위 결정 등에 관한 설명으로 옳지 않은 것은?

① 교섭대표노동조합을 결정하여야 하는 단위는 하나의 사업 또는 사업장으로 한다.

② 노동위원회는 사용자의 신청을 받아 교섭단위를 분리하는 결정을 할 수 있다.

③ 노동위원회는 노동조합의 신청을 받아 분리된 교섭단위를 통합하는 결정을 할 수 있다.

④ 노동조합이 교섭단위를 분리하여 교섭하려는 경우 사용자가 교섭요구 사실을 공고하기 전에는 교섭단위를 분리하는 결정을 신청할 수 있다.

⑤ 사용자는 분리된 교섭단위를 통합하여 교섭하려는 경우 교섭대표노동조합이 결정된 날 이후에는 그 통합하는 결정을 신청할 수 없다.

09 노동조합 및 노동관계조정법상 노동조합의 해산에 관한 설명으로 옳지 않은 것은?

① 노동조합이 해산한 때에는 그 대표자는 해산한 날부터 30일 이내에 행정관청에게 이를 신고하여야 한다.

② 총회의 해산결의가 있는 경우 노동조합은 해산한다.

③ 분할로 소멸한 경우 노동조합은 해산한다.

④ 규약에서 정한 해산사유가 발생한 경우 노동조합은 해산한다.

⑤ 노동조합의 임원이 없고 노동조합으로서의 활동을 1년 이상 하지 아니한 것으로 인정되는 경우로서 행정관청이 노동위원회의 의결을 얻은 경우 노동조합은 해산한다.

10 노동조합 및 노동관계조정법령상 공정대표의무 등에 관한 설명으로 옳지 않은 것은?(다툼이 있으면 판례에 따름)

① 교섭창구 단일화 절차에 참여한 노동조합은 단체협약의 내용의 일부가 공정대표의무에 위반되는 경우에는 단체협약 체결일부터 3개월 이내에 그 시정을 요청할 수 있다.

② 교섭대표노동조합과 사용자는 교섭창구 단일화 절차에 참여한 노동조합의 조합원 간에 합리적 이유 없이 차별을 하여서는 아니 된다.

③ 노동위원회는 공정대표의무 위반의 시정 신청을 받은 때에는 지체 없이 필요한 조사와 관계 당사자에 대한 심문(審問)을 하여야 한다.

④ 노동위원회는 공정대표의무 위반의 시정 신청에 따른 심문을 할 때에는 관계 당사자의 신청이 없는 경우 직권으로 증인을 출석하게 하여 질문할 수 없다.

⑤ 교섭대표노동조합이 교섭창구 단일화 절차에 참여한 다른 노동조합을 차별한 것으로 인정되는 경우, 그와 같은 차별에 합리적인 이유가 있다는 점은 교섭대표노동조합에게 주장·증명책임이 있다.

11 노동조합 및 노동관계조정법상 단체협약에 관한 규정 중 (   )에 들어갈 내용으로 옳은 것은?

제31조(단체협약의 작성) ② 단체협약의 당사자는 단체협약의 체결일부터 (ㄱ)일 이내에 이를 행정관청에게 신고하여야 한다.
제32조(단체협약 유효기간의 상한) ① 단체협약의 유효기간은 (ㄴ)년을 초과하지 않는 범위에서 노사가 합의하여 정할 수 있다.

① ㄱ : 10, ㄴ : 2   ② ㄱ : 10, ㄴ : 3
③ ㄱ : 15, ㄴ : 2   ④ ㄱ : 15, ㄴ : 3
⑤ ㄱ : 20, ㄴ : 2

12 노동조합 및 노동관계조정법령상 단체교섭 및 단체협약에 관한 설명으로 옳은 것은?

① 교섭대표노동조합의 대표자는 교섭요구와 무관하게 사업장 내 모든 노동조합 또는 조합원을 위하여 사용자와 교섭하고 단체협약을 체결할 권한을 가진다.

② 교섭대표노동조합이 결정된 후 교섭창구단일화절차가 개시된 날부터 1년 동안 단체협약을 체결하지 못한 경우에는 어느 노동조합이든지 사용자에게 교섭을 요구할 수 있다.

③ 노동조합으로부터 적법한 교섭 요구를 받은 사용자는 그 요구를 받은 날부터 5일간 그 교섭 요구 사실을 공고하여야 한다.

④ 노동조합은 사용자가 교섭요구 사실의 공고를 하지 아니거나 다르게 공고하는 경우에는 고용노동부령으로 정하는 바에 따라 행정관청에 그 시정을 요청할 수 있다.

⑤ 단체협약의 당사자가 하여야 할 단체협약의 신고는 당사자 쌍방이 연명으로 해야 한다.

13 노동조합 및 노동관계조정법령상 쟁의행위에 관한 설명으로 옳지 않은 것은?(다툼이 있으면 판례에 따름)

① 노동조합은 사용자의 점유를 배제하여 조업을 방해하는 형태로 쟁의행위를 해서는 아니 된다.

② 쟁의행위가 사업장의 안전보호시설에 대하여 정상적인 운영을 방해하는 행위로 행하여지는 경우에 사용자가 행정관청과 관할 노동위원회에 하여야 할 신고는 전화로도 가능하다.

③ 피케팅은 파업에 가담하지 않고 조업을 계속하려는 자에게 대하여 평화적 설득, 구두와 문서에 의한 언어적 설득의 범위 내에서 정당성이 인정되는 것이 원칙이고, 위력에 의한 물리적 강제는 정당화될 수 없다.

④ 사업장의 안전보호시설의 정상적인 유지·운영을 정지하는 쟁의행위에 대하여 노동위원회는 그 의결로 쟁의행위의 중지를 통보하여야 한다.

⑤ 방위사업법에 의하여 지정된 주요방위산업체에 종사하는 근로자 중 방산물자의 완성에 필요한 정비 업무에 종사하는 자는 쟁의행위를 할 수 없다.

14 노동조합 및 노동관계조정법령상 필수유지업무 및 필수유지업무협정 등에 관한 설명으로 옳지 않은 것은?

① 철도 차량 운행에 필요한 통신시설을 유지·관리하는 업무는 철도사업의 필수유지업무에 해당한다.

② 필수유지업무협정은 노동관계 당사자가 서면으로 체결하여야 하고, 쌍방이 서명 또는 날인하여야 한다.

③ 노동관계 당사자 쌍방 또는 일방은 필수유지업무협정이 체결되지 아니하는 때에는 노동위원회에 필수유지업무의 내상직무 등의 결정을 신청하여야 한다.

④ 노동관계 당사자가 필수유지업무 수준 등 결정 신청을 하는 경우 그 결정은 공익사업의 노동쟁의 조정을 위한 노동위원회의 특별조정위원회가 담당한다.

⑤ 노동조합이 쟁의행위 개시 전까지 쟁의행위기간 동안 근무하여야 할 조합원을 통보하지 아니한 경우 사용자의 신청에 의하여 노동위원회가 필수유지업무에 근무하여야 할 근로자를 지명하고 이를 노동조합과 그 근로자에게 통보하여야 한다.

15 노동조합 및 노동관계조정법상 쟁의행위에 관한 설명으로 옳지 않은 것은?(다툼이 있으면 판례에 따름)

① 조합원은 노동조합에 의하여 주도되지 아니한 쟁의행위를 하여서는 아니 된다.

② 노동조합은 쟁의행위가 적법하게 수행될 수 있도록 지도·관리·통제할 책임이 있다.

③ 조합원의 민주적 의사결정이 실질적으로 확보된 때에는 쟁의행위 찬반투표절차를 거치치 아니하였다는 사정만으로 쟁의행위의 정당성이 상실되지 아니한다.

④ 사용자는 노동조합이 쟁의행위를 개시한 이후에만 직장폐쇄를 할 수 있다.

⑤ 노동조합은 쟁의행위 기간에 대한 임금의 지급을 요구하여 이를 관철할 목적으로 쟁의행위를 하여서는 아니 된다.

16 노동조합 및 노동관계조정법상 공익사업 등의 우선적 취급에 관한 규정에서 (   )에 들어갈 내용으로 옳은 것은?

> 제51조(공익사업 등의 우선적 취급) 국가·지방자치단체·국공영기업체·방위산업체 및 공익사업에 있어서의 (   )은(는) 우선적으로 취급하고 신속히 처리하여야 한다.

① 쟁의행위의 조정   ② 부당노동행위의 구제
③ 단체협약의 해석   ④ 노동쟁의의 조정
⑤ 노동조합 해산의 의결

17 노동조합 및 노동관계조정법상 노동쟁의 조정에 관한 설명으로 옳은 것은?

① 사적조정 등을 수행하는 자는 노동관계 당사자로부터 수수료, 수당 및 여비 등을 받을 수 있다.

② 노동관계 당사자가 노동쟁의를 단체협약에서 정하는 바에 따라 해결하기로 한 경우 이를 행정관청에 신고하여야 한다.

③ 노동관계 당사자가 단체협약이 정하는 바에 따라 노동쟁의의 조정을 한 경우 그 내용은 재판상 화해와 같은 효력을 가진다.

④ 고용노동부장관은 긴급조정의 결정을 하고자 할 때에는 중앙노동위원회 의결을 거쳐야 한다.

⑤ 중앙노동위원회는 고용노동부장관의 긴급조정결정 통고를 받은 때에는 지체없이 중재를 개시하여야 한다.

18 노동조합 및 노동관계조정법상 부당노동행위에 관한 설명으로 옳은 것은?(다툼이 있으면 판례에 따름)

① 부당노동행위에 대한 입증책임은 사용자가 부담한다.

② 노동위원회가 부당노동행위의 구제신청을 받고 심문을 할 때에는 그 직권으로 증인을 출석하게 하여 필요한 사항을 질문할 수 있다.

③ 부당노동행위를 한 사용자는 3년 이하의 징역 또는 3천만원 이하의 벌금에 처한다.

④ 중앙노동위원회의 재심판정에 대하여 행정소송을 제기한 경우에 관할법원은 부당노동행위 구제 신청자의 신청에 의하여 판결이 확정될 때까지 중앙노동위원회의 구제명령의 정부를 이행하도록 명할 수 있다.

⑤ 부당노동행위 규정 위반에 관한 명문의 양벌규정은 존재하지 아니한다.

19 근로자참여 및 협력증진에 관한 법률상 노사협의회에 관한 설명으로 옳지 않은 것은?

① 노사협의회란 근로자와 사용자가 참여와 협력을 통하여 근로자의 복지증진과 기업의 건전한 발전을 도모하기 위하여 구성하는 협의기구를 말한다.

② 사업자 내 근로자 감시 설비의 설치는 노사협의회가 협의하여야 할 사항에 해당한다.

③ 사용자는 고충처리위원회에서 의결되지 아니한 사항에 대하여는 노사협의회의 의결을 거쳐야 한다.

④ 노사협의회는 노사협의회에서 의결된 사항의 해석에 관하여 의견이 일치하지 아니하는 경우 노동위원회의 중재를 받을 수 있다.

⑤ 법령에 따른 노사협의회의 설치를 정당한 사유 없이 거부하거나 방해한 자는 1년 이하의 징역 또는 1천만원 이하의 벌금에 처한다.

20 근로자참여 및 협력증진에 관한 법령상 노사협의회의 위원 등에 관한 설명으로 옳지 않은 것은?

① 노사협의회는 근로자와 사용자를 대표하는 같은 수의 위원으로 구성하여야 하며 위원수에 대한 제한이 있다.

② 노사협의회의 근로자위원의 선출에 입후보하려는 사람은 해당 사업이나 사업장의 근로자여야 한다.

③ 노사협의회의 근로자위원의 결원이 생기면 30일 이내에 보궐위원을 위촉하거나 선출하되, 근로자의 과반수로 구성된 노동조합이 조직되어 있지 아니한 사업 또는 사업장에서는 근로자위원 선출 투표에서 선출되지 못한 사람 중 득표 순에 따른 차점자를 근로자위원으로 할 수 있다.

④ 노사협의회의 위원은 무보수로 한다는 명문의 규정상 위원의 노사협의회 출석 시간과 이와 관련된 시간은 노사협의회 규정으로 정한 경우에도 근로한 시간으로 볼 수 없다.

⑤ 사용자는 근로자위원의 업무를 위하여 장소의 사용 등 기본적인 편의를 제공하여야 한다.

2023년

21 노동위원회법상 노동위원회에 관한 설명으로 옳은 것을 모두 고른 것은?

> ㄱ. 중앙노동위원회와 지방노동위원회는 고용노동부장관 소속으로 둔다.
> ㄴ. 특별노동위원회는 관계 법률에서 정하는 사항을 관장하기 위하여 필요한 경우에 해당 사항을 관장하는 중앙행정기관의 장 소속으로 둔다.
> ㄷ. 중앙노동위원회의 위원장은 중앙노동위원회 및 지방노동위원회의 예산·인사·교육훈련, 그 밖의 행정사무를 총괄한다.
> ㄹ. 노동위원회 위원장은 해당 노동위원회의 공익위원이 되며, 심판사건, 차별적 처우 시정사건을 담당하되 조정사건은 담당할 수 없다.

① ㄱ
② ㄴ, ㄷ
③ ㄱ, ㄴ, ㄷ
④ ㄱ, ㄴ, ㄹ
⑤ ㄴ, ㄷ, ㄹ

22 노동위원회법상 노동위원회에 관한 설명으로 옳은 것은?

① 중앙노동위원회 및 지방노동위원회에는 사무처를 둔다.

② 중앙노동위원회 상임위원은 사무처장을 겸직할 수 없다.

③ 부문별 위원회 위원장은 부문별 위원회의 원활한 운영을 위하여 필요하다고 인정하는 경우에 주심위원을 지명하여 사건의 처리를 주관하게 하여야 한다.

④ 노동위원회는 판정·명령 또는 결정이 있기 전까지 화해안을 제시할 수 있으며 관계당사자가 화해안을 수락하였을 때에는 취하조서를 작성하여야 한다.

⑤ 노동위원회의 부문별 위원회의 회의는 구성위원 전원의 출석으로 개의한다.

23 공무원의 노동조합 설립 및 운영 등에 관한 법률에 관한 설명으로 옳지 않은 것은?

① 공무원은 노동조합 활동을 할 때 다른 법령에서 규정하는 공무원의 의무에 반하는 행위를 하여서는 아니 된다.

② 교정 · 수사 등의 공공의 안녕과 국가안전보장에 관한 업무에 종사하는 공무원은 노동조합에 가입할 수 없다.

③ 단체협약의 내용 중 법령 · 조례 또는 예산에 의하여 규정되는 내용과 법령 또는 조례에 의하여 위임을 받아 규정되는 내용은 단체협약으로서의 효력을 가지지 아니한다.

④ 정부교섭대표는 효율적인 교섭을 위하여 필요한 경우 다른 정부교섭대표와 공동으로 교섭할 수 있으나 정부교섭대표가 아닌 관계 기관의 장으로 하여금 교섭에 참여하게 할 수 없다.

⑤ 단체교섭이 결렬된 경우 이를 조정 · 중재하기 위하여 중앙노동위원회에 공무원 노동관계 조정위원회를 둔다.

24 교원의 노동조합 설립 및 운영 등에 관한 법률에 관한 설명으로 옳지 않은 것은? 기출 수정

① 교원으로 임용되어 근무하였던 사람으로서 노동조합 규약으로 정하는 사람은 노동조합에 가입할 수 있다.

② 전임자는 그 전임기간 중 전임자임을 이유로 승급 또는 그 밖에 신분상의 불이익을 받지 아니한다.

③ 단체교섭이 결렬된 경우 중앙노동위원회는 당사자 양쪽이 조정을 신청하는 경우에 한하여 조정을 시작할 수 있다.

④ 중앙노동위원회가 제시한 조정안을 당사자의 어느 한쪽이라도 거부한 경우에는 중앙노동위원회는 중재를 한다.

⑤ 관계 당사자는 중앙노동우원회의 중재재정이 위법하거나 월권에 의한 것이라고 인정하는 경우에는 중재재정서를 송달받은 날부터 15일 이내에 중앙노동위원회 위원장을 피고로 하여 행정소송을 제기할 수 있다.

25 노동법 등의 연혁에 관한 설명으로 옳지 않은 것은?

① 우리나라의 노동위원회법은 1953년에 처음 제정되었다.

② 우리나라는 1991년에 국제노동기구(ILO)에 가입하였다.

③ 우리나라의 공무원의 노동조합 설립 및 운영 등에 관한 법률은 교원의 노동조합 설립 및 운영 등에 관한 법률보다 먼저 제정되었다.

④ 미국의 1935년 와그너법은 근로자의 단결권 · 단체교섭권 · 단체행동권을 명문화하였다.

⑤ 우리나라 제헌헌법에는 영리를 목적으로 하는 사기업에 있어서는 근로자는 법률의 정하는 바에 의하여 이익의 분배에 균점할 권리가 있다는 규정이 있었다.

01 **헌법상 노동3권에 관한 설명으로 옳지 않은 것은?**

① 헌법재판소는 노동3권의 법적 성격을 사회적 보호기능을 담당하는 자유권 또는 사회권적 성격을 띤 자유권이라고 보는 입장을 취하고 있다.

② 근로자는 근로조건의 향상을 위하여 자주적인 단결권·단체교섭권 및 단체행동권을 가진다.

③ 헌법재판소는 노동조합의 적극적 단결권은 근로자 개인의 단결하지 않을 자유보다 중시된다고 할 것이고, 또 노동조합에게 위와 같은 조직강제권을 부여한다고 하여 이를 근로자의 단결하지 아니할 자유의 본질적인 내용을 침해하는 것으로 단정할 수는 없다는 입장을 취하고 있다.

④ 헌법상 보장된 근로자의 단결권은 단결할 자유만을 가리킬 뿐이고, 단결하지 아니할 자유 이른바 소극적 단결권은 이에 포함되지 않는다고 보는 것이 헌법재판소의 입장이다.

⑤ 헌법재판소는 노동3권 제한에 관한 개별적 제한규정을 두고 있지 않는 경우, 헌법 제37조 제2항의 일반유보조항에 따라 노동3권을 제한할 수 없다는 입장을 취하고 있다.

02 **노동조합 및 노동관계조정법령에 관한 설명이다. (   )에 들어갈 숫자로 옳은 것은?**

> • 노동조합의 대표자는 노동조합의 법인 등기사항 중 변경된 사항이 있는 경우에는 그 변경이 있는 날부터 (ㄱ)주 이내에 변경등기를 해야 한다.
> • 행정관청은 설립신고서 또는 규약이 기재사항의 누락 등으로 보완이 필요한 경우 (ㄴ)일 이내의 기간을 정하여 보완을 요구하여야 한다.
> • 노동조합은 매년 (ㄷ)회 이상 총회를 개최하여야 한다.

① ㄱ : 1, ㄴ : 10, ㄷ : 1
② ㄱ : 2, ㄴ : 10, ㄷ : 1
③ ㄱ : 3, ㄴ : 20, ㄷ : 1
④ ㄱ : 3, ㄴ : 20, ㄷ : 2
⑤ ㄱ : 3, ㄴ : 30, ㄷ : 2

03 노동조합 및 노동관계조정법상 노동조합에 관한 설명으로 옳지 않은 것은?

① 행정관청은 노동조합의 결의가 규약에 위반된다고 인정할 경우에는 이해관계인의 신청이 있는 경우에 한하여 노동위원회의 의결을 얻어 그 시정을 명할 수 있다.

② 노동조합의 합병·분할 또는 해산, 조직형태 변경을 위해서는 총회의 의결을 거쳐야 한다.

③ 총회는 임원의 해임에 관한 사항을 재적조합원 과반수의 출석과 출석조합원 3분의 2 이상의 찬성으로 의결한다.

④ 단체협약에 관한 사항은 총회의 의결사항이다.

⑤ 종사근로자인 조합원이 해고되어 노동위원회에 부당해고의 구제신청을 한 경우에는 중앙노동위원회의 재심판정이 있을 때까지는 종사근로자로 본다.

04 노동조합 및 노동관계조정법상 기한이 다른 하나는?

① 노동조합의 처분이 노동관계 법령에 위반하여 행정관청의 시정명령을 받은 노동조합이 이를 이행하여야 할 기한

② 노동조합에 임시총회 소집권자가 없는 경우 행정관청의 회의소집권자 지명 기한

③ 노동조합의 대표자가 회의의 소집을 고의로 기피하거나 이를 해태하여 조합원 또는 대의원의 3분의 1 이상이 소집권자의 지명을 요구할 때 행정관청의 노동위원회에 대한 의결 요청 기한

④ 합병 또는 분할로 소멸하여 노동조합이 해산한 때 노동조합 대표자가 해산한 날부터 이를 행정관청에게 신고하여야 할 기한

⑤ 단체협약 당사자가 단체협약의 체결일부터 이를 행정관청에게 신고하여야 할 기한

05 노동조합 및 노동관계조정법령에 관한 설명으로 옳지 않은 것은?(다툼이 있으면 판례에 따름)

① 근로자는 단체협약으로 정하거나 사용자의 동의가 있는 경우에는 사용자 또는 노동조합으로부터 급여를 지급받으면서 근로계약 소정의 근로를 제공하지 아니하고 노동조합의 업무에 종사할 수 있다.

② 노동조합의 하부단체인 분회나 지부가 독자적인 규약 및 집행기관을 가지고 독립된 조직체로서 활동을 하는 경우 당해 조직이나 그 조합원에 고유한 사항에 대하여는 독자적으로 단체교섭하고 단체협약을 체결할 수 있다.

③ 근로조건의 결정권이 있는 독립된 사업 또는 사업장에 조직된 노동단체는 지부·분회 등 명칭이 무엇이든 상관없이 노동조합의 설립신고를 할 수 있다.

④ 근로시간면제자에 대한 근로시간 면제 한도를 정하기 위하여 근로시간면제심의위원회를 고용노동부에 둔다.

⑤ 연합단체인 노동조합을 설립하고자 하는 자는 노동조합의 명칭, 주된 사무소의 소재지, 조합원수 등을 기재한 신고서에 규약을 첨부하여 고용노동부장관에게 제출하여야 한다.

06 노동조합 및 노동관계조정법령상 단체교섭 및 단체협약에 관한 설명으로 옳지 않은 것은?(다툼이 있으면 판례에 따름)

① 노동조합은 정당한 이유없이 교섭 또는 단체협약의 체결을 거부하거나 해태하여서는 아니 된다.

② 사용자로부터 교섭의 체결에 관한 권한을 위임받은 자는 그 사용자를 위하여 위임받은 범위 안에서 그 권한을 행사할 수 있다.

③ 교섭대표노동조합의 대표자는 단체협약 체결 여부에 대해 원칙적으로 소수노동조합이나 그 조합원의 의사에 기속된다고 볼 수 없다.

④ 노동조합은 해당 사업에 단체협약이 2개 이상 있는 경우에는 나중에 이르는 단체협약의 유효기간 만료일 이전 3개월이 되는 날부터 사용자에게 교섭을 요구할 수 있다.

⑤ 국가 및 지방자치단체는 다양한 교섭방식을 노동관계 당사자가 자율적으로 선택할 수 있도록 지원하고 이에 따른 단체교섭이 활성화될 수 있도록 노력하여야 한다.

07 노동조합 및 노동관계조정법령상 교섭창구 단일화 절차 등에 관한 설명으로 옳지 않은 것은?

① 하나의 사업장에서 조직형태에 관계없이 근로자가 설립하거나 가입한 노동조합이 2개 이상인 경우 노동조합은 교섭대표노동조합을 정하여 교섭을 요구하여야 한다.

② 교섭대표노동조합을 자율적으로 결정하는 기한 내에 사용자가 교섭창구 단일화 절차를 거치지 아니하기로 동의한 경우에는 사용자는 교섭을 요구한 모든 노동조합과 성실히 교섭하여야 한다.

③ 교섭대표노동조합을 자율적으로 결정하는 기한까지 교섭대표노동조합을 정하지 못하고 사용자의 동의를 얻지 못한 경우에는 교섭창구 단일화 절차에 참여한 노동조합의 종사 근로자가 아닌 조합원을 포함한 전체 조합원 과반수로 조직된 노동조합이 교섭대표노동조합이 된다.

④ 공동교섭대표단의 구성에 합의하지 못할 경우에 노동위원회는 해당 노동조합의 신청에 따라 조합원 비율을 고려하여 이를 결정할 수 있다.

⑤ 사용자에게 공동교섭대표단의 통지가 있은 이후에는 그 공동교섭대표단 결정 절차에 참여한 노동조합 중 일부 노동조합이 그 이후의 절차에 참여하지 않더라도 교섭대표 노동조합의 지위는 유지된다.

08 노동조합 및 노동관계조정법령상 교섭단위 결정 등에 관한 설명으로 옳은 것은?

① 노동조합 또는 사용자는 사용자가 교섭요구 사실을 공고하기 전에는 노동위원회에 교섭단위를 분리하는 결정을 신청할 수 없다.

② 노동조합 또는 사용자는 분리된 교섭단위를 통합하여 교섭하려는 경우에는 노동위원회에 분리된 교섭단위를 통합하는 결정을 신청할 수 없다.

③ 노동위원회는 노동관계 당사자의 어느 한쪽이 신청한 경우에는 교섭단위를 분리하는 결정을 할 수 없다.

④ 노동위원회는 교섭단위를 분리하는 결정을 하고 해당 사업 또는 사업장의 모든 노동조합과 사용자에게 통지해야 한다.

⑤ 교섭단위 분리신청에 대한 노동위원회의 결정이 있기 전에 교섭 요구가 있는 때에는 교섭단위 분리 결정과 관계없이 교섭요구 사실의 공고 등 교섭창구단일화절차는 진행된다.

09 노동조합 및 노동관계조정법령상 단체협약에 관한 설명으로 옳지 않은 것은?

① 행정관청은 단체협약 중 위법한 내용이 있는 경우에는 노동위원회의 의결을 얻어 그 시정을 명할 수 있다.

② 하나의 사업장에 상시 사용되는 동종의 근로자 반수 이상이 하나의 단체협약의 적용을 받게 된 때에는 행정관청은 직권으로 다른 동종의 근로자에 대하여도 당해 단체협약을 적용한다는 결정을 하여야 한다.

③ 단체협약에 그 유효기간을 정하지 아니한 경우 그 유효기간은 3년으로 한다.

④ 단체협약의 신고는 당사자 쌍방이 연명으로 해야 한다.

⑤ 단체협약의 이행방법에 관하여 노동위원회가 제시한 이행방법에 관한 견해는 중재재정과 동일한 효력을 가진다.

10 노동조합 및 노동관계조정법령상 단체교섭 및 단체협약에 관한 설명이다. (   )에 들어갈 내용으로 옳은 것은?

> • 교섭창구 단일화 절차에 따라 결정된 교섭대표노동조합은 그 결정이 있은 후 사용자와 체결한 첫 번째 단체협약의 효력이 발생한 날을 기준으로 (ㄱ)년이 되는 날까지 그 교섭대표노동조합의 지위를 유지한다.
> • 단체협약에 그 유효기간이 경과한 후에도 새로운 단체협약이 체결되지 아니한 때에는 새로운 단체협약이 체결될 때까지 종전 단체협약의 효력을 존속시킨다는 취지의 별도의 약정이 있는 경우에는 그에 따르되, 당사자 일방은 해지하고자 하는 날의 (ㄴ)월 전까지 상대방에게 통고함으로써 종전의 단체협약을 해지할 수 있다.

① ㄱ : 2, ㄴ : 2   ② ㄱ : 2, ㄴ : 3
③ ㄱ : 2, ㄴ : 6   ④ ㄱ : 3, ㄴ : 3
⑤ ㄱ : 3, ㄴ : 6

11 노동조합 및 노동관계조정법상 단체협약에 관한 설명으로 옳지 않은 것은?(다툼이 있으면 판례에 따름)

① 노동조합은 신의에 따라 성실히 교섭하고 단체협약을 체결하여야 하며 그 권한을 남용하여서는 아니 된다.

② 단체협약에 정한 근로조건 기타 근로자의 대우에 관한 기준에 위반하는 취업규칙 또는 근로계약의 부분은 무효로 한다.

③ 단체협약의 당사자인 노동조합은 단체협약의 유효기간 중에 단체협약에서 정한 근로조건 등에 관한 내용의 변경이나 폐지를 요구하는 쟁의행위를 행하지 않을 평화의무를 지고 있다.

④ 사용자가 인사처분을 할 때 노동조합의 사전 동의나 승낙을 얻어 인사처분을 하도록 단체협약 등에 규정된 경우 그 절차를 거치지 아니한 인사처분은 원칙적으로 무효로 보아야 한다.

⑤ 노동조합은 근로조건의 향상을 목적으로 하므로 사용자와 사이에 근로조건을 불리하게 변경하는 내용의 단체협약을 체결할 수 없다.

12 노동조합 및 노동관계조정법상 노동위원회가 행하는 노동쟁의의 조정 등에 관한 설명으로 옳지 않은 것은?

① 노동위원회는 관계 당사자의 일방이 노동쟁의의 조정을 신청한 때에는 지체없이 조정을 개시하여야 한다.

② 조정은 조정의 신청이 있은 날부터 일반사업에 있어서는 10일, 공익사업에 있어서는 15일 이내에 종료하여야 한다.

③ 노동위원회는 조정신청 전에는 교섭을 주선하는 등 관계 당사자의 자주적인 분쟁 해결을 지원할 수 없다.

④ 노동위원회는 관계 당사자 쌍방의 신청 또는 동의를 얻은 경우에는 조정위원회에 갈음하여 단독조정인에게 조정을 행하게 할 수 있다.

⑤ 조정서의 내용을 준수하지 아니한 자는 벌칙에 처한다.

13 노동조합 및 노동관계조정법상 노동위원회가 행하는 노동쟁의의 중재에 관한 설명으로 옳은 것은?

① 노동쟁의가 중재에 회부된 때에는 그 날부터 20일간은 쟁의행위를 할 수 없다.

② 관계 당사자의 일방이 단체협약에 의하여 중재를 신청한 때에도 노동위원회는 중재를 행한다.

③ 중재는 조정을 거치지 않으면 신청할 수 없다.

④ 관계 당사자는 지방노동위원회의 중재재정이 월권에 의한 것이라고 인정하는 경우에는 중앙노동위원회에 재심을 신청할 수 없다.

⑤ 중재재정의 내용은 관계 당사자의 동의를 받아야 단체협약과 동일한 효력을 가진다.

14 노동조합 및 노동관계조정법상 필수공익사업에 해당하는 것을 모두 고른 것은?

ㄱ. 공중위생사업	ㄴ. 통신사업	ㄷ. 방송사업
ㄹ. 한국은행사업	ㅁ. 조폐사업	ㅂ. 병원사업

① ㄱ, ㄹ, ㅂ   ② ㄴ, ㄷ, ㅁ

③ ㄴ, ㄹ, ㅂ   ④ ㄷ, ㄹ, ㅁ

⑤ ㄷ, ㅁ, ㅂ

15 노동조합 및 노동관계조정법상 사용자의 직장폐쇄에 관한 설명으로 옳지 않은 것은?(다툼이 있으면 판례에 따름)

① 사용자의 직장폐쇄가 정당한 쟁의행위로 평가받는 경우에는 사업장 내의 노조사무실 등 정상적인 노조활동에 필요한 시설이라 하더라도 조합원의 출입은 허용되지 않는다.

② 직장폐쇄의 개시 자체는 정당하더라도 근로자가 쟁의행위를 중단하고 진정으로 업무에 복귀할 의사를 표시하였음에도 사용자가 직장폐쇄를 계속 유지하면서 공격적 직장폐쇄의 성격으로 변질된 경우에는 그 이후의 직장폐쇄는 정당성을 상실하게 된다.

③ 사용자의 직장폐쇄는 근로자 측의 쟁의행위에 대한 대항·방위 수단으로서 상당성이 인정되는 경우에 한하여 정당한 쟁의행위로 평가받을 수 있다.

④ 사용자의 직장폐쇄가 정당한 쟁의행위로 인정되지 아니하는 때에는 적법한 쟁의행위로서 사업장을 점거 중인 근로자들이 사용자로부터 퇴거 요구를 받고 이에 불응한 채 직장점거를 계속하더라도 퇴거불응죄가 성립하지 아니한다.

⑤ 사용자의 직장폐쇄가 정당한 쟁의행위로 평가받을 때 비로소 사용자는 직장폐쇄 기간 동안의 대상 근로자에 대한 임금지불의무를 면한다.

16 노동조합 및 노동관계조정법령상 노동조합이 쟁의행위를 하고자 할 경우에 행정관청과 관할 노동위원회에 신고하여야 할 사항이 아닌 것은?

① 쟁의행위의 목적　　　　　　　② 쟁의행위의 일시
③ 쟁의행위의 장소　　　　　　　④ 쟁의행위의 참가인원
⑤ 쟁의행위의 방법

17 노동조합 및 노동관계조정법상 쟁의행위에 관한 설명으로 옳은 것은?

① 근로자는 쟁의행위 기간 중에는 어떠한 경우라도 노동조합 및 노동관계조정법 위반을 이유로 구속되지 아니한다.

② 노동조합의 쟁의행위는 직접·비밀·무기명투표에 의한 종사근로자인 조합원 과반수의 찬성으로 결정하지 아니하면 이를 행할 수 없다.

③ 노동조합은 쟁의행위의 본질상 사용자의 점유를 배제하여 조업을 방해하는 형태로 쟁의행위를 할 수 있다.

④ 노동조합은 쟁의행위 기간에 대한 임금의 지급을 요구하여 이를 관철할 목적으로 쟁의행위를 할 수 있다.

⑤ 필수공익사업의 사용자는 쟁의행위 기간중 그 쟁의행위로 중단된 업무의 수행을 위하여 당해 사업과 관계없는 자를 채용 또는 대체할 수 없다.

18 노동조합 및 노동관계조정법상 쟁의행위에 관한 설명으로 옳지 않은 것은?(다툼이 있으면 판례에 따름)

① 근로자의 쟁의행위가 정당한 것으로 인정받기 위해서는 그 목적이 근로조건의 향상을 위한 노사 간의 자치적 교섭을 조성하는 데에 있어야 한다.

② 노동조합 및 노동관계조정법상 적법한 절차를 거친 후 이루어진 쟁의행위에 대하여 쟁의발생 신고절차의 미준수만을 이유로 그 정당성을 부정할 수는 없다.

③ 쟁의행위 수단으로서 피케팅은 파업에 가담하지 않고 조업을 계속하려는 자에 대하여 평화적 설득, 구두와 문서에 의한 언어적 설득의 범위 내에서 정당성이 인정되는 것이 원칙이다.

④ 쟁의행위가 조정전치의 규정에 따른 절차를 거치지 않았더라도 무조건 정당성을 결여한 쟁의행위가 되는 것은 아니다.

⑤ 노동조합이 사용자가 수용할 수 없는 과다한 요구를 하였다면 그 쟁의행위의 목적의 정당성은 부정된다.

19 노동조합 및 노동관계조정법상 부당노동행위에 관한 설명으로 옳지 않은 것은?

① 근로시간 면제한도를 초과하여 사용자가 급여를 지급하더라도 부당노동행위가 성립하지 않는다.

② 사용자가 근로자의 후생자금을 위해 기금을 기부하는 경우에 부당노동행위가 성립하지 않는다.

③ 노동조합이 해당 사업장에 종사하는 근로자의 3분의 2 이상을 대표하고 있을 때에 근로자가 그 노동조합의 조합원이 될 것을 고용조건으로 하는 단체협약의 체결은 부당노동행위에 해당하지 않는다.

④ 사용자가 최소한의 규모의 노동조합 사무소를 제공하는 경우 부당노동행위가 성립하지 않는다.

⑤ 사용자가 노동조합으로부터 위임을 받은 자와의 단체협약체결 기타의 단체교섭을 정당한 이유없이 거부하거나 해태하는 경우 부당노동행위가 성립할 수 있다.

20 노동조합 및 노동관계조정법 제81조(부당노동행위) 제1항 제4호 단서에 따른 "노동조합의 자주적인 운영 또는 활동을 침해할 위험" 여부를 판단할 때 고려하여야 하는 사항이 아닌 것은?

① 원조된 운영비의 관리방법 및 사용처

② 원조된 운영비가 노동조합의 총지출에서 차지하는 비율

③ 원조된 운영비 금액과 원조방법

④ 원조된 운영비 횟수와 기간

⑤ 운영비 원조의 목적과 경위

21 노동조합 및 노동관계조정법상 부당노동행위 구제에 관한 설명으로 옳은 것은?

① 사용자의 부당노동행위로 인하여 그 권리를 침해당한 근로자는 노동위원회에 그 구제를 신청할 수 없다.

② 노동위원회가 관계 당사자의 심문을 할 때에는 관계당사자의 신청 없이는 증인을 출석하게 하여 필요한 사항을 질문할 수 없다.

③ 부당노동행위 구제의 신청은 계속하는 부당노동행위의 경우 그 종료일부터 3월 이내에 행하여야 한다.

④ 지방노동위원회의 기각결정에 불복이 있는 관계 당사자는 그 결정이 있은 날부터 10일 이내에 중앙노동위원회에 그 재심을 신청할 수 있다.

⑤ 중앙노동위원회의 재심판정은 행정소송의 제기에 의하여 그 효력이 정지된다.

22 노동위원회법상 노동위원회에 관한 설명으로 옳지 않은 것은?

① 공익위원은 해당 노동위원회 위원장, 노동조합 및 사용자단체가 각각 추천한 사람 중에서 노동조합과 사용자단체가 순차적으로 배제하고 남은 사람을 위촉대상 공익위원으로 한다.

② 관계 당사자 양쪽이 모두 단독심판을 신청하거나 단독심판으로 처리하는 것에 동의한 경우 단독심판으로 사건을 처리할 수 있다.

③ 노동위원회 위원의 임기는 3년으로 하되, 연임할 수 없다.

④ 중앙노동위원회의 처분에 대한 소송은 중앙노동위원회 위원장을 피고(被告)로 하여 제기하여야 한다.

⑤ 노동위원회법에 따라 작성된 화해조서는 민사소송법에 따른 재판상 화해의 효력을 갖는다.

23 공무원의 노동조합 설립 및 운영 등에 관한 법률에 관한 설명으로 옳지 않은 것은?

① 정부교섭대표는 다른 정부교섭대표와 공동으로 교섭할 수 있지만, 다른 정부교섭대표에게 교섭 및 단체협약 체결 권한을 위임할 수 없다.

② 전임자에 대하여는 그 기간 중 국가공무원법 제71조 또는 지방공무원법 제63조에 따라 휴직명령을 하여야 한다.

③ 정부교섭대표는 법령 등에 따라 스스로 관리하거나 결정할 수 있는 권한을 가진 사항에 대하여 노동조합이 교섭을 요구할 때에는 정당한 사유가 없으면 그 요구에 따라야 한다.

④ 단체교섭이 결렬된 경우 이를 조정·중재하기 위하여 중앙노동위원회에 공무원 노동관계 조정위원회를 둔다.

⑤ 정부교섭대표는 단체협약으로서의 효력을 가지지 아니하는 내용에 대하여는 그 내용이 이행될 수 있도록 성실하게 노력하여야 한다.

24 교원의 노동조합 설립 및 운영 등에 관한 법률에 관한 설명으로 옳은 것은? 기출 수정

① 초·중등교육법에 따른 교원은 개별학교 단위로 노동조합을 설립할 수 있다.

② 교원으로 임용되어 근무하였던 사람은 규약에 정함이 있더라도 노동조합에 가입할 수 없다.

③ 노동조합과 그 조합원은 파업, 태업 또는 그 밖에 업무의 정상적인 운영을 방해하는 쟁의행위를 할 수 있다.

④ 단체교섭을 하거나 단체협약을 체결하는 경우에 관계 당사자는 국민여론과 학부모의 의견을 수렴하여 성실하게 교섭하고 단체협약을 체결하여야 한다.

⑤ 교원은 임용권자의 동의를 받아 노동조합으로부터 급여를 지급받으면서 노동조합의 업무에만 종사할 수 있다.

25 근로자참여 및 협력증진에 관한 법령상 노사협의회에 관한 설명으로 옳지 않은 것은?(다툼이 있으면 판례에 따름)

① 노사협의회는 근로조건에 대한 결정권이 있는 사업이나 사업장 단위로 설치하여야 한다.

② 하나의 사업에 종사하는 전체 근로자 수가 30명 이상이면 해당 근로자가 지역별로 분산되어 있더라도 그 주된 사무소에 노사협의회를 설치하여야 한다.

③ 근로자의 교육훈련 및 능력개발 기본계획의 수립에 대하여는 노사협의회의 의결을 거쳐야 한다.

④ 임금의 지불방법·체계·구조 등의 제도 개선은 노사협의회의 협의사항이다.

⑤ 근로조건 기타 노사관계에 관한 합의가 노사협의회의 협의를 거쳐서 단체협약의 실질적·형식적 요건을 갖추었다 하더라도 이는 단체협약이라고 볼 수 없다.

01 우리나라 노동법 등의 연혁에 관한 설명으로 옳은 것을 모두 고른 것은?

> ㄱ. 우리나라는 1991년에 국제노동기구(ILO)에 가입하였다.
> ㄴ. 1980년에 제정된 노사협의회법에서 노사협의회를 처음으로 규정하였다.
> ㄷ. 2005년에 공무원의 노동조합 설립 및 운영 등에 관한 법률이 제정되었다.
> ㄹ. 1953년에 제정된 노동조합법에서는 사용자 및 노동조합의 부당노동행위금지와 그 위반에 대한 처벌을 규정하였다.

① ㄱ, ㄴ
② ㄱ, ㄷ
③ ㄱ, ㄹ
④ ㄴ, ㄷ
⑤ ㄴ, ㄹ

02 노동조합 및 노동관계조정법에 관한 설명으로 옳지 않은 것은?(다툼이 있으면 판례에 따름)

① 사용자라 함은 사업주, 사업의 경영담당자 또는 그 사업의 근로자에 관한 사항에 대하여 사업주를 위하여 행동하는 자를 말한다.

② 사용자단체라 함은 노동관계에 관하여 그 구성원인 사용자에 대하여 조정 또는 규제할 수 있는 권한을 가진 사용자의 단체를 말한다.

③ 노동조합 및 노동관계조정법상 근로자에 해당하는지는 근로조건을 보호할 필요성이 있는지의 관점에서 판단하여야 하므로, 동법상의 근로자는 근로기준법상 근로자에 한정된다.

④ 노동조합에 대하여는 그 사업체를 제외하고는 세법이 정하는 바에 따라 조세를 부과하지 아니한다.

⑤ 이 법에 의하여 설립된 노동조합이 아니면 노동위원회에 노동쟁의의 조정 및 부당노동행위의 구제를 신청할 수 없다.

03 노동조합 및 노동관계조정법령상 노동조합의 설립 등에 관한 설명으로 옳지 않은 것은?

1
2
3

① 행정관청은 설립신고서에 규약이 첨부되어 있지 아니한 경우에는 설립신고서를 반려하여야 한다.

② 노동조합이 신고증을 교부받은 경우에는 설립신고서가 접수된 때에 설립된 것으로 본다.

③ 노동조합은 설립신고된 사항 중 대표자의 성명에 변경이 있는 때에는 그 날부터 30일 이내에 행정관청에 변경신고를 하여야 한다.

④ 2 이상의 시 · 군 · 구(자치구를 말한다)에 걸치는 단위노동조합을 설립하고자 하는 자는 설립 신고서에 규약을 첨부하여 특별시장 · 광역시장 · 도지사에게 제출하여야 한다.

⑤ 행정관청은 설립신고서 또는 규약이 기재사항의 누락등으로 보완이 필요한 경우에는 대통령 령이 정하는 바에 따라 20일 이내의 기간을 정하여 보완을 요구하여야 한다.

04 노동조합 및 노동관계조정법상 노동조합의 규약에 기재하여야 하는 사항으로 명시되어 있지 않은 것은?

1
2
3

① 회의에 관한 사항

② 규약변경에 관한 사항

③ 소속된 연합단체가 있는 경우에는 그 명칭

④ 단체협약의 체결에 관한 권한의 위임에 관한 사항

⑤ 쟁의행위와 관련된 찬반투표 결과의 공개, 투표자 명부 및 투표용지 등의 보존 · 열람에 관한 사항

05 노동조합 및 노동관계조정법상 노동조합의 운영 등에 관한 설명으로 옳지 않은 것은?

1
2
3

① 단체협약에 관한 사항은 총회의 의결을 거쳐야 한다.

② 대의원은 조합원의 직접 · 비밀 · 무기명투표에 의하여 선출되어야 한다.

③ 행정관청은 노동조합의 규약이 노동관계법령에 위반한 경우에는 직권으로 그 시정을 명할 수 있다.

④ 임원의 임기는 규약으로 정하되 3년을 초과할 수 없다.

⑤ 노동조합은 그 규약으로 조합비를 납부하지 아니하는 조합원의 권리를 제한할 수 있다.

06 노동조합 및 노동관계조정법상 단체교섭 등에 관한 설명으로 옳지 않은 것은?(다툼이 있으면 판례에 따름)

① 교섭대표노동조합을 결정하여야 하는 단위는 하나의 사업 또는 사업장으로 한다.

② 노동조합의 하부단체인 분회나 지부가 독자적인 규약 및 집행기관을 가지고 독립된 조직체로서 활동을 하더라도 당해 조직이나 그 조합원에 고유한 사항에 대하여 독자적으로 단체교섭하고 단체협약을 체결할 수는 없다.

③ 일반적으로 구성원인 근로자의 노동조건 기타 근로자의 대우 또는 당해 단체적 노사관계의 운영에 관한 사항으로 사용자가 처분할 수 있는 사항은 단체교섭의 대상인 단체교섭사항에 해당한다.

④ 기업의 구조조정 실시 여부는 경영주체에 의한 고도의 경영상 결단에 속하는 사항으로서 원칙적으로 단체교섭의 대상이 될 수 없다.

⑤ 노동조합이 조합원들의 의사를 반영하고 대표자의 단체교섭 및 단체협약 체결 업무수행에 대한 적절한 통제를 위하여 대표자의 단체협약체결권한의 행사를 절차적으로 제한하는 것은, 그것이 단체협약체결권한을 전면적·포괄적으로 제한하는 것이 아닌 이상 허용된다.

07 노동조합 및 노동관계조정법령상 단체협약에 관한 설명으로 옳지 않은 것은?(다툼이 있으면 판례에 따름)

① 노동조합과 사용자 또는 사용자단체는 정당한 이유 없이 단체협약의 체결을 거부하거나 해태하여서는 아니 된다.

② 이미 구체적으로 지급청구권이 발생한 임금은 노동조합이 근로자들로부터 개별적인 동의나 수권을 받지 않더라도, 단체협약만으로 이에 대한 반환이나 포기 및 지급유예와 같은 처분행위를 할 수 있다.

③ 단체협약의 당사자는 단체협약의 체결일부터 15일 이내에 당사자 쌍방의 연명으로 단체협약을 행정관청에게 신고하여야 한다.

④ 단체협약은 노동조합이 사용자 또는 사용자단체와 근로조건 기타 노사관계에서 발생하는 사항에 관한 합의를 문서로 작성하여 당사자 쌍방이 서명날인함으로써 성립하는 것이고, 그 합의가 반드시 정식의 단체교섭절차를 거쳐서 이루어져야만 하는 것은 아니다.

⑤ 단체협약이 실효되었다고 하더라도 임금 등 그 밖에 개별적인 노동조건에 관한 부분은 그 단체협약의 적용을 받고 있던 근로자의 근로계약 내용이 되어 그것을 변경하는 새로운 단체협약, 취업규칙이 체결·작성되거나 또는 개별적인 근로자의 동의를 얻지 아니하는 한 개별적인 근로자의 근로계약 내용으로서 효력을 갖는다.

08 노동조합 및 노동관계조정법상 교섭대표노동조합 등에 관한 설명으로 옳지 않은 것은?(다툼이 있으면 판례에 따름)

① 교섭대표노동조합의 대표자는 교섭을 요구한 모든 노동조합 또는 조합원을 위하여 사용자와 교섭하고 단체협약을 체결할 권한을 가진다.

② 교섭대표노동조합 결정 절차에 참여한 모든 노동조합은 대통령령으로 정하는 기한 내에 자율적으로 교섭대표노동조합을 정한다.

③ 교섭창구 단일화 절차에서 교섭대표노동조합이 가지는 대표권은 법령에서 특별히 권한으로 규정하지 아니한 이상 단체교섭 및 단체협약 체결(보충교섭이나 보충협약 체결을 포함한다)과 체결된 단체협약의 구체적인 이행 과정에만 미치는 것이고, 이와 무관하게 노사관계 전반에까지 당연히 미친다고 볼 수는 없다.

④ 공통교섭대표단에 참여할 수 있는 노동조합은 그 조합원 수가 교섭창구 단일화 절차에 참여한 노동조합의 전체 조합원 100분의 10 이상인 노동조합으로 한다.

⑤ 공동교섭대표단의 구성에 합의하지 못할 경우에 고용노동부장관은 해당 노동조합의 신청에 따라 조합원 비율을 고려하여 이를 결정할 수 있다.

09 노동조합 및 노동관계조정법상 단체협약에 관한 설명으로 옳지 않은 것은?(다툼이 있으면 판례에 따름)

① 단체협약에 자동연장협정 규정이 있더라도 당초의 유효기간이 만료된 후 3월까지에 한하여 단체협약의 효력이 유효하다.

② 단체협약의 내용 중 임금·복리후생비, 퇴직금에 관한 사항을 위반한 자는 1천만원 이하의 벌금에 처한다.

③ 행정관청은 단체협약 중 위법한 내용이 있는 경우에는 노동위원회의 의결을 얻어 그 시정을 명할 수 있다.

④ 단체협약의 해석에 관하여 관계 당사자 간에 의견의 불일치가 있는 때에는 당사자 쌍방 또는 단체협약에 정하는 바에 의하여 어느 일방이 노동위원회에 그 해석에 관한 견해의 제시를 요청할 수 있다.

⑤ 단체협약과 같은 처분문서를 해석함에 있어서는 그 명문의 규정을 근로자에게 불리하게 변형 해석할 수 없다.

10 노동조합 및 노동관계조정법상 공정대표의무에 관한 설명으로 옳지 않은 것은?(다툼이 있으면 판례에 따름)

① 교섭대표노동조합은 교섭창구 단일화 절차에 참여한 노동조합 또는 그 조합원 간에 합리적 이유 없이 차별을 하여서는 아니 된다.

② 교섭창구 단일화 절차에 참여한 노동조합은 교섭대표노동조합이 공정대표의무를 위반하여 차별한 경우에는 그 행위가 있은 날(단체협약 내용의 일부 또는 전부가 공정대표의무에 위반되는 경우에는 단체협약 체결일을 말한다)부터 3개월 이내에 대통령령으로 정하는 방법과 절차에 따라 노동위원회에 그 시정을 요청할 수 있다.

③ 노동위원회는 공정대표의무 위반의 시정 신청에 대하여 합리적 이유 없이 차별하였다고 인정한 때에는 그 시정에 필요한 명령을 하여야 한다.

④ 공정대표의무는 단체교섭의 과정이나 그 결과물인 단체협약의 내용에 한하여 인정되므로 단체협약의 이행 과정에서도 준수되어야 하는 것은 아니다.

⑤ 사용자의 공정대표의무 위반에 대한 별칙 규정은 없다.

11 노동조합 및 노동관계조정법상 노동조합에 관한 설명으로 옳지 않은 것은?(다툼이 있으면 판례에 따름)

① 조직형태의 변경에 관한 사항은 총회에서 재적조합원 과반수의 출석과 출석조합원 3분의 2 이상의 찬성이 있어야 한다.

② 노동조합이 존속 중에 그 조합원의 범위를 변경하는 조직변경은 변경 전후의 조합의 실질적 동일성이 인정되는 범위 내에서 인정된다.

③ 산업별 노동조합의 지회는 산업별 노동조합의 활동을 위한 내부적인 조직에 그치더라도 총회의 결의를 통하여 그 소속을 변경하고 독립한 기업별 노동조합으로 전환할 수 있다.

④ 총회의 해산결의로 인하여 노동조합이 해산한 때에는 그 대표자는 해산한 날부터 15일 이내에 행정관청에게 이를 신고하여야 한다.

⑤ 노동조합의 임원이 없고 노동조합으로서의 활동을 1년 이상 하지 아니한 것으로 인정되는 경우로서 행정관청이 노동위원회의 의결을 얻은 경우에 노동조합은 해산한다.

12 노동조합 및 노동관계조정법령상 쟁의행위에 관한 설명으로 옳지 않은 것은?

① 방위사업법에 의하여 지정된 주요방위산업체에 종사하는 근로자 중 방산물자의 완성에 필요한 개량 업무에 종사하는 자는 쟁의행위를 할 수 없다.

② 근로자는 쟁의행위 기간 중에는 현행범 외에는 노동조합 및 노동관계조정법 위반을 이유로 구속되지 아니한다.

③ 교섭대표노동조합이 결정된 경우에는 그 절차에 참여한 노동조합의 전체 조합원(해당 사업 또는 사업장 소속 조합원으로 한정한다)의 직접 · 비밀 · 무기명투표에 의한 과반수의 찬성으로 결정하지 아니하면 쟁의행위를 할 수 없다.

④ 필수공익사업의 사용자라 하더라도 쟁의행위 기간 중에 그 쟁의행위로 중단된 업무를 도급 줄 수 없다.

⑤ 쟁의행위는 그 쟁의행위와 관계없는 자 또는 근로를 제공하고자 하는 자의 출입 · 조업 기타 정상적인 업무를 방해하는 방법으로 행하여져서는 아니 된다.

13 노동조합 및 노동관계조정법상 직장폐쇄 등에 관한 설명으로 옳지 않은 것은?(다툼이 있으면 판례에 따름)

① 노동조합의 쟁의행위에 대한 방어적인 목적을 벗어나 적극적으로 노동조합의 조직력을 약화시키기 위한 목적 등을 갖는 공격적 직장폐쇄는 정당성이 인정될 수 없다.

② 적법하게 사업장을 점거 중인 근로자들이 사용자로부터 퇴거 요구를 받고도 이에 불응한 채 직장점거를 계속하면 직장폐쇄의 정당성 여부와 관계없이 퇴거불응죄가 성립한다.

③ 사용자는 노동조합이 쟁의행위를 개시한 이후에만 직장폐쇄를 할 수 있다.

④ 직장폐쇄를 할 경우 사용자는 미리 행정관청 및 노동위원회에 각각 신고하여야 한다.

⑤ 직장폐쇄가 정당한 쟁의행위로 인정되는 경우 사용자는 직장폐쇄 기간 동안의 대상 근로자에 대한 임금지불의무를 면한다.

14 노동조합 및 노동관계조정법령상 쟁의행위 등에 관한 설명으로 옳지 않은 것은?(다툼이 있으면 판례에 따름)

① 하나의 쟁의행위에서 추구되는 목적이 여러 가지이고 그중 일부가 정당하지 못한 경우에는 주된 목적 내지 진정한 목적의 당부에 의하여 그 쟁의목적의 당부를 판단하여야 한다.

② 산업별 노동조합의 경우에는 총파업이 아닌 이상 쟁의행위를 예정하고 있는 당해 지부나 분회소속 조합원의 과반수의 찬성이 있으면 쟁의행위는 절차적으로 적법하다.

③ 조합원의 과반수의 찬성결정을 거치지 아니하고 쟁의행위에 나아간 경우 조합원의 민주적 의사결정이 실질적으로 확보되었다면 쟁의행위가 정당성을 상실하지 않는다.

④ 쟁의행위가 폭력이나 파괴행위의 형태로 행하여질 경우 사용자는 즉시 그 상황을 행정관청과 관할 노동위원회에 신고하여야 한다.

⑤ 사용자는 노동조합 및 노동관계조정법에 의한 쟁의행위로 인하여 손해를 입은 경우에 노동조합 또는 근로자에 대하여 그 배상을 청구할 수 없다.

15 노동조합 및 노동관계조정법령상 필수유지업무 등에 관한 설명으로 옳지 않은 것은?

① 필수공익사업의 모든 업무는 필수유지업무에 해당한다.

② 필수유지업무협정에는 노동관계 당사자 쌍방이 서명 또는 날인하여야 한다.

③ 노동위원회는 노동조합 및 노동관계조정법상의 규정에 따라 필수유지업무 수준 등 결정을 하면 지체 없이 이를 서면으로 노동관계 당사자에게 통보하여야 한다.

④ 노동관계 당사자 쌍방 또는 일방은 필수유지업무협정이 체결되지 아니하는 때에는 노동위원회에 필수유지업무의 필요 최소한의 유지·운영 수준, 대상 직무 및 필요인원 등의 결정을 신청하여야 한다.

⑤ 노동위원회의 필수유지업무 수준 등 결정에 따라 쟁의행위를 한 때에는 필수유지업무를 정당하게 유지·운영하면서 쟁의행위를 한 것으로 본다.

16 다음 노동조합 및 노동관계조정법 조항의 규정을 위반한 자에 대해 동법에 별칙 규정이 없는 것은?

① 제37조 제2항(조합원은 노동조합에 의하여 주도되지 아니한 쟁의행위를 하여서는 아니 된다.)

② 제38조 제2항(작업시설의 손상이나 원료 · 제품의 변질 또는 부패를 방지하기 위한 작업은 쟁의행위 기간 중에도 정상적으로 수행되어야 한다.)

③ 제38조 제3항(노동조합은 쟁의행위가 적법하게 수행될 수 있도록 지도 · 관리 · 통제할 책임이 있다.)

④ 제42조의2 제2항(필수유지업무의 정당한 유지 · 운영을 정지 · 폐지 또는 방해하는 행위는 쟁의행위로서 이를 행할 수 없다.)

⑤ 제44조 제2항(노동조합은 쟁의행위 기간에 대한 임금의 지급을 요구하여 이를 관철할 목적으로 쟁의행위를 하여서는 아니 된다.)

17 노동조합 및 노동관계조정법상 노동쟁의의 조정 등에 관한 설명으로 옳지 않은 것은?

① 노동위원회는 관계 당사자 쌍방의 신청이 있는 경우에는 조정위원회에 갈음하여 단독 조정인에게 조정을 행하게 할 수 있다.

② 조정서의 내용은 단체협약과 동일한 효력을 가진다.

③ 노동위원회는 관계 당사자의 일방이 단체협약에 의하여 중재를 신청한 때에는 중재를 행한다.

④ 중재재정은 서면으로 작성하여 이를 행하며 그 서면에는 효력발생 기일을 명시하여야 한다.

⑤ 노동위원회의 중재재정은 중앙노동위원회에의 재심신청에 의하여 그 효력이 정지된다.

18 노동조합 및 노동관계조정법상 노동쟁의의 조정 등에 관한 설명이다. (   )에 들어갈 내용으로 옳은 것은?

- 노동쟁의가 중재에 회부된 때에는 그 날부터 (ㄱ)일간은 쟁의행위를 할 수 없다.
- 관계당사자는 긴급조정의 결정이 공표된 때에는 즉시 쟁의행위를 중지하여야 하며, 공표일부터 (ㄴ)일이 경과하지 아니하면 쟁의행위를 재개할 수 없다.

① ㄱ : 10, ㄴ : 10   ② ㄱ : 10, ㄴ : 15

③ ㄱ : 15, ㄴ : 15   ④ ㄱ : 15, ㄴ : 30

⑤ ㄱ : 30, ㄴ : 30

19 노동조합 및 노동관계조정법상 부당노동행위 구제에 관한 설명으로 옳지 않은 것은?

① 부당노동행위 구제의 신청은 부당노동행위가 있은 날(계속하는 행위는 그 종료일)부터 3월 이내에 이를 행하여야 한다.

② 노동위원회는 부당노동행위 구제신청을 받은 때에는 지체 없이 필요한 조사와 관계 당사자의 심문을 하여야 한다.

③ 사용자의 부당노동행위로 인하여 그 권리를 침해당한 노동조합은 노동위원회에 그 구제를 신청할 수 있다.

④ 노동위원회는 부당노동행위 구제신청에 따른 심문을 할 때에는 직권으로 증인을 출석하게 하여 필요한 사항을 질문할 수 있다.

⑤ 지방노동위원회의 구제명령에 불복이 있는 관계 당사자는 그 명령서의 송달을 받은 날부터 15일 이내에 중앙노동위원회에 그 재심을 신청할 수 있다.

20 노동조합 및 노동관계조정법상 부당노동행위에 관한 설명으로 옳지 않은 것은?(다툼이 있으면 판례에 따름)

① 노동조합을 조직하려고 하였다는 이유로 근로자에 대하여 한 부당노동행위에 대하여는 후에 설립된 노동조합은 독자적인 구제신청권을 가지지 않는다.

② 단체협약 등 노사 간 합의에 의한 경우라도 타당한 근거 없이 과다하게 책정된 급여를 근로시간 면제자에게 지급하는 사용자의 행위는 부당노동행위가 될 수 있다.

③ 근로자가 노동조합의 업무를 위한 정당한 행위를 한 것을 이유로 그 근로자에게 불이익을 주는 사용자의 행위는 부당노동행위에 해당한다.

④ 특정 근로자가 파업에 참가하였거나 노조활동에 적극적이라는 이유로 해당 근로자에게 연장근로 등을 거부하는 것은 해당 근로자에게 경제적 내지 업무상의 불이익을 주는 행위로서 부당노동행위에 해당할 수 있다.

⑤ 부당노동행위에 대한 사실의 주장 및 증명책임은 부당노동행위임을 주장하는 측에 있다.

21 노동조합 및 노동관계조정법상 공익사업 등의 조정에 관한 특칙의 내용으로 옳지 않은 것은?

① 의료사업은 공익사업에 해당한다.

② 방송사업은 필수공익사업에 해당한다.

③ 공익사업의 노동쟁의의 조정을 위하여 노동위원회에 특별조정위원회를 둔다.

④ 특별조정위원회는 특별조정위원 3인으로 구성한다.

⑤ 공익을 대표하는 위원인 특별조정위원이 1인인 경우에는 당해 위원이 특별조정위원회의 위원장이 된다.

22 노동위원회법상 노동위원회에 관한 설명으로 옳은 것은? [기출 수정]

① 노동위원회 상임위원은 심판사건을 담당할 수 있으나, 차별적 처우 시정사건을 담당할 수 없다.
② 지방노동위원회 공익위원은 중앙노동위원회 위원장의 제청으로 고용노동부장관이 위촉한다.
③ 노동위원회 처분의 효력은 판정 · 명령 · 결정 또는 재심판정을 한 날부터 발생한다.
④ 노동위원회의 사건 처리에 관여한 위원이나 직원 또는 그 위원이었거나 직원이었던 변호사 · 공인노무사 등은 영리를 목적으로 그 사건에 관한 직무를 하면 아니 된다.
⑤ 차별시정위원회는 기간제 및 단시간근로자 보호 등에 관한 법률, 파견근로자 보호 등에 관한 법률 또는 산업현장 일학습병행 지원에 관한 법률에 따른 차별적 처우의 시정과 관련된 사항만을 처리한다.

23 근로자참여 및 협력증진에 관한 법률상 노사협의회에 관한 설명으로 옳지 않은 것은?

① 노사협의회는 근로자와 사용자를 대표하는 같은 수의 위원으로 구성하되, 각 3명 이상 10명 이하로 한다.
② 노사협의회는 3개월마다 정기적으로 회의를 개최하여야 한다.
③ 노사협의회 의장은 노사 일방의 대표자가 회의의 목적을 문서로 밝혀 회의의 소집을 요구하면 그 요구에 따라야 한다.
④ 노사협의회 회의는 근로자위원과 사용자위원 각 과반수의 출석으로 개최하고 출석위원 과반수의 찬성으로 의결한다.
⑤ 사용자는 각종 노사공동위원회의 설치에 해당하는 사항에 대하여는 노사협의회의 의결을 거쳐야 한다.

24 교원의 노동조합 설립 및 운영에 관한 법률에 관한 설명으로 옳지 않은 것은? [기출 수정]

① 교원의 노동조합을 설립하려는 사람은 교육부장관에게 설립신고서를 제출하여야 한다.
② 교원의 노동조합과 그 조합원은 업무의 정상적인 운영을 방해하는 어떠한 쟁의행위도 하여서는 아니 된다.
③ 교원의 노동쟁의를 조정 · 중재하기 위하여 중앙노동위원회에 교원 노동관계 조정위원회를 둔다.
④ 교원은 임용권자의 동의를 받아 노동조합으로부터 급여를 지급받으면서 노동조합의 업무에만 종사할 수 있다.
⑤ 중앙노동위원회가 제시한 조정안을 당사자의 어느 한쪽이라도 거부한 경우 중앙노동위원회는 중재를 한다.

25 공무원의 노동조합 설립 및 운영 등에 관한 법률에 관한 설명으로 옳지 않은 것은?

1
2
3

① 노동조합과 그 조합원은 정치활동을 하여서는 아니 된다.

② 정부교섭대표는 효율적인 교섭을 위하여 필요한 경우 다른 정부교섭대표와 공동으로 교섭하거나, 다른 정부교섭대표에게 교섭 및 단체협약 체결 권한을 위임할 수 있다.

③ 노동조합은 단체교섭을 위하여 노동조합의 대표자와 조합원으로 교섭위원을 구성하여야 한다.

④ 국가와 지방자치단체는 공무원이 전임자임을 이유로 승급이나 그 밖에 신분과 관련하여 불리한 처우를 하여서는 아니 된다.

⑤ 단체교섭이 결렬된 경우에는 당사자 어느 한쪽 또는 양쪽은 중앙노동위원회에 소성을 신청할 수 있고, 조정은 신청을 받은 날부터 15일 이내에 마쳐야 한다.

01 헌법상 노동3권에 관한 설명으로 옳지 않은 것은?(다툼이 있으면 판례에 따름)

① 근로자는 근로조건의 향상을 위하여 자주적인 단결권 · 단체교섭권 및 단체행동권을 가진다.

② 공무원인 근로자는 법률이 정하는 자에 한하여 단결권 · 단체교섭권 및 단체행동권을 가진다.

③ 단체교섭권은 사실행위로서의 단체교섭의 권한 외에 교섭한 결과에 따라 단체협약을 체결할 권한을 포함한다.

④ 법률이 정하는 주요방위산업체에 종사하는 근로자의 단체행동권은 법률이 정하는 바에 의하여 이를 제한할 수 있다.

⑤ 취업활동을 할 수 있는 체류자격을 받지 않은 외국인은 타인과의 사용종속관계하에서 근로를 제공하고 그 대가로 임금 등을 받아 생활하더라도 노동조합에 가입할 수 없다.

02 우리나라가 비준하지 않은 ILO 협약을 모두 고른 것은? 기출 수정

> ㄱ. 강제근로에 관한 협약(제29호)
> ㄴ. 공업 및 상업부문에서 근로감독에 관한 협약(제81호)
> ㄷ. 결사의 자유 및 단결권 보호에 관한 협약(제87호)
> ㄹ. 강제근로 폐지에 관한 협약(105호)
> ㅁ. 가혹한 형태의 아동노동 철폐에 관한 협약(제182호)

① ㄱ, ㄹ　　　　　　　　　　　　　② ㄴ, ㄹ

③ ㄴ, ㄷ　　　　　　　　　　　　　④ ㄹ

⑤ ㅁ

03 노동조합 및 노동관계조정법령상 설립신고증을 교부받은 노동조합이 아닌 근로자단체의 법적 지위에 관한 설명으로 옳지 않은 것은?

① 노동위원회에 노동쟁의의 조정(調停)을 신청할 수 없다.

② 노동조합이라는 명칭을 사용할 수 없다.

③ 단체교섭 거부를 이유로 노동위원회에 부당노동행위의 구제를 신청할 수 있다.

④ 노동위원회의 근로자위원을 추천할 수 없다.

⑤ 노동위원회에 노동쟁의의 중재를 신청할 수 없다.

04 노동조합 및 노동관계조정법 제9조(차별대우의 금지)의 규정이다. (   )에 명시되어 있는 내용이 아닌 것은?

> 노동조합의 조합원은 어떠한 경우에도 (   )에 의하여 차별대우를 받지 아니한다.

① 국적   ② 성별

③ 연령   ④ 종교

⑤ 고용형태

05 노동조합 및 노동관계조정법령상 교섭단위 결정에 관한 설명으로 옳은 것은?

① 노동위원회는 사용자의 신청을 받아 교섭단위를 분리하는 결정을 할 수 없다.

② 교섭대표노동조합을 결정하여야 하는 단위는 하나의 사업 또는 사업장으로 한다.

③ 사용자가 교섭요구 사실을 공고한 경우에는 교섭대표노동조합이 결정된 날 이후부터 교섭단위 분리 신청을 할 수 없다.

④ 노동위원회는 교섭단위 분리 신청을 받은 날부터 60일 이내에 교섭단위 분리에 관한 결정을 하여야 한다.

⑤ 교섭단위 분리에 관한 노동위원회의 결정에 대하여 중앙노동위원회에 재심을 신청하려는 자는 그 결정서를 송달받은 날로부터 15일 이내에 할 수 있다.

06 노동조합 및 노동관계조정법상 이해관계인의 신청이 있는 경우에 한하여 행정관청이 노동위원회의 의결을 얻어 시정을 명할 수 있는 경우는?

1
2
3

① 노동조합의 결의 또는 처분이 규약에 위반된다고 인정할 경우
② 노동조합의 결의 또는 처분이 노동관계법령에 위반된다고 인정할 경우
③ 노동조합의 규약이 노동관계법령에 위반한 경우
④ 노동조합의 결의 또는 처분이 단체협약에 위반된다고 인정할 경우
⑤ 노동조합의 규약이 취업규칙에 위반한 경우

07 노동조합 및 노동관계조정법상 근로시간면제심의위원회(이하 "위원회"라 한다)에 관한 설명으로 옳지 않은 것은? **기출 수정**

1
2
3

① 근로시간면제자에 대한 근로시간 면제 한도를 정하기 위하여 근로시간면제심의위원회를 경제사회노동위원회법에 따른 경제사회노동위원회에 둔다.
② 위원회는 근로시간 면제 한도를 심의·의결하고, 3년마다 그 적정성 여부를 재심의하여 의결할 수 있다.
③ 위원회는 근로자를 대표하는 위원과 사용자를 대표하는 위원 및 공익을 대표하는 위원 각 5명씩 성별을 고려하여 구성한다.
④ 위원장은 공익위원을 대표하는 위원 중에서 고용노동부장관이 지명한다.
⑤ 위원회는 재적위원 과반수의 출석과 출석위원 과반수의 찬성으로 의결한다.

08 노동조합 및 노동관계조정법상 노동조합의 해산에 관한 설명으로 옳지 않은 것은?

1
2
3

① 규약에서 정한 해산사유가 발생한 경우에 노동조합은 해산한다.
② 노동조합이 합병으로 소멸한 경우에 노동조합은 해산한다.
③ 노동조합의 임원이 없고 노동조합으로서의 활동을 1년 이상 하지 아니한 경우에 노동조합은 해산한다.
④ 노동조합 규약으로 총회에 갈음하는 대의원회를 둔 때에는 대의원회의 해산결의가 있는 경우에 노동조합은 해산한다.
⑤ 노동조합이 분할로 소멸한 경우에 노동조합은 해산한다.

09 노동조합 및 노동관계조정법령상 단체교섭에 관한 설명으로 옳지 않은 것은?

① 교섭대표노동조합의 대표자는 교섭을 요구한 모든 노동조합을 위하여 사용자와 교섭하고 단체협약을 체결할 권한을 가진다.

② 노동조합으로부터 단체교섭에 관한 권한을 위임받은 자는 자유롭게 권한을 행사할 수 있다.

③ 사용자는 단체교섭에 관한 권한을 위임한 때에는 그 사실을 노동조합에 통보하여야 한다.

④ 노동조합은 해당 사업 또는 사업자에 단체협약이 2개 이상 있는 경우에는 먼저 이르는 단체협약의 유효기간 만료일 이전 3개월이 되는 날부터 사용자에게 교섭을 요구할 수 있다.

⑤ 교섭대표노동조합과 사용자가 교섭창구 단일화 절차에 참여한 노동조합과 그 조합원 간에 합리적 이유 없이 차별한 경우에는 노동조합은 그 행위가 있은 날부터 3개월 이내에 노동위원회에 그 시정을 요청할 수 있다.

10 상시근로자 100명을 고용하고 있는 A사업장에는 갑, 을, 병, 정 노동조합이 설립되어 있으며 각각 26명, 15명, 14명, 5명의 조합원이 가입되어 있다. 정 노동조합을 제외한 갑, 을, 병 3개의 노동조합이 교섭창구 단일화 절차에 참여하였다. 사용자가 교섭창구 단일화 절차를 거치지 아니하기로 별도로 동의하지 아니한 상황에서 자율적으로 결정하는 기한 내에 교섭대표노동조합을 결정하지 못한 경우 교섭대표노동조합이 될 수 없는 것은?

① 갑, 을, 병의 연합   ② 갑, 병의 연합
③ 을의 위임을 받은 갑   ④ 병의 위임을 받은 을
⑤ 정의 위임을 받은 갑

11 노동조합 및 노동관계조정법상 단체협약에 관한 설명으로 옳지 않은 것은?

① 단체협약은 서면으로 작성하여 당사자 쌍방이 서명 또는 날인하여야 한다.

② 답체협약의 당사자는 단체협약의 체결일부터 15일 이내에 이를 행정관청에게 신고하여야 한다.

③ 행정관청은 단체협약 중 위법·부당한 내용이 있는 경우에는 노동위원회의 의결을 얻어 그 시정을 명하여야 한다.

④ 단체협약에 정한 근로조건 기타 근로자의 대우에 관한 기준에 위반하는 취업규칙 또는 근로계약의 부분은 무효로 한다.

⑤ 근로계약에 규정되지 아니한 사항은 단체협약에 정한 기준에 의한다.

12 노동조합 및 노동관계조정법상 쟁의행위에 관한 설명으로 옳지 않은 것은?(다툼이 있으면 판례에 따름)

1
2
3

① 쟁의행위 자체의 정당성과 이를 구성하거나 부수되는 개개의 행위의 정당성은 구별되어야 하므로 일부 소수의 근로자가 폭력행위 등의 위법행위를 하였다고 하더라도 전체로서의 쟁의행위가 위법하게 되는 것은 아니다.

② 노동위원회는 사업장의 안전보호시설에 대하여 정상적인 유지·운영을 정지·폐지 또는 방해하는 쟁의행위에 해당한다고 인정하는 경우 직권으로 그 행위를 중지할 것을 통보하여야 한다.

③ 노동조합은 쟁의행위가 적법하게 수행될 수 있도록 지도·관리·통제할 책임이 있다.

④ 근로자는 쟁의행위 기간 중에는 현행범 외에는 노동조합 및 노동관계조정법 위반을 이유로 구속되지 아니한다.

⑤ 쟁의행위는 그 쟁의행위와 관계없는 자 또는 근로를 제공하고자 하는 자의 출입·조업 기타 정상적인 업무를 방해하는 방법으로 행하여져서는 아니 되며 쟁의행위의 참가를 호소하거나 설득하는 행위로서 폭행·협박을 사용하여서는 아니 된다.

13 노동조합 및 노동관계조정법상 필수유지업무에 관한 설명으로 옳지 않은 것은?(다툼이 있으면 판례에 따름)

1
2
3

① 필수유지업무란 필수공익사업의 업무 중 그 업무가 정지되거나 폐지되는 경우 공중의 생명·건강 또는 신체의 안전이나 공중의 일상생활을 현저히 위태롭게 하는 업무로서 대통령령이 정하는 업무를 말한다.

② 노동관계 당사자는 필수유지업무의 필요 최소한의 유지·운영 수준, 대상직무 및 필요인원 등을 정한 협정을 서면으로 체결하여야 한다.

③ 필수유지업무협정에는 노동관계 당사자 쌍방이 서명 또는 날인하여야 한다.

④ 노동관계 당사자 쌍방 또는 일방은 필수유지업무협정이 체결되지 아니하는 때에는 노동위원회에 필수유지업무의 필요 최소한의 유지·운영 수준, 대상직무 및 필요인원 등의 결정을 신청하여야 한다.

⑤ 필수유지업무가 공중의 생명·건강 또는 신체의 안전이나 공중의 일상생활을 현저히 위태롭게 하는 업무라 하더라도 다른 업무 영역의 근로자보다 쟁의권 행사에 더 많은 제한을 가하는 것은 평등원칙에 위반된다.

14 노동조합 및 노동관계조정법령상 사용자의 채용제한에 관한 내용으로 옳지 않은 것은?

① 사용자는 쟁의행위기간 중 그 쟁의행위로 중단된 업무를 도급 또는 하도급 줄 수 없다.

② 필수공익사업의 사용자는 쟁의행위 기간 중에 한하여 당해 사업과 관계없는 자를 채용 또는 대체할 수 있다.

③ 필수공익사업의 경우 사용자는 당해 사업 또는 사업장 파업참가자의 100분의 50을 초과하지 않는 범위 안에서 도급 또는 하도급 줄 수 있다.

④ 필수공익사업의 사업 또는 사업장 파업참가자 수는 근로의무가 있는 근로시간 중 파업 참가를 이유로 근로의 일부 또는 전부를 제공하지 아니한 자의 수를 7일 단위로 산정한다.

⑤ 사용자는 쟁의행위 기간 중 그 쟁의행위로 중단된 업무의 수행을 위하여 당해 사업과 관계없는 자를 채용 또는 대체할 수 없다.

15 노동조합 및 노동관계조정법상 쟁의행위에 관한 설명으로 옳지 않은 것은?(다툼이 있으면 판례에 따름)

① 직장폐쇄는 사용자의 쟁의행위로서 노동조합이 쟁의행위를 개시하기 전에도 직장폐쇄를 할 수 있다.

② 노동조합은 쟁의행위 기간에 대한 임금의 지급을 요구하여 이를 관철할 목적으로 쟁의행위를 하여서는 아니 된다.

③ 근로자가 쟁의행위를 중단하고 진정으로 업무에 복귀할 의사를 표시하였음에도 사용자가 직장폐쇄를 계속 유지하면서 근로자의 쟁의행위에 대한 방어적인 목적에서 벗어나 공격적 직장폐쇄의 성격으로 변질된 경우에는 그 이후의 직장폐쇄는 정당성을 상실한다.

④ 사용자는 쟁의행위에 참가하여 근로를 제공하지 아니한 근로자에 대하여 그 기간 중의 임금을 지급할 의무가 없다.

⑤ 쟁의행위는 그 조합원의 직접 · 비밀 · 무기명투표에 의한 조합원 과반수의 찬성으로 결정하지 아니하면 이를 행할 수 없다.

16 노동조합 및 노동관계조정법상 노동쟁의의 조정(調停)에 관한 설명으로 옳지 않은 것은?

① 노동위원회는 관계 당사자의 일방이 노동쟁의의 조정을 신청한 때에는 지체없이 조정을 개시하여야 하며 관계 당사자 쌍방은 이에 성실히 임하여야 한다.

② 조정은 그 신청이 있은 날부터 일반사업에 있어서는 10일 이내에, 공익사업에 있어서는 15일 이내에 종료하여야 한다.

③ 근로자를 대표하는 조정위원은 사용자가 추천하는 당해 노동위원회의 위원 중에서 그 노동위원회의 위원장이 지명되어야 한다.

④ 노동위원회는 관계 당사자 쌍방의 신청이 있거나 관계 당사자 쌍방의 동의를 얻은 경우에는 조정위원회에 갈음하여 단독조정인에게 조정을 행하게 할 수 있다.

⑤ 조정위원회의 조정안의 해석 또는 이행방법에 관한 견해가 제시되기 전이라도 관계 당사자는 당해 조정안의 해석 또는 이행에 관하여 쟁의행위를 할 수 있다.

17 노동조합 및 노동관계조정법상 노동쟁의의 중재에 관한 설명으로 옳은 것은?

① 노동쟁의의 조정(調整)에서 사적 중재는 허용되지 않는다.

② 중재재정은 서면으로 작성하여 이를 행하며 그 서면에는 효력발생 기일을 명시하여야 한다.

③ 중재위원회 위원장은 중재위원 중에서 당해 노동위원회 위원장이 지명한다.

④ 노동쟁의가 중재에 회부된 때에는 그 날부터 30일간은 쟁의행위를 할 수 없다.

⑤ 노동위원회의 중재재정은 중앙노동위원회에의 재심신청 또는 행정소송의 제기에 의하여 그 효력이 정지된다.

18 노동조합 및 노동관계조정법상 긴급조정에 관한 설명으로 옳지 않은 것은?

① 고용노동부장관은 쟁의행위가 공익사업에 관한 것이거나 그 규모가 크거나 그 성질이 특별한 것으로서 현저히 국민경제를 해하거나 국민의 일상생활을 위태롭게 할 위험이 현존하는 때에는 긴급조정의 결정을 할 수 있다.

② 고용노동부장관은 긴급조정을 결정한 때에는 지체 없이 그 이유를 붙여 이를 공표함과 동시에 중앙노동위원회와 관계 당사자에게 각각 통고하여야 한다.

③ 관계 당사자는 긴급조정의 결정이 공표된 때에는 즉시 쟁의행위를 중지하여야 하며, 공표일부터 30일이 경과하지 아니하면 쟁의행위를 재개할 수 없다.

④ 중앙노동위원회의 위원장은 긴급조정이 성립될 가망이 없다고 인정한 경우에는 관계 당사자의 의견을 들어 그 사건을 중재에 회부할 것인가의 여부를 결정하여야 한다.

⑤ 중앙노동위원회의 위원장이 중재회부의 결정을 한 때에는 중앙노동위원회는 지체 없이 중재를 행하여야 한다.

19 노동조합 및 노동관계조정법상 부당노동행위에 관한 설명으로 옳지 않은 것은?(다툼이 있으면 판례에 따름)

① 사용자가 근로자를 해고함에 있어서 표면적으로 내세우는 해고사유와는 달리 실질적으로 근로자의 정당한 조합활동을 이유로 해고한 것으로 인정되는 경우에는 그 해고는 부당노동행위라고 보아야 한다.

② 근로자에 대한 인사고과가 상여금의 지급기준이 되는 사업장에서 사용자가 특정 노동조합의 조합원이라는 이유로 다른 노동조합의 조합원 또는 비조합원보다 불리하게 인사고과를 하여 상여금을 적게 지급하는 불이익을 주었다면 그러한 사용자의 행위도 부당노동행위에 해당할 수 있다.

③ 지배·개입으로서의 부당노동행위가 성립하기 위해서는 근로자의 단결권의 침해라는 결과의 발생을 요한다.

④ 노동조합의 자주성을 저해하거나 저해할 위험이 현저하지 않은 운영비 원조 행위를 부당노동행위로 규제하는 것은 헌법에 합치되지 아니한다.

⑤ 단체협약 등 노사 간 합의에 의한 경우라도 타당한 근거 없이 과다하게 책정된 급여를 근로시간 면제자에게 지급하는 사용자의 행위는 부당노동행위가 될 수 있다.

20 노동조합 및 노동관계조정법상 필수공익사업에 해당하는 것을 모두 고른 것은?

| ㄱ. 도시철도사업 | ㄴ. 공중위생사업 | ㄷ. 혈액공급사업 |
| ㄹ. 방송사업 | ㅁ. 은행사업 | ㅂ. 석유공급사업 |

① ㄱ, ㄴ, ㄷ   ② ㄱ, ㄷ, ㅂ

③ ㄱ, ㅁ, ㅂ   ④ ㄴ, ㄷ, ㄹ

⑤ ㄷ, ㅁ, ㅂ

21 노동조합 및 노동관계조정법상 부당노동행위 구제에 관한 설명으로 옳지 않은 것은?

① 지방노동위원회의 구제명령 또는 기각결정에 불복이 있는 관계 당사자는 그 명령서 또는 결정서의 송달을 받은 날부터 10일 이내에 중앙노동위원회에 그 재심을 신청할 수 있다.

② 중앙노동위원회의 재심판정에 대하여 관계 당사자는 그 재심판정서의 송달을 받은 날부터 15일 이내에 행정소송법이 정하는 바에 의하여 소를 제기할 수 있다.

③ 노동위원회의 판정·명령 및 결정은 서면으로 하되, 이를 당해 사용자와 신청인에게 각각 교부하여야 한다.

④ 사용자가 행정소송을 제기한 경우 관할법원은 노동조합의 신청에 의하여 결정으로써, 판결이 확정될 때까지 중앙노동위원회의 구제명령의 전부 또는 일부를 이행하도록 명할 수 있다.

⑤ 노동위원회의 구제명령·기각결정 또는 재심판정은 중앙노동위원회에의 재심신청이나 행정소송의 제기에 의하여 효력이 정지되지 아니한다.

22 교원의 노동조합 설립 및 운영 등에 관한 법률의 내용으로 옳지 않은 것은? 기출 수정

① 노동조합을 설립하려는 사람은 고용노동부장관에게 설립신고서를 제출하여야 한다.

② 노동조합의 대표자는 그 노동조합 또는 조합원의 임금, 근무 조건, 후생복지 등 경제적·사회적 지위 향상에 관하여 교육부장관 등과 교섭하고 단체협약을 체결할 권한을 가진다.

③ 노동조합의 대표자가 사립학교 설립·경영자와 교섭하고 단체협약을 체결할 경우 사립학교 설립·경영자가 개별적으로 교섭에 응하여야 한다.

④ 노동조합의 교섭위원은 해당 노동조합의 대표자와 그 조합원으로 구성하여야 한다.

⑤ 단체교섭을 하거나 단체협약을 체결하는 경우에 관계 당사자는 국민여론과 학부모의 의견을 수렴하여 성실하게 교섭하고 단체협약을 체결하여야 한다.

23 공무원의 노동조합 설립 및 운영 등에 관한 법률의 내용으로 옳지 않은 것은? `기출 수정`

① 노동조합과 그 조합원은 정치활동을 하여서는 아니 되며, 파업, 태업 또는 그 밖에 업무의 정상적인 운영을 방해하는 일체의 행위를 하여서는 아니 된다.

② 교정·수사 등 공공의 안녕과 국가안전보장에 관한 업무에 종사하는 공무원은 노동조합에 가입할 수 없다.

③ 공무원은 임용권자의 동의를 받아 노동조합으로부터 급여를 지급받으면서 노동조합의 업무에만 종사할 수 있으며, 동의를 받아 노동조합의 업무에만 종사하는 사람에 대하여는 그 기간 중 휴직명령을 하여야 한다.

④ 공무원은 단체협약으로 정하거나 노동조합의 대표자가 동의하는 경우 근무시간 면제 한도를 초과하지 아니하는 범위에서 보수의 손실 없이 노동조합의 대표자와의 협의·교섭, 고충처리, 안전·보건활동 등 이 법 또는 다른 법률에서 정하는 업무와 건전한 노사관계 발전을 위한 노동조합의 유지·관리업무를 할 수 있다.

⑤ 단체협약의 내용 중 법령·조례 또는 예산에 의하여 규정되는 내용과 법령 또는 조례에 의하여 위임을 받아 규정되는 내용은 단체협약으로서의 효력을 가지지 아니한다.

24 근로자참여 및 협력증진에 관한 법률상 노사협의회에 관한 설명으로 옳지 않은 것은?

① 노사협의회는 근로조건에 대한 결정권이 있는 사업이나 사업장 단위로 설치하여야 한다. 다만, 상시(常時) 30명 미만의 근로자를 사용하는 사업이나 사업장은 그러하지 아니하다.

② 노사협의회는 근로자와 사용자를 대표하는 같은 수의 위원으로 구성하되, 각 3명 이상 10명 이하로 한다.

③ 노사협의회에 의장을 두며, 의장은 위원 중에서 사용자가 지명한다. 이 경우 근로자위원과 사용자위원 중 각 1명을 공동의장으로 할 수 있다.

④ 사용자는 노사협의회 위원으로서의 직무 수행과 관련하여 근로자위원에게 불이익을 주는 처분을 하여서는 아니 된다.

⑤ 노사협의회 위원은 비상임·무보수로 하며, 위원의 협의회 출석 시간과 이와 직접 관련된 시간으로서 노사협의회규정으로 정한 시간은 근로한 시간으로 본다.

25 노동위원회법상 노동위원회에 관한 설명으로 옳지 않은 것은?

① 노동위원회는 중앙노동위원회, 지방노동위원회 및 특별노동위원회로 구분한다.

② 중앙노동위원회와 지방노동위원회는 고용노동부장관 소속으로 둔다.

③ 노동위원회는 그 권한에 속하는 업무를 독립적으로 수행한다.

④ 중앙노동위원회는 지방노동위원회 및 특별노동위원회의 처분에 대한 재심사건을 관장한다.

⑤ 고용노동부장관은 중앙노동위원회 및 지방노동위원회의 예산·인사·교육훈련, 그 밖의 행정사무를 총괄하며, 소속 공무원을 지휘·감독한다.

01 노동관계법의 제정이 빠른 순서로 옳게 나열된 것은?

> ㄱ. 파견근로자 보호 등에 관한 법률
> ㄴ. 기간제 및 단시간근로자 보호 등에 관한 법률
> ㄷ. 공무원의 노동조합 설립 및 운영 등에 관한 법률
> ㄹ. 교원의 노동조합 설립 및 운영 등에 관한 법률

① ㄱ - ㄹ - ㄷ - ㄴ

② ㄴ - ㄱ - ㄷ - ㄹ

③ ㄷ - ㄴ - ㄹ - ㄱ

④ ㄹ - ㄱ - ㄴ - ㄷ

⑤ ㄹ - ㄷ - ㄱ - ㄴ

02 헌법상 노동3권에 관한 설명으로 옳지 않은 것은?(다툼이 있으면 판례에 따름)

① 노동3권은 국가안전보장·질서유지 또는 공공복리를 위하여 필요한 경우 법률로써 제한할 수 있다.

② 단결권은 단결할 자유만을 가리키고, 단결하지 아니할 자유는 일반적 행동의 자유 또는 결사의 자유에 그 근거가 있다.

③ 공무원인 근로자는 법률이 정하는 자에 한하여 단결권·단체교섭권 및 단체행동권을 가진다.

④ 노동3권은 사회적 보호기능을 담당하는 자유권 또는 사회권적 성격을 띤 자유권이라고 말할 수 있다.

⑤ 모든 국민은 근로조건의 향상을 위하여 자주적인 단결권·단체교섭권 및 단체행동권을 가진다.

03 노동조합 및 노동관계조정법령상 근로자와 사용자에 관한 설명으로 옳지 않은 것은?(다툼이 있으면 판례에 따름)

① 구직 중인 자도 노동3권을 보장할 필요성이 있는 한 근로자에 포함된다.

② 근로자란 직업의 종류를 불문하고 임금 · 급료 기타 이에 준하는 수입에 의하여 생활하는 자를 말한다.

③ 노동위원회의 부당노동행위 구제명령을 이행할 수 있는 법률적 또는 사실적인 권한이나 능력을 가지는 지위에 있더라도 직접고용관계에 있지 않는 한 사용자에 해당한다고 볼 수 없다.

④ 사용자는 근로자의 인사, 급여, 후생, 노무관리 등 근로조건 결정 또는 업무상 명령이나 지휘감독을 하는 등의 사항에 대하여 사업주로부터 일정한 권한과 책임을 부여받은 자를 포함한다.

⑤ 근로자에 해당하는지는 노무제공관계의 실질에 비추어 판단하여야 하고 반드시 근로기준법상 근로자에 한정된다고 할 것은 아니다.

04 노동조합 및 노동관계조정법령에 의하여 설립된 노동조합에 관한 설명으로 옳은 것은 모두 몇 개인가?

- 노동위원회에 노동쟁의의 조정 및 부당노동행위의 구제를 신청할 수 있다.
- 노동조합의 규약이 정하는 바에 의하여 법인으로 할 수 있다.
- 노동조합이라는 명칭을 사용할 수 있다.
- 노동조합에 대하여는 그 사업체를 포함하여 세법이 정하는 바에 따라 조세를 부과하지 아니한다.

① 0개   ② 1개
③ 2개   ④ 3개
⑤ 4개

2019년

05 노동조합 및 노동관계조정법령상 노동조합 규약의 의무적 기재사항이 아닌 것은?

① 단체협약에 관한 사항   ② 규율과 통제에 관한 사항
③ 규약변경에 관한 사항   ④ 주된 사무소의 소재지
⑤ 회의에 관한 사항

06 노동조합 및 노동관계조정법령상 근로시간면제제도에 관한 설명으로 옳지 않은 것은?(다툼이 있으면 판례에 따름) 기출 수정

① 근로시간면제자에 대한 근로시간 면제 한도를 정하기 위하여 근로시간면제심의위원회를 경제사회노동위원회법에 따른 경제사회노동위원회에 둔다.

② 고용노동부장관은 경제사회노동위원회 위원장이 통보한 근로시간 면제 한도를 고시하여야 한다.

③ 근로시간면제심의위원회는 근로시간 면제 한도를 심의·의결하고, 3년마다 그 적정성 여부를 재심의하여 의결할 수 있다.

④ 근로시간면제심의위원회는 재적위원 과반수의 출석과 출석위원 과반수의 찬성으로 의결한다.

⑤ 근로시간면제심의위원회는 근로자를 대표하는 위원과 사용자를 대표하는 위원 및 공익을 대표하는 위원 각 5명씩 성별을 고려하여 구성한다.

07 노동조합 및 노동관계조정법령상 노동조합의 해산에 관한 설명으로 옳지 않은 것은?

① 노동조합 규약에서 정한 해산사유가 발생한 경우에 노동조합은 해산한다.

② 노동조합의 임원이 없고 노동조합으로서의 활동을 1년 이상 하지 아니한 것으로 인정되는 경우로서 행정관청이 노동위원회의 의결을 얻은 경우에 노동조합은 해산한다.

③ 노동조합이 합병으로 소멸한 경우에 노동조합은 해산한다.

④ 노동조합 총회에서 재적조합원 과반수의 출석과 출석조합원 과반수의 찬성으로 노동조합 해산결의가 있는 경우에 노동조합은 해산한다.

⑤ 노동조합 총회의 해산결의를 사유로 노동조합이 해산한 때에는 그 대표자는 해산한 날부터 15일 이내에 행정관청에 이를 신고하여야 한다.

08 노동조합 및 노동관계조정법령상 노동조합 활동에 관한 설명으로 옳지 않은 것은?(다툼이 있으면 판례에 따름)

① 사업장 내의 노동조합 활동은 사용자의 시설관리권에 바탕을 둔 합리적인 규율이나 제약에 따라야 한다.

② 노동조합 활동은 근로조건의 유지·개선과 근로자의 경제적 지위의 향상을 도모하기 위하여 필요하고 근로자들의 단결 강화에 도움이 되는 행위이어야 한다.

③ 노동조합 활동은 취업규칙이나 단체협약에 별도의 허용규정이 있더라도 취업시간 외에 행하여져야 한다.

④ 단체협약에 유인물의 배포에 허가제를 채택하고 있는 경우 유인물 배포행위가 정당한가 아닌가는 허가가 있었는지 여부만 가지고 판단할 것은 아니고 그 유인물의 내용이나 배포방법 등 제반사정을 고려하여 판단되어져야 한다.

⑤ 조합원이 조합의 결의에 따라서 한 노동조합의 조직적인 활동 그 자체가 아닐지라도 그 행위의 성질상 노동조합 활동으로 볼 수 있을 때에는 노동조합의 업무를 위한 행위로 보아야 한다.

09 노동조합 및 노동관계조정법령상 단체교섭에 관한 설명으로 옳지 않은 것은?(다툼이 있으면 판례에 따름)

① 노동조합 대표자는 그 노동조합 또는 조합원을 위하여 사용자나 사용자단체와 교섭할 권한을 가진다.

② 단위노동조합이 당해 노동조합이 가입한 상부단체인 연합단체에 단체교섭권한을 위임한 경우 단위노동조합의 단체교섭권한은 소멸한다.

③ 노동조합과 사용자 또는 사용자단체는 신의에 따라 성실히 교섭하여야 한다.

④ 노동조합과 사용자 또는 사용자단체는 정당한 이유없이 교섭을 거부하여서는 아니 된다.

⑤ 노동조합의 하부단체인 지부가 독자적인 규약 및 집행기관을 가지고 독립된 조직체로서 활동을 하는 경우 당해 조직이나 그 조합원에 고유한 사항에 대하여는 독자적으로 단체교섭을 할 수 있다.

2019년

10 노동조합 및 노동관계조정법령상 공정대표의무에 관한 설명으로 옳지 않은 것은?(다툼이 있으면 판례에 따름)

① 사용자는 교섭창구 단일화 절차에 참여한 노동조합 또는 그 조합원 간에 합리적 이유 없이 차별을 하여서는 아니 된다.

② 노동조합은 교섭대표노동조합이 공정대표의무를 위반하여 차별한 경우에는 그 행위가 있은 날부터 6개월 이내에 노동위원회에 그 시정을 요청할 수 있다.

③ 공정대표의무 위반에 대한 형사벌칙 규정이 없다.

④ 사용자가 교섭창구 단일화 절차에 참여한 다른 노동조합 또는 그 조합원을 차별한 것으로 인정되는 경우, 차별에 합리적인 이유가 있다는 점은 사용자에게 주장·증명책임이 있다.

⑤ 공정대표의무는 단체교섭의 과정이나 그 결과물인 단체협약의 내용뿐만 아니라 단체협약의 이행과정에서도 준수되어야 한다.

11 노동조합 및 노동관계조정법령상 교섭창구 단일화 제도에 관한 설명으로 옳은 것은?(다툼이 있으면 판례에 따름)

① 하나의 사업 또는 사업장 단위에서 유일하게 존재하는 노동조합이 교섭창구 단일화 절차를 형식적으로 거쳤다면 교섭대표노동조합의 지위를 취득할 수 있다.

② 교섭창구 단일화 절차에 따라 결정된 교섭대표노동조합이 그 결정된 날부터 6개월 동안 단체협약을 체결하지 못한 경우에는 어느 노동조합이든지 사용자에게 교섭을 요구할 수 있다.

③ 하나의 사업 또는 사업장에서 교섭단위를 분리할 필요가 있다고 인정되는 경우에 노동관계 당사자는 합의를 통하여 교섭단위를 분리할 수 있다.

④ 공동교섭대표단에 참여할 수 있는 노동조합은 그 조합원 수가 교섭창구 단일화 절차에 참여한 노동조합의 전체 조합원 100분의 5 이상인 노동조합으로 한다.

⑤ 교섭대표노동조합의 지위 유지기간이 만료되었음에도 불구하고 새로운 교섭대표노동조합이 결정되지 못할 경우 기존 교섭대표노동조합은 새로운 교섭대표노동조합이 결정될 때까지 기존 단체협약의 이행과 관련해서는 교섭대표노동조합의 지위를 유지한다.

12 노동조합 및 노동관계조정법령상 단체협약에 관한 설명으로 옳지 않은 것은?(다툼이 있으면 판례에 따름)

① 단체협약은 서면으로 작성하여 당사자 쌍방이 서명 또는 날인하여야 한다.

② 근로계약에 규정되지 아니한 사항은 단체협약에 정한 기준에 의한다.

③ 행정관청은 단체협약 중 위법한 내용이 있는 경우에는 노동위원회의 의결을 얻어 그 시정을 명할 수 있다.

④ 노동조합이 조합원들의 의사를 반영하고 대표자의 단체협약 체결 업무 수행에 대한 적절한 통세를 위하여 대표지의 단체협약체겸권한의 행사를 절차적으로 제한하는 것은, 그것이 단체협약체결권한을 전면적 · 포괄적으로 제한하는 것이 아닌 이상 허용된다.

⑤ 노동조합과 사용자 쌍방이 노사협의회를 거쳐 실질적 · 형식적 요건을 갖춘 합의가 있더라도 단체교섭을 거치지 않고 체결한 것은 단체협약으로 볼 수 없다.

13 노동조합 및 노동관계조정법령상 단체협약 내용을 위반한 경우 형사처벌의 대상이 아닌 것은?

① 퇴직금에 관한 사항   ② 휴가에 관한 사항

③ 쟁의행위에 관한 사항   ④ 조직강제에 관한 사항

⑤ 안전보건에 관한 사항

14 노동조합 및 노동관계조정법령상 단체협약의 해석에 관한 설명으로 옳지 않은 것은?(다툼이 있으면 판례에 따름)

① 단체협약과 같은 처분문서를 해석함에 있어서는 명문의 규정을 근로자에게 불리하게 변형 해석할 수 없다.

② 단체협약의 해석에 관한 지방노동위원회의 제시 견해가 위법 또는 월권에 의한 경우에는 중앙노동위원회에 재심을 신청할 수 있다.

③ 단체협약의 해석에 관하여 관계 당사자 간에 의견의 불일치가 있는 때에는 노동위원회가 직권으로 그 해석에 관한 견해를 제시할 수 있다.

④ 노동위원회는 단체협약의 해석요청을 받은 때에는 그 날부터 30일 이내에 명확한 견해를 제시하여야 한다.

⑤ 노동위원회가 단체협약의 해석요청에 대하여 제시한 견해는 중재재정과 동일한 효력을 가진다.

15 노동조합 및 노동관계조정법령상 노동쟁의 조정의 기본 원칙으로 옳지 않은 것은?

① 공익사업에 있어서의 노동쟁의의 조정은 우선적으로 취급하고 신속히 처리하도록 노력하여야 한다.

② 노동관계 당사자는 노동쟁의가 발생한 때에는 이를 자주적으로 해결하도록 노력하여야 한다.

③ 국가 및 지방자치단체는 노동관계 당사자간에 노동관계에 관한 주장이 일치하지 아니할 경우에 쟁의행위를 가능한 한 예방하고 노동쟁의의 신속·공정한 해결에 노력하여야 한다.

④ 노동관계의 조정을 할 경우에는 노동관계 당사자와 노동위원회 기타 관계기관은 사건을 신속히 처리하도록 노력하여야 한다.

⑤ 노동쟁의 조정에 관한 규정은 노동관계 당사자가 직접 노사협의 또는 단체교섭에 의하여 근로조건 기타 노동관계에 관한 사항을 정하거나 노동관계에 관한 주장의 불일치를 조정하고 이에 필요한 노력을 하는 것을 방해하지 아니한다.

16 노동조합 및 노동관계조정법령상 조정 및 중재에 관한 설명으로 옳은 것은?

① 노동위원회는 조정위원회 또는 단독조정인이 조정의 종료를 결정한 후에도 노동쟁의 해결을 위하여 조정을 할 수 있다.

② 노동쟁의가 노동위원회의 중재에 회부된 때에는 그 날부터 10일간은 쟁의행위를 할 수 없다.

③ 노동쟁의의 중재를 위하여 당해 노동위원회의 위원 중에서 사용자를 대표하는 자, 근로자를 대표하는 자 및 공익을 대표하는 자 각 1인으로 구성된 중재위원회를 둔다.

④ 중앙노동위원회 위원장은 긴급조정의 결정을 하고자 할 때에는 미리 고용노동부장관의 의견을 들어야 한다.

⑤ 관계 당사자는 긴급조정의 결정이 공표된 때에는 즉시 쟁의행위를 중지하여야 하며, 공표일부터 15일이 경과하지 아니하면 쟁의행위를 재개할 수 없다.

17 노동조합 및 노동관계조정법령상 쟁의행위에 관한 설명으로 옳지 않은 것은?

① 근로자는 쟁의행위 기간 중에는 현행범 외에는 노동조합 및 노동관계조정법 위반을 이유로 구속되지 아니한다.

② 방위사업법에 의하여 지정된 주요방위산업체에 종사하는 근로자 중 전력, 용수 및 주로 방산물자를 생산하는 업무에 종사하는 자는 쟁의행위를 할 수 없다.

③ 작업시설의 손상이나 원료·제품의 변질 또는 부패를 방지하기 위한 작업은 쟁의행위 기간 중에도 정상적으로 수행되어야 한다.

④ 노동조합은 쟁의행위가 적법하게 수행될 수 있도록 지도·관리·통제할 책임이 있다.

⑤ 노동조합의 쟁의행위는 그 조합원의 직접·비밀·무기명투표에 의한 조합원 3분의 2 이상의 찬성으로 결정하지 아니하면 이를 행할 수 없다.

18 노동조합 및 노동관계조정법령상 쟁의행위와 임금에 관한 설명으로 옳지 않은 것은?(다툼이 있으면 판례에 따름)

① 사용자는 쟁의행위에 참가하여 근로를 제공하지 아니한 근로자에 대하여는 그 기간 중의 임금을 지급할 의무가 없다.

② 근로기준법상 유급휴일에 대한 법리는 휴직 등과 동일하게 근로자의 근로제공의무 등의 주된 권리·의무가 정지되어 근로자의 임금청구권이 발생하지 아니하는 쟁의행위인 파업에도 적용된다.

③ 근로를 불완전하게 제공하는 형태의 쟁의행위인 태업도 근로제공이 일부 정지되는 것이라고 할 수 있으므로 무노동 무임금 원칙이 적용된다.

④ 노동조합은 쟁의행위 기간에 대한 임금의 지급을 요구하여 이를 관철할 목적으로 쟁의행위를 하여서는 아니 된다.

⑤ 근로자가 유급휴가를 이용하여 파업에 참여하는 것은 정당한 유급휴가권의 행사로 볼 수 있으므로 파업기간 중에 포함된 유급휴가에 대한 임금청구권이 발생한다.

19 노동조합 및 노동관계조정법령상 직장폐쇄에 관한 설명으로 옳지 않은 것은?(다툼이 있으면 판례에 따름)

① 직장폐쇄가 사용자의 정당한 쟁의행위로 인정되는 경우 사용자는 직장폐쇄 기간 동안 대상 근로자에 대한 임금지불의무를 면한다.

② 사용자의 직장폐쇄는 근로자의 쟁의행위에 대한 방어수단으로서 상당성이 있어야만 사용자의 정당한 쟁의행위로 인정할 수 있다.

③ 직장폐쇄의 개시 자체가 정당하면 근로자의 쟁의행위에 대한 방어적인 목적에서 벗어나 공격적 직장폐쇄의 성격으로 변질되었더라도 정당성이 상실되는 것은 아니다.

④ 헌법은 근로자의 쟁의권에 관하여는 이를 적극적으로 보장하는 명문의 규정을 두고 있는 반면 사용자의 쟁의권에 관하여는 이에 관한 명문의 규정을 두고 있지 않다.

⑤ 직장폐쇄가 정당한 쟁의행위로 평가받는 경우 사용자의 사업장에 대한 물권적 지배권이 전면적으로 회복되므로 사용자는 직장폐쇄의 효과로서 사업장의 출입을 제한할 수 있다.

20 노동조합 및 노동관계조정법령상 부당노동행위에 관한 설명으로 옳지 않은 것은?(다툼이 있으면 판례에 따름)

① 부당노동행위에 대한 증명책임은 이를 주장하는 근로자 또는 노동조합에 있다.

② 사용자가 근로자를 해고함에 있어서 표면적으로 내세우는 해고사유와는 달리 실질적으로 근로자의 정당한 조합활동을 이유로 해고한 것으로 인정되는 경우에는 그 해고는 부당노동행위로 보아야 한다.

③ 불이익 취급의 부당노동행위는 현실적인 행위나 조치로 나타날 것을 요하지 않으므로 그 근로자에게 향후 불이익한 대우를 하겠다는 의사를 말로써 표시하는 것으로 성립한다.

④ 근로자가 노동조합의 업무를 위한 정당한 행위를 하고 사용자가 이를 이유로 근로자에 대하여 해고 등의 불이익을 주는 차별적 취급행위는 부당노동행위에 해당한다.

⑤ 일반적으로 근로자가 연장근로를 희망할 경우 회사에서 반드시 이를 허가하여야 할 의무는 없지만, 특정 근로자가 파업에 참가하였다는 이유로 해당 근로자에게 연장근로를 거부하는 것은 해당 근로자에게 경제적 불이익을 주는 행위로서 부당노동행위에 해당할 수 있다.

21 노동조합 및 노동관계조정법령상 부당노동행위 구제제도에 관한 설명으로 옳지 않은 것은?(다툼이 있으면 판례에 따름)

① 노동위원회의 사용자에 대한 부당노동행위 구제명령은 사용자에게 공법상의 의무를 부담시킬 뿐, 직접 노사 간의 사법상의 법률관계를 발생 또는 변경시키는 것은 아니다.

② 사용자의 부당노동행위로 인하여 그 권리를 침해당한 근로자 또는 노동조합은 부당노동행위가 있은 날(계속하는 행위는 그 종료일)부터 3월 이내에 구제를 신청해야 한다.

③ 노동위원회는 부당노동행위에 대한 심문을 함에 있어서는 관계 당사자에 대하여 증거의 제출과 증인에 대한 반대심문을 할 수 있는 충분한 기회를 주어야 한다.

④ 노동위원회는 부당노동행위 구제명령을 받은 후 이행기한까지 구제명령을 이행하지 아니한 사용자에게 이행강제금을 부과한다.

⑤ 중앙노동위원회의 재심판정에 불복하여 사용자가 행정소송을 제기한 경우 관할 법원은 중앙노동위원회의 신청에 의하여 결정으로써, 판결이 확정될 때까지 중앙노동위원회의 구제명령의 전부 또는 일부를 이행하도록 명할 수 있다.

22 근로자참여 및 협력증진에 관한 법률상 사용자가 노사협의회 정기회의에 보고할 사항이 아닌 것은?

① 경영계획 전반 및 실적에 관한 사항
② 사내근로복지기금의 설치에 관한 사항
③ 분기별 생산계획과 실적에 관한 사항
④ 인력계획에 관한 사항
⑤ 기업의 경제적 · 재정적 상황

23 노동위원회법상 노동위원회에 관한 설명으로 옳지 않은 것은?

① 노동위원회는 중앙노동위원회, 지방노동위원회 및 특별노동위원회로 구분한다.
② 노동위원회는 관계 행정기관으로 하여금 근로조건의 개선에 필요한 조치를 하도록 권고할 수 있고, 권고를 받은 관계 행정기관은 특별한 사유가 없으면 이에 따라야 한다.
③ 노동위원회의 처분의 효력은 판정서 · 명령서 · 결정서를 송달받은 날부터 발생한다.
④ 중앙노동위원회의 처분에 대한 소송은 중앙노동위원회 위원장을 피고로 한다.
⑤ 노동위원회의 보고 또는 서류제출 요구에 응하지 아니하는 자는 형사처벌 대상이 된다.

24 교원의 노동조합 설립 및 운영 등에 관한 법률의 설명으로 옳은 것은? **기출 수정**

① 노동조합은 교육제도 개선을 목적으로 하는 정치활동을 할 수 있다.

② 노동조합을 설립하려는 사람은 교육부장관에게 설립신고서를 제출하여야 한다.

③ 노동조합과 그 조합원은 파업을 제외한 그 밖의 쟁의행위를 할 수 있다.

④ 노동조합 대표자와 사립학교 설립·경영자 간 체결된 단체협약의 내용 중 법령·조례 및 예산에 의하여 규정되는 내용은 단체협약으로서의 효력을 가지지 아니한다.

⑤ 단체교섭이 결렬된 경우에는 당사자 어느 한쪽 또는 양쪽은 중앙노동위원회에 조정을 신청할 수 있고, 조정은 신청을 받은 날부터 15일 이내에 마쳐야 한다.

25 공무원의 노동조합 설립 및 운영 등에 관한 법률의 설명으로 옳지 않은 것은? **기출 수정**

① 공무원은 노동조합 활동을 할 때 다른 법령에서 규정하는 공무원의 의무에 반하는 행위를 하여서는 아니 된다.

② 정부교섭대표는 교섭을 요구하는 노동조합이 둘 이상인 경우에는 해당 노동조합에 교섭창구를 단일화하도록 요청할 수 있고, 교섭창구가 단일화될 때까지 교섭에 응하여야 한다.

③ 노동조합의 대표자는 정부교섭대표와 교섭하려는 경우에는 교섭하려는 사항에 대하여 권한을 가진 정부교섭대표에게 서면으로 교섭을 요구하여야 한다.

④ 공무원은 임용권자의 동의를 받아 노동조합으로부터 급여를 지급받으면서 노동조합의 업무에만 종사할 수 있다.

⑤ 정부교섭대표는 효율적인 교섭을 위하여 관계 기관의 장을 교섭에 참여하게 하여야 한다.

01 헌법상 근로3권에 관한 설명으로 옳지 않은 것은?(다툼이 있으면 판례에 따름)

① 대법원은 근로3권 중에 단체교섭권이 중핵적 권리라는 입장을 취하고 있다.

② 법률이 정하는 주요방위산업체에 종사하는 근로자의 단체행동권은 법률이 정하는 바에 의하여 이를 제한하거나 인정하지 아니할 수 있다.

③ 헌법재판소는 단체교섭권은 어떠한 제약도 허용되지 아니하는 절대적인 권리가 아니라는 입장을 취하고 있다.

④ 헌법재판소는 단결권에는 단결하지 아니할 자유가 포함된다는 입장을 취하고 있다.

⑤ 헌법이 근로3권을 보장하는 취지는 근로자의 이익과 지위의 향상을 도모하는 사회복지국가 건설의 과제를 달성하고자 함에 있는 것으로 설명될 수 있다.

02 각국 노동법의 연혁에 관한 설명으로 옳지 않은 것은?

① 우리나라의 제헌헌법에는 근로자의 단결에 관한 규정이 없었다.

② 독일의 1919년 바이마르헌법은 단결의 자유를 명문화하였다.

③ 미국의 1935년 와그너법은 근로자의 단결권 · 단체교섭권 · 단체행동권을 명문화하였다.

④ 우리나라의 노동위원회법은 1953년에 처음 제정되었다.

⑤ 우리나라의 노사협의회제도는 과거 노동조합법에 규정된 적이 있었다.

03 노동조합 및 노동관계조정법령상 노동조합에 관한 설명으로 옳지 않은 것은? 기출 수정

① 최소한의 규모라 하더라도 사용자로부터 노동조합사무소를 제공받은 경우에는 노동조합으로 보지 아니한다.

② 복리사업만을 목적으로 하는 경우에는 노동조합으로 보지 아니한다.

③ 항상 사용자의 이익을 대표하여 행동하는 자의 참가를 허용하는 경우에는 노동조합으로 보지 아니한다.

④ 주로 정치운동을 목적으로 하는 경우에는 노동조합으로 보지 아니한다.

⑤ 공제사업만을 목적으로 하는 경우에는 노동조합으로 보지 아니한다.

04 노동조합 및 노동관계조정법상 노동조합에 관한 설명으로 옳지 않은 것은?

① 규약이 정하는 바에 의하여 법인으로 할 수 있다.

② 노동조합에 대하여는 그 사업체를 제외하고는 세법이 정하는 바에 따라 조세를 부과하지 아니한다.

③ 규약에는 임원의 규약위반에 대한 탄핵에 관한 사항을 기재하여야 한다.

④ 신고증을 교부받은 경우에는 설립신고서가 접수된 때에 설립된 것으로 본다.

⑤ 행정관청은 설립신고서 기재사항 중 허위사실이 있는 경우에는 설립신고서를 즉시 반려하여야 한다.

05 노동조합 및 노동관계조정법령상 노동조합 총회의 의결사항 중 '재적조합원 과반수의 출석과 출석조합원 3분의 2 이상의 찬성'으로 의결해야 하는 사항이 아닌 것은?

① 규약의 변경   ② 해산

③ 분할   ④ 임원의 선거

⑤ 조직형태의 변경

06 노동조합 및 노동관계조정법령상 단체교섭 등에 관한 설명으로 옳지 않은 것은?(다툼이 있으면 판례에 따름)

① 노동조합의 대표자는 단체교섭의 당사자이다.

② 사용자단체는 법령에 따라 교섭 또는 단체협약의 체결에 관한 권한을 위임하는 경우에는 교섭사항과 권한범위를 정하여 위임하여야 한다.

③ 노동조합과 사용자 또는 사용자단체는 법령에 따라 교섭 또는 단체협약의 체결에 관한 권한을 위임한 때에는 그 사실을 상대방에게 통보하여야 한다.

④ 노동조합과 사용자 또는 사용자단체는 정당한 이유 없이 교섭 또는 단체협약의 체결을 거부하거나 해태하여서는 아니 된다.

⑤ 노동조합의 하부단체인 분회나 지부가 독자적인 규약 및 집행기관을 가지고 독립된 조직체로서 활동을 하는 경우 당해 조직이나 그 조합원에 고유한 사항에 대하여는 독자적으로 단체교섭하고 단체협약을 체결할 수 있다.

07 노동조합 및 노동관계조정법령상 단체교섭에 관한 설명으로 옳지 않은 것은?(다툼이 있으면 판례에 따름)

① 단체교섭의 대상에 해당하는지 여부는 헌법과 노동조합 및 노동관계조정법상 근로자에게 단체교섭권을 보장한 취지에 비추어 판단하여야 한다.

② 근로조건 그 자체는 아니지만 근로조건과 밀접한 관련을 가지는 사항은 사용자의 경영권을 근본적으로 제약하지 않는 경우 단체교섭 대상이 될 수 있다.

③ 보건에 관한 사항은 노사협의회의 협의사항일 뿐 단체교섭 대상이 될 수 없다.

④ 비조합원의 근로조건이라도 그것이 조합원의 근로조건 및 집단적 노동관계에 영향을 주는 경우에는 단체교섭 대상이 될 수 있다.

⑤ 집단적 노동관계에 관한 사항은 근로조건과 밀접한 관계가 있기 때문에 강행법규나 공서양속에 반하지 않는 이상 단체교섭 대상이 될 수 있다.

08 노동조합 및 노동관계조정법령상 교섭창구 단일화 절차 등에 관한 설명으로 옳지 않은 것은?

① 하나의 사업 또는 사업장에 2개 이상의 노동조합이 있더라도 교섭대표노동조합을 자율적으로 결정하는 기한 내에 사용자가 교섭창구 단일화 절차를 거치지 아니하기로 동의한 경우에는 해당 노동조합은 사용자와 개별적으로 교섭할 수 있다.

② 노동조합 교섭요구 사실의 공고는 사용자가 법령에 따라 교섭을 요구받은 날부터 7일간 하여야 한다.

③ 교섭대표노동조합이 그 결정된 날부터 1년 동안 단체협약을 체결하지 못한 경우에는 어느 노동조합이든지 사용자에게 교섭을 요구할 수 있다.

④ 교섭창구 단일화 절차에 참여한 노동조합이 자율적으로 교섭대표노동조합을 정하지 못한 경우에는 해당 사업 또는 사업장 근로자 전체의 과반수로 조직된 노동조합이 교섭대표노동조합이 된다.

⑤ 교섭대표노동조합을 결정함에 있어 교섭요구 사실 등에 대한 이의가 있는 때에는 노동위원회는 대통령령으로 정하는 바에 따라 노동조합의 신청을 받아 그 이의에 대한 결정을 할 수 있다.

09 노동조합 및 노동관계조정법령상 교섭단위 분리에 관한 설명으로 옳지 않은 것은?

① 하나의 사업 또는 사업장에서 교섭단위를 분리할 필요가 있다고 인정되는 경우에 노동위원회는 노동관계 당사자의 신청을 받아 교섭단위를 분리하는 결정을 할 수 있다.

② 노동위원회는 노동관계 당사자 양쪽의 신청이 있으면 교섭단위를 분리하는 결정을 하여야 한다.

③ 노동위원회는 법령에 따라 교섭단위 분리의 결정 신청을 받은 때에는 해당 사업 또는 사업장의 모든 노동조합과 사용자에게 그 내용을 통지하여야 한다.

④ 노동위원회는 법령에 따른 신청을 받은 날부터 30일 이내에 교섭단위 분리에 관한 결정을 하고 해당 사업 또는 사업장의 모든 노동조합과 사용자에게 통지하여야 한다.

⑤ 노동조합 또는 사용자는 법령에 따라 사용자가 교섭요구 사실을 공고하기 전에 노동위원회에 교섭단위 분리의 결정을 신청할 수 있다.

10 노동조합 및 노동관계조정법령상 단체협약에 관한 설명으로 옳지 않은 것은?(다툼이 있으면 판례에 따름)

① 단체협약에 정한 근로자의 대우에 관한 기준에 위반하는 취업규칙 또는 근로계약의 부분은 무효로 한다.

② 하나의 사업 또는 사업장에 상시 사용되는 동종의 근로자 반수 이상이 하나의 단체협약의 적용을 받게 된 때에는 당해 사업 또는 사업장에 사용되는 다른 동종의 근로자에 대하여도 당해 단체협약이 적용된다.

③ 일반적 구속력과 관련하여 사업장 단위로 체결되는 단체협약의 적용범위가 특정되지 않았거나 단체협약 조항이 모든 직종에 걸쳐서 공통적으로 적용되는 경우에는 직종의 구분 없이 사업장 내의 모든 근로자가 동종의 근로자에 해당된다.

④ 단체협약에 그 유효기간이 경과한 후에도 새로운 단체협약이 체결되지 아니한 때에는 새로운 단체협약이 체결될 때까지 종전 단체협약의 효력을 존속시킨다는 취지의 별도의 약정이 있는 경우에는 당사자 일방은 종전의 단체협약을 해지할 수 없다.

⑤ 단체협약이 실효되었다 하더라도 임금 등 개별적인 노동조건에 관한 부분은 그 단체협약의 적용을 받고 있던 개별적인 근로자의 근로계약의 내용으로 남아서 사용자와 근로자를 규율하게 되는 경우가 있다.

11 노동조합 및 노동관계조정법령상 단체협약에 관한 설명으로 옳지 않은 것은? 기출 수정

① 단체협약에 그 유효기간을 정하지 아니한 경우 그 유효기간은 3년으로 한다.

② 단체협약의 해석에 관하여 관계 당사자 간에 의견의 불일치가 있는 때에는 당사자 쌍방은 고용노동부에 그 해석에 관한 견해의 제시를 요청할 수 있다.

③ 단체협약의 당사자는 단체협약의 체결일부터 15일 이내에 당사자 쌍방의 연명으로 단체협약을 행정관청에게 신고하여야 한다.

④ 행정관청은 단체협약 중 위법한 내용이 있는 경우에는 노동위원회의 의결을 얻어 그 시정을 명할 수 있다.

⑤ 단체협약은 서면으로 작성하여 당사자 쌍방이 서명 또는 날인하여야 한다.

12 노동조합 및 노동관계조정법령상 단체협약의 지역적 구속력에 관한 설명으로 옳은 것은?

① 하나의 지역에 있어서 종업하는 동종의 근로자 3분의 2 이상이 하나의 단체협약의 적용을 받게 된 때에 행정관청이 법령에 따라 당해 단체협약의 지역적 구속력 적용을 결정하면 당해 지역에서 종업하는 다른 동종의 근로자와 그 사용자에 대하여도 당해 단체협약이 적용된다.

② 행정관청은 직권으로 노동위원회의 의결을 얻어 단체협약의 지역적 구속력 적용결정을 할 수 없다.

③ 단체협약의 당사자 쌍방의 신청으로 행정관청이 단체협약의 지역적 구속력 적용결정을 하는 경우에는 노동위원회의 의결을 얻지 아니할 수 있다.

④ 단체협약의 당사자 일방의 신청으로 행정관청이 단체협약의 지역적 구속력 적용결정을 하는 경우에는 중앙노동위원회의 조정을 거쳐야 한다.

⑤ 행정관청이 단체협약의 지역적 확장적용의 결정을 한 때에는 3개월 이내에 이를 공고하여야 한다.

13 노동조합 및 노동관계조정법령상 쟁의행위에 관한 설명으로 옳지 않은 것은?

① 교섭대표노동조합이 결정된 경우에는 교섭대표노동조합의 전체 조합원의 직접·비밀·무기명투표에 의한 과반수의 찬성으로 결정하지 아니하면 쟁의행위를 할 수 없다.
② 쟁의행위는 생산 기타 주요업무에 관련되는 시설과 이에 준하는 시설로서 대통령령이 정하는 시설을 점거하는 형태로 이를 행할 수 없다.
③ 사업장의 안전보호시설에 대하여 정상적인 유지·운영을 방해하는 행위는 쟁의행위로서 이를 행할 수 없다.
④ 사용자는 쟁의행위에 참가하여 근로를 제공하지 아니한 근로자에 대하여는 그 기간 중의 임금을 지급할 의무가 없다.
⑤ 노동조합은 쟁의행위 기간에 대한 임금의 지급을 요구하여 이를 관철할 목적으로 쟁의행위를 하여서는 아니 된다.

14 노동조합 및 노동관계조정법령상 사용자의 채용제한에 관한 설명으로 옳은 것을 모두 고른 것은?

> ㄱ. 필수공익사업의 사용자는 쟁의행위 기간 중에 한하여 그 쟁의행위로 중단된 업무의 수행을 위하여 당해 사업과 관계없는 자를 채용할 수 있으나 그 수의 제한이 있다.
> ㄴ. 필수공익사업의 사용자라 하더라도 쟁의행위 기간 중에 그 쟁의행위로 중단된 업무를 도급 줄 수 없다.
> ㄷ. 필수공익사업의 파업참가자 수는 근로의무가 있는 근로시간 중 파업참가를 이유로 근로의 일부 또는 전부를 제공하지 아니한 자의 수를 1일 단위로 산정한다.
> ㄹ. 사용자는 당해 사업과 관계있는 자라 하더라도 비노동조합원을 쟁의기간 중 쟁의행위로 중단된 업무의 수행을 위하여 대체할 수 없다.

① ㄱ, ㄴ   ② ㄱ, ㄷ
③ ㄱ, ㄹ   ④ ㄴ, ㄷ
⑤ ㄴ, ㄹ

15 노동조합 및 노동관계조정법령상 쟁의행위에 관한 설명으로 옳지 않은 것은?(다툼이 있으면 판례에 따름)

① 단체교섭사항이 될 수 없는 사항을 달성하려는 쟁의행위는 그 목적의 정당성을 인정할 수 없다.

② 조합원은 노동조합에 의하여 주도되지 아니한 쟁의행위를 하여서는 아니 된다.

③ 쟁의행위의 목적 중 일부가 정당하지 못한 경우에는 주된 목적 내지 진정한 목적의 당부에 의하여 그 쟁의 목적의 당부를 판단하여야 한다.

④ 구조조정이 불순한 의도로 추진되는 등의 특별한 사정이 없는 한, 노동조합이 실질적으로 그 실시 자체를 반대하기 위하여 쟁의행위에 나아간다면 그 쟁의행위는 목적의 정당성을 인정할 수 없다.

⑤ 부당노동행위를 이유로 한 쟁의행위의 경우 그 쟁의행위에 앞서 부당노동행위 구제절차를 밟아야만 정당성이 인정될 수 있다.

16 노동조합 및 노동관계조정법령상 조정 및 중재에 관한 설명으로 옳지 않은 것은?

① 조정이 이루어진 경우에 그 내용은 단체협약과 동일한 효력을 가진다.

② 노동위원회는 관계 당사자 쌍방의 신청이 있는 경우에는 조정위원회에 갈음하여 단독조정인에게 조정을 행하게 할 수 있다.

③ 노동쟁의가 중재에 회부된 때에는 그 날부터 15일간은 쟁의행위를 할 수 없다.

④ 노동관계 당사자는 법령에 의한 사적 조정·중재에 의하여 노동쟁의를 해결하기로 한 경우에는 고용노동부령이 정하는 바에 따라 관할 노동위원회에 신고하여야 한다.

⑤ 노동위원회는 노동쟁의에 대한 조정이 실패한 경우에 한하여 중재를 행할 수 있다.

17 노동조합 및 노동관계조정법령상 긴급조정에 관한 설명으로 옳지 않은 것은?

① 고용노동부장관은 쟁의행위가 그 성질이 특별한 것으로서 현저히 국민경제를 해하거나 국민의 일상생활을 위태롭게 할 위험이 현존하는 때에는 긴급조정의 결정을 할 수 있다.

② 고용노동부장관은 긴급조정의 결정을 하고자 할 때에는 미리 중앙노동위원회 위원장의 의견을 들어야 한다.

③ 긴급조정이 결정되면 관계 당사자는 즉시 쟁의행위를 중지하여야 하며, 결정일부터 30일이 경과하지 아니하면 쟁의행위를 재개할 수 없다.

④ 고용노동부장관은 긴급조정을 결정한 때에는 지체없이 이를 공표하여야 한다.

⑤ 중앙노동위원회는 법령에 따라 긴급조정 결정의 통고를 받은 때에는 지체 없이 조정을 개시하여야 한다.

18 노동조합 및 노동관계조정법령상 필수유지업무가 아닌 것은?

① 철도사업의 업무 중 철도 차량의 운전업무
② 통신사업의 업무 중 기간망의 운영·관리업무
③ 항공운수사업의 업무 중 창정비 업무
④ 혈액공급사업의 업무 중 채혈 업무
⑤ 수도사업의 업무 중 배수시설의 운영 업무

19 노동조합 및 노동관계조정법령상 부당노동행위 구제에 관한 설명으로 옳은 것은?

① 부당노동행위로 그 권리를 침해당한 근로자는 노동조합을 통해서만 노동위원회에 구제를 신청할 수 있다.
② 부당노동행위가 계속하는 행위인 경우에는 그 종료일부터 6월 이내에 구제신청을 하여야 한다.
③ 지방노동위원회의 구제명령에 불복이 있는 관계 당사자는 그 명령서의 송달을 받은 날부터 15일 이내에 중앙노동위원회에 재심을 신청할 수 있다.
④ 중앙노동위원회의 재심판정에 대하여 관계 당사자는 그 재심판정서의 송달을 받은 날부터 20일 이내에 행정소송법이 정하는 바에 의하여 소를 제기할 수 있다.
⑤ 지방노동위원회의 구제명령은 중앙노동위원회에의 재심신청에 의하여 그 효력이 정지되지 아니한다.

20 노동조합 및 노동관계조정법령상 사용자가 중앙노동위원회의 구제명령에 대하여 행정소송을 제기한 경우 그 구제명령에 관한 설명으로 옳지 않은 것은?

① 관할 법원은 중앙노동위원회의 신청에 의하여 판결이 확정될 때까지 중앙노동위원회 구제명령의 전부 또는 일부를 이행하도록 명할 수 있다.
② 관할 법원은 당사자의 신청이나 직권으로 중앙노동위원회 구제명령의 이행을 명한 결정을 취소할 수 있다.
③ 관할 법원이 중앙노동위원회 구제명령의 이행을 명한 경우 그 명령을 위반한 자에 대하여는 노동조합 및 노동관계조정법상 벌금형이 규정되어 있다.
④ 관할 법원이 중앙노동위원회 구제명령의 이행을 명하는 경우 결정으로써 한다.
⑤ 중앙노동위원회 구제명령은 행정소송의 제기에 의하여 그 효력이 정지되지 아니한다.

21 노동조합 및 노동관계조정법령상 부당노동행위에 관한 설명으로 옳지 않은 것은?(다툼이 있으면 판례에 따름)

① 정당한 해고사유가 있어 근로자를 해고한 경우에 있어서는 비록 사용자에게 반노동조합 의사가 추정된다고 하더라도 부당노동행위에 해당한다고 할 수 없다.

② 영업활동을 하지 아니하는 노조전임자를 다른 영업사원과 동일하게 판매실적에 따른 승격기준만을 적용하여 승격에서 배제한 것은 부당노동행위에 해당한다.

③ 노동조합이 당해 사업장에 종사하는 근로자의 3분의 2 이상을 대표하고 있을 때에는 근로자가 그 노동조합의 조합원이 될 것을 고용조건으로 하는 단체협약의 체결은 부당노동행위에 해당하지 아니한다.

④ 지배·개입으로서의 부당노동행위의 성립에는 반드시 근로자의 단결권의 침해라는 결과의 발생을 요하는 것은 아니다.

⑤ 타당한 근거 없이 과다하게 책정된 급여를 근로시간 면제자에게 지급하는 사용자의 행위가 단체협약 등 노사 간 합의에 의한 경우에는 부당노동행위가 될 수 없다.

22 노동위원회법상 노동위원회에 관한 설명으로 옳지 않은 것은?

① 특별노동위원회는 관계 법률에서 정하는 사항을 관장하기 위하여 필요한 경우에 해당 사항을 관장하는 중앙행정기관의 장 소속으로 둔다.

② 둘 이상의 지방노동위원회의 관할구역에 걸친 노동쟁의의 조정사건은 주된 사업장의 소재지를 관할하는 지방노동위원회에서 관장한다.

③ 지방노동위원회의 근로자위원은 노동조합이 추천한 사람 중에서 지방노동위원회 위원장의 제청으로 중앙노동위원회 위원장이 위촉한다.

④ 상임위원은 해당 노동위원회의 공익위원이 된다.

⑤ 노동위원회의 전원회의는 재적위원 과반수의 출석으로 개의한다.

23 공무원의 노동조합 설립 및 운영에 관한 법률의 내용으로 옳지 않은 것은? `기출 수정`

① 법령상 '사실상 노무에 종사하는 공무원'은 공무원의 노동조합 설립 및 운영에 관한 법률에 따른 공무원의 노동조합에 가입할 수 없다.

② 공무원의 노동조합은 정치활동을 하여서는 아니 된다.

③ 다른 공무원에 대하여 지휘·감독권을 행사하는 일반직공무원은 공무원의 노동조합에 가입할 수 있다.

④ 정부교섭대표는 법령에 따라 교섭을 요구하는 노동조합이 둘 이상인 경우에는 해당 노동조합에 교섭창구를 단일화하도록 요청할 수 있다.

⑤ 법령에 따라 체결된 단체협약의 내용 중 예산에 의하여 규정되는 내용은 단체협약으로서의 효력을 가지지 아니한다.

24 교원의 노동조합 설립 및 운영에 관한 법률의 내용으로 옳지 않은 것은? `기출 수정`

① 유아교육법과 초·중등교육법에 따른 교원은 특별시·광역시·도·특별자치도 단위 또는 전국 단위로만 노동조합을 설립할 수 있다.

② 교원은 임용권자의 동의를 받아 노동조합으로부터 노동조합의 업무에만 종사할 수 있으나, 노동조합으로부터 급여를 지급받을 수는 없다.

③ 노동조합의 대표자는 사립학교 설립·경영자와 단체교섭을 하려는 경우에는 교섭하려는 사항에 대하여 권한을 가진 자에게 서면으로 교섭을 요구하여야 한다.

④ 교원의 노동조합과 그 조합원은 업무의 정상적인 운영을 방해하는 어떠한 쟁의행위를 하여서는 아니 된다.

⑤ 교원의 노동쟁의를 조정·중재하기 위하여 중앙노동위원회에 교원 노동관계 조정위원회를 둔다.

25 근로자참여 및 협력증진에 관한 법률상 노사협의회에 관한 설명으로 옳지 않은 것은?

기출 수정

① 노사협의회는 근로조건에 대한 결정권이 있는 사업이나 사업장 단위로 설치하여야 한다. 다만, 상시 30명 미만의 근로자를 사용하는 사업이나 사업장은 그러하지 아니하다.

② 노사협의회는 근로자와 사용자를 대표하는 같은 수의 위원으로 구성하되, 각 3명 이상 10명 이하로 한다.

③ 중앙노동위원회 위원장은 노사협의회 위원으로서의 직무수행과 관련하여 사용자가 근로자위원에게 불이익을 주는 처분을 하는 경우에는 그 시정을 명할 수 있다.

④ 노사협의회의 사용자를 대표하는 위원은 해당 사업이나 사업장의 대표자와 그 대표자가 위촉하는 자로 한다.

⑤ 근로자를 대표하는 위원은 근로자 과반수가 참여하여 직접·비밀·무기명 투표로 선출하되, 근로자의 과반수로 조직된 노동조합이 있는 경우에는 근로자위원은 노동조합의 대표자와 그 노동조합이 위촉하는 자로 한다.

PART

03

공인노무사 1차 시험 7개년 기출문제집

민법

01 민법상 법인의 정관에 관한 설명으로 옳지 않은 것은?(다툼이 있으면 판례에 따름)

① 이사의 대표권에 대한 제한은 이를 정관에 기재하지 아니하면 그 효력이 없다.

② 정관의 변경사항을 등기해야 하는 경우, 이를 등기하지 않으면 제3자에게 대항할 수 없다.

③ 재단법인의 재산보전을 위하여 적당한 때에는 명칭이나 사무소 소재지를 변경할 수 있다.

④ 정관의 변경을 초래하는 재단법인의 기본재산 변경은 기존의 기본재산을 처분하는 행위를 포함하지만, 새로이 기본재산으로 편입하는 행위를 포함하지 않는다.

⑤ 정관에서 대표이사의 해임사유를 정한 경우, 대표이사의 중대한 의무위반 등 특별한 사정이 없는 한 법인은 정관에서 정하지 아니한 사유로 대표이사를 해임할 수 없다.

02 주물과 종물에 관한 설명으로 옳은 것은?(다툼이 있으면 판례에 따름)

① 부동산은 종물이 될 수 없다.

② 종물은 주물의 구성부분이 아닌 독립한 물건이어야 한다.

③ 종물을 주물의 처분에서 제외하는 당사자의 특약은 무효이다.

④ 주물의 효용과 직접 관계가 없는 물건도 주물의 소유자나 이용자의 상용에 공여되는 물건이면 종물이 된다.

⑤ 물건과 물건 상호간의 관계에 관한 주물과 종물의 법리는 권리와 권리 상호간의 관계에는 유추적용될 수 없다.

03 권리능력 없는 사단 A와 그 대표자 甲에 관한 설명으로 옳지 않은 것은?(다툼이 있으면 판례에 따름)

① 甲이 외형상 직무에 관한 행위로 乙에게 손해를 가한 경우, 甲의 행위가 직무범위에 포함되지 아니함을 乙이 중대한 과실로 알지 못하였더라도 A는 乙에게 손해배상책임을 진다.

② 甲의 대표권에 관하여 정관에 제한이 있는 경우, 그러한 제한을 위반한 甲의 대표행위에 대하여 상대방 乙이 대표권 제한 사실을 알았다면 甲의 대표행위는 A에게 효력이 없다.

③ 甲이 丙을 대리인으로 선임하여 A와 관련된 제반 업무처리를 포괄적으로 위임한 경우, 丙이 행한 대행행위는 A에 대하여 효력이 미치지 않는다.

④ 甲이 자격을 상실하여 법원이 임시이사 丁을 선임한 경우, 丁은 원칙적으로 정식이사와 동일한 권한을 가진다.

⑤ A의 사원총회 결의는 법률 또는 정관에 다른 규정이 없으면 사원 과반수의 출석과 출석사원 의결권의 과반수로써 한다.

04 민법상 조건과 기한에 관한 설명으로 옳은 것은?(다툼이 있으면 판례에 따름)

① 대여금채무의 이행지체에 따른 확정된 지연손해금채무는 그 이행청구를 받은 때부터 지체책임이 발생한다.

② 지명채권의 양도에 대한 채무자의 승낙은 채권양도 사실을 승인하는 의사를 표명하는 행위로 조건을 붙여서 할 수 없다.

③ 부당이득반환채권과 같이 이행기의 정함이 없는 채권이 자동채권으로 상계될 때 상계적상에서 의미하는 변제기는 상계의 의사표시를 한 시점에 도래한다.

④ 조건을 붙이고자 하는 의사는 법률행위의 내용으로 외부에 표시되어야 하므로 묵시적 의사표시나 묵시적 약정으로는 할 수 없다.

⑤ 당사자가 금전소비대차계약에 붙인 기한이익 상실특약은 특별한 사정이 없는 한 정지조건부 기한이익 상실특약으로 추정한다.

05 제척기간과 소멸시효에 관한 설명으로 옳지 않은 것은?(다툼이 있으면 판례에 따름)

① 제척기간이 완성된 채권이 그 완성 전에 상계할 수 있었던 것이면 채권자는 이를 자동채권으로 하여 상대방의 채권과 상계할 수 있다.

② 제척기간이 도과하였는지 여부는 법원이 직권으로 조사하여 고려할 수 없고, 당사자의 주장에 따라야 한다.

③ 보증채무의 부종성을 부정하여야 할 특별한 사정이 있는 경우, 보증인은 주채무의 시효소멸을 이유로 보증채무의 시효소멸을 주장할 수 없다.

④ 부작위를 목적으로 하는 채권의 소멸시효는 위반행위를 한 때로부터 진행한다.

⑤ 도급받은 자의 공사에 관한 채권은 3년간 행사하지 아니하면 소멸시효가 완성한다.

06 제한능력자에 관한 설명으로 옳은 것은?

① 미성년자가 친권자의 동의를 얻어 법률행위를 한 후에도 친권자는 그 동의를 취소할 수 있다.

② 법정대리인이 미성년자에게 특정한 영업을 허락한 경우, 그 영업 관련 행위에 대한 법정대리인의 대리권은 소멸한다.

③ 상대방이 계약 당시에 제한능력자와 계약을 체결하였음을 알았더라도 제한능력자 측의 추인이 있을 때까지는 자신의 의사표시를 철회할 수 있다.

④ 피성년후견인이 속임수로써 상대방으로 하여금 성년후견인의 동의가 있는 것으로 믿게 하여 체결한 토지매매계약은 특별한 사정이 없는 한 제한능력을 이유로 취소할 수 없다.

⑤ 법정대리인이 제한능력을 이유로 법률행위를 취소한 경우, 제한능력자의 부당이득 반환범위는 법정대리인의 선의 또는 악의에 따라 달라진다.

07 甲은 乙에 대하여 2023.10.17.을 변제기로 하는 대여금채권을 갖고 있다. 이에 관한 설명으로 옳은 것을 모두 고른 것은?(다툼이 있으면 판례에 따름)

ㄱ. 甲이 乙을 상대로 2023.12.20. 대여금의 지급을 구하는 소를 제기하였으나 그 소가 취하된 경우, 甲의 재판상 청구는 재판 외의 최고의 효력을 갖는다.

ㄴ. 甲이 乙에 대한 대여금채권을 丙에게 양도한 경우, 채권양도의 대항요건을 갖추지 못한 상태에서 2023.12.20. 丙이 乙을 상대로 양수금의 지급을 구하는 소를 제기하였다면 양수금채권의 소멸시효가 중단되지 않는다.

ㄷ. 甲이 乙을 상대로 2023.12.20. 대여금의 지급을 구하는 소를 제기하여 2024.4.20. 판결이 확정된 경우, 甲의 乙에 대한 대여금채권의 소멸시효는 2023.10.17.부터 다시 진행된다.

① ㄱ   ② ㄴ

③ ㄱ, ㄷ   ④ ㄴ, ㄷ

⑤ ㄱ, ㄴ, ㄷ

08 착오로 인한 의사표시에 관한 설명으로 옳은 것은?(다툼이 있으면 판례에 따름)

① 착오로 인한 불이익이 법령의 개정 등 사정의 변경으로 소멸하였다면 그 착오를 이유로 한 취소권의 행사는 신의칙에 의해 제한될 수 있다.

② 과실로 착오에 빠져 의사표시를 한 후 착오를 이유로 이를 취소한 자는 상대방에게 신뢰이익을 배상하여야 한다.

③ 착오를 이유로 의사표시를 취소하려는 자는 자신의 착오가 중과실로 인한 것이 아님을 증명하여야 한다.

④ 법률에 관해 경과실로 착오를 한 경우, 표의자는 그것이 법률행위의 중요부분에 관한 것이더라도 그 착오를 이유로 취소할 수 없다.

⑤ 전문가의 진품감정서를 믿고 이를 첨부하여 서화 매매계약을 체결한 후에 그 서화가 위작임이 밝혀진 경우, 매수인은 하자담보책임을 묻는 외에 착오를 이유로 하여 매매계약을 취소할 수 없다.

09 통정허위표시에 관한 설명으로 옳지 않은 것은?(다툼이 있으면 판례에 따름)

① 표의자가 진의 아닌 표시를 하는 것에 관하여 상대방과 사이에 합의가 있어야 한다.

② 통정허위표시로 행해진 부동산 매매계약이 사해행위로 인정되는 경우, 채권자취소권의 대상이 될 수 있다.

③ 민법 제108조 제2항의 선의의 제3자에 대해서는 그 누구도 통정허위표시의 무효로써 대항할 수 없다.

④ 악의의 제3자로부터 전득한 선의의 제3자는 민법 제108조 제2항의 선의의 제3자에 포함되지 않는다.

⑤ 甲과 乙사이에 행해진 X토지에 관한 가장매매예약이 철회되었으나 아직 가등기가 남아 있음을 기화로 乙이 허위의 서류로써 이에 기한 본등기를 한 후 X를 선의의 丙에게 매도하고 이전등기를 해주었다면 丙은 X의 소유권을 취득하지 못한다.

10 사기 · 강박에 의한 의사표시에 관한 설명으로 옳지 않은 것은?(다툼이 있으면 판례에 따름)

① 항거할 수 없는 절대적 폭력에 의해 의사결정을 스스로 할 수 있는 여지를 완전히 박탈당한 상태에서 행해진 의사표시는 무효이다.

② 사기로 인한 의사표시의 취소는 기망행위의 위법성을 요건으로 한다.

③ 강박으로 인한 의사표시의 취소는 강박의 고의를 요건으로 한다.

④ 계약당사자 일방의 대리인이 계약을 하면서 상대방을 기망한 경우, 본인이 그 사실을 몰랐거나 알 수 없었다면 계약의 상대방은 그 기망을 이유로 의사표시를 취소할 수 없다.

⑤ 근로자가 허위의 이력서를 제출하여 근로계약이 체결되어 실제로 노무제공이 행해졌다면 사용자가 후에 사기를 이유로 하여 근로계약을 취소하더라도 그 취소에는 소급효가 인정되지 않는다.

11 무권대리 및 표현대리에 관한 설명으로 옳은 것은?(다툼이 있으면 판례에 따름)

① 표현대리가 성립하는 경우에는 대리권 남용이 문제될 여지가 없다.

② 민법 제135조의 상대방에 대한 무권대리인의 책임은 무과실책임이다.

③ 사회통념상 대리권을 추단할 수 있는 직함의 사용을 묵인한 것만으로는 민법 제125조에서 말하는 대리권수여의 표시가 인정될 수 없다.

④ 소멸한 대리권의 범위를 벗어나서 대리행위가 행해진 경우에는 민법 제126조의 권한을 넘은 표현대리가 성립할 수 없다.

⑤ 대리인이 대리권 소멸 후 복대리인을 선임한 경우, 그 복대리인의 대리행위에 대해서는 표현대리가 성립할 여지가 없다.

12 법률행위에 관한 설명으로 옳지 않은 것은?

① 보증계약은 요식행위이다. ② 증여계약은 낙성계약이다.

③ 채무면제는 처분행위이다. ④ 유언은 생전행위이다.

⑤ 상계는 상대방 있는 단독행위이다.

13 임의대리인의 권한에 관한 설명으로 옳지 않은 것을 모두 고른 것은?(다툼이 있으면 판례에 따름)

ㄱ. 부동산 매도의 대리권을 수여받은 자는 그 부동산의 매도 후 해당 매매계약을 합의해제할 권한이 있다.
ㄴ. 자동차 매도의 대리권을 수여받은 자가 본인의 허락 없이 본인의 자동차를 스스로 시가보다 저렴하게 매수하는 계약을 체결한 경우, 그 매매계약은 유동적 무효이다.
ㄷ. 통상의 오피스텔 분양에 관해 대리권을 수여받은 자는 본인의 명시적 승낙이 없더라도 부득이한 사유없이 복대리인을 선임할 수 있다.
ㄹ. 원인된 계약관계가 종료되더라도 수권행위가 철회되지 않았다면 대리권은 소멸하지 않는다.

① ㄱ, ㄴ
② ㄴ, ㄷ
③ ㄷ, ㄹ
④ ㄱ, ㄴ, ㄹ
⑤ ㄱ, ㄷ, ㄹ

14 X토지 소유자인 甲이 사망하고, 그 자녀인 乙과 丙이 이를 공동으로 상속하였다. 그런데 丙은 乙의 예전 범죄사실을 사법당국에 알리겠다고 乙을 강박하여 X에 관한 乙의 상속지분을 丙에게 증여한다는 계약을 乙과 체결하였다. 그 직후 변호사와 상담을 통해 불안에서 벗어난 乙은 한 달 뒤 그간의 사정을 전해들은 丁에게 X에 관한 자신의 상속지분을 매도하고 지분이전등기를 마쳐준 후 5년이 지났다. 이에 관한 설명으로 옳은 것은?(다툼이 있으면 판례에 따름)

① 乙과 丙의 증여계약은 공서양속에 반하는 것으로 무효이다.
② 乙의 丙에 대한 증여의 의사표시는 비진의표시로서 무효이다.
③ 乙과 丁의 매매계약은 공서양속에 반하는 것으로 무효이다.
④ 乙은 강박을 이유로 하여 丙과의 증여계약을 취소할 수 있다.
⑤ 乙이 丙에게 증여계약의 이행을 하지 않는다면 채무불이행의 책임을 져야 한다.

15 甲은 토지거래허가구역에 있는 자신 소유의 X토지에 관하여 허가를 받을 것을 전제로 乙과 매매계약을 체결한 후 계약금을 수령하였으나 아직 토지거래허가는 받지 않았다. 이에 관한 설명으로 옳지 않은 것을 모두 고른 것은?(다툼이 있으면 판례에 따름)

ㄱ. 甲은 乙에게 계약금의 배액을 상환하면서 매매계약을 해제할 수 있다.
ㄴ. 甲이 허가신청절차에 협력하지 않는 경우, 乙은 甲의 채무불이행을 이유로 하여 매매계약을 해제할 수 있다.
ㄷ. 乙은 부당이득반환청구권을 행사하여 甲에게 계약금의 반환을 청구할 수 있다.
ㄹ. 매매계약 후 X에 대한 토지거래허가구역 지정이 해제되었다면 더 이상 토지거래허가를 받을 필요 없이 매매계약은 확정적으로 유효로 된다.

① ㄱ, ㄴ
② ㄴ, ㄷ
③ ㄷ, ㄹ
④ ㄱ, ㄴ, ㄷ
⑤ ㄱ, ㄷ, ㄹ

16 손해배상에 관한 설명으로 옳은 것은?(다툼이 있으면 판례에 따름)

① 채무불이행으로 인한 손해배상액이 예정되어 있는 경우, 채권자는 채무불이행 사실 및 손해의 발생 사실을 모두 증명하여야 예정배상액을 청구할 수 있다.
② 특별한 사정으로 인한 손해배상에서 채무자가 그 사정을 알았거나 알 수 있었는지의 여부는 계약체결 당시를 기준으로 판단한다.
③ 부동산소유권이전채무가 이행불능이 되어 채권자가 채무자에게 갖게 되는 손해배상채권의 소멸시효는 계약체결시부터 진행된다.
④ 채무불이행으로 인한 손해배상액을 예정한 경우에는 특별한 사정이 없는 한 통상손해는 물론 특별손해까지도 예정액에 포함된다.
⑤ 불법행위로 영업용 건물이 일부 멸실된 경우, 그에 따른 휴업손해는 특별손해에 해당한다.

17 甲에 대하여 乙및 丙은 1억 8,000만 원의 연대채무를 부담하고 있으며, 乙과 丙의 부담부분은 각각 1/3과 2/3이다. 이에 관한 설명으로 옳은 것은?(원본만을 고려하며, 다툼이 있으면 판례에 따름)

① 乙이 甲으로부터 위 1억 8,000만 원의 채권을 양수받은 경우, 丙의 채무는 전부 소멸한다.

② 乙이 甲에 대하여 9,000만 원의 반대채권이 있으나 乙이 상계를 하지 않은 경우, 丙은 그 반대채권 전부를 자동채권으로 하여 甲의 채권과 상계할 수 있다.

③ 甲이 乙에게 이행을 청구한 경우, 丙의 채무에 대해서는 시효중단의 효력이 없다.

④ 甲이 乙에게 채무를 면제해 준 경우, 丙도 1억 2,000만 원의 채무를 면한다.

⑤ 丁이 乙 및 丙의 부탁을 받아 그 채무를 연대보증한 후에 甲에게 위 1억 8,000만 원을 변제하였다면, 丁은 乙에게 1억 8,000만 원 전액을 구상할 수 있다.

18 이행지체에 관한 설명으로 옳지 않은 것은?(다툼이 있으면 판례에 따름)

① 이행지체를 이유로 채권자에게 전보배상청구가 인정되는 경우, 그 손해액은 원칙적으로 최고할 당시의 시가를 기준으로 산정하여야 한다.

② 중도금지급기일을 '2층 골조공사 완료시'로 한 경우, 그 공사가 완료되었더라도 채무자가 그 완료사실을 알지 못하였다면 특별한 사정이 없는 한 지체책임을 지지 않는다.

③ 금전채무의 이행지체로 인하여 발생하는 지연이자의 성질은 손해배상금이다.

④ 저당권이 설정된 부동산 매도인의 담보책임에 기한 손해배상채무는 이행청구를 받은 때부터 지체책임이 있다.

⑤ 이행기의 정함이 없는 채권을 양수한 채권양수인이 채무자를 상대로 그 이행을 구하는 소를 제기하고 소송 계속 중 채무자에 대한 채권양도통지가 이루어진 경우, 특별한 사정이 없는 한 채무자는 채권양도통지가 도달된 다음날부터 지체책임을 진다.

19 채권자대위권에 관한 설명으로 옳은 것을 모두 고른 것은?(다툼이 있으면 판례에 따름)

> ㄱ. 피보전채권이 특정채권인 경우에 채무자의 무자력은 그 요건이 아니다.
> ㄴ. 임차인은 특별한 사정이 없는 한 임차권 보전을 위하여 제3자에 대한 임대인의 임차목적물 인도청구권을 대위행사 할 수 있다.
> ㄷ. 채권자대위권도 채권자대위권의 피대위권리가 될 수 있다.

① ㄱ

② ㄷ

③ ㄱ, ㄴ

④ ㄴ, ㄷ

⑤ ㄱ, ㄴ, ㄷ

20 甲은 乙에 대하여 1억 원의 물품대금채권을 가지고 있고, 乙은 丙에 대한 1억 원의 대여금채권을 채무초과상태에서 丁에게 양도한 후 이를 丙에게 통지하였다. 甲은 丁을 피고로 하여 채권자취소소송을 제기하였다. 이에 관한 설명으로 옳은 것을 모두 고른 것은?(다툼이 있으면 판례에 따름)

① ㄱ   ② ㄷ

③ ㄱ, ㄴ   ④ ㄴ, ㄷ

⑤ ㄱ, ㄴ, ㄷ

21 사해행위취소의 소에 관한 설명으로 옳지 않은 것을 모두 고른 것은?(다툼이 있으면 판례에 따름)

> ㄱ. 취소채권자의 채권이 정지조건부 채권인 경우에는 특별한 사정이 없는 한 이를 피보전채권으로 하여 채권자취소권을 행사할 수 없다.
>
> ㄴ. 사해행위 후 그 목적물에 관하여 선의의 제3자가 저당권을 취득하였음을 이유로 가액배상을 명하는 경우, 그 목적물의 가액에서 제3자가 취득한 저당권의 피담보채권액을 공제하여야 한다.
>
> ㄷ. 사해행위의 목적물이 동산이고 그 원상회복으로 현물반환이 가능하더라도 취소채권자는 직접 자기에게 그 목적물의 인도를 청구할 수 없다.

① ㄱ   ② ㄷ

③ ㄱ, ㄴ   ④ ㄴ, ㄷ

⑤ ㄱ, ㄴ, ㄷ

22 변제에 관한 설명으로 옳지 않은 것을 모두 고른 것은?(다툼이 있으면 판례에 따름)

> ㄱ. 미리 저당권의 등기에 그 대위를 부기하지 않은 피담보채무의 보증인은 저당물에 후순위 근저당권을 취득한 제3자에 대하여 채권자를 대위할 수 없다.
>
> ㄴ. 변제자가 주채무자인 경우 보증인이 있는 채무와 보증인이 없는 채무의 변제이익은 차이가 없다.
>
> ㄷ. 채무자로부터 담보부동산을 취득한 제3자와 물상보증인 상호 간에는 각 부동산의 가액에 비례하여 채권자를 대위할 수 있다.

① ㄱ   ② ㄴ

③ ㄱ, ㄷ   ④ ㄴ, ㄷ

⑤ ㄱ, ㄴ, ㄷ

23 지명채권양도에 관한 설명으로 옳지 않은 것은?(다툼이 있으면 판례에 따름)

① 채권양도에 대하여 채무자가 이의를 보류하지 않은 승낙을 하였더라도 채무자는 채권이 이미 타인에게 양도되었다는 사실로써 양수인에게 대항할 수 있다.

② 채권양도에 있어서 주채무자에 대하여 대항요건을 갖추었다면 보증인에 대하여도 그 효력이 미친다.

③ 채권양도가 다른 채무의 담보조로 이루어진 후 그 피담보채무가 변제로 소멸된 경우, 양도채권의 채무자는 이를 이유로 채권양수인의 양수금 지급청구를 거절할 수 있다.

④ 채권양도금지특약의 존재를 경과실로 알지 못하고 그 채권을 양수한 자는 악의의 양수인으로 취급되지 않는다.

⑤ 당사자 사이에 양도금지의 특약이 있는 채권이라도 압류 및 전부명령에 의하여 이전될 수 있다.

24 채권자 甲, 채무자 乙, 인수인 丙으로 하는 채무인수 등의 법률관계에 관한 설명으로 옳은 것은?(다툼이 있으면 판례에 따름)

① 乙과 丙사이의 합의에 의한 면책적 채무인수가 성립하는 경우, 甲이 乙또는 丙을 상대로 승낙을 하지 않더라도 그 채무인수의 효력은 발생한다.

② 乙과 丙사이의 합의에 의한 이행인수가 성립한 경우, 丙이 그에 따라 자신의 출연으로 乙의 채무를 변제하였다면 특별한 사정이 없는 한 甲의 채권을 법정대위할 수 있다.

③ 乙의 의사에 반하여 이루어진 甲과 丙사이의 합의에 의한 중첩적 채무인수는 무효이다.

④ 乙과 丙사이의 합의에 의한 채무인수가 면책적 인수인지, 중첩적 인수인지 분명하지 않은 때에는 이를 면책적 채무인수로 본다.

⑤ 乙의 부탁을 받은 丙이 甲과 합의하여 중첩적 채무인수 계약을 체결한 경우, 乙과 丙은 부진정연대채무관계에 있다.

25 채권의 소멸에 관한 설명으로 옳지 않은 것은?(다툼이 있으면 판례에 따름)

① 변제공탁은 채권자의 수익의 의사표시 여부와 상관없이 공탁공무원의 수탁처분과 공탁물보관자의 공탁물수령으로 그 효력이 발생한다.

② 기존 채권·채무의 당사자가 그 목적물을 소비대차의 목적으로 할 것을 약정한 경우, 당사자의 의사가 명백하지 않을 때에는 특별한 사정이 없는 한 그 약정은 경개가 아닌 준소비대차로 보아야 한다.

③ 벌금형이 확정된 이상 벌금채권의 변제기는 도래한 것이므로 법률상 이를 금지할 근거가 없는 한 벌금채권은 상계의 자동채권이 될 수 있다.

④ 상계로 인한 채무소멸의 효력은 소멸한 채무 전액에 관하여 다른 부진정연대채무자에 대하여도 미치며, 이는 부진정연대채무자 중 1인이 채권자와 상계계약을 체결한 경우에도 마찬가지이다.

⑤ 손해배상채무가 중과실에 의한 불법행위로 발생한 경우, 그 채무자는 이를 수동채권으로 하는 상계로 채권자에게 대항하지 못한다.

26 계약의 성립에 관한 설명으로 옳은 것은?(다툼이 있으면 판례에 따름)

① 민법은 청약의 구속력에 관한 규정에서 철회할 수 있는 예외를 규정하고 있다.

② 승낙기간을 정하지 않은 청약은 청약자가 상당한 기간 내에 승낙 통지를 받지 못한 때에 그 효력을 잃는다.

③ 민법은 격지자간의 계약은 승낙의 통지가 도달한 때에 성립한다고 규정하고 있다.

④ 청약은 그에 응하는 승낙이 있어야 계약이 성립하므로 구체적이거나 확정적일 필요가 없다.

⑤ 아파트의 분양광고가 청약의 유인인 경우, 피유인자가 이에 대응하여 청약을 하는 것으로써 분양계약은 성립한다.

27 계약의 불성립이나 무효에 관한 설명으로 옳지 않은 것은?(다툼이 있으면 판례에 따름)

① 목적이 원시적·객관적 전부불능인 계약을 체결할 때 불능을 알았던 자는 선의·무과실의 상대방이 계약의 유효를 믿었음으로 인해 받은 손해를 배상해야 한다.

② 목적물이 타인의 소유에 속하는 매매계약은 원시적 불능인 급부를 내용으로 하는 것으로 당연무효이다.

③ 계약이 의사의 불합치로 성립하지 않은 경우, 그로 인해 손해를 입은 당사자는 계약이 성립되지 않을 수 있다는 것을 알았던 상대방에게 민법 제535조(계약체결상의 과실)에 따른 손해배상청구를 할 수 없다.

④ 수량을 지정한 부동산매매계약에서 실제면적이 계약면적에 미달하는 경우, 미달 부분의 원시적 불능을 이유로 민법 제535조에 따른 책임의 이행을 구할 수 없다.

⑤ 계약교섭의 부당파기가 신의성실원칙에 위반되어 위법한 행위이면 불법행위를 구성한다.

28 동시이행의 항변권에 관한 설명으로 옳지 않은 것은?(다툼이 있으면 판례에 따름)

① 동시이행관계에 있는 쌍방의 채무 중 어느 한 채무가 이행불능으로 인하여 손해배상채무로 변경된 경우도 다른 채무와 동시이행의 관계에 있다.

② 선이행의무 있는 중도금지급을 지체하던 중 매매계약이 해제되지 않고 잔대금 지급기일이 도래하면, 특별한 사정이 없는 한 중도금과 이에 대한 지급일 다음날부터 잔대금 지급일까지의 지연손해금 및 잔대금 지급의무와 소유권이전의무는 동시이행관계이다.

③ 일방의 의무가 선이행의무라도 상대방의 이행이 곤란할 현저한 사유가 있는 때에는 상대방이 그 채무이행을 제공할 때까지 자기의 채무이행을 거절할 수 있다.

④ 동시이행관계의 경우 일방의 채무의 이행기가 도래하더라도 상대방 채무의 이행제공이 있을 때까지 그 일방은 이행지체책임을 지지 않는다.

⑤ 동시이행항변권에 따른 이행지체 책임 면제의 효력은 그 항변권을 행사해야 발생한다.

29 제3자를 위한 계약에 관한 설명으로 옳지 않은 것은?(다툼이 있으면 판례에 따름)

① 요약자는 낙약자의 채무불이행을 이유로 제3자의 동의 없이 기본관계를 이루는 계약을 해제할 수 있다.

② 낙약자는 기본관계에 기한 항변으로 계약의 이익을 받을 제3자에게 대항할 수 있다.

③ 계약 당사자가 제3자에 대하여 가진 채권에 관하여 그 채무를 면제하는 계약도 제3자를 위한 계약에 준하는 것으로 유효하다.

④ 제3자를 위한 계약의 성립 시에 제3자는 요약자와 낙약자에게 계약의 이익을 받을 의사를 표시해야 권리를 직접 취득한다.

⑤ 채무자와 인수인 사이에 체결되는 중첩적 채무인수계약은 제3자를 위한 계약이다.

30 합의해지에 관한 설명으로 옳은 것을 모두 고른 것은?(다툼이 있으면 판례에 따름)

ㄱ. 근로자의 사직원 제출에 따른 합의해지의 청약에 대해 사용자의 승낙의사가 형성되어 확정적으로 근로계약종료의 효과가 발생하기 전에는 특별한 사정이 없는 한 근로자는 사직의 의사표시를 철회할 수 있다.

ㄴ. 계약의 합의해지는 묵시적으로 이루어질 수도 있으나, 묵시적 합의해지는 계약에 따른 채무의 이행이 시작된 후에 당사자 쌍방의 계약실현 의사의 결여 또는 포기로 인하여 계약을 실현하지 아니할 의사가 일치되어야만 한다.

ㄷ. 당사자 사이에 약정이 없는 이상, 합의해지로 인하여 반환할 금전에 그 받은 날로부터의 이자를 가할 의무가 있다.

① ㄱ   ② ㄷ

③ ㄱ, ㄴ   ④ ㄴ, ㄷ

⑤ ㄱ, ㄴ, ㄷ

31 상대부담없는 증여계약의 법정해제사유로 옳지 않은 것은?(다툼이 있으면 판례에 따름)

① 서면에 의하지 아니한 증여의 경우

② 수증자의 증여자에 대한 범죄행위가 있는 경우

③ 증여자에 대한 부양의무 있는 수증자가 그 부양의무를 불이행한 경우

④ 증여자의 재산상태가 현저히 변경되고 증여계약의 이행으로 생계에 중대한 영향을 미칠 경우

⑤ 증여 목적물에 증여자가 알지 못하는 하자가 있는 경우

32 매매계약에 관한 설명으로 옳은 것은?(다툼이 있으면 판례에 따름)

① 매매의 일방예약이 행해진 경우, 예약완결권자가 상대방에게 매매를 완결할 의사를 표시하면 매매의 효력이 생긴다.

② 매매계약에 관한 비용은 다른 약정이 없는 한 매수인이 부담한다.

③ 경매목적물에 하자가 있는 경우, 경매에서의 채무자는 하자담보책임을 부담한다.

④ 매매계약 후 인도되지 않은 목적물로부터 생긴 과실은 다른 약정이 없는 한 대금을 지급하지 않더라도 매수인에게 속한다.

⑤ 부동산 매매등기가 이루어지고 5년 후에 환매권의 보류를 등기한 때에는 매매등기시부터 제3자에 대하여 그 효력이 있다.

33 위임계약에 관한 설명으로 옳은 것을 모두 고른 것은?(다툼이 있으면 판례에 따름)

ㄱ. 수임인이 대변제청구권을 보전하기 위하여 위임인의 채권을 대위행사하는 경우에는 위임인의 무자력을 요건으로 한다.
ㄴ. 수임인은 특별한 사정이 없는 한 위임인에게 불리한 시기에 부득이한 사유로 위임계약을 해지할 수 없다.
ㄷ. 위임계약이 무상인 경우, 수임인은 특별한 사정이 없는 한 위임의 본지에 따라 선량한 관리자의 주의로써 위임사무를 처리하여야 한다.

① ㄱ
② ㄷ
③ ㄱ, ㄴ
④ ㄴ, ㄷ
⑤ ㄱ, ㄴ, ㄷ

34 고용계약에 관한 설명으로 옳지 않은 것을 모두 고른 것은?(다툼이 있으면 판례에 따름)

ㄱ. 관행에 비추어 노무의 제공에 보수를 수반하는 것이 보통인 경우에도 보수에 관하여 명시적인 합의가 없다면 노무를 제공한 노무자는 사용자에게 보수를 청구할 수 없다.
ㄴ. 근로자를 고용한 기업으로부터 다른 기업으로 적을 옮겨 업무에 종사하게 하는 전적은 특별한 사정이 없는 한 근로자의 동의가 없더라도 효력이 생긴다.
ㄷ. 고용기간이 있는 고용계약을 해지할 수 있는 부득이한 사유에는 고용계약상 의무의 중대한 위반이 있는 경우가 포함되지 않는다.

① ㄱ
② ㄷ
③ ㄱ, ㄴ
④ ㄴ, ㄷ
⑤ ㄱ, ㄴ, ㄷ

35 도급계약에 관한 설명으로 옳지 않은 것은?(다툼이 있으면 판례에 따름)

① 공사도급계약의 수급인은 특별한 사정이 없는 한 이행대행자를 사용할 수 있다.
② 수급인의 담보책임에 관한 제척기간은 재판상 또는 재판 외의 권리행사기간이다.
③ 도급인이 하자보수에 갈음하여 손해배상을 청구하는 경우, 수급인이 그 채무이행을 제공할 때까지 도급인은 그 손해배상액에 상응하는 보수액 및 그 나머지 보수액에 대해서도 지급을 거절할 수 있다.
④ 부동산공사 수급인의 저당권설정청구권은 특별한 사정이 없는 한 공사대금채권의 양도에 따라 양수인에게 이전된다.
⑤ 민법 제673조에 따라 수급인이 일을 완성하기 전에 도급인이 손해를 배상하고 도급계약을 해제하는 경우, 도급인은 특별한 사정이 없는 한 그 손해배상과 관련하여 수급인의 부주의를 이유로 과실상계를 주장할 수 없다.

36 여행계약에 관한 설명으로 옳은 것은?(다른 사정은 고려하지 않음)

① 여행자는 여행을 시작하기 전에는 여행계약을 해제할 수 없다.

② 여행대금지급시기에 관해 약정이 없는 경우, 여행자는 다른 관습이 있더라도 여행 종료 후 지체 없이 여행대금을 지급하여야 한다.

③ 여행의 하자에 대한 시정에 지나치게 많은 비용이 드는 경우에도 여행자는 그 시정을 청구할 수 있다.

④ 여행에 중대한 하자로 인해 여행계약이 중도에 해지된 경우, 여행자는 실행된 여행으로 얻은 이익을 여행주최자에게 상환하여야 한다.

⑤ 여행계약의 담보책임 존속기간에 관한 규정과 다른 합의가 있는 경우, 그 합의가 여행자에게 유리하더라도 효력은 없다.

37 임대차에 관한 설명으로 옳지 않은 것은?(다툼이 있으면 판례에 따름)

① 부동산소유자인 임대인은 특별한 사정이 없는 한 임대차기간을 영구로 정하는 부동산임대차 계약을 체결할 수 있다.

② 부동산임차인은 특별한 사정이 없는 한 지출한 필요비의 한도에서 차임의 지급을 거절할 수 있다.

③ 임대인이 임차인의 의사에 반하여 보존행위를 하는 경우, 임차인이 이로 인하여 임차목적을 달성할 수 없는 때에는 임대차계약을 해지할 수 있다.

④ 기간의 약정이 없는 토지임대차의 임대인이 임대차계약의 해지를 통고한 경우, 그 해지의 효력은 임차인이 통고를 받은 날부터 1개월 후에 발생한다.

⑤ 임차인이 임대인의 동의없이 임차권을 양도한 경우, 임대인은 특별한 사정이 없는 한 임대차 계약을 해지할 수 있다.

38 사무관리에 관한 설명으로 옳지 않은 것은?(다툼이 있으면 판례에 따름)

① 제3자와의 약정에 따라 타인의 사무를 처리한 경우, 사무처리자와 그 타인과의 관계에서는 원칙적으로 사무관리가 인정되지 않는다.

② 타인의 사무처리가 본인의 의사에 반한다는 것이 명백하다면 특별한 사정이 없는 한 사무관리는 성립하지 않는다.

③ 사무관리의 성립요건인 '타인을 위하여 사무를 처리하는 의사'는 반드시 외부적으로 표시되어야 한다.

④ 사무관리에 의하여 본인이 아닌 제3자가 결과적으로 사실상 이익을 얻은 경우, 사무관리자는 그 제3자에 대하여 직접 부당이득반환을 청구할 수 없다.

⑤ 사무관리의 성립요건인 '타인을 위하여 사무를 처리하는 의사'는 관리자 자신의 이익을 위한 의사와 병존할 수 있다.

39 불법행위에 관한 설명으로 옳지 않은 것을 모두 고른 것은?(다툼이 있으면 판례에 따름)

> ㄱ. 법적 작위의무가 객관적으로 인정되더라도 의무자가 그 작위의무의 존재를 인식하지 못한 경우에는 부작위로 인한 불법행위가 성립하지 않는다.
> ㄴ. 공작물의 하자로 인해 손해가 발생한 경우, 그 손해가 공작물의 하자와 관련한 위험이 현실화되어 발생한 것이 아니라도 공작물의 설치 또는 보존상 하자로 인하여 발생한 손해라고 볼 수 있다.
> ㄷ. 성추행을 당한 미성년자의 가해자에 대한 손해배상청구권의 소멸시효는 그 미성년자가 성년이 될 때까지는 진행되지 아니한다.

① ㄱ
② ㄷ
③ ㄱ, ㄴ
④ ㄴ, ㄷ
⑤ ㄱ, ㄴ, ㄷ

40 부당이득에 관한 설명으로 옳은 것을 모두 고른 것은?(다툼이 있으면 판례에 따름)

> ㄱ. 계약해제로 인한 원상회복의무의 이행으로 금전을 반환하는 경우, 그 금전에 받은 날로부터 가산하는 이자의 반환은 부당이득반환의 성질을 갖는다.
> ㄴ. 민법 제742조(비채변제)의 규정은 변제자가 채무 없음을 알지 못한 경우에는 그 과실 유무를 불문하고 적용되지 아니한다.
> ㄷ. 수익자가 취득한 것이 금전상의 이득인 경우, 특별한 사정이 없는 한 그 금전은 이를 취득한 자가 소비하였는지 여부를 불문하고 현존하는 것으로 추정된다.

① ㄱ
② ㄷ
③ ㄱ, ㄴ
④ ㄴ, ㄷ
⑤ ㄱ, ㄴ, ㄷ

01 제한능력자에 관한 설명으로 옳지 않은 것은?

① 피성년후견인은 의사능력이 있더라도 단독으로 유효한 대리행위를 할 수 없다.

② 가정법원은 한정후견개시의 심판을 할 때 본인의 의사를 고려하여야 한다.

③ 제한능력을 이유로 취소할 수 있는 법률행위는 제한능력자가 단독으로 취소할 수 있다.

④ 가정법원이 취소할 수 없는 피성년후견인의 법률행위의 범위를 정한 경우, 피성년후견인은 그 범위에서 단독으로 유효한 법률행위를 할 수 있다.

⑤ 가정법원이 피한정후견인에 대하여 성년후견개시의 심판을 할 때에는 종전의 한정후견의 종료 심판을 해야 한다.

02 권리의 객체에 관한 설명으로 옳은 것을 모두 고른 것은?(다툼이 있으면 판례에 따름)

ㄱ. 주물과 종물은 원칙적으로 동일한 소유자에게 속하여야 한다.

ㄴ. 분묘에 안치되어 있는 피상속인의 유골은 제사주재자에게 승계된다.

ㄷ. 부동산 매수인이 매매대금을 완제한 후, 그 부동산이 인도되지 않은 상태에서 그로부터 발생한 과실은 특별한 사정이 없는 한 매도인에게 귀속된다.

① ㄱ

② ㄱ, ㄴ

③ ㄱ, ㄷ

④ ㄴ, ㄷ

⑤ ㄱ, ㄴ, ㄷ

03 민법상 사단법인 甲과 그 대표이사 乙에 관한 설명으로 옳은 것을 모두 고른 것은?

ㄱ. 甲과 乙의 이익이 상반하는 사항에 관하여는 乙은 대표권이 없다.

ㄴ. 甲의 정관에 이사의 해임사유에 관한 규정이 있는 경우, 甲은 乙의 중대한 의무위반 등 특별한 사정이 없는 한 정관에서 정하지 아니한 사유로 乙을 해임할 수 없다.

ㄷ. 乙이 丙에게 대표자로서의 모든 권한을 포괄적으로 위임하여 丙이 甲의 사무를 집행한 경우, 丙의 그 사무집행행위는 원칙적으로 甲에 대하여 효력이 있다.

① ㄱ
② ㄷ
③ ㄱ, ㄴ
④ ㄴ, ㄷ
⑤ ㄱ, ㄴ, ㄷ

04 의사표시에 관한 설명으로 옳지 않은 것은?(다툼이 있으면 판례에 따름)

① 매매계약이 착오로 취소된 경우 특별한 사정이 없는 한 당사자 쌍방의 원상회복의무는 동시이행관계에 있다.

② 동기의 착오가 상대방의 부정한 방법에 의하여 유발된 경우, 동기가 표시되지 않았더라도 표의자는 착오를 이유로 의사표시를 취소할 수 있다.

③ 통정허위표시로 무효인 법률행위도 채권자취소권의 대상이 될 수 있다.

④ 사기에 의해 화해계약이 체결된 경우 표의자는 화해의 목적인 분쟁에 관한 사항에 착오가 있더라도 사기를 이유로 화해계약을 취소할 수 있다.

⑤ 경과실에 의한 착오를 이유로 의사표시를 취소한 자는 상대방이 그 의사표시의 유효를 믿었음으로 인하여 발생한 손해에 대하여 불법행위책임을 진다.

05 불공정한 법률행위에 관한 설명으로 옳은 것을 모두 고른 것은?(다툼이 있으면 판례에 따름)

ㄱ. 급부 상호 간에 현저한 불균형이 있는지의 여부는 법률행위 시를 기준으로 판단한다.

ㄴ. 무경험은 거래 일반에 관한 경험부족을 말하는 것이 아니라 특정영역에 있어서의 경험부족을 의미한다.

ㄷ. 불공정한 법률행위로서 무효인 법률행위는 원칙적으로 법정추인에 의하여 유효로 될 수 없다.

ㄹ. 대가관계 없는 일방적 급부행위에 대해서는 불공정한 법률행위에 관한 민법 제104조가 적용되지 않는다.

① ㄱ
② ㄴ, ㄷ
③ ㄴ, ㄹ
④ ㄱ, ㄷ, ㄹ
⑤ ㄱ, ㄴ, ㄷ, ㄹ

06 甲은 자신 소유의 X토지에 대한 매매계약 체결의 대리권을 乙에게 수여하였고, 그에 따라 乙은 丙과 위 X토지에 대한 매매계약을 체결하였다. 이에 관한 설명으로 옳은 것은?(다툼이 있으면 판례에 따름)

① 乙은 원칙적으로 매매계약을 해제할 수 있는 권한을 가진다.

② 乙이 매매계약에 따라 丙으로부터 중도금을 수령하였으나 이를 甲에게 현실로 인도하지 않았더라도 특별한 사정이 없는 한 丙은 중도금 지급채무를 면한다.

③ 乙은 甲의 승낙이 있는 경우에만 복대리인을 선임할 수 있다.

④ 乙의 사기로 매매계약이 체결된 경우, 丙은 甲이 乙의 사기를 알았거나 알 수 있었을 경우에 한하여 사기를 이유로 그 계약을 취소할 수 있다.

⑤ 丙이 甲의 채무불이행을 이유로 계약을 해제한 경우, 그 채무불이행에 乙의 책임사유가 있다면 해제로 인한 원상회복의무는 乙이 부담한다.

07 민법상 무권대리와 표현대리에 관한 설명으로 옳은 것은?(다툼이 있으면 판례에 따름)

① 표현대리행위가 성립하는 경우에 상대방에게 과실이 있다면 과실상계의 법리가 유추적용되어 본인의 책임이 경감될 수 있다.

② 권한을 넘은 표현대리에 관한 제126조의 제3자는 당해 표현대리행위의 직접 상대방만을 의미한다.

③ 무권대리행위의 상대방이 제134조의 철회권을 유효하게 행사한 후에도 본인은 무권대리행위를 추인할 수 있다.

④ 계약체결 당시 대리인의 무권대리 사실을 알고 있었던 상대방은 최고권을 행사할 수 없다.

⑤ 대리인이 대리권 소멸 후 선임한 복대리인과 상대방 사이의 법률행위에는 대리권 소멸 후의 표현대리가 성립할 수 없다.

08 민법상 법률행위의 무효 또는 취소에 관한 설명으로 옳은 것은?(다툼이 있으면 판례에 따름)

① 불공정한 법률행위에는 무효행위 전환에 관한 제138조가 적용될 수 없다.

② 선량한 풍속 기타 사회질서에 위반한 사항을 내용으로 하는 법률행위의 무효는 이를 주장할 이익이 있는 자라면 누구든지 무효를 주장할 수 있다.

③ 취소할 수 있는 법률행위를 취소한 후 그 취소 원인이 소멸하였다면, 취소할 수 있는 법률행위의 추인에 의하여 그 법률행위를 다시 확정적으로 유효하게 할 수 있다.

④ 법률행위의 일부분이 무효인 경우 원칙적으로 그 일부분만 무효이다.

⑤ 甲이 乙의 기망행위로 자신의 X토지를 丙에게 매도한 경우, 甲은 매매계약의 취소를 乙에 대한 의사표시로 하여야 한다.

09 甲은 부동산 거래신고 등에 관한 법률상 토지거래허가 구역에 있는 자신 소유의 X토지를 乙에게 매도하는 매매계약을 체결하였다. 아직 토지거래허가(이하 '허가')를 받지 않아 유동적 무효 상태에 있는 법률관계에 관한 설명으로 옳지 않은 것은?(다툼이 있으면 판례에 따름)

① 甲은 허가 전에 乙의 대금지급의무의 불이행을 이유로 매매계약을 해제할 수 없다.

② 甲의 허가신청절차 협력의무와 乙의 대금지급의무는 동시이행관계에 있다.

③ 甲과 乙이 허가신청절차 협력의무 위반에 따른 손해배상액을 예정하는 약정은 유효하다.

④ 甲이 허가신청절차에 협력할 의무를 위반한 경우, 乙은 협력의무 위반을 이유로 매매계약을 해제할 수 없다.

⑤ 甲이 허가신청절차에 협력하지 않는 경우, 乙은 협력의무의 이행을 소구할 수 있다.

10 민법상 기간에 관한 설명으로 옳지 않은 것은?(다툼이 있으면 판례에 따름)

① 기간의 기산점에 관한 제157조의 초일 불산입의 원칙은 당사자의 합의로 달리 정할 수 있다.

② 정관상 사원총회의 소집통지를 1주간 전에 발송하여야 하는 사단법인의 사원총회일이 2023년 6월 2일(금) 10시인 경우, 총회소집통지는 늦어도 2023년 5월 25일 중에는 발송하여야 한다.

③ 2023년 5월 27일(토) 13시부터 9시간의 만료점은 2023년 5월 27일 22시이다.

④ 2023년 5월 21일(일) 14시부터 7일간의 만료점은 2023년 5월 28일 24시이다.

⑤ 2017년 1월 13일(금) 17시에 출생한 사람은 2036년 1월 12일 24시에 성년자가 된다.

11 민법상 조건에 관한 설명으로 옳지 않은 것은?(다툼이 있으면 판례에 따름)

① 조건을 붙이고자 하는 의사는 법률행위의 내용으로 외부에 표시되어야 하므로 그 의사표시는 묵시적 방법으로는 할 수 없다.

② 조건이 법률행위의 당시 이미 성취한 것인 경우에는 그 조건이 정지조건이면 조건 없는 법률행위이다.

③ 조건의 성취로 인하여 불이익을 받을 당사자가 과실로 신의성실에 반하여 조건의 성취를 방해한 때에는 상대방은 그 조건이 성취한 것으로 주장할 수 있다.

④ 조건의 성취가 미정한 권리의무는 일반규정에 의하여 담보로 할 수 있다.

⑤ 선량한 풍속에 반하는 불법조건이 붙은 법률행위는 무효이다.

12 소멸시효에 관한 설명으로 옳지 않은 것은?(다툼이 있으면 판례에 따름)

① 주채무자가 소멸시효 이익을 포기하더라도 보증인에게는 그 효력이 미치지 않는다.

② 시효중단의 효력 있는 승인에는 상대방의 권리에 대한 처분의 능력이나 권한 있음을 요하지 않는다.

③ 당사자가 주장하는 소멸시효 기산일이 본래의 기산일과 다른 경우, 특별한 사정이 없는 한 당사자가 주장하는 기산일을 기준으로 소멸시효를 계산해야 한다.

④ 어떤 권리의 소멸시효 기간이 얼마나 되는지는 법원이 직권으로 판단할 수 있다.

⑤ 민법 제163조 제1호의 '1년 이내의 기간으로 정한 금전 또는 물건의 지급을 목적으로 한 채권'이란 변제기가 1년 이내의 채권을 말한다.

13 민법상 편무계약에 해당하는 것만 모두 고른 것은?

ㄱ. 도급	ㄴ. 조합	ㄷ. 증여	ㄹ. 사용대차

① ㄱ, ㄴ   ② ㄱ, ㄷ

③ ㄴ, ㄷ   ④ ㄴ, ㄹ

⑤ ㄷ, ㄹ

14 '민법 제390조의 채무불이행책임과 제750조의 불법행위책임'(이하 '양 책임')에 관한 비교 설명으로 옳지 않은 것은?

① 양 책임이 성립하기 위해서는 채무자 또는 가해자에게 귀책사유가 있어야 한다는 점에서 공통된다.

② 양 책임이 성립하는 경우, 채권자나 피해자에게 과실이 있다면 과실상계가 적용된다는 점에서 공통된다.

③ 양 책임이 성립하는 경우, 채권자나 피해자가 행사하는 손해배상채권의 소멸시효는 3년이 적용된다는 점에서 공통된다.

④ 양 책임이 성립하는 경우, 손해배상은 통상의 손해를 그 한도로 한다는 점에서 공통된다.

⑤ 양 책임이 성립하는 경우, 채무자나 가해자가 발생한 손해 전부를 배상한 때에는 손해배상자의 대위가 인정된다는 점에서 공통된다.

15 乙의 채권자 甲이 乙의 丙에 대한 금전채권에 대하여 채권자대위권을 행사하는 경우에 관한 설명으로 옳은 것은?(다툼이 있으면 판례에 따름)

① 甲은 乙의 동의를 받지 않는 한 채권자대위권을 행사할 수 없다.

② 甲의 乙에 대한 채권이 금전채권인 경우, 甲은 丙에게 직접 자기에게 이행하도록 청구하여 상계적상에 있는 자신의 채권과 상계할 수 없다.

③ 甲이 丙을 상대로 채권자대위권을 행사한 경우, 甲의 채권자대위소송의 제기로 인한 소멸시효 중단의 효력은 乙의 丙에 대한 채권에 생긴다.

④ 甲이 丙을 상대로 채권자대위권을 행사하고 그 사실을 乙에게 통지한 이후 乙이 丙에 대한 채권을 포기한 경우, 丙은 乙의 채권포기 사실을 들어 甲에게 대항할 수 있다.

⑤ 乙이 丙을 상대로 금전채무 이행청구의 소를 제기하여 패소판결이 확정된 경우, 甲은 乙에 대한 금전채권을 보전하기 위해 丙을 상대로 채권자대위권을 행사할 수 있다.

16 乙의 채권자 甲은 乙이 채무초과상태에서 자신의 유일한 재산인 X부동산을 丙에게 매도하고 소유권이전등기를 해 준 사실을 알고 채권자취소권을 행사하려고 한다. 이에 관한 설명으로 옳은 것은?(다툼이 있으면 판례에 따름)

① 甲이 채권자취소권을 행사하기 위해서는 재판외 또는 재판상 이를 행사하여야 한다.

② 甲이 채권자취소권을 행사하기 위해서는 乙 및 丙의 사해의사 및 사해행위에 대한 악의를 증명하여야 하여야 한다.

③ 甲의 乙에 대한 채권이 X부동산에 대한 소유권이전등기청구권인 경우, 甲은 이를 피보전채권으로 하여 채권자취소권을 행사할 수 없다.

④ 甲이 채권자취소권을 재판상 행사하는 경우, 사해행위를 직접 행한 乙을 피고로 하여 그 권리를 행사하여야 한다.

⑤ 甲의 乙에 대한 채권이 시효로 소멸한 경우, 丙은 이를 들어 채권자취소권을 행사하는 甲에 대항할 수 없다.

17 민법상 채무의 종류에 따른 이행지체책임의 발생시기가 잘못 연결된 것을 모두 고른 것은? (당사자 사이에 다른 약정은 없으며, 다툼이 있으면 판례에 따름)

> ㄱ. 부당이득반환채무 – 수익자가 이행청구를 받은 때
> ㄴ. 불확정기한부 채무 – 채무자가 기한의 도래를 안 때
> ㄷ. 동시이행의 관계에 있는 쌍방의 채무 – 쌍방의 이행제공 없이 쌍방 채무의 이행기가 도래한 때

① ㄱ

② ㄴ

③ ㄷ

④ ㄱ, ㄴ

⑤ ㄴ, ㄷ

18 민법 제548조 제1항 단서의 계약해제의 소급효로부터 보호받는 제3자에 해당하지 않는 자는? (다툼이 있으면 판례에 따름)

① X토지에 대한 매매계약이 해제되기 전에 매수인으로부터 X토지를 매수하여 소유권을 취득한 자

② X토지에 대한 매매계약이 해제되기 전에 매수인의 X토지에 저당권을 취득한 자

③ X토지에 대한 매매계약의 해제로 X토지의 소유권을 상실하게 된 매수인으로부터 해제 이전에 X토지를 임차하여 임차권등기를 마친 자

④ X토지에 대한 매매계약이 해제되기 전에 매수인과 매매예약 체결 후 그에 기한 소유권이전 등기청구권 보전을 위한 가등기를 마친 자

⑤ X토지에 대한 매매계약이 해제되기 전에 매수인으로부터 X토지에 대한 소유권이전등기청구권을 양도받은 자

19 甲, 乙, 丙이 丁에 대하여 9백만 원의 연대채무를 부담하고 있고, 각자의 부담부분은 균등하다. 甲이 丁에 대하여 6백만 원의 상계적상에 있는 반대채권을 가지고 있는 경우에 관한 설명으로 옳은 것은?(당사자 사이에 다른 약정은 없으며, 다툼이 있으면 판례에 따름)

① 甲이 6백만 원에 대해 丁의 채무와 상계한 경우, 남은 3백만 원에 대해 乙과 丙이 丁에게 각각 1백 5십만 원의 분할채무를 부담한다.

② 甲이 6백만 원에 대해 丁의 채무와 상계한 경우, 甲, 乙, 丙은 丁에게 3백만 원의 연대채무를 부담한다.

③ 甲이 상계권을 행사하지 않은 경우, 乙과 丙은 甲의 상계권을 행사할 수 없고, 甲, 乙, 丙은 丁에게 3백만 원의 연대채무를 부담한다.

④ 甲이 상계권을 행사하지 않은 경우, 乙은 丁을 상대로 甲의 6백만 원에 대해 상계할 수 있고, 乙과 丙이 丁에게 각각 1백 5십만 원의 분할채무를 담당한다.

⑤ 甲이 상계권을 행사하지 않은 경우, 丙은 丁을 상대로 甲의 6백만 원에 대해 상계할 수 있고, 乙과 丙이 丁에게 3백만 원의 연대채무를 부담한다.

20 계약의 성립에 관한 설명으로 옳지 않은 것은?(다툼이 있으면 판례에 따름)

① 청약자가 청약의 의사표시를 발송한 후 상대방에게 도달 전에 사망한 경우, 그 청약은 효력을 상실한다.

② 명예퇴직의 신청이 근로계약에 대한 합의해지의 청약에 해당하는 경우, 이에 대한 사용자의 승낙으로 근로계약이 합의해지되기 전에는 근로자가 임의로 그 청약의 의사표시를 철회할 수 있다.

③ 승낙기간을 정하지 않은 청약은 청약자가 상당한 기간 내에 승낙의 통지를 받지 못한 때는 그 효력을 잃는다.

④ 당사자 사이에 동일한 내용의 청약이 상호 교차된 경우에는 양 청약이 상대방에게 도달한 때에 계약이 성립한다.

⑤ 매도인이 매수인에게 매매계약의 합의해제를 청약한 경우, 매수인이 그 청약에 대하여 조건을 가하여 승낙한 때에는 그 합의해제의 청약은 거절된 것으로 본다.

21 매매계약에 관한 설명으로 옳은 것은?(다툼이 있으면 판례에 따름)

① 매매목적물과 대금은 반드시 계약 체결 당시에 구체적으로 특정할 필요는 없고, 이를 나중에라도 구체적으로 특정할 수 있는 방법과 기준이 정해져 있으면 매매계약은 성립한다.

② 매도인이 매수인에게 현존하는 타인 소유의 물건을 매도하기로 약정한 경우, 그 매매계약은 원시적 불능에 해당하여 효력이 없다.

③ 매매예약완결권은 당사자 사이에 다른 약정이 없는 한 10년 내에 이를 행사하지 않으면 시효로 소멸한다.

④ 매도인과 매수인이 해제권을 유보하기 위해 계약금을 교부하기로 합의한 후 매수인이 약정한 계약금의 일부만 지급한 경우, 매도인은 실제 지급받은 금원의 배액을 상환하고 매매계약을 해제할 수 있다.

⑤ 매매계약에 관한 비용은 다른 약정이 없으면 매수인이 부담한다.

22 조합에 관한 설명으로 옳지 않은 것은?(다툼이 있으면 판례에 따름)

① 조합계약으로 업무집행자를 정하지 아니한 경우에는 조합원의 3분의 2 이상의 찬성으로써 이를 선임한다.

② 조합의 업무집행자가 수인인 때에는 그 과반수로써 업무집행을 결정한다.

③ 조합계약의 당사자가 손익분배의 비율을 정하지 아니한 때에는 각 조합원의 출자가액에 비례하여 이를 정한다.

④ 조합의 채무자는 그 채무와 조합원에 대한 채권으로 상계할 수 있다.

⑤ 2인 조합에서 조합원 1인이 탈퇴하면 조합관계는 종료된다.

23 건물 소유를 목적으로 X토지에 관하여 임대인 甲과 임차인 乙 사이에 적법한 임대차계약이 체결되었다. 이에 관한 설명으로 옳지 않은 것은?(다툼이 있으면 판례에 따름)

① 甲과 乙 사이에 체결된 임대차계약에 임대차기간에 관한 약정이 없는 때에는 甲은 언제든지 계약해지의 통고를 할 수 있다.

② 乙이 甲의 동의 없이 X토지를 전대한 경우, 甲은 원칙적으로 乙과의 임대차 계약을 해지할 수 있다.

③ X토지의 일부가 乙의 과실없이 멸실되어 사용·수익할 수 없게 된 경우, 乙은 그 부분의 비율에 의한 차임의 감액을 청구할 수 있다.

④ 토지임차인에게 인정되는 지상물매수청구권은 乙이 X토지 위에 甲의 동의를 얻어 신축한 건물에 한해 인정된다.

⑤ 甲이 변제기를 경과한 최후 2년의 차임채권에 의하여 그 지상에 있는 乙 소유의 건물을 압류한 때에는 저당권과 동일한 효력이 있다.

24 부당이득에 관한 설명으로 옳은 것은?(다툼이 있으면 판례에 따름)

① 법률상 원인 없는 이득이 있다면 그 이득으로 인해 타인에게 손해가 발생한 것이 아니더라도 그 타인은 부당이득반환청구를 할 수 있다.

② 변제기에 있지 아니한 채무를 착오 없이 변제한 때에는 그 변제한 것의 반환을 청구할 수 있다.

③ 부동산 실권리자명의 등기에 관한 법률에 위반되어 무효인 명의신탁약정에 기하여 타인 명의로 등기를 마쳐준 것은 당연히 불법원인급여에 해당한다.

④ 선의의 수익자가 패소한 때에는 그 소가 확정된 때로부터 악의의 수익자로 본다.

⑤ 제한행위능력을 이유로 법률행위를 취소한 경우 제한능력자는 선의·악의를 묻지 않고 그 행위로 인하여 받은 이익이 현존하는 한도에서 상환할 책임이 있다.

25 불법행위에 관한 설명으로 옳지 않은 것은?(다툼이 있으면 판례에 따름)

① 과실로 불법행위를 방조한 자에 대해서는 공동불법행위가 인정될 수 없다.

② 고의로 심신상실을 초래한 자는 타인에게 심신상실 중에 가한 손해를 배상할 책임이 있다.

③ 사용자가 근로계약에 수반되는 보호의무를 위반함으로써 피용자가 손해를 입은 경우, 사용자는 이를 배상할 책임이 있다.

④ 고의로 불법행위를 한 가해자는 피해자의 손해배상채권을 피해자에 대한 자신의 다른 채권으로 상계할 수 없다.

⑤ 미성년자가 성폭력을 당한 경우에 이로 인한 손해배상청구권의 소멸시효는 그가 성년이 될 때까지는 진행되지 아니한다.

01 신의성실의 원칙에 관한 설명으로 옳지 않은 것은?(다툼이 있으면 판례에 따름)

① 신의칙은 당사자의 주장이 없더라도 법원이 직권으로 그 위반 여부를 판단할 수 있다.

② 사정변경의 원칙에 기한 계약의 해제가 인정되는 경우, 그 사정에는 계약의 기초가 된 객관적 사정만이 포함된다.

③ 임대차계약에 차임을 증액하지 않기로 하는 특약이 있더라도 그 특약을 그대로 유지시키는 것이 신의칙에 반한다고 인정될 정도의 사정변경이 있는 경우에는 임대인에게 차임증액청구가 인정될 수 있다.

④ 채무자가 소멸시효 완성을 주장하는 것은 신의칙에 반하여 권리남용으로 될 여지가 없다.

⑤ 강행규정을 위반한 자가 그 위반을 이유로 하여 법률행위의 무효를 주장하는 것은 신의칙 위반으로 될 수 있다.

02 미성년자에 관한 설명으로 옳지 않은 것은?(다툼이 있으면 판례에 따름)

① 미성년자가 자신의 채무를 면제하는 것만을 내용으로 하는 채무면제계약에 관해 승낙의 의사표시를 하는 것은 법정대리인의 동의가 없어도 확정적으로 유효하다.

② 법정대리인이 미성년자에게 범위를 정하여 재산의 처분을 허락하는 것은 묵시적으로도 가능하다.

③ 법정대리인이 미성년자에게 특정한 영업을 허락한 경우, 그 영업과 관련된 행위에 대해서 법정대리인의 대리권은 소멸한다.

④ 미성년자는 타인의 임의대리인이 될 수 없다.

⑤ 미성년자가 제한능력을 이유로 자신이 행한 법률행위를 단독으로 취소한 경우, 그 법정대리인은 미성년자가 행한 취소의 의사표시를 다시 취소할 수 없다.

03 민법상 법인에 관한 설명으로 옳은 것은?(다툼이 있으면 판례에 따름)

① 생전처분으로 재단법인을 설립하는 자가 서면으로 재산출연의 의사표시를 하였다면 착오를 이유로 이를 취소할 수 없다.
② 생전처분으로 지명채권을 출연하여 재단법인을 설립하는 경우, 그 지명채권은 대외적으로는 양도통지나 채무자의 승낙이 행해진 때 법인의 재산이 된다.
③ 법인의 불법행위를 성립시키는 대표기관에는 법인을 실질적으로 운영하면서 그 법인을 사실상 대표하여 법인의 사무를 집행하는 사람이 포함된다.
④ 법인의 대표기관은 정관 또는 사원총회에 의해 금지되지 않는 한 타인에게 포괄적인 대리권을 수여할 수 있다.
⑤ 법인이 청산종결등기를 하였다면 실제로 청산사무가 종료되지 않았더라도 그 법인은 소멸한다.

04 물건에 관한 설명으로 옳지 않은 것은?(다툼이 있으면 판례에 따름)

① 특정이 가능하다면 증감 · 변동하는 유동집합물도 하나의 물건으로 다루어질 수 있다.
② 타인의 토지에 권원 없이 자신의 수목을 식재한 자가 이를 부단히 관리하고 있다면 그 수목은 토지에 부합하지 않는다.
③ 명인방법을 갖춘 수목은 독립하여 거래의 객체가 될 수 있다.
④ 주물 · 종물 관계는 특별한 사정이 없는 한 동일인 소유의 물건 사이에서 인정된다.
⑤ 주물 · 종물 법리는 타인 소유 토지 위에 존재하는 건물의 소유권과 그 건물의 부지에 관한 건물소유자의 토지임차권 사이에도 유추적용될 수 있다.

05 반사회질서의 법률행위에 관한 설명으로 옳지 않은 것은?(다툼이 있으면 판례에 따름)

① 과도한 위약벌 약정은 법원의 직권감액이 가능하므로 선량한 풍속 기타 사회질서에 반할 여지가 없다.
② 부동산 매매계약에서 계약금을 수수한 후 당사자가 매매계약의 이행에 착수하기 전에 제3자가 매도인을 적극 유인하여 해당 부동산을 매수하였다면 매도인과 제3자 사이의 그 매매계약은 반사회질서의 법률행위가 아니다.
③ 보험사고를 가장하여 보험금을 부정취득할 목적으로 체결된 다수의 생명보험계약은 그 목적에 대한 보험자의 인식 여부를 불문하고 무효이다.
④ 부첩(夫妾)관계의 종료를 해제조건으로 하는 증여계약은 반사회질서의 법률행위로서 무효이다.
⑤ 선량한 풍속 기타 사회질서에 반하는 법률행위의 무효는 그 법률행위를 기초로 하여 새로운 이해관계를 맺은 선의의 제3자에 대해서도 주장할 수 있다.

06 통정허위표시에 관한 설명으로 옳은 것은?(다툼이 있으면 판례에 따름)

① 통정허위표시에 의하여 생긴 채권을 가압류한 경우, 가압류권자는 선의이더라도 통정허위표시와 관련하여 보호받는 제3자에 해당하지 않는다.

② 통정허위표시인 법률행위는 무효이므로 채권자취소권의 대상인 사해행위로 될 수 없다.

③ 표의자의 진의와 표시가 불일치함을 상대방이 명확하게 인식하였다면 그 불일치에 대하여 양자 간에 합의가 없더라도 통정허위표시가 성립한다.

④ 파산관재인이 통정허위표시와 관련하여 보호받는 제3자로 등장하는 경우, 모든 파산채권자가 선의인 경우에 한하여 그의 선의가 인정된다.

⑤ 임대차보증금반환채권을 담보하기 위하여 임대인과 임차인 사이에 임차인을 전세권자로 하는 전세권설정계약이 체결된 경우, 그 계약이 전세권자의 사용·수익을 배제하는 것이 아니라 하더라도 임대차계약과 양립할 수 없는 범위에서는 통정허위표시로 무효이다.

07 대리에 관한 설명으로 옳지 않은 것은?

① 대리인이 그 권한 내에서 본인을 위한 것임을 표시한 의사표시는 직접 본인에게 효력이 생긴다.

② 복대리인은 본인에 대하여 대리인과 동일한 권리의무가 있다.

③ 대리인이 수인(數人)인 때에는 법률 또는 수권행위에서 다른 정함이 없으면 공동으로 본인을 대리한다.

④ 임의대리권은 대리인의 성년후견의 개시로 소멸된다.

⑤ 특정한 법률행위를 위임한 경우에 대리인이 본인의 지시에 좇아 그 행위를 한 때에는 본인은 자기가 안 사정에 관하여 대리인의 부지(不知)를 주장하지 못한다.

08 대리에 관한 설명으로 옳지 않은 것은?(다툼이 있으면 판례에 따름)

① 대리행위가 강행법규에 위반하여 무효인 경우에도 표현대리가 성립할 수 있다.

② 복임권이 없는 임의대리인이 선임한 복대리인의 행위에도 표현대리가 성립할 수 있다.

③ 하나의 무권대리행위 일부에 대한 본인의 추인은 상대방의 동의가 없으면 무효이다.

④ 무권대리인이 본인을 단독상속한 경우, 특별한 사정이 없는 한 자신이 행한 무권대리행위의 무효를 주장하는 것은 허용되지 않는다.

⑤ 제한능력자가 법정대리인의 동의 없이 계약을 무권대리한 경우, 그 제한능력자는 무권대리인으로서 계약을 이행할 책임을 부담하지 않는다.

09 법률행위의 무효와 취소에 관한 설명으로 옳은 것은?(다툼이 있으면 판례에 따름)

① 반사회질서의 법률행위는 당사자가 그 무효를 알고 추인하면 원칙적으로 유효가 된다.

② 담보의 제공은 법정추인사유에 해당하지 않는다.

③ 무효행위의 추인은 무효원인이 소멸하기 전에도 할 수 있다.

④ 피성년후견인은 법정대리인의 동의가 있으면 취소할 수 있는 법률행위를 추인할 수 있다.

⑤ 제한능력을 이유로 법률행위가 취소된 경우, 제한능력자는 현존이익의 한도에서 상환할 책임이 있다.

10 민법상 기간에 관한 설명으로 옳지 않은 것은?

① 연령계산에는 출생일을 산입한다.

② 월의 처음으로부터 기간을 기산하지 아니하는 때에는 최후의 월에서 그 기산일에 해당한 날의 익일로 기간이 만료한다.

③ 기간의 말일이 공휴일에 해당한 때에는 기간은 그 익일로 만료한다.

④ 기간을 분으로 정한 때에는 즉시로부터 기산한다.

⑤ 기간을 월로 정한 때에는 역(曆)에 의하여 계산한다.

11 조건과 기한에 관한 설명으로 옳은 것은?(다툼이 있으면 판례에 따름)

① 기한의 이익을 가지고 있는 채무자가 그가 부담하는 담보제공 의무를 이행하지 아니하더라도 그 기한의 이익은 상실되지 않는다.

② 해제조건 있는 법률행위는 조건이 성취한 때로부터 그 효력이 생긴다.

③ 기성조건이 정지조건이면 그 법률행위는 무효로 한다.

④ 기한이익 상실특약은 특별한 사정이 없는 한 정지조건부 기한이익 상실특약으로 본다.

⑤ 기한은 원칙적으로 채무자의 이익을 위한 것으로 추정한다.

12 소멸시효의 중단에 관한 설명으로 옳지 않은 것은?(다툼이 있으면 판례에 따름)

① 3년의 소멸시효기간이 적용되는 채권이 지급명령에서 확정된 경우, 그 시효기간은 10년으로 한다.

② 채권자가 동일한 목적을 달성하기 위하여 복수의 채권을 가지고 있는 경우, 특별한 사정이 없으면 그중 하나의 채권을 행사한 것만으로는 다른 채권에 대한 시효중단의 효력은 없다.

③ 대항요건을 갖추지 못한 채권양도의 양수인이 채무자를 상대로 재판상 청구를 하여도 시효중단사유인 재판상 청구에 해당하지 아니한다.

④ 채권자가 최고를 여러 번 거듭하다가 재판상 청구를 한 경우, 시효중단의 효력은 재판상 청구를 한 시점을 기준으로 하여 이로부터 소급하여 6월 이내에 한 최고 시에 발생한다.

⑤ 동일한 당사자 사이에 계속적 거래관계로 인한 수 개의 금전채무가 있고, 채무자가 그 채무 전액을 변제하기에는 부족한 금액으로 채무의 일부를 변제하는 경우에 그 수 개의 채무 전부에 관하여 시효중단의 효력이 발생하는 것이 원칙이다.

13 민법상 채권의 목적에 관한 설명으로 옳지 않은 것은?(다툼이 있으면 판례에 따름)

① 선택채권의 경우, 특별한 사정이 없는 한 선택의 효력은 소급하지 않는다.

② 금전으로 가액을 산정할 수 없는 것이라도 채권의 목적으로 할 수 있다.

③ 종류채권의 경우, 목적물이 특정된 때부터 그 특정된 물건이 채권의 목적물이 된다.

④ 특정물매매계약의 매도인은 특별한 사정이 없는 한 그 목적물을 인도할 때까지 선량한 관리자의 주의로 그 물건을 보존하여야 한다.

⑤ 금전채무에 관하여 이행지체에 대비한 지연손해금 비율을 따로 약정한 경우, 그 약정은 일종의 손해배상액의 예정이다.

14 甲과 乙은 A에 대하여 2억 원의 연대채무를 부담하고 있으며, 甲과 乙사이의 부담 부분은 균등하다. 이에 관한 설명으로 옳은 것은?(다툼이 있으면 판례에 따름)

① 甲의 A에 대한 위 채무가 시효완성으로 소멸한 경우, 乙도 A에 대하여 위 채무 전부를 이행할 의무를 면한다.

② 甲이 A에게 2억 원의 상계할 채권을 가지고 있음에도 상계를 하지 않는 경우, 乙은 甲이 A에게 가지는 2억 원의 채권으로 위 채무 전부를 상계할 수 있다.

③ A가 甲에 대하여 채무의 이행을 청구하여 시효가 중단된 경우, 乙에게도 시효중단의 효력이 있다.

④ A의 신청에 의한 경매개시결정에 따라 甲소유의 부동산이 압류되어 시효가 중단된 경우, 乙에게도 시효중단의 효력이 있다.

⑤ A가 甲에 대하여 위 채무를 전부 면제해 준 경우, 乙도 A에 대하여 위 채무 전부를 이행할 의무를 면한다.

15 채권자대위권에 관한 설명으로 옳지 않은 것은?(다툼이 있으면 판례에 따름)

① 물권적 청구권도 채권자대위권의 피보전권리가 될 수 있다.

② 피보전채권의 이행기가 도래하기 전이라도 채권자는 법원의 허가를 얻어 채무자의 제3자에 대한 채권자취소권을 대위행사할 수 있다.

③ 민법상 조합원의 조합탈퇴권은 특별한 사정이 없는 한 채권자대위권의 목적이 될 수 없다.

④ 행사상 일신전속권은 채권자대위권의 목적이 되지 못한다.

⑤ 채권자대위소송에서 피보전채권의 존재 여부는 법원의 직권조사사항이다.

16 채무인수에 관한 설명으로 옳지 않은 것은?(다툼이 있으면 판례에 따름)

① 중첩적 채무인수는 채권자와 인수인 사이의 합의가 있으면 채무자의 의사에 반하여서도 이루어질 수 있다.

② 채무자와 인수인의 계약에 의한 면책적 채무인수는 채권자의 승낙이 없더라도 면책적 채무인수의 효력이 있다.

③ 채무인수가 면책적인지 중첩적인지 불분명한 경우에는 중첩적 채무인수로 본다.

④ 면책적 채무인수인은 전(前)채무자의 항변할 수 있는 사유로 채권자에게 대항할 수 있다.

⑤ 전(前)채무자의 채무에 대한 보증은 보증인의 동의가 없는 한 면책적 채무인수로 인하여 소멸한다.

17 甲은 乙에 대하여 A채무(원본 : 5천만 원, 대여일 : 2021년 3월 1일, 이자 : 월 0.5%, 변제기 : 2021년 4월 30일)와 B채무(원본 : 4천만 원, 대여일 : 2021년 4월 1일, 이자 : 월 1%, 변제기: 2021년 5월 31일)를 부담하고 있다. 이에 관한 설명으로 옳은 것을 모두 고른 것은?(다툼이 있으면 판례에 따름)

> ㄱ. 甲은 2021년 6월 5일에 5천만 원을 변제하면서 乙과의 합의로 B채무의 원본에 충당한 후 나머지는 A채무의 원본에 충당하는 것으로 정할 수 있다.
> ㄴ. 甲이 2021년 6월 5일에 5천만 원을 변제하면서 법정충당이 이루어지는 경우, B채무에 보증인이 있다면 A채무의 변제에 먼저 충당된다.
> ㄷ. 甲이 2021년 5월 3일에 5천만 원을 변제하면서 법정충당이 이루어지는 경우, B채무에 먼저 충당된다.
> ㄹ. 甲이 2021년 4월 28일에 5천만 원을 변제하면서 법정충당이 이루어지는 경우, B채무에 먼저 충당된다.

① ㄱ, ㄴ　　　　　　　　　　　② ㄱ, ㄹ
③ ㄴ, ㄷ　　　　　　　　　　　④ ㄱ, ㄷ, ㄹ
⑤ ㄴ, ㄷ, ㄹ

18 상계에 관한 설명으로 옳은 것은?(다툼이 있으면 판례에 따름)

① 고의의 불법행위로 인하여 손해배상채무를 부담하는 자는 그 채무를 수동채권으로 하여 상계하지 못한다.
② 자동채권의 변제기는 도래하였으나 수동채권의 변제기가 도래하지 않은 경우에는 상계를 할 수 없다.
③ 채권자가 주채무자에 대하여 상계적상에 있는 자동채권을 상계하지 않는 경우, 보증채무자는 이를 이유로 보증한 채무의 이행을 거부할 수 있다.
④ 채무자는 채권양도를 승낙한 후에도 양도인에 대한 채권을 새로 취득한 경우에 이를 가지고 양수인에 대하여 상계할 수 있다.
⑤ 벌금형이 확정된 경우, 그 벌금채권은 상계의 자동채권이 될 수 없다.

19 계약의 성립에 관한 설명으로 옳지 않은 것은?(다툼이 있으면 판례에 따름)

① 청약은 상대방이 있는 의사표시이지만, 상대방은 청약 당시에 특정되어 있지 않아도 된다.

② 관습에 의하여 승낙의 통지가 필요하지 않은 경우에 계약은 승낙의 의사표시로 인정되는 사실이 있는 때에 성립한다.

③ 청약이 상대방에게 발송된 후 도달하기 전에 발생한 청약자의 사망은 그 청약의 효력에 영향을 미치지 아니한다.

④ 승낙자가 승낙기간을 도과한 후 승낙을 발송한 경우에 이를 수신한 청약자가 승낙의 연착을 통지하지 아니하면 그 승낙은 연착되지 아니한 것으로 본다.

⑤ 교차청약에 의한 격지자 간 계약은 양(兩) 청약이 상대방에게 모두 도달한 때에 성립한다.

20 제3자를 위한 계약에 관한 설명으로 옳은 것은?(다툼이 있으면 판례에 따름)

① 채무자와 인수인 사이에 체결되는 중첩적 채무인수계약은 제3자를 위한 계약이 아니다.

② 제3자를 위한 도급계약에서 수익의 의사표시를 한 제3자가 그 계약에 따라 완성된 목적물의 하자로 인해 손해를 입은 경우, 특별한 사정이 없는 한 낙약자는 그 제3자에게 해당 손해를 배상할 의무가 있다.

③ 요약자와 낙약자의 합의에 따라 제3자의 권리를 소멸시킬 수 있음을 미리 유보하였더라도 제3자에게 그 권리가 확정적으로 귀속되었다면 요약자와 낙약자는 제3자의 권리를 소멸시키지 못한다.

④ 제3자가 수익의 의사표시를 한 후에는 요약자는 원칙적으로 낙약자에 대하여 제3자에게 급부를 이행할 것을 요구할 수 있는 권리를 갖지 못한다.

⑤ 제3자가 수익의 의사표시를 한 경우, 특별한 사정이 없는 한 요약자는 낙약자의 채무불이행을 이유로 제3자의 동의 없이 계약을 해제할 수 없다.

21 계약의 해제에 관한 설명으로 옳지 않은 것은?(특별한 사정이 없음을 전제로 하며, 다툼이 있으면 판례에 따름)

① 당사자는 합의로 계약을 해제할 수 있다.

② 채권자가 채무액을 현저히 초과하는 금액의 지급을 최고하고, 이 금액을 지급하지 않으면 수령하지 않을 것이 분명한 경우에 이 최고에 터잡은 채권자의 해제는 무효이다.

③ 계약체결에 관한 대리권만을 수여받은 대리인은 계약체결 후 그 계약을 해제할 수 없다.

④ 하나의 계약에서 일방이 수인(數人)인 경우에 상대방은 그 수인 모두에게 해제의 의사표시를 하여야 한다.

⑤ 매도인의 책임 있는 사유로 이행불능이 되어 매수인이 계약을 해제한 경우의 손해배상은 해제 시 목적물의 시가를 기준으로 그 손해를 산정한다.

22 담보책임에 관한 설명으로 옳은 것은?(특별한 사정이 없음을 전제로 하며, 다툼이 있으면 판례에 따름)

① 특정물매매계약에 있어 목적물에 하자가 있는 경우, 악의의 매수인은 대금감액청구권을 행사할 수 있다.

② 특정물의 수량지정매매에서 수량이 부족한 경우, 악의의 매수인은 계약한 날로부터 1년 이내에 대금감액청구권을 행사하여야 한다.

③ 부담부 증여의 증여자는 담보책임을 지지 않는다.

④ 일정한 면적(수량)을 가지고 있다는 데 주안을 두고, 대금도 면적을 기준으로 하여 정해지는 아파트분양계약은 수량지정매매가 될 수 없다.

⑤ 건물신축도급계약에 따라 완성된 건물의 하자로 계약의 목적을 달성할 수 없는 경우, 도급인은 이를 이유로 그 계약을 해제할 수 있다.

23 민법상 위임에 관한 설명으로 옳지 않은 것은?(다툼이 있으면 판례에 따름)

① 무상위임의 수임인은 선량한 관리자의 주의의무를 부담한다.

② 수임인은 부득이한 사유가 있으면 제3자로 하여금 자기에 갈음하여 위임사무를 처리하게 할 수 있다.

③ 변호사에게 계쟁사건의 처리를 위임함에 있어서 보수에 관하여 명시적으로 약정하지 않은 경우, 특별한 사정이 없는 한 응분의 보수를 지급할 묵시의 약정이 있는 것으로 볼 수 있다.

④ 위임인에게 불리한 시기에 부득이한 사유로 계약을 해지한 수임인은 그 해지로 인해 위임인에게 발생한 손해를 배상하여야 한다.

⑤ 위임이 종료된 경우, 수임인은 특별한 사정이 없는 한 지체없이 그 전말을 위임인에게 보고하여야 한다.

24 부당이득에 관한 설명으로 옳은 것은?(다툼이 있으면 판례에 따름)

① 채무자가 착오로 변제기 전에 채무를 변제한 경우, 채권자는 이로 인해 얻은 이익을 반환할 의무가 없다.

② 수익자가 이익을 받은 후 법률상 원인없음을 안 때에는 그 이익을 받은 날로부터 악의의 수익자로서 이익반환의 책임이 있다.

③ 선의의 수익자가 패소한 때에는 패소가 확정된 때부터 악의의 수익자로 본다.

④ 불법원인급여에서 수익자의 불법성이 현저히 크고, 그에 비하여 급여자의 불법성은 경미한 경우라 하더라도 급여자의 반환 청구는 허용되지 않는다.

⑤ 법률상 원인 없이 이득을 얻은 자는 있지만 그로 인해 손해를 입은 자가 없는 경우, 부당이득 반환청구권은 인정되지 않는다.

25 불법행위에 기한 손해배상에 관한 설명으로 옳지 않은 것을 모두 고른 것은?(다툼이 있으면 판례에 따름)

ㄱ. 작위의무 있는 자의 부작위에 의한 과실방조는 공동불법행위의 방조가 될 수 없다.

ㄴ. 도급인이 수급인의 일의 진행과 방법에 관해 구체적으로 지휘·감독한 경우, 수급인의 그 도급업무와 관련된 불법행위로 인한 제3자의 손해에 대해 도급인은 사용자책임을 진다.

ㄷ. 책임능력 없는 미성년자의 불법행위로 인해 손해를 입은 자는 그 미성년자의 감독자에게 배상을 청구하기 위해 그 감독자의 감독의무해태를 증명하여야 한다.

ㄹ. 파견근로자의 파견업무에 관한 불법행위에 대하여 파견사업주는 특별한 사정이 없는 한 사용자로서의 배상책임을 부담하지 않는다.

① ㄱ

② ㄴ, ㄷ

③ ㄴ, ㄹ

④ ㄱ, ㄷ, ㄹ

⑤ ㄱ, ㄴ, ㄷ, ㄹ

01 제한능력자에 관한 설명으로 옳은 것은?(다툼이 있으면 판례에 따름)

① 미성년자가 법정대리인의 동의 없이 매매계약을 체결하고 성년이 되기 전에 스스로 채무의 일부를 이행한 경우에는 그 계약을 추인한 것으로 본다.

② 피성년후견인이 속임수로써 상대방으로 하여금 성년후견인의 동의가 있는 것으로 믿게 하여 체결한 토지매매계약은 제한능력을 이유로 취소할 수 없다.

③ 가정법원은 본인의 의사에 반하여 한정후견개시의 심판을 할 수 없다.

④ 가정법원이 특정후견의 심판을 하는 경우에는 특정후견의 기간 또는 사무의 범위를 정하여야 한다.

⑤ 제한능력자의 취소권은 재판 외에서 의사표시를 하는 방법으로는 행사할 수 없다.

02 법인 아닌 사단에 관한 설명으로 옳지 않은 것은?(다툼이 있으면 판례에 따름)

① 이사에 결원이 생겨 손해가 생길 염려가 있는 경우, 임시이사의 선임에 관한 민법 제63조가 유추적용될 수 있다.

② 법인 아닌 사단이 그 명의로 총유재산에 관한 소송을 제기할 때에는 특별한 사정이 없는 한 사원총회의 결의를 거쳐야 한다.

③ 대표자로부터 사단의 제반 업무처리를 포괄적으로 위임받은 자의 대행행위의 효력은 원칙적으로 법인 아닌 사단에 미친다.

④ 대표자가 정관에 규정된 대표권 제한을 위반하여 법률행위를 한 경우, 그 상대방이 대표권 제한 사실을 알았거나 알 수 있었을 경우가 아니라면 그 법률행위는 유효하다.

⑤ 사원이 존재하지 않게 된 경우, 법인 아닌 사단은 청산사무가 완료될 때까지 청산의 목적 범위 내에서 권리의무의 주체가 된다.

03 불공정한 법률행위에 관한 설명으로 옳지 않은 것은?(다툼이 있으면 판례에 따름)

① 법률행위가 대리인에 의해서 행해진 경우, 궁박 상태는 본인을 기준으로 판단하여야 한다.

② 불공정한 법률행위의 무효는 선의의 제3자에게 대항할 수 없다.

③ 불공정한 법률행위의 무효는 원칙적으로 추인에 의해 유효로 될 수 없다.

④ 경매절차에서 매각대금이 시가보다 현저히 저렴하더라도 불공정한 법률행위를 이유로 무효를 주장할 수 없다.

⑤ 매매계약이 불공정한 법률행위에 해당하여 무효인 경우, 특별한 사정이 없는 한 그 계약에 관한 부제소합의도 무효가 된다.

04 통정허위표시에 관한 설명으로 옳지 않은 것은?(다툼이 있으면 판례에 따름)

① 통정허위표시가 성립하기 위해서는 표의자의 진의와 표시의 불일치에 관하여 상대방과의 사이에 합의가 있어야 한다.

② 통정허위표시로 무효인 법률행위는 채권자취소권의 대상이 될 수 있다.

③ 통정허위표시로서 의사표시가 무효라고 주장하는 자는 그 무효사유에 해당하는 사실을 증명할 책임이 있다.

④ 가장근저당권설정계약이 유효하다고 믿고 그 피담보채권을 가압류한 자는 통정허위 표시의 무효로 대항할 수 없는 제3자에 해당하지 않는다.

⑤ 가장양수인으로부터 소유권이전등기청구권 보전을 위한 가등기를 경료받은 자는 특별한 사정이 없는 한 선의로 추정된다.

05 물건에 관한 설명으로 옳지 않은 것은?(다툼이 있으면 판례에 따름)

① 주물과 종물은 원칙적으로 동일한 소유자에게 속하여야 한다.

② 주물과 종물에 관한 민법 제100조제2항의 법리는 압류와 같은 공법상 처분에는 적용되지 않는다.

③ 당사자는 주물을 처분할 때에 특약으로 종물을 제외하거나 종물만 별도로 처분할 수 있다.

④ 노동의 대가인 임금은 법정과실이 아니다.

⑤ 매매목적물이 인도되지 않았고 매수인도 대금을 완제하지 않은 경우, 특별한 사정이 없는 한 매도인의 이행지체가 있더라도 매매목적물로부터 발생하는 과실은 매도인에게 귀속된다.

06 착오로 인한 의사표시에 관한 설명으로 옳은 것은?(다툼이 있으면 판례에 따름)

① 상대방이 표의자의 착오를 알고 이를 이용한 경우, 표의자에게 중과실이 있으면 그 의사표시를 취소할 수 없다.

② 착오의 존재와 그 착오가 법률행위의 중요부분에 관한 것이라는 점은 표의자의 상대방이 증명하여야 한다.

③ 신원보증서류에 서명날인한다는 착각에 빠진 상태로 연대보증서면에 서명날인한 것은 동기의 착오이다.

④ 재단법인설립을 위한 출연행위는 상대방 없는 단독행위이므로 착오를 이유로 취소할 수 없다.

⑤ 표시상 착오가 제3자의 기망행위에 의하여 일어난 경우, 표의자는 제3자의 기망행위를 상대방이 알았는지 여부를 불문하고 착오를 이유로 의사표시를 취소할 수 있다.

07 소멸시효에 관한 설명으로 옳지 않은 것은?(다툼이 있으면 판례에 따름)

① 공유관계가 존속하는 한 공유물분할청구권은 소멸시효에 걸리지 않는다.

② 소멸시효는 그 기산일에 소급하여 효력이 생긴다.

③ 정지조건부채권의 소멸시효는 조건성취 시부터 진행된다.

④ 시효중단의 효력있는 승인에는 상대방의 권리에 관한 처분의 능력이나 권한있음을 요하지 아니한다.

⑤ 천재지변으로 인하여 소멸시효를 중단할 수 없을 경우, 그 사유가 종료한 때로부터 6월 내에는 시효가 완성되지 아니한다.

08 민법상 대리에 관한 설명으로 옳지 않은 것은?(다툼이 있으면 판례에 따름)

① 매매계약 체결의 대리권을 수여받은 대리인은 특별한 사정이 없는 한 중도금을 수령할 권한이 있다.

② 권한의 정함이 없는 대리인은 기한이 도래한 채무를 변제할 수 있다.

③ 대리인이 수인인 경우 대리인은 특별한 사정이 없는 한 각자가 본인을 대리한다.

④ 대리인의 쌍방대리는 금지되나 채무의 이행은 가능하므로, 쌍방의 허락이 없더라도 경개계약을 체결할 수 있다.

⑤ 사채알선업자가 대주와 차주 쌍방을 대리하여 소비대차계약을 유효하게 체결한 경우, 사채알선업자는 특별한 사정이 없는 한 차주가 한 변제를 수령할 권한이 있다.

09 법률행위의 조건에 관한 설명으로 옳은 것은?(다툼이 있으면 판례에 따름)

① 법률행위에 조건이 붙어 있는지 여부는 사실인정의 문제로서 그 조건의 존재를 주장하는 자가 이를 증명하여야 한다.

② 조건의 성취가 미정한 권리의무는 일반규정에 의하여 담보로 할 수 없다.

③ 조건이 선량한 풍속 기타 사회질서에 위반한 경우, 그 조건만 무효로 될 뿐 그 법률행위는 조건없는 법률행위로 유효하다.

④ 법률행위 당시 조건이 이미 성취된 경우, 그 조건이 정지조건이면 그 법률행위는 무효이다.

⑤ 당사자가 조건성취의 효력을 그 성취 전으로 소급하게 할 의사를 표시한 경우, 그 소급의 의사표시는 효력이 없다.

10 2021년 5월 8일(토)에 계약기간을 '앞으로 3개월'로 정한 경우, 기산점과 만료점을 바르게 나열한 것은?(단, 기간의 계산방법에 관하여 달리 정함은 없고, 8월 6일은 금요일임)

① 5월 8일, 8월 7일

② 5월 8일, 8월 9일

③ 5월 9일, 8월 8일

④ 5월 9일, 8월 9일

⑤ 5월 10일, 8월 9일

11 무효행위에 관한 설명으로 옳지 않은 것은?(다툼이 있으면 판례에 따름)

① 취소할 수 있는 법률행위가 취소된 후에는 무효행위의 추인요건을 갖추더라도 다시 추인될 수 없다.

② 무효행위의 추인은 묵시적으로 이루어질 수 있다.

③ 무효행위의 추인이 있었다는 사실은 새로운 법률행위의 성립을 주장하는 자가 증명하여야 한다.

④ 법률행위의 일부분이 무효인 때에는 특별한 사정이 없는 한 그 전부를 무효로 한다.

⑤ 불공정한 법률행위는 무효행위의 전환에 관한 민법 제138조가 적용될 수 있다.

12 계약의 무권대리에 관한 설명으로 옳은 것은?(다툼이 있으면 판례에 따름)

① 무권대리행위의 목적이 가분적인 경우, 본인은 상대방의 동의 없이 그 일부에 대하여 추인할 수 있다.

② 계약체결 당시 상대방이 대리인의 대리권 없음을 알았다는 사실에 관한 주장·증명책임은 무권대리인에게 있다.

③ 상대방이 무권대리로 인하여 취득한 권리를 양도한 경우, 본인은 그 양수인에게 추인할 수 없다.

④ 무권대리의 추인은 다른 의사표시가 없는 한 추인한 때로부터 그 효력이 생긴다.

⑤ 계약체결 당시 대리인의 무권대리 사실을 알 수 있었던 상대방은 최고권을 행사할 수 없다.

13 채권자취소권에 관한 설명으로 옳은 것을 모두 고른 것은?(다툼이 있으면 판례에 따름)

> ㄱ. 채권자취소의 소는 취소원인을 안 날로부터 3년, 법률행위가 있은 날로부터 10년 내에 제기하여야 한다.
> ㄴ. 채권자가 채무자의 사해의사를 증명하면 수익자의 악의는 추정된다.
> ㄷ. 채무초과상태에 있는 채무자의 상속포기는 채권자취소권의 대상이 되지 못한다.
> ㄹ. 사해행위 이전에 성립된 채권을 양수하였으나, 그 대항요건을 사해행위 이후에 갖춘 양수인은 이를 피보전채권으로 하는 채권자취소권을 행사할 수 없다.
> ㅁ. 건물신축의 도급인이 민법 제666조에 따른 수급인의 저당권설정청구권 행사에 의해 그 건물에 저당권을 설정하는 행위는 특별한 사정이 없는 한 사해행위에 해당하지 않는다.

① ㄱ, ㄴ, ㅁ   ② ㄱ, ㄷ, ㄹ

③ ㄱ, ㄹ, ㅁ   ④ ㄴ, ㄷ, ㄹ

⑤ ㄴ, ㄷ, ㅁ

14 이행보조자에 관한 설명으로 옳은 것은?(다툼이 있으면 판례에 따름)

① 이행보조자는 채무자에게 종속되어 지시·감독을 받는 관계에 있는 자를 말한다.

② 동일한 사실관계에 기하여 채무자와 이행보조자가 각 채무불이행책임과 불법행위책임을 지는 경우, 이들의 책임은 연대채무관계에 있다.

③ 채무자가 이행보조자의 선임·감독상의 주의의무를 다하더라도 채무자는 이행보조자에 의해 유발된 채무불이행책임을 면하지 못한다.

④ 이행보조자의 경과실에 대하여 채무자가 채무불이행 책임을 지지 아니한다는 내용의 특약은 원칙적으로 무효이다.

⑤ 이행보조자가 제3자를 복이행보조자로 사용하는 경우, 채무자가 이를 묵시적으로 동의했다면 복이행보조자의 경과실에 대해서 채무자는 책임을 부담하지 않는다.

15 매매계약의 불능에 관한 설명으로 옳지 않은 것은?(다툼이 있으면 판례에 따름)

① 계약목적이 원시적·객관적 전부불능인 경우, 악의의 매도인은 매수인이 그 계약의 유효를 믿었음으로 인하여 받은 손해를 배상하여야 한다.

② 계약목적이 원시적·주관적 전부불능인 경우, 선의의 매수인은 악의의 매도인에게 계약상 급부의 이행을 청구할 수 있다.

③ 당사자 쌍방의 귀책사유 없이 매도인의 채무가 후발적·객관적 전부불능된 경우, 매도인은 매수인에게 매매대금의 지급을 구하지 못한다.

④ 매도인의 귀책사유로 그의 채무가 후발적·객관적 전부불능된 경우, 매수인은 매도인에게 전보배상을 청구할 수 있다.

⑤ 대상(代償)을 발생시키는 매매목적물의 후발적 불능에 대하여 매도인의 귀책사유가 존재하는 경우, 매수인은 대상청구권을 행사하지 못한다.

16 채권양도와 채무인수에 관한 설명으로 옳지 않은 것은?(다툼이 있으면 판례에 따름)

① 매매로 인한 소유권이전등기청구권의 양도는 채무자의 동의나 승낙을 받아야 대항력이 생긴다.

② 중첩적 채무인수는 채권자와 채무인수인 사이에 합의가 있더라도 채무자의 의사에 반해서는 이루어질 수 없다.

③ 당사자 간 지명채권양도의 효과는 특별한 사정이 없는 한 통지 또는 승낙과 관계없이 양도계약과 동시에 발생한다.

④ 가압류된 채권도 특별한 사정이 없는 한 양도하는 데 제한이 없다.

⑤ 채무의 인수가 면책적인지 중첩적인지 불분명한 경우에는 중첩적 채무인수로 본다.

17 다수당사자 간의 법률관계에 관한 설명으로 옳지 않은 것은?(다툼이 있으면 판례에 따름)

① 공동임차인의 차임지급의무는 특별한 사정이 없는 한 불가분채무이다.

② 특별한 사정이 없는 한 연대채무자 중 1인이 채무 일부를 변제받더라도 그가 지급해야 할 잔존 채무액이 그의 부담부분을 초과한다면, 다른 연대채무자는 채무 전액을 부담한다.

③ 연대채무자 중 1인이 연대의 면제를 받더라도, 다른 연대채무자는 채무 전액을 부담한다.

④ 부진정연대채무의 다액채무자가 일부 변제한 경우, 그 변제로 인하여 먼저 소멸하는 부분은 다액채무자가 단독으로 부담하는 부분이다.

⑤ 보증채무의 이행을 확보하기 위하여 채권자와 보증인은 보증채무에 관해서만 손해배상액을 예정할 수 있다.

18 채무불이행책임에 관한 설명으로 옳은 것은?(다툼이 있으면 판례에 따름)

① 강제이행과 손해배상청구는 양립할 수 없다.

② 채권자의 단순한 부주의라도 그것이 손해확대의 원인이 되는 경우, 이를 이유로 과실상계할 수 있다.

③ 하는 채무에 대한 대체집행은 허용되지 않는다.

④ 손해배상청구권의 소멸시효는 본래의 채권을 행사할 수 있는 때로부터 진행된다.

⑤ 채무불이행으로 인하여 채권자의 생명침해가 있는 경우, 채권자의 직계존속은 민법 제752조를 유추적용하여 채무불이행을 이유로 한 위자료를 청구할 수 있다.

19 손해배상액의 예정에 관한 설명으로 옳지 않은 것은?(다툼이 있으면 판례에 따름)

① 채무자는 특별한 사정이 없는 한 자신의 귀책사유 없음을 이유로 예정배상액의 지급책임을 면할 수 있다.

② 손해배상액의 예정에는 특별한 사정이 없는 한 통상손해뿐만 아니라 특별손해도 포함된다.

③ 손해배상액이 예정되어 있는 경우라도 과실상계 할 수 있다.

④ 예정배상액의 감액 범위에 대한 판단은 사실심 변론종결 당시를 기준으로 한다.

⑤ 금전채무에 관하여 이행지체에 대비한 지연손해금 비율에 대한 합의는 손해배상액의 예정으로 보아 감액의 대상이 된다.

20 甲은 법률상 의무 없이 乙의 사무를 처리하고 있다. 이에 관한 설명으로 옳지 않은 것은?(다툼이 있으면 판례에 따름)

① 甲이 제3자와의 별도의 위임계약에 따라 乙의 사무를 처리한 경우, 원칙적으로 甲과 乙 사이에 사무관리는 성립하지 않는다.

② 사무관리가 성립되기 위한 甲의 사무관리의사는 甲 자신을 위한 의사와 병존할 수 있다.

③ 사무관리가 성립하는 경우, 甲은 乙에게 부당이득반환을 청구할 수 없다.

④ 사무관리가 성립하는 경우, 甲이 乙의 의사를 알거나 알 수 있었다면 甲은 사무의 성질에 쫓아 乙에게 이익이 되는 방법으로 관리하여야 한다.

⑤ 甲이 사무관리하면서 과실 없이 손해를 입은 경우, 甲은 乙의 현존이익의 한도 내에서 그 손해의 보상을 청구할 수 있다.

21 불법행위책임에 관한 설명으로 옳지 않은 것은?(다툼이 있으면 판례에 따름)

① 피용자의 불법행위로 인하여 사용자책임을 지는 자가 그 피용자에 대하여 행사하는 구상권은 신의칙을 이유로 제한 또는 배제될 수 있다.

② 공동불법행위에서 과실상계를 하는 경우, 피해자에 대한 공동불법행위자 전원의 과실과 피해자의 공동불법행위자 전원에 대한 과실을 전체적으로 평가하여야 한다.

③ 가해자 중 1인이 다른 가해자에 비하여 불법행위에 가공한 정도가 경미한 경우, 그 가해자의 피해자에 대한 책임 범위를 손해배상액의 일부로 제한하여 인정할 수 있다.

④ 불법행위에 경합된 당사자들의 과실 정도에 관한 사실인정이나 그 비율을 정하는 것은 특별한 사정이 없는 한 사실심의 전권사항에 속한다.

⑤ 일반육체노동을 하는 사람의 가동연한은 특별한 사정이 없는 한 경험칙상 만 65세로 보아야 한다.

22 계약해제에 관한 설명으로 옳지 않은 것은?(다툼이 있으면 판례에 따름)

① 제3자를 위한 계약에서 요약자는 낙약자의 채무불이행을 이유로 제3자의 동의 없이 기본관계를 이루는 계약을 해제할 수 있다.

② 계약이 해제된 경우 금전을 수령한 자는 해제한 날부터 이자를 가산하여 반환하여야 한다.

③ 甲, 乙, 丙 사이에 순차적으로 매매계약이 이루어지고 丙이 매매대금을 乙의 지시에 따라 甲에게 지급한 경우, 乙과 丙 사이의 매매계약이 해제되더라도 丙은 甲에게 직접 부당이득반환을 청구할 수 없다.

④ 매도인이 계약금계약에 의한 해제를 하는 경우, 매도인은 해제의사표시시와 약정 계약금의 배액을 제공하면 되고, 매수인의 수령거절 시 공탁할 필요는 없다.

⑤ 계약해제로 인한 원상회복의무가 이행지체에 빠진 이후의 지연손해금률에 관하여 당사자 사이에 별도의 약정이 있는 경우, 그 지연손해금률이 법정이율보다 낮더라도 약정에 따른 지연손해금률이 적용된다.

23 민법상 조합에 관한 설명으로 옳지 않은 것은?(다툼이 있으면 판례에 따름)

① 수인이 공동사업을 경영할 목적 없이 전매차익만을 얻기 위해 상호 협력한 경우, 특별한 사정이 없는 한 이들 사이의 법률관계는 조합에 해당하지 않는다.

② 조합채무자가 조합원들 중의 1인에 대하여 개인 채권을 가지고 있는 경우, 그 채권과 조합에 대한 채무를 서로 대등액에서 상계할 수 없다.

③ 조합계약에서 출자의무의 이행과 이익분배를 직접 연결시키는 특약을 두지 않은 경우, 조합은 출자의무를 이행하지 않은 조합원의 이익분배 자체를 거부할 수 없다.

④ 조합원의 지분에 대한 압류는 그 조합원의 장래의 이익배당 및 지분의 반환을 받을 권리에 대하여 효력이 있다.

⑤ 2인 조합에서 조합원 1인이 탈퇴하면 조합관계는 종료되고, 원칙적으로 조합은 즉시 해산된다.

24 동시이행항변권에 관한 설명으로 옳은 것은?(다툼이 있으면 판례에 따름)

① 공사도급계약상 도급인의 지체상금채권과 수급인의 공사대금채권은 특별한 사정이 없는 한 동시이행관계에 있다.

② 선이행의무자가 이행을 지체하는 동안 상대방의 채무가 이행기에 도래한 경우, 특별한 사정이 없는 한 양 당사자의 의무는 동시이행관계에 있지 않다.

③ 동시이행항변권에 따른 이행지체책임 면제의 효력은 그 항변권을 행사·원용하여야 발생한다.

④ 동시이행항변권은 연기적 항변권으로 동시이행관계에 있으면 소멸시효는 진행되지 아니한다.

⑤ 자동채권과 수동채권이 동시이행관계에 있더라도 서로 현실적으로 이행하여야 할 필요가 없는 경우, 특별한 사정이 없는 한 상계는 허용된다.

25 매매에 관한 설명으로 옳은 것을 모두 고른 것은?(다툼이 있으면 판례에 따름)

> ㄱ. 당사자가 매매예약완결권의 행사기간을 약정하지 않은 경우, 완결권은 예약이 성립한 때로부터 10년 내에 행사되어야 하고, 그 기간을 지난 때에는 제척기간의 경과로 인하여 소멸한다.
> ㄴ. 목적물이 일정한 면적을 가지고 있다는 데 주안을 두고 대금도 면적을 기준으로 정하여지는 아파트 분양계약은 특별한 사정이 없는 한 수량지정매매에 해당한다.
> ㄷ. 건축목적으로 매매된 토지에 대하여 건축허가를 받을 수 없어 건축이 불가능한 경우, 이와 같은 법률적 제한 내지 장애는 권리의 하자에 해당한다.
> ㄹ. 특정물매매에서 매도인의 하자담보책임이 성립하는 경우. 매수인은 매매계약 내용의 중요부분에 착오가 있더라도 이를 취소할 수 없다.

① ㄱ, ㄴ   ② ㄱ, ㄹ

③ ㄴ, ㄷ   ④ ㄱ, ㄷ, ㄹ

⑤ ㄴ, ㄷ, ㄹ

01 미성년자 甲과 행위능력자 乙 간의 매매계약에 관한 설명으로 옳은 것은?(다툼이 있으면 판례에 따름)

① 甲의 법정대리인이 동의하면 위 계약은 확정적으로 유효하게 되는데 이때 그 동의는 명시적으로 행해져야 한다.

② 乙은 계약체결 시 甲이 미성년자임을 알았더라도 추인이 있기 전까지 자신의 의사표시를 철회할 수 있다.

③ 甲이 단독으로 乙과 계약을 체결한 후, 제한능력을 이유로 甲 스스로 위 계약을 취소하는 것은 신의칙에 반한다.

④ 계약체결 시 乙이 甲에게 나이를 물었을 때 甲이 만 20세라 답하였다고 하더라도 甲의 법정대리인은 위 계약을 취소할 수 있다.

⑤ 甲의 법정대리인에 의하여 위 계약이 甲의 제한능력을 이유로 취소되었다면, 甲의 부당이득 반환범위는 그 법정대리인의 선의 · 악의에 따라 달라진다.

02 민법상 법인에 관한 설명으로 옳은 것은?(다툼이 있으면 판례에 따름)

① 사단법인 정관의 법적 성질은 자치법규이다.

② 청산종결등기가 행해졌다면 청산사무가 아직 남아있다 하더라도 그 법인의 권리능력은 소멸된다.

③ 대표이사의 불법행위가 법인의 불법행위로 되는 경우에 대표이사는 자기의 불법행위 책임을 면한다.

④ 법인의 대표권을 가진 자가 하는 법률행위는 성립상 효과만 법인에게 귀속할 뿐 그 위반의 효과인 채무불이행책임까지 법인에 귀속하는 것은 아니다.

⑤ 사단법인 사원의 지위는 정관에 의하여도 상속할 수 없다.

03 비법인사단에 관한 설명으로 옳지 않은 것은?(다툼이 있으면 판례에 따름)

① 비법인사단의 대표자로부터 포괄적 위임을 받은 수임인의 대행행위는 비법인사단에 효력을 미치지 않는다.

② 비법인사단 대표자의 대표권이 정관으로 제한된 경우, 비법인사단은 그 등기가 없더라도 그 거래상대방이 악의라면 이로써 대항할 수 있다.

③ 법인의 불법행위책임에 관한 민법 제35조 제1항은 비법인사단에 유추적용된다.

④ 비법인사단의 구성원들이 집단으로 탈퇴하면 2개의 비법인사단으로 분열되고, 이때 각 비법인사단은 종전의 재산을 구성원 수의 비율로 총유한다.

⑤ 사원총회 결의를 거치지 않아 무효가 되는 비법인사단 대표자의 총유물 처분행위에 대해서는 '권한을 넘은 표현대리'의 법리가 적용되지 않는다.

04 물건에 관한 설명으로 옳지 않은 것은?(다툼이 있으면 판례에 따름)

① 주물과 다른 사람의 소유에 속하는 물건은 종물이 될 수 없다.

② 주물을 처분할 때 당사자 간의 특약으로 종물만을 별도로 처분할 수도 있다.

③ 국립공원의 입장료는 법정과실에 해당한다.

④ 관리할 수 있는 자연력은 동산이다.

⑤ 명인방법을 갖춘 수목의 경우 토지와 독립된 물건으로서 거래의 객체가 된다.

05 무자력한 甲은 乙에게 3억 원의 금전채무를 부담하고 있으나, 乙의 강제집행을 피하기 위해 자신의 유일한 재산인 A부동산을 丙에게 가장매매하고 소유권이전등기를 해주었다. 이에 관한 설명으로 옳은 것은?(다툼이 있으면 판례에 따름)

① 乙은 甲에 대한 자신의 채권을 보전하기 위하여 甲의 丙에 대한 소유권이전등기의 말소등기청구권을 대위행사할 수 있다.

② 甲과 丙 간의 가장매매는 무효이므로 乙은 이것이 사해행위라는 것을 이유로 하여 채권자취소권을 행사할 수 없다.

③ 허위표시는 불법원인이므로 甲은 丙에게 자신의 소유권에 기하여 A부동산의 반환을 청구할 수 없다.

④ 만약 丙이 丁에게 A부동산을 매도하였다면, 丁은 선의·무과실이어야 제3자로서 보호를 받을 수 있다.

⑤ 甲과 丙이 A부동산의 가장매매계약을 추인하면 그 계약은 원칙적으로 체결시로 소급하여 유효한 것이 된다.

06 비진의표시에 관한 설명으로 옳지 않은 것은?(다툼이 있으면 판례에 따름)

① 비진의표시에서 '진의'란 특정한 내용의 의사표시를 하고자 하는 표의자의 생각을 말하는 것이지 진정으로 마음속에서 바라는 사항을 뜻하는 것은 아니다.

② 법률상의 장애로 자기명의로 대출받을 수 없는 자를 위하여 대출금채무자로서 명의를 빌려준 자는 특별한 사정이 없는 한 채무부담의사를 가지지 않으므로 그가 행한 대출계약상의 의사표시는 비진의표시이다.

③ 재산을 강제로 뺏긴다는 인식을 하고 있는 자가 고지된 해악이 두려워 어쩔 수 없이 증여의 의사표시를 한 경우 이는 비진의표시라 할 수 없다.

④ 근로자가 회사의 경영방침에 따라 사직원을 제출하고 회사가 이를 받아들여 퇴직처리를 하였다가 즉시 재입사하는 형식으로 실질적 근로관계의 단절없이 계속 근무하였다면, 그 사직의 의사표시는 무효이다.

⑤ 비리공무원이 감사기관의 사직권고를 받고 사직의 의사표시를 하여 의원면직처분이 된 경우, 그 사표제출자의 내심에 사직할 의사가 없었더라도 그 사직의 의사표시는 효력이 발생한다.

07 의사표시를 한 자가 착오를 이유로 그 의사표시를 취소할 수 없는 경우를 모두 고른 것은? (단, 표의자의 중대한 과실은 없으며 다툼이 있으면 판례에 따름)

> ㄱ. 매매에서 매도인이 목적물의 시가를 몰라서 대금과 시가에 근소한 차이가 있는 경우
> ㄴ. 주채무자의 차용금반환채무를 보증할 의사로 공정증서에 서명·날인하였으나 그 공정증서가 주채무자의 기존의 구상금채무에 관한 준소비대차계약의 공정증서이었던 경우
> ㄷ. 건물 및 부지를 현상태대로 매수하였으나 그 부지의 지분이 근소하게 부족한 경우

① ㄱ

② ㄷ

③ ㄱ, ㄴ

④ ㄴ, ㄷ

⑤ ㄱ, ㄴ, ㄷ

08 민법 제104조(불공정한 법률행위)에 관한 설명으로 옳은 것은?(다툼이 있으면 판례에 따름)

① 증여계약은 민법 제104조에서의 공정성 여부를 논의할 수 있는 성질의 법률행위가 아니다.

② 급부와 반대급부가 현저히 균형을 잃은 경우에는 법률행위가 궁박, 경솔, 무경험으로 인해 이루어진 것으로 추정된다.

③ 대리인에 의하여 법률행위가 이루어진 경우 경솔과 무경험은 본인을 기준으로, 궁박은 대리인을 기준으로 판단한다.

④ 불공정한 법률행위의 성립요건인 궁박, 경솔, 무경험은 모두 구비되어야 한다.

⑤ 불공정한 법률행위로서 무효인 경우라도 당사자의 추인에 의하여 유효로 된다.

09 민법상 조건에 관한 설명으로 옳은 것은?(다툼이 있으면 판례에 따름)

① '대금이 완납되면 매매목적물의 소유권이 이전된다'는 조항이 있는 소유권유보부 매매에서 대금완납은 해제조건이다.

② 선량한 풍속에 반하는 불법조건이 붙은 법률행위는 조건 없는 법률행위가 된다.

③ 당사자의 의사표시로 조건성취의 효력을 소급시킬 수 없다.

④ 조건은 법률행위의 내용을 이룬다.

⑤ 유언에는 조건을 붙일 수 없다.

10 법률행위의 무효 또는 취소에 관한 설명으로 옳은 것은?(다툼이 있으면 판례에 따름)

① 법률행위의 일부분이 무효인 경우 원칙적으로 그 일부분만 무효이다.

② 제한능력자가 법률행위를 취소한 경우 원칙적으로 그가 받은 이익 전부를 상환하여야 한다.

③ 취소할 수 있는 법률행위는 추인권자의 추인이 있은 후에는 취소하지 못한다.

④ 법률행위의 취소권은 법률행위를 한 날부터 3년 내에, 추인할 수 있는 날부터 10년 내에 행사하여야 한다.

⑤ 매도인에게 부과될 공과금을 매수인이 책임진다는 취지의 특약은 사회질서에 반하므로 무효이다.

11 대리에 관한 설명으로 옳은 것은?(다툼이 있으면 판례에 따름)

① 대리인 乙이 자신을 본인 甲이라고 하면서 계약을 체결한 경우 그것이 대리권의 범위 내일지라도 그 계약의 효력은 甲이 아닌 乙에게 귀속된다.

② 대리행위를 한 자에게 대리권이 있다는 점에 대한 증명책임은 대리행위의 효과를 주장하는 자에게 있다.

③ 금전소비대차계약에서 원리금반환채무 변제의 수령권한을 위임받은 대리인은 원칙적으로 그 원리금반환채무를 면제해 줄 대리권도 있다.

④ 수인의 대리인이 본인을 위하여 각각 상충되는 내용의 계약을 체결한 경우 가장 먼저 체결된 계약만이 본인에게 효력이 있다.

⑤ 임의대리인은 본인의 승낙이 있는 경우에만 복대리인을 선임할 수 있다.

12 소멸시효에 관한 설명으로 옳지 않은 것은?(다툼이 있으면 판례에 따름)

① 변론주의의 원칙상 법원은 당사자가 주장하는 기산점을 기준으로 소멸시효를 계산하여야 한다.

② 매수인이 목적부동산을 인도받아 계속 점유하고 있다면 그 소유권이전등기청구권의 소멸시효는 진행하지 않는다.

③ 계속적 물품공급계약에 기하여 발생한 외상대금채권은 특별한 사정이 없는 한 거래종료일로부터 외상대금채권 총액에 대하여 한꺼번에 소멸시효가 기산한다.

④ 건물신축공사도급계약에서의 수급인의 도급인에 대한 저당권설정청구권의 소멸시효 기간은 3년이다.

⑤ 변론주의 원칙상 당사자의 주장이 없으면 법원은 소멸시효의 중단에 관해서 직권으로 판단할 수 없다.

13 금전채권에 관한 설명으로 옳지 않은 것은?(다툼이 있으면 판례에 따름)

① 우리나라 통화를 외화채권에 변제충당할 때 특별한 사정이 없는 한 채무이행기의 외국환시세에 의해 환산한다.

② 금전채무의 이행지체로 발생하는 지연손해금의 성질은 손해배상금이지 이자가 아니다.

③ 금전채무의 이행지체로 인한 지연손해금채무는 이행기의 정함이 없는 채무에 해당한다.

④ 금전채무의 약정이율은 있었지만 이행지체로 인해 발생한 지연손해금에 관한 약정이 없는 경우, 특별한 사정이 없는 한 지연손해금은 그 약정이율에 의해 산정한다.

⑤ 금전채무에 관하여 이행지체에 대비한 지연손해금 비율을 따로 약정한 경우, 이는 일종의 손해배상액의 예정이다.

14 채무자의 이행지체책임 발생시기로 옳은 것을 모두 고른 것은?(다툼이 있으면 판례에 따름)

> ㄱ. 불확정기한부 채무의 경우, 채무자가 기한이 도래함을 안 때
> ㄴ. 부당이득반환채무의 경우, 수익자가 이행청구를 받은 때
> ㄷ. 불법행위로 인한 손해배상채무의 경우, 가해자가 피해자로부터 이행청구를 받은 때

① ㄱ   ② ㄱ, ㄴ
③ ㄱ, ㄷ   ④ ㄴ, ㄷ
⑤ ㄱ, ㄴ, ㄷ

15 민법상 과실상계에 관한 설명으로 옳지 않은 것은?(다툼이 있으면 판례에 따름)

① 불법행위의 성립에 관한 가해자의 과실과 과실상계에서의 피해자의 과실은 그 의미를 달리한다.
② 피해자에게 과실이 있는 경우 가해자가 과실상계를 주장하지 않았더라도 법원은 손해배상액을 정함에 있어서 이를 참작하여야 한다.
③ 매도인의 하자담보책임은 법이 특별히 인정한 무과실책임이지만 그 하자의 발생 및 확대에 가공한 매수인의 잘못이 있다면 법원은 이를 참작하여 손해배상액의 범위를 정하여야 한다.
④ 피해자의 부주의를 이용하여 고의의 불법행위를 한 자는 특별한 사정이 없는 한 피해자의 그 부주의를 이유로 과실상계를 주장할 수 없다.
⑤ 손해를 산정함에 있어서 손익상계와 과실상계를 모두 하는 경우 손익상계를 먼저 하여야 한다.

16 채권자 甲, 채무자 乙, 수익자 丙을 둘러싼 채권자취소소송에 관한 설명으로 옳은 것은?(단, 乙에게는 甲 외에 다수의 채권자가 존재하며 다툼이 있으면 판례에 따름)

① 채권자취소소송에서 원고는 甲이고 피고는 乙과 丙이다.
② 원상회복으로 丙이 금전을 지급하여야 하는 경우에 甲은 직접 자신에게 이를 지급할 것으로 청구할 수 있다.
③ 채권자취소권 행사의 효력은 소를 제기한 甲의 이익을 위해서만 발생한다.
④ 乙의 사해의사는 특정 채권자인 甲을 해한다는 인식이 필요하다.
⑤ 채권자취소소송은 甲이 乙의 대리인으로서 수행하는 것이다.

17 민법상 보증채무에 관한 설명으로 옳지 않은 것은?(다툼이 있으면 판례에 따름)

① 주채무가 민사채무이고 보증채무가 상사채무인 경우 보증채무의 소멸시효기간은 주채무에 따라 결정된다.

② 보증은 불확정한 다수의 채무에 대하여도 할 수 있다.

③ 주채권과 분리하여 보증채권만을 양도하기로 하는 약정은 그 효력이 없다.

④ 보증채권을 주채권과 함께 양도하는 경우 대항요건은 주채권의 이전에 관하여만 구비하면 족하다.

⑤ 보증인은 주채무자의 채권에 의한 상계로 채권자에게 대항할 수 있다.

18 지명채권의 양도에 관한 설명으로 옳지 않은 것은?(다툼이 있으면 판례에 따름)

① 장래의 채권도 그 권리의 특정이 가능하고 가까운 장래에 발생할 것임이 상당 정도 기대되는 경우에는 채권양도의 대상이 될 수 있다.

② 채권의 양도를 승낙함에 있어서는 이의를 보류할 수 있고 양도금지의 특약이 있는 채권양도를 승낙하면서 조건을 붙일 수도 있다.

③ 채권양도에 대한 채무자의 승낙은 양도인 또는 양수인에 대하여 할 수 있다.

④ 채권이 이중으로 양도된 경우 양수인 상호 간의 우열은 통지 또는 승낙에 붙여진 확정일자의 선후에 의하여 결정된다.

⑤ 채권양도 없이 채무자에게 채권양도를 통지한 경우 선의인 채무자는 양수인에게 대항할 수 있는 사유로 양도인에게 대항할 수 있다.

19 변제에 관한 설명으로 옳지 않은 것은?(다툼이 있으면 판례에 따름)

① 금액이 서로 다른 채무가 부진정연대관계에 있을 때, 다액채무자가 일부 변제를 하는 경우 변제로 먼저 소멸하는 부분은 다액채무자가 단독으로 채무를 부담하는 부분이다.

② 채권의 준점유자에게 한 변제는 변제자가 선의이며 과실 없음을 입증하면 채권자에 대하여 효력이 있다.

③ 변제충당에 관한 당사자의 특별한 합의가 없으면 그 채무의 비용, 이자, 원본의 순서로 변제에 충당하여야 한다.

④ 채권의 일부에 대하여 변제자대위가 인정되는 경우 그 대위자는 채무자의 채무불이행을 이유로 채권자와 채무자간의 계약을 해제할 수 있다.

⑤ 채권자가 변제수령을 거절하면 채무자는 공탁함으로써 그 채무를 면할 수 있다.

20 甲은 2020.2.1. 자기 소유 중고자동차를 1,000만원에 매수할 것을 乙에게 청약하는 내용의 편지를 발송하였다. 이에 관한 설명으로 옳지 않은 것은?

① 甲의 편지가 2020.2.5. 乙에게 도달하였다면 甲은 위 청약을 임의로 철회하지 못한다.

② 甲의 편지가 2020.2.5. 乙에게 도달하였다면 그 사이 甲이 사망하였더라도 위 청약은 유효하다.

③ 乙이 위 중고자동차를 900만원에 매수하겠다고 회신하였다면 乙은 甲의 청약을 거절하고 새로운 청약을 한 것이다.

④ 甲의 편지를 2020.2.5. 乙이 수령하였더라도 乙이 미성년자라면 甲은 원칙적으로 위 청약의 효력발생을 주장할 수 없다.

⑤ 乙이 위 청약을 승낙하는 편지를 2020.2.10. 발송하여 甲에게 2020.2.15. 도달하였다면 甲과 乙 간의 계약성립일은 2020.2.15.이다.

21 민법상 특정물 매도인의 하자담보책임에 관한 설명으로 옳지 않은 것은?(다툼이 있으면 판례에 따름)

① 매도인의 고의·과실은 하자담보책임의 성립요건이 아니다.

② 악의의 매수인에 대해서 매도인은 하자담보책임을 지지 않는다.

③ 매매 목적물인 서화(書畫)가 위작으로 밝혀진 경우, 매도인의 담보책임이 발생하면 매수인은 착오를 이유로는 매매계약을 취소할 수 없다.

④ 경매목적물에 물건의 하자가 있는 경우 하자담보책임이 발생하지 않는다.

⑤ 목적물에 하자가 있더라도 계약의 목적을 달성할 수 있는 경우에는 매수인에게 해제권이 인정되지 않는다.

22 수급인의 하자담보책임에 관한 설명으로 옳지 않은 것은?(다툼이 있으면 판례에 따름)

① 신축된 건물에 하자가 있는 경우 도급인은 수급인의 하자담보책임에 기하여 계약을 해제할 수 없다.

② 수급인의 하자담보책임에 관한 제척기간은 재판상 또는 재판 외의 권리행사기간이다.

③ 완성된 목적물의 하자가 중요하지 아니하면서 동시에 보수에 과다한 비용을 요하는 경우 도급인은 수급인에게 하자의 보수에 갈음하는 손해배상을 청구할 수 있다.

④ 완성된 액젓저장탱크에 균열이 발생하여 보관 중이던 액젓의 변질로 인한 손해배상은 하자보수에 갈음하는 손해배상과는 별개의 권원에 의하여 경합적으로 인정된다.

⑤ 수급인의 하자담보책임을 면제하는 약정이 있더라도 수급인이 알면서 고지하지 아니한 사실에 대하여는 그 책임이 면제되지 않는다.

23 조합계약에 관한 설명으로 옳은 것을 모두 고른 것은?(다툼이 있으면 판례에 따름)

ㄱ. 2인이 상호출자하여 부동산 임대사업을 하기로 약정하고 이를 위해 부동산을 취득한 경우 그 부동산은 위 2인이 총유한다.
ㄴ. 업무집행자가 수인인 경우 그 조합의 통상사무는 각 업무집행자가 전행할 수 있다.
ㄷ. 당사자들이 공동이행방식의 공동수급체를 구성하여 도급인으로부터 공사를 수급받는 경우 그 공동수급체는 원칙적으로 민법상 조합에 해당한다.

① ㄱ
② ㄱ, ㄴ
③ ㄱ, ㄷ
④ ㄴ, ㄷ
⑤ ㄱ, ㄴ, ㄷ

24 부당이득반환청구권에 관한 설명으로 옳지 않은 것은?(다툼이 있으면 판례에 따름)

① 부당이득반환청구권의 요건인 수익자의 이득은 실질적으로 귀속된 이득을 의미한다.
② 법률상 원인 없이 이득을 얻은 자는 있지만 그로 인해 손해를 입은 자가 없다면 부당이득반환청구권은 성립하지 않는다.
③ 수인이 공동으로 법률상 원인 없이 타인의 재산을 사용한 경우 발생하는 부당이득반환채무는 특별한 사정이 없는 한 부진정연대관계에 있다.
④ 부당이득이 금전상 이득인 경우 이를 취득한 자가 소비하였는지 여부를 불문하고 그 이득은 현존하는 것으로 추정된다.
⑤ 선의의 수익자가 부당이득반환청구소송에서 패소한 때에는 그 소가 제기된 때부터 악의의 수익자로 간주된다.

25 민법 제756조(사용자의 배상책임)에 관한 설명으로 옳지 않은 것은?(다툼이 있으면 판례에 따름)

① 사용자와 피용자 간의 고용계약이 무효이더라도 사실상의 지휘·감독관계가 인정된다면 사용자의 배상책임이 성립할 수 있다.
② 폭행과 같은 피용자의 범죄행위도 민법 제756조 소정의 사무집행관련성을 가질 수 있다.
③ 파견근로자의 파견업무에 관련한 불법행위에 대하여 파견사업주는 특별한 사정이 없는 한 사용자의 배상책임을 부담한다.
④ 고의로 불법행위를 한 피용자가 신의칙상 과실상계를 주장할 수 없는 경우에도 사용자는 특별한 사정이 없는 한 과실상계를 주장할 수 있다.
⑤ 피용자와 공동불법행위를 한 제3자가 있는 경우, 사용자가 피해자에게 손해 전부를 배상하였다면 사용자는 그 제3자에게 배상액 전부를 구상할 수 있다.

01 사권(私權)과 그 성격이 올바르게 연결되지 않은 것은?(다툼이 있으면 판례에 따름)

① 물권 – 지배권

② 제한능력자의 취소권 – 형성권

③ 매매예약의 완결권 – 형성권

④ 동시이행의 항변권 – 연기적 항변권

⑤ 임차인의 부속물매수청구권 – 청구권

02 제한능력자에 관한 설명으로 옳지 않은 것은?(다툼이 있으면 판례에 따름)

① 미성년자가 속임수로써 법정대리인의 동의가 있는 것으로 믿게 하고 자신의 부동산을 매도한 경우, 그 매매계약은 취소할 수 없다.

② 2018년 12월 1일 오후 4시에 출생한 자는 2037년 12월 1일 0시에 성년이 된다.

③ 일상생활에 필요하고 그 대가가 과도하지 아니한 피성년후견인의 법률행위는 성년후견인이 취소할 수 없다.

④ 제한능력자의 취소권은 재판 외에서 의사표시를 하는 방법으로는 행사할 수 없다.

⑤ 제한능력자가 맺은 계약은 추인이 있을 때까지 상대방이 그 의사표시를 철회할 수 있지만, 상대방이 계약 당시에 제한능력자임을 알았을 경우에는 철회할 수 없다.

03 법인 아닌 사단에 관한 설명으로 옳은 것은?(다툼이 있으면 판례에 따름)

① 성년의 남자만이 종중의 구성원이 될 수 있다.

② 법인 아닌 사단의 대표가 총회 결의 없이 법인 아닌 사단의 이름으로 제3자의 금전채무를 보증한 경우, 특별한 사정이 없는 한 법인 아닌 사단은 보증채무를 부담하지 않는다.

③ 종중재산의 분배에 관한 종중총회의 결의 내용이 자율적으로 결정되었다고 하더라도 종원의 고유하고 기본적인 권리의 본질적인 내용을 침해하는 경우, 그 결의는 무효이다.

④ 법인 아닌 사단의 대표자의 직무상 불법행위에 대하여는 법인의 불법행위능력에 관한 민법 제35조 제1항이 적용되지 않는다.

⑤ 교인들이 집단적으로 교회를 탈퇴한 경우, 법인 아닌 사단인 교회가 2개로 분열되고, 분열되기 전 교회의 재산은 분열된 각 교회의 구성원들에게 각각 총유적으로 귀속된다.

04 물건에 관한 설명으로 옳은 것은?(다툼이 있으면 판례에 따름)

① 국립공원의 입장료는 토지의 사용대가로서 민법상의 과실이다.

② 주물과 종물의 관계에 관한 법리는 특별한 사정이 없는 한 권리 상호 간의 관계에도 미친다.

③ 주물의 소유자 아닌 자의 물건도 원칙적으로 종물이 될 수 있다.

④ 주유소 지하에 콘크리트를 타설하여 매설한 유류저장탱크는 토지의 종물이다.

⑤ 수목의 집단이 관계법규에 따라 등기된 경우에도 특별한 사정이 없는 한 토지소유권을 취득한 자는 입목의 소유권도 취득한다.

05 민법 제103조의 반사회적 법률행위에 해당하여 무효인 것을 모두 고른 것은?(다툼이 있으면 판례에 따름)

> ㄱ. 뇌물로 받은 금전을 소극적으로 은닉하기 위하여 이를 임치하는 약정
> ㄴ. 강제집행을 면할 목적으로 허위의 근저당권을 설정하는 행위
> ㄷ. 도박자금에 제공할 목적으로 금전을 대여하는 행위
> ㄹ. 해외파견 후 귀국일로부터 상당기간 동안 소속회사에서 근무하지 않으면 해외파견 소요경비를 배상한다는 사규나 약정

① ㄱ

② ㄷ

③ ㄱ, ㄴ

④ ㄴ, ㄷ

⑤ ㄷ, ㄹ

06 甲은 강제집행을 면할 목적으로 자기 소유의 X토지에 관하여 乙과 짜고 허위의 매매계약을 체결한 후 乙 명의로 소유권이전등기를 마쳐 주었다. 그 후 乙은 丙에게 금전을 차용하면서 X토지 위에 저당권을 설정하였다. 이에 관한 설명으로 옳지 않은 것은?(다툼이 있으면 판례에 따름)

① 甲과 乙사이의 매매계약은 무효이다.

② 丙은 특별한 사정이 없는 한 선의로 추정된다.

③ 丙이 보호받기 위해서는 허위표시에 대하여 선의이면 족하고 무과실일 필요는 없다.

④ 丙이 악의인 경우, 甲은 丙의 저당권등기의 말소청구를 할 수 있다.

⑤ 丙이 선의인 경우, 甲은 乙에게 X토지의 진정명의회복을 위한 소유권이전등기를 청구할 수 없다.

07 착오에 의한 의사표시에 관한 설명으로 옳은 것은?(다툼이 있으면 판례에 따름)

① 매도인의 담보책임이 성립하는 경우, 매수인은 매매계약 내용의 중요부분에 착오가 있더라도 이를 취소할 수 없다.

② 소송행위에도 특별한 사정이 없는 한 착오를 이유로 하는 취소가 허용된다.

③ 착오로 인하여 표의자가 경제적 불이익을 입지 않은 경우에는 법률행위 내용의 중요부분의 착오라고 볼 수 없다.

④ 표의자에게 중대한 과실이 있다는 사실은 법률행위의 효력을 부인하는 자가 증명하여야 한다.

⑤ 매도인이 매수인의 채무불이행을 이유로 매매계약을 적법하게 해제한 경우에는 매수인은 착오를 이유로 그 매매계약을 취소할 수 없다.

08 임의대리권의 범위에 관한 설명으로 옳지 않은 것은?(다툼이 있으면 판례에 따름)

① 권한을 정하지 않은 대리인은 보존행위를 할 수 있다.

② 대리인이 수인인 때에는 법률 또는 수권행위에서 달리 정한 바가 없으면 공동으로 본인을 대리한다.

③ 토지 매각의 대리권을 수여받은 대리인은 특별한 사정이 없는 한 중도금과 잔금을 수령할 권한을 가진다.

④ 매매계약체결에 대해 포괄적 대리권을 수여받은 자는 특별한 사정이 없는 한 상대방에게 약정된 매매대금의 지급기일을 연장하여 줄 권한을 가진다.

⑤ 대여금의 영수권한만을 위임받은 대리인이 그 대여금의 일부를 면제하기 위해서는 본인의 특별수권이 필요하다.

09 乙이 대리권 없이 甲의 대리인으로서 丙과 매매계약을 체결한 경우에 관한 설명으로 옳은 것은?(다툼이 있으면 판례에 따름)

① 甲이 매매계약을 추인하더라도 소급효가 없다.

② 乙이 甲으로부터 추인에 관한 특별수권을 받은 경우, 乙은 매매계약을 추인할 수 있다.

③ 甲은 매매계약의 추인을 거절하였더라도 이를 다시 번복하여 추인할 수 있다.

④ 乙이 미성년자인 경우에도 乙은 무권대리인의 책임을 진다.

⑤ 丙은 甲이 매매계약을 추인한 사실을 안 경우에도 무권대리임을 이유로 乙과 체결한 매매계약을 철회할 수 있다.

10 무효와 취소에 관한 설명으로 옳은 것은?(다툼이 있으면 판례에 따름)

① 무효인 법률행위의 당사자가 그 무효임을 알고 추인한 때에는 새로운 법률행위로 본다.

② 취소권자가 이의의 보류 없이 상대방으로부터 일부의 이행을 수령한 경우에도 법정추인이 되지 않는다.

③ 불공정한 법률행위는 법정추인에 의해 유효로 될 수 있다.

④ 강박에 의한 의사표시를 취소하여 무효가 된 법률행위는 그 무효원인이 종료하더라도 무효행위 추인의 요건에 따라 다시 추인할 수 없다.

⑤ 토지거래허가구역 내의 토지의 매도인은 거래허가 전이라도 매수인의 대금지급의무의 불이행을 이유로 계약을 해제할 수 있다.

11 조건에 관한 설명으로 옳지 않은 것은?(다툼이 있으면 판례에 따름)

① 정지조건부권리의 경우, 조건이 미성취인 동안에는 소멸시효가 진행되지 않는다.

② 불법조건이 붙어 있는 법률행위는 그 조건뿐만 아니라 법률행위 전부가 무효로 된다.

③ 조건의 성취가 미정인 조건부권리도 일반규정에 의하여 담보로 할 수도 있다.

④ 기성조건을 해제조건으로 한 법률행위는 무효이다.

⑤ 정지조건부 법률행위는 권리가 성립한 때에 소급하여 그 효력이 생긴다.

12 소멸시효에 관한 설명으로 옳지 않은 것은?(다툼이 있으면 판례에 따름)

① 음식료채권의 시효기간은 1년이다.

② 소멸시효의 이익은 시효가 완성한 뒤에는 포기할 수 있다.

③ 가처분은 소멸시효 정지사유 중의 하나이다.

④ 가압류에 의한 시효중단의 효력은 가압류의 집행보전의 효력이 존속하는 동안 계속된다.

⑤ 동시이행항변권이 붙은 매매대금 채권은 그 지급기일 이후부터 소멸시효가 진행한다.

13 甲은 자기 소유의 토지에 대해 乙과 매매계약을 체결하면서 이행지체로 인한 손해배상액을 예정하였다. 乙의 이행지체를 이유로 甲이 손해배상을 청구하는 경우에 관한 설명으로 옳지 않은 것은?(다툼이 있으면 판례에 따름)

① 甲은 손해액에 대한 증명을 하지 않더라도 乙의 이행지체가 있었던 사실을 증명하면 예정배상액을 청구할 수 있다.

② 甲에게 손해가 발생하였더라도 특별한 사정이 없는 한 乙은 자신에게 귀책사유가 없음을 증명함으로써 예정배상액의 지급책임을 면할 수 있다.

③ 乙은 甲에게 손해가 발생하지 않았다는 사실을 증명하더라도 예정배상액의 지급책임을 면할 수 없다.

④ 甲은 乙의 이행지체로 인하여 입은 실제 손해액이 예정배상액보다 크다는 사실을 증명하더라도 다른 특약이 없는 한 그 초과부분을 따로 청구할 수 없다.

⑤ 乙의 이행지체로 인하여 특별손해가 발생한 경우, 다른 특약이 없는 한 甲은 乙에게 특별손해에 대한 손해배상을 별도로 청구할 수 있다.

14 과실상계에 관한 설명으로 옳은 것은?(다툼이 있으면 판례에 따름)

① 과실상계의 비율에 대한 당사자의 주장은 법원을 구속한다.

② 배상의무자가 피해자의 과실에 관하여 주장하지 않는 경우, 법원이 이를 직권으로 심리·판단할 수 없다.

③ 한 개의 손해배상청구권 중 일부가 소송상 청구된 경우, 법원은 과실상계를 함에 있어서 손해의 전액에서 과실비율에 의한 감액을 하고 그 잔액이 청구액을 초과하지 않을 경우에는 그 잔액을 인용해야 한다.

④ 채무내용에 따른 본래의 급부의 이행을 구하는 경우에도 과실상계는 적용된다.

⑤ 채무불이행에 관하여 채권자의 과실이 있고 채권자가 그로 인하여 이익을 받은 경우, 손해배상액을 산정함에 있어서 손익상계를 한 다음 과실상계를 해야 한다.

15 乙의 채권자 甲이 乙의 丙에 대한 금전채권에 대하여 채권자대위권을 행사하는 경우에 관한 설명으로 옳지 않은 것은?(다툼이 있으면 판례에 따름)

① 甲의 乙에 대한 채권의 소멸시효가 이미 완성된 경우, 丙은 乙의 甲에 대한 소멸시효의 항변을 원용할 수 없다.

② 丙이 乙의 이행청구에 대하여 동시이행항변권을 행사할 수 있는 경우, 丙은 甲에게 그 동시이행항변권을 가지고 대항할 수 있다.

③ 채권자대위소송에서 甲의 乙에 대한 채권이 존재하는지 여부는 법원의 직권조사사항이 아니다.

④ 甲의 乙에 대한 채권의 이행기가 도래하기 전이라도 甲은 법원의 허가를 받아 乙의 丙에 대한 채권을 대위행사할 수 있다.

⑤ 甲은 丙에게 직접 자기에게 이행하도록 청구하여 급부를 대위수령할 수 있다.

16 채권자취소권에 관한 설명으로 옳지 않은 것은?(다툼이 있으면 판례에 따름)

① 채권자가 사해행위 취소소송을 통해 원상회복만을 구하는 경우, 법원은 가액배상을 명할 수 없다.

② 채권자가 사해행위의 취소와 원상회복을 구하는 경우, 사해행위의 취소만을 먼저 청구한 다음 원상회복을 나중에 청구할 수도 있다.

③ 채무초과상태의 채무자가 유일한 재산을 우선변제권 있는 채권자에게 대물변제로 제공하는 경우, 특별한 사정이 없는 한 사해행위가 되지 않는다.

④ 사해행위 취소소송에서 채무자는 피고적격이 없다.

⑤ 채권자취소권의 행사에 있어서 제척기간의 도과에 관한 증명책임은 사해행위 취소소송의 상대방에게 있다.

17 채권양도에 관한 설명으로 옳지 않은 것은?(다툼이 있으면 판례에 따름)

① 근로자가 임금채권을 양도한 경우, 양수인은 스스로 사용자에 대하여 임금지급을 청구할 수 없다.

② 주채권과 분리하여 보증채권만을 양도하기로 하는 약정은 그 효력이 없다.

③ 지명채권의 양도통지를 한 후 그 양도계약이 해제된 경우, 양도인이 그 해제를 이유로 채무자에게 양도채권으로 대항하려면 양수인이 그 채무자에게 해제사실을 통지하여야 한다.

④ 매매로 인한 소유권이전등기청구권에 관한 양도제한의 법리는 취득시효완성으로 인한 소유권이전등기 청구권의 양도에도 적용된다.

⑤ 2인이 동업하는 조합의 조합원 1인이 다른 조합원의 동의 없이 한 조합채권의 양도행위는 무효이다.

18 채무인수에 관한 설명으로 옳은 것은?(다툼이 있으면 판례에 따름)

① 채권자와 인수인의 계약에 의한 중첩적 채무인수는 채무자의 의사에 반하여 할 수 없다.

② 채무자와 인수인의 계약에 의한 면책적 채무인수는 채권자의 승낙이 없더라도 유효하다.

③ 면책적 채무인수로 인하여 종래의 채무가 소멸하는 것은 아니므로 특별한 사정이 없는 한 종래의 채무를 담보하는 저당권도 당연히 소멸하지는 않는다.

④ 채무인수가 면책적 인수인지, 중첩적 인수인지 분명하지 않은 때에는 이를 면책적 채무인수로 본다.

⑤ 부동산 매수인이 매매목적물에 설정된 저당권의 피담보채무를 인수하는 한편 그 채무액을 매매대금에서 공제하기로 약정한 경우, 특별한 사정이 없는 한 이는 매도인을 면책시키는 채무인수로 본다.

19 제3자를 위한 계약에 관한 설명으로 옳은 것을 모두 고른 것은?(다툼이 있으면 판례에 따름)

ㄱ. 계약체결 당시에 수익자가 특정되어 있지 않으면 제3자를 위한 계약은 성립할 수 없다.

ㄴ. 계약 당사자가 제3자에 대하여 가진 채권에 관하여 그 채무를 면제하는 계약도 제3자를 위한 계약에 준하는 것으로 유효하다.

ㄷ. 낙약자는 요약자와 수익자 사이의 법률관계에 기한 항변으로 수익자에게 대항하지 못한다.

ㄹ. 낙약자가 채무를 불이행하는 경우 수익자는 낙약자의 채무불이행을 이유로 계약을 해제할 수 있다.

① ㄱ, ㄴ   ② ㄴ, ㄷ

③ ㄷ, ㄹ   ④ ㄱ, ㄴ, ㄹ

⑤ ㄴ, ㄷ, ㄹ

20 계약해제에 관한 설명으로 옳지 않은 것은?(다툼이 있으면 판례에 따름)

① 약정해제권 행사의 경우, 특별한 사정이 없는 한 그 해제의 효과로서 손해배상청구는 할 수 없다.

② 해제로 인해 소멸되는 계약상의 채권을 계약해제 이전에 양수한 자는 계약해제의 효과를 규정한 민법 제548조 제1항 단서에 의해 보호받는 제3자에 해당하지 않는다.

③ 이행지체로 계약이 해제된 경우, 원상회복의무의 이행으로 반환할 금전에는 그 받은 날로부터 이자를 가하여야 한다.

④ 이행거절로 인한 계약해제의 경우, 해제자는 상대방의 최고 및 동시이행관계에 있는 자기 채무의 이행을 제공할 필요가 없다.

⑤ 계약해제에 따른 원상회복으로 매매대금의 반환을 구하는 경우, 해제자가 해제원인의 일부를 제공하였다면 과실상계가 적용된다.

21 甲은 자기 소유 부동산을 매매하는 사무를 乙에게 위임하였다. 이에 관한 설명으로 옳지 않은 것은?(다툼이 있으면 판례에 따름)

① 乙은 甲의 승낙이나 부득이한 사유 없이 제3자로 하여금 위임사무를 대신 처리하도록 할 수 없다.

② 乙은 甲의 청구가 있는 때에는 위임사무의 처리상황을 보고하고 위임이 종료한 때에는 지체 없이 그 전말을 보고하여야 한다.

③ 乙이 위임을 해지하여 甲이 손해를 입었더라도 乙은 손해배상의무를 부담하지 않는 것이 원칙이다.

④ 위임사무처리에 비용을 요하는 경우, 乙은 위임사무를 완료한 후가 아니면 그 비용을 청구할 수 없다.

⑤ 甲 또는 乙은 원칙적으로 언제든지 위임계약을 해지할 수 있다.

22 乙이 甲소유의 주택을 2년간 임차하는 계약을 甲과 체결하여 그 주택에 거주하는 경우에 관한 설명으로 옳지 않은 것은?(다툼이 있으면 판례에 따름)

① 특별한 사정이 없는 한 甲은 乙의 안전을 배려하거나 도난을 방지할 보호의무를 부담하지 않는다.

② 甲의 귀책사유로 임대차계약이 해지된 경우, 원칙적으로 乙은 원상회복의무를 부담하지 않는다.

③ 임대차계약 존속 중 주택에 사소한 파손이 생긴 경우, 乙의 사용·수익을 방해할 정도가 아니라면 특별한 사정이 없는 한 甲은 수선의무를 부담하지 않는다.

④ 원인불명의 화재로 주택이 소실된 경우 乙이 이행불능으로 인한 손해배상책임을 면하려면 그 주택의 보존에 관하여 선량한 관리자의 주의의무를 다하였음을 증명하여야 한다.

⑤ 乙이 주택의 사용·편익을 위하여 甲의 동의를 얻어 주택에 부속한 물건이 있는 경우, 특별한 사정이 없는 한 임대차 종료 시에 甲에 대하여 그 부속물의 매수를 청구할 수 있다.

23 화해계약에 관한 설명으로 옳지 않은 것은?(다툼이 있으면 판례에 따름)

① 화해당사자의 자격에 관한 착오가 있는 경우에는 이를 이유로 취소하지 못한다.

② 화해계약은 특별한 사정이 없는 한, 당사자 일방이 양보한 권리가 소멸되고 상대방이 화해로 인하여 그 권리를 취득하는 효력이 있다.

③ 채권자와 채무자 간의 잔존채무액의 계산행위는 특별한 사정이 없는 한 화해계약이 아니다.

④ 화해계약이 사기로 인해 이루어진 경우에는 화해의 목적인 분쟁에 관한 사항에 착오가 있더라도 사기에 의한 의사표시를 이유로 이를 취소할 수 있다.

⑤ 성질상 당사자가 임의로 처분할 수 없는 법률관계는 화해계약의 대상이 될 수 없다.

24 불법행위에 관한 설명으로 옳지 않은 것은?(다툼이 있으면 판례에 따름)

① 타인의 불법행위로 모체 내에서 사망한 태아는 불법행위로 인한 손해배상청구권을 갖지 못한다.

② 고의의 불법행위로 인한 손해배상청구권을 수동채권으로 하는 상계는 허용되지 않는다.

③ 불법행위에 의하여 재산권이 침해된 경우, 특별한 사정이 없는 한 그 재산적 손해의 배상에 의하여 정신적 고통도 회복된다고 볼 수 있다.

④ 공동불법행위자 1인에 대한 이행청구는 다른 공동불법행위자에 대하여 시효중단의 효력이 있다.

⑤ 책임능력 있는 미성년자가 불법행위책임을 지는 경우에 그 손해가 그 미성년자의 감독의무자의 의무 위반과 상당인과관계가 있으면 그 감독의무자도 일반불법행위책임을 진다.

25 부당이득에 관한 설명으로 옳은 것은?(다툼이 있으면 판례에 따름)

① 채무자가 채무 없음을 알고 임의로 변제한 경우, 그 반환을 청구할 수 있다.

② 선의의 수익자가 패소한 때에는 패소 시부터 악의의 수익자로 본다.

③ 불법원인급여로 인해 반환을 청구하지 못하는 이익은 종국적인 것임을 요하지 않는다.

④ 제한능력을 이유로 법률행위를 취소하는 경우, 악의의 제한능력자는 그 행위로 인하여 받은 이익 전부를 상환하여야 한다.

⑤ 수익자가 법률상 원인 없이 이득한 재산을 처분함으로 인하여 원물반환이 불가능한 경우, 반환하여야 할 가액은 특별한 사정이 없는 한 그 처분 당시의 대가이다.

01 신의성실의 원칙에 관한 설명으로 옳은 것은?(다툼이 있으면 판례에 따름)

① 인지청구권의 포기는 허용되지 않지만, 인지청구권에는 실효의 법리가 적용될 수 있다.

② 임대차계약 당사자가 차임을 증액하지 않기로 약정한 경우, 사정변경의 원칙에 따라 차임을 증액할 수 없다.

③ 신의성실의 원칙에 반한다는 것을 당사자가 주장하지 않더라도 법원은 직권으로 판단할 수 있다.

④ 취득시효 완성 후 그 사실을 모르고 권리를 주장하지 않기로 하였다가 후에 시효주장을 하는 것은 특별한 사정이 없는 한 신의칙상 허용된다.

⑤ 강행법규를 위반한 약정을 한 사람이 스스로 그 약정의 무효를 주장하는 것은 신의칙상 허용되지 않는다.

02 제한능력자에 관한 설명으로 옳지 않은 것은?

① 미성년자가 법정대리인으로부터 허락을 얻은 특정한 영업에 관하여는 성년자와 동일한 행위능력이 있다.

② 가정법원은 성년후견개시의 심판을 할 때 본인의 의사를 고려하여야 한다.

③ 특정후견은 본인의 의사에 반하여 할 수 없다.

④ 가정법원이 피성년후견인에 대하여 한정후견개시의 심판을 할 때에는 종전의 성년후견의 종료 심판을 한다.

⑤ 가정법원은 질병, 장애, 노령, 그 밖의 사유로 인한 정신적 제약으로 사무를 처리할 능력이 부족한 사람에 대하여 일정한 자의 청구로 성년후견개시의 심판을 한다.

03 부재자 재산관리인에 관한 설명으로 옳지 않은 것은?(다툼이 있으면 판례에 따름)

① 부재자가 재산관리인을 정한 경우에 부재자의 생사가 분명하지 않은 때에는 법원은 재산관리인을 개임할 수 있다.

② 법원은 재산관리인의 과거의 처분행위를 추인하는 허가도 할 수 있다.

③ 법원이 선임한 재산관리인의 권한은 부재자가 사망하면 선임결정이 취소되지 않더라도 소멸한다.

④ 법원이 선임한 재산관리인은 관리할 재산목록을 작성하여야 한다.

⑤ 부재자의 생사가 분명하지 않은 경우, 법원은 부재자가 정한 재산관리인에게 재산의 관리 및 반환에 관하여 상당한 담보를 제공하게 할 수 있다.

04 권리의 객체에 관한 설명으로 옳지 않은 것은?(다툼이 있으면 판례에 따름)

① 주물 자체의 효용과 직접 관계없는 물건은 종물이 아니다.

② 주물에 설정된 저당권의 효력은 특별한 사정이 없으면 종물에 미친다.

③ 입목에 관한 법률에 의하여 입목등기를 한 수목의 집단은 토지와 별개의 부동산이다.

④ 종물은 주물의 처분에 따르므로, 당사자의 특약에 의하여 종물만을 별도로 처분할 수 없다.

⑤ 법정과실은 수취할 권리의 존속기간일수의 비율로 취득한다.

05 민법상 법인에 관한 설명으로 옳지 않은 것은?

① 법인은 이사를 두어야 한다.

② 사단법인의 사원의 지위는 양도 또는 상속할 수 없다.

③ 법인은 정관 또는 총회의 결의로 감사를 둘 수 있다.

④ 주무관청은 이해관계인의 청구에 의하여 임시이사를 선임할 수 있다.

⑤ 이사의 대표권에 대한 제한은 등기하지 않으면 제3자에게 대항하지 못한다.

06 민법 제104조의 불공정한 법률행위에 관한 설명으로 옳은 것은?(다툼이 있으면 판례에 따름)

① '무경험'이란 일반적인 생활체험의 부족이 아니라 어느 특정영역에서의 경험부족을 의미한다.

② 급부와 반대급부 사이의 '현저한 불균형'은 당사자의 주관적 가치가 아닌 거래상의 객관적 가치에 의하여 판단한다.

③ '궁박'에는 정신적 또는 심리적 원인에 기인한 것은 포함되지 않는다.

④ 불공정한 법률행위가 성립하기 위해서는 피해자에게 궁박, 경솔, 무경험 요건이 모두 구비되어야 한다.

⑤ 법률행위가 현저하게 공정을 잃은 경우, 그 행위는 궁박, 경솔, 무경험으로 이루어진 것으로 추정된다.

07 착오에 관한 설명으로 옳지 않은 것은?(다툼이 있으면 판례에 따름)

① 대리인에 의한 의사표시의 경우, 착오의 유무는 대리인을 표준으로 결정한다.

② 소송대리인의 사무원의 착오로 소를 취하한 경우, 착오를 이유로 취소하지 못한다.

③ 매도인이 매매계약을 적법하게 해제한 후 매수인은 착오를 이유로 매매계약을 취소할 수 없다.

④ 상대방이 착오자의 진의에 동의한 것으로 인정될 때에는 계약의 취소가 허용되지 않는다.

⑤ 착오가 표의자의 중대한 과실로 인한 것이더라도 상대방이 표의자의 착오를 알고 이를 이용한 경우에 표의자는 의사표시를 취소할 수 있다.

08 대리에 관한 설명으로 옳은 것을 모두 고른 것은?(다툼이 있으면 판례에 따름)

> ㄱ. 복대리인은 본인이나 제3자에 대하여 대리인과 동일한 권리의무가 있다.
> ㄴ. 대리행위가 강행법규에 위반하는 경우에는 표현대리의 법리가 적용되지 않는다.
> ㄷ. 친권자가 자신의 부동산을 미성년 자녀에게 증여하는 행위는 자기계약이지만 유효하다.
> ㄹ. 대리인이 그 권한 내에서 본인을 위한 것임을 표시한 의사표시는 직접 본인에게 대하여 효력이 생긴다.

① ㄱ, ㄴ

② ㄷ, ㄹ

③ ㄱ, ㄴ, ㄷ

④ ㄴ, ㄷ, ㄹ

⑤ ㄱ, ㄴ, ㄷ, ㄹ

09 무권대리행위의 추인에 관한 설명으로 옳지 않은 것은?(다툼이 있으면 판례에 따름)

① 추인은 제3자의 권리를 해하지 않는 한, 다른 의사표시가 없으면 계약시에 소급하여 그 효력이 생긴다.

② 무권대리행위의 일부에 대한 추인은 상대방의 동의를 얻지 못하는 한 무효이다.

③ 추인은 무권대리행위로 인한 권리 또는 법률관계의 승계인에게도 할 수 있다.

④ 본인이 무권대리인에게 추인한 경우, 상대방은 추인이 있었음을 주장할 수 있다.

⑤ 무권대리행위가 범죄가 되는 경우에 본인이 그 사실을 알고도 장기간 형사고소를 하지 않은 것만으로 묵시적 추인이 된다.

10 법률행위의 조건에 관한 설명으로 옳지 않은 것은?(다툼이 있으면 판례에 따름)

① 정지조건이 법률행위 당시 이미 성취된 경우에는 그 법률행위는 무효이다.

② 해제조건 있는 법률행위는 조건이 성취한 때로부터 그 효력을 잃는다.

③ 조건의 성취가 미정한 권리의무는 일반규정에 의하여 처분, 상속, 보존 또는 담보로 할 수 있다.

④ 당사자가 합의한 경우에는 조건성취의 효력을 소급시킬 수 있다.

⑤ 정지조건부 법률행위에서 조건성취의 사실은 권리를 취득하는 자가 증명책임을 진다.

11 사용자 甲이 의사능력이 없는 상태에서 乙과 근로계약을 체결하였다. 이에 관한 설명으로 옳은 것은?(다툼이 있으면 판례에 의함)

① 甲은 乙과의 근로계약을 취소할 수 있다.

② 甲이 의사무능력 상태에서 乙과의 근로계약을 추인하더라도 그 계약은 무효이다.

③ 甲이 의사무능력을 회복한 후에 추인하면, 다른 약정이 없더라도 그 근로계약은 소급하여 유효하다.

④ 甲과 乙의 근로계약은 추인여부와 상관없이 甲이 의사능력을 회복한 때로부터 유효하다.

⑤ 甲이 의사능력을 회복한 후에 상당한 기간 내에 취소하지 않으면 근로계약은 유효하다.

12 소멸시효에 관한 설명으로 옳지 않은 것은?(다툼이 있으면 판례에 따름)

① 주채무자가 소멸시효 이익을 포기하면, 보증인에게도 그 효력이 미친다.

② 소멸시효의 기간만료 전 6개월 내에 제한능력자에게 법정대리인이 없는 경우에는 그가 능력자가 되거나 법정대리인이 취임한 때부터 6개월 내에는 시효가 완성되지 않는다.

③ 시효중단의 효력 있는 승인에는 상대방의 권리에 관한 처분의 능력이나 권한 있음을 요하지 않는다.

④ 채무자가 제기한 소에 채권자인 피고가 응소하여 권리를 주장하였으나, 그 소가 각하된 경우에 6개월 이내에 재판상 청구를 하면 응소 시에 소급하여 시효중단의 효력이 있다.

⑤ 당사자가 주장하는 소멸시효 기산일이 본래의 기산일보다 뒤의 날짜인 경우에는 당사자가 주장하는 기산일을 기준으로 소멸시효를 계산하여야 한다.

13 지명채권의 양도에 관한 설명으로 옳은 것은?(다툼이 있으면 판례에 따름)

① 채권양도의 대항요건인 채무자의 승낙에는 조건을 붙일 수 있다.

② 채권양도행위가 사해행위에 해당하지 않는 경우에도 양도통지가 별도로 채권자취소권 행사의 대상이 된다.

③ 근로자가 그 임금채권을 양도한 경우, 양수인은 사용자에 대하여 임금의 지급을 청구할 수 있다.

④ 채무자는 채권양도를 승낙한 후에도 양도인에 대한 채권을 새로 취득한 경우에 이를 가지고 양수인에 대하여 상계할 수 있다.

⑤ 채권양도에 대한 채무자의 승낙은 양도인에게 하여야 하며, 양수인에게 한 경우에는 효력이 없다.

14 이행지체책임의 발생 시기에 관한 설명으로 옳지 않은 것은?(다툼이 있으면 판례에 따름)

① 지시채권의 경우, 기한이 도래한 후 소지인이 그 증서를 제시하여 이행을 청구한 때로부터 지체책임을 진다.

② 동시이행관계에 있는 채무는 상대방이 채무의 이행을 제공하지 않는 한, 이행기가 도래하여도 지체책임을 지지 않는다.

③ 불확정기한부 채무의 경우, 기한 도래 사실의 인식여부를 불문하고 기한이 객관적으로 도래한 때로부터 지체책임을 진다.

④ 채무이행의 기한이 없는 경우, 채무자는 이행청구를 받은 때부터 지체책임을 진다.

⑤ 불법행위로 인한 손해배상채무는 원칙적으로 그 성립과 동시에 당연히 이행지체가 성립된다.

15 손해배상액의 예정에 관한 설명으로 옳은 것은?(다툼이 있으면 판례에 따름)

① 특별손해는 예정액을 초과하더라도 원칙적으로 청구할 수 있다.

② 계약체결 시 손해배상액 예정을 한 경우, 그 예정은 그 계약과 관련된 불법행위로 인한 손해배상까지 예정한 것으로 볼 수 있다.

③ 손해배상 예정액이 부당하게 과다한 경우에는 법원은 당사자의 주장이 없더라도 직권으로 이를 감액할 수 있다.

④ 채권자가 예정된 손해배상액을 청구하기 위하여 손해배상액을 증명할 필요는 없으나 적어도 손해의 발생은 증명하여야 한다.

⑤ 손해배상액 예정이 있어도 손해의 발생에 있어서 채권자의 과실이 있으면, 공평의 원칙상 과실상계를 한다.

16 甲은 乙에게 변제기가 도래한 1억원의 금전채권을 가지고 있다. 乙은 현재 무자력 상태에 있고 丙에 대하여 변제기가 도래한 5,000만원의 금전채권을 가지고 있다. 이에 관한 설명으로 옳지 않은 것은?(다툼이 있으면 판례에 따름)

① 乙이 반대하는 경우에도 甲은 丙에 대하여 채권자대위권을 행사할 수 있다.

② 甲이 채권자대위권을 행사하는 경우에 丙은 乙에 대해 가지는 모든 항변사유로써 甲에게 대항할 수 있다.

③ 甲은 丙에게 5,000만원을 乙에게 이행할 것을 청구할 수 있을 뿐만 아니라, 직접 자기에게 이행할 것을 청구할 수 있다.

④ 甲이 丙으로부터 5,000만원을 대위수령한 경우, 甲은 상계적상에 있는 때에는 상계함으로써 사실상 우선변제를 받을 수 있다.

⑤ 甲이 丙에게 채권자대위소송을 제기한 경우, 乙은 소송당사자가 아니므로 乙의 丙에 대한 채권은 소멸시효가 중단되지 않는다.

17 상계에 관한 설명으로 옳지 않은 것은?(다툼이 있으면 판례에 따름)

① 채무의 이행지가 서로 다른 채권은 상계할 수 없다.

② 지급을 금지하는 명령을 받은 제3채무자는 그 후에 취득한 채권에 의한 상계로 그 명령을 신청한 채권자에게 대항하지 못한다.

③ 채권이 압류하지 못할 것인 때에는 그 채무자는 상계로 채권자에게 대항하지 못한다.

④ 소멸시효가 완성된 채권이 그 완성 전에 상계할 수 있었던 것이면 채권자는 상계할 수 있다.

⑤ 쌍방의 채무가 상계적상에 있었으나 상계 의사표시를 않는 동안에 일방의 채무가 변제로 소멸한 후에 는 상계할 수 없다.

18 부동산 매매계약의 합의해제(해제계약)에 관한 설명으로 옳은 것은?(다툼이 있으면 판례에 따름)

① 합의해제는 당사자 쌍방의 묵시적 합의로 성립할 수 없다.
② 합의해제 시에 손해배상에 관한 특약 등을 하지 않았더라도 매도인은 채무불이행으로 인한 손해배상을 청구할 수 있다.
③ 합의해제의 소급효는 해제 전에 매매목적물에 대하여 저당권을 취득한 제3자에게 영향을 미친다.
④ 합의해제에 따른 매도인의 원상회복청구권은 소유권에 기한 물권적 청구권으로서 소멸시효의 대상이 되지 않는다.
⑤ 다른 약정이 없으면 합의해제로 인하여 반환할 금전에 그 받은 날로부터 이자를 가산하여야 할 의무가 있다.

19 甲은 자신의 X건물을 매매대금 1억원, 계약금 1,000만원으로 정하여 乙에게 매도하는 계약을 체결하고, 乙로부터 계약금을 수령하였다. 甲이 乙에게 X건물의 인도 및 소유권이전등기를 마쳐주기 전에 제3자 丙의 과실로 인한 화재로 X건물이 전부 멸실되었다. 이에 관한 설명으로 옳지 않은 것은?(다툼이 있으면 판례에 따름)

① 乙은 丙에게 불법행위로 인한 손해배상을 청구할 수 있다.
② 乙은 甲에게 X건물에 관한 소유권이전등기를 청구할 수 없다.
③ 乙은 甲에게 채무불이행으로 인한 손해배상을 청구할 수 없다.
④ 乙은 甲에게 지급한 계약금에 대해 부당이득반환을 청구할 수 있다.
⑤ 乙은 甲에게 대상청구권의 행사로써 丙에 대한 손해배상채권의 양도를 청구할 수 있다.

20 매도인의 담보책임에 관한 설명으로 옳지 않은 것은?(다툼이 있으면 판례에 따름)

① 경매절차에서 취득한 물건에 하자가 있는 경우, 그에 대하여 담보책임을 물을 수 없다.
② 수량을 지정한 매매의 목적물이 부족한 경우, 악의의 매수인은 대금감액을 청구할 수 있다.
③ 매매의 목적인 권리의 전부가 타인에게 속한 경우, 매도인이 그 권리를 취득하여 매수인에게 이전할 수 없는 때에는 악의의 매수인은 매매계약을 해제할 수 있다.
④ 매매목적물의 하자로 인한 매수인의 매도인에 대한 하자담보책임에 기한 손해배상청구권에는 채권의 소멸시효에 관한 규정이 적용된다.
⑤ 매매의 목적인 부동산에 설정된 저당권의 행사로 인하여 매수인이 그 소유권을 취득할 수 없게 된 경우, 악의의 매수인은 계약을 해제할 수 있다.

21 임대차에 관한 설명으로 옳은 것은?(다툼이 있으면 판례에 따름)

① 토지임차인이 지상물만을 타인에게 양도하더라도 임대차가 종료하면 그 임차인이 매수청구권을 행사할 수 있다.

② 건물임차인이 임대인의 동의 없이 건물의 소부분을 전대한 경우, 임대인은 임대차계약을 해지할 수 있다.

③ 임차인의 채무불이행으로 임대차계약이 해지된 경우, 임차인은 부속물매수청구권을 행사할 수 있다.

④ 임대인은 보증금반환채권에 대한 전부명령이 송달된 후에 발생한 연체차임을 보증금에서 공제할 수 없다.

⑤ 건물소유를 위한 토지임대차의 경우, 임차인의 차임연체액이 2기의 차임액에 이른 때에는 임대인은 계약을 해지할 수 있다.

22 甲은 자신의 토지에 X건물을 신축하기로 하는 계약을 수급인 乙과 체결하면서 甲명의로 건축허가를 받아 소유권보존등기를 하기로 하는 등 완공된 X건물의 소유권을 甲에게 귀속시키기로 합의하였다. 乙은 X건물을 신축하여 완공하였지만 공사대금을 받지 못하고 있다. 이에 관한 설명으로 옳은 것은?(다툼이 있으면 판례에 따름)

① X건물의 소유권은 乙에게 원시적으로 귀속된다.

② X건물에 대한 乙의 하자담보책임은 무과실책임이다.

③ 乙의 甲에 대한 공사대금채권의 소멸시효는 10년이다.

④ 乙은 甲에 대한 공사대금채권을 담보하기 위하여 X건물을 목적으로 한 저당권 설정을 청구할 수 없다.

⑤ X건물의 하자로 인하여 계약의 목적을 달성할 수 없는 경우, 甲은 특별한 사정이 없는 한 계약을 해제할 수 있다.

23 부당이득에 관한 설명으로 옳은 것은?(다툼이 있으면 판례에 따름)

① 선의의 수익자가 패소한 때에는 그 판결이 확정된 때부터 악의의 수익자로 본다.

② 악의의 비채변제라도 변제를 강제당한 경우 등 그 변제가 자유로운 의사에 반하여 이루어진 때에는 반환을 청구할 수 있다.

③ 임차인이 동시이행의 항변권에 기하여 임차목적물을 사용·수익한 경우에는 부당이득이 성립하지 않는다.

④ 무효인 명의신탁약정에 의하여 타인 명의의 등기가 마쳐졌다는 이유만으로 그것이 불법원인 급여에 해당한다.

⑤ 채무 없는 자가 착오로 변제한 경우에 그 변제가 도의관념에 적합한 때에도 그 반환을 청구할 수 있다.

24 불법행위에 관한 설명으로 옳은 것은?(다툼이 있으면 판례에 따름)

① 민법 제758조의 공작물의 소유자책임은 과실책임이다.

② 불법행위에서 고의 또는 과실의 증명책임은 원칙적으로 가해자가 부담한다.

③ 명예훼손의 경우, 법원은 피해자의 청구가 없더라도 직권으로 명예회복에 적합한 처분을 명할 수 있다.

④ 중과실의 불법행위자는 피해자에 대한 채권을 가지고 피해자의 손해배상채권을 상계할 수 있다.

⑤ 여럿이 공동의 불법행위로 타인에게 손해를 가한 때에는 분할하여 그 손해를 배상할 책임이 있다.

25 甲은 자신의 X건물을 공인노무사 乙에게 임대하였다. 乙이 X건물에서 사무소를 운영하고 있던 중 乙의 사무직원 丙의 과실로 X건물이 화재로 멸실되었다. 이에 관한 설명으로 옳지 않은 것은?(다툼이 있으면 판례에 따름)

① 甲은 乙에게 사용자책임을 주장할 수 있다.

② 甲은 乙에게 채무불이행으로 인한 손해배상을 청구할 수 있다.

③ 甲은 丙에게 채무불이행으로 인한 손해배상을 청구할 수 없다.

④ 甲은 동시에 乙과 丙에 대하여 손해배상 전부의 이행을 청구할 수 없다.

⑤ 乙이 甲에게 손해를 배상한 경우, 乙은 丙에게 구상권을 행사할 수 있다.

PART

04

사회보험법

01 사회보장기본법령상 보건복지부장관이 중장기 사회보장 재정추계 및 사회보장통계업무를 효율적으로 수행하기 위하여 필요하다고 인정하는 경우 관련 자료의 수집 · 조사 및 분석에 관한 업무 등을 위탁할 수 있는 기관 또는 단체를 모두 고른 것은?

> ㄱ. 정부출연연구기관 등의 설립 · 운영 및 육성에 관한 법률에 따라 설립된 정부출연연구기관
> ㄴ. 고등교육법 제2조에 따른 학교
> ㄷ. 특정연구기관 육성법 제2조에 따른 특정연구기관
> ㄹ. 국공립 연구기관

① ㄱ, ㄴ, ㄷ   ② ㄱ, ㄴ, ㄹ
③ ㄱ, ㄷ, ㄹ   ④ ㄴ, ㄷ, ㄹ
⑤ ㄱ, ㄴ, ㄷ, ㄹ

02 사회보장기본법령에 관한 설명으로 옳지 않은 것은?

① 보건복지부장관은 사회보장 행정데이터 분석센터의 설치 · 운영에 관한 사무를 수행하기 위하여 불가피한 경우 개인정보 보호법 시행령 제18조 제2호에 따른 범죄경력자료에 해당하는 정보를 처리할 수 있다.

② 보건복지부장관은 사회보장 분야 전문 인력 양성을 위하여 관계 중앙행정기관, 지방자치단체, 공공기관 및 법인 · 단체 등의 직원을 대상으로 사회보장에 관한 교육을 매년 1회 이상 실시할 수 있다.

③ 보건복지부장관은 사회보장정보시스템을 통해 다른 법령에 따라 국가 및 지방자치단체로부터 위탁받은 사회보장에 관한 업무를 수행할 수 있다.

④ 보건복지부장관은 사회보장통계의 작성 · 제출과 관련하여 작성 대상 범위, 절차 등의 내용을 포함한 사회보장통계 운용지침을 마련하여 매년 12월 31일까지 관계 중앙행정기관의 장과 지방자치단체의 장에게 통보하여야 한다.

⑤ 보건복지부장관이 사회보장정보시스템의 운영 · 지원을 위하여 설치할 수 있는 전담기구는 사회보장급여의 이용 · 제공 및 수급권자 발굴에 관한 법률 제29조에 따른 한국사회보장정보원으로 한다.

03 사회보장기본법령상 사회보장 재정추계(財政推計)에 관한 설명으로 옳지 않은 것은?

① 국가는 사회보장제도의 안정적인 운영을 위하여 중장기 사회보장 재정추계를 격년으로 실시하고 이를 공표하여야 한다.

② 보건복지부장관은 사회보장 재정추계를 위하여 재정추계를 실시하는 해의 1월 31일까지 재정추계 세부지침을 마련하여야 한다.

③ 보건복지부장관은 마련한 재정추계 세부지침에 따라 추계를 실시하는 해의 9월 30일까지 재정추계를 하고, 그 결과를 사회보장위원회의 심의를 거쳐 같은 해 10월 31일까지 관계 중앙행정기관의 장에게 통보하여야 한다.

④ 관계 중앙행정기관의 장은 재정추계 결과를 바탕으로 정책개선안을 마련하여 같은 해 12월 31일까지 보건복지부장관에게 제출하여야 한다.

⑤ 보건복지부장관은 정책개선안을 종합하여 이를 추계 실시 해의 다음 해 3월 31일까지 사회보장위원회에 보고하여야 한다.

04 고용보험법상 장애인고용촉진 및 직업재활법 제2조 제1호에 따른 장애인의 피보험기간이 1년인 구직급여의 소정급여일수는?

① 120일   ② 180일
③ 210일   ④ 240일
⑤ 270일

05 고용보험법상 심사 및 재심사청구에 관한 설명으로 옳은 것은?

① 직업안정기관 또는 근로복지공단은 심사청구서를 받은 날부터 7일 이내에 의견서를 첨부하여 심사청구서를 고용보험심사관에게 보내야 한다.

② 고용보험심사관은 원처분등의 집행에 의하여 발생하는 중대한 위해(危害)를 피하기 위하여 긴급한 필요가 있다고 인정되더라도 직권으로는 그 집행을 정지시킬 수 없다.

③ 육아휴직 급여와 출산전후휴가 급여등에 관한 처분에 대한 심사의 청구는 근로복지공단을 거쳐 고용보험심사관에게 하여야 한다.

④ 고용보험심사관은 심사의 청구에 대한 심리(審理)를 마쳤을 때에는 원처분등의 전부 또는 일부를 취소하거나 심사청구의 전부 또는 일부를 기각한다.

⑤ 심사청구에 대한 결정은 심사청구인 및 직업안정기관의 장 또는 근로복지공단에 결정서의 정본을 보낸 다음 날부터 효력이 발생한다.

06 고용보험법령상 육아휴직 급여 등의 특례에 관한 내용이다. (　　)에 들어갈 내용은?

> 같은 자녀에 대하여 자녀의 출생 후 18개월이 될 때까지 피보험자인 부모가 모두 육아휴직을 하는 경우(부모의 육아휴직기간이 전부 또는 일부 겹치지 않은 경우를 포함한다) 그 부모인 피보험자의 육아휴직 급여의 월별 지급액은 육아휴직 7개월째부터 육아휴직 종료일까지는 육아휴직 시작일을 기준으로 한 각 피보험자의 월 통상임금의 (ㄱ)에 해당하는 금액으로 한다. 다만, 해당 금액이 (ㄴ)만원을 넘는 경우에는 부모 각각에 대하여 (ㄴ)만원으로 하고, 해당 금액이 70만원보다 적은 경우에는 부모 각각에 대하여 70만원으로 한다.

① ㄱ : 100분의 70, ㄴ : 150
② ㄱ : 100분의 70, ㄴ : 200
③ ㄱ : 100분의 80, ㄴ : 100
④ ㄱ : 100분의 80, ㄴ : 150
⑤ ㄱ : 100분의 80, ㄴ : 200

07 고용보험법령상 보험가입 등에 관한 설명으로 옳지 않은 것은?

① 국가공무원법에 따른 임기제 공무원(이하 "임기제 공무원"이라 한다)의 경우는 본인의 의사에 따라 고용보험(실업급여에 한정)에 가입할 수 있다.

② 임기제 공무원이 원하는 경우에는 임용된 날부터 3개월 이내에 고용노동부장관에게 직접 고용보험 가입을 신청할 수 있다.

③ 고용보험 피보험자격을 취득한 임기제 공무원이 공무원 신분의 변동에 따라 계속하여 다른 임기제 공무원으로 임용된 때에는 별도의 가입신청을 하지 않은 경우에도 고용보험의 피보험자격을 유지한다.

④ 임기제 공무원이 가입한 고용보험에서 탈퇴한 이후에 가입대상 공무원으로 계속 재직하는 경우 본인의 신청에 의하여 고용보험에 다시 가입할 수 있다.

⑤ 고용보험에 가입한 임기제 공무원에 대한 보험료는 소속기관과 고용보험에 가입한 임기제 공무원이 각각 2분의 1씩 부담한다.

08 고용보험법령상 실업급여에 관한 설명으로 옳지 않은 것은?

① 실업급여수급계좌의 해당 금융기관은 고용보험법에 따른 실업급여만이 실업급여수급계좌에 입금되도록 관리하여야 한다.

② 직업안정기관의 장은 수급자격 인정신청을 한 사람에게 신청인이 원하는 경우에는 해당 실업급여를 실업급여수급계좌로 받을 수 있다는 사실을 안내하여야 한다.

③ 실업급여수급계좌에 입금된 실업급여 금액 전액 이하의 금액에 관한 채권은 압류할 수 없다.

④ 실업급여로서 지급된 금품에 대하여는 국세기본법 제2조 제8호의 공과금을 부과한다.

⑤ 직업안정기관의 장은 정보통신장애로 인하여 실업급여를 실업급여수급계좌로 이체할 수 없을 때에는 해당 실업급여 금액을 수급자격자에게 직접 현금으로 지급할 수 있다.

09 고용보험법상 최종 이직 당시 단기예술인인 피보험자에게만 적용되는 구직급여 지급요건을 모두 고른 것은?

> ㄱ. 수급자격의 인정신청일 이전 1개월 동안의 노무제공일수가 10일 미만이거나 수급자격 인정신청일 이전 14일간 연속하여 노무제공내역이 없을 것
> ㄴ. 이직일 이전 24개월 동안의 피보험 단위기간이 통산하여 9개월 이상일 것
> ㄷ. 이직일 이전 24개월 중 3개월 이상을 예술인인 피보험자로 피보험자격을 유지하였을 것
> ㄹ. 최종 이직일 이전 24개월 동안의 피보험 단위기간 중 다른 사업에서 제77조의5 제2항에서 준용하는 제58조에 따른 수급자격의 제한 사유에 해당하는 사유로 이직한 사실이 있는 경우에는 그 피보험 단위기간 중 90일 이상을 단기예술인으로 종사하였을 것
> ㅁ. 근로 또는 노무제공의 의사와 능력이 있음에도 불구하고 취업(영리를 목적으로 사업을 영위하는 경우를 포함한다)하지 못한 상태에 있을 것

① ㄱ, ㄹ
② ㄱ, ㄴ, ㅁ
③ ㄴ, ㄹ, ㅁ
④ ㄴ, ㄷ, ㄹ, ㅁ
⑤ ㄱ, ㄴ, ㄷ, ㄹ, ㅁ

10 고용보험법령상 연장급여의 상호 조정 등에 관한 설명으로 옳지 않은 것은?

① 훈련연장급여의 지급 기간은 1년을 한도로 한다.
② 훈련연장급여를 지급받고 있는 수급자격자에게는 그 훈련연장급여의 지급이 끝난 후가 아니면 특별연장급여를 지급하지 아니한다.
③ 개별연장급여를 지급받고 있는 수급자격자가 훈련연장급여를 지급받게 되면 개별연장급여를 지급하지 아니한다.
④ 특별연장급여를 지급받고 있는 수급자격자에게는 특별연장급여의 지급이 끝난 후가 아니면 개별연장급여를 지급하지 아니한다.
⑤ 특별연장급여는 그 수급자격자가 지급받을 수 있는 구직급여의 지급이 끝난 후에 지급한다.

11 고용보험법상 훈련연장급여에 관한 내용이다. (   )에 들어갈 숫자를 순서대로 옳게 나열한 것은?

제54조(연장급여의 수급기간 및 구직급여일액) ① 〈중략〉
② 제51조에 따라 훈련연장급여를 지급하는 경우에 그 일액은 해당 수급자격자의 구직급여일액의 100분의 (   )으로 하고, 제52조 또는 제53조에 따라 개별연장급여 또는 특별연장급여를 지급하는 경우에 그 일액은 해당 수급자격자의 구직급여일액의 100분의 (   )을 곱한 금액으로 한다.

① 60, 60   ② 70, 60
③ 80, 60   ④ 90, 70
⑤ 100, 70

12 고용보험법령상 고용유지지원금에 관한 설명이다. (   )에 들어갈 내용으로 옳은 것은?(다만, 2020년 보험연도의 경우는 제외한다.)

고용유지지원금은 그 조치를 실시한 일수(둘 이상의 고용유지조치를 동시에 실시한 날은 (ㄱ)로 본다)의 합계가 그 보험연도의 기간 중에 (ㄴ)에 이를 때까지만 각각의 고용유지조치에 대하여 고용유지지원금을 지급한다.

① ㄱ : 1일, ㄴ : 60일   ② ㄱ : 1일, ㄴ : 90일
③ ㄱ : 1일, ㄴ : 180일   ④ ㄱ : 2일, ㄴ : 90일
⑤ ㄱ : 2일, ㄴ : 180일

13 고용보험법령상 고용보험위원회(이하 '위원회'라 한다)에 관한 설명으로 옳지 않은 것은?

① 위원회의 위원장은 고용노동부차관이 되며, 그 위원장은 위원을 임명하거나 위촉한다.
② 위원회에는 고용보험운영전문위원회와 고용보험평가전문위원회를 둔다.
③ 위원회의 위원 중 정부를 대표하는 사람은 임명의 대상이 된다.
④ 위원회의 간사는 1명을 두되, 간사는 고용노동부 소속 공무원 중에서 위원장이 임명한다.
⑤ 고용보험 및 산업재해보상보험의 보험료징수 등에 관한 법률에 따른 보험료율의 결정에 관한 사항은 위원회의 심의사항이다.

14 산업재해보상보험법령상 산업재해보상보험및예방심의위원회(이하 '위원회'라 한다)에 관한 내용으로 옳지 않은 것은?

① 위원회는 근로자를 대표하는 사람, 사용자를 대표하는 사람 및 공익을 대표하는 사람으로 구성하되, 그 수는 각각 같은 수로 한다.

② 사용자를 대표하는 위원은 전국을 대표하는 사용자 단체가 추천하는 사람 5명으로 한다.

③ 근로자를 대표하는 위원의 임기는 3년으로 하되, 연임할 수 있다.

④ 위원회의 회의는 재적위원 과반수의 출석으로 개의하고, 출석위원 3분의 2 이상의 찬성으로 의결한다.

⑤ 보궐위원의 임기는 전임자의 남은 임기로 한다.

15 산업재해보상보험법령상 유족보상연금에 관한 내용으로 옳지 않은 것은?

① 유족보상연금 수급자격자인 유족이 사망한 근로자와의 친족 관계가 끝난 경우 그 자격을 잃는다.

② 대한민국 국민이 아닌 유족보상연금 수급자격자인 유족이 외국에서 거주하기 위하여 출국하는 경우 그 자격을 잃는다.

③ 근로복지공단은 근로자의 사망 당시 태아였던 자녀가 출생한 경우 유족보상연금 수급권자의 청구에 의하거나 직권으로 그 사유가 발생한 달 분부터 유족보상연금의 금액을 조정한다.

④ 근로자가 사망할 당시 대한민국 국민이었던 유족보상연금 수급자격자인 유족이 국적을 상실하고 외국에서 거주하고 있거나 외국에서 거주하기 위하여 출국하는 경우 그 자격을 잃는다.

⑤ 유족보상연금을 받을 권리가 있는 유족보상연금 수급자격자가 그 자격을 잃은 경우에 유족보상연금을 받을 권리는 같은 순위자가 있으면 같은 순위자에게, 같은 순위자가 없으면 다음 순위자에게 이전된다.

16 산업재해보상보험법령상 노무제공자에 대한 특례의 내용으로 옳지 않은 것은?

① "플랫폼 종사자"란 온라인 플랫폼을 통해 노무를 제공하는 노무제공자를 말한다.

② "평균보수"란 이를 산정하여야 할 사유가 발생한 날이 속하는 달의 전달 말일부터 이전 3개월 동안 노무제공자가 재해가 발생한 사업에서 지급받은 보수와 같은 기간 동안 해당 사업 외의 사업에서 지급받은 보수를 모두 합산한 금액을 해당 기간의 총 일수로 나눈 금액을 말한다.

③ 보험을 모집하는 사람으로서 새마을금고법 및 신용협동조합법에 따른 공제의 모집을 전업으로 하는 사람은 노무제공자의 범위에 포함된다.

④ 보험을 모집하는 사람으로서 우체국예금·보험에 관한 법률에 따른 우체국보험의 모집을 전업으로 하는 사람은 노무제공자의 범위에 포함된다.

⑤ "플랫폼 운영자"란 온라인 플랫폼을 이용하여 플랫폼 종사자의 노무제공을 중개 또는 알선하는 것을 업으로 하는 자를 말한다.

17 산업재해보상보험법상 요양급여의 범위에 해당하는 것은 모두 몇 개인가?

• 재활치료   • 간호
• 이송   • 간병
• 약제 또는 진료재료와 의지(義肢)나 그 밖의 보조기의 지급

① 1개   ② 2개

③ 3개   ④ 4개

⑤ 5개

18 산업재해보상보험법령상 장례비에 관한 설명으로 옳지 않은 것은?

① 장례비 최고금액 및 최저금액의 적용기간은 당해 연도 1월 1일부터 12월 31일까지로 한다.

② 장례비 최고금액은 전년도 장례비 수급권자에게 지급된 1명당 평균 장례비 90일분+최고 보상기준 금액의 30일분으로 산정한다.

③ 장례비 최저금액은 전년도 장례비 수급권자에게 지급된 1명당 평균 장례비 90일분+최저 보상기준 금액의 30일분으로 산정한다.

④ 장례비 최고금액 및 최저금액을 산정할 때 10원 미만은 버린다.

⑤ 장례비는 장례를 지낼 유족이 없거나 그 밖에 부득이한 사유로 유족이 아닌 사람이 장례를 지낸 경우에는 평균임금의 120일분에 상당하는 금액의 범위에서 실제 드는 비용을 그 장례를 지낸 사람에게 지급한다.

19 산업재해보상보험법령상 업무상질병판정위원회의 구성에 관한 내용으로 옳은 것은?

① 고등교육법 제2조에 따른 학교에서 조교수 이상으로 재직하고 있는 사람은 위원이 될 수 없다.
② 국가기술자격법에 따른 산업위생관리 기사 이상의 자격을 취득하고 관련 업무에 3년 이상 종사한 치과의사는 위원이 될 수 없다.
③ 산업재해보상보험 관련 업무에 5년 이상 종사한 사람은 위원이 될 수 있다.
④ 국가기술자격법에 따른 인간공학 분야 기사 이상의 자격을 취득하고 관련 업무에 3년 이상 종사한 한의사는 위원이 될 수 없다.
⑤ 위원장과 위원의 임기는 3년으로 하되, 연임할 수 있다.

20 산업재해보상보험법에서 사용하는 용어의 정의로 옳지 않은 것은?

① "유족"이란 사망한 사람의 배우자(사실상 혼인 관계에 있는 사람을 포함한다) · 자녀 · 부모 · 손자녀 · 조부모 또는 형제자매를 말한다.
② "장해"란 업무상의 부상 또는 질병에 따른 정신적 또는 육체적 훼손으로 노동능력이 상실되거나 감소된 상태로서 그 부상 또는 질병이 치유되지 아니한 상태를 말한다.
③ "치유"란 부상 또는 질병이 완치되거나 치료의 효과를 더 이상 기대할 수 없고 그 증상이 고정된 상태에 이르게 된 것을 말한다.
④ "출퇴근"이란 취업과 관련하여 주거와 취업장소 사이의 이동 또는 한 취업장소에서 다른 취업장소로의 이동을 말한다.
⑤ "진폐"(塵肺)란 분진을 흡입하여 폐에 생기는 섬유증식성(纖維增殖性) 변화를 주된 증상으로 하는 질병을 말한다.

21 산업재해보상보험법상 장해보상연금에 관한 내용이다. (   )에 들어갈 숫자의 합은?

장해보상연금은 수급권자가 신청하면 그 연금의 최초 1년분 또는 (   )년분(대통령령으로 정하는 노동력을 완전히 상실한 장해등급의 근로자에게는 그 연금의 최초 1년분부터 (   )년분까지)의 (   )분의 1에 상당하는 금액을 미리 지급할 수 있다. 이 경우 미리 지급하는 금액에 대하여는 100분의 (   )의 비율 범위에서 대통령령으로 정하는 바에 따라 이자를 공제할 수 있다.

① 11
② 12
③ 13
④ 15
⑤ 18

22 산업재해보상보험법령상 상병보상연금에 관한 설명으로 옳은 것은?

① 중증요양상태등급이 제3급인 경우 평균임금의 257일분을 지급한다.

② 상병보상연금을 받는 근로자가 60세가 되면 그 이후의 상병보상연금은 고령자의 1일당 상병보상연금 지급기준에 따라 감액된 금액을 지급한다.

③ 상병보상연금을 지급받는 경우 요양급여와 휴업급여는 지급되지 아니한다.

④ 재요양을 시작한 지 1년이 지난 후에 부상·질병 상태가 상병보상연금의 지급요건 모두에 해당하는 사람에게는 상병보상연금을 지급한다.

⑤ 상병보상연금을 산정할 때 근로자의 평균임금이 최저임금액에 90분의 100을 곱한 금액보다 적을 때에는 최저임금액의 90분의 100에 해당하는 금액을 그 근로자의 평균임금으로 보아 산정한다.

23 산업재해보상보험법상 직장복귀지원금 등에 관한 것이다. (   )에 들어갈 숫자로 옳은 것은?

제75조(직장복귀지원금 등) ① 〈중략〉
② 제1항에 따른 직장복귀지원금은 고용노동부장관이 임금수준 및 노동시장의 여건 등을 고려하여 고시하는 금액의 범위에서 사업주가 장해급여자에게 지급한 임금액으로 하되, 그 지급기간은 (ㄱ)개월 이내로 한다.
③ 제1항에 따른 직장적응훈련비 및 재활운동비는 고용노동부장관이 직장적응훈련 또는 재활운동에 드는 비용을 고려하여 고시하는 금액의 범위에서 실제 드는 비용으로 하되, 그 지급기간은 (ㄴ)개월 이내로 한다.

① ㄱ : 3, ㄴ : 3   ② ㄱ : 3, ㄴ : 6
③ ㄱ : 6, ㄴ : 6   ④ ㄱ : 6, ㄴ : 12
⑤ ㄱ : 12, ㄴ : 3

24 국민연금법에 관한 내용으로 옳지 않은 것은?

① 급여수급전용계좌에 입금된 급여와 이에 관한 채권은 압류할 수 없다.

② 장애연금액은 장애등급 2급에 해당하는 자에 대하여는 기본연금액의 1천분의 600에 해당하는 금액에 부양가족연금액을 더한 금액으로 한다.

③ 장애등급이 2급 이상인 장애연금 수급권자가 사망하면 그 유족에게 유족연금을 지급한다.

④ 가입자 또는 가입자였던 자가 가입기간이 10년 미만이고 60세가 된 때에는 본인이나 그 유족의 청구에 의하여 반환일시금을 지급받을 수 있다.

⑤ 장애연금 수급권자가 고의나 중대한 과실로 요양 지시에 따르지 아니하거나 정당한 사유 없이 요양 지시에 따르지 아니하여 회복을 방해한 때에는 급여의 전부 또는 일부의 지급을 정지할 수 있다.

25 국민연금법상 소멸시효에 관한 내용이다. ( )에 들어갈 숫자의 합은?

> 연금보험료, 환수금, 그 밖의 이 법에 따른 징수금을 징수하거나 환수할 권리는 ( )년간, 급여(제77조 제1항 제1호에 따른 반환일시금은 제외한다)를 받거나 과오납금을 반환받을 수급권자 또는 가입자 등의 권리는 ( )년간 행사하지 아니하면 각각 소멸시효가 완성된다.

① 4

② 6

③ 8

④ 13

⑤ 15

26 국민연금법령상 심사청구 및 재심사청구에 관한 내용으로 옳지 않은 것은?

① 가입자의 자격, 기준소득월액, 연금보험료, 그 밖의 이 법에 따른 징수금과 급여에 관한 국민연금공단 또는 국민건강보험공단의 처분에 이의가 있는 자는 그 처분을 한 국민연금공단 또는 국민건강보험공단에 심사청구를 할 수 있다.

② 국민연금심사위원회 위원의 임기는 2년으로 하며, 1차례만 연임할 수 있으며, 국민연금공단의 임직원인 위원의 임기는 그 직위의 재임기간으로 한다.

③ 청구인은 결정이 있기 전까지는 언제든지 심사청구를 문서로 취하할 수 있다.

④ 심사청구에 대한 결정에 불복하는 자는 그 결정통지를 받은 날부터 90일 이내에 국민연금재심사위원회에 재심사를 청구할 수 있다.

⑤ 국민연금재심사위원회의 재심사와 재결에 관한 절차에 관하여는 행정심판법을 준용한다.

27 국민연금법령상 연금보험료 등의 독촉에 관한 내용이다. ( )에 들어갈 내용은?

> 제64조(연금보험료 등의 독촉) ① 국민건강보험공단은 법 제95조 제1항에 따라 사업장가입자의 연금보험료와 그에 따른 징수금의 납부를 독촉할 때에는 납부기한이 지난 후 (ㄱ) 이내에 해당 사업장가입자의 사용자에게 독촉장을 발부하여야 한다.
> ② 국민건강보험공단은 법 제95조 제1항에 따라 지역가입자의 연금보험료와 그에 따른 징수금의 납부를 독촉할 때에는 납부 기한이 지난 후 (ㄴ) 이내에 해당 가입자에게 독촉장을 발부하여야 한다.
> ③ 국민건강보험공단은 법 제95조 제1항에 따라 제2차 납부의무자의 연금보험료, 연체금, 체납처분비의 납부를 독촉할 때에는 납부 기한이 지난 후 (ㄷ)이내에 제2차 납부의무자에게 독촉장을 발부하여야 한다.

① ㄱ : 10일, ㄴ : 1개월, ㄷ : 10일
② ㄱ : 20일, ㄴ : 1개월, ㄷ : 20일
③ ㄱ : 20일, ㄴ : 3개월, ㄷ : 20일
④ ㄱ : 30일, ㄴ : 3개월, ㄷ : 20일
⑤ ㄱ : 30일, ㄴ : 3개월, ㄷ : 30일

28 국민연금법령상 국민연금기금에 관한 설명으로 옳지 않은 것은?

① 국민연금기금은 연금보험료, 국민연금기금 운용 수익금, 적립금, 국민연금공단의 수입지출 결산상의 잉여금을 재원으로 조성한다.
② 국민연금기금운용위원회는 국민연금기금을 관리기금에 위탁할 경우 예탁 이자율의 협의에 관한 사항을 심의·의결할 수 있다.
③ 보건복지부장관은 다음 연도의 국민연금기금운용지침안을 작성하여 4월 말일까지 국민연금기금운용위원회에 제출하여야 하고, 국민연금기금운용위원회는 국민연금기금운용지침안을 5월 말일까지 심의·의결하여야 한다.
④ 보건복지부장관은 매년 국민연금기금 운용계획을 세워서 국민연금기금운용위원회 및 국무회의의 심의를 거쳐 대통령의 승인을 받아야 한다.
⑤ 보건복지부장관은 국민연금기금의 운용 내용과 관리기금에 예탁된 국민연금기금의 사용 내용을 다음 연도 6월 말까지 국민연금기금운용위원회에 제출하여야 한다.

29 국민건강보험법상 국민건강보험공단은 보험료등의 납부의무자가 납부기한까지 보험료등을 내지 아니하는 경우에 보건복지부령으로 정하는 부득이한 사유로 연체금을 징수하지 아니할 수 있다. 밑줄 친 사유에 해당하는 것을 모두 고른 것은?

> ㄱ. 사변으로 인하여 체납하는 경우
> ㄴ. 화재로 피해가 발생해 체납한 경우
> ㄷ. 사업장 폐업으로 체납액을 징수할 수 없는 경우
> ㄹ. 연체금의 금액이 국민건강보험공단의 정관으로 정하는 금액 이하인 경우

① ㄱ, ㄴ
② ㄴ, ㄷ
③ ㄱ, ㄴ, ㄹ
④ ㄱ, ㄷ, ㄹ
⑤ ㄱ, ㄴ, ㄷ, ㄹ

30 국민건강보험법상 국내에 거주하는 국민으로서 건강보험 가입자의 자격의 변동시기에 관한 내용으로 옳은 것을 모두 고른 것은?

> ㄱ. 지역가입자가 적용대상사업장의 사용자로 된 다음 날
> ㄴ. 직장가입자가 다른 적용대상사업장의 근로자로 사용된 날
> ㄷ. 지역가입자가 다른 세대로 전입한 날
> ㄹ. 직장가입자인 근로자가 그 사용관계가 끝난 날의 다음 날

① ㄱ
② ㄱ, ㄴ
③ ㄴ, ㄷ
④ ㄴ, ㄷ, ㄹ
⑤ ㄱ, ㄴ, ㄷ, ㄹ

31 국민건강보험법상 국민건강보험공단(이하 '공단'이라 한다)에 관한 설명으로 옳지 않은 것은?

① 공단은 법인으로 한다.
② 공단의 해산에 관하여는 정관으로 정한다.
③ 공단은 주된 사무소의 소재지에서 설립등기를 함으로써 성립한다.
④ 공단의 설립등기에는 목적, 명칭, 주된 사무소 및 분사무소의 소재지, 이사장의 성명·주소 및 주민등록번호를 포함하여야 한다.
⑤ 공단의 주된 사무소의 소재지는 정관으로 정한다.

32 국민건강보험법상 이의신청 및 심판청구 등에 관한 설명으로 옳지 않은 것은?

① 보험급여 비용에 관한 국민건강보험공단의 처분에 이의가 있는 자는 국민건강보험공단에 이의신청을 할 수 있다.

② 요양급여의 적정성 평가 등에 관한 건강보험심사평가원의 처분에 이의가 있는 자는 건강보험심사평가원에 이의신청을 할 수 있다.

③ 이의신청에 대한 결정에 불복하는 자는 건강보험분쟁조정위원회에 심판청구를 할 수 있다.

④ 정당한 사유로 이의신청을 할 수 없었음을 소명한 경우가 아니면 이의신청은 처분이 있는 날부터 90일을 지나면 제기하지 못한다.

⑤ 이의신청에 대한 결정에 불복하는 자는 행정소송법이 정하는 바에 따라 행정소송을 제기할 수 있다.

33 국민건강보험법령상 국내에 거주하는 국민인 피부양자의 자격 상실 시기로 옳은 것을 모두 고른 것은?

> ㄱ. 대한민국의 국적을 잃은 날
> ㄴ. 사망한 날의 다음 날
> ㄷ. 직장가입자가 자격을 상실한 날
> ㄹ. 피부양자 자격을 취득한 사람이 본인의 신고에 따라 피부양자 자격 상실신고를 한 경우에는 신고한 날

① ㄱ

② ㄹ

③ ㄱ, ㄴ

④ ㄴ, ㄷ

⑤ ㄷ, ㄹ

34 국민건강보험법령상 보수월액에 관한 설명으로 옳지 않은 것은?

① 보수의 전부 또는 일부가 현물(現物)로 지급되는 경우에는 그 지역의 시가(時價)를 기준으로 국민건강보험공단이 정하는 가액(價額)을 그에 해당하는 보수로 본다.

② 직장가입자의 보수월액은 직장가입자가 지급받는 보수를 기준으로 하여 산정한다.

③ 도급(都給)으로 보수가 정해지는 경우에 직장가입자의 자격을 취득하거나 자격이 변동된 달의 전 1개월 동안에 그 사업장에서 해당 직장가입자와 같은 업무에 종사하고 같은 보수를 받는 사람의 보수액을 평균한 금액을 해당 직장가입자의 보수월액으로 결정한다.

④ 보수는 근로자등이 근로를 제공하고 사용자·국가 또는 지방자치단체로부터 지급받는 금품 (실비변상적인 성격을 갖는 금품은 제외한다)으로서 이 경우 보수 관련 자료가 없거나 불명확한 경우 보건복지부장관이 정하여 고시하는 금액을 보수로 본다.

⑤ 휴직이나 그 밖의 사유로 보수의 전부 또는 일부가 지급되지 아니하는 가입자의 보수월액보험료는 해당 사유가 생긴 달의 보수월액을 기준으로 산정한다.

35 고용보험 및 산업재해보상보험의 보험료징수 등에 관한 법률 제49조의2(자영업자에 대한 특례)에 관한 설명으로 옳은 것은?

① 자영업자에 대한 고용보험료 산정의 기초가 되는 보수액은 자영업자의 소득, 보수수준 등을 고려하여 기획재정부장관이 정하여 고시한다.

② 고용보험에 가입한 자영업자는 매월 부과된 보험료를 다음 달 14일까지 납부하여야 한다.

③ 자영업자의 고용보험료는 근로복지공단이 매월 부과하고 징수한다.

④ 고용보험에 가입한 자영업자가 자신에게 부과된 월(月)의 고용보험료를 계속하여 3개월간 납부하지 아니한 경우에는 마지막으로 납부한 고용보험료에 해당되는 피보험기간의 다음날에 보험관계가 소멸된다.

⑤ 근로복지공단의 승인을 통해 고용보험에 가입한 자영업자가 50명 이상의 근로자를 사용하게 된 경우에도 본인이 피보험자격을 유지하려는 경우에는 계속하여 보험에 가입된 것으로 본다.

36 고용보험 및 산업재해보상보험의 보험료징수 등에 관한 법령상 보험료 등에 관한 설명으로 옳지 않은 것을 모두 고른 것은?

> ㄱ. 고용보험 가입자인 근로자가 부담하여야 하는 고용보험료는 자기의 보수총액에 고용안정·직업능력개발사업 및 실업급여의 보험료율의 2분의 1을 곱한 금액으로 한다.
> ㄴ. 보험료는 국민건강보험공단이 매월 부과하고, 이를 근로복지공단이 징수한다.
> ㄷ. 보험사업에 드는 비용에 충당하기 위하여 보험가입자인 근로자와 사용자로부터 산업재해보상보험의 보험료를 징수한다.
> ㄹ. 기획재정부장관은 산재예방요율을 적용받는 사업이 거짓이나 그 밖의 부정한 방법으로 재해예방활동의 인정을 받은 경우에는 재해예방활동의 인정을 취소하여야 한다.

① ㄱ, ㄴ, ㄷ
② ㄱ, ㄴ, ㄹ
③ ㄱ, ㄷ, ㄹ
④ ㄴ, ㄷ, ㄹ
⑤ ㄱ, ㄴ, ㄷ, ㄹ

37 고용보험 및 산업재해보상보험의 보험료징수 등에 관한 법률상 납부의무가 확정된 보험료가 600만원인 경우, 이를 납부기한 전이라도 징수할 수 있는 사유에 해당하지 않는 것은?

① 법인이 합병한 경우
② 공과금을 체납하여 체납처분을 받은 경우
③ 강제집행을 받은 경우
④ 법인이 해산한 경우
⑤ 어음법및수표법에 따른 어음교환소에서 거래정지처분을 받은 경우

38 고용보험 및 산업재해보상보험의 보험료징수 등에 관한 법령상 보험료율의 인상 또는 인하 등에 따른 조치에 관한 설명으로 옳지 않은 것은?

① 근로복지공단은 보험료율 인하로 보험료를 감액 조정한 경우에는 보험료율의 인하를 결정한 날부터 20일 이내에 그 감액 조정 사실을 사업주에게 알려야 한다.
② 보험료율 인상으로 월별보험료가 증액된 때에는 국민건강보험공단이 징수한다.
③ 보험료율 인상으로 증액 조정된 보험료의 추가 납부를 통지받은 사업주는 납부기한까지 증액된 보험료를 내야 한다. 다만, 근로복지공단 또는 국민건강보험공단은 정당한 사유가 있다고 인정되는 경우에는 30일의 범위에서 그 납부기한을 한 번 연장할 수 있다.
④ 근로복지공단은 사업주가 보험연도 중에 사업의 규모를 축소하여 실제의 개산보험료 총액이 이미 신고한 개산보험료 총액보다 100분의 20 이상으로 감소하게 된 경우에는 그 초과액을 감액해야 한다.
⑤ 보험료율 인상으로 개산보험료가 증액된 때에는 근로복지공단이 징수한다.

39 고용보험 및 산업재해보상보험의 보험료징수 등에 관한 법령상 거짓으로 보험사무대행기관 인가를 받아 근로복지공단으로부터 인가가 취소된 경우 보험사무대행기관 인가의 제한 기간은?

① 3개월　　　　　　　　　　　　　② 6개월
③ 1년　　　　　　　　　　　　　　④ 3년
⑤ 5년

40 고용보험 및 산업재해보상보험의 보험료징수 등에 관한 법령상 고용안정·직업능력개발사업의 보험료율에 관한 내용이다. 다음 중 연결이 옳은 것은?

> ㄱ. 상시근로자수가 120명인 사업주의 사업
> ㄴ. 상시근로자수가 1,000명인 사업주의 사업
> ㄷ. 국가·지방자치단체가 직접 하는 사업

> a. 1만분의 18　　　　　　　　　b. 1만분의 25
> c. 1만분의 65　　　　　　　　　d. 1만분의 85
> e. 1천분의 18

① ㄱ - a, ㄴ - c　　　　　　　　② ㄱ - b, ㄷ - d
③ ㄱ - c, ㄴ - e　　　　　　　　④ ㄴ - d, ㄷ - a
⑤ ㄴ - e, ㄷ - b

01 사회보장기본법령에 관한 설명으로 옳은 것은?

① 국가와 지방자치단체는 모든 국민의 인간다운 생활과 자립, 사회참여, 자아실현 등을 지원하여 삶의 질이 향상될 수 있도록 사회서비스에 관한 시책을 마련하여야 한다.

② 보건복지부장관은 제공받은 사회보장 행정데이터의 원활한 분석, 활용 등을 위하여 사회보장 행정데이터 분석센터를 설치 · 운영하여야 한다.

③ 부담 능력이 있는 국민에 대한 사회서비스에 드는 비용은 국가가 부담함을 원칙으로 한다.

④ 사회보장수급권을 포기하는 것이 다른 사람에게 피해를 주는 경우에는 사회보장수급권을 포기할 수 있다.

⑤ 보건복지부장관은 재정추계의 결과를 사회보장위원회의 심의를 거쳐 같은 해 9월 30일까지 관계 중앙행정기관의 장에게 통보하여야 한다.

02 사회보장기본법상 사회보장위원회에서 심의 · 조정하는 사항은 모두 몇 개인가?

> • 사회보장 관련 주요 계획
> • 둘 이상의 중앙행정기관이 관련된 주요 사회보장정책
> • 사회보장급여 및 비용 부담
> • 국가와 지방자치단체의 역할 및 비용 분담
> • 사회보장 전달체계 운영 및 개선

① 1개   ② 2개
③ 3개   ④ 4개
④ 5개

03 사회보장기본법에 관한 설명으로 옳은 것은?

① 사회보장수급권은 정당한 권한이 있는 기관에 서면이나 구두로 포기할 수 있다.

② 고용노동부장관은 관계 중앙행정기관의 장과 협의하여 사회보장에 관한 기본계획을 5년마다 수립하여야 한다.

③ 국가와 지방자치단체는 효과적인 사회보장정책의 수립·시행을 위하여 사회보장에 관한 통계를 작성·관리할 수 있다.

④ 국가는 사회보장제도의 안정적인 운영을 위하여 중장기 사회보장 재정추계를 매년 실시하고 이를 공표하여야 한다.

⑤ 국가와 지방자치단체는 평생사회안전망을 구축·운영함에 있어 사회적 취약계층을 위한 공공부조를 마련하여 최저생활을 보장하여야 한다.

04 고용보험법령상 구직급여에 관한 설명으로 옳지 않은 것은?

① 마지막 이직 당시 일용근로자로서 피보험 단위기간이 1개월 미만인 사람이 수급자격을 갖추지 못한 경우에는 일용근로자가 아닌 근로자로서 마지막으로 이직한 사업을 기준으로 수급자격의 인정 여부를 결정한다.

② 구직급여는 수급자격자가 실업한 상태에 있는 날 중에서 직업안정기관의 장으로부터 실업의 인정을 받은 날에 대하여 지급한다.

③ 수급자격자가 사망한 경우 그 수급자격자에게 지급되어야 할 구직급여로서 아직 지급되지 않은 구직급여의 지급을 청구하려는 사람은 미지급 실업급여 청구서를 사망한 수급자격자의 신청지 관할 직업안정기관의 장에게 제출해야 한다.

④ 구직급여는 이 법에 따로 규정이 있는 경우 외에는 그 구직급여의 수급자격과 관련된 이직일부터 계산하기 시작하여 12개월 내에 하나의 수급자격에 따라 구직급여를 지급받을 수 있는 날을 한도로 하여 지급한다.

⑤ 수급자격자가 질병이나 부상으로 직업안정기관에 출석할 수 없었던 경우로서 그 기간이 계속하여 7일 미만인 경우에 해당하면 직업안정기관에 출석할 수 없었던 사유를 적은 증명서를 제출하여 실업의 인정을 받을 수 있다.

05 고용보험법령상 고용유지지원금에 관한 내용이다. (　　　)에 들어갈 내용은?

1
2
3

> 고용노동부장관이 실업의 급증 등 고용사정이 악화되어 고용안정을 위하여 필요하다고 인정할 때에는 (ㄱ)년의 범위에서 고용노동부장관이 정하여 고시하는 기간에 사업주가 피보험자의 임금을 보전하기 위하여 지급한 금품의 (ㄴ)로서 고용노동부장관이 정하여 고시하는 비율에 해당하는 금액으로 한다.

① ㄱ : 1, ㄴ : 3분의 2 이상 10분의 7 이하
② ㄱ : 1, ㄴ : 4분의 3 이상 10분의 9 이하
① ㄱ : 2, ㄴ : 3분의 2 이상 10분의 7 이하
① ㄱ : 2, ㄴ : 4분의 3 이상 10분의 9 이하
① ㄱ : 3, ㄴ : 3분의 2 이상 10분의 9 이하

06 고용보험법령상 예술인인 피보험자가 임신 13주차에 유산을 한 경우 출산전후급여 등의 지급 기간은?

1
2
3

① 5일 ② 10일
③ 15일 ④ 20일
⑤ 30일

07 고용보험법령상 고용보험위원회(이하 '위원회'라 한다)에 관한 설명으로 옳지 않은 것은?

1
2
3

① 위촉위원 중 정부를 대표하는 사람의 임기는 2년으로 한다.
② 위촉위원 중 보궐위원의 임기는 전임자 임기의 남은 기간으로 한다.
③ 위원회의 위원장이 부득이한 사유로 직무를 수행할 수 없을 때에는 위원장이 미리 지명하는 위원이 그 직무를 대행한다.
④ 위원회의 회의는 재적위원 과반수의 출석으로 개의(開議)하고 출석의원 과반수의 찬성으로 의결한다.
⑤ 위원회에 고용보험운영전문위원회와 고용보험평가전문위원회를 둔다.

08 고용보험법상 고용보험심사관(이하 '심사관'이라 한다)에 관한 설명으로 옳지 않은 것은?

① 실업급여에 관한 처분에 이의가 있는 자는 심사관에게 심사를 청구할 수 있다.

② 심사관은 심사청구를 받으면 30일 이내에 그 심사청구에 대한 결정을 하여야 한다. 다만, 부득이한 사정으로 그 기간에 결정할 수 없을 때에는 한 차례만 10일을 넘지 아니하는 범위에서 그 기간을 연장할 수 있다.

③ 심사관은 심사의 청구에 대한 심리를 위하여 필요하다고 인정하면 심사청구인의 신청 또는 직권으로 심사청구인 또는 관계인을 지정 장소에 출석하게 하여 질문하거나 의견을 진술하게 할 수 있다.

④ 당사자는 심사관에게 심리 · 결정의 공정을 기대하기 어려운 사정이 있으면 그 심사관에 대한 기피신청을 고용노동부장관에게 할 수 있다.

⑤ 직업안정기관 또는 근로복지공단은 심사청구서를 받은 날부터 14일 이내에 의견서를 첨부하여 심사청구서를 심사관에게 보내야 한다.

09 고용보험법령상 폐업한 자영업자인 피보험자에 관한 설명으로 옳지 않은 것은?

① 법령을 위반하여 영업 정지를 받아 폐업한 경우라도 직업안정기관의 장이 인정하는 경우에는 수급자격이 있는 것으로 본다.

② 자영업자인 피보험자 본인의 중대한 귀책사유로서 본인의 사업과 관련하여 특정경제범죄 가중처벌 등에 관한 법률 제3조에 따라 징역형을 선고받고 폐업한 경우에 해당한다고 직업안정기관의 장이 인정하는 경우에는 수급자격이 없는 것으로 본다.

③ 자영업자인 피보험자로서 폐업한 수급자격자에 대한 소정급여일수는 대기기간이 끝난 다음 날부터 계산하기 시작하여 피보험기간이 5년 이상 10년 미만이면 180일까지로 한다.

④ 자영업자인 피보험자의 피보험기간은 그 수급자격과 관련된 폐업 당시의 적용 사업에의 보험 가입기간 중에서 실제로 납부한 고용보험료에 해당하는 기간으로 한다.

⑤ 자영업자인 피보험자로서 폐업한 수급자격자에 대한 구직급여일액은 그 수급자격자의 기초일액에 100분의 60을 곱한 금액으로 한다.

10 고용보험법령상 고용노동부장관이 고용환경 개선, 근무형태 변경 등으로 고용의 기회를 확대한 사업주에게 임금의 일부를 지원할 수 있는 경우가 아닌 것은?

① 직무의 분할 등을 통하여 실업자를 근로계약기간을 정하지 않고 시간제로 근무하는 형태로 하여 새로 고용하는 경우

② 고용보험위원회에서 심의·의결한 국내복귀기업 또는 지역특화산업 등 고용지원이 필요한 업종에 해당하는 기업이 실업자를 고용하는 경우

③ 고용보험위원회에서 심의·의결한 업종에 해당하는 우선지원대상기업이 고용노동부장관이 정하는 전문적인 자격을 갖춘 자를 고용하는 경우

④ 임금을 감액하는 제도 또는 그 밖의 임금체계 개편 등을 통하여 18세 이상 35세 이하의 청년 실업자를 고용하는 경우

⑤ 고용노동부장관이 고용상 연령차별 금지 및 고령자고용촉진에 관한 법률에 따른 고령자가 근무하기에 적합한 것으로 인정하는 직무에 고령자를 새로 고용하는 경우

11 산업재해보상보험법상 진폐에 따른 보험급여 종류를 모두 고른 것은?

ㄱ. 장례비	ㄴ. 휴업급여	ㄷ. 직업재활급여
ㄹ. 간병급여	ㅁ. 유족급여	

① ㄱ, ㄹ   ② ㄱ, ㄴ, ㅁ

③ ㄱ, ㄷ, ㄹ   ④ ㄴ, ㄷ, ㄹ, ㅁ

⑤ ㄱ, ㄴ, ㄷ, ㄹ, ㅁ

12 산업재해보상보험법상 심사 청구 및 재심사 청구에 관한 설명으로 옳지 않은 것은?

① 재심사위원회의 재결은 근로복지공단을 기속(羈束)한다.

② 재심사위원회의 위원(당연직위원은 제외한다)의 임기는 3년으로 하되 연임할 수 있고, 위원장이나 위원의 임기가 끝난 경우 그 후임자가 임명될 때까지 그 직무를 수행한다.

③ 보험급여 결정 등에 대하여는 행정심판법에 따른 행정심판을 제기할 수 없다.

④ 재심사위원회의 위원장 및 위원은 고용노동부장관이 임명한다.

⑤ 재심사 청구의 제기는 시효의 중단에 관하여 민법 제168조에 따른 재판상의 청구로 본다.

13 산업재해보상보험법상 과태료 부과 대상이 되는 자를 모두 고른 것은?

> ㄱ. 근로복지공단이 아닌 자가 근로복지공단과 비슷한 명칭을 사용한 자
> ㄴ. 근로자가 보험급여를 신청한 것을 이유로 근로자를 해고한 사업주
> ㄷ. 특수형태근로종사자로부터 노무를 제공받지 아니하게 된 경우에 이를 대통령령으로 정하는 바에 따라 근로복지공단에 신고를 하지 아니한 사업주

① ㄱ
② ㄴ
③ ㄱ, ㄷ
④ ㄴ, ㄷ
⑤ ㄱ, ㄴ, ㄷ

14 산업재해보상보험법상 유족급여에 관한 설명으로 옳지 않은 것을 모두 고른 것은?

> ㄱ. 유족보상연금액은 기본금액과 가산금액을 곱한 금액으로 한다.
> ㄴ. 유족보상연금액상 급여기초연액은 평균임금에 365를 곱하여 얻은 금액이다.
> ㄷ. 유족보상연금액상 기본금액은 급여기초연액의 100분의 45에 상당하는 금액이다.
> ㄹ. 유족보상연금액상 가산금액의 합산금액이 급여기초연액의 100분의 20을 넘을 때에는 급여기초연액의 100분의 20에 상당하는 금액으로 한다.

① ㄱ, ㄴ
② ㄱ, ㄷ
③ ㄴ, ㄷ
④ ㄴ, ㄹ
⑤ ㄷ, ㄹ

15 산업재해보상보험법령상 업무상 사고에 해당하지 않는 것은?

① 근로자가 근로계약에 따른 업무수행 행위를 하던 중 발생한 사고
② 업무를 준비하는 행위를 하던 중 발생한 사고
③ 천재지변·화재 등 사업장 내에 발생한 돌발적인 사고에 따른 긴급피난·구조행위 등 사회통념상 예견되는 행위를 하던 중에 발생한 사고
④ 사업장 밖에서 업무를 수행하던 중 사업주의 구체적인 지시를 위반한 행위로 인한 사고
⑤ 휴게시간 중 사업주의 지배관리하에 있다고 볼 수 있는 행위로 발생한 사고

16 산업재해보상보험법령상 업무상 질병판정위원회의 심의에서 제외되는 질병이 아닌 것은?

① 진폐

② 이황화탄소 중독증

③ 유해·위험요인에 지속적으로 소량 노출되어 나타나는 만성 중독 증상 또는 소견 등의 질병

④ 한국산업안전보건공단법에 따른 한국산업안전보건공단에 자문한 결과 업무와의 관련성이 높다고 인정된 질병

⑤ 업무의 그 질병 사이에 상당인과관계가 있는지를 명백히 알 수 있는 경우로서 근로복지공단이 정하는 질병

17 국민연금법령상 다음 A근로자의 경우 산입될 국민연금 가입기간은?

| 사용자가 A근로자의 임금에서 7개월간 기여금을 공제하였음에도 연금보험료를 내지 않았다. |

① 3개월 　　　　　　　　　② 4개월

③ 5개월 　　　　　　　　　④ 6개월

⑤ 7개월

18 국민연금법상 다음 (　　)에 들어갈 숫자의 합은?

| 제64조(분할연금 수급권자 등) ① 혼인 기간이 (　　)년 이상인 자가 다음 각 호의 요건을 모두 갖추면 그때부터 그가 생존하는 동안 배우자였던 자의 노령연금을 분할한 일정한 금액의 연금(이하 "분할연금"이라 한다)을 받을 수 있다.
　　1. 배우자와 이혼하였을 것
　　2. 배우자였던 사람이 노령연금 수급권자일 것
　　3. 60세가 되었을 것
　〈중략〉
③ 제1항에 따른 분할연금은 제1항 각 호의 요건을 모두 갖추게 될 때부터 (　　)년 이내에 청구하여야 한다. |

① 6 　　　　　　　　　　② 8

③ 10 　　　　　　　　　④ 13

⑤ 15

19 국민건강보험법령상 피부양자에 해당하지 않는 자는?(단, 직장가입자에게 주로 생계를 의존하는 사람으로서 소득 및 재산이 보건복지부령으로 정하는 기준 이하에 해당하는 사람에 한정한다.)

① 직장가입자의 형제의 배우자
② 직장가입자의 직계비속
③ 직장가입자의 배우자의 직계비속
④ 직장가입자의 직계존속
⑤ 직장가입자의 형제 · 자매

20 국민건강보험법령에 관한 설명으로 옳은 것은? **기출 수정**

① 요양급여비용 및 요양급여의 적정성 평가 등에 관한 건강보험심사평가원의 처분에 이의가 있는 국민건강보험공단, 요양기관 또는 그 밖의 자는 건강보험정책심의위원회에 이의신청을 할 수 있다.
② 직장가입자의 보수월액보험료 상한은 보험료가 부과되는 연도의 전전년도 직장가입자 평균 보수월액보험료의 20배에 해당하는 금액을 고려하여 보건복지부장관이 정하여 고시하는 금액으로 한다.
③ 국민건강보험공단은 보험급여를 받을 수 있는 사람이 고의 또는 중대한 과실로 국민건강보험공단이나 요양기관의 요양에 관한 지시에 따르지 아니한 경우 보험급여를 하지 아니한다.
④ 건강보험심사평가원은 요양급여에 대한 의료의 질을 향상시키기 위하여 요양급여의 적정성 평가를 격년으로 실시하여야 한다.
⑤ 상시 100명 이상의 근로자가 소속되어 있는 사업장의 사용자는 해당 직장가입자의 해당 월의 보수가 14일 이전에 변경된 경우 해당 월의 다음 달 15일까지 공단에 보수월액의 변경을 신청할 수 있다.

21 국민건강보험법령상 보험료에 관한 설명으로 옳은 것은?

① 가입자의 자격을 취득한 날이 속하는 달의 다음 달부터 가입자의 자격을 잃은 날이 속하는 달까지 징수한다.
② 직장가입자의 보수 외 소득월액보험료는 사용자가 부담한다.
③ 보험료 납부의무가 있는 자는 가입자에 대한 그 달의 보험료를 그 달 말일까지 납부하여야 한다.
④ 직장가입자의 보험료율은 1만분의 709로 한다.
⑤ 60세 이상인 사람은 보험료 경감대상이 될 수 있다.

22 국민건강보험법령상 건강검진에 관한 설명으로 옳지 않은 것은?

① 사무직에 종사하지 않는 직장가입자에 대해서는 1년에 1회 실시한다.

② 검진기관이 건강검진을 받은 사람에게 직접 통보한 경우에는 국민건강보험공단은 그 통보를 생략할 수 있다.

③ 직장가입자, 세대주인 지역가입자, 18세 이상인 지역가입자는 일반건강검진 대상이다.

④ 영유아검진 대상은 6세 미만의 가입자 및 피부양자이다.

⑤ 국민건강보험공단은 직장가입자에게 실시하는 일반건강검진의 실시에 관한 사항을 해당 사용자에게 통보해야 한다.

23 고용보험 및 산업재해보상보험의 보험료징수 등에 관한 법령상 고액·상습 체납자의 인적사항 공개에 관한 설명으로 옳지 않은 것은?

① 국민건강보험공단은 체납된 보험료, 이 법에 따른 그 밖의 징수금과 체납처분비와 관련하여 행정심판이 계류 중인 경우에는 공개하여서는 아니 된다.

② 체납자의 인적사항 등에 대한 공개 여부를 심의하기 위하여 국민건강보험공단에 보험료정보공개심의위원회를 둔다.

③ 국민건강보험공단은 인적사항 등의 공개가 결정된 자에 대하여 소명할 기회를 주어야 한다.

④ 체납자 인적사항 등의 공개는 관보에 게재하거나, 고용·산재정보통신망 또는 국민건강보험공단 게시판에 게시하는 방법에 따른다.

⑤ 국민건강보험공단은 보험료정보공개심의위원회의 심의와 관련한 통지일부터 3개월이 지난 후 체납자 인적사항 등의 공개 여부를 재심의하게 한 후 공개대상자를 선정한다.

24 고용보험 및 산업재해보상보험의 보험료징수 등에 관한 법령상 예술인과 이들을 상대방으로 하여 문화예술용역 관련 계약을 체결한 사업의 사업주에 대한 고용보험료율은?

① 1천분의 8

② 1천분의 16

③ 1천분의 24

④ 1천분의 32

⑤ 1천분의 40

25 고용보험 및 산업재해보상보험의 보험료징수 등에 관한 법령상 동일한 사업주가 하나의 장소에서 사업의 종류가 다른 사업을 아래와 같이 할 경우 산재보험료율을 적용하기 위한 주된 사업은?

사업의 종류	매출액(억)	보수총액(억)	근로자 수(명)
A	150	15	30
B	150	15	40
C	250	15	40
D	250	12	40
E	300	12	40

① A

② B

③ C

④ D

⑤ E

01 사회보장기본법에 관한 설명으로 옳지 않은 것은?

① 모든 국민은 자신의 능력을 최대한 발휘하여 자립 · 자활(自活)할 수 있도록 노력하여야 한다.
② 국가와 지방자치단체는 사회보장제도를 시행할 때에 가정과 지역공동체의 자발적인 복지활동을 촉진하여야 한다.
③ 사회보험이란 국민에게 발생하는 사회적 위험을 보험의 방식으로 대처함으로써 국민의 건강과 소득을 보장하는 제도를 말한다.
④ 국내에 거주하는 외국인에게 사회보장제도를 적용할 때에는 국민과 차별하지 아니하되 예외적으로 상호주의에 따를 수 있다.
⑤ 국가와 지방자치단체는 가정이 건전하게 유지되고 그 기능이 향상되도록 노력하여야 한다.

02 사회보장기본법상 사회보장제도의 운영에 관한 설명으로 옳지 않은 것은?

① 국가와 지방자치단체가 사회보장제도를 운영할 때에는 이 제도를 필요로 하는 모든 국민에게 적용하여야 한다.
② 국가와 지방자치단체는 공공부문과 민간부문의 사회보장 전달체계가 효율적으로 연계되도록 노력하여야 한다.
③ 공공부조는 국가의 책임으로 시행하고, 사회보험과 사회서비스는 국가와 지방자치단체의 책임으로 시행하는 것을 원칙으로 한다.
④ 국가와 지방자치단체는 사회보장 관계 법령에서 정하는 바에 따라 사회보장에 관한 상담에 응하여야 한다.
⑤ 국가와 지방자치단체는 효과적인 사회보장정책의 수립 · 시행을 위하여 사회보장에 관한 통계를 작성 · 관리하여야 한다.

03 사회보장기본법령상 사회보장 관련 주요 시책의 시행계획에 관한 내용이다. (   )에 들어갈 내용으로 옳은 것은?

> 보건복지부장관은 사회보장과 관련된 소관 주요 시책의 시행계획에 따른 추진 실적의 평가를 위한 지침을 작성하여 매년 (ㄱ)까지 관계 중앙행정기관의 장에게 통보하고, 관계 중앙행정기관의 장은 통보받은 평가지침에 따라 전년도 시행계획의 추진실적을 평가한 후 그 결과를 매년 (ㄴ)까지 보건복지부장관에게 제출하여야 한다.

① ㄱ : 1월 31일, ㄴ : 3월 31일
② ㄱ : 1월 31일, ㄴ : 6월 30일
③ ㄱ : 3월 31일, ㄴ : 6월 30일
④ ㄱ : 3월 31일, ㄴ : 9월 30일
⑤ ㄱ : 6월 30일, ㄴ : 9월 30일

04 사회보장기본법에 관한 설명으로 옳지 않은 것은?

① 국가는 관계 법령에서 정하는 바에 따라 최저보장수준과 최저임금을 매년 공표하여야 한다.
② 국가와 지방자치단체는 사회보장에 관한 책임과 역할을 합리적으로 분담하여야 한다.
③ 사회보장수급권이 제한되거나 정지되는 경우에는 제한 또는 정지하는 목적에 필요한 최소한의 범위에 그쳐야 한다.
④ 사회보장수급권은 정당한 권한이 있는 기관에 구두 또는 서면으로 통지하여 포기할 수 있다.
⑤ 사회보장에 관한 다른 법률을 제정하거나 개정하는 경우에는 사회보장기본법에 부합되도록 하여야 한다.

05 고용보험법상 피보험자격의 취득 또는 상실 등에 관한 설명으로 옳지 않은 것은?

① 고용보험 및 산업재해보상보험의 보험료징수 등에 관한 법률(이하 "고용산재보험료징수법"이라 한다)에 따른 보험관계 성립일 전에 고용된 근로자의 경우에는 그 보험관계가 성립한 날의 다음 날에 피보험자격을 취득한 것으로 본다.
② 근로자인 피보험자가 이직한 경우에는 이직한 날의 다음 날에 피보험자격을 상실한다.
③ 근로자인 피보험자가 사망한 경우에는 사망한 날의 다음 날에 피보험자격을 상실한다.
④ 고용산재보험료징수법에 따라 보험관계가 소멸한 경우에는 그 보험관계가 소멸한 날에 그 피보험자격을 상실한다.
⑤ 피보험자 또는 피보험자였던 사람은 언제든지 고용노동부장관에게 피보험자격의 취득 또는 상실에 관한 확인을 청구할 수 있다.

06 고용보험법령상 고용보험법 적용이 제외되는 것을 모두 고른 것은?

> ㄱ. 별정우체국법에 따른 별정우체국 직원
> ㄴ. 사립학교교직원 연금법의 적용을 받는 사람
> ㄷ. 어업 중 법인이 아닌 자가 상시 4명 이하의 근로자를 사용하는 사업

① ㄱ
② ㄱ, ㄴ
③ ㄱ, ㄷ
④ ㄴ, ㄷ
⑤ ㄱ, ㄴ, ㄷ

07 고용보험법상 자영업자의 구직급여에 관한 사항으로 피보험기간과 소정급여일수가 옳게 연결된 것은?

① 피보험기간 6개월 – 소정급여일수 120일
② 피보험기간 1년 – 소정급여일수 150일
③ 피보험기간 3년 – 소정급여일수 180일
④ 피보험기간 10년 – 소정급여일수 210일
⑤ 피보험기간 15년 – 소정급여일수 240일

08 고용보험법령상 노무제공자인 피보험자에 해당하지 않는 것은?

① 한국표준직업분류표의 세세분류에 따른 대여 제품 방문점검원
② 가전제품의 판매를 위한 배송 업무를 주로 수행하고 가전제품의 설치, 시운전 등을 통해 작동 상태를 확인하는 사람
③ 초 · 중등교육법에 따른 학교에서 운영하는 방과후학교의 과정을 담당하는 강사
④ 방문판매 등에 관한 법률에 따른 후원방문판매원으로서 자가 소비를 위한 후원방문판매원
⑤ 우체국 예금 · 보험에 관한 법률에 따른 우체국보험의 모집을 전업으로 하는 사람

09 고용보험법령상 고용보험기금에 관한 설명으로 옳지 않은 것은?

① 고용노동부장관은 한국은행에 고용보험기금계정을 설치하여야 한다.

② 고용보험기금의 결산상 손실금이 생기는 경우 이를 적립금으로 보전(補塡)할 수 없다.

③ 기금수입징수관은 기금징수액보고서를 매월 말일을 기준으로 작성하여 다음 달 20일까지 고용노동부장관에게 제출하여야 한다.

④ 고용보험기금을 지출할 때 자금 부족이 발생할 것으로 예상되는 경우에는 고용보험기금의 부담으로 금융기관 · 다른 기금과 그 밖의 재원 등으로부터 차입을 할 수 있다.

⑤ 고용노동부장관의 고용보험기금 관리 · 운용 방법에는 금융기관에 예탁하는 방법이 있다.

10 고용보험법상 재심사에 관한 설명으로 옳지 않은 것은?

① 재심사의 청구는 심사청구에 대한 결정이 있음을 안 날부터 90일 이내에 제기하여야 한다.

② 재심사의 청구는 시효중단에 관하여 재판상의 청구로 본다.

③ 고용보험심사위원회의 재심사청구에 대한 심리는 공개하지 않음이 원칙이지만, 당사자의 양쪽 또는 어느 한 쪽이 신청한 경우에는 공개할 수 있다.

④ 고용보험심사위원회는 재심사의 청구를 받으면 그 청구에 대한 심리 기일(審理期日) 및 장소를 정하여 심리 기일 3일 전까지 당사자 및 그 사건을 심사한 고용보험심사관에게 알려야 한다.

⑤ 당사자는 고용보험심사위원회에 문서나 구두로 그 의견을 진술할 수 있다.

11 산업재해보상보험법령상 산업재해보상보험 및 예방심의위원회의 심의사항이 아닌 것은?

① 요양급여의 범위나 비용 등 요양급여의 산정 기준에 관한 사항

② 고용보험 및 산업재해보상보험의 보험료징수 등에 관한 법률에 따른 산재보험료율의 결정에 관한 사항

③ 산업안전보건법에 따른 산업재해 보상의 세부계획에 관한 사항

④ 산업재해보상보험및예방기금의 운용계획 수립에 관한 사항

⑤ 고용노동부장관이 산업재해보상보험 사업 및 산업안전 · 보건 업무에 관하여 심의에 부치는 사항

12 산업재해보상보험법령상 산업재해보상보험법의 적용 제외 사업에 해당하지 않는 것은?

① 군인 재해보상법에 따라 재해보상이 되는 사업
② 선원법에 따라 재해보상이 되는 사업
③ 벌목업 중 법인이 아닌 자의 사업으로서 상시근로자 수가 5명 미만인 사업
④ 수렵업 중 법인이 아닌 자의 사업으로서 상시근로자 수가 5명 미만인 사업
⑤ 가구 내 고용활동

13 산업재해보상보험법상 과태료 부과 대상이 되는 자를 모두 고른 것은?

ㄱ. 근로복지공단이 아닌 자가 근로복지공단과 비슷한 명칭을 사용한 자
ㄴ. 거짓으로 보험급여를 받도록 시키거나 도와준 자
ㄷ. 거짓으로 보험급여를 받은 자

① ㄱ
② ㄷ
③ ㄱ, ㄴ
④ ㄴ, ㄷ
⑤ ㄱ, ㄴ, ㄷ

14 산업재해보상보험법상 상병보상연금의 지급요건을 모두 고른 것은?

ㄱ. 그 부상이나 질병이 치유되지 아니한 상태일 것
ㄴ. 요양으로 인하여 취업하지 못하였을 것
ㄷ. 그 부상이나 질병에 따른 중증요양상태의 정도가 대통령령으로 정하는 중증요양상태등급 기준에 해당할 것

① ㄱ
② ㄴ
③ ㄱ, ㄴ
④ ㄴ, ㄷ
⑤ ㄱ, ㄴ, ㄷ

15 산업재해보상보험법령상 업무상의 재해의 인정 기준에 해당하는 사유가 아닌 것은?

① 근로자가 근로계약에 따른 업무나 그에 따르는 행위를 하던 중 발생한 사고

② 사업주의 구체적인 지시를 위반한 행위로 인한 사고

③ 사업주가 제공한 시설물 등을 이용하던 중 그 시설물 등의 결함이나 관리소홀로 발생한 사고

④ 사업주가 주관하거나 사업주의 지시에 따라 참여한 행사나 행사준비 중에 발생한 사고

⑤ 휴게시간 중 사업주의 지배관리하에 있다고 볼 수 있는 행위로 발생한 사고

16 산업재해보상보험법에 따라 산정된 저소득 근로자의 휴업급여에 관한 내용이다. (　　)에 들어갈 숫자로 옳은 것은?

> 1일당 휴업급여 지급액이 최저 보상기준 금액의 100분의 (ㄱ)보다 적거나 같으면 그 근로자에 대하여는 평균임금의 100분의 (ㄴ)에 상당하는 금액을 1일당 휴업급여 지급액으로 한다. 다만, 그 근로자의 평균임금의 100분의 (ㄴ)에 상당하는 금액이 최저 보상기준 금액의 100분의 (ㄱ)보다 많은 경우에는 최저 보상기준 금액의 100분의 (ㄱ)에 상당하는 금액을 1일당 휴업급여 지급액으로 한다.

① ㄱ : 70, ㄴ : 70
② ㄱ : 70, ㄴ : 80
③ ㄱ : 80, ㄴ : 80
④ ㄱ : 80, ㄴ : 90
⑤ ㄱ : 90, ㄴ : 90

17 국민연금법상 급여에 관한 설명으로 옳은 것은?

① 급여는 노령연금과 장애연금 두 종류로 나뉜다.

② 급여수급전용계좌에 입금된 급여와 이에 관한 채권은 압류할 수 있다.

③ 급여로 지급된 금액에 대하여는 조세특례제한법이나 그 밖의 법률 또는 지방자치단체가 조례로 정하는 바에 따라 조세, 그 밖에 국가 또는 지방자치단체의 공과금을 감면할 수 없다.

④ 국민연금공단은 장애연금 수급권자의 장애 정도를 심사하여 장애등급에 해당되지 아니하면 장애연금액을 변경한다.

⑤ 자녀인 수급권자가 다른 사람에게 입양된 때에는 그에 해당하게 된 때부터 유족연금의 지급을 정지한다.

18 국민연금법상 국민연금가입자에 관한 설명으로 옳지 않은 것은?

① 가입자는 사업장가입자, 지역가입자, 임의가입자 및 임의계속가입자로 구분한다.

② 임의가입자는 보건복지부령으로 정하는 바에 따라 국민연금공단에 신청하여 탈퇴할 수 있다.

③ 가입자의 가입 종류가 변동되면 그 가입자의 가입기간은 각 종류별 가입기간을 합산한 기간으로 한다.

④ 가입자의 자격을 상실한 후 다시 그 자격을 취득한 자에 대하여는 전후(前後)의 가입기간을 합산한다.

⑤ 임의가입자는 가입 신청을 한 날에 자격을 취득한다.

19 국민건강보험법령상 보수월액에 관한 설명으로 옳지 않은 것은?

① 직장가입자의 보수월액은 직장가입자가 지급받는 보수를 기준으로 하여 산정한다.

② 휴직으로 보수의 전부 또는 일부가 지급되지 아니하는 가입자의 보수월액보험료는 해당 사유가 생기기 전 달의 보수월액을 기준으로 산정한다.

③ 근로자가 근로를 제공하고 사용자로부터 지급받는 금품 중 퇴직금은 보수에서 제외한다.

④ 보수의 전부 또는 일부가 현물(現物)로 지급되는 경우에는 그 지역의 시가(時價)를 기준으로 국민건강보험공단이 정하는 가액(價額)을 그에 해당하는 보수로 본다.

⑤ 보수 관련 자료가 없거나 불명확한 경우에 해당하면 고용노동부장관이 정하여 고시하는 금액을 보수로 본다.

20 국민건강보험법령상 직장가입자 제외자에 해당하는 자를 모두 고른 것은?

ㄱ. 고용 기간이 1개월 미만인 일용근로자
ㄴ. 1개월 동안의 소정(所定)근로시간이 60시간 미만인 단시간근로자
ㄷ. 병역법에 따른 군간부후보생
ㄹ. 선거에 당선되어 취임하는 공무원으로서 매월 보수 또는 보수에 준하는 급료를 받지 아니하는 사람

① ㄱ, ㄴ

② ㄴ, ㄷ

③ ㄱ, ㄴ, ㄹ

④ ㄱ, ㄷ, ㄹ

⑤ ㄱ, ㄴ, ㄷ, ㄹ

21 고용보험 및 산업재해보상보험의 보험료징수 등에 관한 법률상 보험료율의 인상 또는 인하 등에 따른 조치에 관한 내용이다. (   )에 들어갈 내용으로 옳은 것은?

> (ㄱ)은 보험료율이 인상 또는 인하된 때에는 월별보험료 및 개산보험료를 증액 또는 감액 조정하고, 월별보험료가 증액된 때에는 (ㄴ)이, 개산보험료가 증액된 때에는 (ㄷ)이 각각 징수한다.

① ㄱ : 근로복지공단, ㄴ : 국민건강보험공단, ㄷ : 근로복지공단

② ㄱ : 근로복지공단, ㄴ : 근로복지공단, ㄷ : 국민건강보험공단

③ ㄱ : 근로복지공단, ㄴ : 근로복지공단, ㄷ : 근로복지공단

④ ㄱ : 국민건강보험공단, ㄴ : 근로복지공단, ㄷ : 국민건강보험공단

⑤ ㄱ : 국민건강보험공단, ㄴ : 국민건강보험공단, ㄷ : 근로복지공단

22 고용보험 및 산업재해보상보험의 보험료징수 등에 관한 법령상 보험관계의 성립 및 소멸에 관한 설명으로 옳지 않은 것은?

① 산업재해보상보험법을 적용하지 아니하는 사업의 사업주는 근로복지공단의 승인을 받아 산업재해보상보험에 가입할 수 있다.

② 일괄적용사업의 사업주는 사업의 개시일부터 14일 이내에 끝나는 사업의 경우에는 그 끝나는 날의 다음 날까지 개시 및 종료 사실을 근로복지공단에 신고하여야 한다.

③ 고용보험법을 적용하지 아니하는 사업의 사업주가 고용보험에 가입된 경우 그 보험계약을 해지할 때에는 미리 근로복지공단의 승인을 받아야 한다.

④ 고용보험에 가입한 사업주는 기간의 정함이 있는 건설사업의 경우 사업의 기간이 변경되면 그 변경된 날부터 14일 이내에 그 변경사항을 근로복지공단에 신고하여야 한다.

⑤ 고용보험법을 적용하지 아니하는 사업의 사업주가 근로자의 과반수의 동의를 받아 근로복지공단의 승인을 받으면 그 사업의 사업주와 근로자는 고용보험에 가입할 수 있다.

23 고용보험 및 산업재해보상보험의 보험료징수 등에 관한 법령상 상시근로자수가 150명 미만인 사업주의 사업의 고용안정 · 직업능력개발사업의 보험료율은?

① 1만분의 15   ② 1만분의 25

③ 1만분의 35   ④ 1만분의 45

⑤ 1만분의 55

24 고용보험 및 산업재해보상보험의 보험료징수 등에 관한 법령상 기준보수에 관한 설명으로 옳지 않은 것은?

① 근로시간에 따라 보수를 지급받는 근로자가 주당 소정근로시간을 확정할 수 없는 경우에는 시간단위 기준보수를 적용한다.

② 기준보수는 사업의 규모, 근로형태 및 보수수준 등을 고려하여 고용보험법에 따른 고용보험위원회의 심의를 거쳐 시간ㆍ일 또는 월 단위로 정하되, 사업의 종류별 또는 지역별로 구분하여 정할 수 있다.

③ 사업 또는 사업장의 이전 등으로 사업의 소재지를 파악하기 곤란한 경우에는 기준보수를 보수로 할 수 있다.

④ 통상근로자로서 월정액으로 보수를 지급받는 근로자에게는 월단위 기준보수를 적용한다.

⑤ 사업의 폐업으로 보수를 산정하기 곤란한 경우에는 기준보수를 보수로 할 수 있다.

25 고용보험 및 산업재해보상보험의 보험료징수 등에 관한 법률상 보험관계의 변경신고에 관한 내용이다. (　　)에 들어갈 숫자로 옳은 것은?

> 보험에 가입한 사업주는 그 이름, 사업의 소재지 등 대통령령으로 정하는 사항이 변경된 경우에는 그 날부터 (　　)일 이내에 그 변경사항을 근로복지공단에 신고하여야 한다.

① 7
③ 15
⑤ 30

② 14
④ 20

01 사회보장기본법령상 국가와 지방자치단체의 책임에 관한 내용으로 옳지 않은 것은?

① 국가와 지방자치단체는 국가 발전수준에 부응하고 사회환경의 변화에 선제적으로 대응하며 지속 가능한 사회보장제도를 확립하고 매년 이에 필요한 재원을 조달하여야 한다.

② 국가와 지방자치단체는 사회보장 관계 법령에서 규정한 권리나 의무를 모든 국민에게 설명하여야 한다.

③ 국가와 지방자치단체는 사회보장에 관한 책임과 역할을 합리적으로 분담하여야 한다.

④ 국가는 사회보장제도의 안정적인 운영을 위하여 중장기 사회보장 재정추계를 격년으로 실시하고 이를 공표하여야 한다.

⑤ 국가와 지방자치단체는 모든 국민의 인간다운 생활을 유지·증진하는 책임을 가진다.

02 사회보장기본법령상 사회보장위원회에 관한 내용으로 옳지 않은 것은?

① 사회보장위원회의 부위원장은 기획재정부장관, 교육부장관 및 보건복지부장관이 된다.

② 사회보장위원회의 사무를 효율적으로 처리하기 위하여 보건복지부에 사무국을 둔다.

③ 사회보장위원회에 간사 1명을 두고, 간사는 보건복지부 사회복지정책실장으로 한다.

④ 대통령은 위촉한 사회보장위원회의 위원이 직무와 관련된 비위사실이 있는 경우에는 해당 위원을 해촉할 수 있다.

⑤ 사회보장위원회에 두는 실무위원회는 공동위원장 2명을 포함하여 30명 이내의 위원으로 구성한다.

03 사회보장기본법령상 사회보장수급권에 관한 내용으로 옳지 않은 것은?

① 사회보장수급권이 정지되는 경우에는 정지하는 목적에 필요한 최소한의 범위에 그쳐야 한다.

② 사회보장수급권은 관계 법령에서 정하는 바에 따라 타인에게 양도할 수 있다.

③ 사회보장수급권은 관계 법령에서 따로 정하고 있는 경우에는 제한될 수 있다.

④ 사회보장수급권은 관계 법령에서 정하는 바에 따라 타인에게 담보로 제공할 수 없다.

⑤ 사회보장수급권을 포기하는 것이 다른 사람에게 피해를 주는 경우에는 사회보장수급권을 포기할 수 없다.

04 고용보험법령상 사업주에게 지급하는 출산육아기 고용안정장려금의 지급요건 중 하나이다. ( )에 들어갈 내용으로 옳은 것은? `기출 수정`

출산전후휴가, 유산·사산 휴가 또는 육아기 근로시간 단축의 시작일 전 (ㄱ)이 되는 날(출산전후휴가에 연이어 유산·사산 휴가 또는 육아기 근로시간 단축을 시작하는 경우에는 출산전후휴가 시작일 전 (ㄴ)이 되는 날) 이후 새로 대체인력을 고용하여 (ㄷ) 이상 계속 고용한 경우

① ㄱ : 30일, ㄴ : 30일, ㄷ : 30일 ② ㄱ : 30일, ㄴ : 60일, ㄷ : 60일

③ ㄱ : 60일, ㄴ : 60일, ㄷ : 60일 ④ ㄱ : 2개월, ㄴ : 2개월, ㄷ : 30일

⑤ ㄱ : 60일, ㄴ : 2개월, ㄷ : 60일

05 고용보험법령상 장애인고용촉진 및 직업재활법에 따른 장애인인 甲(45세)은 근무하던 A회사를 퇴사하여 직업안정기관으로부터 구직급여 수급자격을 인정받았다. 피보험기간이 15년인 甲이 받을 수 있는 구직급여의 소정급여일수는?

① 120일 ② 180일

③ 210일 ④ 240일

⑤ 270일

06 고용보험법령상 예술인인 피보험자의 구직급여에 관한 내용으로 옳지 않은 것은?

1
2
3

① 이직일 이전 24개월 동안의 피보험 단위기간이 통산하여 9개월 이상일 것을 지급요건으로 한다.

② 이직일 이전 24개월 중 3개월 이상을 예술인인 피보험자로 피보험자격을 유지하였을 것을 지급요건으로 한다.

③ 실업의 신고일부터 계산하기 시작하여 30일간은 대기기간으로 보아 구직급여를 지급하지 아니한다.

④ 예술인의 구직급여일액은 기초일액에 100분의 60을 곱한 금액으로 한다.

⑤ 예술인의 구직급여일액의 상한액은 6만 6천원이다.

07 고용보험법령상 육아휴직 급여의 특례에 관한 내용이다. (   )에 들어갈 내용으로 옳은 것은? **기출 수정**

1
2
3

> 2022년 12월 31일까지 같은 자녀에 대하여 피보험자인 부모가 순차적으로 육아휴직을 하는 경우, 육아휴직 시작일부터 3개월까지 두 번째 육아휴직을 한 피보험자에게 지급하는 육아휴직 급여의 월별 지급액은 육아휴직 시작일을 기준으로 한 (ㄱ)으로 한다. 이 경우 해당 금액이 (ㄴ)을 넘는 경우에는 (ㄴ)으로 하고, 해당 금액이 (ㄷ)보다 적은 경우에는 (ㄷ)으로 한다.

① ㄱ : 월 통상임금의 100분의 50에 해당하는 금액, ㄴ : 120만원

① ㄱ : 월 통상임금의 100분의 50에 해당하는 금액, ㄴ : 120만원, ㄷ : 30만원

② ㄱ : 월 통상임금의 100분의 80에 해당하는 금액, ㄴ : 120만원, ㄷ : 50만원

③ ㄱ : 월 통상임금의 100분의 80에 해당하는 금액, ㄴ : 150만원, ㄷ : 50만원

④ ㄱ : 월 통상임금에 해당하는 금액, ㄴ : 150만원, ㄷ : 60만원

⑤ ㄱ : 월 통상임금에 해당하는 금액, ㄴ : 250만원, ㄷ : 70만원

08 고용보험법령상 피보험자격에 관한 내용으로 옳지 않은 것은? **기출 수정**

1
2
3

① 사업주는 그 사업에 고용된 근로자의 피보험자격 취득에 관한 사항을 신고하려는 경우 그 사유가 발생한 날이 속하는 달의 다음 달 말일까지 고용노동부장관에게 신고해야 한다.

② 사업주가 그 사업에 고용된 근로자의 피보험자격의 취득에 관한 사항을 신고하지 아니하면 근로자가 근로계약서 등 고용관계를 증명할 수 있는 서류를 제출하여 신고할 수 있다.

③ 자영업자인 피보험자는 피보험자격의 취득 및 상실에 관한 신고를 하지 아니한다.

④ 고용보험에 가입되거나 가입된 것으로 보는 근로자가 보험관계가 성립되어 있는 둘 이상의 사업에 동시에 고용되어 있는 경우에는 대통령령으로 정하는 바에 따라 그중 한 사업의 피보험자격을 취득한다.

⑤ 피보험자는 언제든지 고용노동부장관에게 피보험자격의 취득 또는 상실에 관한 확인을 청구할 수 있다.

09 고용보험법령상 자영업자인 피보험자에 대한 실업급여 적용의 특례에 관한 내용으로 옳은 것은?

① 자영업자인 피보험자의 실업급여의 종류에는 광역 구직활동비가 포함되지 않는다.

② 폐업일 이전 12개월간 자영업자인 피보험자로서 갖춘 피보험 단위기간이 합산하여 6개월이면 구직급여를 지급한다.

③ 자영업자인 피보험자로서 폐업한 수급자격자에 대한 구직급여일액은 그 수급자격자의 기초일액에 100분의 60을 곱한 금액으로 한다.

④ 고용노동부장관은 자영업자의 피보험기간이 3년이면서 보험료 체납 횟수가 1회인 경우 실업급여를 지급하지 아니한다.

⑤ 자영업자의 실업급여를 받을 권리는 양도하거나 담보로 제공할 수 있다.

10 산업재해보상보험법령상 노무제공자의 직종에 해당하지 않는 사람은?

① 한국표준직업분류표의 세분류에 따른 택배원인 사람으로서 소화물을 집화·수송 과정을 거쳐 배송하는 택배사업에서 집화 업무를 하는 사람

② 우체국 예금·보험에 관한 법률에 따른 우체국보험의 모집을 전업으로 하는 사람

③ 한국표준직업분류표의 세세분류에 따른 대여 제품 방문점검원

④ 한국표준직업분류표의 세분류에 따른 가전제품 설치 및 수리원으로서 가전제품을 배송, 설치 및 시운전하여 작동상태를 확인하는 사람

⑤ 신용정보의 이용 및 보호에 관한 법률에 따른 위임직채권추심인

11 산업재해보상보험법령상 업무상질병판정위원회에 관한 내용으로 옳지 않은 것은?

① 한의사는 업무상질병판정위원회의 위원이 될 수 있다.

② 업무상질병판정위원회의 위원장과 위원의 임기는 2년으로 하되, 연임할 수 있다.

③ 이황화탄소 중독증은 업무상질병판정위원회의 심의에서 제외되는 질병에 해당한다.

④ 업무상질병판정위원회는 부득이한 사유로 심의를 의뢰받은 날부터 60일 이내에 심의를 마칠 수 없으면 20일 단위로 두 차례 연장할 수 있다.

⑤ 업무상질병판정위원회의 원활한 운영을 위하여 필요하면 위원장이 지명하는 위원이 회의를 주재할 수 있다.

12 산업재해보상보험법령상 보험급여에 관한 내용으로 옳지 않은 것은?

① 장해보상연금의 수급권자가 재요양을 받는 경우에도 그 연금의 지급을 정지하지 아니한다.

② 진폐유족연금의 지급은 그 지급사유가 발생한 달의 다음 달 첫날부터 시작된다.

③ 유족보상연금 수급자격자인 손자녀가 25세가 된 때 또는 형제자매가 19세가 된 때에는 그 자격을 잃는다.

④ 요양급여를 받는 근로자가 요양을 시작한 지 1년이 지난 이후에 취업하지 못하면 휴업급여 대신 상병보상연금을 그 근로자에게 지급한다.

⑤ 장해보상연금은 그 지급을 정지할 사유가 발생한 때에는 그 사유가 발생한 달의 다음 달 첫날부터 그 사유가 소멸한 달의 말일까지 지급하지 아니한다.

13 산업재해보상보험법령상 진폐에 따른 보험급여의 종류에 해당하는 것을 모두 고른 것은?

ㄱ. 요양급여	ㄴ. 휴업급여	ㄷ. 장해급여
ㄹ. 간병급여	ㅁ. 유족급여	

① ㄱ, ㄹ

② ㄱ, ㄴ, ㅁ

③ ㄴ, ㄹ, ㅁ

④ ㄴ, ㄷ, ㄹ, ㅁ

⑤ ㄱ, ㄴ, ㄷ, ㄹ, ㅁ

14 산업재해보상보험법령상 과태료 부과 대상이 되는 자는?

① 근로복지공단의 임직원이나 그 직에 있었던 사람이 그 직무상 알게 된 비밀을 누설한 자

② 산재보험 의료기관의 종사자로서 거짓이나 그 밖의 부정한 방법으로 진료비를 지급받은 자

③ 거짓이나 그 밖의 부정한 방법으로 보험급여를 받도록 시키거나 도와준 자

④ 근로복지공단이 아닌 자가 근로복지공단과 비슷한 명칭을 사용한 자

⑤ 근로자가 보험급여를 신청한 것을 이유로 근로자를 해고한 사업주

15 산업재해보상보험법령상 간병 및 이송에 관한 내용으로 옳지 않은 것은?

① 요양 중인 근로자가 회복실에서 요양 중인 경우 그 기간에는 별도의 간병을 제공하지 않는다.

② 간병은 요양 중인 근로자의 부상·질병 상태가 의학적으로 다른 사람의 간병이 필요하다고 인정되는 경우로서 신체 표면 면적의 35퍼센트 이상에 걸친 화상을 입어 수시로 적절한 조치를 할 필요가 있는 사람에게 제공한다.

③ 해당 근로자의 13세 이상의 자녀 또는 형제자매도 간병을 할 수 있는 사람이다.

④ 간병의 대상이 되는 근로자의 부상·질병 상태 등이 전문적인 간병을 필요로 하는 경우에는 의료법에 따른 간호사만 간병을 하도록 할 수 있다.

⑤ 해당 근로자의 부상·질병 상태로 보아 이송 시 간호인의 동행이 필요하다고 인정되는 경우에는 간호인 1명이 동행할 수 있으나, 의학적으로 특별히 필요하다고 인정되는 경우에는 2명까지 동행할 수 있다.

16 국민연금법령상 노령연금 수급권자에 관한 내용이다. (　　　)에 들어갈 숫자의 합은?

> 국민연금 가입기간이 (　　　)년 이상인 가입자 또는 가입자였던 자 중 특수직종근로자는 (　　　)세가 된 때부터 그가 생존하는 동안 노령연금을 지급한다.

① 55 　　　　　　　　　　　　　② 60

③ 65 　　　　　　　　　　　　　④ 70

⑤ 75

17 국민연금법령에 관한 내용으로 옳지 않은 것은?

① 국민기초생활 보장법에 따른 생계급여 수급자는 지역가입자에서 제외된다.

② 지역가입자가 국적을 상실한 때에는 그에 해당하게 된 날에 그 자격을 상실한다.

③ 지역가입자가 사업장가입자의 자격을 취득한 때에는 그에 해당하게 된 날에 그 자격을 상실한다.

④ 임의가입자는 가입 신청이 수리된 날에 자격을 취득한다.

⑤ 사립학교교직원 연금법을 적용받는 사립학교 교직원은 국민연금 가입대상에서 제외된다.

18 국민건강보험법령상 일반건강검진의 대상이 아닌 자는?

① 직장가입자   ② 6세 미만의 피부양자

③ 20세 이상인 지역가입자   ④ 20세 이상인 피부양자

⑤ 세대주인 지역가입자

19 국민건강보험법령상 보험가입자의 자격 상실 시기로 옳은 것을 모두 고른 것은?

> ㄱ. 사망한 날
> ㄴ. 국적을 잃은 날
> ㄷ. 국내에 거주하지 아니하게 된 날
> ㄹ. 직장가입자의 피부양자가 된 날

① ㄹ   ② ㄱ, ㄷ

③ ㄱ, ㄴ, ㄷ   ④ ㄴ, ㄷ, ㄹ

⑤ ㄱ, ㄴ, ㄷ, ㄹ

20 고용보험 및 산업재해보상보험의 보험료징수 등에 관한 법령상 보험료의 부과 및 정수에 관한 내용으로 옳은 것은?

① 건설업 중 건설장비운영업은 보험료의 월별 부과 · 징수 제외대상사업에 해당한다.

② 임업 중 벌목업은 보험료의 월별 부과 · 징수 대상사업에 해당한다.

③ 근로복지공단은 사업주에게 납부기한 20일 전까지 월별보험료의 납입을 고지하여야 한다.

④ 장애인고용촉진 및 직업재활법상 장애인인 보험가입자의 보험료는 근로복지공단이 매월 부과하고, 한국장애인고용공단이 이를 징수한다.

⑤ 제조업의 보험료는 근로복지공단이 매월 부과하고, 국민건강보험공단이 이를 정수한다.

21 고용보험 및 산업재해보상보험의 보험료징수 등에 관한 법령상 보험료의 납부 등에 관한 내용으로 옳지 않은 것은?

① 법인이 합병한 경우에 합병 후 존속하는 법인은 합병으로 소멸된 법인이 내야 하는 보험료를 낼 의무를 진다.

② 근로복지공단은 사업주가 국세를 체납하여 체납처분을 받은 경우에는 보험료와 이 법에 따른 징수금 총액이 300만원 미만이면 납부기한 전이라도 즉시 보험료를 징수하여야 한다.

③ 국민건강보험공단은 소멸시효가 완성된 경우에는 고용노동부장관의 승인을 받아 보험료와 이 법에 따른 그 밖의 징수금을 결손처분할 수 있다.

④ 공통사업에 관계되는 보험료, 이 법에 따른 그 밖의 징수금과 체납처분비는 공동사업자가 연대하여 낼 의무를 진다.

⑤ 상속이 개시된 때에 그 상속인은 피상속인에게 부과되거나 피상속인이 내야 하는 보험료를 상속받은 재산의 한도에서 낼 의무를 진다.

22 고용보험 및 산업재해보상보험의 보험료징수 등에 관한 법령상 보험관계의 성립일 또는 소멸일에 관한 법령상 보험관계의 성립일 또는 소멸일에 관한 내용으로 옳지 않은 것은?

① 사업이 폐업되거나 끝난 날의 다음 날에 소멸한다.

② 일괄적용을 받는 사업의 경우에는 처음 하는 사업이 시작된 날에 성립한다.

③ 근로복지공단이 계속하여 보험관계를 유지할 수 없다고 인정하여 그 보험관계를 소멸시키는 경우에는 그 소멸을 결정 · 통지한 날의 다음 날에 소멸한다.

④ 근로복지공단의 승인을 얻어 가입한 보험계약을 해지하는 경우에는 그 해지에 관하여 근로복지공단의 승인을 받은 날의 다음 날에 소멸한다.

⑤ 보험에 가입한 하수급인의 경우에는 그 하도급공사의 착공일의 다음 날에 성립한다.

23 고용보험 및 산업재해보상보험의 보험료 징수 등에 관한 법령상 사업주는 보험에 가입된 사업에 변경 사항이 있으면 그 변경된 날부터 14일 이내에 근로복지공단에 그 변경사항을 신고하여야 한다. 변경신고 사항에 해당하는 것을 모두 고른 것은?

ㄱ. 사업주의 이름 및 주민등록번호	ㄴ. 사업의 종류
ㄷ. 사업의 명칭 및 소재지	ㄹ. 사업자등록번호

① ㄱ, ㄴ
② ㄴ, ㄷ
③ ㄱ, ㄴ, ㄹ
④ ㄱ, ㄷ, ㄹ
⑤ ㄱ, ㄴ, ㄷ, ㄹ

24 고용보험 및 산업재해보상보험의 보험료 징수 등에 관한 법령상 국가 · 지방자치단체가 직접 하는 사업의 고용안정 · 직업능력개발사업의 보험료율은?

① 1만분의 25   ② 1만분의 45

③ 1만분의 65   ④ 1만분의 85

⑤ 1천분의 16

25 고용보험 및 산업재해보상보험의 보험료 징수 등에 관한 법령상 소멸시효에 관한 내용으로 옳지 않은 것은?

① 월별보험료의 고지로 중단된 소멸시효는 월별보험료를 고지한 날부터 새로 진행한다.

② 소멸시효에 관하여는 이 법에 규정된 것을 제외하고는 민법에 따른다.

③ 징수금의 독촉에 따라 중단된 소멸시효는 독촉에 의한 납부기한이 지난 때부터 새로 진행한다.

④ 이 법에 따른 그 밖의 징수금을 징수할 수 있는 권리는 3년간 행사하지 아니하면 시효로 인하여 소멸한다.

⑤ 이 법에 따른 체납처분 절차에 따라 하는 교부청구로 중단된 소멸시효는 교부청구중의 기간이 지난 때부터 새로 진행한다.

01 사회보장기본법에 관한 설명으로 옳은 것은?

① 사회보장수급권은 다른 사람에게 양도하거나 담보로 제공할 수 있으며, 이를 압류할 수 있다.

② 국내에 거주하는 외국인에게 사회보장제도를 적용할 때에는 상호주의에 따르되, 관계법령에서 정하는 바에 따른다.

③ 사회보장수급권의 포기는 원칙적으로 취소할 수 없다.

④ 국가는 사회보장제도의 안정적인 운영을 위하여 중장기 사회보장 재정추계를 3년마다 실시한다.

⑤ 공공부조란 국민에게 발생하는 사회적 위험을 보험의 방식으로 대처함으로써 국민의 건강과 소득을 보장하는 제도를 말한다.

02 사회보장기본법상 사회보장 기본계획에 관한 설명으로 옳지 않은 것은?

① 사회보장 기본계획은 사회보장위원회와 국무회의의 심의를 거쳐 확정한다.

② 다른 법령에 따라 수립되는 사회보장에 관한 계획은 사회보장 기본계획에 우선한다.

③ 보건복지부장관은 관계 중앙행정기관의 장과 협의하여 사회보장 증진을 위하여 사회보장에 관한 기본계획을 5년마다 수립하여야 한다.

④ 사회보장 기본계획에는 사회보장 전달체계가 포함되어야 한다.

⑤ 보건복지부장관 및 관계 중앙행정기관의 장은 사회보장 기본계획에 따라 사회보장과 관련된 소관 주요 시책의 시행계획을 매년 수립 · 시행하여야 한다.

03 사회보장기본법령상 사회보장위원회에 관한 설명으로 옳지 않은 것은?

① 국무총리 소속으로 둔다.

② 부위원장은 기획재정부장관, 교육부장관 및 보건복지부장관이 된다.

③ 보궐위원의 임기는 전임자 임기의 남은 기간으로 한다.

④ 사무 처리를 위한 사무국은 보건복지부에 둔다.

⑤ 심의사항을 전문적으로 검토하기 위하여 전문위원회를 두며, 전문위원회에 분야별 실무위원회를 둔다.

04 고용보험법상 구직급여에 관한 설명으로 옳지 않은 것은?

① 피보험 단위기간을 계산할 때, 최후로 피보험자격을 취득한 날 이전에 구직급여를 받은 사실이 있는 경우에는 그 구직급여와 관련된 피보험자격 상실일 이전의 피보험 단위기간은 산입한다.

② 최종 이직 당시 건설일용근로자였던 피보험자가 구직급여를 받으려는 경우에는 건설일용근로자로서 수급자격 인정신청일 이전 14일간 연속하여 근로내역이 없어야 한다.

③ 구직급여를 지급받으려는 사람은 이직 후 지체 없이 직업안정기관에 출석하여 실업을 신고하여야 한다.

④ 직업안정기관의 장은 필요하다고 인정하면 수급자격자의 실업인정대상기간 중의 취업 사실에 대하여 조사할 수 있다.

⑤ 수급자격자가 질병이나 부상으로 직업안정기관에 출석할 수 없었던 경우로서 그 기간이 계속하여 7일 미만인 경우에는 직업안정기관에 출석할 수 없었던 사유를 적은 증명서를 제출하여 실업의 인정을 받을 수 있다.

05 고용보험법령상 고용조정의 지원에 관한 내용이다. (   )에 들어갈 내용으로 옳은 것은?

> 고용노동부장관은 사업의 폐업 또는 전환으로 고용조정이 불가피하게 된 사업주가 근로자에 대한 휴업, 휴직 등 근로자의 고용안정을 위한 조치를 하면 대통령령으로 정하는 바에 따라 그 사업주에게 필요한 지원을 할 수 있다. 이 경우 휴업이나 휴직 등 고용안정을 위한 조치로 근로자의 임금이 평균임금의 100분의 (   ) 미만(지급되는 임금이 없는 경우를 포함한다)으로 감소할 때에는 대통령령으로 정하는 바에 따라 그 근로자에게도 필요한 지원을 할 수 있다.

① 30　　　　　　　　　　　　　② 40

③ 50　　　　　　　　　　　　　④ 60

⑤ 70

06 고용보험법령상 육아휴직 급여 신청기간의 연장 사유가 아닌 것은?

1
2
3

① 천재지변

② 배우자의 질병·부상

③ 병역법에 따른 의무복무

④ 범죄혐의로 인한 구속

⑤ 배우자의 국외발령 등에 따른 동거 목적의 거소 이전

07 고용보험법상의 취업촉진 수당에 해당하지 않은 것은?

1
2
3

① 이주비

② 직업능력개발 수당

③ 구직급여

④ 광역 구직활동비

⑤ 조기(早期)재취업 수당

08 고용보험법상 고용보험위원회에 관한 설명으로 옳은 것은?

1
2
3

① 근로복지공단에 고용보험위원회를 둔다.

② 심의 사항을 사전에 검토·조정하기 위하여 실무위원회를 둔다.

③ 위원장 1명을 포함한 15명 이내의 위원으로 구성한다.

④ 위원장은 고용노동부장관이 된다.

⑤ 심의 사항에는 보험제도 및 보험사업의 개선에 관한 사항이 포함된다.

09 고용보험법령상 고용보험법이 적용되지 않는 것을 모두 고른 것은? 기출 수정

1
2
3

ㄱ. 주택법 제4조에 따른 주택건설사업자가 시공하는 공사
ㄴ. 가구 내 고용활동 및 달리 분류되지 아니한 자가소비 생산활동
ㄷ. 연면적이 200제곱미터 이하인 건축물의 대수선에 관한 공사

① ㄱ

② ㄱ, ㄴ

③ ㄱ, ㄷ

④ ㄴ, ㄷ

⑤ ㄱ, ㄴ, ㄷ

10 고용보험법령상 구직급여와 관련한 내용이다. (   )에 들어갈 내용으로 옳은 것은?

1
2
3

> • 훈련연장급여의 지급 기간은 (ㄱ)년을 한도로 한다.
> • 개별연장급여는 (ㄴ)일의 범위에서 대통령령으로 정하는 기간 동안 지급한다.

① ㄱ : 1, ㄴ : 60   ② ㄱ : 1, ㄴ : 90
③ ㄱ : 2, ㄴ : 60   ④ ㄱ : 2, ㄴ : 90
⑤ ㄱ : 3, ㄴ : 60

11 산업재해보상보험법상 심사청구 및 재심사청구에 관한 설명으로 옳은 것은?

1
2
3

① 재심사위원회의 재결은 근로복지공단을 기속하지 아니한다.
② 재심사위원회 위원(당연직위원은 제외)의 임기는 2년으로 하되 연임할 수 없다.
③ 보험급여에 관한 결정에 대해서는 행정심판법에 따른 행정심판을 제기할 수 있다.
④ 재심사위원회 위원장 및 위원은 고용노동부장관이 임명한다.
⑤ 재심사 청구의 제기는 시효의 중단에 관하여 민법 제168조에 따른 재판상의 청구로 본다.

12 산업재해보상보험법상 진폐에 따른 보험급여의 특례에 관한 설명으로 옳지 않은 것은?

1
2
3

① 고용노동부에 진폐심사회의를 둔다.
② 진폐보상연금은 진폐장해등급별 진폐장해연금과 기초연금을 합산한 금액으로 한다.
③ 진폐유족연금은 사망 당시 진폐근로자에게 지급하고 있거나 지급하기로 결정된 진폐보상연금과 같은 금액으로 하되 유족보상연금을 초과할 수 없다.
④ 근로복지공단은 근로자가 진폐에 대한 요양급여를 청구하면 진폐의 예방과 진폐근로자의 보호 등에 관한 법률에 따른 건강진단기관에 진폐판정에 필요한 진단을 의뢰하여야 한다.
⑤ 장해보상연금을 받고 있는 사람에게는 진폐에 대한 진단을 받는 경우 진단수당을 지급하지 아니한다.

13 산업재해보상보험법령상 휴업급여에 관한 설명으로 옳은 것은?

① 1일당 지급액은 평균임금의 100분의 70에 상당하는 금액으로 하며 취업하지 못한 기간이 5일 이내이면 지급하지 아니한다.

② 요양을 받고 있는 근로자가 그 요양기간 중 단시간 취업을 하는 경우에는 취업한 시간에 해당하는 그 근로자의 평균임금에서 취업한 시간에 대한 임금을 뺀 금액의 100분의 70에 상당하는 금액을 지급할 수 있다.

③ 휴업급여를 받는 근로자가 60세가 되면 그 이후의 휴업급여는 감액하여 지급한다.

④ 재요양을 받는 사람에 대하여는 재요양 당시의 임금을 기준으로 산정한 평균임금의 100분의 90에 상당하는 금액을 1일당 휴업급여 지급액으로 한다.

⑤ 재요양을 받는 사람에 대하여 산정한 1일당 휴업급여 지급액이 최저임금액보다 적으면 최저임금액을 1일당 휴업급여 지급액으로 한다.

14 산업재해보상보험법령에 따른 업무상 재해에 해당하는 것을 모두 고른 것은?

> ㄱ. 업무수행 과정에서 하는 용변 등 생리적 필요 행위를 하던 중에 발생한 사고
> ㄴ. 통상적인 경로와 방법으로 출퇴근하는 중 일상생활에 필요한 용품을 구입하기 위한 출퇴근 경로 일탈 중의 사고
> ㄷ. 사업주가 제공한 시설물 등을 사업주의 구체적인 지시를 위반하여 이용한 행위로 발생한 사고
> ㄹ. 직장 내 괴롭힘 등으로 인한 업무상 정신적 스트레스가 원인이 되어 발생한 질병

① ㄱ, ㄴ   ② ㄴ, ㄷ

③ ㄱ, ㄴ, ㄹ   ④ ㄱ, ㄷ, ㄹ

⑤ ㄴ, ㄷ, ㄹ

15 산업재해보상보험법상 직업재활급여에 관한 설명으로 옳은 것은?

① 직업훈련비용은 직업훈련을 받은 자에게 지급한다.

② 직업훈련비용의 금액은 고용노동부장관이 훈련비용, 훈련기간 및 노동시장의 여건 등을 고려하여 고시하는 금액의 범위에서 실제 드는 비용으로 한다.

③ 직업훈련비용을 지급하는 훈련기관은 24개월 이내로 한다.

④ 직장적응훈련비 및 재활운동비의 지급기간은 6개월 이내로 한다.

⑤ 직업훈련수당의 1일당 지급액은 평균임금의 100분의 70에 상당하는 금액으로 한다.

16 산업재해보상보험법상 보험급여의 일시 중지를 할 수 있는 사유가 아닌 것은?

① 질문이나 조사에 응하지 아니하는 경우

② 보고 · 서류제출 또는 신고를 하지 아니하는 경우

③ 거짓이나 그 밖의 부정한 방법으로 진료비나 약제비를 지급받은 경우

④ 진찰 요구에 따르지 아니하는 경우

⑤ 근로복지공단이 직권으로 실시하는 장해등급 또는 진폐장해등급 재판정 요구에 응하지 아니하는 경우

17 국민연금법상 가입자 자격의 상실 시기가 옳지 않은 것은?

① 사업장가입자의 경우 사용관계가 끝난 날

② 지역가입자의 경우 사망한 날의 다음 날

③ 지역가입자의 경우 국민연금 가입 대상 제외자에 해당하게 된 날

④ 임의가입자의 경우 사업장가입자의 자격을 취득한 날

⑤ 임의가입자의 경우 60세가 된 날의 다음 날

18 국민연금법상 급여에 관한 설명으로 옳지 않은 것은?

① 급여의 종류는 노령연금, 장애연금, 유족연금, 반환일시금이 있다.

② 급여는 수급권자의 청구에 따라 국민연금공단이 지급한다.

③ 연금액은 지급사유에 따라 기본연금액과 부양가족연금액을 기초로 산정한다.

④ 연금은 매월 25일에 그 달의 금액을 지급하되, 지급일이 공휴일이면 그 다음날에 지급한다.

⑤ 급여수급전용계좌에 입금된 급여와 이와 관한 채권은 압류할 수 없다.

19 국민건강보험법상 이의신청 및 심판청구에 관한 설명으로 옳은 것을 모두 고른 것은?

1
2
3

> ㄱ. 요양급여비용에 관한 건강보험심사평가원의 처분에 이의가 있는 자는 건강보험심사평가원에 이의신청을 할 수 있다.
> ㄴ. 이의신청은 처분이 있음을 안 날부터 90일 이내에, 처분이 있은 날부터 1년 이내에 문서로 하여야 한다.
> ㄷ. 이의신청에 대한 결정에 불복하는 자는 건강보험분쟁조정위원회에 심판청구를 할 수 있다.

① ㄴ   ② ㄱ, ㄴ
③ ㄱ, ㄷ   ④ ㄴ, ㄷ
⑤ ㄱ, ㄴ, ㄷ

20 국민건강보험법상의 요양급여가 아닌 것은?

1
2
3

① 입원   ② 이송
③ 상병수당   ④ 예방 · 재활
⑤ 약제 · 치료재료의 지급

21 고용보험 및 산업재해보상보험의 보험료 징수 등에 관한 법률상의 내용이다. (   )에 들어갈 내용으로 옳은 것은?

1
2
3

> • 국민건강보험공단은 보험가입자가 보험료를 납부기한까지 내지 아니하면 기한을 정하여 그 납부의무자에게 징수금을 낼 것을 독촉하여야 한다. 국민건강보험공단이 독촉을 하는 경우에는 독촉장을 발급하여야 한다. 이 경우의 납부기한은 독촉장 발급일부터 (ㄱ)일 이상의 여유가 있도록 하여야 한다.
> • 보험료를 징수하거나 그 반환받을 수 있는 권리는 (ㄴ)년간 행사하지 아니하며 시효로 인하여 소멸한다.

① ㄱ : 7, ㄴ : 1   ② ㄱ : 7, ㄴ : 3
③ ㄱ : 10, ㄴ : 1   ④ ㄱ : 10, ㄴ : 3
⑤ ㄱ : 14, ㄴ : 1

22 고용보험 및 산업재해보상보험의 보험료징수 등에 관한 법률상 산재보험료율의 결정에 관한 내용이다. ( )에 들어갈 내용으로 옳은 것은?

> • 업무상 사고에 따른 업무상 재해에 관한 산재보험료율은 매년 6월 30일 현재 과거 (ㄱ)년 동안의 보수총액에 대한 산재보험급여총액의 비율을 기초로 하여 산업재해보상보험법에 따른 연금 등 산재보험급여에 드는 금액, 재해예방 및 재해근로자의 복지증진에 드는 비용 등을 고려하여 사업의 종류별로 구분하여 고용노동부령으로 정한다.
> • 고용노동부장관은 산재보험료율을 정하는 경우에는 특정 사업 종류의 산재보험료율이 전체 사업의 평균 산재보험료율의 (ㄴ)배를 초과하지 아니하도록 하여야 한다.

① ㄱ : 2, ㄴ : 20   ② ㄱ : 2, ㄴ : 30

③ ㄱ : 3, ㄴ : 15   ④ ㄱ : 3, ㄴ : 20

⑤ ㄱ : 3, ㄴ : 30

23 고용보험 및 산업재해보상보험의 보험료 징수 등에 관한 법률상 보험사무대행기관 등에 관한 설명으로 옳은 것을 모두 고른 것은?

> ㄱ. 공인노무사가 보험사무를 대행하려는 경우에는 근로복지공단의 인가를 받아야 한다.
> ㄴ. 근로복지공단은 보험료, 이 법에 따른 그 밖의 징수금의 납입의 통지 등을 보험사무대행기관에 함으로써 그 사업주에 대한 통지를 갈음한다.
> ㄷ. 근로복지공단이 가산금을 부과하여 징수하는 경우에 그 징수사유가 보험사무대행기관의 귀책사유로 인한 것일 때에는 보험사무대행기관이 100분의 50에 해당하는 금액을 내야 한다.

① ㄱ   ② ㄱ, ㄴ

③ ㄱ, ㄷ   ④ ㄴ, ㄷ

⑤ ㄱ, ㄴ, ㄷ

24 고용보험 및 산업재해보상보험의 보험료징수 등에 관한 법률상 월별보험료 연체와 관련된 내용이다. (   )에 들어갈 내용으로 옳은 것은? `기출 수정`

> 국민건강보험공단은 납부기한 후 30일이 지난 날부터 매 (ㄱ)일이 경과할 때마다 체납된 월별보험료의 (ㄴ)에 해당하는 연체금을 이미 발생한 연체금에 더하여 징수한다. 이 경우 연체금은 체납된 월별보험료의 (ㄷ)을 넘지 못한다.

① ㄱ : 1, ㄴ : 3천분의 1, ㄷ : 1천분의 30
② ㄱ : 1, ㄴ : 6천분의 1, ㄷ : 1천분의 50
③ ㄱ : 1, ㄴ : 3천분의 1, ㄷ : 1천분의 90
④ ㄱ : 7, ㄴ : 3천분의 1, ㄷ : 1천분의 30
⑤ ㄱ : 7, ㄴ : 6천분의 1, ㄷ : 1천분의 50

25 고용보험 및 산업재해보상보험의 보험료징수 등에 관한 법령상 보수총액 등의 신고와 관련한 내용으로 옳지 않은 것은?

① 보수총액신고는 문서로 함을 원칙으로 한다.
② 사업주는 근로자가 다른 사업장으로 전보되는 등 대통령령으로 정하는 사유가 발생한 때에는 그 사유 발생일부터 14일 이내에 그 사실을 근로복지공단에 신고하여야 한다.
③ 사업주는 사업의 폐지 등으로 보험관계가 소멸한 때에는 그 보험관계가 소멸한 날부터 14일 이내에 근로자에게 지급한 보수총액 등을 근로복지공단에 신고하여야 한다.
④ 사업주는 전년도 근로자에게 지급한 보수총액 등을 매년 3월 15일까지 근로복지공단에 신고하여야 한나.
⑤ 사업주는 근로자와 고용관계를 종료한 때에는 그 근로자에게 지급한 보수총액, 고용관계 종료일 등을 그 근로자의 고용관계가 종료한 날이 속하는 달의 다음 달 15일까지 근로복지공단에 신고하여야 한다.

01 사회보장기본법령상 사회보장제도의 운영에 관한 설명으로 옳지 않은 것은? 기출 수정

① 사회보험은 국가와 지방자치단체의 책임으로 시행하고, 공공부조와 사회서비스는 국가의 책임으로 시행하는 것을 원칙으로 한다.

② 국가와 지방자치단체는 효과적인 사회보장정책의 수립·시행을 위하여 사회보장에 관한 통계를 작성·관리하여야 한다.

③ 국가와 지방자치단체는 사회보장제도를 신설하거나 변경할 경우 기존 제도와의 관계, 사회보장 전달체계에 미치는 영향, 재원의 규모·조달방안을 포함한 재정에 미치는 영향 및 지역별 특성 등을 사전에 충분히 검토하고 상호협력하여 사회보장급여가 중복 또는 누락되지 아니하도록 하여야 한다.

④ 보건복지부장관은 사회서비스의 품질기준 마련, 평가 및 개선 등의 업무를 수행하기 위하여 필요한 전담기구를 설치할 수 있다.

⑤ 국가와 지방자치단체는 개인·법인 또는 단체가 사회보장에 참여하는 데에 드는 경비의 전부 또는 일부를 지원하거나 그 업무를 수행하기 위하여 필요한 지원을 할 수 있다.

02 사회보장기본법령상 사회보장 비용의 부담에 관한 설명으로 옳지 않은 것은?

① 사회보장 비용의 부담은 각각의 사회보장제도의 목적에 따라 국가, 지방자치단체 및 민간부문 간에 합리적으로 조정되어야 한다.

② 사회보험에 드는 비용은 사용자, 피용자 및 자영업자가 부담하는 것을 원칙으로 한다.

③ 부담 능력이 있는 국민에 대한 사회서비스에 드는 비용은 그 수익자가 부담함을 원칙으로 한다.

④ 공공부조에 드는 비용은 수익자가 부담함을 원칙으로 한다.

⑤ 공공부조 및 관계 법령에서 정하는 일정 소득 수준 이하의 국민에 대한 사회서비스에 드는 비용의 전부 또는 일부는 국가와 지방자치단체가 부담한다.

03 사회보험 관련법령의 적용에 관한 내용으로 옳지 않은 것은?

① 사립학교교직원 연금법의 적용을 받는 자에게는 고용보험법을 적용하지 아니한다.

② 1개월 미만 동안 고용된 일용근로자는 고용보험법의 적용이 제외되는 근로자이다.

③ 국민연금에 가입된 사업장에 종사하는 18세 미만 근로자는 사업장가입자가 되는 것으로 보나, 본인이 원하지 아니하면 사업장가입자가 되지 아니할 수 있다.

④ 비상근 근로자는 국민건강보험법의 직장가입자에서 제외된다.

⑤ 1개월 동안의 소정근로시간이 60시간 미만인 단시간근로자는 국민건강보험법의 직장가입자에서 제외된다.

04 사회보장기본법령상 사회보장수급권에 관한 설명으로 옳지 않은 것은?

① 사회보장수급권은 관계 법령에서 정하는 바에 따라 다른 사람에게 양도하거나 담보로 제공할 수 없다.

② 사회보장수급권은 제한되거나 정지될 수 없으나, 관계 법령에서 따로 정하고 있는 경우에는 그러하지 아니하다.

③ 사회보장수급권이 정지되는 경우에는 정지하는 목적에 필요한 최소한의 범위에 그쳐야 한다.

④ 사회보장수급권은 포기할 수 있으나 포기한 후에는 이를 취소할 수 없다.

⑤ 제3자의 불법행위로 피해를 입은 국민이 그로 인하여 사회보장수급권을 가지게 된 경우 사회보장제도를 운영하는 자는 그 불법행위의 책임이 있는 자에 대하여 관계 법령에서 정하는 바에 따라 구상권을 행사할 수 있다.

05 고용보험법령의 내용으로 옳지 않은 것은?

① 국민기초생활 보장법에 따라 자활을 위한 근로기회를 제공하기 위한 사업은 고용보험법의 적용을 받는 사업으로 본다.

② 국가는 매년 고용보험사업에 드는 비용의 일부를 일반회계에서 부담하여야 한다.

③ 피보험자가 사망한 경우에는 사망한 날에 그 피보험자격을 상실한다.

④ 고용보험법에 따른 보험관계의 성립 및 소멸에 대하여는 고용보험 및 산업재해보상보험의 보험료징수 등에 관한 법률로 정하는 바에 따른다.

⑤ 구직급여는 수급자격자가 실업한 상태에 있는 날 중에서 직업안정기관의 장으로부터 실업의 인정을 받은 날에 대하여 지급한다.

06 고용보험법령상 폐업한 자영업자인 피보험자의 구직급여 수급 요건으로 옳지 않은 것은?

① 법령을 위반하여 허가 취소를 받음에 따라 폐업한 경우가 아니어야 한다.

② 폐업일 이전 18개월간 자영업자인 피보험자로서 갖춘 피보험 단위기간이 합산하여 180일 이상이어야 한다.

③ 법령을 위반하여 영업 정지를 받음에 따라 폐업한 경우가 아니어야 한다.

④ 재취업을 위한 노력을 적극적으로 하여야 한다.

⑤ 근로의 의사와 능력이 있음에도 불구하고 취업을 하지 못한 상태에 있어야 한다.

07 고용보험법령상 심사 및 재심사에 관한 설명으로 옳지 않은 것은?

① 실업급여에 관한 처분에 이의가 있는 자는 고용보험심사관에게 심사를 청구할 수 있다.

② 심사의 청구가 법령으로 정한 방식을 위반하여 보정하지 못할 것인 경우에 고용보험심사관은 그 심사의 청구를 결정으로 각하하여야 한다.

③ 재심사청구인은 법정대리인 외에 자신의 형제자매를 대리인으로 선임할 수 없다.

④ 심사 및 재심사의 청구는 시효중단에 관하여 재판상의 청구로 본다.

⑤ 재심사청구에 대한 심리는 공개로 하나, 당사자의 양쪽 또는 어느 한 쪽이 신청한 경우에는 공개하지 아니할 수 있다.

08 고용보험법령상 고용보험기금의 용도를 모두 고른 것은?

ㄱ. 직업능력개발 사업에 필요한 경비
ㄴ. 고용보험법령에서 정한 국민연금 보험료의 지원
ㄷ. 실업급여의 지급
ㄹ. 육아휴직 급여의 지급
ㅁ. 고용보험법령에서 정한 국민건강 보험료의 지원

① ㄱ, ㄴ, ㅁ   ② ㄴ, ㄷ, ㄹ

③ ㄷ, ㄹ, ㅁ   ④ ㄱ, ㄴ, ㄷ, ㄹ

⑤ ㄱ, ㄷ, ㄹ, ㅁ

09 고용보험법령상 수급권 보호에 관한 내용이다. (　　)에 들어갈 내용은?

> 실업급여를 받을 권리는 양도 또는 압류하거나 담보로 제공할 수 없으며, 실업급여수급계좌의 예금 중 (　　) 이하의 금액에 관한 채권은 압류할 수 없다.

① 월 보수총액　　　　　　　　　　　　② 월 보험료액

③ 3개월 평균임금　　　　　　　　　　　④ 월 최저임금액

⑤ 실업급여수급계좌에 입금된 금액 전액

10 산업재해보상보험법령상 보험급여 중 시효의 완성 기간이 다른 것은? 　기출 수정

① 요양급여를 받을 권리　　　　　　　　② 간병급여를 받을 권리

③ 상병보상연금을 받을 권리　　　　　　④ 장례비를 받을 권리

⑤ 직업재활급여를 받을 권리

11 산업재해보상보험법령상 장해보상연금의 수급권 소멸사유를 모두 고른 것은?

> ㄱ. 수급권자가 사망한 경우
> ㄴ. 대한민국 국민이었던 수급권자가 국적을 상실하고 외국에서 거주하고 있는 경우
> ㄷ. 대한민국 국민이 아닌 수급권자가 외국에서 거주하기 위해 출국하는 경우
> ㄹ. 수급권자의 장해등급이 변경되어 장해보상연금의 지급 대상에서 제외되는 경우

① ㄱ, ㄴ　　　　　　　　　　　　　　② ㄱ, ㄹ

③ ㄴ, ㄷ　　　　　　　　　　　　　　④ ㄱ, ㄷ, ㄹ

⑤ ㄱ, ㄴ, ㄷ, ㄹ

12 산업재해보상보험법령상 노무제공자의 범위에 해당하지 않는 자는? `기출 수정`

1
2
3

① 한국표준직업분류표의 세세분류에 따른 학습지 방문강사

② 택배서비스종사자로서 전화 상담 업무를 하는 사람

③ 보험을 모집하는 보험업법에 따른 보험설계사

④ 체육시설의 설치·이용에 관한 법률에 따라 직장체육시설로 설치된 골프장에서 골프경기를 보조하는 골프장 캐디

⑤ 여신전문금융업법에 따른 신용카드회원 모집인

13 산업재해보상보험법령상 심사청구의 대상이 아닌 것은?

1
2
3

① 약제비에 관한 결정

② 보험급여에 관한 결정

③ 보험료 부과에 관한 결정

④ 수급권의 대위에 관한 결정

⑤ 부당이득의 징수에 관한 결정

14 산업재해보상보험법령상 보험급여에 관한 설명으로 옳은 것은?

1
2
3

① 부상 또는 질병이 7일 이내의 요양으로 치유될 수 있으면 요양급여를 지급하지 아니한다.

② 요양급여의 신청을 한 사람은 근로복지공단이 요양급여에 관한 결정을 하기 전에는 국민건강보험법상 요양급여를 받을 수 있다.

③ 장해급여는 근로자가 업무상의 사유로 질병에 걸려 치유된 후 신체 등에 장해가 있는 경우에 한국장애인고용공단에서 지급한다.

④ 장해보상연금의 수급권자가 재요양을 받는 경우에는 그 연금의 지급을 정지한다.

⑤ 간병급여는 실제로 간병을 실시한 자에게 직접 지급한다.

15 산업재해보상보험법령상 통상적인 출퇴근 경로의 일탈 또는 중단이 일상생활에 필요한 행위로서 사유가 있는 경우에는 출퇴근 재해로 보는데, 다음 중 그 사유에 해당하는 것은 모두 몇 개인가?

- 일상생활에 필요한 용품을 구입하는 행위
- 방송통신대학에서 직업능력 개발향상에 기여할 수 있는 교육을 받는 행위
- 선거권이나 국민투표권의 행사
- 근로자가 사실상 보호하고 있는 아동을 보육기관으로부터 데려오는 행위
- 의료기관에서 질병의 예방을 목적으로 진료를 받는 행위

---

① 1개   ② 2개

③ 3개   ④ 4개

⑤ 5개

16 국민연금법령상 출산에 대한 가입기간 추가 산입에 관한 내용이다. (　　)에 들어갈 내용으로 옳은 것은?

---

2 이상의 자녀가 있는 가입자가 노령연금수급권을 취득한 때에는 다음 각호에 따른 기간을 가입기간에 추가로 산입한다. 다만, 추가로 산입하는 기간은 (ㄱ)개월을 초과할 수 없다.
1. 자녀가 2명인 경우 : (ㄴ)개월
2. 자녀가 3명 이상인 경우 : 둘째 자녀에 대하여 인정되는 (ㄴ)개월에 2자녀를 초과하는 자녀 1명마다 (ㄷ)개월을 더한 개월 수

---

① ㄱ : 50, ㄴ : 6, ㄷ : 12   ② ㄱ : 50, ㄴ : 12, ㄷ : 18

③ ㄱ : 60, ㄴ : 6, ㄷ : 12   ④ ㄱ : 60, ㄴ : 6, ㄷ : 18

⑤ ㄱ : 60, ㄴ : 12, ㄷ : 18

17 국민연금법령상 유족연금에 관한 설명으로 옳은 것은?

① 사실상의 혼인관계에 있는 배우자는 유족연금을 지급받을 수 있는 유족에 해당하지 않는다.

② 수급권자가 산업재해보상보험법에 의한 유족급여를 받는 경우에는 유족연금을 지급하지 않는다.

③ 유족연금을 지급받을 수 있는 유족의 범위는 배우자, 자녀, 부모, 손자녀, 조부모 및 형제자매이다.

④ 유족연금 수급권자인 자녀가 사망 시 다음 순위자인 부모에게 유족연금을 지급한다.

⑤ 부모, 손자녀 또는 조부모인 유족의 유족연금 수급권은 가입자 또는 가입자였던 사람이 사망할 당시에 그 가입자 또는 가입자였던 사람의 태아가 출생하여 수급권을 갖게 되면 소멸한다.

18 국민건강보험법령상 급여의 제한 및 정지에 관한 설명으로 옳지 않은 것은? `기출 수정`

① 국민건강보험공단은 보험급여를 받을 수 있는 사람이 중대한 과실로 인한 범죄행위에 그 원인이 있는 경우 보험급여를 하지 아니한다.

② 국민건강보험공단은 보험급여를 받을 수 있는 사람이 다른 법령에 따라 국가로부터 보험급여에 상당하는 비용을 지급받게 되는 경우에는 그 한도에서 보험급여를 하지 아니한다.

③ 보험급여를 받을 수 있는 사람이 국외에 체류하는 경우 그 기간에는 보험급여를 하지 아니한다.

④ 국민건강보험공단은 지역가입자가 1개월 이상 세대단위의 보험료를 체납한 경우 그 체납한 보험료를 완납할 때까지 그 가입자를 제외한 피부양자에 대하여 보험급여를 실시하지 아니한다.

⑤ 보험급여를 받을 수 있는 사람이 교도소에 수용되어 있는 경우 그 기간에는 보험급여를 하지 아니한다.

19 국민건강보험법령상 보험료에 관한 설명으로 옳지 않은 것은?

① 지역가입자의 월별 보험료액은 세대 단위로 산정한다.

② 직장가입자의 보수 외 소득월액보험료는 직장가입자가 부담한다.

③ 지역가입자의 보험료는 그 가입자가 속한 세대의 지역가입자 전원이 연대하여 부담한다.

④ 직장가입자가 교직원으로서 사립학교에 근무하는 교원인 경우 보수월액보험료는 그 직장가입자와 사립학교를 설립·운영하는 자가 각각 보험료액의 100분의 50씩 부담한다.

⑤ 직장가입자가 공무원인 경우 보수월액보험료는 그 직장가입자와 그 공무원이 소속되어 있는 국가 또는 지방자치단체가 각각 보험료액의 100분의 50씩 부담한다.

2019년

20 국민건강보험법령상 보험료의 경감 대상이 될 수 있는 가입자는?

① 직장가입자로서 65세 이상인 사람

② 직장가입자로서 출산 휴가 중인 사람

③ 직장가입자 중 휴직기간이 1개월 이상인 사람

④ 직장가입자 중 장애인복지법에 따라 등록한 장애인

⑤ 직장가입자 중 국가유공자 등 예우 및 지원에 관한 법률에 따른 국가유공자

21 고용보험 및 산업재해보상보험의 보험료징수 등에 관한 법령상 보험사무대행기관에 보험사무를 위임할 수 있는 업무의 범위가 아닌 것은?

① 확정보험료의 부과
② 개산보험료의 신고
③ 고용보험 피보험자의 자격 관리에 관한 사무
④ 보험관계의 소멸의 신고
⑤ 보험관계의 변경의 신고

22 고용보험 및 산업재해보상보험의 보험료징수 등에 관한 법령의 내용으로 옳은 것은?

기출 수정

① 사업의 폐업·도산 등으로 근로자, 예술인 또는 노무제공자의 보수 또는 보수액을 산정·확인하기 곤란한 경우에는 기준보수를 보수로 할 수 있다.
② 원수급인으로부터 사업의 전부를 도급받아 하는 자는 하수급인에 해당하지 않는다.
③ 고용보험료를 징수하는 경우에는 근로자가 휴직기간 중에 사업주 외의 자로부터 지급받는 금품 일체는 보수로 보지 않는다.
④ 보험에 가입한 사업주는 사업의 명칭 및 소재지, 사업의 종류 등이 변경된 경우에는 다음 보험 연도 첫날부터 14일 이내에 그 변경사항을 근로복지공단에 신고하여야 한다.
⑤ 산업재해보상보험법을 적용받는 사업의 사업주는 근로복지공단의 승인을 받아 산업재해보상보험에 가입할 수 있다.

23 고용보험 및 산업재해보상보험의 보험료징수 등에 관한 법령의 내용으로 옳지 않은 것은?

기출 수정

① 근로복지공단은 사업 실체가 없는 등의 사유로 계속하여 보험관계를 유지할 수 없다고 인정하는 경우에는 그 보험관계를 소멸시킬 수 있다.
② 근로자가 월의 중간에 새로이 고용된 경우 월별보험료는 해당 월의 다음 달부터 산정한다.
③ 근로복지공단은 소멸시효가 완성된 경우에는 고용노동부장관의 승인을 받아 보험료와 이 법에 따른 그 밖의 징수금을 결손처분할 수 있다.
④ 사업종류의 변경으로 보험료 납부방법이 변경되는 경우에는 사업종류의 변경일 전일을 변경 전 사업폐지일로, 사업종류의 변경일을 새로운 사업성립일로 본다.
⑤ 공동사업에 관계되는 보험료, 이 법에 따른 그 밖의 징수금과 체납처분비는 공동사업자가 연대하여 낼 의무를 진다.

24 고용보험 및 산업재해보상보험의 보험료징수 등에 관한 법령상 ( )에 들어갈 내용으로 옳은 것은?

☐1
☐2
☐3

- 고용노동부장관은 천재지변이나 그 밖에 대통령령으로 정하는 특수한 사유가 있어 보험료를 경감할 필요가 있다고 인정하는 보험가입자에 대하여 고용보험위원회 또는 산업재해보상보험 및 예방심의위원회의 심의를 거쳐 보험료와 그 밖의 징수금을 경감할 수 있다. 현재 경감비율은 보험료와 그 밖의 징수금의 (ㄱ)이다.
- 현재 자영업자에게 적용하는 실업급여의 보험료율은 (ㄴ)이다.

① ㄱ : 100분의 20, ㄴ : 1천분의 13   ② ㄱ : 100분의 20, ㄴ : 1천분의 20

③ ㄱ : 100분의 30, ㄴ : 1천분의 13   ④ ㄱ : 100분의 30, ㄴ : 1천분의 20

⑤ ㄱ : 100분의 30, ㄴ : 1천분의 25

25 고용보험 및 산업재해보상보험의 보험료징수 등에 관한 법령상 보험료율의 인상 또는 인하 등에 따른 조치로 옳지 않은 것은?

☐1
☐2
☐3

① 보험료율이 인상된 경우 근로복지공단은 월별보험료를 증액 조정한다.

② 보험료율이 인상된 경우 국민건강보험공단은 개산보험료를 증액 조정한다.

③ 보험료율 인상으로 개산보험료가 증액된 때에는 근로복지공단이 징수한다.

④ 보험료율 인상으로 월별보험료가 증액된 때에는 국민건강보험공단이 징수한다.

⑤ 근로복지공단은 보험료를 감액 조정한 경우에는 보험료율의 인하를 결정한 날부터 20일 이내에 그 감액 조정 사실을 사업주에게 알려야 한다.

01 사회보장기본법상 내용으로 옳은 것은?

① 국가는 중장기 사회보장 재정추계를 매년 실시하고 공표하여야 한다.
② 사회보장수급권의 포기는 취소할 수 없다.
③ 사회서비스란 사회적 위험을 보험의 방식으로 대처함으로써 국민의 건강과 소득을 보장하는 제도를 말한다.
④ 사회보장수급권은 다른 사람에게 양도할 수 있다.
⑤ 국가와 지방자치단체는 최저보장수준과 최저임금 등을 고려하여 사회보장급여의 수준을 결정하여야 한다.

02 사회보장기본법상 내용으로 옳지 않은 것은?

① 사회보장기본법은 사회보장에 관한 국민의 권리와 국가 및 지방자치단체의 책임을 정하고 있다.
② 사회보장은 사회참여 · 자아실현에 필요한 제도와 여건을 조성하여 사회통합과 행복한 복지사회를 실현하는 것을 기본 이념으로 한다.
③ 국가와 지방자치단체의 책임하에 생활 유지 능력이 없거나 생활이 어려운 국민의 최저생활을 보장하고 자립을 지원하는 제도를 공공부조라 한다.
④ 사회보장위원회는 사회보장급여 관련 업무에 공통적으로 적용되는 기준을 마련하여야 한다.
⑤ 국내에 거주하는 외국인에게 사회보장제도를 적용할 때에는 상호주의의 원칙에 따르되, 관계 법령에서 정하는 바에 따른다.

03 사회보장기본법상 사회보장정보시스템의 구축·운영 등에 관한 설명으로 옳지 않은 것은?

① 보건복지부장관은 사회보장정보시스템의 구축·운영을 총괄한다.

② 국가와 지방자치단체는 국민편익의 증진과 사회보장업무의 효율성 향상을 위하여 사회보장 업무를 전자적으로 관리하도록 노력하여야 한다.

③ 국가와 지방자치단체가 조사하거나 제공받은 개인·법인의 정보는 이 법과 관련 법률에 근거 하지 아니하고 보유, 이용, 제공되어서는 아니 된다.

④ 관계 중앙행정기관 및 지방자치단체의 장은 사회보장정보와 관련하여 사회보장정보시스템의 활용이 필요한 경우 사전에 보건복지부장관과 협의하여야 한다.

⑤ 사회복지법인의 보조금 수급이력에 관한 자료는 사회보장정보시스템의 운영을 위하여 수집· 보유할 수 있는 정보에 해당하지 않는다.

04 고용보험법령상 피보험기간이 4년인 자영업자인 경우 구직급여의 소정급여일수는?

기출 수정

① 90일   ② 120일

③ 150일   ④ 180일

⑤ 210일

05 고용보험법에서 사용하는 용어의 뜻으로 옳은 것은?

① 피보험자 : 근로기준법상 근로자와 사업주를 말한다.

② 이직 : 근로계약이 당사자의 합의에 의해 해지되는 것을 말하며, 정년퇴직은 포함되지 아니 한다.

③ 실업 : 근로의 의사와 능력이 있음에도 불구하고 취업하지 못한 상태에 있는 것을 말한다.

④ 보수 : 사용자로부터 받는 일체의 금품을 말한다.

⑤ 일용근로자 : 3개월 미만 동안 고용된 사람을 말한다.

06 고용보험법령상 적용제외근로자에 관한 내용이다. (　　)에 들어갈 숫자를 순서대로 옳게 나열한 것은? 기출 수정

> 1개월간 소정근로시간이 (　　)시간 미만이거나 1주간의 소정근로시간이 15시간 미만인 근로자는 고용보험법을 적용하지 아니한다. 다만, 해당 사업에서 (　　)개월 이상 계속하여 근로를 제공하는 근로자는 법 적용 대상으로 한다.

① 15, 1
② 15, 3
③ 60, 1
④ 60, 3
⑤ 90, 1

07 고용보험법상 피보험자의 관리에 관한 내용으로 옳은 것은?

① 피보험자가 이직을 한 경우에는 이직한 날에 그 피보험자격을 상실한다.
② 이 법의 적용 제외 근로자였던 자가 이 법의 적용을 받게 된 경우에는 해당 사업에 고용된 날에 피보험자격을 취득한다.
③ 피보험자 또는 피보험자였던 사람은 언제든지 고용노동부장관에게 피보험자격의 취득 또는 상실에 관한 확인을 청구할 수 있다.
④ 근로자가 보험관계가 성립되어 있는 두 개의 사업에 동시에 고용되어 있는 경우에는 두 개의 피보험자격을 취득한다.
⑤ 피보험자가 사망한 경우에는 사망한 날에 그 피보험자격을 상실한다.

08 고용보험법령상 구직급여에 관한 내용으로 옳지 않은 것은? 기출 수정

① 구직급여는 수급자격자가 실업한 상태에 있는 날 중에서 직업안정기관의 장으로부터 실업의 인정을 받은 날에 대하여 지급한다.
② 수급자격자가 인터넷 등을 이용하여 구인에 응모한 경우에는 적극적인 재취업활동을 한 것으로 보지 아니한다.
③ 자영업자가 아닌 피보험자의 피보험 단위기간은 피보험기간 중 보수 지급의 기초가 된 날을 합하여 계산한다.
④ 최종 이직 당시 일용근로자였던 피보험자가 구직급여를 받으려는 경우에는 수급자격 인정신청일이 속한 달의 직전 달 초일부터 수급자격 인정신청일까지의 근로일 수의 합이 같은 기간 동안의 총 일수의 3분의 1 미만이어야 한다.
⑤ 구직급여를 지급받으려는 사람은 이직 후 지체 없이 직업안정기관에 출석하여 실업을 신고해야 한다.

09 고용보험법령상 고용조정의 지원에 관한 내용으로 옳지 않은 것은?

① 고용노동부장관은 산업구조의 변화에 따른 사업의 전환으로 고용조정이 불가피하게 된 사업 주가 근로자에 대한 휴직, 인력의 재배치 등을 실시하면 그 사업주에게 필요한 지원을 할 수 있다.

② 경영상 이유에 따른 사업주의 권고에 따라 퇴직이 예정된 자를 1개월 동안 이직시키지 아니한 경우에는 고용유지지원금을 지급한다.

③ 사업주가 고용유지조치 기간 동안 근로자를 새로 고용하는 경우에는 관할 직업안정기관의 장 이 불가피하다고 인정하는 경우를 제외하고는 해당 달에 대한 고용유지지원금을 지급하지 아 니한다.

④ 고용노동부장관은 신고한 고용유지조치계획과 다르게 고용유지조치를 이행한 사업주에게는 해당 사실이 발생한 날이 속한 달에 대한 고용유지지원금의 전부 또는 일부를 지급하지 아니 할 수 있다.

⑤ 고용유지지원금을 받으려는 사업주는 그 사업의 근로자대표와 협의를 거쳐 고용유지조치계 획을 수립해야 한다.

10 고용보험법령상 자영업자인 피보험자에 대한 실업급여 적용의 특례에 관한 내용으로 옳은 것 은? (기출 수정)

① 자영업자인 피보험자의 실업급여의 종류에는 조기재취업 수당이 포함된다.

② 자영업자인 피보험자의 실업급여에는 취업촉진 수당이 포함되지 아니한다.

③ 자영업자인 피보험자로서 폐업한 수급자격자에 대한 구직급여일액은 그 수급자격자의 기초 일액에 100분의 60을 곱한 금액으로 한다.

④ 폐업사유에 관계없이 수급자격이 인정된다.

⑤ 폐업한 자영업자인 피보험자의 구직급여 수급요건에 재취업을 위한 노력을 적극적으로 하는 것은 포함되지 아니한다.

11 산업재해보상보험법에 관한 설명으로 옳은 것을 모두 고른 것은?

ㄱ. 근로자의 보험급여를 받을 권리는 퇴직하여도 소멸되지 아니한다.
ㄴ. 수급권의 대위 규정에 따른 보험가입자의 권리는 3년간 행사하지 아니하면 시효로 말미암아 소멸한다.
ㄷ. 보험급여에 관한 공단의 결정에 불복하는 자의 심사 청구는 보험급여 결정이 있음을 안 날로부터 180일 이내에 하여야 한다.

① ㄱ
② ㄴ
③ ㄱ, ㄴ
④ ㄴ, ㄷ
⑤ ㄱ, ㄴ, ㄷ

12 산업재해보상보험법령상 업무상의 재해에 해당하는 것을 모두 고른 것은?(다툼이 있으면 판례에 따름) 기출 수정

ㄱ. 휴게시간 중 사업주의 지배관리하에 있다고 볼 수 있는 행위로 발생한 사고
ㄴ. 사업주의 지시에 따라 참여한 행사 중에 발생한 사고
ㄷ. 업무와 관련하여 정신적 충격을 유발할 수 있는 사건에 의해 발생한 외상후스트레스장애
ㄹ. 사업주가 제공한 시설물을 이용하던 중 그 시설물의 결함으로 발생한 사고

① ㄱ, ㄷ
② ㄴ, ㄹ
③ ㄱ, ㄴ, ㄹ
④ ㄴ, ㄷ, ㄹ
⑤ ㄱ, ㄴ, ㄷ, ㄹ

13 산업재해보상보험법령상 보험급여에 관한 설명으로 옳지 않은 것은? 기출 수정

① 장해급여 청구사유 발생 당시 대한민국 국민이 아닌 사람으로서 외국에서 거주하고 있는 근로자에게는 장해보상일시금을 지급한다.
② 2급 장해등급 근로자에게는 장해보상연금 또는 장해보상일시금을 근로자의 선택에 따라 지급한다.
③ 장례비는 장례를 지낼 유족이 없는 경우에는 평균임금의 120일분에 상당하는 금액의 범위에서 실제 드는 비용을 그 장례를 지낸 사람에게 지급한다.
④ 상병보상연금을 산정할 때 평균임금이 최저임금액의 70분의 100보다 적을 때에는 최저임금액의 70분의 100에 해당하는 금액을 평균임금으로 본다.
⑤ 요양급여는 소정의 산재보험 의료기관에서 요양을 하게 하는 것이고 부득이한 경우에는 요양에 갈음하여 요양비를 지급할 수 있다.

14 산업재해보상보험법에 관한 설명으로 옳은 것은?

① 근로자를 진료한 산재보험 의료기관은 요양급여의 신청을 대행할 수 없다.

② 보험급여는 지급결정일로부터 30일 이내에 지급하여야 한다.

③ 근로복지공단은 제3자의 행위에 따른 재해로 보험급여를 지급한 경우에는 손해배상청구권을 대위할 수 없다.

④ 요양급여가 지급된 후 그 지급결정이 취소된 경우 국민건강보험공단은 그 건강보험 요양급여 액을 근로복지공단에 청구할 수 있다.

⑤ 보험급여로서 지급된 금품에 대하여는 국가나 지방자치단체의 공과금을 부과하지 아니한다.

15 산업재해보상보험법령상 노무제공자의 직종에 해당하는 자는? 기출 수정

① 여신전문금융업법에 따른 신용카드회원 모집인

② 예술인 복지법에 따른 예술인

③ 택배서비스종사자로서 전화 상담 업무를 하는 사람

④ 자동차관리법에 따른 자동차정비업자

⑤ 여객자동차 운수사업법에 따른 여객자동차 운송사업자

16 산업재해보상보험법상 과태료 부과 대상이 아닌 경우는?

① 거짓으로 보험급여를 받은 경우

② 심사 청구의 심리 · 결정 등을 위하여 확인이 필요하다고 인정된 사업장의 조사를 거부한 경우

③ 보험급여 결정 등을 위하여 확인이 필요하다고 인정된 사업장의 조사를 방해한 경우

④ 유사명칭의 사용 금지를 위반하여 근로복지공단 또는 이와 비슷한 명칭을 사용한 경우

⑤ 요양기간을 연장할 필요가 있는 때 제출해야 할 진료계획을 정당한 사유 없이 제출하지 아니한 경우

17 국민연금법상 사업장가입자 자격의 상실 사유에 해당하는 것을 모두 고른 것은?

1	
2	ㄱ. 사망한 때 ㄴ. 60세가 된 때
3	ㄷ. 사용관계가 끝난 때 ㄹ. 국적을 상실하거나 국외로 이주한 때

① ㄱ, ㄴ   ② ㄱ, ㄴ, ㄷ

③ ㄱ, ㄷ, ㄹ   ④ ㄴ, ㄷ, ㄹ

⑤ ㄱ, ㄴ, ㄷ, ㄹ

18 국민연금법상 ( )에 들어갈 내용을 순서대로 옳게 나열한 것은? `기출 수정`

1	
2	배우자의 가입기간 중의 혼인 기간이 ( )년 이상인 자가 배우자와 이혼하였을 것, 배우자였던
3	사람이 노령연금 수급권자일 것, ( )세가 되었을 것의 요건을 모두 갖추면 그때부터 그가 생존
	하는 동안 배우자였던 자의 노령연금을 분할한 일정한 금액의 연금을 받을 수 있다.

① 1, 55   ② 3, 55

③ 3, 60   ④ 5, 55

⑤ 5, 60

19 국민건강보험법령상 보험급여의 제한에 관한 내용으로 옳지 않은 것은?

① 공단은 보험급여를 제한하는 경우에는 지체 없이 구두로 그 내용과 사유를 가입자에게 알려야
   한다.

② 공단은 보험급여를 받을 수 있는 사람이 중대한 과실로 요양기관의 요양에 관한 지시에 따르지
   아니한 경우에는 보험급여를 지급하지 아니한다.

③ 공단은 보험급여를 받을 수 있는 사람이 다른 법령에 따라 국가나 지방자치단체로부터 보험
   급여에 상당하는 급여를 받은 경우에는 그 한도에서 보험급여를 하지 아니한다.

④ 공단은 보험급여를 받을 수 있는 사람이 업무로 생긴 질병으로 다른 법령에 따른 보험급여를
   받게 된 경우에는 보험급여를 하지 아니한다.

⑤ 공단은 보험급여를 받을 수 있는 사람이 고의로 사고를 일으킨 경우에는 보험급여를 하지 아니
   한다.

20 **국민건강보험법상 보험료에 관한 내용으로 옳지 않은 것은?**

① 보험료는 가입자의 자격을 매월 1일에 취득하는 경우에는 다음 달부터 가입자의 자격을 잃은 날의 전날이 속하는 달까지 징수한다.

② 휴직으로 보수의 전부 또는 일부가 지급되지 아니하는 가입자의 보수월액보험료는 해당 사유가 생기기 전 달의 보수월액을 기준으로 산정한다.

③ 보험료부과점수의 산정방법과 산정기준을 정할 때 법령에 따라 재산권의 행사가 제한되는 계산에 대하여는 다른 재산과 달리 정할 수 있다.

④ 직장가입자의 보수 외 소득월액보험료는 직장가입자가 부담한다.

⑤ 지역가입자의 보험료는 그 가입자가 속한 세대의 지역가입자 전원이 연대하여 부담한다.

21 **고용보험 및 산업재해보상보험의 보험료징수 등에 관한 법률상 근로복지공단의 업무가 아닌 것은?**

① 고용보험료의 월별 부과

② 환수대상이 되는 고용보험료의 지원금의 징수

③ 사업주가 법이 정한 기한까지 확정보험료를 신고하지 않은 경우 부과한 보험료 가산금의 징수

④ 사업주가 법이 정한 납부기한까지 보험료를 내지 아니한 경우 보험료 연체금의 징수

⑤ 사업주가 산재보험료의 납부를 게을리한 기간 중에 발생한 재해에 대하여 산재보험급여를 지급하는 경우 사업주로부터 그 급여에 해당하는 금액의 징수

22 **고용보험 및 산업재해보상보험의 보험료징수 등에 관한 법령상 보험료 등의 분할 납부에 관한 설명으로 옳은 것은?** 기출 수정

① 사업주는 납부기한이 지난 고용보험료의 분할 납부의 승인을 근로복지공단에 신청할 수 있다.

② 건강보험공단은 분할 납부 승인을 신청한 사업주에 대하여 납부능력을 확인하여 보험료와 이 법에 따른 그 밖의 징수금의 분할 납부를 승인할 수 있다.

③ 분할 납부의 승인과 취소에 관한 절차 · 방법, 분할 납부의 기간 및 납부능력 확인 등에 필요한 사항은 대통령령으로 정한다.

④ 근로복지공단은 분할 납부 승인을 받은 사업주가 분할 납부하여야 하는 보험료를 정당한 사유 없이 내지 아니한 경우에는 분할 납부의 승인을 취소할 수 있다.

⑤ 분할 납부의 총 기간은 분할 납부의 승인을 받은 다음 날부터 2년 이내로 한다.

23 고용보험 및 산업재해보상보험의 보험료징수 등에 관한 법령상 징수 및 체납처분 등에 관한 설명으로 옳은 것은?

① 상속이 개시된 경우 피상속인에 대한 처분의 효력은 상속인에게 미치지 않는다.

② 근로복지공단은 월별보험료의 독촉을 받은 자가 그 기한까지 내지 아니한 경우에는 국세 체납처분의 예에 따라 이를 징수할 수 있다.

③ 한국자산관리공사는 공매대행의 의뢰를 받은 날부터 2년 이내에 공매되지 않은 재산이 있으면 국민건강보험공단에 그 재산에 대한 공매대행 의뢰의 해제를 요구할 수 있다.

④ 국민건강보험공단은 독촉할 경우 그 납부기한은 독촉장 발급일부터 7일 이상의 여유가 있도록 하여야 한다.

⑤ 사업주가 국세를 체납하여 체납처분을 받은 경우 보험료의 총액이 500만원이라면 납부기한 전에 이미 납부의무가 확정된 보험료를 징수할 수 없다.

24 고용보험 및 산업재해보상보험의 보험료징수 등에 관한 법률상 징수금의 결손처분에 해당하는 사유를 모두 고른 것은?

> ㄱ. 경매가 개시된 경우
> ㄴ. 소멸시효가 완성된 경우
> ㄷ. 체납자의 행방이 분명하지 않아 징수할 가능성이 없다고 인정되는 경우
> ㄹ. 체납처분이 끝나고 체납액에 충당된 배분금액이 그 체납액보다 적은 경우

① ㄷ

② ㄴ, ㄷ

③ ㄴ, ㄹ

④ ㄴ, ㄷ, ㄹ

⑤ ㄱ, ㄴ, ㄷ, ㄹ

25 고용보험 및 산업재해보상보험의 보험료징수 등에 관한 법률상 ( )에 들어갈 내용을 순서대로 옳게 나열한 것은?

> • 산재보험의 가입자인 사업주가 그 사업을 운영하다가 근로자를 고용하지 아니하게 되었을 때에는 그 날부터 ( )의 범위에서 근로자를 사용하지 아니한 기간에도 보험에 가입한 것으로 본다.
> • 고용보험료율은 보험수지의 동향과 경제상황 등을 고려하여 ( )의 범위에서 고용안정·직업능력개발사업의 보험료율 및 실업급여의 보험료율로 구분하여 대통령령으로 정한다.

① 6개월, 1000분의 15

② 6개월, 1000분의 30

③ 1년, 1000분의 15

④ 1년, 1000분의 30

⑤ 3년, 1000분의 30

공인노무사 1차 시험 7개년 기출문제집

경영학개론

01 테일러(F. W. Taylor)의 과학적 관리법에 제시된 원칙으로 옳은 것을 모두 고른 것은?

> ㄱ. 작업방식의 과학적 연구　　　　　ㄴ. 과학적 선발 및 훈련
> ㄷ. 관리자와 작업자들 간의 협력　　　ㄹ. 관리활동의 분업

① ㄱ, ㄴ　　　　　　　　　　　② ㄷ, ㄹ

③ ㄱ, ㄴ, ㄷ　　　　　　　　　④ ㄴ, ㄷ, ㄹ

⑤ ㄱ, ㄴ, ㄷ, ㄹ

02 카츠(R. L. Katz)가 제시한 경영자의 기술에 관한 설명으로 옳은 것을 모두 고른 것은?

> ㄱ. 전문적 기술은 자신의 업무를 정확히 파악하고 능숙하게 처리하는 능력을 말한다.
> ㄴ. 인간적 기술은 다른 조직구성원과 원만한 인간관계를 유지하는 능력을 말한다.
> ㄷ. 개념적 기술은 조직의 현황이나 현안을 파악하여 세부적으로 처리하는 실무적 능력을 말한다.

① ㄱ　　　　　　　　　　　　② ㄴ

③ ㄱ, ㄴ　　　　　　　　　　④ ㄱ, ㄷ

⑤ ㄱ, ㄴ, ㄷ

03 기업 외부의 개인이나 그룹과 접촉하여 외부환경에 관한 중요한 정보를 얻는 활동은?

① 광고　　　　　　　　　　② 예측활동

③ 공중관계(PR)　　　　　　④ 활동영역 변경

⑤ 경계연결(boundary spanning)

04 조직의 목표를 달성하기 위하여 조직구성원들이 담당해야 할 역할 구조를 설정하는 관리과정의 단계는?

① 계획 　　　　　　　　　　　　　② 조직화

③ 지휘 　　　　　　　　　　　　　④ 조정

⑤ 통제

05 캐롤(B. A. Carroll)이 주장한 기업의 사회적 책임 중 책임성격이 의무성 보다 자발성에 기초하는 것을 모두 고른 것은?

ㄱ. 경제적 책임	ㄴ. 법적 책임
ㄷ. 윤리적 책임	ㄹ. 자선적 책임

① ㄱ, ㄴ 　　　　　　　　　　　　② ㄴ, ㄷ

③ ㄷ, ㄹ 　　　　　　　　　　　　④ ㄱ, ㄴ, ㄹ

⑤ ㄴ, ㄷ, ㄹ

06 포터(M. Porter)의 산업구조분석 모형에 관한 설명으로 옳지 않은 것은?

① 산업 내 경쟁이 심할수록 산업의 수익률은 낮아진다.

② 새로운 경쟁자에 대한 진입장벽이 낮을수록 해당 산업의 경쟁이 심하다.

③ 산업 내 대체재가 많을수록 기업의 수익이 많이 창출된다.

④ 구매자의 교섭력은 소비자들이 기업의 제품을 선택하거나 다른 제품을 구매할 수 있는 힘을 의미한다.

⑤ 공급자의 교섭력을 결정하는 요인으로는 공급자의 집중도, 공급물량, 공급자 판매품의 중요도 등이 있다.

07 효과적인 의사소통을 방해하는 요인 중 발신자와 관련된 요인이 아닌 것은?

① 의사소통 기술의 부족 　　　　　② 준거체계의 차이

③ 의사소통 목적의 결여 　　　　　④ 신뢰성의 부족

⑤ 정보의 과부하

08 변혁적 리더십의 구성요소 중 다음 내용에 해당하는 것은?

1 2 3	• 높은 기대치를 전달하고, 노력에 집중할 수 있도록 상징을 사용 • 미래에 대한 매력적인 비전 제시, 업무의 의미감 부여, 낙관주의와 열정을 표출

① 예외에 의한 관리　　　　　　　　② 영감적 동기부여

③ 지적 자극　　　　　　　　　　　　④ 이상적 영향력

⑤ 개인화된 배려

09 다음 특성에 부합하는 직무평가 방법으로 옳은 것은?

1 2 3	• 비계량적 평가 • 직무 전체를 포괄적으로 평가 • 직무와 직무를 상호 비교하여 평가

① 서열법　　　　　　　　　　　　　② 등급법

③ 점수법　　　　　　　　　　　　　④ 분류법

⑤ 요소비교법

10 기업이 종업원에게 지급하는 임금의 계산 및 지불 방법에 해당하는 것은?

① 임금수준　　　　　　　　　　　　② 임금체계

③ 임금형태　　　　　　　　　　　　④ 임금구조

⑤ 임금결정

11 고과자가 평가방법을 잘 이해하지 못하거나 피고과자들 간의 차이를 인식하지 못하는 무능력에서 발생할 수 있는 인사고과의 오류는?

① 중심화 경향　　　　　　　　　　② 논리적 오류

③ 현혹효과　　　　　　　　　　　　④ 상동적 태도

⑤ 근접오차

12 산업별 노동조합 또는 교섭권을 위임받은 상급단체와 개별 기업의 사용자 간에 이루어지는 단체교섭 유형은?

① 대각선 교섭
② 통일적 교섭
③ 기업별 교섭
④ 공동교섭
⑤ 집단교섭

13 외부 모집과 비교한 내부 모집의 장점을 모두 고른 것은?

> ㄱ. 승진기회 확대로 종업원 동기 부여
> ㄴ. 지원자에 대한 평가의 정확성 확보
> ㄷ. 인력수요에 대한 양적 충족 가능

① ㄱ
② ㄴ
③ ㄱ, ㄴ
④ ㄴ, ㄷ
⑤ ㄱ, ㄴ, ㄷ

14 다음과 같은 장점을 지닌 조직구조는?

> • 관리 비용을 절감할 수 있음
> • 작은 기업들도 전 세계의 자원과 전문적인 인력을 활용할 수 있음
> • 창업 초기에 공장이나 설비 등의 막대한 투자없이도 사업이 가능

① 사업별 조직구조
② 프로세스 조직구조
③ 매트릭스 조직구조
④ 지역별 조직구조
⑤ 네트워크 조직구조

15 페로우(C. Perrow)의 기술분류 유형 중 과업다양성과 분석가능성이 모두 낮은 유형은?

① 일상적 기술
② 비일상적 기술
③ 장인기술
④ 공학기술
⑤ 중개기술

16 마일즈(R. Miles)와 스노우(C. Snow)의 전략 유형 중 유연성이 높고 분권화된 학습지향 조직구조로 설계하는 것이 적합한 전략은?

① 반응형 전략   ② 저원가 전략

③ 분석형 전략   ④ 공격형 전략

⑤ 방어형 전략

17 핵심자기평가(core self-evaluation)가 높은 사람들은 자신을 가능성 있고, 능력 있고, 가치 있는 사람으로 평가한다. 핵심자기평가의 구성요소를 모두 고른 것은?

ㄱ. 자존감   ㄴ. 관계성
ㄷ. 통제위치   ㄹ. 일반화된 자기효능감
ㅁ. 정서적 안정성

① ㄱ, ㄴ, ㄷ   ② ㄱ, ㄴ, ㅁ

③ ㄱ, ㄴ, ㄹ, ㅁ   ④ ㄱ, ㄷ, ㄹ, ㅁ

⑤ ㄴ, ㄷ, ㄹ, ㅁ

18 킬만(T. Kilmann)의 갈등관리 유형 중 목적달성을 위해 비협조적으로 자기 관심사만을 만족시키려는 유형은?

① 협력형   ② 수용형

③ 회피형   ④ 타협형

⑤ 경쟁형

19 효과적인 시장세분화가 되기 위한 조건으로 옳지 않은 것은?

① 세분화를 위해 사용되는 변수들이 측정가능해야 한다.

② 세분시장에 속하는 고객들에게 효과적이고 효율적으로 접근할 수 있어야 한다.

③ 세분시장 내 고객들과 기업의 적합성은 가능한 낮아야 한다.

④ 같은 세분시장에 속한 고객들끼리는 최대한 비슷해야 하고 서로 다른 세분시장에 속한 고객들 간에는 이질성이 있어야 한다.

⑤ 세분시장의 규모는 마케팅활동으로 이익이 날 수 있을 정도로 충분히 커야 한다.

20 다음에서 설명하는 제품수명주기의 단계는?

> • 고객의 신제품수용이 늘어나 생산량이 급속히 증가하면서 단위당 제품원가, 유통비용, 촉진비용이 하락한다.
> • 지속적인 판매량 증대로 이익이 빠르게 늘어난다.

① 도입기
② 성장기
③ 성숙기
④ 정체기
⑤ 쇠퇴기

21 4P 중 가격에 관한 설명으로 옳지 않은 것은?

① 가격은 다른 마케팅믹스 요소들과 달리 상대적으로 쉽게 변경할 수 있다.
② 구매자가 가격이 비싼지 싼지를 판단하는 기준으로 삼는 가격을 준거가격이라 한다.
③ 구매자가 어떤 상품에 대해 지불할 용의가 있는 최저가격을 유보가격이라 한다.
④ 가격변화를 느끼게 만드는 최소의 가격변화 폭을 JND(just noticeable difference)라 한다.
⑤ 구매자들이 가격이 높은 상품일수록 품질도 높다고 믿는 것을 가격 – 품질 연상이라 한다.

22 판매촉진의 수단 중 소비자들의 구입가격을 인하시키는 효과를 갖는 가격수단의 유형을 모두 고른 것은?

ㄱ. 할인쿠폰	ㄴ. 샘플	ㄷ. 보상판매	ㄹ. 보너스팩

① ㄱ, ㄴ
② ㄷ, ㄹ
③ ㄱ, ㄴ, ㄷ
④ ㄱ, ㄷ, ㄹ
⑤ ㄱ, ㄴ, ㄷ, ㄹ

23 브랜드에 관한 설명으로 옳지 않은 것은?

① 브랜드는 제품이나 서비스와 관련된 이름, 상징, 혹은 기호로서 그것에 대해 구매자가 심리적인 의미를 부여하는 것이다.
② 브랜드 자산은 소비자가 브랜드에 부여하는 가치, 즉 브랜드가 창출하는 부가가치를 말한다.
③ 켈러(J. Keller)에 따르면, 브랜드 자산의 원천은 브랜드의 인지도와 브랜드의 이미지이다.
④ 브랜드 이미지는 긍정적이고 독특하며 강력해야 한다.
⑤ 브랜드 개발은 창의적인 광고를 통해 관련 이미지를 만들어내는 것이다.

24 금년 초에 5,000원의 배당(=d_0)을 지급한 A기업의 배당은 매년 영원히 5%로 일정하게 성장할 것으로 예상된다. 요구수익률이 10%일 경우 이 주식의 현재가치는?

① 50,000원   ② 52,500원

③ 100,000원   ④ 105,000원

⑤ 110,000원

25 자본시장선(CML)과 증권시장선(SML)에 관한 설명으로 옳지 않은 것은?

① 증권시장선 보다 아래에 위치하는 주식은 주가가 과대평가 된 주식이다.

② 자본시장선은 개별위험자산의 기대수익률과 체계적 위험(베타) 간의 선형관계를 설명한다.

③ 자본시장선 상에는 비체계적 위험을 가진 포트폴리오가 놓이지 않는다.

④ 동일한 체계적 위험(베타)을 가지고 있는 자산이면 증권시장선 상에서 동일한 위치에 놓인다.

⑤ 균형상태에서 모든 위험자산의 체계적 위험(베타) 대비 초과수익률(기대수익률[$E(r_i)$] – 무위험수익률[r_f])이 동일하다.

26 투자안의 경제성 분석방법에 관한 설명으로 옳은 것은?

① 투자형 현금흐름의 투자안에서 내부수익률은 투자수익률을 의미한다.

② 화폐의 시간가치를 고려하는 분석방법은 순현재가치법이 유일하다.

③ 순현재가치법에서는 가치가산의 원칙이 성립하지 않는다.

④ 내부수익률법에서는 재투자수익률을 자본비용으로 가정한다.

⑤ 수익성지수법은 순현재가치법과 항상 동일한 투자선택의 의사결정을 한다.

27 총자산순이익률(ROA)이 20%, 매출액순이익률이 8%일 때 총자산회전율은?

① 2   ② 2.5

③ 3   ④ 3.5

⑤ 4

28 다음 채권의 듀레이션은?(단, 소수점 셋째 자리에서 반올림한다.)

• 액면가액 1,000원	• 액면이자율 연 10%, 매년 말 이자지급
• 만기 2년	• 만기수익률 연 12%

① 1.75년 ② 1.83년
③ 1.87년 ④ 1.91년
⑤ 2.00년

29 가치분석/가치공학분석에서 사용하는 브레인스토밍(brainstorming)의 주제로 옳지 않은 것은?

① 불필요한 제품의 특성은 없는가?
② 추가되어야 할 공정은 없는가?
③ 무게를 줄일 수는 없는가?
④ 두 개 이상의 부품을 하나로 결합할 수 없는가?
⑤ 제거되어야 할 비표준화된 부품은 없는가?

30 최근 5개월간의 실제 제품의 수요에 대한 데이터가 주어져 있다고 할 때, 3개월 가중이동평균법을 적용하여 계산된 5월의 예측 수요 값은?(단, 가중치는 0.6, 0.2, 0.2이다.)

구분	1월	2월	3월	4월	5월
실제 수요(개)	680만	820만	720만	540만	590만

① 606만개 ② 632만개
③ 658만개 ④ 744만개
⑤ 766만개

31 공급사슬관리의 효율성을 측정하는 지표로 옳은 것은?

① 재고회전율 ② 원자재투입량
③ 최종고객주문량 ④ 수요통제
⑤ 채찍효과

32 준비비용이 일정하다고 가정하는 경제적 주문량(EOQ)과는 달리 준비비용을 최대한 줄이고자 하는 시스템은?

① 유연생산시스템(FMS)
② 자재소요관리시스템(MRP)
③ 컴퓨터통합생산시스템(CIM)
④ ABC 재고관리시스템
⑤ 적시생산시스템(JIT)

33 기업에서 생산목표상의 경쟁우선순위에 해당하지 않는 것은?

① 기술
② 품질
③ 원가
④ 시간
⑤ 유연성

34 품질문제와 관련하여 발생하는 외부 실패비용에 해당하지 않는 것은?

① 고객불만 비용
② 보증 비용
③ 반품 비용
④ 스크랩 비용
⑤ 제조물책임 비용

35 회계거래 분개 시 차변에 기록해야 하는 것은?

① 선수금의 증가
② 미수수익의 증가
③ 매출의 발생
④ 미지급비용의 증가
⑤ 매입채무의 증가

36 재무비율에 관한 설명으로 옳지 않은 것은?

① 자산이용의 효율성을 분석하는 것은 활동성비율이다.
② 이자보상비율은 채권자에게 지급해야 할 고정비용인 이자비용의 안전도를 나타낸다.
③ 유동비율은 유동자산을 유동부채로 나눈 것이다.
④ 자기자본순이익률(ROE)은 주주 및 채권자의 관점에서 본 수익성비율이다.
⑤ 재무비율분석 시 기업 간 회계방법의 차이가 있음을 고려해야 한다.

37 유형자산의 감가상각에 관한 설명으로 옳은 것은?

① 감가상각누계액은 내용연수 동안 비용처리 할 감가상각비의 총액이다.
② 정액법과 정률법에서는 감가대상금액을 기초로 감가상각비를 산정한다.
③ 정률법은 내용연수 후반부로 갈수록 감가상각비를 많이 인식한다.
④ 회계적 관점에서 감가상각은 자산의 평가과정이라기 보다 원가배분과정이라고 할 수 있다.
⑤ 모든 유형자산은 시간이 경과함에 따라 가치가 감소하므로 가치의 감소를 인식하기 위해 감가 상각한다.

38 유형자산의 취득원가에 포함되는 것은?

① 파손된 유리와 소모품의 대체
② 마모된 자산의 원상복구
③ 건물 취득 후 가입한 보험에 대한 보험료
④ 유형자산 취득 시 발생한 운반비
⑤ 건물의 도색

39 다음에서 설명하는 것은?

• 데이터 소스에서 가까운 네트워크 말단의 서버들에서 일부 데이터 처리를 수행한다.
• 클라우드 컴퓨팅 시스템을 최적화하는 방법이다.

① 엣지 컴퓨팅   ② 그리드 컴퓨팅
③ 클라이언트/서버 컴퓨팅   ④ 온디멘드 컴퓨팅
⑤ 엔터프라이즈 컴퓨팅

40 비정형 텍스트 데이터의 가치와 의미를 찾아내는 빅데이터 분석기법은?

① 에쓰노그라피(ethnography) 분석   ② 포커스그룹(focus group) 인터뷰
③ 텍스트마이닝   ④ 군집 분석
⑤ 소셜네트워크 분석

01 다음 특성에 모두 해당되는 기업의 형태는?

> • 대규모 자본 조달이 용이하다.
> • 출자자들은 유한책임을 진다.
> • 전문경영인을 고용하여 소유와 경영의 분리가 가능하다.
> • 자본의 증권화를 통해 소유권 이전이 용이하다.

① 개인기업   ② 합명회사

③ 합자회사   ④ 유한회사

⑤ 주식회사

02 다음 BCG 매트릭스의 4가지 영역 중, 시장성장률이 높은(고성장) 영역과 상대적 시장점유율이 높은(고점유) 영역이 옳게 짝지어진 것은?

> ㄱ. 현금젖소(cash cow)   ㄴ. 별(star)
> ㄷ. 물음표(question)   ㄹ. 개(dog)

	고성장	고점유
①	ㄱ, ㄴ	ㄴ, ㄷ
②	ㄱ, ㄴ	ㄴ, ㄹ
③	ㄱ, ㄹ	ㄱ, ㄴ
④	ㄴ, ㄷ	ㄱ, ㄴ
⑤	ㄴ, ㄷ	ㄱ, ㄷ

03 경영환경을 일반환경과 과업환경으로 구분할 때, 기업에게 직접적인 영향을 주는 과업환경에 해당하는 것은?

① 정치적 환경
② 경제적 환경
③ 기술적 환경
④ 경쟁자
⑤ 사회문화적 환경

04 민츠버그(H. Mintzberg)의 5가지 조직유형에 해당하지 않는 것은?

① 매트릭스 조직
② 기계적 관료제
③ 전문적 관료제
④ 애드호크라시
⑤ 사업부제 조직

05 퀸과 카메론(R. Quinn&K. Cameron)이 제시한 조직수명주기 단계의 순서로 옳은 것은?

| ㄱ. 창업 단계 | ㄴ. 공식화 단계 | ㄷ. 집단공동체 단계 | ㄹ. 정교화 단계 |

① ㄱ → ㄴ → ㄷ → ㄹ
② ㄱ → ㄴ → ㄹ → ㄷ
③ ㄱ → ㄷ → ㄴ → ㄹ
④ ㄱ → ㄷ → ㄹ → ㄴ
⑤ ㄱ → ㄹ → ㄴ → ㄷ

06 켈리(H. Kelly)의 귀인이론에서 행동의 원인을 내적 또는 외적으로 판단하는 데 활용하는 것을 모두 고른 것은?

ㄱ. 특이성(distinctiveness)	ㄴ. 형평성(equity)
ㄷ. 일관성(consistency)	ㄹ. 합의성(consensus)
ㅁ. 관계성(relationship)	

① ㄱ, ㄴ, ㄷ
② ㄱ, ㄷ, ㄹ
③ ㄱ, ㄹ, ㅁ
④ ㄴ, ㄷ, ㅁ
⑤ ㄴ, ㄹ, ㅁ

07 집단사고(groupthink)의 증상에 해당하지 않는 것은?

① 자신의 집단은 잘못된 의사결정을 하지 않는다는 환상
② 의사결정이 만장일치로 이루어져야 한다는 환상
③ 반대의견을 스스로 자제하려는 자기검열
④ 외부집단에 대한 부정적인 상동적 태도
⑤ 개방적인 분위기를 형성해야 한다는 압력

08 성격의 Big 5 모형에 해당하지 않는 것은?

① 정서적 안정성   ② 성실성
③ 친화성   ④ 모험선호성
⑤ 개방성

09 피들러(F. Fiedler)의 상황적합 리더십이론에 관한 설명으로 옳지 않은 것은?

① LPC 척도는 가장 선호하지 않는 동료작업자를 평가하는 것이다.
② LPC 점수를 이용하여 리더십 유형을 파악한다.
③ 상황요인 3가지는 리더 – 부하관계, 과업구조, 부하의 성숙도이다.
④ 상황의 호의성이 중간 정도인 경우에는 관계지향적 리더십이 효과적이다.
⑤ 상황의 호의성이 좋은 경우에는 과업지향적 리더십이 효과적이다.

10 직무특성모형에서 중요심리상태의 하나인 의미충만(meaningfulness)에 영향을 미치는 핵심 직무차원을 모두 고른 것은?

ㄱ. 기술다양성	ㄴ. 과업정체성	ㄷ. 과업중요성
ㄹ. 자율성	ㅁ. 피드백	

① ㄱ, ㄴ, ㄷ   ② ㄱ, ㄴ, ㅁ
③ ㄱ, ㄹ, ㅁ   ④ ㄴ, ㄷ, ㄹ
⑤ ㄷ, ㄹ, ㅁ

11 기업 경영에서 마케팅 개념(marketing concept)이 발전해 온 순서로 옳은 것은?

① 생산 개념 → 제품 개념 → 판매 개념 → 마케팅 개념

② 생산 개념 → 판매 개념 → 제품 개념 → 마케팅 개념

③ 제품 개념 → 생산 개념 → 판매 개념 → 마케팅 개념

④ 제품 개념 → 판매 개념 → 생산 개념 → 마케팅 개념

⑤ 판매 개념 → 제품 개념 → 생산 개념 → 마케팅 개념

12 광고(advertising)와 홍보(publicity)에 관한 설명으로 옳지 않은 것은?

① 광고는 홍보와 달리 매체 비용을 지불한다.

② 홍보는 일반적으로 광고보다 신뢰성이 높다.

③ 광고는 일반적으로 홍보보다 기업이 통제할 수 있는 영역이 많다.

④ 홍보는 언론의 기사나 뉴스 형태로 많이 이루어진다.

⑤ 홍보의 세부 유형으로 PR(Public Relations)이 있다.

13 로저스(E. Rogers)의 혁신에 대한 수용자 유형이 아닌 것은?

① 혁신자(innovators)

② 조기수용자(early adopters)

③ 후기수용자(late adopters)

④ 조기다수자(early majority)

⑤ 후기다수자(late majority)

14 (주)한국의 매출 및 매출채권 자료가 다음과 같을 때, 매출채권의 평균회수기간은?(단, 1년은 360일로 가정한다.)

매출액	₩3,000,000
기초매출채권	150,000
기말매출채권	100,000

① 10일

② 15일

③ 18일

④ 20일

⑤ 24일

15 적대적 M&A의 방어전략 중 다음에서 설명하는 것은?

> 피인수기업의 기존 주주에게 일정조건이 충족되면 상당히 할인된 가격으로 주식을 매입할 수 있는 권리를 부여함으로써, 적대적 M&A를 시도하려는 세력에게 손실을 가하고자 한다.

① 백기사(white knight) ② 그린메일(green mail)
③ 황금낙하산(gold parachute) ④ 독약조항(poison pill)
⑤ 왕관보석(crown jewel)

16 (주)한국은 다음과 같은 조건의 사채(액면금액의 ₩1,000,000, 액면이자율 8%, 만기 5년, 이자는 매년 말 지급)를 발행하였다. 시장이자율이 10%일 경우, 사채의 발행금액은?(단, 사채발행비는 없으며, 현가계수는 주어진 자료를 이용한다.)

기간(년)	단일금액 ₩1의 현가계수		정상연금 ₩1의 현가계수	
	8%	10%	8%	10%
5	0.68	0.62	3.99	3.79

① ₩896,800 ② ₩923,200
③ ₩939,800 ④ ₩983,200
⑤ ₩999,200

17 제품설계 기법에 관한 설명으로 옳은 것은?

① 동시공학은 부품이나 조립품의 호환성과 공용화를 높여서 생산원가를 절감하는 기법이다.
② 모듈러설계는 불필요한 원가요인을 발굴하여 제거함으로써 제품의 가치를 높이는 기법이다.
③ 가치공학은 신제품 출시과정을 병렬적으로 진행하여 신제품 출시기간을 단축하는 기법이다.
④ 품질기능전개는 소비자의 요구사항을 체계적으로 제품의 기술적 설계에 반영하는 과정이다.
⑤ 가치분석은 제품이나 공정을 처음부터 환경변화의 영향을 덜 받도록 설계하는 것이다.

18 최종소비자의 수요변동 정보가 전달되는 과정에서 지연이나 왜곡현상이 발생하여 재고부족 또는 과잉 문제가 발생하고 공급사실 상류로 갈수록 수요변동이 증폭되는 현상은?

① 채찍 효과   ② 포지셔닝 효과

③ 리스크 풀링 효과   ④ 크로스 도킹 효과

⑤ 레버리지 효과

2023년

19 다음 중 도요타 생산시스템에서 정의한 7가지 낭비유형에 해당하는 것을 모두 고른 것은?

ㄱ. 과잉생산에 의한 낭비	ㄴ. 대기시간으로 인한 낭비
ㄷ. 재고로 인한 낭비	ㄹ. 작업자 재교육으로 인한 낭비

① ㄱ, ㄴ   ② ㄷ, ㄹ

③ ㄱ, ㄴ, ㄷ   ④ ㄴ, ㄷ, ㄹ

⑤ ㄱ, ㄴ, ㄷ, ㄹ

20 다음의 수요예측기법 중 시계열(time series) 예측기법에 해당하는 것을 모두 고른 것은?

ㄱ. 이동평균법	ㄴ. 지수평활법	ㄷ. 델파이 기법

① ㄱ   ② ㄴ

③ ㄱ, ㄴ   ④ ㄴ, ㄷ

⑤ ㄱ, ㄴ, ㄷ

21 거래의 결합관계가 비용의 발생과 부채의 증가에 해당하는 것은?(단, 거래금액은 고려하지 않는다.)

① 외상으로 구입한 업무용 컴퓨터를 현금으로 결제하였다.

② 종업원 급여가 발생하였으나 아직 지급하지 않았다.

③ 대여금에 대한 이자를 현금으로 수령하지 못하였으나 결산기말에 인식하였다.

④ 거래처에서 영업용 상품을 외상으로 구입하였다.

⑤ 은행으로부터 빌린 차입금을 상환하였다.

22 도소매업을 영위하는 (주)한국의 재고 관련 자료가 다음과 같을 때, 매출이익은?

총매출액	₩10,000	총매입액	₩7,000
매출환입액	50	매입에누리액	80
기초재고액	200	매입운임액	20
기말재고액	250		

① ₩2,980   ② ₩3,030

③ ₩3,060   ④ ₩3,080

⑤ ₩3,110

23 현행 K-IFRS에 의한 재무제표에 해당하지 않는 것은?

① 재무상태변동표   ② 포괄손익계산서

③ 자본변동표   ④ 현금흐름표

⑤ 주석

24 일반 사용자의 컴퓨터 시스템 접근을 차단한 후, 접근을 허용하는 조건으로 대가를 요구하는 악성코드는?

① 스니핑(sniffing)   ② 랜섬웨어(ransomware)

③ 스팸웨어(spamware)   ④ 피싱(phishing)

⑤ 파밍(pharming)

25 다음에서 설명하는 기술발전의 법칙은?

> • 1965년 미국 반도체회사의 연구개발 책임자가 주장하였다.
> • 마이크로프로세서의 성능은 18개월마다 2배씩 향상된다.

① 길더의 법칙   ② 메칼프의 법칙

③ 무어의 법칙   ④ 롱테일 법칙

⑤ 파레토 법칙

01 프랜차이즈(franchise)에 관한 설명으로 옳지 않은 것은?

① 가맹점은 운영측면에서 개인점포에 비해 자율성이 높다.

② 가맹본부의 사업확장이 용이하다.

③ 가맹점은 인지도가 있는 브랜드와 상품으로 사업을 시작할 수 있다.

④ 가맹점은 가맹본부로부터 경영지도와 지원을 받을 수 있다.

⑤ 가맹점은 프랜차이즈 비용이 부담이 될 수 있다.

02 앤소프(H. I. Ansoff)의 제품－시장 확장전략 중 기존 제품으로 기존 시장의 점유율을 확대해 가는 전략은?

① 원가우위 전략

② 시장침투 전략

③ 시장개발 전략

④ 제품개발 전략

⑤ 다각화 전략

03 포터(M. Porter)의 산업구조분석 모형에서, 소비자 관점의 사용용도가 유사한 다른 제품을 고려하는 경쟁분석의 요소는?

① 산업 내 기존 경쟁업체 간 경쟁

② 잠재적 경쟁자의 진입 가능성

③ 대체재의 위협

④ 공급자의 교섭력

⑤ 구매자의 교섭력

04 직무스트레스에 관한 설명으로 옳지 않은 것은?

① 직무스트레스의 잠재적 원인으로는 환경요인, 조직적 요인, 개인적 요인이 존재한다.

② 직무스트레스 원인과 경험된 스트레스 간에 조정변수가 존재한다.

③ 사회적 지지는 직무스트레스의 조정변수이다.

④ 직무스트레스 결과로는 생리적 증상, 심리적 증상, 행동적 증상이 있다.

⑤ 직무스트레스와 직무성 간의 관계는 U자형으로 나타난다.

05 메이요(E. Mayo)의 호손실험 중 배선작업 실험에 관한 설명으로 옳지 않은 것은?

① 작업자를 둘러싸고 있는 사회적 요인들이 작업능률에 미치는 영향을 파악하였다.

② 생산현장에서 비공식조직을 확인하였다.

③ 비공식조직이 작업능률에 영향을 미치는 것을 발견하였다.

④ 관찰연구를 통해 진행되었다.

⑤ 경제적 욕구의 중요성을 재확인하였다.

06 조직설계의 상황변수에 해당하는 것을 모두 고른 것은?

ㄱ. 복잡성	ㄴ. 전략	ㄷ. 공식화	ㄹ. 기술	ㅁ. 규모

① ㄱ, ㄴ, ㄷ   ② ㄱ, ㄴ, ㄹ

③ ㄱ, ㄷ, ㅁ   ④ ㄴ, ㄹ, ㅁ

⑤ ㄷ, ㄹ, ㅁ

07 맥그리거(D. McGregor)의 XY이론 중 Y이론에 관한 설명으로 옳은 것을 모두 고른 것은?

ㄱ. 동기부여는 생리적 욕구나 안전욕구 단계에서만 가능하다.

ㄴ. 작업조건이 잘 갖추어지면 일은 놀이와 같이 자연스러운 것이다.

ㄷ. 대부분의 사람들은 엄격하게 통제되어야 하고 조직목표를 달성하기 위해서는 강제되어야 한다.

ㄹ. 사람은 적절하게 동기부여가 되면 자율적이고 창의적으로 업무를 수행한다.

① ㄱ, ㄴ   ② ㄱ, ㄷ

③ ㄴ, ㄷ   ④ ㄴ, ㄹ

⑤ ㄷ, ㄹ

08 다음에서 설명하는 조직이론은?

- 조직형태는 환경에 의하여 선택되거나 도태될 수 있다.
- 기존 대규모 조직들은 급격한 환경변화에 적응하기 어려워 공룡신세가 되기 쉽다.
- 변화과정은 변이(variation), 선택(selection), 보존(retention)의 단계를 거친다.

① 자원의존 이론   ② 제도화 이론
③ 학습조직 이론   ④ 조직군 생태학 이론
⑤ 거래비용 이론

09 직무분석에 관한 설명으로 옳은 것은?

① 직무의 내용을 체계적으로 정리하여 직무명세서를 작성한다.
② 직무수행자에게 요구되는 자격요건을 정리하여 직무기술서를 작성한다.
③ 직무분석과 인력확보를 연계하는 것은 타당하지 않다.
④ 직무분석은 작업장의 안전사고 예방에 도움이 된다.
⑤ 직무분석은 직무평가 결과를 토대로 실시한다.

10 스캔론 플랜(Scanlon Plan)에 관한 설명으로 옳지 않은 것은?

① 기업이 창출한 부가가치를 기준으로 성과급을 산정한다.
② 집단성과급제도이다.
③ 생산제품의 판매가치와 인건비의 관계에서 배분액을 결정한다.
④ 실제인건비가 표준인건비보다 적을 때 그 차액을 보너스로 배분한다.
⑤ 산출된 보너스액 중 일정액을 적립한 후 종업원분과 회사분으로 배분한다.

11 기존 브랜드명을 새로운 제품 범주의 신제품에 사용하는 것은?

① 공동 브랜딩(co-branding)   ② 복수 브랜딩(multi-branding)
③ 신규 브랜드(new brand)   ④ 라인 확장(line extension)
⑤ 브랜드 확장(brand extension)

12 제품의 기본가격을 조정하여 세분시장별로 가격을 달리하는 가격결정이 아닌 것은?

① 고객집단 가격결정   ② 묶음제품 가격결정

③ 제품형태 가격결정   ④ 입지 가격결정

⑤ 시간 가격결정

13 새로운 마케팅 기회를 확보하기 위해 동일한 유통경로 단계에 있는 둘 이상의 기업이 제휴하는 시스템은?

① 혁신 마케팅시스템   ② 수평적 마케팅시스템

③ 계약형 수직적 마케팅시스템   ④ 관리형 수직적 마케팅시스템

⑤ 기업형 수직적 마케팅시스템

14 증권시장선(SML)에 관한 설명으로 옳은 것을 모두 고른 것은?

> ㄱ. 개별주식의 기대수익률과 체계적 위험 간의 선형관계를 나타낸다.
> ㄴ. 효율적 포트폴리오에 한정하여 균형가격을 산출할 수 있다.
> ㄷ. 증권시장선보다 상단에 위치하는 주식은 주가가 과소평가된 주식이다.
> ㄹ. 증권시장선은 위험자산만을 고려할 경우 효율적 투자기회선이다.

① ㄱ, ㄴ   ② ㄱ, ㄷ

③ ㄱ, ㄹ   ④ ㄴ, ㄷ

⑤ ㄷ, ㄹ

15 재무상태표의 자산 항목에 해당하지 않는 것은?

① 미수금   ② 단기대여금

③ 선급금   ④ 이익준비금

⑤ 선급비용

16 투자안의 경제성 평가 방법에 관한 설명으로 옳은 것은?

① 회계적이익률법의 회계적이익률은 연평균 영업이익을 연평균 매출액으로 나누어 산출한다.

② 회수기간법은 회수기간 이후의 현금흐름을 고려한다.

③ 순현재가치법은 재투자수익률을 내부수익률로 가정한다.

④ 내부수익률법에서 개별투자안의 경우 내부수익률이 0보다 크면 경제성이 있다.

⑤ 수익성지수법에서 개별투자안의 경우 수익성 지수가 1보다 크면 경제성이 있다.

17 A주식에 대한 분산은 0.06이고, B주식에 대한 분산은 0.08이다. A주식의 수익률과 B주식의 수익률 간의 상관계수가 0인 경우, 총 투자자금 중 A주식과 B주식에 절반씩 투자한 포트폴리오의 분산은?

① 0.025

② 0.035

③ 0.045

④ 0.055

⑤ 0.065

18 경제적 주문량(EOQ)에 관한 설명으로 옳지 않은 것은?

① 연간 재고유지비용과 연간 주문비용의 합이 최소화되는 주문량을 결정하는 것이다.

② 연간 재고유지비용과 연간 주문비용이 같아지는 지점에서 결정된다.

③ 연간 주문비용이 감소하면 경제적 주문량이 감소한다.

④ 연간 재고유지비용이 감소하면 경제적 주문량이 감소한다.

⑤ 연간 수요량이 증가하면 경제적 주문량이 증가한다.

19 생산 프로세스에서 낭비를 제거하여 부가가치를 극대화하기 위한 것은?

① 린(lean) 생산

② 자재소요계획(MRP)

③ 장인생산(craft production)

④ 대량고객화(mass customization)

⑤ 오프쇼오링(off-shoring)

20 (주)한국의 4개월간 제품 실제 수요량과 예측치가 다음과 같다고 할 때, 평균절대오차(MAD)는?

월(t)	실제 수요량(D_t)	예측치(F_t)
1월	200개	225개
2월	240개	220개
3월	300개	285개
4월	270개	290개

① 2.5

② 10

③ 20

④ 412.5

⑤ 1650

21 서비스 품질평가에 사용되는 SERVQUAL 모형의 서비스 차원이 아닌 것은?

① 유형성(tangibles)

② 신뢰성(reliability)

③ 반응성(responsiveness)

④ 공감성(empathy)

⑤ 소멸성(perishability)

22 다음의 주어진 자료를 이용하여 산출한 기말자본액은?

〈자료〉

기초자산 : 380,000원, 기초부채 : 180,000원
당기 중 유상증자 : 80,000원, 당기 중 현금배당 : 40,000원
당기순이익 : 100,000원

① 260,000원

② 300,000원

③ 340,000원

④ 380,000원

⑤ 420,000원

23 회계거래 분개에 관한 설명으로 옳은 것은?

① 매입채무의 증가는 차변에 기록한다.

② 장기대여금의 증가는 대변에 기록한다.

③ 자본금의 감소는 차변에 기록한다.

④ 임대료 수익의 발생은 차변에 기록한다.

⑤ 급여의 지급은 대변에 기록한다.

24 컴퓨터, 저장장치, 애플리케이션, 서비스 등과 같은 컴퓨팅 자원의 공유된 풀(pool)을 인터넷으로 접근할 수 있게 해주는 것은?

① 클라이언트/서버 컴퓨팅(client/server computing)

② 엔터프라이즈 컴퓨팅(enterprise computing)

③ 온프레미스 컴퓨팅(on-premise computing)

④ 그린 컴퓨팅(green computing)

⑤ 클라우드 컴퓨팅(cloud computing)

25 특정기업의 이메일로 위장한 메일을 불특정 다수에게 발송하여 권한 없이 데이터를 획득하는 방식은?

① 파밍(pharming)

② 스니핑(sniffing)

③ 피싱(phishing)

④ 서비스 거부 공격(denial-of-service attack)

⑤ 웜(worm)

01 페이욜(H. Fayol)의 일반적 관리원칙에 해당하지 않는 것은?

① 지휘의 통일성 ② 직무의 분업화
③ 보상의 공정성 ④ 조직의 분권화
⑤ 권한과 책임의 일치

02 다음의 특성에 해당되는 기업집중 형태는?

- 주식 소유, 금융적 방법 등에 의한 결합
- 외형상으로 독립성이 유지되지만 실질적으로는 종속관계
- 모회사와 자회사 형태로 존재

① 카르텔(cartel) ② 콤비나트(combinat)
③ 트러스트(trust) ④ 콘체른(concern)
⑤ 디베스티처(divestiture)

03 캐롤(B.A. Carrol)의 피라미드 모형에서 제시된 기업의 사회적 책임의 단계로 옳은 것은?

① 경제적 책임 → 법적 책임 → 윤리적 책임 → 자선적 책임
② 경제적 책임 → 윤리적 책임 → 법적 책임 → 자선적 책임
③ 경제적 책임 → 자선적 책임 → 윤리적 책임 → 법적 책임
④ 경제적 책임 → 법적 책임 → 자선적 책임 → 윤리적 책임
⑤ 경제적 책임 → 윤리적 책임 → 자선적 책임 → 법적 책임

04 GE/맥킨지 매트릭스(GE/McKinsey matrix)에서 전략적 사업부를 분류하기 위한 두 기준은?

① 산업매력도 – 사업단위 위치(경쟁력)

② 시장성장률 – 시장점유율

③ 산업매력도 – 시장성장률

④ 사업단위 위치(경쟁력) – 시장점유율

⑤ 시장점유율 – 가격경쟁력

05 허츠버그(F. Herzberg)의 2요인이론에서 위생요인에 해당하는 것은?

① 성취감   ② 도전감

③ 임금   ④ 성장가능성

⑤ 직무내용

06 전통적 직무설계와 관련 없는 것은?

① 분업   ② 과학적 관리

③ 전문화   ④ 표준화

⑤ 직무순환

07 인사평가의 분배적 오류에 해당하는 것은?

① 후광효과   ② 상동적 태도

③ 관대화 경향   ④ 대비오류

⑤ 확증편향

08 교육참가자들이 소규모 집단을 구성하여 팀워크로 경영상의 실제 문제를 해결하도록 하여 문제해결과정에 대한 성찰을 통해 학습하게 하는 교육방식은?

① team learning   ② organizational learning

③ problem based learning   ④ blended learning

⑤ action learning

09 마키아벨리즘(machiavellism)에 관한 설명으로 옳지 않은 것은?

① 마키아벨리즘은 자신의 이익을 위해 타인을 이용하고 조작하려는 성향이다.

② 마키아벨리즘이 높은 사람은 감정적 거리를 잘 유지한다.

③ 마키아벨리즘이 높은 사람은 남을 잘 설득하며 자신도 잘 설득된다.

④ 마키아벨리즘이 높은 사람은 최소한의 규정과 재량권이 있을 때 높은 성과를 보이는 경향이 있다.

⑤ 마키아벨리즘이 높은 사람은 목적이 수단을 정당화시킬 수 있다고 믿는 경향이 있다.

10 조직으로부터 나오는 권력을 모두 고른 것은?

ㄱ. 보상적 권력	ㄴ. 전문적 권력
ㄷ. 합법적 권력	ㄹ. 준거적 권력
ㅁ. 강제적 권력	

① ㄱ, ㄴ, ㄷ   ② ㄱ, ㄴ, ㄹ

③ ㄱ, ㄷ, ㅁ   ④ ㄴ, ㄹ, ㅁ

⑤ ㄷ, ㄹ, ㅁ

11 직무특성모형(job characteristics model)의 핵심직무차원에 포함되지 않는 것은?

① 성장욕구 강도(growth need strength)

② 과업 정체성(task identity)

③ 과업 중요성(task significance)

④ 자율성(autonomy)

⑤ 피드백(feedback)

12 다음 설명에 해당하는 의사결정기법은?

> • 자유롭게 아이디어를 제시할 수 있다.
> • 타인이 제시한 아이디어에 대해 비판은 금지된다.
> • 아이디어의 질보다 양을 강조한다.

① 브레인스토밍(brainstorming)
② 명목진단법(nominal group technique)
③ 델파이법(delphi technique)
④ 지명반론자법(devil's advocacy)
⑤ 프리모텀법(premortem)

13 선매품(shopping goods)에 관한 설명으로 옳은 것은?

① 소비자가 필요하다고 느낄 때 수시로 구매하는 경향을 보인다.
② 소비자는 가격, 품질, 스타일 등 다양한 정보를 수집하여 신중하게 비교하는 경향을 보인다.
③ 소비자는 잘 알지 못하거나 알고 있어도 능동적으로 구매하려 하지 않는다.
④ 일상생활에서 빈번히 구매하는 저관여 제품들이 많다.
⑤ 독특한 특정을 지니거나 브랜드 차별성을 지니는 제품들이 많다.

14 브랜드(brand) 요소를 모두 고른 것은?

> ㄱ. 징글(jingle)   ㄴ. 캐릭터(character)
> ㄷ. 슬로건(slogan)   ㄹ. 심벌(symbol)

① ㄱ, ㄴ
② ㄷ, ㄹ
③ ㄱ, ㄴ, ㄷ
④ ㄴ, ㄷ, ㄹ
⑤ ㄱ, ㄴ, ㄷ, ㄹ

15 서비스의 특성으로 옳지 않은 것은?

① 무형성
② 비분리성
③ 반응성
④ 소멸성
⑤ 변동성(이질성)

16 K사는 A, B, C 세 투자안을 검토하고 있다. 모든 투자안의 내용연수는 1년으로 동일하며, 투자안의 자본비용은 10%이다. 투자액은 투자 실행 시 일시에 지출되며 모든 현금흐름은 기간 말에 발생한다. 투자안의 투자액과 순현재가치(NPV)가 다음과 같을 경우 내부수익률(IRR)이 높은 순서대로 나열한 것은?

투자안	A	B	C
투자액	100억 원	200억 원	250억 원
순현재가치	20억 원	30억 원	40억 원

① A, B, C
② A, C, B
③ B, A, C
④ C, A, B
⑤ C, B, A

17 증권시장선(SML)과 자본시장선(CML)에 관한 설명으로 옳지 않은 것은?

① 증권시장선의 기울기는 표준편차로 측정된 위험 1단위에 대한 균형가격을 의미한다.
② 증권시장선 아래에 위치한 자산은 과대평가된 자산이다.
③ 자본시장선은 효율적 자산의 기대수익률과 표준편차의 선형관계를 나타낸다.
④ 자본시장선에 위치한 위험자산은 무위험자산과 시장포트폴리오의 결합으로 구성된 자산이다.
⑤ 자본시장선에 위치한 위험자산과 시장포트폴리오의 상관계수는 1이다.

18 올해 말(t=1)에 예상되는 A사 보통주의 주당 배당금은 1,000원이며, 이후 배당금은 매년 10%씩 영구히 증가할 것으로 기대된다. 현재(t=0) A사 보통주의 주가(내재가치)가 10,000원이라고 할 경우 이 주식의 자본비용은?

① 10%
② 15%
③ 20%
④ 25%
⑤ 30%

19 주식 A와 B의 기대수익률은 각각 10%, 20%이다. 총 투자자금 중 40%를 주식 A에, 60%를 주식 B에 투자하여 구성한 포트폴리오 P의 기대수익률은?

① 15%
② 16%
③ 17%
④ 18%
⑤ 19%

20 식스시그마의 성공적 수행을 위한 5단계 활동으로 옳은 순서는?

① 계획 → 분석 → 측정 → 개선 → 평가

② 계획 → 분석 → 측정 → 평가 → 개선

③ 계획 → 측정 → 평가 → 통제 → 개선

④ 정의 → 측정 → 분석 → 개선 → 통제

⑤ 정의 → 측정 → 평가 → 통제 → 개선

21 공급자에서 기업 내 변환과정과 유통망을 거쳐 최종 고객에 제품, 서비스 및 정보의 흐름을 전체 시스템 관점에서 설계하고 관리하는 것은?

① EOQ   ② MRP

③ TQM   ④ SCM

⑤ FMS

2021년

22 공장을 신축하고자 1억원의 토지를 현금으로 취득한 거래가 재무제표 요소에 미치는 영향은?

① 자본의 감소, 자산의 감소   ② 자산의 증가, 자산의 감소

③ 자산의 증가, 자본의 증가   ④ 자산의 증가, 부채의 증가

⑤ 비용의 증가, 자산의 감소

23 유형자산에 해당하는 항목을 모두 고른 것은?

ㄱ. 특허권   ㄴ. 건물   ㄷ. 비품   ㄹ. 라이선스

① ㄱ, ㄴ   ② ㄴ, ㄷ

③ ㄱ, ㄴ, ㄷ   ④ ㄴ, ㄷ, ㄹ

⑤ ㄱ, ㄴ, ㄷ, ㄹ

24 재무상태표의 부채에 해당하지 않는 것은?

① 매입채무   ② 선급비용

③ 선수금   ④ 사채

⑤ 예수금

25 급여계산, 고객주문처리, 재고관리 등 일상적이고 반복적인 과업을 주로 수행하는 정보시스템은?

① EIS   ② DSS

③ ES   ④ SIS

⑤ TPS

01 페로우(C. Perrow)가 제시한 기술 분류 기준으로 옳은 것을 모두 고른 것은?

> ㄱ. 기술복잡성 ㄴ. 과업다양성
> ㄷ. 상호의존성 ㄹ. 과업정체성
> ㅁ. 문제분석 가능성

① ㄱ, ㄴ   ② ㄴ, ㄹ

③ ㄴ, ㅁ   ④ ㄷ, ㅁ

⑤ ㄱ, ㄷ, ㄹ

02 (주)한국은 정부의 대규모 사업에 참여하면서 다수 기업과 공동출자를 하고자 한다. 이 전략 유형에 해당하는 것은?

① 우회전략(turnaround strategy)

② 집중전략(concentration strategy)

③ 프랜차이징(franchising)

④ 컨소시엄(consortium)

⑤ 포획전략(captive strategy)

03 매트릭스 조직의 장점에 해당하지 않는 것은?

① 구성원들 간 갈등해결 용이

② 환경 불확실성에 신속한 대응

③ 인적자원의 유연성 활용

④ 제품 다양성 확보

⑤ 구성원들의 역량향상 기회 제공

04 사용자가 노동조합의 정당한 활동을 방해하는 것은?

① 태업
② 단체교섭
③ 부당노동행위
④ 노동쟁의
⑤ 준법투쟁

05 하우스(R. House)가 제시한 경로-목표이론의 리더십 유형에 해당하지 않는 것은?

① 권한위임적 리더십
② 지시적 리더십
③ 지원적 리더십
④ 성취지향적 리더십
⑤ 참가적 리더십

06 구성원들 간 의사소통이 강력한 특정 리더에게 집중되는 유형은?

① 원형
② Y자형
③ 수레바퀴형
④ 사슬형
⑤ 전체연결형

07 기업의 사회적 책임 중에서 제1의 책임에 해당하는 것은?

① 법적 책임
② 경제적 책임
③ 윤리적 책임
④ 자선적 책임
⑤ 환경적 책임

08 파스칼(R. Pascale)과 피터스(T. Peters)의 조직문화 7S 중 다른 요소들을 연결시켜 주는 핵심적인 요소는?

① 전략(strategy)
② 관리기술(skill)
③ 공유가치(shared value)
④ 관리시스템(system)
⑤ 구성원(staff)

09 브룸(V. Vroom)이 제시한 기대이론의 작동순서로 올바른 것은?

① 기대감 → 수단성 → 유의성   ② 기대감 → 유의성 → 수단성

③ 수단성 → 유의성 → 기대감   ④ 유의성 → 수단성 → 기대감

⑤ 유의성 → 기대감 → 수단성

10 MBO에서 목표설정 시 SMART 원칙으로 옳지 않은 것은?

① 구체적(specific)이어야 한다.

② 축적가능(measurable)하여야 한다.

③ 조직목표와 일치성(aligned with organizational goal)이 있어야 한다.

④ 현실적이며 결과지향적(realistic and result – oriented)이어야 한다.

⑤ 훈련가능(trainable)하여야 한다.

11 (주)한국은 10,000원에 상당하는 두루마리 화장지 가격을 9,900원으로 책정하였다. 이러한 가격결정 방법은?

① 단수가격   ② 명성가격

③ 층화가격   ④ 촉진가격

⑤ 관습가격

12 마약퇴치 운동과 같이 불건전한 수요를 파괴시키는 데 활용되는 마케팅은?

① 동시화 마케팅(synchro marketing)

② 재마케팅(remarketing)

③ 디마케팅(demarketing)

④ 대항 마케팅(counter marketing)

⑤ 터보 마케팅(turbo marketing)

13 마케팅전략에 관한 설명으로 옳은 것은?

① 마케팅 비용을 절감하기 위해 차별화 마케팅전략을 도입한다.

② 제품전문화 전략은 표적시장 선정전략의 일종이다.

③ 포지셔닝은 전체 시장을 목표로 하는 마케팅전략이다.

④ 제품의 확장속성이란 판매자가 제공하거나 구매자가 추구하는 본질적 편익을 말한다.

⑤ 시장세분화 전제조건으로서의 실질성이란 세분시장의 구매력 등이 측정가능해야 함을 의미한다.

14 포터(M. Porter)의 가치사슬(value chain) 모델에서 주요활동(primary activities)에 해당하는 것은?

① 인적자원관리   ② 서비스

③ 기술개발   ④ 기획 · 재무

⑤ 법률자문

15 경영정보시스템 용어에 관한 설명으로 옳지 않은 것은?

① 비즈니스 프로세스 리엔지니어링(business process reengineering)은 새로운 방식으로 최대한의 이득을 얻기 위해 기존의 비즈니스 프로세스를 변경하는 것이다.

② 비즈니스 인텔리전스(business intelligence)는 사용자가 정보에 기반하여 보다 나은 비즈니스 의사결정을 돕기 위한 응용프로그램, 기술 및 데이터 분석 등을 포함하는 시스템이다.

③ 의사결정지원시스템(decision support system)은 컴퓨터를 이용하여 의사결정자가 효과적인 의사결정을 할 수 있도록 지원하는 시스템이다.

④ 위키스(Wikis)는 사용자들이 웹페이지 내용을 쉽게 추가 · 편집할 수 있는 웹사이트의 일종이다.

⑤ 자율컴퓨팅(autonomous computing)은 지리적으로 분산된 네트워크 환경에서 수많은 컴퓨터와 데이터베이스 등을 고속 네트워크로 연결하여 공유할 수 있도록 한다.

16 품질의 산포가 우연원인에 의한 것인지, 이상원인에 의한 것인지를 밝혀주는 역할을 하며, 제조공정의 상태를 파악하기 위해 공정관리에 이용되는 것은?

① 파레토도　　　　　　　　　　　② 관리도

③ 산포도　　　　　　　　　　　　④ 특성요인도

⑤ 히스토그램

17 (주)한국의 연도별 제품 판매량은 다음과 같다. 과거 3년간의 데이터를 바탕으로 단순이동평균법을 적용하였을 때 2020년도의 수요예측량은?

연도	판매량(개)
2014	2,260
2015	2,090
2016	2,110
2017	2,150
2018	2,310
2019	2,410

① 2,270　　　　　　　　　　　　② 2,280

③ 2,290　　　　　　　　　　　　④ 2,230

⑤ 2,310

18 선물거래에 관한 설명으로 옳지 않은 것은?

① 조직화된 공식시장에서 거래가 이루어진다.

② 다수의 불특정 참가자가 자유롭게 시장에 참여한다.

③ 거래대상, 거래단위 등의 거래조건이 표준화되어 있다.

④ 계약의 이행을 보증하려는 제도적 장치로 일일정산, 증거금 등이 있다.

⑤ 반대매매를 통한 중도청산이 어려워 만기일에 실물의 인수·인도가 이루어진다.

19 다음에서 설명하는 투자안의 경제적 평가방법은?

1
2
3

> - 투자안으로부터 예상되는 미래 기대현금 유입액의 현재가치와 기대현금 유출액의 현재가치를 일치시키는 할인율을 구한다.
> - 산출된 할인율, 즉 투자수익률을 최소한의 요구수익률인 자본비용 또는 기회비용과 비교하여 투자안의 채택여부를 결정한다.

① 순현가법   ② 수익성지수법
③ 회수기간법   ④ 내부수익률법
⑤ 평균회계이익률법

20 (주)한국의 총자산이 40억원, 비유동자산이 25억원, 유동부채가 10억원인 경우 유동비율은?

1
2
3

① 50%   ② 70%
③ 100%   ④ 150%
⑤ 200%

21 자본항목의 분류가 다른 것은?

1
2
3

① 주식할인발행차금   ② 감자차손
③ 자기주식   ④ 미교부주식배당금
⑤ 자기주식처분이익

22 부채에 관한 설명으로 옳지 않은 것은?

1
2
3

① 매입채무는 일반적인 상거래에서 발생한 외상매입금과 지급어음을 말한다.
② 예수금은 거래처나 종업원을 대신하여 납부기관에 납부할 때 소멸하는 부채이다.
③ 미지급금은 비유동자산의 취득 등 일반적인 상거래 이외에서 발생한 채무를 말한다.
④ 장기차입금의 상환기일이 결산일로부터 1년 이내에 도래하는 경우 유동성장기차입금으로 대체하고 유동부채로 분류한다.
⑤ 매입채무, 차입금, 선수금, 사채 등은 금융부채에 속한다.

23 재무상태표와 관련된 것을 모두 고른 것은?

> ㄱ. 수익 · 비용대응의 원칙 　　　ㄴ. 일정시점의 재무상태
> ㄷ. 유동성배열법 　　　　　　　　ㄹ. 일정기간의 경영성과
> ㅁ. 자산, 부채 및 자본

① ㄱ, ㄴ 　　　　　　　　　　　② ㄱ, ㄹ
③ ㄴ, ㄷ, ㄹ 　　　　　　　　　④ ㄴ, ㄷ, ㅁ
⑤ ㄷ, ㄹ, ㅁ

24 전자(상)거래의 유형에 관한 설명으로 옳은 것은?

① B2E는 기업과 직원 간 전자(상)거래를 말한다.
② B2C는 소비자와 소비자 간 전자(상)거래를 말한다.
③ B2B는 기업 내 전자(상)거래를 말한다.
④ C2C는 기업과 소비자 간 전자(상)거래를 말한다.
⑤ C2G는 기업 간 전자(상)거래를 말한다.

25 기업이 미래 의사결정 및 예측을 위하여 보유하고 있는 고객, 거래, 상품 등의 데이터와 각종 외부 데이터를 분석하여 숨겨진 패턴이나 규칙을 발견하는 것은?

① 데이터 관리(data management)
② 데이터 무결성(data integrity)
③ 데이터 마이닝(data mining)
④ 데이터 정제(data cleaning)
⑤ 데이터 마트(data mart)

01 테일러(F. W. Taylor)의 과학적 관리법에 관한 설명으로 옳지 않은 것은?

① 시간 및 동작 연구
② 기능적 직장제도
③ 집단중심의 보상
④ 과업에 적합한 종업원 선발과 훈련 강조
⑤ 고임금 저노무비 지향

02 매슬로우(A. H. Maslow)의 욕구단계이론에 관한 설명으로 옳지 않은 것은?

① 최하위 단계의 욕구는 생리적 욕구이다.
② 최상위 단계의 욕구는 자아실현 욕구이다.
③ 욕구계층을 5단계로 설명하고 있다.
④ 다른 사람으로부터 인정과 존경을 받고자 하는 욕구는 성장욕구에 속한다.
⑤ 하위단계의 욕구가 충족되어야 상위단계의 욕구를 충족시키기 위한 동기부여가 된다.

03 균형성과표(Balanced Score Card)에 해당하지 않는 것은?

① 고객 관점
② 내부 프로세스 관점
③ 사회적 책임 관점
④ 학습과 성장 관점
⑤ 재무 관점

04 강화계획(schedules of reinforcement)에서 불규칙한 횟수의 바람직한 행동 후 강화요인을 제공하는 기법은?

① 고정간격법   ② 변동간격법
③ 고정비율법   ④ 변동비율법
⑤ 연속강화법

05 아담스(J. S. Adams)의 공정성이론에서 조직구성원들이 개인적 불공정성을 시정(是正)하기 위한 방법에 해당하지 않는 것은?

① 투입의 변경   ② 산출의 변경
③ 투입과 산출의 인지적 왜곡   ④ 장(場) 이탈
⑤ 준거인물 유지

06 직무급의 특징에 관한 설명으로 옳지 않은 것은?

① 직무의 상대적 가치에 따라 개별임금이 결정된다.
② 능력주의 인사풍토 조성에 유리하다.
③ 인건비의 효율성이 증대된다.
④ 동일노동 동일임금 실현이 가능해진다.
⑤ 시행 절차가 간단하고 적용이 용이하다.

07 노동조합의 조직형태에 관한 설명으로 옳지 않은 것은?

① 직종별 노동조합은 동종 근로자 집단으로 조직되어 단결이 강화되고 단체교섭과 임금협상이 용이하다.
② 일반노동조합은 숙련근로자들의 최저생활조건을 확보하기 위한 조직으로 초기에 발달한 형태이다.
③ 기업별 노동조합은 조합원들이 동일기업에 종사하고 있으므로 근로조건을 획일적으로 적용하기가 용이하다.
④ 산업별 노동조합은 기업과 직종을 초월한 거대한 조직으로서 정책활동 등에 의해 압력단체로서의 지위를 가진다.
⑤ 연합체 조직은 각 지역이나 기업 또는 직종별 단위조합이 단체의 자격으로 지역적 내지 전국적 조직의 구성원이 되는 형태이다.

08 상사 A에 대한 나의 태도를 기술한 것이다. 다음에 해당하는 태도의 구성요소를 옳게 연결한 것은?

> ㄱ. 나의 상사 A는 권위적이다.
> ㄴ. 나는 상사 A가 권위적이어서 좋아하지 않는다.
> ㄷ. 나는 권위적인 상사 A의 지시를 따르지 않겠다.

① ㄱ. 감정적 요소, ㄴ. 인지적 요소, ㄷ. 행동적 요소
② ㄱ. 감정적 요소, ㄴ. 행동적 요소, ㄷ. 인지적 요소
③ ㄱ. 인지적 요소, ㄴ. 행동적 요소, ㄷ. 감정적 요소
④ ㄱ. 인지적 요소, ㄴ. 감정적 요소, ㄷ. 행동적 요소
⑤ ㄱ. 행동적 요소, ㄴ. 감정적 요소, ㄷ. 인지적 요소

09 프렌치와 레이븐(French & Raven)의 권력원천 분류에 따라 개인적 원천의 권력에 해당하는 것을 모두 고른 것은?

> ㄱ. 강제적 권력   ㄴ. 준거적 권력
> ㄷ. 전문적 권력   ㄹ. 합법적 권력
> ㅁ. 보상적 권력

① ㄱ, ㄴ   ② ㄴ, ㄷ
③ ㄷ, ㄹ   ④ ㄹ, ㅁ
⑤ ㄱ, ㄴ, ㅁ

10 모집 방법 중 사내공모제(job posting system)의 특징에 관한 설명으로 옳지 않은 것은?

① 종업원의 상위직급 승진 기회가 제한된다.
② 외부 인력의 영입이 차단되어 조직이 정체될 가능성이 있다.
③ 지원자의 소속부서 상사와의 인간관계가 훼손될 수 있다.
④ 특정부서의 선발 시 연고주의를 고집할 경우 조직 내 파벌이 조성될 수 있다.
⑤ 선발과정에서 여러번 탈락되었을 때 지원자의 심리적 위축감이 고조된다.

11 인사고과의 오류 중 피고과자가 속한 사회적 집단에 대한 평가에 기초하여 판단하는 것은?

① 상동적 오류(stereotyping errors)

② 논리적 오류(logical errors)

③ 대비오류(contrast errors)

④ 근접오류(proximity errors)

⑤ 후광효과(halo effect)

12 집단의사결정의 특징에 관한 설명으로 옳지 않은 것은?

① 구성원으로부터 다양한 정보를 얻을 수 있다.

② 의사결정에 참여한 구성원들의 교육효과가 높게 나타난다.

③ 구성원의 합의에 의한 것이므로 수용도와 응집력이 높아진다.

④ 서로의 의견에 비판없이 동의하는 경향이 있다.

⑤ 차선책을 채택하는 오류가 발생하지 않는다.

13 생산성을 높이고, 유통을 효율화시키는 등 주로 원가절감에 관심을 갖는 마케팅 개념은?

① 판매 개념

② 생산 개념

③ 관계마케팅 개념

④ 통합마케팅 개념

⑤ 내부마케팅 개념

14 수요가 공급을 초과할 때 수요를 감소시키는 것을 목적으로 하는 마케팅관리 기법은?

① 전환적 마케팅(conversional marketing)

② 동시화 마케팅(synchro marketing)

③ 자극적 마케팅(stimulative marketing)

④ 개발적 마케팅(developmental marketing)

⑤ 디마케팅(demarketing)

15 수직적 마케팅시스템(Vertical Marketing System) 중 소유권의 정도와 통제력이 강한 유형에 해당하는 것은?

① 계약형 VMS   ② 기업형 VMS

③ 관리형 VMS   ④ 협력형 VMS

⑤ 혼합형 VMS

16 소비자 심리에 근거한 가격결정 방법으로 옳지 않은 것은?

① 종속가격(captive pricing)

② 단수가격(odd pricing)

③ 준거가격(reference pricing)

④ 긍지가격(prestige pricing)

⑤ 관습가격(customary pricing)

17 (주)한국의 유동자산은 1,200,000원이고, 유동비율과 당좌비율은 각각 200%와 150%이다. (주)한국의 재고자산은?

① 300,000원   ② 600,000원

③ 900,000원   ④ 1,800,000원

⑤ 2,400,000원

18 투자안의 경제성 분석 방법 중 화폐의 시간가치를 고려한 방법을 모두 고른 것은?

ㄱ. 회수기간법	ㄴ. 수익성지수법
ㄷ. 회계적이익률법	ㄹ. 순현재가치법
ㅁ. 내부수익률법	

① ㄱ, ㄴ   ② ㄱ, ㄹ

③ ㄴ, ㄷ   ④ ㄴ, ㄹ, ㅁ

⑤ ㄷ, ㄹ, ㅁ

19 (주)한국의 자기자본 시장가치와 타인자본 시장가치는 각각 5억원이다. 자기자본비용은 16% 이고, 세전 타인자본비용은 12%이다. 법인세율이 50%일 때 (주)한국의 가중평균자본비용 (WACC)은?

① 6%　　　　　　　　　　　　　　② 8%

③ 11%　　　　　　　　　　　　　　④ 13%

⑤ 15%

20 (주)한국의 A부품에 대한 연간수요는 4,000개이며, A부품 구입가격은 단위당 8,000원이다. 1회당 주문비용은 4,000원이고, 단위당 연간 재고유지비용은 구입가격의 10%일 때 A부품의 경제적 주문량(EOQ)은?

① 100개　　　　　　　　　　　　　② 200개

③ 300개　　　　　　　　　　　　　④ 400개

⑤ 600개

21 수요예측기법 중 인과형 예측기법(causal forecasting methods)에 해당하는 것은?

① 델파이법　　　　　　　　　　　② 패널동의법

③ 회귀분석법　　　　　　　　　　④ 판매원 의견종합법

⑤ 자료유추법

22 포괄손익계산서의 계정에 해당하지 않는 것은?

① 감가상각비　　　　　　　　　　② 광고비

③ 매출원가　　　　　　　　　　　④ 자기주식처분이익

⑤ 유형자산처분이익

23 (주)한국(결산일 : 12월 31일)은 2017년 초 기계장치를 2,000,000원에 취득하고, 잔존가치 200,000원, 내용연수 5년, 정액법으로 감가상각하였다. (주)한국은 2019년 초 이 기계장치를 1,300,000원에 처분하였다. (주)한국의 기계장치 처분으로 인한 손익은?

① 처분이익 20,000원

② 처분손실 20,000원

③ 처분이익 100,000원

④ 처분손실 100,000원

⑤ 처분손실 300,000원

24 다음 중 자본잉여금에 해당하는 항목은?

① 미교부주식배당금

② 법정적립금

③ 임의적립금

④ 미처분이익잉여금

⑤ 주식발행초과금

25 스마트폰에 신용카드 등의 금융정보를 담아 10~15cm의 근거리에서 결제를 가능하게 하는 무선통신기술은?

① 블루투스(Bluetooth)

② GPS(Global Positioning System)

③ NFC(Near Field Communication)

④ IoT(Internet of Things)

⑤ 텔레매틱스(Telematics)

01 동종 또는 유사업종의 기업들이 법적, 경제적 독립성을 유지하면서 협정을 통해 수평적으로 결합하는 형태는?

① 지주회사(holding company)

② 카르텔(cartel)

③ 컨글로메리트(conglomerate)

④ 트러스트(trust)

⑤ 콘체른(concern)

02 포터(M. Porter)의 경쟁전략 유형에 해당하는 것은?

① 차별화(differentiation) 전략

② 블루오션(blue ocean) 전략

③ 방어자(defender) 전략

④ 반응자(reactor) 전략

⑤ 분석자(analyzer) 전략

03 다음 사례에서 A의 행동을 설명하는 동기부여이론은?

> 팀원 A는 작년도 목표 대비 업무실적을 100% 달성하였다. 이에 반해 같은 팀 동료인 B는 동일 목표 대비 업무실적이 10% 부족하였지만 A와 동일한 인센티브를 받았다. 이 사실을 알게 된 A는 팀장에게 추가 인센티브를 요구하였으나 받아들여지지 않자 결국 이직하였다.

① 기대이론

② 공정성이론

③ 욕구단계이론

④ 목표설정이론

⑤ 인지적평가이론

04 평가센터법(assessment center)에 관한 설명으로 옳지 않은 것은?

① 평가에 대한 신뢰성이 양호하다.
② 승진에 대한 의사결정에 유용하다.
③ 교육훈련에 대한 타당성이 높다.
④ 평가센터에 초대받지 못한 종업원의 심리적 저항이 예상된다.
⑤ 다른 평가기법에 비해 상대적으로 비용과 시간이 적게 소요된다.

05 최저임금제의 필요성으로 옳지 않은 것은?

① 계약자유 원칙의 한계 보완 ② 저임금 노동자 보호
③ 임금인하 경쟁 방지 ④ 유효수요 창출
⑤ 소비자 부담 완화

06 인사평가방법 중 피평가자의 능력, 태도, 작업, 성과 등에 관련된 표준행동들을 제시하고 평가자가 해당 서술문을 대조하여 평가하는 방법은?

① 서열법 ② 평정척도법
③ 체크리스트법 ④ 중요사건기술법
⑤ 목표관리법

07 교육훈련 필요성을 파악하기 위한 일반적인 분석방법이 아닌 것은?

① 전문가자문법 ② 역할연기법
③ 자료조사법 ④ 면접법
⑤ 델파이기법

08 맥그리거(D. McGregor)의 X-Y 이론은 인간에 대한 기본 가정에 따라 동기부여방식이 달라진다는 것이다. Y이론에 해당하는 가정 또는 동기부여방식이 아닌 것은?

① 문제해결을 위한 창조적 능력 보유 ② 직무수행에 대한 분명한 지시
③ 조직목표 달성을 위한 자기 통제 ④ 성취감과 자아실현 추구
⑤ 노동에 대한 자연스러운 수용

09 서번트(servant) 리더의 특성으로 옳지 않은 것은?

① 부하의 성장을 위해 헌신한다.

② 부하의 감정에 공감하고 이해하려고 노력한다.

③ 권력이나 지시보다는 설득으로 부하를 대한다.

④ 조직의 구성원들에게 공동체 정신을 심어준다.

⑤ 비전 달성을 위해 위험감수 등 비범한 행동을 보인다.

10 다음에서 설명하는 것은?

- 기업이 주어진 인건비로 평시보다 더 많은 부가가치를 창출하였을 경우, 이 초과된 부가가치를 노사협동의 산물로 보고 기업과 종업원 간에 배분하는 제도
- 노무비 외 원재료비 및 기타 비용의 절감액도 인센티브 산정에 반영함

① 연봉제   ② 개인성과급제

③ 임금피크제   ④ 럭커 플랜

⑤ 스캔론 플랜

11 다음에서 설명하는 소비재는?

- 특정 브랜드에 대한 고객 충성도가 높다.
- 제품마다 고유한 특성을 지니고 있다.
- 브랜드마다 차이가 크다.
- 구매 시 많은 시간과 노력을 필요로 한다.

① 편의품(convenience goods)   ② 선매품(shopping goods)

③ 전문품(speciality goods)   ④ 자본재(capital items)

⑤ 원자재(raw materials)

12 신제품 가격결정방법 중 초기고가전략(skimming pricing)을 채택하기 어려운 경우는?

① 수요의 가격탄력성이 높은 경우
② 생산 및 마케팅 비용이 높은 경우
③ 경쟁자의 시장진입이 어려운 경우
④ 제품의 혁신성이 큰 경우
⑤ 독보적인 기술이 있는 경우

13 효과적인 시장세분화를 위한 요건으로 옳지 않은 것은?

① 측정가능성
② 충분한 시장 규모
③ 접근가능성
④ 세분시장 간의 동질성
⑤ 실행가능성

14 촉진믹스(promotion mix) 활동에 해당되지 않는 것은?

① 옥외광고
② 방문판매
③ 홍보
④ 가격할인
⑤ 개방적 유통

15 A기업은 액면가액 10,000원, 만기 2년, 액면이자율 연3%인 채권을 발행하였다. 시장이자율이 연 2%라면, 이 채권의 이론가격은?(단, 가격은 소수점 첫째 자리에서 반올림한다)

① 9,194원
② 9,594원
③ 10,194원
④ 10,594원
⑤ 10,994원

16 자본예산은 투자로 인한 수익이 1년 이상에 걸쳐 장기적으로 실현될 투자결정에 관한 일련의 과정을 말한다. 투자안의 평가방법에 해당하지 않는 것은?

① 유동성분석법
② 수익성지수법
③ 순현재가치법
④ 내부수익률법
⑤ 회수기간법

17 A기업은 2019년 1월 1일에 150만원을 투자하여 2019년 12월 31일과 2020년 12월 31일에 각각 100만원을 회수하는 투자안을 고려하고 있다. A기업의 요구수익률이 연 10%일 때, 이 투자안의 순현재가치(NPV)는 약 얼마인가?(단, 연 10% 기간이자율에 대한 2기간 단일현가계수와 연금현가계수는 각각 0.8264, 1.7355이다)

① 90,910원
② 173,550원
③ 182,640원
④ 235,500원
⑤ 256,190원

18 최종품목 또는 완제품의 주생산일정계획(master production schedule)을 기반으로 제품생산에 필요한 각종 원자재, 부품, 중간조립품의 주문량과 주문시기를 결정하는 재고관리방법은?

① 자재소요계획(MRP)
② 적시(JIT) 생산시스템
③ 린(lean) 생산
④ 공급사슬관리(SCM)
⑤ 칸반(kanban) 시스템

19 A점포의 연간 자전거 판매수량은 500대이고, 한 번 주문할 때 소요되는 주문비용은 10만원이다. 자전거 한 대의 구입가격은 15만원이며, 재고 유지를 위해 매년 부담하는 비용은 대당 1만원이다. A점포의 경제적 주문량(EOQ)과 최적주문횟수는 각각 얼마인가?

① 50대, 5회
② 50대, 10회
③ 100대, 5회
④ 100대, 7회
⑤ 250대, 2회

20 재고품목을 가치나 상대적 중요도에 따라 차별화하여 관리하는 ABC 재고관리에 관한 설명으로 옳은 것은?

① A등급은 재고가치가 낮은 품목들이 속한다.
② A등급 품목은 로트 크기를 크게 유지한다.
③ C등급 품목은 재고유지비가 높다.
④ ABC등급 분석을 위해 롱테일(long tail) 법칙을 활용한다.
⑤ 가격, 사용량 등을 기준으로 등급을 구분한다.

21 시산표는 재무상태표 구성요소와 포괄손익계산서 구성요소를 한 곳에 집계한 표이다. 다음 시산표 등식에서 (   )에 들어갈 항목으로 옳은 것은?

자산+비용=부채+(   )+수익

① 매출액　　　　　　　　　　② 자본
③ 법인세　　　　　　　　　　④ 미지급금
⑤ 감가상각비

22 당좌자산에 해당하는 것을 모두 고른 것은?

ㄱ. 현금　　　　　　　　　ㄴ. 보통예금
ㄷ. 투자부동산　　　　　　ㄹ. 단기금융상품

① ㄱ, ㄴ　　　　　　　　　　② ㄷ, ㄹ
③ ㄱ, ㄴ, ㄹ　　　　　　　　④ ㄴ, ㄷ, ㄹ
⑤ ㄱ, ㄴ, ㄷ, ㄹ

23 재무상태표의 항목에 해당되지 않는 것은?

① 차입금　　　　　　　　　　② 이익잉여금
③ 매출채권　　　　　　　　　④ 판매비
⑤ 재고자산

24 네트워크 붕괴를 목적으로 다수의 잘못된 통신이나 서비스 요청을 특정 네트워크 또는 웹 서버에 보내는 방식을 의미하는 것은?

① 스푸핑(spoofing)
② 스니핑(sniffing)
③ 서비스 거부 공격(denial-of-service attack)
④ 신원도용(identity theft)
⑤ 피싱(phishing)

25 다음에서 설명하는 것은?

> 지리적으로 분산된 네트워크 환경에서 수많은 컴퓨터와 저장장치, 데이터베이스 시스템 등과 같은
> 자원들을 고속 네트워크로 연결하여 그 자원을 공유할 수 있도록 하는 방식

① 전문가 시스템(Expert System)

② 그린 컴퓨팅(Green Computing)

③ 사물인터넷(Internet of Things)

④ 그리드 컴퓨팅(Grid Computing)

⑤ 인트라넷(Intranet)

빠르게
잘라쓰는

공인노무사
정답 마킹표

과목		연도	
시간		점수	
문번	답 란	문번	답 란
1	① ② ③ ④ ⑤	14	① ② ③ ④ ⑤
2	① ② ③ ④ ⑤	15	① ② ③ ④ ⑤
3	① ② ③ ④ ⑤	16	① ② ③ ④ ⑤
4	① ② ③ ④ ⑤	17	① ② ③ ④ ⑤
5	① ② ③ ④ ⑤	18	① ② ③ ④ ⑤
6	① ② ③ ④ ⑤	19	① ② ③ ④ ⑤
7	① ② ③ ④ ⑤	20	① ② ③ ④ ⑤
8	① ② ③ ④ ⑤	21	① ② ③ ④ ⑤
9	① ② ③ ④ ⑤	22	① ② ③ ④ ⑤
10	① ② ③ ④ ⑤	23	① ② ③ ④ ⑤
11	① ② ③ ④ ⑤	24	① ② ③ ④ ⑤
12	① ② ③ ④ ⑤	25	① ② ③ ④ ⑤
13	① ② ③ ④ ⑤		

과목		연도	
시간		점수	
문번	답 란	문번	답 란
1	① ② ③ ④ ⑤	14	① ② ③ ④ ⑤
2	① ② ③ ④ ⑤	15	① ② ③ ④ ⑤
3	① ② ③ ④ ⑤	16	① ② ③ ④ ⑤
4	① ② ③ ④ ⑤	17	① ② ③ ④ ⑤
5	① ② ③ ④ ⑤	18	① ② ③ ④ ⑤
6	① ② ③ ④ ⑤	19	① ② ③ ④ ⑤
7	① ② ③ ④ ⑤	20	① ② ③ ④ ⑤
8	① ② ③ ④ ⑤	21	① ② ③ ④ ⑤
9	① ② ③ ④ ⑤	22	① ② ③ ④ ⑤
10	① ② ③ ④ ⑤	23	① ② ③ ④ ⑤
11	① ② ③ ④ ⑤	24	① ② ③ ④ ⑤
12	① ② ③ ④ ⑤	25	① ② ③ ④ ⑤
13	① ② ③ ④ ⑤		

과목		연도	
시간		점수	
문번	답 란	문번	답 란
1	① ② ③ ④ ⑤	14	① ② ③ ④ ⑤
2	① ② ③ ④ ⑤	15	① ② ③ ④ ⑤
3	① ② ③ ④ ⑤	16	① ② ③ ④ ⑤
4	① ② ③ ④ ⑤	17	① ② ③ ④ ⑤
5	① ② ③ ④ ⑤	18	① ② ③ ④ ⑤
6	① ② ③ ④ ⑤	19	① ② ③ ④ ⑤
7	① ② ③ ④ ⑤	20	① ② ③ ④ ⑤
8	① ② ③ ④ ⑤	21	① ② ③ ④ ⑤
9	① ② ③ ④ ⑤	22	① ② ③ ④ ⑤
10	① ② ③ ④ ⑤	23	① ② ③ ④ ⑤
11	① ② ③ ④ ⑤	24	① ② ③ ④ ⑤
12	① ② ③ ④ ⑤	25	① ② ③ ④ ⑤
13	① ② ③ ④ ⑤		

과목		연도	
시간		점수	

문번	답 란	문번	답 란
1	① ② ③ ④ ⑤	14	① ② ③ ④ ⑤
2	① ② ③ ④ ⑤	15	① ② ③ ④ ⑤
3	① ② ③ ④ ⑤	16	① ② ③ ④ ⑤
4	① ② ③ ④ ⑤	17	① ② ③ ④ ⑤
5	① ② ③ ④ ⑤	18	① ② ③ ④ ⑤
6	① ② ③ ④ ⑤	19	① ② ③ ④ ⑤
7	① ② ③ ④ ⑤	20	① ② ③ ④ ⑤
8	① ② ③ ④ ⑤	21	① ② ③ ④ ⑤
9	① ② ③ ④ ⑤	22	① ② ③ ④ ⑤
10	① ② ③ ④ ⑤	23	① ② ③ ④ ⑤
11	① ② ③ ④ ⑤	24	① ② ③ ④ ⑤
12	① ② ③ ④ ⑤	25	① ② ③ ④ ⑤
13	① ② ③ ④ ⑤		

과목		연도	
시간		점수	

문번	답 란	문번	답 란
1	① ② ③ ④ ⑤	14	① ② ③ ④ ⑤
2	① ② ③ ④ ⑤	15	① ② ③ ④ ⑤
3	① ② ③ ④ ⑤	16	① ② ③ ④ ⑤
4	① ② ③ ④ ⑤	17	① ② ③ ④ ⑤
5	① ② ③ ④ ⑤	18	① ② ③ ④ ⑤
6	① ② ③ ④ ⑤	19	① ② ③ ④ ⑤
7	① ② ③ ④ ⑤	20	① ② ③ ④ ⑤
8	① ② ③ ④ ⑤	21	① ② ③ ④ ⑤
9	① ② ③ ④ ⑤	22	① ② ③ ④ ⑤
10	① ② ③ ④ ⑤	23	① ② ③ ④ ⑤
11	① ② ③ ④ ⑤	24	① ② ③ ④ ⑤
12	① ② ③ ④ ⑤	25	① ② ③ ④ ⑤
13	① ② ③ ④ ⑤		

과목		연도	
시간		점수	

문번	답 란	문번	답 란
1	① ② ③ ④ ⑤	14	① ② ③ ④ ⑤
2	① ② ③ ④ ⑤	15	① ② ③ ④ ⑤
3	① ② ③ ④ ⑤	16	① ② ③ ④ ⑤
4	① ② ③ ④ ⑤	17	① ② ③ ④ ⑤
5	① ② ③ ④ ⑤	18	① ② ③ ④ ⑤
6	① ② ③ ④ ⑤	19	① ② ③ ④ ⑤
7	① ② ③ ④ ⑤	20	① ② ③ ④ ⑤
8	① ② ③ ④ ⑤	21	① ② ③ ④ ⑤
9	① ② ③ ④ ⑤	22	① ② ③ ④ ⑤
10	① ② ③ ④ ⑤	23	① ② ③ ④ ⑤
11	① ② ③ ④ ⑤	24	① ② ③ ④ ⑤
12	① ② ③ ④ ⑤	25	① ② ③ ④ ⑤
13	① ② ③ ④ ⑤		

과목		연도	
시간		점수	

문번	답 란	문번	답 란
1	① ② ③ ④ ⑤	14	① ② ③ ④ ⑤
2	① ② ③ ④ ⑤	15	① ② ③ ④ ⑤
3	① ② ③ ④ ⑤	16	① ② ③ ④ ⑤
4	① ② ③ ④ ⑤	17	① ② ③ ④ ⑤
5	① ② ③ ④ ⑤	18	① ② ③ ④ ⑤
6	① ② ③ ④ ⑤	19	① ② ③ ④ ⑤
7	① ② ③ ④ ⑤	20	① ② ③ ④ ⑤
8	① ② ③ ④ ⑤	21	① ② ③ ④ ⑤
9	① ② ③ ④ ⑤	22	① ② ③ ④ ⑤
10	① ② ③ ④ ⑤	23	① ② ③ ④ ⑤
11	① ② ③ ④ ⑤	24	① ② ③ ④ ⑤
12	① ② ③ ④ ⑤	25	① ② ③ ④ ⑤
13	① ② ③ ④ ⑤		

과목		연도	
시간		점수	
문번	답 란	문번	답 란
1	① ② ③ ④ ⑤	14	① ② ③ ④ ⑤
2	① ② ③ ④ ⑤	15	① ② ③ ④ ⑤
3	① ② ③ ④ ⑤	16	① ② ③ ④ ⑤
4	① ② ③ ④ ⑤	17	① ② ③ ④ ⑤
5	① ② ③ ④ ⑤	18	① ② ③ ④ ⑤
6	① ② ③ ④ ⑤	19	① ② ③ ④ ⑤
7	① ② ③ ④ ⑤	20	① ② ③ ④ ⑤
8	① ② ③ ④ ⑤	21	① ② ③ ④ ⑤
9	① ② ③ ④ ⑤	22	① ② ③ ④ ⑤
10	① ② ③ ④ ⑤	23	① ② ③ ④ ⑤
11	① ② ③ ④ ⑤	24	① ② ③ ④ ⑤
12	① ② ③ ④ ⑤	25	① ② ③ ④ ⑤
13	① ② ③ ④ ⑤		

과목		연도	
시간		점수	
문번	답 란	문번	답 란
1	① ② ③ ④ ⑤	14	① ② ③ ④ ⑤
2	① ② ③ ④ ⑤	15	① ② ③ ④ ⑤
3	① ② ③ ④ ⑤	16	① ② ③ ④ ⑤
4	① ② ③ ④ ⑤	17	① ② ③ ④ ⑤
5	① ② ③ ④ ⑤	18	① ② ③ ④ ⑤
6	① ② ③ ④ ⑤	19	① ② ③ ④ ⑤
7	① ② ③ ④ ⑤	20	① ② ③ ④ ⑤
8	① ② ③ ④ ⑤	21	① ② ③ ④ ⑤
9	① ② ③ ④ ⑤	22	① ② ③ ④ ⑤
10	① ② ③ ④ ⑤	23	① ② ③ ④ ⑤
11	① ② ③ ④ ⑤	24	① ② ③ ④ ⑤
12	① ② ③ ④ ⑤	25	① ② ③ ④ ⑤
13	① ② ③ ④ ⑤		

과목		연도	
시간		점수	
문번	답 란	문번	답 란
1	① ② ③ ④ ⑤	14	① ② ③ ④ ⑤
2	① ② ③ ④ ⑤	15	① ② ③ ④ ⑤
3	① ② ③ ④ ⑤	16	① ② ③ ④ ⑤
4	① ② ③ ④ ⑤	17	① ② ③ ④ ⑤
5	① ② ③ ④ ⑤	18	① ② ③ ④ ⑤
6	① ② ③ ④ ⑤	19	① ② ③ ④ ⑤
7	① ② ③ ④ ⑤	20	① ② ③ ④ ⑤
8	① ② ③ ④ ⑤	21	① ② ③ ④ ⑤
9	① ② ③ ④ ⑤	22	① ② ③ ④ ⑤
10	① ② ③ ④ ⑤	23	① ② ③ ④ ⑤
11	① ② ③ ④ ⑤	24	① ② ③ ④ ⑤
12	① ② ③ ④ ⑤	25	① ② ③ ④ ⑤
13	① ② ③ ④ ⑤		

과목		연도	
시간		점수	
문번	답 란	문번	답 란
1	① ② ③ ④ ⑤	14	① ② ③ ④ ⑤
2	① ② ③ ④ ⑤	15	① ② ③ ④ ⑤
3	① ② ③ ④ ⑤	16	① ② ③ ④ ⑤
4	① ② ③ ④ ⑤	17	① ② ③ ④ ⑤
5	① ② ③ ④ ⑤	18	① ② ③ ④ ⑤
6	① ② ③ ④ ⑤	19	① ② ③ ④ ⑤
7	① ② ③ ④ ⑤	20	① ② ③ ④ ⑤
8	① ② ③ ④ ⑤	21	① ② ③ ④ ⑤
9	① ② ③ ④ ⑤	22	① ② ③ ④ ⑤
10	① ② ③ ④ ⑤	23	① ② ③ ④ ⑤
11	① ② ③ ④ ⑤	24	① ② ③ ④ ⑤
12	① ② ③ ④ ⑤	25	① ② ③ ④ ⑤
13	① ② ③ ④ ⑤		

Answer Sheet 1

과목		연도	
시간		점수	

문번	답 란	문번	답 란
1	① ② ③ ④ ⑤	14	① ② ③ ④ ⑤
2	① ② ③ ④ ⑤	15	① ② ③ ④ ⑤
3	① ② ③ ④ ⑤	16	① ② ③ ④ ⑤
4	① ② ③ ④ ⑤	17	① ② ③ ④ ⑤
5	① ② ③ ④ ⑤	18	① ② ③ ④ ⑤
6	① ② ③ ④ ⑤	19	① ② ③ ④ ⑤
7	① ② ③ ④ ⑤	20	① ② ③ ④ ⑤
8	① ② ③ ④ ⑤	21	① ② ③ ④ ⑤
9	① ② ③ ④ ⑤	22	① ② ③ ④ ⑤
10	① ② ③ ④ ⑤	23	① ② ③ ④ ⑤
11	① ② ③ ④ ⑤	24	① ② ③ ④ ⑤
12	① ② ③ ④ ⑤	25	① ② ③ ④ ⑤
13	① ② ③ ④ ⑤		

Answer Sheet 2

과목		연도	
시간		점수	

문번	답 란	문번	답 란
1	① ② ③ ④ ⑤	14	① ② ③ ④ ⑤
2	① ② ③ ④ ⑤	15	① ② ③ ④ ⑤
3	① ② ③ ④ ⑤	16	① ② ③ ④ ⑤
4	① ② ③ ④ ⑤	17	① ② ③ ④ ⑤
5	① ② ③ ④ ⑤	18	① ② ③ ④ ⑤
6	① ② ③ ④ ⑤	19	① ② ③ ④ ⑤
7	① ② ③ ④ ⑤	20	① ② ③ ④ ⑤
8	① ② ③ ④ ⑤	21	① ② ③ ④ ⑤
9	① ② ③ ④ ⑤	22	① ② ③ ④ ⑤
10	① ② ③ ④ ⑤	23	① ② ③ ④ ⑤
11	① ② ③ ④ ⑤	24	① ② ③ ④ ⑤
12	① ② ③ ④ ⑤	25	① ② ③ ④ ⑤
13	① ② ③ ④ ⑤		

Answer Sheet 3

과목		연도	
시간		점수	

문번	답 란	문번	답 란
1	① ② ③ ④ ⑤	14	① ② ③ ④ ⑤
2	① ② ③ ④ ⑤	15	① ② ③ ④ ⑤
3	① ② ③ ④ ⑤	16	① ② ③ ④ ⑤
4	① ② ③ ④ ⑤	17	① ② ③ ④ ⑤
5	① ② ③ ④ ⑤	18	① ② ③ ④ ⑤
6	① ② ③ ④ ⑤	19	① ② ③ ④ ⑤
7	① ② ③ ④ ⑤	20	① ② ③ ④ ⑤
8	① ② ③ ④ ⑤	21	① ② ③ ④ ⑤
9	① ② ③ ④ ⑤	22	① ② ③ ④ ⑤
10	① ② ③ ④ ⑤	23	① ② ③ ④ ⑤
11	① ② ③ ④ ⑤	24	① ② ③ ④ ⑤
12	① ② ③ ④ ⑤	25	① ② ③ ④ ⑤
13	① ② ③ ④ ⑤		

Answer Sheet 4

과목		연도	
시간		점수	

문번	답 란	문번	답 란
1	① ② ③ ④ ⑤	14	① ② ③ ④ ⑤
2	① ② ③ ④ ⑤	15	① ② ③ ④ ⑤
3	① ② ③ ④ ⑤	16	① ② ③ ④ ⑤
4	① ② ③ ④ ⑤	17	① ② ③ ④ ⑤
5	① ② ③ ④ ⑤	18	① ② ③ ④ ⑤
6	① ② ③ ④ ⑤	19	① ② ③ ④ ⑤
7	① ② ③ ④ ⑤	20	① ② ③ ④ ⑤
8	① ② ③ ④ ⑤	21	① ② ③ ④ ⑤
9	① ② ③ ④ ⑤	22	① ② ③ ④ ⑤
10	① ② ③ ④ ⑤	23	① ② ③ ④ ⑤
11	① ② ③ ④ ⑤	24	① ② ③ ④ ⑤
12	① ② ③ ④ ⑤	25	① ② ③ ④ ⑤
13	① ② ③ ④ ⑤		

과목		연도	
시간		점수	

문번	답 란	문번	답 란
1	① ② ③ ④ ⑤	14	① ② ③ ④ ⑤
2	① ② ③ ④ ⑤	15	① ② ③ ④ ⑤
3	① ② ③ ④ ⑤	16	① ② ③ ④ ⑤
4	① ② ③ ④ ⑤	17	① ② ③ ④ ⑤
5	① ② ③ ④ ⑤	18	① ② ③ ④ ⑤
6	① ② ③ ④ ⑤	19	① ② ③ ④ ⑤
7	① ② ③ ④ ⑤	20	① ② ③ ④ ⑤
8	① ② ③ ④ ⑤	21	① ② ③ ④ ⑤
9	① ② ③ ④ ⑤	22	① ② ③ ④ ⑤
10	① ② ③ ④ ⑤	23	① ② ③ ④ ⑤
11	① ② ③ ④ ⑤	24	① ② ③ ④ ⑤
12	① ② ③ ④ ⑤	25	① ② ③ ④ ⑤
13	① ② ③ ④ ⑤		

과목		연도	
시간		점수	

문번	답 란	문번	답 란
1	① ② ③ ④ ⑤	14	① ② ③ ④ ⑤
2	① ② ③ ④ ⑤	15	① ② ③ ④ ⑤
3	① ② ③ ④ ⑤	16	① ② ③ ④ ⑤
4	① ② ③ ④ ⑤	17	① ② ③ ④ ⑤
5	① ② ③ ④ ⑤	18	① ② ③ ④ ⑤
6	① ② ③ ④ ⑤	19	① ② ③ ④ ⑤
7	① ② ③ ④ ⑤	20	① ② ③ ④ ⑤
8	① ② ③ ④ ⑤	21	① ② ③ ④ ⑤
9	① ② ③ ④ ⑤	22	① ② ③ ④ ⑤
10	① ② ③ ④ ⑤	23	① ② ③ ④ ⑤
11	① ② ③ ④ ⑤	24	① ② ③ ④ ⑤
12	① ② ③ ④ ⑤	25	① ② ③ ④ ⑤
13	① ② ③ ④ ⑤		

과목		연도	
시간		점수	

문번	답 란	문번	답 란
1	① ② ③ ④ ⑤	14	① ② ③ ④ ⑤
2	① ② ③ ④ ⑤	15	① ② ③ ④ ⑤
3	① ② ③ ④ ⑤	16	① ② ③ ④ ⑤
4	① ② ③ ④ ⑤	17	① ② ③ ④ ⑤
5	① ② ③ ④ ⑤	18	① ② ③ ④ ⑤
6	① ② ③ ④ ⑤	19	① ② ③ ④ ⑤
7	① ② ③ ④ ⑤	20	① ② ③ ④ ⑤
8	① ② ③ ④ ⑤	21	① ② ③ ④ ⑤
9	① ② ③ ④ ⑤	22	① ② ③ ④ ⑤
10	① ② ③ ④ ⑤	23	① ② ③ ④ ⑤
11	① ② ③ ④ ⑤	24	① ② ③ ④ ⑤
12	① ② ③ ④ ⑤	25	① ② ③ ④ ⑤
13	① ② ③ ④ ⑤		

과목		연도	
시간		점수	

문번	답 란	문번	답 란
1	① ② ③ ④ ⑤	14	① ② ③ ④ ⑤
2	① ② ③ ④ ⑤	15	① ② ③ ④ ⑤
3	① ② ③ ④ ⑤	16	① ② ③ ④ ⑤
4	① ② ③ ④ ⑤	17	① ② ③ ④ ⑤
5	① ② ③ ④ ⑤	18	① ② ③ ④ ⑤
6	① ② ③ ④ ⑤	19	① ② ③ ④ ⑤
7	① ② ③ ④ ⑤	20	① ② ③ ④ ⑤
8	① ② ③ ④ ⑤	21	① ② ③ ④ ⑤
9	① ② ③ ④ ⑤	22	① ② ③ ④ ⑤
10	① ② ③ ④ ⑤	23	① ② ③ ④ ⑤
11	① ② ③ ④ ⑤	24	① ② ③ ④ ⑤
12	① ② ③ ④ ⑤	25	① ② ③ ④ ⑤
13	① ② ③ ④ ⑤		

내가 뽑은 원픽! | 최신 출제경향에 맞춘 최고의 수험서

2025

공인노무사

1차 시험 [해설편]

7개년 기출문제집

공인노무연구소 편저

내가 뽑은 원픽!

PART

01

공인노무사 1차 시험 7개년 기출문제집

노동법 I

[정답 및 해설]

01	02	03	04	05	06	07	08	09	10	11	12	13	14	15	16	17	18	19	20
①	②	④	②	③	④	②	③	②	①	⑤	④	③	①	③	②	④	⑤	⑤	⑤
21	22	23	24	25	26	27	28	29	30	31	32	33	34	35	36	37	38	39	40
③	④	①	④	③	①	②	①	③	⑤	②	③	③	①	⑤	④	④	②	①	⑤

01 근로기준법령상 평균임금에 관한 설명으로 옳은 것은?(다툼이 있으면 판례에 따름)

☑ ① 계속적·정기적으로 지급되고 지급대상, 지급조건 등이 확정되어 있어 사용자에게 지급의무가 있는 경영평가성과급은 평균임금 산정의 기초가 되는 임금에 포함된다.

경영평가성과급이 계속적·정기적으로 지급되고 지급대상, 지급조건 등이 확정되어 있어 사용자에게 지급의무가 있다면, 이는 근로의 대가로 지급되는 임금의 성질을 가지므로 평균임금 산정의 기초가 되는 임금에 포함된다고 보아야 한다(대판 2018.10.12., 2015두36157).

② 사용자는 연장근로에 대하여는 평균임금의 100분의 50 이상을 가산하여 근로자에게 지급하여야 한다.

사용자는 연장근로(연장된 시간의 근로를 말한다)에 대하여는 통상임금의 100분의 50 이상을 가산하여 근로자에게 지급하여야 한다(근로기준법 제56조 제1항).

③ 평균임금의 산정기간 중에 출산전후휴가 기간이 있는 경우 그 기간은 산정기간에 포함된다.

평균임금 산정기간 중에 출산전후휴가 및 유산·사산 휴가 기간에 해당하는 기간이 있는 경우에는 그 기간과 그 기간 중에 지급된 임금은 평균임금 산정기준이 되는 기간과 임금의 총액에서 각각 뺀다(근로기준법 시행령 제2조 제1항 제3호).

④ 일용근로자의 평균임금은 최저임금위원회가 정하는 금액으로 한다.

일용근로자에 대하여는 노동부장관이 사업별 또는 직업별로 정하는 금액을 평균임금으로 한다(근로기준법 시행령 제3조).

⑤ 평균임금이란 이를 산정하여야 할 사유가 발생한 날 이전 3개월 동안에 그 근로자에게 지급된 임금의 총액을 그 기간의 총 근로시간 수로 나눈 금액을 말한다.

"평균임금"이란 이를 산정하여야 할 사유가 발생한 날 이전 3개월 동안에 그 근로자에게 지급된 임금의 총액을 그 기간의 총일수로 나눈 금액을 말한다(근로기준법 제2조 제1항 제6호).

02 근로기준법상 기본원칙에 관한 설명으로 옳지 않은 것은?(다툼이 있으면 판례에 따름)

① 근로기준법상 균등대우원칙은 헌법상 평등원칙을 근로관계에서 실질적으로 실현하기 위한 것이다.

> 근로기준법 제6조에서 정하고 있는 <u>균등대우원칙</u>이나 남녀고용평등과 일·가정 양립 지원에 관한 법률 제8조에서 정하고 있는 동일가치노동 동일임금 원칙 등은 어느 것이나 <u>헌법 제11조 제1항의 평등원칙을 근로관계에서 실질적으로 실현하기 위한 것</u>이다(대판 2019.3.14., 2015두46321).

☑ 근로기준법 제6조에서 말하는 사회적 신분은 그 지위에 변동가능성이 없어야 한다.

> 근로기준법 제6조가 차별금지 사유로 정한 <u>사회적 신분은 선천적으로 출생에 의하여 고정되는 지위에 국한되지 않고,</u> 후천적으로 획득하여 사회에서 장기간 점하는 지위를 포함한다(대판(全) 2023.9.21., 2016다255941).

③ 사용자는 근로자가 근로시간 중에 공(公)의 직무를 집행하고자 필요한 시간을 청구하는 경우 그 공(公)의 직무를 수행하는 데에 지장이 없으면 청구한 시간을 변경할 수 있다.

> 사용자는 근로자가 근로시간 중에 선거권, 그 밖의 공민권(公民權) 행사 또는 공(公)의 직무를 집행하기 위하여 필요한 시간을 청구하면 거부하지 못한다. 다만, 그 <u>권리 행사나 공(公)의 직무를 수행하는 데에 지장이 없으면 청구한 시간을 변경할 수 있다</u>(근로기준법 제10조).

④ 근로자와 사용자는 각자가 단체협약, 취업규칙과 근로계약을 지키고 성실하게 이행할 의무가 있다. 근로기준법 제5조

⑤ 누구든지 법률에 따르지 아니하고는 영리로 다른 사람의 취업에 개입하거나 중간인으로서 이익을 취득하지 못한다. 근로기준법 제9조

03 근로기준법령상 적용범위에 관한 설명으로 옳지 않은 것은?(다툼이 있으면 판례에 따름)

① 가사(家事) 사용인에 대하여는 적용하지 아니한다.

> 상시 5명 이상의 근로자를 사용하는 모든 사업 또는 사업장에 적용한다. <u>다만, 동거하는 친족만을 사용하는 사업 또는 사업장과 가사(家事) 사용인에 대하여는 적용하지 아니한다</u>(근로기준법 제11조 제1항 단서).

② 상시 5명인 이상의 근로자를 사용하는 사업이라면 그 사업이 1회적이라도 근로기준법의 적용대상이다.

> <u>상시 5인 이상의 근로자를 사용하는 모든 사업 또는 사업장</u>에 적용한다고 규정하고 있는바, 여기서 말하는 사업장인지 여부는 하나의 활동주체가 유기적 관련 아래 사회적 활동으로서 계속적으로 행하는 모든 작업이 이루어지는 단위 장소 또는 장소적으로 구획된 사업체의 일부에 해당되는지에 달려있으므로, 그 사업의 종류를 한정하지 아니하고 영리사업인지 여부도 불문하며, <u>1회적이거나 그 사업기간이 일시적이라 하여 근로기준법의 적용대상이 아니라 할 수 없다</u>(대판 2007.10.26., 2005도9218).

③ 근로조건의 명시(제17조)는 상시 4명 이하의 근로자를 사용하는 사업에 적용한다.

> 근로조건의 명시(제17조)는 근로기준법 시행령[별표 1]에 따르면 상시 4명 이하의 근로자를 사용하는 사업에 적용된다. ⚖

☑ 근로기준법상 사업은 그 사업의 종류를 한정하지 아니하고 영리사업이어야 한다.

> 근로기준법의 적용범위를 규정한 제11조는 상시 5인 이상의 근로자를 사용하는 모든 사업 또는 사업장에 적용한다고 규정하고 있는바, 여기서 말하는 사업장인지 여부는 하나의 활동주체가 유기적 관련 아래 사회적 활동으로서 계속적으로 행하는 모든 작업이 이루어지는 단위 장소 또는 장소적으로 구획된 사업체의 일부분에 해당되는지에 달려있으므로, 그 사업의 종류를 한정하지 아니하고 영리사업인지 여부도 불문하며, 1회적이거나 그 사업기간이 일시적이라 하여 근로기준법의 적용대상이 아니라 할 수 없고, 근로자를 정의한 같은 법 제2조 제1항 제1호에서도 직업의 종류를 한정하고 있지 아니하므로, 정치단체도 위 각 조문의 사업이나 사업장 또는 직업에 해당된다 할 것이다(대판 2007.10.26., 2005도9218).

⑤ 연차 유급휴가(제60조)는 상시 4명 이하의 근로자를 사용하는 사업에 적용하지 않는다.

> 연차유급휴가(제60조)는 근로기준법 시행령[별표 1]에 따르면 상시 4명 이하의 근로자를 사용하는 사업 또는 사업장에 적용되지 아니한다. ⚖️

⚖️ 법령

근로기준법 시행령 [별표 1] 상시 4명 이하의 근로자를 사용하는 사업 또는 사업장에 적용하는 법 규정(제7조 관련)

구분	적용법규정
제1장 총칙	제1조부터 제13조까지의 규정
제2장 근로계약	제15조, 제17조, 제18조, 제19조 제1항, 제20조부터 제22조까지의 규정, 제23조 제2항, 제26조, 제35조부터 제42조까지의 규정
제3장 임금	제43조부터 제45조까지의 규정, 제47조부터 제49조까지의 규정
제4장 근로시간과 휴식	제54조, 제55조 제1항, 제63조
제5장 여성과 소년	제64조, 제65조 제1항·제3항(임산부와 18세 미만인 자로 한정한다), 제66조부터 제69조까지의 규정, 제70조 제2항·제3항, 제71조, 제72조, 제74조

04 근로기준법상 근로계약에 관한 설명으로 옳지 않은 것은?(다툼이 있으면 판례에 따름)

① 근로계약 체결에 관한 의사표시에 무효 또는 취소의 사유가 있으면 상대방은 이를 이유로 근로계약의 무효 또는 취소를 주장할 수 있다.

> 근로계약은 근로자가 사용자에게 근로를 제공하고 사용자는 이에 대하여 임금을 지급하는 것을 목적으로 체결된 계약으로서(근로기준법 제2조 제1항 제4호) 기본적으로 그 법적 성질이 사법상 계약이므로 계약 체결에 관한 당사자들의 의사표시에 무효 또는 취소의 사유가 있으면 상대방은 이를 이유로 근로계약의 무효 또는 취소를 주장하여 그에 따른 법률효과의 발생을 부정하거나 소멸시킬 수 있다(대판 2017.12.22., 2013다25194, 25200).

☑ 시용기간 중에는 사용자의 해약권이 유보되어 있으므로 그 기간 중에 확정적 근로관계는 존재한다고 볼 수 없다.

> 시용(試用)이란 근로계약을 체결하기 전에 해당 근로자의 직업적 능력, 자질, 인품, 성실성 등 업무적격성을 관찰·판단하고 평가하기 위해 일정 기간 시험적으로 고용하는 것을 말한다. 시용기간에 있는 근로자의 경우에도 사용자의 해약권이 유보되어 있다는 사정만 다를 뿐 그 기간에 확정적 근로관계는 존재한다(대판 2022.4.14., 2019두55859).

③ 사용자는 근로계약 체결 후 소정근로시간을 변경하는 경우에 근로자에게 이를 명시하여야 한다.

> 사용자는 근로계약을 체결할 때에 근로자에게 소정근로시간을 명시하여야 한다. <u>근로계약 체결 후 사항을 변경하는 경우에도 또한 같다</u>(근로기준법 제17조 제1항 제2호).

④ 시용기간 중에 있는 근로자를 해고하는 것은 보통의 해고보다는 넓게 인정된다.

> <u>시용기간 중에 있는 근로자를 해고</u>하거나 시용기간 만료 시 본계약의 체결을 거부하는 것은 사용자에게 유보된 해약권의 행사로서, 해당 근로자의 업무능력, 자질, 인품, 성실성 등 업무적격성을 관찰·판단하려는 시용제도의 취지·목적에 비추어 볼 때 <u>보통의 해고보다는 넓게 인정</u>되나, 이 경우에도 객관적으로 합리적인 이유가 존재하여 사회통념상 타당하다고 인정되어야 한다(대판 2023.11.16., 2019두59349).

⑤ 피용자가 노무를 제공하는 과정에서 생명을 해치는 일이 없도록 필요한 조치를 강구하여야 할 사용자의 보호의무는 근로계약에 수반되는 신의칙상의 부수적 의무이다.

> 사용자는 <u>근로계약에 수반되는 신의칙상의 부수적 의무</u>로서 근로자가 노무를 제공하는 과정에서 <u>생명, 신체, 건강을 해치는 일이 없도록 인적·물적 환경을 정비하는 등 필요한 조치를 강구하여야 하는 보호의무를 부담</u>하고, 이러한 보호의무를 위반하여 근로자가 손해를 입었다면 이를 배상할 책임을 진다(대판 2021.8.19., 2018다270876).

05 근로기준법상 인사와 징계에 관한 설명으로 옳지 않은 것은?(다툼이 있으면 판례에 따름)

1
2
3

① 인사명령은 원칙적으로 인사권자인 사용자의 고유권한에 속한다.

> 대기발령을 포함한 <u>인사명령은 원칙적으로 인사권자인 사용자의 고유권한에 속한다</u>할 것이고, 따라서 이러한 인사명령에 대하여는 업무상 필요한 범위 안에서 사용자에게 상당한 재량을 인정하여야 하며, 이것이 근로기준법 등에 위반되거나 권리남용에 해당하는 등의 특별한 사정이 없는 한 위법하다고 할 수 없다(대판 2007.5.31., 2007두1460)

② 사용자가 근로자 측과 성실한 협의절차를 거쳤는지는 전직처분이 정당한 이유가 있는지를 판단하는 요소의 하나이다.

> 업무상 필요에 의한 전직처분 등에 따른 생활상의 불이익이 근로자가 통상 감수하여야 할 정도를 현저하게 벗어나지 않으면 전직처분 등의 정당한 이유가 인정되고, <u>근로자 측과 성실한 협의절차를 거쳤는지는 정당한 이유의 유무를 판단하는 하나의 요소</u>라고 할 수 있으나, 그러한 절차를 거치지 아니하였다는 사정만으로 전직처분 등이 무효가 된다고 볼 수 없다(대판 2023.9.21., 2022다286755).

✔️ 사용자가 인사처분을 함에 있어 노동조합의 사전 동의를 얻도록 단체협약에 규정하는 것은 사용자의 인사권의 본질적 내용을 침해하는 것으로 무효이다.

> 단체협약 등에 규정된 인사조항의 구체적 내용이 사용자가 인사처분을 함에 있어서 신중을 기할 수 있도록 노동조합이 의견을 제시할 수 있는 기회만을 주어야 하도록 규정된 경우에는 그 절차를 거치지 아니하였다고 하더라도 인사처분의 효력에는 영향이 없다고 보아야 하지만, 사용자가 인사처분을 함에 있어 노동조합의 <u>사전동의를 얻어야 한다거나</u> 또는 노동조합의 승낙을 얻거나 <u>노동조합과 인사처분에 관한 논의를 하여 의견의 합치를 보아 인사처분을 하도록 규정된 경우에는 그 절차를 거치지 아니한 인사처분은 원칙적으로 무효</u>라고 보아야 한다(대판 2003.6.10., 2001두3136).

④ 근로자의 사생활에서의 비행이 기업의 사회적 평가를 훼손할 염려가 있는 것이라면 정당한 징계사유가 될 수 있다.

> 사용자가 근로자에 대하여 징계권을 행사할 수 있는 것은 사업활동을 원활하게 수행하는데 필요한 범위 내에서 규율과 질서를 유지하기 위한 데에 그 근거가 있으므로, 근로자의 사생활에서의 비행은 사업활동에 직접 관련이 있거나 기업의 사회적 평가를 훼손할 염려가 있는 것에 한하여 정당한 징계사유가 될 수 있다(대판 1994.12.13., 93누23275).

⑤ 여러 개의 징계사유 중 인정되는 일부 징계사유만으로 해당 징계처분의 타당성을 인정하기에 충분한지에 대한 증명책임은 사용자가 부담한다.

> 근로기준법 제31조에 의하여 부당해고구제재심판정을 다투는 소송에서 해고의 정당성에 관한 증명책임은 이를 주장하는 사용자가 부담하므로, 인정되는 일부 징계사유만으로 해당 징계처분의 타당성을 인정하기에 충분한지에 대한 증명책임도 사용자가 부담한다(대판 2019.11.28., 2017두57318).

06 근로기준법상 경영상 이유에 의한 해고에 관한 설명으로 옳지 않은 것은?(다툼이 있으면 판례에 따름)

1
2
3

① 경영 악화를 방지하기 위한 사업의 양도·인수·합병은 긴박한 경영상의 필요가 있는 것으로 본다.

> 사용자가 경영상 이유에 의하여 근로자를 해고하려면 긴박한 경영상의 필요가 있어야 한다. 이 경우 경영 악화를 방지하기 위한 사업의 양도·인수·합병은 긴박한 경영상의 필요가 있는 것으로 본다(근로기준법 제24조 제1항).

② 해고가 요건을 모두 갖추어 정당한지 여부는 각 요건을 구성하는 개별 사정들을 종합적으로 고려하여 판단한다.

> 각 요건의 구체적 내용은 확정적·고정적인 것이 아니라 구체적 사건에서 다른 요건의 충족정도와 관련하여 유동적으로 정해지는 것이므로 구체적 사건에서 경영상 이유에 의한 당해 해고가 위 각 요건을 모두 갖추어 정당한지 여부는 위 각 요건을 구성하는 개별사정들을 종합적으로 고려하여 판단하여야 한다(대판 2002.7.9., 2000두9373).

③ 사용자가 근로자의 과반수로 조직된 노동조합과의 협의 외에 해고의 대상인 일정 급수 이상 직원들만의 대표를 새로이 선출케 하여 그 대표와 별도로 협의를 하지 않았다고 하여 해고를 협의절차의 흠결로 무효라 할 수는 없다.

> 사용자가 근로자의 과반수로 조직된 노동조합과의 협의 외에 정리해고의 대상인 3급 이상 직원들만의 대표를 새로이 선출케 하여 그 대표와 별도로 협의를 하지 않았다고 하여 이 사건 정리해고를 협의절차의 흠결로 무효라 할 수는 없는 것이다(대판 2002.7.9., 2001다29452).

☑ 사용자는 해고된 근로자에 대하여 생계안정, 재취업, 직업훈련 등 필요한 조치를 우선적으로 취하여야 한다.

> 정부는 해고된 근로자에 대하여 생계안정, 재취업, 직업훈련 등 필요한 조치를 우선적으로 취하여야 한다(근로기준법 제25조 제2항).

⑤ 해고 근로자는 사용자의 우선 재고용의무 불이행에 대하여 우선 재고용의무가 발생한 때부터 고용관계가 성립할 때까지의 임금 상당 손해배상금을 청구할 수 있다.

> 사용자는 해고 근로자를 우선 재고용할 의무가 있으므로 해고 근로자는 사용자가 위와 같은 우선 재고용의무를 이행하지 아니하는 경우 사용자를 상대로 고용의 의사표시를 갈음하는 판결을 구할 사법상의 권리가 있고, 판결이 확정되면 사용자와 해고 근로자 사이에 고용관계가 성립한다. 또한 해고 근로자는 사용자가 위 규정을 위반하여 우선 재고용의무를 이행하지 않은 데 대하여, 우선 재고용의무가 발생한 때부터 고용관계가 성립할 때까지의 임금 상당 손해배상금을 청구할 수 있다(대판 2020.11.16., 2016다13437).

07 근로기준법상 근로관계와 영업양도에 관한 설명으로 옳지 않은 것은?(다툼이 있으면 판례에 따름)

① 영업양도란 일정한 영업목적에 의하여 조직화된 업체를 그 동일성은 유지하면서 일체로서 이전하는 것이다.

> 영업의 양도라 함은 일정한 영업목적에 의하여 조직화된 업체, 즉 인적·물적 조직을 그 동일성은 유지하면서 일체로서 이전하는 것으로서 영업의 일부만의 양도도 가능하고, 이러한 영업양도가 이루어진 경우에는 원칙적으로 해당 근로자들의 근로관계가 양수하는 기업에 포괄적으로 승계된다(대판 2005.6.9., 2002다70822).

✔ 영업양도에 의하여 근로계약관계가 포괄적으로 승계된 경우에는 승계 후의 퇴직금 규정이 승계 전의 퇴직금 규정보다 근로자에게 불리하더라도 승계 후의 퇴직금 규정을 적용한다.

> 영업양도 등에 의하여 근로계약관계가 포괄적으로 승계된 경우에는 근로자의 종전 근로계약상의 지위도 그대로 승계되는 것이므로, 승계 후의 퇴직금 규정이 승계 전의 퇴직금 규정보다 근로자에게 불리하다면 근로기준법 제95조 제1항 소정의 당해 근로자집단의 집단적인 의사결정 방법에 의한 동의 없이는 승계 후의 퇴직금 규정을 적용할 수 없다(대판 1997.12.26., 97다17575).

③ 영업 전부의 양도가 이루어진 경우 영업양도 당사자 사이에 정당한 이유 없이 해고된 근로자를 승계의 대상에서 제외하기로 하는 특약은 근로기준법 제23조 제1항에서 정한 정당한 이유가 있어야 유효하다.

> 영업 전부의 양도가 이루어진 경우 영업양도 당사자 사이에 정당한 이유 없이 해고된 근로자를 승계의 대상에서 제외하기로 하는 특약이 있는 경우에는 그에 따라 근로관계의 승계가 이루어지지 않을 수 있으나, 그러한 특약은 실질적으로 또 다른 해고나 다름이 없으므로, 마찬가지로 근로기준법 제23조 제1항에서 정한 정당한 이유가 있어야 유효하고, 영업양도 그 자체만으로 정당한 이유를 인정할 수 없다(대판 2020.11.5., 2018두54705).

④ 영업재산의 일부를 유보한 채 영업시설을 양도했어도 그 양도한 부분만으로도 종래의 조직이 유지되어 있다고 사회관념상 인정되면 영업의 양도이다.

> 영업재산의 일부를 유보한 채 영업시설을 양도했어도 그 양도한 부분만으로도 종래의 조직이 유지되어 있다고 사회관념상 인정되면 그것을 영업의 양도라 볼 것이지만, 반면에 영업재산의 전부를 양도했어도 그 조직을 해체하여 양도했다면 영업의 양도로 볼 수 없다(대판 2007.6.1., 2005다5812).

⑤ 근로관계의 승계를 거부하는 근로자에 대하여는 그 근로관계가 양수하는 기업에 승계되지 아니하고 여전히 양도하는 기업과 사이에 존속된다.

> 영업이 양도된 경우에 근로관계의 승계를 거부하는 근로자에 대하여는 그 근로관계가 양수하는 기업에 승계되지 아니하고 여전히 양도하는 기업과 사이에 존속되는 것이며, 이러한 경우 원래의 사용자는 영업 일부의 양도로 인한 경영상의 필요에 따라 감원이 불가피하게 되는 사정이 있어 정리해고로서의 정당한 요건이 갖추어져 있다면 그 절차에 따라 승계를 거부한 근로자를 해고할 수 있다고 할 것이다(대판 2010.9.30., 2010다 41089).

08 근로기준법령상 구제신청과 구제명령에 관한 설명으로 옳은 것을 모두 고른 것은?

ㄱ. 노동위원회는 구제신청에 따라 당사자를 심문할 때 직권으로 증인을 출석하게 하여 필요한 사항을 질문할 수 있다.
ㄴ. 노동위원회는 근로계약기간의 만료로 원직복직이 불가능한 경우에도 부당해고가 성립한다고 판정하면 근로자가 해고기간 동안 근로를 제공하였더라면 받을 수 있었던 임금 상당액에 해당하는 금품을 사업주가 근로자에게 지급하도록 명할 수 있다.
ㄷ. 노동위원회가 사용자에게 구제명령을 하는 때에 정하는 이행기간은 사용자가 구제명령을 서면으로 통지받은 날부터 30일 이내로 한다.
ㄹ. 지방노동위원회의 구제명령에 불복하는 사용자는 중앙노동위원회에 재심을 신청하거나 행정소송법의 규정에 따라 소(訴)를 제기할 수 있다.

① ㄱ, ㄴ
② ㄷ, ㄹ
✔ ㄱ, ㄴ, ㄷ
④ ㄴ, ㄷ, ㄹ
⑤ ㄱ, ㄴ, ㄷ, ㄹ

> ㄱ. (○) 노동위원회는 구제신청에 따라 심문을 할 때에는 관계 당사자의 신청이나 직권으로 증인을 출석하게 하여 필요한 사항을 질문할 수 있다(근로기준법 제29조 제2항).
> ㄴ. (○) 노동위원회는 근로계약기간의 만료, 정년의 도래 등으로 근로자가 원직복직(해고 이외의 경우는 원상회복을 말한다)이 불가능한 경우에도 구제명령이나 기각결정을 하여야 한다. 이 경우 노동위원회는 부당해고 등이 성립한다고 판정하면 근로자가 해고기간 동안 근로를 제공하였더라면 받을 수 있었던 임금 상당액에 해당하는 금품(해고 이외의 경우에는 원상회복에 준하는 금품을 말한다)을 사업주가 근로자에게 지급하도록 명할 수 있다(근로기준법 제30조 제4항).
> ㄷ. (○) 노동위원회법에 따른 노동위원회(이하 "노동위원회"라 한다)는 사용자에게 구제명령(이하 "구제명령"이라 한다)을 하는 때에는 이행기한을 정하여야 한다. 이 경우 이행기한은 사용자가 구제명령을 서면으로 통지받은 날부터 30일 이내로 한다(근로기준법 시행령 제11조).
> ㄹ. (×) 지방노동위원회의 구제명령이나 기각결정에 불복하는 사용자나 근로자는 구제명령서나 기각결정서를 통지받은 날부터 10일 이내에 중앙노동위원회에 재심을 신청할 수 있다. 중앙노동위원회의 재심판정에 대하여 사용자나 근로자는 재심판정서를 송달받은 날부터 15일 이내에 소(訴)를 제기할 수 있다(근로기준법 제31조 제1항 및 제2항).

09 근로기준법령상 체불사업주 명단 공개에 관한 설명으로 옳지 않은 것은?

① 고용노동부장관은 명단 공개를 할 경우에 체불사업주에게 3개월 이상의 기간을 정하여 소명 기회를 주어야 한다.

근로기준법 제43조의2 제2항

☑ **명단 공개는 공공장소에 1년간 게시한다.**

명단 공개는 관보에 싣거나 인터넷 홈페이지, 관할 지방고용노동관서 게시판 또는 그 밖에 열람이 가능한 공공장소에 3년간 게시하는 방법으로 한다(근로기준법 시행령 제23조의3 제2항).

③ 체불사업주가 법인인 경우에는 그 대표자의 성명·나이·주소 및 법인의 명칭·주소를 공개한다.

고용노동부장관은 체불사업주의 성명·나이·상호·주소(체불사업주가 법인인 경우에는 그 대표자의 성명·나이·주소 및 법인의 명칭·주소를 말한다)의 내용을 공개한다(근로기준법 시행령 제23조의3 제1항 제1호).

④ 관련 법령에 따라 임금 등 체불자료를 받은 종합신용정보집중기관은 이를 체불사업주의 신용도·신용거래능력 판단과 관련한 업무에 이용할 수 있다.

고용노동부장관은 종합신용정보집중기관이 임금 등 체불자료 제공일 이전 3년 이내 임금 등을 체불하여 2회 이상 유죄가 확정된 자로서 임금 등 체불자료 제공일 이전 1년 이내 임금 등의 체불총액이 2천만원 이상인 체불사업주의 인적사항과 체불액 등에 관한 자료(이하 "임금 등 체불자료"라 한다)를 요구할 때에는 임금 등의 체불을 예방하기 위하여 필요하다고 인정하는 경우에 그 자료를 제공할 수 있다. 임금 등 체불자료를 받은 자는 이를 체불사업주의 신용도·신용거래능력 판단과 관련한 업무 외의 목적으로 이용하거나 누설하여서는 아니 된다(근로기준법 제43조의3 제1항 및 제2항).

⑤ 고용노동부장관은 체불사업주의 사망·폐업으로 임금 등 체불자료 제공의 실효성이 없는 경우에는 종합신용정보집중기관에 임금 등 체불자료를 제공하지 아니할 수 있다.

고용노동부장관은 종합신용정보집중기관이 임금 등 체불자료 제공일 이전 3년 이내 임금 등을 체불하여 2회 이상 유죄가 확정된 자로서 임금 등 체불자료 제공일 이전 1년 이내 임금 등의 체불총액이 2천만원 이상인 체불사업주의 인적사항과 체불액 등에 관한 자료(이하 "임금 등 체불자료"라 한다)를 요구할 때에는 임금 등의 체불을 예방하기 위하여 필요하다고 인정하는 경우에 그 자료를 제공할 수 있다. 다만, 체불사업주의 사망·폐업으로 임금 등 체불자료 제공의 실효성이 없는 경우 등 대통령령으로 정하는 사유가 있는 경우에는 그러하지 아니하다(근로기준법 제43조의3 제1항).

10 근로기준법상 휴식에 관한 설명으로 옳지 않은 것은?

1
2
3

✔ ① 사용자는 8시간을 초과한 휴일근로에 대하여는 통상임금의 100분의 50 이상을 가산하여 근로자에게 지급하여야 한다.

> 사용자는 8시간을 초과한 휴일근로에 대해서 통상임금의 100분의 100 이상을 가산하여 근로자에게 지급하여야 한다(근로기준법 제56조 제2항 제2호).

② 사용자는 근로자에게 1주에 평균 1회 이상의 유급휴일을 보장하여야 한다.

> 근로기준법 제55조 제1항

③ 사용자는 근로시간이 4시간인 경우에는 30분 이상의 휴게시간을 근로시간 도중에 주어야 한다.

> 사용자는 근로시간이 4시간인 경우에는 30분 이상, 8시간인 경우에는 1시간 이상의 휴게시간을 근로시간 도중에 주어야 한다(근로기준법 제54조 제1항).

④ 사용자는 계속하여 근로한 기간이 1년 미만인 근로자에게 1개월 개근 시 1일의 유급휴가를 주어야 한다.

> 사용자는 계속하여 근로한 기간이 1년 미만인 근로자 또는 1년간 80퍼센트 미만 출근한 근로자에게 1개월 개근 시 1일의 유급휴가를 주어야 한다(근로기준법 제60조 제2항).

⑤ 휴게(제54조)에 관한 규정은 감시(監視) 근로에 종사하는 사람으로서 사용자가 고용노동부장관의 승인을 받은 사람에 대하여는 적용하지 아니한다.

> 휴게(제54조)에 관한 규정은 감시(監視) 또는 단속적(斷續的)으로 근로에 종사하는 사람으로서 사용자가 고용노동부장관의 승인을 받은 사람에 해당하는 근로자에 대하여는 적용하지 아니한다(근로기준법 제63조 제3호). ⚖

⚖
법령

근로기준법 제63조(적용의 제외)
이 장과 제5장에서 정한 근로시간, 휴게와 휴일에 관한 규정은 다음 각 호의 어느 하나에 해당하는 근로자에 대하여는 적용하지 아니한다.
1. 토지의 경작·개간, 식물의 식재(植栽)·재배·채취 사업, 그 밖의 농림 사업
2. 동물의 사육, 수산 동식물의 채취·포획·양식 사업, 그 밖의 축산, 양잠, 수산 사업
3. 감시(監視) 또는 단속적(斷續的)으로 근로에 종사하는 사람으로서 사용자가 고용노동부장관의 승인을 받은 사람
4. 대통령령으로 정하는 업무에 종사하는 근로자

11 근로기준법상 탄력적 근로시간제에서 임금 정산에 관한 규정이다. (　　)에 들어갈 내용으로 옳은 것은?

> 사용자는 제51조 및 제51조의2에 따른 단위기간 중 근로자가 근로한 기간이 그 단위기간보다 짧은 경우에는 그 단위기간 중 해당 근로자가 근로한 (　　　　　　　　　　　　　　　) 전부에 대하여 제56조 제1항에 따른 가산임금을 지급하여야 한다.

① 기간에서 1일 8시간을 초과하여 근로한 시간

② 기간에서 1주 40시간을 초과하여 근로한 시간

③ 기간에서 1일 8시간을 초과하거나 1주 40시간을 초과하여 근로한 시간

④ 기간을 평균하여 1일 8시간을 초과하여 근로한 시간

☑ **기간을 평균하여 1주간에 40시간을 초과하여 근로한 시간**

> 사용자는 제51조 및 제51조의2에 따른 단위기간 중 근로자가 근로한 기간이 그 단위기간보다 짧은 경우에는 그 단위기간 중 해당 근로자가 근로한 (<u>기간을 평균하여 1주간에 40시간을 초과하여 근로한 시간</u>) 전부에 대하여 제56조 제1항에 따른 가산임금을 지급하여야 한다(근로기준법 제51조의3).

12 근로기준법상 야간근로에 관한 설명으로 옳지 않은 것은?

① 사용자는 야간근로에 대하여 통상임금의 100분의 50 이상을 가산하여 근로자에게 지급하여야 한다.

> 사용자는 <u>야간근로(오후 10시부터 다음 날 오전 6시 사이의 근로를 말한다)에 대하여는 통상임금의 100분의 50 이상을 가산하여 근로자에게 지급</u>하여야 한다(근로기준법 제56조 제3항).

② 사용자는 근로자대표와의 서면 합의에 따라 야간근로에 대하여 임금을 지급하는 것을 갈음하여 휴가를 줄 수 있다.

> 사용자는 <u>근로자대표와의 서면 합의에 따라 연장근로 · 야간근로 및 휴일근로 등에 대하여 임금을 지급하는 것을 갈음하여 휴가를 줄 수 있다</u>(근로기준법 제57조).

③ 사용자는 18세 미만자의 경우 그의 동의가 있고 고용노동부장관의 인가를 받으면 야간근로를 시킬 수 있다.

> 사용자는 임산부와 18세 미만자를 오후 10시부터 오전 6시까지의 시간 및 휴일에 근로시키지 못한다. 다만, <u>18세 미만자의 동의가 있는 경우 고용노동부장관의 인가를 받으면 그러하지 아니하다</u>(근로기준법 제70조 제2항 제1호). ⚖[1]

☑ **사용자는 18세 이상의 여성에 대하여는 그 근로자의 동의가 있는 경우에도 1일에 2시간, 1주에 6시간, 1년에 150시간을 초과하는 야간근로를 시키지 못한다.**

> 사용자는 18세 이상의 여성을 오후 10시부터 오전 6시까지의 시간 및 휴일에 근로시키려면 그 근로자의 동의를 받아야 한다(근로기준법 제70조 제1항). 사용자는 <u>산후 1년이 지나지 아니한 여성에 대하여는</u> 단체협약이 있는 경우라도 <u>1일에 2시간, 1주에 6시간, 1년에 150시간을 초과하는 시간외근로를 시키지 못한다</u>(근로기준법 제71조). ⚖[2]

⑤ 사용자는 임신 중의 여성이 명시적으로 청구하고 고용노동부장관의 인가를 받으면 야간근로를 시킬 수 있다.

> 사용자는 임산부와 18세 미만자를 오후 10시부터 오전 6시까지의 시간 및 휴일에 근로시키지 못한다. 다만, 임신 중의 여성이 명시적으로 청구하는 경우 고용노동부장관의 인가를 받으면 그러하지 아니하다(근로기준법 제70조 제2항 제3호).

근로기준법 제70조(야간근로와 휴일근로의 제한)
① 사용자는 18세 이상의 여성을 오후 10시부터 오전 6시까지의 시간 및 휴일에 근로시키려면 그 근로자의 동의를 받아야 한다.
② 사용자는 임산부와 18세 미만자를 오후 10시부터 오전 6시까지의 시간 및 휴일에 근로시키지 못한다. 다만, 다음 각 호의 어느 하나에 해당하는 경우로서 고용노동부장관의 인가를 받으면 그러하지 아니하다.
  1. 18세 미만자의 동의가 있는 경우
  2. 산후 1년이 지나지 아니한 여성의 동의가 있는 경우
  3. 임신 중의 여성이 명시적으로 청구하는 경우
③ 사용자는 제2항의 경우 고용노동부장관의 인가를 받기 전에 근로자의 건강 및 모성 보호를 위하여 그 시행 여부와 방법 등에 관하여 그 사업 또는 사업장의 근로자대표와 성실하게 협의하여야 한다

근로기준법 제71조(시간외근로)
사용자는 산후 1년이 지나지 아니한 여성에 대하여는 단체협약이 있는 경우라도 1일에 2시간, 1주에 6시간, 1년에 150시간을 초과하는 시간외근로를 시키지 못한다.

13 근로기준법상 근로시간 및 휴게시간의 특례가 적용되는 사업을 모두 고른 것은?

ㄱ. 노선여객자동차운송사업	ㄴ. 수상운송업
ㄷ. 보건업	ㄹ. 영화업

① ㄱ, ㄴ   ② ㄱ, ㄷ
❸ ㄴ, ㄷ   ④ ㄴ, ㄷ, ㄹ
⑤ ㄱ, ㄴ, ㄷ, ㄹ

> 사용자가 근로자대표와 서면으로 합의한 경우에는 지문 중 수상운송업, 보건업에 대하여 주(週) 12시간을 초과하여 연장근로를 하게 하거나 제54조에 따른 휴게시간을 변경할 수 있다(근로기준법 제59조 제1항).

근로기준법 제59조(근로시간 및 휴게시간의 특례)

① 통계법 제22조 제1항에 따라 통계청장이 고시하는 산업에 관한 표준의 중분류 또는 소분류 중 다음 각 호의 어느 하나에 해당하는 사업에 대하여 사용자가 근로자대표와 서면으로 합의한 경우에는 제53조 제1항에 따른 주(週) 12시간을 초과하여 <u>연장근로를 하게 하거나 제54조에 따른 휴게시간을 변경</u>할 수 있다.

  1. 육상운송 및 파이프라인 운송업. 다만, 여객자동차 운수사업법 제3조 제1항 제1호에 따른 <u>노선(路線) 여객자동차운송사업은 제외</u>한다.

  2. <u>수상운송업</u>

  3. <u>항공운송업</u>

  4. 기타 운송관련 서비스업

  5. <u>보건업</u>

14 근로기준법상 임산부의 보호에 관한 설명으로 옳지 않은 것은?

☑ 사용자는 산후 1년이 지나지 아니한 여성 근로자가 1일 소정근로시간을 유지하면서 업무의 시작 및 종료 시각의 변경을 신청하는 경우 이를 허용하여야 한다.

> 사용자는 <u>임신 중인 여성 근로자가</u> <u>1일 소정근로시간을 유지하면서 업무의 시작 및 종료 시각의 변경을 신청하는 경우 이를 허용하여야 한다.</u> 다만, 정상적인 사업 운영에 중대한 지장을 초래하는 경우 등 대통령령으로 정하는 경우에는 그러하지 아니하다(근로기준법 제74조 제9항).

② 사용자는 한 명의 자녀를 임신한 여성에게 출산 전과 출산 후를 통하여 90일의 출산전후휴가를 주어야 한다.

> 사용자는 <u>임신 중의 여성에게 출산 전과 출산 후를 통하여 90일</u>(한 번에 둘 이상 자녀를 임신한 경우에는 120일)의 <u>출산전후휴가를 주어야 한다.</u> 이 경우 휴가 기간의 배정은 출산 후에 45일(한 번에 둘 이상 자녀를 임신한 경우에는 60일) 이상이 되어야 한다(근로기준법 제74조 제1항).

③ 사용자는 만 42세의 임신 중인 여성 근로자가 출산전후휴가를 청구하는 경우 출산 전 어느 때라도 휴가를 나누어 사용할 수 있도록 하여야 한다.

> 사용자는 임신한 근로자가 출산전후휴가를 청구할 당시 <u>연령이 만 40세 이상인 경우 출산 전 어느 때라도 휴가를 나누어 사용할 수 있도록 하여야 한다</u>(근로기준법 제74조 제2항, 동법 시행령 제43조 제1항 제2호).

④ 사용자는 임신한 여성 근로자가 모자보건법상 임산부 정기건강진단을 받는데 필요한 시간을 청구하는 경우 이를 허용하여야 한다.

> 근로기준법 제74조의2 제1항

⑤ 사용자는 임산부를 도덕상 또는 보건상 유해 · 위험한 사업에 사용하지 못한다.

> 사용자는 <u>임신 중이거나 산후 1년이 지나지 아니한 여성(이하 "임산부"라 한다)과 18세 미만자를 도덕상 또는 보건상 유해 · 위험한 사업에 사용하지 못한다</u>(근로기준법 제65조 제1항).

근로기준법 제74조(임산부의 보호)

① 사용자는 임신 중의 여성에게 출산 전과 출산 후를 통하여 90일(한 번에 둘 이상 자녀를 임신한 경우에는 120일)의 출산전후휴가를 주어야 한다. 이 경우 휴가 기간의 배정은 출산 후에 45일(한 번에 둘 이상 자녀를 임신한 경우에는 60일) 이상이 되어야 한다.

② 사용자는 임신 중인 여성 근로자가 유산의 경험 등 대통령령으로 정하는 사유로 제1항의 휴가를 청구하는 경우 출산 전 어느 때라도 휴가를 나누어 사용할 수 있도록 하여야 한다. 이 경우 출산 후의 휴가 기간은 연속하여 45일(한 번에 둘 이상 자녀를 임신한 경우에는 60일) 이상이 되어야 한다.

③ 사용자는 임신 중인 여성이 유산 또는 사산한 경우로서 그 근로자가 청구하면 대통령령으로 정하는 바에 따라 유산·사산 휴가를 주어야 한다. 다만, 인공 임신중절 수술(모자보건법 제14조 제1항에 따른 경우는 제외한다)에 따른 유산의 경우는 그러하지 아니하다.

④ 제1항부터 제3항까지의 규정에 따른 휴가 중 최초 60일(한 번에 둘 이상 자녀를 임신한 경우에는 75일)은 유급으로 한다. 다만, 남녀고용평등과 일·가정 양립 지원에 관한 법률 제18조에 따라 출산전후휴가급여 등이 지급된 경우에는 그 금액의 한도에서 지급의 책임을 면한다.

⑤ 사용자는 임신 중의 여성 근로자에게 시간외근로를 하게 하여서는 아니 되며, 그 근로자의 요구가 있는 경우에는 쉬운 종류의 근로로 전환하여야 한다.

⑥ 사업주는 제1항에 따른 출산전후휴가 종료 후에는 휴가 전과 동일한 업무 또는 동등한 수준의 임금을 지급하는 직무에 복귀시켜야 한다.

⑦ 사용자는 임신 후 12주 이내 또는 36주 이후에 있는 여성 근로자가 1일 2시간의 근로시간 단축을 신청하는 경우 이를 허용하여야 한다. 다만, 1일 근로시간이 8시간 미만인 근로자에 대하여는 1일 근로시간이 6시간이 되도록 근로시간 단축을 허용할 수 있다.

⑧ 사용자는 제7항에 따른 근로시간 단축을 이유로 해당 근로자의 임금을 삭감하여서는 아니 된다.

⑨ 사용자는 임신 중인 여성 근로자가 1일 소정근로시간을 유지하면서 업무의 시작 및 종료 시각의 변경을 신청하는 경우 이를 허용하여야 한다. 다만, 정상적인 사업 운영에 중대한 지장을 초래하는 경우 등 대통령령으로 정하는 경우에는 그러하지 아니하다.

15 근로기준법상 취업규칙의 불이익변경에서 근로자 측의 집단적 동의권에 관한 설명으로 옳지 않은 것은?(다툼이 있으면 판례에 따름)

1
2
3

① 노동조합이나 근로자들이 집단적 동의권을 남용하였다고 볼 만한 특별한 사정이 없는 한 해당 취업규칙의 변경에 사회통념상 합리성이 있다는 이유만으로 그 유효성을 인정할 수는 없다.

> 사용자가 취업규칙을 근로자에게 불리하게 변경하면서 근로자의 집단적 의사결정방법에 따른 동의를 받지 못한 경우, 노동조합이나 근로자들이 집단적 동의권을 남용하였다고 볼 만한 특별한 사정이 없는 한 해당 취업규칙의 작성 또는 변경에 사회통념상 합리성이 있다는 이유만으로 그 유효성을 인정할 수는 없다(대판(全) 2023.5.11., 2017다35588, 35595).

② 취업규칙의 불리한 변경에 대하여 근로자가 가지는 집단적 동의권은 변경되는 취업규칙의 내용이 갖는 타당성이나 합리성으로 대체될 수 없다.

> 취업규칙의 불리한 변경에 대하여 근로자가 가지는 집단적 동의권은 사용자의 일방적 취업규칙의 변경 권한에 한계를 설정하고 헌법 제32조 제3항의 취지와 근로기준법 제4조가 정한 근로조건의 노사대등결정 원칙을 실현하는 데에 중요한 의미를 갖는 절차적 권리로서, 변경되는 취업규칙의 내용이 갖는 타당성이나 합리성으로 대체될 수 있는 것이라고 볼 수 없다(대판(全) 2023.5.11., 2017다35588, 35595).

☑ 권리남용금지 원칙의 적용은 당사자의 주장이 있어야 가능하므로, 집단적 동의권의 남용에 해당하는지에 대하여는 법원이 직권으로 판단할 수 없다.

> 신의성실 또는 권리남용금지 원칙의 적용은 강행규정에 관한 것으로서 당사자의 주장이 없더라도 법원이 그 위반 여부를 직권으로 판단할 수 있으므로, 집단적 동의권의 남용에 해당하는지에 대하여도 법원은 직권으로 판단할 수 있다(대판(全) 2023.5.11., 2017다35588, 35595).

④ 근로자의 집단적 동의가 없다고 하여 취업규칙의 불리한 변경이 항상 불가능한 것은 아니다.

> 노동조합이나 근로자들이 집단적 동의권을 남용하였다고 볼 만한 특별한 사정이 있는 경우에는 취업규칙의 불이익변경의 유효성을 인정할 여지가 있으므로, 근로자의 집단적 동의가 없다고 하여 취업규칙의 불리한 변경이 항상 불가능한 것도 아니다(대판(全) 2023.5.11., 2017다35588, 35595).

⑤ 근로자가 가지는 집단적 동의권은 사용자의 일방적 취업규칙의 변경 권한에 한계를 설정하고 헌법 제32조 제3항의 취지와 근로기준법 제4조가 정한 근로조건의 노사대등결정 원칙을 실현하는 데에 중요한 의미를 갖는 절차적 권리이다.

> 취업규칙의 불리한 변경에 대하여 근로자가 가지는 집단적 동의권은 사용자의 일방적 취업규칙의 변경 권한에 한계를 설정하고 헌법 제32조 제3항의 취지와 근로기준법 제4조가 정한 근로조건의 노사대등결정 원칙을 실현하는 데에 중요한 의미를 갖는 절차적 권리로서, 변경되는 취업규칙의 내용이 갖는 타당성이나 합리성으로 대체될 수 있는 것이라고 볼 수 없다(대판(全) 2023.5.11., 2017다35588, 35595).

16 근로기준법상 취업규칙의 작성과 변경에 관한 설명으로 옳지 않은 것은?(다툼이 있으면 판례에 따름)

① 취업규칙에서 정한 기준에 미달하는 근로조건을 정한 근로계약은 그 부분에 관하여는 무효로 한다.

> 취업규칙에서 정한 기준에 미달하는 근로조건을 정한 근로계약은 그 부분에 관하여는 무효로 한다. 이 경우 무효로 된 부분은 취업규칙에 정한 기준에 따른다(근로기준법 제97조).

☑ 근로관계 종료 후의 권리·의무에 관한 사항은 사용자와 근로자 사이에 존속하는 근로관계와 직접 관련되는 것으로서 근로자의 대우에 관하여 정한 사항이라도 취업규칙에서 정한 근로조건에 해당한다고 할 수 없다.

> 취업규칙에서 정한 복무규율과 근로조건은 근로관계의 존속을 전제로 하는 것이지만, 사용자와 근로자 사이의 근로관계 종료 후의 권리·의무에 관한 사항이라고 하더라도 사용자와 근로자 사이에 존속하는 근로관계와 직접 관련되는 것으로서 근로자의 대우에 관하여 정한 사항이라면 이 역시 취업규칙에서 정한 근로조건에 해당한다(대판 2022.9.29., 2018다301527).

③ 취업규칙의 작성·변경에 관한 권한은 원칙적으로 사용자에게 있다.

> 취업규칙의 작성·변경에 관한 권한은 원칙적으로 사용자에게 있으므로, 사용자는 그 의사에 따라 취업규칙을 작성·변경할 수 있으나, 근로기준법 제94조에 따라 노동조합 또는 근로자 과반수의 의견을 들어야 하고, 특히 근로자에게 불이익하게 변경하는 경우에는 그 동의를 얻어야 한다(대판 2022.10.14., 2022다245518).

④ 취업규칙은 원칙적으로 객관적인 의미에 따라 해석하여야 하고, 문언의 객관적 의미를 벗어나는 해석은 신중하고 엄격하여야 한다.

> 취업규칙은 사용자가 근로자의 복무규율이나 근로조건의 기준을 정립하기 위하여 작성한 것으로서 노사 간의 집단적인 법률관계를 규정하는 법규범의 성격을 가지는데, 이러한 취업규칙의 성격에 비추어 취업규칙은 원칙적으로 객관적인 의미에 따라 해석하여야 하고, 문언의 객관적 의미를 벗어나는 해석은 신중하고 엄격하여야 한다(대판 2022.9.29., 2018다301527).

⑤ 사용자가 근로자들에게 불리하게 취업규칙을 변경함에 있어서 근로자들의 집단적 의사결정 방법에 의한 동의를 얻지 아니하였다고 하더라도, 현행의 법규적 효력을 가진 취업규칙은 변경된 취업규칙이다.

> 사용자가 근로자들에게 불리하게 취업규칙을 변경함에 있어서 근로자들의 집단적 의사결정 방법에 의한 동의를 얻지 아니하였다고 하더라도, 취업규칙의 작성, 변경권이 사용자에게 있는 이상 현행의 법규적 효력을 가진 취업규칙은 변경된 취업규칙이다(대판(全) 2003.12.18., 2002다2843).

17 근로기준법상 직장 내 괴롭힘의 금지 등에 관한 설명으로 옳은 것을 모두 고른 것은?

> ㄱ. 사용자는 직장 내 괴롭힘 예방 교육을 매년 실시하여야 한다.
> ㄴ. 사용자는 조사 기간 동안 직장 내 괴롭힘과 관련하여 피해를 입은 근로자를 보호하기 위하여 필요한 경우 해당 피해근로자에 대하여 근무장소의 변경 등 적절한 조치를 하여야 한다. 이 경우 사용자는 피해근로자의 의사에 반하는 조치를 하여서는 아니 된다.
> ㄷ. 사용자는 조사 결과 직장 내 괴롭힘 발생 사실이 확인된 때에는 피해근로자가 요청하면 배치전환, 유급휴가 명령 등 적절한 조치를 하여야 한다.

① ㄱ
② ㄴ
③ ㄱ, ㄷ
❹ ㄴ, ㄷ
⑤ ㄱ, ㄴ, ㄷ

> ㄱ. (×) 근로기준법에는 직장 내 괴롭힘 예방 교육의 의무적 실시에 대한 규정은 존재하지 않는다.
> ㄴ. (○) 사용자는 조사 기간 동안 직장 내 괴롭힘과 관련하여 피해를 입은 근로자 또는 피해를 입었다고 주장하는 근로자(이하 "피해근로자 등"이라 한다)를 보호하기 위하여 필요한 경우 해당 피해근로자 등에 대하여 근무장소의 변경, 유급휴가 명령 등 적절한 조치를 하여야 한다. 이 경우 사용자는 피해근로자 등의 의사에 반하는 조치를 하여서는 아니 된다(근로기준법 제76조의3 제3항).
> ㄷ. (○) 사용자는 조사 결과 직장 내 괴롭힘 발생 사실이 확인된 때에는 피해근로자가 요청하면 근무장소의 변경, 배치전환, 유급휴가 명령 등 적절한 조치를 하여야 한다(근로기준법 제76조의3 제4항).

18 파견근로자 보호 등에 관한 법률상 근로자파견 대상 업무에 해당하지 않는 것을 모두 고른 것은?

ㄱ. 건설공사현장에서 이루어지는 업무
ㄴ. 선원법상 선원의 업무
ㄷ. 물류정책기본법상 하역업무로서 직업안정법에 따라 근로자공급사업 허가를 받은 지역의 업무

① ㄱ
② ㄴ
③ ㄱ, ㄷ
④ ㄴ, ㄷ
☑ ㄱ, ㄴ, ㄷ

> 파견근로자 보호 등에 관한 법률상 근로자파견 대상 업무에 해당하지 않는 것은 건설공사현장에서 이루어지는 업무, 선원법상 선원의 업무, 물류정책기본법상 하역업무로서 직업안정법에 따라 근로자공급사업 허가를 받은 지역의 업무이다. ⚖

파견근로자 보호 등에 관한 법률 제5조(근로자파견 대상 업무 등)
① 근로자파견사업은 제조업의 직접생산공정업무를 제외하고 전문지식ㆍ기술ㆍ경험 또는 업무의 성질 등을 고려하여 적합하다고 판단되는 업무로서 대통령령으로 정하는 업무를 대상으로 한다.
② 제1항에도 불구하고 출산ㆍ질병ㆍ부상 등으로 결원이 생긴 경우 또는 일시적ㆍ간헐적으로 인력을 확보하여야 할 필요가 있는 경우에는 근로자파견사업을 할 수 있다.
③ 제1항 및 제2항에도 불구하고 다음 각 호의 어느 하나에 해당하는 업무에 대하여는 근로자파견사업을 하여서는 아니 된다.
  1. 건설공사현장에서 이루어지는 업무
  2. 항만운송사업법 제3조 제1호, 한국철도공사법 제9조 제1항 제1호, 농수산물 유통 및 가격안정에 관한 법률 제40조, 물류정책기본법 제2조 제1항 제1호의 하역(荷役)업무로서 직업안정법 제33조에 따라 근로자공급사업 허가를 받은 지역의 업무
  3. 선원법 제2조 제1호의 선원의 업무
  4. 산업안전보건법 제58조에 따른 유해하거나 위험한 업무
  5. 그 밖에 근로자 보호 등의 이유로 근로자파견사업의 대상으로는 적절하지 못하다고 인정하여 대통령령으로 정하는 업무

19 파견근로자 보호 등에 관한 법률에 관한 설명으로 옳지 않은 것은?

① 파견사업주는 쟁의행위 중인 사업장에 그 쟁의행위로 중단된 업무의 수행을 위하여 근로자를 파견하여서는 아니 된다.

> 파견근로자 보호 등에 관한 법률 제16조 제1항

② 파견사업주는 자기의 명의로 타인에게 근로자파견사업을 하게 하여서는 아니 된다.

> 파견근로자 보호 등에 관한 법률 제15조

③ 결혼중개업의 관리에 관한 법률상 결혼중개업에 해당하는 사업을 하는 자는 근로자파견사업을 할 수 없다.

> 결혼중개업의 관리에 관한 법률상 결혼중개업에 해당하는 사업을 하는 자는 근로자파견사업을 할 수 없다(파견근로자 보호 등에 관한 법률 제14조 제3호).

④ 근로자파견사업을 하려는 자는 고용노동부장관의 허가를 받아야 한다.

> 근로자파견사업을 하려는 자는 고용노동부령으로 정하는 바에 따라 고용노동부장관의 허가를 받아야 한다. 허가받은 사항 중 고용노동부령으로 정하는 중요사항을 변경하는 경우에도 또한 같다(파견근로자 보호 등에 관한 법률 제7조 제1항).

☑ 근로자파견사업 갱신허가의 유효기간은 그 갱신 전의 허가의 유효기간이 끝나는 날부터 기산하여 2년으로 한다.

> 근로자파견사업 갱신허가의 유효기간은 그 갱신 전의 허가의 유효기간이 끝나는 날의 다음 날부터 기산(起算)하여 3년으로 한다(파견근로자 보호 등에 관한 법률 제10조 제3항).

20 기간제 및 단시간근로자 보호 등에 관한 법률에 관한 설명으로 옳은 것을 모두 고른 것은?

> ㄱ. 근로자가 학업, 직업훈련 등을 이수함에 따라 그 이수에 필요한 기간을 정한 경우 2년을 초과하여 기간제근로자로 사용할 수 있다.
> ㄴ. 고령자고용촉진법상 고령자와 근로계약을 체결하는 경우 2년을 초과하여 기간제근로자로 사용할 수 있다.
> ㄷ. 국가 및 지방자치단체의 기관에 대하여는 상시 사용하는 근로자의 수와 관계없이 이 법을 적용한다.
> ㄹ. 휴직·파견 등으로 결원이 발생하여 해당 근로자가 복귀할 때까지 그 업무를 대신할 필요가 있는 경우 2년을 초과하여 기간제근로자로 사용할 수 있다.

① ㄱ, ㄴ, ㄷ
② ㄱ, ㄴ, ㄹ
③ ㄱ, ㄷ, ㄹ
④ ㄴ, ㄷ, ㄹ
☑ ㄱ, ㄴ, ㄷ, ㄹ

> ㄱ. (o) 기간제 및 단시간근로자 보호 등에 관한 법률 제4조 제1항 제3호 ⚖
> ㄴ. (o) 기간제 및 단시간근로자 보호 등에 관한 법률 제4조 제1항 제4호 ⚖
> ㄷ. (o) 기간제 및 단시간근로자 보호 등에 관한 법률 제3조 제3항
> ㄹ. (o) 기간제 및 단시간근로자 보호 등에 관한 법률 제4조 제1항 제2호 ⚖

기간제 및 단시간근로자 보호 등에 관한 법률 제4조(기간제근로자의 사용)

① 사용자는 2년을 초과하지 아니하는 범위 안에서(기간제 근로계약의 반복갱신 등의 경우에는 그 계속근로한 총기간이 2년을 초과하지 아니하는 범위 안에서) 기간제근로자를 사용할 수 있다. 다만, 다음 각 호의 어느 하나에 해당하는 경우에는 2년을 초과하여 기간제근로자로 사용할 수 있다.
  1. 사업의 완료 또는 특정한 업무의 완성에 필요한 기간을 정한 경우
  2. 휴직·파견 등으로 결원이 발생하여 해당 근로자가 복귀할 때까지 그 업무를 대신할 필요가 있는 경우
  3. 근로자가 학업, 직업훈련 등을 이수함에 따라 그 이수에 필요한 기간을 정한 경우
  4. 고령자고용촉진법 제2조 제1호의 고령자와 근로계약을 체결하는 경우
  5. 전문적 지식·기술의 활용이 필요한 경우와 정부의 복지정책·실업대책 등에 따라 일자리를 제공하는 경우로서 대통령령으로 정하는 경우
  6. 그 밖에 제1호부터 제5호까지에 준하는 합리적인 사유가 있는 경우로서 대통령령으로 정하는 경우

21 기간제 및 단시간근로자 보호 등에 관한 법률상 기간제근로자 차별적 처우의 시정에 관한 설명으로 옳지 않은 것은?(다툼이 있으면 판례에 따름)

① 노동위원회는 신청인이 주장한 비교대상 근로자와 동일성이 인정되는 범위 내에서 조사, 심리를 거쳐 적합한 근로자를 비교대상 근로자로 선정할 수 있다.

> 노동위원회 차별시정제도의 취지와 직권주의적 특성, 비교대상성 판단의 성격 등을 고려하면, 노동위원회는 신청인이 주장한 비교대상 근로자와 동일성이 인정되는 범위 내에서 조사, 심리를 거쳐 적합한 근로자를 비교대상 근로자로 선정할 수 있다(대판 2023.11.30., 2019두53952).

② 기간제근로자가 차별 시정신청을 하는 때에는 차별적 처우의 내용을 구체적으로 명시하여야 한다.

> 기간제 및 단시간근로자 보호 등에 관한 법률 제9조 제2항

✔️ **기간제근로자는 계속되는 차별적 처우를 받은 경우 차별적 처우의 종료일부터 3개월이 지난 때에는 노동위원회에 그 시정을 신청할 수 없다.**

> 기간제근로자 또는 단시간근로자는 차별적 처우를 받은 경우 노동위원회(이하 "노동위원회"라 한다)에 그 시정을 신청할 수 있다. 다만, 차별적 처우가 있은 날(계속되는 차별적 처우는 그 종료일)부터 6개월이 지난 때에는 그러하지 아니하다(기간제 및 단시간근로자 보호 등에 관한 법률 제9조 제1항).

④ 고용노동부장관은 사용자가 기간제근로자에 대해 차별적 처우를 한 경우에는 그 시정을 요구할 수 있다.

> 사용자는 기간제근로자임을 이유로 해당 사업 또는 사업장에서 동종 또는 유사한 업무에 종사하는 기간의 정함이 없는 근로계약을 체결한 근로자에 비하여 차별적 처우를 하여서는 아니 된다(기간제 및 단시간근로자 보호 등에 관한 법 제8조 제1항). 고용노동부장관은 사용자가 차별적 처우를 한 경우에는 그 시정을 요구할 수 있다(기간제 및 단시간근로자 보호 등에 관한 법률 제15조의2 제1항).

⑤ 노동위원회는 사용자의 차별적 처우에 명백한 고의가 인정되거나 차별적 처우가 반복되는 경우에는 손해액을 기준으로 3배를 넘지 아니하는 범위에서 배상을 명령할 수 있다.

> 배상액은 차별적 처우로 인하여 기간제근로자 또는 단시간근로자에게 발생한 손해액을 기준으로 정한다. 다만, 노동위원회는 사용자의 차별적 처우에 명백한 고의가 인정되거나 차별적 처우가 반복되는 경우에는 손해액을 기준으로 3배를 넘지 아니하는 범위에서 배상을 명령할 수 있다(기간제 및 단시간근로자 보호 등에 관한 법률 제13조 제2항).

22 기간제 및 단시간근로자 보호 등에 관한 법률상 사용자가 기간제근로자와 근로계약을 체결하는 때 서면으로 명시하여야 하는 것을 모두 고른 것은?

```
1
2
3
```

> ㄱ. 휴일 · 휴가에 관한 사항
> ㄴ. 근로시간 · 휴게에 관한 사항
> ㄷ. 취업의 장소와 종사하여야 할 업무에 관한 사항
> ㄹ. 근로일 및 근로일별 근로시간

① ㄱ, ㄴ

② ㄴ, ㄹ

③ ㄷ, ㄹ

✔ ㄱ, ㄴ, ㄷ

⑤ ㄱ, ㄴ, ㄷ, ㄹ

> 사용자는 기간제근로자 또는 단시간근로자와 근로계약을 체결하는 때에는 지문 중 휴일 · 휴가에 관한 사항, 근로시간 · 휴게에 관한 사항, 취업의 장소와 종사하여야 할 업무에 관한 사항을 서면으로 명시해야 한다. 단, <u>근로일 및 근로일별 근로시간은 단시간근로자에 한정한다</u>(기간제 및 단시간근로자 보호 등에 관한 법률 제17조). ⚖

⚖
법령

> **기간제 및 단시간근로자 보호 등에 관한 법률 제17조(근로조건의 서면명시)**
> 사용자는 기간제근로자 또는 단시간근로자와 근로계약을 체결하는 때에는 다음 각 호의 모든 사항을 서면으로 명시하여야 한다. <u>다만, 제6호는 단시간근로자에 한한다.</u>
> 1. 근로계약기간에 관한 사항
> 2. <u>근로시간 · 휴게에 관한 사항</u>
> 3. 임금의 구성항목 · 계산방법 및 지불방법에 관한 사항
> 4. <u>휴일 · 휴가에 관한 사항</u>
> 5. <u>취업의 장소와 종사하여야 할 업무에 관한 사항</u>
> 6. 근로일 및 근로일별 근로시간

23 남녀고용평등과 일 · 가정 양립 지원에 관한 법률에 관한 설명으로 옳지 않은 것은?

```
1
2
3
```

✔ 사업주는 사업장의 남녀고용평등 이행을 촉진하기 위하여 그 사업장 소속 근로자 중 노사협의회가 추천하는 사람을 명예고용평등감독관으로 위촉하여야 한다.

> <u>고용노동부장관</u>은 사업장의 남녀고용평등 이행을 촉진하기 위하여 그 사업장 소속 근로자 중 노사가 추천하는 사람을 명예고용평등감독관(이하 "명예감독관"이라 한다)으로 위촉할 수 있다(남녀고용평등과 일 · 가정 양립 지원에 관한 법률 제24조 제1항).

② 사업주가 동일 가치 노동의 기준을 정할 때에는 노사협의회의 근로자를 대표하는 위원의 의견을 들어야 한다.

> 동일 가치 노동의 기준은 직무 수행에서 요구되는 기술, 노력, 책임 및 작업 조건 등으로 하고, 사업주가 그 기준을 정할 때에는 <u>노사협의회의 근로자를 대표하는 위원의 의견을 들어야 한다</u>(남녀고용평등과 일 · 가정 양립 지원에 관한 법률 제8조 제2항).

③ 사업주가 가족돌봄을 위한 근로시간 단축을 허용하는 경우 단축 후 근로시간은 주당 15시간 이상이어야 하고 30시간을 넘어서는 아니 된다.

> 남녀고용평등과 일·가정 양립 지원에 관한 법률 제22조의3 제3항

④ 사업주는 근로자가 인공수정 등 난임치료를 받기 위하여 휴가를 청구하는 경우에 연간 3일 이내의 휴가를 주어야 하며, 이 경우 최초 1일은 유급으로 한다.

> 사업주는 근로자가 <u>인공수정 또는 체외수정 등 난임치료를 받기 위하여 휴가</u>(이하 "난임치료휴가"라 한다)를 <u>청구하는 경우에 연간 3일 이내의 휴가를 주어야 하며, 이 경우 최초 1일은 유급으로 한다.</u> 다만, 근로자가 청구한 시기에 휴가를 주는 것이 정상적인 사업 운영에 중대한 지장을 초래하는 경우에는 근로자와 협의하여 그 시기를 변경할 수 있다(남녀고용평등과 일·가정 양립 지원에 관한 법률 제18조의3 제1항 본문).

⑤ 사업주는 55세 이상의 근로자에게 은퇴를 준비하기 위한 근로시간 단축을 허용한 경우에 그 근로자가 단축된 근로시간 외에 연장근로를 명시적으로 청구하면 주 12시간 이내에서 연장근로를 시킬 수 있다.

> 사업주는 <u>55세 이상의 근로자가 은퇴를 준비하기 위한 경우</u> 근로시간의 단축을 신청하는 경우에 이를 허용하여야 한다. 근로시간 단축을 하고 있는 근로자에게 단축된 근로시간 외에 연장근로를 요구할 수 없다. 다만, 그 <u>근로자가 명시적으로 청구하는 경우에는 사업주는 주 12시간 이내에서 연장근로를 시킬 수 있다</u>(남녀고용평등과 일·가정 양립 지원에 관한 법률 제22조의3 제1항 제3호, 제22조의4 제3항).

24 남녀고용평등과 일·가정 양립 지원에 관한 법률상 (   )에 들어갈 내용을 옳게 나열한 것은?

- 사업주는 근로자가 배우자의 출산을 이유로 휴가를 청구하는 경우에 (ㄱ)일의 휴가를 주어야 한다.
- 배우자 출산휴가는 근로자의 배우자가 출산한 날부터 (ㄴ)일이 지나면 청구할 수 없다.
- 가족돌봄휴직 기간은 연간 최장 (ㄷ)일로 한다.

① ㄱ : 5, ㄴ : 30, ㄷ : 90　　　　② ㄱ : 5, ㄴ : 60, ㄷ : 90
③ ㄱ : 5, ㄴ : 90, ㄷ : 180　　　　❹ ㄱ : 10, ㄴ : 90, ㄷ : 90
⑤ ㄱ : 10, ㄴ : 90, ㄷ : 180

> ㄱ. 사업주는 근로자가 배우자의 출산을 이유로 휴가(이하 "배우자 출산휴가"라 한다)를 청구하는 경우에 (10)일의 휴가를 주어야 한다. 이 경우 사용한 휴가기간은 유급으로 한다(남녀고용평등과 일·가정 양립 지원에 관한 법률 제18조의2 제1항).
>
> ㄴ. 배우자 출산휴가는 근로자의 배우자가 출산한 날부터 (90)일이 지나면 청구할 수 없다(남녀고용평등과 일·가정 양립 지원에 관한 법률 제18조의2 제3항)
>
> ㄷ. 가족돌봄휴직 기간은 연간 최장 (90)일로 하며, 이를 나누어 사용할 수 있을 것. 이 경우 나누어 사용하는 1회의 기간은 30일 이상이 되어야 한다(남녀고용평등과 일·가정 양립 지원에 관한 법률 제22조의2 제4항 제1호).

25 남녀고용평등과 일·가정 양립 지원에 관한 법률상 육아기 근로시간 단축에 관한 설명으로 옳지 않은 것은?

① 육아기 근로시간 단축을 한 근로자의 평균임금을 산정하는 경우에는 그 근로자의 육아기 근로시간 단축 기간을 평균임금 산정기간에서 제외한다.

> 남녀고용평등과 일·가정 양립 지원에 관한 법률 제19조의3 제4항

② 사업주가 육아기 근로시간 단축을 허용하지 아니하는 경우에는 해당 근로자에게 그 사유를 서면으로 통보하여야 한다.

> 사업주가 육아기 근로시간 단축을 허용하지 아니하는 경우에는 <u>해당 근로자에게 그 사유를 서면으로 통보</u>하고 육아휴직을 사용하게 하거나 출근 및 퇴근 시간 조정 등 다른 조치를 통하여 지원할 수 있는지를 해당 근로자와 협의하여야 한다(남녀고용평등과 일·가정 양립 지원에 관한 법률 제19조의2 제2항). ⚖

✔ 육아기 근로시간 단축을 허용하는 경우 단축 후 근로시간은 주당 10시간 이상이어야 하고 30시간을 넘어서는 아니 된다.

> 사업주가 해당 근로자에게 육아기 근로시간 단축을 허용하는 경우 단축 후 <u>근로시간은 주당 15시간 이상이어야 하고 35시간을 넘어서는 아니 된다</u>(남녀고용평등과 일·가정 양립 지원에 관한 법률 제19조의2 제3항). ⚖

④ 근로자는 육아기 근로시간 단축을 나누어 사용할 수 있다.

> <u>근로자는 육아기 근로시간 단축을 나누어 사용할 수 있다.</u> 이 경우 나누어 사용하는 1회의 기간은 3개월(근로계약기간의 만료로 3개월 이상 근로시간 단축을 사용할 수 없는 기간제근로자에 대해서는 남은 근로계약기간을 말한다) 이상이 되어야 한다(남녀고용평등과 일·가정 양립 지원에 관한 법률 제19조의4 제2항).

⑤ 사업주는 근로자의 육아기 근로시간 단축기간이 끝난 후에 그 근로자를 육아기 근로시간 단축 전과 같은 업무 또는 같은 수준의 임금을 지급하는 직무에 복귀시켜야 한다.

> 남녀고용평등과 일·가정 양립 지원에 관한 법률 제19조의2 제6항 ⚖

⚖ 법령

남녀고용평등과 일·가정 양립 지원에 관한 법률 제19조의2(육아기 근로시간 단축)
① 사업주는 근로자가 만 8세 이하 또는 초등학교 2학년 이하의 자녀를 양육하기 위하여 근로시간의 단축(이하 "육아기 근로시간 단축"이라 한다)을 신청하는 경우에 이를 허용하여야 한다. 다만, 대체인력 채용이 불가능한 경우, 정상적인 사업 운영에 중대한 지장을 초래하는 경우 등 대통령령으로 정하는 경우에는 그러하지 아니하다.
② 제1항 단서에 따라 <u>사업주가 육아기 근로시간 단축을 허용하지 아니하는 경우에는 해당 근로자에게 그 사유를 서면으로 통보하고 육아휴직을 사용하게 하거나 출근 및 퇴근 시간 조정 등 다른 조치를 통하여 지원할 수 있는지를 해당 근로자와 협의하여야 한다.</u>
③ <u>사업주가 제1항에 따라 해당 근로자에게 육아기 근로시간 단축을 허용하는 경우 단축 후 근로시간은 주당 15시간 이상이어야 하고 35시간을 넘어서는 아니 된다.</u>
④ 육아기 근로시간 단축의 기간은 1년 이내로 한다. 다만, 제19조 제1항에 따라 육아휴직을 신청할 수 있는 근로자가 제19조 제2항에 따른 육아휴직 기간 중 사용하지 아니한 기간이 있으면 그 기간을 가산한 기간 이내로 한다.
⑤ 사업주는 육아기 근로시간 단축을 이유로 해당 근로자에게 해고나 그 밖의 불리한 처우를 하여서는 아니 된다.
⑥ <u>사업주는 근로자의 육아기 근로시간 단축기간이 끝난 후에 그 근로자를 육아기 근로시간 단축 전과 같은 업무 또는 같은 수준의 임금을 지급하는 직무에 복귀시켜야 한다.</u>
⑦ 육아기 근로시간 단축의 신청방법 및 절차 등에 관하여 필요한 사항은 대통령령으로 정한다.

26 산업안전보건법령상 안전보건관리규정에 관한 설명으로 옳지 않은 것은?

① 취업규칙은 안전보건관리규정에 반할 수 없다. 이 경우 취업규칙 중 안전보건관리규정에 반하는 부분에 관하여는 안전보건관리규정으로 정한 기준에 따른다.

> 안전보건관리규정(이하 "안전보건관리규정"이라 한다)은 단체협약 또는 취업규칙에 반할 수 없다. 이 경우 안전보건관리규정 중 단체협약 또는 취업규칙에 반하는 부분에 관하여는 그 단체협약 또는 취업규칙으로 정한 기준에 따른다(산업안전보건법 제25조 제2항).

② 상시근로자 수가 300명인 보험업 사업주는 안전보건관리규정을 작성하여야 한다.

> 안전보건관리규정을 작성하여야 할 사업의 종류, 사업장의 상시근로자 수 및 안전보건관리규정에 포함되어야 할 세부적인 내용, 그 밖에 필요한 사항은 고용노동부령으로 정한다(산업안전보건법 제25조 제3항, 동법 시행규칙 [별표 2]). ⚖

③ 사업주는 안전보건관리규정을 작성할 때 산업안전보건위원회가 설치되어 있지 아니한 사업장의 경우에는 근로자대표의 동의를 받아야 한다.

> 사업주는 안전보건관리규정을 작성하거나 변경할 때에는 산업안전보건위원회의 심의·의결을 거쳐야 한다. 다만, 산업안전보건위원회가 설치되어 있지 아니한 사업장의 경우에는 근로자대표의 동의를 받아야 한다(산업안전보건법 제26조).

④ 근로자는 안전보건관리규정을 지켜야 한다.

> 산업안전보건법 제27조

⑤ 사고조사 및 대책수립에 관한 사항은 안전보건관리규정에 포함되어야 한다.

> 사업주는 사업장의 안전 및 보건을 유지하기 위하여 사고 조사 및 대책 수립에 관한 사항이 포함된 안전보건관리규정을 작성하여야 한다(산업안전보건법 제25조 제1항 제4호).

⚖ 법령

산업안전보건법 시행령 [별표 2] 안전보건관리규정을 작성해야 할 사업의 종류 및 상시근로자 수(제14조 제1항 관련)

사업의 종류	상시근로자 수
1. 농업 2. 어업 3. 소프트웨어 개발 및 공급업 4. 컴퓨터 프로그래밍, 시스템 통합 및 관리업 4의2. 영상·오디오물 제공 서비스업 5. 정보서비스업 6. 금융 및 보험업 7. 임대업; 부동산 제외 8. 전문, 과학 및 기술 서비스업(연구개발업은 제외한다) 9. 사업지원 서비스업 10. 사회복지 서비스업	300명 이상
11. 제1호부터 제4호까지, 제4호의2 및 제5호부터 제10호까지의 사업을 제외한 사업	100명 이상

27 산업안전보건법상 용어의 정의로 옳지 않은 것은?

① "산업재해"란 노무를 제공하는 사람이 업무에 관계되는 건설물·설비·원재료·가스·증기·분진 등에 의하거나 작업 또는 그 밖의 업무로 인하여 사망 또는 부상하거나 질병에 걸리는 것을 말한다. 산업안전보건법 제2조 제1호

✔ "작업환경측정"이란 산업재해를 예방하기 위하여 잠재적 위험성을 발견하고 그 개선대책을 수립할 목적으로 조사·평가하는 것을 말한다. 산업안전보건법 제2조 제13호

③ "관계수급인"이란 도급이 여러 단계에 걸쳐 체결된 경우에 각 단계별로 도급받은 사업주 전부를 말한다. 산업안전보건법 제2조 제9호

④ "건설공사발주자"란 건설공사를 도급하는 자로서 건설공사의 시공을 주도하여 총괄·관리하지 아니하는 자를 말한다. 다만, 도급받은 건설공사를 다시 도급하는 자는 제외한다.

산업안전보건법 제2조 제10호

⑤ "도급인"이란 물건의 제조·건설·수리 또는 서비스의 제공, 그 밖의 업무를 도급하는 사업주를 말한다. 다만, 건설공사발주자는 제외한다. 산업안전보건법 제2조 제7호

법령

산업안전보건법 제2조(정의)
이 법에서 사용하는 용어의 뜻은 다음과 같다.
1. "산업재해"란 노무를 제공하는 사람이 업무에 관계되는 건설물·설비·원재료·가스·증기·분진 등에 의하거나 작업 또는 그 밖의 업무로 인하여 사망 또는 부상하거나 질병에 걸리는 것을 말한다.
2. "중대재해"란 산업재해 중 사망 등 재해 정도가 심하거나 다수의 재해자가 발생한 경우로서 고용노동부령으로 정하는 재해를 말한다.
3. "근로자"란 근로기준법 제2조 제1항 제1호에 따른 근로자를 말한다.
4. "사업주"란 근로자를 사용하여 사업을 하는 자를 말한다.
5. "근로자대표"란 근로자의 과반수로 조직된 노동조합이 있는 경우에는 그 노동조합을, 근로자의 과반수로 조직된 노동조합이 없는 경우에는 근로자의 과반수를 대표하는 자를 말한다.
6. "도급"이란 명칭에 관계없이 물건의 제조·건설·수리 또는 서비스의 제공, 그 밖의 업무를 타인에게 맡기는 계약을 말한다.
7. "도급인"이란 물건의 제조·건설·수리 또는 서비스의 제공, 그 밖의 업무를 도급하는 사업주를 말한다. 다만, 건설공사발주자는 제외한다.
8. "수급인"이란 도급인으로부터 물건의 제조·건설·수리 또는 서비스의 제공, 그 밖의 업무를 도급받은 사업주를 말한다.
9. "관계수급인"이란 도급이 여러 단계에 걸쳐 체결된 경우에 각 단계별로 도급받은 사업주 전부를 말한다.
10. "건설공사발주자"란 건설공사를 도급하는 자로서 건설공사의 시공을 주도하여 총괄·관리하지 아니하는 자를 말한다. 다만, 도급받은 건설공사를 다시 도급하는 자는 제외한다.
11. "건설공사"란 다음 각 목의 어느 하나에 해당하는 공사를 말한다.
　　가. 건설산업기본법 제2조 제4호에 따른 건설공사
　　나. 전기공사업법 제2조 제1호에 따른 전기공사
　　다. 정보통신공사업법 제2조 제2호에 따른 정보통신공사
　　라. 소방시설공사업법에 따른 소방시설공사
　　마. 국가유산수리 등에 관한 법률에 따른 국가유산수리공사
12. "안전보건진단"이란 산업재해를 예방하기 위하여 잠재적 위험성을 발견하고 그 개선대책을 수립할 목적으로 조사·평가하는 것을 말한다.
13. "작업환경측정"이란 작업환경 실태를 파악하기 위하여 해당 근로자 또는 작업장에 대하여 사업주가 유해인자에 대한 측정계획을 수립한 후 시료(試料)를 채취하고 분석·평가하는 것을 말한다.

28 산업안전보건법령상 근로자의 보건관리에 관한 설명으로 옳지 않은 것은?

☑ 사업주는 잠수 작업에 종사하는 근로자에게는 1일 5시간을 초과하여 근로하게 해서는 아니된다.

> 잠함·잠수 작업시간, 가압·감압방법 등 해당 근로자의 안전과 보건을 유지하기 위하여 필요한 사항은 고용노동부령으로 정하도록 위임하고 있으나, 위임한 사항을 규정한 시행규칙은 제정되어 있지 않다(산업안전보건법 시행령 제99조 제2항).

② 도급인의 사업장에서 관계수급인의 근로자가 작업을 하는 경우에는 도급인이 법정 자격을 가진 자로 하여금 작업환경측정을 하도록 하여야 한다.

> 도급인의 사업장에서 관계수급인 또는 관계수급인의 근로자가 작업을 하는 경우에는 도급인이 고용노동부령으로 정하는 자격을 가진 자로 하여금 작업환경측정을 하도록 하여야 한다(산업안전보건법 제125조 제2항).

③ 사업주는 근로자대표(관계수급인의 근로자대표를 포함한다)가 요구하면 작업환경측정 시 근로자대표를 참석시켜야 한다.

> 산업안전보건법 제125조 제4항

④ 사업주는 건강진단을 실시하는 경우 근로자대표가 요구하면 근로자대표를 참석시켜야 한다.

> 산업안전보건법 제132조 제1항

⑤ 사업주는 근로자(관계수급인의 근로자를 포함한다)가 신체적 피로와 정신적 스트레스를 해소할 수 있도록 휴식시간에 이용할 수 있는 휴게시설을 갖추어야 한다.

> 산업안전보건법 제128조의2 제1항

29 직업안정법상 직업소개에 관한 설명으로 옳지 않은 것은?

① 국외 무료직업소개사업을 하려는 자는 고용노동부장관에게 신고하여야 한다.

> 무료직업소개사업은 소개대상이 되는 근로자가 취업하려는 장소를 기준으로 하여 국내 무료직업소개사업과 국외 무료직업소개사업으로 구분하되, 국내 무료직업소개사업을 하려는 자는 주된 사업소의 소재지를 관할하는 특별자치도지사·시장·군수 및 구청장에게 신고하여야 하고, 국외 무료직업소개사업을 하려는 자는 고용노동부장관에게 신고하여야 한다. 신고한 사항을 변경하려는 경우에도 또한 같다(직업안정법 제18조 제1항). ⚖[1]

② 근로복지공단이 업무상 재해를 입은 근로자를 대상으로 하는 직업소개의 경우 신고를 하지 아니하고 무료직업소개사업을 할 수 있다.

> 직업안정법 제18조 제4항 제4호 ⚖[1]

☑ 국내 유료직업소개사업을 하려는 자는 고용노동부장관에게 등록하여야 한다.

> 유료직업소개사업은 소개대상이 되는 근로자가 취업하려는 장소를 기준으로 하여 국내 유료직업소개사업과 국외 유료직업소개사업으로 구분하되, 국내 유료직업소개사업을 하려는 자는 주된 사업소의 소재지를 관할하는 특별자치도지사·시장·군수 및 구청장에게 등록하여야 하고, 국외 유료직업소개사업을 하려는 자는 고용노동부장관에게 등록하여야 한다. 등록한 사항을 변경하려는 경우에도 또한 같다(직업안정법 제19조 제1항). ⚖[2]

④ 유료직업소개사업을 등록한 자는 그 등록증을 대여하여서는 아니 된다.

> 유료직업소개사업을 등록한 자는 타인에게 자기의 성명 또는 상호를 사용하여 직업소개사업을 하게 하거나 그 등록증을 대여하여서는 아니 된다(직업안정법 제21조).

⑤ 유료직업소개사업을 하는 자는 구직자에게 제공하기 위하여 구인자로부터 선급금을 받아서는 아니 된다.

> 직업안정법 제21조의2

법령1

직업안정법 제18조(무료직업소개사업)
① 무료직업소개사업은 소개대상이 되는 근로자가 취업하려는 장소를 기준으로 하여 국내 무료직업소개사업과 국외 무료직업소개사업으로 구분하되, 국내 무료직업소개사업을 하려는 자는 주된 사업소의 소재지를 관할하는 특별자치도지사·시장·군수 및 구청장에게 신고하여야 하고, 국외 무료직업소개사업을 하려는 자는 고용노동부장관에게 신고하여야 한다. 신고한 사항을 변경하려는 경우에도 또한 같다.
② 제1항에 따라 무료직업소개사업을 하려는 자는 대통령령으로 정하는 비영리법인 또는 공익단체이어야 한다.
③ 제1항에 따른 신고 사항, 신고 절차, 그 밖에 신고에 필요한 사항은 대통령령으로 정한다.
④ 제1항에도 불구하고 다음 각 호의 어느 하나에 해당하는 직업소개의 경우에는 신고를 하지 아니하고 무료직업소개사업을 할 수 있다.
  1. 한국산업인력공단법에 따른 한국산업인력공단이 하는 직업소개
  2. 장애인고용촉진 및 직업재활법에 따른 한국장애인고용공단이 장애인을 대상으로 하는 직업소개
  3. 교육 관계법에 따른 각급 학교의 장, 국민 평생 직업능력 개발법에 따른 공공직업훈련시설의 장이 재학생·졸업생 또는 훈련생·수료생을 대상으로 하는 직업소개
  4. 산업재해보상보험법에 따른 근로복지공단이 업무상 재해를 입은 근로자를 대상으로 하는 직업소개
⑤ 제1항 및 제4항에 따라 무료직업소개사업을 하는 자 및 그 종사자는 구인자가 구인신청 당시 근로기준법 제43조의2에 따라 명단이 공개 중인 체불사업주인 경우 그 사업주에게 직업소개를 하지 아니하여야 한다.

법령2

직업안정법 제19조(유료직업소개사업)
① 유료직업소개사업은 소개대상이 되는 근로자가 취업하려는 장소를 기준으로 하여 국내 유료직업소개사업과 국외 유료직업소개사업으로 구분하되, 국내 유료직업소개사업을 하려는 자는 주된 사업소의 소재지를 관할하는 특별자치도지사·시장·군수 및 구청장에게 등록하여야 하고, 국외 유료직업소개사업을 하려는 자는 고용노동부장관에게 등록하여야 한다. 등록한 사항을 변경하려는 경우에도 또한 같다.
② 제1항에 따라 등록을 하고 유료직업소개사업을 하려는 자는 둘 이상의 사업소를 둘 수 없다. 다만, 사업소별로 직업소개 또는 직업상담에 관한 경력, 자격 또는 소양이 있다고 인정되는 사람 등 대통령령으로 정하는 사람을 1명 이상 고용하는 경우에는 그러하지 아니하다.
③ 제1항에 따른 등록을 하고 유료직업소개사업을 하는 자는 고용노동부장관이 결정·고시한 요금 외의 금품을 받아서는 아니 된다. 다만, 고용노동부령으로 정하는 고급·전문인력을 소개하는 경우에는 당사자 사이에 정한 요금을 구인자로부터 받을 수 있다.
④ 고용노동부장관이 제3항에 따른 요금을 결정하려는 경우에는 고용정책 기본법에 따른 고용정책심의회(이하 "고용정책심의회"라 한다)의 심의를 거쳐야 한다.
⑤ 제1항에 따른 유료직업소개사업의 등록기준이 되는 인적·물적 요건과 그 밖에 유료직업소개사업에 관한 사항은 대통령령으로 정한다.
⑥ 제1항에 따른 등록을 하고 유료직업소개사업을 하는 자 및 그 종사자는 다음 각 호의 사항을 준수하여야 한다.
  1. 구인자가 구인신청 당시 근로기준법 제43조의2에 따라 명단이 공개 중인 체불사업주인 경우 구직자에게 그 사실을 고지할 것
  2. 구인자의 사업이 행정관청의 허가·신고·등록 등이 필요한 사업인 경우에는 그 허가·신고·등록 등의 여부를 확인할 것
  3. 그 밖에 대통령령으로 정하는 사항

30 최저임금법령상 최저임금의 결정 등에 관한 설명으로 옳지 않은 것은?

① 고용노동부장관은 매년 3월 31일까지 최저임금위원회에 최저임금에 관한 심의를 요청하여야 한다. │최저임금법 시행령 제7조│

② 최저임금위원회는 고용노동부장관으로부터 최저임금에 관한 심의 요청을 받은 경우 이를 심의하여 최저임금안을 의결하고 심의 요청을 받은 날부터 90일 이내에 고용노동부장관에게 제출하여야 한다. │최저임금법 제8조 제2항│

③ 고용노동부장관은 최저임금위원회가 심의하여 제출한 최저임금안에 따라 최저임금을 결정하기가 어렵다고 인정되면 20일 이내에 그 이유를 밝혀 위원회에 10일 이상의 기간을 정하여 재심의를 요청할 수 있다. │최저임금법 제8조 제3항│

④ 고용노동부장관은 매년 8월 5일까지 최저임금을 결정하여야 한다.

> 고용노동부장관은 매년 8월 5일까지 최저임금을 결정하여야 한다. 이 경우 고용노동부장관은 대통령령으로 정하는 바에 따라 제12조에 따른 최저임금위원회(이하 "위원회"라 한다)에 심의를 요청하고, 위원회가 심의하여 의결한 최저임금안에 따라 최저임금을 결정하여야 한다(최저임금법 제8조 제1항).

☑ 사용자를 대표하는 자는 고시된 최저임금안에 대하여 이의가 있으면 고시된 날부터 30일 이내에 고용노동부장관에게 이의를 제기할 수 있다.

> 근로자를 대표하는 자나 사용자를 대표하는 자는 고시된 최저임금안에 대하여 이의가 있으면 고시된 날부터 10일 이내에 대통령령으로 정하는 바에 따라 고용노동부장관에게 이의를 제기할 수 있다. 이 경우 근로자를 대표하는 자나 사용자를 대표하는 자의 범위는 대통령령으로 정한다(최저임금법 제9조 제2항).

31 최저임금법령상 최저임금위원회에 관한 설명으로 옳지 않은 것은?

① 위원장과 부위원장은 공익위원 중에서 위원회가 선출한다.

│최저임금법 제15조 제2항│

☑ 위원회에 2명의 상임위원을 두며, 상임위원은 근로자위원과 사용자위원 각 1명으로 한다.

> 위원회에 2명의 상임위원을 두며, 상임위원은 공익위원이 된다(최저임금법 제14조 제2항).

③ 위원의 임기는 3년으로 하되, 연임할 수 있다.

│최저임금법 제14조 제3항│

④ 위원회의 회의는 이 법으로 따로 정하는 경우 외에는 재적위원 과반수의 출석과 출석위원 과반수의 찬성으로 의결한다.

│최저임금법 제17조 제3항│

⑤ 위원은 임기가 끝났더라도 후임자가 임명되거나 위촉될 때까지 계속하여 직무를 수행한다.

│최저임금법 제14조 제5항│

32 근로자퇴직급여 보장법상 퇴직급여제도에 관한 설명으로 옳지 않은 것은?

1
2
3

① 사용자는 계속근로기간이 1년 미만인 근로자에 대하여는 퇴직급여제도를 설정하지 않아도 된다.

> 사용자는 퇴직하는 근로자에게 급여를 지급하기 위하여 퇴직급여제도 중 하나 이상의 제도를 설정하여야 한다. 다만, 계속근로기간이 1년 미만인 근로자, 4주간을 평균하여 1주간의 소정근로시간이 15시간 미만인 근로자에 대하여는 그러하지 아니하다(근로자퇴직급여 보장법 제4조 제1항). ⚖️

② 퇴직급여제도를 설정하는 경우에 하나의 사업에서 급여 및 부담금 산정방법의 적용 등에 관하여 차등을 두어서는 아니 된다.

> 근로자퇴직급여 보장법 제4조 제2항 ⚖️

✅ 사용자가 퇴직급여제도를 다른 종류의 퇴직급여제도로 변경하려는 경우에는 근로자의 과반수를 대표하는 자와 사전협의를 하여야 한다.

> 사용자가 퇴직급여제도를 설정하거나 설정된 퇴직급여제도를 다른 종류의 퇴직급여제도로 변경하려는 경우에는 근로자의 과반수가 가입한 노동조합이 있는 경우에는 그 노동조합, 근로자의 과반수가 가입한 노동조합이 없는 경우에는 근로자 과반수(이하 "근로자대표"라 한다)의 동의를 받아야 한다(근로자퇴직급여 보장법 제4조 제3항). ⚖️

④ 사용자는 근로자가 퇴직한 경우에는 그 지급사유가 발생한 날부터 14일 이내에 퇴직금을 지급하여야 하나, 특별한 사정이 있는 경우에는 당사자 간의 합의에 따라 지급기일을 연장할 수 있다.

> 사용자는 근로자가 퇴직한 경우에는 그 지급사유가 발생한 날부터 14일 이내에 퇴직금을 지급하여야 한다. 다만, 특별한 사정이 있는 경우에는 당사자 간의 합의에 따라 지급기일을 연장할 수 있다(근로자퇴직급여 보장법 제9조 제1항).

⑤ 퇴직금을 받을 권리는 3년간 행사하지 아니하면 시효로 인하여 소멸한다.

> 근로자퇴직급여 보장법 제10조

근로자퇴직급여 보장법 제4조(퇴직급여제도의 설정)
① 사용자는 퇴직하는 근로자에게 급여를 지급하기 위하여 퇴직급여제도 중 하나 이상의 제도를 설정하여야 한다. 다만, 계속근로기간이 1년 미만인 근로자, 4주간을 평균하여 1주간의 소정근로시간이 15시간 미만인 근로자에 대하여는 그러하지 아니하다.
② 제1항에 따라 퇴직급여제도를 설정하는 경우에 하나의 사업에서 급여 및 부담금 산정방법의 적용 등에 관하여 차등을 두어서는 아니 된다.
③ 사용자가 퇴직급여제도를 설정하거나 설정된 퇴직급여제도를 다른 종류의 퇴직급여제도로 변경하려는 경우에는 근로자의 과반수가 가입한 노동조합이 있는 경우에는 그 노동조합, 근로자의 과반수가 가입한 노동조합이 없는 경우에는 근로자 과반수(이하 "근로자대표"라 한다)의 동의를 받아야 한다.
④ 사용자가 제3항에 따라 설정되거나 변경된 퇴직급여제도의 내용을 변경하려는 경우에는 근로자대표의 의견을 들어야 한다. 다만, 근로자에게 불리하게 변경하려는 경우에는 근로자대표의 동의를 받아야 한다.

33 근로자퇴직급여 보장법령상 확정기여형퇴직연금제도에 가입한 근로자가 적립금을 중도인출할 수 있는 경우를 모두 고른 것은?

1
2
3

> ㄱ. 무주택자인 가입자가 주거를 목적으로 주택임대차보호법 제3조의2에 따른 보증금을 부담하는
>   경우(가입자가 하나의 사업 또는 사업장에 근로하는 동안 1회로 한정한다)
> ㄴ. 무주택자인 가입자가 본인 명의로 주택을 구입하는 경우
> ㄷ. 가입자 배우자의 부양가족의 장례비를 가입자가 부담하는 경우

① ㄱ   ② ㄷ

③ ㄱ, ㄴ   ④ ㄴ, ㄷ

⑤ ㄱ, ㄴ, ㄷ

> ㄱ. (○) 무주택자인 근로자가 주거를 목적으로 주택임대차보호법 제3조의2에 따른 보증금을 부담하는 경우
>   퇴직금의 중간정산 사유에 해당한다. 단, 이 경우 근로자가 하나의 사업에 근로하는 동안 1회로 한정한다
>   (근로자퇴직급여 보장법 시행령 제3조 제1항 제2호). ⚖[1]
> ㄴ. (○) 사용자는 무주택자인 근로자가 본인 명의로 주택을 구입하는 경우 퇴직금의 중간정산 사유에 해당한
>   다(근로자퇴직급여 보장법 시행령 제3조 제1항 제1호). ⚖[1]
> ㄷ. (×) 가입자 또는 그 배우자의 부양가족의 대학등록금, 혼례비 또는 장례비를 가입자가 부담하는 경우는
>   퇴직금 수급권의 담보제공 사유에 해당한다(근로자퇴직급여 보장법 시행령 제2조 제1항 제4호의2). ⚖[2]

⚖[1]
법령

근로자퇴직급여 보장법 시행령 제3조(퇴직금의 중간정산 사유)

① 법 제8조 제2항 전단에서 "주택구입 등 대통령령으로 정하는 사유"란 다음 각 호의 경우를 말한다.
  1. 무주택자인 근로자가 본인 명의로 주택을 구입하는 경우
  2. 무주택자인 근로자가 주거를 목적으로 민법 제303조에 따른 전세금 또는 주택임대차보호법 제3조의2에
    따른 보증금을 부담하는 경우. 이 경우 근로자가 하나의 사업에 근로하는 동안 1회로 한정한다.

⚖[2]
법령

근로자퇴직급여 보장법 시행령 제2조(퇴직연금제도 수급권의 담보제공 사유 등)

① 근로자퇴직급여 보장법(이하 "법"이라 한다) 제7조 제2항 전단에서 "주택구입 등 대통령령으로 정하는 사유
  와 요건을 갖춘 경우"란 다음 각 호의 어느 하나에 해당하는 경우를 말한다.
  1. 무주택자인 가입자가 본인 명의로 주택을 구입하는 경우
  1의2. 무주택자인 가입자가 주거를 목적으로 민법 제303조에 따른 전세금 또는 주택임대차보호법 제3조의
    2에 따른 보증금을 부담하는 경우. 이 경우 가입자가 하나의 사업 또는 사업장(이하 "사업"이라 한다)에
    근로하는 동안 1회로 한정한다.
  2. 가입자가 6개월 이상 요양을 필요로 하는 다음 각 목의 어느 하나에 해당하는 사람의 질병이나 부상에
    대한 의료비(소득세법 시행령 제118조의5 제1항 및 제2항에 따른 의료비를 말한다. 이하 같다)를 부담
    하는 경우
    가. 가입자 본인
    나. 가입자의 배우자
    다. 가입자 또는 그 배우자의 부양가족(소득세법 제50조 제1항 제3호에 따른 부양가족을 말한다. 이하
      같다)
  3. 담보를 제공하는 날부터 거꾸로 계산하여 5년 이내에 가입자가 채무자 회생 및 파산에 관한 법률에 따라
    파산선고를 받은 경우

4. 담보를 제공하는 날부터 거꾸로 계산하여 5년 이내에 가입자가 채무자 회생 및 파산에 관한 법률에 따라
　　개인회생절차개시 결정을 받은 경우
　4의2. 다음 각 목의 어느 하나에 해당하는 사람의 <u>대학등록금, 혼례비 또는 장례비를 가입자가 부담하는 경우</u>
　　가. 가입자 본인
　　나. 가입자의 배우자
　　다. <u>가입자 또는 그 배우자의 부양가족</u>

34 임금채권보장법령에 관한 설명으로 옳지 않은 것은?

① 도산대지급금을 지급받으려는 사람은 도산등사실인정이 있은 날부터 3년 이내에 근로복지공단에 직접 대지급금의 지급을 청구해야 한다.

> 도산대지급금을 지급받으려는 사람은 파산선고 등 또는 <u>도산등사실인정이 있은 날부터 2년 이내 기간 이내</u>에 고용노동부장관에게 대지급금의 지급을 <u>청구</u>해야 한다(임금채권보장법 시행령 제9조 제1항 제1호).

② 이 법은 국가와 지방자치단체가 직접 수행하는 사업에 적용하지 아니한다.

> 이 법은 사업 또는 사업장(이하 "사업"이라 한다)에 적용한다. <u>다만, 국가와 지방자치단체가 직접 수행하는 사업은 그러하지 아니하다</u>(임금채권보장법 제3조).

③ 재직 근로자에 대한 대지급금은 해당 근로자가 하나의 사업에 근로하는 동안 1회만 지급한다.

> 임금채권보장법 제7조의2 제4항

④ 임금채권보장기금은 고용노동부장관이 관리 · 운용한다.

> 임금채권보장법 제20조 제1항

⑤ 고용노동부장관은 사업주로부터 임금 등을 지급받지 못한 근로자의 생활안정을 위하여 근로자의 신청에 따라 생계비에 필요한 비용을 융자할 수 있다.

> 고용노동부장관은 사업주로부터 임금 등을 지급받지 못한 근로자(퇴직한 근로자를 포함한다)의 생활안정을 위하여 <u>근로자의 신청에 따라 생계비에 필요한 비용을 융자할 수 있다</u>(임금채권보장법 제7조의3 제2항).

35 임금채권보장법상 사업주로부터 징수하는 부담금에 관한 설명으로 옳지 않은 것은?

① 사업주가 부담하여야 하는 부담금은 그 사업에 종사하는 근로자의 보수총액에 1천분의 2의 범위에서 임금채권보장기금심의위원회의 심의를 거쳐 고용노동부장관이 정하는 부담금비율을 곱하여 산정한 금액으로 한다. **임금채권보장법 제9조 제2항 ⚖️¹**

② 이 법은 사업주의 부담금에 관하여 다른 법률에 우선하여 적용한다.

임금채권보장법 제9조 제5항 ⚖️¹

③ 외국인근로자의 고용 등에 관한 법률에 따라 외국인근로자 출국만기보험 · 신탁에 가입한 사업주에 대하여는 부담금을 경감할 수 있다.

고용노동부장관은 외국인근로자의 고용 등에 관한 법률에 따라 외국인근로자 출국만기보험 · 신탁에 가입한 사업주에 대하여는 부담금을 경감할 수 있다(임금채권보장법 제10조 제4호). ⚖️²

④ 근로기준법또는 근로자퇴직급여 보장법에 따라 퇴직금을 미리 정산하여 지급한 사업주에 대하여는 부담금을 경감할 수 있다.

고용노동부장관은 근로기준법 또는 근로자퇴직급여 보장법에 따라 퇴직금을 미리 정산하여 지급한 사업주에 대하여 부담금을 경감할 수 있다(임금채권보장법 제10조 제2호). ⚖️²

☑️ 사업주의 부담금을 산정할 때 해당 연도의 보수총액을 결정하기 곤란한 경우에는 전년도의 보수총액을 기준으로 부담금을 결정한다.

사업주가 부담하여야 하는 부담금은 그 사업에 종사하는 근로자의 보수총액에 1천분의 2의 범위에서 위원회의 심의를 거쳐 고용노동부장관이 정하는 부담금비율을 곱하여 산정한 금액으로 한다. 보수총액을 결정하기 곤란한 경우에는 고시하는 노무비율(勞務比率)에 따라 보수총액을 결정한다(임금채권보장법 제9조 제2항 및 제3항). ⚖️¹

⚖️¹
법령

임금채권보장법 제9조(사업주의 부담금)
① 고용노동부장관은 제7조 또는 제7조의2에 따라 대지급금을 지급하는 데 드는 비용에 충당하기 위하여 사업주로부터 부담금을 징수한다.
② 제1항에 따라 사업주가 부담하여야 하는 부담금은 그 사업에 종사하는 근로자의 보수총액에 1천분의 2의 범위에서 위원회의 심의를 거쳐 고용노동부장관이 정하는 부담금비율을 곱하여 산정한 금액으로 한다.
③ 보수총액을 결정하기 곤란한 경우에는 고용산재보험료징수법 제13조 제6항에 따라 고시하는 노무비율(勞務比率)에 따라 보수총액을 결정한다.
④ 도급사업의 일괄적용에 관한 고용산재보험료징수법 제9조는 제1항의 부담금 징수에 관하여 준용한다. 이 경우 같은 법 제9조 제1항 단서 중 "공단"을 "고용노동부장관"으로 본다.
⑤ 이 법은 사업주의 부담금에 관하여 다른 법률에 우선하여 적용한다.

⚖²
법령

임금채권보장법 제10조(부담금의 경감)

고용노동부장관은 다음 각 호의 어느 하나에 해당하는 사업주에 대하여는 제9조에 따른 부담금을 경감할 수 있다. 이 경우 그 경감기준은 고용노동부장관이 위원회의 심의를 거쳐 정한다.

1. 삭제
2. 근로기준법 또는 근로자퇴직급여 보장법에 따라 퇴직금을 미리 정산하여 지급한 사업주
3. 법률 제7379호 근로자퇴직급여보장법 부칙 제2조 제1항에 따른 퇴직보험 등에 가입한 사업주, 근로자퇴직급여 보장법 제3장에 따른 확정급여형퇴직연금제도, 같은 법 제4장에 따른 확정기여형퇴직연금제도 또는 같은 법 제25조에 따른 개인형퇴직연금제도를 설정한 사업주
4. 외국인근로자의 고용 등에 관한 법률 제13조에 따라 외국인근로자 출국만기보험·신탁에 가입한 사업주

36 근로복지기본법에 관한 설명으로 옳지 않은 것은?

① 누구든지 국가 또는 지방자치단체가 근로자의 주거안정, 생활안정 및 재산형성 등 근로복지를 위하여 이 법에 따라 융자한 자금을 그 목적사업에만 사용하여야 한다.

> 근로복지기본법 제6조

② 국가 또는 지방자치단체는 근로자가 아니면서 자신이 아닌 다른 사람의 사업을 위하여 다른 사람을 사용하지 아니하고 자신이 직접 노무를 제공하여 노무수령자로부터 대가를 얻는 사람을 대상으로 근로복지사업을 실시할 수 있다.

> 국가 또는 지방자치단체는 근로자가 아니면서 자신이 아닌 다른 사람의 사업을 위하여 다른 사람을 사용하지 아니하고 자신이 직접 노무를 제공하여 해당 사업주 또는 노무수령자로부터 대가를 얻는 사람을 대상으로 근로복지사업을 실시할 수 있다(근로복지기본법 제95조의2 제1항 제1호).

③ 사업주는 선택적 복지제도를 실시할 때에는 근로자의 직급, 근속연수, 부양가족 등을 고려하여 합리적인 기준에 따라 수혜 수준을 달리할 수 있다.

> 사업주는 선택적 복지제도를 실시할 때에는 해당 사업 내의 모든 근로자가 공평하게 복지혜택을 받을 수 있도록 하여야 한다. 다만, 근로자의 직급, 근속연수, 부양가족 등을 고려하여 합리적인 기준에 따라 수혜 수준을 달리할 수 있다(근로복지기본법 제81조 제2항).

✔ 근로복지시설을 설치·운영하는 자는 근로자의 소득수준, 가족관계 등을 고려하여 근로복지시설의 이용자를 제한하거나 이용료를 차등하여 받을 수 없다.

> 근로복지시설을 설치·운영하는 자는 근로자의 소득수준, 가족관계 등을 고려하여 근로복지시설의 이용자를 제한하거나 이용료를 차등하여 받을 수 있다(근로복지기본법 제30조).

⑤ 우리사주조합의 규약 제정과 변경에 관한 사항은 반드시 우리사주조합원총회의 의결을 거쳐야 한다.

> 근로복지기본법 제35조 제2항 제1호

37 외국인근로자의 고용 등에 관한 법률상 취업활동 기간 제한의 특례에 관한 내용이다. (   )에 들어갈 내용을 옳게 나열한 것은?

| 1 |
| 2 |
| 3 |

> 고용허가를 받은 사용자에게 고용된 외국인근로자로서 취업활동 기간 (ㄱ)이 만료되어 출국하기 전에 사용자가 고용노동부장관에게 재고용 허가를 요청한 근로자는 한 차례만 (ㄴ) 미만의 범위에서 취업활동 기간을 연장받을 수 있다.

① ㄱ : 2년, ㄴ : 1년　　　　　② ㄱ : 2년, ㄴ : 2년
③ ㄱ : 3년, ㄴ : 1년　　　　　✔ ㄱ : 3년, ㄴ : 2년
⑤ ㄱ : 3년, ㄴ : 3년

> 고용허가를 받은 사용자에게 고용된 외국인근로자로서 취업활동 기간 (3년)이 만료되어 출국하기 전에 사용자가 고용노동부장관에게 재고용 허가를 요청한 근로자는 한 차례만 (2년) 미만의 범위에서 취업활동 기간을 연장받을 수 있다(외국인근로자의 고용 등에 관한 법률 제18조의2 제1항 제1호).

38 외국인근로자의 고용 등에 관한 법령에 관한 설명으로 옳지 않은 것은?

| 1 |
| 2 |
| 3 |

① 직업안정법에 따른 직업안정기관이 아닌 자는 외국인근로자의 선발, 알선, 그 밖의 채용에 개입하여서는 아니 된다.

> 외국인근로자의 고용 등에 관한 법률 제8조 제6항

✔ 법무부장관은 송출국가가 송부한 송출대상 인력을 기초로 외국인구직자 명부를 작성하고, 관리하여야 한다.

> 고용노동부장관은 송출국가가 송부한 송출대상 인력을 기초로 외국인구직자 명부를 작성하고, 관리하여야 한다(외국인근로자의 고용 등에 관한 법률 시행령 제12조 제2항).

③ 외국인근로자 고용허가를 최초로 받은 사용자는 노동관계법령 · 인권 등에 관한 교육을 받아야 한다.

> 외국인근로자 고용허가를 최초로 받은 사용자는 노동관계법령 · 인권 등에 관한 교육(이하 "사용자 교육"이라 한다)을 받아야 한다(외국인근로자의 고용 등에 관한 법률 제11조의2 제1항).

④ 외국인근로자는 입국한 후 15일 이내에 외국인 취업교육을 받아야 한다.

> 외국인근로자는 입국한 후에 15일 이내에 한국산업인력공단 또는 외국인 취업교육기관에서 국내 취업활동에 필요한 사항을 주지(周知)시키기 위하여 실시하는 교육(이하 "외국인 취업교육"이라 한다)을 받아야 한다(외국인근로자의 고용 등에 관한 법률 제11조 제1항, 동법 시행규칙 제10조).

⑤ 고용허가에 따라 체결된 근로계약의 효력발생 시기는 외국인근로자가 입국한 날로 한다.

> 체결된 근로계약의 효력발생 시기는 외국인근로자가 입국한 날로 한다(외국인근로자의 고용 등에 관한 법률 시행령 제17조 제1항, 동법 제9조 제1항).

39 헌법 제32조에 명시된 내용으로 옳은 것은?

☑ ① 국가는 근로의 의무의 내용과 조건을 민주주의원칙에 따라 법률로 정한다.

> 모든 국민은 근로의 의무를 진다. 국가는 근로의 의무의 내용과 조건을 민주주의원칙에 따라 법률로 정한다
> (헌법 제32조 제2항). ⚖

② 사용자는 적정임금의 보장에 노력하여야 한다.

> 모든 국민은 근로의 권리를 가진다. 국가는 사회적·경제적 방법으로 근로자의 고용의 증진과 적정임금의 보
> 장에 노력하여야 하며, 법률이 정하는 바에 의하여 최저임금제를 시행하여야 한다(헌법 제32조 제1항). ⚖

③ 전몰군경은 법률이 정하는 바에 의하여 우선적으로 근로의 기회를 부여받는다.

> 국가유공자·상이군경 및 전몰군경의 유가족은 법률이 정하는 바에 의하여 우선적으로 근로의 기회를 부여
> 받는다(헌법 제32조 제6항). ⚖

④ 근로의 권리는 인간의 존엄성을 보장하도록 법률로 정한다.

> 근로조건의 기준은 인간의 존엄성을 보장하도록 법률로 정한다(헌법 제32조 제3항). ⚖

⑤ 미성년자의 근로는 고용·임금 및 근로조건에 있어서 부당한 차별을 받지 아니한다.

> 여자의 근로는 특별한 보호를 받으며, 고용·임금 및 근로조건에 있어서 부당한 차별을 받지 아니한다(헌법
> 제32조 제4항). ⚖

⚖
법령

> **헌법 제32조**
> ① 모든 국민은 근로의 권리를 가진다. 국가는 사회적·경제적 방법으로 근로자의 고용의 증진과 적정임금의
>   보장에 노력하여야 하며, 법률이 정하는 바에 의하여 최저임금제를 시행하여야 한다.
> ② 모든 국민은 근로의 의무를 진다. 국가는 근로의 의무의 내용과 조건을 민주주의원칙에 따라 법률로 정한다.
> ③ 근로조건의 기준은 인간의 존엄성을 보장하도록 법률로 정한다.
> ④ 여자의 근로는 특별한 보호를 받으며, 고용·임금 및 근로조건에 있어서 부당한 차별을 받지 아니한다.
> ⑤ 연소자의 근로는 특별한 보호를 받는다.
> ⑥ 국가유공자·상이군경 및 전몰군경의 유가족은 법률이 정하는 바에 의하여 우선적으로 근로의 기회를 부여
>   받는다.

40 우리나라가 비준한 국제노동기구(ILO)의 협약을 모두 고른 것은?

> ㄱ. 취업최저연령에 관한 협약(제138호)
> ㄴ. 산업안전보건과 작업환경에 관한 협약(제155호)
> ㄷ. 결사의 자유 및 단결권 보호에 관한 협약(제87호)
> ㄹ. 단결권 및 단체교섭권 원칙의 적용에 관한 협약(제98호)

① ㄱ, ㄴ   ② ㄱ, ㄴ, ㄷ

③ ㄱ, ㄷ, ㄹ   ④ ㄴ, ㄷ, ㄹ

❺ ㄱ, ㄴ, ㄷ, ㄹ

> ㄱ. 제138호 취업최저연령에 관한 협약은 1999년 1월에 비준되었다.
> ㄴ. 제155호 산업안전보건과 작업환경에 관한 협약은 2008년 2월에 비준되었다.
> ㄷ, ㄹ. 제87호 결사의 자유 및 단결권 보호 협약과 제98호 단결권 및 단체교섭 협약은 2021년 4월에 비준되었다.

01	02	03	04	05	06	07	08	09	10	11	12	13	14	15	16	17	18	19	20	21	22	23	24	25
④	⑤	②	⑤	④	④	①	②	③	①	⑤	②	③	②	④	②	④	①	③	⑤	①	⑤	③	①	③

01 헌법 제32조에 명시적으로 규정된 내용은?

① 국가는 법률이 정하는 바에 의하여 적정임금제를 시행하여야 한다.

> 모든 국민은 근로의 권리를 가진다. 국가는 사회적 · 경제적 방법으로 근로자의 고용의 증진과 <u>적정임금의 보장에 노력하여야 하며</u>, 법률이 정하는 바에 의하여 <u>최저임금제를 시행하여야 한다</u>(헌법 제32조 제1항). ⚖

② 국가는 사회적 · 경제적 방법으로 근로자의 고용을 보장하여야 한다.

> 모든 국민은 근로의 권리를 가진다. <u>국가는 사회적 · 경제적 방법으로 근로자의 고용의 증진과</u> 적정임금의 보장에 노력하여야 하며, 법률이 정하는 바에 의하여 최저임금제를 시행하여야 한다(헌법 제32조 제1항). ⚖

③ 장애인의 근로자는 특별한 보호를 받으며, 고용 · 임금 및 근로조건에 있어서 부당한 차별을 받지 아니한다.

> <u>여자의 근로는 특별한 보호를 받으며</u>, 고용 · 임금 및 근로조건에 있어서 부당한 차별을 받지 아니한다(헌법 제32조 제4항). 즉, <u>장애인 근로에 대한 규정은 명시되어 있지 않다</u>. ⚖

✔ ④ 국가는 근로의 의무의 내용과 조건을 민주주의 원칙에 따라 법률로 정한다.

> 모든 국민은 근로의 의무를 진다. <u>국가는 근로의 의무의 내용과 조건을 민주주의 원칙에 따라 법률로 정한다</u>(헌법 제32조 제2항). ⚖

⑤ 국가는 전몰군경의 유가족이 우선적으로 근로의 기회를 부여받도록 노력하여야 한다.

> <u>국가유공자 · 상이군경 및 전몰군경의 유가족은 법률이 정하는 바에 의하여 우선적으로 근로의 기회를 부여받는다</u>(헌법 제32조 제6항). ⚖

⚖
법령

> **헌법 제32조**
> ① 모든 국민은 근로의 권리를 가진다. 국가는 사회적 · 경제적 방법으로 근로자의 고용의 증진과 적정임금의 보장에 노력하여야 하며, 법률이 정하는 바에 의하여 최저임금제를 시행하여야 한다.
> ② 모든 국민은 근로의 의무를 진다. <u>국가는 근로의 의무의 내용과 조건을 민주주의원칙에 따라 법률로 정한다</u>.
> ③ 근로조건의 기준은 인간의 존엄성을 보장하도록 법률로 정한다.
> ④ 여자의 근로는 특별한 보호를 받으며, 고용 · 임금 및 근로조건에 있어서 부당한 차별을 받지 아니한다.
> ⑤ 연소자의 근로는 특별한 보호를 받는다.
> ⑥ 국가유공자 · 상이군경 및 전몰군경의 유가족은 법률이 정하는 바에 의하여 우선적으로 근로의 기회를 부여받는다.

02 노동법의 법원(法源)에 관한 설명으로 옳지 않은 것은?(다툼이 있으면 판례에 따름)

① 헌법에 따라 체결·공포된 조약은 국내법과 같은 효력을 가지므로 노동법의 법원이 된다.

> 헌법에 의하여 체결·공포된 조약과 일반적으로 승인된 국제법규는 국내법과 같은 효력을 가진다(헌법 제6조 제1항). 따라서 우리나라가 체결·비준한 국제노동기구(ILO)의 협약은 노동법의 법원이 된다.

② 노동조합규약은 일종의 자치적 법규범으로서 소속조합원에 대하여 법적 효력을 가진다.

> 노동조합규약은 노동조합의 조직 및 활동, 운영에 관하여 조합원이 자율적으로 정한 일종의 자치적 법규범이며, 조합 내 조합원을 구속하는 한도 내에서 법적 효력을 가진다.

③ 고용노동부의 행정해석은 고용노동부의 그 소속기관의 내부적 업무처리 지침에 불과하여 노동법의 법원이 아니다.

> 업무상재해인정기준에 관한 노동부[현 고용노동부(註)] 예규는 그 규정의 성질과 내용이 행정기관 내부의 사무처리준칙을 규정한 데 불과한 것이어서 국민이나 법원을 구속하는 것이 아니라고 할 것이다(대판 1990.9.25., 90누2727). 위 판례에 따르면 고용노동부의 행정해석은 통일적인 업무처리를 위한 내부적 업무처리 지침에 불과하여 일반 국민을 구속하는 법적 구속력이 있다고 보기 어렵다. 따라서 노동법의 법원이 아니라고 보는 것이 타당하다.

④ 노동관행은 그 자체로는 법적 구속력을 가지지 않지만, 일정한 요건을 갖춘 경우에는 법원으로 인정된다.

> 노동관행은 그 자체로 특별한 법적 효력이 없으므로 원칙적으로는 법원으로 인정되지 않는다. 다만, 기업의 내부에 존재하는 특정의 관행이 기업사회에서 일반적으로 근로관계를 규율하는 규범적인 사실로서 명확히 승인되거나 기업의 구성원에 의하여 일반적으로 아무도 이의를 제기하지 아니한 채 당연한 것으로 받아들여져서 기업 내에서 사실상의 제도로서 확립되어 있다고 할 수 있을 정도의 규범의식에 의하여 지지되고 있는 경우에는 근로계약의 내용을 이루고 있다고 볼 수 있다(대판 2002.4.23., 2000다50701). 이러한 경우에는 노동관행이 법원으로 인정된다고 할 것이다.

☑ **근로자와 사용자가 개별적으로 체결한 근로계약은 노동법의 법원이 아니다.**

> 근로자와 사용자가 개별적으로 체결한 근로계약은 그 적용을 받는 당사자의 권리·의무를 규율하고 있으므로, 법원성이 인정된다고 이해하여야 한다.

03 근로기준법상 근로계약에 관한 설명으로 옳지 않은 것은?

① 근로기준법에 정하는 기준에 미치지 못하는 근로조건을 정한 근로계약은 그 부분에 한정하여 무효로 한다.

> 근로기준법 제15조 제1항

✓ **사용자는 근로계약에 덧붙여 저축금의 관리를 규정하는 계약을 체결할 수 있다.**

> 사용자는 근로계약에 덧붙여 강제 저축 또는 저축금의 관리를 규정하는 계약을 <u>체결하지 못한다</u>(근로기준법 제22조 제1항).

③ 근로자는 근로계약 체결 시 명시된 근로조건이 사실과 다를 경우에 근로조건 위반을 이유로 손해의 배상을 청구할 수 있다.

> 명시된 근로조건이 사실과 다를 경우에 근로자는 근로조건 위반을 이유로 <u>손해의 배상을 청구할 수 있으며</u> 즉시 근로계약을 해제할 수 있다(근로기준법 제19조 제1항).

④ 사용자는 근로계약 체결 후 소정근로시간을 변경하는 경우에 근로자에게 명시하여야 한다.

> 근로기준법 제17조 제1항 제2호 ⚖

⑤ 단시간근로자의 근로조건은 그 사업장의 같은 종류의 업무에 종사하는 통상 근로자의 근로시간을 기준으로 산정한 비율에 따라 결정되어야 한다.

> 근로기준법 제18조 제1항

⚖ 법령

> **근로기준법 제17조(근로조건의 명시)**
> ① 사용자는 근로계약을 체결할 때에 근로자에게 다음 각 호의 사항을 <u>명시하여야 한다</u>. 근로계약 체결 후 다음 각 호의 사항을 <u>변경하는 경우에도 또한 같다</u>.
> 1. 임금
> 2. <u>소정근로시간</u>
> 3. 제55조에 따른 휴일
> 4. 제60조에 따른 연차 유급휴가
> 5. 그 밖에 대통령령으로 정하는 근로조건

04 근로기준법상 기본원리에 대한 설명으로 옳지 않은 것은?

① 사용자뿐만 아니라 근로자도 취업규칙과 근로계약을 지키고 성실하게 이행할 의무가 있다.

> <u>근로자</u>와 <u>사용자</u>는 각자가 단체협약, 취업규칙과 근로계약을 지키고 성실하게 이행할 의무가 있다(근로기준법 제5조).

② 사용자는 근로자에 대하여 국적 · 신앙 또는 사회적 신분을 이유로 근로조건에 대한 차별적 처우를 하지 못한다.

> <u>사용자는 근로자에 대하여 남녀의 성(性)을 이유로 차별적 대우를 하지 못하고, 국적 · 신앙 또는 사회적 신분을 이유로 근로조건에 대한 차별적 처우를 하지 못한다</u>(근로기준법 제6조).

③ 누구든지 법률에 따르지 아니하고는 영리로 다른 사람의 취업에 개입하지 못한다.

> 누구든지 법률에 따르지 아니하고는 영리로 다른 사람의 취업에 개입하거나 중간인으로서 이익을 취득하지 못한다(근로기준법 제9조).

④ 근로기준법에서 정하는 근로조건을 최저기준이므로 근로 관계 당사자는 이 기준을 이유로 근로조건을 낮출 수 없다.

> 근로기준법 제3조

✔ 사용자는 근로자가 근로시간 중에 공(公)의 직무를 집행하기 위하여 필요한 시간을 청구하면 유급으로 보장하여야 한다.

> 근로기준법 제10조에 따르면 "사용자는 근로자가 근로시간 중에 선거권, 그 밖의 공민권(公民權) 행사 또는 공(公)의 직무를 집행하기 위하여 필요한 시간을 청구하면 거부하지 못한다." 그러나 이는 공민권 행사에 필요하여 근로하지 못한 시간에 대하여 사용자가 임금을 지급하여야 한다는 의미는 아니다. 따라서 임금은 법률에 특별한 규정이 없는 한 취업규칙이나 단체협약에서 정한 바에 따르고, 따로 정함이 없는 경우에는 무급으로 해도 위법이라 볼 수 없다. 다만, 공직선거법이나 향토예비군 설치법, 민방위기본법에 의한 공민권행사기간은 유급으로 해석된다.

05 근로기준법 제23조(해고 등의 제한) 제1항이 적용되는 사업장을 모두 고른 것은?(다툼이 있으면 판례에 따름)

```
1
2
3
```

> ㄱ. 상시 5명의 동거하는 친족만을 사용하는 사업장
> ㄴ. 상시 1명의 공무원이 아닌 근로자를 사용하는 지방자치단체
> ㄷ. 상시 3명의 근로자를 사용하는 건설업체
> ㄹ. 상시 5명의 유치원 교사를 채용하여 사용하는 종교단체

① ㄱ, ㄴ   ② ㄱ, ㄷ
③ ㄴ, ㄷ   ✔ ㄴ, ㄹ
⑤ ㄴ, ㄷ, ㄹ

> ㄱ. (×) 근로기준법은 상시 5명 이상의 근로자를 사용하는 모든 사업 또는 사업장에 적용한다. 다만, 동거하는 친족만을 사용하는 사업 또는 사업장과 가사(家事) 사용인에 대하여는 적용하지 아니한다(근로기준법 제11조 제1항). 따라서 ㄱ의 경우는 근로기준법 제23조 제1항이 적용되지 않는다.
> ㄴ. (○) 근로기준법 제12조에 의하면 근로기준법이 국가에도 적용된다고 규정하고 있으므로 근로자와 국가 사이에 고용관계가 인정된다면 국가소속 역의 일용잡부로 근무하는 사람이 그 근로자 한 사람뿐이라고 하더라도 근로기준법의 적용이 배제되는 것은 아니다(대판 1987.6.9., 85다카2473). 판례에 따라 상시 1명의 공무원이 아닌 근로자를 사용하는 지방자치단체 또한 근로기준법 제23조 제1항이 적용된다고 보는 것이 적절하다.
> ㄷ. (×) 근로기준법은 상시 5명 이상의 근로자를 사용하는 모든 사업 또는 사업장에 적용한다(근로기준법 제11조 제1항). 따라서 ㄷ의 경우는 근로기준법 제23조 제1항이 적용되지 않는다.
> ㄹ. (○) 근로기준법 제11조에 따라 근로기준법 제23조 제1항이 적용된다.

근로기준법 제11조(적용 범위)
① 이 법은 상시 5명 이상의 근로자를 사용하는 모든 사업 또는 사업장에 적용한다. 다만, 동거하는 친족만을 사용하는 사업 또는 사업장과 가사(家事) 사용인에 대하여는 적용하지 아니한다.
② 상시 4명 이하의 근로자를 사용하는 사업 또는 사업장에 대하여는 대통령령으로 정하는 바에 따라 이 법의 일부 규정을 적용할 수 있다.
③ 이 법을 적용하는 경우에 상시 사용하는 근로자 수를 산정하는 방법은 대통령령으로 정한다.

06 근로기준법령상 여성과 소년의 보호에 관한 설명으로 옳지 않은 것은?

① 15세 미만인 자를 사용하는 사용자가 취직인허증을 갖추어 둔 경우에는 가족관계기록사항에 관한 증명서와 친권자나 후견인의 동의서를 갖추어 두지 않아도 된다.

> 15세 미만인 자를 사용하는 사용자가 취직인허증을 갖추어 둔 경우에는 법 제66조에 따른 가족관계기록사항에 관한 증명서와 친권자나 후견인의 동의서를 갖추어 둔 것으로 본다(근로기준법 시행령 제36조 제2항).

② 사용자는 취직인허증이 못쓰게 된 경우에는 고용노동부령으로 정하는 바에 따라 지체 없이 재교부 신청을 하여야 한다.

> 사용자 또는 15세 미만인 자는 취직인허증이 못쓰게 되거나 이를 잃어버린 경우에는 고용노동부령으로 정하는 바에 따라 지체 없이 재교부 신청을 하여야 한다(근로기준법 시행령 제39조).

③ 사용자는 임신 중의 여성이 명시적으로 청구하는 경우로서 고용노동부장관의 인가를 받은 경우 휴일에 근로하게 할 수 있다.

> 사용자는 임산부와 18세 미만자를 오후 10시부터 오전 6시까지의 시간 및 휴일에 근로시키지 못한다. 다만, 임신 중의 여성이 명시적으로 청구하는 경우로서 고용노동부장관의 인가를 받으면 그러하지 아니하다(근로기준법 제70조 제2항 제3호). ⚖️¹

☑ 생후 1년 미만의 유아를 가진 여성 근로자가 청구하면 1일 2회 각각 60분 이상의 유급 수유 시간을 주어야 한다.

> 생후 1년 미만의 유아(乳兒)를 가진 여성 근로자가 청구하면 1일 2회 각각 30분 이상의 유급 수유 시간을 주어야 한다(근로기준법 제75조).

⑤ 사용자는 관리·감독 업무를 수행하기 위하여 일시적으로 필요한 경우 여성을 갱내(坑內)에서 근로시킬 수 있다.

> 근로기준법 제72조, 동법 시행령 제42조 제3호 ⚖️²

⚖️¹ 법령

근로기준법 제70조(야간근로와 휴일근로의 제한)
② 사용자는 임산부와 18세 미만자를 오후 10시부터 오전 6시까지의 시간 및 휴일에 근로시키지 못한다. 다만, 다음 각 호의 어느 하나에 해당하는 경우로서 고용노동부장관의 인가를 받으면 그러하지 아니하다.
  1. 18세 미만자의 동의가 있는 경우
  2. 산후 1년이 지나지 아니한 여성의 동의가 있는 경우
  3. 임신 중의 여성이 명시적으로 청구하는 경우

근로기준법 제72조(갱내근로의 금지)

사용자는 여성과 18세 미만인 사람을 갱내(坑內)에서 근로시키지 못한다. 다만, 보건·의료, 보도·취재 등 대통령령으로 정하는 업무를 수행하기 위하여 일시적으로 필요한 경우에는 그러하지 아니하다.

근로기준법 시행령 제42조(갱내근로 허용업무)

법 제72조에 따라 여성과 18세 미만인 자를 일시적으로 갱내에서 근로시킬 수 있는 업무는 다음 각 호와 같다.
1. 보건, 의료 또는 복지 업무
2. 신문·출판·방송프로그램 제작 등을 위한 보도·취재업무
3. 학술연구를 위한 조사 업무
4. 관리·감독 업무
5. 제1호부터 제4호까지의 규정의 업무와 관련된 분야에서 하는 실습 업무

07 근로기준법상 임산부의 보호에 관한 설명으로 옳지 않은 것은?

☑ 사용자는 임신 중의 여성 근로자에게 시간외근로를 하게 하여서는 아니 되며, 그 근로자의 요구와 관계없이 쉬운 종류의 근로로 전환하여야 한다.

> 사용자는 임신 중의 여성 근로자에게 시간외근로를 하게 하여서는 아니 되며, 그 근로자의 요구가 있는 경우에는 쉬운 종류의 근로로 전환하여야 한다(근로기준법 제74조 제5항).

② 사용자는 임신 중인 여성이 사산한 경우로서 그 근로자가 청구하면 대통령령으로 정하는 바에 따라 사산 휴가를 주어야 한다.

> 사용자는 임신 중인 여성이 유산 또는 사산한 경우로서 그 근로자가 청구하면 대통령령으로 정하는 바에 따라 유산·사산 휴가를 주어야 한다. 다만, 인공 임신중절 수술(모자보건법 제14조 제1항에 따른 경우는 제외한다)에 따른 유산의 경우는 그러하지 아니하다(근로기준법 제74조 제3항).

③ 사용자는 한 번에 둘 이상 자녀를 임신 중의 여성에게 출산 전과 출산 후를 통하여 120일의 출산전후휴가를 주어야 한다.

> 사용자는 임신 중의 여성에게 출산 전과 출산 후를 통하여 90일(한 번에 둘 이상 자녀를 임신한 경우에는 120일)의 출산전후휴가를 주어야 한다. 이 경우 휴가 기간의 배정은 출산 후에 45일(한 번에 둘 이상 자녀를 임신한 경우에는 60일) 이상이 되어야 한다(근로기준법 제74조 제1항).

④ 사업주는 출산전후휴가 종료 후에는 휴가 전과 동일한 업무 또는 동등한 수준의 임금을 지급하는 직무에 복귀시켜야 한다.

> 근로기준법 제74조 제6항

⑤ 사용자는 1일 근로시간이 8시간인 임신 후 36주 이후에 있는 여성 근로자가 1일 2시간의 근로시간 단축을 신청하는 경우 이를 허용하여야 한다.

> 사용자는 임신 후 12주 이내 또는 36주 이후에 있는 여성 근로자가 1일 2시간의 근로시간 단축을 신청하는 경우 이를 허용하여야 한다. 다만, 1일 근로시간이 8시간 미만인 근로자에 대하여는 1일 근로시간이 6시간이 되도록 근로시간 단축을 허용할 수 있다(근로기준법 제74조 제7항).

08 근로기준법상 직장 내 괴롭힘에 관한 설명으로 옳지 않은 것은?

① 사용자는 직장 내 괴롭힘 발생 사실을 인지한 경우에는 지체 없이 당사자 등을 대상으로 그 사실 확인을 위하여 객관적으로 조사를 실시하여야 한다.

> 사용자는 제1항에 따른 신고를 접수하거나 직장 내 괴롭힘 발생 사실을 인지한 경우에는 지체 없이 당사자 등을 대상으로 그 사실 확인을 위하여 객관적으로 조사를 실시하여야 한다(근로기준법 제76조의3 제2항).

② 사용자는 조사 기간 동안 직장 내 괴롭힘과 관련하여 피해를 입은 근로자를 보호하기 위하여 행위자에 대하여 근무장소의 변경 조치를 하여야 한다.

> 사용자는 조사 기간 동안 직장 내 괴롭힘과 관련하여 피해를 입은 근로자 또는 피해를 입었다고 주장하는 근로자(이하 "피해근로자 등"이라 한다)를 보호하기 위하여 필요한 경우 해당 피해근로자 등에 대하여 근무장소의 변경, 유급휴가 명령 등 적절한 조치를 하여야 한다. 이 경우 사용자는 피해근로자등의 의사에 반하는 조치를 하여서는 아니 된다(근로기준법 제76조의3 제3항).

③ 직장 내 괴롭힘 발생 사실을 조사한 사람은 해당 조사 과정에서 알게 된 비밀을 피해근로자 등의 의사에 반하는 경우에도 관계 기관의 요청에 따라 필요한 정보를 제공할 수 있다.

> 직장 내 괴롭힘 발생 사실을 조사한 사람, 조사 내용을 보고받은 사람 및 그 밖에 조사 과정에 참여한 사람은 해당 조사 과정에서 알게 된 비밀을 피해근로자 등의 의사에 반하여 다른 사람에게 누설하여서는 아니 된다. 다만, 조사와 관련된 내용을 사용자에게 보고하거나 관계 기관의 요청에 따라 필요한 정보를 제공하는 경우는 제외한다(근로기준법 제76조의3 제7항).

④ 근로자는 직장에서의 지위 또는 관계 등의 우위를 이용하여 업무상 적정범위를 넘어 다른 근로자에게 신체적 · 정신적 고통을 주거나 근무환경을 악화시키는 행위를 하여서는 아니 된다.

> 사용자 또는 근로자는 직장에서의 지위 또는 관계 등의 우위를 이용하여 업무상 적정범위를 넘어 다른 근로자에게 신체적 · 정신적 고통을 주거나 근무환경을 악화시키는 행위(이하 "직장 내 괴롭힘"이라 한다)를 하여서는 아니 된다(근로기준법 제76조의2).

⑤ 사용자가 직장 내 괴롭힘의 금지를 위반하여 직장 내 괴롭힘을 한 경우에는 1천만원 이하의 과태료를 부과한다.

> 사용자(사용자의 민법 제767조에 따른 친족 중 대통령령으로 정하는 사람이 해당 사업 또는 사업장의 근로자인 경우를 포함한다)가 제76조의2(직장 내 괴롭힘의 금지)를 위반하여 직장 내 괴롭힘을 한 경우에는 1천만원 이하의 과태료를 부과한다(근로기준법 제116조 제1항).

09 근로기준법상 근로시간에 관한 설명으로 옳은 것은?

① 3개월 이내의 탄력적 근로시간제에 따라 근로자를 근로시킬 경우에는 근로일 종료 후 다음 근로일 개시 전까지 근로자에게 연속하여 11시간 이상의 휴식 시간을 주어야 한다.

> 사용자는 3개월을 초과하는 탄력적 근로시간제에 따라 근로자를 근로시킬 경우에는 근로일 종료 후 다음 근로일 개시 전까지 근로자에게 연속하여 11시간 이상의 휴식 시간을 주어야 한다(근로기준법 제51조의2 제2항). ⚖

② 3개월 이내의 탄력적 근로시간제에 따라 근로자를 근로시킬 경우에는 기존의 임금수준이 낮아지지 않도록 임금보전방안을 강구하여 고용노동부장관에게 신고하여야 한다.

근로기준법 제51조의2 제5항에 따르면 사용자는 <u>3개월을 '초과'하는 탄력적 근로시간제에 따라 근로자를 근로시킬 경우</u>에는 기존의 임금 수준이 낮아지지 아니하도록 임금항목을 조정 또는 신설하거나 가산임금 지급 등의 임금보전방안(賃金補塡方案)을 마련하여 고용노동부장관에게 신고하여야 한다. 그러나, <u>3개월 '이내'의 탄력적 근로시간제의 경우</u>는 동법 제51조 제4항이 적용되어 기존의 임금 수준이 낮아지지 아니하도록 <u>임금보전방안(賃金補塡方案)을 강구하는 것으로 족하다.</u> ⚖️

✅ **3개월 이내의 탄력적 근로시간제는 15세 이상 18세 미만의 근로자에 대하여는 적용하지 아니한다.**

3개월 이내의 탄력적 근로시간제는 <u>15세 이상 18세 미만의 근로자</u>와 임신 중인 여성 근로자에 대하여는 <u>적용하지 아니한다</u>(근로기준법 제51조 제3항). ⚖️

④ 3개월을 초과하는 탄력적 근로시간제에 있어 업무량 급증의 불가피한 사유가 발생한 때에는 근로자대표와의 합의를 거쳐 단위기간의 주별 근로시간을 변경해야 한다.

사용자는 근로자대표와의 서면 합의 당시에는 예측하지 못한 천재지변, 기계 고장, 업무량 급증 등 불가피한 사유가 발생한 때에는 3개월을 초과하고 6개월 이내의 일정한 기간인 단위기간 내에서 평균하여 1주간의 근로시간이 유지되는 범위에서 <u>근로자대표와의 협의를 거쳐 단위기간의 주별 근로시간을 변경할 수 있다</u>(근로기준법 제51조의2 제4항). ⚖️

⑤ 15세 이상 18세 미만인 사람의 근로시간을 1일에 6시간, 1주에 30시간을 초과하지 못한다.

15세 이상 18세 미만인 사람의 근로시간은 <u>1일에 7시간, 1주에 35시간</u>을 초과하지 못한다. 다만, 당사자 사이의 합의에 따라 1일에 1시간, 1주에 5시간을 한도로 연장할 수 있다(근로기준법 제69조).

⚖️ **법령**

근로기준법 제51조(3개월 이내의 탄력적 근로시간제)

① 사용자는 취업규칙(취업규칙에 준하는 것을 포함한다)에서 정하는 바에 따라 2주 이내의 일정한 단위기간을 평균하여 1주간의 근로시간이 제50조 제1항의 근로시간을 초과하지 아니하는 범위에서 특정한 주에 제50조 제1항의 근로시간을, 특정한 날에 제50조 제2항의 근로시간을 초과하여 근로하게 할 수 있다. 다만, 특정한 주의 근로시간은 48시간을 초과할 수 없다.

② 사용자는 근로자대표와의 서면 합의에 따라 다음 각 호의 사항을 정하면 3개월 이내의 단위기간을 평균하여 1주간의 근로시간이 제50조 제1항의 근로시간을 초과하지 아니하는 범위에서 특정한 주에 제50조 제1항의 근로시간을, 특정한 날에 제50조 제2항의 근로시간을 초과하여 근로하게 할 수 있다. 다만, 특정한 주의 근로시간은 52시간을, 특정한 날의 근로시간은 12시간을 초과할 수 없다.

1. 대상 근로자의 범위
2. 단위기간(3개월 이내의 일정한 기간으로 정하여야 한다)
3. 단위기간의 근로일과 그 근로일별 근로시간
4. 그 밖에 대통령령으로 정하는 사항

③ 제1항과 제2항은 <u>15세 이상 18세 미만의 근로자와 임신 중인 여성 근로자에 대하여는 적용하지 아니한다.</u>

④ 사용자는 제1항 및 제2항에 따라 근로자를 근로시킬 경우에는 <u>기존의 임금 수준이 낮아지지 아니하도록 임금보전방안(賃金補塡方案)을 강구하여야 한다.</u>

근로기준법 제51조의2(3개월을 초과하는 탄력적 근로시간제)

① 사용자는 근로자대표와의 서면 합의에 따라 다음 각 호의 사항을 정하면 3개월을 초과하고 6개월 이내의 단위기간을 평균하여 1주간의 근로시간이 제50조 제1항의 근로시간을 초과하지 아니하는 범위에서 특정한 주에 제50조 제1항의 근로시간을, 특정한 날에 제50조 제2항의 근로시간을 초과하여 근로하게 할 수 있다. 다만, 특정한 주의 근로시간은 52시간을, 특정한 날의 근로시간은 12시간을 초과할 수 없다.

1. 대상 근로자의 범위
2. 단위기간(3개월을 초과하고 6개월 이내의 일정한 기간으로 정하여야 한다)
3. 단위기간의 주별 근로시간

4. 그 밖에 대통령령으로 정하는 사항

② 사용자는 제1항에 따라 근로자를 근로시킬 경우에는 근로일 종료 후 다음 근로일 개시 전까지 근로자에게 연속하여 11시간 이상의 휴식 시간을 주어야 한다. 다만, 천재지변 등 대통령령으로 정하는 불가피한 경우에는 근로자대표와의 서면 합의가 있으면 이에 따른다.

③ 사용자는 제1항 제3호에 따른 각 주의 근로일이 시작되기 2주 전까지 근로자에게 해당 주의 근로일별 근로시간을 통보하여야 한다.

④ 사용자는 제1항에 따른 근로자대표와의 서면 합의 당시에는 예측하지 못한 천재지변, 기계 고장, 업무량 급증 등 불가피한 사유가 발생한 때에는 제1항 제2호에 따른 단위기간 내에서 평균하여 1주간의 근로시간이 유지되는 범위에서 근로자대표와의 협의를 거쳐 제1항 제3호의 사항을 변경할 수 있다. 이 경우 해당 근로자에게 변경된 근로일이 개시되기 전에 변경된 근로일별 근로시간을 통보하여야 한다.

⑤ 사용자는 제1항에 따라 근로자를 근로시킬 경우에는 기존의 임금 수준이 낮아지지 아니하도록 임금항목을 조정 또는 신설하거나 가산임금 지급 등의 임금보전방안(賃金補塡方案)을 마련하여 고용노동부장관에게 신고하여야 한다. 다만, 근로자대표와의 서면합의로 임금보전방안을 마련한 경우에는 그러하지 아니하다.

⑥ 제1항부터 제5항까지의 규정은 15세 이상 18세 미만의 근로자와 임신 중인 여성 근로자에 대해서는 적용하지 아니한다.

10 근로기준법령상 임금에 관한 설명으로 옳지 않은 것은?(다툼이 있으면 판례에 따름)

1
2
3

☑ 근로자가 임금채권을 양도한 경우 양수인이 스스로 사용자에 대하여 임금의 지급을 청구할 수 있다.

> 근로기준법 제43조 제1항에서 임금직접지급의 원칙을 규정하고 그에 위반하는 자는 처벌을 하도록 하는 규정(같은 법 제109조)를 두어 그 이행을 강제하고 있는 이유는 임금이 확실하게 근로자 본인의 수중에 들어가게 하여 그의 자유로운 처분에 맡기고 나아가 근로자의 생활을 보호하고자 하는 데 있는 것이므로 이와 같은 근로기준법의 규정의 취지에 비추어 보면 근로자가 그 임금채권을 양도한 경우라 할지라도 그 임금의 지급에 관하여는 같은 원칙이 적용되어 사용자는 직접 근로자에게 임금을 지급하지 아니하면 안 되는 것이고 그 결과 비록 양수인이라고 할지라도 스스로 사용지에 대하여 임금의 지급을 청구할 수는 없다고 해석하여야 할 것이다(대판(全) 1988.12.13., 87다카2803).

② 사용자가 근로자의 임금지급에 갈음하여 사용자가 제3자에 대하여 가지는 채권을 근로자에게 양도하기로 하는 약정을 전부 무효임이 원칙이다.

> 임금은 법령 또는 단체협약에 특별한 규정이 있는 경우를 제외하고는 통화로 직접 근로자에게 그 전액을 지급하여야 한다(근로기준법 제43조 제1항). 따라서 사용자가 근로자의 임금 지급에 갈음하여 사용자가 제3자에 대하여 가지는 채권을 근로자에게 양도하기로 하는 약정은 그 전부가 무효임이 원칙이다. 다만 당사자 쌍방이 위와 같은 무효를 알았더라면 임금의 지급에 갈음하는 것이 아니라 그 지급을 위하여 채권을 양도하는 것을 의욕하였으리라고 인정될 때에는 무효행위 전환의 법리(민법 제138조)에 따라 그 채권양도 약정은 임금의 지급을 위하여 한 것으로서 효력을 가질 수 있다(대판 2012.3.29., 2011다101308).

③ 사용자가 근로자에게 퇴직금 명목으로 지급한 금원 상당의 부당이득반환채권을 자동채권으로 하여 근로자의 퇴직금채권을 상계하는 것은 퇴직금채권의 2분의 1을 초과하는 부분에 해당하는 금액에 관하여만 허용한다.

> 근로기준법 제43조 제1항 본문에 의하면 임금은 통화로 직접 근로자에게 그 전액을 지급하여야 하므로 사용자가 근로자에 대하여 가지는 채권으로써 근로자의 임금채권과 상계를 하지 못하는 것이 원칙이고, 이는 경제적 · 사회적 종속관계에 있는 근로자를 보호하기 위한 것인바, 근로자가 받을 퇴직금도 임금의 성질을 가지므로 역시 마찬가지이다. 다만 사용자가 근로자에게 이미 퇴직금 명목의 금원을 지급하였으나 그것이 퇴직금 지급으로서의 효력이 없어 사용자가 같은 금원 상당의 부당이득반환채권을 갖게 된 경우에 이를 자동채권으로 하여 근로자의 퇴직금채권과 상계할 수 있다. 한편 민사집행법 제246조 제1항 제5호는 근로자인 채무자의 생활보장이라는 공익적, 사회 정책적 이유에서 '퇴직금 그 밖에 이와 비슷한 성질을 가진 급여채권의 2분의 1에 해당하는 금액'을 압류금지채권으로 규정하고 있고, 민법 제497조는 압류금지채권의 채무자는 상계로 채권자에게 대항하지 못한다고 규정하고 있으므로, 사용자가 근로자에게 퇴직금 명목으로 지급한 금원 상당의 부당이득반환채권을 자동채권으로 하여 근로자의 퇴직금채권을 상계하는 것은 퇴직금채권의 2분의 1을 초과하는 부분에 해당하는 금액에 관하여만 허용된다고 봄이 상당하다(대판(全) 2010.5.20., 2007다90760).

④ 근로기준법에서 정한 통상임금에 산입될 수당을 통상임금에서 제외하기로 하는 노사 간의 합의는 근로기준법에서 정한 기준과 전체적으로 비교하여 그에 미치지 못하는 근로조건이 포함된 부분에 한하여 무효로 된다.

> 근로기준법 제15조는 제1항에서 "이 법에서 정하는 기준에 미치지 못하는 근로조건을 정한 근로계약은 그 부분에 한하여 무효로 한다."라고 규정하고, 제2항에서 "제1항에 따라 무효로 된 부분은 이 법에서 정한 기준에 따른다."라고 규정하고 있다. 위 각 규정은 근로기준법의 목적을 달성하기 위하여 개별적 노사 간의 합의라는 형식을 빌려 근로자로 하여금 근로기준법에서 정한 기준에 미치지 못하는 근로조건을 감수하도록 하는 것을 저지함으로써 근로자에게 실질적으로 최소한의 근로조건을 유지시켜 주기 위한 것이다. 이러한 위 각 규정의 문언과 취지에 비추어 보면, 근로기준법에서 정한 통상임금에 산입될 수당을 통상임금에서 제외하기로 하는 노사 간의 합의는 그 전부가 무효가 되는 것이 아니라, 근로기준법에서 정한 기준과 전체적으로 비교하여 그에 미치지 못하는 근로조건이 포함된 부분에 한하여 무효로 된다(대판 2019.11.28., 2019다261084).

⑤ 근로자가 퇴직하여 더 이상 근로계약 관계에 있지 않은 상황에서 퇴직 시 발생한 퇴직금청구권을 나중에 포기하는 것은 허용된다.

> 퇴직금은 사용자가 일정 기간을 계속근로하고 퇴직하는 근로자에게 계속근로에 대한 대가로서 지급하는 후불적 임금의 성질을 띤 금원으로서 구체적인 퇴직금청구권은 근로관계가 끝나는 퇴직이라는 사실을 요건으로 발생한다. 최종 퇴직 시 발생하는 퇴직금청구권을 미리 포기하는 것은 강행법규인 근로기준법, 근로자퇴직급여 보장법에 위반되어 무효이다. 그러나 근로자가 퇴직하여 더 이상 근로계약관계에 있지 않은 상황에서 퇴직 시 발생한 퇴직금청구권을 나중에 포기하는 것은 허용되고, 이러한 약정이 강행법규에 위반된다고 볼 수 없다(대판 2018.7.12., 2018다21821).

11 근로기준법령상 연차 유급휴가에 관한 설명으로 옳지 않은 것은?(다툼이 있으면 판례에 따름)

① 사용자는 1년간 80퍼센트 미만 출근한 근로자에게 1개월 개근 시 1일의 유급휴가를 주어야 한다.

> 사용자는 계속하여 근로한 기간이 1년 미만인 근로자 또는 1년간 80퍼센트 미만 출근한 근로자에게 1개월 개근 시 1일의 유급휴가를 주어야 한다(근로기준법 제60조 제2항).

② 연차 휴가기간에 지급하여야 하는 임금은 유급휴가를 주기 전이나 준 직후의 임금지급일에 지급하여야 한다.

> 근로기준법 시행령 제33조

③ 근로자가 업무상 재해 등의 사정으로 말미암아 연차휴가를 사용한 해당 연도에 전혀 출근하지 못한 경우라 하더라도 이미 부여받은 연차휴가를 사용하지 않은 데 따른 연가휴가수당은 청구할 수 있다.

> 연차휴가를 사용할 권리 혹은 연차휴가수당 청구권은 근로자가 전년도에 출근율을 충족하면서 근로를 제공하면 당연히 발생하는 것으로서, 연차휴가를 사용할 해당 연도가 아니라 그 전년도 1년간의 근로에 대한 대가에 해당한다. 따라서 근로자가 업무상 재해 등의 사정으로 말미암아 연차휴가를 사용할 해당 연도에 전혀 출근하지 못한 경우라 하더라도, 이미 부여받은 연차휴가를 사용하지 않은 데 따른 연차휴가수당은 청구할 수 있다. 이러한 연차휴가수당의 청구를 제한하는 내용의 단체협약이나 취업규칙은 근로기준법에서 정하는 기준에 미치지 못하는 근로조건을 정한 것으로서, 효력이 없다(대판 2017.5.17., 2014다232296, 232302).

④ 사용자는 근로자대표와의 서면 합의에 따라 연차 유급휴가일을 갈음하여 특정한 근로일에 근로자를 휴무시킬 수 있다.

> 근로기준법 제62조

✔️ 근로자가 업무상 재해로 휴업한 기간은 소정근로일수와 출근일수에 모두 제외시켜 출근율 계산하여야 한다.

> 근로기준법 제60조 제6항 제1호는 위와 같이 출근율을 계산할 때 근로자가 업무상의 부상 또는 질병(이하 '업무상 재해'라고 한다)으로 휴업한 기간은 출근한 것으로 간주하도록 규정하고 있다. 이는 근로자가 업무상 재해 때문에 근로를 제공할 수 없음에도 업무상 재해가 없었을 경우보다 적은 연차휴가를 부여받는 불이익을 방지하려는 데에 취지가 있다. 그러므로 근로자가 업무상 재해로 휴업한 기간은 장단(장단)을 불문하고 소정근로일수와 출근일수에 모두 포함시켜 출근율을 계산하여야 한다. 설령 그 기간이 1년 전체에 걸치거나 소정근로일수 전부를 차지한다고 하더라도, 이와 달리 볼 아무런 근거나 이유가 없다(대판 2017.5.17., 2014다232296, 232302).

12 근로기준법 위반사항 중 피해자의 명시적인 의사와 다르게 공소를 제기할 수 없는 경우는 몇 개인가?

1 2 3

- 근로자에게 1주에 평균 1회 이상의 유급휴일을 보장하지 않는 경우
- 사용자의 귀책사유로 휴업하면서 휴업수당을 지급하지 않는 경우
- 연장 · 야간 · 휴일근로에 대한 가산수당을 지급하지 않는 경우
- 친권자나 후견인이 미성년자의 근로계약을 대리하는 경우
- 근로자를 즉시 해고하면서 해고예고수당을 지급하지 않는 경우

① 1개   ✔ 2개
③ 3개   ④ 4개
⑤ 5개

> 원칙적으로 공소제기가 가능하나 <u>피해자가 처벌을 원하지 않는다는 의사를 명백하게 한 경우에는 소추가 불가능한 범죄</u>를 '반의사불벌죄'라고 한다. 근로기준법상 사용자가 근로자가 사망 또는 퇴직하여 그 지급 사유가 발생한 때부터 14일 이내에 임금 등의 금품을 지급하지 아니한 경우(제36조), 사용자가 임금지급의 원칙에 위반한 경우(제43조), 직상 수급인이 하수급인과 연대하여 지급할 임금지급 책임을 부담하지 아니하는 경우(제44조, 제44조의2), <u>사용자의 귀책사유로 휴업하면서 휴업수당을 지급하지 않는 경우</u>(제46조), 사용자가 3개월 이내의 탄력적 근로시간제, 3개월을 초과하는 탄력적 근로시간제에 따른 단위기간 중 근로자가 근로한 기간이 그 단위기간보다 짧은 경우 가산임금을 지급하지 아니하는 경우(제51조의3), 1개월을 초과하는 정산기간을 정하는 선택적 근로시간제에서 가산임금을 지급하지 아니하는 경우(제52조 제2항 제2호), <u>연장 · 야간 · 휴일근로에 대한 가산수당을 지급하지 않는 경우</u>(제56조) 등이 피해자의 명시적인 의사와 다르게 공소를 제기할 수 없는 반의사불벌죄에 해당한다(근로기준법 제109조 제2항).

13 근로기준법상 취업규칙 불이익 변경에 관한 설명으로 옳지 않은 것은?(다툼이 있으면 판례에 따름)

1 2 3

① 취업규칙의 개정이 근로자들에게 불이익하게 변경된 것인지는 취업규칙의 개정이 이루어진 시점을 기준으로 판단하여야 한다.

> 취업규칙의 개정이 근로자들에게 불이익하게 변경된 것인지는 취업규칙의 개정이 이루어진 시점을 기준으로 판단하여야 한다(대판 2022.10.14., 2022다245518).

② 근로조건이 이원화되어 있어 변경된 취업규칙이 적용되어 직접적으로 불이익을 받게 되는 근로자 집단 이외에 변경된 취업규칙의 적용이 예상되는 근로자 집단이 없는 경우에는 변경된 취업규칙이 적용되어 불이익을 받는 근로자 집단만이 동의주체가 된다.

> 여러 근로자 집단이 하나의 근로조건 체계 내에 있어 비록 취업규칙의 불이익변경 시점에는 어느 근로자 집단만이 직접적인 불이익을 받더라도 다른 근로자 집단에게도 변경된 취업규칙의 적용이 예상되는 경우에는 일부 근로자 집단은 물론 장래 변경된 취업규칙 규정의 적용이 예상되는 근로자 집단을 포함한 근로자 집단이 동의주체가 되고, 그렇지 않고 <u>근로조건이 이원화되어 있어 변경된 취업규칙이 적용되어 직접적으로 불이익을 받게 되는 근로자 집단 이외에 변경된 취업규칙의 적용이 예상되는 근로자 집단이 없는 경우에는 변경된 취업규칙이 적용되어 불이익을 받는 근로자 집단만이 동의주체가 된다</u>(대판 2009.5.28., 2009두2238).

✔️ 취업규칙이 근로자의 동의 없이 불이익하게 변경된 후에 이루어진 자의에 따른 사직 및 재입사로 근로관계가 단절된 근로자에 대하여 재입사 후 적용되는 취업규칙은 변경 전 취업규칙이다.

> 보수규정이 근로자 집단의 동의 없이 불이익하게 변경될 당시 청원경찰로 근무하던 근로자가 다른 직종으로의 전직을 위하여 자유로운 의사에 따라 청원경찰을 사직하고 그 다음날 신규채용 형식으로 고용원으로 재입사함으로써 근로관계가 단절된 경우, 그 재입사 당시 시행 중인 법규적 효력을 가진 취업규칙은 개정된 보수규정이므로 재입사 후의 근속기간에 적용되는 보수규정은 개정된 보수규정이며, 그 근로자의 최초 입사일이 근로자 집단의 동의 없이 불이익하게 변경된 보수규정의 개정 이전이라고 하여 이와 달리 볼 것은 아니다(대판 1996.10.15., 95다53188). 위 판례의 취지에 따라, 재입사한 근로자에게 재입사 후 적용되는 취업규칙은 변경 후의 취업규칙으로 보는 것이 타당하다.

④ 근로자의 동의를 얻지 않은 취업규칙 불이익 변경의 경우 그 변경으로 기득이익이 침해되는 기존의 근로자에게는 종전 취업규칙의 효력이 그대로 유지되지만, 변경 후에 근로관계를 갖게 된 근로자에게는 변경된 취업규칙이 적용된다.

> 취업규칙의 작성·변경에 관한 권한은 원칙적으로 사용자에게 있으므로, 사용자는 그 의사에 따라 취업규칙을 작성·변경할 수 있으나, 근로기준법 제94조에 따라 노동조합 또는 근로자 과반수의 의견을 들어야 하고, 특히 근로자에게 불이익하게 변경하는 경우에는 그 동의를 얻어야 한다. 이때 '근로자의 동의'는 근로자의 집단적 의사결정방법에 의한 동의임을 요하고, 이러한 동의를 얻지 못한 취업규칙의 변경은 효력이 없다. 그러므로 사용자가 취업규칙에서 정한 근로조건을 근로자에게 불리하게 변경할 때 근로자의 동의를 얻지 않은 경우에 그 변경으로 기득이익이 침해되는 기존의 근로자에 대한 관계에서는 종전 취업규칙의 효력이 그대로 유지되지만, 변경된 취업규칙에 따른 근로조건을 수용하고 근로관계를 갖게 된 근로자에 대한 관계에서는 당연히 변경된 취업규칙이 적용되고, 기득이익의 침해라는 효력배제사유가 없는 변경 후 취업근로자에 대해서까지 변경의 효력을 부인하여 종전 취업규칙이 적용되어야 한다고 볼 수는 없다(대판 2022.10.14., 2022다245518).

⑤ 취업규칙 불이익 변경 시 근로자 과반수로 구성된 노동조합이 없는 때에는 근로자들의 회의방식에 관한 과반수 동의가 필요하다.

> 취업규칙의 작성·변경에 관한 권한은 원칙적으로 사용자에게 있으므로 사용자는 그 의사에 따라서 취업규칙을 작성·변경할 수 있고, 다만 취업규칙의 변경에 의하여 기존 근로조건의 내용을 일방적으로 근로자에게 불이익하게 변경하려면 종전 취업규칙의 적용을 받고 있던 근로자 집단의 집단적 의사결정방법에 의한 동의를 요한다고 할 것인바, 그 동의방법은 근로자 과반수로 조직된 노동조합이 있는 경우에는 그 노동조합의, 그와 같은 노동조합이 없는 경우에는 근로자들의 회의방식에 의한 과반수의 동의가 있어야 하고, 여기서 말하는 근로자의 과반수라 함은 기존 취업규칙의 적용을 받는 근로자 집단의 과반수를 뜻한다(대판 2008.2.29., 2007다85997).

14 기간제 및 단시간근로자 보호 등에 관한 법령상 사용기간의 제한과 관련된 설명으로 옳지 않은 것은?(다툼이 있으면 판례에 따름)

1 2 3

① 사용자의 부당한 갱신거절로 인해 근로자가 실제로 근로를 제공하지 못한 기간도 계약갱신에 대한 정당한 기대권이 존속하는 범위에서는 기간제 및 단시간근로자 보호 등에 관한 법률에서 정한 2년의 사용제한기간에 포함된다.

> 기간제법의 기간제근로자 보호 취지, 사용자의 부당한 갱신거절로 인한 효과 등을 고려하면, 사용자의 부당한 갱신거절로 인해 근로자가 실제로 근로를 제공하지 못한 기간도 계약갱신에 대한 정당한 기대권이 존속하는 범위에서는 기간제법 제4조 제2항에서 정한 2년의 사용제한기간에 포함된다고 보아야 한다(대판 2018.6.19., 2013다85523).

✅ 사용자는 4주 동안을 평균하여 1주 동안의 소정근로시간이 15시간 미만인 근로자를 2년을 초과하여 기간제근로자로 사용할 수 없다.

> 사용자가 4주 동안(4주 미만으로 근로하는 경우에는 그 기간)을 평균하여 1주 동안의 소정근로시간이 15시간 미만에 해당하는 등 1주 동안의 소정근로시간이 뚜렷하게 짧은 단시간근로자를 사용하는 경우에는 2년을 초과하여 기간제근로자로 사용할 수 있다(기간제 및 단시간근로자 보호 등에 관한 법률 제4조 제1항 제6호, 동법 시행령 제3조 제3항 제6호). ⚖️

③ 사용자는 외국에서 수여받은 박사 학위를 소지하고 해당 분야에 종사하는 근로자를 2년을 초과하여 기간제근로자로 사용할 수 있다.

> 기간제 및 단시간근로자 보호 등에 관한 법률 제4조 제1항 제5호, 동법 시행령 제3조 제1항 제1호 ⚖️

④ 사용자는 기간의 정함이 없는 근로계약을 체결하고자 하는 경우에는 해당 사업 또는 사업장의 동종 또는 유사한 업무에 종사하는 기간제근로자를 우선적으로 고용하도록 노력하여야 한다.

> 기간제 및 단시간근로자 보호 등에 관한 법률 제5조

⑤ 기간제 및 단시간근로자 보호 등에 관한 법률은 총 사용기간을 2년으로 제한할 뿐 그 기간 중에 반복갱신의 횟수는 제한하고 있지 않다.

> 기간제 및 단시간근로자 보호 등에 관한 법률 제4조 제1항에 따르면 사용자는 기간제 근로계약의 반복갱신 등의 경우에는 그 계속근로한 총기간이 2년을 초과하지 아니하는 범위 안에서 기간제근로자를 사용할 수 있다. 그러나 그 범위 안에서의 반복갱신의 횟수를 제한하고 있지는 않다. ⚖️

⚖️ 법령

> **기간제 및 단시간근로자 보호 등에 관한 법률 제4조(기간제근로자의 사용)**
> ① 사용자는 2년을 초과하지 아니하는 범위 안에서(기간제 근로계약의 반복갱신 등의 경우에는 그 계속근로한 총기간이 2년을 초과하지 아니하는 범위 안에서) 기간제근로자를 사용할 수 있다. 다만, 다음 각 호의 어느 하나에 해당하는 경우에는 2년을 초과하여 기간제근로자로 사용할 수 있다.
> 1. 사업의 완료 또는 특정한 업무의 완성에 필요한 기간을 정한 경우
> 2. 휴직·파견 등으로 결원이 발생하여 해당 근로자가 복귀할 때까지 그 업무를 대신할 필요가 있는 경우
> 3. 근로자가 학업, 직업훈련 등을 이수함에 따라 그 이수에 필요한 기간을 정한 경우
> 4. 고령자고용촉진법 제2조 제1호의 고령자와 근로계약을 체결하는 경우
> 5. 전문적 지식·기술의 활용이 필요한 경우와 정부의 복지정책·실업대책 등에 따라 일자리를 제공하는 경우로서 대통령령으로 정하는 경우
> 6. 그 밖에 제1호부터 제5호까지에 준하는 합리적인 사유가 있는 경우로서 대통령령으로 정하는 경우

2023년

기간제 및 단시간근로자 보호 등에 관한 법률 시행령 제3조(기간제근로자 사용기간 제한의 예외)

① 법 제4조 제1항 제5호에서 "전문적 지식·기술의 활용이 필요한 경우로서 대통령령이 정하는 경우"란 다음 각 호의 어느 하나에 해당하는 경우를 말한다.

1. 박사 학위(외국에서 수여받은 박사 학위를 포함한다)를 소지하고 해당 분야에 종사하는 경우
2. 국가기술자격법 제9조 제1항 제1호에 따른 기술사 등급의 국가기술자격을 소지하고 해당 분야에 종사하는 경우
3. 별표 2에서 정한 전문자격을 소지하고 해당 분야에 종사하는 경우

③ 법 제4조 제1항 제6호에서 "대통령령이 정하는 경우"란 다음 각 호의 어느 하나에 해당하는 경우를 말한다.

1. 다른 법령에서 기간제근로자의 사용 기간을 법 제4조 제1항과 달리 정하거나 별도의 기간을 정하여 근로계약을 체결할 수 있도록 한 경우
2. 국방부장관이 인정하는 군사적 전문적 지식·기술을 가지고 관련 직업에 종사하거나 고등교육법 제2조 제1호에 따른 대학에서 안보 및 군사학 과목을 강의하는 경우
3. 특수한 경력을 갖추고 국가안전보장, 국방·외교 또는 통일과 관련된 업무에 종사하는 경우
4. 고등교육법 제2조에 따른 학교(같은 법 제30조에 따른 대학원대학을 포함한다)에서 다음 각 목의 업무에 종사하는 경우
   가. 고등교육법 제14조에 따른 강사, 조교의 업무
   나. 고등교육법 시행령 제7조에 따른 명예교수, 겸임교원, 초빙교원 등의 업무
5. 통계법 제22조에 따라 고시한 한국표준직업분류의 대분류 1과 대분류 2 직업에 종사하는 자의 소득세법 제20조 제1항에 따른 근로소득(최근 2년간의 연평균근로소득을 말한다)이 고용노동부장관이 최근 조사한 고용형태별근로실태조사의 한국표준직업분류 대분류 2 직업에 종사하는 자의 근로소득 상위 100분의 25에 해당하는 경우
6. 근로기준법 제18조 제3항에 따른 1주 동안의 소정근로시간이 뚜렷하게 짧은 단시간근로자를 사용하는 경우

15 기간제 및 단시간근로자 보호 등에 관한 법률에 관한 내용으로 옳지 않은 것은?

1
2
3

① 사용자는 가사를 이유로 근로자가 단시간근로를 신청하는 때에는 해당 근로자를 단시간근로자로 전환하도록 노력하여야 한다.

> 사용자는 가사, 학업 그 밖의 이유로 근로자가 단시간근로를 신청하는 때에는 해당 근로자를 단시간근로자로 전환하도록 노력하여야 한다(기간제 및 단시간근로자 보호 등에 관한 법률 제7조 제2항).

② 단시간근로자의 동의를 받으면 소정근로시간을 초과하여 근로를 하게 할 수 있으나, 1주 12시간을 초과할 수는 없다.

> 사용자는 단시간근로자에 대하여 근로기준법 제2조의 소정근로시간을 초과하여 근로하게 하는 경우에는 해당 근로자의 동의를 얻어야 한다. 이 경우 1주간에 12시간을 초과하여 근로하게 할 수 없다(기간제 및 단시간근로자 보호 등에 관한 법률 제6조 제1항).

③ 사업장에서 기간제 및 단시간근로자 보호 등에 관한 법률을 위반한 사실이 있는 경우 근로자는 그 사실을 고용노동부장관 또는 근로감독관에게 통지할 수 있다.

> 기간제 및 단시간근로자 보호 등에 관한 법률 제18조

☑️ 기간제근로자와 근로계약을 체결할 때 근로계약기간 등 근로조건의 서면명시를 하지 않으면 500만원 이하의 벌금에 처한다.

> 기간제근로자와 근로계약을 체결할 때 근로계약기간 등 근로조건을 서면으로 명시하지 아니한 자에게는 500만원 이하의 과태료를 부과한다(기간제 및 단시간근로자 보호 등에 관한 법률 제24조 제2항 제2호). ⚖️

⑤ 사용자는 단시간근로자와 근로계약을 체결하는 때에는 근로일 및 근로일별 근로시간을 서면으로 명시하여야 한다.

> 기간제 및 단시간근로자 보호 등에 관한 법률 제17조 제6호

⚖️ 법령

기간제 및 단시간근로자 보호 등에 관한 법률 제24조(과태료)
① 제14조(제15조의2 제4항 및 제15조의3 제2항에 따라 준용되는 경우를 포함한다)에 따라 확정된 시정명령을 정당한 이유 없이 이행하지 아니한 자에게는 1억원 이하의 과태료를 부과한다.
② 다음 각 호의 어느 하나에 해당하는 자에게는 500만원 이하의 과태료를 부과한다.
 1. 제15조 제1항(제15조의2 제4항 및 제15조의3 제2항에 따라 준용되는 경우를 포함한다)을 위반하여 정당한 이유 없이 고용노동부장관의 이행상황 제출요구에 따르지 아니한 자
 2. 제17조의 규정을 위반하여 근로조건을 서면으로 명시하지 아니한 자

기간제 및 단시간근로자 보호 등에 관한 법률 제17조(근로조건의 서면명시)
사용자는 기간제근로자 또는 단시간근로자와 근로계약을 체결하는 때에는 다음 각 호의 모든 사항을 서면으로 명시하여야 한다. 다만, 제6호는 단시간근로자에 한정한다.
1. 근로계약기간에 관한 사항
2. 근로시간 · 휴게에 관한 사항
3. 임금의 구성항목 · 계산방법 및 지불방법에 관한 사항
4. 휴일 · 휴가에 관한 사항
5. 취업의 장소와 종사하여야 할 업무에 관한 사항
6. 근로일 및 근로일별 근로시간

16 남녀고용평등과 일·가정 양립 지원에 관한 법률상 분쟁의 예방과 해결에 관한 설명으로 옳지 않은 것은?

① 근로자가 노동위원회에 차별적 처우 등의 시정신청을 하는 경우에는 차별적 처우 등의 내용을 구체적으로 명시하여야 한다.

> 남녀고용평등과 일·가정 양립 지원에 관한 법률 제26조 제2항

☑ 노동위원회는 확정된 시정명령에 대하여 사업주에게 이행상황을 제출할 것을 요구할 수 있다.

> 고용노동부장관은 확정된 시정명령에 대하여 사업주에게 이행상황을 제출할 것을 요구할 수 있다(남녀고용평등과 일·가정 양립 지원에 관한 법률 제29조의4 제1항).

③ 노동위원회는 사업주의 차별적 처우 등이 반복되는 경우에는 손해액을 기준으로 3배를 넘지 아니하는 범위에서 배상을 명령할 수 있다.

> 제1항에 따라 배상을 하도록 한 경우 그 배상액은 차별적 처우 등으로 근로자에게 발생한 손해액을 기준으로 정한다. 다만, 노동위원회는 사업주의 차별적 처우 등에 명백한 고의가 인정되거나 차별적 처우 등이 반복되는 경우에는 그 손해액을 기준으로 3배를 넘지 아니하는 범위에서 배상을 명령할 수 있다(남녀고용평등과 일·가정 양립 지원에 관한 법률 제29조의2 제2항).

④ 고용노동부장관은 사업주가 차별적 처우를 한 경우에는 그 시정을 요구할 수 있다.

> 남녀고용평등과 일·가정 양립 지원에 관한 법률 제29조의5 제1항

⑤ 근로자는 사업주로부터 차별적 처우 등을 받은 경우 노동위원회에 차별적 처우 등을 받은 날(차별적 처우 등이 계속되는 경우에는 그 종료일)부터 6개월 이내에 그 시정을 신청할 수 있다.

> 근로자는 사업주로부터 차별적 처우 등(이하 "차별적 처우 등"이라 한다)을 받은 경우 노동위원회법 노동위원회(이하 "노동위원회"라 한다)에 그 시정을 신청할 수 있다. 다만, 차별적 처우 등을 받은 날(차별적 처우 등이 계속되는 경우에는 그 종료일)부터 6개월이 지난 때에는 그러하지 아니하다(남녀고용평등과 일·가정 양립 지원에 관한 법률 제26조 제1항).

17 남녀고용평등과 일·가정 양립 지원에 관한 법률상 가족돌봄 등을 위한 근로시간 단축에 관한 설명으로 옳지 않은 것은?

① 사업주는 근로시간 단축을 하고 있는 근로자가 명시적으로 청구하는 경우에는 단축된 근로시간 외에 주 12시간 이내에서 연장근로를 시킬 수 있다.

> 사업주는 근로시간 단축을 하고 있는 근로자에게 단축된 근로시간 외에 연장근로를 요구할 수 없다. 다만, 그 근로자가 명시적으로 청구하는 경우에는 사업주는 주 12시간 이내에서 연장근로를 시킬 수 있다(남녀고용평등과 일·가정 양립 지원에 관한 법률 제22조의4 제3항).

② 사업주가 해당 근로자에게 근로시간 단축을 허용하는 경우 단축 후 근로시간은 주당 15시간 이상이어야 하고 30시간을 넘어서는 아니 된다.

> 남녀고용평등과 일·가정 양립 지원에 관한 법률 제22조의3 제3항

③ 근로자는 근로자의 학업을 위한 경우에는 근로시간 단축의 기간을 연장할 수 없다.

> 근로시간 단축의 기간은 1년 이내로 한다. 다만, 제1항 제1호부터 제3호까지의 어느 하나에 해당하는 근로자는 합리적 이유가 있는 경우에 추가로 2년의 범위 안에서 근로시간 단축의 기간을 연장할 수 있다(남녀고용평등과 일·가정 양립 지원에 관한 법률 제22조의3 제1항 및 제4항). 이때, 근로자의 학업을 위한 경우는 남녀고용평등과 일·가정 양립 지원에 관한 법률 제22조의3 제1항 제4호로서 근로시간 단축의 기간 연장 기준에 포함되지 않는다. ⚖️

✔️ 사업주가 근로시간 단축을 허용하지 아니하는 경우에는 해당 근로자에게 그 사유를 서면으로 통보하고 그 밖의 조치를 통하여 지원할 수 있는지를 해당 사업장의 근로자대표와 서면으로 협의하여야 한다.

> 사업주가 근로시간 단축을 허용하지 아니하는 경우에는 해당 근로자에게 그 사유를 서면으로 통보하고 휴직을 사용하게 하거나 그 밖의 조치를 통하여 지원할 수 있는지를 해당 근로자와 협의하여야 한다(남녀고용평등과 일·가정 양립 지원에 관한 법률 제22조의3 제2항).

⑤ 근로시간 단축을 한 근로자의 근로조건은 사업주와 그 근로자 간에 서면으로 정한다.

> 남녀고용평등과 일·가정 양립 지원에 관한 법률 제22조의4 제2항

법령

남녀고용평등과 일·가정 양립 지원에 관한 법률 제22조의3(가족돌봄 등을 위한 근로시간 단축)
① 사업주는 근로자가 다음 각 호의 어느 하나에 해당하는 사유로 근로시간의 단축을 신청하는 경우에 이를 허용하여야 한다. 다만, 대체인력 채용이 불가능한 경우, 정상적인 사업 운영에 중대한 지장을 초래하는 경우 등 대통령령으로 정하는 경우에는 그러하지 아니하다.
1. 근로자가 가족의 질병, 사고, 노령으로 인하여 그 가족을 돌보기 위한 경우
2. 근로자 자신의 질병이나 사고로 인한 부상 등의 사유로 자신의 건강을 돌보기 위한 경우
3. 55세 이상의 근로자가 은퇴를 준비하기 위한 경우
4. 근로자의 학업을 위한 경우
④ 근로시간 단축의 기간은 1년 이내로 한다. 다만, 제1항 제1호부터 제3호까지의 어느 하나에 해당하는 근로자는 합리적 이유가 있는 경우에 추가로 2년의 범위 안에서 근로시간 단축의 기간을 연장할 수 있다.

18 파견근로자 보호 등에 관한 법률상 근로기준법의 적용 특례에 관한 설명으로 옳지 않은 것은?

1
2
3

✔️ 휴업수당의 지급에 대해서는 사용사업주를 사용자로 본다.

> 파견 중인 근로자의 파견근로에 관하여는 파견사업주 및 사용사업주를 근로기준법 제2조 제1항 제2호의 사용자로 보아 같은 법을 적용한다. 다만, 근로기준법 제36조(근로자 퇴직 시 금품청산), 제46조(휴업수당의 지급), 제56조(야간근로수당의 지급), 제60조(연차유급휴가의 부여) 등을 적용할 경우에는 파견사업주를 사용자로 보고, 같은 법 제54조(휴게시간의 부여)를 적용할 경우에는 사용사업주를 사용자로 본다(파견근로자 보호 등에 관한 법률 제34조 제1항).

② 근로자 퇴직 시 금품청산에 대해서는 파견사업주를 사용자로 본다.

③ 휴게시간의 부여에 대해서는 사용사업주를 사용자로 본다.

④ 연차유급휴가의 부여에 대해서는 파견사업주를 사용자로 본다.

⑤ 야간근로수장의 지급에 대해서는 파견사업주를 사용자로 본다.

19 산업안전보건법상 유해 · 위험 방지 조치 중 사업주의 의무로 명시되어 있지 않은 것은?

① 위험성평가의 실시(산업안전보건법 제36조)

> 사업주는 건설물, 기계 · 기구 · 설비, 원재료, 가스, 증기, 분진, 근로자의 작업행동 또는 그 밖의 업무로 인한 유해 · 위험 요인을 찾아내어 부상 및 질병으로 이어질 수 있는 위험성의 크기가 허용 가능한 범위인지를 평가하여야 하고, 그 결과에 따라 이 법과 이 법에 따른 명령에 따른 조치를 하여야 하며, 근로자에 대한 위험 또는 건강장해를 방지하기 위하여 필요한 경우에는 추가적인 조치를 하여야 한다(산업안전보건법 제36조 제1항).

② 공정안전보고서의 작성 · 제출(산업안전보건법 제44조)

> 사업주는 사업장에 대통령령으로 정하는 유해하거나 위험한 설비가 있는 경우 그 설비로부터의 위험물질 누출, 화재 및 폭발 등으로 인하여 사업장 내의 근로자에게 즉시 피해를 주거나 사업장 인근 지역에 피해를 줄 수 있는 사고로서 대통령령으로 정하는 사고(이하 "중대산업사고"라 한다)를 예방하기 위하여 대통령령으로 정하는 바에 따라 공정안전보고서를 작성하고 고용노동부장관에게 제출하여 심사를 받아야 한다(산업안전보건법 제44조 제1항).

✔ ③ 중대재해 원인조사(산업안전보건법 제56조)

> 고용노동부장관은 중대재해가 발생하였을 때에는 그 원인 규명 또는 산업재해 예방대책 수립을 위하여 그 발생 원인을 조사할 수 있다(산업안전보건법 제56조 제1항). 즉, 중대재해 원인조사는 사업주의 의무가 아닌 고용노동부장관의 권한으로 규정되고 있다.

④ 유해 · 위험방지계획서의 작성 · 제출(산업안전보건법 제42조)

> 사업주는 다음 각 호의 어느 하나에 해당하는 경우에는 이 법 또는 이 법에 따른 명령에서 정하는 유해 · 위험 방지에 관한 사항을 적은 계획서(이하 "유해위험방지계획서"라 한다)를 작성하여 고용노동부령으로 정하는 바에 따라 고용노동부장관에게 제출하고 심사를 받아야 한다(산업안전보건법 제42조 제1항).

⑤ 안전보건표지의 설치 · 부착(산업안전보건법 제37조)

> 사업주는 유해하거나 위험한 장소 · 시설 · 물질에 대한 경고, 비상시에 대처하기 위한 지시 · 안내 또는 그 밖에 근로자의 안전 및 보건 의식을 고취하기 위한 사항 등을 그림, 기호 및 글자 등으로 나타낸 표지(이하 이 조에서 "안전보건표지"라 한다)를 근로자가 쉽게 알아 볼 수 있도록 설치하거나 붙여야 한다(산업안전보건법 제37조).

20 최저임금법령상 최저임금의 적용을 받는 사용자가 근로자에게 주지시켜야 할 최저임금의 내용을 모두 고른 것은?

> ㄱ. 적용을 받는 근로자의 최저임금액
> ㄴ. 최저임금에 산입하지 아니하는 금액
> ㄷ. 해당 사업에서 최저임금의 적용을 제외할 근로자의 범위
> ㄹ. 최저임금의 효력발생 연월일

① ㄱ, ㄷ   ② ㄴ, ㄹ

③ ㄱ, ㄴ, ㄷ   ④ ㄱ, ㄴ, ㄹ

✔ ⑤ ㄱ, ㄴ, ㄷ, ㄹ

> 최저임금법 제11조 및 동법 시행령 제11조 제1항에 따라 ㄱ, ㄴ, ㄷ, ㄹ 모두 최저임금의 적용을 받는 사용자의 주지의무의 내용에 포함된다. ⚖

법령

최저임금법 제11조(주지 의무)

최저임금의 적용을 받는 사용자는 대통령령으로 정하는 바에 따라 해당 최저임금을 그 사업의 근로자가 쉽게 볼 수 있는 장소에 게시하거나 그 외의 적당한 방법으로 근로자에게 널리 알려야 한다.

최저임금법 시행령 제11조(주지 의무)

① 법 제11조에 따라 사용자가 근로자에게 주지시켜야 할 최저임금의 내용은 다음 각 호와 같다.

   1. 적용을 받는 근로자의 최저임금액

   2. 법 제6조 제4항에 따라 최저임금에 산입하지 아니하는 임금

   3. 법 제7조에 따라 해당 사업에서 최저임금의 적용을 제외할 근로자의 범위

   4. 최저임금의 효력발생 연월일

21 외국인근로자의 고용 등에 관한 법률에 관한 설명으로 옳지 않은 것은?

☑ 사용자는 외국인근로자의 귀국 시 필요한 비용에 충당하기 위해 보험 또는 신탁에 가입해야 한다.

> 외국인근로자를 고용한 사업 또는 사업장의 사용자(이하 "사용자"라 한다)는 외국인근로자의 출국 등에 따른 퇴직금 지급을 위하여 외국인근로자를 피보험자 또는 수익자(이하 "피보험자 등"이라 한다)로 하는 보험 또는 신탁(이하 "출국만기보험 등"이라 한다)에 가입하여야 한다(외국인근로자의 고용 등에 관한 법률 제13조 제1항).

② 외국인근로자를 고용하려는 자는 직업안정법에 따른 직업안정기관에 우선 내국인 구인 신청을 하여야 한다.

> 외국인근로자의 고용 등에 관한 법률 제6조 제1항

③ 외국인근로자는 입국한 후에 국내 취업활동에 필요한 사항을 주지시키기 위하여 실시하는 교육을 받아야 한다.

> 외국인근로자는 입국한 후에 고용노동부령으로 정하는 기간 이내에 한국산업인력공단 또는 제11조의3에 따른 외국인 취업교육기관에서 국내 취업활동에 필요한 사항을 주지(周知)시키기 위하여 실시하는 교육(이하 "외국인 취업교육"이라 한다)을 받아야 한다(외국인근로자의 고용 등에 관한 법률 제11조 제1항).

④ 취업활동 기간이 연장되는 외국인근로자와 사용자는 연장된 취업활동 기간의 범위에서 근로계약을 체결할 수 있다.

> 외국인근로자의 고용 등에 관한 법률 제9조 제4항

⑤ 선원법의 적용을 받는 선박에 승무하는 선원 중 대한민국 국적을 가지지 아니한 선원에 대하여는 외국인근로자의 고용 등에 관한 법률을 적용하지 않는다.

> 이 법은 외국인근로자 및 외국인근로자를 고용하고 있거나 고용하려는 사업 또는 사업장에 적용한다. 다만, 선원법의 적용을 받는 선박에 승무(乘務)하는 선원 중 대한민국 국적을 가지지 아니한 선원 및 그 선원을 고용하고 있거나 고용하려는 선박의 소유자에 대하여는 적용하지 아니한다(외국인근로자의 고용 등에 관한 법률 제3조 제1항).

22 근로복지기본법에 따라 근로자의 복지향상을 위한 지원을 할 때 우대될 수 있도록 하여야 하는 근로자를 모두 고른 것은?

> ㄱ. 중소 · 영세기업 근로자
> ㄴ. 저소득근로자
> ㄷ. 장기근속근로자
> ㄹ. 파견근로자 보호 등에 관한 법률에 따른 파견근로자

① ㄱ, ㄴ
② ㄱ, ㄷ
③ ㄱ, ㄴ, ㄹ
④ ㄴ, ㄷ, ㄹ
☑ ㄱ, ㄴ, ㄷ, ㄹ

> 이 법에 따른 근로자의 복지향상을 위한 지원을 할 때에는 중소 · 영세기업 근로자, 기간제근로자(기간제 및 단시간근로자 보호 등에 관한 법률 제2조 제1호에 따른 기간제근로자를 말한다), 단시간근로자(근로기준법 제2조 제1항 제9호에 따른 단시간근로자를 말한다), 파견근로자(파견근로자 보호 등에 관한 법률 제2조 제5호에 따른 파견근로자를 말한다. 이하 같다), 하수급인(고용보험 및 산업재해보상보험의 보험료징수 등에 관한 법률 제2조제5호에 따른 하수급인을 말한다)이 고용하는 근로자, 저소득근로자 및 장기근속근로자가 우대될 수 있도록 하여야 한다(근로복지기본법 제3조 제3항).

23 직업안정법에 관한 설명으로 옳은 것은?

① 고용노동부장관은 직업안정기관에 직업소개, 직업지도 및 고용정보 제공 등의 업무를 담당하는 민간직업상담원을 배치하여야 한다.

> 고용노동부장관은 직업안정기관에 직업소개, 직업지도 및 고용정보 제공 등의 업무를 담당하는 공무원이 아닌 직업상담원(이하 "민간직업상담원"이라 한다)을 배치할 수 있다(직업안정법 제4조의4 제1항).

② 고용노동부장관은 새로 취업하려는 사람에게 직업지도를 하여야 한다.

> 직업안정기관의 장은 새로 취업하려는 사람에게 직업지도를 하여야 한다(직업안정법 제14조 제1항 제1호).

☑ 누구든지 국외에 취업할 근로자를 모집한 경우에는 고용노동부장관에게 신고하여야 한다.

> 직업안정법 제30조 제1항

④ 고용노동부장관은 무료직업소개사업 경비의 전부 또는 일부를 보조하여야 한다.

> 고용노동부장관은 무료직업소개사업 경비의 전부 또는 일부를 보조할 수 있다(직업안정법 제45조).

⑤ 직업안정기관의 장은 구직신청 내용이 법령을 위반한 경우에도 구직신청의 수리를 거부하여서는 아니 된다.

> 직업안정기관의 장은 구직신청의 수리를 거부하여서는 아니 된다. 다만, 그 신청 내용이 법령을 위반한 경우에는 그러하지 아니하다(직업안정법 제9조 제1항).

24 근로자퇴직급여 보장법령상 퇴직급여제도에 관한 설명으로 옳지 않은 것은?

1
2
3

✓ 가입자의 부양가족의 혼례비를 가입자가 부담하는 경우에는 퇴직연금제도의 급여를 받을 권리는 담보로 제공할 수 없다.

> 가입자는 가입자의 부양가족의 대학등록금, 혼례비 또는 장례비를 가입자가 부담하는 경우, 대통령령으로 정하는 한도에서 퇴직연금제도의 급여를 받을 권리를 담보로 제공할 수 있다(근로자퇴직급여 보장법 제7조 제2항, 동법 시행령 제2조 제1항 제4호의2). ⚖¹

② 무주택자인 가입자가 본인 명의로 주택을 구입하는 경우 가입자별 적립금의 100분의 50 한도에서 퇴직연금제도의 급여를 받을 권리를 담보로 제공할 수 있다.

> 근로자퇴직급여 보장법 제7조 제2항, 동법 시행령 제2조 제1항 제1호, 제2항 제1호 ⚖¹

③ 6개월 이상 요양을 필요로 하는 근로자의 부상의료비를 근로자 본인 연간 임금총액의 1천분의 125를 초과하여 부담하는 경우 퇴직금을 미리 정산하여 지급할 수 있다.

> 근로자퇴직급여 보장법 제8조 제2항, 동법 시행령 제3조 제1항 제3호 가목 ⚖²

④ 퇴직금을 중간정산하여 지급한 후의 퇴직금 산정을 위한 계속근로기간은 정산시점부터 새로 계산한다. 근로자퇴직급여 보장법 제8조 제2항 ⚖²

⑤ 사용자는 퇴직금을 미리 정산하여 지급한 경우 근로자가 퇴직한 후 5년이 되는 날까지 관련 증명 서류를 보존하여야 한다. 근로자퇴직급여 보장법 시행령 제3조 제2항 ⚖²

⚖¹
법령

근로자퇴직급여 보장법 제7조(수급권의 보호)
① 퇴직연금제도(중소기업퇴직연금기금제도를 포함한다. 이하 이 조에서 같다)의 급여를 받을 권리는 양도 또는 압류하거나 담보로 제공할 수 없다.
② 제1항에도 불구하고 가입자는 주택구입 등 대통령령으로 정하는 사유와 요건을 갖춘 경우에는 대통령령으로 정하는 한도에서 퇴직연금제도의 급여를 받을 권리를 담보로 제공할 수 있다. 이 경우 제26조에 따라 등록한 퇴직연금사업자[중소기업퇴직연금기금제도의 경우 「산업재해보상보험법」 제10조에 따른 근로복지공단(이하 "공단"이라 한다)을 말한다]는 제공된 급여를 담보로 한 대출이 이루어지도록 협조하여야 한다.

근로자퇴직급여 보장법 시행령 제2조(퇴직연금제도 수급권의 담보제공 사유 등)
① 근로자퇴직급여 보장법(이하 "법"이라 한다) 제7조 제2항 전단에서 "주택구입 등 대통령령으로 정하는 사유와 요건을 갖춘 경우"란 다음 각 호의 어느 하나에 해당하는 경우를 말한다.
  1. 무주택자인 가입자가 본인 명의로 주택을 구입하는 경우
  1의2. 무주택자인 가입자가 주거를 목적으로 「민법」 제303조에 따른 전세금 또는 「주택임대차보호법」 제3조의2에 따른 보증금을 부담하는 경우. 이 경우 가입자가 하나의 사업 또는 사업장(이하 "사업"이라 한다)에 근로하는 동안 1회로 한정한다.
  2. 가입자가 6개월 이상 요양을 필요로 하는 다음 각 목의 어느 하나에 해당하는 사람의 질병이나 부상에 대한 의료비(소득세법 시행령 제118조의5 제1항 및 제2항에 따른 의료비를 말한다. 이하 같다)를 부담하는 경우
    가. 가입자 본인
    나. 가입자의 배우자
    다. 가입자 또는 그 배우자의 부양가족(소득세법 제50조 제1항 제3호에 따른 부양가족을 말한다. 이하 같다)
  3. 담보를 제공하는 날부터 거꾸로 계산하여 5년 이내에 가입자가 「채무자 회생 및 파산에 관한 법률」에 따라 파산선고를 받은 경우

4. 담보를 제공하는 날부터 거꾸로 계산하여 5년 이내에 가입자가 채무자 회생 및 파산에 관한 법률에 따라 개인회생절차개시 결정을 받은 경우

4의2. 다음 각 목의 어느 하나에 해당하는 사람의 대학등록금, 혼례비 또는 장례비를 가입자가 부담하는 경우
　가. 가입자 본인
　나. 가입자의 배우자
　다. 가입자 또는 그 배우자의 부양가족

5. 사업주의 휴업 실시로 근로자의 임금이 감소하거나 재난(「재난 및 안전관리 기본법」 제3조 제1호에 따른 재난을 말한다. 이하 같다)으로 피해를 입은 경우로서 고용노동부장관이 정하여 고시하는 사유와 요건에 해당하는 경우

② 법 제7조 제2항 전단에서 "대통령령으로 정하는 한도"란 다음 각 호의 구분에 따른 한도를 말한다.
1. 제1항 제1호, 제1호의2, 제2호부터 제4호까지 및 제4호의2의 경우 : 가입자별 적립금의 100분의 50
2. 제1항 제5호의 경우 : 임금 감소 또는 재난으로 입은 가입자의 피해 정도 등을 고려하여 고용노동부장관이 정하여 고시하는 한도

법령²

근로자퇴직급여 보장법 제8조(퇴직금제도의 설정 등)

① 퇴직금제도를 설정하려는 사용자는 계속근로기간 1년에 대하여 30일분 이상의 평균임금을 퇴직금으로 퇴직근로자에게 지급할 수 있는 제도를 설정하여야 한다.

② 제1항에도 불구하고 사용자는 주택구입 등 대통령령으로 정하는 사유로 근로자가 요구하는 경우에는 근로자가 퇴직하기 전에 해당 근로자의 계속근로기간에 대한 퇴직금을 미리 정산하여 지급할 수 있다. 이 경우 미리 정산하여 지급한 후의 퇴직금 산정을 위한 계속근로기간은 정산시점부터 새로 계산한다.

근로자퇴직급여 보장법 시행령 제3조(퇴직금의 중간정산 사유)

① 법 제8조 제2항 전단에서 "주택구입 등 대통령령으로 정하는 사유"란 다음 각 호의 경우를 말한다.
1. 무주택자인 근로자가 본인 명의로 주택을 구입하는 경우
2. 무주택자인 근로자가 주거를 목적으로 「민법」 제303조에 따른 전세금 또는 「주택임대차보호법」 제3조의2에 따른 보증금을 부담하는 경우. 이 경우 근로자가 하나의 사업에 근로하는 동안 1회로 한정한다.
3. 근로자가 6개월 이상 요양을 필요로 하는 다음 각 목의 어느 하나에 해당하는 사람의 질병이나 부상에 대한 의료비를 해당 근로자가 본인 연간 임금총액의 1천분의 125를 초과하여 부담하는 경우
　가. 근로자 본인
　나. 근로자의 배우자
　다. 근로자 또는 그 배우자의 부양가족

② 사용자는 제1항 각 호의 사유에 따라 퇴직금을 미리 정산하여 지급한 경우 근로자가 퇴직한 후 5년이 되는 날까지 관련 증명 서류를 보존하여야 한다.

25 임금채권보장법령상 대지급금에 관한 설명으로 옳지 않은 것은?

① 퇴직한 근로자의 대지급금을 지급받을 권리는 양도 또는 압류하거나 담보로 제공할 수 없다.

> 임금채권보장법 제11조의2 제1항

② 대지급금을 받을 권리가 있는 사람이 부상으로 대지급금을 수령할 수 없는 경우에는 그 가족에게 수령을 위임할 수 있다.

> 임금채권보장법 제11조의2 제2항, 동법 시행령 제18조의2 제1항

✔ 도산대지급금의 경우 도산등사실인정이 있은 날부터 1년 이내 고용노동부장관에게 대지급금 지급을 청구해야 한다.

> 도산대지급금의 경우 파산선고 등 또는 도산등사실인정이 있은 날부터 <u>2년 이내</u>에 고용노동부장관에게 대지급금의 지급을 청구해야 한다(임금채권보장법 시행령 제9조 제1항 제1호). ⚖

④ 대지급금수급계좌의 예금에 관한 채권은 압류할 수 없다.

> 임금채권보장법 제11조의2 제4항

⑤ 재직 근로자에 대한 대지급금은 해당 근로자가 하나의 사업에 근로하는 동안 1회만 지급한다.

> 임금채권보장법 제7조의2 제4항

⚖ 법령

임금채권보장법 시행령 제9조(대지급금의 청구와 지급)
① 대지급금을 지급받으려는 사람은 다음 각 호의 구분에 따른 기간 이내에 <u>고용노동부장관에게 대지급금의 지급을 청구해야 한다.</u>
  <u>1. 도산대지급금의 경우 : 파산선고 등 또는 도산등사실인정이 있은 날부터 2년 이내</u>
  2. 법 제7조 제1항 제4호에 따른 대지급금의 경우 : 판결 등이 있은 날부터 1년 이내
  3. 법 제7조 제1항 제5호에 따른 대지급금의 경우 : 체불임금 등 · 사업주확인서가 최초로 발급된 날부터 6개월 이내
  4. 법 제7조의2 제1항에 따른 대지급금의 경우 : 판결 등이 있은 날부터 1년 이내 또는 체불임금 등 · 사업주 확인서가 최초로 발급된 날부터 6개월 이내
② 제1항에서 규정한 사항 외에 대지급금의 청구 및 지급 등에 필요한 사항은 고용노동부령으로 정한다.

01	02	03	04	05	06	07	08	09	10	11	12	13	14	15	16	17	18	19	20	21	22	23	24	25
④	⑤	⑤	①	②	②	⑤	③	①	⑤	②	③	③	③	②	①	④	①	④	⑤	③	③	①	④	④

01 근로기준법령상 3개월을 초과하는 탄력적 근로시간제에 관한 규정에 따라 사용자와 근로자대표가 서면 합의로 정하는 사항에 해당하지 않는 것은?

① 대상 근로자의 범위　근로기준법 제51조의2 제1항 제1호

② 단위기간(3개월을 초과하고 6개월 이내의 일정한 기간으로 정하여야 한다)

　　근로기준법 제51조의2 제1항 제2호

③ 단위기간의 주별 근로시간　근로기준법 제51조의2 제1항 제3호

☑ **단위기간의 일별 근로시간**

　　단위기간의 일별 근로시간은 근로기준법 제51조 제2항 제3호에 명시된 3개월 이내의 탄력적 근로시간제에
　　관한 규정에 따라 사용자와 근로자대표가 서면 합의로 정하는 사항에 해당한다. ⚖️

⑤ 서면 합의의 유효기간　근로기준법 제51조의2 제1항 제4호, 동법 시행령 제28조의2 제1항

⚖️
법령

> **근로기준법 제51조(3개월 이내의 탄력적 근로시간제)**
> ② 사용자는 근로자대표와의 서면 합의에 따라 다음 각 호의 사항을 정하면 3개월 이내의 단위기간을
> 평균하여 1주간의 근로시간이 제50조 제1항의 근로시간을 초과하지 아니하는 범위에서 특정한 주에
> 제50조 제1항의 근로시간을, 특정한 날에 제50조 제2항의 근로시간을 초과하여 근로하게 할 수 있다.
> 다만, 특정한 주의 근로시간은 52시간을, 특정한 날의 근로시간은 12시간을 초과할 수 없다.
> 1. 대상 근로자의 범위
> 2. 단위기간(3개월 이내의 일정한 기간으로 정하여야 한다)
> 3. 단위기간의 근로일과 그 근로일별 근로시간
> 4. 그 밖에 대통령령으로 정하는 사항
>
> **근로기준법 제51조의2(3개월을 초과하는 탄력적 근로시간제)**
> ① 사용자는 근로자대표와의 서면 합의에 따라 다음 각 호의 사항을 정하면 3개월을 초과하고 6개월 이내의
> 단위기간을 평균하여 1주간의 근로시간이 제50조 제1항의 근로시간을 초과하지 아니하는 범위에서 특정한
> 주에 제50조 제1항의 근로시간을, 특정한 날에 제50조제2항의 근로시간을 초과하여 근로하게 할 수 있다.
> 다만, 특정한 주의 근로시간은 52시간을, 특정한 날의 근로시간은 12시간을 초과할 수 없다.
> 1. 대상 근로자의 범위
> 2. 단위기간(3개월을 초과하고 6개월 이내의 일정한 기간으로 정하여야 한다)
> 3. 단위기간의 주별 근로시간
> 4. 그 밖에 대통령령으로 정하는 사항

02 근로기준법상 직장 내 괴롭힘의 금지 및 발생 시 조치에 관한 설명으로 옳은 것은?

① 근로자에게 신체적·정신적 고통을 주는 행위 외에 근무환경을 악화시키는 행위는 직장 내 괴롭힘에 관한 규정으로 규율되지 아니한다.

> 사용자 또는 근로자는 직장에서의 지위 또는 관계 등의 우위를 이용하여 업무상 적정범위를 넘어 다른 근로자에게 신체적·정신적 고통을 주거나 근무환경을 악화시키는 행위(이하 "직장 내 괴롭힘"이라 한다)를 하여서는 아니 된다(근로기준법 제76조의2).

② 직장 내 괴롭힘의 발생 사실을 알게 된 경우 그 피해근로자의 동의가 없으면 누구든지 그 사실을 사용자에게 신고할 수 없다.

> 누구든지 직장 내 괴롭힘 발생 사실을 알게 된 경우 그 사실을 사용자에게 신고할 수 있다(근로기준법 제76조의3 제1항).

③ 사용자는 직장 내 괴롭힘 사실을 인지하더라도 그 신고의 접수가 없으면 사실 확인을 위한 조사를 실시할 수 없다.

> 사용자는 직장 내 괴롭힘 신고를 접수하거나 직장 내 괴롭힘 발생 사실을 인지한 경우에는 지체 없이 당사자 등을 대상으로 그 사실 확인을 위하여 객관적으로 조사를 실시하여야 한다(근로기준법 제76조의3 제2항).

④ 사용자는 조사 결과 직장 내 괴롭힘 발생 사실이 확인된 때에는 피해근로자의 요청과 무관하게 피해근로자의 근무장소 변경, 배치전환 등 적절한 조치를 하여야 한다.

> 사용자는 조사 결과 직장 내 괴롭힘 발생 사실이 확인된 때에는 피해근로자가 요청하면 근무장소의 변경, 배치전환, 유급휴가 명령 등 적절한 조치를 하여야 한다(근로기준법 제76조의3 제4항).

✔ 사용자는 직장 내 괴롭힘의 피해근로자는 물론 그 발생 사실을 신고한 근로자에게도 해고나 그 밖의 불리한 처우를 하여서는 아니 된다. 근로기준법 제76조의3 제6항

03 근로기준법상 근로감독관 등에 관한 설명으로 옳지 않은 것은?

① 근로조건의 기준을 확보하기 위하여 고용노동부와 그 소속 기관에 근로감독관을 둔다.
> 근로기준법 제101조 제1항

② 근로감독관은 사업장을 현장조사하고 장부와 서류의 제출을 요구할 수 있으며 사용자와 근로자에 대하여 심문(尋問)할 수 있다.

> 근로감독관은 사업장, 기숙사, 그 밖의 부속 건물을 현장조사하고 장부와 서류의 제출을 요구할 수 있으며 사용자와 근로자에 대하여 심문(尋問)할 수 있다(근로기준법 제102조 제1항).

③ 의사인 근로감독관은 취업을 금지하여야 할 질병에 걸릴 의심이 있는 근로자에 대하여 검진할 수 있다. 근로기준법 제102조 제2항

④ 근로감독관은 근로감독관을 그만둔 경우에도 직무상 알게 된 비밀을 엄수하여야 한다.

> 근로감독관은 직무상 알게 된 비밀을 엄수하여야 한다. 근로감독관을 그만 둔 경우에도 또한 같다(근로기준법 제103조).

☑️ 근로기준법에 따른 현장조사, 서류의 제출, 근로감독관의 직무에 관한 범죄 등의 수사는 검사와 근로감독관이 전담하여 수행한다.

> 근로기준법이나 그 밖의 노동 관계 법령에 따른 현장조사, 서류의 제출, 심문 등의 수사는 검사와 근로감독관이 전담하여 수행한다. 다만, 근로감독관의 직무에 관한 범죄의 수사는 그러하지 아니하다(근로기준법 제105조).

04 근로기준법령상 임금명세서의 기재사항으로 명시된 것을 모두 고른 것은?

```
1
2
3
```

| ㄱ. 임금 총액 | ㄴ. 임금지급일 |
| ㄷ. 고용 연월일 | ㄹ. 종사하는 업무 |

☑️ ① ㄱ, ㄴ   ② ㄷ, ㄹ
③ ㄱ, ㄴ, ㄹ   ④ ㄴ, ㄷ, ㄹ
⑤ ㄱ, ㄴ, ㄷ, ㄹ

> 근로기준법에 시행령 제27조 및 제27조의2에 따라 ㄱ, ㄴ은 임금명세서의 기재사항이며, ㄷ, ㄹ은 임금대장의 기재사항이다. ⚖️

⚖️ 법령

근로기준법 시행령 제27조(임금대장의 기재사항)
① 사용자는 임금대장에 다음 각 호의 사항을 근로자 개인별로 적어야 한다.
　1. 성명
　2. 생년월일, 사원번호 등 근로자를 특정할 수 있는 정보
　3. 고용 연월일
　4. 종사하는 업무
　5. 임금 및 가족수당의 계산기초가 되는 사항
　6. 근로일수
　7. 근로시간수
　8. 연장근로, 야간근로 또는 휴일근로를 시킨 경우에는 그 시간수
　9. 기본급, 수당, 그 밖의 임금의 내역별 금액(통화 외의 것으로 지급된 임금이 있는 경우에는 그 품명 및 수량과 평가총액)
　10. 법 제43조 제1항 단서에 따라 임금의 일부를 공제한 경우에는 그 금액

근로기준법 시행령 제27조의2(임금명세서의 기재사항)
사용자는 임금명세서에 다음 각 호의 사항을 적어야 한다.
1. 근로자의 성명, 생년월일, 사원번호 등 근로자를 특정할 수 있는 정보
2. 임금지급일
3. 임금 총액
4. 기본급, 각종 수당, 상여금, 성과금, 그 밖의 임금의 구성항목별 금액(통화 이외의 것으로 지급된 임금이 있는 경우에는 그 품명 및 수량과 평가총액을 말한다)
5. 임금의 구성항목별 금액이 출근일수·시간 등에 따라 달라지는 경우에는 임금의 구성항목별 금액의 계산방법(연장근로, 야간근로 또는 휴일근로의 경우에는 그 시간 수를 포함한다)
6. 법 제43조 제1항 단서에 따라 임금의 일부를 공제한 경우에는 임금의 공제 항목별 금액과 총액 등 공제내역

05 근로기준법령상 재량근로의 대상업무로 명시되지 않은 것은?

① 인문사회과학분야의 연구 업무

☑ **정보처리시스템의 교육 업무**

> 정보처리시스템의 교육 업무는 근로기준법 시행령 제31조에 따라 재량근로의 대상업무로 명시되지 않는다. ⚖️

③ 신문 사업에서의 기사의 취재 업무

④ 의복의 디자인 업무

⑤ 영화 제작 사업에서의 프로듀서 업무

⚖️ 법령

근로기준법 시행령 제31조(재량근로의 대상업무)
1. 신상품 또는 신기술의 연구개발이나 인문사회과학 또는 자연과학분야의 연구 업무
2. 정보처리시스템의 설계 또는 분석 업무
3. 신문, 방송 또는 출판 사업에서의 기사의 취재, 편성 또는 편집 업무
4. 의복 · 실내장식 · 공업제품 · 광고 등의 디자인 또는 고안 업무
5. 방송 프로그램 · 영화 등의 제작 사업에서의 프로듀서나 감독 업무
6. 그 밖에 고용노동부장관이 정하는 업무

06 근로기준법상 18세 미만인 사람에 관한 설명으로 옳지 않은 것은?

① 사용자는 18세 미만인 사람을 보건상 유해 · 위험한 사업에 사용하지 못한다.

> 사용자는 임신 중이거나 산후 1년이 지나지 아니한 여성과 18세 미만 자를 도덕상 또는 보건상 유해 · 위험한 사업에 사용하지 못한다(근로기준법 제65조 제1항).

☑ **사용자는 18세 미만인 사람에 대하여는 그 연령을 증명하는 가족관계기록사항에 관한 증명서 또는 친권자나 후견인의 동의서를 사업장에 갖추어 두어야 한다.**

> 사용자는 18세 미만인 사람에 대하여는 그 연령을 증명하는 가족관계기록사항에 관한 증명서와 친권자 또는 후견인의 동의서를 사업장에 갖추어 두어야 한다(근로기준법 제66조).

③ 사용자는 18세 미만인 사람과 근로계약을 체결하는 경우에는 법령에 따른 근로조건을 서면으로 명시하여 교부하여야 한다. 근로기준법 제67조 제3항

④ 18세 미만인 사람의 근로시간은 당사자 사이의 합의에 따라 1일에 1시간, 1주에 5시간을 한도로 연장할 수 있다.

> 15세 이상 18세 미만인 사람의 근로시간은 1일에 7시간, 1주에 35시간을 초과하지 못한다. 다만, 당사자 사이의 합의에 따라 1일에 1시간, 1주에 5시간을 한도로 연장할 수 있다(근로기준법 제69조).

⑤ 18세 미만인 사람의 동의가 있는 경우로서 고용노동부장관의 인가를 받으면 사용자는 18세 미만인 사람을 휴일에 근로시킬 수 있다. 근로기준법 제70조 제2항 제1호

07 근로기준법상 근로시간과 휴식에 관한 설명으로 옳은 것은?

① 사용자는 모든 근로자에게 근로시간이 8시간인 경우에는 30분의 휴게시간을 근로시간 도중에 주어야 한다.

> 사용자는 근로시간이 4시간인 경우에는 30분 이상, 8시간인 경우에는 1시간 이상의 휴게시간을 근로시간 도중에 주어야 한다(근로기준법 제54조).

② 사용자는 근로자에게 매월 평균 1회 이상의 유급휴일을 보장해야 한다.

> 사용자는 근로자에게 1주에 평균 1회 이상의 유급휴일을 보장하여야 한다(근로기준법 제55조).

③ 사용자는 근로자에게 대통령령으로 정하는 휴일을 유급으로 보장하여야 하므로 근로자대표와 서면 합의를 하였더라도 특정한 근로일로 대체할 수 없다.

> 사용자는 근로자에게 대통령령으로 정하는 휴일을 유급으로 보장하여야 한다. 다만, 근로자대표와 서면으로 합의한 경우 특정한 근로일로 대체할 수 있다(근로기준법 제55조 제2항).

④ 사용자는 8시간을 초과한 연장근로에 대하여는 통상임금의 100분의 100 이상을 가산하여 지급하여야 한다.

> 사용자는 8시간을 초과한 연장근로에 대하여는 통상임금의 100분의 50 이상을 가산하여 근로자에게 지급하여야 한다(근로기준법 제56조 제1항).

❺ 사용자는 근로자대표와의 서면 합의에 따라 야간근로에 대하여 임금을 지급하는 것을 갈음하여 휴가를 줄 수 있다. 근로기준법 제57조

08 근로기준법상 취업규칙에 관한 설명으로 옳지 않은 것은?(다툼이 있으면 판례에 따름)

① 근로자에게 불이익하게 변경된 취업규칙은 집단적 동의를 받았다고 하더라도 근로자의 개별적 동의가 없는 한 그 취업규칙보다 유리한 근로계약의 내용이 우선하여 적용된다.

> 근로자에게 불리한 내용으로 변경된 취업규칙은 집단적 동의를 받았다고 하더라도 그보다 유리한 근로조건을 정한 기존의 개별 근로계약 부분에 우선하는 효력을 갖는다고 할 수 없다. 이 경우에도 근로계약의 내용은 유효하게 존속하고, 변경된 취업규칙의 기준에 의하여 유리한 근로계약의 내용을 변경할 수 없으며, 근로자의 개별적 동의가 없는 한 취업규칙보다 유리한 근로계약의 내용이 우선하여 적용된다(대판 2019.11.14., 2018다200709).

② 사용자는 취업규칙의 작성 시 해당 사업 또는 사업장에 근로자의 과반수로 조직된 노동조합이 없는 경우에는 근로자의 과반수의 의견을 들어야 한다.

> 사용자는 취업규칙의 작성 또는 변경에 관하여 해당 사업 또는 사업장에 근로자의 과반수로 조직된 노동조합이 있는 경우에는 그 노동조합, 근로자의 과반수로 조직된 노동조합이 없는 경우에는 근로자의 과반수의 의견을 들어야 한다. 다만, 취업규칙을 근로자에게 불리하게 변경하는 경우에는 그 동의를 받아야 한다(근로기준법 제94조 제1항).

✅ 취업규칙에서 근로자에 대하여 감급(減給)의 제재를 정할 경우에 그 감액은 1회의 금액이 통상임금의 1일분의 2분의 1을, 총액이 1임금지급기의 임금 총액의 5분의 1을 초과하지 못한다.

> 취업규칙에서 근로자에 대하여 감급(減給)의 제재를 정할 경우에 그 감액은 1회의 금액이 평균임금의 1일분의 2분의 1을, 총액이 1임금지급기의 임금 총액의 10분의 1을 초과하지 못한다(근로기준법 제95조).

④ 표창과 제재에 관한 사항이 없는 취업규칙의 경우 고용노동부장관은 그 변경을 명할 수 있다.

> 표창과 제재에 관한 사항은 근로기준법 제93조 제12호에 따라 취업규칙의 주요 내용에 포함되어 있다. 동법 제96조 제2항에 따라 고용노동부장관은 법령이나 단체협약에 어긋나는 취업규칙의 경우 그 변경을 명할 수 있다. ⚖️

⑤ 취업규칙이 기존의 근로자에게 불이익하게 변경되었는지 여부를 불문하고 사용자가 취업규칙을 변경한 후 신규 취업한 근로자에게는 변경된 취업규칙이 적용된다.

> 취업규칙의 작성, 변경의 권한은 원칙적으로 사용자에게 있으므로 사용자는 그 의사에 따라 취업규칙을 작성, 변경할 수 있고, 사용자가 취업규칙을 변경한 경우에 취업규칙의 변경이 기존의 근로자에게 불이익한지 여부를 불문하고 취업규칙의 변경은 유효하여 현행의 법규적 효력을 가진 취업규칙은 변경된 취업규칙이므로, 그 변경 후에 근로관계를 갖게 된 근로자에 대하여는 변경된 취업규칙이 적용된다(대판 1999.11.12., 99다30473).

⚖️
법령

근로기준법 제93조(취업규칙의 작성 · 신고)

1. 업무의 시작과 종료 시각, 휴게시간, 휴일, 휴가 및 교대 근로에 관한 사항
2. 임금의 결정 · 계산 · 지급 방법, 임금의 산정기간 · 지급시기 및 승급(昇給)에 관한 사항
3. 가족수당의 계산 · 지급 방법에 관한 사항
4. 퇴직에 관한 사항
5. 근로자퇴직급여 보장법 제4조에 따라 설정된 퇴직급여, 상여 및 최저임금에 관한 사항
6. 근로자의 식비, 작업 용품 등의 부담에 관한 사항
7. 근로자를 위한 교육시설에 관한 사항
8. 출산전후휴가 · 육아휴직 등 근로자의 모성 보호 및 일 · 가정 양립 지원에 관한 사항
9. 안전과 보건에 관한 사항
9의2. 근로자의 성별 · 연령 또는 신체적 조건 등의 특성에 따른 사업장 환경의 개선에 관한 사항
10. 업무상과 업무 외의 재해부조(災害扶助)에 관한 사항
11. 직장 내 괴롭힘의 예방 및 발생 시 조치 등에 관한 사항
12. 표창과 제재에 관한 사항
13. 그 밖에 해당 사업 또는 사업장의 근로자 전체에 적용될 사항

근로기준법 제96조(단체협약의 준수)

① 취업규칙은 법령이나 해당 사업 또는 사업장에 대하여 적용되는 단체협약과 어긋나서는 아니 된다.
② 고용노동부장관은 법령이나 단체협약에 어긋나는 취업규칙의 변경을 명할 수 있다.

09 근로기준법령상 임금에 관한 설명으로 옳지 않은 것은?(다툼이 있으면 판례에 따름)

① 통상임금에는 1개월 이내의 주기마다 정기적으로 지급되는 임금과 수당만이 포함된다.

> 특별한 사정이 없는 한 상여금이나 1개월을 넘는 기간마다 지급되는 수당을 통상임금에 포함시키는 해석은 노사합의나 노사관행의 법적 효력을 부정하는 위법한 해석이라 할 것이고, 원칙적으로 기본급과 1개월 이내의 기간마다 지급되는 수당만이 통상임금에 포함된다고 해석하여야 한다(대판(全) 2013.12.18., 2012다89399).

② 산출된 평균임금액이 그 근로자의 통상임금보다 적으면 그 통상임금액을 평균임금으로 한다.

> 근로기준법 제2조 제2항

③ 임금은 매월 1회 이상 일정한 날짜를 정하여 지급하여야 하며, 다만 임시로 지급하는 임금에 대하여는 그러하지 아니하다.   근로기준법 제43조 제2항

④ 평균임금의 산정기간 중에 출산전후휴가 기간이 있는 경우에는 그 기간과 그 기간 중에 지급된 임금은 평균임금 산정기준이 되는 기간과 임금의 총액에서 각각 뺀다.

> 근로기준법 시행령 제2조 제1항 제3호

⑤ 평균임금이란 이를 산정하여야 할 사유가 발생한 날 이전 3개월 동안에 그 근로자에게 지급된 임금의 총액을 그 기간의 총일수로 나눈 금액을 말한다.   근로기준법 제2조 제1항 제6호

10 근로기준법상 구제명령 등에 관한 설명으로 옳은 것은?

① 중앙노동위원회의 재심판정에 대하여 사용자나 근로자는 재심판정서를 송달받은 날부터 20일 이내에 행정소송법의 규정에 따라 소(訴)를 제기할 수 있다.

> 중앙노동위원회의 재심판정에 대하여 사용자나 근로자는 재심판정서를 송달받은 날부터 15일 이내에 행정소송법의 규정에 따라 소(訴)를 제기할 수 있다(근로기준법 제31조 제2항).

② 노동위원회의 구제명령, 기각결정 또는 재심판정은 중앙노동위원회에 대한 재심 신청이나 행정소송 제기에 의하여 그 효력이 정지된다.

> 노동위원회의 구제명령, 기각결정 또는 재심판정은 중앙노동위원회에 대한 재심 신청이나 행정소송 제기에 의하여 그 효력이 정지되지 아니한다(근로기준법 제32조).

③ 노동위원회는 부당해고에 대한 구제명령을 할 때에 근로자의 의사와 무관하게 사용자가 원하지 아니하면 원직복직을 명하는 대신 해고기간 동안 임금 상당액 이상의 금품을 근로자에게 지급하도록 명하여야 한다.

> 노동위원회는 부당해고에 대한 구제명령을 할 때에 근로자가 원직복직(原職復職)을 원하지 아니하면 원직복직을 명하는 대신 근로자가 해고기간 동안 근로를 제공하였더라면 받을 수 있었던 임금 상당액 이상의 금품을 근로자에게 지급하도록 명할 수 있다(근로기준법 제30조 제3항).

④ 노동위원회가 이행강제금을 부과할 때에는 이행강제금의 액수, 부과 사유 등을 구두로 통보하여야 한다.

> 노동위원회가 이행강제금을 부과할 때에는 이행강제금의 액수, 부과 사유, 납부기한, 수납기관, 이의제기방법 및 이의제기기관 등을 <u>명시한 문서로써</u> 하여야 한다(근로기준법 제33조 제3항).

✅ 노동위원회는 이행강제금 납부의무자가 납부기한까지 이행강제금을 내지 아니하면 기간을 정하여 독촉을 하고 지정된 기간에 이행강제금을 내지 아니하면 국세 체납처분의 예에 따라 징수할 수 있다. 근로기준법 제33조 제7항

11 근로자의 징계 등에 관한 설명으로 옳지 않은 것은?(다툼이 있으면 판례에 따름)

① 징계처분에서 징계사유로 삼지 아니한 비위행위라도 피징계자의 평소의 소행과 근무성적, 그 징계처분 사유 전후에 저지른 비위행위사실 등은 징계양정의 참작자료로 삼을 수 있다.

> 대판 1998.5.22., 98다2365

✅ 취업규칙에 따라 소명기회를 부여하였더라도 징계위원회가 그 개개의 혐의 사항에 대하여 구체적으로 질문하고 징계대상자가 이에 대하여 빠짐없이 진술하도록 조치하지 않았다면 부당한 징계가 된다.

> 단체협약이나 취업규칙에 징계대상자에게 징계혐의 사실을 통지하여야 한다는 규정이 있는 경우에 이러한 절차를 거치지 않은 징계처분을 유효하다고 할 수 없지만, 그러한 규정이 없는 경우까지 반드시 그 사실을 통지하여 줄 의무가 있는 것은 아니다. 또한 단체협약이나 취업규칙에서 당사자에게 징계사유와 관련한 소명기회를 주도록 규정하고 있는 경우에도 대상자에게 그 기회를 제공하면 되며, 소명 자체가 반드시 이루어져야 하는 것은 아니다. 그리고 <u>징계위원회에서 징계대상자에게 징계혐의 사실을 고지하고 그에 대하여 진술할 기회를 부여하면 충분하고, 혐의사실 개개의 사항에 대하여 구체적으로 발문하여 징계대상자가 이에 대하여 빠짐없이 진술하도록 조치하여야 하는 것은 아니다</u>(대판 2020.6.25., 2016두56042).

③ 대기발령은 그 사유가 정당한 경우에도 그 기간은 합리적인 범위 내에서 이루어져야 한다.

> 대판 2007.2.23., 2005다3991

④ 여러 개의 징계사유 중 일부가 인정되지 않더라도 인정되는 다른 일부 징계사유만으로도 해당 징계처분의 타당성을 인정하기에 충분한 경우에는 그 징계처분이 위법하지 않다.

> 대판 2019.11.28., 2017두57318

⑤ 노동조합 간부에 대한 징계처분을 함에 있어 노동조합과 합의하도록 단체협약에 규정된 경우 그 합의를 거치지 않은 징계처분은 원칙적으로 무효이다.

> <u>회사의 단체협약에 조합간부의 인사는 조합과 합의하여야 한다고 규정되어 있는 경우, 이러한 합의를 거치지 아니한 징계처분은 원칙적으로 무효</u>라 할 것이고 다만 근로자나 노동조합측에서 스스로 이러한 합의절차를 포기하였다는 등의 특별한 사정이 있는 경우에는 그렇지 않다고 보아야 한다(대판 1995.1.24., 94다24596).

12 근로기준법상 연차 유급휴가에 관한 설명으로 옳지 않은 것은?

① 사용자는 계속하여 근로한 기간이 1년 미만인 근로자에게 1개월 개근 시 1일의 연차 유급휴가를 주어야 한다. 근로기준법 제60조 제2항 ⚖

② 사용자는 1년간 80퍼센트 미만 출근한 근로자에게 1개월 개근 시 1일의 연차 유급휴가를 주어야 한다. 근로기준법 제60조 제2항 ⚖

✔ 연차 유급휴가 일수의 산정 시 근로자가 업무상의 질병으로 휴업한 기간은 출근한 것으로 보지 않는다.

> 연차 유급휴가 일수의 산정 시 근로자가 업무상의 질병으로 휴업한 기간은 출근한 것으로 본다(근로기준법 제60조 제6항 제1호). ⚖

④ 사용자가 근로자에게 주어야 하는 연차 유급휴가의 총 휴가 일수는 가산휴가를 포함하여 25일을 한도로 한다. 근로기준법 제60조 제4항 ⚖

⑤ 사용자는 근로자대표와의 서면 합의에 따라 연차 유급휴가일을 갈음하여 특정한 근로일에 근로자를 휴무시킬 수 있다. 근로기준법 제62조

⚖
법령

근로기준법 제60조(유급휴가)
① 사용자는 1년간 80퍼센트 이상 출근한 근로자에게 15일의 유급휴가를 주어야 한다.
② 사용자는 계속하여 근로한 기간이 1년 미만인 근로자 또는 1년간 80퍼센트 미만 출근한 근로자에게 1개월 개근 시 1일의 유급휴가를 주어야 한다.
③ 삭제
④ 사용자는 3년 이상 계속하여 근로한 근로자에게는 제1항에 따른 휴가에 최초 1년을 초과하는 계속 근로 연수 매 2년에 대하여 1일을 가산한 유급휴가를 주어야 한다. 이 경우 가산휴가를 포함한 총 휴가 일수는 25일을 한도로 한다.
⑤ 사용자는 제1항부터 제4항까지의 규정에 따른 휴가를 근로자가 청구한 시기에 주어야 하고, 그 기간에 대하여는 취업규칙 등에서 정하는 통상임금 또는 평균임금을 지급하여야 한다. 다만, 근로자가 청구한 시기에 휴가를 주는 것이 사업 운영에 막대한 지장이 있는 경우에는 그 시기를 변경할 수 있다.
⑥ 제1항 및 제2항을 적용하는 경우 다음 각 호의 어느 하나에 해당하는 기간은 출근한 것으로 본다.
 1. 근로자가 업무상의 부상 또는 질병으로 휴업한 기간
 2. 임신 중의 여성이 제74조 제1항부터 제3항까지의 규정에 따른 휴가로 휴업한 기간
 3. 남녀고용평등과 일·가정 양립 지원에 관한 법률 제19조 제1항에 따른 육아휴직으로 휴업한 기간

13 근로기준법상 근로계약에 관한 설명으로 옳은 것을 모두 고른 것은?(다툼이 있으면 판례에 따름)

ㄱ. 사용자는 근로계약에 덧붙여 강제 저축 또는 저축금의 관리를 규정하는 계약을 체결하지 못한다.
ㄴ. 단시간근로자의 근로조건은 그 사업장의 같은 종류의 업무에 종사하는 통상 근로자의 근로시간을 기준으로 산정한 비율에 따라 결정되어야 한다.
ㄷ. 소정근로시간은 사용자가 근로계약을 체결할 때에 근로자에게 명시하여야 할 사항에 해당한다.
ㄹ. 시용근로관계는 사용자가 본 근로계약 체결의 거절을 구두로 통보하면 그 근로관계 종료의 정당성이 인정된다.

① ㄱ, ㄴ
② ㄷ, ㄹ
③ ㄱ, ㄴ, ㄷ
④ ㄴ, ㄷ, ㄹ
⑤ ㄱ, ㄴ, ㄷ, ㄹ

ㄱ. (○) 근로기준법 제22조 제1항
ㄴ. (○) 근로기준법 제18조 제1항
ㄷ. (○) 근로기준법 제17조 제1항 제2호
ㄹ. (×) 근로기준법 제27조는 사용자가 근로자를 해고하려면 해고사유와 해고시기를 서면으로 통지하여야 그 효력이 있다고 규정하고 있는데, … 위와 같은 근로기준법 규정의 내용과 취지, 시용기간 만료 시 본 근로계약 체결 거부의 정당성 요건 등을 종합하여 보면, 시용근로관계에서 사용자가 본 근로계약 체결을 거부하는 경우에는 해당 근로자로 하여금 그 거부사유를 파악하여 대처할 수 있도록 구체적·실질적인 거부사유를 서면으로 통지하여야 한다고 봄이 타당하다(대판 2015.11.27., 2015두48136).

14 파견근로자 보호 등에 관한 법률에 대한 설명으로 옳지 않은 것은?

① 파견사업주는 쟁의행위 중인 사업장에 그 쟁의행위로 중단된 업무의 수행을 위하여 근로자를 파견하여서는 아니 된다. 파견근로자 보호 등에 관한 법률 제16조 제1항

② 파견사업주는 파견근로자의 고용관계가 끝난 후 사용사업주가 그 파견근로자를 고용하는 것을 정당한 이유 없이 금지하는 내용의 근로자파견계약을 체결하여서는 아니 된다.
파견근로자 보호 등에 관한 법률 제25조 제2항

③ 파견사업주는 파견근로자의 적절한 파견근로를 위하여 사용사업관리책임자를 선임하여야 한다.
사용사업주는 파견근로자의 적절한 파견근로를 위하여 사용사업관리책임자를 선임하여야 한다(파견근로자 보호 등에 관한 법률 제32조 제1항).

④ 파견사업주의 근로자파견사업을 폐지하는 신고가 있을 때에는 근로자파견사업의 허가는 신고일부터 그 효력을 잃는다. 파견근로자 보호 등에 관한 법률 제11조 제2항

⑤ 근로자파견사업 허가의 유효기간은 3년으로 한다. 파견근로자 보호 등에 관한 법률 제10조 제1항

15 기간제 및 단시간근로자 보호 등에 관한 법률에 대한 설명으로 옳은 것은?

① 상시 5인 이상의 동거의 친족만을 사용하는 사업 또는 사업장에 적용된다.

> 이 법은 상시 5인 이상의 근로자를 사용하는 모든 사업 또는 사업장에 적용한다. 다만, 동거의 친족만을 사용하는 사업 또는 사업장과 가사사용인에 대하여는 적용하지 아니한다(기간제 및 단시간근로자 보호 등에 관한 법률 제3조 제1항).

☑️ 휴직 · 파견 등으로 결원이 발생하여 해당 근로자가 복귀할 때까지 그 업무를 대신할 필요가 있는 경우에는 2년을 초과하여 기간제근로자로 사용할 수 있다.

> 기간제 및 단시간근로자 보호 등에 관한 법률 제4조 제1항 제2호 ⚖️

③ 단시간근로자의 초과근로에 대하여 사용자는 평균임금의 100분의 100 이상을 가산하여 지급하여야 한다.

> 단시간근로자의 초과근로에 대하여 사용자는 통상임금의 100분의 50 이상을 가산하여 지급하여야 한다(기간제 및 단시간근로자 보호 등에 관한 법률 제6조 제3항).

④ 사용자는 단시간근로자와 근로계약을 체결할 때 근로일별 근로시간을 서면으로 명시하지 않아도 된다.

> 사용자는 단시간근로자와 근로계약을 체결할 때 근로일별 근로시간을 서면으로 명시하여야 한다(기간제 및 단시간근로자 보호 등에 관한 법률 제17조 제6호). ⚖️

⑤ 사용자는 통상근로자를 채용하고자 하는 경우에는 해당 사업 또는 사업장의 동종 또는 유사한 업무에 종사하는 단시간근로자를 우선적으로 고용하여야 한다.

> 사용자는 통상근로자를 채용하고자 하는 경우에는 해당 사업 또는 사업장의 동종 또는 유사한 업무에 종사하는 단시간근로자를 우선적으로 고용하도록 노력하여야 한다(기간제 및 단시간근로자 보호 등에 관한 법률 제7조 제1항).

⚖️
법령

> **기간제 및 단시간근로자 보호 등에 관한 법률 제4조(기간제근로자의 사용)**
> ① 사용자는 2년을 초과하지 아니하는 범위 안에서(기간제 근로계약의 반복갱신 등의 경우에는 그 계속근로한 총기간이 2년을 초과하지 아니하는 범위 안에서) 기간제근로자를 사용할 수 있다. 다만, 다음 각 호의 어느 하나에 해당하는 경우에는 2년을 초과하여 기간제근로자로 사용할 수 있다.
>   1. 사업의 완료 또는 특정한 업무의 완성에 필요한 기간을 정한 경우
>   2. 휴직 · 파견 등으로 결원이 발생하여 해당 근로자가 복귀할 때까지 그 업무를 대신할 필요가 있는 경우
>   3. 근로자가 학업, 직업훈련 등을 이수함에 따라 그 이수에 필요한 기간을 정한 경우
>   4. 고령자고용촉진법 제2조 제1호의 고령자와 근로계약을 체결하는 경우
>   5. 전문적 지식 · 기술의 활용이 필요한 경우와 정부의 복지정책 · 실업대책 등에 따라 일자리를 제공하는 경우로서 대통령령으로 정하는 경우
>   6. 그 밖에 제1호부터 제5호까지에 준하는 합리적인 사유가 있는 경우로서 대통령령으로 정하는 경우
>
> **기간제 및 단시간근로자 보호 등에 관한 법률 제17조(근로조건의 서면명시)**
> 사용자는 기간제근로자 또는 단시간근로자와 근로계약을 체결하는 때에는 다음 각 호의 모든 사항을 서면으로 명시하여야 한다. 다만, 제6호는 단시간근로자에 한정한다.
> 1. 근로계약기간에 관한 사항
> 2. 근로시간 · 휴게에 관한 사항
> 3. 임금의 구성항목 · 계산방법 및 지불방법에 관한 사항
> 4. 휴일 · 휴가에 관한 사항
> 5. 취업의 장소와 종사하여야 할 업무에 관한 사항
> 6. 근로일 및 근로일별 근로시간

16 산업안전보건법령에 관한 설명으로 옳지 않은 것은?

☑ ① 직업성 질병자가 동시에 2명 발생한 재해는 중대재해에 해당한다.

> 직업성 질병자가 동시에 10명 이상 발생한 재해가 중대재해에 해당한다(산업안전보건법 제2조 제2호 및 동법 시행규칙 제3조 제3호). ⚖

② 사업주는 전기, 열, 그 밖의 에너지에 의한 위험으로 인한 산업재해를 예방하기 위하여 필요한 조치를 하여야 한다. 　산업안전보건법 제38조 제1항 제3호

③ 사업주는 산업재해가 발생할 급박한 위험이 있을 때에는 즉시 작업을 중지시키고 근로자를 작업장소에서 대피시키는 등 안전 및 보건에 관하여 필요한 조치를 하여야 한다.

> 산업안전보건법 제51조

④ 사업주는 산업재해 예방을 위한 조치를 할 수 있는 능력을 갖춘 사업주에게 도급하여야 한다.

> 산업안전보건법 제61조

⑤ 사업주는 산업안전보건법과 이 법에 따른 명령의 요지 및 안전보건관리규정을 각 사업장의 근로자가 쉽게 볼 수 있는 장소에 게시하거나 갖추어 두어 근로자에게 널리 알려야 한다.

> 산업안전보건법 제34조

⚖ 법령

> **산업안전보건법 제2조(정의)**
> 이 법에서 사용하는 용어의 뜻은 다음과 같다.
> 2. "중대재해"란 산업재해 중 사망 등 재해 정도가 심하거나 다수의 재해자가 발생한 경우로서 고용노동부령으로 정하는 재해를 말한다.
>
> > **산업안전보건법 시행규칙 제3조(중대재해의 범위)**
> > 법 제2조 제2호에서 "고용노동부령으로 정하는 재해"란 다음 각 호의 어느 하나에 해당하는 재해를 말한다.
> > 1. 사망자가 1명 이상 발생한 재해
> > 2. 3개월 이상의 요양이 필요한 부상자가 동시에 2명 이상 발생한 재해
> > 3. 부상자 또는 직업성 질병자가 동시에 10명 이상 발생한 재해

17 직업안정법에 관한 설명으로 옳지 않은 것은?

① 직업안정기관의 장은 구인자가 구인조건을 밝히기를 거부하는 경우 구인신청의 수리(受理)를 거부할 수 있다. `직업안정법 제8조 제3호`

② 직업안정기관의 장은 통근할 수 있는 지역에서 구직자에게 그 희망과 능력에 알맞은 직업을 소개할 수 없을 경우에는 광범위한 지역에 걸쳐 직업소개를 할 수 있다. `직업안정법 제12조`

③ 한국장애인고용공단이 장애인을 대상으로 하는 직업소개의 경우에는 신고를 하지 아니하고 무료직업소개사업을 할 수 있다. `직업안정법 제18조 제4항 제2호`

✅ 유료직업소개사업의 등록을 하고 유료직업소개사업을 하는 자는 구직자에게 제공하기 위하여 구인자로부터 선급금을 받을 수 있다.

> 유료직업소개사업의 등록을 하고 유료직업소개사업을 하는 자 및 그 종사자는 구직자에게 제공하기 위하여 구인자로부터 선급금을 받아서는 아니 된다(직업안정법 제21조의2).

⑤ 근로자를 고용하려는 자는 광고, 문서 또는 정보통신망 등 다양한 매체를 활용하여 자유롭게 근로자를 모집할 수 있다. `직업안정법 제28조`

18 남녀고용평등과 일 · 가정 양립 지원에 관한 법률에 대한 설명으로 옳지 않은 것은?

✅ 이 법과 관련한 분쟁에서 입증책임은 사업주와 근로자가 각각 부담한다.

> 이 법과 관련한 분쟁해결에서 입증책임은 사업주가 부담한다(남녀고용평등과 일 · 가정 양립 지원에 관한 법률 제30조).

② 사업주는 근로자를 모집 · 채용할 때 그 직무의 수행에 필요하지 아니한 용모 · 키 · 체중 등의 신체적 조건, 미혼 조건을 제시하거나 요구하여서는 아니 된다.

`남녀고용평등과 일 · 가정 양립 지원에 관한 법률 제7조 제2항`

③ 사업주가 임금차별을 목적으로 설립한 별개의 사업은 동일한 사업으로 본다.

`남녀고용평등과 일 · 가정 양립 지원에 관한 법률 제8조 제3항`

④ 누구든지 직장 내 성희롱 발생 사실을 알게 된 경우 그 사실을 해당 사업주에게 신고할 수 있다.

`남녀고용평등과 일 · 가정 양립 지원에 관한 법률 제14조 제1항`

⑤ 적극적 고용개선조치란 현존하는 남녀 간의 고용차별을 없애거나 고용평등을 촉진하기 위하여 잠정적으로 특정 성을 우대하는 조치를 말한다.

`남녀고용평등과 일 · 가정 양립 지원에 관한 법률 제2조 제3호`

19 최저임금법에 관한 설명으로 옳지 않은 것은?

① 선원법의 적용을 받는 선원과 선원을 사용하는 선박의 소유자에게는 적용하지 아니한다.

최저임금법 제3조 제2항

② 고용노동부장관은 최저임금을 결정한 때에는 지체 없이 그 내용을 고시하여야 한다.

최저임금법 제10조 제1항

③ 최저임금은 근로자의 생계비, 유사 근로자의 임금, 노동생산성 및 소득분배율 등을 고려하여 정한다. 최저임금법 제4조 제1항

✔ 최저임금액은 시간 · 일(日) · 주(週) · 월(月) 또는 연(年)을 단위로 하여 정한다.

최저임금액은 <u>시간 · 일(日) · 주(週) 또는 월(月)</u>을 단위로 하여 정한다. 이 경우 일 · 주 또는 월을 단위로 하여 최저임금액을 정할 때에는 시간급(時間給)으로도 표시하여야 한다(최저임금법 제5조 제1항).

⑤ 고용노동부장관은 최저임금위원회가 심의하여 의결한 최저임금안에 따라 최저임금을 결정하여야 한다.

고용노동부장관은 매년 8월 5일까지 최저임금을 결정하여야 한다. 이 경우 <u>고용노동부장관은 최저임금위원회(이하 "위원회"라 한다)에 심의를 요청하고, 위원회가 심의하여 의결한 최저임금안에 따라 최저임금을 결정하여야 한다</u>(최저임금법 제8조 제1항).

20 근로자퇴직급여 보장법령에 관한 설명으로 옳지 않은 것은?

① 사용자가 퇴직급여제도를 설정하려는 경우에 근로자 과반수가 가입한 노동조합이 있는 경우에는 그 노동조합의 동의를 받아야 한다.

<u>사용자가 퇴직급여제도를 설정하거나 설정된 퇴직급여제도를 다른 종류의 퇴직급여제도로 변경하려는 경우에는 근로자의 과반수가 가입한 노동조합이 있는 경우에는 그 노동조합,</u> 근로자의 과반수가 가입한 노동조합이 없는 경우에는 근로자 과반수(이하 "근로자대표"라 한다)의 <u>동의를 받아야 한다</u>(근로자퇴직급여 보장법 제4조 제3항).

② 무주택자인 근로자는 본인 명의로 주택을 구입하는 경우에 퇴직금 중간정산을 요구할 수 있다.

근로자퇴직급여 보장법 제8조 제2항, 동법 시행령 제3조 제1항 제1호 ⚖

③ 퇴직금을 받을 권리는 3년간 행사하지 아니하면 시효로 인하여 소멸한다.

근로자퇴직급여 보장법 제10조

④ 중소기업퇴직연금기금제도의 급여를 받을 권리는 양도 또는 압류할 수 없다.

근로자퇴직급여 보장법 제7조 제1항

✔ 퇴직연금사업자는 매분기당 1회 이상 적립금액 및 운용수익률 등을 고용노동부령으로 정하는 바에 따라 가입자에게 알려야 한다.

퇴직연금사업자는 <u>매년</u> 1회 이상 적립금액 및 운용수익률 등을 고용노동부령으로 정하는 바에 따라 가입자에게 알려야 한다(근로자퇴직급여 보장법 제18조).

법령

근로자퇴직급여 보장법 제8조(퇴직금제도의 설정 등)
② 제1항에도 불구하고 사용자는 주택구입 등 대통령령으로 정하는 사유로 근로자가 요구하는 경우에는 근로자가 퇴직하기 전에 해당 근로자의 계속근로기간에 대한 퇴직금을 미리 정산하여 지급할 수 있다. 이 경우 미리 정산하여 지급한 후의 퇴직금 산정을 위한 계속근로기간은 정산시점부터 새로 계산한다.

근로자퇴직급여 보장법 시행령 제3조(퇴직금의 중간정산 사유)
① 법 제8조 제2항 전단에서 "주택구입 등 대통령령으로 정하는 사유"란 다음 각 호의 경우를 말한다.
　1. 무주택자인 근로자가 본인 명의로 주택을 구입하는 경우

21 임금채권보장법상 대지급금에 관한 설명으로 옳지 않은 것은?

① 고용노동부장관은 근로자에게 대지급금을 지급하였을 때에는 그 지급한 금액의 한도에서 그 근로자가 해당 사업주에 대하여 미지급 임금 등을 청구할 수 있는 권리를 대위(代位)한다.

　임금채권보장법 제8조 제1항

② 근로기준법에 따른 휴업수당 중 최종 3개월분은 퇴직한 근로자에 대한 대지급금 범위에 든다.

　임금채권보장법 제7조 제2항 제2호

❸ 대지급금에 관한 규정은 국가와 지방자치단체가 직접 수행하는 사업에 적용된다.

　이 법은 산업재해보상보험법 제6조에 따른 사업 또는 사업장(이하 "사업"이라 한다)에 적용한다. 다만, 국가와 지방자치단체가 직접 수행하는 사업은 그러하지 아니하다(임금채권보장법 제3조).

④ 미성년자인 근로자는 독자적으로 대지급금의 지급을 청구할 수 있다.

　임금채권보장법 제11조의2 제3항

⑤ 대지급금수급계좌의 예금에 관한 채권은 압류할 수 없다.　임금채권보장법 제11조의2 제4항

22 근로복지기본법에 관한 설명으로 옳은 것은?

① 사용자는 사내근로복지기금의 설립 및 출연을 이유로 근로관계 당사자 간에 정하여진 근로조건을 낮출 수 있다.

　사용자는 사내근로복지기금의 설립 및 출연을 이유로 근로관계 당사자 간에 정하여진 근로조건을 낮출 수 없다(근로복지기본법 제51조).

② 국가가 근로자의 근로복지를 위하여 근로복지기본법에 따라 보조 또는 융자한 자금은 그 목적 외 사업에 사용될 수 있다.

　누구든지 국가 또는 지방자치단체가 근로자의 주거안정, 생활안정 및 재산형성 등 근로복지를 위하여 이 법에 따라 보조 또는 융자한 자금을 그 목적사업에만 사용하여야 한다(근로복지기본법 제6조).

❸ 사내근로복지기금은 법인으로 한다.　근로복지기본법 제52조 제1항

④ 노동조합 및 근로자가 생산성 향상과 근로복지정책에 협력하도록 사용자는 임금 수준 상향의 조치를 취하여야 한다.

> 사업주(근로자를 사용하여 사업을 행하는 자를 말한다. 이하 같다)는 해당 사업장 근로자의 복지증진을 위하여 노력하고 근로복지정책에 협력하여야 하고, 노동조합 및 근로자는 근로의욕 증진을 통하여 생산성 향상에 노력하고 근로복지정책에 협력하여야 한다(근로복지기본법 제5조 제1항 및 제2항). 즉, 사용자의 임금 수준 상향 조치 의무는 명시되어 있지 않다.

⑤ 사용자는 우리사주조합원의 의사와 무관하게 우리사주조합원을 소속, 계급 등 일정한 기준으로 분류하여 우리사주를 할당할 수 있다.

> 사용자는 우리사주조합원의 의사에 반하여 우리사주조합원을 소속, 계급 등 일정한 기준으로 분류하여 우리사주를 할당하는 행위를 하여서는 아니 된다(근로복지기본법 제42조의2 제1항 제2호).

23 외국인근로자의 고용 등에 관한 법령에 대한 설명으로 옳지 않은 것은?

☑ ① 직업안정기관의 장은 출입국관리법을 위반하여 처벌을 받은 사용자에 대하여 그 사실이 발생한 날부터 6년간 외국인근로자의 고용을 제한할 수 있다.

> 직업안정기관의 장은 출입국관리법을 위반하여 처벌을 받은 사용자에 대하여 그 사실이 발생한 날부터 3년간 외국인근로자의 고용을 제한할 수 있다(외국인근로자의 고용 등에 관한 법률 제20조 제1항 제3호). ⚖

② 고용허가서를 발급받은 날부터 6개월 이내에 내국인근로자를 고용조정으로 이직시킨 사용자는 외국인근로자의 고용이 제한될 수 있다.

> 외국인근로자의 고용 등에 관한 법률 제20조 제1항 제4호, 동법 시행령 제25조 제1호 ⚖

③ 고용허가서를 발급받은 사용자는 고용허가서 발급일로부터 3개월 이내에 외국인근로자와 근로계약을 체결하여야 한다. 외국인근로자의 고용 등에 관한 법률 시행령 제14조 제1항

④ 외국인근로자는 입국한 날부터 3년의 범위에서 취업활동을 할 수 있다.

> 외국인근로자의 고용 등에 관한 법률 제18조

⑤ 외국인근로자를 고용하려는 자는 직업안정법에 따른 직업안정기관에 우선 내국인 구인 신청을 하여야 한다. 외국인근로자의 고용 등에 관한 법률 제6조 제1항

외국인근로자의 고용 등에 관한 법률 제20조(외국인근로자 고용의 제한)

① 직업안정기관의 장은 다음 각 호의 어느 하나에 해당하는 사용자에 대하여 그 사실이 발생한 날부터 3년간 외국인근로자의 고용을 제한할 수 있다.

    1. 제8조 제4항에 따른 고용허가 또는 제12조 제3항에 따른 특례고용가능확인을 받지 아니하고 외국인 근로자를 고용한 자

    2. 제19조 제1항에 따라 외국인근로자의 고용허가나 특례고용가능확인이 취소된 자

    3. 이 법 또는 출입국관리법을 위반하여 처벌을 받은 자

    3의2. 외국인근로자의 사망으로 산업안전보건법 제167조 제1항에 따른 처벌을 받은 자

    4. 그 밖에 대통령령으로 정하는 사유에 해당하는 자

외국인근로자의 고용 등에 관한 법률 시행령 제25조(외국인근로자 고용의 제한)

법 제20조 제1항 제4호에서 "대통령령으로 정하는 사유에 해당하는 자"란 다음 각 호의 어느 하나에 해당하는 자를 말한다.

1. 법 제8조에 따라 고용허가서를 발급받은 날 또는 법 제12조에 따라 외국인근로자의 근로가 시작된 날부터 6개월 이내에 내국인근로자를 고용조정으로 이직시킨 자

2. 외국인근로자로 하여금 근로계약에 명시된 사업 또는 사업장 외에서 근로를 제공하게 한 자

3. 법 제9조 제1항에 따른 근로계약이 체결된 이후부터 법 제11조에 따른 외국인 취업교육을 마칠 때까지의 기간 동안 경기의 변동, 산업구조의 변화 등에 따른 사업 규모의 축소, 사업의 폐업 또는 전환과 같은 불가피한 사유가 없음에도 불구하고 근로계약을 해지한 자

---

24 노동법 법원(法源)의 상충 등에 관한 설명으로 옳은 것을 모두 고른 것은?

1
2
3

ㄱ. 근로계약에서 정한 근로조건이 근로기준법에서 정하는 기준에 미치지 못하는 경우에는 그 근로계약을 무효로 한다.

ㄴ. 취업규칙에서 정한 기준에 미달하는 근로조건을 정한 근로계약은 그 부분에 관하여는 무효로 하며 무효로 된 부분은 취업규칙에 정한 기준에 따른다.

ㄷ. 취업규칙은 근로기준법과 어긋나서는 아니 된다.

ㄹ. 취업규칙은 해당 사업 또는 사업장에 대하여 적용되는 단체협약과 어긋나서는 아니 된다.

① ㄱ, ㄴ
② ㄷ, ㄹ
③ ㄱ, ㄴ, ㄹ
④ ㄴ, ㄷ, ㄹ
⑤ ㄱ, ㄴ, ㄷ, ㄹ

ㄱ. (×) 근로기준법 제15조는 제1항에서 "이 법에서 정하는 기준에 미치지 못하는 근로조건을 정한 근로계약은 그 부분에 한하여 무효로 한다."라고 규정하고, 제2항에서 "제1항에 따라 무효로 된 부분은 이 법에서 정한 기준에 따른다."라고 규정하고 있다. 위 각 규정은 근로기준법의 목적을 달성하기 위하여 개별적 노사 간의 합의라는 형식을 빌려 근로자로 하여금 근로기준법에서 정한 기준에 미치지 못하는 근로조건을 감수하도록 하는 것을 저지함으로써 근로자에게 실질적으로 최소한의 근로조건을 유지시켜주기 위한 것이다. 이러한 위 각 규정의 문언과 취지에 비추어 보면, 근로기준법에서 정한 통상임금에 산입될 수당을 통상임금에서 제외하기로 하는 노사 간의 합의는 그 전부가 무효가 되는 것이 아니라, 근로기준법에서 정한 기준과 전체적으로 비교하여 그에 미치지 못하는 근로조건이 포함된 부분에 한하여 무효로 된다(대판 2019.11.28., 2019다261084).

ㄴ. (○) 근로기준법 제97조

ㄷ. ㄹ. (○) 근로기준법 제96조 제1항

25 헌법상 근로의 권리와 의무에 관한 설명으로 옳지 않은 것은?

① 법인은 헌법상 근로의 권리의 주체가 될 수 없다.

> 모든 국민은 근로의 권리를 가진다(헌법 제32조 제1항). 여기서의 국민은 자연인을 의미하므로 헌법상 법인은 근로의 권리의 주체가 될 수 없다.

② 근로조건의 기준은 인간의 존엄성을 보장하도록 법률로 정한다. 헌법 제32조 제3항

③ 근로의 권리는 공공복리를 위하여 필요한 경우에 한하여 법률로써 제한할 수 있다.

> 국민의 모든 자유와 권리는 국가안전보장·질서유지 또는 공공복리를 위하여 필요한 경우에 한하여 법률로써 제한할 수 있으며, 제한하는 경우에도 자유와 권리의 본질적인 내용을 침해할 수 없다(헌법 제37조 제2항).

✔ 국가유공자·상이군경 및 전몰군경의 유가족은 법률이 정하는 바에 의하여 우선적으로 근로의 의무를 이행하여야 한다.

> 국가유공자·상이군경 및 전몰군경의 유가족은 법률이 정하는 바에 의하여 우선적으로 근로의 기회를 부여받는다(헌법 제32조 제6항).

⑤ 여자의 근로는 특별한 보호를 받으며, 고용·임금 및 근로조건에 있어서 부당한 차별을 받지 아니한다. 헌법 제32조 제4항

01	02	03	04	05	06	07	08	09	10	11	12	13	14	15	16	17	18	19	20	21	22	23	24	25
③	②	③	⑤	①	②	③	①	④	②	④	①	④	②	⑤	④	③	⑤	①	③	①	④	④	⑤	⑤

01 노동법의 법원(法源) 등에 관한 설명으로 옳은 것은?(다툼이 있으면 판례에 따름)

① 취업규칙은 노동법의 법원(法源)으로 인정되지 않는다.

> 노동법의 법원으로서는 일반성을 요소로 하는 노동법령뿐만 아니라 단체협약, 취업규칙, 근로계약 등도 법원으로 인정된다.

② 단체협약은 노동법의 법원(法源)으로 인정되지 않는다.

> 단체협약은 노동법의 법원으로 인정된다.

③ 고용노동부 예규가 그 성질과 내용이 행정기관 내부의 사무처리지침에 불과한 경우에는 법원(法院)을 구속하지 않는다.

> 업무상재해인정기준에 관한 노동부 예규는 그 규정의 성질과 내용이 행정기관 내부의 사무처리준칙을 규정한 데 불과한 것이어서 국민이나 법원을 구속하는 것이 아니라고 할 것이다(대판 1990.9.25., 90누2727).

④ ILO 제100호 협약(동등보수에 관한 협약)은 국내법과 동일한 효력을 갖지 않는다.

> 헌법에 의하여 체결·공포된 조약과 일반적으로 승인된 국제법규는 국내법과 같은 효력을 가진다(헌법 제6조 제1항). ILO 제100호 동등보수에 관한 협약은 1997년 우리나라가 체결·비준한 ILO 협약으로 국내법과 동일한 효력을 갖는다.

⑤ 노동관행이 기업사회에서 일반적으로 근로관계를 규율하는 규범적인 사실로서 명확히 승인되더라도 근로계약의 내용으로 인정되지 않는다.

> 기업의 내부에 존재하는 특정의 관행이 근로계약의 내용을 이루고 있다고 하기 위해서는 그러한 관행이 기업사회에서 일반적으로 근로관계를 규율하는 규범적인 사실로서 명확히 승인되거나 기업의 구성원에 의해 일반적으로 아무도 이의를 제기하지 아니한 채 당연한 것으로 받아들여져서 기업 내에서 사실상의 제도로서 확립돼 있다고 할 수 있을 정도의 규범의식에 의해 지지되고 있어야 한다(대판 2002.4.23., 2000다50701). 따라서 사용자(또는 근로자)가 특정 관행을 계속적으로 반복해 왔고, 이를 근로자(또는 사용자)가 승인하거나 묵시적으로 동의하여 그에 대한 기대나 예견이 가능할 정도에 이르는 경우에는 그 관행이 규범력 있는 노동관행으로 인정받을 수 있다.

02 헌법 제32조에 명시된 내용으로 옳은 것을 모두 고른 것은?

ㄱ. 근로조건의 기준은 인간의 존엄성을 보장하도록 법률로 정한다.
ㄴ. 국가는 사회적·경제적 방법으로 근로자의 고용의 증진과 최저임금의 보장에 노력하여야 한다.
ㄷ. 국가는 여자의 복지와 권익의 향상을 위하여 노력하여야 한다.
ㄹ. 국가는 근로의 의무의 내용과 조건을 민주주의원칙에 따라 법률로 정한다.

① ㄱ   ☑ ㄱ, ㄹ

③ ㄴ, ㄷ   ④ ㄴ, ㄷ, ㄹ

⑤ ㄱ, ㄴ, ㄷ, ㄹ

ㄱ. (○) 헌법 제32조 제3항 ⚖
ㄴ. (✕) 국가는 사회적·경제적 방법으로 근로자의 고용의 증진과 <u>적정임금의 보장</u>에 노력하여야 하며, 법률이 정하는 바에 의하여 최저임금제를 시행하여야 한다(헌법 제32조 제1항). ⚖
ㄷ. (✕) 국가는 여자의 복지와 권익의 향상을 위하여 노력하여야 한다(헌법 제34조).
ㄹ. (○) 헌법 제32조 제2항 ⚖

⚖
법령

헌법 제32조
① <u>모든 국민은 근로의 권리를 가진다. 국가는 사회적·경제적 방법으로 근로자의 고용의 증진과 적정임금의 보장에 노력하여야 하며, 법률이 정하는 바에 의하여 최저임금제를 시행하여야 한다.</u>
② <u>모든 국민은 근로의 의무를 진다. 국가는 근로의 의무의 내용과 조건을 민주주의원칙에 따라 법률로 정한다.</u>
③ <u>근로조건의 기준은 인간의 존엄성을 보장하도록 법률로 정한다.</u>
④ 여자의 근로는 특별한 보호를 받으며, 고용·임금 및 근로조건에 있어서 부당한 차별을 받지 아니한다.
⑤ 연소자의 근로는 특별한 보호를 받는다.
⑥ 국가유공자·상이군경 및 전몰군경의 유가족은 법률이 정하는 바에 의하여 우선적으로 근로의 기회를 부여받는다.

03 근로기준법상 근로계약에 관한 설명으로 옳지 않은 것은?

① 사용자는 전차금(前借金)이나 그 밖에 근로할 것을 조건으로 하는 전대(前貸)채권과 임금을 상계하지 못한다. 근로기준법 제21조

② 취업규칙에서 정한 기준에 미달하는 근로조건을 정한 근로계약은 그 부분에 관하여는 무효로 한다. 이 경우 무효로 된 부분은 취업규칙에 정한 기준에 따른다. 근로기준법 제97조

☑ 근로계약서에 명시된 근로조건이 사실과 다를 경우에 근로자는 근로조건 위반을 이유로 손해의 배상을 청구할 수 있으나 즉시 근로계약을 해제할 수는 없다.

근로계약서에 명시된 근로조건이 사실과 다를 경우에 근로자는 근로조건 위반을 이유로 손해의 배상을 청구할 수 있으며 <u>즉시 근로계약을 해제할 수 있다</u>(근로기준법 제19조 제1항).

④ 사용자는 근로계약 불이행에 대한 손해배상액을 예정하는 계약을 체결하지 못한다.

근로기준법 제20조

⑤ 사용자는 근로계약에 덧붙여 강제 저축을 규정하는 계약을 체결하지 못한다.

근로기준법 제22조 제1항

04 근로기준법령상 상시 4명 이하의 근로자를 사용하는 사업 또는 사업장에 적용되지 않는 것은?

① 근로조건의 명시(근로기준법 제17조)

② 해고의 예고(근로기준법 제26조)

③ 미지급 임금에 대한 지연이자(근로기준법 제37조)

④ 근로자의 명부 작성(근로기준법 제41조)

✅ 근로시간(근로기준법 제50조)

근로시간은 상시 4명 이하의 근로자를 사용하는 사업 또는 사업장에 적용되지 않는다.

법령

근로기준법 시행령 [별표 1] 상시 4명 이하의 근로자를 사용하는 사업 또는 사업장에 적용하는 법 규정

구분	적용 법규정
제1장 총칙	제1조부터 제13조까지의 규정
제2장 근로계약	제15조, 제17조, 제18조, 제19조 제1항, 제20조부터 제22조까지의 규정, 제23조 제2항, 제26조, 제35조부터 제42조까지의 규정
제3장 임금	제43조부터 제45조까지의 규정, 제47조부터 제49조까지의 규정
제4장 근로시간과 휴식	제54조, 제55조 제1항, 제63조
제5장 여성과 소년	제64조, 제65조 제1항·제3항(임산부와 18세 미만인 자로 한정한다), 제66조부터 제69조까지의 규정, 제70조 제2항·제3항, 제71조, 제72조, 제74조
제6장 안전과 보건	제76조
제8장 재해보상	제78조부터 제92조까지의 규정
제11장 근로감독관 등	제101조부터 제106조까지의 규정
제12장 벌칙	제107조부터 제116조까지의 규정(제1장부터 제6장까지, 제8장, 제11장의 규정 중 상시 4명 이하 근로자를 사용하는 사업 또는 사업장에 적용되는 규정을 위반한 경우로 한정한다)

05 근로기준법령상 임금에 관한 설명으로 옳지 않은 것은?(다툼이 있으면 판례에 따름)

✔ 근로자가 소정근로시간을 초과하여 근로를 제공함으로써 사용자로부터 추가로 지급받는 임금은 통상임금에 속한다.

> 근로자가 소정근로시간을 초과하여 근로를 제공하거나 근로계약에서 제공하기로 정한 근로 외의 근로를 특별히 제공함으로써 사용자로부터 추가로 지급받는 임금이나 소정근로시간의 근로와는 관련 없이 지급받는 임금은 소정근로의 대가라 할 수 없으므로 통상임금에 속하지 아니한다(대판(全) 2013.12.18., 2012다89399).

② 평균임금 산정기간 중에 업무 외 질병을 사유로 사용자의 승인을 받아 휴업한 기간이 있는 경우에는 그 기간과 그 기간 중에 지급된 임금은 평균임금 산정기준이 되는 기간과 임금의 총액에서 각각 뺀다. 　근로기준법 시행령 제2조 제1항 제8호

③ 법령 또는 단체협약에 특별한 규정이 있는 경우에는 임금의 일부를 공제하거나 통화 이외의 것으로 지급할 수 있다.

> 임금은 통화(通貨)로 직접 근로자에게 그 전액을 지급하여야 한다. 다만, 법령 또는 단체협약에 특별한 규정이 있는 경우에는 임금의 일부를 공제하거나 통화 이외의 것으로 지급할 수 있다(근로기준법 제43조 제1항).

④ 상여금이 계속적·정기적으로 지급되고 그 지급액이 확정되어 있다면 이는 근로의 대가로 지급되는 임금의 성질을 가진다.

> 상여금이 계속적·정기적으로 지급되고 그 지급액이 확정되어 있다면 이는 근로의 대가로 지급되는 임금의 성질을 가지나 그 지급사유의 발생이 불확정이고 일시적으로 지급되는 것은 임금이라고 볼 수 없다(대판 2011.6.9., 2010다50236).

⑤ 사용자는 근로자가 혼인한 경우의 비용에 충당하기 위하여 임금 지급을 청구하면 지급기일 전이라도 이미 제공한 근로에 대한 임금을 지급하여야 한다.

> 근로기준법 제45조, 동법 시행령 제25조 제2호 ⚖

⚖
법령

근로기준법 제45조(비상시 지급)
사용자는 근로자가 출산, 질병, 재해, 그 밖에 대통령령으로 정하는 비상(非常)한 경우의 비용에 충당하기 위하여 임금 지급을 청구하면 지급기일 전이라도 이미 제공한 근로에 대한 임금을 지급하여야 한다.

근로기준법 시행령 제25조(지급기일 전의 임금 지급)
법 제45조에서 "그 밖에 대통령령으로 정한 비상(非常)한 경우"란 근로자나 그의 수입으로 생계를 유지하는 자가 다음 각 호의 어느 하나에 해당하게 되는 경우를 말한다.
1. 출산하거나 질병에 걸리거나 재해를 당한 경우
2. 혼인 또는 사망한 경우
3. 부득이한 사유로 1주 이상 귀향하게 되는 경우

06 근로기준법령상 체불사업주 명단 공개 등에 관한 설명으로 옳은 것은?

① 고용노동부장관은 체불사업주가 명단 공개 기준일 이전 1년 이내 임금 등의 체불 총액이 2천만원 이상인 경우에는 그 인적사항을 공개하여야 한다.

> 고용노동부장관은 임금, 보상금, 수당, 그 밖의 모든 금품(이하 "임금 등"이라 한다)을 지급하지 아니한 사업주(법인인 경우에는 그 대표자를 포함한다. 이하 "체불사업주"라 한다)가 명단 공개 기준일 이전 3년 이내 임금 등을 체불하여 2회 이상 유죄가 확정된 자로서 명단 공개 기준일 이전 1년 이내 임금 등의 체불총액이 3천만원 이상인 경우에는 그 인적사항 등을 공개할 수 있다(근로기준법 제43조의2 제1항).

✓ 체불사업주의 인적사항 등에 대한 공개 여부를 심의하기 위하여 고용노동부에 임금체불정보심의위원회를 둔다. 근로기준법 제43조의2 제3항

③ 고용노동부장관이 체불사업주 명단을 공개할 경우, 체불사업주가 법인이라면 그 대표자의 성명·나이는 명단 공개의 내용에 포함되지 않는다.

> 고용노동부장관이 체불사업주 명단을 공개할 경우, 체불사업주가 법인이라면 그 대표자를 포함한다 근로기준법 제43조의2 제1항).

④ 고용노동부장관은 체불사업주 명단을 공개할 경우에 체불사업주에게 1개월간 소명 기회를 주어야 한다.

> 고용노동부장관은 명단 공개를 할 경우에 체불사업주에게 3개월 이상의 기간을 정하여 소명 기회를 주어야 한다(근로기준법 제43조의2 제2항).

⑤ 임금 등 체불자료를 받은 종합신용정보집중기관은 이를 체불사업주의 신용도·신용거래능력 판단과 관련한 업무 외의 목적으로 이용할 수 있다.

> 임금 등 체불자료를 받은 자는 이를 체불사업주의 신용도·신용거래능력 판단과 관련한 업무 외의 목적으로 이용하거나 누설하여서는 아니 된다(근로기준법 제43조의3 제2항).

07 근로기준법령상 경영상 이유에 의한 해고에 관한 설명으로 옳지 않은 것은?(다툼이 있으면 판례에 따름)

① 경영 악화를 방지하기 위한 사업의 양도·인수·합병은 긴박한 경영상의 필요가 있는 것으로 본다.

> 사용자가 경영상 이유에 의하여 근로자를 해고하려면 긴박한 경영상의 필요가 있어야 한다. 이 경우 경영 악화를 방지하기 위한 사업의 양도·인수·합병은 긴박한 경영상의 필요가 있는 것으로 본다(근로기준법 제24조 제1항).

② 상시 근로자수 99명 이하인 사업 또는 사업장의 사용자는 1개월 동안에 10명 이상의 인원을 경영상의 이유에 의하여 해고하려면 최초로 해고하려는 날의 30일 전까지 고용노동부장관에게 신고하여야 한다.

> 근로기준법 시행령 제10조 제1항 제1호 ⚖

✔️ 사용자가 해고를 피하기 위한 방법과 해고의 기준 등에 관하여 근로자대표에게 해고를 하려는 날의 50일 전까지 통보하지 않은 경우 그 이유만으로 경영상 이유에 의한 해고는 부당하다.

> 해고를 피하기 위한 방법과 해고의 기준을 해고실시 60일 이전까지 근로자대표에게 통보하게 한 취지는, 소속근로자의 소재와 숫자에 따라 그 통보를 전달하는 데 소요되는 시간, 그 통보를 받은 각 근로자들이 통보 내용에 따른 대처를 하는 데 소요되는 시간, 근로자대표가 성실한 협의를 할 수 있는 기간을 최대한으로 상정·허여하자는 데 있는 것이고, 60일 기간의 준수는 정리해고의 효력요건은 아니어서, 구체적 사안에서 통보 후 정리해고 실시까지의 기간이 그와 같은 행위를 하는 데 소요되는 시간으로 부족하였다는 등의 특별한 사정이 없으며, 정리해고의 그 밖의 요건은 충족되었다면 그 정리해고는 유효하다(대판 2003.11.13., 2003두4119).
> ※ 위의 판결에서 60일 기간은 2007.1.26. 개정 및 2007.7.1. 시행된 현행 근로기준법에 따라 50일로 단축되었다(근로기준법 제24조 제3항).

④ 경영상의 이유에 의하여 근로자를 해고한 사용자는 근로자를 해고한 날로부터 3년 이내에 해고된 근로자가 해고 당시 담당하였던 업무와 같은 업무를 할 근로자를 채용하려고 할 경우 경영상의 이유에 의하여 해고된 근로자가 원하면 그 근로자를 우선적으로 고용하여야 한다.

> 근로기준법 제25조 제1항

⑤ 긴박한 경영상의 필요란 장래에 올 수도 있는 위기에 미리 대처하기 위하여 인원삭감이 필요한 경우도 포함되지만, 그러한 인원삭감은 객관적으로 보아 합리성이 있다고 인정되어야 한다.

> 정리해고의 요건 중 '긴박한 경영상의 필요'란 반드시 기업의 도산을 회피하기 위한 경우에 한정되지 아니하고, 장래에 올 수도 있는 위기에 미리 대처하기 위하여 인원삭감이 필요한 경우도 포함되지만, 그러한 인원삭감은 객관적으로 보아 합리성이 있다고 인정되어야 한다(대판 2015.5.28., 2012두25873).

⚖️ 법령

근로기준법 시행령 제10조(경영상의 이유에 의한 해고 계획의 신고)
① 법 제24조 제4항에 따라 사용자는 1개월 동안에 다음 각 호의 어느 하나에 해당하는 인원을 해고하려면 최초로 해고하려는 날의 30일 전까지 고용노동부장관에게 신고하여야 한다.
1. 상시 근로자수가 99명 이하인 사업 또는 사업장 : 10명 이상
2. 상시 근로자수가 100명 이상 999명 이하인 사업 또는 사업장 : 상시 근로자수의 10퍼센트 이상
3. 상시 근로자수가 1,000명 이상 사업 또는 사업장 : 100명 이상

08 근로기준법상 직장 내 괴롭힘에 관한 설명으로 옳지 않은 것은?

① ✔ 누구든지 직장 내 괴롭힘 발생 사실을 알게 된 경우 그 사실을 사용자에게 신고하여야 한다.

> 누구든지 직장 내 괴롭힘 발생 사실을 알게 된 경우 그 사실을 사용자에게 신고할 수 있다(근로기준법 제76조의3 제1항).

② 사용자는 직장 내 괴롭힘 발생 사실을 인지한 경우에는 지체 없이 그 사실 확인을 위한 조사를 실시하여야 한다. 근로기준법 제76조의3 제2항

③ 사용자는 직장 내 괴롭힘에 대한 조사 기간 동안 피해근로자 등을 보호하기 위하여 필요한 경우 해당 피해근로자 등에 대하여 근무장소의 변경, 유급휴가 명령 등 적절한 조치를 하여야 한다. 이 경우 사용자는 피해근로자 등의 의사에 반하는 조치를 하여서는 아니 된다.

> 근로기준법 제76조의3 제3항

④ 사용자는 직장 내 괴롭힘과 관련한 조사 결과 직장 내 괴롭힘 발생 사실이 확인된 때에는 지체 없이 행위자에 대하여 징계, 근무장소의 변경 등 필요한 조치를 하여야 한다. 이 경우 사용자는 징계 등의 조치를 하기 전에 그 조치에 대하여 피해근로자의 의견을 들어야 한다.

> 근로기준법 제76조의3 제5항

⑤ 사용자는 직장 내 괴롭힘에 대한 조사 결과 직장 내 괴롭힘 발생 사실이 확인된 때에는 피해근로자가 요청하면 근무장소의 변경, 배치전환, 유급휴가 명령 등 적절한 조치를 하여야 한다.

> 근로기준법 제76조의3 제4항

09 근로기준법령상 구제명령 등에 관한 설명이다. (   )에 들어갈 내용을 옳게 나열한 것은?

> • 중앙노동위원회의 재심판정에 대하여 사용자나 근로자는 재심판정서를 송달받은 날부터 (ㄱ)일 이내에 행정소송법의 규정에 따라 소(訴)를 제기할 수 있다.
> • 노동위원회의 구제명령 이행기한은 사용자가 구제명령을 서면으로 통지받은 날부터 (ㄴ)일 이내로 한다.

① ㄱ : 10, ㄴ : 15
② ㄱ : 10, ㄴ : 30
③ ㄱ : 15, ㄴ : 15
④ ✔ ㄱ : 15, ㄴ : 30
⑤ ㄱ : 30, ㄴ : 30

> • 중앙노동위원회의 재심판정에 대하여 사용자나 근로자는 재심판정서를 송달받은 날부터 (15일) 이내에 행정소송법의 규정에 따라 소(訴)를 제기할 수 있다(근로기준법 제31조 제2항).
> • 노동위원회의 구제명령 이행기한은 사용자가 구제명령을 서면으로 통지받은 날부터 (30일) 이내로 한다(근로기준법 시행령 제11조).

10 근로기준법령상 이행강제금에 관한 설명으로 옳지 않은 것은?

① 노동위원회는 이행강제금을 부과하기 30일 전까지 이행강제금을 부과·징수한다는 뜻을 사용자에게 미리 문서로써 알려 주어야 한다. `근로기준법 제33조 제2항`

✔ 노동위원회는 구제명령을 받은 자가 구제명령을 이행하면 구제명령을 이행하기 전에 이미 부과된 이행강제금은 징수하지 아니한다.

> 노동위원회는 구제명령을 받은 자가 구제명령을 이행하면 새로운 이행강제금을 부과하지 아니하되, 구제명령을 이행하기 전에 이미 부과된 이행강제금은 징수하여야 한다(근로기준법 제33조 제6항).

③ 노동위원회는 이행강제금을 부과하는 때에는 이행강제금의 부과통지를 받은 날부터 15일 이내의 납부기한을 정하여야 한다. `근로기준법 시행령 제12조 제1항`

④ 노동위원회는 천재·사변, 그 밖의 부득이한 사유로 구제명령을 이행하기 어려운 경우에는 직권 또는 사용자의 신청에 따라 그 사유가 없어진 뒤에 이행강제금을 부과할 수 있다. `근로기준법 시행령 제14조 제2호`

⑤ 노동위원회는 중앙노동위원회의 재심판정이나 법원의 확정판결에 따라 노동위원회의 구제명령이 취소되면 직권 또는 사용자의 신청에 따라 이행강제금의 부과·징수를 즉시 중지하고 이미 징수한 이행강제금을 반환하여야 한다. `근로기준법 시행령 제15조 제1항`

11 근로기준법 제51조 제2항의 규정이다. ( )에 들어갈 내용을 옳게 나열한 것은?

> 사용자는 근로자대표와의 서면 합의에 따라 다음 각 호의 사항을 정하면 3개월 이내의 단위기간을 평균하여 1주간의 근로시간이 제50조 제1항의 근로시간을 초과하지 아니하는 범위에서 특정한 주에 제50조 제1항의 근로시간을, 특정한 날에 제50조 제2항의 근로시간을 초과하여 근로하게 할 수 있다. 다만, 특정한 주의 근로시간은 (ㄱ)시간을, 특정한 날의 근로시간은 (ㄴ)시간을 초과할 수 없다.

① ㄱ : 48, ㄴ : 10   ② ㄱ : 48, ㄴ : 12

③ ㄱ : 52, ㄴ : 10   ✔ ㄱ : 52, ㄴ : 12

⑤ ㄱ : 68, ㄴ : 12

> 사용자는 근로자대표와의 서면 합의에 따라 다음 각 호의 사항을 정하면 3개월 이내의 단위기간을 평균하여 1주간의 근로시간이 제50조 제1항의 근로시간을 초과하지 아니하는 범위에서 특정한 주에 제50조 제1항의 근로시간을, 특정한 날에 제50조 제2항의 근로시간을 초과하여 근로하게 할 수 있다. 다만, 특정한 주의 근로시간은 (52시간)을, 특정한 날의 근로시간은 (12시간)을 초과할 수 없다(근로기준법 제51조 제2항).

12 근로기준법령상 연차 유급휴가에 관한 설명으로 옳지 않은 것은?(다툼이 있으면 판례에 따름)

☑ ① 근로자가 연차휴가에 관한 권리를 취득한 후 1년이 지나기 전에 퇴직하는 등의 사유로 인하여 더 이상 연차휴가를 사용하지 못하게 될 경우 사용자에게 그 연차휴가일수에 상응하는 연차휴가수당을 청구할 수 없다.

> 근로기준법 제60조 제1항이 규정한 유급 연차휴가는 1년간 80% 이상 출근한 근로자에게 부여되는 것으로, 근로자가 연차휴가에 관한 권리를 취득한 후 1년 이내에 연차휴가를 사용하지 아니하거나 1년이 지나기 전에 퇴직하는 등의 사유로 인하여 더 이상 연차휴가를 사용하지 못하게 될 경우에는 사용자에게 연차휴가일수에 상응하는 임금인 연차휴가수당을 청구할 수 있다(대판 2018.6.28., 2016다48297).

② 연간 소정근로일수에 정당한 쟁의행위 기간이 차지하는 일수가 포함되어 있는 경우 연차 유급휴가 취득 요건과 관련한 출근율은 소정근로일수에서 그 쟁의행위 기간이 차지하는 일수를 제외한 나머지 일수를 기준으로 산정한다.

> 근로자가 정당한 쟁의행위를 하거나 '남녀고용평등과 일·가정 양립 지원에 관한 법률'(이하 '남녀고용평등법'이라 한다)에 의한 육아휴직(이하 양자를 가리켜 '쟁의행위 등'이라 한다)을 하여 현실적으로 근로를 제공하지 아니한 경우, … 연간 소정근로일수에서 쟁의행위 등 기간이 차지하는 일수를 제외한 나머지 일수를 기준으로 근로자의 출근율을 산정하여 연차유급휴가 취득 요건의 충족 여부를 판단하되, 그 요건이 충족된 경우에는 본래 평상적인 근로관계에서 8할의 출근율을 충족할 경우 산출되었을 연차유급휴가일수에 대하여 '연간 소정근로일수에서 쟁의행위 등 기간이 차지하는 일수를 제외한 나머지 일수'를 '연간 소정근로일수'로 나눈 비율을 곱하여 산출된 연차유급휴가일수를 근로자에게 부여함이 합리적이다(대판 2013.12.26., 2011다4629).

③ 사용자는 근로자대표와의 서면 합의에 따라 연차 유급휴가일을 갈음하여 특정한 근로일에 근로자를 휴무시킬 수 있다. 근로기준법 제62조

④ 사용자는 계속하여 근로한 기간이 1년 미만인 근로자에게 1개월 개근 시 1일의 유급휴가를 주어야 한다. 근로기준법 제60조 제2항

⑤ 연간 소정근로일수와 출근일수를 계산함에 있어서 사용자의 부당해고로 인하여 근로자가 출근하지 못한 기간은 연간 소정근로일수 및 출근일수에 모두 산입된다.

> 근로자가 부당해고로 인하여 지급받지 못한 임금이 연차휴가수당인 경우에도 해당 근로자의 연간 소정근로일수와 출근일수를 고려하여 근로기준법 제60조 제1항의 요건을 충족하면 연차유급휴가가 부여되는 것을 전제로 연차휴가수당을 지급하여야 하고, 이를 산정하기 위한 연간 소정근로일수와 출근일수를 계산할 때 사용자의 부당해고로 인하여 근로자가 출근하지 못한 기간을 근로자에 대하여 불리하게 고려할 수는 없으므로 그 기간은 연간 소정근로일수 및 출근일수에 모두 산입되는 것으로 보는 것이 타당하며, 설령 부당해고기간이 연간 총근로일수 전부를 차지하고 있는 경우에도 달리 볼 수는 없다(대판 2014.3.13., 2011다95519).

13 근로기준법상 여성과 소년에 관한 설명으로 옳지 않은 것은?

① 사용자는 임신 중인 여성을 도덕상 또는 보건상 유해·위험한 사업에 사용하지 못한다.

근로기준법 제65조 제1항

② 고용노동부장관은 근로계약이 미성년자에게 불리하다고 인정하는 경우에는 이를 해지할 수 있다.　근로기준법 제67조 제2항

③ 15세 이상 18세 미만인 사람의 근로시간은 1일에 7시간, 1주에 35시간을 초과하지 못한다. 다만, 당사자 사이의 합의에 따라 1일에 1시간, 1주에 5시간을 한도로 연장할 수 있다.

근로기준법 제69조

✔ 사용자는 18세 이상의 여성 근로자에 대하여는 그 근로자의 동의 없이 휴일근로를 시킬 수 있다.

사용자는 18세 이상의 여성을 오후 10시부터 오전 6시까지의 시간 및 휴일에 근로시키려면 그 근로자의 동의를 받아야 한다(근로기준법 제70조 제1항).

⑤ 사용자는 산후 1년이 지나지 아니한 여성에 대하여는 단체협약이 있는 경우라도 1일에 2시간, 1주에 6시간, 1년에 150시간을 초과하는 시간외근로를 시키지 못한다.

근로기준법 제71조

14 근로기준법령상 취직인허증에 관한 설명으로 옳지 않은 것은?

① 예술공연 참가를 위한 경우에는 13세 미만인 자도 취직인허증을 받을 수 있다.

근로기준법 시행령 제35조 제1항

✔ 의무교육 대상자가 취직인허증을 신청하는 경우 신청인은 사용자가 될 자의 취업확인서를 받아 친권자 또는 후견인과 연명으로 고용노동부장관에게 신청하여야 한다.

의무교육 대상자가 취직인허증을 신청하는 경우 신청인은 학교장(의무교육 대상자와 재학 중인 자로 한정) 및 친권자 또는 후견인의 서명을 받아 사용자가 될 자와 연명(連名)으로 고용노동부장관에게 신청하여야 한다(근로기준법 시행령 제35조 제2항 및 제3항).

③ 고용노동부장관은 취직인허증 신청에 대하여 취직을 인허할 경우에는 고용노동부령으로 정하는 취직인허증에 직종을 지정하여 신청한 근로자와 사용자가 될 자에게 내주어야 한다.

근로기준법 시행령 제36조 제1항

④ 고용노동부장관은 거짓으로 취직인허증을 발급받은 사람에게는 그 인허를 취소하여야 한다.

근로기준법 제64조 제3항

⑤ 사용자 또는 15세 미만인 자는 취직인허증이 못쓰게 되거나 이를 잃어버린 경우에는 고용노동부령으로 정하는 바에 따라 지체 없이 재교부 신청을 하여야 한다.

근로기준법 시행령 제39조

15 근로기준법상 취업규칙에 관한 설명으로 옳지 않은 것은?

① 취업규칙을 작성하여 고용노동부장관에게 신고하여야 하는 사용자는 상시 10명 이상의 근로자를 사용하는 사용자이다.

> 상시 10명 이상의 근로자를 사용하는 사용자는 취업규칙을 작성하여 고용노동부장관에게 신고하여야 한다. 이를 변경하는 경우에도 또한 같다(근로기준법 제93조).

② 사용자가 취업규칙을 작성하여 고용노동부장관에게 신고하여야 하는 경우, 해당 취업규칙에는 업무상과 업무 외의 재해부조(災害扶助)에 관한 사항이 포함되어야 한다.

> 근로기준법 제93조 제10호

③ 사용자는 취업규칙의 작성에 관하여 해당 사업 또는 사업장에 근로자의 과반수로 조직된 노동조합이 있는 경우에는 그 노동조합, 근로자의 과반수로 조직된 노동조합이 없는 경우에는 근로자의 과반수의 의견을 들어야 한다.   근로기준법 제94조 제1항

④ 취업규칙에서 근로자에 대하여 감급(減給)의 제재를 정할 경우에 그 감액은 1회의 금액이 평균임금의 1일분의 2분의 1을, 총액의 1임금지급기의 임금 총액의 10분의 1을 초과하지 못한다.

> 근로기준법 제95조

✔ **고용노동부장관은 법령이나 단체협약에 어긋나는 취업규칙에 대하여 노동위원회의 의결을 받아 그 변경을 명하여야 한다.**

> 고용노동부장관은 법령이나 단체협약에 어긋나는 취업규칙의 변경을 명할 수 있다(근로기준법 제96조 제2항). 이때 노동위원회의 의결을 요하는 것은 아니다.

---

16 산업안전보건법상 작업중지에 관한 설명으로 옳지 않은 것은?

① 사업주는 산업재해가 발생할 급박한 위험이 있을 때에는 즉시 작업을 중지시키고 근로자를 작업장소에서 대피시키는 등 안전 및 보건에 관하여 필요한 조치를 하여야 한다.

> 산업안전보건법 제51조

② 근로자는 산업재해가 발생할 급박한 위험이 있는 경우에는 작업을 중지하고 대피할 수 있다.

> 산업안전보건법 제52조 제1항

③ 사업주는 중대재해가 발생하였을 때에는 즉시 해당 작업을 중지시키고 근로자를 작업장소에서 대피시키는 등 안전 및 보건에 관하여 필요한 조치를 하여야 한다.

> 산업안전보건법 제54조 제1항

✔ **중대재해 발생으로 작업이 중지된 경우, 사업주는 작업중지 해제에 관한 전문가 등으로 구성된 심의위원회의 심의를 거쳐 작업중지를 해제하여야 한다.**

> 고용노동부장관은 사업주가 작업중지의 해제를 요청한 경우에는 작업중지 해제에 관한 전문가 등으로 구성된 심의위원회의 심의를 거쳐 고용노동부령으로 정하는 바에 따라 작업중지를 해제하여야 한다(산업안전보건법 제55조 제3항).

⑤ 사업주는 산업재해가 발생할 급박한 위험이 있다고 근로자가 믿을 만한 합리적인 이유가 있을 때에는 작업을 중지하고 대피한 근로자에 대하여 해고나 그 밖의 불리한 처우를 해서는 아니 된다. 산업안전보건법 제52조 제4항

17 직업안정법상 근로자공급사업에 관한 설명으로 옳지 않은 것은?

① 누구든지 고용노동부장관의 허가를 받지 아니하고는 근로자공급사업을 하지 못한다.

직업안정법 제33조 제1항

② 근로자공급사업은 공급대상이 되는 근로자가 취업하려는 장소를 기준으로 국내 근로자공급사업과 국외 근로자공급사업으로 구분한다. 직업안정법 제33조 제3항

✔ **파견근로자 보호 등에 관한 법률에 따른 파견사업주는 국내 근로자공급사업의 허가를 받을 수 있다.**

국내 근로자공급사업의 허가를 받을 수 있는 자는 노동조합 및 노동관계조정법에 따른 노동조합이다(직업안정법 제33조 제3항).

④ 국내에서 제조업을 하고 있는 자는 국외 근로자공급사업의 허가를 받을 수 있다.

직업안정법 제33조 제3항 제2호

⑤ 민법에 따른 비영리법인은 연예인을 대상으로 하는 국외 근로자공급사업의 허가를 받을 수 있다. 직업안정법 제33조 제3항 제2호

⚖️ 법령

직업안정법 제33조(근로자공급사업)
① 누구든지 고용노동부장관의 허가를 받지 아니하고는 근로자공급사업을 하지 못한다.
② 근로자공급사업 허가의 유효기간은 3년으로 하되, 유효기간이 끝난 후 계속하여 근로자공급사업을 하려는 자는 고용노동부령으로 정하는 바에 따라 연장허가를 받아야 한다. 이 경우 연장허가의 유효기간은 연장 전 허가의 유효기간이 끝나는 날부터 3년으로 한다.
③ 근로자공급사업은 공급대상이 되는 근로자가 취업하려는 장소를 기준으로 국내 근로자공급사업과 국외 근로자공급사업으로 구분하며, 각각의 사업의 허가를 받을 수 있는 자의 범위는 다음 각 호와 같다.
  1. 국내 근로자공급사업의 경우는 노동조합 및 노동관계조정법에 따른 노동조합
  2. 국외 근로자공급사업의 경우는 국내에서 제조업·건설업·용역업, 그 밖의 서비스업을 하고 있는 자. 다만, 연예인을 대상으로 하는 국외 근로자공급사업의 허가를 받을 수 있는 자는 민법 제32조에 따른 비영리법인으로 한다.

18 남녀고용평등과 일·가정 양립 지원에 관한 법률상 육아기 근로시간 단축에 관한 설명으로 옳지 않은 것은?

① 사업주가 해당 근로자에게 육아기 근로시간 단축을 허용하는 경우 단축 후 근로시간은 주당 15시간 이상이어야 하고 35시간을 넘어서는 아니 된다.

> 남녀고용평등과 일·가정 양립 지원에 관한 법률 제19조의2 제3항

② 사업주는 정상적인 사업 운영에 중대한 지장을 초래하는 경우에는 육아기 근로시간 단축을 허용하지 아니할 수 있다. 남녀고용평등과 일·가정 양립 지원에 관한 법률 제19조의2 제1항 ⚖️

③ 사업주는 육아기 근로시간 단축을 하고 있는 근로자에게 단축된 근로시간 외에 연장근로를 요구할 수 없다. 다만, 그 근로자가 명시적으로 청구하는 경우에는 사업주는 주 12시간 이내에서 연장근로를 시킬 수 있다. 남녀고용평등과 일·가정 양립 지원에 관한 법률 제19조의3 제3항

④ 사업주는 근로자의 육아기 근로시간 단축기간이 끝난 후에 그 근로자를 육아기 근로시간 단축 전과 같은 업무 또는 같은 수준의 임금을 지급하는 직무에 복귀시켜야 한다.

> 남녀고용평등과 일·가정 양립 지원에 관한 법률 제19조의2 제6항

✔️ 육아기 근로시간 단축을 한 근로자에 대하여 근로기준법에 따른 평균임금을 산정하는 경우에는 그 근로자의 육아기 근로시간 단축 기간은 평균임금 산정기간에 포함한다.

> 육아기 근로시간 단축을 한 근로자에 대하여 근로기준법 제2조 제6호에 따른 평균임금을 산정하는 경우에는 그 근로자의 육아기 근로시간 단축 기간을 평균임금 산정기간에서 제외한다(남녀고용평등과 일·가정 양립 지원에 관한 법률 제19조의3 제4항).

⚖️ 법령

남녀고용평등과 일·가정 양립 지원에 관한 법률 제19조의2(육아기 근로시간 단축)
① 사업주는 근로자가 만 8세 이하 또는 초등학교 2학년 이하의 자녀를 양육하기 위하여 근로시간의 단축(이하 "육아기 근로시간 단축"이라 한다)을 신청하는 경우에 이를 허용하여야 한다. 다만, 대체인력 채용이 불가능한 경우, 정상적인 사업 운영에 중대한 지장을 초래하는 경우 등 대통령령으로 정하는 경우에는 그러하지 아니하다.

남녀고용평등과 일·가정 양립 지원에 관한 법률 시행령 제15조의2(육아기 근로시간 단축의 허용 예외)
법 제19조의2 제1항 단서에서 "대통령령으로 정하는 경우"란 다음 각 호의 어느 하나에 해당하는 경우를 말한다.
1. 단축개시예정일의 전날까지 해당 사업에서 계속 근로한 기간이 6개월 미만인 근로자가 신청한 경우
2. 삭제
3. 사업주가 직업안정법 제2조의2 제1호에 따른 직업안정기관(이하 "직업안정기관"이라 한다)에 구인신청을 하고 14일 이상 대체인력을 채용하기 위하여 노력하였으나 대체인력을 채용하지 못한 경우. 다만, 직업안정기관의 장의 직업소개에도 불구하고 정당한 이유 없이 2회 이상 채용을 거부한 경우는 제외한다.
4. 육아기 근로시간 단축을 신청한 근로자의 업무 성격상 근로시간을 분할하여 수행하기 곤란하거나 그 밖에 육아기 근로시간 단축이 정상적인 사업 운영에 중대한 지장을 초래하는 경우로서 사업주가 이를 증명하는 경우

19 파견근로자 보호 등에 관한 법령상 파견이 허용되는 업무는?

1
2
3

✓ 출산으로 결원이 생긴 제조업의 직접생산공정업무

출산·질병·부상 등으로 결원이 생긴 경우 또는 일시적·간헐적으로 인력을 확보하여야 할 필요가 있는 경우에는 근로자파견사업을 할 수 있다(파견근로자 보호 등에 관한 법률 제5조 제1항 및 제2항).

② 건설공사현장에서 이루어지는 업무　파견근로자 보호 등에 관한 법률 제5조 제3항 제1호

③ 선원법 제2조 제1호의 선원의 업무　파견근로자 보호 등에 관한 법률 제5조 제3항 제3호

④ 산업안전보건법 제58조에 따른 유해하거나 위험한 업무

파견근로자 보호 등에 관한 법률 제5조 제3항 제4호

⑤ 여객자동차 운수사업법 제2조 제3호에 따른 여객자동차운송사업에서의 운전업무

파견근로자 보호 등에 관한 법률 제5조 제3항 제5호, 동법 시행령 제2조 제2항 제5호

⚖️
법령

파견근로자 보호 등에 관한 법률 제5조(근로자파견 대상 업무 등)

① 근로자파견사업은 제조업의 직접생산공정업무를 제외하고 전문지식·기술·경험 또는 업무의 성질 등을 고려하여 적합하다고 판단되는 업무로서 대통령령으로 정하는 업무를 대상으로 한다.

② 제1항에도 불구하고 출산·질병·부상 등으로 결원이 생긴 경우 또는 일시적·간헐적으로 인력을 확보하여야 할 필요가 있는 경우에는 근로자파견사업을 할 수 있다.

③ 제1항 및 제2항에도 불구하고 다음 각 호의 어느 하나에 해당하는 업무에 대하여는 근로자파견사업을 하여서는 아니 된다.

　1. 건설공사현장에서 이루어지는 업무

　2. 항만운송사업법 제3조 제1호, 한국철도공사법 제9조 제1항 제1호, 농수산물 유통 및 가격안정에 관한 법률 제40조, 물류정책기본법 제2조 제1항 제1호의 하역(荷役)업무로서 직업안정법 제33조에 따라 근로자공급사업 허가를 받은 지역의 업무

　3. 선원법 제2조 제1호의 선원의 업무

　4. 산업안전보건법 제58조에 따른 유해하거나 위험한 업무

　5. 그 밖에 근로자 보호 등의 이유로 근로자파견사업의 대상으로는 적절하지 못하다고 인정하여 대통령령으로 정하는 업무

파견근로자 보호 등에 관한 법률 시행령 제2조(근로자파견의 대상 및 금지업무)

② 법 제5조 제3항 제5호에서 "대통령령으로 정하는 업무"란 다음 각 호의 어느 하나에 해당하는 업무를 말한다.

　1. 진폐의 예방과 진폐근로자의 보호 등에 관한 법률 제2조 제3호에 따른 분진작업을 하는 업무

　2. 산업안전보건법 제137조에 따른 건강관리카드의 발급대상 업무

　3. 의료법 제2조에 따른 의료인의 업무 및 같은 법 제80조의2에 따른 간호조무사의 업무

　4. 의료기사 등에 관한 법률 제3조에 따른 의료기사의 업무

　5. 여객자동차 운수사업법 제2조 제3호에 따른 여객자동차운송사업에서의 운전업무

　6. 화물자동차 운수사업법 제2조 제3호에 따른 화물자동차 운송사업에서의 운전업무

20 기간제 및 단시간근로자 보호 등에 관한 법령에 관한 설명으로 옳지 않은 것은?

1
2
3

① 박사 학위를 소지하고 해당 분야에 종사하는 경우에는 2년을 초과하여 기간제근로자로 사용할 수 있다.

> 기간제 및 단시간근로자 보호 등에 관한 법률 시행령 제3조 제1항 제1호 ⚖

② 특정한 업무의 완성에 필요한 기간을 정한 경우에는 2년을 초과하여 기간제근로자로 사용할 수 있다. 기간제 및 단시간근로자 보호 등에 관한 법률 제4조 제1항 제1호 ⚖

✔ 사용자는 기간의 정함이 없는 근로계약을 체결하려는 경우에 당해 사업 또는 사업장의 동종 또는 유사한 업무에 종사하는 기간제근로자를 우선적으로 고용하여야 한다.

> 사용자는 기간의 정함이 없는 근로계약을 체결하고자 하는 경우에는 해당 사업 또는 사업장의 동종 또는 유사한 업무에 종사하는 기간제근로자를 <u>우선적으로 고용하도록 노력하여야 한다</u>(기간제 및 단시간근로자 보호 등에 관한 법률 제5조). 즉, 의무규정이 아니다.

④ 고용노동부장관은 확정된 시정명령에 대하여 사용자에게 이행상황을 제출할 것을 요구할 수 있다. 기간제 및 단시간근로자 보호 등에 관한 법률 제15조 제1항

⑤ 사용자는 기간제근로자임을 이유로 해당 사업 또는 사업장에서 동종 또는 유사한 업무에 종사하는 기간의 정함이 없는 근로계약을 체결한 근로자에 비하여 차별적 처우를 하여서는 아니 된다. 기간제 및 단시간근로자 보호 등에 관한 법률 제8조 제1항

⚖
법령

> **기간제 및 단시간근로자 보호 등에 관한 법률 제4조(기간제근로자의 사용)**
> ① 사용자는 2년을 초과하지 아니하는 범위 안에서(기간제 근로계약의 반복갱신 등의 경우에는 그 계속근로한 총기간이 2년을 초과하지 아니하는 범위 안에서) 기간제근로자를 사용할 수 있다. <u>다만, 다음 각 호의 어느 하나에 해당하는 경우에는 2년을 초과하여 기간제근로자로 사용할 수 있다.</u>
> 1. 사업의 완료 또는 특정한 업무의 완성에 필요한 기간을 정한 경우
> 2. 휴직·파견 등으로 결원이 발생하여 해당 근로자가 복귀할 때까지 그 업무를 대신할 필요가 있는 경우
> 3. 근로자가 학업, 직업훈련 등을 이수함에 따라 그 이수에 필요한 기간을 정한 경우
> 4. 고령자고용촉진법 제2조 제1호의 고령자와 근로계약을 체결하는 경우
> 5. <u>전문적 지식·기술의 활용이 필요한 경우와 정부의 복지정책·실업대책 등에 따라 일자리를 제공하는 경우로서 대통령령으로 정하는 경우</u>
> 6. 그 밖에 제1호부터 제5호까지에 준하는 합리적인 사유가 있는 경우로서 대통령령으로 정하는 경우
>
> **기간제 및 단시간근로자 보호 등에 관한 법률 시행령 제3조(기간제근로자 사용기간 제한의 예외)**
> ① 법 제4조 제1항 제5호에서 "<u>전문적 지식·기술의 활용이 필요한 경우로서 대통령령이 정하는 경우</u>"란 다음 각 호의 어느 하나에 해당하는 경우를 말한다.
> 1. <u>박사 학위(외국에서 수여받은 박사 학위를 포함한다)를 소지하고 해당 분야에 종사하는 경우</u>
> 2. 국가기술자격법 제9조 제1항 제1호에 따른 기술사 등급의 국가기술자격을 소지하고 해당 분야에 종사하는 경우
> 3. 별표 2에서 정한 전문자격을 소지하고 해당 분야에 종사하는 경우

21 최저임금법령에 관한 설명으로 옳지 않은 것은?

☑ ① 1년 미만의 기간을 정하여 근로계약을 체결하고 수습 중에 있는 근로자로서 수습을 시작한 날부터 6개월 이내인 사람에 대하여는 고용노동부장관에 의해 고시된 최저임금액보다 적은 최저임금액을 정할 수 있다.

> 1년 이상의 기간을 정하여 근로계약을 체결하고 수습 중에 있는 근로자로서 수습을 시작한 날부터 3개월 이내인 사람에 대하여는 대통령령으로 정하는 바에 따라 제1항에 따른 최저임금액과 다른 금액으로 최저임금액을 정할 수 있다(최저임금법 제5조 제2항). 여기서 '다른 금액'이란 시간급 최저임금액(최저임금으로 정한 금액)에서 100분의 10을 뺀 금액을 말한다(동법 시행령 제3조).

② 사용자가 고용노동부장관의 인가를 받아 최저임금의 적용을 제외할 수 있는 자는 정신 또는 신체의 장애가 업무 수행에 직접적으로 현저한 지장을 주는 것이 명백하다고 인정되는 사람으로 한다. 최저임금법 제7조 제1호

③ 최저임금위원회는 필요하다고 인정하면 사업의 종류별 또는 특정 사항별로 전문위원회를 둘 수 있다. 최저임금법 제19조 제1항

④ 고용노동부장관은 매년 8월 5일까지 최저임금을 결정하여야 한다. 최저임금법 제8조 제1항

⑤ 최저임금위원회에는 관계 행정기관의 공무원 중에서 3명 이내의 특별위원을 둘 수 있다.

최저임금법 제16조 제1항

22 근로자퇴직급여 보장법에 관한 설명으로 옳은 것은?

① 확정급여형퇴직연금제도란 급여의 지급을 위하여 사용자가 부담하여야 할 부담금의 수준이 사전에 결정되어 있는 퇴직연금제도를 말한다.

> "확정급여형퇴직연금제도"란 근로자가 받을 급여의 수준이 사전에 결정되어 있는 퇴직연금제도를 말한다(근로자퇴직급여 보장법 제2조 제8호).

② 확정기여형퇴직연금제도란 근로자가 받을 급여의 수준이 사전에 결정되어 있는 퇴직연금제도를 말한다.

> "확정기여형퇴직연금제도"란 급여의 지급을 위하여 사용자가 부담하여야 할 부담금의 수준이 사전에 결정되어 있는 퇴직연금제도를 말한다(근로자퇴직급여 보장법 제2조 제9호).

③ 사용자는 계속근로기간이 1년 미만인 근로자에 대하여도 퇴직급여제도를 설정하여야 한다.

> 사용자는 퇴직하는 근로자에게 급여를 지급하기 위하여 퇴직급여제도 중 하나 이상의 제도를 설정하여야 한다. 다만, 계속근로기간이 1년 미만인 근로자, 4주간을 평균하여 1주간의 소정근로시간이 15시간 미만인 근로자에 대하여는 그러하지 아니하다(근로자퇴직급여 보장법 제4조 제1항).

☑ ④ 사용자는 근로자가 퇴직한 경우에는 그 지급사유가 발생한 날부터 14일 이내에 퇴직금을 지급하여야 하지만, 특별한 사정이 있는 경우에는 당사자 간의 합의에 따라 퇴직금의 지급기일을 연장할 수 있다. 근로자퇴직급여 보장법 제9조 제1항

⑤ 퇴직급여제도의 일시금을 수령한 사람은 개인형퇴직연금제도를 설정할 수 없다.

> 퇴직급여제도의 일시금을 수령한 사람은 개인형퇴직연금제도를 설정할 수 있다(근로자퇴직급여 보장법 제24조 제2항 제1호).

23 임금채권보장법에 관한 설명으로 옳지 않은 것은? 기출 수정

① 임금채권보장기금의 관리·운용에 관한 중요사항을 심의하기 위하여 고용노동부에 임금채권보장기금심의위원회를 둔다. 임금채권보장법 제6조 제1항

② 거짓으로 대지급금이 지급된 사실을 지방고용노동관서 또는 수사기관에 신고하거나 고발한 자에게는 대통령령으로 정하는 기준에 따라 포상금을 지급할 수 있다. 임금채권보장법 제15조

③ 미성년자인 근로자는 독자적으로 대지급금의 지급을 청구할 수 있다.

임금채권보장법 제11조의2 제3항

✔ 대지급금을 지급받을 권리는 담보로 제공할 수 있다.

대지급금을 지급받을 권리는 양도 또는 압류하거나 담보로 제공할 수 없다(임금채권보장법 제11조의2 제1항).

⑤ 고용노동부장관이 사업주로부터 부담금을 징수할 권리는 3년간 행사하지 아니하면 시효로 소멸한다. 임금채권보장법 제26조 제1항

24 근로복지기본법에 관한 설명으로 옳은 것은?

① 누구든지 국가 또는 지방자치단체가 근로자의 주거안정, 생활안정 및 재산형성 등 근로복지를 위하여 이 법에 따라 보조 또는 융자한 자금을 그 목적사업 외에도 사용할 수 있다.

누구든지 국가 또는 지방자치단체가 근로자의 주거안정, 생활안정 및 재산형성 등 근로복지를 위하여 이 법에 따라 보조 또는 융자한 자금을 그 목적사업에만 사용하여야 한다(근로복지기본법 제6조).

② 고용노동부장관은 관계 중앙행정기관의 장과 협의하여 근로복지증진에 관한 기본계획을 3년마다 수립하여야 한다.

고용노동부장관은 관계 중앙행정기관의 장과 협의하여 근로복지증진에 관한 기본계획(이하 "기본계획"이라 한다)을 5년마다 수립하여야 한다(근로복지기본법 제9조 제1항).

③ 국가의 보조를 받는 비영리법인이 근로복지사업을 추진하는 경우에는 고용노동부장관의 허가를 받아야 한다.

지방자치단체, 국가의 보조를 받는 비영리법인이 근로복지사업을 추진하는 경우에는 고용노동부장관과 협의하여야 한다(근로복지기본법 제11조).

④ 근로자주택의 종류, 규모, 공급대상 근로자, 공급방법과 그 밖에 필요한 사항은 고용노동부장관이 정한다.

근로자주택의 종류, 규모, 공급대상 근로자, 공급방법과 그 밖에 필요한 사항은 국토교통부장관이 고용노동부장관과 협의하여 정한다(근로복지기본법 제15조 제3항).

✔ 국가는 근로자의 생활안정을 지원하기 위하여 근로자 및 그 가족의 의료비·혼례비·장례비 등의 융자 등 필요한 지원을 하여야 한다. 근로복지기본법 제19조 제1항

25 외국인근로자의 고용 등에 관한 법률에 관한 설명으로 옳지 않은 것은?

① 외국인력정책위원회는 외국인근로자 도입 업종 및 규모 등에 관한 사항을 심의·의결한다.

외국인근로자의 고용 등에 관한 법률 제4조 제2항 제2호

② 외국인근로자를 고용하려는 자는 직업안정법에 따른 직업안정기관에 우선 내국인 구인 신청을 하여야 한다. 외국인근로자의 고용 등에 관한 법률 제6조 제1항

③ 사용자는 외국인근로자가 외국인 취업교육을 받을 수 있도록 하여야 한다.

외국인근로자의 고용 등에 관한 법률 제11조 제2항

④ 외국인근로자를 고용한 사업 또는 사업장의 사용자는 외국인근로자의 출국 등에 따른 퇴직금 지급을 위하여 외국인근로자를 피보험자 또는 수익자로 하는 보험 또는 신탁에 가입하여야 한다. 외국인근로자의 고용 등에 관한 법률 제13조 제1항

⑤ 외국인근로자는 고용허가를 받은 날부터 5년의 범위에서 취업활동을 할 수 있다.

외국인근로자는 입국한 날부터 3년의 범위에서 취업활동을 할 수 있다(외국인근로자의 고용 등에 관한 법률 제18조).

01	02	03	04	05	06	07	08	09	10	11	12	13	14	15	16	17	18	19	20	21	22	23	24	25
②	④	⑤	③	①	②	⑤	④	⑤	④	⑤	⑤	③	③	①	②	④	④	①	⑤	③	②	②	①	③

01 근로기준법상 해고에 관한 설명으로 옳지 않은 것은?(다툼이 있으면 판례에 따름)

① 부당해고 등의 구제신청은 부당해고 등이 있었던 날부터 3개월 이내에 하여야 한다.

> 근로기준법 제28조 제2항

✔ 사용자의 근로자에 대한 해고가 무효로 판단되는 경우에는 그 해고가 곧바로 불법행위를 구성한다.

> 일반적으로 사용자의 근로자에 대한 해고 등의 불이익처분이 정당하지 못하여 무효로 판단되는 경우에 그러한 사유만으로 곧바로 그 해고 등이 불법행위를 구성하게 된다고는 할 수 없다(대판 1997.1.21., 95다24821).

③ 사용자가 해고사유 등을 서면으로 통지할 때는 근로자의 처지에서 해고사유가 무엇인지를 구체적으로 알 수 있어야 한다.   대판 2015.11.27., 2015두48136

④ 노동위원회는 최초의 구제명령을 한 날을 기준으로 매년 2회의 범위에서 구제명령이 이행될 때까지 반복하여 최대 2년간 이행강제금을 부과할 수 있다.   근로기준법 제33조 제5항

⑤ 노동위원회는 해고에 대한 구제명령을 할 때에 근로자가 원직복직을 원하지 아니하면 원직복직 대신 근로자가 해고기간 동안 근로를 제공하였더라면 받을 수 있었던 임금 상당액 이상의 금품을 근로자에게 지급하도록 명할 수 있다.   근로기준법 제30조 제3항

02 근로기준법상 연차 유급휴가에 관한 설명으로 옳지 않은 것은?(다툼이 있으면 판례에 따름)

① 사용자는 계속하여 근로한 기간이 1년 미만인 근로자에게 1개월 개근 시 1일의 유급휴가를 주어야 한다.   근로기준법 제60조 제2항

② 연차 유급휴가의 산정을 위한 출근율의 계산에서 출산전후휴가로 휴업한 기간은 출근한 것으로 본다.   근로기준법 제60조 제6항 제2호

③ 사용자는 근로자대표와의 서면 합의에 따라 연차 유급휴가일을 갈음하여 특정한 근로일에 근로자를 휴무시킬 수 있다.   근로기준법 제62조

☑ 근로자가 업무상 재해로 연차 유급휴가를 사용할 해당 연도에 전혀 출근하지 못한 경우라면 미사용 연차 유급휴가에 대한 연차휴가수당은 청구할 수 없다.

> 근로자가 업무상 재해 등의 사정으로 말미암아 연차휴가를 사용할 해당 연도에 전혀 출근하지 못한 경우라 하더라도, 이미 부여받은 연차휴가를 사용하지 않은 데 따른 연차휴가수당은 <u>청구할 수 있다</u>(대판 2017.5.17., 2014다232296).

⑤ 미사용 연차 유급휴가에 대하여는 통상임금의 100분의 50을 가산하여 지급하지 않아도 된다.

> 근로자가 연차 유급휴가를 모두 사용하지 아니한 경우 연차휴가 미사용근로수당이 지급되어야 하며 이는 통상임금을 기준으로 한다. 단, <u>가산금을 부과하여 지급하지 않는 것이 일반적이다.</u>

03 상시 5명 이상의 근로자를 사용하는 사업장의 휴업수당 지급과 관련하여 근로기준법령에 위반하지 않은 것을 모두 고른 것은?

> ㄱ. 사용자 A의 휴업에 귀책사유가 있어 평균임금의 100분의 80에 해당하는 금액을 휴업수당으로 지급하였다.
> ㄴ. 사용자 B의 휴업에 귀책사유가 없어 휴업수당을 지급하지 않았다.
> ㄷ. 사용자 C의 휴업에 귀책사유가 있는데 평균임금의 100분의 70에 해당하는 금액이 통상임금을 초과하므로 통상임금을 휴업수당으로 지급하였다.

① ㄱ
② ㄴ
③ ㄱ, ㄷ
④ ㄴ, ㄷ
 ㄱ, ㄴ, ㄷ

> <u>사용자의 귀책사유로 휴업하는 경우에 사용자는 휴업기간 동안 그 근로자에게 평균임금의 100분의 70 이상의 수당을 지급하여야 한다. 다만, 평균임금의 100분의 70에 해당하는 금액이 통상임금을 초과하는 경우에는 통상임금을 휴업수당으로 지급할 수 있다</u>(근로기준법 제46조 제1항).

04 근로기준법상 임금에 관한 설명으로 옳지 않은 것은?(다툼이 있으면 판례에 따름)

① 실비변상적 금원은 평균임금 산정의 기초가 되는 임금 총액에 포함되지 않는다.

> 사용자 이외의 자가 지급한 금품이나 근로의 대상으로서 지급되는 것이 아니라 근로자가 특수한 근무조건이나 환경에서 직무를 수행함으로 말미암아 추가로 소요되는 비용을 변상하기 위하여 지급되는 <u>실비변상적 금원 또는 사용자가 지급의무 없이 은혜적으로 지급하는 금원 등은 평균임금 산정의 기초가 되는 임금 총액에 포함되지 아니한다</u>(대판 1999.2.9., 97다56235).

② 산출된 평균임금액이 그 근로자의 통상임금보다 적으면 그 통상임금액을 평균임금으로 한다.

> 근로기준법 제2조 제2항

✅ **사용자와 근로자는 통상임금의 의미나 범위에 관하여 단체협약 등에 의해 따로 합의할 수 있다.**

> 통상임금은 근로조건의 기준을 마련하기 위하여 법이 정한 도구개념이므로, 사용자와 근로자가 통상임금의 의미나 범위 등에 관하여 단체협약 등에 의해 따로 합의할 수 있는 성질의 것이 아니다(대판(全) 2013.12.18., 2012다89399).

④ "평균임금"이란 이를 산정하여야 할 사유가 발생한 날 이전 3개월 동안에 그 근로자에게 지급된 임금의 총액을 그 기간의 총일수로 나눈 금액을 말한다.　근로기준법 제2조 제1항 제6호

⑤ 정기상여금의 지급주기가 1개월을 넘는다는 사정만으로 그 임금이 통상임금에서 제외된다고 할 수는 없다.

> 정기상여금과 같이 일정한 주기로 지급되는 임금의 경우 단지 그 지급주기가 1개월을 넘는다는 사정만으로 그 임금이 통상임금에서 제외된다고 할 수는 없다(대판(全) 2013.12.18., 2012다89399).

05 사용자의 징계권 행사에 관한 설명으로 옳지 않은 것은?(다툼이 있으면 판례에 따름)

✅ 징계처분에서 징계사유로 삼은 비위행위가 아닌 평소의 소행과 근무성적, 당해 징계처분 사유 전후에 저지른 비위행위사실 등은 징계양정의 참작자료로 삼을 수 없다.

> 징계처분에서 징계사유로 삼지 아니한 비위행위라고 하더라도 징계종류 선택의 자료로서 피징계자의 평소의 소행과 근무성적, 당해 징계처분 사유 전후에 저지른 비위행위 사실 등은 징계양정에 있어서의 참작자료로 삼을 수 있는 것이다(대판 2002.5.28., 2001두10455).

② 학력 등을 허위로 기재한 행위를 이유로 징계해고를 하는 경우에 그 정당성은 고용 당시의 사정뿐 아니라, 고용 이후 해고에 이르기까지 그 근로자가 종사한 근로의 내용과 기간, 허위기재를 한 학력 등이 종사한 근로의 정상적인 제공에 지장을 초래하는지 여부 등을 종합적으로 고려하여 판단하여야 한다.　대판 2012.7.5., 2009두16763

③ 사생활에서의 비행은 사업활동에 직접 관련이 있거나 기업의 사회적 평가를 훼손할 염려가 있는 것에 한하여 정당한 징계사유가 될 수 있다.　대판 1994.12.13., 93누23275

④ 근로기준법 제23조 제1항의 '정당한 이유'란 징계해고의 경우에는 사회통념상 근로계약을 계속시킬 수 없을 정도로 근로자에게 책임있는 사유가 있는 것을 말한다.

> 대판 1992.4.24., 91다17931

⑤ 여러 개의 징계사유 중 일부가 인정되지 않더라도 인정되는 다른 일부 징계사유만으로도 해당 징계처분의 타당성을 인정하기에 충분한 경우에는 그 징계처분이 위법하지 않다.

> 대판 2014.11.27., 2011다41420

06 근로기준법령상 근로시간제도에 관한 설명으로 옳지 않은 것은? 기출 수정

① 임신 중인 여성 근로자에 대하여는 탄력적 근로시간제를 적용하지 아니한다.

15세 이상 18세 미만의 근로자와 임신 중인 여성 근로자에 대하여는 탄력적 근로시간제를 적용하지 아니한다(근로기준법 제51조 제3항).

☑ 선택적 근로시간제의 정산기간은 1개월 이내의 일정한 기간으로 정하여야 한다.

신상품 또는 신기술 연구개발업부의 정산기간은 3개월로 한다(근로기준법 제52조 제1항).

③ 당사자 간에 합의하면 1주간에 12시간을 한도로 제50조의 근로시간을 연장할 수 있다.

근로기준법 제53조 제1항

④ 재량근로의 대상업무는 사용자가 근로자 대표와 서면 합의로 정한 시간을 근로한 것으로 본다.

근로기준법 제58조 제3항

⑤ 사용자는 야간근로에 대하여는 통상임금의 100분의 50 이상을 가산하여 근로자에게 지급하여야 한다. 근로기준법 제56조 제3항

07 근로기준법령상 상시 4명 이하의 근로자를 사용하는 사업 또는 사업장에 적용되지 않는 것은?

① 공민권 행사의 보장(제10조)   ② 근로조건의 명시(제17조)

③ 전차금 상계의 금지(제21조)   ④ 휴게(제54조)

☑ 연차 유급휴가(제60조)

연차 유급휴가는 상시 4명 이하의 근로자를 사용하는 사업 또는 사업장에 적용되는 법이 아니다. 상시 4명 이하의 근로자를 사용하는 사업 또는 사업장에 대하여 적용하는 법은 다음과 같다.

근로기준법 시행령 [별표1]

구분	미적용 법규정	적용 법규정
총칙	법령 요지 등의 게시(제14조)	• 제1조부터 제13조까지의 규정 • 목적(제1조), 정의(제2조), 근로조건의 기준(제3조), 근로조건의 결정(제4조), 근로조건의 준수(제5조), 균등한 처우(제6조), 강제근로의 금지(제7조), 폭행의 금지(제8조), 중간착취의 배제(제9조), 공민권 행사의 보장(제10조), 적용 범위(제11조, 제12조), 보고 · 출석의 의무(제13조)

근로계약	계약기간(제16조), 근로조건 위반 시 노동위원회 손배청구 및 귀향여비 지급(제19조 제2항)	근기법을 위반한 근로계약(제15조), 근로조건의 명시(제17조), 단시간근로자의 근로조건(제18조), 근로조건 위반에 대한 손배청구와 해제(제19조 제1항), 위약예정의 금지(제20조), 전차금 상계의 금지(제21조), 강제저금의 금지(제22조), 해고시기의 제한(제23조 제2항), 해고의 예고(제26조), 금품 청산(제36조), 미지급임금에 대한 지연 이자(제37조), 임금채권의 우선 변제(제38조), 사용증명서(제39조), 취업 방해의 금지(제40조), 근로자의 명부(제41조), 계약서류의 보존(제42조)
임금	휴업수당(제46조)	임금지급(제43조), 체불사업주 명단 공개(제43조의2), 임금 등 체불자료의 제공(제43조의3), 도급사업에 대한 임금 지급(제44조), 건설업에서의 임금지급 연대책임(제44조의2), 건설업의 공사도급에 있어서의 임금에 관한 특례(제44조의3), 비상시 지급(제45조), 도급 근로자(제47조), 임금대장(제48조), 임금의 시효(제49조)
근로시간과 휴식	근로시간제, 가산임금, 보상휴가제, 연차휴가 등의 대부분 근로시간제도	휴게(제54조), 1주 평균 1회 이상 유급휴일보장(제55조 제1항), 근로시간, 휴게·휴일 규정 적용 제외규정(제63조)
여성과 소년	18세 이상 여성의 임신·출산에 관한 기능에 유해·위험한 사업 사용 금지(제65조 제2항), 18세 이상 여성의 야간·휴일 근로 시 근로자의 동의(제70조 제1항), 생리휴가(제73조), 육아 시간(제75조)	최저연령과 취직인허증(제64조), 유해·위험사업에 사용금지, 임산부 등의 사용금지직종(제65조 제1항, 제3항, 임산부와 18세 미만인 자로 한정), 연소자 증명서(제66조), 근로계약(제67조), 임금의 청구(제68조), 근로시간(제69조), 야간근로와 휴일근로의 제한(제70조 제2항, 제3항, 임산부와 18세 미만인 자로 한정), 시간외근로(제71조), 갱내근로의 금지(제72조), 임산부의 보호(제74조)
안전과 보건	−	안전과 보건(제76조)
재해보상	−	요양보상(제78조), 휴업보상(제79조), 장해보상(제80조), 휴업보상과 장해보상의 예외(제81조), 유족보상(제82조), 장례비(제83조), 일시보상(제84조), 분할보상(제85조), 보상청구권(제86조), 다른 손해배상과의 관계(제87조), 고용노동부장관의 심사와 중재(제88조), 노동위원회의 심사와 중재(제89조), 도급사업에 대한 예외(제90조), 서류의 보존(제91조), 시효(제92조)
근로감독관 등	−	감독기관(제101조), 근로감독관의 권한(제102조), 근로감독관의 의무(제103조), 감독기관에 대한 신고(제104조), 사법경찰권 행사자의 제한(제105조), 권한의 위임(제106조)

		벌칙(제107조, 제108조, 제109조, 제110조, 제111조, 제113조, 제114조), 고발(제112조), 양벌규정(제115조), 과태료(제116조 제1장부터 제6장까지, 제8장, 제11장의 규정 중 상시 4명 이하 근로자를 사용하는 사업 또는 사업장에 적용되는 규정을 위반한 경우로 한정)
벌칙	–	

08 근로기준법령상 미성년자 또는 연소자의 보호에 관한 설명으로 옳지 않은 것은?

① 미성년자는 독자적으로 임금을 청구할 수 있다. 　근로기준법 제68조

② 친권자나 후견인은 미성년자의 근로계약을 대리할 수 없다. 　근로기준법 제67조 제1항

③ 예술공연 참가를 위한 경우에는 13세 미만인 자도 취직인허증을 받을 수 있다.

　근로기준법 시행령 제35조 제1항

✔ 15세 이상 18세 미만인 사람의 근로시간은 1일에 6시간, 1주에 34시간을 초과하지 못한다.

　15세 이상 18세 미만인 사람의 근로시간은 <u>1일에 7시간, 1주에 35시간</u>을 초과하지 못한다. 다만, 당사자 사이의 합의에 따라 1일에 1시간, 1주에 5시간을 한도로 연장할 수 있다(근로기준법 제69조).

⑤ 고용노동부장관은 근로계약이 미성년자에게 불리하다고 인정하는 경우에는 이를 해지할 수 있다. 　근로기준법 제67조 제2항

09 근로기준법령상 임산부의 보호에 관한 설명으로 옳지 않은 것은?

① 한 번에 둘 이상 자녀를 임신한 경우 출산전후휴가 기간의 배정은 출산 후에 60일 이상이 되어야 한다.

　사용자는 임신 중인 여성 근로자가 유산의 경험 등 대통령령으로 정하는 사유로 제1항의 휴가를 청구하는 경우 출산 전 어느 때라도 휴가를 나누어 사용할 수 있도록 하여야 한다. 이 경우 출산 후의 휴가 기간은 연속하여 45일(<u>한 번에 둘 이상 자녀를 임신한 경우에는 60일</u>) 이상이 되어야 한다(근로기준법 제74조 제2항).

② 사업주는 출산전후휴가 종료 후에는 휴가 전과 동일한 업무 또는 동등한 수준의 임금을 지급하는 직무에 복귀시켜야 한다. 　근로기준법 제74조 제6항

③ 사용자는 임신 후 36주 이후에 있으며 1일 근로시간이 8시간인 여성 근로자가 1일 2시간의 근로시간 단축을 신청하는 경우 이를 허용하여야 한다. 　근로기준법 제74조 제7항

④ 사용자는 임신 중의 여성 근로자에게 시간외근로를 하게 하여서는 아니 된다.

　근로기준법 제74조 제5항

✔️ 사업주는 유산휴가를 청구한 근로자에게 임신기간이 28주 이상인 경우 유산한 날부터 30일까지 유산휴가를 주어야 한다.

> 유산휴가를 청구한 근로자가 임신기간이 28주 이상인 경우 유산 또는 사산한 날부터 90일까지 유산휴가를 주어야 한다. 유산·사산휴가 청구에 대한 기준은 근로기준법 시행령 제43조 제3항에 명시되어 있다. ⚖️

⚖️
법령

근로기준법 시행령 제43조(유산·사산휴가의 청구 등)
③ 사업주는 제2항에 따라 유산·사산휴가를 청구한 근로자에게 다음 각 호의 기준에 따라 유산·사산휴가를 주어야 한다.
1. 유산 또는 사산한 근로자의 임신기간(이하 "임신기간"이라 한다)이 11주 이내인 경우 : 유산 또는 사산한 날부터 5일까지
2. 임신기간이 12주 이상 15주 이내인 경우 : 유산 또는 사산한 날부터 10일까지
3. 임신기간이 16주 이상 21주 이내인 경우 : 유산 또는 사산한 날부터 30일까지
4. 임신기간이 22주 이상 27주 이내인 경우 : 유산 또는 사산한 날부터 60일까지
5. 임신기간이 28주 이상인 경우 : 유산 또는 사산한 날부터 90일까지

10 근로기준법상 취업규칙에 관한 설명으로 옳은 것은?(다툼이 있으면 판례에 따름)

1
2
3

① 사용자는 취업규칙을 근로자에게 불리하게 변경하는 경우에는 근로자 과반수의 의견을 들어야 한다.

> 사용자는 취업규칙의 작성 또는 변경에 관하여 해당 사업 또는 사업장에 근로자의 과반수로 조직된 노동조합이 있는 경우에는 그 노동조합, 근로자의 과반수로 조직된 노동조합이 없는 경우에는 근로자의 과반수의 의견을 들어야 한다. 다만, 취업규칙을 근로자에게 불리하게 변경하는 경우에는 그 동의를 받아야 한다(근로기준법 제94조 제1항).

② 상시 5명 이상의 근로사를 사용하는 사용자는 근로기준법에서 정한 사항에 관한 취업 규칙을 작성하여 고용노동부장관에게 신고하여야 한다.

> 상시 10명 이상의 근로자를 사용하는 사용자는 근로기준법 제93조 제1호부터 제13호에 관한 취업규칙을 작성하여 고용노동부장관에게 신고하여야 한다(근로기준법 제93조).

③ 사용자가 애초에 취업규칙을 작성함에 있어 근로자 과반수의 의견을 듣지 아니하거나 그 동의를 얻지 아니한 경우 그 취업규칙의 내용이 근로기준법에 위반되는지와 관계없이 그 취업규칙은 전부 무효가 된다.

> 근로기준법 제94조, 제95조에 의하면 사용자가 취업규칙을 작성하거나 변경함에 있어 당해 사업장 근로자의 과반수의 의견을 들어야 하며, 취업규칙을 근로자에게 불이익하게 변경하는 경우에는 그 동의를 얻어야 하고 그 동의를 얻지 못한 경우에는 근로자에게 불이익하게 변경되는 부분은 무효라고 할 것이지만 애초에 취업규칙을 작성함에 있어 근로자 과반수의 의견을 듣지 아니하거나 그 동의를 얻지 아니하였다 하더라도 그 취업규칙의 내용이 근로기준법에 위반되지 않는 한 그 취업규칙이 전부 무효가 되는 것은 아니다(대판 1991.4.9., 90다16245).

✔ 취업규칙의 일부를 이루는 급여규정의 변경이 일부의 근로자에게는 유리하고 일부의 근로자에게는 불리한 경우 그러한 변경에 근로자집단의 동의를 요하는지를 판단하는 것은 근로자 전체에 대하여 획일적으로 결정되어야 한다.

> 취업규칙의 일부를 이루는 급여규정의 변경이 일부의 근로자에게는 유리하고 일부의 근로자에게는 불리한 경우 그러한 변경에 근로자집단의 동의를 요하는지를 판단하는 것은 근로자 전체에 대하여 획일적으로 결정되어야 할 것이다(대판 1993.5.14., 93다1893).

⑤ 근로자의 집단적 의사결정방법에 의한 동의 없이 이루어진 취업규칙의 불리한 변경은 그 변경 후에 취업한 근로자에 대하여 효력이 없다.

> 사용자가 취업규칙에서 정한 근로조건을 근로자에게 불리하게 변경함에 있어서 근로자의 동의를 얻지 않은 경우에 그 변경으로 기득이익이 침해되는 기존의 근로자에 대한 관계에서는 변경의 효력이 미치지 않게 되어 종전 취업규칙의 효력이 그대로 유지되지만, 변경 후에 변경된 취업규칙에 따른 근로조건을 수용하고 근로관계를 갖게 된 근로자에 대한 관계에서는 당연히 변경된 취업규칙이 적용되어야 하고, 기득이익의 침해라는 효력배제사유가 없는 변경 후의 취업근로자에 대해서까지 변경의 효력을 부인하여 종전 취업규칙이 적용되어야 한다고 볼 근거가 없다(대판 1992.12.22., 91다45165).

11 근로기준법상 직장 내 괴롭힘의 금지에 관한 설명으로 옳지 않은 것은? 〔기출 수정〕

① 누구든지 직장 내 괴롭힘 발생 사실을 알게 된 경우 그 사실을 사용자에게 신고할 수 있다.
> 근로기준법 제76조의3 제1항

② 사용자는 직장 내 괴롭힘 발생 사실을 인지한 경우에는 지체 없이 그 사실 확인을 위한 조사를 실시하여야 한다. 〔근로기준법 제76조의3 제2항〕

③ 사용자는 직장 내 괴롭힘 발생 사실의 확인 조사 결과 그 사실이 확인된 때에는 피해근로자가 요청하면 근무장소의 변경 등 적절한 조치를 하여야 한다. 〔근로기준법 제76조의3 제4항〕

④ 사용자는 직장 내 괴롭힘 발생 사실을 신고한 근로자 및 피해근로자 등에게 해고나 그 밖의 불리한 처우를 하여서는 아니 된다. 〔근로기준법 제76조의3 제6항〕

✔ 사용자가 직장 내 괴롭힘 발생 사실의 확인 조사 결과 그 사실이 확인되었음에도 지체 없이 이에 대한 필요한 조치를 하지 아니한 경우 1천만원 이하의 과태료를 부과한다.

> 사용자가 직장 내 괴롭힘 발생사실의 확인 조사 결과 그 사실이 확인되었음에도 지체 없이 행위자에 대하여 필요한 조치를 하지 아니한 경우 500만원 이하의 과태료를 부과한다(근로기준법 제116조 제2항 제2호). ⚖

근로기준법 제116조(과태료)
① 사용자(사용자의 민법 제767조에 따른 친족 중 대통령령으로 정하는 사람이 해당 사업 또는 사업장의 근로자인 경우를 포함한다)가 제76조의2를 위반하여 직장 내 괴롭힘을 한 경우에는 1천만원 이하의 과태료를 부과한다.
② 다음 각 호의 어느 하나에 해당하는 자에게는 500만원 이하의 과태료를 부과한다.
　1. 제13조에 따른 고용노동부장관, 노동위원회 또는 근로감독관의 요구가 있는 경우에 보고 또는 출석을 하지 아니하거나 거짓된 보고를 한 자
　2. 제14조, 제39조, 제41조, 제42조, 제48조, 제66조, 제74조 제7항·제9항, 제76조의3 제2항·제4항· 제5항·제7항, 제91조, 제93조, 제98조 제2항 및 제99조를 위반한 자
　3. 제51조의2 제5항에 따른 임금보전방안을 신고하지 아니한 자
　4. 제102조에 따른 근로감독관 또는 그 위촉을 받은 의사의 현장조사나 검진을 거절, 방해 또는 기피하고 그 심문에 대하여 진술을 하지 아니하거나 거짓된 진술을 하며 장부·서류를 제출하지 아니하거나 거짓 장부·서류를 제출한 자

근로기준법 제76조의3(직장 내 괴롭힘 발생 시 조치)
⑤ 사용자는 제2항에 따른 조사 결과 직장 내 괴롭힘 발생 사실이 확인된 때에는 지체 없이 행위자에 대하여 징계, 근무장소의 변경 등 필요한 조치를 하여야 한다. 이 경우 사용자는 징계 등의 조치를 하기 전에 그 조치에 대하여 피해근로자의 의견을 들어야 한다.

12 근로기준법상 근로감독관에 관한 설명으로 옳지 않은 것은?

① 근로감독관은 사용자와 근로자에 대하여 심문할 수 있다. 　근로기준법 제102조 제1항

② 근로조건의 기준을 확보하기 위하여 고용노동부와 그 소속 기관에 근로감독관을 둔다.
　근로기준법 제101조 제1항

③ 근로감독관은 사업장, 기숙사, 그 밖의 부속 건물을 현장조사하고 장부와 서류의 제출을 요구할 수 있다. 　근로기준법 제102조 제1항

④ 근로감독관의 위촉을 받은 의사는 취업을 금지하여야 할 질병에 걸릴 의심이 있는 근로자에 대하여 검진할 수 있다. 　근로기준법 제102조 제2항

✔ 근로감독관은 근로기준법 위반의 죄에 관하여 경찰관 직무집행법에서 정하는 바에 따라 사법경찰관의 직무를 수행한다.

　근로감독관은 근로기준법이나 그 밖의 노동 관계 법령 위반의 죄에 관하여 사법경찰관리의 직무를 행할 자와 그 직무범위에 관한 법률에서 정하는 바에 따라 사법경찰관의 직무를 수행한다(근로기준법 제102조 제5항).

13 근로기준법에 규정된 내용으로 옳은 것을 모두 고른 것은?

> ㄱ. 이 법에서 정하는 근로조건은 최저기준이므로 근로 관계 당사자는 이 기준을 이유로 근로조건을 낮출 수 없다.
> ㄴ. 사용자는 근로자에 대하여 국적·신앙 또는 사회적 신분을 이유로 근로조건에 대한 차별적 처우를 하지 못한다.
> ㄷ. 사용자가 근로자를 폭행한 경우 피해자의 명시적인 의사와 다르게 공소를 제기할 수 없다.
> ㄹ. 누구든지 법률에 따르지 아니하고는 영리로 다른 사람의 취업에 개입하거나 중간인으로서 이익을 취득하지 못한다.

① ㄱ, ㄴ   ② ㄷ, ㄹ

③ ㄱ, ㄴ, ㄹ   ④ ㄴ, ㄷ, ㄹ

⑤ ㄱ, ㄴ, ㄷ, ㄹ

> ㄱ. (○) 근로기준법 제3조
> ㄴ. (○) 근로기준법 제6조
> ㄷ. (×) 제36조(금품청산), 제43조(임금지급), 제44조(도급사업에 대한 임금지급), 제44조의2(건설업에서의 임금지급연대책임), 제46조(휴업수당), 제51조의3(근로한 기간이 단위기간보다 짧은 경우의 임금정산), 제52조(1개월을 초과하는 정산기간을 정하는 경우, 통상임금의 100분의 50 이상을 가산지급), 제56조(연장·야간 및 휴일근로를 위반한 자)에 대하여는 피해자의 명시적인 의사와 다르게 공소를 제기할 수 없다(민법 제109조 제2항). 이에 따르면 사용자가 근로자를 폭행한 경우는 민법 제109조의 규정에 적용되지 않으므로 피해자의 명시적인 의사와 다르게 공소를 제기할 수 있다.
> ㄹ. (○) 근로기준법 제9조

14 헌법 제32조(근로의 권리)에 명시된 내용으로 옳지 않은 것은?

① 모든 국민은 근로의 권리를 가지며 근로의 의무를 진다.   헌법 제32조 제1항 및 제2항

② 여자 및 연소자의 근로는 특별한 보호를 받는다.   헌법 제32조 제4항 및 제5항

③ 신체장애자는 우선적으로 근로의 기회를 부여받는다.

> 신체장애자 및 질병·노령 기타의 사유로 생활능력이 없는 국민은 법률이 정하는 바에 의하여 국가의 보호를 받는다(헌법 제34조 제5항). 다만, 우선적으로 근로의 기회를 부여받는 대상 중 신체장애자에 대한 규정은 없다.

④ 근로조건의 기준은 인간의 존엄성을 보장하도록 법률로 정한다.   헌법 제32조 제3항

⑤ 국가는 법률이 정하는 바에 의하여 최저임금제를 시행하여야 한다.   헌법 제32조 제1항

15 노동법의 법원(法源)에 관한 설명으로 옳은 것은?(다툼이 있으면 판례에 따름) 기출 수정

1
2
3

✔ ① 근로관계 당사자의 권리와 의무를 규율하는 취업규칙은 노동법의 법원에 해당한다.

> 단체협약이나 취업규칙은 <u>법에 의해 규범력을 인정받고 있으므로</u> 법원으로 인정된다. ⚖¹

② 국제노동기구(ILO)의 강제근로의 폐지에 관한 협약(제105호)은 노동법의 법원에 해당한다.

> 헌법에 의하여 체결·공포된 조약과 일반적으로 승인된 국제법규는 국내법과 같은 효력을 가진다(헌법 제6조 제1항). 2021년에는 ILO 협약 중 <u>강제근로의 폐지에 관한 협약(제105호)을 제외한 결사의 자유와 단결권의 보장 협약(제87호), 단결권과 단체교섭권 협약(제98호), 강제근로에 대한 협약(제29호)의</u> 비준동의안이 국회본회의를 통과(21.2.26.)하였다. 비준동의된 기본협약은 국회본회의를 통과하여 정부가 비준서를 ILO에 기탁한 시점부터 1년이 지난 후(22.4.20.)에 발효되고 이때 국내법과 같은 효력을 지니게 된다. 따라서 <u>강제근로의 폐지에 관한 협약(제105호)은 비준되지 아니하였으므로</u> 노동법의 법원성은 부정된다고 보는 것이 타당하다. ⚖²

③ 노동사건에 관련한 대법원 전원합의체 판결은 노동법의 법원에 해당한다.

> 대법원의 판례는 원칙적으로 <u>법원성이 부정</u>된다.

④ 노동관계법령에 대한 법제처의 유권해석은 노동법의 법원에 해당한다.

> 행정해석은 <u>법원성이 부정</u>된다.

⑤ 사용자와 개별근로자가 체결한 근로계약은 노동법의 법원에 해당하지 않는다.

> 근로계약은 사용자와 근로자 간의 의사합치로 중요한 의무 등을 규정하므로 <u>법원으로 인정</u>된다.

법령

> **근로기준법 제97조(위반의 효력)**
> 취업규칙에서 정한 기준에 미달하는 근로조건을 정한 근로계약은 그 부분에 관하여는 무효로 한다. 이 경우 무효로 된 부분은 취업규칙에 정한 기준에 따른다.

⚖²
법령

ILO 핵심협약

분야	협약	한국 비준현황
차별금지	제100호 동등보수 협약	비준(1997년 12월)
	제111호 차별(고용과 직업)협약	비준(1998년 12월)
아동노동금지	제138호 최저연령 협약	비준(1999년 1월)
	제182호 가혹한 형태의 아동노동 협약	비준(2001년 3월)
결사의 자유	제87호 결사의 자유와 단결권의 보장협약	비준(2022년 4월)
	제98호 단결권과 단체교섭권 협약	비준(2022년 4월)
강제노동금지	제29호 강제노동협약	비준(2022년 4월)
	제105호 강제노동철폐 협약	×

16 산업안전보건법에 관한 설명으로 옳지 않은 것은?

① 근로자는 산업재해가 발생한 급박한 위험이 있는 경우에는 작업을 중지하고 대피할 수 있다.

산업안전보건법 제52조 제1항

✔️ **사업주는 사업장에 근로자위원, 사용자위원 및 공익위원이 같은 수로 구성되는 산업안전보건위원회를 운영하여야 한다.**

사업주는 사업장의 안전 및 보건에 관한 중요 사항을 심의·의결하기 위하여 사업장에 <u>근로자위원과 사용자위원이 같은 수로 구성</u>되는 산업안전보건위원회를 구성·운영하여야 한다(산업안전보건법 제24조 제1항).

③ 산업재해 예방에 관한 기본계획은 고용노동부장관이 수립하며 산업재해보상보험 및 예방심의위원회의 심의를 거쳐 공표하여야 한다. 산업안전보건법 제7조 제1항 및 제2항

④ 고용노동부장관은 산업재해를 예방하기 위하여 대통령령으로 정하는 사업장의 근로자 산업재해 발생건수, 재해율 또는 그 순위 등을 공표하여야 한다. 산업안전보건법 제10조 제1항

⑤ 고용노동부장관은 역학조사를 하는 경우 근로자대표가 요구할 때 그를 역학조사에 참석하게 할 수 있다. 산업안전보건법 제141조 제1항

17 직업안정법상 용어의 정의로 옳지 않은 것은?

① "직업안정기관"이란 직업소개, 직업지도 등 직업안정업무를 수행하는 지방고용노동행정기관을 말한다. 직업안정법 제2조의2 제1호

② "직업소개"란 구인 또는 구직의 신청을 받아 구직자 또는 구인자(求人者)를 탐색하거나 구직자를 모집하여 구인자와 구직자 간에 고용계약이 성립되도록 알선하는 것을 말한다.

직업안정법 제2조의2 제2호

③ "무료직업소개사업"이란 수수료, 회비 또는 그 밖의 어떠한 금품도 받지 아니하고 하는 직업소개사업을 말한다. 직업안정법 제2조의2 제4호

✔️ **"근로자공급사업"이란 근로자파견사업을 포함하여 공급계약에 따라 근로자를 타인에게 사용하게 하는 사업을 말한다.**

"근로자공급사업"이란 공급계약에 따라 근로자를 타인에게 사용하게 하는 사업을 말한다. 다만, 파견근로자 보호 등에 관한 법률 제2조 제2호에 따른 <u>근로자파견사업은 제외한다</u>(직업안정법 제2조의2 제7호).

⑤ "고용서비스"란 구인자 또는 구직자에 대한 고용정보의 제공, 직업소개, 직업지도 또는 직업능력개발 등 고용을 지원하는 서비스를 말한다. 직업안정법 제2조의2 제9호

18 남녀고용평등과 일·가정 양립 지원에 관한 법률상 배우자 출산휴가에 대한 설명으로 옳은 것은?

① 사업주는 근로자가 배우자 출산휴가를 청구하는 경우에 5일의 휴가를 주어야 한다.

> 사업주는 근로자가 배우자의 출산을 이유로 휴가를 청구하는 경우에 10일의 휴가를 주어야 한다. 이 경우 사용한 휴가기간은 유급으로 한다(남녀고용평등과 일·가정 양립 지원에 관한 법률 제18조의2 제1항).

② 배우자 출산휴가를 사용한 휴가기간 중 3일은 유급으로 한다.

> 사업주는 근로자가 배우자의 출산을 이유로 휴가를 청구하는 경우에 10일의 휴가를 주어야 한다. 이 경우 사용한 휴가기간은 유급으로 한다(남녀고용평등과 일·가정 양립 지원에 관한 법률 제18조의2 제1항).

③ 배우자 출산휴가는 2회에 한정하여 나누어 사용할 수 있다.

> 배우자 출산휴가는 1회에 한정하여 나누어 사용할 수 있다(남녀고용평등과 일·가정 양립 지원에 관한 법률 제18조의2 제4항).

☑ 배우자 출산휴가는 근로자의 배우자가 출산한 날부터 90일이 지나면 청구할 수 없다.

> 남녀고용평등과 일·가정 양립 지원에 관한 법률 제18조의2 제3항

⑤ 출산전후휴가급여가 지급되었더라도 배우자 출산휴가에 대한 급여는 전액 지급되어야 한다.

> 사용한 휴가기간을 유급으로 함에도 불구하고 출산전후휴가급여 등이 지급된 경우에는 그 금액의 한도에서 지급의 책임을 면한다(남녀고용평등과 일·가정 양립 지원에 관한 법률 제18조의2 제2항).

19 파견근로자 보호 등에 관한 법률에 대한 설명으로 옳지 않은 것은?

☑ 사용사업주는 파견근로자를 사용하고 있는 업무에 근로자를 직접 고용하려는 경우에는 해당 파견근로자를 우선적으로 고용하여야 한다.

> 사용사업주는 파견근로자를 사용하고 있는 업무에 근로자를 직접 고용하려는 경우에는 해당 파견근로자를 우선적으로 고용하도록 노력하여야 한다(파견근로자 보호 등에 관한 법률 제6조의2 제4항).

② 파견근로자는 차별적 처우를 받은 경우 차별적 처우가 있은 날부터 6개월 이내에 노동위원회에 그 시정을 신청할 수 있다.

> 파견근로자는 차별적 처우를 받은 경우 노동위원회에 그 시정을 신청할 수 있다. 이에 따른 시정신청, 그 밖의 시정절차 등에 관하여는 기간제 및 단시간근로자 보호 등에 관한 법률 제9조부터 제15조까지 및 제16조 제2호·제3호를 준용한다(파견근로자 보호 등에 관한 법률 제21조 제2항 및 제3항). ⚖

③ 차별적 처우의 금지 및 시정에 관한 규정은 사용사업주가 상시 4명 이하의 근로자를 사용하는 경우에는 적용하지 아니한다. 파견근로자 보호 등에 관한 법률 제21조 제4항

④ 고용노동부장관은 확정된 차별시정명령을 이행할 의무가 있는 파견사업주의 사업장에서 해당 시정명령의 효력이 미치는 근로자 이외의 파견근로자에 대하여 차별적 처우가 있는 경우에는 그 시정을 요구할 수 있다. 파견근로자 보호 등에 관한 법률 제21조의3 제1항

⑤ 사용사업주는 파견근로자의 적절한 파견근로를 위하여 사용사업관리책임자를 선임하여야 한다.

> 파견근로자 보호 등에 관한 법률 제32조 제1항

법령

기간제 및 단시간근로자 보호 등에 관한 법률 제9조(차별적 처우의 시정신청)
① 기간제근로자 또는 단시간근로자는 차별적 처우를 받은 경우 노동위원회법 제1조의 규정에 따른 노동위원회에 그 시정을 신청할 수 있다. 다만, <u>차별적 처우가 있은 날(계속되는 차별적 처우는 그 종료일)부터 6개월이 지난 때에는 그러하지 아니하다.</u>

20 기간제 및 단시간근로자 보호 등에 관한 법률에 대한 설명으로 옳지 않은 것은?

① 동거의 친족만을 사용하는 사업에 대하여는 적용하지 아니한다.

기간제 및 단시간근로자 보호 등에 관한 법률 제3조 제1항

② 사용자는 가사, 학업 그 밖의 이유로 근로자가 단시간근로를 신청하는 때에는 해당 근로자를 단시간근로자로 전환하도록 노력하여야 한다.

기간제 및 단시간근로자 보호 등에 관한 법률 제7조 제2항

③ 차별적 처우와 관련한 분쟁에 있어서 입증책임은 사용자가 부담한다.

기간제 및 단시간근로자 보호 등에 관한 법률 제9조 제4항

④ 노동위원회는 사용자의 차별적 처우에 명백한 고의가 인정되는 경우에는 손해액을 기준으로 3배를 넘지 아니하는 범위에서 배상을 명령할 수 있다.

기간제 및 단시간근로자 보호 등에 관한 법률 제13조 제2항

☑ 노동위원회는 차별시정명령을 받은 후 이행기한까지 시정명령을 이행하지 아니한 사용자에게 이행강제금을 부과한다.

확정된 시정명령을 정당한 이유 없이 이행하지 아니한 자에게는 <u>1억원 이하의 과태료를 부과한다</u>(기간제 및 단시간근로자 보호 등에 관한 법률 제24조 제1항).

21 최저임금법에 관한 설명으로 옳은 것을 모두 고른 것은?

> ㄱ. 선원법의 적용을 받는 선원과 선원을 사용하는 선박의 소유자에게는 적용하지 아니한다.
> ㄴ. 최저임금은 매년 12월 31일까지 결정하여 고시한다.
> ㄷ. 최저임금위원회는 대통령 소속으로 둔다.
> ㄹ. 고용노동부장관은 근로자의 생계비와 임금실태 등을 매년 조사하여야 한다.

① ㄱ, ㄴ   ② ㄱ, ㄷ

③ ㄱ, ㄹ ✔   ④ ㄴ, ㄷ

⑤ ㄷ, ㄹ

> ㄱ. (○) 최저임금법 제3조 제2항
> ㄴ. (×) 고용노동부장관은 매년 8월 5일까지 최저임금을 결정하여야 한다(최저임금법 제8조 제1항).
> ㄷ. (×) 최저임금에 관한 심의와 그 밖에 최저임금에 관한 중요 사항을 심의하기 위하여 고용노동부에 최저임금위원회를 둔다(최저임금법 제12조).
> ㄹ. (○) 최저임금법 제23조

22 근로자퇴직급여 보장법에 관한 설명으로 옳지 않은 것은?

① 퇴직연금제도의 급여를 받을 권리는 양도할 수 없다.   근로자퇴직급여 보장법 제7조 제1항

② ✔ 퇴직연금사업자는 자산관리업무에 관한 계약 체결과 관련된 약관을 변경하려는 경우 미리 고용노동부장관에게 보고하여야 한다.

> 퇴직연금사업자는 운용관리업무(제28조 제1항) 및 자산관리업무(제29조 제1항)에 따른 계약 체결과 관련된 약관 또는 표준계약서를 제정하거나 변경하려는 경우에는 미리 금융감독원장에게 보고하여야 한다(근로자퇴직급여 보장법 제33조 제7항).

③ 퇴직금제도를 설정하려는 사용자는 계속근로기간 1년에 대하여 30일분 이상의 평균임금을 퇴직금으로 퇴직 근로자에게 지급할 수 있는 제도를 설정하여야 한다.

> 근로자퇴직급여 보장법 제8조 제1항

④ 퇴직금을 받을 권리는 3년간 행사하지 아니하면 시효로 인하여 소멸한다.

> 근로자퇴직급여 보장법 제10조

⑤ 확정기여형퇴직연금제도에 가입한 근로자는 주택구입 등 대통령령으로 정하는 사유가 발생하면 적립금을 중도인출할 수 있다.   근로자퇴직급여 보장법 제22조

23 임금채권보장법령상 대지급금에 관한 설명으로 옳지 않은 것은?

① 고용노동부장관은 대지급금의 지급에 충당하기 위하여 임금채권보장기금을 설치한다.

임금채권보장법 제17조

✔ 대지급금은 근로기준법에 따른 휴업수당을 포함하지 않는다.

근로기준법 제46조에 따른 휴업수당(최종 3개월분으로 한정)은 대지급금의 범위에 해당한다(임금채권보장법 제7조 제2항 제2호). ⚖

③ 소액대지급금은 판결이 있는 날부터 1년 이내에 청구하여야 한다.

임금채권보장법 시행령 제9조 제1항 제2호

④ 대지급금을 받을 권리가 있는 사람이 부상으로 대지급금을 수령할 수 없는 경우에는 그 가족에게 수령을 위임할 수 있다. 임금채권보장법 시행령 제18조의2 제1항

⑤ 대지급금을 지급받을 권리는 양도 또는 압류할 수 없다. 임금채권보장법 제11조의2 제1항

⚖ **법령**

임금채권보장법 제7조(퇴직한 근로자에 대한 대지급금의 지급)
② 제1항에 따라 고용노동부장관이 사업주를 대신하여 지급하는 체불임금 등 대지급금의 범위는 다음 각호와 같다. 다만, 대통령령으로 정하는 바에 따라 제1항 제1호부터 제3호까지의 규정에 따른 대지급금의 상한액과 같은 항 제4호에 따른 대지급금의 상한액은 근로자의 퇴직 당시의 연령 등을 고려하여 따로 정할 수 있으며 대지급금이 적은 경우에는 지급하지 아니할 수 있다.
　1. 근로기준법 제38조 제2항 제1호에 따른 임금 및 근로자퇴직급여 보장법 제12조 제2항에 따른 최종 3년간의 퇴직급여 등
　2. 근로기준법 제46조에 따른 휴업수당(최종 3개월분으로 한정한다)

24 근로복지기본법상 근로복지증진에 관한 기본계획에 포함되어야 하는 사항이 아닌 것은?

✔ 고용동향과 인력수급전망에 관한 사항　　② 사내근로복지기금제도에 관한 사항
③ 근로자의 생활안정에 관한 사항　　④ 근로자의 주거안정에 관한 사항
⑤ 우리사주제도에 관한 사항

근로복지증진에 관한 기본계획에 포함되어야 하는 사항은 근로복지기본법 제9조 제2항에 명시되어 있다. 이 중 고용동향과 인력수급전망에 관한 사항은 근로복지 증진에 관한 기본계획에 포함되지 않는다. ⚖

법령

근로복지기본법 제9조(기본계획의 수립)

② 기본계획에는 다음 각 호의 사항이 포함되어야 한다.

   1. 근로자의 주거안정에 관한 사항

   2. 근로자의 생활안정에 관한 사항

   3. 근로자의 재산형성에 관한 사항

   4. 우리사주제도에 관한 사항

   5. 사내근로복지기금제도에 관한 사항

   6. 선택적 복지제도 지원에 관한 사항

   7. 근로자지원프로그램 운영에 관한 사항

   8. 근로자를 위한 복지시설의 설치 및 운영에 관한 사항

   9. 근로복지사업에 드는 재원 조성에 관한 사항

   10. 직전 기본계획에 대한 평가

   11. 그 밖에 근로복지증진을 위하여 고용노동부장관이 필요하다고 인정하는 사항

25 외국인근로자의 고용 등에 관한 법률에 대한 설명으로 옳지 않은 것은?

① 사용자가 법률에 따라 선정한 외국인근로자를 고용하려면 고용노동부령으로 정하는 표준근로계약서를 사용하여 근로계약을 체결하여야 한다.

   외국인근로자의 고용 등에 관한 법률 제9조 제1항

② 고용허가를 받은 사용자와 외국인근로자는 입국한 날부터 3년의 기간 내에서 당사자 간의 합의에 따라 근로계약을 체결하거나 갱신할 수 있다.

   외국인근로자의 고용 등에 관한 법률 제9조 제3항

✔️ **사용자는 외국인근로자의 귀국 시 필요한 비용에 충당하기 위하여 보험에 가입하여야 한다.**

   외국인근로자를 고용한 사업 또는 사업장의 사용자는 외국인근로자의 출국 등에 따른 퇴직금 지급을 위하여 외국인근로자를 피보험자 또는 수익자로 하는 보험 또는 신탁에 가입하여야 한다(외국인근로자의 고용 등에 관한 법률 제13조 제1항).

④ 직업안정기관의 장은 사용자의 임금체불로 근로계약을 유지하기 어렵다고 인정되는 경우 외국인근로자 고용허가를 취소할 수 있다.   외국인근로자의 고용 등에 관한 법률 제19조 제1항 제3호

⑤ 직업안정기관의 장은 외국인근로자 고용허가 또는 특례고용가능확인을 받지 아니하고 외국인근로자를 고용한 자에 대하여 그 사실이 발생한 날부터 3년간 외국인근로자의 고용을 제한할 수 있다.   외국인근로자의 고용 등에 관한 법률 제20조 제1항 제1호

01	02	03	04	05	06	07	08	09	10	11	12	13	14	15	16	17	18	19	20	21	22	23	24	25
⑤	①	⑤	①	④	①	⑤	④	②	③	①	②	④	②	①	④	③	②	④	⑤	③	①	⑤	④	②

01 근로기준법에서 규정하고 있는 기본원칙이 아닌 것은?

① 공민권 행사의 보장

> 사용자는 근로자가 근로시간 중에 선거권, 그 밖의 공민권(公民權) 행사 또는 공(公)의 직무를 집행하기 위하여 필요한 시간을 청구하면 거부하지 못한다. 다만, 그 권리 행사나 공(公)의 직무를 수행하는 데에 지장이 없으면 청구한 시간을 변경할 수 있다(근로기준법 제10조).

② 균등한 처우

> 사용자는 근로자에 대하여 남녀의 성(性)을 이유로 차별적 대우를 하지 못하고, 국적 · 신앙 또는 사회적 신분을 이유로 근로조건에 대한 차별적 처우를 하지 못한다(근로기준법 제6조).

③ 강제 근로의 금지

> 사용자는 폭행, 협박, 감금, 그 밖에 정신상 또는 신체상의 자유를 부당하게 구속하는 수단으로써 근로자의 자유의사에 어긋나는 근로를 강요하지 못한다(근로기준법 제7조).

④ 폭행의 금지

> 사용자는 사고의 발생이나 그 밖의 어떠한 이유로도 근로자에게 폭행을 하지 못한다(근로기준법 제8조).

☑ 국제협약의 준수

> 국제협약의 준수는 근로기준법에 규정된 기본원칙에 해당하지 않는다.

02 근로기준법령상 상시 4명 이하의 근로자를 사용하는 사업 또는 사업장에도 적용되는 것은?

☑ 단시간근로자의 근로조건(근로기준법 제18조)

> 근로기준법 시행령 [별표1]에 상시 4인 이하의 근로자를 사용하는 사업 또는 사업장에 적용하는 법을 규정하고 있으며, 근로계약 부분의 단시간근로자의 근로조건은 적용 법 규정으로 명시되어 있다.

② 경영상 이유에 의한 해고의 제한(근로기준법 제24조)

③ 해고사유 등의 서면통지(근로기준법 제27조)

④ 부당해고 등의 구제신청(근로기준법 제28조)

⑤ 휴업수당(근로기준법 제46조)

03 근로기준법상 근로계약에 관한 설명으로 옳지 않은 것은?

① 15세 미만인 자가 고용노동부장관이 발급한 취직인허증을 지니고 있으면 근로자로 사용할 수 있다.

> 15세 미만인 사람(초·중등교육법에 따른 중학교에 재학 중인 18세 미만인 사람을 포함한다)은 근로자로 사용하지 못한다. 다만, 대통령령으로 정하는 기준에 따라 고용노동부장관이 발급한 취직인허증(就職認許證)을 지닌 자는 근로자로 사용할 수 있다(근로기준법 제64조 제1항).

② 사용자는 18세 미만인 사람과 근로계약을 체결하는 경우에는 근로기준법 제17조에 따른 근로조건을 서면으로 명시하여 교부하여야 한다. 근로기준법 제67조 제3항

③ 근로기준법 제17조에 따라 명시된 근로조건이 사실과 다를 경우에 근로자는 근로조건 위반을 이유로 손해의 배상을 청구할 수 있으며 즉시 근로계약을 해제할 수 있다.

근로기준법 제19조 제1항

④ 친권자, 후견인 또는 고용노동부장관은 근로계약이 미성년자에게 불리하다고 인정하는 경우에는 이를 해지할 수 있다. 근로기준법 제67조 제2항

☑ 미성년자의 근로계약은 미성년자의 동의를 얻어 친권자 또는 후견인이 대리할 수 있다.

> 친권자나 후견인은 미성년자의 근로계약을 대리할 수 없다(근로기준법 제67조 제1항). 이는 미성년자가 원치 않음에도 불구하고 근로를 하게 되는 폐단을 방지하기 위함이다.

04 채용내정 및 시용에 관한 설명으로 옳지 않은 것은?(다툼이 있으면 판례에 따름)

☑ 채용내정자의 해약권유보부 근로계약에는 근로기준법 제23조(해고 등의 제한)가 적용되지 않는다.

> 채용내정자의 해약권유보부 근로계약의 경우 이미 근로를 제공 중인 근로자에 비해서는 해고의 요건이 다소 완화될 수 있으나, 정당한 이유가 없는 채용내정의 취소는 부당해고에 해당한다. 따라서 근로기준법상 해고의 서면통지 등의 제한이 따른다.

② 채용내정 취소가 무효인 경우 채용내정자는 취업하여 근로하였더라면 받을 수 있었을 임금의 지급을 청구할 수 있다.

③ 시용기간의 적용이 선택적 사항임에도 불구하고 근로자에게 시용기간이 명시되지 않았다면 근로자는 시용근로자가 아닌 정식 사원으로 채용되었다고 보아야 한다.

④ 시용기간 만료 후 사용자가 근로자에게 단순히 시용기간의 만료로 해고한다는 취지로만 통지한 것은 절차상 하자가 있어 근로계약 종료의 효력이 없다.

⑤ 사용자가 시용기간 만료 후 본 근로계약 체결을 거부하는 경우에도 객관적으로 합리적인 이유가 존재하여 사회통념상 상당성이 있어야 한다.

05 근로기준법상 임금에 관한 설명으로 옳지 않은 것은?(다툼이 있으면 판례에 따름)

① 임금은 통화(通貨)로 직접 근로자에게 그 전액을 지급하여야 한다.

> 임금은 통화(通貨)로 직접 근로자에게 그 전액을 지급하여야 한다. 다만, 법령 또는 단체협약에 특별한 규정이 있는 경우에는 임금의 일부를 공제하거나 통화 이외의 것으로 지급할 수 있다(근로기준법 제43조 제1항).

② 임금은 매월 1회 이상 일정한 날짜를 정하여 지급하여야 한다.

> 임금은 매월 1회 이상 일정한 날짜를 정하여 지급하여야 한다. 다만, 임시로 지급하는 임금, 수당, 그 밖에 이에 준하는 것 또는 대통령령으로 정하는 임금에 대하여는 그러하지 아니하다(근로기준법 제43조 제2항).

③ 사용자가 근로자의 불법행위를 원인으로 한 손해배상 채권을 가지고 있더라도 근로자의 임금 채권과 상계할 수 없다.

> 근로자가 받을 퇴직금도 임금의 성질을 가진 것이므로 그 지급에 관하여서는 근로기준법 제36조에 따른 직접 전액지급의 원칙이 적용될 것이니 사용자는 근로자의 퇴직금채권에 대하여 그가 근로자에 대하여 가지고 있는 불법행위를 원인으로 하는 채권으로 상계할 수는 없다(대판 1976.9.28., 75다1768).

☑ 근로자의 임금포기에 관한 약정에 대해서는 문언의 기재 내용에 따라 엄격하게 해석해야 하기 때문에 임금포기를 한 경위나 목적 등 여러 사정을 반영하는 합목적적 해석을 해서는 안 된다.

> 근로자의 기본적 생활을 유지하고 인간다운 생활을 보장하기 위하여 마련된 근로기준법상의 임금에 관한 규정의 입법 취지에 비추어 보면 근로자의 임금포기에 관한 약정은 문언의 기재 내용을 엄격하게 해석하여야 할 것이나 그 임금포기를 한 경위나 목적 등 여러 사정에 따라 합목적적으로 해석하는 것이 오히려 근로자들의 의사나 이해에 합치되는 경우도 있다고 할 것이다(대판 2002.11.8., 2002다35867).

⑤ 근로자로부터 임금채권을 양수받은 자라 하더라도 사용자로부터 직접 임금을 지급받을 수 없다.

> 근로자가 그 임금채권을 양도한 경우라 할지라도 그 임금의 지급에 관하여는 같은 원칙이 적용되어 사용자는 직접 근로자에게 임금을 지급하지 아니하면 안 되는 것이고 그 결과 비록 양수인이라고 할지라도 스스로 사용자에 대하여 임금의 지급을 청구할 수는 없다(대판(全) 1988.12.13., 87다카2803).

2019년

06 근로기준법 제69조(근로시간)에 관한 규정이다. (ㄱ), (ㄴ), (ㄷ), (ㄹ)에 들어갈 각각의 시간을 모두 합한 시간은?

> 15세 이상 18세 미만인 자의 근로시간은 1일에 (ㄱ)시간, 1주에 (ㄴ) 시간을 초과하지 못한다. 다만, 당사자 사이의 합의에 따라 1일에 (ㄷ)시간, 1주에 (ㄹ)시간을 한도로 연장할 수 있다.

☑ 48시간 ② 51시간

③ 56시간 ④ 61시간

⑤ 68시간

> 15세 이상 18세 미만인 자의 근로시간은 1일에 (7)시간, 1주에 (35)시간을 초과하지 못한다. 다만, 당사자 사이의 합의에 따라 1일에 (1)시간, 1주에 (5)시간을 한도로 연장할 수 있다(근로기준법 제69조). 즉, 7+35+1+5=48이 된다.

07 근로기준법상 근로시간 및 휴게시간의 특례 사업이 아닌 것은?

① 보건업

② 항공운송업

③ 수상운송업

④ 육상운송 및 파이프라인 운송업

☑ 노선(路線) 여객자동차운송사업

> 노선(路線) 여객자동차운송사업은 육상운송 및 파이프라인 운송업 중 특례규정에서 제외되는 사업이다 (근로기준법 제59조 제1항 제1호). ⚖️

⚖️ **법령**

근로기준법 제59조(근로시간 및 휴게시간의 특례)

① 이 법에서 사용하는 용어의 뜻은 다음과 같다.

　1. 육상운송 및 파이프라인 운송업. 다만, 「여객자동차 운수사업법」 제3조 제1항 제1호에 따른 <u>노선(路線) 여객자동차운송사업은 제외</u>한다.

　2. 수상운송업

　3. 항공운송업

　4. 기타 운송관련 서비스업

　5. 보건업

---

08 근로기준법 제60조 제1항에서 규정하고 있는 1년간 80% 이상 출근한 근로자에게 부여되는 연차 유급휴가에 관한 설명으로 옳지 않은 것은?(다툼이 있으면 판례에 따름)

① 연차 유급휴가를 사용할 권리는 다른 특별한 정함이 없는 한 그 전년도 1년간의 근로를 마친 다음날 발생한다.

② 연차 유급휴가를 사용하기 전에 퇴직 등의 사유로 근로관계가 종료되더라도 연차 유급휴가 수당을 청구할 권리는 그대로 유지된다.

③ 사용하지 아니한 휴가에 대한 보상을 지급하는 연차 유급휴가 수당에 대하여는 별도의 휴일 근로수당이 적용되지 않는다.

☑ 연차 유급휴가 규정을 적용하는 경우 육아휴직으로 휴업한 기간은 출근한 것으로 보지 않는다.

> 근로기준법 제60조 제6항에서 연차 유급휴가 산정에서 출근한 것으로 보는 사유를 명시하고 있다. ⚖️

⑤ 연차 유급휴가 수당청구권의 소멸시효는 연차 유급휴가권을 취득한 날부터 1년이 경과하여 그 휴가불실시가 확정된 다음 날부터 기산한다.

⚖️ **법령**

근로기준법 제60조(연차 유급휴가)

⑥ 제1항 및 제2항을 적용하는 경우 다음 각 호의 어느 하나에 해당하는 기간은 출근한 것으로 본다.

　1. 근로자가 업무상의 부상 또는 질병으로 휴업한 기간

　2. 임신 중의 여성이 제74조 제1항부터 제3항까지의 규정에 따른 휴가로 휴업한 기간

　3. 남녀고용평등과 일 · 가정 양립 지원에 관한 법률 제19조 제1항에 따른 <u>육아휴직으로 휴업한 기간</u>

09 근로기준법상 취업규칙에 관한 설명으로 옳지 않은 것은?(다툼이 있으면 판례에 따름)

① 사용자는 근로자의 근로조건, 근로형태, 직종 등의 특수성에 따라 근로자 일부에게 적용되는 별도의 취업규칙을 작성할 수 있다.

> 취업규칙은 같은 사업장에 소속된 모든 근로자에 대하여 일률적으로 적용되어야 하는 것은 아니고, 사용자는 근로자의 근로조건, 근로형태, 직종 등의 특수성에 따라 근로자 일부에 적용되는 별도의 취업규칙을 작성할 수 있다(대판 2000.2.25., 98다11628).

② 취업규칙 작성 시 과반수 노동조합이 있는 경우 사용자는 노동조합 대표자의 의견과 함께 집단적 회의 방식으로 조합원의 의견을 들어야 한다.

> 취업규칙의 작성·변경에 관한 권한은 원칙적으로 사용자에게 있으므로 사용자는 그 의사에 따라 취업규칙을 작성·변경할 수 있다 할 것이고, 단체협약에서 취업규칙의 작성·변경에 관하여 노동조합의 동의를 얻거나 노동조합과의 협의를 거치거나 그 의견을 듣도록 규정하고 있다 하더라도 원칙적으로 취업규칙상의 근로조건을 종전보다 근로자에게 불이익하게 변경하는 경우가 아닌 한 그러한 동의나 협의 또는 의견청취절차를 거치지 아니하고 취업규칙을 작성·변경하였다고 하여 그 취업규칙의 효력이 부정된다고 할 수 없다(대판 1994.12.23., 94누3001).

③ 취업규칙의 변경이 여러 근로자 집단 중 하나의 근로자 집단에게만 불이익하지만 향후 다른 근로자 집단에게도 변경된 취업규칙의 적용이 예상된다면, 해당 근로자 집단을 포함한 근로자 집단이 취업규칙 불이익변경의 동의주체가 된다.

> 여러 근로자 집단이 하나의 근로조건 체계 내에 있어 비록 취업규칙의 불이익변경 시점에는 어느 근로자 집단만이 직접적인 불이익을 받더라도 다른 근로자 집단에게도 변경된 취업규칙의 적용이 예상되는 경우에는 일부 근로자 집단은 물론 장래 변경된 취업규칙 규정의 적용이 예상되는 근로자 집단을 포함한 근로자 집단이 동의주체가 된다(대판 2009.5.28., 2009두2238).

④ 사용자가 취업규칙 불이익변경 절차를 거치지 않았더라도 노동조합이 불이익변경된 취업규칙에 따르기로 하는 단체협약을 체결한 경우에는 그 단체협약의 적용을 받게 되는 기존의 근로자들에게 변경된 취업규칙이 적용된다.

> 취업규칙 중 퇴직금에 관한 규정의 변경이 근로자에게 불이익함에도 불구하고, 사용자가 근로자의 집단적 의사결정방법에 의한 동의를 얻지 아니한 채 변경을 함으로써 기득 이익을 침해받게 되는 기존의 근로자에 대하여 종전의 퇴직금조항이 적용되어야 하는 경우에도, 노동조합이 사용자측과 사이에 변경된 퇴직금조항을 따르기로 하는 내용의 단체협약을 체결한 경우에는, 기득이익을 침해받게 되는 기존의 근로자에 대하여 종전의 퇴직금조항이 적용되어야 함을 알았는지의 여부에 관계없이 그 협약의 적용을 받게 되는 기존의 근로자에 대하여도 변경된 퇴직금조항을 적용하여야 할 것이다(대판 2005.3.11., 2003다27429).

⑤ 취업규칙이 기존의 근로자에게 불이익하게 변경되었는지 여부를 불문하고, 사용자가 취업규칙을 변경한 후 신규 취업한 근로자에게는 변경된 취업규칙이 적용된다.

> 취업규칙의 작성, 변경의 권한은 원칙적으로 사용자에게 있으므로 사용자는 그 의사에 따라 취업규칙을 작성, 변경할 수 있고, 사용자가 취업규칙을 변경한 경우에 취업규칙의 변경이 기존의 근로자에게 불이익한지 여부를 불문하고 취업규칙의 변경은 유효하여 현행의 법규적 효력을 가진 취업규칙은 변경된 취업규칙이므로, 그 변경 후에 근로관계를 갖게 된 근로자에 대하여는 변경된 취업규칙이 적용된다(대판 1999.11.12., 99다30473).

10 헌법 제32조에 관한 내용으로 옳지 않은 것은?

① 국가는 법률이 정하는 바에 의하여 최저임금제를 시행하여야 한다.

② 여자의 근로는 특별한 보호를 받으며, 고용·임금 및 근로 조건에 있어서 부당한 차별을 받지 아니한다.

☑ 국가는 근로의 권리의 내용과 조건을 민주주의원칙에 따라 법률로 정하여야 한다.

> 국가는 근로의 <u>의무</u>의 내용과 조건을 민주주의원칙에 따라 법률로 정한다(헌법 제32조 제2항). ⚖

④ 연소자의 근로는 특별한 보호를 받는다.

⑤ 국가유공자·상이군경 및 전몰군경의 유가족은 법률이 정하는 바에 의하여 우선적으로 근로의 기회를 부여받는다.

⚖ 법령

> **헌법 제32조**
> ① 모든 국민은 근로의 권리를 가진다. 국가는 사회적·경제적 방법으로 근로자의 고용의 증진과 적정임금의 보장에 노력하여야 하며, 법률이 정하는 바에 의하여 최저임금제를 시행하여야 한다.
> ② 모든 국민은 근로의 의무를 진다. 국가는 근로의 <u>의무</u>의 내용과 조건을 민주주의원칙에 따라 법률로 정한다.
> ③ 근로조건의 기준은 인간의 존엄성을 보장하도록 법률로 정한다.
> ④ 여자의 근로는 특별한 보호를 받으며, 고용·임금 및 근로조건에 있어서 부당한 차별을 받지 아니한다.
> ⑤ 연소자의 근로는 특별한 보호를 받는다.
> ⑥ 국가유공자·상이군경 및 전몰군경의 유가족은 법률이 정하는 바에 의하여 우선적으로 근로의 기회를 부여받는다.

11 한국이 비준하고 있는 국제노동기구(ILO)의 협약이 아닌 것은? `기출 수정`

☑ 강제노동철폐 협약(제105호)

> 2021년에는 ILO 협약 중 <u>강제노동철폐 협약(제105호)</u>을 <u>제외</u>한 결사의 자유와 단결권의 보장 협약(제87호), 단결권과 단체교섭권 협약(제98호), <u>강제근로에 대한 협약(제29호)</u>의 비준동의안이 국회본회의를 통과(21.2.26.)하였다. 비준동의된 기본협약은 국회본회의를 통과하여 정부가 비준서를 ILO에 기탁한 시점부터 1년이 지난 후(22.4.20.)에 발효되며 이때 국내법과 같은 효력을 지니게 된다. ⚖

② 최저임금결정제도 협약(제26호)

③ 차별(고용과 직업) 협약(제111호)

④ 최저연령 협약(제138호)

⑤ 근로감독 협약(제81호)

ILO 핵심협약

분야	협약	한국 비준현황
차별금지	제100호 동등보수 협약	비준(1997년 12월)
	제111호 차별(고용과 직업)협약	비준(1998년 12월)
아동노동금지	제138호 최저연령 협약	비준(1999년 1월)
	제182호 가혹한 형태의 아동노동 협약	비준(2001년 3월)
결사의 자유	제87호 결사의 자유와 단결권의 보장협약	비준(2022년 4월)
	제98호 단결권과 단체교섭권 협약	비준(2022년 4월)
강제노동금지	제29호 강제노동협약	비준(2022년 4월)
	제105호 강제노동철폐 협약	×

12 징계에 관한 설명으로 옳지 않은 것은?(다툼이 있으면 판례에 따름)

① 근로자의 사생활에서의 비행은 기업활동에 직접 관련이 있거나 기업의 사회적 평가를 훼손할 염려가 있는 경우 정당한 징계사유가 될 수 있다.

> 사용자가 근로자에 대하여 징계권을 행사할 수 있는 것은 사업활동을 원활하게 수행하는데 필요한 범위 내에서 규율과 질서를 유지하기 위한 데에 그 근거가 있으므로, 근로자의 사생활에서의 비행은 사업활동에 직접 관련이 있거나 기업의 사회적 평가를 훼손할 염려가 있는 것에 한하여 정당한 징계사유가 될 수 있다(대판 1994.12.13., 93누23275).

✅ 징계위원회에 무자격위원이 참여한 상태에서 징계처분이 이루어진 경우 그 위원을 제외하더라도 의결정족수가 충족된다면 그 징계처분은 유효하다.

> 기피의결에 참여할 자격이 없는 위원이 참여하여 한 기피의결은 무효이고, 이는 자격이 없는 위원을 제외하고서도 의결정족수가 충족된다고 하더라도 마찬가지이다(대판 1999.4.27., 98다42547).

③ 노동조합 간부에 대한 징계처분을 함에 있어 노동조합과 합의를 하도록 단체협약에 규정된 경우 그 절차를 거치지 않은 징계처분은 원칙적으로 무효이다.

> 단체협약 등에 규정된 인사협의(합의)조항의 구체적 내용이 사용자가 인사처분을 함에 있어서 신중을 기할 수 있도록 노동조합이 의견을 제시할 수 있는 기회를 주어야 하도록 규정된 경우에는 그 절차를 거치지 아니하였다고 하더라도 인사처분의 효력에는 영향이 없다고 보아야 할 것이지만, 사용자가 인사처분을 함에 있어 노동조합의 사전 동의나 승낙을 얻어야 한다거나 노동조합과 인사처분에 관한 논의를 하여 의견의 합치를 보아 인사처분을 하도록 규정된 경우에는 그 절차를 거치지 아니한 인사처분은 원칙적으로 무효라고 보아야 할 것이다(대판 1993.7.13., 92다50263).

④ 원래의 징계 과정에 절차 위반의 하자가 있더라도 재심 과정에서 보완되었다면 그 절차 위반의 하자는 치유된다.

> 징계처분에 대한 재심절차는 원래의 징계절차와 함께 전부가 하나의 징계처분절자를 이루는 것으로서 그 절차의 정당성도 징계과정 전부에 관하여 판단되어야 할 것이므로, 원래의 징계과정에 절차 위반의 하자가 있더라도 재심과정에서 보완되었다면 그 절차 위반의 하자는 치유된다(대판 1997.11.11., 96다23627).

⑤ 취업규칙에서 근로자에 대하여 감급(減給)의 제재를 정할 경우에 그 감액은 1회의 금액이 평균임금의 1일분의 2분의 1을, 총액이 1임금지급기의 임금 총액의 10분의 1을 초과하지 못한다.

근로기준법 제95조

13 근로기준법상 구제명령 등에 관한 설명으로 옳지 않은 것은?

① 노동위원회는 심문을 끝내고 부당해고 등이 성립한다고 판정하면 사용자에게 구제명령을 하여야 한다.

> 노동위원회는 제29조에 따른 심문을 끝내고 부당해고 등이 성립한다고 판정하면 사용자에게 구제명령을 하여야 하며, 부당해고 등이 성립하지 아니한다고 판정하면 구제신청을 기각하는 결정을 하여야 한다(근로기준법 제30조 제1항).

② 노동위원회의 판정, 구제명령 및 기각결정은 사용자와 근로자에게 각각 서면으로 통지하여야 한다. 근로기준법 제30조 제2항

③ 지방노동위원회의 구제명령이나 기각결정에 불복하는 사용자나 근로자는 구제명령서나 기각결정서를 통지받은 날부터 10일 이내에 중앙노동위원회에 재심을 신청할 수 있다.

근로기준법 제31조 제1항

✔ 중앙노동위원회의 재심판정에 대하여 사용자나 근로자는 재심판정서를 송달받은 날부터 30일 이내에 행정소송법의 규정에 따라 소(訴)를 제기할 수 있다.

> 중앙노동위원회의 재심판정에 대하여 사용자나 근로자는 재심판정서를 송달받은 날부터 15일 이내에 행정소송법의 규정에 따라 소(訴)를 제기할 수 있다(근로기준법 제31조 제2항).

⑤ 노동위원회의 구제명령, 기각결정 또는 재심판정은 중앙노동위원회에 대한 재심 신청이나 행정소송의 제기에 의하여 그 효력이 정지되지 아니한다. 근로기준법 제32조

14 근로기준법상 경영상 이유에 의한 해고의 제한에 관한 설명으로 옳지 않은 것은?(다툼이 있으면 판례에 따름)

① 긴박한 경영상의 필요란 기업의 일부 영업부문 내지 영업소의 수지만을 기준으로 할 것이 아니라 기업 전체의 경영사정을 종합적으로 검토하여 결정되어야 한다.

> 기업이 경영상의 필요에 의하여 근로자를 해고하는 이른바 정리해고의 정당성의 요건으로 요구되는, 긴박한 경영상의 필요성이란 기업의 일부 영업부문 내지 영업소의 수지만을 기준으로 할 것이 아니라 기업 전체의 경영사정을 종합적으로 검토하여 결정되어야 하며, 또 해고회피의 노력을 다하여야 한다는 것은 경영방침이나 작업방식의 합리화, 신규채용의 금지, 일시휴직 및 희망퇴직의 활용 및 전근 등 사용자가 해고범위를 최소화하기 위하여 가능한 모든 조치를 취하는 것을 의미한다(대판 1999.4.27., 99두202).

② ✔ 근로자의 과반수로 조직된 노동조합이 있는 경우에도 사용자가 그 노동조합과의 협의 외에 근로자집단의 대표와 별도로 협의하여야 한다.

> 사용자는 제2항에 따른 해고를 피하기 위한 방법과 해고의 기준 등에 관하여 그 사업 또는 사업장에 근로자의 과반수로 조직된 노동조합이 있는 경우에는 그 노동조합(근로자의 과반수로 조직된 노동조합이 없는 경우에는 근로자의 과반수를 대표하는 자를 말한다.)에 해고를 하려는 날의 50일 전까지 통보하고 성실하게 협의하여야 한다(근로기준법 제24조 제3항). 즉, 노동조합과의 협의가 있으면 족하다.

③ 사용자는 대통령령으로 정하는 일정한 규모 이상의 인원을 해고하려면 대통령령으로 정하는 바에 따라 고용노동부장관에게 신고하여야 한다. `근로기준법 제24조 제4항`

④ 경영 악화를 방지하기 위한 사업의 양도·인수·합병은 긴박한 경영상의 필요가 있는 것으로 본다. `근로기준법 제24조 제1항`

⑤ 사용자가 해고를 회피하기 위한 방법에 관하여 노동조합 또는 근로자대표와 성실하게 협의하여 정리해고 실시에 관한 합의에 도달하였다면 이러한 사정도 해고회피노력의 판단에 참작되어야 한다.

> 사용자가 정리해고를 실시하기 전에 다하여야 할 해고회피노력의 방법과 정도는 확정적·고정적인 것이 아니라 당해 사용자의 경영위기의 정도, 정리해고를 실시하여야 하는 경영상의 이유, 사업의 내용과 규모, 직급별 인원상황 등에 따라 달라지는 것이고, 사용자가 해고를 회피하기 위한 방법에 관하여 노동조합 또는 근로자대표와 성실하게 협의하여 정리해고 실시에 관한 합의에 도달하였다면 이러한 사정도 해고회피노력의 판단에 참작되어야 한다(대판 2002.7.9., 2001다29452).

15 산업안전보건법에 관한 설명으로 옳지 않은 것은? 기출 수정

①✔ 산업안전보건법은 국가 · 지방자치단체 및 공기업에는 적용하지 않는다.

> 이 법은 모든 사업에 적용한다. 다만, 유해 · 위험의 정도, 사업의 종류, 사업장의 상시근로자 수(건설공사의 경우에는 건설공사 금액을 말한다. 이하 같다) 등을 고려하여 대통령령으로 정하는 종류의 사업 또는 사업장에는 이 법의 전부 또는 일부를 적용하지 아니할 수 있다(산업안전보건법 제3조).

② 사업주는 사업장의 안전 및 보건을 유지하기 위하여 안전보건교육에 관한 사항이 포함된 안전보건관리규정을 작성하여야 한다. 산업안전보건법 제25조 제1항 ⚖

③ 사업주는 규정에 따른 건강진단을 실시하는 경우 근로자대표가 요구하면 근로자대표를 참석시켜야 한다. 산업안전보건법 제132조 제1항

④ 사업주는 고객의 폭언 등으로 근로자에게 건강장해가 발생하거나 발생할 현저한 우려가 있는 경우에는 업무의 일시적 중단 또는 전환 등 대통령령으로 정하는 필요한 조치를 하여야 한다. 산업안전보건법 제41조 제2항

⑤ 산업안전보건위원회가 설치되어 있지 아니한 사업장의 경우에는 근로자대표의 동의를 받아 안전보건관리규정을 작성하여야 한다. 산업안전보건법 제26조 단서

⚖
법령

> **산업안전보건법 제25조 제1항**
> ① 사업주는 사업장의 안전 및 보건을 유지하기 위하여 다음 각 호의 사항이 포함된 안전보건관리규정을 작성하여야 한다.
>   1. 안전 및 보건에 관한 관리조직과 그 직무에 관한 사항
>   2. 안전보건교육에 관한 사항
>   3. 작업장의 안전 및 보건 관리에 관한 사항
>   4. 사고 조사 및 대책 수립에 관한 사항
>   5. 그 밖에 안전 및 보건에 관한 사항

16 직업안정법에 관한 설명으로 옳은 것은?

① 국외 무료직업소개사업을 하려는 자는 고용노동부장관의 허가를 받아야 한다.

> 무료직업소개사업은 소개대상이 되는 근로자가 취업하려는 장소를 기준으로 하여 국내 무료직업소개사업과 국외 무료직업소개사업으로 구분하되, 국내 무료직업소개사업을 하려는 자는 주된 사업소의 소재지를 관할하는 특별자치도지사 · 시장 · 군수 및 구청장에게 신고하여야 하고, 국외 무료직업소개사업을 하려는 자는 고용노동부장관에게 신고하여야 한다. 신고한 사항을 변경하려는 경우에도 또한 같다(직업안정법 제18조 제1항). 즉, 허가가 아니라 신고를 하여야 한다.

② 국내 유료직업소개사업을 하려는 자는 주된 사업소의 소재지를 관할하는 관청에 신고하여야 한다.

> 유료직업소개사업은 소개대상이 되는 근로자가 취업하려는 장소를 기준으로 하여 국내 유료직업소개사업과 국외 유료직업소개사업으로 구분하되, 국내 유료직업소개사업을 하려는 자는 주된 사업소의 소재지를 관할하는 특별자치도지사 · 시장 · 군수 및 구청장에게 등록하여야 하고, 국외 유료직업소개사업을 하려는 자는 고용노동부장관에게 등록하여야 한다(직업안정법 제19조 제1항).

③ 고용노동부장관에게 등록을 신청하면 누구든지 근로자공급사업을 할 수 있다.

> 누구든지 고용노동부장관의 허가를 받지 아니하고는 근로자공급사업을 하지 못한다(직업안정법 제33조 제1항).

☑ 누구든지 성별, 연령, 종교, 신체적 조건, 사회적 신분 또는 혼인 여부 등을 이유로 직업소개 또는 직업지도를 받거나 고용관계를 결정할 때 차별대우를 받지 아니한다. 직업안정법 제2조

⑤ 직업안정기관의 장이 필요하다고 인정하면 구직자의 동의가 없어도 직업적성검사를 할 수 있다.

> 직업안정기관의 장은 구직자의 요청이 있거나 필요하다고 인정하여 구직자의 동의를 받은 경우에는 직업상담 또는 직업적성검사를 할 수 있다(직업안정법 제9조 제2항).

17 남녀고용평등과 일 · 가정 양립지원에 관한 법률에 대한 설명으로 옳지 않은 것은?(다툼이 있으면 판례에 따름)

① 사업주는 근로자를 모집하거나 채용할 때 남녀를 차별하여서는 아니 된다.

> 남녀고용평등과 일 · 가정 양립 지원에 관한 법률 제7조 제1항

② 직장 내 성희롱과 관련된 분쟁해결에서 입증책임은 사업주가 부담한다.

> 남녀고용평등과 일 · 가정 양립 지원에 관한 법률 제30조

☑ 가족돌봄휴직 기간은 연간 최장 60일로 하며, 이를 나누어 사용할 수 있다.

> 가족돌봄휴직 기간은 연간 최장 90일로 하며, 이를 나누어 사용할 수 있을 것. 이 경우 나누어 사용하는 1회의 기간은 30일 이상이 되어야 한다(남녀고용평등과 일 · 가정 양립지원에 관한 법률 제22조의2 제4항 제1호).

④ 동일가치의 노동이라 함은 당해 사업 내의 서로 비교되는 남녀 간의 노동이 그 직무가 다소 다르더라도 객관적인 직무평가 등에 의하여 본질적으로 동일한 가치가 있는 노동을 포함한다.

> 구 남녀고용평등법(2001.8.14. 법률 제6508호로 전문 개정되기 전의 것) 제6조의2 제1항 소정의 '동일가치의 노동'이라 함은 당해 사업장 내의 서로 비교되는 남녀 간의 노동이 동일하거나 실질적으로 거의 같은 성질의 노동 또는 그 직무가 다소 다르더라도 객관적인 직무평가 등에 의하여 본질적으로 동일한 가치가 있다고 인정되는 노동에 해당하는 것을 말하고, 동일가치의 노동인지 여부는 같은 조 제2항 소정의, 직무 수행에서 요구되는 기술, 노력, 책임 및 작업조건을 비롯하여 근로자의 학력 · 경력 · 근속연수 등의 기준을 종합적으로 고려하여 판단하여야 한다(대판 2003.3.14., 2002도3883).

⑤ 사업주는 근로자가 배우자의 출산을 이유로 휴가를 청구하는 경우에 10일의 휴가를 주어야 한다. 이 경우 사용한 휴가기간은 유급으로 한다.

> 남녀고용평등과 일 · 가정 양립 지원에 관한 법률 제18조의2 제1항

18 근로기준법령상 해고 예고의 예외 사유에 해당하지 않는 것은?

① 근로자가 계속 근로한 기간이 3개월 미만인 경우

❷ **6개월을 초과하여 단시간 근로를 계속한 경우**

> 3개월을 초과하므로 해고 예고의 대상이 된다. ⚖

③ 천재·사변, 그 밖의 부득이한 사유로 사업을 계속하는 것이 불가능한 경우

④ 제품 또는 원료 등을 몰래 훔치거나 불법 반출한 경우

⑤ 사업장의 기물을 고의로 파손하여 생산에 막대한 지장을 가져온 경우

⚖
법령

근로기준법 제26조(해고의 예고)

사용자는 근로자를 해고(경영상 이유에 의한 해고를 포함한다)하려면 적어도 30일 전에 예고를 하여야 하고, 30일 전에 예고를 하지 아니하였을 때에는 30일분 이상의 통상임금을 지급하여야 한다. 다만, 다음 각 호의 어느 하나에 해당하는 경우에는 그러하지 아니하다.

1. 근로자가 계속 근로한 기간이 3개월 미만인 경우
2. 천재·사변, 그 밖의 부득이한 사유로 사업을 계속하는 것이 불가능한 경우
3. 근로자가 고의로 사업에 막대한 지장을 초래하거나 재산상 손해를 끼친 경우로서 고용노동부령으로 정하는 사유에 해당하는 경우

근로기준법 시행규칙 별표1(해고 예고의 예외가 되는 근로자의 귀책사유)

1. 납품업체로부터 금품이나 향응을 제공받고 불량품을 납품받아 생산에 차질을 가져온 경우
2. 영업용 차량을 임의로 타인에게 대리운전하게 하여 교통사고를 일으킨 경우
3. 사업의 기밀이나 그 밖의 정보를 경쟁관계에 있는 다른 사업자 등에게 제공하여 사업에 지장을 가져온 경우
4. 허위 사실을 날조하여 유포하거나 불법 집단행동을 주도하여 사업에 막대한 지장을 가져온 경우
5. 영업용 차량 운송 수입금을 부당하게 착복하는 등 직책을 이용하여 공금을 착복, 장기유용, 횡령 또는 배임한 경우
6. 제품 또는 원료 등을 몰래 훔치거나 불법 반출한 경우
7. 인사·경리·회계담당 직원이 근로자의 근무상황 실적을 조작하거나 허위 서류 등을 작성하여 사업에 손해를 끼친 경우
8. 사업장의 기물을 고의로 파손하여 생산에 막대한 지장을 가져온 경우
9. 그 밖에 사회통념상 고의로 사업에 막대한 지장을 가져오거나 재산상 손해를 끼쳤다고 인정되는 경우

---

19 파견근로자 보호 등에 관한 법률상 사용사업주가 파견근로자를 직접 고용할 의무가 발생하는 경우를 모두 고른 것은?

> ㄱ. 고용노동부장관의 허가를 받지 않고 근로자파견사업을 하는 자로부터 근로자파견의 역무를 제공받은 경우
> ㄴ. 제조업의 직접생산공정업무에서 일시적·간헐적으로 사용기간 내에 파견근로자를 사용한 경우
> ㄷ. 건설공사현장에서 이루어지는 업무에서 부상으로 결원이 생겨 파견근로자를 사용한 경우
> ㄹ. 건설공사현장에서 이루어지는 업무에서 연차 유급휴가로 결원이 생겨 파견근로자를 사용한 경우

① ㄱ, ㄷ 　　　　　　　　　　　② ㄱ, ㄹ
③ ㄱ, ㄴ, ㄷ 　　　　　　　　　☑ ㄱ, ㄷ, ㄹ
⑤ ㄱ, ㄴ, ㄷ, ㄹ

> ㄴ. (×) 근로자파견사업은 제조업의 직접생산공정업무를 제외하고 전문지식·기술·경험 또는 업무의 성질 등을 고려하여 적합하다고 판단되는 업무로서 대통령령으로 정하는 업무를 대상으로 하며(파견근로자 보호 등에 관한 법률 제5조 제1항), 제1항에도 불구하고 출산·질병·부상 등으로 결원이 생긴 경우 또는 일시적·간헐적으로 인력을 확보하여야 할 필요가 있는 경우에는 근로자파견사업을 할 수 있다(동법 제5조 제2항). 따라서 이 경우에는 사용사업주가 파견근로자를 직접 고용할 의무가 발생하지 않는다. ⚖️

파견근로자 보호 등에 관한 법률 제6조의2(고용의무)
① 사용사업주가 다음 각 호의 어느 하나에 해당하는 경우에는 해당 파견근로자를 직접 고용하여야 한다.
　1. 제5조 제1항의 근로자파견 대상 업무에 해당하지 아니하는 업무에서 파견근로자를 사용하는 경우(제5조 제2항에 따라 근로자파견사업을 한 경우는 제외한다)
　2. 제5조 제3항을 위반하여 파견근로자를 사용하는 경우

> **파견근로자 보호 등에 관한 법률 제5조(근로자파견 대상 업무 등)**
> ③ 제1항 및 제2항에도 불구하고 다음 각 호의 어느 하나에 해당하는 업무에 대하여는 근로자파견사업을 하여서는 아니 된다.
> 　1. 건설공사현장에서 이루어지는 업무
> 　2. 항만운송사업법 제3조 제1호, 한국철도공사법 제9조 제1항 제1호, 농수산물 유통 및 가격안정에 관한 법률 제40조, 물류정책기본법 제2조 제1항 제1호의 하역(荷役)업무로서 직업안정법 제33조에 따라 근로자공급사업 허가를 받은 지역의 업무
> 　3. 선원법 제2조 제1호의 선원의 업무
> 　4. 산업안전보건법 제58조에 따른 유해하거나 위험한 업무
> 　5. 그 밖에 근로자 보호 등의 이유로 근로자파견사업의 대상으로는 적절하지 못하다고 인정하여 대통령령으로 정하는 업무

　3. 제6조 제2항을 위반하여 2년을 초과하여 계속적으로 파견근로자를 사용하는 경우
　4. 제6조 제4항을 위반하여 파견근로자를 사용하는 경우
　5. 제7조 제3항을 위반하여 근로자파견의 역무를 제공받은 경우

> **파견근로자 보호 등에 관한 법률 제7조(근로자파견사업의 허가)**
> ③ 사용사업주는 제1항(근로자파견사업을 하려는 자는 고용노동부령으로 정하는 바에 따라 고용노동부장관의 허가를 받아야 한다.)을 위반하여 근로자파견사업을 하는 자로부터 근로자파견의 역무를 제공받아서는 아니 된다.

20 기간제 및 단시간근로자 보호 등에 관한 법률상 차별시정제도에 대한 설명으로 옳지 않은 것은?

① 기간제근로자는 차별적 처우를 받은 경우 노동위원회에 차별적 처우가 있은 날부터 6개월이 경과하기 전에 그 시정을 신청할 수 있다.

> 기간제근로자 또는 단시간근로자는 차별적 처우를 받은 경우 노동위원회에 그 시정을 신청할 수 있다. 다만, 차별적 처우가 있은 날(계속되는 차별적 처우는 그 종료일)부터 6개월이 경과한 때에는 그러하지 아니하다(기간제 및 단시간근로자보호 등에 관한 법률 제9조 제1항).

② 기간제근로자가 차별적 처우의 시정신청을 하는 때에는 차별적 처우의 내용을 구체적으로 명시하여야 한다. 　기간제 및 단시간근로자 보호 등에 관한 법률 제9조 제2항

③ 노동위원회는 차별적 처우의 시정신청에 따른 심문의 과정에서 관계당사자 쌍방 또는 일방의 신청 또는 직권에 의하여 조정(調停)절차를 개시할 수 있다.

> 노동위원회는 제10조의 규정에 따른 심문의 과정에서 관계당사자 쌍방 또는 일방의 신청 또는 직권에 의하여 조정(調停)절차를 개시할 수 있고, 관계당사자가 미리 노동위원회의 중재(仲裁)결정에 따르기로 합의하여 중재를 신청한 경우에는 중재를 할 수 있다(기간제 및 단시간근로자 보호 등에 관한 법률 제11조 제1항).

④ 노동위원회는 사용자의 차별적 처우에 명백한 고의가 인정되거나 차별적 처우가 반복되는 경우에는 손해액을 기준으로 3배를 넘지 아니하는 범위에서 배상을 명할 수 있다.

> 기간제 및 단시간근로자 보호 등에 관한 법률 제13조 제2항

⑤ 시정신청을 한 근로자는 사용자가 확정된 시정명령을 이행하지 아니하는 경우 이를 중앙노동위원회에 신고하여야 한다.

> 시정신청을 한 근로자는 사용자가 확정된 시정명령을 이행하지 아니하는 경우 이를 고용노동부장관에게 신고할 수 있다(기간제 및 단시간근로자 보호 등에 관한 법률 제15조 제2항).

21 최저임금법에 관한 설명으로 옳지 않은 것은?

① 최저임금액을 일(日)·주(週) 또는 월(月)을 단위로 하여 정할 때에는 시간급(時間給)으로도 표시하여야 한다.

> 최저임금액(최저임금으로 정한 금액을 말한다. 이하 같다)은 시간·일(日)·주(週) 또는 월(月)을 단위로 하여 정한다. 이 경우 일·주 또는 월을 단위로 하여 최저임금액을 정할 때에는 시간급(時間給)으로도 표시하여야 한다(최저임금법 제5조 제1항).

② 최저임금은 근로자의 생계비, 유사 근로자의 임금, 노동생산성 및 소득분배율 등을 고려하여 정한다. 이 경우 사업의 종류별로 구분하여 정할 수 있다. 　최저임금법 제4조 제1항

⑤ 사용자는 최저임금법에 따른 최저임금을 이유로 종전의 임금수준을 낮출 수 있다.

> 사용자는 이 법에 따른 최저임금을 이유로 종전의 임금수준을 낮추어서는 아니 된다(최저임금법 제6조 제2항).

④ 도급으로 사업을 행하는 경우 도급인이 책임져야 할 사유로 수급인이 근로자에게 최저임금액에 미치지 못하는 임금을 지급한 경우 도급인은 해당 수급인과 연대(連帶)하여 책임을 진다.

최저임금법 제6조 제7항

⑤ 최저임금의 적용을 받는 근로자와 사용자 사이의 근로계약 중 최저임금액에 미치지 못하는 금액을 임금으로 정한 부분은 무효이다.

최저임금의 적용을 받는 근로자와 사용자 사이의 근로계약 중 최저임금액에 미치지 못하는 금액을 임금으로 정한 부분은 무효로 하며, 이 경우 무효로 된 부분은 이 법으로 정한 최저임금액과 동일한 임금을 지급하기로 한 것으로 본다(최저임금법 제6조 제3항).

22 임금채권보장법에 관한 설명으로 옳지 않은 것은?

☑ 미성년자인 근로자는 독자적으로 대지급금의 지급을 청구할 수 없다.

미성년자인 근로자는 독자적으로 대지급금의 지급을 청구할 수 있다(임금채권보장법 제11조의2 제3항).

② 고용노동부장관이 사업주의 신청에 따라 체불 임금 등을 지급하는 데 필요한 비용을 융자하는 경우, 융자금액은 고용노동부장관이 해당 근로자에게 직접 지급하여야 한다.

임금채권보장법 제7조의3 제2항, 제3항

③ 고용노동부장관은 근로자에게 대지급금을 지급하였을 때에는 그 지급한 금액의 한도에서 그 근로자가 해당 사업주에 대하여 미지급 임금 등을 청구할 수 있는 권리를 대위(代位)한다.

임금채권보장법 제8조 제1항

④ 사업장 규모 등 고용노동부령으로 정하는 기준에 해당하는 근로자가 대지급금을 청구하는 경우 고용노동부령으로 정하는 공인노무사로부터 대지급금 청구서 작성, 사실확인 등에 관한 지원을 받을 수 있다. 임금채권보장법 제7조 제5항

⑤ 고용노동부장관은 대지급금을 지급하는 데 드는 비용에 충당하기 위하여 사업주로부터 부담금을 징수한다. 임금채권보장법 제9조 제1항

23 근로자퇴직급여 보장법에 관한 설명으로 옳지 않은 것은?

① 퇴직급여제도란 확정급여형퇴직연금제도, 확정기여형퇴직연금제도 및 퇴직금제도를 말한다.

근로자퇴직급여 보장법 제2조 제6호

② 사용자는 퇴직급여제도를 설정하는 경우에 하나의 사업에서 급여 및 부담금 산정방법의 적용 등에 관하여 차등을 두어서는 아니 된다. 근로자퇴직급여 보장법 제4조 제2항

③ 사용자는 계속근로기간이 1년 미만인 근로자, 4주간을 평균하여 1주간의 소정근로시간이 15시간 미만인 근로자에 대하여는 퇴직급여제도를 설정하지 않아도 된다.

근로자퇴직급여 보장법 제4조 제1항

④ 사용자가 퇴직급여제도를 설정하거나 설정된 퇴직급여제도를 다른 종류의 퇴직급여제도로 변경하려는 경우 근로자의 과반수가 가입한 노동조합이 없는 경우에는 근로자 과반수의 동의를 받아야 한다.

사용자가 퇴직급여제도를 설정하거나 설정된 퇴직급여제도를 다른 종류의 퇴직급여제도로 변경하려는 경우에는 근로자의 과반수가 가입한 노동조합이 있는 경우에는 그 노동조합, 근로자의 과반수가 가입한 노동조합이 없는 경우에는 근로자 과반수의 동의를 받아야 한다(근로자퇴직급여 보장법 제4조 제3항).

☑ 퇴직금제도를 설정하려는 사용자는 계속근로기간 1년에 대하여 30일분 이상의 통상임금을 퇴직금으로 퇴직 근로자에게 지급할 수 있는 제도를 설정하여야 한다.

퇴직금제도를 설정하려는 사용자는 계속근로기간 1년에 대하여 30일분 이상의 평균임금을 퇴직금으로 퇴직 근로자에게 지급할 수 있는 제도를 설정하여야 한다(근로자퇴직급여 보장법 제8조 제1항).

24 근로복지기본법상의 사내근로복지기금법인이 그 수익금으로 시행할 수 있는 사업이 아닌 것은?

① 주택구입자금 등의 보조 등 근로자 재산형성을 위한 지원

② 모성보호 및 일과 가정생활의 양립을 위하여 필요한 비용 지원

③ 장학금 · 재난구호금의 지급 등 근로자의 생활원조

☑ 사업주의 체불임금 지급에 필요한 비용 지원

사업주의 체불임금 지급에 필요한 비용 지원은 그 수익금으로 시행할 수 있는 사업에 해당하지 않는다. ⚖

⑤ 해당 사업으로부터 직접 도급받는 업체의 소속 근로자의 복리후생 증진

근로복지기본법 제62조(기금법인의 사업)

① 기금법인은 그 수익금으로 대통령령으로 정하는 바에 따라 다음 각 호의 사업을 시행할 수 있다.

  1. 주택구입자금 등의 보조, 우리사주 구입의 지원 등 근로자 재산형성을 위한 지원

  2. 장학금·재난구호금의 지급, 그 밖에 근로자의 생활원조

  3. 모성보호 및 일과 가정생활의 양립을 위하여 필요한 비용 지원

  4. 기금법인 운영을 위한 경비지급

  5. 근로복지시설로서 고용노동부령으로 정하는 시설에 대한 출자·출연 또는 같은 시설의 구입·설치 및 운영

  6. 해당 사업으로부터 직접 도급받는 업체의 소속 근로자 및 해당 사업에의 파견근로자의 복리후생 증진

  6의2. 제86조의2 제1항에 따른 공동근로복지기금 지원

  7. 사용자가 임금 및 그 밖의 법령에 따라 근로자에게 지급할 의무가 있는 것 외에 대통령령으로 정하는 사업

25 외국인근로자의 고용 등에 관한 법률에 대한 설명으로 옳지 않은 것은?

① 사용자가 법률에 따라 선정한 외국인근로자를 고용하려면 고용노동부령으로 정하는 표준근로계약서를 사용하여 근로계약을 체결하여야 한다.

  외국인근로자의 고용 등에 관한 법률 제9조 제1항

☑ **사용자는 외국인근로자와 근로계약을 체결하려는 경우 이를 한국산업인력공단 등에 대행하게 할 수 없다.**

  사용자는 제1항에 따른 근로계약을 체결하려는 경우 이를 한국산업인력공단에 대행하게 할 수 있다(외국인근로자의 고용 등에 관한 법률 제9조 제2항).

③ 외국인근로자와 근로계약을 체결한 사용자는 그 외국인근로자를 대리하여 법무부장관에게 사증발급인정서를 신청할 수 있다.   외국인근로자의 고용 등에 관한 법률 제10조

④ 취업활동 기간이 연장되는 외국인근로자와 사용자는 연장된 취업활동 기간의 범위에서 근로계약을 체결할 수 있다.   외국인근로자의 고용 등에 관한 법률 제9조 제4항

⑤ 직업안정기관이 아닌 자는 외국인근로자의 선발, 알선, 그 밖의 채용에 개입하여서는 아니 된다.   외국인근로자의 고용 등에 관한 법률 제8조 제6항

01	02	03	04	05	06	07	08	09	10	11	12	13	14	15	16	17	18	19	20	21	22	23	24	25
③	②	③	⑤	②	⑤	②	④	①	②	⑤	①	④	③	①	③	①	⑤	①	④	②	④	⑤	①	③

01 헌법상 근로의 권리에 관한 설명으로 옳지 않은 것은?(다툼이 있으면 판례에 따름)

① 헌법은 근로의 권리 주체를 국민으로 규정하고 있다.

② 근로조건의 기준은 인간의 존엄성을 보장하도록 법률로 정한다.

③ 국가에 대한 직접적인 직장존속보장청구권은 헌법상 근로의 권리에서 도출된다.

> 헌법 제15조의 직업의 자유 또는 헌법 제32조의 근로의 권리, 사회국가원리 등에 근거하여 실업방지 및 부당한 해고로부터 근로자를 보호하여야 할 국가의 의무를 도출할 수는 있을 것이나, 국가에 대한 직접적인 직장존속보장청구권을 근로자에게 인정할 헌법상의 근거는 없다(헌재 2002.11.28., 2001헌바50). ⚖️

④ 국가는 사회적·경제적 방법으로 근로자의 고용의 증진과 적정임금의 보장에 노력하여야 한다.

⑤ 국가유공자·상이군경 및 전몰군경의 유가족은 법률이 정하는 바에 의하여 우선적으로 근로의 기회를 부여받는다.

⚖️ 법령

> **헌법 제32조**
> ① 모든 국민은 근로의 권리를 가진다. 국가는 사회적·경제적 방법으로 근로자의 고용의 증진과 적정임금의 보장에 노력하여야 하며, 법률이 정하는 비에 의하여 최저임금제를 시행하여야 한다.
> ② 모든 국민은 근로의 의무를 진다. 국가는 근로의 의무의 내용과 조건을 민주주의 원칙에 따라 법률로 정한다.
> ③ 근로조건의 기준은 인간의 존엄성을 보장하도록 법률로 정한다.
> ④ 여자의 근로는 특별한 보호를 받으며, 고용·임금 및 근로조건에 있어서 부당한 차별을 받지 아니한다.
> ⑤ 연소자의 근로는 특별한 보호를 받는다.
> ⑥ 국가유공자·상이군경 및 전몰군경의 유가족은 법률이 정하는 바에 의하여 우선적으로 근로의 기회를 부여받는다.

02 우리나라 노동법의 법원(法源)에 관한 설명으로 옳지 않은 것은?(다툼이 있으면 판례에 따름)

① 고용노동부의 업무지침 등이 그 성질과 내용이 행정기관 내부의 사무처리지침에 불과한 경우에는 대외적인 구속력은 없다.

> 상급 행정기관이 하급 행정기관에 대하여 업무처리지침이나 법령의 해석적용에 관한 기준을 정하여서 발하는 이른바 행정규칙은 일반적으로 행정조직 내부에서만 효력을 가질 뿐 대외적인 구속력을 갖는 것은 아니다(대판 1987.9.29., 86누484).

☑ 국제노동기구(ILO)의 강제근로의 폐지에 관한 협약(제105호)은 노동법의 법원에 해당한다.

> 헌법에 의하여 체결·공포된 조약과 일반적으로 승인된 국제법규는 국내법과 같은 효력을 가진다(헌법 제6조 제1항). 2021년에는 ILO 협약 중 강제근로의 폐지에 관한 협약(제105호)을 제외한 결사의 자유와 단결권의 보장 협약(제87호), 단결권과 단체교섭권 협약(제98호), 강제근로에 대한 협약(제29호)의 비준동의안이 국회본회의를 통과(21.2.26.)하였다. 비준동의된 기본협약은 국회본회의를 통과하여 정부가 비준서를 ILO에 기탁한 시점부터 1년이 지난 후(22.4.20.)에 발효되며 이때 국내법과 같은 효력을 지니게 된다. 그러나 강제근로의 폐지에 관한 협약(제105호)은 비준되지 아니하였으므로 노동법의 법원성은 부정된다고 보는 것이 타당하다. ⚖

③ 노동사건에 대한 판례는 노동법의 법원으로 인정되지 않는다.

> 노동사건에 대한 판례는 특정한 노동사건에 대한 것이므로 법원성이 부정된다.

④ 단체협약은 노동법의 법원으로 인정된다.

> 단체협약에 정한 근로조건 기타 근로자의 대우에 관한 기준에 위반하는 취업규칙 또는 근로계약의 부분은 무효로 한다(노동조합 및 노동관계조정법 제33조 제1항).

⑤ 노동조합규약은 일종의 자치적 법규범으로서 소속 조합원에 대하여 법적 효력을 가진다.

> 노동조합은 근로자들이 자신들의 이익을 옹호하기 위하여 자주적으로 결성한 임의단체로서 그 내부의 운영에 있어 조합규약 등에 의한 자치가 보장되므로 노동조합이 조합규약에 근거하여 자체적으로 만든 신분보장대책기금관리규정은 조합규약과 마찬가지로 일종의 자치적 법규범으로서 소속조합원에 대하여 법적 효력을 가진다고 할 것이다(대판 2002.2.22., 2000다65086).

⚖ 법령

ILO 핵심협약

분야	협약	한국 비준현황
차별금지	제100호 동등보수 협약	비준(1997년 12월)
	제111호 차별(고용과 직업)협약	비준(1998년 12월)
아동노동금지	제138호 최저연령 협약	비준(1999년 1월)
	제182호 가혹한 형태의 아동노동 협약	비준(2001년 3월)
결사의 자유	제87호 결사의 자유와 단결권의 보장협약	비준(2022년 4월)
	제98호 단결권과 단체교섭권 협약	비준(2022년 4월)
강제노동금지	제29호 강제노동협약	비준(2022년 4월)
	제105호 강제노동철폐 협약	×

03 근로기준법상 사용자의 인사명령에 관한 설명으로 옳지 않은 것은?(다툼이 있으면 판례에 따름)

1
2
3

① 근로자에 대한 전직이나 전보처분은 원칙적으로 인사권자인 사용자의 권한에 속한다.

> 근로자에 대한 전보나 전직은 원칙적으로 인사권자인 사용자의 권한에 속하므로 업무상 필요한 범위 내에서는 사용자는 상당한 재량을 가지며 그것이 근로기준법 등에 위반되거나 권리남용에 해당되는 등의 특별한 사정이 없는 한 유효하다(대판 1996.4.12., 95누7130).

② 근로계약에서 근로의 내용이나 근무장소를 특별히 한정한 경우에 사용자가 근로자에 대하여 전보처분을 하려면 원칙적으로 근로자의 동의가 있어야 한다.

> 원칙적으로 인사권자인 사용자의 권한에 속하므로 업무상 필요한 범위 안에서는 상당한 재량을 가지며, 그것이 근로기준법에 위반되거나 권리남용에 해당하는 등 특별한 사정이 없는 한 무효라고는 할 수 없고, 다만 근로계약에서 근로 내용이나 근무장소를 특별히 한정한 경우에 사용자가 근로자에 대하여 전보나 전직처분을 하려면 원칙적으로 근로자의 동의가 있어야 한다(서울행법 2013.12.19., 2013구합17268).

🖌 근로자의 직무수행능력 부족을 이유로 한 잠정적 직위해제는 기업질서 유지를 목적으로 행하여지는 징벌적 제재로서의 징계와 그 성질이 동일하다.

> 직위해제는 일반적으로 근로자가 직무수행능력이 부족하거나 근무성적 또는 근무태도 등이 불량한 경우, 근로자에 대한 징계절차가 진행 중인 경우, 근로자가 형사사건으로 기소된 경우 등에 있어서 당해 근로자가 장래에 있어서 계속 직무를 담당하게 될 경우 예상되는 업무상의 장애 등을 예방하기 위하여 일시적으로 당해 근로자에게 직위를 부여하지 아니함으로써 직무에 종사하지 못하도록 하는 잠정적인 조치로서의 보직의 해제를 의미하므로 과거의 근로자의 비위행위에 대하여 기업질서 유지를 목적으로 행하여지는 징벌적 제재로서의 징계와는 그 성질이 다르다(대판 1996.10.29., 95누15926).

④ 휴직명령은 근로자가 상당한 기간에 걸쳐 근로의 제공을 할 수 없다거나, 근로제공을 함이 매우 부적당하다고 인정되는 경우에는 정당한 이유에 해당한다.

> 근로자로서는 근무부서에서 상당한 기간에 걸쳐 근로를 제공함이 매우 부적당한 상태에 있었다고 할 것이므로 그 휴직신청에는 상당한 이유가 있었다고 할 것이다(대판 1997.7.22., 95다53096).

⑤ 전적 시 당사자 사이에 종전의 근로관계를 승계하기로 하는 특약이 없었다면, 전적(轉籍)으로 근로관계는 단절된다.

> 전적은 종전 기업과의 근로관계를 합의해지하고 이적하게 될 기업과 사이에 새로운 근로계약을 체결하는 것이므로, 유효한 전적이 이루어진 경우에 있어서는 당사자 사이에 종전 기업과의 근로관계를 승계하기로 하는 특약이 있거나 이적하게 될 기업의 취업규칙 등에 종전 기업에서의 근속기간을 통산하도록 하는 규정이 있는 등의 특별한 사정이 없는 한 당해 근로자의 종전 기업과의 근로관계는 단절되고, 이적하게 될 기업이 당해 근로자의 종전 기업과의 근로관계를 승계하는 것은 아니다(대판 1996.5.10., 95다42270).

04 근로기준법상 근로계약의 체결에 관한 설명으로 옳지 않은 것은?(다툼이 있으면 판례에 따름)

① 사용자는 특별한 사정이 없는 한 근로자와 사이에 근로계약의 체결을 통하여 자신의 업무지휘권의 행사와 조화를 이루는 범위 내에서 근로자가 인격을 실현시킬 수 있도록 배려하여야 할 신의칙상의 의무를 부담한다. <mark>대판 2012.5.9., 2010다88880</mark>

② 고용노동부장관은 근로계약이 미성년자에게 불리하다고 인정하는 경우에는 이를 해지할 수 있다. <mark>근로기준법 제67조 제2항</mark>

③ 사용자는 근로계약에 덧붙여 저축금의 관리를 규정하는 계약을 체결하지 못하나, 근로자의 위탁으로 저축을 관리할 수는 있다.

<mark>근로기준법 제22조에 규정된 조건에 따라 저축을 관리할 수 있다. ⚖️</mark>

④ 취업규칙에 신규 채용 근로자에 대한 시용기간의 적용을 선택적 사항으로 규정하고 있는 경우, 근로계약에 시용기간의 적용을 명시하지 아니하고 고용한 근로자는 정식 사원으로 채용되었다고 보아야 한다. <mark>대판 1999.11.12., 99다30473</mark>

☑️ **근로자에 대한 신원보증계약은 근로기준법상 위약 예정의 금지에 해당되어 무효이다.**

<mark>근로기준법 제24조는 사용자가 근로자와의 사이에서 근로계약 불이행에 대한 위약금 또는 손해배상액을 예정하는 계약의 체결을 금지하는데 그치는 것이므로 <u>근로자에 대한 신원보증계약은 이에 해당되지 아니한다</u>(대판 1980.9.24., 80다1040).</mark>

⚖️ 법령

> **근로기준법 제22조(강제 저금의 금지)**
> ② 사용자가 근로자의 위탁으로 저축을 관리하는 경우에는 다음 각 호의 사항을 지켜야 한다.
> 1. 저축의 종류·기간 및 금융기관을 근로자가 결정하고, 근로자 본인의 이름으로 저축할 것
> 2. 근로자가 저축증서 등 관련 자료의 열람 또는 반환을 요구할 때에는 즉시 이에 따를 것

05 근로기준법상 기본원칙에 관한 설명으로 옳지 않은 것은?(다툼이 있으면 판례에 따름)

① 사용자는 근로자에 대하여 국적·신앙 또는 사회적 이유로 근로조건에 대한 차별적 처우를 하지 못한다. <mark>근로기준법 제6조</mark>

☑️ **영리로 다른 사람의 취업에 개입하는 행위에는 취업을 원하는 사람에게 취업을 알선해 주기로 하면서 그 대가로 금품을 수령하는 정도의 행위는 포함되지 않는다.**

<mark>'영리로 타인의 취업에 개입'하는 행위, 즉 제3자가 영리로 타인의 취업을 소개 또는 알선하는 등 근로관계의 성립 또는 갱신에 영향을 주는 행위에는 <u>취업을 원하는 사람에게 취업을 알선해 주기로 하면서 그 대가로 금품을 수령하는 정도의 행위도 포함되고</u>, 반드시 근로관계 성립 또는 갱신에 직접적인 영향을 미칠 정도로 구체적인 소개 또는 알선행위에까지 나아가야만 하는 것은 아니다(대판 2008.9.25., 2006도7660).</mark>

③ 사용자는 정신상의 자유를 부당하게 구속하는 수단으로써 근로자의 자유의사에 어긋나는 근로를 강요하지 못한다. <mark>근로기준법 제7조</mark>

④ 근로자와 사용자는 각자가 단체협약, 취업규칙과 근로계약을 지키고 성실하게 이행할 의무가 있다. 　근로기준법 제5조

⑤ 사용자는 근로자가 근로시간 중에 선거권 행사를 위해 필요한 시간을 청구한 경우, 그 행사에 지장이 없으면 청구한 시간을 변경할 수 있다. 　근로기준법 제10조

06 근로기준법상 근로시간과 휴식에 관한 설명으로 옳지 않은 것은?(다툼이 있으면 판례에 따름)

① 근로시간을 산정함에 있어 작업을 위하여 근로자가 사용자의 지휘·감독 아래에 있는 대기시간 등은 근로시간으로 본다. 　근로기준법 제50조 제3항

② 15세 이상 18세 미만의 근로자에게는 탄력적 근로시간제가 적용되지 않는다.

　근로기준법 제51조 제3항, 제51조의2 제6항

③ 선택적 근로시간제를 시행하려는 사용자는 근로자대표와 서면 합의를 하여야 한다.

> 사용자는 취업규칙(취업규칙에 준하는 것을 포함한다)에 따라 업무의 시작 및 종료 시각을 근로자의 결정에 맡기기로 한 근로자에 대하여 근로자대표와의 서면 합의에 따라 다음 각 호의 사항을 정하면 1개월(신상품 또는 신기술의 연구개발 업무의 경우에는 3개월로 한다) 이내의 정산기간을 평균하여 1주간의 근로시간이 제50조 제1항의 근로시간을 초과하지 아니하는 범위에서 1주 간에 제50조 제1항의 근로시간을, 1일에 제50조 제2항의 근로시간을 초과하여 근로하게 할 수 있다(근로기준법 제52조 제1항).

④ 근로자에 대한 임금을 월급으로 지급할 경우 그 월급에는 근로기준법상 소정의 유급휴일에 대한 임금도 포함된다.

> 근로자에 대한 임금을 월급으로 지급할 경우 월급통상임금에는 근로기준법 제45조 소정의 유급휴일에 대한 임금도 포함된다고 할 것이므로 월급통상임금을 월 소정 근로시간수로 나누는 방법에 의하여 시간급통상임금을 산정함에 있어서는 월 유급휴일 해당 근로시간수도 월 소정 근로시간수에 포함되어야 할 것이다(대판 1990.12.26., 90다카12493).

✔ 사용자는 취업규칙이 정하는 바에 따라 연장근로에 대하여 임금을 지급하는 것을 갈음하여 휴가를 줄 수 있다.

> 사용자는 근로자대표와의 서면 합의에 따라 제51조의3, 제52조 제2항 제2호 및 제56조에 따른 연장근로·야간근로 및 휴일근로 등에 대하여 임금을 지급하는 것을 갈음하여 휴가를 줄 수 있다(근로기준법 제57조).

07 근로기준법상 여성의 보호에 관한 설명으로 옳은 것은?

① 사용자는 산후 2년이 지나지 아니한 여성을 보건상 유해·위험한 사업에 사용하지 못한다.

> 사용자는 임신 중이거나 산후 1년이 지나지 아니한 여성과 18세 미만자를 도덕상 또는 보건상 유해·위험한 사업에 사용하지 못한다(근로기준법 제65조 제1항).

☑ 사용자는 임산부가 아닌 18세 이상의 여성을 보건상 유해·위험한 사업 중 임신 또는 출산에 관한 기능에 유해·위험한 사업에 사용하지 못한다. 근로기준법 제65조 제2항

③ 사용자는 여성을 휴일에 근로시키려면 근로자대표의 서면 동의를 받아야 한다.

> 사용자는 18세 이상의 여성을 오후 10시부터 오전 6시까지의 시간 및 휴일에 근로시키려면 그 근로자의 동의를 받아야 한다(근로기준법 제70조 제1항).

④ 여성은 보건·의료, 보도·취재 등의 일시적 사유가 있더라도 갱내(坑內)에서 근로를 할 수 없다.

> 사용자는 여성과 18세 미만인 자를 갱내(坑內)에서 근로시키지 못한다. 다만, 보건·의료, 보도·취재 등 대통령령으로 정하는 업무를 수행하기 위하여 일시적으로 필요한 경우에는 그러하지 아니하다(근로기준법 제72조).

⑤ 사용자는 여성 근로자가 청구하면 월 1일의 유급생리휴가를 주어야 한다.

> 사용자는 여성 근로자가 청구하면 월 1일의 생리휴가를 주어야 한다(근로기준법 제73조). 유급일 것을 요하는 것은 아니다.

08 근로기준법령상 사용자가 3년간 보존하여야 하는 근로계약에 관한 중요한 서류가 아닌 것은?

① 연소자의 증명에 관한 서류　　　　② 휴가에 관한 서류
③ 승급·감급에 관한 서류　　　　☑ 퇴직금 중간정산에 관한 증명서류
⑤ 임금대장

> 퇴직금 중간정산에 관한 증명서류는 근로기준법령상 사용자가 3년간 보존하여야 하는 근로계약에 해당하지 않는다. ⚖

근로기준법 제42조(계약 서류의 보존)
사용자는 근로자 명부와 대통령령으로 정하는 근로계약에 관한 중요한 서류를 3년간 보존하여야 한다.

> **근로기준법 시행령 제22조(보존 대상 서류 등)**
> ① 법 제42조에서 "대통령령으로 정하는 근로계약에 관한 중요한 서류"란 다음 각 호의 서류를 말한다.
> 1. 근로계약서
> 2. 임금대장
> 3. 임금의 결정·지급방법과 임금계산의 기초에 관한 서류
> 4. 고용·해고·퇴직에 관한 서류
> 5. 승급·감급에 관한 서류
> 6. 휴가에 관한 서류
> 7. 삭제
> 8. 법 제51조 제2항, 제51조의2 제1항, 같은 조 제2항 단서, 같은 조 제5항 단서, 제52조 제1항, 같은 조 제2항 제1호 단서, 제53조 제3항, 제55조 제2항 단서, 제57조, 제58조 제2항·제3항, 제59조 제1항 및 제62조에 따른 서면 합의 서류
> 9. 법 제66조에 따른 연소자의 증명에 관한 서류

09 근로기준법상 휴일근로에 관한 규정이다. ( )에 들어갈 숫자를 옳게 짝지은 것은?

1
2
3

> 사용자는 휴일근로에 대하여는 다음 각 호의 기준에 따른 금액 이상을 가산하여 근로자에게 지급하여야 한다.
> 1. 8시간 이내의 휴일근로 : 통상임금의 100분의 (ㄱ)
> 2. 8시간을 초과한 휴일근로 : 통상임금의 100분의 (ㄴ)

✔ ① ㄱ : 50, ㄴ : 100　　　　　　② ㄱ : 50, ㄴ : 150

③ ㄱ : 50, ㄴ : 200　　　　　　④ ㄱ : 100, ㄴ : 150

⑤ ㄱ : 100, ㄴ : 200

> 근로기준법 제56조에 따르면 사용자는 휴일근로에 대하여는 다음 각 호의 기준에 따른 금액 이상을 가산하여 근로자에게 지급하여야 한다.
> 1. 8시간 이내의 휴일근로 : 통상임금의 100분의 (50)
> 2. 8시간을 초과한 휴일근로 : 통상임금의 100분의 (100)

10 근로기준법상 적용범위에 관한 설명으로 옳지 않은 것은?(다툼이 있으면 판례에 따름)

① 동거하는 친족만을 사용하는 사업 또는 사업장과 가사사용인에 대하여는 적용하지 아니한다.

> 근로기준법 제11조 제1항

✔ 상시 사용하는 근로자 수의 산정에 있어 일용근로자는 포함되지 않는다.

> 근로기준법의 적용 범위를 정한 같은 법 제10조 제1항 소정의 '상시 5인 이상의 근로자를 사용하는 사업 또는 사업장'이라 함은 '상시 근무하는 근로자의 수가 5인 이상인 사업 또는 사업장'이 아니라 '사용하는 근로자의 수가 상시 5인 이상인 사업 또는 사업장'을 뜻하는 것이고, 이 경우 상시라 함은 상태(상태)라고 하는 의미로서 근로자의 수가 때때로 5인 미만이 되는 경우가 있어도 사회통념에 의하여 객관적으로 판단하여 상태적으로 5인 이상이 되는 경우에는 이에 해당하며, 여기의 근로자에는 당해 사업장에 계속 근무하는 근로자뿐만 아니라 그때그때의 필요에 의하여 사용하는 일용근로자를 포함한다(대판 2000.3.14., 99도1243).

③ 근로기준법이 상시 4명 이하의 사업 또는 사업장에 원칙상 적용되지 않는 것은 영세사업장의 현실과 국가의 근로감독 능력의 한계를 고려한 것이다.

> 근로기준법의 적용범위를 상시근로자 수에 따라 규정함으로써 영세사업장의 현실에 맞는 적용과 국가의 근로감독 능력의 한계를 보완할 수 있게 되었다.

④ 근로기준법의 적용 사업장은 영리사업인지 여부를 불문한다.

> 사업은 반드시 영리를 목적으로 할 필요가 없다.

⑤ 야간근로에 대해 통상임금의 100분의 50 이상을 가산하여 지급하는 규정은 상시 4명 이하 사업장에는 적용되지 않는다.

> 상시 4명 이하의 근로자를 사용하는 사업 또는 사업장은 근로시간제, 가산임금, 연차휴가 등의 규정이 적용되지 않는다. ⚖

⚖ 법령

근로기준법 시행령 [별표 1] 상시 4명 이하의 근로자를 사용하는 사업 또는 사업장에 적용하는 법 규정

구분	적용 법규정
제1장 총칙	제1조부터 제13조까지의 규정
제2장 근로계약	제15조, 제17조, 제18조, 제19조 제1항, 제20조부터 제22조까지의 규정, 제23조 제2항, 제26조, 제35조부터 제42조까지의 규정
제3장 임금	제43조부터 제45조까지의 규정, 제47조부터 제49조까지의 규정
제4장 근로시간과 휴식	제54조, 제55조 제1항, 제63조
제5장 여성과 소년	제64조, 제65조 제1항·제3항(임산부와 18세 미만인 자로 한정한다), 제66조부터 제69조까지의 규정, 제70조 제2항·제3항, 제71조, 제72조, 제74조
제6장 안전과 보건	제76조
제8장 재해보상	제78조부터 제92조까지의 규정
제11장 근로감독관 등	제101조부터 제106조까지의 규정
제12장 벌칙	제107조부터 제116조까지의 규정(제1장부터 제6장까지, 제8장, 제11장의 규정 중 상시 4명 이하 근로자를 사용하는 사업 또는 사업장에 적용되는 규정을 위반한 경우로 한정한다)

11 근로기준법상 이행강제금에 관한 설명으로 옳은 것은? `기출 수정`

① 노동위원회는 구제명령을 받은 후 이행기한까지 구제명령을 이행하지 아니한 사용자에게 2천만원 이하의 이행강제금을 부과한다.

> 노동위원회는 구제명령(구제명령을 내용으로 하는 재심판정을 포함한다. 이하 이 조에서 같다)을 받은 후 이행기한까지 구제명령을 이행하지 아니한 사용자에게 3천만원 이하의 이행강제금을 부과한다(근로기준법 제33조 제1항).

② 노동위원회는 2년을 초과하지 않는 범위 내에서 최초의 구제명령을 한 날을 기준으로 매년 2회의 범위에서 행정소송이 제기될 때까지 반복하여 이행강제금을 부과·징수할 수 있다.

> 노동위원회는 최초의 구제명령을 한 날을 기준으로 매년 2회의 범위에서 구제명령이 이행될 때까지 반복하여 제1항에 따른 이행강제금을 부과·징수할 수 있다. 이 경우 이행강제금은 2년을 초과하여 부과·징수하지 못한다(근로기준법 제33조 제5항).

③ 노동위원회는 이행강제금 납부의무자가 납부기한까지 이행강제금을 내지 아니하면 즉시 국세 체납처분의 예에 따라 징수할 수 있다.

> 노동위원회는 이행강제금 납부의무자가 납부기한까지 이행강제금을 내지 아니하면 기간을 정하여 독촉을 하고 지정된 기간에 이행강제금을 내지 아니하면 국세 체납처분의 예에 따라 징수할 수 있다(근로기준법 제33조 제7항).

④ 노동위원회는 구제명령을 받은 자가 구제명령을 이행하면 새로운 이행강제금을 부과하지 아니하고, 구제명령을 이행하기 전에 이미 부과된 이행강제금의 부과처분은 취소하여야 한다.

> 노동위원회는 구제명령을 받은 자가 구제명령을 이행하면 새로운 이행강제금을 부과하지 아니하되, 구제명령을 이행하기 전에 이미 부과된 이행강제금은 징수하여야 한다(근로기준법 제33조 제6항).

☑ 근로자는 구제명령을 받은 사용자가 이행기한까지 구제명령을 이행하지 아니하면 이행기한이 지난 때부터 15일 이내에 그 사실을 노동위원회에 알려줄 수 있다.

> 근로기준법 제33조 제8항

12 근로기준법령상 부당해고 구제제도에 관한 설명으로 옳지 않은 것은?

☑ 노동위원회는 사용자에게 구제명령을 하는 때에는 구제명령을 한 날부터 15일 이내의 이행기한을 정하여야 한다.

> 노동위원회는 사용자에게 구제명령을 하는 때에는 이행기간을 정하여야 한다. 이 경우 이행기한은 구제명령을 서면으로 통지받은 날부터 30일 이내로 한다(근로기준법 시행령 제11조).

② 중앙노동위원회의 재심판정에 대하여 사용자나 근로자는 재심판정서를 송달받은 날부터 15일 이내에 행정소송을 제기할 수 있다. `근로기준법 제31조 제2항`

③ 노동위원회는 구제명령을 할 때에 근로자가 원직복직을 원하지 아니하면 원직복직 대신 해고기간 동안의 임금 상당액 이상의 금품을 근로자에게 지급하도록 명할 수 있다.

> 근로기준법 제30조 제3항

④ 노동위원회의 구제명령은 행정소송 제기에 의하여 그 효력이 정지되지 아니한다.

⑤ 지방노동위원회의 구제명령에 불복하는 사용자는 구제명령서를 통지받은 날부터 10일 이내에 중앙노동위원회에 재심을 신청할 수 있다.

13 근로기준법령상 경영상 이유에 의한 해고에 관한 설명으로 옳은 것은?

① 경영 악화를 방지하기 위한 사업의 양도는 긴박한 경영상의 필요가 있는 것으로 보지 않는다.

사용자가 경영상 이유에 의하여 근로자를 해고하려면 긴박한 경영상의 필요가 있어야 한다. 이 경우 경영 악화를 방지하기 위한 사업의 양도 · 인수 · 합병은 긴박한 경영상의 필요가 있는 것으로 본다(근로기준법 제24조 제1항).

② 사용자가 경영상 이유에 의하여 일정한 규모 이상의 인원을 해고하려면 고용노동부장관에게 지체 없이 통보하여야 한다.

사용자는 제1항에 따라 대통령령으로 정하는 일정한 규모 이상의 인원을 해고하려면 대통령령으로 정하는 바에 따라 고용노동부장관에게 신고하여야 한다(근로기준법 제24조 제4항).

③ 사용자는 해고를 피하기 위한 방법 등에 관하여 해고를 하려는 날의 30일 전까지 근로자대표에게 통보하고 성실하게 협의하여야 한다.

사용자는 제2항에 따른 해고를 피하기 위한 방법과 해고의 기준 등에 관하여 그 사업 또는 사업장에 근로자의 과반수로 조직된 노동조합이 있는 경우에는 그 노동조합(근로자의 과반수로 조직된 노동조합이 없는 경우에는 근로자의 과반수를 대표하는 자를 말한다. 이하 "근로자대표"라 한다)에 해고를 하려는 날의 50일 전까지 통보하고 성실하게 협의하여야 한다(근로기준법 제24조 제3항).

✔ 경영상 이유에 의한 해고를 하는 때에도 해고의 예고 규정은 적용된다.

사용자는 근로자를 해고(경영상 이유에 의한 해고를 포함한다)하려면 적어도 30일 전에 예고를 하여야 하고, 30일 전에 예고를 하지 아니하였을 때에는 30일분 이상의 통상임금을 지급하여야 한다(근로기준법 제26조 본문).

⑤ 사용자는 경영상 이유에 의해 해고된 근로자에 대하여 생계안정, 재취업 등 필요한 조치를 우선적으로 취하여야 한다.

정부는 제24조에 따라 해고된 근로자에 대하여 생계안정, 재취업, 직업훈련 등 필요한 조치를 우선적으로 취하여야 한다(근로기준법 제25조 제2항).

14 근로기준법상 취업규칙에 관한 설명으로 옳지 않은 것은?(다툼이 있으면 판례에 따름)

① 고용노동부장관은 법령이나 단체협약에 어긋나는 취업규칙의 변경을 명할 수 있다.

　근로기준법 제96조 제2항

② 상시 10명 이상의 근로자를 사용하는 사용자는 취업규칙을 작성하여 고용노동부장관에게 신고하여야 한다.　근로기준법 제93조

❸ 사용자는 근로자의 근로조건, 근로형태, 직종 등의 특수성이 있더라도 근로자 일부에 적용되는 별도의 취업규칙을 작성할 수 없다.

　구 근로기준법 제94조 소정의 취업규칙이라 함은 복무규율과 임금 등 근로조건에 관한 준칙의 내용을 담고 있으면 그 명칭을 불문하는 것으로서, 사용자는 같은 사업장에 소속된 모든 근로자에 대하여 일률적으로 적용되는 하나의 취업규칙만을 작성하여야 하는 것은 아니고, 근로자의 근로조건, 근로형태, 직종 등의 특수성에 따라 근로자 일부에 적용되는 별도의 취업규칙을 작성할 수 있으며, 이 경우 여러 개의 취업규칙을 합한 것이 구 근로기준법 제94조 소정의 1개의 취업규칙으로 된다(대판 2007.9.6., 2006다83246).

④ 사용자는 취업규칙을 근로자에게 불리하게 변경하는 경우에 해당 사업장에 근로자의 과반수로 조직된 노동조합이 있는 경우에는 그 노동조합의 동의를 받아야 한다.

　근로기준법 제94조 제1항

⑤ 취업규칙에서 정한 기준에 미달하는 근로조건을 정한 근로계약은 그 부분에 관하여는 무효로 한다.　근로기준법 제97조

15 근로기준법상 근로감독관에 관한 설명으로 옳지 않은 것은?

❶ 근로감독관이 근로기준법을 위반한 사실을 고의로 묵과하면 5년 이하의 징역에 처한다.

　근로감독관이 이 법을 위반한 사실을 고의로 묵과하면 3년 이하의 징역 또는 5년 이하의 자격정지에 처한다(근로기준법 제108조).

② 사용자는 근로기준법의 시행과 관련하여 근로감독관의 요구가 있으면 지체 없이 필요한 사항에 대하여 보고하거나 출석하여야 한다.　근로기준법 제13조

③ 근로감독관은 사용자와 근로자에 대하여 심문할 수 있다.　근로기준법 제102조 제1항

④ 근로감독관은 재직여부를 불문하고 직무상 알게 된 비밀을 엄수하여야 한다.

　근로기준법 제103조

⑤ 근로감독관의 위촉을 받은 의사는 취업을 금지하여야 할 질병에 걸릴 의심이 있는 근로자에 대하여 검진할 수 있다.　근로기준법 제102조 제2항

16 산업안전보건법에 관한 내용으로 옳은 것을 모두 고른 것은? 기출 수정

1
2
3

ㄱ. 이 법은 국가 및 지방자치단체에는 적용하지 않는다.
ㄴ. 사업주는 근로자대표가 요구하면 근로자에 대한 건강진단 시 근로자대표를 참석시켜야 한다.
ㄷ. 사업주는 안전 및 보건에 관한 의식을 북돋우기 위한 홍보·교육 등 안전문화 확산 추진을 성실히 이행할 책무를 진다.
ㄹ. 고용노동부장관은 고용노동부령으로 정하는 건강장해가 발생할 우려가 있는 업무에 종사하였거나 종사하고 있는 사람 중 고용노동부령으로 정하는 요건을 갖춘 사람의 직업병 조기발견 및 지속적인 건강관리를 위하여 건강관리카드를 발급하여야 한다.

① ㄱ
② ㄱ, ㄷ
✓③ ㄴ, ㄹ
④ ㄴ, ㄷ, ㄹ
⑤ ㄱ, ㄴ, ㄷ, ㄹ

ㄱ. (×) 이 법은 모든 사업에 적용한다. 다만, 유해·위험의 정도, 사업의 종류, 사업장의 상시근로자 수(건설공사의 경우에는 건설공사 금액을 말한다. 이하 같다) 등을 고려하여 대통령령으로 정하는 종류의 사업 또는 사업장에는 이 법의 전부 또는 일부를 적용하지 아니할 수 있다(산업안전보건법 제3항).
ㄴ. (○) 산업안전보건법 제132조 제1항
ㄷ. (×) 정부는 안전 및 보건에 관한 의식을 북돋우기 위한 홍보·교육 등 안전문화 확산 추진을 성실히 이행할 책무를 진다(산업안전보건법 제4조 제5호).
ㄹ. (○) 산업안전보건법 제137조 제1항

17 근로복지기본법상 규약으로 우리사주조합원총회를 갈음할 대의원회를 두는 경우에도 반드시 우리사주조합원총회의 의결을 거쳐야 하는 사항은?

1
2
3

✓① 규약의 제정과 변경에 관한 사항

우리사주조합은 규약으로 우리사주조합원총회를 갈음할 대의원회를 둘 수 있다. 다만, 규약의 제정과 변경에 관한 사항은 반드시 우리사주조합원총회의 의결을 거쳐야 한다(근로복지기본법 제35조 제3항).

② 우리사주조합의 대표자 등 임원 선출
③ 우리사주조합기금의 금융기관 예치에 관한 사항
④ 예산 및 결산에 관한 사항
⑤ 우리사주조합기금의 조성에 관한 사항

근로복지기본법 제35조(우리사주조합의 운영 등)

② 다음 각 호의 사항은 우리사주조합원총회의 의결을 거쳐야 한다.
  1. <u>규약의 제정과 변경에 관한 사항</u>
  2. 제36조에 따른 우리사주조합기금의 조성에 관한 사항
  3. 예산 및 결산에 관한 사항
  4. 우리사주조합의 대표자 등 임원 선출
③ 우리사주조합은 규약으로 우리사주조합원총회를 갈음할 대의원회를 둘 수 있다. 다만, <u>제2항 제1호에 관한 사항은 반드시 우리사주조합원총회의 의결을 거쳐야 한다.</u>

18 남녀고용평등과 일 · 가정 양립 지원에 관한 법령의 내용으로 옳은 것은?

① 사업주는 근로자가 초등학교 2학년 이하의 자녀(입양한 자녀를 제외한다)를 양육하기 위하여 휴직을 신청하는 경우에 이를 허용하여야 한다.

> 사업주는 임신 중인 여성 근로자가 모성을 보호하거나 근로자가 만 8세 이하 또는 초등학교 2학년 이하의 자녀(입양한 자녀를 포함)를 양육하기 위하여 휴직(이하 "육아휴직")을 신청하는 경우에 이를 허용하여야 한다(남녀고용평등과 일 · 가정 양립 지원에 관한 법률 제19조 제1항).

② 사업주는 정상적인 사업 운영에 중대한 지장을 초래하는 경우에는 육아휴직 및 육아기 근로시간 단축을 허용하지 아니할 수 있다.

> 사업주는 제19조 제1항에 따라 <u>육아휴직을 신청할 수 있는 근로자가 육아휴직 대신 근로시간의 단축(이하 "육아기 근로시간 단축")을 신청하는 경우에 이를 허용하여야 한다.</u> 다만, 대체인력 채용이 불가능한 경우, 정상적인 사업 운영에 중대한 지장을 초래하는 경우 등 대통령령으로 정하는 경우에는 그러하지 아니하다(남녀고용평등과 일 · 가정 양립 지원에 관한 법률 제19조의2 제1항). 제1항 단서에 따라 사업주가 육아기 근로시간 단축을 허용하지 아니하는 경우에는 해당 근로자에게 그 사유를 서면으로 통보하고 <u>육아휴직을 사용하게 하거나 그 밖의 조치를 통하여 지원할 수 있는지를 해당 근로자와 협의하여야 한다</u>(남녀고용평등과 일 · 가정 양립 지원에 관한 법률 제19조의2 제2항).

③ 육아기 근로시간 단축 기간은 근속기간에 포함되나, 육아휴직 기간은 근속기간에 포함되지 않는다.

> 사업주는 육아휴직을 마친 후에는 휴직 전과 같은 업무 또는 같은 수준의 임금을 지급하는 직무에 복귀시켜야 한다. 또한 제2항의 <u>육아휴직 기간은 근속기간에 포함한다</u>(남녀고용평등과 일 · 가정 양립 지원에 관한 법률 제19조 제4항).

④ 사업주는 사업을 계속할 수 없는 경우에도 육아휴직 중인 근로자를 육아휴직 기간에 해고하지 못한다.

> 사업주는 육아휴직을 이유로 해고나 그 밖의 불리한 처우를 하여서는 아니 되며, 육아휴직 기간에는 그 근로자를 해고하지 못한다. <u>다만, 사업을 계속할 수 없는 경우에는 그러하지 아니하다</u>(남녀고용평등과 일 · 가정 양립 지원에 관한 법률 제19조 제3항).

✔ 사업주는 육아기 근로시간 단축을 하고 있는 근로자의 명시적 청구가 있으면 단축된 근로시간 외에 주 12시간 이내에서 연장근로를 시킬 수 있다.

> 남녀고용평등과 일 · 가정 양립 지원에 관한 법률 제19조의3 제3항

19 직업안정법상 근로자공급사업에 관한 설명으로 옳지 않은 것은?

① 국내에서 용역업을 하고 있는 자는 근로자공급사업의 허가를 받을 수 있다.

> 근로자공급사업은 공급대상이 되는 근로자가 취업하려는 장소를 기준으로 국내 근로자공급사업과 국외 근로자공급사업으로 구분하며, 국외 근로자공급사업의 경우는 국내에서 제조업 · 건설업 · 용역업, 그 밖의 서비스업을 하고 있는 자의 경우 사업의 허가를 받을 수 있다(직업안정법 제33조 제3항 제2호). ⚖️

② 근로자공급사업에는 파견근로자보호 등에 관한 법률에 따른 근로자파견사업은 제외한다.

> 직업안정법 제2조의2 제7호

③ 고용노동부장관의 허가를 받지 아니하고는 근로자공급사업을 하지 못한다.

> 직업안정법 제33조 제1항

④ 근로자공급사업 연장허가의 유효기간은 연장 전 허가의 유효기간이 끝나는 날부터 3년으로 한다. 직업안정법 제33조 제2항

⑤ 연예인을 대상으로 하는 국외 근로자공급사업의 허가를 받을 수 있는 자는 민법상 비영리법인으로 한다. 직업안정법 제33조 제3항 제2호

⚖️
법령

> **직업안정법 제33조(근로자공급사업)**
> ③ 근로자공급사업은 공급대상이 되는 근로자가 취업하려는 장소를 기준으로 국내 근로자공급사업과 국외 근로자공급사업으로 구분하며, 각각의 사업의 허가를 받을 수 있는 자의 범위는 다음 각 호와 같다.
> 1. 국내 근로자공급사업의 경우는 노동조합 및 노동관계조정법에 따른 노동조합
> 2. 국외 근로자공급사업의 경우는 국내에서 제조업 · 건설업 · 용역업, 그 밖의 서비스업을 하고 있는 자. 다만, 연예인을 대상으로 하는 국외 근로자공급사업의 허가를 받을 수 있는 자는 민법 제32조에 따른 비영리법인으로 한다.

20 파견근로자보호 등에 관한 법률상 파견 중인 근로자의 파견근로에 관하여 사용사업주를 근로기준법 제2조의 사용자로 보는 근로기준법상 규정은?

① 근로조건의 명시(제17조)   ② 해고 등의 제한(제23조)
③ 계약 서류의 보존(제42조)   ④ 연장 근로의 제한(제53조)
⑤ 연소자 증명서(제66조)

> 파견 중인 근로자의 파견근로에 관하여는 파견사업주 및 사용사업주를 근로기준법 제2조 제1항 제2호의 사용자로 보아 같은 법을 적용한다. 다만, 근로기준법 제15조부터 제36조까지, 제39조, 제41조부터 제43조까지, 제43조의2, 제43조의3, 제44조, 제44조의2, 제44조의3, 제45조부터 제48조까지, 제56조, 제60조, 제64조, 제66조부터 제68조까지 및 제78조부터 제92조까지의 규정을 적용할 때에는 파견사업주를 사용자로 보고, 같은 법 제50조부터 제55조까지, 제58조, 제59조, 제62조, 제63조, 제69조부터 제74조까지, 제74조의2 및 제75조를 적용할 때에는 사용사업주를 사용자로 본다(파견근로자 보호 등에 관한 법률 제34조 제1항).

21 기간제 및 단시간근로자 보호 등에 관한 법률상 단시간근로자에 관한 설명으로 옳지 않은 것은?

① "단시간근로자"란 1주 동안의 소정근로시간이 그 사업장에서 같은 종류의 업무에 종사하는 통상 근로자의 1주 동안의 소정근로시간에 비하여 짧은 근로자를 말한다.

기간제 및 단시간근로자 보호 등에 관한 법률 제2조 제2호

❷ 사용자는 통상근로자를 채용하고자 하는 경우에는 당해 사업 또는 사업장의 동종 또는 유사한 업무에 종사하는 단시간근로자를 우선적으로 고용하여야 한다.

사용자는 통상근로자를 채용하고자 하는 경우에는 당해 사업 또는 사업장의 동종 또는 유사한 업무에 종사하는 단시간근로자를 우선적으로 고용하도록 노력하여야 한다(기간제 및 단시간근로자 보호 등에 관한 법률 제7조 제1항).

③ 사용자는 단시간근로자에 대하여 근로기준법상 소정근로시간을 초과하여 근로하게 하는 경우에는 당해 근로자의 동의를 얻어야 한다.

기간제 및 단시간근로자 보호 등에 관한 법률 제6조 제1항

④ 사용자는 학업을 이유로 근로자가 단시간근로를 신청하는 때에는 당해 근로자를 단시간근로자로 전환하도록 노력하여야 한다. 기간제 및 단시간근로자 보호 등에 관한 법률 제7조 제2항

⑤ 사용자는 단시간근로자임을 이유로 당해 사업 또는 사업장의 동종 또는 유사한 업무에 종사하는 통상근로자에 비하여 차별적 처우를 하여서는 아니 된다.

기간제 및 단시간근로자 보호 등에 관한 법률 제8조 제2항

22 최저임금법에 관한 내용으로 옳지 않은 것은?

① 최저임금법은 선원법의 적용을 받는 선원과 선원을 사용하는 선박의 소유자에게는 적용하지 아니한다. 최저임금법 제3조 제2항

② 최저임금액은 시간·일·주 또는 월을 단위로 정하되, 일·주 또는 월을 단위로 하여 최저임금액을 정할 때에는 시간급으로도 표시하여야 한다. 최저임금법 제5조 제1항

③ 사용자는 최저임금법에 따른 최저임금을 이유로 종전의 임금수준을 낮추어서는 아니 된다.

최저임금법 제6조 제2항

❹ 최저임금에 관한 중요 사항을 심의하기 위하여 대통령 직속의 최저임금위원회를 둔다.

최저임금에 관한 심의와 그 밖에 최저임금에 관한 중요 사항을 심의하기 위하여 고용노동부에 최저임금위원회를 둔다(최저임금법 제12조).

⑤ 고용노동부장관은 근로자의 생계비와 임금실태 등을 매년 조사하여야 한다.

최저임금법 제23조

23 근로자퇴직급여 보장법령상 퇴직금의 중간정산 사유에 해당하지 않는 것은? `기출 수정`

① 무주택자인 근로자가 본인 명의로 주택을 구입하는 경우

② 사용자가 기존의 정년을 보장하는 조건으로 단체협약 및 취업규칙을 통하여 일정 나이를 기준으로 임금을 줄이는 제도를 시행하는 경우

③ 퇴직금 중간정산을 신청하는 날부터 역산하여 5년 이내에 근로자가 채무자 회생 및 파산에 관한 법률에 따라 파산선고를 받은 경우

④ 퇴직금 중간정산을 신청하는 날부터 역산하여 5년 이내에 근로자가 채무자 회생 및 파산에 관한 법률에 따라 개인회생절차개시 결정을 받은 경우

✔ 사용자가 근로자와의 합의에 따라 연장근로시간을 1일 1시간 또는 1주 5시간 이상 단축한 경우

> 사용자가 근로자와의 합의에 따라 소정근로시간을 1일 1시간 또는 1주 5시간 이상 단축하여 그 단축된 소정근로시간에 따라 근로자가 3개월 이상 계속 근로하기로 한 경우(근로자퇴직급여 보장법 시행령 제3조 제1항 제6호의2) ⚖

⚖
법령

근로자퇴직급여 보장법 시행령 제3조(퇴직금의 중간정산 사유)
① 법 제8조 제2항 전단에서 "주택구입 등 대통령령으로 정하는 사유"란 다음 각 호의 경우를 말한다.
  1. 무주택자인 근로자가 본인 명의로 주택을 구입하는 경우
  2. 무주택자인 근로자가 주거를 목적으로 민법 제303조에 따른 전세금 또는 주택임대차보호법 제3조의2에 따른 보증금을 부담하는 경우. 이 경우 근로자가 하나의 사업에 근로하는 동안 1회로 한정한다.
  3. 근로자가 6개월 이상 요양을 필요로 하는 다음 각 목의 어느 하나에 해당하는 사람의 질병이나 부상에 대한 의료비를 해당 근로자가 본인 연간 임금총액의 1천분의 125를 초과하여 부담하는 경우
    가. 근로자 본인
    나. 근로자의 배우자
    다. 근로자 또는 그 배우자의 부양가족
  4. 퇴직금 중간정산을 신청하는 날부터 거꾸로 계산하여 5년 이내에 근로자가 채무자 회생 및 파산에 관한 법률에 따라 파산선고를 받은 경우
  5. 퇴직금 중간정산을 신청하는 날부터 거꾸로 계산하여 5년 이내에 근로자가 채무자 회생 및 파산에 관한 법률에 따라 개인회생절차개시 결정을 받은 경우
  6. 사용자가 기존의 정년을 연장하거나 보장하는 조건으로 단체협약 및 취업규칙 등을 통하여 일정나이, 근속시점 또는 임금액을 기준으로 임금을 줄이는 제도를 시행하는 경우
  6의2. 사용자가 근로자와의 합의에 따라 소정근로시간을 1일 1시간 또는 1주 5시간 이상 단축하여 그 단축된 소정근로시간에 따라 근로자가 3개월 이상 계속 근로하기로 한 경우
  6의3. 법률 제15513호 근로기준법 일부개정법률의 시행에 따른 근로시간의 단축으로 근로자의 퇴직금이 감소되는 경우
  7. 재난으로 피해를 입은 경우로서 고용노동부장관이 정하여 고시하는 사유에 해당하는 경우

24 임금채권보장법상 10년 이하의 징역 또는 1억원 이하의 벌금에 처하는 것은?

☑ 임금채권보장 업무에 종사하였던 자로서 업무 수행과 관련하여 알게 된 사업주 또는 근로자 등의 정보를 누설한 자

> 제23조의2(개인정보의 보호) 제6항을 위반한 자는 10년 이하의 징역 또는 1억원 이하의 벌금에 처한다(임금채권보장법 제27조의2).

② 거짓으로 대지급금을 받은 자

③ 거짓으로 다른 사람으로 하여금 대지급금을 받게 한 자

④ 정당한 사유 없이 재산목록의 제출을 거부한 자

⑤ 정당한 사유 없이 거짓의 재산목록을 제출한 자

⚖ 법령

> **임금채권보장법 제28조(벌칙)**
> ① 다음 각 호의 어느 하나에 해당하는 자는 <u>3년 이하의 징역 또는 3천만원 이하의 벌금</u>에 처한다.
>   1. 거짓이나 그 밖의 부정한 방법으로 제7조에 따른 <u>대지급금</u> 또는 제7조의2에 따른 융자를 <u>받은 자</u>
>   2. 거짓이나 그 밖의 부정한 방법으로 다른 사람으로 하여금 제7조에 따른 <u>대지급금</u> 또는 제7조의2에 따른 융자를 <u>받게 한 자</u>
>   3. 정당한 사유 없이 제13조에 따른 <u>재산목록의 제출을 거부하거나 거짓의 재산목록을 제출한 자</u>
> ② 다음 각 호의 어느 하나에 해당하는 자는 <u>2년 이하의 징역 또는 2천만원 이하의 벌금</u>에 처한다.
>   1. 부당하게 제7조에 따른 대지급금 또는 제7조의2에 따른 융자를 받기 위하여 <u>거짓의 보고·증명 또는 서류제출을 한 자</u>
>   2. <u>다른 사람으로 하여금</u> 부당하게 제7조에 따른 대지급금 또는 제7조의2에 따른 융자를 받게 하기 위하여 <u>거짓의 보고·증명 또는 서류제출을 한 자</u>

25 외국인근로자의 고용 등에 관한 법률의 내용으로 옳은 것은?

① 외국인근로자의 고용관리 및 보호에 관한 주요 사항을 심의·의결하기 위하여 고용노동부장관 소속으로 외국인력정책위원회를 둔다.

> 외국인근로자의 고용관리 및 보호에 관한 주요 사항을 심의·의결하기 위하여 <u>국무총리 소속으로</u> 외국인력정책위원회를 둔다(외국인근로자의 고용 등에 관한 법률 제4조 제1항).

② 고용노동부장관은 외국인근로자 도입계획을 외국인력정책위원회의 심의·의결을 거쳐 매년 1월 31일까지 공표하여야 한다.

> 고용노동부장관은 제4조 제2항 각 호의 사항이 포함된 외국인근로자 도입계획을 정책위원회의 심의·의결을 거쳐 수립하여 <u>매년 3월 31일까지 대통령령으로 정하는 방법으로</u> 공표하여야 한다(외국인근로자의 고용 등에 관한 법률 제5조 제1항).

☑ 외국인근로자를 고용하려는 자는 직업안정법에 따른 직업안정기관에 우선 내국인 구인 신청을 하여야 한다. 　외국인근로자의 고용 등에 관한 법률 제6조 제1항

④ 사용자가 외국인근로자를 고용하려면 출입국관리법으로 정하는 표준근로계약서를 사용하여 근로계약을 체결하여야 한다.

> 사용자가 제8조 제4항에 따라 선정한 외국인근로자를 고용하려면 고용노동부령으로 정하는 표준근로계약서를 사용하여 근로계약을 체결하여야 한다(외국인근로자의 고용 등에 관한 법률 제9조 제1항).

⑤ 직업안정기관의 장은 고용허가를 받지 아니하고 외국인근로자를 고용한 사용자에 대하여 5년간 외국인근로자의 고용을 제한할 수 있다.

> 고용허가를 받지 아니하고 외국인근로자를 고용한 사용자에 대하여 3년간 외국인근로자의 고용을 제한할 수 있다(외국인근로자의 고용 등에 관한 법률 제20조 제1항). ⚖️

⚖️ 법령

외국인근로자의 고용 등에 관한 법률 제20조(외국인근로자 고용의 제한)
① 직업안정기관의 장은 다음 각 호의 어느 하나에 해당하는 사용자에 대하여 그 사실이 발생한 날부터 3년간 외국인근로자의 고용을 제한할 수 있다.
　1. 제8조 제4항에 따른 고용허가 또는 제12조 제3항에 따른 특례고용가능확인을 받지 아니하고 외국인근로자를 고용한 자
　2. 제19조 제1항에 따라 외국인근로자의 고용허가나 특례고용가능확인이 취소된 자
　3. 이 법 또는 출입국관리법을 위반하여 처벌을 받은 자
　3의2. 외국인근로자의 사망으로 산업안전보건법 제167조 제1항에 따른 처벌을 받은 자
　4. 그 밖에 대통령령으로 정하는 사유에 해당하는 자

PART

02

코인노무사 1차 시험 7개년 기출문제집

노동법 II

[정답 및 해설]

01	02	03	04	05	06	07	08	09	10	11	12	13	14	15	16	17	18	19	20
①	③	②,④	①	③	④	③	⑤	①	②	⑤	②	①	⑤	④	③	②	⑤	④	①
21	22	23	24	25	26	27	28	29	30	31	32	33	34	35	36	37	38	39	40
②	⑤	④	⑤	③	④	②	⑤	③	②	⑤	⑤	①	③	②	①	④	②	⑤	①

01 노동조합 및 노동관계조정법의 연혁에 관한 설명으로 옳지 않은 것은?

① 1953년 제정된 노동조합법에는 복수노조 금지조항이 있었다.

> 1953년에 노동조합법이 처음 제정될 당시에는 복수노조설립금지에 관한 규정이 존재하지 않았다. 그러나 5·16 군사정변 이후인 1963년에 노동관계법을 전면 개정하며 복수노조금지조항이 신설되었다.

② 1953년 제정된 노동쟁의조정법에는 쟁의행위 민사면책조항이 있었다.

> 1953년 노동쟁의조정법은 사용자는 쟁의기간중 쟁의에 관계없는 자를 채용할 수 없도록 하고, 쟁의행위에 의하여 손해를 받았을 경우에 노동조합이나 근로자에 대하여 배상을 청구할 수 없도록 하는 쟁의행위 민사면책조항을 두고 있었다.

③ 1963년 개정된 노동조합법에는 노동조합의 정치활동 금지 규정이 신설되었다.

> 1963년 노동조합법은 노동조합은 공직선거에 있어서 특정정당을 지지하거나 특정인을 당선시키기 위한 행위를 할 수 없다(1963년 노동조합법 제12조 제1항)고 규정하여 노동조합의 정치활동 금지 규정을 두고 있었다.

④ 1997년에는 노동조합 및 노동관계조정법이 제정되었다.

> 노동조합 및 노동관계조정법은 1997년 3월 13일 헌법에 의한 근로자의 단결권·단체교섭권 및 단체행동권을 보장하고 노동관계를 공정하게 조정하여 노동쟁의를 예방·해결함으로써 산업평화의 유지와 국민경제의 발전을 도모하는 것을 목적으로 제정되었다.

⑤ 2010년 개정된 노동조합 및 노동관계조정법에는 교섭창구단일화의 절차와 방법에 관한 규정이 신설되었다.

> 2010년 개정된 노동조합 및 노동관계조정법에서 교섭창구단일화의 절차와 방법(노동조합 및 노동관계조정법 제29조의2)에 관한 규정이 신설되었다.

02 헌법상 노동3권에 관한 설명으로 옳지 않은 것은?(다툼이 있으면 판례에 따름)

1 2 3

① 노동3권은 근로조건의 향상을 위한다는 생존권의 존재목적에 비추어 볼 때 노동3권 가운데에서도 단체교섭권이 가장 중핵적 권리이다.

> 본래 헌법 제33조 제1항에 의하여 선명된 이른바 노동3권은 사용자와 근로자간의 실질적인 대등성을 단체적 노사관계의 확립을 통하여 가능하도록 하기 위하여 시민법상의 자유주의적 법원칙을 수정하는 신시대적 시책으로서 등장된 생존권적 기본권들이므로 이 노동3권은 다같이 존중 보호되어야 하고 그 사이에 비중의 차등을 둘 수 없는 권리들임에는 틀림없지만 근로조건의 향상을 위한다는 생존권의 존재목적에 비추어 볼 때 위 노동3권 가운데에서도 단체교섭권이 가장 중핵적 권리임은 부정할 수 없다(대판 1990.5.15., 90도357).

② 노동3권의 사회권적 성격은 입법조치를 통하여 근로자의 헌법적 권리를 보장할 국가의 의무에 있다.

> 근로3권의 사회권적 성격은 입법조치를 통하여 근로자의 헌법적 권리를 보장할 국가의 의무에 있다. 이는 곧, 입법자가 근로자단체의 조직, 단체교섭, 단체협약, 노동쟁의 등에 관한 노동조합관련법의 제정을 통하여 노사간의 세력균형이 이루어지고 근로자의 근로3권이 실질적으로 기능할 수 있도록 하기 위하여 필요한 법적 제도와 법규범을 마련하여야 할 의무가 있다는 것을 의미한다(헌재 1998.2.27., 94헌바13).

③ 근로자의 단결하지 않을 자유, 즉 소극적 단결권은 개인의 자기결정의 이념에 따라 적극적 단결권과 동등하게 보장되어야 한다는 것이 헌법재판소의 입장이다.

> 근로자의 단결하지 아니할 자유와 노동조합의 적극적 단결권(조직강제권)이 충돌하게 되나, 근로자에게 보장되는 적극적 단결권이 단결하지 아니할 자유보다 특별한 의미를 갖고 있고, 노동조합의 조직강제권도 이른바 자유권을 수정하는 의미의 생존권(사회권)적 성격을 함께 가지는 만큼 근로자 개인의 자유권에 비하여 보다 특별한 가치로 보장되는 점 등을 고려하면, 노동조합의 적극적 단결권은 근로자 개인의 단결하지 않을 자유보다 중시된다고 할 것이다. 헌법 제33조 제1항은 "근로자는 근로조건의 향상을 위하여 자주적인 단결권·단체교섭권 및 단체행동권을 가진다."고 규정하고 있다. 여기서 헌법상 보장된 근로자의 단결권은 단결할 자유만을 가리킬 뿐이고, 단결하지 아니할 자유 이른바 소극적 단결권은 이에 포함되지 않는다고 보는 것이 헌법재판소의 선례라고 할 것이다(헌재 2005.11.24., 2002헌바 95).

④ 법률이 정하는 주요방위산업체에 종사하는 근로자의 단체행동권은 법률이 정하는 바에 의하여 이를 제한하거나 인정하지 아니할 수 있다.

> 헌법 제33조 제3항

⑤ 단체협약에서 다른 노동조합의 단체교섭권을 사전에 배제하는 이른바 유일교섭단체조항은 단체교섭권의 본질적 내용을 침해할 우려가 있다.

> 사용자와 직접 단체협약을 체결해 온 원고만이 단체교섭을 할 수 있는 유일한 노동단체이고, 다른 어떠한 노동단체도 인정하지 않는다는 내용임이 명백하므로, 이는 근로자의 노동조합 결성 및 가입의 자유와 단체교섭권을 침해하여 노동조합법 제5조, 제29조 제1항에 위배되고, 이와 달리 위 조항의 취지가 단순히 원고가 원고 소속 조합원을 대표하는 단체임을 의미하는 것에 불과하다고 보기는 어렵다(대판 2016.4.15., 2013두11789).

03 노동조합 및 노동관계조정법령상 노동조합에 관한 설명으로 옳지 않은 것은?

① 사업 또는 사업장에 종사하는 근로자(이하 "종사근로자"라 한다)인 조합원이 해고되어 노동위원회에 부당노동행위의 구제신청을 한 경우에는 중앙노동위원회의 재심판정이 있을 때까지 종사근로자로 본다.

> 사업 또는 사업장에 종사하는 근로자(이하 "종사근로자"라 한다)가 아닌 노동조합의 조합원은 사용자의 효율적인 사업 운영에 지장을 주지 아니하는 범위에서 사업 또는 사업장 내에서 노동조합 활동을 할 수 있다. 종사근로자인 조합원이 해고되어 노동위원회에 부당노동행위의 구제신청을 한 경우에는 중앙노동위원회의 재심판정이 있을 때까지는 종사근로자로 본다(노동조합 및 노동관계조정법 제5조 제2항 및 제3항).

② 동일한 등기소의 관할구역안에서 주된 사무소를 이전한 경우에는 그 이전한 날부터 3주 이내에 변경등기를 해야 한다.

> 동일한 등기소의 관할구역안에서 주된 사무소를 이전한 경우에는 그 이전한 날부터 3주 이내에 이전등기를 해야 한다(노동조합 및 노동관계조정법 시행령 제5조 제2항).

③ 노동조합에 대하여는 그 사업체를 제외하고는 세법이 정하는 바에 따라 조세를 부과하지 아니한다.

> 노동조합 및 노동관계조정법 제8조

④ 노동조합의 대표자는 명칭이 변경된 경우에는 그 변경이 있는 날부터 3주 이내에 변경등기를 해야 한다.

> 노동조합을 설립하고자 하는 자는 신고서에 제11조의 규정에 의한 규약을 첨부하여 연합단체인 노동조합과 2 이상의 특별시·광역시·특별자치시·도·특별자치도에 걸치는 단위노동조합은 고용노동부장관에게, 2 이상의 시·군·구(자치구를 말한다)에 걸치는 단위노동조합은 특별시장·광역시장·도지사에게, 그 외의 노동조합은 특별자치시장·특별자치도지사·시장·군수·구청장(자치구의 구청장을 말한다. 이하 제12조 제1항에서 같다)에게 제출해야 한다(노동조합 및 노동관계조정법 제10조 제1호). 노동조합은 그 조직의 자주적·민주적 운영을 보장하기 위하여 당해 노동조합의 규약에 명칭을 기재하여야 한다(동법 제11조 제1호). 노동조합은 동법 제10조 제1항의 규정에 의하여 설립신고된 사항중 변경이 있는 때에는 그 날부터 30일 이내에 행정관청에게 변경신고를 하여야 한다(동법 제13조 제1호). ⚖

⑤ 노동조합 및 노동관계조정법에 의하여 설립된 노동조합이 아니면 노동조합이라는 명칭을 사용할 수 없다.

> 노동조합 및 노동관계조정법 제7조 제3항

※ 해당 문제 ④는 '노동조합은 설립신고서가 접수된 때에 설립된 것으로 간주되며 노동조합의 법인등기가 강제되지 아니한다'는 점과 '법인등기를 전제로 하지 아니할 경우 노동조합은 설립신고서에 기재한 명칭의 변경이 있는 경우에는 그 날부터 30일 이내에 행정관청에게 변경신고를 하여야 한다(노동조합 및 노동관계조정법 제13조 제1항)'는 점 등을 고려하면, 법인등기를 전제로 출제한 것임을 명시하지 않은 ④를 틀린 지문으로 이해할 여지가 있는바, 본 문제의 최종 정답을 '②, ④'로 변경한 것으로 보인다.

⚖️
법령

노동조합 및 노동관계조정법 제10조(설립의 신고)

① 노동조합을 설립하고자 하는 자는 다음 각호의 사항을 기재한 신고서에 제11조의 규정에 의한 규약을 첨부하여 연합단체인 노동조합과 2 이상의 특별시·광역시·특별자치시·도·특별자치도에 걸치는 단위노동조합은 고용노동부장관에게, 2 이상의 시·군·구(자치구를 말한다)에 걸치는 단위노동조합은 특별시장·광역시장·도지사에게, 그 외의 노동조합은 특별자치시장·특별자치도지사·시장·군수·구청장(자치구의 구청장을 말한다. 이하 제12조 제1항에서 같다)에게 제출하여야 한다.
 1. 명칭
 2. 주된 사무소의 소재지
 3. 조합원수
 4. 임원의 성명과 주소
 5. 소속된 연합단체가 있는 경우에는 그 명칭
 6. 연합단체인 노동조합에 있어서는 그 구성노동단체의 명칭, 조합원수, 주된 사무소의 소재지 및 임원의 성명·주소

노동조합 및 노동관계조정법 제13조(변경사항의 신고 등)

① 노동조합은 제10조 제1항의 규정에 의하여 설립신고된 사항중 다음 각호의 1에 해당하는 사항에 변경이 있는 때에는 그 날부터 30일 이내에 행정관청에게 변경신고를 하여야 한다.
 1. 명칭
 2. 주된 사무소의 소재지
 3. 대표자의 성명
 4. 소속된 연합단체의 명칭

---

04 노동조합 및 노동관계조정법상 노동조합의 설립에 관한 설명으로 옳지 않은 것은?

1
2
3

✔️ 노동조합의 설립신고서에는 목적과 사업을 기재해야 한다.

> 노동조합의 설립신고서에는 명칭, 주된 사무소의 소재지, 조합원수, 임원의 성명과 주소, 소속된 연합단체가 있는 경우에는 그 명칭, 연합단체인 노동조합에 있어서는 그 구성노동단체의 명칭, 조합원수, 주된 사무소의 소재지 및 임원의 성명·주소 등을 기재하여야 한다(노동조합 및 노동관계조정법 제10조 제1항). 하지만 목적과 사업은 노동조합의 규약에 기재하여야 한다(동법 제11조 제2호).

② 노동조합은 매년 1월 31일까지 전년도 12월 31일 현재의 조합원수를 행정관청에 통보하여야 한다.

> 노동조합 및 노동관계조정법 제13조 제2항 제3호

③ 노동조합이 신고증을 교부받은 경우에는 설립신고서가 접수된 때에 설립된 것으로 본다.

> 노동조합 및 노동관계조정법 제12조 제4항

④ 행정관청은 설립신고서 또는 규약이 기재사항의 누락 등으로 보완이 필요한 경우에는 대통령령이 정하는 바에 따라 20일 이내의 기간을 정하여 보완을 요구하여야 한다.

> 행정관청은 설립신고서 또는 규약이 기재사항의 누락 등으로 보완이 필요한 경우에는 대통령령이 정하는 바에 따라 20일 이내의 기간을 정하여 보완을 요구하여야 한다. 이 경우 보완된 설립신고서 또는 규약을 접수한 때에는 3일 이내에 신고증을 교부하여야 한다(노동조합 및 노동관계조정법 제12조 제2항).

⑤ 행정관청은 설립하고자 하는 노동조합이 근로자가 아닌 자의 가입을 허용하는 경우 설립신고서를 반려하여야 한다.

> 행정관청은 설립하고자 하는 노동조합이 근로자가 아닌 자의 가입을 허용하는 경우에는 설립신고서를 반려하여야 한다(노동조합 및 노동관계조정법 제12조 제3항). "노동조합"이라 함은 근로자가 주체가 되어 자주적으로 단결하여 근로조건의 유지·개선 기타 근로자의 경제적·사회적 지위의 향상을 도모함을 목적으로 조직하는 단체 또는 그 연합단체를 말한다. 다만, 근로자가 아닌 자의 가입을 허용하는 경우 노동조합으로 보지 아니한다(동법 제2조 제4호).

05 노동조합 및 노동관계조정법상 노동조합의 관리에 관한 설명으로 옳은 것은?

① 노동조합은 조합원 명부를 3년간 보존하여야 한다.

> 노동조합은 조합설립일부터 30일 이내에 서류(조합원 명부, 규약, 임원의 성명·주소록, 회의록, 재정에 관한 장부와 서류)를 작성하여 그 주된 사무소에 비치하여야 한다. 회의록과 재정에 관한 장부와 서류는 3년간 보존하여야 한다(노동조합 및 노동관계조정법 제14조 제1항 및 제2항).

② 예산·결산에 관한 사항은 총회에서 재적조합원 과반수의 출석과 출석조합원 3분의 2 이상의 찬성으로 의결한다.

> 총회는 재적조합원 과반수의 출석과 출석조합원 과반수의 찬성으로 의결한다. 다만, 규약의 제정·변경, 임원의 해임, 합병·분할·해산 및 조직형태의 변경에 관한 사항은 재적조합원 과반수의 출석과 출석조합원 3분의 2 이상의 찬성이 있어야 한다(노동조합 및 노동관계조정법 제16조 제1항 제4호 및 제2항).

☑ 하나의 사업 또는 사업장을 대상으로 조직된 노동조합의 대의원은 그 사업 또는 사업장에 종사하는 조합원 중에서 선출하여야 한다.

> 노동조합 및 노동관계조정법 제17조 제3항

④ 노동조합의 대표자는 대의원의 3분의 1 이상이 회의에 부의할 사항을 제시하고 회의의 소집을 요구한 때에는 15일 이내에 임시대의원회를 소집하여야 한다.

> 노동조합의 대표자는 조합원 또는 대의원의 3분의 1 이상(연합단체인 노동조합에 있어서는 그 구성단체의 3분의 1 이상)이 회의에 부의할 사항을 제시하고 회의의 소집을 요구한 때에는 지체없이 임시총회 또는 임시대의원회를 소집하여야 한다(노동조합 및 노동관계조정법 제18조 제2항).

⑤ 행정관청은 노동조합에 총회의 소집권자가 없는 경우에 조합원의 3분의 1 이상이 회의에 부의할 사항을 제시하고 소집권자의 지명을 요구한 때에는 지체없이 회의의 소집권자를 지명하여야 한다.

> 행정관청은 노동조합에 총회 또는 대의원회의 소집권자가 없는 경우에 조합원 또는 대의원의 3분의 1 이상이 회의에 부의할 사항을 제시하고 소집권자의 지명을 요구한 때에는 15일 이내에 회의의 소집권자를 지명하여야 한다(노동조합 및 노동관계조정법 제18조 제4항).

06 노동조합 및 노동관계조정법령상 근로시간면제심의위원회에 관한 설명으로 옳은 것은?

① 근로시간면제심의위원회는 근로시간 면제 한도를 심의·의결하고, 3년마다 그 적정성 여부를 재심의하여 의결해야 한다.

> 근로시간면제심의위원회는 근로시간 면제 한도를 심의·의결하고, 3년마다 그 적정성 여부를 재심의하여 의결할 수 있다(노동조합 및 노동관계조정법 제24조의2 제2항).

② 근로시간면제심의위원회 위원장은 근로시간면제심의위원회가 의결한 사항을 고용노동부장관에게 즉시 통보하여야 한다.

> 경제사회노동위원회 위원장은 근로시간면제심의위원회가 의결한 사항을 고용노동부장관에게 즉시 통보하여야 한다(노동조합 및 노동관계조정법 제24조의2 제3항).

③ 근로시간면제심의위원회 위원의 임기는 3년으로 한다.

> 근로시간면제심의위원회 위원의 임기는 2년으로 한다(노동조합 및 노동관계조정법 시행령 제11조의5 제1항).

✔ **근로시간면제심의위원회의 위원은 임기가 끝났더라도 후임자가 위촉될 때까지 계속하여 그 직무를 수행한다.**

> 노동조합 및 노동관계조정법 시행령 제11조의5 제3항

⑤ 근로시간면제심의위원회는 경제사회노동위원회 위원장으로부터 근로시간 면제 한도를 정하기 위한 심의 요청을 받은 때에는 그 심의 요청을 받은 날부터 90일 이내에 심의·의결해야 한다.

> 근로시간면제심의위원회는 경제사회노동위원회 위원장으로부터 근로시간 면제 한도를 정하기 위한 심의 요청을 받은 때에는 그 심의 요청을 받은 날부터 60일 이내에 심의·의결해야 한다(노동조합 및 노동관계조정법 시행령 제11조의6 제1항).

07 노동조합 및 노동관계조정법령상 노동조합의 관리에 관한 설명으로 옳지 않은 것은?

① 근로자는 사용자의 동의가 있는 경우에는 사용자로부터 급여를 지급받으면서 근로계약 소정의 근로를 제공하지 아니하고 노동조합의 업무에 종사할 수 있다.

> 근로자는 단체협약으로 정하거나 사용자의 동의가 있는 경우에는 사용자 또는 노동조합으로부터 급여를 지급받으면서 근로계약 소정의 근로를 제공하지 아니하고 노동조합의 업무에 종사할 수 있다(노동조합 및 노동관계조정법 제24조 제1항).

② 노동조합이 특정 조합원에 관한 사항을 의결할 경우에는 그 조합원은 표결권이 없다.

> 노동조합 및 노동관계조정법 제20조

✔ **노동조합의 대표자는 그 회계감사원으로 하여금 회계연도마다 당해 노동조합의 모든 재원 및 용도, 주요한 기부자의 성명, 현재의 경리 상황 등에 대한 회계감사를 실시하게 하고 그 내용과 감사결과를 전체 조합원에게 공개하여야 한다.**

> 노동조합의 대표자는 그 회계감사원으로 하여금 6월에 1회 이상 당해 노동조합의 모든 재원 및 용도, 주요한 기부자의 성명, 현재의 경리 상황 등에 대한 회계감사를 실시하게 하고 그 내용과 감사결과를 전체 조합원에게 공개하여야 한다(노동조합 및 노동관계조정법 제25조 제1항).

④ 노동조합의 대표자는 회계연도마다 결산결과와 운영상황을 공표하여야 하며 조합원의 요구가 있을 때에는 이를 열람하게 하여야 한다.

> 노동조합 및 노동관계조정법 제26조

⑤ 행정관청은 노동조합으로부터 결산결과 또는 운영상황의 보고를 받으려는 경우에는 그 사유와 그 밖에 필요한 사항을 적은 서면으로 10일 이전에 요구해야 한다.

> 노동조합은 행정관청이 요구하는 경우에는 결산결과와 운영상황을 보고하여야 한다(노동조합 및 노동관계조정법 제27조). 노동조합으로부터 결산결과 또는 운영상황의 보고를 받으려는 경우에는 그 사유와 그 밖에 필요한 사항을 적은 서면으로 10일 이전에 요구해야 한다(동법 시행령 제12조).

08 노동조합 및 노동관계조정법령상 노동조합의 해산에 관한 설명으로 옳지 않은 것은?

① 노동조합의 임원이 없고 계속하여 1년 이상 조합원으로부터 조합비를 징수한 사실이 없어서 행정관청이 노동위원회의 의결을 얻은 경우 노동조합은 해산한다.

> 노동조합의 임원이 없고 노동조합으로서의 활동을 1년 이상 하지 아니한 것으로 인정되는 경우로서 행정관청이 노동위원회의 의결을 얻은 경우에는 해산한다(노동조합 및 노동관계조정법 제28조 제1항 제4호). ⚖️²

② 합병 또는 분할로 소멸한 경우 노동조합은 해산한다.

> 노동조합 및 노동관계조정법 제28조 제1항 제2호 ⚖️²

③ 총회 또는 대의원회의 해산결의가 있는 경우 노동조합은 해산한다.

> 노동조합 및 노동관계조정법 제28조 제1항 제3호 ⚖️²

④ 규약에서 정한 해산사유가 발생하여 노동조합이 해산한 때에는 그 대표자는 해산한 날부터 15일 이내에 행정관청에게 이를 신고하여야 한다.

> 노동조합 및 노동관계조정법 제28조 제1항 제1호 및 제2항 ⚖️²

✔️ **노동조합의 해산사유가 있는 경우, 노동위원회가 의결을 할 때에는 해산사유 발생일 이후의 해당 노동조합의 활동을 고려하여야 한다.**

> 노동조합의 해산사유가 있는 경우에는 행정관청이 관할 노동위원회의 의결을 얻은 때에 해산된 것으로 본다. 노동위원회가 의결을 할 때에는 해산사유 발생일 이후의 해당 노동조합의 활동을 고려해서는 아니 된다(노동조합 및 노동관계조정법 시행령 제13조 제2항 및 제3항). ⚖️¹

⚖️¹
법령

> **노동조합 및 노동관계조정법 시행령 제13조(노동위원회의 해산의결 등)**
> ① 노동조합 및 노동관계조정법 제28조 제1항 제4호에서 "노동조합으로서의 활동을 1년 이상 하지 아니한 것으로 인정되는 경우"란 계속하여 1년 이상 조합원으로부터 조합비를 징수한 사실이 없거나 총회 또는 대의원회를 개최한 사실이 없는 경우를 말한다.
> ② 법 제28조 제1항 제4호에 따른 노동조합의 해산사유가 있는 경우에는 행정관청이 관할 노동위원회의 의결을 얻은 때에 해산된 것으로 본다.
> ③ 노동위원회는 제2항에 따른 의결을 할 때에는 법 제28조 제1항 제4호에 따른 해산사유 발생일 이후의 해당 노동조합의 활동을 고려해서는 아니 된다.

법령 **노동조합 및 노동관계조정법 제28조(해산사유)**

① 노동조합은 다음 각호의 1에 해당하는 경우에는 해산한다.
  1. 규약에서 정한 해산사유가 발생한 경우
  2. 합병 또는 분할로 소멸한 경우
  3. 총회 또는 대의원회의 해산결의가 있는 경우
  4. 노동조합의 임원이 없고 노동조합으로서의 활동을 1년 이상 하지 아니한 것으로 인정되는 경우로서 행정관청이 노동위원회의 의결을 얻은 경우
② 제1항 제1호 내지 제3호의 사유로 노동조합이 해산한 때에는 그 대표자는 해산한 날부터 15일 이내에 행정관청에게 이를 신고하여야 한다.

09 노동조합 및 노동관계조정법령상 교섭단위 결정 등에 관한 설명으로 옳지 않은 것은?

☑ ① 노동조합 또는 사용자는 사용자가 교섭요구 사실을 공고하기 전에는 노동위원회에 교섭단위를 분리하는 결정을 신청할 수 없다.

> 노동조합 또는 사용자는 교섭요구 사실을 공고하기 전에 노동위원회에 교섭단위를 분리하거나 분리된 교섭단위를 통합하는 결정을 신청할 수 있다(노동조합 및 노동관계조정법 시행령 제14조의11 제1항 제1호). ⚖

② 노동위원회는 법령에 따라 교섭단위 분리의 결정 신청을 받은 때에는 해당 사업 또는 사업장의 모든 노동조합과 사용자에게 그 내용을 통지하여야 한다.

> 법령에 따라 교섭단위 분리의 결정 신청을 받은 노동위원회는 해당 사업 또는 사업장의 모든 노동조합과 사용자에게 그 내용을 통지해야 하며, 그 노동조합과 사용자는 노동위원회가 지정하는 기간까지 의견을 제출할 수 있다(노동조합 및 노동관계조정법 시행령 제14조의11 제1항 및 제2항). ⚖

③ 하나의 사업 또는 사업장에서 현격한 근로조건의 차이, 고용형태, 교섭 관행 등을 고려하여 교섭단위를 분리할 필요가 있다고 인정되는 경우에 노동위원회는 노동관계 당사자의 양쪽 또는 어느 한쪽의 신청을 받아 교섭단위를 분리하는 결정을 할 수 있다.

> 하나의 사업 또는 사업장에서 현격한 근로조건의 차이, 고용형태, 교섭 관행 등을 고려하여 교섭단위를 분리하거나 분리된 교섭단위를 통합할 필요가 있다고 인정되는 경우에 노동위원회는 노동관계 당사자의 양쪽 또는 어느 한쪽의 신청을 받아 교섭단위를 분리하거나 분리된 교섭단위를 통합하는 결정을 할 수 있다(노동조합 및 노동관계조정법 제29조의3 제2항).

④ 교섭단위의 분리결정 신청은 사용자가 교섭요구 사실을 공고한 경우에는 교섭대표노동조합이 결정된 날 이후에 할 수 있다.

> 사용자가 교섭요구 사실을 공고한 경우에는 교섭대표노동조합이 결정된 날 이후에 노동위원회에 교섭단위를 분리하거나 분리된 교섭단위를 통합하는 결정을 신청할 수 있다(노동조합 및 노동관계조정법 시행령 제14조의11 제1항 제2호). ⚖

⑤ 교섭단위의 분리결정을 통지 받은 노동조합이 사용자와 교섭하려는 경우 자신이 속한 교섭단위에 단체협약이 있는 때에는 그 단체협약의 유효기간 만료일 이전 3개월이 되는 날부터 법령에 따라 필요한 사항을 적은 서면으로 교섭을 요구할 수 있다.

> 노동조합 및 노동관계조정법 시행령 제14조의11 제4항 ⚖

법령

노동조합 및 노동관계조정법 시행령 제14조의11(교섭단위 결정)

① 노동조합 또는 사용자는 법 제29조의3 제2항에 따라 교섭단위를 분리하거나 분리된 교섭단위를 통합하여 교섭하려는 경우에는 다음 각 호에 해당하는 기간에 노동위원회에 교섭단위를 분리하거나 분리된 교섭단위를 통합하는 결정을 신청할 수 있다.

   1. 제14조의3에 따라 사용자가 교섭요구 사실을 공고하기 전

   2. 제14조의3에 따라 사용자가 교섭요구 사실을 공고한 경우에는 법 제29조의2에 따른 교섭대표노동조합이 결정된 날 이후

② 제1항에 따른 신청을 받은 노동위원회는 해당 사업 또는 사업장의 모든 노동조합과 사용자에게 그 내용을 통지해야 하며, 그 노동조합과 사용자는 노동위원회가 지정하는 기간까지 의견을 제출할 수 있다.

③ 노동위원회는 제1항에 따른 신청을 받은 날부터 30일 이내에 교섭단위를 분리하거나 분리된 교섭단위를 통합하는 결정을 하고 해당 사업 또는 사업장의 모든 노동조합과 사용자에게 통지해야 한다.

④ 제3항에 따른 통지를 받은 노동조합이 사용자와 교섭하려는 경우 자신이 속한 교섭단위에 단체협약이 있는 때에는 그 단체협약의 유효기간 만료일 이전 3개월이 되는 날부터 제14조의2 제2항에 따라 필요한 사항을 적은 서면으로 교섭을 요구할 수 있다.

⑤ 제1항에 따른 신청에 대한 노동위원회의 결정이 있기 전에 제14조의2에 따른 교섭 요구가 있는 때에는 교섭단위를 분리하거나 분리된 교섭단위를 통합하는 결정이 있을 때까지 제14조의3에 따른 교섭요구 사실의 공고 등 교섭창구단일화절차의 진행은 정지된다.

⑥ 제1항부터 제5항까지에서 규정한 사항 외에 교섭단위를 분리하거나 분리된 교섭단위를 통합하는 결정 신청 및 그 신청에 대한 결정 등에 관하여 필요한 사항은 고용노동부령으로 정한다.

---

10 노동조합 및 노동관계조정법상 단체교섭 및 단체협약에 관한 설명으로 옳지 않은 것은?(다툼이 있으면 판례에 따름)

1
2
3

① 노동조합과 사용자 또는 사용자단체는 정당한 이유없이 교섭 또는 단체협약의 체결을 거부하거나 해태하여서는 아니 된다.

노동조합 및 노동관계조정법 제30조 제2항

✔ 단체협약의 유효기간이 만료되는 때를 전후하여 당사자 쌍방이 새로운 단체협약을 체결하고자 단체교섭을 계속하였음에도 불구하고 새로운 단체협약이 체결되지 아니한 경우에는 별도의 약정이 있더라도 종전의 단체협약은 그 효력만료일부터 3월까지 계속 효력을 갖는다.

단체협약의 유효기간이 만료되는 때를 전후하여 당사자 쌍방이 새로운 단체협약을 체결하고자 단체교섭을 계속하였음에도 불구하고 새로운 단체협약이 체결되지 아니한 경우에는 별도의 약정이 있는 경우를 제외하고는 종전의 단체협약은 그 효력만료일부터 3월까지 계속 효력을 갖는다. 다만, 단체협약에 그 유효기간이 경과한 후에도 새로운 단체협약이 체결되지 아니한 때에는 새로운 단체협약이 체결될 때까지 종전 단체협약의 효력을 존속시킨다는 취지의 별도의 약정이 있는 경우에는 그에 따르되, 당사자 일방은 해지하고자 하는 날의 6월 전까지 상대방에게 통고함으로써 종전의 단체협약을 해지할 수 있다(노동조합 및 노동관계조정법 제32조 제3항).

③ 단체협약의 일반적 구속력으로서 그 적용을 받게 되는 '동종의 근로자'라 함은 당해 단체협약의 규정에 의하여 그 협약의 적용이 예상되는 자를 가리키며, 단체협약의 규정에 의하여 조합원의 자격이 없는 자는 단체협약의 적용이 예상된다고 할 수 없어 단체협약의 적용을 받지 아니한다.

대판 2004.1.29., 2001다5142

④ 단체협약에 그 유효기간을 정하지 아니한 경우에 그 유효기간은 3년으로 한다.

> 단체협약에 그 유효기간을 정하지 아니한 경우 또는 3년을 초과하는 유효기간을 정한 경우에 그 <u>유효기간은 3년으로 한다</u>(노동조합 및 노동관계조정법 제32조 제2항).

⑤ 노동조합과 사용자 또는 사용자단체는 교섭 또는 단체협약의 체결에 관한 권한을 위임한 때에는 그 사실을 상대방에게 통보하여야 한다.

> 노동조합 및 노동관계조정법 제29조 제4항

11 노동조합 및 노동관계조정법상 부당노동행위에 관한 설명으로 옳은 것은 모두 몇 개인가?

- 사용자의 부당노동행위로 인하여 그 권리를 침해당한 근로자 또는 노동조합은 노동위원회에 그 구제를 신청할 수 있다.
- 노동위원회는 부당노동행위 구제신청을 받은 때에는 지체없이 필요한 조사와 관계 당사자의 심문을 하여야 한다.
- 근로자가 노동조합의 업무를 위한 정당한 행위를 한 것을 이유로 그 근로자에게 불이익을 주는 사용자의 행위는 부당노동행위에 해당한다.
- 부당노동행위 구제의 신청은 부당노동행위가 있은 날(계속하는 행위는 그 종료일)부터 3월 이내에 이를 행하여야 한다.

① 0개   ② 1개

③ 2개   ④ 3개

☑ 4개

> (○) 노동조합 및 노동관계조정법 제82조 제1항 ⚖
> (○) 노동조합 및 노동관계조정법 제83조 제1항 ⚖
> (○) 사용자는 근로자가 노동조합에 가입 또는 가입하려고 하였거나 노동조합을 조직하려고 하였거나 기타 <u>노동조합의 업무를 위한 정당한 행위를 한 것을 이유로 그 근로자를 해고하거나 그 근로자에게 불이익을 주는 행위는 부당노동행위에 해당하며 그 행위를 할 수 없다</u>(노동조합 및 노동관계조정법 제81조 제1항 제1호). ⚖
> (○) 노동조합 및 노동관계조정법 제82조 제2항 ⚖

⚖
법령

노동조합 및 노동관계조정법 제81조(부당노동행위)
① 사용자는 다음 각 호의 어느 하나에 해당하는 <u>행위(이하 "不當勞動行爲"라 한다)를 할 수 없다.</u>
1. 근로자가 노동조합에 가입 또는 가입하려고 하였거나 노동조합을 조직하려고 하였거나 기타 <u>노동조합의 업무를 위한 정당한 행위를 한 것을 이유로 그 근로자를 해고하거나 그 근로자에게 불이익을 주는 행위</u>
2. 근로자가 어느 노동조합에 가입하지 아니할 것 또는 탈퇴할 것을 고용조건으로 하거나 특정한 노동조합의 조합원이 될 것을 고용조건으로 하는 행위. 다만, 노동조합이 당해 사업장에 종사하는 근로자의 3분의 2 이상을 대표하고 있을 때에는 근로자가 그 노동조합의 조합원이 될 것을 고용조건으로 하는 단체협약의 체결은 예외로 하며, 이 경우 사용자는 근로자가 그 노동조합에서 제명된 것 또는 그 노동조합을 탈퇴하여 새로 노동조합을 조직하거나 다른 노동조합에 가입한 것을 이유로 근로자에게 신분상 불이익한 행위를 할 수 없다.

> **노동조합 및 노동관계조정법 제82조(구제신청)**
> ① 사용자의 부당노동행위로 인하여 그 권리를 침해당한 근로자 또는 노동조합은 노동위원회에 그 구제를 신청할 수 있다.
> ② 제1항의 규정에 의한 구제의 신청은 부당노동행위가 있은 날(계속하는 행위는 그 終了日)부터 3월 이내에 이를 행하여야 한다.
>
> **노동조합 및 노동관계조정법 제83조(조사 등)**
> ① 노동위원회는 제82조의 규정에 의한 구제신청을 받은 때에는 지체없이 필요한 조사와 관계 당사자의 심문을 하여야 한다.
> ② 노동위원회는 제1항의 규정에 의한 심문을 할 때에는 관계 당사자의 신청에 의하거나 그 직권으로 증인을 출석하게 하여 필요한 사항을 질문할 수 있다.
> ③ 노동위원회는 제1항의 규정에 의한 심문을 함에 있어서는 관계 당사자에 대하여 증거의 제출과 증인에 대한 반대심문을 할 수 있는 충분한 기회를 주어야 한다.
> ④ 제1항의 규정에 의한 노동위원회의 조사와 심문에 관한 절차는 중앙노동위원회가 따로 정하는 바에 의한다.

12 노동조합 및 노동관계조정법상 부당노동행위에 관한 설명으로 옳지 않은 것은?(다툼이 있으면 판례에 따름)

1
2
3

① 사용자는 노동조합의 운영비를 원조하는 행위를 할 수 없으나, 노동조합의 자주적인 운영 또는 활동을 침해할 위험이 없는 범위에서의 운영비 원조행위는 할 수 있다.

> 사용자는 근로자가 노동조합을 조직 또는 운영하는 것을 지배하거나 이에 개입하는 행위와 근로시간 면제한도를 초과하여 급여를 지급하거나 노동조합의 운영비를 원조하는 행위(이하 "不當勞動行爲"라 한다)를 할 수 없다. 다만, 근로자가 근로시간 중에 제24조 제2항에 따른 활동을 하는 것을 사용자가 허용함은 무방하며, 또한 근로자의 후생자금 또는 경제상의 불행 그 밖에 재해의 방지와 구제 등을 위한 기금의 기부와 최소한의 규모의 노동조합사무소의 제공 및 그 밖에 이에 준하여 노동조합의 자주적인 운영 또는 활동을 침해할 위험이 없는 범위에서의 운영비 원조행위는 예외로 한다(노동조합 및 노동관계조성법 제81조 제1항 제4호).

✔ 노동조합 및 노동관계조정법 제81조(부당노동행위) 제1항 제4호 단서에 따른 "노동조합의 자주적인 운영 또는 활동을 침해할 위험" 여부를 판단할 때 원조된 운영비 금액과 원조방법을 고려할 필요가 없다.

> 노동조합 및 노동관계조정법 제1항 제4호 단서에 따른 "노동조합의 자주적 운영 또는 활동을 침해할 위험" 여부를 판단할 때에는 원조된 운영비 금액과 원조방법을 고려하여야 한다(노동조합 및 노동관계조정법 제81조 제2항 제3호).

③ 노동위원회는 부당노동행위가 성립한다고 판정한 때에는 사용자에게 구제명령을 발하여야 하며, 부당노동행위가 성립되지 아니한다고 판정한 때에는 그 구제신청을 기각하는 결정을 하여야 한다.

> 노동위원회는 구제신청에 따른 심문을 종료하고 부당노동행위가 성립한다고 판정한 때에는 사용자에게 구제명령을 발하여야 하며, 부당노동행위가 성립되지 아니한다고 판정한 때에는 그 구제신청을 기각하는 결정을 하여야 한다(노동조합 및 노동관계조정법 제84조 제1항).

④ 지배·개입으로서의 부당노동행위의 성립에 반드시 근로자의 단결권의 침해라는 결과의 발생까지 요하는 것은 아니다.

대판 2019.4.25., 2017두33510

⑤ 지방노동위원회의 구제명령은 중앙노동위원회에의 재심신청에 의하여 그 효력이 정지되지 아니한다.

지방노동위원회의 구제명령·기각결정 또는 재심판정은 중앙노동위원회에의 재심신청이나 행정소송의 제기에 의하여 그 효력이 정지되지 아니한다(노동조합 및 노동관계조정법 제86조).

13 노동조합 및 노동관계조정법상 단체협약 등에 관한 설명으로 옳지 않은 것은?

☑ 노동위원회는 단체협약 중 위법한 내용이 있는 경우에는 그 시정을 명할 수 있다.

행정관청은 단체협약 중 위법한 내용이 있는 경우에는 노동위원회의 의결을 얻어 그 시정을 명할 수 있다(노동조합 및 노동관계조정법 제31조 제3항).

② 노동조합의 대표자는 그 노동조합 또는 조합원을 위하여 사용자나 사용자단체와 교섭하고 단체협약을 체결할 권한을 가진다.

노동조합 및 노동관계조정법 제29조 제1항

③ 단체협약의 당사자는 단체협약의 체결일부터 15일 이내에 단체협약을 행정관청에게 신고하여야 한다.

노동조합 및 노동관계조정법 제31조 제2항

④ 단체협약의 이행방법에 관하여 관계 당사자 간에 의견의 불일치가 있는 때에는 단체협약에 정하는 바에 의하여 사용자가 노동위원회에 그 이행방법에 관한 견해의 제시를 요청할 수 있다.

단체협약의 해석 또는 이행방법에 관하여 관계 당사자간에 의견의 불일치가 있는 때에는 당사자 쌍방 또는 단체협약에 정하는 바에 의하여 어느 일방이 노동위원회에 그 해석 또는 이행방법에 관한 견해의 제시를 요청할 수 있다(노동조합 및 노동관계조정법 제34조 제1항).

⑤ 노동위원회는 단체협약의 이행방법에 관한 견해 제시를 요청받은 때에는 그날부터 30일 이내에 명확한 견해를 제시하여야 한다.

노동조합 및 노동관계조정법 제34조 제1항 및 제2항

14 노동조합 및 노동관계조정법상 단체교섭 및 단체협약에 관한 설명으로 옳지 않은 것은?(다툼이 있으면 판례에 따름)

① 교섭대표노동조합과 사용자는 교섭창구 단일화 절차에 참여한 노동조합 또는 그 조합원 간에 합리적 이유 없이 차별을 하여서는 아니 된다.

> 노동조합 및 노동관계조정법 제29조의4 제1항

② 사용자가 단체협약 등에 따라 교섭대표노동조합에게 상시적으로 사용할 수 있는 노동조합 사무실을 제공한 이상, 특별한 사정이 없는 한 교섭창구 단일화 절차에 참여한 다른 노동조합에 게도 반드시 일률적이거나 비례적이지는 않더라도 상시적으로 사용할 수 있는 일정한 공간을 노동조합 사무실로 제공하여야 한다.

> 노동조합의 존립과 발전에 필요한 일상적인 업무가 이루어지는 공간으로서 노동조합 사무실이 가지는 중요성을 고려하면, 사용자가 단체협약 등에 따라 교섭대표노동조합에게 상시적으로 사용할 수 있는 노동조합 사무실을 제공한 이상, 특별한 사정이 없는 한 교섭창구 단일화 절차에 참여한 다른 노동조합에게도 반드시 일률적이거나 비례적이지는 않더라도 상시적으로 사용할 수 있는 일정한 공간을 노동조합 사무실로 제공하여야 한다고 봄이 타당하다(대판 2018.9.13., 2017두40655).

③ 노동조합과 사용자 또는 사용자단체는 신의에 따라 성실히 교섭하고 단체협약을 체결하여야 하며 그 권한을 남용하여서는 아니 된다.

> 노동조합 및 노동관계조정법 제30조 제1항

④ 국가 및 지방자치단체는 기업·산업·지역별 교섭 등 다양한 교섭방식을 노동관계 당사자가 자율적으로 선택할 수 있도록 지원하고 이에 따른 단체교섭이 활성화될 수 있도록 노력하여야 한다.

> 노동조합 및 노동관계조정법 제30조 제3항

✓ 교섭대표노동조합이나 사용자가 교섭창구 단일화 절차에 참여한 다른 노동조합을 차별한 것으로 인정되는 경우, 그와 같은 차별에 합리적인 이유가 있다는 점에 대하여 교섭대표노동조합이나 사용자에게는 주장·증명책임이 없다.

> 공정대표의무의 취지와 기능 등에 비추어 보면, 공정대표의무는 단체교섭의 과정이나 그 결과물인 단체협약의 내용뿐만 아니라 단체협약의 이행과정에서도 준수되어야 한다고 봄이 타당하다. 또한 교섭대표노동조합이나 사용자가 교섭창구 단일화 절차에 참여한 다른 노동조합 또는 그 조합원을 차별한 것으로 인정되는 경우, 그와 같은 차별에 합리적인 이유가 있다는 점은 교섭대표노동조합이나 사용자에게 그 주장·증명책임이 있다(대판 2018.9.13., 2017두40655).

15 노동조합 및 노동관계조정법령상 교섭창구 단일화 절차에 관한 설명으로 옳지 않은 것은?(다툼이 있으면 판례에 따름)

1
2
3

① 노동조합은 해당 사업 또는 사업장에 단체협약이 2개 이상 있는 경우에는 먼저 이르는 단체협약의 유효기간 만료일 이전 3개월이 되는 날부터 사용자에게 교섭을 요구할 수 있다.

> 노동조합은 해당 사업 또는 사업장에 단체협약이 있는 경우에는 그 유효기간 만료일 이전 3개월이 되는 날부터 사용자에게 교섭을 요구할 수 있다. 다만, 단체협약이 2개 이상 있는 경우에는 먼저 이르는 단체협약의 유효기간 만료일 이전 3개월이 되는 날부터 사용자에게 교섭을 요구할 수 있다(노동조합 및 노동관계조정법 시행령 제14조의2 제1항).

② 하나의 사업 또는 사업장 단위에서 유일하게 존재하는 노동조합은, 설령 노동조합 및 노동관계조정법 및 그 시행령이 정한 절차를 형식적으로 거쳤다고 하더라도, 교섭대표노동조합의 지위를 취득할 수 없다.

> 교섭창구 단일화 제도의 취지 내지 목적, 교섭창구 단일화 제도의 체계 내지 관련 규정의 내용, 교섭대표노동조합의 개념 등을 종합하여 보면, 하나의 사업 또는 사업장 단위에서 유일하게 존재하는 노동조합은, 설령 노동조합법 및 그 시행령이 정한 절차를 형식적으로 거쳤다고 하더라도, 교섭대표노동조합의 지위를 취득할 수 없다고 해석함이 타당하다(대판 2017.10.31., 2016두36956).

③ 사용자는 노동조합으로부터 교섭 요구를 받은 때에는 그 요구를 받은 날부터 7일간 그 교섭을 요구한 노동조합의 명칭 등 고용노동부령으로 정하는 사항을 해당 사업 또는 사업장의 게시판 등에 공고하여 다른 노동조합과 근로자가 알 수 있도록 하여야 한다.

> 노동조합 및 노동관계조정법 시행령 제14조의3 제1항

✔ 교섭대표노동조합의 지위 유지기간이 만료되었음에도 불구하고 새로운 교섭대표노동조합이 결정되지 못할 경우 기존 교섭대표노동조합은 새로운 교섭대표노동조합이 결정될 때까지 기존 단체협약의 갱신을 위한 교섭대표노동조합의 지위를 유지한다.

> 교섭대표노동조합의 지위 유지기간이 만료되었음에도 불구하고 새로운 교섭대표노동조합이 결정되지 못할 경우 기존 교섭대표노동조합은 새로운 교섭대표노동조합이 결정될 때까지 기존 단체협약의 이행과 관련해서는 교섭대표노동조합의 지위를 유지한다(노동조합 및 노동관계조정법 시행령 제14조의10 제2항).

⑤ 교섭대표노동조합으로 결정된 노동조합이 그 결정된 날부터 1년 동안 단체협약을 체결하지 못한 경우에는 어느 노동조합이든지 사용자에게 교섭을 요구할 수 있다.

> 노동조합 및 노동관계조정법 시행령 제14조의10 제3항

16 노동조합 및 노동관계조정법상 위반 행위에 대하여 벌칙이 적용되지 않는 것은?

① 조합원이 노동조합에 의하여 주도되지 아니한 쟁의행위를 한 경우

> 조합원이 노동조합에 의하여 주도되지 아니한 쟁의행위를 한 경우 3년 이하의 징역 또는 3천만원 이하의 벌금에 처한다(노동조합 및 노동관계조정법 제89조 제1호, 동법 제37조 제2항). ⚖️[1]

② 노동조합 및 노동관계조정법에 의하여 설립된 노동조합이 아니면서 노동조합이라는 명칭을 사용한 경우

> 노동조합 및 노동관계조정법에 의하여 설립된 노동조합이 아니면서 노동조합이라는 명칭을 사용한 경우 500만원 이하의 벌금에 처한다(노동조합 및 노동관계조정법 제93조 제1호, 동법 제7조 제3항).

❸ **노동조합이 사용자의 점유를 배제하여 조업을 방해하는 형태로 쟁의행위를 한 경우**

> 노동조합이 사용자의 점유를 배제하여 조업을 방해하는 형태로 쟁의행위("노동조합은 사용자의 점유를 배제하여 조업을 방해하는 형태로 쟁의행위를 해서는 아니 된다.")를 한 경우에 대하여 벌칙은 규정되어 있지 않다(노동조합 및 노동관계조정법 제37조 제3항). ⚖️[2]

④ 확정된 부당노동행위 구제명령에 위반한 경우

> 규정된 기간 내에 재심을 신청하지 아니하거나 행정소송을 제기하지 아니한 때에는 그 구제명령·기각결정 또는 재심판정은 확정된다(노동조합 및 노동관계조정법 제85조 제3항). 해당 규정을 위반한 자는 3년 이하의 징역 또는 3천만원 이하의 벌금에 처한다. 노동위원회의 명령 또는 결정에 대한 불복절차 등에 관하여는 제85조 및 제86조를 준용한다(동법 제29조의4 제4항).

⑤ 조합원의 직접·비밀·무기명투표에 의한 조합원 과반수의 찬성으로 결정하지 아니한 쟁의행위를 행한 경우

> 노동조합의 쟁의행위는 그 조합원(제29조의2에 따라 교섭대표노동조합이 결정된 경우에는 그 절차에 참여한 노동조합의 전체 조합원)의 직접·비밀·무기명투표에 의한 조합원 과반수의 찬성으로 결정하지 아니하면 이를 행할 수 없다. 해당 규정을 위반한 자는 1년 이하의 징역 또는 1천만원 이하의 벌금에 처한다(노동조합 및 노동관계조정법 제41조 제1항).

⚖️[1]
법령

노동조합 및 노동관계조정법 제89조(벌칙)
다음 각 호의 어느 하나에 해당하는 자는 3년 이하의 징역 또는 3천만원 이하의 벌금에 처한다.
1. 제37조 제2항, 제38조 제1항, 제42조 제1항 또는 제42조의2 제2항의 규정에 위반한 자
2. 제85조 제3항(제29조의4 제4항에서 준용하는 경우를 포함한다)에 따라 확정되거나 행정소송을 제기하여 확정된 구제명령에 위반한 자

노동조합 및 노동관계조정법 제91조(벌칙)
제38조 제2항, 제41조 제1항, 제42조 제2항, 제43조 제1항·제2항·제4항, 제45조 제2항 본문, 제46조 제1항 또는 제63조의 규정을 위반한 자는 1년 이하의 징역 또는 1천만원 이하의 벌금에 처한다.

노동조합 및 노동관계조정법 제93조(벌칙)
다음 각호의 1에 해당하는 자는 500만원 이하의 벌금에 처한다.
1. 제7조 제3항의 규정에 위반한 자
2. 제21조 제1항·제2항 또는 제31조 제3항의 규정에 의한 명령에 위반한 자

노동조합 및 노동관계조정법 제37조(쟁의행위의 기본원칙)

① 쟁의행위는 그 목적·방법 및 절차에 있어서 법령 기타 사회질서에 위반되어서는 아니 된다.

② 조합원은 노동조합에 의하여 주도되지 아니한 쟁의행위를 하여서는 아니 된다.

③ 노동조합은 사용자의 점유를 배제하여 조업을 방해하는 형태로 쟁의행위를 해서는 아니 된다.

노동조합 및 노동관계조정법 제7조(노동조합의 보호요건)

① 이 법에 의하여 설립된 노동조합이 아니면 노동위원회에 노동쟁의의 조정 및 부당노동행위의 구제를 신청할 수 없다.

② 제1항의 규정은 제81조 제1항 제1호·제2호 및 제5호의 규정에 의한 근로자의 보호를 부인하는 취지로 해석되어서는 아니 된다.

③ 이 법에 의하여 설립된 노동조합이 아니면 노동조합이라는 명칭을 사용할 수 없다.

17 노동조합 및 노동관계조정법령상 쟁의행위에 관한 설명으로 옳지 않은 것은?

① 작업시설의 손상이나 원료·제품의 변질 또는 부패를 방지하기 위한 작업은 쟁의행위 기간 중에도 정상적으로 수행되어야 한다.

> 노동조합 및 노동관계조정법 제38조 제2항

✔️ **행정관청은 쟁의행위가 그 쟁의행위와 관계없는 자의 정상적인 업무를 방해하는 방법으로 행하여지는 경우 즉시 관할 노동위원회에 신고하여야 한다.**

> 쟁의행위는 그 쟁의행위와 관계없는 자 또는 근로를 제공하고자 하는 자의 출입·조업 기타 정상적인 업무를 방해하는 방법으로 행하여져서는 아니 되며 쟁의행위의 참가를 호소하거나 설득하는 행위로서 폭행·협박을 사용하여서는 아니 되는 경우에는 즉시 그 상황을 행정관청과 관할 노동위원회에 신고하여야 한다(노동조합 및 노동관계조정법 시행령 제18조 제1항, 노동조합 및 노동관계조정법 제38조 제1항).

③ 쟁의행위는 근로를 제공하고자 하는 자의 출입·조업을 방해하는 방법으로 행하여져서는 아니 된다.

> 쟁의행위는 그 쟁의행위와 관계없는 자 또는 근로를 제공하고자 하는 자의 출입·조업 기타 정상적인 업무를 방해하는 방법으로 행하여져서는 아니 되며 쟁의행위의 참가를 호소하거나 설득하는 행위로서 폭행·협박을 사용하여서는 아니 된다(노동조합 및 노동관계조정법 제38조 제1항).

④ 근로자는 쟁의행위 기간 중에는 현행범 외에는 노동조합 및 노동관계조정법 위반을 이유로 구속되지 아니한다.

> 노동조합 및 노동관계조정법 제39조

⑤ 사용자는 노동조합이 쟁의행위를 개시한 이후에만 직장폐쇄를 할 수 있다.

> 노동조합 및 노동관계조정법 제46조 제1항

18 노동조합 및 노동관계조정법상 쟁의행위에 관한 설명으로 옳지 않은 것은?

① 노동조합은 쟁의행위 기간에 대한 임금의 지급을 요구하여 이를 관철할 목적으로 쟁의행위를 하여서는 아니 된다.

> 노동조합 및 노동관계조정법 제44조 제2항

② 방위사업법에 의하여 지정된 주요방위산업체에 종사하는 근로자 중 전력, 용수 및 주로 방산물자를 생산하는 업무에 종사하는 자는 쟁의행위를 할 수 없다.

> 방위사업법에 의하여 지정된 주요방위산업체에 종사하는 근로자중 전력, 용수 및 주로 방산물자를 생산하는 업무에 종사하는 자는 쟁의행위를 할 수 없으며 주로 방산물자를 생산하는 업무에 종사하는 자의 범위는 대통령령으로 정한다(노동조합 및 노동관계조정법 제41조 제2항).

③ 쟁의행위는 생산 기타 주요업무에 관련되는 시설과 이에 준하는 시설로서 대통령령이 정하는 시설을 점거하는 형태로 이를 행할 수 없다.

> 쟁의행위는 폭력이나 파괴행위 또는 생산 기타 주요업무에 관련되는 시설과 이에 준하는 시설로서 대통령령이 정하는 시설을 점거하는 형태로 이를 행할 수 없다(노동조합 및 노동관계조정법 제42조 제1항).

④ 노동관계 당사자는 노동쟁의가 발생한 때에는 어느 일방이 이를 상대방에게 서면으로 통보하여야 한다.

> 노동조합 및 노동관계조정법 제45조 제1항

✓ 노동위원회는 쟁의행위가 안전보호시설에 대하여 정상적인 유지·운영을 정지·폐지 또는 방해하는 행위에 해당한다고 인정하는 경우에는 그 행위를 중지할 것을 통보하여야 한다.

> 행정관청은 쟁의행위가 사업장의 안전보호시설에 대하여 정상적인 유지·운영을 정지·폐지 또는 방해하는 행위는 쟁의행위로서 인정하는 경우에는 노동위원회의 의결을 얻어 그 행위를 중지할 것을 통보하여야 한다. 다만, 사태가 급박하여 노동위원회의 의결을 얻을 시간적 여유가 없을 때에는 그 의결을 얻지 아니하고 즉시 그 행위를 중지할 것을 통보할 수 있다(노동조합 및 노동관계조정법 제42조 제2항 및 제3항). ⚖

노동조합 및 노동관계조정법 제42조(폭력행위 등의 금지)
① 쟁의행위는 폭력이나 파괴행위 또는 생산 기타 주요업무에 관련되는 시설과 이에 준하는 시설로서 대통령령이 정하는 시설을 점거하는 형태로 이를 행할 수 없다.
② 사업장의 안전보호시설에 대하여 정상적인 유지·운영을 정지·폐지 또는 방해하는 행위는 쟁의행위로서 이를 행할 수 없다.
③ 행정관청은 쟁의행위가 제2항의 행위에 해당한다고 인정하는 경우에는 노동위원회의 의결을 얻어 그 행위를 중지할 것을 통보하여야 한다. 다만, 사태가 급박하여 노동위원회의 의결을 얻을 시간적 여유가 없을 때에는 그 의결을 얻지 아니하고 즉시 그 행위를 중지할 것을 통보할 수 있다.
④ 제3항 단서의 경우에 행정관청은 지체없이 노동위원회의 사후승인을 얻어야 하며 그 승인을 얻지 못한 때에는 그 통보는 그때부터 효력을 상실한다.

19 노동조합 및 노동관계조정법령상 필수유지업무에 관한 설명으로 옳지 않은 것은?

① 객실승무 업무는 항공운수사업의 필수유지업무에 해당한다.

> 객실승무 업무는 노동조합 및 노동관계조정법 시행령에서 정한 필수공익사업별 필수유지업무에 해당한다. ⚖

② 필수유지업무의 정당한 유지·운영을 정지·폐지 또는 방해하는 쟁의행위는 할 수 없다.

> 노동조합 및 노동관계조정법 제42조의2 제2항

③ 노동관계 당사자는 쟁의행위기간 동안 필수유지업무의 정당한 유지·운영을 위하여 필수유지업무협정을 쌍방이 서명 또는 날인하여 서면으로 체결하여야 한다.

> 노동관계 당사자는 쟁의행위기간 동안 필수유지업무의 정당한 유지·운영을 위하여 필수유지업무의 필요 최소한의 유지·운영 수준, 대상직무 및 필요인원 등을 정한 협정(이하 "필수유지업무협정"이라 한다)을 서면으로 체결하여야 한다. 이 경우 필수유지업무협정에는 노동관계 당사자 쌍방이 서명 또는 날인하여야 한다(노동조합 및 노동관계조정법 제42조의3).

✔ 사용자는 필수유지업무협정이 체결된 경우 필수유지업무에 근무하는 조합원 중 쟁의행위기간 동안 근무하여야 할 조합원을 노동위원회에 통보하여야 한다.

> 노동조합은 필수유지업무협정이 체결되거나 제42조의4 제2항의 규정에 따른 노동위원회의 결정이 있는 경우 사용자에게 필수유지업무에 근무하는 조합원 중 쟁의행위기간 동안 근무하여야 할 조합원을 통보하여야 하며, 사용자는 이에 따라 근로자를 지명하고 이를 노동조합과 그 근로자에게 통보하여야 한다. 다만, 노동조합이 쟁의행위 개시 전까지 이를 통보하지 아니한 경우에는 사용자가 필수유지업무에 근무하여야 할 근로자를 지명하고 이를 노동조합과 그 근로자에게 통보하여야 한다(노동조합 및 노동관계조정법 제42조의6 제1항).

⑤ 노동관계 당사자가 필수유지업무 유지·운영 수준, 대상직무 및 필요인원 등의 결정을 신청하면 관할 노동위원회는 지체 없이 그 신청에 대한 결정을 위한 특별조정위원회를 구성하여야 한다.

> 노동조합 및 노동관계조정법 시행령 제22조의3 제1항

⚖ 법령

노동조합 및 노동관계조정법 시행령 [별표 1] 필수공익사업별 필수유지업무

1. 철도사업과 도시철도사업의 필수유지업무
   가. 철도·도시철도 차량의 운전 업무
   나. 철도·도시철도 차량 운행의 관제 업무(정거장·차량기지 등에서 철도신호 등을 취급하는 운전취급 업무를 포함한다)
   다. 철도·도시철도 차량 운행에 필요한 전기시설·설비를 유지·관리하는 업무
   라. 철도·도시철도 차량 운행과 이용자의 안전에 필요한 신호시설·설비를 유지·관리하는 업무
   마. 철도·도시철도 차량 운행에 필요한 통신시설·설비를 유지·관리하는 업무
   바. 안전 운행을 위하여 필요한 차량의 일상적인 점검이나 정비 업무
   사. 선로점검·보수 업무
2. 항공운수사업의 필수유지업무
   가. 승객 및 승무원의 탑승수속 업무
   나. 승객 및 승무원과 수하물 등에 대한 보안검색 업무
   다. 항공기 조종 업무
   라. 객실승무 업무
   마. 비행계획 수립, 항공기 운항 감시 및 통제 업무
   바. 항공기 운항과 관련된 시스템·통신시설의 유지·보수 업무

사. 항공기의 정비[창정비(Depot Maintenance, 대규모 정비시설 및 장비를 운영하여 수행하는 최상위 정비 단계)는 제외한다] 업무

아. 항공안전 및 보안에 관련된 법령, 국제협약 또는 취항 국가의 요구에 따른 항공운송사업자의 안전 또는 보안 조치와 관련된 업무

자. 항공기 유도 및 견인 업무

차. 항공기에 대한 급유 및 지상전원 공급 업무

카. 항공기에 대한 제설 · 제빙 업무

타. 승객 승하기 시설 · 차량 운전 업무

파. 수하물 · 긴급물품의 탑재 · 하역 업무

하. 항공법 제2조 제16호에 따른 항행안전시설과 항공기 이 · 착륙 시설의 유지 · 운영(관제를 포함한다)을 위한 업무

20 노동조합 및 노동관계조정법령상 사적 조정 · 중재에 관한 설명으로 옳지 않은 것은?

1
2
3

① 사적 조정의 신고는 조정이 진행되기 전에 하여야 한다.

> 노동관계당사자는 법 제52조에 따른 사적 조정 · 중재에 의하여 노동쟁의를 해결하기로 한 경우에는 고용노동부령이 정하는 바에 따라 관할 노동위원회에 신고해야 한다. 사적 조정 신고는 법 조정 또는 중재가 진행 중인 경우에도 할 수 있다(노동조합 및 노동관계조정법 시행령 제23조 제1항 및 제2항).

② 노동관계 당사자는 사적 조정에 의하여 노동쟁의를 해결하기로 한 때에는 이를 노동위원회에 신고하여야 한다.

> 노동조합 및 노동관계조정법 제52조 제2항 ⚖

③ 사적 조정에 의하여 조정이 이루어진 경우에 그 내용은 단체협약과 동일한 효력을 가진다.

> 사적 조정 등에 의하여 조정 또는 중재가 이루어진 경우에 그 내용은 단체협약과 동일한 효력을 가진다(노동조합 및 노동관계조정법 제52조 제4항). ⚖

④ 노동조합 및 노동관계조정법 제2절(조정) 및 제3절(중재)의 규정은 노동관계 당사자가 쌍방의 합의 또는 단체협약이 정하는 바에 따라 각각 다른 조정 또는 중재방법에 의하여 노동쟁의를 해결하는 것을 방해하지 아니한다.

> 노동조합 및 노동관계조정법 제52조 제1항 ⚖

⑤ 사적 조정을 수행하는 자는 노동관계 당사자로부터 수수료, 수당 및 여비 등을 받을 수 있다.

> 사적 조정 등을 수행하는 자는 노동위원회법 제8조 제2항 제2호 각 목의 자격을 가진 자로 한다. 이 경우 사적 조정 등을 수행하는 자는 노동관계 당사자로부터 수수료, 수당 및 여비 등을 받을 수 있다(노동조합 및 노동관계조정법 제52조 제5항). ⚖

법령

노동조합 및 노동관계조정법 제52조(사적 조정·중재)

① 제2절 및 제3절의 규정은 노동관계 당사자가 쌍방의 합의 또는 단체협약이 정하는 바에 따라 각각 다른 조정 또는 중재방법(이하 이 조에서 "사적 조정 등"이라 한다)에 의하여 노동쟁의를 해결하는 것을 방해하지 아니한다.

② 노동관계 당사자는 제1항의 규정에 의하여 노동쟁의를 해결하기로 한 때에는 이를 노동위원회에 신고하여야 한다.

③ 제1항의 규정에 의하여 노동쟁의를 해결하기로 한 때에는 다음 각호의 규정이 적용된다.

    1. 조정에 의하여 해결하기로 한 때에는 제45조 제2항 및 제54조의 규정. 이 경우 조정기간은 조정을 개시한 날부터 기산한다.

    2. 중재에 의하여 해결하기로 한 때에는 제63조의 규정. 이 경우 쟁의행위의 금지기간은 중재를 개시한 날부터 기산한다.

④ 제1항의 규정에 의하여 조정 또는 중재가 이루어진 경우에 그 내용은 단체협약과 동일한 효력을 가진다.

⑤ 사적 조정 등을 수행하는 자는 노동위원회법 제8조 제2항 제2호 각 목의 자격을 가진 자로 한다. 이 경우 사적 조정 등을 수행하는 자는 노동관계 당사자로부터 수수료, 수당 및 여비 등을 받을 수 있다.

21 노동조합 및 노동관계조정법상 노동쟁의의 조정 등에 관한 설명이다. (　　)에 들어갈 내용으로 옳은 것은?

1
2
3

- 조정위원회는 조정안이 관계 당사자의 쌍방에 의하여 수락된 후 그 해석 또는 이행방법에 관하여 관계 당사자 간에 의견의 불일치가 있어 명확한 견해의 제시를 요청받은 때에는 그 요청을 받은 날부터 (ㄱ)일 이내에 명확한 견해를 제시하여야 한다.
- 노동쟁의가 중재에 회부된 때에는 그날부터 (ㄴ)일간은 쟁의행위를 할 수 없다.
- 관계 당사자는 긴급조정의 결정이 공표된 때에는 즉시 쟁의행위를 중지하여야 하며, 공표일부터 (ㄷ)일이 경과하지 아니하면 쟁의행위를 재개할 수 없다.

① ㄱ : 7, ㄴ : 7, ㄷ : 10　　　　　　　 ② ㄱ : 7, ㄴ : 15, ㄷ : 30

③ ㄱ : 10, ㄴ : 10, ㄷ : 15　　　　　　 ④ ㄱ : 10, ㄴ : 15, ㄷ : 30

⑤ ㄱ : 15, ㄴ : 30, ㄷ : 30

- 조정안이 관계 당사자의 쌍방에 의하여 수락된 후 그 해석 또는 이행방법에 관하여 관계 당사자 간에 의견의 불일치가 있는 때에는 관계 당사자는 당해 조정위원회 또는 단독조정인에게 그 해석 또는 이행방법에 관한 명확한 견해의 제시를 요청하여야 한다. 조정위원회 또는 단독조정인은 제3항의 규정에 의한 요청을 받은 때에는 그 요청을 받은 날부터 (7)일 이내에 명확한 견해를 제시하여야 한다(노동조합 및 노동관계조정법 제60조 제3항 및 제4항).
- 노동쟁의가 중재에 회부된 때에는 그 날부터 (15)일간은 쟁의행위를 할 수 없다(노동조합 및 노동관계조정법 제63조).
- 관계 당사자는 긴급조정의 결정이 공표된 때에는 즉시 쟁의행위를 중지하여야 하며, 공표일부터 (30)일이 경과하지 아니하면 쟁의행위를 재개할 수 없다(노동조합 및 노동관계조정법 제77조).

22 노동조합 및 노동관계조정법상 노동쟁의의 조정에 관한 설명으로 옳은 것은?

① 조정위원회의 조정위원은 당해 노동위원회의 공익을 대표하는 위원 중에서 관계당사자의 합의로 선정한 자에 대하여 그 노동위원회의 위원장이 지명한다.

> 조정위원은 당해 노동위원회의 위원중에서 사용자를 대표하는 자, 근로자를 대표하는 자 및 공익을 대표하는 자 각 1인을 그 노동위원회의 위원장이 지명하되, 근로자를 대표하는 조정위원은 사용자가, 사용자를 대표하는 조정위원은 노동조합이 각각 추천하는 노동위원회의 위원 중에서 지명하여야 한다. 다만, 조정위원회의 회의 3일 전까지 관계 당사자가 추천하는 위원의 명단제출이 없을 때에는 당해 위원을 위원장이 따로 지명할 수 있다(노동조합 및 노동관계조정법 제55조 제3항).

② 노동위원회의 위원장은 조정위원회의 구성이 어려운 경우 노동위원회의 각 근로자를 대표하는 위원, 사용자를 대표하는 위원 및 공익을 대표하는 위원 각 1인씩 3인을 조정위원으로 지명할 수 있다.

> 노동위원회의 위원장은 근로자를 대표하는 위원 또는 사용자를 대표하는 위원의 불참 등으로 인하여 조정위원회의 구성이 어려운 경우 노동위원회의 공익을 대표하는 위원 중에서 3인을 조정위원으로 지명할 수 있다. 다만, 관계 당사자 쌍방의 합의로 선정한 노동위원회의 위원이 있는 경우에는 그 위원을 조정위원으로 지명한다(노동조합 및 노동관계조정법 제55조 제4항).

③ 단독조정인은 그 노동위원회의 공익을 대표하는 위원 중에서 노동조합과 사용자가 순차적으로 배제하고 남은 4인 내지 6인중에서 노동위원회의 위원장이 지명한다.

> 단독조정인은 당해 노동위원회의 위원중에서 관계 당사자의 쌍방의 합의로 선정된 자를 그 노동위원회의 위원장이 지명한다(노동조합 및 노동관계조정법 제57조 제2항).

④ 중재위원회의 중재위원은 당해 노동위원회의 위원 중에서 사용자를 대표하는 자, 근로자를 대표하는 자 및 공익을 대표하는 자 각 1인을 그 노동위원회의 위원장이 지명한다.

> 중재위원은 당해 노동위원회의 공익을 대표하는 위원 중에서 관계 당사자의 합의로 선정한 자에 대하여 그 노동위원회의 위원장이 지명한다. 다만, 관계 당사자 간에 합의가 성립되지 아니한 경우에는 노동위원회의 공익을 대표하는 위원 중에서 지명한다(노동조합 및 노동관계조정법 제64조 제3항).

⑤ 특별조정위원회의 특별조정위원은 관계 당사자가 합의로 당해 노동위원회의 위원이 아닌 자를 추천하는 경우에는 그 추천된 자를 노동위원회의 위원장이 지명한다.

> 특별조정위원회의 특별조정위원은 그 노동위원회의 공익을 대표하는 위원 중에서 노동조합과 사용자가 순차적으로 배제하고 남은 4인 내지 6인 중에서 노동위원회의 위원장이 지명한다. 다만, 관계 당사자가 합의로 당해 노동위원회의 위원이 아닌 자를 추천하는 경우에는 그 추천된 자를 지명한다(노동조합 및 노동관계조정법 제72조 제3항).

23 노동조합 및 노동관계조정법령상 중재재정에 관한 설명으로 옳지 않은 것은?

① 중재재정은 서면으로 작성하며 그 서면에는 효력발생 기일을 명시하여야 한다.

> 중재재정은 서면으로 작성하여 이를 행하며 그 서면에는 효력발생 기일을 명시하여야 한다(노동조합 및 노동관계조정법 제68조 제1항).

② 중재재정의 해석 또는 이행방법에 관하여 관계 당사자 간에 의견의 불일치가 있는 때에는 당해 중재위원회의 해석에 따르며 그 해석은 중재재정과 동일한 효력을 가진다.

> 노동조합 및 노동관계조정법 제68조 제2항

③ 중앙노동위원회는 지방노동위원회 또는 특별노동위원회의 중재재정을 재심한 때에는 지체 없이 그 재심결정서를 관계 당사자와 관계 노동위원회에 각각 송달해야 한다.

> 중앙노동위원회는 지방노동위원회 또는 특별노동위원회의 중재재정을 재심한 때에는 지체 없이 그 재심결정서를 관계 당사자와 관계 노동위원회에 각각 송달해야 한다(노동조합 및 노동관계조정법 시행령 제29조 제2항).

✔ 관계 당사자는 중앙노동위원회의 중재재정이나 재심결정이 위법이거나 월권에 의한 것이라고 인정하는 경우에는 중재재정 또는 재심결정을 한 날부터 15일 이내에 행정소송을 제기할 수 있다.

> 관계 당사자는 중앙노동위원회의 중재재정이나 재심결정이 위법이거나 월권에 의한 것이라고 인정하는 경우에는 그 중재재정서 또는 재심결정서의 송달을 받은 날부터 15일 이내에 행정소송을 제기할 수 있다(노동조합 및 노동관계조정법 제69조 제2항).

⑤ 노동위원회의 중재재정 또는 재심결정은 중앙노동위원회에의 재심신청 또는 행정소송의 제기에 의하여 그 효력이 정지되지 아니한다.

> 노동조합 및 노동관계조정법 제70조 제2항

24 노동조합 및 노동관계조정법상 필수공익사업에 해당하지 않는 사업을 모두 고른 것은?

ㄱ. 철도사업	ㄴ. 수도사업
ㄷ. 공중위생사업	ㄹ. 조폐사업
ㅁ. 방송사업	

① ㄱ

② ㄱ, ㄴ

③ ㄴ, ㄷ

④ ㄴ, ㄹ, ㅁ

✔ ㄷ, ㄹ, ㅁ

> "필수공익사업"이라 함은 공익사업으로서 그 업무의 정지 또는 폐지가 공중의 일상생활을 현저히 위태롭게 하거나 국민경제를 현저히 저해하고 그 업무의 대체가 용이하지 않은 사업을 뜻한다. 철도사업, 수도사업이 필수공익사업에 해당하며, 공중위생사업, 조폐사업, 방송사업은 공익사업에 해당한다. ⚖

노동조합 및 노동관계조정법 제71조(공익사업의 범위 등)

① 이 법에서 "공익사업"이라 함은 공중의 일상생활과 밀접한 관련이 있거나 국민경제에 미치는 영향이 큰 사업으로서 다음 각호의 사업을 말한다.
1. 정기노선 여객운수사업 및 항공운수사업
2. 수도사업, 전기사업, 가스사업, 석유정제사업 및 석유공급사업
3. 공중위생사업, 의료사업 및 혈액공급사업
4. 은행 및 조폐사업
5. 방송 및 통신사업

② 이 법에서 "필수공익사업"이라 함은 제1항의 공익사업으로서 그 업무의 정지 또는 폐지가 공중의 일상생활을 현저히 위태롭게 하거나 국민경제를 현저히 저해하고 그 업무의 대체가 용이하지 아니한 다음 각호의 사업을 말한다.
1. 철도사업, 도시철도사업 및 항공운수사업
2. 수도사업, 전기사업, 가스사업, 석유정제사업 및 석유공급사업
3. 병원사업 및 혈액공급사업
4. 한국은행사업
5. 통신사업

---

25 근로자참여 및 협력증진에 관한 법률상 노사협의회의 운영에 관한 설명으로 옳지 않은 것은?

① 노사협의회는 3개월마다 정기적으로 회의를 개최하여야 하며, 필요에 따라 임시회의를 개최할 수 있다.

> 노사협의회는 3개월마다 정기적으로 회의를 개최하여야 한다. 노사협의회는 필요에 따라 임시회의를 개최할 수 있다(근로자참여 및 협력증진에 관한 법률 제12조 제1항 및 제2항).

② 노사협의회 의장은 회의 개최 7일 전에 회의 일시, 장소, 의제 등을 각 위원에게 통보하여야 한다.

> 근로자참여 및 협력증진에 관한 법률 제13조 제3항

✔️ **노사협의회는 그 조직과 운영에 관한 규정을 제정하고 노사협의회를 설치한 날부터 30일 이내에 고용노동부장관에게 제출하여야 한다.**

> 노사협의회는 그 조직과 운영에 관한 규정(이하 "협의회규정"이라 한다)을 제정하고 협의회를 설치한 날부터 15일 이내에 고용노동부장관에게 제출하여야 한다. 이를 변경한 경우에도 또한 같다(근로자참여 및 협력증진에 관한 법률 제18조 제1항).

④ 노사협의회의 회의는 공개한다. 다만, 노사협의회의 의결로 공개하지 아니할 수 있다.

> 근로자참여 및 협력증진에 관한 법률 제16조

⑤ 노사협의회 회의는 근로자위원과 사용자위원 각 과반수의 출석으로 개최하고 출석위원 3분의 2 이상의 찬성으로 의결한다.

> 근로자참여 및 협력증진에 관한 법률 제15조

26 근로자참여 및 협력증진에 관한 법률상 벌칙 등에 관한 설명으로 옳지 않은 것은?

① 제4조(노사협의회의 설치) 제1항에 따른 노사협의회의 설치를 정당한 사유 없이 거부하거나 방해한 자는 1천만원 이하의 벌금에 처한다.

> 제4조(노사협의회의 설치) 제1항에 따른 노사협의회의 설치를 정당한 사유 없이 거부하거나 방해한 자는 1천만원 이하의 벌금에 처한다(근로자참여 및 협력증진에 관한 법률 제30조 제1호). ⚖

② 제24조(의결 사항의 이행)를 위반하여 노사협의회에서 의결된 사항을 정당한 사유없이 이행하지 아니한 자는 1천만원 이하의 벌금에 처한다.

> 제24조(의결 사항의 이행)를 위반하여 노사협의회에서 의결된 사항을 정당한 사유 없이 이행하지 아니한 자는 1천만원 이하의 벌금에 처한다(근로자참여 및 협력증진에 관한 법률 제30조 제2호). ⚖

③ 제25조(임의 중재) 제2항을 위반하여 중재 결정의 내용을 정당한 사유 없이 이행하지 아니한 자는 1천만원 이하의 벌금에 처한다.

> 제25조 제2항을 위반하여 중재 결정의 내용을 정당한 사유 없이 이행하지 아니한 자는 1천만원 이하의 벌금에 처한다(근로자참여 및 협력증진에 관한 법률 제30조 제3호). ⚖

☑ 사용자가 정당한 사유 없이 제11조(시정명령)에 따른 시정명령을 이행하지 아니하면 1천만원 이하의 벌금에 처한다.

> 사용자가 정당한 사유 없이 제11조에 따른 시정명령을 이행하지 아니하거나 제22조 제3항에 따른 자료제출 의무를 이행하지 아니하면 500만원 이하의 벌금에 처한다(근로자참여 및 협력증진에 관한 법률 제31조). ⚖

⑤ 사용자가 제18조(협의회규정)를 위반하여 노사협의회규정을 제출하지 아니한 때에는 200만원 이하의 과태료를 부과한다.

> 사용자가 제18조를 위반하여 협의회규정을 제출하지 아니한 때에는 200만원 이하의 과태료를 부과한다(근로자참여 및 협력증진에 관한 법률 제33조 제1항). ⚖

⚖
법령

> **근로자참여 및 협력증진에 관한 법률 제30조(벌칙)**
> 다음 각 호의 어느 하나에 해당하는 자는 1천만원 이하의 벌금에 처한다.
> 1. 제4조 제1항에 따른 협의회의 설치를 정당한 사유 없이 거부하거나 방해한 자
> 2. 제24조를 위반하여 협의회에서 의결된 사항을 정당한 사유 없이 이행하지 아니한 자
> 3. 제25조 제2항을 위반하여 중재 결정의 내용을 정당한 사유 없이 이행하지 아니한 자
>
> **근로자참여 및 협력증진에 관한 법률 제31조(벌칙)**
> 사용자가 정당한 사유 없이 제11조에 따른 시정명령을 이행하지 아니하거나 제22조 제3항에 따른 자료제출 의무를 이행하지 아니하면 500만원 이하의 벌금에 처한다.
>
> **근로자참여 및 협력증진에 관한 법률 제33조(과태료)**
> ① 사용자가 제18조를 위반하여 협의회규정을 제출하지 아니한 때에는 200만원 이하의 과태료를 부과한다.

27 근로자참여 및 협력증진에 관한 법률상 노사협의회의 협의 사항으로 옳은 것은?

① 인력계획에 관한 사항

② **근로자의 복지증진**

③ 사내근로복지기금의 설치

④ 각종 노사공동위원회의 설치

⑤ 복지시설의 설치와 관리

> 협의회가 협의하여야 할 사항에 해당하는 것은 근로자의 복지증진이다(근로자참여 및 협력증진에 관한 법률 제20조 제13호). ⚖

⚖
법령

근로자참여 및 협력증진에 관한 법률 제21조(의결 사항)
사용자는 다음 각 호의 어느 하나에 해당하는 사항에 대하여는 협의회의 의결을 거쳐야 한다.
1. 근로자의 교육훈련 및 능력개발 기본계획의 수립
2. 복지시설의 설치와 관리
3. 사내근로복지기금의 설치
4. 고충처리위원회에서 의결되지 아니한 사항
5. 각종 노사공동위원회의 설치

근로자참여 및 협력증진에 관한 법률 제22조(보고 사항 등)
① 사용자는 정기회의에 다음 각 호의 어느 하나에 해당하는 사항에 관하여 성실하게 보고하거나 설명하여야 한다.
　1. 경영계획 전반 및 실적에 관한 사항
　2. 분기별 생산계획과 실적에 관한 사항
　3. 인력계획에 관한 사항
　4. 기업의 경제적·재정적 상황
② 근로자위원은 근로자의 요구사항을 보고하거나 설명할 수 있다.
③ 근로자위원은 사용자가 제1항에 따른 보고와 설명을 이행하지 아니하는 경우에는 제1항 각 호에 관한 자료를 제출하도록 요구할 수 있으며 사용자는 그 요구에 성실히 따라야 한다.

28 노동위원회법상 노동위원회의 화해의 권고 등에 관한 설명으로 옳지 않은 것은?

① 노동위원회는 노동조합 및 노동관계조정법 제84조에 따른 판정·명령 또는 결정이 있기 전까지 관계 당사자의 신청을 받아 화해를 권고하거나 화해안을 제시할 수 있다.

> 노동위원회는 노동조합 및 노동관계조정법 제29조의4 및 제84조, 근로기준법 제30조에 따른 판정·명령 또는 결정이 있기 전까지 관계 당사자의 신청을 받아 또는 직권으로 화해를 권고하거나 화해안을 제시할 수 있다(노동위원회법 제16조의3 제1항).

② 노동위원회는 노동조합 및 노동관계조정법 제84조에 따른 판정·명령 또는 결정이 있기 전까지 직권으로 화해를 권고하거나 화해안을 제시할 수 있다.

> 노동위원회는 노동조합 및 노동관계조정법 제29조의4 및 제84조, 근로기준법 제30조에 따른 판정·명령 또는 결정이 있기 전까지 관계 당사자의 신청을 받아 또는 직권으로 화해를 권고하거나 화해안을 제시할 수 있다(노동위원회법 제16조의3 제1항).

③ 노동위원회는 관계 당사자가 화해안을 수락하였을 때에는 화해조서를 작성하여야 한다.

> 노동위원회법 제16조의3 제3항

④ 노동위원회법에 따라 작성된 화해조서는 민사소송법에 따른 재판상 화해의 효력을 갖는다.

> 노동위원회법 제16조의3 제5항

✔ **단독심판의 위원을 제외하고 화해에 관여한 부문별 위원회의 위원 전원은 화해조서에 모두 서명하거나 날인하여야 한다.**

> 관계 당사자뿐만 아니라 화해에 관여한 부문별 위원회(단독심판을 포함한다)의 위원 전원은 화해조서에 모두 서명하거나 날인하여야 한다(노위법 제16조의3 제4항).

29 노동위원회법상 노동위원회의 공시송달에 관한 설명으로 옳은 것은?

1
2
3

① 노동위원회는 서류의 송달을 받아야 할 자의 주소가 분명하지 아니한 경우에는 공시송달을 하여야 한다.

> 노동위원회는 서류의 송달을 받아야 할 자의 주소가 분명하지 아니한 경우 공시송달을 할 수 있다(노동위원회법 제17조의3 제1항 제1호).

② 노동위원회는 서류의 송달을 받아야 할 자의 주소가 통상적인 방법으로 확인할 수 없어 서류의 송달이 곤란한 경우에는 공시송달을 하여야 한다.

> 노동위원회는 서류의 송달을 받아야 할 자의 주소가 국외에 있거나 통상적인 방법으로 확인할 수 없어 서류의 송달이 곤란한 경우에는 공시송달을 할 수 있다(노동위원회법 제17조의3 제1항 제2호).

✔ **공시송달은 노동위원회의 게시판이나 인터넷 홈페이지에 게시하는 방법으로 하며, 게시한 날부터 14일이 지난 때에 효력이 발생한다.**

> 공시송달은 노동위원회의 게시판이나 인터넷 홈페이지에 게시하는 방법으로 하며, 게시한 날부터 14일이 지난 때에 효력이 발생한다(노동위원회법 제17조의3 제2항 및 제3항).

④ 노동위원회는 서류의 송달을 받아야 할 자에게 등기우편 등으로 송달하였으나 송달을 받아야 할 자가 없는 것으로 확인되어 반송되는 경우에는 공시송달을 하여야 한다.

> 노동위원회는 서류의 송달을 받아야 할 자에게 등기우편 등으로 송달하였으나 송달을 받아야 할 자가 없는 것으로 확인되어 반송되는 경우에는 공시송달을 할 수 있다(노동위원회법 제17조의3 제1항 제3호).

⑤ 노동위원회는 서류의 송달을 받아야 할 자의 주소가 국외에 있어서 서류의 송달이 곤란한 경우에는 공시송달을 하여야 한다.

> 노동위원회는 서류의 송달을 받아야 할 자의 주소가 국외에 있거나 통상적인 방법으로 확인할 수 없어 서류의 송달이 곤란한 경우에는 공시송달을 할 수 있다(노동위원회법 제17조의3 제1항 제2호).

법령

노동위원회법 제17조의3(공시송달)

① 노동위원회는 서류의 송달을 받아야 할 자가 다음 각 호의 어느 하나에 해당하는 경우에는 공시송달을 할 수 있다.
1. 주소가 분명하지 아니한 경우
2. 주소가 국외에 있거나 통상적인 방법으로 확인할 수 없어 서류의 송달이 곤란한 경우
3. 등기우편 등으로 송달하였으나 송달을 받아야 할 자가 없는 것으로 확인되어 반송되는 경우
② 제1항에 따른 공시송달은 노동위원회의 게시판이나 인터넷 홈페이지에 게시하는 방법으로 한다.
③ 공시송달은 제2항에 따라 게시한 날부터 14일이 지난 때에 효력이 발생한다.
④ 제1항에 따른 공시송달의 요건과 제2항에 따른 공시송달의 방법 및 절차에 필요한 사항은 대통령령으로 정한다.

30 노동위원회법상 노동위원회의 권한 등에 관한 설명으로 옳지 않은 것은?

① 노동위원회는 그 사무집행을 위하여 필요하다고 인정하는 경우에 관계 행정기관에 협조를 요청할 수 있으며, 협조를 요청받은 관계 행정기관은 특별한 사유가 없으면 이에 따라야 한다.

노동위원회법 제22조 제1항

✔ 노동위원회는 관계 행정기관으로 하여금 근로조건의 개선에 필요한 조치를 하도록 명령하여야 한다.

노동위원회는 관계 행정기관으로 하여금 근로조건의 개선에 필요한 조치를 하도록 권고할 수 있다(노동위원회법 제22조 제2항).

③ 중앙노동위원회는 지방노동위원회 또는 특별노동위원회에 대하여 노동위원회의사무처리에 관한 기본방침 및 법령의 해석에 관하여 필요한 지시를 할 수 있다.

노동위원회법 제24조

④ 중앙노동위원회는 당사자의 신청이 있는 경우 지방노동위원회 또는 특별노동위원회의 처분을 재심하여 이를 인정·취소 또는 변경할 수 있다.

노동위원회법 제26조 제1항

⑤ 중앙노동위원회의 처분에 대한 소송은 중앙노동위원회 위원장을 피고로 하여 처분의 송달을 받은 날부터 15일 이내에 제기하여야 한다.

노동위원회법 제27조 제1항

31 노동위원회법상 위원이 해당 사건에 관한 직무집행에서 제척(除斥)되는 경우를 모두 고른 것은?

> ㄱ. 위원이 해당 사건의 당사자와 친족이었던 경우
> ㄴ. 위원이 해당 사건에 관하여 진술한 경우
> ㄷ. 위원이 당사자의 대리인으로서 업무에 관여하였던 경우
> ㄹ. 위원 또는 위원이 속한 법인, 단체 또는 법률사무소가 해당 사건의 원인이 된 처분 또는 부작위에 관여한 경우

① ㄱ
② ㄱ, ㄴ
③ ㄱ, ㄷ, ㄹ
④ ㄴ, ㄷ, ㄹ
☑ ㄱ, ㄴ, ㄷ, ㄹ

> ㄱ. 위원이 해당 사건의 당사자와 친족이었던 경우, ㄴ. 위원이 해당 사건에 관하여 진술한 경우, ㄷ. 위원이 당사자의 대리인으로서 업무에 관여하였던 경우, ㄹ. 위원 또는 위원이 속한 법인, 단체 또는 법률사무소가 해당 사건의 원인이 된 처분 또는 부작위에 관여한 경우 모두 해당 사건에 관한 직무집행에서 제척(除斥)된다 (노동위원회법 제21조 제1항).

법령

노동위원회법 제21조(위원의 제척·기피·회피 등)

① 위원은 다음 각 호의 어느 하나에 해당하는 경우에 해당 사건에 관한 직무집행에서 제척(除斥)된다.
 1. 위원 또는 위원의 배우자이거나 배우자였던 사람이 해당 사건의 당사자가 되거나 해당 사건의 당사자와 공동권리자 또는 공동의무자의 관계에 있는 경우
 2. 위원이 해당 사건의 당사자와 친족이거나 친족이었던 경우
 3. 위원이 해당 사건에 관하여 진술이나 감정을 한 경우
 4. 위원이 당사자의 대리인으로서 업무에 관여하거나 관여하였던 경우
 4의2. 위원이 속한 법인, 단체 또는 법률사무소가 해당 사건에 관하여 당사자의 대리인으로서 관여하거나 관여하였던 경우
 5. 위원 또는 위원이 속한 법인, 단체 또는 법률사무소가 해당 사건의 원인이 된 처분 또는 부작위에 관여한 경우

32 근로자참여 및 협력증진에 관한 법률상 고충처리에 관한 설명으로 옳은 것은?

✔ ① 고충처리위원이 처리하기 곤란한 사항은 노사협의회의 회의에 부쳐 협의 처리한다.

> 고충처리위원이 처리하기 곤란한 사항은 노사협의회의 회의에 부쳐 협의 처리한다(근로자참여 및 협력증진에 관한 법률 제28조 제2항).

② 고충처리위원은 노사를 대표하는 5명 이내의 위원으로 구성한다.

> 고충처리위원은 노사를 대표하는 3명 이내의 위원으로 구성하되, 협의회가 설치되어 있는 사업이나 사업장의 경우에는 협의회가 그 위원 중에서 선임하고, 협의회가 설치되어 있지 아니한 사업이나 사업장의 경우에는 사용자가 위촉한다(근로자참여 및 협력증진에 관한 법률 제27조 제1항).

③ 고충처리위원은 근로자로부터 고충사항을 청취한 경우에는 15일 이내에 조치 사항과 그 밖의 처리결과를 해당 근로자에게 통보하여야 한다.

> 고충처리위원은 근로자로부터 고충사항을 청취한 경우에는 10일 이내에 조치 사항과 그 밖의 처리결과를 해당 근로자에게 통보하여야 한다(근로자참여 및 협력증진에 관한 법률 제28조 제1항).

④ 고충처리위원은 임기가 끝난 경우에는 후임자가 선출되기 전이라도 계속 그 직무를 담당하지 못한다.

> 고충처리위원은 임기가 끝난 경우라도 후임자가 선출될 때까지 계속 그 직무를 담당한다(근로자참여 및 협력증진에 관한 법률 제27조 제2항, 동법 제8조).

⑤ 모든 사업 또는 사업장에는 근로자의 고충을 청취하고 이를 처리하기 위하여 고충처리위원을 두어야만 한다.

> 모든 사업 또는 사업장에는 근로자의 고충을 청취하고 이를 처리하기 위하여 고충처리위원을 두어야 한다. 다만, 상시 30명 미만의 근로자를 사용하는 사업이나 사업장은 그러하지 아니하다(근로자참여 및 협력증진에 관한 법률 제26조).

⚖ 법령

근로자참여 및 협력증진에 관한 법률 제26조(고충처리위원)
모든 사업 또는 사업장에는 근로자의 고충을 청취하고 이를 처리하기 위하여 고충처리위원을 두어야 한다. 다만, 상시 30명 미만의 근로자를 사용하는 사업이나 사업장은 그러하지 아니하다.

근로자참여 및 협력증진에 관한 법률 제27조(고충처리위원의 구성 및 임기)
① 고충처리위원은 노사를 대표하는 3명 이내의 위원으로 구성하되, 협의회가 설치되어 있는 사업이나 사업장의 경우에는 협의회가 그 위원 중에서 선임하고, 협의회가 설치되어 있지 아니한 사업이나 사업장의 경우에는 사용자가 위촉한다.
② 위원의 임기에 관하여는 협의회 위원의 임기에 관한 제8조를 준용한다.

근로자참여 및 협력증진에 관한 법률 제28조(고충의 처리)
① 고충처리위원은 근로자로부터 고충사항을 청취한 경우에는 10일 이내에 조치 사항과 그 밖의 처리결과를 해당 근로자에게 통보하여야 한다.
② 고충처리위원이 처리하기 곤란한 사항은 협의회의 회의에 부쳐 협의 처리한다.

33 교원의 노동조합 설립 및 운영 등에 관한 법률의 내용으로 옳지 않은 것은?

1
2
3

① 교원의 노동조합은 어떠한 정치활동도 하여서는 아니 된다.

교원의 노동조합 설립 및 운영 등에 관한 법률 제3조

② 교원은 임용권자의 동의를 받아 노동조합으로부터 급여를 지급받으면서 노동조합의 업무에만 종사할 수 있다.

교원의 노동조합 설립 및 운영 등에 관한 법률 제5조

✔ 교원의 노동조합과 그 조합원은 노동운동이나 그 밖에 공무 외의 일을 위한 어떠한 집단행위도 하여서는 아니 된다.

교원의 노동조합 설립 및 운영 등에 관한 법률은 국가공무원법 제66조 제1항에도 불구하고 노동조합 및 노동관계조정법 제5조 제1항 단서에 따라 <u>교원의 노동조합 설립에 관한 사항을 정하고 교원에 적용할 노동조합 및 노동관계조정법에 대한 특례를 규정함을 목적으로 한다</u>(교원의 노동조합 설립 및 운영 등에 관한 법률 제1조). 따라서 교원의 노동조합 설립 및 운영 등에 관한 법률 제2조에서 정한 교원은 노동조합을 설립하여 단체교섭에 나설 수 있다. ⚖

④ 법령·조례 및 예산에 의하여 규정되는 내용은 단체협약으로 체결되더라도 효력을 가지지 아니한다.

체결된 단체협약의 내용 중 <u>법령·조례 및 예산에 의하여 규정되는 내용</u>과 법령 또는 조례에 의하여 위임을 받아 규정되는 내용은 <u>단체협약으로서의 효력을 가지지 아니한다</u>(교원의 노동조합 설립 및 운영 등에 관한 법률 제7조 제1항).

⑤ 교원의 노동조합의 전임자는 그 전임기간 중 전임자임을 이유로 승급 또는 그 밖의 신분상의 불이익을 받지 아니한다.

교원의 노동조합 설립 및 운영 등에 관한 법률 제5조 제4항

⚖
법령

국가공무원법 제66조(집단 행위의 금지)
① 공무원은 노동운동이나 그 밖에 공무 외의 일을 위한 집단 행위를 하여서는 아니 된다. <u>다만, 사실상 노무에 종사하는 공무원은 예외로 한다.</u>

노동조합 및 노동관계조정법 제5조(노동조합의 조직·가입·활동)
① <u>근로자는 자유로이 노동조합을 조직하거나 이에 가입할 수 있다. 다만, 공무원과 교원에 대하여는 따로 법률로 정한다.</u>
② 사업 또는 사업장에 종사하는 근로자(이하 "종사근로자"라 한다)가 아닌 노동조합의 조합원은 사용자의 효율적인 사업 운영에 지장을 주지 아니하는 범위에서 사업 또는 사업장 내에서 노동조합 활동을 할 수 있다.
③ 종사근로자인 조합원이 해고되어 노동위원회에 부당노동행위의 구제신청을 한 경우에는 중앙노동위원회의 재심판정이 있을 때까지는 종사근로자로 본다.

34 교원의 노동조합 설립 및 운영 등에 관한 법령상 근무시간 면제에 관한 설명으로 옳지 않은 것은?

1 2 3

① 근무시간 면제 시간 및 사용인원의 한도를 정하기 위하여 경제사회노동위원회에 교원근무시간면제심의위원회를 둔다.

> 근무시간 면제 시간 및 사용인원의 한도(이하 "근무시간 면제 한도"라 한다)를 정하기 위하여 교원근무시간면제심의위원회(이하 이 조에서 "심의위원회"라 한다)를 경제사회노동위원회법에 따른 경제사회노동위원회에 둔다(교원의 노동조합 설립 및 운영 등에 관한 법률 제5조의2 제2항). ⚖[1]

✔ 고등교육법에 따른 교원에 대해서는 시·도 단위를 기준으로 근무시간 면제한도를 심의·의결한다.

> 고등교육법에 따른 교원에 대해서는 개별학교 단위를 기준으로 조합원의 수를 고려하되 노동조합의 조직형태, 교섭구조·범위 등 교원 노사관계의 특성을 반영하여 근무시간 면제 한도를 심의·의결하고, 3년마다 그 적정성 여부를 재심의하여 의결할 수 있다(교원의 노동조합 설립 및 운영 등에 관한 법률 제5조의2 제3항 제1호). ⚖[1]

③ 교원근무시간면제심의위원회는 3년마다 근무시간 면제 한도의 적정성 여부를 재심의하여 의결할 수 있다.

> 심의위원회는 다음 각 호의 구분에 따른 단위를 기준으로 조합원의 수를 고려하되 노동조합의 조직형태, 교섭구조·범위 등 교원 노사관계의 특성을 반영하여 근무시간 면제 한도를 심의·의결하고, 3년마다 그 적정성 여부를 재심의하여 의결할 수 있다(교원의 노동조합 설립 및 운영 등에 관한 법률 제5조의2 제3항). ⚖[1]

④ 근무시간 면제 한도를 초과하는 내용을 정한 단체협약 또는 임용권자의 동의는 그 부분에 한정하여 무효로 한다.

> 교원의 노동조합 설립 및 운영 등에 관한 법률 제5조의2 제4항 ⚖[1]

⑤ 임용권자는 전년도에 노동조합별로 근무시간을 면제받은 시간 및 사용인원, 지급된 보수 등에 관한 정보를 고용노동부장관이 지정하는 인터넷 홈페이지에 3년간 게재하는 방법으로 공개하여야 한다.

> 임용권자는 국민이 알 수 있도록 전년도에 노동조합별로 근무시간을 면제받은 시간 및 사용인원, 지급된 보수 등에 관한 정보를 대통령령으로 정하는 바에 따라 공개하여야 한다(교원의 노동조합 설립 및 운영 등에 관한 법률 제5조의3, 동법 시행령 제2조의6). ⚖[2]

법령 1

교원의 노동조합 설립 및 운영 등에 관한 법률 제5조의2(근무시간 면제자 등)

① 교원은 단체협약으로 정하거나 임용권자가 동의하는 경우 제2항 및 제3항에 따라 결정된 근무시간 면제 한도를 초과하지 아니하는 범위에서 보수의 손실 없이 제6조 제1항 각 호의 구분에 따른 자와의 협의·교섭, 고충처리, 안전·보건활동 등 이 법 또는 다른 법률에서 정하는 업무와 건전한 노사관계 발전을 위한 노동조합의 유지·관리업무를 할 수 있다.

② 근무시간 면제 시간 및 사용인원의 한도(이하 "근무시간 면제 한도"라 한다)를 정하기 위하여 교원근무시간 면제심의위원회(이하 이 조에서 "심의위원회"라 한다)를 경제사회노동위원회법에 따른 경제사회노동위원회에 둔다.

③ 심의위원회는 다음 각 호의 구분에 따른 단위를 기준으로 조합원(제4조의2 제1호에 해당하는 조합원을 말한다)의 수를 고려하되 노동조합의 조직형태, 교섭구조·범위 등 교원 노사관계의 특성을 반영하여 근무시간 면제 한도를 심의·의결하고, 3년마다 그 적정성 여부를 재심의하여 의결할 수 있다.

　　1. 제2조 제1호·제2호에 따른 교원 : 시·도 단위
　　2. 제2조 제3호에 따른 교원 : 개별학교 단위

④ 제1항을 위반하여 근무시간 면제 한도를 초과하는 내용을 정한 단체협약 또는 임용권자의 동의는 그 부분에 한정하여 무효로 한다.

교원의 노동조합 설립 및 운영 등에 관한 법률 제2조(정의)

1. 유아교육법 제20조 제1항에 따른 교원
2. 초·중등교육법 제19조 제1항에 따른 교원
3. 고등교육법 제14조 제2항 및 제4항에 따른 교원. 다만, 강사는 제외한다.

법령 2

교원의 노동조합 설립 및 운영 등에 관한 법률 시행령 제2조의6(근무시간 면제 사용 정보의 공개 방법 등)

임용권자는 법 제5조의3에 따라 다음 각 호의 정보를 매년 4월 30일까지 고용노동부장관이 지정하는 인터넷 홈페이지에 3년간 게재하는 방법으로 공개한다.

1. 노동조합별 전년도 근무시간 면제 시간과 그 결정기준
2. 노동조합별 전년도 근무시간 면제 사용인원(연간근무시간면제자와 근무시간 부분 면제자를 구분한다)
3. 노동조합별 전년도 근무시간 면제 사용인원에게 지급된 보수 총액

35 공무원의 노동조합 설립 및 운영 등에 관한 법률의 내용으로 옳은 것은?

1
2
3

① 교원과 교육공무원은 공무원의 노동조합에 가입할 수 없다.

> 교육공무원(다만, 교원은 제외한다)은 노동조합에 가입할 수 있다(공무원의 노동조합 설립 및 운영 등에 관한 법률 제6조 제1항 제2호).

✔️ 업무의 주된 내용이 다른 공무원에 대하여 지휘·감독권을 행사하거나 다른 공무원의 업무를 총괄하는 업무에 종사하는 공무원 중 대통령령으로 정하는 공무원은 공무원의 노동조합에 가입할 수 없다.

> 업무의 주된 내용이 다른 공무원에 대하여 지휘·감독권을 행사하거나 다른 공무원의 업무를 총괄하는 업무에 종사하는 공무원은 노동조합에 가입할 수 없다(공무원의 노동조합 설립 및 운영 등에 관한 법률 시행령 제3조 제1호 가목). ⚖️

③ 교정·수사 등 공공의 안녕과 국가안전보장에 관한 업무에 종사하는 공무원은 공무원의 노동조합에 가입할 수 있다.

> 교정·수사 등 공공의 안녕과 국가안전보장에 관한 업무에 종사하는 공무원에 해당하는 공무원은 노동조합에 가입할 수 없다(공무원의 노동조합 설립 및 운영 등에 관한 법률 제6조 제2항 제3호).

④ 공무원의 노동조합이 있는 경우 공무원이 공무원직장협의회를 설립·운영할 수 없다.

> 공무원의 노동조합 설립 및 운영 등에 관한 법률에 따라 공무원이 직장협의회를 설립·운영하는 것을 방해하지 아니한다(공무원의 노동조합 설립 및 운영 등에 관한 법률 제17조 제1항).

⑤ 공무원은 임용권자의 동의를 받아 노동조합으로부터 급여를 지급받으면서 노동조합의 업무에만 종사할 수 있으며, 그 기간 중 휴직명령을 받은 것으로 본다.

> 공무원은 임용권자의 동의를 받아 노동조합으로부터 급여를 지급받으면서 노동조합의 업무에만 종사할 수 있다. 동의를 받아 노동조합의 업무에만 종사하는 사람[이하 "전임자"(專任者)라 한다]에 대하여는 그 기간 중 국가공무원법 또는 지방공무원법에 따라 휴직명령을 하여야 한다(공무원의 노동조합 설립 및 운영 등에 관한 법률 제7조 제1항).

⚖️
법령

> **공무원의 노동조합 설립 및 운영 등에 관한 법률 시행령 제3조(노동조합 가입이 금지되는 공무원의 범위)**
> 법 제6조 제2항 및 제4항에 따라 노동조합에 가입할 수 없는 공무원의 범위는 다음 각 호와 같다.
> 1. 업무의 주된 내용이 다른 공무원에 대하여 지휘·감독권을 행사하거나 다른 공무원의 업무를 총괄하는 업무에 종사하는 공무원으로서 다음 각 목의 어느 하나에 해당하는 공무원
>   가. 법령·조례 또는 규칙에 따라 다른 공무원을 지휘·감독하며 그 복무를 관리할 권한과 책임을 부여받은 공무원(직무 대리자를 포함한다)
>   나. 훈령 또는 사무 분장 등에 따라 부서장을 보조하여 부서 내 다른 공무원의 업무 수행을 지휘·감독하거나 총괄하는 업무에 주로 종사하는 공무원

36 공무원의 노동조합 설립 및 운영 등에 관한 법률상 단체교섭 및 단체협약에 관한 설명으로 옳지 않은 것은?

1
2
3

☑ 공무원의 노동조합 설립 및 운영 등에 관한 법률은 단체교섭에 대하여 개별교섭방식만을 인정하고 있다.

> 교섭노동조합이 둘 이상인 경우에는 교섭노동조합 사이의 합의에 따라 교섭위원을 선임하여 교섭창구를 단일화해야 한다. 다만, 기간 내에 합의하지 못했을 때에는 교섭노동조합의 조합원 수에 비례하여 기간이 끝난 날부터 20일 이내에 교섭위원을 선임해야 한다(공무원의 노동조합 설립 및 운영 등에 관한 법률 시행령 제8조 제2항). 따라서 공무원의 노동조합 설립 및 운영 등에 관한 법은 개별교섭을 금지하고 있다.

② 단체협약의 유효기간은 3년을 초과하지 않는 범위에서 노사가 합의하여 정할 수 있다.

> 노동조합 및 노동관계조정법 제32조 제1항 ⚖

③ 정부교섭대표는 교섭을 요구하는 노동조합이 둘 이상인 경우에는 해당 노동조합에 교섭창구를 단일화하도록 요청할 수 있으며, 교섭창구가 단일화된 때에는 교섭에 응하여야 한다.

> 정부교섭대표는 교섭을 요구하는 노동조합이 둘 이상인 경우에는 해당 노동조합에 교섭창구를 단일화하도록 요청할 수 있다. 이 경우 교섭창구가 단일화된 때에는 교섭에 응하여야 한다(공무원의 노동조합 설립 및 운영 등에 관한 법률 제9조 제4항).

④ 법령 또는 조례에 의하여 위임을 받아 규정되는 내용은 단체협약으로 체결되더라도 효력을 가지지 않지만, 정부교섭대표는 그 내용이 이행될 수 있도록 성실하게 노력하여야 한다.

> 체결된 단체협약의 내용 중 법령·조례 또는 예산에 의하여 규정되는 내용과 법령 또는 조례에 의하여 위임을 받아 규정되는 내용은 단체협약으로서의 효력을 가지지 아니한다. 정부교섭대표는 단체협약으로서의 효력을 가지지 아니하는 내용에 대하여는 그 내용이 이행될 수 있도록 성실하게 노력하여야 한다(공무원의 노동조합 설립 및 운영 등에 관한 법률 제10조 제1항 및 제2항).

⑤ 법령 등에 따라 국가나 지방자치단체가 그 권한으로 행하는 정책결정에 관한 사항, 임용권의 행사 등 그 기관의 관리·운영에 관한 사항으로서 근무조건과 직접 관련되지 아니하는 사항은 교섭의 대상이 될 수 없다.

> 노동조합의 대표자는 그 노동조합에 관한 사항 또는 조합원의 보수·복지, 그 밖의 근무조건에 관하여 국회사무총장·법원행정처장·헌법재판소사무처장·중앙선거관리위원회사무총장·인사혁신처장(행정부를 대표한다)·특별시장·광역시장·특별자치시장·도지사·특별자치도지사·시장·군수·구청장(자치구의 구청장을 말한다) 또는 특별시·광역시·특별자치시·도·특별자치도의 교육감 중 어느 하나에 해당하는 사람(이하 "정부교섭대표"라 한다)과 각각 교섭하고 단체협약을 체결할 권한을 가진다. 다만, 법령 등에 따라 국가나 지방자치단체가 그 권한으로 행하는 정책결정에 관한 사항, 임용권의 행사 등 그 기관의 관리·운영에 관한 사항으로서 근무조건과 직접 관련되지 아니하는 사항은 교섭의 대상이 될 수 없다(공무원의 노동조합 설립 및 운영 등에 관한 법률 제8조 제1항).

⚖️ **법령**

> **노동조합 및 노동관계조정법 제32조(단체협약 유효기간의 상한)**
> ① 단체협약의 유효기간은 3년을 초과하지 않는 범위에서 노사가 합의하여 정할 수 있다.
> ② 단체협약에 그 유효기간을 정하지 아니한 경우 또는 제1항의 기간을 초과하는 유효기간을 정한 경우에 그 유효기간은 3년으로 한다.
> ③ 단체협약의 유효기간이 만료되는 때를 전후하여 당사자 쌍방이 새로운 단체협약을 체결하고자 단체교섭을 계속하였음에도 불구하고 새로운 단체협약이 체결되지 아니한 경우에는 별도의 약정이 있는 경우를 제외하고는 종전의 단체협약은 그 효력만료일부터 3월까지 계속 효력을 갖는다. 다만, 단체협약에 그 유효기간이 경과한 후에도 새로운 단체협약이 체결되지 아니한 때에는 새로운 단체협약이 체결될 때까지 종전 단체협약의 효력을 존속시킨다는 취지의 별도의 약정이 있는 경우에는 그에 따르되, 당사자 일방은 해지하고자 하는 날의 6월전까지 상대방에게 통고함으로써 종전의 단체협약을 해지할 수 있다.

37 공무원의 노동조합 설립 및 운영 등에 관한 법률상 조정 및 중재에 관한 설명으로 옳은 것은?

① 단체교섭이 결렬된 경우 이를 조정·중재하기 위하여 중앙노동위원회에 특별조정위원회를 둔다.

> 단체교섭이 결렬된 경우 이를 조정·중재하기 위하여 <u>중앙노동위원회에 공무원 노동관계 조정위원회(이하 "위원회"라 한다)를 둔다</u>(공무원의 노동조합 설립 및 운영 등에 관한 법률 제14조 제1항).

② 중앙노동위원회 위원장이 직권으로 중재에 회부한다는 결정을 하는 경우 지체없이 중재를 한다.

> 중앙노동위원회는 조정이 이루어지지 아니하여 <u>공무원 노동관계 조정위원회 전원회의에서 중재 회부를 결정한 경우에는 지체없이 중재(仲裁)를 한다</u>(공무원의 노동조합 설립 및 운영 등에 관한 법률 제13조).

③ 관계 당사자는 중앙노동위원회의 중재재정이 위법하거나 월권에 의한 것이라고 인정하는 경우에는 중재재정서를 송달받은 날부터 30일 이내에 중앙노동위원회 위원장을 피고로 하여 행정소송을 제기할 수 있다.

> 관계 당사자는 중앙노동위원회의 중재재정이 위법하거나 월권(越權)에 의한 것이라고 인정하는 경우에는 중재재정서를 송달받은 날부터 <u>15일 이내에</u> 중앙노동위원회 위원장을 피고로 하여 행정소송을 제기할 수 있다(공무원의 노동조합 설립 및 운영 등에 관한 법률 제16조 제1항). ⚖️

☑️ **관계 당사자는 확정된 중재재정을 따라야 하나, 위반에 대한 벌칙 규정은 없다.**

> 중재재정이 확정되면 관계 당사자는 이에 따라야 하지만, 확정된 중재재정 위반에 대한 벌칙 규정은 없다(공무원의 노동조합 설립 및 운영 등에 관한 법률 제16조 제3항). ⚖️

⑤ 중앙노동위원회의 중재재정에 대한 행정소송이 제기되면 중재재정의 효력은 정지된다.

> 중앙노동위원회의 중재재정은 <u>행정소송의 제기에 의하여 그 효력이 정지되지 아니한다</u>(공무원의 노동조합 설립 및 운영 등에 관한 법률 제16조 제4항). ⚖️

공무원의 노동조합 설립 및 운영 등에 관한 법률 제16조(중재재정의 확정 등)

① 관계 당사자는 중앙노동위원회의 중재재정이 위법하거나 월권(越權)에 의한 것이라고 인정하는 경우에는 행정소송법 제20조에도 불구하고 중재재정서를 송달받은 날부터 15일 이내에 중앙노동위원회 위원장을 피고로 하여 행정소송을 제기할 수 있다.

② 제1항의 기간 이내에 행정소송을 제기하지 아니하면 그 중재재정은 확정된다.

③ 제2항에 따라 중재재정이 확정되면 관계 당사자는 이에 따라야 한다.

④ 중앙노동위원회의 중재재정은 제1항에 따른 행정소송의 제기에 의하여 그 효력이 정지되지 아니한다.

⑤ 제2항에 따라 확정된 중재재정의 내용은 제10조에 따른 단체협약과 같은 효력을 가진다.

⑥ 중앙노동위원회는 필요한 경우 확정된 중재재정의 내용을 국회, 지방의회, 지방자치단체의 장 등에게 통보할 수 있다.

38 노동조합 및 노동관계조정법의 내용 중 공무원의 노동조합 설립 및 운영 등에 관한 법률에 적용되는 것으로 옳은 것은?

① 공정대표의무 등(노동조합 및 노동관계조정법 제29조의4)

✔ **일반적 구속력(노동조합 및 노동관계조정법 제35조)**

③ 조정의 전치(노동조합 및 노동관계조정법 제45조)

④ 사적 조정·중재(노동조합 및 노동관계조정법 제52조)

⑤ 긴급조정의 결정(노동조합 및 노동관계조정법 제76조)

> 노동조합 및 노동관계조정법 제35조 일반적 구속력은 공무원의 노동조합 설립 및 운영 등에 관한 법률에 적용되지만, 공정대표의무 등, 조정의 전치, 사적 조정·중재, 긴급조정의 결정은 공무원의 노동조합 설립 및 운영 등에 관한 법률에의 적용을 배제하고 있다. ⚖️

공무원의 노동조합 설립 및 운영 등에 관한 법률 제17조(다른 법률과의 관계)

③ 노동조합 및 노동관계조정법 제2조 제4호 라목, 제24조, 제24조의2 제1항·제2항, 제29조, 제29조의2부터 제29조의5까지, 제36조부터 제39조까지, 제41조, 제42조, 제42조의2부터 제42조의6까지, 제43조부터 제46조까지, 제51조부터 제57조까지, 제60조 제1항·제5항, 제62조부터 제65조까지, 제66조 제2항, 제69조부터 제73조까지, 제76조부터 제80조까지, 제81조 제1항 제2호 단서, 제88조부터 제92조까지 및 제96조 제1항 제3호는 이 법에 따른 노동조합에 대해서는 적용하지 아니한다.

39 교원의 노동조합 설립 및 운영 등에 관한 법령상 단체교섭에 관한 설명으로 옳지 않은 것은?

① 노동조합의 대표자는 교섭하려는 사항에 대하여 권한을 가진 자에게 서면으로 교섭을 요구하여야 한다.

> 노동조합의 대표자는 교육부장관, 시·도지사, 시·도 교육감, 국·공립학교의 장 또는 사립학교 설립·경영자와 단체교섭을 하려는 경우에는 교섭하려는 사항에 대하여 권한을 가진 자에게 서면으로 교섭을 요구하여야 한다(교원의 노동조합 설립 및 운영 등에 관한 법률 제6조 제4항).

② 초·중등교육법 제19조 제1항에 따른 교원의 노동조합의 대표자는 교육부장관, 시·도 교육감 또는 사립학교 설립·경영자와 교섭하고 단체협약을 체결할 권한을 가진다.

> 초·중등교육법 제19조 제1항에 따른 교원의 노동조합의 대표자는 그 노동조합 또는 조합원의 임금, 근무조건, 후생복지 등 경제적·사회적 지위 향상에 관하여 교육부장관, 시·도 교육감 또는 사립학교 설립·경영자 등과 교섭하고 단체협약을 체결할 권한을 가진다(교원의 노동조합 설립 및 운영 등에 관한 법률 제6조 제1항 제1호).

③ 교섭위원의 수는 교섭노동조합의 조직 규모 등을 고려하여 정하되, 10명 이내로 한다.

> 교원의 노동조합 설립 및 운영 등에 관한 법률 시행령 제3조의2 제2항

④ 노동조합의 교섭위원은 해당 노동조합의 대표자와 그 조합원으로 구성하여야 한다.

> 교원의 노동조합 설립 및 운영 등에 관한 법률 제6조 제2항

✔️ 교섭노동조합이 둘 이상인 경우 교섭창구 단일화 합의가 이루어지지 않으면 교섭창구단일화 절차에 참여한 노동조합의 전체 조합원 과반수로 조직된 노동조합이 교섭대표노동조합이 된다.

> 교섭노동조합이 둘 이상인 경우에는 교섭노동조합 사이의 합의에 따라 교섭위원을 선임하여 교섭창구를 단일화하되, 기간에 자율적으로 합의하지 못했을 때에는 교섭노동조합의 조합원 수(교원인 조합원의 수를 말한다. 이하 이 조에서 같다)에 비례(산출된 교섭위원 수의 소수점 이하의 수는 0으로 본다)하여 교섭위원을 선임한다. 이 경우 교섭노동조합은 전단에 따른 조합원 수를 확인하는 데 필요한 기준과 방법 등에 대하여 성실히 협의하고 필요한 자료를 제공하는 등 교섭위원의 선임을 위하여 적극 협조해야 한다(교원의 노동조합 설립 및 운영 등에 관한 법률 시행령 제3조의2 제6항).

40 교원의 노동조합 설립 및 운영 등에 관한 법률상 조정 및 중재에 관한 설명으로 옳은 것은?

✔️ 중앙노동위원회가 제시한 조정안을 당사자의 어느 한쪽이라도 거부한 경우 중앙노동위원회는 중재를 하며, 중재기간에 대하여는 법률의 정함이 없다.

> 중앙노동위원회가 제시한 조정안을 당사자의 어느 한쪽이라도 거부한 경우는 중재(仲裁)를 한다. 중개기간에 대하여는 규정하고 있지 않다(교원의 노동조합 설립 및 운영 등에 관한 법률 제10조 제2호).

② 관계 당사자 쌍방의 동의를 얻은 경우에는 교원 노동관계 조정위원회에 갈음하여 단독조정인에게 조정을 행하게 할 수 있다.

> 교원의 노동쟁의를 조정·중재하기 위하여 중앙노동위원회에 교원 노동관계 조정위원회(이하 "위원회"라 한다)를 둔다(교원의 노동조합 설립 및 운영 등에 관한 법률 제11조 제1항). 단독조정인에 의한 조정 규정은 존재하지 않는다.

③ 조정은 신청을 받은 날부터 30일 이내에 마쳐야 하며, 다만 당사자들이 합의한 경우에는 30일 이내의 범위에서 조정기간을 연장할 수 있다.

> 단체교섭이 결렬된 경우에는 당사자 어느 한쪽 또는 양쪽은 중앙노동위원회(이하 "중앙노동위원회"라 한다)에 조정(調停)을 신청할 수 있고, 조정은 신청을 받은 날부터 30일 이내에 마쳐야 한다(교원의 노동조합 설립 및 운영 등에 관한 법률 제9조 제1항 및 제3항). 조정기간 연장에 대한 규정은 존재하지 않는다.

④ 관계 당사자의 일방이 단체협약에 의하여 중재를 신청한 때 중앙노동위원회는 중재를 한다.

> 중앙노동위원회는 단체교섭이 결렬되어 관계 당사자 양쪽이 함께 중재를 신청한 경우, 중앙노동위원회가 제시한 조정안을 당사자의 어느 한쪽이라도 거부한 경우, 중앙노동위원회 위원장이 직권으로 또는 고용노동부장관의 요청에 따라 중재에 회부한다는 결정을 한 경우에는 중재(仲裁)를 한다(교원의 노동조합 설립 및 운영 등에 관한 법률 제10조 제1호 및 제2호 및 제3호). 관계 당사자의 일방이 단체협약에 의하여 중재를 신청한 때는 중재 사유에 해당하지 않는다.

⑤ 중앙노동위원회 위원장은 직권으로 중재에 회부한다는 결정을 할 수 없다.

> 중앙노동위원회 위원장이 직권으로 또는 고용노동부장관의 요청에 따라 중재에 회부한다는 결정을 한 경우에는 중재(仲裁)를 한다(교원의 노동조합 설립 및 운영 등에 관한 법률 제10조 제3호).

01	02	03	04	05	06	07	08	09	10	11	12	13	14	15	16	17	18	19	20	21	22	23	24	25
①	③	②	⑤	①	②	②	⑤	①	④	④	⑤	④	⑤	③	④	①	②	⑤	④	③	⑤	④	③	③

01 노동조합 및 노동관계조정법상 총회 및 대의원회의 회의 등에 관한 설명으로 옳지 않은 것은?

✓ 총회에서 임원의 선임에 관한 사항을 의결할 때에는 재적조합원 과반수의 출석과 출석조합원 3분의 2 이상의 찬성이 있어야 한다.

> 총회에서 임원의 선임에 관한 사항을 의결할 때에는 재적조합원 과반수의 출석과 출석조합원 과반수의 찬성으로 의결한다. 다만, 규약의 제정·변경, 임원의 해임, 합병·분할·해산 및 조직형태의 변경에 관한 사항은 재적조합원 과반수의 출석과 출석조합원 3분의 2 이상의 찬성이 있어야 한다(노동조합 및 노동관계조정법 제16조 제2항).

② 연합단체인 노동조합의 대표자는 그 구성단체의 3분의 1 이상이 회의에 부의할 사항을 제시하고 회의의 소집을 요구한 때에는 지체 없이 임시총회 또는 임시대의원회를 소집하여야 한다.

> 노동조합 및 노동관계조정법 제18조 제2항

③ 노동조합이 특정 조합원에 관한 사항을 의결할 경우에는 그 조합원은 표결권이 없다.

> 노동조합 및 노동관계조정법 제20조

④ 하나의 사업 또는 사업장을 대상으로 조직된 노동조합의 대의원은 그 사업 또는 사업장에 종사하는 조합원 중에서 선출하여야 한다.

> 노동조합 및 노동관계조정법 제17조 제3항

⑤ 대의원회는 회의개최일 7일 전까지 그 회의에 부의할 사항을 공고하여야 하나, 노동조합이 동일한 사업장 내의 근로자로 구성된 경우에는 그 규약으로 공고기간을 단축할 수 있다.

> 총회 또는 대의원회는 회의개최일 7일 전까지 그 회의에 부의할 사항을 공고하고 규약에 정한 방법에 의하여 소집하여야 한다. 다만, 노동조합이 동일한 사업장 내의 근로자로 구성된 경우에는 그 규약으로 공고기간을 단축할 수 있다(노동조합 및 노동관계조정법 제19조).

02 노동조합 및 노동관계조정법상 근로시간 면제에 관한 설명으로 옳은 것은 몇 개인가?

1
2
3

> • 근로시간면제심의위원회는 노동위원회법에 따른 중앙노동위원회에 둔다.
> • 고용노동부장관이 고시한 근로시간 면제 한도를 초과하는 내용의 단체협약은 그 초과한 부분에 한정하여 무효로 한다.
> • 근로시간면제심의위원회는 성별을 고려하여 구성한다.
> • 고용노동부장관은 통보받은 근로시간 면제 한도를 합리적인 범위 내에서 조정하여 고시할 수 있다.

① 0개   ② 1개

❻ 2개   ④ 3개

⑤ 4개

> • (×) 근로시간면제자에 대한 근로시간 면제 한도를 정하기 위하여 근로시간면제심의위원회를 경제사회노동위원회법에 따른 경제사회노동위원회에 둔다(노동조합 및 노동관계조정법 제24조의2 제1항).
> • (○) 경제사회노동위원회가 의결하고 경제사회노동위원회 위원장이 통보하여 고용노동부장관이 고시한 근로시간 면제 한도를 초과하는 내용을 정한 단체협약 또는 사용자의 동의는 그 부분에 한정하여 무효로 한다(노동조합 및 노동관계조정법 제24조의2 제3항 및 제4항, 제24조 제4항). ⚖
> • (○) 근로시간면제심의위원회는 근로자를 대표하는 위원과 사용자를 대표하는 위원 및 공익을 대표하는 위원 각 5명씩 성별을 고려하여 구성한다(노동조합 및 노동관계조정법 제24조의2 제5항).
> • (×) 고용노동부장관은 경제사회노동위원회 위원장이 통보한 근로시간 면제 한도를 고시하여야 한다(노동조합 및 노동관계조정법 제24조의2 제4항 참조). 즉, 합리적인 범위 내에서 조정하여 고시할 수 없다.

⚖
법령

> **노동조합 및 노동관계조정법 제24조의2(근로시간면제심의위원회)**
> ③ 경제사회노동위원회 위원장은 제2항에 따라 위원회가 의결한 사항을 고용노동부장관에게 즉시 통보하여야 한다.
> ④ 고용노동부장관은 제3항에 따라 경제사회노동위원회 위원장이 통보한 근로시간 면제 한도를 고시하여야 한다.
>
> **노동조합 및 노동관계조정법 제24조(근로시간 면제 등)**
> ② 제1항에 따라 사용자로부터 급여를 지급받는 근로자(이하 "근로시간면제자"라 한다)는 사업 또는 사업장별로 종사근로자인 조합원 수 등을 고려하여 제24조의2에 따라 결정된 근로시간 면제 한도(이하 "근로시간 면제 한도"라 한다)를 초과하지 아니하는 범위에서 임금의 손실 없이 사용자와의 협의·교섭, 고충처리, 산업안전 활동 등 이 법 또는 다른 법률에서 정하는 업무와 건전한 노사관계 발전을 위한 노동조합의 유지·관리업무를 할 수 있다.
> ④ 제2항을 위반하여 근로시간 면제 한도를 초과하는 내용을 정한 단체협약 또는 사용자의 동의는 그 부분에 한정하여 무효로 한다.

03 노동조합 및 노동관계조정법상 노동조합의 관리 등에 관한 설명으로 옳지 않은 것은?

① 연합단체인 노동조합은 조합설립일부터 30일 이내에 그 구성단체의 명칭을 기재한 명부를 작성하여 그 주된 사무소에 비치하여야 한다.

> 노동조합 및 노동관계조정법 제14조 제1항 제1호 ⚖

☑ **노동조합의 대표자는 그 회계감사원으로 하여금 3월에 1회 이상 당해 노동조합의 현재의 경리 상황 등에 대한 회계감사를 실시하게 하여야 한다.**

> 노동조합의 대표자는 그 회계감사원으로 하여금 6월에 1회 이상 당해 노동조합의 모든 재원 및 용도, 주요한 기부자의 성명, 현재의 경리 상황 등에 대한 회계감사를 실시하게 하고 그 내용과 감사결과를 전체 조합원에게 공개하여야 한다(노동조합 및 노동관계조정법 제25조 제1항).

③ 노동조합은 재정에 관한 장부와 서류를 3연간 보존하여야 한다.

> 노동조합 및 노동관계조정법 제14조 제1항 제5호, 동조 제2항 ⚖

④ 임원의 임기를 2년으로 정한 규약의 규정은 적법하다.

> 임원의 임기는 규약으로 정하되 3년을 초과할 수 없다(노동조합 및 노동관계조정법 제23조 제2항). 즉, 임원의 임기를 2년으로 정한 규약의 규정은 적법하다.

⑤ 노동조합의 대표자는 필요하다고 인정할 때에는 임시총회 또는 임시대의원회를 소집할 수 있다.

> 노동조합 및 노동관계조정법 제18조 제1항

⚖ 법령

노동조합 및 노동관계조정법 제14조(서류비치 등)
① 노동조합은 조합설립일부터 30일 이내에 다음 각호의 서류를 작성하여 그 주된 사무소에 비치하여야 한다.
  1. 조합원 명부(연합단체인 노동조합에 있어서는 그 구성단체의 명칭)
  2. 규약
  3. 임원의 성명·주소록
  4. 회의록
  5. 재정에 관한 장부와 서류
② 제1항제4호 및 제5호의 서류는 3연간 보존하여야 한다.

04 노동조합 및 노동관계조정법령상 노동조합에 관한 설명으로 옳지 않은 것은?(다툼이 있으면 판례에 따름)

① 근로조건의 결정권이 있는 독립된 사업 또는 사업장에 조직된 노동단체는 지부·분회 등 명칭이 무엇이든 상관없이 노동조합의 설립신고를 할 수 있다.

> 노동조합 및 노동관계조정법 시행령 제7조

② 주로 정치운동을 목적으로 하는 경우에는 노동조합의 설립신고를 마치고 신고증을 교부받았다고 하더라도, 그러한 단체는 적법한 노동조합으로 인정받지 못할 수 있다.

> 주로 정치운동을 목적으로 하는 경우에는 노동조합으로 보지 아니한다(노동조합 및 노동관계조정법 제2조 제4호 마목). 따라서 노동조합의 설립신고를 마치고 신고증을 교부받았다고 하더라도 적법한 노동조합으로 인정받지 못한다.

③ 노동조합 및 노동관계조정법상 노동조합이 아님을 통보하는 것을 행정입법으로 규정하려면 반드시 법률의 명시적으로 구체적인 위임이 있어야 한다.

> 법외노조 통보는 적법하게 설립된 노동조합의 법적 지위를 박탈하는 중대한 침익적 처분으로서 원칙적으로 국민의 대표자인 입법자가 스스로 형식적 법률로써 규정하여야 할 사항이고, 행정입법으로 이를 규정하기 위하여는 반드시 법률의 명시적이고 구체적인 위임이 있어야 한다. 그런데 구 노동조합 및 노동관계조정법 시행령(이하 '노동조합법 시행령'이라 한다) 제9조 제2항은 법률의 위임 없이 법률이 정하지 아니한 법외노조 통보에 관하여 규정함으로써 헌법상 노동3권을 본질적으로 제한하고 있으므로 그 자체로 무효이다(대판(全) 2020.9.3., 2016두32992).

④ 산업별 노동조합의 지회가 기업별로 구성된 노동조합에 준하는 실질을 가지고 있다면 총회의 의결을 거쳐 독립한 기업별 노동조합으로 조직형태를 변경할 수 있다.

> 산업별 노동조합의 지부·분회·지회 등의 하부조직(이하 '지회 등'이라 한다)이라고 하더라도 독자적인 단체교섭과 단체협약체결 능력이 있어 기업별 노동조합에 준하는 실질을 가지고 있거나 그렇지 않더라도 기업별 노동조합과 유사한 근로자단체로서 독립성이 인정되어 법인 아닌 사단이라고 볼 수 있는 경우에는 총회의 결의를 통하여 소속을 변경하고 독립한 기업별 노동조합으로 전환할 수 있다고 보아야 한다(대판 2018.1.24., 2014다203045).

✅ 복수 노동조합 중 어느 한 노동조합은 다른 노동조합을 상대로 그 노동조합의 설립무효확인을 구하는 소를 제기할 수 없다.

> 복수 노동조합의 설립이 현재 전면적으로 허용되고 있을 뿐 아니라 교섭창구 단일화 제도가 적용되고 있는 현행 노동조합 및 노동관계조정법하에서 복수 노동조합 중의 어느 한 노동조합은 원칙적으로 스스로 교섭대표노동조합이 되지 않는 한 독자적으로 단체교섭권을 행사할 수 없고, 교섭대표노동조합이 결정된 경우 그 절차에 참여한 노동조합의 전체 조합원의 과반수 찬성 결정이 없으면 쟁의행위를 할 수 없게 되며, 쟁의행위는 교섭대표노동조합에 의해 주도되어야 하는 등 법적인 제약을 받게 된다. 그러므로 단체교섭의 주체가 되고자 하는 노동조합으로서는 위와 같은 제약에 따르는 현재의 권리 또는 법률상 지위에 대한 위험이나 불안을 제거하기 위하여 다른 노동조합을 상대로 해당 노동조합이 설립될 당시부터 노동조합법 제2조 제4호가 규정한 주체성과 자주성 등의 실질적 요건을 흠결하였음을 들어 설립무효의 확인을 구하거나 노동조합으로서의 법적 지위가 부존재한다는 확인을 구하는 소를 제기할 수 있다고 보는 것이 타당하다(대판 2021.2.25., 2017다51610).

05 노동조합 및 노동관계조정법상 노동조합의 규약 및 규정에 관한 설명으로 옳지 않은 것은?(다툼이 있으면 판례에 따름)

☑ 행정관청은 노동조합의 규약이 노동관계법령에 위반한 경우에는 고용노동부장관의 승인을 받아 그 시정을 명할 수 있다.

> 행정관청은 노동조합의 규약이 노동관계법령에 위반한 경우에는 <u>노동위원회의 의결을 얻어</u> 그 시정을 명할 수 있다(노동조합 및 노동관계조정법 제21조 제1항).

② 노동조합이 규약에 따라 자체적으로 마련한 선거관리규정은 조합 민주주의를 실현하기 위한 강행법규에 적합한 범위 내에서는 일종의 자치적 법규범으로서 국가법질서 내에서 법적 효력을 가진다.

> 노동조합은 근로자들이 자신들의 이익을 옹호하기 위하여 자주적으로 결성한 임의단체로서 그 내부 운영에 있어서 조합 규약 및 다수결에 의한 자치가 보장되므로, <u>노동조합이 자체적으로 마련한 선거관리규정은 조합 민주주의를 실현하기 위한 강행법규에 적합한 범위 내에서는 일종의 자치적 법규범으로서 국가법질서 내에서 법적 효력을 가진다</u>(대판 1998.2.27., 97다43567).

③ 노동조합의 총회가 규약의 제·개정결의를 통하여 총회에 갈음할 대의원회를 두고 규약의 개정에 관한 사항을 대의원회의 의결사항으로 정한 경우라도 이로써 총회의 규약개정권한이 소멸된다고 볼 수 없다.

> <u>총회가 규약의 제·개정결의를 통하여 총회에 갈음할 대의원회를 두고 '규약의 개정에 관한 사항'을 대의원회의 의결사항으로 정한 경우라도 이로써 총회의 규약개정권한이 소멸된다고 볼 수 없고</u>, 총회는 여전히 노동조합법 제16조 제2항 단서에 정해진 재적조합원 과반수의 출석과 출석조합원 3분의 2 이상의 찬성으로 '규약의 개정에 관한 사항'을 의결할 수 있다(대판 2014.8.26., 2012두6063).

④ 단체협약 체결 업무 수행에 대한 적절한 통제를 위하여 규약 등에서 내부 절차를 거치도록 하는 등 대표자의 단체협약체결권한의 행사를 절차적으로 제한하는 것은, 그것이 단체협약체결권한을 전면적·포괄적으로 제한하는 것이 아닌 이상 허용된다.

> 노동조합이 조합원들의 의사를 반영하고 대표자의 단체교섭 및 <u>단체협약 체결 업무 수행에 대한 적절한 통제를 위하여</u> 규약 등에서 내부 절차를 거치도록 하는 등 대표자의 단체협약체결권한의 행사를 절차적으로 제한하는 것은, 그것이 단체협약체결권한을 전면적·포괄적으로 제한하는 것이 아닌 이상 <u>허용된다</u>(대판 2018.7.26., 2016다205908).

⑤ 조합원의 재산권을 둘러싼 노동조합과 조합원 간의 분쟁에 관하여 그 분쟁이 발생하기 전 조합원이 노동조합을 상대로 일절 소송을 제기할 수 없도록 한 노동조합의 규정은 무효이다.

> 노동조합이 조합규약에 근거하여 자체적으로 만든 신분보장대책기금관리규정에 기한 위로금의 지급을 <u>둘러싼 노동조합과 조합원 간의 분쟁에 관하여 노동조합을 상대로 일절 소송을 제기할 수 없도록 정한</u> 노동조합의 신분보장대책기금관리규정 제11조는 조합원의 재산권에 속하는 위로금의 지급을 둘러싸고 생기게 될 조합원과 노동조합 간의 법률상의 쟁송에 관하여 헌법상 보장된 조합원의 재판을 받을 권리를 구체적 분쟁이 생기기 전에 미리 일률적으로 박탈한 것으로서 <u>국민의 재판을 받을 권리를 보장한 위의 헌법 및 법원조직법의 규정과 부제소 합의 제도의 취지에 위반되어 무효라고 할 것이다</u>(대판 2002.2.22., 2000다65086). 본 판례의 취지를 고려했을 때, 노동조합과 조합원 간의 분쟁에 관하여 조합원이 일절 소송을 제기할 수 없도록 한 노동조합의 규정은 무효라고 보는 것이 타당하다.

06 노동조합 및 노동관계조정법령상 노동조합에 관한 설명으로 옳은 것은?(다툼이 있으면 판례에 따름)

① 노동조합을 법인으로 하려는 때에는 그 주된 사무소의 소재지를 관할하는 행정관청에 등기해야 한다.

> 노동조합을 법인으로 하려는 때에는 그 주된 사무소의 소재지를 관할하는 등기소에 등기해야 한다(노동조합 및 노동관계조정법 시행령 제2조).

☑ 노동조합은 그 규약으로 조합비를 납부하지 아니하는 조합원의 권리를 제한할 수 있다.

> 노동조합의 조합원은 균등하게 그 노동조합의 모든 문제에 참여할 권리와 의무를 가진다. 다만, 노동조합은 그 규약으로 조합비를 납부하지 아니하는 조합원의 권리를 제한할 수 있다(노동조합 및 노동관계조정법 제22조).

③ 노동조합 및 노동관계조정법에 의하여 설립되지 아니한 노동조합도 노동위원회에 노동쟁의의 조정을 신청할 수 있다.

> 이 법에 의하여 설립된 노동조합이 아니면 노동위원회에 노동쟁의의 조정 및 부당노동행위의 구제를 신청할 수 없다(노동조합 및 노동관계조정법 제7조 제1항).

④ 노동조합 및 노동관계조정법에 의하여 설립된 노동조합이 아니더라도 노동조합이라는 명칭을 사용할 수 있다.

> 이 법에 의하여 설립된 노동조합이 아니면 노동조합이라는 명칭을 사용할 수 없다(노동조합 및 노동관계조정법 제7조 제3항).

⑤ 노동조합의 사업체에 대해서는 세법이 정하는 바에 따라 조세를 부과하지 아니한다.

> 노동조합에 대하여는 그 사업체를 제외하고는 세법이 정하는 바에 따라 조세를 부과하지 아니한다(노동조합 및 노동관계조정법 제8조).

07 노동조합 및 노동관계조정법상 노동조합과 조합원 등에 관한 설명으로 옳은 것은?(다툼이 있으면 판례에 따름)

① 사업 또는 사업장에 종사하는 근로자가 아닌 노동조합의 조합원은 사용자의 사업 운영 지장 여부와 무관하게 사업 또는 사업장 내에서 노동조합 활동을 할 수 없다.

> 사업 또는 사업장에 종사하는 근로자(이하 "종사근로자"라 한다)가 아닌 노동조합의 조합원은 사용자의 효율적인 사업 운영에 지장을 주지 아니하는 범위에서 사업 또는 사업장 내에서 노동조합 활동을 할 수 있다(노동조합 및 노동관계조정법 제5조 제2항).

☑ 유니언 숍 협정이 체결된 사업장의 사용자는 단체협약에 명문 규정이 있는 경우에도 노동조합에서 제명된 것을 이유로 근로자에게 신분상 불이익한 행위를 할 수 없다.

> 노동조합이 당해 사업장에 종사하는 근로자의 3분의 2 이상을 대표하고 있을 때에는 근로자가 그 노동조합의 조합원이 될 것을 고용조건으로 하는 단체협약의 체결은 예외로 하며, 이 경우 사용자는 근로자가 그 노동조합에서 제명된 것 또는 그 노동조합을 탈퇴하여 새로 노동조합을 조직하거나 다른 노동조합에 가입한 것을 이유로 근로자에게 신분상 불이익한 행위를 할 수 없다(노동조합 및 노동관계조정법 제81조 제1항 제2호).

③ 유니언 숍 협정에 따라 사용자가 노동조합을 탈퇴한 근로자를 해고한 경우에 해고된 근로자가 조합원지위확인을 구하는 소를 제기하여 승소하면 그 해고는 취소된 것으로 본다.

> 유니언 숍 협약에 따라 사용자가 노동조합을 탈퇴한 근로자를 해고한 경우에 해고근로자가 노동조합을 상대로 하여 조합원지위확인을 구하는 소를 제기하여 승소한다고 하더라도 바로 해고의 효력이 부정되는 것은 아닐 뿐 아니라, 사용자 또한 그 해고가 적법한 것이라고 주장하고 있고 해고무효확인소송에서도 그 선결문제로 조합원지위의 존부에 관하여 판단을 할 수 있으므로, 근로자가 노동조합을 상대로 조합원지위의 확인을 구하지 아니하고 막바로 해고무효확인소송을 제기하였다고 하더라도 그 소가 소익이 없다고 할 수는 없다(대판 1995.2.28., 94다15363).

④ 일정 범위의 근로자에 대하여만 단체협약을 적용하기로 규정하였더라도 단체협약은 조합원 모두에게 현실적으로 적용된다.

> 사용자와 노동조합 사이에 체결된 단체협약은 특약에 의하여 일정 범위의 근로자에 대하여만 적용하기로 정하고 있는 등의 특별한 사정이 없는 한 협약당사자로 된 노동조합의 구성원으로 가입한 조합원 모두에게 현실적으로 적용되는 것이 원칙이다(대판 2004.1.29., 2001다5142). 즉, 일정 범위의 근로자에 대하여만 단체협약을 적용하기로 규정하는 경우에서의 단체협약은 그 범위에 속한 근로자에게만 적용된다.

⑤ 헌법재판소는 헌법 제33조 제1항에서 정한 근로자의 단결권은 단결할 자유뿐 아니라 단결하지 아니할 자유를 포함한다고 해석한다.

> 헌법 제33조 제1항은 "근로자는 근로조건의 향상을 위하여 자주적인 단결권·단체교섭권 및 단체행동권을 가진다."고 규정하고 있다. 여기서 헌법상 보장된 근로자의 단결권은 단결할 자유만을 가리킬 뿐이고, 단결하지 아니할 자유 이른바 소극적 단결권은 이에 포함되지 않는다고 보는 것이 우리 재판소의 선례라고 할 것이다(헌재 2005.11.24., 2002헌바95).

08 노동조합 및 노동관계조정법령상 교섭단위 결정 등에 관한 설명으로 옳지 않은 것은?

① 교섭대표노동조합을 결정하여야 하는 단위는 하나의 사업 또는 사업장으로 한다.

> 노동조합 및 노동관계조정법 제29조의3 제1항

② 노동위원회는 사용자의 신청을 받아 교섭단위를 분리하는 결정을 할 수 있다.

> 하나의 사업 또는 사업장에서 현격한 근로조건의 차이, 고용형태, 교섭 관행 등을 고려하여 교섭단위를 분리하거나 분리된 교섭단위를 통합할 필요가 있다고 인정되는 경우에 노동위원회는 노동관계 당사자의 양쪽 또는 어느 한쪽의 신청을 받아 교섭단위를 분리하거나 분리된 교섭단위를 통합하는 결정을 할 수 있다(노동조합 및 노동관계조정법 제29조의3 제2항).

③ 노동위원회는 노동조합의 신청을 받아 분리된 교섭단위를 통합하는 결정을 할 수 있다.

> 노동조합 및 노동관계조정법 제29조의3 제2항

④ 노동조합이 교섭단위를 분리하여 교섭하려는 경우 사용자가 교섭요구 사실을 공고하기 전에는 교섭단위를 분리하는 결정을 신청할 수 있다.

> 노동조합 또는 사용자는 교섭단위를 분리하거나 분리된 교섭단위를 통합하여 교섭하려는 경우에는 사용자가 교섭요구 사실을 공고하기 전에 해당하는 기간에 노동위원회에 교섭단위를 분리하거나 분리된 교섭단위를 통합하는 결정을 신청할 수 있다(노동조합 및 노동관계조정법 시행령 제14조의11 제1항 제1호). ⚖

☑ 사용자는 분리된 교섭단위를 통합하여 교섭하려는 경우 교섭대표노동조합이 결정된 날 이후에는 그 통합하는 결정을 신청할 수 없다.

> 노동조합 또는 사용자는 교섭단위를 분리하거나 분리된 교섭단위를 통합하여 교섭하려는 경우에는 사용자가 교섭요구 사실을 공고한 경우에는 교섭대표노동조합이 결정된 날 이후에 해당하는 기간에 노동위원회에 교섭단위를 분리하거나 분리된 교섭단위를 통합하는 결정을 신청할 수 있다(노동조합 및 노동관계조정법 시행령 제14조의11 제1항 제2호). ⚖

⚖ 법령

> **노동조합 및 노동관계조정법 시행령 제14조의11(교섭단위 결정)**
> ① 노동조합 또는 사용자는 법 제29조의3 제2항에 따라 교섭단위를 분리하거나 분리된 교섭단위를 통합하여 교섭하려는 경우에는 다음 각 호에 해당하는 기간에 노동위원회에 교섭단위를 분리하거나 분리된 교섭단위를 통합하는 결정을 신청할 수 있다.
> 　1. 제14조의3에 따라 사용자가 교섭요구 사실을 공고하기 전
> 　2. 제14조의3에 따라 사용자가 교섭요구 사실을 공고한 경우에는 법 제29조의2에 따른 교섭대표노동조합이 결정된 날 이후

09 노동조합 및 노동관계조정법상 노동조합의 해산에 관한 설명으로 옳지 않은 것은?

☑ 노동조합이 해산한 때에는 그 대표자는 해산한 날부터 30일 이내에 행정관청에게 이를 신고하여야 한다.

> 노동조합이 해산한 때에는 그 대표자는 해산한 날부터 15일 이내에 행정관청에게 이를 신고하여야 한다(노동조합 및 노동관계조정법 제28조 제2항). ⚖

② 총회의 해산결의가 있는 경우 노동조합은 해산한다.

> 노동조합 및 노동관계조정법 제28조 제1항 제3호 ⚖

③ 분할로 소멸한 경우 노동조합은 해산한다.

> 노동조합 및 노동관계조정법 제28조 제1항 제2호 ⚖

④ 규약에서 정한 해산사유가 발생한 경우 노동조합은 해산한다.

> 노동조합 및 노동관계조정법 제28조 제1항 제1호 ⚖

⑤ 노동조합의 임원이 없고 노동조합으로서의 활동을 1년 이상 하지 아니한 것으로 인정되는 경우로서 행정관청이 노동위원회의 의결을 얻은 경우 노동조합은 해산한다.

> 노동조합 및 노동관계조정법 제28조 제1항 제4호 ⚖

노동조합 및 노동관계조정법 제28조(해산사유)

① 노동조합은 다음 각 호의 1에 해당하는 경우에는 해산한다.
　1. 규약에서 정한 해산사유가 발생한 경우
　2. 합병 또는 분할로 소멸한 경우
　3. 총회 또는 대의원회의 해산결의가 있는 경우
　4. 노동조합의 임원이 없고 노동조합으로서의 활동을 1년 이상 하지 아니한 것으로 인정되는 경우로서
　　행정관청이 노동위원회의 의결을 얻은 경우
② 제1항 제1호 내지 제3호의 사유로 노동조합이 해산한 때에는 그 대표자는 해산한 날부터 15일 이내에 행정
　관청에게 이를 신고하여야 한다.

10 노동조합 및 노동관계조정법령상 공정대표의무 등에 관한 설명으로 옳지 않은 것은?(다툼이
있으면 판례에 따름)

① 교섭창구 단일화 절차에 참여한 노동조합은 단체협약의 내용의 일부가 공정대표의무에 위반
되는 경우에는 단체협약 체결일부터 3개월 이내에 그 시정을 요청할 수 있다.

> 노동조합은 교섭대표노동조합과 사용자가 공정대표의무를 위반하여 차별한 경우에는 그 행위가 있은
> 날(단체협약의 내용의 일부 또는 전부가 공정대표의무에 위반되는 경우에는 단체협약 체결일을 말한다)부터
> 3개월 이내에 대통령령으로 정하는 방법과 절차에 따라 노동위원회에 그 시정을 요청할 수 있다(노동조합 및
> 노동관계조정법 제29조의4 제2항).

② 교섭대표노동조합과 사용자는 교섭창구 단일화 절차에 참여한 노동조합의 조합원 간에 합리적
이유 없이 차별을 하여서는 아니 된다.

> 노동조합 및 노동관계조정법 제29조의4 제1항

③ 노동위원회는 공정대표의무 위반의 시정 신청을 받은 때에는 지체 없이 필요한 조사와 관계
당사자에 대한 심문(審問)을 하여야 한다.

> 노동조합 및 노동관계조정법 시행령 제14조의12 제2항

✔️ **노동위원회는 공정대표의무 위반의 시정 신청에 따른 심문을 할 때에는 관계 당사자의 신청이
없는 경우 직권으로 증인을 출석하게 하여 질문할 수 없다.**

> 노동위원회는 공정대표의무 위반의 시정 신청에 따른 심문을 할 때에는 관계 당사자의 신청이나 직권으로
> 증인을 출석하게 하여 필요한 사항을 질문할 수 있다(노동조합 및 노동관계조정법 시행령 제14조의12 제3항).

⑤ 교섭대표노동조합이 교섭창구 단일화 절차에 참여한 다른 노동조합을 차별한 것으로 인정되는
경우, 그와 같은 차별에 합리적인 이유가 있다는 점은 교섭대표노동조합에게 주장·증명책임
이 있다.

> 교섭대표노동조합이나 사용자가 교섭창구 단일화 절차에 참여한 다른 노동조합 또는 그 조합원을 차별한
> 것으로 인정되는 경우, 그와 같은 차별에 합리적인 이유가 있다는 점은 교섭대표노동조합이나 사용자에게
> 주장·증명책임이 있다(대판 2018.8.30., 2017다218642).

11 노동조합 및 노동관계조정법상 단체협약에 관한 규정 중 (　　)에 들어갈 내용으로 옳은 것은?

> 제31조(단체협약의 작성) ② 단체협약의 당사자는 단체협약의 체결일부터 (ㄱ)일 이내에 이를 행정관청에게 신고하여야 한다.
> 제32조(단체협약 유효기간의 상한) ① 단체협약의 유효기간은 (ㄴ)년을 초과하지 않는 범위에서 노사가 합의하여 정할 수 있다.

① ㄱ : 10, ㄴ : 2　　　　　　　　② ㄱ : 10, ㄴ : 3
③ ㄱ : 15, ㄴ : 2　　　　　　　　❻ ㄱ : 15, ㄴ : 3
⑤ ㄱ : 20, ㄴ : 2

> **노동조합 및 노동관계조정법**
> 제31조(단체협약의 작성) ② 단체협약의 당사자는 단체협약의 체결일부터 (15)일 이내에 이를 행정관청에게 신고하여야 한다.
> 제32조(단체협약 유효기간의 상한) ① 단체협약의 유효기간은 (3)년을 초과하지 않는 범위에서 노사가 합의하여 정할 수 있다.

12 노동조합 및 노동관계조정법령상 단체교섭 및 단체협약에 관한 설명으로 옳은 것은?

① 교섭대표노동조합의 대표자는 교섭요구와 무관하게 사업장 내 모든 노동조합 또는 조합원을 위하여 사용자와 교섭하고 단체협약을 체결할 권한을 가진다.

> 교섭대표노동조합의 대표자는 <u>교섭을 요구한 모든 노동조합 또는 조합원을 위하여</u> 사용자와 교섭하고 단체협약을 체결할 권한을 가진다(노동조합 및 노동관계조정법 제29조 제2항).

② 교섭대표노동조합이 결정된 후 교섭창구단일화절차가 게시된 날부터 1년 동안 단체협약을 체결하지 못한 경우에는 어느 노동조합이든지 사용자에게 교섭을 요구할 수 있다.

> 교섭대표노동조합이 <u>그 결정된 날부터 1년 동안</u> 단체협약을 체결하지 못한 경우에는 어느 노동조합이든지 사용자에게 교섭을 요구할 수 있다(노동조합 및 노동관계조정법 시행령 제14조의10 제3항).

③ 노동조합으로부터 적법한 교섭 요구를 받은 사용자는 그 요구를 받은 날부터 5일간 그 교섭 요구 사실을 공고하여야 한다.

> 사용자는 노동조합으로부터 제14조의2에 따라 교섭 요구를 받은 때에는 <u>그 요구를 받은 날부터 7일간</u> 그 교섭을 요구한 노동조합의 명칭 등 고용노동부령으로 정하는 사항을 해당 사업 또는 사업장의 게시판 등에 공고하여 다른 노동조합과 근로자가 알 수 있도록 하여야 한다(노동조합 및 노동관계조정법 시행령 제14조의3 제1항).

④ 노동조합은 사용자가 교섭요구 사실의 공고를 하지 아니거나 다르게 공고하는 경우에는 고용노동부령으로 정하는 바에 따라 행정관청에 그 시정을 요청할 수 있다.

> 노동조합은 사용자가 제1항에 따른 교섭요구 사실의 공고를 하지 아니하거나 다르게 공고하는 경우에는 고용노동부령으로 정하는 바에 따라 <u>노동위원회에</u> 시정을 요청할 수 있다(노동조합 및 노동관계조정법 시행령 제14조의3 제2항).

❺ 단체협약의 당사자가 하여야 할 단체협약의 신고는 당사자 쌍방이 연명으로 해야 한다.

> 노동조합 및 노동관계조정법 시행령 제15조

13 노동조합 및 노동관계조정법령상 쟁의행위에 관한 설명으로 옳지 않은 것은?(다툼이 있으면 판례에 따름)

①②③

① 노동조합은 사용자의 점유를 배제하여 조업을 방해하는 형태로 쟁의행위를 해서는 아니 된다.

> 노동조합 및 노동관계조정법 제37조 제3항

② 쟁의행위가 사업장의 안전보호시설에 대하여 정상적인 운영을 방해하는 행위로 행하여지는 경우에 사용자가 행정관청과 관할 노동위원회에 하여야 할 신고는 전화로도 가능하다.

> 쟁의행위가 사업장의 안전보호시설에 대하여 정상적인 유지·운영을 정지·폐지 또는 방해하는 행위로 행하여지는 경우에 사용자는 즉시 그 상황을 행정관청과 관할 노동위원회에 신고하여야 한다. 이때 신고는 서면·구두 또는 전화 기타의 적당한 방법으로 하여야 한다(노동조합 및 노동관계조정법 제42조 제2항, 동법 시행령 18조 제1항 및 제2항). ⚖

③ 피케팅은 파업에 가담하지 않고 조업을 계속하려는 자에게 대하여 평화적 설득, 구두와 문서에 의한 언어적 설득의 범위 내에서 정당성이 인정되는 것이 원칙이고, 위력에 의한 물리적 강제는 정당화될 수 없다.

> 파업의 보조적 쟁의수단인 피케팅은 파업에 가담하지 않고 조업을 계속하려는 자에 대하여 평화적 설득, 구두와 문서에 의한 언어적 설득의 범위 내에서 정당성이 인정되는 것이고, 폭행, 협박 또는 위력에 의한 실력 저지나 물리적 강제는 정당화될 수 없다(대판 1990.10.12., 90도1431).

✔ 사업장의 안전보호시설의 정상적인 유지·운영을 정지하는 쟁의행위에 대하여 노동위원회는 그 의결로 쟁의행위의 중지를 통보하여야 한다.

> 행정관청은 쟁의행위가 사업장의 안전보호시설의 정상적인 유지·운영을 정지하는 쟁의행위에 해당한다고 인정하는 경우에는 노동위원회의 의결을 얻어 그 행위를 중지할 것을 통보하여야 한다(노동조합 및 노동관계조정법 제42조 제3항). ⚖

⑤ 방위사업법에 의하여 지정된 주요방위산업체에 종사하는 근로자 중 방산물자의 완성에 필요한 정비 업무에 종사하는 자는 쟁의행위를 할 수 없다.

> 방위사업법에 의하여 지정된 주요방위산업체에 종사하는 근로자 중 전력, 용수 및 방산물자의 완성에 필요한 제조·가공·조립·정비·재생·개량·성능검사·열처리·도장·가스취급 등의 업무에 종사하는 자는 쟁의행위를 할 수 없다(노동조합 및 노동관계조정법 제41조 제2항, 동법 시행령 제20조).

⚖ 법령

> **노동조합 및 노동관계조정법 제42조(폭력행위 등의 금지)**
> ① 쟁의행위는 폭력이나 파괴행위 또는 생산 기타 주요업무에 관련되는 시설과 이에 준하는 시설로서 대통령령이 정하는 시설을 점거하는 형태로 이를 행할 수 없다.
> ② 사업장의 안전보호시설에 대하여 정상적인 유지·운영을 정지·폐지 또는 방해하는 행위는 쟁의행위로서 이를 행할 수 없다.
> ③ 행정관청은 쟁의행위가 제2항의 행위에 해당한다고 인정하는 경우에는 노동위원회의 의결을 얻어 그 행위를 중지할 것을 통보하여야 한다. 다만, 사태가 급박하여 노동위원회의 의결을 얻을 시간적 여유가 없을 때에는 그 의결을 얻지 아니하고 즉시 그 행위를 중지할 것을 통보할 수 있다.
>
> **노동조합 및 노동관계조정법 시행령 제18조(폭력행위 등의 신고)**
> ① 사용자는 쟁의행위가 법 제38조 제1항·제2항, 제42조 제1항 또는 제2항에 위반되는 경우에는 즉시 그 상황을 행정관청과 관할 노동위원회에 신고하여야 한다.
> ② 제1항의 규정에 의한 신고는 서면·구두 또는 전화 기타의 적당한 방법으로 하여야 한다.

14 노동조합 및 노동관계조정법령상 필수유지업무 및 필수유지업무협정 등에 관한 설명으로 옳지 않은 것은?

① 철도 차량 운행에 필요한 통신시설을 유지·관리하는 업무는 철도사업의 필수유지업무에 해당한다.

> 노동조합 및 노동관계조정법 제42조의2 제1항, 동법 시행령 제22조의2 및 별표 1 ⚖

② 필수유지업무협정은 노동관계 당사자가 서면으로 체결하여야 하고, 쌍방이 서명 또는 날인하여야 한다.

> 노동관계 당사자는 쟁의행위기간 동안 필수유지업무의 정당한 유지·운영을 위하여 필수유지업무의 필요 최소한의 유지·운영 수준, 대상직무 및 필요인원 등을 정한 협정(이하 "필수유지업무협정"이라 한다)을 서면으로 체결하여야 한다. 이 경우 필수유지업무협정에는 노동관계 당사자 쌍방이 서명 또는 날인하여야 한다(노동조합 및 노동관계조정법 제42조의3).

③ 노동관계 당사자 쌍방 또는 일방은 필수유지업무협정이 체결되지 아니하는 때에는 노동위원회에 필수유지업무의 대상직무 등의 결정을 신청하여야 한다.

> 노동관계 당사자 쌍방 또는 일방은 필수유지업무협정이 체결되지 아니하는 때에는 노동위원회에 필수유지업무의 필요 최소한의 유지·운영 수준, 대상직무 및 필요인원 등의 결정을 신청하여야 한다(노동조합 및 노동관계조정법 제42조의4 제1항).

④ 노동관계 당사자가 필수유지업무 수준 등 결정 신청을 하는 경우 그 결정은 공익사업의 노동쟁의 조정을 위한 노동위원회의 특별조정위원회가 담당한다.

> 노동관계 당사자가 필수유지업무 수준 등 결정신청을 하는 경우 그 결정은 공익사업의 노동쟁의의 조정을 위하여 노동위원회에 설치한 특별조정위원회가 담당한다(노동조합 및 노동관계조정법 제42조의4 제3항, 제72조).

☑ 노동조합이 쟁의행위 개시 전까지 쟁의행위기간 동안 근무하여야 할 조합원을 통보하지 아니한 경우 사용자의 신청에 의하여 노동위원회가 필수유지업무에 근무하여야 할 근로자를 지명하고 이를 노동조합과 그 근로자에게 통보하여야 한다.

> 노동조합은 필수유지업무협정이 체결되거나 제42조의4 제2항의 규정에 따른 노동위원회의 결정이 있는 경우 사용자에게 필수유지업무에 근무하는 조합원 중 쟁의행위기간 동안 근무하여야 할 조합원을 통보하여야 하며, 사용자는 이에 따라 근로자를 지명하고 이를 노동조합과 그 근로자에게 통보하여야 한다. 다만, 노동조합이 쟁의행위 개시 전까지 이를 통보하지 아니한 경우에는 사용자가 필수유지업무에 근무하여야 할 근로자를 지명하고 이를 노동조합과 그 근로자에게 통보하여야 한다(노동조합 및 노동관계조정법 제42조의6 제1항).

노동조합 및 노동관계조정법 제42조의2(필수유지업무에 대한 쟁의행위의 제한)

① 이 법에서 "필수유지업무"라 함은 제71조 제2항의 규정에 따른 필수공익사업의 업무 중 그 업무가 정지되거나 폐지되는 경우 공중의 생명·건강 또는 신체의 안전이나 공중의 일상생활을 현저히 위태롭게 하는 업무로서 대통령령이 정하는 업무를 말한다.

노동조합 및 노동관계조정법 시행령 제22조의2(필수유지업무의 범위)

법 제42조의2 제1항에 따른 필수공익사업별 필수유지업무는 별표 1과 같다.

노동조합 및 노동관계조정법 시행령 [별표 1] 필수공익사업별 필수유지업무

1. 철도사업과 도시철도사업의 필수유지업무
   가. 철도·도시철도 차량의 운전업무
   나. 철도·도시철도 차량 운행의 관제 업무(정거장·차량기지 등에서 철도신호 등을 취급하는 운전취급 업무를 포함)
   다. 철도·도시철도 차량 운행에 필요한 전기시설·설비를 유지·관리하는 업무
   라. 철도·도시철도 차량 운행과 이용자의 안전에 필요한 신호시설·설비를 유지·관리하는 업무
   마. 철도·도시철도 차량 운행에 필요한 통신시설·설비를 유지·관리하는 업무
   바. 안전운행을 위하여 필요한 차량의 일상적인 점검이나 정비업무
   사. 선로점검·보수 업무

15 노동조합 및 노동관계조정법상 쟁의행위에 관한 설명으로 옳지 않은 것은?(다툼이 있으면 판례에 따름)

① 조합원은 노동조합에 의하여 주도되지 아니한 쟁의행위를 하여서는 아니 된다.

> 노동조합 및 노동관계조정법 제37조 제2항

② 노동조합은 쟁의행위가 적법하게 수행될 수 있도록 지도·관리·통제할 책임이 있다.

> 노동조합 및 노동관계조정법 제38조 제3항

✔ 조합원의 민주적 의사결정이 실질적으로 확보된 때에는 쟁의행위 찬반투표절차를 거치치 아니하였다는 사정만으로 쟁의행위의 정당성이 상실되지 아니한다.

> 조합원의 직접·비밀·무기명 투표에 의한 과반수의 찬성결정을 거치지 아니하고 쟁의행위에 나아간 경우에도 조합원의 민주적 의사결정이 실질적으로 확보된 경우에는 위와 같은 투표절차를 거치지 아니하였다는 사정만으로 쟁의행위가 정당성을 상실한다고 볼 수 없다는 취지의 대법원 2000.5.26. 선고 99도4836 판결은 이와 어긋나는 부분에 한하여 변경하기로 한다(대판(全) 2001.10.25., 99도4837). 판례에 따라 해당 쟁의행위는 정당성을 상실한다고 본다.

④ 사용자는 노동조합이 쟁의행위를 개시한 이후에만 직장폐쇄를 할 수 있다.

> 노동조합 및 노동관계조정법 제46조 제1항

⑤ 노동조합은 쟁의행위 기간에 대한 임금의 지급을 요구하여 이를 관철할 목적으로 쟁의행위를 하여서는 아니 된다.

> 노동조합 및 노동관계조정법 제44조 제2항

16 노동조합 및 노동관계조정법상 공익사업 등의 우선적 취급에 관한 규정에서 (   )에 들어갈 내용으로 옳은 것은?

> 제51조(공익사업 등의 우선적 취급) 국가 · 지방자치단체 · 국공영기업체 · 방위산업체 및 공익사업에 있어서의 (   )은(는) 우선적으로 취급하고 신속히 처리하여야 한다.

① 쟁의행위의 조정

② 부당노동행위의 구제

③ 단체협약의 해석

✔ **노동쟁의의 조정**

> 국가 · 지방자치단체 · 국공영기업체 · 방위산업체 및 공익사업에 있어서의 (노동쟁의의 조정)은 우선적으로 취급하고 신속히 처리하여야 한다(노동조합 및 노동관계조정법 제51조).

⑤ 노동조합 해산의 의결

17 노동조합 및 노동관계조정법상 노동쟁의 조정에 관한 설명으로 옳은 것은?

✔ **사적조정 등을 수행하는 자는 노동관계 당사자로부터 수수료, 수당 및 여비 등을 받을 수 있다.**

> 사적조정 등을 수행하는 자는 노동위원회법 제8조 제2항 제2호 각 목의 자격을 가진 자로 한다. 이 경우 사적조정 등을 수행하는 자는 노동관계 당사자로부터 수수료, 수당 및 여비 등을 받을 수 있다(노동조합 및 노동관계조정법 제52조 제5항).

② 노동관계 당사자가 노동쟁의를 단체협약에서 정하는 바에 따라 해결하기로 한 경우 이를 행정관청에 신고하여야 한다.

> 제2절 및 제3절의 규정은 노동관계 당사자가 쌍방의 합의 또는 단체협약이 정하는 바에 따라 각각 다른 조정 또는 중재방법("사적조정 등")에 의하여 노동쟁의를 해결하는 것을 방해하지 아니한다(노동조합 및 노동관계조정법 제52조 제1항). 노동관계 당사자가 이에 의하여 노동쟁의를 해결하기로 한 때에는 노동위원회에 신고하여야 한다(동조 제2항).

③ 노동관계 당사자가 단체협약이 정하는 바에 따라 노동쟁의의 조정을 한 경우 그 내용은 재판상 화해와 같은 효력을 가진다.

> 노동관계 당사자가 단체협약이 정하는 바에 따라 노동쟁의의 조정을 한 경우 그 내용은 단체협약과 동일한 효력을 가진다(노동조합 및 노동관계조정법 제52조 제4항).

④ 고용노동부장관은 긴급조정의 결정을 하고자 할 때에는 중앙노동위원회 의결을 거쳐야 한다.

> 고용노동부장관은 긴급조정의 결정을 하고자 할 때에는 미리 중앙노동위원회 위원장의 의견을 들어야 한다(노동조합 및 노동관계조정법 제76조 제2항).

⑤ 중앙노동위원회는 고용노동부장관의 긴급조정결정 통고를 받은 때에는 지체없이 중재를 개시하여야 한다.

> 중앙노동위원회는 고용노동부장관의 긴급조정결정 규정에 의한 통고를 받은 때에는 지체없이 조정을 개시하여야 한다(노동조합 및 노동관계조정법 제78조).

18 노동조합 및 노동관계조정법상 부당노동행위에 관한 설명으로 옳은 것은?(다툼이 있으면 판례에 따름)

① 부당노동행위에 대한 입증책임은 사용자가 부담한다.

> 노동조합 및 노동관계조정법 제81조 제1항 제1호 소정의 부당노동행위가 성립하기 위해서는 근로자가 "노동조합의 업무를 위한 정당한 행위"를 하고, 회사가 이를 이유로 근로자를 해고한 경우라야 하고, 같은 사실의 주장 및 입증책임은 부당노동행위임을 주장하는 근로자에게 있다(대판 1991.7.26., 91누2557). 판례의 취지를 고려할 때 부당노동행위에 대한 증명책임은 부당노동행위임을 주장하는 근로자 또는 노동조합에 있다고 보는 것이 타당하다.

☑ 노동위원회가 부당노동행위의 구제신청을 받고 심문을 할 때에는 그 직권으로 증인을 출석하게 하여 필요한 사항을 질문할 수 있다.

> 노동위원회는 부당노동행위의 구제신청을 받고 심문을 할 때에는 관계 당사자의 신청에 의하거나 그 직권으로 증인을 출석하게 하여 필요한 사항을 질문할 수 있다(노동조합 및 노동관계조정법 제83조 제2항).

③ 부당노동행위를 한 사용자는 3년 이하의 징역 또는 3천만원 이하의 벌금에 처한다.

> 부당노동행위를 한 사용자는 2년 이하의 징역 또는 2천만원 이하의 벌금에 처한다(노동조합 및 노동관계조정법 제81조 제1항 및 제90조).

④ 중앙노동위원회의 재심판정에 대하여 행정소송을 제기한 경우에 관할법원은 부당노동행위 구제 신청자의 신청에 의하여 판결이 확정될 때까지 중앙노동위원회의 구제명령의 정부를 이행하도록 명할 수 있다.

> 사용자가 중앙노동위원회의 재심판정에 대하여 행정소송을 제기한 경우에 관할법원은 중앙노동위원회의 신청에 의하여 결정으로써, 판결이 확정될 때까지 중앙노동위원회의 구제명령의 전부 또는 일부를 이행하도록 명할 수 있으며, 당사자의 신청에 의하여 또는 직권으로 그 결정을 취소할 수 있다(노동조합 및 노동관계조정법 제85조 제5항).

⑤ 부당노동행위 규정 위반에 관한 명문의 양벌규정은 존재하지 아니한다.

> 법인 또는 단체의 대표자, 법인·단체 또는 개인의 대리인·사용인 기타의 종업원이 그 법인·단체 또는 개인의 업무에 관하여 제88조 내지 제93조의 위반행위를 한 때에는 행위자를 벌하는 외에 그 법인·단체 또는 개인에 대하여도 각 해당 조의 벌금형을 과한다. 다만, 법인·단체 또는 개인이 그 위반행위를 방지하기 위하여 해당 업무에 관하여 상당한 주의와 감독을 게을리하지 아니한 경우에는 그러하지 아니하다(노동조합 및 노동관계조정법 제94조).

19 근로자참여 및 협력증진에 관한 법률상 노사협의회에 관한 설명으로 옳지 않은 것은?

① 노사협의회란 근로자와 사용자가 참여와 협력을 통하여 근로자의 복지증진과 기업의 건전한 발전을 도모하기 위하여 구성하는 협의기구를 말한다.

> 근로자참여 및 협력증진에 관한 법률 제3조 제1호

② 사업자 내 근로자 감시 설비의 설치는 노사협의회가 협의하여야 할 사항에 해당한다.

> 근로자참여 및 협력증진에 관한 법률 제20조 제1항 제14호

③ 사용자는 고충처리위원회에서 의결되지 아니한 사항에 대하여는 노사협의회의 의결을 거쳐야 한다.

> 근로자참여 및 협력증진에 관한 법률 제21조 제4호

④ 노사협의회는 노사협의회에서 의결된 사항의 해석에 관하여 의견이 일치하지 아니하는 경우 노동위원회의 중재를 받을 수 있다.

> 노사협의회는 노사협의회에서 <u>의결된 사항의 해석이나 이행 방법 등에 관하여 의견이 일치하지 아니하는 경우</u> 근로자위원과 사용자위원의 합의로 협의회에 중재기구(仲裁機構)를 두어 해결하거나 <u>노동위원회</u>나 그 밖의 제삼자에 의한 <u>중재를 받을 수 있다</u>(근로자참여 및 협력증진에 관한 법률 제25조 제1항 제2호). ⚖

✅ 법령에 따른 노사협의회의 설치를 정당한 사유 없이 거부하거나 방해한 자는 1년 이하의 징역 또는 1천만원 이하의 벌금에 처한다.

> 노사협의회의 설치를 정당한 사유 없이 거부하거나 방해한 자는 <u>1천만원 이하의 벌금</u>에 처한다(근로자참여 및 협력증진에 관한 법률 제30조 제1호, 제4조 제1항).

⚖ 법령
> **근로자참여 및 협력증진에 관한 법률 제25조(임의 중재)**
> ① 협의회는 다음 각 호의 어느 하나에 해당하는 경우에는 근로자위원과 사용자위원의 합의로 협의회에 중재기구(仲裁機構)를 두어 해결하거나 노동위원회나 그 밖의 제삼자에 의한 중재를 받을 수 있다.
>   1. 제21조에 따른 의결 사항에 관하여 협의회가 의결하지 못한 경우
>   2. <u>협의회에서 의결된 사항의 해석이나 이행 방법 등에 관하여 의견이 일치하지 아니하는 경우</u>
> ② 제1항에 따른 중재 결정이 있으면 협의회의 의결을 거친 것으로 보며 근로자와 사용자는 그 결정에 따라야 한다.

20 근로자참여 및 협력증진에 관한 법령상 노사협의회의 위원 등에 관한 설명으로 옳지 않은 것은?

① 노사협의회는 근로자와 사용자를 대표하는 같은 수의 위원으로 구성하여야 하며 위원수에 대한 제한이 있다.

> 협의회는 근로자와 사용자를 대표하는 같은 수의 위원으로 구성하되, <u>각 3명 이상 10명 이하로 한다</u>(근로자참여 및 협력증진에 관한 법률 제6조 제1항).

② 노사협의회의 근로자위원의 선출에 입후보하려는 사람은 해당 사업이나 사업장의 근로자여야 한다.

> 근로자참여 및 협력증진에 관한 법률 시행령 제3조

③ 노사협의회의 근로자위원의 결원이 생기면 30일 이내에 보궐위원을 위촉하거나 선출하되, 근로자의 과반수로 구성된 노동조합이 조직되어 있지 아니한 사업 또는 사업장에서는 근로자위원 선출 투표에서 선출되지 못한 사람 중 득표 순에 따른 차점자를 근로자위원으로 할 수 있다.

> 근로자참여 및 협력증진에 관한 법률 시행령 제4조

✔ 노사협의회의 위원은 무보수로 한다는 명문의 규정상 위원의 노사협의회 출석 시간과 이와 관련된 시간은 노사협의회 규정으로 정한 경우에도 근로한 시간으로 볼 수 없다.

> 위원은 비상임·무보수로 한다(근로자참여 및 협력증진에 관한 법률 제9조 제1항). 위원의 협의회 출석 시간과 이와 직접 관련된 시간으로서 제18조에 따른 협의회규정으로 정한 시간은 근로한 시간으로 본다(동조 제3항).

⑤ 사용자는 근로자위원의 업무를 위하여 장소의 사용 등 기본적인 편의를 제공하여야 할 의무가 있다.

> 사용자는 근로자위원의 업무를 위하여 장소의 사용 등 기본적인 편의를 제공하여야 한다(근로자참여 및 협력증진에 관한 법률 제10조 제2항).

21 노동위원회법상 노동위원회에 관한 설명으로 옳은 것을 모두 고른 것은?

> ㄱ. 중앙노동위원회와 지방노동위원회는 고용노동부장관 소속으로 둔다.
> ㄴ. 특별노동위원회는 관계 법률에서 정하는 사항을 관장하기 위하여 필요한 경우에 해당 사항을 관장하는 중앙행정기관의 장 소속으로 둔다.
> ㄷ. 중앙노동위원회의 위원장은 중앙노동위원회 및 지방노동위원회의 예산·인사·교육훈련, 그 밖의 행정사무를 총괄한다.
> ㄹ. 노동위원회 위원장은 해당 노동위원회의 공익위원이 되며, 심판사건, 차별적 처우 시정사건을 담당하되 조정사건은 담당할 수 없다.

① ㄱ   ② ㄴ, ㄷ
✔ ㄱ, ㄴ, ㄷ   ④ ㄱ, ㄴ, ㄹ
⑤ ㄴ, ㄷ, ㄹ

> ㄱ. (○) 중앙노동위원회와 지방노동위원회는 고용노동부장관 소속으로 두며, 지방노동위원회의 명칭·위치 및 관할구역은 대통령령으로 정한다(노동위원회법 제2조 제2항).
> ㄴ. (○) 노동위원회법 제2조 제3항
> ㄷ. (○) 중앙노동위원회 위원장은 중앙노동위원회 및 지방노동위원회의 예산·인사·교육훈련, 그 밖의 행정사무를 총괄하며, 소속 공무원을 지휘·감독한다(노동위원회법 제4조 제2항).
> ㄹ. (✕) 노동위원회 위원장은 해당 노동위원회의 공익위원이 되며, 심판사건, 차별적 처우 시정사건, 조정사건을 담당할 수 있다(노동위원회법 제9조 제4항). ⚖

⚖
법령

> **노동위원회법 제9조(위원장)**
> ① 노동위원회에 위원장 1명을 둔다.
> ② 중앙노동위원회 위원장은 제8조 제1항에 따라 중앙노동위원회의 공익위원이 될 수 있는 자격을 갖춘 사람 중에서 고용노동부장관의 제청으로 대통령이 임명하고, 지방노동위원회 위원장은 제8조 제2항에 따라 지방노동위원회의 공익위원이 될 수 있는 자격을 갖춘 사람 중에서 중앙노동위원회 위원장의 추천과 고용노동부장관의 제청으로 대통령이 임명한다.
> ③ 중앙노동위원회 위원장은 정무직으로 한다.
> ④ 노동위원회 위원장(이하 "위원장"이라 한다)은 해당 노동위원회의 공익위원이 되며, 심판사건, 차별적 처우 시정사건, 조정사건을 담당할 수 있다.

22 노동위원회법상 노동위원회에 관한 설명으로 옳은 것은?

① 중앙노동위원회 및 지방노동위원회에는 사무처를 둔다.

> 중앙노동위원회에는 사무처를 두고, 지방노동위원회에는 사무국을 둔다(노동위원회법 제14조 제1항).

② 중앙노동위원회 상임위원은 사무처장을 겸직할 수 없다.

> 사무처장은 중앙노동위원회 상임위원 중 1명이 겸직한다(노동위원회법 제14조의2 제2항).

③ 부문별 위원회 위원장은 부문별 위원회의 원활한 운영을 위하여 필요하다고 인정하는 경우에 주심위원을 지명하여 사건의 처리를 주관하게 하여야 한다.

> 부문별 위원회 위원장은 부문별 위원회의 원활한 운영을 위하여 필요하다고 인정하는 경우에 주심위원을 지명하여 사건의 처리를 주관하게 할 수 있다(노동위원회법 제16조의2).

④ 노동위원회는 판정 · 명령 또는 결정이 있기 전까지 화해안을 제시할 수 있으며 관계당사자가 화해안을 수락하였을 때에는 취하조서를 작성하여야 한다.

> 노동위원회는 판정 · 명령 또는 결정이 있기 전까지 관계 당사자의 신청을 받아 또는 직권으로 화해를 권고하거나 화해안을 제시할 수 있다(노동위원회법 제16조의3 제1항). 관계당사자가 화해안을 수락하였을 때에는 화해조서를 작성하여야 한다(동조 제3항).

☑ 노동위원회의 부문별 위원회의 회의는 구성위원 전원의 출석으로 개의한다.

> 부문별 위원회의 회의는 구성위원 전원의 출석으로 개의하고, 출석위원 과반수의 찬성으로 의결한다(노동위원회법 제17조 제2항).

23 공무원의 노동조합 설립 및 운영 등에 관한 법률에 관한 설명으로 옳지 않은 것은?

① 공무원은 노동조합 활동을 할 때 다른 법령에서 규정하는 공무원의 의무에 반하는 행위를 하여서는 아니 된다. 　공무원의 노동조합 설립 및 운영 등에 관한 법률 제3조 제2항

② 교정 · 수사 등의 공공의 안녕과 국가안전보장에 관한 업무에 종사하는 공무원은 노동조합에 가입할 수 없다. 　공무원의 노동조합 설립 및 운영 등에 관한 법률 제6조 제2항 제3호 ⚖

③ 단체협약의 내용 중 법령 · 조례 또는 예산에 의하여 규정되는 내용과 법령 또는 조례에 의하여 위임을 받아 규정되는 내용은 단체협약으로서의 효력을 가지지 아니한다.

> 공무원의 노동조합 설립 및 운영 등에 관한 법률 제10조 제1항

☑ 정부교섭대표는 효율적은 교섭을 위하여 필요한 경우 다른 정부교섭대표와 공동으로 교섭할 수 있으나 정부교섭대표가 아닌 관계 기관의 장으로 하여금 교섭에 참여하게 할 수 없다.

> 정부교섭대표는 효율적인 교섭을 위하여 필요한 경우 다른 정부교섭대표와 공동으로 교섭하거나, 다른 정부교섭대표에게 교섭 및 단체협약 체결 권한을 위임할 수 있다(공무원의 노동조합 설립 및 운영 등에 관한 법률 제8조 제3항). 정부교섭대표는 효율적인 교섭을 위하여 필요한 경우 정부교섭대표가 아닌 관계 기관의 장으로 하여금 교섭에 참여하게 할 수 있고, 다른 기관의 장이 관리하거나 결정할 권한을 가진 사항에 대하여는 해당 기관의 장에게 교섭 및 단체협약 체결 권한을 위임할 수 있다(동조 제4항).

⑤ 단체교섭이 결렬된 경우 이를 조정 · 중재하기 위하여 중앙노동위원회에 공무원 노동관계 조정위원회를 둔다. 　공무원의 노동조합 설립 및 운영 등에 관한 법률 제14조 제1항

공무원의 노동조합 설립 및 운영 등에 관한 법률 제6조(가입 범위)

① 노동조합에 가입할 수 있는 사람의 범위는 다음 각 호와 같다.
1. 일반직공무원
2. 특정직공무원 중 외무영사직렬·외교정보기술직렬 외무공무원, 소방공무원 및 교육공무원(다만, 교원은 제외한다)
3. 별정직공무원
4. 제1호부터 제3호까지의 어느 하나에 해당하는 공무원이었던 사람으로서 노동조합 규약으로 정하는 사람
5. 삭제

② 제1항에도 불구하고 다음 각 호의 어느 하나에 해당하는 공무원은 노동조합에 가입할 수 없다.
1. 업무의 주된 내용이 다른 공무원에 대하여 지휘·감독권을 행사하거나 다른 공무원의 업무를 총괄하는 업무에 종사하는 공무원
2. 업무의 주된 내용이 인사·보수 또는 노동관계의 조정·감독 등 노동조합의 조합원 지위를 가지고 수행하기에 적절하지 아니한 업무에 종사하는 공무원
3. 교정·수사 등 공공의 안녕과 국가안전보장에 관한 업무에 종사하는 공무원
4. 삭제

24 교원의 노동조합 설입 및 운영 등에 관한 법률에 관한 설명으로 옳지 않은 것은? 기출 수정

1
2
3

① 교원으로 임용되어 근무하였던 사람으로서 노동조합 규약으로 정하는 사람은 노동조합에 가입할 수 있다.

교원의 노동조합 설립 및 운영 등에 관한 법률 제4조의2 제2호

② 전임자는 그 전임기간 중 전임자임을 이유로 승급 또는 그 밖에 신분상의 불이익을 받지 아니한다.

교원의 노동조합 설립 및 운영 등에 관한 법률 제5조 제4항

✓ 단체교섭이 결렬된 경우 중앙노동위원회는 당사자 양쪽이 조정을 신청하는 경우에 한하여 조정을 시작할 수 있다.

단체교섭이 결렬된 경우에는 당사자 어느 한쪽 또는 양쪽은 노동위원회법 제2조에 따른 중앙노동위원회(이하 "중앙노동위원회"라 한다)에 조정(調停)을 신청할 수 있다(교원의 노동조합 설립 및 운영 등에 관한 법률 제9조 제1항).

④ 중앙노동위원회가 제시한 조정안을 당사자의 어느 한쪽이라도 거부한 경우에는 중앙노동위원회는 중재를 한다.

교원의 노동조합 설립 및 운영 등에 관한 법률 제10조 제2호 ⚖️

⑤ 관계 당사자는 중앙노동우원회의 중재재정이 위법하거나 월권에 의한 것이라고 인정하는 경우에는 중재재정서를 송달받은 날부터 15일 이내에 중앙노동위원회 위원장을 피고로 하여 행정소송을 제기할 수 있다.

교원의 노동조합 설립 및 운영 등에 관한 법률 제12조 제1항

교원의 노동조합 설립 및 운영 등에 관한 법률 제10조(중재의 개시)

중앙노동위원회는 다음 각 호의 어느 하나에 해당하는 경우에는 중재(仲裁)를 한다.
1. 제6조에 따른 단체교섭이 결렬되어 관계 당사자 양쪽이 함께 중재를 신청한 경우
2. 중앙노동위원회가 제시한 조정안을 당사자의 어느 한쪽이라도 거부한 경우
3. 중앙노동위원회 위원장이 직권으로 또는 고용노동부장관의 요청에 따라 중재에 회부한다는 결정을 한 경우

25 노동법 등의 연혁에 관한 설명으로 옳지 않은 것은?

① 우리나라의 노동위원회법은 1953년에 처음 제정되었다.

> 중앙노동위원회와 지방노동위원회는 1953년 3월 8일 노동위원회법의 제정·공포를 통해 제정되었다.

② 우리나라는 1991년에 국제노동기구(ILO)에 가입하였다.

> 우리나라는 1991년 12월 9일 152번째 회원국으로서 국제노동기구(ILO)에 가입하였다.

☑ 우리나라의 공무원의 노동조합 설립 및 운영 등에 관한 법률은 교원의 노동조합 설립 및 운영 등에 관한 법률보다 먼저 제정되었다.

> 공무원의 노동조합 설립 및 운영 등에 관한 법률은 2005년 1월 27일에 제정되었으며, 교원의 노동조합 설립 및 운영 등에 관한 법률은 1999년 1월 29일 제정되었다.

④ 미국의 1935년 와그너법은 근로자의 단결권·단체교섭권·단체행동권을 명문화하였다.

> 와그너법은 1935년 7월 제정된 미국 전국 노동관계법으로, 근로자의 단결권·단체교섭권·단체행동권을 명문화하였으며 부당노동행위제도를 최초로 규정하였다.

⑤ 우리나라 제헌헌법에는 영리를 목적으로 하는 사기업에 있어서는 근로자는 법률의 정하는 바에 의하여 이익의 분배에 균점할 권리가 있다는 규정이 있었다.

> 영리를 목적으로 하는 사기업에 있어서는 근로자는 법률의 정하는 바에 의하여 이익의 분배에 균점할 권리가 있다(제헌헌법 제18조).

01	02	03	04	05	06	07	08	09	10	11	12	13	14	15	16	17	18	19	20	21	22	23	24	25
⑤	③	⑤	①	④	④	③	④	②	③	⑤	③	②	③	①	①	②	⑤	①	②	③	③	①	④	⑤

01 헌법상 노동3권에 관한 설명으로 옳지 않은 것은?

① 헌법재판소는 노동3권의 법적 성격을 사회적 보호기능을 담당하는 자유권 또는 사회권적 성격을 띤 자유권이라고 보는 입장을 취하고 있다.

> 근로3권은 '사회적 보호기능을 담당하는 자유권' 또는 '사회권적 성격을 띤 자유권'이라고 말할 수 있다(헌재 1998.2.27., 94헌바13).

② 근로자는 근로조건의 향상을 위하여 자주적인 단결권·단체교섭권 및 단체행동권을 가진다.

> 헌법 제33조 제1항

③ 헌법재판소는 노동조합의 적극적 단결권은 근로자 개인의 단결하지 않을 자유보다 중시된다고 할 것이고, 또 노동조합에게 위와 같은 조직강제권을 부여한다고 하여 이를 근로자의 단결하지 아니할 자유의 본질적인 내용을 침해하는 것으로 단정할 수는 없다는 입장을 취하고 있다.

> 노동조합의 적극적 단결권은 근로자 개인의 단결하지 않을 자유보다 중시된다고 할 것이고, 또 노동조합에게 위와 같은 조직강제권을 부여한다고 하여 이를 근로자의 단결하지 아니할 자유의 본질적인 내용을 침해하는 것으로 단정할 수는 없다(헌재 2005.11.24., 2002헌바95).

④ 헌법상 보장된 근로자의 단결권은 단결할 자유만을 가리킬 뿐이고, 단결하지 아니할 자유 이른바 소극적 단결권은 이에 포함되지 않는다고 보는 것이 헌법재판소의 입장이다.

> 헌법상 보장된 근로자의 단결권은 단결할 자유만을 가리킬 뿐이고 단결하지 아니할 자유 이른바 소극적 단결권은 이에 포함되지 않는다고 보는 것이 우리 재판소의 선례라고 할 것이다(헌재 2005.11.24., 2002헌바95).

☑ 헌법재판소는 노동3권 제한에 관한 개별적 제한규정을 두고 있지 않는 경우, 헌법 제37조 제2항의 일반유보조항에 따라 노동3권을 제한할 수 없다는 입장을 취하고 있다.

> 헌법 제33조 제1항에서는 근로자의 단결권·단체교섭권 및 단체행동권을 보장하고 있는바, 현행 헌법에서 공무원 및 법률이 정하는 주요방위산업체에 종사하는 근로자와는 달리 특수경비원에 대해서는 단체행동권 등 근로3권의 제한에 관한 개별적 제한규정을 두고 있지 않다고 하더라도, 헌법 제37조 제2항의 일반유보조항에 따른 기본권 제한의 원칙에 의하여 특수경비원의 근로3권 중 하나인 단체행동권을 제한할 수 있다(헌재 2009.10.29., 2007헌마1359).

02 노동조합 및 노동관계조정법령에 관한 설명이다. (　　)에 들어갈 숫자로 옳은 것은?

- 노동조합의 대표자는 노동조합의 법인 등기사항 중 변경된 사항이 있는 경우에는 그 변경이 있는 날부터 (ㄱ)주 이내에 변경등기를 해야 한다.
- 행정관청은 설립신고서 또는 규약이 기재사항의 누락 등으로 보완이 필요한 경우 (ㄴ)일 이내의 기간을 정하여 보완을 요구하여야 한다.
- 노동조합은 매년 (ㄷ)회 이상 총회를 개최하여야 한다.

① ㄱ : 1, ㄴ : 10, ㄷ : 1　　　　　　② ㄱ : 2, ㄴ : 10, ㄷ : 1

❻ ㄱ : 3, ㄴ : 20, ㄷ : 1　　　　　　④ ㄱ : 3, ㄴ : 20, ㄷ : 2

⑤ ㄱ : 3, ㄴ : 30, ㄷ : 2

- 노동조합의 대표자는 노동조합의 법인 등기사항 중 변경된 사항이 있는 경우에는 그 변경이 있는 날부터 (3)주 이내에 변경등기를 해야 한다(노동조합 및 노동관계조정법 시행령 제6조).
- 행정관청은 설립신고서 또는 규약이 기재사항의 누락 등으로 보완이 필요한 경우 (20)일 이내의 기간을 정하여 보완을 요구하여야 한다(노동조합 및 노동관계조정법 제12조 제2항).
- 노동조합은 매년 (1)회 이상 총회를 개최하여야 한다(노동조합 및 노동관계조정법 제15조 제1항).

2022년

03 노동조합 및 노동관계조정법상 노동조합에 관한 설명으로 옳지 않은 것은?

① 행정관청은 노동조합의 결의가 규약에 위반된다고 인정할 경우에는 이해관계인의 신청이 있는 경우에 한하여 노동위원회의 의결을 얻어 그 시정을 명할 수 있다.

노동조합 및 노동관계조정법 제21조 제2항

② 노동조합의 합병·분할 또는 해산, 조직형태 변경을 위해서는 총회의 의결을 거쳐야 한다.

노동조합 및 노동관계조정법 제16조 제1항 제7호 및 제8호 ⚖

③ 총회는 임원의 해임에 관한 사항을 재적조합원 과반수의 출석과 출석조합원 3분의 2 이상의 찬성으로 의결한다.

총회는 재적조합원 과반수의 출석과 출석조합원 과반수의 찬성으로 의결한다. 다만, 규약의 제정·변경, 임원의 해임, 합병·분할·해산 및 조직형태의 변경에 관한 사항은 재적조합원 과반수의 출석과 출석조합원 3분의 2 이상의 찬성이 있어야 한다(노동조합 및 노동관계조정법 제16조 제2항).

④ 단체협약에 관한 사항은 총회의 의결사항이다.

노동조합 및 노동관계조정법 제16조 제1항 제3호 ⚖

❺ 종사근로자인 조합원이 해고되어 노동위원회에 부당해고의 구제신청을 한 경우에는 중앙노동위원회의 재심판정이 있을 때까지는 종사근로자로 본다.

종사근로자인 조합원이 해고되어 노동위원회에 부당노동행위의 구제신청을 한 경우에는 중앙노동위원회의 재심판정이 있을 때까지는 종사근로자로 본다(노동조합 및 노동관계조정법 제5조 제3항).

법령

노동조합 및 노동관계조정법 제16조(총회의 의결사항)

① 다음 각 호의 사항은 총회의 의결을 거쳐야 한다.
  1. 규약의 제정과 변경에 관한 사항
  2. 임원의 선거와 해임에 관한 사항
  3. 단체협약에 관한 사항
  4. 예산 · 결산에 관한 사항
  5. 기금의 설치 · 관리 또는 처분에 관한 사항
  6. 연합단체의 설립 · 가입 또는 탈퇴에 관한 사항
  7. 합병 · 분할 또는 해산에 관한 사항
  8. 조직형태의 변경에 관한 사항
  9. 기타 중요한 사항

04 노동조합 및 노동관계조정법상 기한이 다른 하나는?

☑ **노동조합의 처분이 노동관계 법령에 위반하여 행정관청의 시정명령을 받은 노동조합이 이를 이행하여야 할 기한**

> 행정관청은 노동조합의 결의 또는 처분이 노동관계법령 또는 규약에 위반된다고 인정할 경우에는 노동위원회의 의결을 얻어 그 시정을 명할 수 있다. 시정명령을 받은 노동조합은 30일 이내에 이를 이행하여야 한다(노동조합 및 노동관계조정법 제21조 제2항 및 제3항).

② 노동조합에 임시총회 소집권자가 없는 경우 행정관청의 회의소집권자 지명 기한

> 행정관청은 노동조합에 총회 또는 대의원회의 소집권자가 없는 경우에 조합원 또는 대의원의 3분의 1 이상이 회의에 부의할 사항을 제시하고 소집권자의 지명을 요구한 때에는 15일 이내에 회의의 소집권자를 지명하여야 한다(노동조합 및 노동관계조정법 제18조 제4항).

③ 노동조합의 대표자가 회의의 소집을 고의로 기피하거나 이를 해태하여 조합원 또는 대의원의 3분의 1 이상이 소집권자의 지명을 요구할 때 행정관청의 노동위원회에 대한 의결 요청 기한

> 행정관청은 노동조합의 대표자가 회의의 소집을 고의로 기피하거나 이를 해태하여 조합원 또는 대의원의 3분의 1 이상이 소집권자의 지명을 요구한 때에는 15일 이내에 노동위원회의 의결을 요청하고 노동위원회의 의결이 있는 때에는 지체없이 회의의 소집권자를 지명하여야 한다(노동조합 및 노동관계조정법 제18조 제3항).

④ 합병 또는 분할로 소멸하여 노동조합이 해산한 때 노동조합 대표자가 해산한 날부터 이를 행정관청에게 신고하여야 할 기한

> 합병 또는 분할로 소멸하여 노동조합이 해산한 때에는 그 대표자는 해산한 날부터 15일 이내에 행정관청에게 이를 신고하여야 한다(노동조합 및 노동관계조정법 제28조 제1항 및 제2항).

⑤ 단체협약 당사자가 단체협약의 체결일부터 이를 행정관청에게 신고하여야 할 기한

> 단체협약의 당사자는 단체협약의 체결일부터 15일 이내에 이를 행정관청에게 신고하여야 한다(노동조합 및 노동관계조정법 제31조 제2항).

05 노동조합 및 노동관계조정법령에 관한 설명으로 옳지 않은 것은?(다툼이 있으면 판례에 따름)

① 근로자는 단체협약으로 정하거나 사용자의 동의가 있는 경우에는 사용자 또는 노동조합으로부터 급여를 지급받으면서 근로계약 소정의 근로를 제공하지 아니하고 노동조합의 업무에 종사할 수 있다. 　노동조합 및 노동관계조정법 제24조 제1항

② 노동조합의 하부단체인 분회나 지부가 독자적인 규약 및 집행기관을 가지고 독립된 조직체로서 활동을 하는 경우 당해 조직이나 그 조합원에 고유한 사항에 대하여는 독자적으로 단체교섭하고 단체협약을 체결할 수 있다.

> 노동조합의 하부단체인 분회나 지부가 독자적인 규약 및 집행기관을 가지고 독립된 조직체로서 활동을 하는 경우 당해 조직이나 그 조합원에 고유한 사항에 대하여는 독자적으로 단체교섭하고 단체협약을 체결할 수 있고, 이는 그 분회나 지부가 노동조합 및 노동관계조정법 시행령 제7조의 규정에 따라 그 설립신고를 하였는지 여부에 영향받지 아니한다(대판 2001.2.23., 2000도4299).

③ 근로조건의 결정권이 있는 독립된 사업 또는 사업장에 조직된 노동단체는 지부·분회 등 명칭이 무엇이든 상관없이 노동조합의 설립신고를 할 수 있다.

> 노동조합 및 노동관계조정법 시행령 제7조

✔ 근로시간면제자에 대한 근로시간 면제 한도를 정하기 위하여 근로시간면제심의위원회를 고용노동부에 둔다.

> 근로시간면제자에 대한 근로시간 면제 한도를 정하기 위하여 근로시간면제심의위원를 경제사회노동위원회법에 따른 경제사회노동위원회에 둔다(노동조합 및 노동관계조정법 제24조의2 제1항).

⑤ 연합단체인 노동조합을 설립하고자 하는 자는 노동조합의 명칭, 주된 사무소의 소재지, 조합원수 등을 기재한 신고서에 규약을 첨부하여 고용노동부장관에게 제출하여야 한다.

> 노동조합 및 노동관계조정법 제10조 제1항 제6호

2022년

06 노동조합 및 노동관계조정법령상 단체교섭 및 단체협약에 관한 설명으로 옳지 않은 것은?(다툼이 있으면 판례에 따름)

① 노동조합은 정당한 이유없이 교섭 또는 단체협약의 체결을 거부하거나 해태하여서는 아니 된다.

> 노동조합 및 노동관계조정법 제30조 제2항

② 사용자로부터 교섭의 체결에 관한 권한을 위임받은 자는 그 사용자를 위하여 위임받은 범위 안에서 그 권한을 행사할 수 있다. 　노동조합 및 노동관계조정법 제29조 제3항

③ 교섭대표노동조합의 대표자는 단체협약 체결 여부에 대해 원칙적으로 소수노동조합이나 그 조합원의 의사에 기속된다고 볼 수 없다.

> 교섭창구 단일화 제도의 취지나 목적, 노동조합법 제29조 제2항의 규정 내용과 취지 등을 고려하면, 교섭대표노동조합의 대표자는 교섭창구 단일화 절차에 참여한 노동조합 및 조합원 전체를 대표하여 독자적인 단체협약체결권을 가지므로, 단체협약 체결 여부에 대하여 원칙적으로 소수노동조합이나 그 조합원의 의사에 기속된다고 볼 수 없다(대판 2020.10.29., 2017다263192).

✔️ 노동조합은 해당 사업에 단체협약이 2개 이상 있는 경우에는 나중에 이르는 단체협약의 유효기간 만료일 이전 3개월이 되는 날부터 사용자에게 교섭을 요구할 수 있다.

> 노동조합은 해당 사업 또는 사업장에 단체협약이 있는 경우에는 그 유효기간 만료일 이전 3개월이 되는 날부터 사용자에게 교섭을 요구할 수 있다. 다만, 단체협약이 2개 이상 있는 경우에는 먼저 이르는 단체협약의 유효기간 만료일 이전 3개월이 되는 날부터 사용자에게 교섭을 요구할 수 있다(노동조합 및 노동관계조정법 시행령 제14조의2 제1항).

⑤ 국가 및 지방자치단체는 다양한 교섭방식을 노동관계 당사자가 자율적으로 선택할 수 있도록 지원하고 이에 따른 단체교섭이 활성화될 수 있도록 노력하여야 한다.

> 노동조합 및 노동관계조정법 제30조 제3항

07 노동조합 및 노동관계조정법령상 교섭창구 단일화 절차 등에 관한 설명으로 옳지 않은 것은?

① 하나의 사업장에서 조직형태에 관계없이 근로자가 설립하거나 가입한 노동조합이 2개 이상인 경우 노동조합은 교섭대표노동조합을 정하여 교섭을 요구하여야 한다.

> 노동조합 및 노동관계조정법 제29조의2 제1항

② 교섭대표노동조합을 자율적으로 결정하는 기한 내에 사용자가 교섭창구 단일화 절차를 거치지 아니하기로 동의한 경우에는 사용자는 교섭을 요구한 모든 노동조합과 성실히 교섭하여야 한다. ┃노동조합 및 노동관계조정법 제29조의2 제2항

✔️ 교섭대표노동조합을 자율적으로 결정하는 기한까지 교섭대표노동조합을 정하지 못하고 사용자의 동의를 얻지 못한 경우에는 교섭창구 단일화 절차에 참여한 노동조합의 종사 근로자가 아닌 조합원을 포함한 전체 조합원 과반수로 조직된 노동조합이 교섭대표노동조합이 된다.

> 교섭대표노동조합을 자율적으로 결정하는 기한까지 교섭대표노동조합을 정하지 못하고 제1항 단서에 따른 사용자의 동의를 얻지 못한 경우에는 교섭창구 단일화 절차에 참여한 노동조합의 전체 조합원 과반수로 조직된 노동조합(2개 이상의 노동조합이 위임 또는 연합 등의 방법으로 교섭창구 단일화 절차에 참여한 노동조합 전체 조합원의 과반수가 되는 경우를 포함한다)이 교섭대표노동조합이 된다(노동조합 및 노동관계조정법 제29조의2 제4항).

④ 공동교섭대표단의 구성에 합의하지 못할 경우에 노동위원회는 해당 노동조합의 신청에 따라 조합원 비율을 고려하여 이를 결정할 수 있다. ┃노동조합 및 노동관계조정법 제29조의2 제6항

⑤ 사용자에게 공동교섭대표단의 통지가 있은 이후에는 그 공동교섭대표단 결정 절차에 참여한 노동조합 중 일부 노동조합이 그 이후의 절차에 참여하지 않더라도 교섭대표 노동조합의 지위는 유지된다. ┃노동조합 및 노동관계조정법 시행령 제14조의8 제2항

08 노동조합 및 노동관계조정법령상 교섭단위 결정 등에 관한 설명으로 옳은 것은?

① 노동조합 또는 사용자는 사용자가 교섭요구 사실을 공고하기 전에는 노동위원회에 교섭단위를 분리하는 결정을 신청할 수 없다.

> 노동조합 또는 사용자는 사용자가 교섭요구 사실을 공고하기 전에 노동위원회에 교섭단위를 분리하는 결정을 신청할 수 있다(노동조합 및 노동관계조정법 시행령 제14조의11 제1항 제1호). ⚖

② 노동조합 또는 사용자는 분리된 교섭단위를 통합하여 교섭하려는 경우에는 노동위원회에 분리된 교섭단위를 통합하는 결정을 신청할 수 없다.

> 노동조합 또는 사용자는 분리된 교섭단위를 통합하여 교섭하려는 경우에는 노동위원회에 분리된 교섭단위를 통합하는 결정을 신청할 수 있다(노동조합 및 노동관계조정법 시행령 제14조의11 제1항). ⚖

③ 노동위원회는 노동관계 당사자의 어느 한쪽이 신청한 경우에는 교섭단위를 분리하는 결정을 할 수 없다.

> 하나의 사업 또는 사업장에서 현격한 근로조건의 차이, 고용형태, 교섭 관행 등을 고려하여 교섭단위를 분리하거나 분리된 교섭단위를 통합할 필요가 있다고 인정되는 경우에 노동위원회는 노동관계 당사자의 양쪽 또는 어느 한쪽의 신청을 받아 교섭단위를 분리하거나 분리된 교섭단위를 통합하는 결정을 할 수 있다(노동조합 및 노동관계조정법 제29조의3 제2항).

✔ **노동위원회는 교섭단위를 분리하는 결정을 하고 해당 사업 또는 사업장의 모든 노동조합과 사용자에게 통지해야 한다.** 노동조합 및 노동관계조정법 시행령 제14조의11 제3항

⑤ 교섭단위 분리신청에 대한 노동위원회의 결정이 있기 전에 교섭 요구가 있는 때에는 교섭단위 분리 결정과 관계없이 교섭요구 사실의 공고 등 교섭창구단일화절차는 진행된다.

> 교섭단위 분리신청에 대한 노동위원회의 결정이 있기 전에 교섭 요구가 있는 때에는 교섭단위를 분리하거나 분리된 교섭단위를 통합하는 결정이 있을 때까지 교섭요구 사실의 공고 등 교섭창구단일화절차의 진행은 정지된다(노동조합 및 노동관계조정법 시행령 제14조의11 제5항).

⚖
법령

> **노동조합 및 노동관계조정법 시행령 제14조의11(교섭단위 결정)**
> ① 노동조합 또는 사용자는 법 제29조의3 제2항에 따라 교섭단위를 분리하거나 분리된 교섭단위를 통합하여 교섭하려는 경우에는 다음 각 호에 해당하는 기간에 노동위원회에 교섭단위를 분리하거나 분리된 교섭단위를 통합하는 결정을 신청할 수 있다.
>   1. 제14조의3에 따라 사용자가 교섭요구 사실을 공고하기 전
>   2. 제14조의3에 따라 사용자가 교섭요구 사실을 공고한 경우에는 법 제29조의2에 따른 교섭대표노동조합이 결정된 날 이후

09 노동조합 및 노동관계조정법령상 단체협약에 관한 설명으로 옳지 않은 것은?

① 행정관청은 단체협약 중 위법한 내용이 있는 경우에는 노동위원회의 의결을 얻어 그 시정을 명할 수 있다.　노동조합 및 노동관계조정법 제31조 제3항

✓ 하나의 사업장에 상시 사용되는 동종의 근로자 반수 이상이 하나의 단체협약의 적용을 받게 된 때에는 행정관청은 직권으로 다른 동종의 근로자에 대하여도 당해 단체협약을 적용한다는 결정을 하여야 한다.

> 하나의 사업 또는 사업장에 상시 사용되는 동종의 근로자 반수 이상이 하나의 단체협약의 적용을 받게 된 때에는 당해 사업 또는 사업장에 사용되는 다른 동종의 근로자에 대하여도 당해 단체협약이 적용된다(노동조합 및 노동관계조정법 제35조).

③ 단체협약에 그 유효기간을 정하지 아니한 경우 그 유효기간은 3년으로 한다.

> 단체협약에 그 유효기간을 정하지 아니한 경우 또는 제1항의 기간을 초과하는 유효기간을 정한 경우에 그 유효기간은 3년으로 한다(노동조합 및 노동관계조정법 제32조 제2항).

④ 단체협약의 신고는 당사자 쌍방이 연명으로 해야 한다.

> 노동조합 및 노동관계조정법 시행령 제15조

⑤ 단체협약의 이행방법에 관하여 노동위원회가 제시한 이행방법에 관한 견해는 중재재정과 동일한 효력을 가진다.

> 노동위원회가 단체협약의 해석 또는 이행방법에 관한 견해의 제시를 요청받은 경우, 노동위원회가 제시한 해석 또는 이행방법에 관한 견해는 중재재정과 동일한 효력을 가진다(노동조합 및 노동관계조정법 제34조 제3항).

10 노동조합 및 노동관계조정법령상 단체교섭 및 단체협약에 관한 설명이다. (　　)에 들어갈 내용으로 옳은 것은?

> • 교섭창구 단일화 절차에 따라 결정된 교섭대표노동조합은 그 결정이 있은 후 사용자와 체결한 첫 번째 단체협약의 효력이 발생한 날을 기준으로 (ㄱ)년이 되는 날까지 그 교섭대표노동조합의 지위를 유지한다.
> • 단체협약에 그 유효기간이 경과한 후에도 새로운 단체협약이 체결되지 아니한 때에는 새로운 단체협약이 체결될 때까지 종전 단체협약의 효력을 존속시킨다는 취지의 별도의 약정이 있는 경우에는 그에 따르되, 당사자 일방은 해지하고자 하는 날의 (ㄴ)월 전까지 상대방에게 통고함으로써 종전의 단체협약을 해지할 수 있다.

① ㄱ : 2, ㄴ : 2　　　　　　　　　　② ㄱ : 2, ㄴ : 3

✓ ㄱ : 2, ㄴ : 6　　　　　　　　　　④ ㄱ : 3, ㄴ : 3

⑤ ㄱ : 3, ㄴ : 6

- 교섭창구 단일화 절차에 따라 결정된 교섭대표노동조합은 그 결정이 있은 후 사용자와 체결한 첫 번째 단체협약의 효력이 발생한 날을 기준으로 (2)년이 되는 날까지 그 교섭대표노동조합의 지위를 유지한다(노동조합 및 노동관계조정법 시행령 제14조의10 제1항).
- 단체협약에 그 유효기간이 경과한 후에도 새로운 단체협약이 체결되지 아니한 때에는 새로운 단체협약이 체결될 때까지 종전 단체협약의 효력을 존속시킨다는 취지의 별도의 약정이 있는 경우에는 그에 따르되, 당사자 일방은 해지하고자 하는 날의 (6)월 전까지 상대방에게 통고함으로써 종전의 단체협약을 해지할 수 있다(노동조합 및 노동관계조정법 제32조 제3항 단서).

11 노동조합 및 노동관계조정법상 단체협약에 관한 설명으로 옳지 않은 것은?(다툼이 있으면 판례에 따름)

1
2
3

① 노동조합은 신의에 따라 성실히 교섭하고 단체협약을 체결하여야 하며 그 권한을 남용하여서는 아니 된다. 노동조합 및 노동관계조정법 제30조 제1항

② 단체협약에 정한 근로조건 기타 근로자의 대우에 관한 기준에 위반하는 취업규칙 또는 근로계약의 부분은 무효로 한다. 노동조합 및 노동관계조정법 제33조 제1항

③ 단체협약의 당사자인 노동조합은 단체협약의 유효기간 중에 단체협약에서 정한 근로조건 등에 관한 내용의 변경이나 폐지를 요구하는 쟁의행위를 행하지 않을 평화의무를 지고 있다.

> 단체협약의 당사자인 노동조합은 단체협약의 유효기간 중에 단체협약에서 정한 근로조건 등에 관한 내용의 변경이나 폐지를 요구하는 쟁의행위를 행하지 아니하여야 함은 물론, 조합원들에 대하여도 통제력을 행사하여 그와 같은 쟁의행위를 행하지 못하게 방지하여야 할 이른바 평화의무를 지고 있다고 할 것이다(대판 1992.9.1., 92누7733).

④ 사용자가 인사처분을 할 때 노동조합의 사전 동의나 승낙을 얻어 인사처분을 하도록 단체협약 등에 규정된 경우 그 절차를 거치지 아니한 인사처분은 원칙적으로 무효로 보아야 한다.

> 사용자가 인사처분을 할 때 노동조합의 사전 동의나 승낙을 얻어야 한다거나 노동조합과 인사처분에 관한 논의를 하여 의견 합치를 보아 인사처분을 하도록 단체협약 등에 규정된 경우 그 절차를 거치지 아니한 인사처분은 원칙적으로 무효로 보아야 한다(대판 2012.6.28., 2010다38007).

☑ 노동조합은 근로조건의 향상을 목적으로 하므로 사용자와 사이에 근로조건을 불리하게 변경하는 내용의 단체협약을 체결할 수 없다.

> 협약자치의 원칙상 노동조합은 사용자와 근로조건을 유리하게 변경하는 내용의 단체협약뿐만 아니라 근로조건을 불리하게 변경하는 내용의 단체협약을 체결할 수 있다(대판 2007.12.14., 2007다18584).

12 노동조합 및 노동관계조정법상 노동위원회가 행하는 노동쟁의의 조정 등에 관한 설명으로 옳지 않은 것은?

① 노동위원회는 관계 당사자의 일방이 노동쟁의의 조정을 신청한 때에는 지체없이 조정을 개시하여야 한다. 　노동조합 및 노동관계조정법 제53조 제1항

② 조정은 조정의 신청이 있은 날부터 일반사업에 있어서는 10일, 공익사업에 있어서는 15일 이내에 종료하여야 한다. 　노동조합 및 노동관계조정법 제54조 제1항

❸ 노동위원회는 조정신청 전에는 교섭을 주선하는 등 관계 당사자의 자주적인 분쟁 해결을 지원할 수 없다.

　노동위원회는 조정신청 전이라도 원활한 조정을 위하여 교섭을 주선하는 등 관계 당사자의 자주적인 분쟁 해결을 지원할 수 있다(노동조합 및 노동관계조정법 제53조 제2항).

④ 노동위원회는 관계 당사자 쌍방의 신청 또는 동의를 얻은 경우에는 조정위원회에 갈음하여 단독조정인에게 조정을 행하게 할 수 있다. 　노동조합 및 노동관계조정법 제57조 제1항

⑤ 조정서의 내용을 준수하지 아니한 자는 벌칙에 처한다.

　노동조합 및 노동관계조정법 제92조 제3호

13 노동조합 및 노동관계조정법상 노동위원회가 행하는 노동쟁의의 중재에 관한 설명으로 옳은 것은?

① 노동쟁의가 중재에 회부된 때에는 그 날부터 20일간은 쟁의행위를 할 수 없다.

　노동쟁의가 중재에 회부된 때에는 그 날부터 15일간은 쟁의행위를 할 수 없다(노동조합 및 노동관계조정법 제63조).

❷ 관계 당사자의 일방이 단체협약에 의하여 중재를 신청한 때에도 노동위원회는 중재를 행한다.

　노동위원회는 관계 당사자의 쌍방이 함께 중재를 신청한 때와 관계 당사자의 일방이 단체협약에 의하여 중재를 신청한 때 중재를 행한다(노동조합 및 노동관계조정법 제62조 제1호 및 제2호). ⚖

③ 중재는 조정을 거치지 않으면 신청할 수 없다.

　중재는 일반적으로 조정이 실패한 경우에 신청하지만 조정을 거치지 않아도 신청할 수 있다.

④ 관계 당사자는 지방노동위원회의 중재재정이 월권에 의한 것이라고 인정하는 경우에는 중앙노동위원회에 재심을 신청할 수 없다.

　관계 당사자는 지방노동위원회 또는 특별노동위원회의 중재재정이 위법이거나 월권에 의한 것이라고 인정하는 경우에는 그 중재재정서의 송달을 받은 날부터 10일 이내에 중앙노동위원회에 그 재심을 신청할 수 있다(노동조합 및 노동관계조정법 제69조 제1항).

⑤ 중재재정의 내용은 관계 당사자의 동의를 받아야 단체협약과 동일한 효력을 가진다.

　중재재정의 내용은 단체협약과 동일한 효력을 가진다(노동조합 및 노동관계조정법 제70조 제1항). 즉, '관계 당사자의 동의'는 규정되어 있지 않다.

노동조합 및 노동관계조정법 제62조(중재의 개시)
노동위원회는 다음 각 호의 어느 하나에 해당하는 때에는 중재를 행한다.
1. 관계 당사자의 쌍방이 함께 중재를 신청한 때
2. 관계 당사자의 일방이 단체협약에 의하여 중재를 신청한 때
3. 삭제

14 노동조합 및 노동관계조정법상 필수공익사업에 해당하는 것을 모두 고른 것은?

ㄱ. 공중위생사업	ㄴ. 통신사업	ㄷ. 방송사업
ㄹ. 한국은행사업	ㅁ. 조폐사업	ㅂ. 병원사업

① ㄱ, ㄹ, ㅂ
② ㄴ, ㄷ, ㅁ
❸ ㄴ, ㄹ, ㅂ
④ ㄷ, ㄹ, ㅁ
⑤ ㄷ, ㅁ, ㅂ

필수공익사업에 해당하는 것은 통신사업, 한국은행사업, 병원사업이다(노동조합 및 노동관계조정법 제71조). ⚖

법령

노동조합 및 노동관계조정법 제71조(공익사업의 범위 등)
① 이 법에서 "공익사업"이라 함은 공중의 일상생활과 밀접한 관련이 있거나 국민경제에 미치는 영향이 큰 사업으로서 다음 각 호의 사업을 말한다.
   1. 정기노선 여객운수사업 및 항공운수사업
   2. 수도사업, 전기사업, 가스사업, 석유정제사업 및 석유공급사업
   3. 공중위생사업, 의료사업 및 혈액공급사업
   4. 은행 및 조폐사업
   5. 방송 및 통신사업
② 이 법에서 "필수공익사업"이라 함은 제1항의 공익사업으로서 그 업무의 정지 또는 폐지가 공중의 일상생활을 현저히 위태롭게 하거나 국민경제를 현저히 저해하고 그 업무의 대체가 용이하지 아니한 다음 각 호의 사업을 말한다.
   1. 철도사업, 도시철도사업 및 항공운수사업
   2. 수도사업, 전기사업, 가스사업, 석유정제사업 및 석유공급사업
   3. 병원사업 및 혈액공급사업
   4. 한국은행사업
   5. 통신사업

15 노동조합 및 노동관계조정법상 사용자의 직장폐쇄에 관한 설명으로 옳지 않은 것은?(다툼이 있으면 판례에 따름)

1
2
3

☑ 사용자의 직장폐쇄가 정당한 쟁의행위로 평가받는 경우에는 사업장 내의 노조사무실 등 정상적인 노조활동에 필요한 시설이라 하더라도 조합원의 출입은 허용되지 않는다.

> 사용자의 직장폐쇄가 정당한 쟁의행위로 평가받는 경우에도 사업장 내의 노조사무실 등 정상적인 노조활동에 필요한 시설, 기숙사 등 기본적인 생활근거지에 대한 출입은 허용되어야 하고, 다만 쟁의 및 직장폐쇄와 그 후의 상황전개에 비추어 노조가 노조사무실 자체를 쟁의장소로 활용하는 등 노조사무실을 쟁의행위와 무관한 정상적인 노조활동의 장소로 활용할 의사나 필요성이 없음이 객관적으로 인정되거나, 노조사무실과 생산시설이 장소적·구조적으로 분리될 수 없는 관계에 있어 일방의 출입 혹은 이용이 타방의 출입 혹은 이용을 직접적으로 수반하게 되는 경우로서 생산시설에 대한 노조의 접근 및 점거가능성이 합리적으로 예상되고, 사용자가 노조의 생산시설에 대한 접근, 점거 등의 우려에서 노조사무실 대체장소를 제공하고 그것이 원래 장소에서의 정상적인 노조활동과 견주어 합리적 대안으로 인정된다면, 합리적인 범위 내에서 노조사무실의 출입을 제한할 수 있다(대판 2010.6.10., 2009도12180).

② 직장폐쇄의 개시 자체는 정당하더라도 근로자가 쟁의행위를 중단하고 진정으로 업무에 복귀할 의사를 표시하였음에도 사용자가 직장폐쇄를 계속 유지하면서 공격적 직장폐쇄의 성격으로 변질된 경우에는 그 이후의 직장폐쇄는 정당성을 상실하게 된다.

> 대판 2018.4.12., 2015다64469

③ 사용자의 직장폐쇄는 근로자 측의 쟁의행위에 대한 대항·방위 수단으로서 상당성이 인정되는 경우에 한하여 정당한 쟁의행위로 평가받을 수 있다.

④ 사용자의 직장폐쇄가 정당한 쟁의행위로 인정되지 아니하는 때에는 적법한 쟁의행위로서 사업장을 점거 중인 근로자들이 사용자로부터 퇴거 요구를 받고 이에 불응한 채 직장점거를 계속하더라도 퇴거불응죄가 성립하지 아니한다.

> ③, ④ 사용자의 직장폐쇄는 노사 간의 교섭태도, 경과, 근로자 측 쟁의행위의 태양, 그로 인하여 사용자 측이 받는 타격의 정도 등에 관한 구체적 사정에 비추어 형평상 근로자 측의 쟁의행위에 대한 대항·방위 수단으로서 상당성이 인정되는 경우에 한하여 정당한 쟁의행위로 평가받을 수 있는 것이고, 사용자의 직장폐쇄가 정당한 쟁의행위로 인정되지 아니하는 때에는 적법한 쟁의행위로서 사업장을 점거 중인 근로자들이 직장폐쇄를 단행한 사용자로부터 퇴거 요구를 받고 이에 불응한 채 직장점거를 계속하더라도 퇴거불응죄가 성립하지 아니한다(대판 2007.12.28., 2007도5204).

⑤ 사용자의 직장폐쇄가 정당한 쟁의행위로 평가받을 때 비로소 사용자는 직장폐쇄 기간 동안의 대상 근로자에 대한 임금지불의무를 면한다. 대판 2000.5.26., 98다34331

16 노동조합 및 노동관계조정법령상 노동조합이 쟁의행위를 하고자 할 경우에 행정관청과 관할 노동위원회에 신고하여야 할 사항이 아닌 것은?

✅ **① 쟁의행위의 목적**

② 쟁의행위의 일시

③ 쟁의행위의 장소

④ 쟁의행위의 참가인원

⑤ 쟁의행위의 방법

> 노동조합은 쟁의행위를 하고자 할 경우에는 고용노동부령이 정하는 바에 따라 행정관청과 관할노동위원회에 쟁의행위의 <u>일시·장소·참가인원 및 그 방법</u>을 미리 서면으로 신고하여야 한다(노동조합 및 노동관계조정법 시행령 제17조).

17 노동조합 및 노동관계조정법상 쟁의행위에 관한 설명으로 옳은 것은?

① 근로자는 쟁의행위 기간 중에는 어떠한 경우라도 노동조합 및 노동관계조정법 위반을 이유로 구속되지 아니한다.

> 근로자는 쟁의행위 기간 중에는 <u>현행범 외에는</u> 이 법 위반을 이유로 구속되지 아니한다(노동조합 및 노동관계조정법 제39조).

✅ **② 노동조합의 쟁의행위는 직접·비밀·무기명투표에 의한 종사근로자인 조합원 과반수의 찬성으로 결정하지 아니하면 이를 행할 수 없다.** 노동조합 및 노동관계조정법 제41조 제1항

③ 노동조합은 쟁의행위의 본질상 사용자의 점유를 배제하여 조업을 방해하는 형태로 쟁의행위를 할 수 있다.

> 노동조합은 사용자의 점유를 배제하여 조업을 방해하는 형태로 쟁의행위를 <u>해서는 아니 된다</u>(노동조합 및 노동관계조정법 제37조 제3항).

④ 노동조합은 쟁의행위 기간에 대한 임금의 지급을 요구하여 이를 관철할 목적으로 쟁의행위를 할 수 있다.

> 노동조합은 쟁의행위 기간에 대한 임금의 지급을 요구하여 이를 관철할 목적으로 쟁의행위를 <u>하여서는 아니 된다</u>(노동조합 및 노동관계조정법 제44조 제2항).

⑤ 필수공익사업의 사용자는 쟁의행위 기간 중 그 쟁의행위로 중단된 업무의 수행을 위하여 당해 사업과 관계없는 자를 채용 또는 대체할 수 없다.

> 사용자는 쟁의행위 기간 중 그 쟁의행위로 중단된 업무의 수행을 위하여 당해 사업과 관계없는 자를 채용 또는 대체할 수 없으나, <u>해당 규정은 필수공익사업의 사용자의 경우에는 적용하지 아니한다</u>(노동조합 및 노동관계조정법 제43조 제1항 및 제3항). ⚖️

법령

노동조합 및 노동관계조정법 제43조(사용자의 채용제한)

① 사용자는 쟁의행위 기간 중 그 쟁의행위로 중단된 업무의 수행을 위하여 당해 사업과 관계없는 자를 채용 또는 대체할 수 없다.
② 사용자는 쟁의행위 기간 중 그 쟁의행위로 중단된 업무를 도급 또는 하도급 줄 수 없다.
③ 제1항 및 제2항의 규정은 필수공익사업의 사용자가 쟁의행위 기간 중에 한하여 당해 사업과 관계없는 자를 채용 또는 대체하거나 그 업무를 도급 또는 하도급 주는 경우에는 적용하지 아니한다.
④ 제3항의 경우 사용자는 당해 사업 또는 사업장 파업참가자의 100분의 50을 초과하지 않는 범위 안에서 채용 또는 대체하거나 도급 또는 하도급 줄 수 있다. 이 경우 파업참가자 수의 산정 방법 등은 대통령령으로 정한다.

18 노동조합 및 노동관계조정법상 쟁의행위에 관한 설명으로 옳지 않은 것은?(다툼이 있으면 판례에 따름)

1
2
3

① 근로자의 쟁의행위가 정당한 것으로 인정받기 위해서는 그 목적이 근로조건의 향상을 위한 노사 간의 자치적 교섭을 조성하는 데에 있어야 한다.

> 근로자의 단체행동이 형법상 정당행위가 되기 위하여는 첫째 그 주체가 단체교섭의 주체로 될 수 있는 자이어야 하고, 둘째 그 목적이 근로조건의 향상을 위한 노사 간의 자치적 교섭을 조성하는 데에 있어야 하며, 셋째 사용자가 근로자의 근로조건 개선에 관한 구체적인 요구에 대하여 단체교섭을 거부하였을 때 개시하되 특별한 사정이 없는 한 조합원의 찬성결정 등 필요한 절차를 거쳐야 하고, 넷째 그 수단과 방법이 사용자의 재산권과 조화를 이루어야 하며 폭력의 행사나 제3자의 권익을 침해하는 것이 아니어야 한다(대판 2001.6.12., 2001도1012).

② 노동조합 및 노동관계조정법상 적법한 절차를 거친 후 이루어진 쟁의행위에 대하여 쟁의발생 신고절차의 미준수만을 이유로 그 정당성을 부정할 수는 없다.

> 노동조합 및 노동관계조정법 시행령 제17조에서 규정하고 있는 쟁의행위의 일시·장소·참가인원 및 그 방법에 관한 서면신고의무는 쟁의행위를 함에 있어 그 세부적·형식적 절차를 규정한 것으로서 쟁의행위에 적법성을 부여하기 위하여 필요한 본질적인 요소는 아니므로, 신고절차의 미준수만을 이유로 쟁의행위의 정당성을 부정할 수는 없다(대판 2007.12.28., 2007도5204).

③ 쟁의행위 수단으로서 피케팅은 파업에 가담하지 않고 조업을 계속하려는 자에 대하여 평화적 설득, 구두와 문서에 의한 언어적 설득의 범위 내에서 정당성이 인정되는 것이 원칙이다.

> 파업의 보조적 쟁의수단인 피케팅은 파업에 가담하지 않고 조업을 계속하려는 자에 대하여 평화적 설득, 구두와 문서에 의한 언어적 설득의 범위 내에서 정당성이 인정되는 것이고, 폭행, 협박 또는 위력에 의한 실력 저지나 물리적 강제는 정당화될 수 없다(대판 1990.10.12., 90도1431).

④ 쟁의행위가 조정전치의 규정에 따른 절차를 거치지 않았더라도 무조건 정당성을 결여한 쟁의행위가 되는 것은 아니다.

> 노동조합이 쟁의행위를 할 때에 조합원의 직접·비밀·무기명투표에 의한 과반수의 찬성결정이라는 절차를 거치도록 한 노동조합 및 노동관계조정법(이하 '노동조합법'이라 한다) 제41조 제1항은 노동조합의 자주적이고 민주적인 운영을 도모함과 아울러 쟁의행위에 참가한 근로자들이 사후에 쟁의행위의 정당성 유무와 관련하여 어떠한 불이익을 당하지 않도록 그 개시에 관한 조합의사의 결정에 보다 신중을 기하기 위하여 마련된 규정이므로 위의 절차를 위반한 쟁의행위는 그 절차를 따를 수 없는 객관적인 사정이 인정되지 않는 한 정당성이 상실된다. 하지만 쟁의행위에 대한 조합원 찬반투표가 노동조합법 제45조가 정한 노동위원회의 조정절차를 거치지 않고 실시되었다는 사정만으로는 그 쟁의행위의 정당성이 상실된다고 보기 어렵다(대판 2020.10.15., 2019두40345).

✔ 노동조합이 사용자가 수용할 수 없는 과다한 요구를 하였다면 그 쟁의행위의 목적의 정당성은 부정된다.

> 노동조합이 회사에 대하여 임금인상 등 근로조건의 개선을 위한 요구를 계속하였고, 또 그에 관하여 노사간에 진지한 교섭을 장기간에 걸쳐 벌여 온 점에 비추어 보면, 노동조합이 다른 한편으로 조합원인 미화원들의 신분을 고용직 공무원으로 환원되도록 하여 달라고 외부기관에 진정하고 조합원들이 쟁의기간 중 같은 내용이 적힌 리본을 착용한 바 있어도 이는 대외적 활동이거나 쟁의행위의 부차적 목적에 지나지 아니하고 쟁의행위의 직접적이고 주된 목적은 아니라고 보아야 할 것이므로 이 때문에 쟁의행위가 부당한 것으로 된다고 할 수 없고, 또 노동조합이 회사로서는 수용할 수 없는 요구를 하고 있었다고 하더라도 이는 단체교섭의 단계에서 조정할 문제이지 노동조합 측으로부터 과다한 요구가 있었다고 하여 막바로 그 쟁의행위의 목적이 부당한 것이라고 해석할 수는 없다(대판 1992.1.21., 91누5204).

19 노동조합 및 노동관계조정법상 부당노동행위에 관한 설명으로 옳지 않은 것은?

✔ 근로시간 면제한도를 초과하여 사용자가 급여를 지급하더라도 부당노동행위가 성립하지 않는다.

> 근로시간 면제한도를 초과하여 사용자가 급여를 지급하는 경우 부당노동행위가 성립한다(노동조합 및 노동관계조정법 제81조 제1항 제4호 본문). ⚖

② 사용자가 근로자의 후생자금을 위해 기금을 기부하는 경우에 부당노동행위가 성립하지 않는다.

> 노동조합 및 노동관계조정법 제81조 제1항 제4호 단서 ⚖

③ 노동조합이 해당 사업장에 종사하는 근로자의 3분의 2 이상을 대표하고 있을 때에 근로자가 그 노동조합의 조합원이 될 것을 고용조건으로 하는 단체협약의 체결은 부당노동행위에 해당하지 않는다.

> 노동조합 및 노동관계조정법 제81조 제1항 제2호 단서 ⚖

④ 사용자가 최소한의 규모의 노동조합 사무소를 제공하는 경우 부당노동행위가 성립하지 않는다.

> 노동조합 및 노동관계조정법 제81조 제1항 제4호 단서 ⚖

⑤ 사용자가 노동조합으로부터 위임을 받은 자와의 단체협약체결 기타의 단체교섭을 정당한 이유없이 거부하거나 해태하는 경우 부당노동행위가 성립할 수 있다.

> 노동조합 및 노동관계조정법 제81조 제1항 제3호 ⚖

법령

노동조합 및 노동관계조정법 제81조(부당노동행위)

① 사용자는 다음 각 호의 어느 하나에 해당하는 행위(이하 "부당노동행위"라 한다)를 할 수 없다.

1. 근로자가 노동조합에 가입 또는 가입하려고 하였거나 노동조합을 조직하려고 하였거나 기타 노동조합의 업무를 위한 정당한 행위를 한 것을 이유로 그 근로자를 해고하거나 그 근로자에게 불이익을 주는 행위

2. 근로자가 어느 노동조합에 가입하지 아니할 것 또는 탈퇴할 것을 고용조건으로 하거나 특정한 노동조합의 조합원이 될 것을 고용조건으로 하는 행위. 다만, 노동조합이 당해 사업장에 종사하는 근로자의 3분의 2 이상을 대표하고 있을 때에는 근로자가 그 노동조합의 조합원이 될 것을 고용조건으로 하는 단체협약의 체결은 예외로 하며, 이 경우 사용자는 근로자가 그 노동조합에서 제명된 것 또는 그 노동조합을 탈퇴하여 새로 노동조합을 조직하거나 다른 노동조합에 가입한 것을 이유로 근로자에게 신분상 불이익한 행위를 할 수 없다.

3. 노동조합의 대표자 또는 노동조합으로부터 위임을 받은 자와의 단체협약체결 기타의 단체교섭을 정당한 이유없이 거부하거나 해태하는 행위

4. 근로자가 노동조합을 조직 또는 운영하는 것을 지배하거나 이에 개입하는 행위와 근로시간 면제한도를 초과하여 급여를 지급하거나 노동조합의 운영비를 원조하는 행위. 다만, 근로자가 근로시간 중에 제24조 제2항에 따른 활동을 하는 것을 사용자가 허용함은 무방하며, 또한 근로자의 후생자금 또는 경제상의 불행 그 밖에 재해의 방지와 구제 등을 위한 기금의 기부와 최소한의 규모의 노동조합 사무소의 제공 및 그 밖에 이에 준하여 노동조합의 자주적인 운영 또는 활동을 침해할 위험이 없는 범위에서의 운영비 원조행위는 예외로 한다.

5. 근로자가 정당한 단체행위에 참가한 것을 이유로 하거나 또는 노동위원회에 대하여 사용자가 이 조의 규정에 위반한 것을 신고하거나 그에 관한 증언을 하거나 기타 행정관청에 증거를 제출한 것을 이유로 그 근로자를 해고하거나 그 근로자에게 불이익을 주는 행위

20 노동조합 및 노동관계조정법 제81조(부당노동행위) 제1항 제4호 단서에 따른 "노동조합의 자주적인 운영 또는 활동을 침해할 위험" 여부를 판단할 때 고려하여야 하는 사항이 아닌 것은?

① 원조된 운영비의 관리방법 및 사용처

❷ 원조된 운영비가 노동조합의 총지출에서 차지하는 비율

> 원조된 운영비가 노동조합의 총수입에서 차지하는 비율을 고려하여야 한다(노동조합 및 노동관계조정법 제81조 제2항 제4호).

③ 원조된 운영비 금액과 원조방법

④ 원조된 운영비 횟수와 기간

⑤ 운영비 원조의 목적과 경위

노동조합 및 노동관계조정법 제81조(부당노동행위)

② 제1항 제4호 단서에 따른 "노동조합의 자주적 운영 또는 활동을 침해할 위험" 여부를 판단할 때에는 다음 각 호의 사항을 고려하여야 한다.

1. 운영비 원조의 목적과 경위
2. 원조된 운영비 횟수와 기간
3. 원조된 운영비 금액과 원조방법
4. 원조된 운영비가 노동조합의 총수입에서 차지하는 비율
5. 원조된 운영비의 관리방법 및 사용처 등

21 노동조합 및 노동관계조정법상 부당노동행위 구제에 관한 설명으로 옳은 것은?

① 사용자의 부당노동행위로 인하여 그 권리를 침해당한 근로자는 노동위원회에 그 구제를 신청할 수 없다.

> 사용자의 부당노동행위로 인하여 그 권리를 침해당한 근로자 또는 노동조합은 노동위원회에 그 구제를 신청할 수 있다(노동조합 및 노동관계조정법 제82조 제1항).

② 노동위원회가 관계 당사자의 심문을 할 때에는 관계당사자의 신청 없이는 증인을 출석하게 하여 필요한 사항을 질문할 수 없다.

> 노동위원회는 관계 당사자의 심문을 할 때에는 관계 당사자의 신청에 의하거나 그 직권으로 증인을 출석하게 하여 필요한 사항을 질문할 수 있다(노동조합 및 노동관계조정법 제83조 제2항).

☑ **부당노동행위 구제의 신청은 계속하는 부당노동행위의 경우 그 종료일부터 3월 이내에 행하여야 한다.** 노동조합 및 노동관계조정법 제82조 제2항

④ 지방노동위원회의 기각결정에 불복이 있는 관계 당사자는 그 결정이 있은 날부터 10일 이내에 중앙노동위원회에 그 재심을 신청할 수 있다.

> 지방노동위원회 또는 특별노동위원회의 구제명령 또는 기각결정에 불복이 있는 관계 당사자는 그 명령서 또는 결정서의 송달을 받은 날부터 10일 이내에 중앙노동위원회에 그 재심을 신청할 수 있다(노동조합 및 노동관계조정법 제85조 제1항).

⑤ 중앙노동위원회의 재심판정은 행정소송의 제기에 의하여 그 효력이 정지된다.

> 노동위원회의 구제명령·기각결정 또는 재심판정은 중앙노동위원회에의 재심신청이나 행정소송의 제기에 의하여 그 효력이 정지되지 아니한다(노동조합 및 노동관계조정법 제86조).

22 노동위원회법상 노동위원회에 관한 설명으로 옳지 않은 것은?

① 공익위원은 해당 노동위원회 위원장, 노동조합 및 사용자단체가 각각 추천한 사람 중에서 노동조합과 사용자단체가 순차적으로 배제하고 남은 사람을 위촉대상 공익위원으로 한다.

> 노동위원회법 제6조 제4항

② 관계 당사자 양쪽이 모두 단독심판을 신청하거나 단독심판으로 처리하는 것에 동의한 경우 단독심판으로 사건을 처리할 수 있다. 노동위원회법 제15조의2 제2호

☑ **노동위원회 위원의 임기는 3년으로 하되, 연임할 수 없다.**

> 노동위원회 위원의 임기는 3년으로 하되, 연임할 수 있다(노동위원회법 제7조 제1항).

④ 중앙노동위원회의 처분에 대한 소송은 중앙노동위원회 위원장을 피고(被告)로 하여 제기하여야 한다. 노동위원회법 제27조 제1항

⑤ 노동위원회법에 따라 작성된 화해조서는 민사소송법에 따른 재판상 화해의 효력을 갖는다.

> 노동위원회법 제16조의3 제5항

23 공무원의 노동조합 설립 및 운영 등에 관한 법률에 관한 설명으로 옳지 않은 것은?

☑ ① 정부교섭대표는 다른 정부교섭대표와 공동으로 교섭할 수 있지만, 다른 정부교섭대표에게 교섭 및 단체협약 체결 권한을 위임할 수 없다.

> 정부교섭대표는 효율적인 교섭을 위하여 필요한 경우 다른 정부교섭대표와 공동으로 교섭하거나, 다른 정부교섭대표에게 교섭 및 단체협약 체결 권한을 위임할 수 있다(공무원의 노동조합 설립 및 운영 등에 관한 법률 제8조 제3항).

② 전임자에 대하여는 그 기간 중 국가공무원법 제71조 또는 지방공무원법 제63조에 따라 휴직명령을 하여야 한다. 　공무원의 노동조합 설립 및 운영 등에 관한 법률 제7조 제2항

③ 정부교섭대표는 법령 등에 따라 스스로 관리하거나 결정할 수 있는 권한을 가진 사항에 대하여 노동조합이 교섭을 요구할 때에는 정당한 사유가 없으면 그 요구에 따라야 한다.

> 공무원의 노동조합 설립 및 운영 등에 관한 법률 제8조 제2항

④ 단체교섭이 결렬된 경우 이를 조정·중재하기 위하여 중앙노동위원회에 공무원 노동관계 조정위원회를 둔다. 　공무원의 노동조합 설립 및 운영 등에 관한 법률 제14조 제1항

⑤ 정부교섭대표는 단체협약으로서의 효력을 가지지 아니하는 내용에 대하여는 그 내용이 이행될 수 있도록 성실하게 노력하여야 한다.

> 공무원의 노동조합 설립 및 운영 등에 관한 법률 제10조 제2항

24 교원의 노동조합 설립 및 운영 등에 관한 법률에 관한 설명으로 옳은 것은? `기출 수정`

① 초·중등교육법에 따른 교원은 개별학교 단위로 노동조합을 설립할 수 있다.

> 초·중등교육법에 따른 교원은 특별시·광역시·특별자치시·도·특별자치도(이하 "시·도"라 한다) 단위 또는 전국 단위로만 노동조합을 설립할 수 있다(교원의 노동조합 설립 및 운영 등에 관한 법률 제4조 제1항).

② 교원으로 임용되어 근무하였던 사람은 규약에 정함이 있더라도 노동조합에 가입할 수 없다.

> 교원으로 임용되어 근무하였던 사람으로서 노동조합 규약으로 정하는 사람은 노동조합에 가입할 수 있다(교원의 노동조합 설립 및 운영 등에 관한 법률 제4조의2 제2호). ⚖

③ 노동조합과 그 조합원은 파업, 태업 또는 그 밖에 업무의 정상적인 운영을 방해하는 쟁의행위를 할 수 있다.

> 노동조합과 그 조합원은 파업, 태업 또는 그 밖에 업무의 정상적인 운영을 방해하는 어떠한 쟁의행위도 하여서는 아니 된다(교원의 노동조합 설립 및 운영 등에 관한 법률 제8조).

☑ ④ 단체교섭을 하거나 단체협약을 체결하는 경우에 관계 당사자는 국민여론과 학부모의 의견을 수렴하여 성실하게 교섭하고 단체협약을 체결하여야 한다.

> 단체교섭을 하거나 단체협약을 체결하는 경우에 관계 당사자는 국민여론과 학부모의 의견을 수렴하여 성실하게 교섭하고 단체협약을 체결하여야 하며, 그 권한을 남용하여서는 아니 된다(교원의 노동조합 설립 및 운영 등에 관한 법률 제6조 제8항).

⑤ 교원은 임용권자의 동의를 받아 노동조합으로부터 급여를 지급받으면서 노동조합의 업무에만 종사할 수 있다.

> 교원은 임용권자의 동의를 받아 노동조합으로부터 급여를 지급받으면서 노동조합의 업무에만 종사할 수 있다(교원의 노동조합 설립 및 운영 등에 관한 법률 제5조 제1항). ⚖️

⚖️
법령

> **교원의 노동조합 설립 및 운영 등에 관한 법률 제4조의2(가입 범위)**
> 노동조합에 가입할 수 있는 사람의 범위는 다음 각 호와 같다.
> 1. 교원
> 2. 교원으로 임용되어 근무하였던 사람으로서 노동조합 규약으로 정하는 사람
>
> **교원의 노동조합 설립 및 운영 등에 관한 법률 제5조(노동조합 전임자의 지위)**
> ① 교원은 임용권자의 동의를 받아 노동조합으로부터 급여를 지급받으면서 노동조합의 업무에만 종사할 수 있다.
> ② 제1항에 따라 동의를 받아 노동조합의 업무에만 종사하는 사람[이하 "전임자"(專任者)라 한다]은 그 기간 중 교육공무원법 제44조 및 사립학교법 제59조에 따른 휴직명령을 받은 것으로 본다.
> ③ 삭제
> ④ 전임자는 그 전임기간 중 전임자임을 이유로 승급 또는 그 밖의 신분상의 불이익을 받지 아니한다.

25 근로자참여 및 협력증진에 관한 법령상 노사협의회에 관한 설명으로 옳지 않은 것은?(다툼이 있으면 판례에 따름)

1
2
3

① 노사협의회는 근로조건에 대한 결정권이 있는 사업이나 사업장 단위로 설치하여야 한다.

> 노사협의회는 근로조건에 대한 결정권이 있는 사업이나 사업장 단위로 설치하여야 한다. 다만, 상시 30명 미만의 근로자를 사용하는 사업이나 사업장은 그러하지 아니하다(근로자참여 및 협력증진에 관한 법률 제4조 제1항).

② 하나의 사업에 종사하는 전체 근로자 수가 30명 이상이면 해당 근로자가 지역별로 분산되어 있더라도 그 주된 사무소에 노사협의회를 설치하여야 한다.

> 근로자참여 및 협력증진에 관한 법률 시행령 제2조

③ 근로자의 교육훈련 및 능력개발 기본계획의 수립에 대하여는 노사협의회의 의결을 거쳐야 한다.

> 근로자참여 및 협력증진에 관한 법률 제21조 제1호 ⚖️

④ 임금의 지불방법·체계·구조 등의 제도 개선은 노사협의회의 협의사항이다.

> 근로자참여 및 협력증진에 관한 법률 제20조 제1항 제8호

✅ 근로조건 기타 노사관계에 관한 합의가 노사협의회의 협의를 거쳐서 단체협약의 실질적·형식적 요건을 갖추었다 하더라도 이는 단체협약이라고 볼 수 없다.

> 단체협약은 노동조합이 사용자 또는 사용자단체와 근로조건 기타 노사관계에서 발생하는 사항에 관한 합의를 문서로 작성하여 당사자 쌍방이 서명날인함으로써 성립하는 것이고, 그 합의가 반드시 정식의 단체교섭절차를 거쳐서 이루어져야만 하는 것은 아니다. 따라서 노동조합과 사용자 사이에 근로조건 기타 노사관계에 관한 합의가 노사협의회의 협의를 거쳐서 성립되었더라도, 당사자 쌍방이 이를 단체협약으로 할 의사로 문서로 작성하여 당사자 쌍방의 대표자가 각 노동조합과 사용자를 대표하여 서명날인하는 등으로 단체협약의 실질적·형식적 요건을 갖추었다면 이는 단체협약이라고 보아야 한다(대판 2018.7.26., 2016다205908).

⚖️ 법령

> **근로자참여 및 협력증진에 관한 법률 제21조(의결 사항)**
> 사용자는 다음 각 호의 어느 하나에 해당하는 사항에 대하여는 협의회의 의결을 거쳐야 한다.
> 1. 근로자의 교육훈련 및 능력개발 기본계획의 수립
> 2. 복지시설의 설치와 관리
> 3. 사내근로복지기금의 설치
> 4. 고충처리위원회에서 의결되지 아니한 사항
> 5. 각종 노사공동위원회의 설치

01	02	03	04	05	06	07	08	09	10	11	12	13	14	15	16	17	18	19	20	21	22	23	24	25
모두 정답	③	①	④	③	②	②	⑤	①	④	③	④	②	③	①	③	⑤	④	⑤	①	②	④	④	①	⑤

01 우리나라 노동법 등의 연혁에 관한 설명으로 옳은 것을 모두 고른 것은?

1
2
3

> ㄱ. 우리나라는 1991년에 국제노동기구(ILO)에 가입하였다.
> ㄴ. 1980년에 제정된 노사협의회법에서 노사협의회를 처음으로 규정하였다.
> ㄷ. 2005년에 공무원의 노동조합 설립 및 운영 등에 관한 법률이 제정되었다.
> ㄹ. 1953년에 제정된 노동조합법에서는 사용자 및 노동조합의 부당노동행위금지와 그 위반에 대한 처벌을 규정하였다.

✔ ㄱ, ㄴ   ✔ ㄱ, ㄷ

✔ ㄱ, ㄹ   ✔ ㄴ, ㄷ

✔ ㄴ, ㄹ

> ㄱ. (○) 우리나라는 1991년 12월 9일 국제노동기구(ILO)의 152번째 회원국이 되었다.
> ㄴ. (○) ㄴ은 본래 틀린 지문으로, 노사협의회는 1963년 4월 전부개정된 노동조합법에서 처음으로 등장하였으나, 1980년 12월 제정된 노사협의회법에서 노사협의회의 설치, 운영 등을 구체적으로 규정한 바, ㄴ을 옳은 지문으로 이해할 여지가 있다. 이에 최종 정답에서 ㄴ을 옳은 지문으로 보아 '모두정답'으로 변경하였다.
> ㄷ. (○) 2005년 1월 공무원의 노동조합 설립 및 운영 등에 관한 법률이 제정되었다.
> ㄹ. (×) 1953년 3월 제정된 노동조합법에서는 사용자의 부당노동행위금지만을 규정하였다.

02 노동조합 및 노동관계조정법에 관한 설명으로 옳지 않은 것은?(다툼이 있으면 판례에 따름)

1
2
3

① 사용자라 함은 사업주, 사업의 경영담당자 또는 그 사업의 근로자에 관한 사항에 대하여 사업주를 위하여 행동하는 자를 말한다.   노동조합 및 노동관계조정법 제2조 제2호

② 사용자단체라 함은 노동관계에 관하여 그 구성원인 사용자에 대하여 조정 또는 규제할 수 있는 권한을 가진 사용자의 단체를 말한다.   노동조합 및 노동관계조정법 제2조 제3호

✔ 노동조합 및 노동관계조정법상 근로자에 해당하는지는 근로조건을 보호할 필요성이 있는지의 관점에서 판단하여야 하므로, 동법상의 근로자는 근로기준법상 근로자에 한정된다.

> 노동조합법의 입법 목적과 근로자에 대한 정의 규정 등을 고려하면, 노동조합법상 근로자에 해당하는지는 노무제공관계의 실질에 비추어 노동3권을 보장할 필요성이 있는지의 관점에서 판단하여야 하고, 반드시 근로기준법상 근로자에 한정된다고 할 것은 아니다(대판 2018.10.12., 2015두38092).

④ 노동조합에 대하여는 그 사업체를 제외하고는 세법이 정하는 바에 따라 조세를 부과하지 아니한다. 노동조합 및 노동관계조정법 제8조

⑤ 이 법에 의하여 설립된 노동조합이 아니면 노동위원회에 노동쟁의의 조정 및 부당노동행위의 구제를 신청할 수 없다. 노동조합 및 노동관계조정법 제7조 제1항

03 노동조합 및 노동관계조정법령상 노동조합의 설립 등에 관한 설명으로 옳지 않은 것은?

① 행정관청은 설립신고서에 규약이 첨부되어 있지 아니한 경우에는 설립신고서를 반려하여야 한다.

설립신고서에 규약이 첨부되어 있지 않은 경우는 설립신고서 반려사유에 해당하지 않는다. ⚖️

② 노동조합이 신고증을 교부받은 경우에는 설립신고서가 접수된 때에 설립된 것으로 본다.

노동조합 및 노동관계조정법 제12조 제4항

③ 노동조합은 설립신고된 사항 중 대표자의 성명에 변경이 있는 때에는 그 날부터 30일 이내에 행정관청에 변경신고를 하여야 한다. 노동조합 및 노동관계조정법 제13조 제1항 제3호

④ 2 이상의 시·군·구(자치구를 말한다)에 걸치는 단위노동조합을 설립하고자 하는 자는 설립신고서에 규약을 첨부하여 특별시장·광역시장·도지사에게 제출하여야 한다.

노동조합 및 노동관계조정법 제10조 제1항

⑤ 행정관청은 설립신고서 또는 규약이 기재사항의 누락등으로 보완이 필요한 경우에는 대통령령이 정하는 바에 따라 20일 이내의 기간을 정하여 보완을 요구하여야 한다.

노동조합 및 노동관계조정법 제12조 제2항 ⚖️

⚖️ 법령

노동조합 및 노동관계조정법 제12조(신고증의 교부)
② 행정관청은 설립신고서 또는 규약이 기재사항의 누락등으로 보완이 필요한 경우에는 대통령령이 정하는 바에 따라 20일 이내의 기간을 정하여 보완을 요구하여야 한다. 이 경우 보완된 설립신고서 또는 규약을 접수한 때에는 3일 이내에 신고증을 교부하여야 한다.
③ 행정관청은 설립하고자 하는 노동조합이 다음 각호의 1에 해당하는 경우에는 설립신고서를 반려하여야 한다.
　1. 제2조 제4호 각목의 1에 해당하는 경우
　2. 제2항의 규정에 의하여 보완을 요구하였음에도 불구하고 그 기간 내에 보완을 하지 아니하는 경우

노동조합 및 노동관계조정법 제2조(정의)
4. "노동조합"이라 함은 근로자가 주체가 되어 자주적으로 단결하여 근로조건의 유지·개선 기타 근로자의 경제적·사회적 지위의 향상을 도모함을 목적으로 조직하는 단체 또는 그 연합단체를 말한다. 다만, 다음 각목의 1에 해당하는 경우에는 노동조합으로 보지 아니한다.
　가. 사용자 또는 항상 그의 이익을 대표하여 행동하는 자의 참가를 허용하는 경우
　나. 경비의 주된 부분을 사용자로부터 원조받는 경우
　다. 공제·수양 기타 복리사업만을 목적으로 하는 경우
　라. 근로자가 아닌 자의 가입을 허용하는 경우
　마. 주로 정치운동을 목적으로 하는 경우

04 노동조합 및 노동관계조정법상 노동조합의 규약에 기재하여야 하는 사항으로 명시되어 있지 않은 것은?

1
2
3

① 회의에 관한 사항　노동조합 및 노동관계조정법 제11조 제7호

② 규약변경에 관한 사항　노동조합 및 노동관계조정법 제11조 제10호

③ 소속된 연합단체가 있는 경우에는 그 명칭　노동조합 및 노동관계조정법 제11조 제5호

☑ **단체협약의 체결에 관한 권한의 위임에 관한 사항**

　단체협약의 체결에 관한 권한의 위임에 관한 사항은 규약의 기재사항에 해당하지 않는다.

⑤ 쟁의행위와 관련된 찬반투표 결과의 공개, 투표자 명부 및 투표용지 등의 보존ㆍ열람에 관한 사항　노동조합 및 노동관계조정법 제11조 제12호

법령

노동조합 및 노동관계조정법 제11조(규약)

노동조합은 그 조직의 자주적ㆍ민주적 운영을 보장하기 위하여 당해 노동조합의 규약에 다음 각 호의 사항을 기재하여야 한다.

1. 명칭
2. 목적과 사업
3. 주된 사무소의 소재지
4. 조합원에 관한 사항(연합단체인 노동조합에 있어서는 그 구성단체에 관한 사항)
5. 소속된 연합단체가 있는 경우에는 그 명칭
6. 대의원회를 두는 경우에는 대의원회에 관한 사항
7. 회의에 관한 사항
8. 대표자와 임원에 관한 사항
9. 조합비 기타 회계에 관한 사항
10. 규약변경에 관한 사항
11. 해산에 관한 사항
12. 쟁의행위와 관련된 찬반투표 결과의 공개, 투표자 명부 및 투표용지 등의 보존ㆍ열람에 관한 사항
13. 대표자와 임원의 규약위반에 대한 탄핵에 관한 사항
14. 임원 및 대의원의 선거절차에 관한 사항
15. 규율과 통제에 관한 사항

05 노동조합 및 노동관계조정법상 노동조합의 운영 등에 관한 설명으로 옳지 않은 것은?

① 단체협약에 관한 사항은 총회의 의결을 거쳐야 한다.

> 노동조합 및 노동관계조정법 제16조 제1항 제3호

② 대의원은 조합원의 직접·비밀·무기명투표에 의하여 선출되어야 한다.

> 노동조합 및 노동관계조정법 제17조 제2항

③ 행정관청은 노동조합의 규약이 노동관계법령에 위반한 경우에는 직권으로 그 시정을 명할 수 있다.

> 행정관청은 노동조합의 규약이 노동관계법령에 위반한 경우에는 <u>노동위원회의 의결을 얻어 그 시정을 명할 수 있다</u>(노동조합 및 노동관계조정법 제21조 제1항).

④ 임원의 임기는 규약으로 정하되 3년을 초과할 수 없다.

> 노동조합 및 노동관계조정법 제23조 제2항

⑤ 노동조합은 그 규약으로 조합비를 납부하지 아니하는 조합원의 권리를 제한할 수 있다.

> 노동조합 및 노동관계조정법 제22조 단서

06 노동조합 및 노동관계조정법상 단체교섭 등에 관한 설명으로 옳지 않은 것은?(다툼이 있으면 판례에 따름)

① 교섭대표노동조합을 결정하여야 하는 단위는 하나의 사업 또는 사업장으로 한다.

> 노동조합 및 노동관계조정법 제29조의3 제1항

② 노동조합의 하부단체인 분회나 지부가 독자적인 규약 및 집행기관을 가시고 독립된 조직체로서 활동을 하더라도 당해 조직이나 그 조합원에 고유한 사항에 대하여 독자적으로 단체교섭하고 단체협약을 체결할 수는 없다.

> <u>노동조합의 하부단체인 분회나 지부가 독자적인 규약 및 집행기관을 가지고 독립된 조직체로서 활동을 하는 경우 당해 조직이나 그 조합원에 고유한 사항에 대하여는 독자적으로 단체교섭하고 단체협약을 체결할 수 있고</u>, 이는 그 분회나 지부가 노동조합 및 노동관계조정법 시행령 제7조의 규정에 따라 그 설립신고를 하였는지 여부에 영향받지 아니한다(대판 2011.5.26., 2011다1842).

③ 일반적으로 구성원인 근로자의 노동조건 기타 근로자의 대우 또는 당해 단체적 노사관계의 운영에 관한 사항으로 사용자가 처분할 수 있는 사항은 단체교섭의 대상인 단체교섭사항에 해당한다.

> 단체교섭의 대상이 되는 단체교섭사항에 해당하는지 여부는 헌법 제33조 제1항과 노동조합 및 노동관계조정법 제29조에서 근로자에게 단체교섭권을 보장한 취지에 비추어 판단하여야 하므로 일반적으로 <u>구성원인 근로자의 노동조건 기타 근로자의 대우 또는 당해 단체적 노사관계의 운영에 관한 사항으로 사용자가 처분할 수 있는 사항은 단체교섭의 대상인 단체교섭사항에 해당한다</u>(대판 2003.12.26., 2003두8906).

④ 기업의 구조조정 실시 여부는 경영주체에 의한 고도의 경영상 결단에 속하는 사항으로서 원칙적으로 단체교섭의 대상이 될 수 없다.

> 정리해고나 사업조직의 통폐합 등 기업의 구조조정의 실시 여부는 경영주체에 의한 고도의 경영상 결단에 속하는 사항으로서 이는 원칙적으로 단체교섭의 대상이 될 수 없고, 그것이 긴박한 경영상의 필요나 합리적인 이유 없이 불순한 의도로 추진되는 등의 특별한 사정이 없는 한, 노동조합이 실질적으로 그 실시 자체를 반대하기 위하여 쟁의행위에 나아간다면, 비록 그 실시로 인하여 근로자들의 지위나 근로조건의 변경이 필연적으로 수반된다 하더라도 그 쟁의행위는 목적의 정당성을 인정할 수 없다(대판 2003.12.11., 2001도3429).

⑤ 노동조합이 조합원들의 의사를 반영하고 대표자의 단체교섭 및 단체협약 체결 업무수행에 대한 적절한 통제를 위하여 대표자의 단체협약체결권한의 행사를 절차적으로 제한하는 것은, 그것이 단체협약체결권한을 전면적·포괄적으로 제한하는 것이 아닌 이상 허용된다.

> 노동조합이 조합원들의 의사를 반영하고 대표자의 단체교섭 및 단체협약 체결 업무 수행에 대한 적절한 통제를 위하여 규약 등에서 내부 절차를 거치도록 하는 등 대표자의 단체협약체결권한의 행사를 절차적으로 제한하는 것은, 그것이 단체협약체결권한을 전면적·포괄적으로 제한하는 것이 아닌 이상 허용된다(대판 2018.7.26., 2016다205908).

07 노동조합 및 노동관계조정법령상 단체협약에 관한 설명으로 옳지 않은 것은?(다툼이 있으면 판례에 따름)

1
2
3

① 노동조합과 사용자 또는 사용자단체는 정당한 이유 없이 단체협약의 체결을 거부하거나 해태하여서는 아니 된다. ▨ 노동조합 및 노동관계조정법 제30조 제2항

❷ 이미 구체적으로 지급청구권이 발생한 임금은 노동조합이 근로자들로부터 개별적인 동의나 수권을 받지 않더라도, 단체협약만으로 이에 대한 반환이나 포기 및 지급유예와 같은 처분행위를 할 수 있다.

> 이미 구체적으로 그 지급청구권이 발생한 임금이나 퇴직금은 근로자의 사적재산영역으로 옮겨져 근로자의 처분에 맡겨진 것이기 때문에 노동조합이 근로자들로부터 개별적인 동의나 수권을 받지 않는 이상, 사용자와 사이의 단체협약만으로 이에 대한 포기나 지급유예와 같은 처분행위를 할 수는 없다(대판 2020.1.16., 2019다223129).

③ 단체협약의 당사자는 단체협약의 체결일부터 15일 이내에 당사자 쌍방의 연명으로 단체협약을 행정관청에게 신고하여야 한다. ▨ 노동조합 및 노동관계조정법 제31조 제2항, 동법 시행령 제15조

④ 단체협약은 노동조합이 사용자 또는 사용자단체와 근로조건 기타 노사관계에서 발생하는 사항에 관한 합의를 문서로 작성하여 당사자 쌍방이 서명날인함으로써 성립하는 것이고, 그 합의가 반드시 정식의 단체교섭절차를 거쳐서 이루어져야만 하는 것은 아니다.

> 단체협약은 노동조합이 사용자 또는 사용자단체와 근로조건 기타 노사관계에서 발생하는 사항에 관한 합의를 문서로 작성하여 당사자 쌍방이 서명날인함으로써 성립하는 것이고, 그 합의가 반드시 정식의 단체교섭절차를 거쳐서 이루어져야만 하는 것은 아니다. 따라서 노동조합과 사용자 사이에 근로조건 기타 노사관계에 관한 합의가 노사협의회의 협의를 거쳐서 성립되었더라도, 당사자 쌍방이 이를 단체협약으로 할 의사로 문서로 작성하여 당사자 쌍방의 대표자가 각 노동조합과 사용자를 대표하여 서명날인하는 등으로 단체협약의 실질적·형식적 요건을 갖추었다면 이는 단체협약이라고 보아야 한다(대판 2018.7.26., 2016다205908).

⑤ 단체협약이 실효되었다고 하더라도 임금 등 그 밖에 개별적인 노동조건에 관한 부분은 그 단체협약의 적용을 받고 있던 근로자의 근로계약 내용이 되어 그것을 변경하는 새로운 단체협약, 취업규칙이 체결·작성되거나 또는 개별적인 근로자의 동의를 얻지 아니하는 한 개별적인 근로자의 근로계약 내용으로서 효력을 갖는다.

> 유효기간이 경과하는 등으로 단체협약이 실효되었다고 하더라도 임금, 퇴직금이나 노동시간, 그 밖에 개별적인 노동조건에 관한 부분은 그 단체협약의 적용을 받고 있던 근로자의 근로계약의 내용이 되어 그것을 변경하는 새로운 단체협약, 취업규칙이 체결·작성되거나 또는 개별적인 근로자의 동의를 얻지 아니하는 한 개별적인 근로자의 근로계약의 내용으로서 여전히 남아 있어 사용자와 근로자를 규율한다(대판 2018.11.29., 2018두41532).

08 노동조합 및 노동관계조정법상 교섭대표노동조합 등에 관한 설명으로 옳지 않은 것은?(다툼이 있으면 판례에 따름)

① 교섭대표노동조합의 대표자는 교섭을 요구한 모든 노동조합 또는 조합원을 위하여 사용자와 교섭하고 단체협약을 체결할 권한을 가진다.   노동조합 및 노동관계조정법 제29조 제2항

② 교섭대표노동조합 결정 절차에 참여한 모든 노동조합은 대통령령으로 정하는 기한 내에 자율적으로 교섭대표노동조합을 정한다.   노동조합 및 노동관계조정법 제29의2 제3항

③ 교섭창구 단일화 절차에서 교섭대표노동조합이 가지는 대표권은 법령에서 특별히 권한으로 규정하지 아니한 이상 단체교섭 및 단체협약 체결(보충교섭이나 보충협약 체결을 포함한다)과 체결된 단체협약의 구체적인 이행 과정에만 미치는 것이고, 이와 무관하게 노사관계 전반에까지 당연히 미친다고 볼 수는 없다.

> 교섭창구 단일화 및 공정대표의무에 관련된 법령 규정의 문언, 교섭창구 단일화 제도의 취지와 목적, 교섭대표노동조합이 아닌 노동조합 및 그 조합원의 노동3권 보장 필요성 등을 고려하면, 교섭창구 단일화 절차에서 교섭대표노동조합이 가지는 대표권은 법령에서 특별히 권한으로 규정하지 아니한 이상 단체교섭 및 단체협약 체결(보충교섭이나 보충협약 체결을 포함한다)과 체결된 단체협약의 구체적인 이행 과정에만 미치는 것이고, 이와 무관하게 노사관계 전반에까지 당연히 미친다고 볼 수는 없다(대판 2019.10.30., 2017두37772).

④ 공통교섭대표단에 참여할 수 있는 노동조합은 그 조합원 수가 교섭창구 단일화 절차에 참여한 노동조합의 전체 조합원 100분의 10 이상인 노동조합으로 한다.

노동조합 및 노동관계조정법 제29조의2 제5항

☙ 공동교섭대표단의 구성에 합의하지 못할 경우에 고용노동부장관은 해당 노동조합의 신청에 따라 조합원 비율을 고려하여 이를 결정할 수 있다.

> 공동교섭대표단의 구성에 합의하지 못할 경우에 노동위원회는 해당 노동조합의 신청에 따라 조합원 비율을 고려하여 이를 결정할 수 있다(노동조합 및 노동관계조정법 제29조의2 제6항).

09 노동조합 및 노동관계조정법상 단체협약에 관한 설명으로 옳지 않은 것은?(다툼이 있으면 판례에 따름)

①✔ 단체협약에 자동연장협정 규정이 있더라도 당초의 유효기간이 만료된 후 3월까지에 한하여 단체협약의 효력이 유효하다.

> 노동조합법 제35조 제3항의 규정은 종전의 단체협약에 유효기간 만료 이후 협약갱신을 위한 단체교섭이 진행 중일 때에는 종전의 단체협약이 계속 효력을 갖는다는 규정이 없는 경우에 대비하여 둔 규정이므로, 종전의 단체협약에 자동연장협정의 규정이 있다면 위 법조항은 적용되지 아니하고, 당초의 유효기간이 만료된 후 위 법조항에 규정된 3월까지에 한하여 유효하다고 볼 것은 아니다(대판 1993.2.9., 92다27102).

② 단체협약의 내용 중 임금·복리후생비, 퇴직금에 관한 사항을 위반한 자는 1천만원 이하의 벌금에 처한다. 노동조합 및 노동관계조정법 제92조 제2호 가목

③ 행정관청은 단체협약 중 위법한 내용이 있는 경우에는 노동위원회의 의결을 얻어 그 시정을 명할 수 있다. 노동조합 및 노동관계조정법 제31조 제3항

④ 단체협약의 해석에 관하여 관계 당사자 간에 의견의 불일치가 있는 때에는 당사자 쌍방 또는 단체협약에 정하는 바에 의하여 어느 일방이 노동위원회에 그 해석에 관한 견해의 제시를 요청할 수 있다. 노동조합 및 노동관계조정법 제34조 제1항

⑤ 단체협약과 같은 처분문서를 해석함에 있어서는 그 명문의 규정을 근로자에게 불리하게 변형 해석할 수 없다.

> 단체협약과 같은 처분문서를 해석할 때는, 단체협약이 근로자의 근로조건을 유지·개선하고 복지를 증진하여 그 경제적·사회적 지위를 향상시킬 목적으로 근로자의 자주적 단체인 노동조합과 사용자 사이에 단체교섭을 통하여 이루어지는 것이므로, 그 명문의 규정을 근로자에게 불리하게 변형 해석할 수 없다(2018.11.29., 2018두41532).

10 노동조합 및 노동관계조정법상 공정대표의무에 관한 설명으로 옳지 않은 것은?(다툼이 있으면 판례에 따름)

① 교섭대표노동조합은 교섭창구 단일화 절차에 참여한 노동조합 또는 그 조합원 간에 합리적 이유 없이 차별을 하여서는 아니 된다. 노동조합 및 노동관계조정법 제29조의4 제1항

② 교섭창구 단일화 절차에 참여한 노동조합은 교섭대표노동조합이 공정대표의무를 위반하여 차별한 경우에는 그 행위가 있은 날(단체협약 내용의 일부 또는 전부가 공정대표의무에 위반되는 경우에는 단체협약 체결일을 말한다)부터 3개월 이내에 대통령령으로 정하는 방법과 절차에 따라 노동위원회에 그 시정을 요청할 수 있다. 노동조합 및 노동관계조정법 제29조의4 제2항

③ 노동위원회는 공정대표의무 위반의 시정 신청에 대하여 합리적 이유 없이 차별하였다고 인정한 때에는 그 시정에 필요한 명령을 하여야 한다. 노동조합 및 노동관계조정법 제29조의4 제3항

✔️ 공정대표의무는 단체교섭의 과정이나 그 결과물인 단체협약의 내용에 한하여 인정되므로 단체협약의 이행 과정에서도 준수되어야 하는 것은 아니다.

> 공정대표의무는 헌법이 보장하는 단체교섭권의 본질적 내용이 침해되지 않도록 하기 위한 제도적 장치로 기능하고, 교섭대표노동조합과 사용자가 체결한 단체협약의 효력이 교섭창구 단일화 절차에 참여한 다른 노동조합에도 미치는 것을 정당화하는 근거가 된다. 따라서 <u>교섭대표노동조합이 사용자와 체결한 단체협약의 내용이 합리적 이유 없이 교섭대표노동조합이 되지 못한 노동조합 또는 그 조합원을 차별하는 경우 공정대표의무 위반에 해당한다.</u> 그리고 이러한 공정대표의무의 취지와 기능 등에 비추어 보면, <u>공정대표의무는 단체교섭의 과정이나 그 결과물인 단체협약의 내용뿐만 아니라 단체협약의 이행 과정에서도 준수되어야 한다</u>(대판 2019.10.31., 2017두37772).

⑤ 사용자의 공정대표의무 위반에 대한 벌칙 규정은 없다.

> 사용자의 공정대표의무 위반에 대한 벌칙은 노동조합 및 노동관계조정법에 규정되어 있지 않다.

11 노동조합 및 노동관계조정법상 노동조합에 관한 설명으로 옳지 않은 것은?(다툼이 있으면 판례에 따름)

1
2
3

① 조직형태의 변경에 관한 사항은 총회에서 재적조합원 과반수의 출석과 출석조합원 3분의 2 이상의 찬성이 있어야 한다. 　노동조합 및 노동관계조정법 제16조 제2항

② 노동조합이 존속 중에 그 조합원의 범위를 변경하는 조직변경은 변경 전후의 조합의 실질적 동일성이 인정되는 범위 내에서 인정된다.

> <u>노동조합이 존속 중에 그 조합원의 범위를 변경하는 조직변경은</u> 변경 후의 조합이 변경 전 조합의 재산관계 및 단체협약의 주체로서의 지위를 그대로 승계한다는 조직변경의 효과에 비추어 볼 때 <u>변경 전후의 조합의 실질적 동일성이 인정되는 범위 내에서 인정된다</u>(대판 2002.7.26., 2001두5361).

✔️ 산업별 노동조합의 지회는 산업별 노동조합의 활동을 위한 내부적인 조직에 그치더라도 총회의 결의를 통하여 그 소속을 변경하고 독립한 기업별 노동조합으로 전환할 수 있다.

> 산업별 노동조합의 지회 등이라 하더라도, 그 외형과 달리 독자적인 노동조합 또는 노동조합 유사의 독립한 근로자단체로서 법인 아닌 사단에 해당하는 경우에는, 자주적·민주적인 총회의 결의를 통하여 그 소속을 변경하고 독립한 기업별 노동조합으로 전환할 수 있다고 보아야 하고, 이와 같이 노동조합 또는 법인 아닌 사단으로서의 실질을 반영한 이 사건 규정에 관한 해석이 근로자들에게 결사의 자유 및 노동조합 설립의 자유를 보장한 헌법 및 노동조합법의 정신에 부합한다. <u>다만, … 산업별 노동조합의 지회 등이 산업별 노동조합의 활동을 위한 내부적인 조직에 그친다면 그와 같은 결의를 허용할 수 없을 것이므로, 먼저 독자적인 노동조합 또는 노동조합 유사의 독립한 근로자단체로서의 실질을 갖추고 있는지에 관하여 신중하게 심리·판단하여야 한다</u>(대판(全) 2016.2.19., 2012다96120).

④ 총회의 해산결의로 인하여 노동조합이 해산한 때에는 그 대표자는 해산한 날부터 15일 이내에 행정관청에게 이를 신고하여야 한다. 　노동조합 및 노동관계조정법 제28조 제1항 제3호, 제2항

⑤ 노동조합의 임원이 없고 노동조합으로서의 활동을 1년 이상 하지 아니한 것으로 인정되는 경우로서 행정관청이 노동위원회의 의결을 얻은 경우에 노동조합은 해산한다.

노동조합 및 노동관계조정법 제28조 제1항 제4호

12 노동조합 및 노동관계조정법령상 쟁의행위에 관한 설명으로 옳지 않은 것은?

① 방위사업법에 의하여 지정된 주요방위산업체에 종사하는 근로자 중 방산물자의 완성에 필요한 개량 업무에 종사하는 자는 쟁의행위를 할 수 없다.

> 노동조합 및 노동관계조정법 제41조 제2항 ⚖️

② 근로자는 쟁의행위 기간 중에는 현행범 외에는 노동조합 및 노동관계조정법 위반을 이유로 구속되지 아니한다. 　노동조합 및 노동관계조정법 제39조

③ 교섭대표노동조합이 결정된 경우에는 그 절차에 참여한 노동조합의 전체 조합원(해당 사업 또는 사업장 소속 조합원으로 한정한다)의 직접·비밀·무기명투표에 의한 과반수의 찬성으로 결정하지 아니하면 쟁의행위를 할 수 없다. 　노동조합 및 노동관계조정법 제41조 제1항

☑ 필수공익사업의 사용자라 하더라도 쟁의행위 기간 중에 그 쟁의행위로 중단된 업무를 도급 줄 수 없다.

> 사용자는 쟁의행위기간 중 그 쟁의행위로 중단된 업무를 도급 또는 하도급 줄 수 없다(노동조합 및 노동관계조정법 제43조 제2항). 다만, 해당 규정은 필수공익사업의 사용자가 쟁의행위 기간 중에 한하여 당해 사업과 관계없는 자를 채용 또는 대체하거나 그 업무를 도급 또는 하도급 주는 경우에는 적용하지 아니한다(동법 제43조 제3항).

⑤ 쟁의행위는 그 쟁의행위와 관계없는 자 또는 근로를 제공하고자 하는 자의 출입·조업 기타 정상적인 업무를 방해하는 방법으로 행하여져서는 아니 된다.

> 노동조합 및 노동관계조정법 제38조 제1항

⚖️
법령

> **노동조합 및 노동관계조정법 제41조(쟁의행위의 제한과 금지)**
> ② 방위사업법에 의하여 지정된 주요방위산업체에 종사하는 근로자 중 전력, 용수 및 주로 방산물자를 생산하는 업무에 종사하는 자는 쟁의행위를 할 수 없으며 주로 방산물자를 생산하는 업무에 종사하는 자의 범위는 대통령령으로 정한다.
>
> **노동조합 및 노동관계조정법 시행령 제20조(방산물자 생산업무 종사자의 범위)**
> 법 제41조 제2항에서 "주로 방산물자를 생산하는 업무에 종사하는 자"라 함은 방산물자의 완성에 필요한 제조·가공·조립·정비·재생·개량·성능검사·열처리·도장·가스취급 등의 업무에 종사하는 자를 말한다.

13 노동조합 및 노동관계조정법상 직장폐쇄 등에 관한 설명으로 옳지 않은 것은?(다툼이 있으면 판례에 따름)

① 노동조합의 쟁의행위에 대한 방어적인 목적을 벗어나 적극적으로 노동조합의 조직력을 약화시키기 위한 목적 등을 갖는 공격적 직장폐쇄는 정당성이 인정될 수 없다.

> 회사의 직장폐쇄는 참가인의 쟁의행위가 개시되기 전에 이미 행해졌다는 점에서 노동조합및노동관계조정법 제46조 제1항에 위배될 뿐만 아니라, 나아가 위와 같은 사정들을 앞서 본 법리에 비추어 볼 때, 참가인의 쟁의행위에 대한 방어적인 목적을 벗어나 적극적으로 참가인의 조직력을 약화시키기 위한 목적 등을 갖는 선제적, 공격적 직장폐쇄에 해당하므로 그 정당성이 인정될 수 없다 할 것이다(대판 2003.6.13., 2003두1097).

② 적법하게 사업장을 점거 중인 근로자들이 사용자로부터 퇴거 요구를 받고도 이에 불응한 채 직장점거를 계속하면 직장폐쇄의 정당성 여부와 관계없이 퇴거불응죄가 성립한다.

> 근로자들의 직장점거가 개시 당시 적법한 것이었다 하더라도 사용자가 이에 대응하여 적법하게 직장폐쇄를 하게 되면, 사용자의 사업장에 대한 물권적 지배권이 전면적으로 회복되는 결과 사용자는 점거 중인 근로자들에 대하여 정당하게 사업장으로부터의 퇴거를 요구할 수 있고 퇴거를 요구받은 이후의 직장점거는 위법하게 되므로, 적법히 직장폐쇄를 단행한 사용자로부터 퇴거요구를 받고도 불응한 채 직장점거를 계속한 행위는 퇴거불응죄를 구성한다(대판 1991.8.13., 91도1324).

③ 사용자는 노동조합이 쟁의행위를 개시한 이후에만 직장폐쇄를 할 수 있다.

> 노동조합 및 노동관계조정법 제46조 제1항

④ 직장폐쇄를 할 경우 사용자는 미리 행정관청 및 노동위원회에 각각 신고하여야 한다.

> 노동조합 및 노동관계조정법 제46조 제2항

⑤ 직장폐쇄가 정당한 쟁의행위로 인정되는 경우 사용자는 직장폐쇄 기간 동안의 대상 근로자에 대한 임금지불의무를 면한다.

> 노동조합 및 노동관계조정법 제46조에서 규정하는 사용자의 직장폐쇄가 사용자와 근로자의 교섭태도와 교섭과정, 근로자의 쟁의행위의 목적과 방법 및 그로 인하여 사용자가 받는 타격의 정도 등 구체적인 사정에 비추어 근로자의 쟁의행위에 대한 방어수단으로서 상당성이 있으면 사용자의 정당한 쟁의행위로 인정될 수 있고, 그 경우 사용자는 직장폐쇄 기간 동안 대상 근로자에 대한 임금지불의무를 면한다(대판 2017.4.7., 2013다101425).

14 노동조합 및 노동관계조정법령상 쟁의행위 등에 관한 설명으로 옳지 않은 것은?(다툼이 있으면 판례에 따름)

① 하나의 쟁의행위에서 추구되는 목적이 여러 가지이고 그중 일부가 정당하지 못한 경우에는 주된 목적 내지 진정한 목적의 당부에 의하여 그 쟁의목적의 당부를 판단하여야 한다.

> 대판 1992.5.12., 91다34523

② 산업별 노동조합의 경우에는 총파업이 아닌 이상 쟁의행위를 예정하고 있는 당해 지부나 분회소속 조합원의 과반수의 찬성이 있으면 쟁의행위는 절차적으로 적법하다.

> 대판 2009.6.23., 2007두12859

✅ 조합원의 과반수의 찬성결정을 거치지 아니하고 쟁의행위에 나아간 경우 조합원의 민주적 의사결정이 실질적으로 확보되었다면 쟁의행위가 정당성을 상실하지 않는다.

> 쟁의행위를 함에 있어 조합원의 직접·비밀·무기명투표에 의한 찬성결정이라는 절차를 거쳐야 한다는 노동조정법 제41조 제1항의 규정은, 노동조합의 자주적이고 민주적인 운영을 도모함과 아울러 쟁의행위에 참가한 근로자들이 사후에 그 쟁의행위의 정당성 유무와 관련하여 어떠한 불이익을 당하지 않도록 그 개시에 관한 조합의사의 결정에 보다 신중을 기하기 위하여 마련된 규정이므로, 위의 절차에 위반한 쟁의행위는 그 절차에 따를 수 없는 객관적인 사정이 인정되지 아니하는 한 정당성이 상실된다(대판(全) 2001.10.25., 99도4837).

④ 쟁의행위가 폭력이나 파괴행위의 형태로 행하여질 경우 사용자는 즉시 그 상황을 행정관청과 관할 노동위원회에 신고하여야 한다.

> 노동조합 및 노동관계조정법 제42조, 동법 시행령 제18조 제1항 ⚖️

⑤ 사용자는 노동조합 및 노동관계조정법에 의한 쟁의행위로 인하여 손해를 입은 경우에 노동조합 또는 근로자에 대하여 그 배상을 청구할 수 없다. 　노동조합 및 노동관계조정법 제3조

⚖️
법령

> **노동조합 및 노동관계조정법 제42조(폭력행위등의 금지)**
> ① 쟁의행위는 폭력이나 파괴행위 또는 생산 기타 주요업무에 관련되는 시설과 이에 준하는 시설로서 대통령령이 정하는 시설을 점거하는 형태로 이를 행할 수 없다.
>
> **노동조합 및 노동관계조정법 시행령 제18조(폭력행위 등의 신고)**
> ① 사용자는 쟁의행위가 법 제38조 제1항·제2항, 제42조 제1항 또는 제2항에 위반되는 경우에는 즉시 그 상황을 행정관청과 관할 노동위원회에 신고하여야 한다.

15 노동조합 및 노동관계조정법령상 필수유지업무 등에 관한 설명으로 옳지 않은 것은?

① 필수공익사업의 모든 업무는 필수유지업무에 해당한다.

> "필수유지업무"라 함은 <u>필수공익사업의 업무 중</u> 그 업무가 정지되거나 폐지되는 경우 공중의 생명·건강 또는 신체의 안전이나 공중의 일상생활을 현저히 위태롭게 하는 업무로서 <u>대통령령이 정하는 업무를</u> 말한다(노동조합 및 노동관계조정법 제42조의2 제1항). 따라서 필수공익사업의 모든 업무가 필수유지업무에 해당하는 것은 아니다.

② 필수유지업무협정에는 노동관계 당사자 쌍방이 서명 또는 날인하여야 한다.

> 노동관계 당사자는 쟁의행위기간 동안 필수유지업무의 정당한 유지·운영을 위하여 필수유지업무의 필요 최소한의 유지·운영 수준, 대상직무 및 필요인원 등을 정한 협정(이하"필수유지업무협정"이라 한다)을 서면으로 체결하여야 한다. <u>이 경우 필수유지업무협정에는 노동관계 당사자 쌍방이 서명 또는 날인하여야 한다</u>(노동조합 및 노동관계조정법 제42조의3).

③ 노동위원회는 노동조합 및 노동관계조정법상의 규정에 따라 필수유지업무 수준 등 결정을 하면 지체 없이 이를 서면으로 노동관계 당사자에게 통보하여야 한다.

> 노동조합 및 노동관계조정법 시행령 제22조의3 제2항

④ 노동관계 당사자 쌍방 또는 일방은 필수유지업무협정이 체결되지 아니하는 때에는 노동위원회에 필수유지업무의 필요 최소한의 유지·운영 수준, 대상 직무 및 필요인원 등의 결정을 신청하여야 한다. 노동조합 및 노동관계조정법 제42조의4 제1항

⑤ 노동위원회의 필수유지업무 수준 등 결정에 따라 쟁의행위를 한 때에는 필수유지업무를 정당하게 유지·운영하면서 쟁의행위를 한 것으로 본다. 노동조합 및 노동관계조정법 제42조의5

16 다음 노동조합 및 노동관계조정법 조항의 규정을 위반한 자에 대해 동법에 별칙 규정이 없는 것은?

① 제37조 제2항(조합원은 노동조합에 의하여 주도되지 아니한 쟁의행위를 하여서는 아니 된다.)

> <u>제37조 제2항</u>의 규정에 위반한 자는 <u>3년 이하의 징역 또는 3천만원 이하의 벌금에 처한다</u>(노동조합 및 노동관계조정법 제89조 제1호).

② 제38조 제2항(작업시설의 손상이나 원료·제품의 변질 또는 부패를 방지하기 위한 작업은 쟁의행위 기간 중에도 정상적으로 수행되어야 한다.)

> <u>제38조 제2항</u>의 규정에 위반한 자는 <u>1년 이하의 징역 또는 1천만원 이하의 벌금에 처한다</u>(노동조합 및 노동관계조정법 제91조).

③ 제38조 제3항(노동조합은 쟁의행위가 적법하게 수행될 수 있도록 지도·관리·통제할 책임이 있다.)

> 제38조 제3항의 규정을 위반한 자에 대한 벌칙규정은 명시되어 있지 않다.

④ 제42조의2 제2항(필수유지업무의 정당한 유지·운영을 정지·폐지 또는 방해하는 행위는 쟁의행위로서 이를 행할 수 없다.)

제42조의2 제2항의 규정에 위반한 자는 3년 이하의 징역 또는 3천만원 이하의 벌금에 처한다(노동조합 및 노동관계조정법 제89조 제1호).

⑤ 제44조 제2항(노동조합은 쟁의행위 기간에 대한 임금의 지급을 요구하여 이를 관철할 목적으로 쟁의행위를 하여서는 아니 된다.)

제44조 제2항의 규정에 위반한 자는 2년 이하의 징역 또는 2천만원 이하의 벌금에 처한다(노동조합 및 노동관계조정법 제90조).

17 노동조합 및 노동관계조정법상 노동쟁의의 조정 등에 관한 설명으로 옳지 않은 것은?

① 노동위원회는 관계 당사자 쌍방의 신청이 있는 경우에는 조정위원회에 갈음하여 단독 조정인에게 조정을 행하게 할 수 있다. 노동조합 및 노동관계조정법 제57조 제1항

② 조정서의 내용은 단체협약과 동일한 효력을 가진다. 노동조합 및 노동관계조정법 제61조 제2항

③ 노동위원회는 관계 당사자의 일방이 단체협약에 의하여 중재를 신청한 때에는 중재를 행한다.
노동조합 및 노동관계조정법 제62조

④ 중재재정은 서면으로 작성하여 이를 행하며 그 서면에는 효력발생 기일을 명시하여야 한다.
노동조합 및 노동관계조정법 제68조 제1항

☑ 노동위원회의 중재재정은 중앙노동위원회에의 재심신청에 의하여 그 효력이 정지된다.

노동위원회의 중재재정 또는 재심결정은 중앙노동위원회에의 재심신청 또는 행정소송의 제기에 의하여 그 효력이 정지되지 아니한다(노동조합 및 노동관계조정법 제70조 제2항).

18 노동조합 및 노동관계조정법상 노동쟁의의 조정 등에 관한 설명이다. (   )에 들어갈 내용으로 옳은 것은?

> • 노동쟁의가 중재에 회부된 때에는 그 날부터 (ㄱ)일간은 쟁의행위를 할 수 없다.
> • 관계당사자는 긴급조정의 결정이 공표된 때에는 즉시 쟁의행위를 중지하여야 하며, 공표일부터 (ㄴ)일이 경과하지 아니하면 쟁의행위를 재개할 수 없다.

① ㄱ : 10, ㄴ : 10　　　　　　　　② ㄱ : 10, ㄴ : 15

③ ㄱ : 15, ㄴ : 15　　　　　　　　✔ ㄱ : 15, ㄴ : 30

⑤ ㄱ : 30, ㄴ : 30

> • 노동쟁의가 중재에 회부된 때에는 그 날부터 (15)일간은 쟁의행위를 할 수 없다(노동조합 및 노동관계조정법 제63조).
> • 관계당사자는 긴급조정의 결정이 공표된 때에는 즉시 쟁의행위를 중지하여야 하며, 공표일부터 (30)일이 경과하지 아니하면 쟁의행위를 재개할 수 없다(노동조합 및 노동관계조정법 제77조).

19 노동조합 및 노동관계조정법상 부당노동행위 구제에 관한 설명으로 옳지 않은 것은?

① 부당노동행위 구제의 신청은 부당노동행위가 있은 날(계속하는 행위는 그 종료일)부터 3월 이내에 이를 행하여야 한다.　노동조합 및 노동관계조정법 제82조 제2항

② 노동위원회는 부당노동행위 구제신청을 받은 때에는 지체 없이 필요한 조사와 관계 당사자의 심문을 하여야 한다.　노동조합 및 노동관계조정법 제83조 제1항

③ 사용자의 부당노동행위로 인하여 그 권리를 침해당한 노동조합은 노동위원회에 그 구제를 신청할 수 있다.　노동조합 및 노동관계조정법 제82조 제1항

④ 노동위원회는 부당노동행위 구제신청에 따른 심문을 할 때에는 직권으로 증인을 출석하게 하여 필요한 사항을 질문할 수 있다.　노동조합 및 노동관계조정법 제83조 제2항

✔ 지방노동위원회의 구제명령에 불복이 있는 관계 당사자는 그 명령서의 송달을 받은 날부터 15일 이내에 중앙노동위원회에 그 재심을 신청할 수 있다.

> 지방노동위원회 또는 특별노동위원회의 구제명령 또는 기각결정에 불복이 있는 관계당사자는 그 명령서 또는 결정서의 송달을 받은 날부터 10일 이내에 중앙노동위원회에 그 재심을 신청할 수 있다(노동조합 및 노동관계조정법 제85조 제1항)

20 노동조합 및 노동관계조정법상 부당노동행위에 관한 설명으로 옳지 않은 것은?(다툼이 있으면 판례에 따름)

☑ 노동조합을 조직하려고 하였다는 이유로 근로자에 대하여 한 부당노동행위에 대하여는 후에 설립된 노동조합은 독자적인 구제신청권을 가지지 않는다.

> 노동조합법 제40조 제1항에 의하면, 사용자의 부당노동행위로 인하여 그 권리를 침해당한 근로자 또는 노동조합은 노동위원회에 그 구제를 신청할 수 있도록 되어 있으므로 노동조합을 조직하려고 하였다는 것을 이유로 근로자에 대하여 한 부당노동행위에 대하여는 후에 설립된 노동조합도 독자적인 구제신청권을 가지고 있다고 보아야 할 것이다(대판 1991.1.25., 90누4952).

② 단체협약 등 노사 간 합의에 의한 경우라도 타당한 근거 없이 과다하게 책정된 급여를 근로시간 면제자에게 지급하는 사용자의 행위는 부당노동행위가 될 수 있다.

> 단체협약 등 노사 간 합의에 의한 경우라도 타당한 근거 없이 과다하게 책정된 급여를 근로시간 면제자에게 지급하는 사용자의 행위는 노동조합 및 노동관계조정법 제81조 제4호 단서에서 허용하는 범위를 벗어나는 것으로서 노조전임자 급여 지원 행위나 노동조합 운영비 원조 행위에 해당하는 부당노동행위가 될 수 있다(대판 2018.5.15., 2018두33050).

③ 근로자가 노동조합의 업무를 위한 정당한 행위를 한 것을 이유로 그 근로자에게 불이익을 주는 사용자의 행위는 부당노동행위에 해당한다. 노동조합 및 노동관계조정법 제81조 제1항 제1호

④ 특정 근로자가 파업에 참가하였거나 노조활동에 적극적이라는 이유로 해당 근로자에게 연장근로 등을 거부하는 것은 해당 근로자에게 경제적 내지 업무상의 불이익을 주는 행위로서 부당노동행위에 해당할 수 있다.

> 일반적으로 근로자가 연장 또는 휴일근로를 희망할 경우 회사에서 반드시 이를 허가하여야 할 의무는 없지만, 특정 근로자가 파업에 참가하였거나 노조활동에 적극적이라는 이유로 해당 근로자에게 연장근로 등을 거부하는 것은 해당 근로자에게 경제적 내지 업무상의 불이익을 주는 행위로서 부당노동행위에 해당할 수 있다(대판 2006.9.8., 2006도388).

⑤ 부당노동행위에 대한 사실의 주장 및 증명책임은 부당노동행위임을 주장하는 측에 있다.

> 부당노동행위가 성립하기 위해서는 근로자가 '노동조합의 업무를 위한 정당한 행위'를 하고 사용자가 이를 이유로 근로자에 대하여 해고 등의 불이익을 주는 차별적 취급행위를 한 경우라야 하며, 그 사실의 주장 및 증명책임은 부당노동행위임을 주장하는 측에 있다(대판 2018.12.27., 2017두37031).

21 노동조합 및 노동관계조정법상 공익사업 동의 조정에 관한 특칙의 내용으로 옳지 않은 것은?

① 의료사업은 공익사업에 해당한다. 노동조합 및 노동관계조정법 제71조 제1항 제3호 ⚖

☑ 방송사업은 필수공익사업에 해당한다.

> 방송사업은 공익사업에 해당한다(노동조합 및 노동관계조정법 제71조 제1항 제5호). ⚖

③ 공익사업의 노동쟁의의 조정을 위하여 노동위원회에 특별조정위원회를 둔다.

> 노동조합 및 노동관계조정법 제72조 제1항

④ 특별조정위원회는 특별조정위원 3인으로 구성한다.

노동조합 및 노동관계조정법 제72조 제2항

⑤ 공익을 대표하는 위원인 특별조정위원이 1인인 경우에는 당해 위원이 특별조정위원회의 위원장이 된다. 노동조합 및 노동관계조정법 제73조 제2항

노동조합 및 노동관계조정법 제71조(공익사업의 범위 등)
① 이 법에서 "공익사업"이라 함은 공중의 일상생활과 밀접한 관련이 있거나 국민경제에 미치는 영향이 큰 사업으로서 다음 각호의 사업을 말한다.
　　1. 정기노선 여객운수사업 및 항공운수사업
　　2. 수도사업, 전기사업, 가스사업, 석유정제사업 및 석유공급사업
　　3. 공중위생사업, 의료사업 및 혈액공급사업
　　4. 은행 및 조폐사업
　　5. 방송 및 통신사업
② 이 법에서 "필수공익사업"이라 함은 제1항의 공익사업으로서 그 업무의 정지 또는 폐지가 공중의 일상생활을 현저히 위태롭게 하거나 국민경제를 현저히 저해하고 그 업무의 대체가 용이하지 아니한 다음 각호의 사업을 말한다.
　　1. 철도사업, 도시철도사업 및 항공운수사업
　　2. 수도사업, 전기사업, 가스사업, 석유정제사업 및 석유공급사업
　　3. 병원사업 및 혈액공급사업
　　4. 한국은행사업
　　5. 통신사업

---

22 노동위원회법상 노동위원회에 관한 설명으로 옳은 것은? 기출 수정

① 노동위원회 상임위원은 심판사건을 담당할 수 있으나, 차별적 처우 시정사건을 담당할 수 없다.

상임위원은 해당 노동위원회의 공익위원이 되며, 심판사건, 차별적 대우 시정사건, 조정사건을 담당할 수 있다(노동위원회법 제11조 제2항).

② 지방노동위원회 공익위원은 중앙노동위원회 위원장의 제청으로 고용노동부장관이 위촉한다.

지방노동위원회 공익위원은 지방노동위원회 위원장의 제청으로 중앙노동위원회 위원장이 위촉한다(노동위원회법 제6조 제4항 제2호).

③ 노동위원회 처분의 효력은 판정·명령·결정 또는 재심판정을 한 날부터 발생한다.

노동위원회는 처분 결과를 당사자에게 서면으로 송달하여야 하며, 처분의 효력은 판정서·명령서·결정서 또는 재심판정서를 송달받은 날부터 발생한다(노동위원회법 제17조의2 제2항).

✔ 노동위원회의 사건 처리에 관여한 위원이나 직원 또는 그 위원이었거나 직원이었던 변호사·공인노무사 등은 영리를 목적으로 그 사건에 관한 직무를 하면 아니 된다.

노동위원회법 제28조 제2항

⑤ 차별시정위원회는 기간제 및 단시간근로자 보호 등에 관한 법률, 파견근로자 보호 등에 관한 법률 또는 산업현장 일학습병행 지원에 관한 법률에 따른 차별적 처우의 시정과 관련된 사항만을 처리한다.

> 차별시정위원회는 차별시정담당 공익위원 중 위원장이 지명하는 3명으로 구성하며, **기간제 및 단시간근로자 보호 등에 관한 법률, 파견근로자 보호 등에 관한 법률, 산업현장 일학습병행 지원에 관한 법률 또는 남녀고용평등과 일·가정 양립 지원에 관한 법률에 따른 차별적 처우의 시정 등과 관련된 사항을 처리한다(노동위원회법 제15조 제4항).**

23 근로자참여 및 협력증진에 관한 법률상 노사협의회에 관한 설명으로 옳지 않은 것은?

① 노사협의회는 근로자와 사용자를 대표하는 같은 수의 위원으로 구성하되, 각 3명 이상 10명 이하로 한다. 　근로자참여 및 협력증진에 관한 법률 제6조 제1항

② 노사협의회는 3개월마다 정기적으로 회의를 개최하여야 한다.

　근로자참여 및 협력증진에 관한 법률 제12조 제1항

③ 노사협의회 의장은 노사 일방의 대표자가 회의의 목적을 문서로 밝혀 회의의 소집을 요구하면 그 요구에 따라야 한다. 　근로자참여 및 협력증진에 관한 법률 제13조 제2항

✓ 노사협의회 회의는 근로자위원과 사용자위원 각 과반수의 출석으로 개최하고 출석위원 과반수의 찬성으로 의결한다.

> 노사협의회 회의는 근로자위원과 사용자위원 각 과반수의 출석으로 개최하고 출석위원 <u>3분의 2 이상의</u> 찬성으로 의결한다(근로자참여 및 협력증진에 관한 법률 제15조).

⑤ 사용자는 각종 노사공동위원회의 설치에 해당하는 사항에 대하여는 노사협의회의 의결을 거쳐야 한다. 　근로자참여 및 협력증진에 관한 법률 제21조 제5호 ⚖

⚖ 법령

> **근로자참여 및 협력증진에 관한 법률 제21조(의결 사항)**
> 사용자는 다음 각 호의 어느 하나에 해당하는 사항에 대하여는 협의회의 의결을 거쳐야 한다.
> 1. 근로자의 교육훈련 및 능력개발 기본계획의 수립
> 2. 복지시설의 설치와 관리
> 3. 사내근로복지기금의 설치
> 4. 고충처리위원회에서 의결되지 아니한 사항
> 5. <u>각종 노사공동위원회의 설치</u>

24 교원의 노동조합 설립 및 운영 등에 관한 법률에 관한 설명으로 옳지 않은 것은? `기출 수정`

① ☑ 교원의 노동조합을 설립하려는 사람은 교육부장관에게 설립신고서를 제출하여야 한다.

> 교원의 노동조합을 설립하려는 사람은 <u>고용노동부장관에게</u> 설립신고서를 제출하여야 한다(교원의 노동조합 설립 및 운영 등에 관한 법률 제4조 제3항).

② 교원의 노동조합과 그 조합원은 업무의 정상적인 운영을 방해하는 어떠한 쟁의행위도 하여서는 아니 된다. 교원의 노동조합 설립 및 운영 등에 관한 법률 제8조

③ 교원의 노동쟁의를 조정·중재하기 위하여 중앙노동위원회에 교원 노동관계 조정위원회를 둔다. 교원의 노동조합 설립 및 운영 등에 관한 법률 제11조 제1항

④ 교원은 임용권자의 동의를 받아 노동조합으로부터 급여를 지급받으면서 노동조합의 업무에만 종사할 수 있다. 교원의 노동조합 설립 및 운영 등에 관한 법률 제5조 제1항

⑤ 중앙노동위원회가 제시한 조정안을 당사자의 어느 한쪽이라도 거부한 경우 중앙노동위원회는 중재를 한다. 교원의 노동조합 설립 및 운영 등에 관한 법률 제10조 제2호

25 공무원의 노동조합 설립 및 운영 등에 관한 법률에 관한 설명으로 옳지 않은 것은?

① 노동조합과 그 조합원은 정치활동을 하여서는 아니 된다.

> 공무원의 노동조합 설립 및 운영 등에 관한 법률 제4조

② 정부교섭대표는 효율적인 교섭을 위하여 필요한 경우 다른 정부교섭대표와 공동으로 교섭하거나, 다른 정부교섭대표에게 교섭 및 단체협약 체결 권한을 위임할 수 있다.

> 공무원의 노동조합 설립 및 운영 등에 관한 법률 제8조 제3항

③ 노동조합은 단체교섭을 위하여 노동조합의 대표자와 조합원으로 교섭위원을 구성하여야 한다.

> 공무원의 노동조합 설립 및 운영 등에 관한 법률 제9조 제1항

④ 국가와 지방자치단체는 공무원이 전임자임을 이유로 승급이나 그 밖에 신분과 관련하여 불리한 처우를 하여서는 아니 된다. 공무원의 노동조합 설립 및 운영 등에 관한 법률 제7조 제4항

⑤ ☑ 단체교섭이 결렬된 경우에는 당사자 어느 한쪽 또는 양쪽은 중앙노동위원회에 조정을 신청할 수 있고, 조정은 신청을 받은 날부터 15일 이내에 마쳐야 한다.

> <u>단체교섭이 결렬된</u> 경우에는 당사자 어느 한쪽 또는 양쪽은 노동위원회법 제2조에 따른 <u>중앙노동위원회에</u> <u>조정을 신청할 수 있고</u>, 조정은 조정신청을 받은 날부터 <u>30일 이내에 마쳐야 한다</u>. 다만, 당사자들이 합의한 경우에는 30일 이내의 범위에서 조정기간을 연장할 수 있다(공무원의 노동조합 설립 및 운영 등에 관한 법률 제12조 제1항, 제4항).

01	02	03	04	05	06	07	08	09	10	11	12	13	14	15	16	17	18	19	20	21	22	23	24	25
⑤	④	③	①	②	①	④	③	②	⑤	③	②	⑤	④	①	⑤	②	④	③	②	④	③	④	③	⑤

01 헌법상 노동3권에 관한 설명으로 옳지 않은 것은?(다툼이 있으면 판례에 따름)

① 근로자는 근로조건의 향상을 위하여 자주적인 단결권·단체교섭권 및 단체행동권을 가진다.

> 헌법 제33조 제1항

② 공무원인 근로자는 법률이 정하는 자에 한하여 단결권·단체교섭권 및 단체행동권을 가진다.

> 헌법 제33조 제2항

③ 단체교섭권은 사실행위로서의 단체교섭의 권한 외에 교섭한 결과에 따라 단체협약을 체결할 권한을 포함한다. 대판 1993.4.27., 91누12257

④ 법률이 정하는 주요방위산업체에 종사하는 근로자의 단체행동권은 법률이 정하는 바에 의하여 이를 제한할 수 있다. 헌법 제33조 제3항

☑ 취업활동을 할 수 있는 체류자격을 받지 않은 외국인은 타인과의 사용종속관계하에서 근로를 제공하고 그 대가로 임금 등을 받아 생활하더라도 노동조합에 가입할 수 없다.

> 타인과의 사용종속관계하에서 근로를 제공하고 그 대가로 임금 등을 받아 생활하는 사람은 노동조합법상 근로자에 해당하고, 노동조합법상의 근로자성이 인정되는 한, 그러한 근로자가 외국인인지 여부나 취업자격의 유무에 따라 노동조합법상 근로자의 범위에 포함되지 아니한다고 볼 수는 없다(대판(全) 2015.6.25., 2007두4995).

02 우리나라가 비준하지 않은 ILO 협약을 모두 고른 것은? 기출 수정

ㄱ. 강제근로에 관한 협약(제29호)
ㄴ. 공업 및 상업부문에서 근로감독에 관한 협약(제81호)
ㄷ. 결사의 자유 및 단결권 보호에 관한 협약(제87호)
ㄹ. 강제근로 폐지에 관한 협약(105호)
ㅁ. 가혹한 형태의 아동노동 철폐에 관한 협약(제182호)

① ㄱ, ㄹ

② ㄴ, ㄹ

③ ㄴ, ㄷ

☑ ㄹ

⑤ ㅁ

ILO 협약 중 핵심협약은 결사의 자유, 강제노동금지, 차별금지, 아동노동금지 등 4개 분야에 걸쳐 8개 협약으로 이뤄져 있다. 우리나라는 이 협약 중 강제근로의 폐지에 관한 협약(제105호)을 제외한 동일가치에 대한 남녀근로자의 동등보수에 관한 협약(제100호), 가혹한 형태의 아동노동 철폐에 관한 협약(제182호) 등을 비준하였다. 또한 강제근로에 관한 협약(제29호)은 비준동의안이 국회본회의를 통과(2021.2.26.)하여 정부가 비준서를 ILO에 기탁한 시점부터 1년이 지난 후(22.4.20.)에 발효되며 이때 국내법과 같은 효력을 지니게 된다.

분야	협약	한국 비준현황
차별금지	제100호 동등보수 협약	비준(1997년 12월)
	제111호 차별(고용과 직업)협약	비준(1998년 12월)
아동노동금지	제138호 최저연령 협약	비준(1999년 1월)
	제182호 가혹한 형태의 아동노동 협약	비준(2001년 3월)
결사의 자유	제87호 결사의 자유와 단결권의 보장협약	비준(2022년 4월)
	제98호 단결권과 단체교섭권 협약	비준(2022년 4월)
강제노동금지	제29호 강제노동협약	비준(2022년 4월)
	제105호 강제노동철폐 협약	×

03 노동조합 및 노동관계조정법령상 설립신고증을 교부받은 노동조합이 아닌 근로자단체의 법적 지위에 관한 설명으로 옳지 않은 것은?

① 노동위원회에 노동쟁의의 조정(調停)을 신청할 수 없다.

노동조합 및 노동관계조정법 제7조 제1항

② 노동조합이라는 명칭을 사용할 수 없다. 노동조합 및 노동관계조정법 제7조 제3항

✔ 단체교섭 거부를 이유로 노동위원회에 부당노동행위의 구제를 신청할 수 있다.

이 법에 의하여 설립된 노동조합이 아니면 노동위원회에 노동쟁의의 조정 및 부당노동행위의 구제를 신청할 수 없다(노동조합 및 노동관계조정법 제7조 세1항).

④ 노동위원회의 근로자위원을 추천할 수 없다. 노동조합 및 노동관계조정법 제6조 제3항
⑤ 노동위원회에 노동쟁의의 중재를 신청할 수 없다. 노동조합 및 노동관계조정법 제7조 제1항

04 노동조합 및 노동관계조정법 제9조(차별대우의 금지)의 규정이다. (   )에 명시되어 있는 내용 이 아닌 것은?

노동조합의 조합원은 어떠한 경우에도 (   )에 의하여 차별대우를 받지 아니한다.

✔ 국적
② 성별
③ 연령
④ 종교
⑤ 고용형태

노동조합의 조합원은 어떠한 경우에도 인종, 종교, 성별, 연령, 신체적 조건, 고용형태, 정당 또는 신분에 의하여 차별대우를 받지 아니한다(노동조합 및 노동관계조정법 제9조).

05 노동조합 및 노동관계조정법령상 교섭단위 결정에 관한 설명으로 옳은 것은?

① 노동위원회는 사용자의 신청을 받아 교섭단위를 분리하는 결정을 할 수 없다.

> 하나의 사업 또는 사업장에서 현격한 근로조건의 차이, 고용형태, 교섭 관행 등을 고려하여 교섭단위를 분리할 필요가 있다고 인정되는 경우에 노동위원회는 노동관계 당사자의 양쪽 또는 어느 한 쪽의 신청을 받아 교섭단위를 분리하는 결정을 할 수 있다(노동조합 및 노동관계조정법 제29조의3 제2항).

☑ **교섭대표노동조합을 결정하여야 하는 단위는 하나의 사업 또는 사업장으로 한다.**

> 노동조합 및 노동관계조정법 제29조의3 제1항

③ 사용자가 교섭요구 사실을 공고한 경우에는 교섭대표노동조합이 결정된 날 이후부터 교섭단위 분리 신청을 할 수 없다.

> 사용자가 교섭요구 사실을 공고한 경우에는 교섭대표노동조합이 결정된 날 이후에 노동위원회에 교섭단위 분리의 결정을 신청할 수 있다(노동조합 및 노동관계조정법 시행령 제14조의11 제1항 제2호).

④ 노동위원회는 교섭단위 분리 신청을 받은 날부터 60일 이내에 교섭단위 분리에 관한 결정을 하여야 한다.

> 노동위원회는 교섭단위 분리 신청을 받은 날부터 30일 이내에 교섭단위 분리에 관한 결정을 하고 해당 사업 또는 사업장의 모든 노동조합과 사용자에게 통지하여야 한다(노동조합 및 노동관계조정법 시행령 제14조의11 제3항).

⑤ 교섭단위 분리에 관한 노동위원회의 결정에 대하여 중앙노동위원회에 재심을 신청하려는 자는 그 결정서를 송달받은 날로부터 15일 이내에 할 수 있다.

> 노동조합 및 노동관계조정법 제29조의3 제2항 및 제69조 제1항 ⚖️

⚖️
법령

노동조합 및 노동관계조정법 제29조의3(교섭단위 결정)
② 제1항에도 불구하고 하나의 사업 또는 사업장에서 현격한 근로조건의 차이, 고용형태, 교섭 관행 등을 고려하여 교섭단위를 분리할 필요가 있다고 인정되는 경우에 노동위원회는 노동관계 당사자의 양쪽 또는 어느 한 쪽의 신청을 받아 교섭단위를 분리하는 결정을 할 수 있다.
③ 제2항에 따른 노동위원회의 결정에 대한 불복절차 및 효력은 제69조와 제70조 제2항을 준용한다.

노동조합 및 노동관계 조정법 제69조(중재재정 등의 확정)
① 관계 당사자는 지방노동위원회 또는 특별노동위원회의 중재재정이 위법이거나 월권에 의한 것이라고 인정하는 경우에는 그 중재재정서의 송달을 받은 날부터 10일 이내에 중앙노동위원회에 그 재심을 신청할 수 있다.

06 노동조합 및 노동관계조정법상 이해관계인의 신청이 있는 경우에 한하여 행정관청이 노동위원회의 의결을 얻어 시정을 명할 수 있는 경우는?

☑ 노동조합의 결의 또는 처분이 규약에 위반된다고 인정할 경우

> 행정관청은 노동조합의 결의 또는 처분이 노동관계법령 또는 규약에 위반된다고 인정할 경우에는 노동위원회의 의결을 얻어 그 시정을 명할 수 있다. 다만, 규약 위반 시의 시정명령은 이해관계인의 신청이 있는 경우에 한한다(노동조합 및 노동관계조정법 제21조 제2항).

② 노동조합의 결의 또는 처분이 노동관계법령에 위반된다고 인정할 경우

③ 노동조합의 규약이 노동관계법령에 위반한 경우

④ 노동조합의 결의 또는 처분이 단체협약에 위반된다고 인정할 경우

⑤ 노동조합의 규약이 취업규칙에 위반한 경우

07 노동조합 및 노동관계조정법상 근로시간면제심의위원회(이하 "위원회"라 한다)에 관한 설명으로 옳지 않은 것은? 기출 수정

① 근로시간면제자에 대한 근로시간 면제 한도를 정하기 위하여 근로시간면제심의위원회를 경제사회노동위원회법에 따른 경제사회노동위원회에 둔다.

> 노동조합 및 노동관계조정법 제24조의2 제1항

② 위원회는 근로시간 면제 한도를 심의 · 의결하고, 3년마다 그 적정성 여부를 재심의하여 의결할 수 있다. 노동조합 및 노동관계조정법 제24조의2 제2항

③ 위원회는 근로자를 대표하는 위원과 사용자를 대표하는 위원 및 공익을 대표하는 위원 각 5명씩 성별을 고려하여 구성한다.

> 노동조합 및 노동관계조정법 제24조의2 제5항

☑ 위원장은 공익위원을 대표하는 위원 중에서 고용노동부장관이 지명한다.

> 위원장은 공익위원을 대표하는 위원 중에서 위원회가 선출한다(노동조합 및 노동관계조정법 제24조의2 제6항).

⑤ 위원회는 재적위원 과반수의 출석과 출석위원 과반수의 찬성으로 의결한다.

> 노동조합 및 노동관계조정법 제24조의2 제7항

08 노동조합 및 노동관계조정법상 노동조합의 해산에 관한 설명으로 옳지 않은 것은?

① 규약에서 정한 해산사유가 발생한 경우에 노동조합은 해산한다.

② 노동조합이 합병으로 소멸한 경우에 노동조합은 해산한다.

✔ **노동조합의 임원이 없고 노동조합으로서의 활동을 1년 이상 하지 아니한 경우에 노동 조합은 해산한다.**

> 노동조합의 임원이 없고 노동조합으로서의 활동을 1년 이상 하지 아니한 것으로 인정되는 경우로서 행정관청이 노동위원회의 의결을 얻은 경우에는 해산한다. ⚖

④ 노동조합 규약으로 총회에 갈음하는 대의원회를 둔 때에는 대의원회의 해산결의가 있는 경우에 노동조합은 해산한다.

⑤ 노동조합이 분할로 소멸한 경우에 노동조합은 해산한다.

⚖ **법령**

> **노동조합 및 노동관계조정법 제28조(해산사유)**
> ① 노동조합은 다음 각 호의 1에 해당하는 경우에는 해산한다.
> 1. 규약에서 정한 해산사유가 발생한 경우
> 2. 합병 또는 분할로 소멸한 경우
> 3. 총회 또는 대의원회의 해산결의가 있는 경우
> 4. 노동조합의 임원이 없고 노동조합으로서의 활동을 1년 이상 하지 아니한 것으로 인정되는 경우로서 행정관청이 노동위원회의 의결을 얻은 경우
> ② 제1항 제1호 내지 제3호의 사유로 노동조합이 해산한 때에는 그 대표자는 해산한 날부터 15일 이내에 행정관청에게 이를 신고하여야 한다.

2020년

09 노동조합 및 노동관계조정법령상 단체교섭에 관한 설명으로 옳지 않은 것은?

① 교섭대표노동조합의 대표자는 교섭을 요구한 모든 노동조합을 위하여 사용자와 교섭하고 단체협약을 체결할 권한을 가진다. 　노동조합 및 노동관계조정법 제29조 제2항

✔ **노동조합으로부터 단체교섭에 관한 권한을 위임받은 자는 자유롭게 권한을 행사할 수 있다.**

> 노동조합과 사용자 또는 사용자단체로부터 교섭 또는 단체협약의 체결에 관한 권한을 위임받은 자는 그 노동조합과 사용자 또는 사용자단체를 위하여 위임받은 범위 안에서 그 권한을 행사할 수 있다(노동조합 및 노동관계조정법 제29조 제3항).

③ 사용자는 단체교섭에 관한 권한을 위임한 때에는 그 사실을 노동조합에 통보하여야 한다.

노동조합 및 노동관계조정법 제29조 제4항

④ 노동조합은 해당 사업 또는 사업자에 단체협약이 2개 이상 있는 경우에는 먼저 이르는 단체협약의 유효기간 만료일 이전 3개월이 되는 날부터 사용자에게 교섭을 요구할 수 있다.

노동조합 및 노동관계조정법 시행령 제14조의2 제1항

⑤ 교섭대표노동조합과 사용자가 교섭창구 단일화 절차에 참여한 노동조합과 그 조합원 간에 합리적 이유 없이 차별한 경우에는 노동조합은 그 행위가 있은 날부터 3개월 이내에 노동위원회에 그 시정을 요청할 수 있다. 노동조합 및 노동관계조정법 제29조의4 제2항

10 상시근로자 100명을 고용하고 있는 A사업장에는 갑, 을, 병, 정 노동조합이 설립되어 있으며 각각 26명, 15명, 14명, 5명의 조합원이 가입되어 있다. 정 노동조합을 제외한 갑, 을, 병 3개의 노동조합이 교섭창구 단일화 절차에 참여하였다. 사용자가 교섭창구 단일화 절차를 거치지 아니하기로 별도로 동의하지 아니한 상황에서 자율적으로 결정하는 기한 내에 교섭대표노동조합을 결정하지 못한 경우 교섭대표노동조합이 될 수 없는 것은?

① 갑, 을, 병의 연합   ② 갑, 병의 연합
③ 을의 위임을 받은 갑   ④ 병의 위임을 받은 을
☑ 정의 위임을 받은 갑

> 노동조합 및 노동관계조정법 제29조의2에 따라 정 노동조합을 제외한 갑, 을, 병 3개의 노동조합은 55명으로 노동조합 전체 조합원의 과반수가 되므로 갑, 을, 병의 연합은 교섭대표노조로 인정할 수 있다. 또한 갑·병의 연합, 을의 위임을 받은 갑, 병의 위임을 받은 을은 단일화 절차에 참여한 노동조합 전체 조합원의 과반수인 28명 이상이 되는 노조에 해당하므로 교섭대표노조가 된다. 그러나 정 노동조합은 교섭창구 단일화 절차에 참여하지 않아 해당 법의 적용을 받지 않으므로 교섭대표노동조합의 결정 과정에 참여할 수 없다. 따라서 정의 위임을 받은 갑 노동조합은 26명으로 과반수에 미치지 아니하고 교섭대표노동조합이 될 수 없다. ⚖

⚖
법령

노동조합 및 노동관계조정법 제29조의2(교섭창구 단일화 절차)
③ 교섭대표노동조합 결정 절차(이하 "교섭창구 단일화 절차"라 한다)에 참여한 모든 노동조합은 대통령령으로 정하는 기한 내에 자율적으로 교섭대표노동조합을 정한다.
④ 제3항에 따른 기한까지 교섭대표노동조합을 정하지 못하고 제1항 단서에 따른 사용자의 동의를 얻지 못한 경우에는 교섭창구 단일화 절차에 참여한 노동조합의 전체 조합원 과반수로 조직된 노동조합(2개 이상의 노동조합이 위임 또는 연합 등의 방법으로 교섭창구 단일화 절차에 참여한 노동조합 전체 조합원의 과반수가 되는 경우를 포함한다)이 교섭대표노동조합이 된다.

11 노동조합 및 노동관계조정법상 단체협약에 관한 설명으로 옳지 않은 것은?

① 단체협약은 서면으로 작성하여 당사자 쌍방이 서명 또는 날인하여야 한다.

> 노동조합 및 노동관계조정법 제31조 제1항

② 답체협약의 당사자는 단체협약의 체결일부터 15일 이내에 이를 행정관청에게 신고하여야 한다.

> 노동조합 및 노동관계조정법 제31조 제2항

✔ 행정관청은 단체협약 중 위법·부당한 내용이 있는 경우에는 노동위원회의 의결을 얻어 그 시정을 명하여야 한다.

> 행정관청은 단체협약 중 <u>위법한 내용이 있는 경우</u>에는 <u>노동위원회의 의결을 얻어 그 시정을 명할 수 있다</u>(노동조합 및 노동관계조정법 제31조 제3항).

④ 단체협약에 정한 근로조건 기타 근로자의 대우에 관한 기준에 위반하는 취업규칙 또는 근로계약의 부분은 무효로 한다.　노동조합 및 노동관계조정법 제33조 제1항

⑤ 근로계약에 규정되지 아니한 사항은 단체협약에 정한 기준에 의한다.

> 노동조합 및 노동관계조정법 제33조 제2항

12 노동조합 및 노동관계조정법상 쟁의행위에 관한 설명으로 옳지 않은 것은?(다툼이 있으면 판례에 따름)

① 쟁의행위 자체의 정당성과 이를 구성하거나 부수되는 개개의 행위의 정당성은 구별되어야 하므로 일부 소수의 근로자가 폭력행위 등의 위법행위를 하였다고 하더라도 전체로서의 쟁의행위가 위법하게 되는 것은 아니다.　대판 2003.12.26., 2003두8906

✔ 노동위원회는 사업장의 안전보호시설에 대하여 정상적인 유지·운영을 정지·폐지 또는 방해하는 쟁의행위에 해당한다고 인정하는 경우 직권으로 그 행위를 중지할 것을 통보하여야 한다.

> 행정관청은 쟁의행위가 사업장의 안전보호시설에 대하여 정상적인 유지·운영을 정지·폐지 또는 방해하는 행위에 해당한다고 인정하는 경우 <u>노동위원회의 의결을 얻어</u> 그 행위를 중지할 것을 통보하여야 한다. 다만, 사태가 급박하여 노동위원회의 의결을 얻을 시간적 여유가 없을 때에는 그 의결을 얻지 아니하고 즉시 그 행위를 중지할 것을 통보할 수 있다(노동조합 및 노동관계조정법 제42조 제3항).

③ 노동조합은 쟁의행위가 적법하게 수행될 수 있도록 지도·관리·통제할 책임이 있다.

> 노동조합 및 노동관계조정법 제38조 제3항

④ 근로자는 쟁의행위 기간 중에는 현행범 외에는 노동조합 및 노동관계조정법 위반을 이유로 구속되지 아니한다.　노동조합 및 노동관계조정법 제39조

⑤ 쟁의행위는 그 쟁의행위와 관계없는 자 또는 근로를 제공하고자 하는 자의 출입·조업 기타 정상적인 업무를 방해하는 방법으로 행하여져서는 아니 되며 쟁의행위의 참가를 호소하거나 설득하는 행위로서 폭행·협박을 사용하여서는 아니 된다.

노동조합 및 노동관계조정법 제38조 제1항

13 노동조합 및 노동관계조정법상 필수유지업무에 관한 설명으로 옳지 않은 것은?(다툼이 있으면 판례에 따름)

1
2
3

① 필수유지업무란 필수공익사업의 업무 중 그 업무가 정지되거나 폐지되는 경우 공중의 생명·건강 또는 신체의 안전이나 공중의 일상생활을 현저히 위태롭게 하는 업무로서 대통령령이 정하는 업무를 말한다. 노동조합 및 노동관계조정법 제42조의2 제1항

② 노동관계 당사자는 필수유지업무의 필요 최소한의 유지·운영 수준, 대상직무 및 필요인원 등을 정한 협정을 서면으로 체결하여야 한다. 노동조합 및 노동관계조정법 제42조의3

③ 필수유지업무협정에는 노동관계 당사자 쌍방이 서명 또는 날인하여야 한다.

노동조합 및 노동관계조정법 제42조의3

④ 노동관계 당사자 쌍방 또는 일방은 필수유지업무협정이 체결되지 아니하는 때에는 노동위원회에 필수유지업무의 필요 최소한의 유지·운영 수준, 대상직무 및 필요인원 등의 결정을 신청하여야 한다. 노동조합 및 노동관계조정법 제42조의4 제1항

☑ **필수유지업무가 공중의 생명·건강 또는 신체의 안전이나 공중의 일상생활을 현저히 위태롭게 하는 업무라 하더라도 다른 업무 영역의 근로자보다 쟁의권 행사에 더 많은 제한을 가하는 것은 평등원칙에 위반된다.**

> 필수유지업무는 공중의 생명·건강 또는 신체의 안전이나 공중의 일상생활을 현저히 위태롭게 하는 업무이므로 이에 대한 쟁의권 행사는 그 영향이 치명적일 수밖에 없다는 점에서 <u>다른 업무 영역의 근로자보다 쟁의권 행사에 더 많은 제한을 가한다고 하더라도 그 차별의 합리성이 인정되므로 평등원칙을 위반한다고 볼 수 없다</u>(헌재 2011.12.29., 2010헌바385).

14 노동조합 및 노동관계조정법령상 사용자의 채용제한에 관한 내용으로 옳지 않은 것은?

① 사용자는 쟁의행위기간 중 그 쟁의행위로 중단된 업무를 도급 또는 하도급 줄 수 없다.

> 노동조합 및 노동관계조정법 제43조 제2항

② 필수공익사업의 사용자는 쟁의행위 기간 중에 한하여 당해 사업과 관계없는 자를 채용 또는 대체할 수 있다.　노동조합 및 노동관계조정법 제43조 제3항

③ 필수공익사업의 경우 사용자는 당해 사업 또는 사업장 파업참가자의 100분의 50을 초과하지 않는 범위 안에서 도급 또는 하도급 줄 수 있다.　노동조합 및 노동관계조정법 제43조 제4항

✔ 필수공익사업의 사업 또는 사업장 파업참가자 수는 근로의무가 있는 근로시간 중 파업 참가를 이유로 근로의 일부 또는 전부를 제공하지 아니한 자의 수를 7일 단위로 산정한다.

> 필수공익사업의 사업 또는 사업장 파업참가자 수는 근로의무가 있는 근로시간 중 파업 참가를 이유로 근로의 일부 또는 전부를 제공하지 아니한 자의 수를 1일 단위로 산정한다(노동조합 및 노동관계조정법 시행령 제22조의4 제1항).

⑤ 사용자는 쟁의행위 기간 중 그 쟁의행위로 중단된 업무의 수행을 위하여 당해 사업과 관계없는 자를 채용 또는 대체할 수 없다.　노동조합 및 노동관계조정법 제43조 제1항

15 노동조합 및 노동관계조정법상 쟁의행위에 관한 설명으로 옳지 않은 것은?(다툼이 있으면 판례에 따름)

✔ 직장폐쇄는 사용자의 쟁의행위로서 노동조합이 쟁의행위를 개시하기 전에도 직장폐쇄를 할 수 있다.

> 사용자는 노동조합이 쟁의행위를 개시한 이후에만 직장폐쇄를 할 수 있다(노동조합 및 노동관계조정법 제46조 제1항).

② 노동조합은 쟁의행위 기간에 대한 임금의 지급을 요구하여 이를 관철할 목적으로 쟁의행위를 하여서는 아니 된다.　노동조합 및 노동관계조정법 제44조 제2항

③ 근로자가 쟁의행위를 중단하고 진정으로 업무에 복귀할 의사를 표시하였음에도 사용자가 직장폐쇄를 계속 유지하면서 근로자의 쟁의행위에 대한 방어적인 목적에서 벗어나 공격적 직장폐쇄의 성격으로 변질된 경우에는 그 이후의 직장폐쇄는 정당성을 상실한다.

> 대판 2017.4.7., 2013다101425

④ 사용자는 쟁의행위에 참가하여 근로를 제공하지 아니한 근로자에 대하여 그 기간 중의 임금을 지급할 의무가 없다.　노동조합 및 노동관계조정법 제44조 제1항

⑤ 쟁의행위는 그 조합원의 직접·비밀·무기명투표에 의한 조합원 과반수의 찬성으로 결정하지 아니하면 이를 행할 수 없다.　노동조합 및 노동관계조정법 제41조 제1항

16 노동조합 및 노동관계조정법상 노동쟁의의 조정(調停)에 관한 설명으로 옳지 않은 것은?

① 노동위원회는 관계 당사자의 일방이 노동쟁의의 조정을 신청한 때에는 지체없이 조정을 개시하여야 하며 관계 당사자 쌍방은 이에 성실히 임하여야 한다.

> 노동조합 및 노동관계조정법 제53조 제1항

② 조정은 그 신청이 있은 날부터 일반사업에 있어서는 10일 이내에, 공익사업에 있어서는 15일 이내에 종료하여야 한다. 노동조합 및 노동관계조정법 제54조 제1항

③ 근로자를 대표하는 조정위원은 사용자가 추천하는 당해 노동위원회의 위원 중에서 그 노동위원의 위원장이 지명되어야 한다. 노동조합 및 노동관계조정법 제55조 제3항

④ 노동위원회는 관계 당사자 쌍방의 신청이 있거나 관계 당사자 쌍방의 동의를 얻은 경우에는 조정위원회에 갈음하여 단독조정인에게 조정을 행하게 할 수 있다.

> 노동조합 및 노동관계조정법 제57조 제1항

✔ 조정위원회의 조정안의 해석 또는 이행방법에 관한 견해가 제시되기 전이라도 관계 당사자는 당해 조정안의 해석 또는 이행에 관하여 쟁의행위를 할 수 있다.

> 조정위원회의 조정안의 해석 또는 이행방법에 관한 견해가 제시될 때까지는 관계 당사자는 당해 조정안의 해석 또는 이행에 관하여 쟁의행위를 할 수 없다(노동조합 및 노동관계조정법 제60조 제5항).

17 노동조합 및 노동관계조정법상 노동쟁의의 중재에 관한 설명으로 옳은 것은?

① 노동쟁의의 조정(調整)에서 사적 중재는 허용되지 않는다.

> 규정은 노동관계 당사자가 쌍방의 합의 또는 단체협약이 정하는 바에 따라 각각 다른 조정 또는 중재방법(이하 이 조에서 "사적조정등"이라 한다)에 의하여 노동쟁의를 해결하는 것을 방해하지 아니한다(노동조합 및 노동관계조정법 제52조 제1항).

✔ 중재재정은 서면으로 작성하여 이를 행하며 그 서면에는 효력발생 기일을 명시하여야 한다.

> 노동조합 및 노동관계조정법 제68조 제1항

③ 중재위원회 위원장은 중재위원 중에서 당해 노동위원회 위원장이 지명한다.

> 중재위원회 위원장은 중재위원 중에서 호선한다(노동조합 및 노동관계조정법 제65조 제2항).

④ 노동쟁의가 중재에 회부된 때에는 그 날부터 30일간은 쟁의행위를 할 수 없다.

> 노동쟁의가 중재에 회부된 때에는 그 날부터 15일간은 쟁의행위를 할 수 없다(노동조합 및 노동관계조정법 제63조).

⑤ 노동위원회의 중재재정은 중앙노동위원회에의 재심신청 또는 행정소송의 제기에 의하여 그 효력이 정지된다.

> 노동위원회의 중재재정 또는 재심결정은 중앙노동위원회에의 재심신청 또는 행정소송의 제기에 의하여 그 효력이 정지되지 아니한다(노동조합 및 노동관계조정법 제70조 제2항).

18 노동조합 및 노동관계조정법상 긴급조정에 관한 설명으로 옳지 않은 것은?

① 고용노동부장관은 쟁의행위가 공익사업에 관한 것이거나 그 규모가 크거나 그 성질이 특별한 것으로서 현저히 국민경제를 해하거나 국민의 일상생활을 위태롭게 할 위험이 현존하는 때에는 긴급조정의 결정을 할 수 있다. 　노동조합 및 노동관계조정법 제76조 제1항

② 고용노동부장관은 긴급조정을 결정한 때에는 지체 없이 그 이유를 붙여 이를 공표함과 동시에 중앙노동위원회와 관계 당사자에게 각각 통고하여야 한다.

　노동조합 및 노동관계조정법 제76조 제3항

③ 관계 당사자는 긴급조정의 결정이 공표된 때에는 즉시 쟁의행위를 중지하여야 하며, 공표일부터 30일이 경과하지 아니하면 쟁의행위를 재개할 수 없다.

　노동조합 및 노동관계조정법 제77조

✔ 중앙노동위원회의 위원장은 긴급조정이 성립될 가망이 없다고 인정한 경우에는 관계 당사자의 의견을 들어 그 사건을 중재에 회부할 것인가의 여부를 결정하여야 한다.

　중앙노동위원회의 위원장은 중앙노동위원회의 조정이 성립될 가망이 없다고 인정한 경우에는 공익위원의 의견을 들어 그 사건을 중재에 회부할 것인가의 여부를 결정하여야 한다(노동조합 및 노동관계조정법 제79조 제1항).

⑤ 중앙노동위원회의 위원장이 중재회부의 결정을 한 때에는 중앙노동위원회는 지체 없이 중재를 행하여야 한다. 　노동조합 및 노동관계조정법 제80조

2020년

19 노동조합 및 노동관계조정법상 부당노동행위에 관한 설명으로 옳지 않은 것은?(다툼이 있으면 판례에 따름)

① 사용자가 근로자를 해고함에 있어서 표면적으로 내세우는 해고사유와는 달리 실질적으로 근로자의 정당한 조합활동을 이유로 해고한 것으로 인정되는 경우에는 그 해고는 부당노동행위라고 보아야 한다. 　대판 1997.7.8., 96누6431

② 근로자에 대한 인사고과가 상여금의 지급기준이 되는 사업장에서 사용자가 특정 노동조합의 조합원이라는 이유로 다른 노동조합의 조합원 또는 비조합원보다 불리하게 인사고과를 하여 상여금을 적게 지급하는 불이익을 주었다면 그러한 사용자의 행위도 부당노동행위에 해당할 수 있다. 　대판 2018.12.27., 2017두37031

✔ 지배·개입으로서의 부당노동행위가 성립하기 위해서는 근로자의 단결권의 침해라는 결과의 발생을 요한다.

　지배·개입으로서의 부당노동행위의 성립에 반드시 근로자의 단결권의 침해라는 결과의 발생을 요하는 것은 아니다(대판 1997.5.7., 96누2057).

④ 노동조합의 자주성을 저해하거나 저해할 위험이 현저하지 않은 운영비 원조 행위를 부당노동행위로 규제하는 것은 헌법에 합치되지 아니한다. 　헌재 2018.5.31., 2012헌바90, 헌법불합치

⑤ 단체협약 등 노사 간 합의에 의한 경우라도 타당한 근거 없이 과다하게 책정된 급여를 근로시간 면제자에게 지급하는 사용자의 행위는 부당노동행위가 될 수 있다.

대판 2018.5.15., 2018두33050

20 노동조합 및 노동관계조정법상 필수공익사업에 해당하는 것을 모두 고른 것은?

| ㄱ. 도시철도사업 | ㄴ. 공중위생사업 | ㄷ. 혈액공급사업 |
| ㄹ. 방송사업 | ㅁ. 은행사업 | ㅂ. 석유공급사업 |

① ㄱ, ㄴ, ㄷ   ✔ ㄱ, ㄷ, ㅂ

③ ㄱ, ㅁ, ㅂ   ④ ㄴ, ㄷ, ㄹ

⑤ ㄷ, ㅁ, ㅂ

공중위생사업, 방송사업, 은행사업은 노동조합 및 노동관계조정법상 필수공익사업에 해당하지 않는다. ⚖

노동조합 및 노동관계조정법 제71조
② 이 법에서 "필수공익사업"이라 함은 제1항의 공익사업으로서 그 업무의 정지 또는 폐지가 공중의 일상생활을 현저히 위태롭게 하거나 국민경제를 현저히 저해하고 그 업무의 대체가 용이하지 아니한 다음 각 호의 사업을 말한다.
  1. 철도사업, 도시철도사업 및 항공운수사업
  2. 수도사업, 전기사업, 가스사업, 석유정제사업 및 석유공급사업
  3. 병원사업 및 혈액공급사업
  4. 한국은행사업
  5. 통신사업

21 노동조합 및 노동관계조정법상 부당노동행위 구제에 관한 설명으로 옳지 않은 것은?

① 지방노동위원회의 구제명령 또는 기각결정에 불복이 있는 관계 당사자는 그 명령서 또는 결정서의 송달을 받은 날부터 10일 이내에 중앙노동위원회에 그 재심을 신청할 수 있다.

노동조합 및 노동관계조정법 제85조 제1항

② 중앙노동위원회의 재심판정에 대하여 관계 당사자는 그 재심판정서의 송달을 받은 날부터 15일 이내에 행정소송법이 정하는 바에 의하여 소를 제기할 수 있다.

노동조합 및 노동관계조정법 제85조 제2항

③ 노동위원회의 판정·명령 및 결정은 서면으로 하되, 이를 당해 사용자와 신청인에게 각각 교부하여야 한다.   노동조합 및 노동관계조정법 제84조 제2항

☑ 사용자가 행정소송을 제기한 경우 관할법원은 노동조합의 신청에 의하여 결정으로써, 판결이 확정될 때까지 중앙노동위원회의 구제명령의 전부 또는 일부를 이행하도록 명할 수 있다.

사용자가 행정소송을 제기한 경우에 관할법원은 중앙노동위원회의 신청에 의하여 결정으로써, 판결이 확정될 때까지 중앙노동위원회의 구제명령의 전부 또는 일부를 이행하도록 명할 수 있으며, 당사자의 신청에 의하여 또는 직권으로 그 결정을 취소할 수 있다(노동조합 및 노동관계조정법 제85조 제5항).

⑤ 노동위원회의 구제명령·기각결정 또는 재심판정은 중앙노동위원회에의 재심신청이나 행정 소송의 제기에 의하여 효력이 정지되지 아니한다.　노동조합 및 노동관계조정법 제86조

22 교원의 노동조합 설립 및 운영 등에 관한 법률의 내용으로 옳지 않은 것은?　기출 수정

① 노동조합을 설립하려는 사람은 고용노동부장관에게 설립신고서를 제출하여야 한다.

교원의 노동조합 설립 및 운영 등에 관한 법률 제4조 제3항

② 노동조합의 대표자는 그 노동조합 또는 조합원의 임금, 근무 조건, 후생복지 등 경제적·사회 적 지위 향상에 관하여 교육부장관 등과 교섭하고 단체협약을 체결할 권한을 가진다.

교원의 노동조합 설립 및 운영 등에 관한 법률 제6조 제1항

☑ 노동조합의 대표자가 사립학교 설립·경영자와 교섭하고 단체협약을 체결할 경우 사립학교 설립·경영자가 개별적으로 교섭에 응하여야 한다.

노동조합의 대표자가 사립학교 설립·경영자와 교섭하고 단체협약을 체결할 경우 전국 또는 시·도 단위로 연합하여 교섭에 응하여야 한다(교원의 노동조합 설립 및 운영 등에 관한 법률 제6조 제1항 제1호). ⚖

④ 노동조합의 교섭위원은 해당 노동조합의 대표자와 그 조합원으로 구성하여야 한다.

교원의 노동조합 설립 및 운영 등에 관한 법률 제6조 제2항

⑤ 단체교섭을 하거나 단체협약을 체결하는 경우에 관계 당사자는 국민여론과 학부모의 의견을 수렴하여 성실하게 교섭하고 단체협약을 체결하여야 한다.

교원의 노동조합 설립 및 운영 등에 관한 법률 제6조 제8항

법령

교원의 노동조합 설립 및 운영 등에 관한 법률 제6조(교섭 및 체결 권한 등)

① 노동조합의 대표자는 그 노동조합 또는 조합원의 임금, 근무 조건, 후생복지 등 경제적·사회적 지위 향상에 관하여 다음 각 호의 구분에 따른 자와 교섭하고 단체협약을 체결할 권한을 가진다.

    1. 제4조 제1항에 따른 노동조합의 대표자의 경우 : 교육부장관, 시·도 교육감 또는 사립학교 설립·경영자. 이 경우 사립학교 설립·경영자는 전국 또는 시·도 단위로 연합하여 교섭에 응하여야 한다.

    2. 제4조 제2항에 따른 노동조합의 대표자의 경우 : 교육부장관, 특별시장·광역시장·특별자치시장·도지사·특별자치도지사, 국·공립학교의 장 또는 사립학교 설립·경영자

② 제1항의 경우에 노동조합의 교섭위원은 해당 노동조합의 대표자와 그 조합원으로 구성하여야 한다.

③ 삭제

④ 노동조합의 대표자는 제1항에 따라 교육부장관, 시·도지사, 시·도 교육감, 국·공립학교의 장 또는 사립학교 설립·경영자와 단체교섭을 하려는 경우에는 교섭하려는 사항에 대하여 권한을 가진 자에게 서면으로 교섭을 요구하여야 한다.

⑤ 교육부장관, 시·도지사, 시·도 교육감, 국·공립학교의 장 또는 사립학교 설립·경영자는 제4항에 따라 노동조합으로부터 교섭을 요구받았을 때에는 교섭을 요구받은 사실을 공고하여 관련된 노동조합이 교섭에 참여할 수 있도록 하여야 한다.

⑥ 교육부장관, 시·도지사, 시·도 교육감, 국·공립학교의 장 또는 사립학교 설립·경영자는 제4항과 제5항에 따라 교섭을 요구하는 노동조합이 둘 이상인 경우에는 해당 노동조합에 교섭창구를 단일화하도록 요청할 수 있다. 이 경우 교섭창구가 단일화된 때에는 교섭에 응하여야 한다.

⑦ 교육부장관, 시·도지사, 시·도 교육감, 국·공립학교의 장 또는 사립학교 설립·경영자는 제1항부터 제6항까지에 따라 노동조합과 단체협약을 체결한 경우 그 유효기간 중에는 그 단체협약의 체결에 참여하지 아니한 노동조합이 교섭을 요구하여도 이를 거부할 수 있다.

⑧ 제1항에 따른 단체교섭을 하거나 단체협약을 체결하는 경우에 관계 당사자는 국민여론과 학부모의 의견을 수렴하여 성실하게 교섭하고 단체협약을 체결하여야 하며, 그 권한을 남용하여서는 아니 된다.

⑨ 제1항, 제2항 및 제4항부터 제8항까지에 따른 단체교섭의 절차 등에 관하여 필요한 사항은 대통령령으로 정한다.

23 공무원의 노동조합 설립 및 운영 등에 관한 법률의 내용으로 옳지 않은 것은? 기출 수정

① 노동조합과 그 조합원은 정치활동을 하여서는 아니 되며, 파업, 태업 또는 그 밖에 업무의 정상적인 운영을 방해하는 일체의 행위를 하여서는 아니 된다.

> 공무원의 노동조합 설립 및 운영 등에 관한 법률 제4조 및 제11조

② 교정·수사 등 공공의 안녕과 국가안전보장에 관한 업무에 종사하는 공무원은 노동조합에 가입할 수 없다.

> 공무원의 노동조합 설립 및 운영 등에 관한 법률 제6조 제2항 제3호

③ 공무원은 임용권자의 동의를 받아 노동조합으로부터 급여를 지급받으면서 노동조합의 업무에만 종사할 수 있으며, 동의를 받아 노동조합의 업무에만 종사하는 사람에 대하여는 그 기간 중 휴직명령을 하여야 한다.

> 공무원의 노동조합 설립 및 운영 등에 관한 법률 제7조 제1항 및 제2항

✔️공무원은 단체협약으로 정하거나 노동조합의 대표자가 동의하는 경우 근무시간 면제 한도를 초과하지 아니하는 범위에서 보수의 손실 없이 노동조합의 대표자와의 협의·교섭, 고충처리, 안전·보건활동 등 이 법 또는 다른 법률에서 정하는 업무와 건전한 노사관계 발전을 위한 노동조합의 유지·관리업무를 할 수 있다.

> 공무원은 단체협약으로 정하거나 <u>정부교섭대표</u>가 동의하는 경우 근무시간 면제 한도를 초과하지 아니하는 범위에서 보수의 손실 없이 <u>정부교섭대표</u>와의 협의·교섭, 고충처리, 안전·보건활동 등 이 법 또는 다른 법률에서 정하는 업무와 건전한 노사관계 발전을 위한 노동조합의 유지·관리업무를 할 수 있다(공무원의 노동조합 설립 및 운영 등에 관한 법률 제7조의2 제1항).

⑤ 단체협약의 내용 중 법령·조례 또는 예산에 의하여 규정되는 내용과 법령 또는 조례에 의하여 위임을 받아 규정되는 내용은 단체협약으로서의 효력을 가지지 아니한다.

> 공무원의 노동조합 설립 및 운영 등에 관한 법률 제10조 제1항

24 근로자참여 및 협력증진에 관한 법률상 노사협의회에 관한 설명으로 옳지 않은 것은?

① 노사협의회는 근로조건에 대한 결정권이 있는 사업이나 사업장 단위로 설치하여야 한다. 다만, 상시(常時) 30명 미만의 근로자를 사용하는 사업이나 사업장은 그러하지 아니하다.

> 근로자참여 및 협력증진에 관한 법률 제4조 제1항

② 노사협의회는 근로자와 사용자를 대표하는 같은 수의 위원으로 구성하되, 각 3명 이상 10명 이하로 한다.   근로자참여 및 협력증진에 관한 법률 제6조 제1항

✔️ 노사협의회에 의장을 두며, 의장은 위원 중에서 사용자가 지명한다. 이 경우 근로자위원과 사용자위원 중 각 1명을 공동의장으로 할 수 있다.

> 노사협의회에 의장을 두며, 의장은 위원 중에서 <u>호선(互選)</u>한다. 이 경우 근로자위원과 사용자위원 중 각 1명을 공동의장으로 할 수 있다(근로자참여 및 협력증진에 관한 법률 제7조 제1항).

④ 사용자는 노사협의회 위원으로서의 직무 수행과 관련하여 근로자위원에게 불이익을 주는 처분을 하여서는 아니 된다.   근로자참여 및 협력증진에 관한 법률 제9조 제2항

⑤ 노사협의회 위원은 비상임·무보수로 하며, 위원의 협의회 출석 시간과 이와 직접 관련된 시간으로서 노사협의회규정으로 정한 시간은 근로한 시간으로 본다.

> 근로자참여 및 협력증진에 관한 법률 제9조 제1항 및 제3항

25 노동위원회법상 노동위원회에 관한 설명으로 옳지 않은 것은?

① 노동위원회는 중앙노동위원회, 지방노동위원회 및 특별노동위원회로 구분한다.

> 노동위원회법 제2조 제1항

② 중앙노동위원회와 지방노동위원회는 고용노동부장관 소속으로 둔다.

> 노동위원회법 제2조 제2항

③ 노동위원회는 그 권한에 속하는 업무를 독립적으로 수행한다.

> 노동위원회법 제4조 제1항

④ 중앙노동위원회는 지방노동위원회 및 특별노동위원회의 처분에 대한 재심사건을 관장한다.

> 노동위원회법 제3조 제1항 제1호

✅ 고용노동부장관은 중앙노동위원회 및 지방노동위원회의 예산 · 인사 · 교육훈련, 그 밖의 행정사무를 총괄하며, 소속 공무원을 지휘 · 감독한다.

> 중앙노동위원회 위원장은 중앙노동위원회 및 지방노동위원회의 예산 · 인사 · 교육훈련, 그 밖의 행정사무를 총괄하며, 소속 공무원을 지휘 · 감독한다(노동위원회법 제4조 제2항).

01	02	03	04	05	06	07	08	09	10	11	12	13	14	15	16	17	18	19	20	21	22	23	24	25
①	⑤	③	④	①	③	④	③	②	②	⑤	⑤	④	③	①	①	⑤	⑤	③	③	④	②	②	④	⑤

01 노동관계법의 제정이 빠른 순서로 옳게 나열된 것은?

> ㄱ. 파견근로자 보호 등에 관한 법률
> ㄴ. 기간제 및 단시간근로자 보호 등에 관한 법률
> ㄷ. 공무원의 노동조합 설립 및 운영 등에 관한 법률
> ㄹ. 교원의 노동조합 설립 및 운영 등에 관한 법률

✔ ㄱ - ㄹ - ㄷ - ㄴ

② ㄴ - ㄱ - ㄷ - ㄹ

③ ㄷ - ㄴ - ㄹ - ㄱ

④ ㄹ - ㄱ - ㄴ - ㄷ

⑤ ㄹ - ㄷ - ㄱ - ㄴ

> ㄱ - ㄹ - ㄷ - ㄴ의 순서로 제정되었다.
> ㄱ. 파견근로자 보호 등에 관한 법률 : 1998년 2월 20일 제정
> ㄴ. 기간제 및 단시간근로자 보호 등에 관한 법률 : 2006년 12월 21일 제정
> ㄷ. 공무원의 노동조합 설립 및 운영 등에 관한 법률 : 2005년 1월 27일 제정
> ㄹ. 교원의 노동조합 설립 및 운영 등에 관한 법률 : 1999년 1월 29일 제정

02 헌법상 노동3권에 관한 설명으로 옳지 않은 것은?(다툼이 있으면 판례에 따름)

① 노동3권은 국가안전보장·질서유지 또는 공공복리를 위하여 필요한 경우 법률로써 제한할 수 있다.

> 국민의 모든 자유와 권리는 국가안전보장·질서유지 또는 공공복리를 위하여 필요한 경우에 한하여 법률로써 제한할 수 있으며, 제한하는 경우에도 자유와 권리의 본질적인 내용을 침해할 수 없다(헌법 제37조 제2항).

② 단결권은 단결할 자유만을 가리키고, 단결하지 아니할 자유는 일반적 행동의 자유 또는 결사의 자유에 그 근거가 있다.

> 근로자의 단결하지 아니할 자유는 헌법 제10조의 일반적 행동의 자유와 헌법 제21조의 결사의 자유에서 근거를 찾을 수 있고, 노동조합의 적극적 단결권은 헌법 제33조에서 보호된다. 근로3권은 특별법적 권리로써 우선적으로 보장되어야 하므로 근로자 개인의 자유권에 비하여 노동조합의 적극적 단결권을 우선시하더라도 근로자의 단결하지 아니할 자유 침해라고 할 수 없다(헌재 2005.11.24., 2002헌바95).

③ 공무원인 근로자는 법률이 정하는 자에 한하여 단결권·단체교섭권 및 단체행동권을 가진다.

> 헌법 제33조 제2항

④ 노동3권은 사회적 보호기능을 담당하는 자유권 또는 사회권적 성격을 띤 자유권이라고 말할 수 있다.

> 근로3권은 국가공권력에 대하여 근로자의 단결권의 방어를 일차적인 목표로 하지만, 근로3권의 보다 큰 헌법적 의미는 근로자단체라는 사회적 반대세력의 창출을 가능하게 함으로써 노사관계의 형성에 있어서 사회적 균형을 이루어 근로조건에 관한 노사 간의 실질적인 자치를 보장하려는 데 있다. 근로자는 노동조합과 같은 근로자단체의 결성을 통하여 집단으로 사용자에 대항함으로써 사용자와 대등한 세력을 이루어 근로조건의 형성에 영향을 미칠 수 있는 기회를 가지게 되므로 이러한 의미에서 근로3권은 '사회적 보호기능을 담당하는 자유권' 또는 '사회권적 성격을 띤 자유권'이라고 말할 수 있다(헌재 1998.2.27., 94헌바13·26, 95헌바44).

✅ 모든 국민은 근로조건의 향상을 위하여 자주적인 단결권·단체교섭권 및 단체행동권을 가진다.

> 근로자는 근로조건의 향상을 위하여 자주적인 단결권·단체교섭권 및 단체행동권을 가진다(헌법 제33조 제1항).

03 노동조합 및 노동관계조정법령상 근로자와 사용자에 관한 설명으로 옳지 않은 것은?(다툼이 있으면 판례에 따름)

① 구직 중인 자도 노동3권을 보장할 필요성이 있는 한 근로자에 포함된다.

> '근로자'에는 특정한 사용자에게 고용되어 현실적으로 취업하고 있는 자뿐만 아니라, 일시적으로 실업 상태에 있는 자나 구직 중인 자도 노동3권을 보장할 필요성이 있는 한 그 범위에 포함된다(대판 2004.2.27., 2001두8568).

② 근로자란 직업의 종류를 불문하고 임금·급료 기타 이에 준하는 수입에 의하여 생활하는 자를 말한다. 노동조합 및 노동관계조정법 제2조 제1호

✅ 노동위원회의 부당노동행위 구제명령을 이행할 수 있는 법률적 또는 사실적인 권한이나 능력을 가지는 지위에 있더라도 직접고용관계에 있지 않는 한 사용자에 해당한다고 볼 수 없다.

> 근로자의 기본적인 노동조건 등에 관하여 그 근로자를 고용한 사업주로서의 권한과 책임을 일정 부분 담당하고 있다고 볼 정도로 실질적이고 구체적으로 지배·결정할 수 있는 지위에 있는 자가, 노동조합을 조직 또는 운영하는 것을 지배하거나 이에 개입하는 등으로 노동조합 및 노동관계조정법 제81조 제4호에서 정한 행위를 하였다면, 그 시정을 명하는 구제명령을 이행하여야 할 사용자에 해당한다(대판 2010.3.25., 2007두8881).

④ 사용자는 근로자의 인사, 급여, 후생, 노무관리 등 근로조건 결정 또는 업무상 명령이나 지휘 감독을 하는 등의 사항에 대하여 사업주로부터 일정한 권한과 책임을 부여받은 자를 포함한다.

> 대판 2011.9.8., 2008두13873

⑤ 근로자에 해당하는지는 노무제공관계의 실질에 비추어 판단하여야 하고 반드시 근로기준법상 근로자에 한정된다고 할 것은 아니다. 대판 2018.6.15., 2014두12598

04 노동조합 및 노동관계조정법령에 의하여 설립된 노동조합에 관한 설명으로 옳은 것은 모두 몇 개인가?

> - 노동위원회에 노동쟁의의 조정 및 부당노동행위의 구제를 신청할 수 있다.
> - 노동조합의 규약이 정하는 바에 의하여 법인으로 할 수 있다.
> - 노동조합이라는 명칭을 사용할 수 있다.
> - 노동조합에 대하여는 그 사업체를 포함하여 세법이 정하는 바에 따라 조세를 부과하지 아니한다.

① 0개   ② 1개
③ 2개   ✔ 3개
⑤ 4개

- (○) 노동조합 및 노동관계조정법 제7조 제1항
- (○) 노동조합 및 노동관계조정법 제6조 제1항
- (○) 노동조합 및 노동관계조정법 제7조 제3항
- (×) 노동조합에 대하여는 그 사업체를 제외하고는 세법이 정하는 바에 따라 조세를 부과하지 아니한다(노동조합 및 노동관계조정법 제8조). 즉 그 사업체에는 조세를 부과한다.

05 노동조합 및 노동관계조정법령상 노동조합 규약의 의무적 기재사항이 아닌 것은?

✔ 단체협약에 관한 사항   ② 규율과 통제에 관한 사항
③ 규약변경에 관한 사항   ④ 주된 사무소의 소재지
⑤ 회의에 관한 사항

단체협약에 관한 사항은 규약의 의무적 기재사항이 아니며, 총회의 의결사항에 해당한다. ⚖

노동조합 및 노동관계조정법 제11조(규약)

노동조합은 그 조직의 자주적·민주적 운영을 보장하기 위하여 당해 노동조합의 규약에 다음 각 호의 사항을 기재하여야 한다.

1. 명칭
2. 목적과 사업
3. 주된 사무소의 소재지
4. 조합원에 관한 사항(연합단체인 노동조합에 있어서는 그 구성단체에 관한 사항)
5. 소속된 연합단체가 있는 경우에는 그 명칭
6. 대의원회를 두는 경우에는 대의원회에 관한 사항
7. 회의에 관한 사항
8. 대표자와 임원에 관한 사항
9. 조합비 기타 회계에 관한 사항
10. 규약변경에 관한 사항
11. 해산에 관한 사항
12. 쟁의행위와 관련된 찬반투표 결과의 공개, 투표자 명부 및 투표용지 등의 보존·열람에 관한 사항
13. 대표자와 임원의 규약위반에 대한 탄핵에 관한 사항
14. 임원 및 대의원의 선거절차에 관한 사항
15. 규율과 통제에 관한 사항

---

06 노동조합 및 노동관계조정법령상 근로시간면제제도에 관한 설명으로 옳지 않은 것은?(다툼이 있으면 판례에 따름) 〔기출 수정〕

① 근로시간면제자에 대한 근로시간 면제 한도를 정하기 위하여 근로시간면제심의위원회를 경제사회노동위원회법에 따른 경제사회노동위원회에 둔다.

　노동조합 및 노동관계조정법 제24조의2 제1항

② 고용노동부장관은 경제사회노동위원회 위원장이 통보한 근로시간 면제 한도를 고시하여야 한다. 　노동조합 및 노동관계조정법 제24조의2 제4항

✔️ 근로시간면제심의위원회는 근로시간 면제 한도를 심의·의결하고, 5년마다 그 적정성 여부를 재심의하여 의결할 수 있다.

　근로시간면제심의위원회는 근로시간 면제 한도를 심의·의결하고, 3년마다 그 적정성 여부를 재심의하여 의결할 수 있다(노동조합 및 노동관계조정법 제24조의2 제2항).

④ 근로시간면제심의위원회는 재적위원 과반수의 출석과 출석위원 과반수의 찬성으로 의결한다.

　노동조합 및 노동관계조정법 제24조의2 제7항

⑤ 근로시간면제심의위원회는 근로자를 대표하는 위원과 사용자를 대표하는 위원 및 공익을 대표하는 위원 각 5명씩 성별을 고려하여 구성한다. 　노동조합 및 노동관계조정법 제24조의2 제5항

07 노동조합 및 노동관계조정법령상 노동조합의 해산에 관한 설명으로 옳지 않은 것은?

① 노동조합 규약에서 정한 해산사유가 발생한 경우에 노동조합은 해산한다.

> 노동조합 및 노동관계조정법 제28조 제1항 제1호 ⚖

② 노동조합의 임원이 없고 노동조합으로서의 활동을 1년 이상 하지 아니한 것으로 인정되는 경우로서 행정관청이 노동위원회의 의결을 얻은 경우에 노동조합은 해산한다.

> 노동조합 및 노동관계조정법 제28조 제1항 제4호 ⚖

③ 노동조합이 합병으로 소멸한 경우에 노동조합은 해산한다.

> 노동조합 및 노동관계조정법 제28조 제1항 제2호 ⚖

☑ **노동조합 총회에서 재적조합원 과반수의 출석과 출석조합원 과반수의 찬성으로 노동조합 해산결의가 있는 경우에 노동조합은 해산한다.**

> 총회는 재적조합원 과반수의 출석과 출석조합원 과반수의 찬성으로 의결한다. 다만, 규약의 제정·변경, 임원의 해임, 합병·분할·해산 및 조직형태의 변경에 관한 사항은 재적조합원 과반수의 출석과 출석조합원 3분의 2 이상의 찬성이 있어야 한다(노동조합 및 노동관계조정법 제16조 제2항). 따라서 재적조합원 과반수의 출석과 출석조합원 3분의 2 이상의 찬성을 요한다.

⑤ 노동조합 총회의 해산결의를 사유로 노동조합이 해산한 때에는 그 대표자는 해산한 날부터 15일 이내에 행정관청에 이를 신고하여야 한다. 　노동조합 및 노동관계조정법 제28조 제2항

⚖ 법령

> **노동조합 및 노동관계조정법 제28조(해산사유)**
> ① 노동조합은 다음 각호의 1에 해당하는 경우에는 해산한다.
> 　1. 규약에서 정한 해산사유가 발생한 경우
> 　2. 합병 또는 분할로 소멸한 경우
> 　3. 총회 또는 대의원회의 해산결의가 있는 경우
> 　4. 노동조합의 임원이 없고 노동조합으로서의 활동을 1년 이상 하지 아니한 것으로 인정되는 경우로서 행정관청이 노동위원회의 의결을 얻은 경우

08 노동조합 및 노동관계조정법령상 노동조합 활동에 관한 설명으로 옳지 않은 것은?(다툼이 있으면 판례에 따름)

① 사업장 내의 노동조합 활동은 사용자의 시설관리권에 바탕을 둔 합리적인 규율이나 제약에 따라야 한다.

> 사업장 내의 조합활동에 있어서는 <u>사용자의 시설관리권에 바탕을 둔 합리적인 규율이나 제약에 따라야 하며</u> 폭력과 파괴행위 등의 방법에 의하지 않는 것이어야 할 것이다(대판 1992.4.10., 91도3044).

② 노동조합 활동은 근로조건의 유지·개선과 근로자의 경제적 지위의 향상을 도모하기 위하여 필요하고 근로자들의 단결 강화에 도움이 되는 행위이어야 한다.

> 이 법은 헌법에 의한 근로자의 단결권·단체교섭권 및 단체행동권을 보장하여 근로조건의 유지·개선과 근로자의 <u>경제적·사회적 지위의 향상을 도모하고</u>, 노동관계를 공정하게 조정하여 노동쟁의를 예방·해결함으로써 산업평화의 유지와 국민경제의 발전에 이바지함을 목적으로 한다(노동조합 및 노동관계조정법 제1조).

③ 노동조합 활동은 취업규칙이나 단체협약에 별도의 허용규정이 있더라도 취업시간 외에 행하여져야 한다.

> 노동조합의 활동이 정당하다고 하기 위하여는 행위의 성질상 노동조합의 활동으로 볼 수 있거나 노동조합의 묵시적인 수권 혹은 승인을 받았다고 볼 수 있는 것으로서 근로조건의 유지 개선과 근로자의 경제적 지위의 향상을 도모하기 위하여 필요하고 근로자들의 단결 강화에 도움이 되는 행위이어야 하며, <u>취업규칙이나 단체협약에 별도의 허용규정이 있거나 관행, 사용자의 승낙이 있는 경우 외에는 취업시간 외에 행하여져야 하고</u>, 사업장 내의 조합활동에 있어서는 사용자의 시설관리권에 바탕을 둔 합리적인 규율이나 제약에 따라야 하며 폭력과 파괴행위 등의 방법에 의하지 않는 것이어야 할 것이다(대판 1992.4.10., 91도3044). 따라서 위의 경우에는 <u>취업시간 중에 행할 수 있다</u>.

④ 단체협약에 유인물의 배포에 허가제를 채택하고 있는 경우 유인물 배포행위가 정당한가 아닌 가는 허가가 있었는지 여부만 가지고 판단할 것은 아니고 그 유인물의 내용이나 배포방법 등 제반사정을 고려하여 판단되어져야 한다.

> 단체협약에 유인물의 배포에 허가제를 채택하고 있다고 할지라도 노동조합의 업무를 위한 정당한 행위까지 금지시킬 수는 없는 것이므로 위 "나"항의 <u>유인물 배포행위가 정당한가 아닌가는 허가가 있었는지 여부만 가지고 판단할 것은 아니고, 그 유인물의 내용이나 배포방법 등 제반사정을 고려하여 판단되어져야 할 것이고</u>, 취업시간 아닌 주간의 휴게시간 중의 배포는 다른 근로자의 취업에 나쁜 영향을 미치거나 휴게시간의 자유로운 이용을 방해하거나 구체적으로 직장질서를 문란하게 하는 것이 아닌 한 허가를 얻지 아니하였다는 이유만으로 정당성을 잃는다고 할 수 없다(대판 1991.11.12., 91누4164).

⑤ 조합원이 조합의 결의에 따라서 한 노동조합의 조직적인 활동 그 자체가 아닐지라도 그 행위의 성질상 노동조합 활동으로 볼 수 있을 때에는 노동조합의 업무를 위한 행위로 보아야 한다.

> 노동조합 및 노동관계조정법 제81조 제1호의 '노동조합의 업무를 위한 정당한 행위'란 일반적으로는 노동조합의 정당한 활동을 가리킨다고 할 것이나, 조합원이 조합의 결의나 구체적인 지시에 따라서 한 노동조합의 조직적인 활동 그 자체가 아닐지라도 <u>그 행위의 성질상 노동조합의 활동으로 볼 수 있거나 노동조합의 묵시적인 수권 혹은 승인을 받았다고 볼 수 있을 때에는 그 조합원의 행위를 노동조합의 업무를 위한 행위로 보아야 한다</u>(대판 2011.2.24., 2008다29123).

09 노동조합 및 노동관계조정법령상 단체교섭에 관한 설명으로 옳지 않은 것은?(다툼이 있으면 판례에 따름)

① 노동조합 대표자는 그 노동조합 또는 조합원을 위하여 사용자나 사용자단체와 교섭할 권한을 가진다. 　노동조합 및 노동관계조정법 제29조 제1항

❷ 단위노동조합이 당해 노동조합이 가입한 상부단체인 연합단체에 단체교섭권한을 위임한 경우 단위노동조합의 단체교섭권한은 소멸한다.

> 구 노동조합법(1996. 12. 31. 법률 제5244호로 폐지) 제33조 제1항에서 규정하고 있는 단체교섭권한의 '위임'이라고 함은 노동조합이 조직상의 대표자 이외의 자에게 조합 또는 조합원을 위하여, 조합의 입장에서 사용자 측과 사이에 단체교섭을 하는 사무처리를 맡기는 것을 뜻하고, 그 위임 후 이를 해지하는 등의 별개의 의사표시가 없더라도 노동조합의 단체교섭권한은 여전히 수임자의 단체교섭권한과 중복하여 경합적으로 남아 있다고 할 것이며, 같은 조 제2항의 규정에 따라 단위노동조합이 당해 노동조합이 가입한 상부단체인 연합단체에 그러한 권한을 위임한 경우에 있어서도 달리 볼 것은 아니다(대판 1998.11.13., 98다20790).

③ 노동조합과 사용자 또는 사용자단체는 신의에 따라 성실히 교섭하여야 한다.

> 노동조합과 사용자 또는 사용자단체는 신의에 따라 성실히 교섭하고 단체협약을 체결하여야 하며 그 권한을 남용하여서는 아니 된다(노동조합 및 노동관계조정법 제30조 제1항).

④ 노동조합과 사용자 또는 사용자단체는 정당한 이유없이 교섭을 거부하여서는 아니 된다.

> 노동조합과 사용자 또는 사용자단체는 정당한 이유 없이 교섭 또는 단체협약의 체결을 거부하거나 해태하여서는 아니 된다(노동조합 및 노동관계조정법 제30조 제2항).

⑤ 노동조합의 하부단체인 지부가 독자적인 규약 및 집행기관을 가지고 독립된 조직체로서 활동을 하는 경우 당해 조직이나 그 조합원에 고유한 사항에 대하여는 독자적으로 단체교섭을 할 수 있다. 　대판 2011.5.26., 2011다1842, 1859, 1866, 1873

10 노동조합 및 노동관계조정법령상 공정대표의무에 관한 설명으로 옳지 않은 것은?(다툼이 있으면 판례에 따름)

① 사용자는 교섭창구 단일화 절차에 참여한 노동조합 또는 그 조합원 간에 합리적 이유 없이 차별을 하여서는 아니 된다. 노동조합 및 노동관계조정법 제29조의4 제1항

❷ 노동조합은 교섭대표노동조합이 공정대표의무를 위반하여 차별한 경우에는 그 행위가 있은 날부터 6개월 이내에 노동위원회에 그 시정을 요청할 수 있다.

> 노동조합은 교섭대표노동조합과 사용자가 제1항을 위반하여 차별한 경우에는 그 행위가 있은 날(단체협약의 내용의 일부 또는 전부가 제1항에 위반되는 경우에는 단체협약 체결일을 말한다)부터 3개월 이내에 대통령령으로 정하는 방법과 절차에 따라 노동위원회에 그 시정을 요청할 수 있다(노동조합 및 노동관계조정법 제29조의4 제2항).

③ 공정대표의무 위반에 대한 형사벌칙 규정이 없다.

> 공정대표의무 위반에 대한 형사벌칙 규정은 없다.

④ 사용자가 교섭창구 단일화 절차에 참여한 다른 노동조합 또는 그 조합원을 차별한 것으로 인정되는 경우, 차별에 합리적인 이유가 있다는 점은 사용자에게 주장·증명책임이 있다.

> 교섭대표노동조합이나 사용자가 교섭창구단일화절차에 참여한 다른 노동조합 또는 그 조합원을 차별한 것으로 인정되는 경우, 그와 같은 차별에 합리적인 이유가 있다는 점은 교섭대표노동조합이나 사용자에게 주장·증명책임이 있다(대판 2018.8.30., 2017다218642).

⑤ 공정대표의무는 단체교섭의 과정이나 그 결과물인 단체협약의 내용뿐만 아니라 단체협약의 이행과정에서도 준수되어야 한다.

> 교정대표의무의 취지와 기능 등에 비추어 보면, 공정대표의무는 단체교섭의 과정이나 그 결과물인 단체협약의 내용뿐만 아니라 단체협약의 이행과정에서도 준수되어야 한다고 봄이 타당하다(대판 2018.8.30., 2017다218642).

11 노동조합 및 노동관계조정법령상 교섭창구 단일화 제도에 관한 설명으로 옳은 것은?(다툼이 있으면 판례에 따름)

① 하나의 사업 또는 사업장 단위에서 유일하게 존재하는 노동조합이 교섭창구 단일화 절차를 형식적으로 거쳤다면 교섭대표노동조합의 지위를 취득할 수 있다.

> 교섭창구 단일화 제도의 취지 내지 목적, 교섭창구 단일화 제도의 체계 내지 관련 규정의 내용, 교섭대표노동조합의 개념 등을 종합하여 보면, 하나의 사업 또는 사업장 단위에서 유일하게 존재하는 노동조합은, 설령 노동조합법 및 그 시행령이 정한 절차를 형식적으로 거쳤다고 하더라도, 교섭대표노동조합의 지위를 취득할 수 없다고 해석함이 타당하다(대판 2017.10.31., 2016두36956).

② 교섭창구 단일화 절차에 따라 결정된 교섭대표노동조합이 그 결정된 날부터 6개월 동안 단체협약을 체결하지 못한 경우에는 어느 노동조합이든지 사용자에게 교섭을 요구할 수 있다.

> 법 제29조의2에 따라 결정된 교섭대표노동조합이 그 결정된 날부터 1년 동안 단체협약을 체결하지 못한 경우에는 어느 노동조합이든지 사용자에게 교섭을 요구할 수 있다(노동조합 및 노동관계조정법 시행령 제14조의10 제3항).

③ 하나의 사업 또는 사업장에서 교섭단위를 분리할 필요가 있다고 인정되는 경우에 노동관계 당사자는 합의를 통하여 교섭단위를 분리할 수 있다.

> 하나의 사업 또는 사업장에서 현격한 근로조건의 차이, 고용형태, 교섭 관행 등을 고려하여 교섭단위를 분리할 필요가 있다고 인정되는 경우에 노동위원회는 노동관계 당사자의 양쪽 또는 어느 한 쪽의 신청을 받아 교섭단위를 분리하는 결정을 할 수 있다(노동조합 및 노동관계조정법 제29조의3 제2항).

④ 공동교섭대표단에 참여할 수 있는 노동조합은 그 조합원 수가 교섭창구 단일화 절차에 참여한 노동조합의 전체 조합원 100분의 5 이상인 노동조합으로 한다.

> 교섭대표노동조합을 결정하지 못한 경우에는 교섭창구 단일화 절차에 참여한 모든 노동조합은 공동으로 교섭대표단을 구성하여 사용자와 교섭하여야 한다. 이때 공동교섭대표단에 참여할 수 있는 노동조합은 그 조합원 수가 교섭창구 단일화 절차에 참여한 노동조합의 전체 조합원 100분의 10 이상인 노동조합으로 한다(노동조합 및 노동관계조정법 제29조의2 제5항).

☑ 교섭대표노동조합의 지위 유지기간이 만료되었음에도 불구하고 새로운 교섭대표노동조합이 결정되지 못할 경우 기존 교섭대표노동조합은 새로운 교섭대표노동조합이 결정될 때까지 기존 단체협약의 이행과 관련해서는 교섭대표노동조합의 지위를 유지한다.

> 노동조합 및 노동관계조정법 시행령 제14조의10 제2항

12 노동조합 및 노동관계조정법령상 단체협약에 관한 설명으로 옳지 않은 것은?(다툼이 있으면 판례에 따름)

① 단체협약은 서면으로 작성하여 당사자 쌍방이 서명 또는 날인하여야 한다.

> 노동조합 및 노동관계조정법 제31조 제1항

② 근로계약에 규정되지 아니한 사항은 단체협약에 정한 기준에 의한다.

> 노동조합 및 노동관계조정법 제33조 제2항

③ 행정관청은 단체협약 중 위법한 내용이 있는 경우에는 노동위원회의 의결을 얻어 그 시정을 명할 수 있다. 노동조합 및 노동관계조정법 제31조 제3항

④ 노동조합이 조합원들의 의사를 반영하고 대표자의 단체협약 체결 업무 수행에 대한 적절한 통제를 위하여 대표자의 단체협약체결권한의 행사를 절차적으로 제한하는 것은, 그것이 단체협약체결권한을 전면적 · 포괄적으로 제한하는 것이 아닌 이상 허용된다.

> 대판 2018.7.26., 2016다205908

✔️ 노동조합과 사용자 쌍방이 노사협의회를 거쳐 실질적·형식적 요건을 갖춘 합의가 있더라도 단체교섭을 거치지 않고 체결한 것은 단체협약으로 볼 수 없다.

> 단체협약은 노동조합이 사용자 또는 사용자단체와 근로조건 기타 노사관계에서 발생하는 사항에 관한 합의를 문서로 작성하여 당사자 쌍방이 서명날인함으로써 성립하는 것이고, 그 합의가 반드시 정식의 단체교섭절차를 거쳐서 이루어져야만 하는 것은 아니다. 따라서 노동조합과 사용자 사이에 근로조건 기타 노사관계에 관한 합의가 노사협의회의 협의를 거쳐서 성립되었더라도, 당사자 쌍방이 이를 단체협약으로 할 의사로 문서로 작성하여 당사자 쌍방의 대표자가 각 노동조합과 사용자를 대표하여 서명날인하는 등으로 단체협약의 실질적·형식적 요건을 갖추었다면 이는 단체협약이라고 보아야 한다(대판 2018.7.26., 2016다205908).

13 노동조합 및 노동관계조정법령상 단체협약 내용을 위반한 경우 형사처벌의 대상이 아닌 것은?

1
2
3

① 퇴직금에 관한 사항 　　　　② 휴가에 관한 사항
③ 쟁의행위에 관한 사항 　　　　✔️ 조직강제에 관한 사항
⑤ 안전보건에 관한 사항

> 조직강제에 관한 사항은 형사처벌의 대상에 해당되지 않는다. ⚖️

⚖️
법령

노동조합 및 노동관계조정법 제92조(벌칙)
2. 제31조 제1항의 규정에 의하여 체결된 단체협약의 내용 중 다음 각 목의 1에 해당하는 사항을 위반한 자
　　가. 임금·복리후생비, 퇴직금에 관한 사항
　　나. 근로 및 휴게시간, 휴일, 휴가에 관한 사항
　　다. 징계 및 해고의 사유와 중요한 절차에 관한 사항
　　라. 안전보건 및 재해부조에 관한 사항
　　마. 시설·편의제공 및 근무시간중 회의참석에 관한 사항
　　바. 쟁의행위에 관한 사항

14 노동조합 및 노동관계조정법령상 단체협약의 해석에 관한 설명으로 옳지 않은 것은?(다툼이

1
2
3

있으면 판례에 따름)

① 단체협약과 같은 처분문서를 해석함에 있어서는 명문의 규정을 근로자에게 불리하게 변형 해석할 수 없다.

> 단체협약과 같은 처분문서를 해석할 때는, 단체협약이 근로자의 근로조건을 유지·개선하고 복지를 증진하여 그 경제적·사회적 지위를 향상시킬 목적으로 근로자의 자주적 단체인 노동조합과 사용자 사이에 단체교섭을 통하여 이루어지는 것이므로, 그 명문의 규정을 근로자에게 불리하게 변형 해석할 수 없다(대판 2018.11.29., 2018두41532).

② 단체협약의 해석에 관한 지방노동위원회의 제시 견해가 위법 또는 월권에 의한 경우에는 중앙노동위원회에 재심을 신청할 수 있다.

> 노동조합 및 노동관계조정법 제34조 제3항은 단체협약의 해석 또는 이행방법에 관하여 단체협약 당사자의 견해 제시의 요청에 응하여 노동위원회가 제시한 견해는 중재재정과 동일한 효력을 가진다고 정하고 있으므로, 단체협약의 해석 또는 이행방법에 관한 노동위원회의 제시 견해의 효력을 다투고자 할 때에는 노동위원회가 행한 중재재정의 효력을 다투는 절차를 정한 위 법 제69조에 의하여야 할 것이다(대판 2005.9.9., 2003두896). 이에 따라 제시 견해가 위법이거나 월권에 의한 경우 의견서의 송달을 받은 날부터 10일 이내에 중앙노동위원회에 그 재심을 신청할 수 있다(노동조합 및 노동관계조정법 제69조 제1항).

✔ 단체협약의 해석에 관하여 관계 당사자 간에 의견의 불일치가 있는 때에는 노동위원회가 직권으로 그 해석에 관한 견해를 제시할 수 있다.

> 단체협약의 해석 또는 이행방법에 관하여 관계 당사자 간에 의견의 불일치가 있는 때에는 당사자 쌍방 또는 단체협약에 정하는 바에 의하여 어느 일방이 노동위원회에 그 해석 또는 이행방법에 관한 견해의 제시를 요청할 수 있다(노동조합 및 노동관계조정법 제34조 제1항). 즉, 요청 시에만 의견 제시가 가능하다.

④ 노동위원회는 단체협약의 해석요청을 받은 때에는 그 날부터 30일 이내에 명확한 견해를 제시하여야 한다. 노동조합 및 노동관계조정법 제34조 제2항

⑤ 노동위원회가 단체협약의 해석요청에 대하여 제시한 견해는 중재재정과 동일한 효력을 가진다.

노동조합 및 노동관계조정법 제34조 제3항

---

15 노동조합 및 노동관계조정법령상 노동쟁의 조정의 기본 원칙으로 옳지 않은 것은?

✔ 공익사업에 있어서의 노동쟁의의 조정은 우선적으로 취급하고 신속히 처리하도록 노력하여야 한다.

> 국가·지방자치단체·국공영기업체·방위산업체 및 공익사업에 있어서의 노동쟁의의 조정은 우선적으로 취급하고 신속히 처리하여야 한다(노동조합 및 노동관계조정법 제51조). 즉, 노력이 아니라 의무규정이다.

② 노동관계 당사자는 노동쟁의가 발생한 때에는 이를 자주적으로 해결하도록 노력하여야 한다.

> 노동관계 당사자는 단체협약에 노동관계의 적정화를 위한 노사협의 기타 단체교섭의 절차와 방식을 규정하고 노동쟁의가 발생한 때에는 이를 자주적으로 해결하도록 노력하여야 한다(노동조합 및 노동관계조정법 제48조).

③ 국가 및 지방자치단체는 노동관계 당사자간에 노동관계에 관한 주장이 일치하지 아니할 경우에 쟁의행위를 가능한 한 예방하고 노동쟁의의 신속·공정한 해결에 노력하여야 한다.

노동조합 및 노동관계조정법 제49조

④ 노동관계의 조정을 할 경우에는 노동관계 당사자와 노동위원회 기타 관계기관은 사건을 신속히 처리하도록 노력하여야 한다. 노동조합 및 노동관계조정법 제50조

⑤ 노동쟁의 조정에 관한 규정은 노동관계 당사자가 직접 노사협의 또는 단체교섭에 의하여 근로조건 기타 노동관계에 관한 사항을 정하거나 노동관계에 관한 주장의 불일치를 조정하고 이에 필요한 노력을 하는 것을 방해하지 아니한다. 노동조합 및 노동관계조정법 제47조

16 노동조합 및 노동관계조정법령상 조정 및 중재에 관한 설명으로 옳은 것은?

① ✔ 노동위원회는 조정위원회 또는 단독조정인이 조정의 종료를 결정한 후에도 노동쟁의 해결을 위하여 조정을 할 수 있다. <u>노동조합 및 노동관계조정법 제61조의2 제1항</u>

② 노동쟁의가 노동위원회의 중재에 회부된 때에는 그 날부터 10일간은 쟁의행위를 할 수 없다.

> 노동쟁의가 중재에 회부된 때에는 그 날부터 <u>15일간</u>은 쟁의행위를 할 수 없다(노동조합 및 노동관계조정법 제63조).

③ 노동쟁의의 중재를 위하여 당해 노동위원회의 위원 중에서 사용자를 대표하는 자, 근로자를 대표하는 자 및 공익을 대표하는 자 각 1인으로 구성된 중재위원회를 둔다.

> 중재위원은 당해 노동위원회의 공익을 대표하는 위원 중에서 <u>관계 당사자의 합의로 선정한 자에 대하여 그 노동위원회의 위원장이 지명한다.</u> 다만, 관계 당사자 간에 합의가 성립되지 아니한 경우에는 노동위원회의 공익을 대표하는 위원 중에서 지명한다(노동조합 및 노동관계조정법 제64조 제3항).

④ 중앙노동위원회 위원장은 긴급조정의 결정을 하고자 할 때에는 미리 고용노동부장관의 의견을 들어야 한다.

> 고용노동부장관은 긴급조정의 결정을 하고자 할 때에는 미리 <u>중앙노동위원회 위원장의 의견을 들어야</u> 한다(노동조합 및 노동관계조정법 제76조 제2항).

⑤ 관계 당사자는 긴급조정의 결정이 공표된 때에는 즉시 쟁의행위를 중지하여야 하며, 공표일부터 15일이 경과하지 아니하면 쟁의행위를 재개할 수 없다.

> 관계 당사자는 제76조 제3항의 규정에 의한 긴급조정의 결정이 공표된 때에는 즉시 쟁의행위를 중지하여야 하며, 공표일부터 <u>30일</u>이 경과하지 아니하면 쟁의행위를 재개할 수 없다(노동조합 및 노동관계조정법 제77조).

17 노동조합 및 노동관계조정법령상 쟁의행위에 관한 설명으로 옳지 않은 것은?

① 근로자는 쟁의행위 기간 중에는 현행범 외에는 노동조합 및 노동관계조정법 위반을 이유로 구속되지 아니한다. <u>노동조합 및 노동관계조정법 제39조</u>

② 방위사업법에 의하여 지정된 주요방위산업체에 종사하는 근로자 중 전력, 용수 및 주로 방산물자를 생산하는 업무에 종사하는 자는 쟁의행위를 할 수 없다.

<u>노동조합 및 노동관계조정법 제41조 제2항</u>

③ 작업시설의 손상이나 원료 · 제품의 변질 또는 부패를 방지하기 위한 작업은 쟁의행위 기간 중에도 정상적으로 수행되어야 한다. <u>노동조합 및 노동관계조정법 제38조 제2항</u>

④ 노동조합은 쟁의행위가 적법하게 수행될 수 있도록 지도 · 관리 · 통제할 책임이 있다.

<u>노동조합 및 노동관계조정법 제38조 제3항</u>

✔️ 노동조합의 쟁의행위는 그 조합원의 직접·비밀·무기명투표에 의한 조합원 3분의 2 이상의 찬성으로 결정하지 아니하면 이를 행할 수 없다.

> 노동조합의 쟁의행위는 그 조합원(제29조의2에 따라 교섭대표노동조합이 결정된 경우에는 그 절차에 참여한 노동조합의 전체 조합원)의 직접·비밀·무기명투표에 의한 조합원 <u>과반수의 찬성으로</u> 결정하지 아니하면 이를 행할 수 없다. 이 경우 조합원 수 산정은 종사근로자인 조합원을 기준으로 한다(노동조합 및 노동관계조정법 제41조 제1항).

18 노동조합 및 노동관계조정법령상 쟁의행위와 임금에 관한 설명으로 옳지 않은 것은?(다툼이 있으면 판례에 따름)

①②③

① 사용자는 쟁의행위에 참가하여 근로를 제공하지 아니한 근로자에 대하여는 그 기간 중의 임금을 지급할 의무가 없다. 　노동조합 및 노동관계조정법 제44조 제1항

② 근로기준법상 유급휴일에 대한 법리는 휴직 등과 동일하게 근로자의 근로제공의무 등의 주된 권리·의무가 정지되어 근로자의 임금청구권이 발생하지 아니하는 쟁의행위인 파업에도 적용된다.

> 근로기준법상 휴일 및 유급휴일 제도를 규정한 규범적 목적에 비추어 보면, 근로의 제공 없이도 근로자에게 임금을 지급하도록 한 유급휴일의 특별규정이 적용되기 위해서는 평상적인 근로관계, 즉 근로자가 근로를 제공하여 왔고 또한 계속적인 근로제공이 예정되어 있는 상태가 당연히 전제되어 있다고 볼 것이다. 그러므로 근로자는 휴직기간 중 또는 그와 동일하게 근로제공의무 등의 주된 권리·의무가 정지되어 <u>근로자의 임금청구권이 발생하지 아니하는 파업기간 중에는 그 기간 중에 유급휴일이 포함되어 있다 하더라도 그 유급휴일에 대한 임금의 지급을 구할 수 없다</u>(대판 2010.7.15., 2008다33399).

③ 근로를 불완전하게 제공하는 형태의 쟁의행위인 태업도 근로제공이 일부 정지되는 것이라고 할 수 있으므로 무노동 무임금 원칙이 적용된다. 　대판 2013.11.28., 2011다39946

④ 노동조합은 쟁의행위 기간에 대한 임금의 지급을 요구하여 이를 관철할 목적으로 쟁의행위를 하여서는 아니 된다. 　노동조합 및 노동관계조정법 제44조 제2항

✔️ 근로자가 유급휴가를 이용하여 파업에 참여하는 것은 정당한 유급휴가권의 행사로 볼 수 있으므로 파업기간 중에 포함된 유급휴가에 대한 임금청구권이 발생한다.

> 근로기준법상 휴일 및 유급휴일 제도를 규정한 규범적 목적에 비추어 보면, 근로의 제공 없이도 근로자에게 임금을 지급하도록 한 유급휴일의 특별규정이 적용되기 위해서는 평상적인 근로관계, 즉 근로자가 근로를 제공하여 왔고 또한 계속적인 근로제공이 예정되어 있는 상태가 당연히 전제되어 있다고 볼 것이다. 그러므로 근로자는 휴직기간 중 또는 그와 동일하게 근로제공의무 등의 주된 권리·의무가 정지되어 근로자의 임금청구권이 발생하지 아니하는 파업기간 중에는 그 기간 중에 유급휴일이 포함되어 있다 하더라도 그 유급휴일에 대한 임금의 지급을 구할 수 없다. 나아가 관련 법률의 규정이나 단체협약·취업규칙·근로계약 등에 의하여 근로자에게 부여되는 유급휴가 역시 이를 규정한 규범적 목적에 비추어 보면 유급휴일과 마찬가지로 평상적인 근로관계를 당연히 전제하고 있는 것이다. 따라서 <u>근로자가 유급휴가를 이용하여 파업에 참여하는 것은 평상적인 근로관계를 전제로 하는 유급휴가권의 행사라고 볼 수 없으므로 파업기간 중에 포함된 유급휴가에 대한 임금청구권 역시 발생하지 않는다</u>(대판 2010.7.15., 2008다33399).

19 노동조합 및 노동관계조정법령상 직장폐쇄에 관한 설명으로 옳지 않은 것은?(다툼이 있으면 판례에 따름)

① 직장폐쇄가 사용자의 정당한 쟁의행위로 인정되는 경우 사용자는 직장폐쇄 기간 동안 대상 근로자에 대한 임금지불의무를 면한다.

> 사용자는 직장폐쇄 기간 동안 대상 근로자에 대한 임금지불의무를 면한다(대판 2017.4.7., 2013다101425).

② 사용자의 직장폐쇄는 근로자의 쟁의행위에 대한 방어수단으로서 상당성이 있어야만 사용자의 정당한 쟁의행위로 인정할 수 있다.

> 노동조합 및 노동관계조정법 제46조에서 규정하는 사용자의 직장폐쇄가 사용자와 근로자의 교섭태도와 교섭과정, 근로자의 쟁의행위의 목적과 방법 및 그로 인하여 사용자가 받는 타격의 정도 등 구체적인 사정에 비추어 근로자의 쟁의행위에 대한 방어수단으로서 상당성이 있으면 사용자의 정당한 쟁의행위로 인정될 수 있고, 그 경우 사용자는 직장폐쇄 기간 동안 대상 근로자에 대한 임금지불의무를 면한다(대판 2017.4.7., 2013다101425).

✓③ 직장폐쇄의 개시 자체가 정당하면 근로자의 쟁의행위에 대한 방어적인 목적에서 벗어나 공격적 직장폐쇄의 성격으로 변질되었더라도 정당성이 상실되는 것은 아니다.

> 근로자의 쟁의행위 등 구체적인 사정에 비추어 직장폐쇄의 개시 자체는 정당하더라도 어느 시점 이후에 근로자가 쟁의행위를 중단하고 진정으로 업무에 복귀할 의사를 표시하였음에도 사용자가 직장폐쇄를 계속 유지함으로써 근로자의 쟁의행위에 대한 방어적인 목적에서 벗어나 공격적 직장폐쇄로 성격이 변질되었다고 볼 수 있는 경우에는 그 이후의 직장폐쇄는 정당성을 상실하게 되므로, 사용자는 그 기간 동안의 임금에 대해서는 지불의무를 면할 수 없다(대판 2017.4.7., 2013다101425).

④ 헌법은 근로자의 쟁의권에 관하여는 이를 적극적으로 보장하는 명문의 규정을 두고 있는 반면 사용자의 쟁의권에 관하여는 이에 관한 명문의 규정을 두고 있지 않다.

> 우리 헌법과 노동관계법은 근로자의 쟁의권에 관하여는 이를 적극적으로 보장하는 명문의 규정을 두고 있는 반면 사용자의 쟁의권에 관하여는 이에 대한 명문의 규정을 두고 있지 않다(대판 2000.5.26., 98다34331).

⑤ 직장폐쇄가 정당한 쟁의행위로 평가받는 경우 사용자의 사업장에 대한 물권적 지배권이 전면적으로 회복되므로 사용자는 직장폐쇄의 효과로서 사업장의 출입을 제한할 수 있다.

> 사용자의 직장폐쇄는 사용자와 근로자의 교섭태도와 교섭과정, 근로자의 쟁의행위의 목적과 방법 및 그로 인하여 사용자가 받는 타격의 정도 등 구체적인 사정에 비추어 쟁의행위에 대한 방어수단으로서 상당성이 있어야만 사용자의 정당한 쟁의행위로 인정될 수 있고, 직장폐쇄가 정당한 쟁의행위로 평가받는 경우 사용자의 사업장에 대한 물권적 지배권이 전면적으로 회복되므로 사용자는 직장폐쇄의 효과로서 사업장의 출입을 제한할 수 있다고 할 것이다(대판 2010.6.10., 2009도12180).

20 노동조합 및 노동관계조정법령상 부당노동행위에 관한 설명으로 옳지 않은 것은?(다툼이 있으면 판례에 따름)

1
2
3

① 부당노동행위에 대한 증명책임은 이를 주장하는 근로자 또는 노동조합에 있다.

> 사용자의 행위가 노동조합 및 노동관계조정법에서 정한 부당노동행위에 해당하는지는 사용자의 부당노동행위 의사의 존재 여부를 추정할 수 있는 모든 사정을 전체적으로 심리 검토하여 종합적으로 판단하여야 하고, 부당노동행위에 대한 증명책임은 이를 주장하는 근로자 또는 노동조합에 있다(대판 2018.6.15., 2014두12598, 12604).

② 사용자가 근로자를 해고함에 있어서 표면적으로 내세우는 해고사유와는 달리 실질적으로 근로자의 정당한 조합활동을 이유로 해고한 것으로 인정되는 경우에는 그 해고는 부당노동행위로 보아야 한다.　대판 1999.3.26., 98두4672

☑ 불이익 취급의 부당노동행위는 현실적인 행위나 조치로 나타날 것을 요하지 않으므로 그 근로자에게 향후 불이익한 대우를 하겠다는 의사를 말로써 표시하는 것으로 성립한다.

> '불이익을 주는 행위'란 해고 이외에 그 근로자에게 휴직·전직·배치전환·감봉 등 법률적·경제적으로 불이익한 대우를 하는 것을 의미하는 것으로서 어느 것이나 현실적인 행위나 조치로 나타날 것을 요한다고 할 것이므로, 단순히 그 근로자에게 향후 불이익한 대우를 하겠다는 의사를 말로써 표시하는 것만으로는, 소정의 불이익을 주는 행위에 해당한다고는 볼 수 없다(대판 2004.8.30., 2004도3891).

④ 근로자가 노동조합의 업무를 위한 정당한 행위를 하고 사용자가 이를 이유로 근로자에 대하여 해고 등의 불이익을 주는 차별적 취급행위는 부당노동행위에 해당한다.

> 대판 1991.7.26., 91누2557

⑤ 일반적으로 근로자가 연장근로를 희망할 경우 회사에서 반드시 이를 허가하여야 할 의무는 없지만, 특정 근로자가 파업에 참가하였다는 이유로 해당 근로자에게 연장근로를 거부하는 것은 해당 근로자에게 경제적 불이익을 주는 행위로서 부당노동행위에 해당할 수 있다.

> 대판 2006.9.8., 2006도388

21 노동조합 및 노동관계조정법령상 부당노동행위 구제제도에 관한 설명으로 옳지 않은 것은?(다툼이 있으면 판례에 따름)

1
2
3

① 노동위원회의 사용자에 대한 부당노동행위 구제명령은 사용자에게 공법상의 의무를 부담시킬 뿐, 직접 노사 간의 사법상의 법률관계를 발생 또는 변경시키는 것은 아니다.

> 대결 1976.2.11., 자 75마496

② 사용자의 부당노동행위로 인하여 그 권리를 침해당한 근로자 또는 노동조합은 부당노동행위가 있은 날(계속하는 행위는 그 종료일)부터 3월 이내에 구제를 신청해야 한다.

> 노동조합 및 노동관계조정법 제82조 제2항

③ 노동위원회는 부당노동행위에 대한 심문을 함에 있어서는 관계 당사자에 대하여 증거의 제출과 증인에 대한 반대심문을 할 수 있는 충분한 기회를 주어야 한다.

> 노동조합 및 노동관계조정법 제83조 제3항

✔ 노동위원회는 부당노동행위 구제명령을 받은 후 이행기한까지 구제명령을 이행하지 아니한 사용자에게 이행강제금을 부과한다.

> 이행강제금 제도는 근로기준법 제33조 제1항에 따른 정당한 이유 없는 부당해고 구제명령에 대하여만 적용되는 것으로, 부당노동행위 구제명령에 대하여는 적용되지 아니한다.

⑤ 중앙노동위원회의 재심판정에 불복하여 사용자가 행정소송을 제기한 경우 관할 법원은 중앙노동위원회의 신청에 의하여 결정으로써, 판결이 확정될 때까지 중앙노동위원회의 구제명령의 전부 또는 일부를 이행하도록 명할 수 있다. 노동조합 및 노동관계조정법 제85조 제5항

22 근로자참여 및 협력증진에 관한 법률상 사용자가 노사협의회 정기회의에 보고할 사항이 아닌 것은?

① 경영계획 전반 및 실적에 관한 사항

✔ 사내근로복지기금의 설치에 관한 사항

> 사내근로복지기금의 설치에 관한 사항은 정기회의에 보고할 사항이 아니다. ⚖

③ 분기별 생산계획과 실적에 관한 사항

④ 인력계획에 관한 사항

⑤ 기업의 경제적 · 재정적 상황

⚖
법령

> **근로자참여 및 협력증진에 관한 법률 제22조(보고 사항 등)**
> ① 사용자는 정기회의에 다음 각 호의 어느 하나에 해당하는 사항에 관하여 성실하게 보고하거나 설명하여야 한다.
>   1. 경영계획 전반 및 실적에 관한 사항
>   2. 분기별 생산계획과 실적에 관한 사항
>   3. 인력계획에 관한 사항
>   4. 기업의 경제적 · 재정적 상황

23 노동위원회법상 노동위원회에 관한 설명으로 옳지 않은 것은?

① 노동위원회는 중앙노동위원회, 지방노동위원회 및 특별노동위원회로 구분한다.

> 노동위원회법 제2조 제1항

✔ 노동위원회는 관계 행정기관으로 하여금 근로조건의 개선에 필요한 조치를 하도록 권고할 수 있고, 권고를 받은 관계 행정기관은 특별한 사유가 없으면 이에 따라야 한다.

> 노동위원회는 관계 행정기관으로 하여금 근로조건의 개선에 필요한 조치를 하도록 권고할 수 있다(노동위원회법 제22조 제2항). 권고를 받은 관계 행정기관이 특별한 사유가 없으면 권고에 따라야 할 때는 동조 제1항에 따라 <u>노동위원회가 그 사무집행을 위하여 필요하다고 인정하여 협조를 요청하는 경우이다.</u>

③ 노동위원회의 처분의 효력은 판정서 · 명령서 · 결정서를 송달받은 날부터 발생한다.

> 노동위원회법 제17조의2 제2항

④ 중앙노동위원회의 처분에 대한 소송은 중앙노동위원회 위원장을 피고로 한다.

> 노동위원회법 제27조 제1항

⑤ 노동위원회의 보고 또는 서류제출 요구에 응하지 아니하는 자는 형사처벌 대상이 된다.

> 노동위원회법 제31조 제1호에 따라 500만원 이하의 벌금에 처한다.

24 교원의 노동조합 설립 및 운영 등에 관한 법률의 설명으로 옳은 것은? `기출 수정`

① 노동조합은 교육제도 개선을 목적으로 하는 정치활동을 할 수 있다.

> 교원의 노동조합(이하 "노동조합"이라 한다)은 어떠한 <u>정치활동도 하여서는 아니 된다</u>(교원의 노동조합 설립 및 운영 등에 관한 법률 제3조).

② 노동조합을 설립하려는 사람은 교육부장관에게 설립신고서를 제출하여야 한다.

> 노동조합을 설립하려는 사람은 <u>고용노동부장관</u>에게 설립신고서를 제출하여야 한다(교원의 노동조합 설립 및 운영 등에 관한 법률 제4조 제3항).

③ 노동조합과 그 조합원은 파업을 제외한 그 밖의 쟁의행위를 할 수 있다.

> 노동조합과 그 조합원은 파업, 태업 또는 그 밖에 업무의 정상적인 운영을 방해하는 어떠한 <u>쟁의행위(爭議行爲)도 하여서는 아니 된다</u>(교원의 노동조합 설립 및 운영 등에 관한 법률 제8조).

✔ 노동조합 대표자와 사립학교 설립 · 경영자 간 체결된 단체협약의 내용 중 법령 · 조례 및 예산에 의하여 규정되는 내용은 단체협약으로서의 효력을 가지지 아니한다.

> 제6조 제1항(교섭 및 체결 권한 등)에 따라 체결된 단체협약의 내용 중 법령 · 조례 및 예산에 의하여 규정되는 내용과 법령 또는 조례에 의하여 위임을 받아 규정되는 내용은 <u>단체협약으로서의 효력을 가지지 아니한다</u>(교원의 노동조합 설립 및 운영 등에 관한 법률 제7조 제1항).

⑤ 단체교섭이 결렬된 경우에는 당사자 어느 한쪽 또는 양쪽은 중앙노동위원회에 조정을 신청할 수 있고, 조정은 신청을 받은 날부터 15일 이내에 마쳐야 한다.

> 조정은 제1항에 따른 신청을 받은 날부터 <u>30일 이내</u>에 마쳐야 한다(교원의 노동조합 설립 및 운영 등에 관한 법률 제9조 제3항).

25 공무원의 노동조합 설립 및 운영 등에 관한 법률의 설명으로 옳지 않은 것은? 〔기출 수정〕

① 공무원은 노동조합 활동을 할 때 다른 법령에서 규정하는 공무원의 의무에 반하는 행위를 하여서는 아니 된다. 〔공무원의 노동조합 설립 및 운영 등에 관한 법률 제3조 제2항〕

② 정부교섭대표는 교섭을 요구하는 노동조합이 둘 이상인 경우에는 해당 노동조합에 교섭창구를 단일화하도록 요청할 수 있고, 교섭창구가 단일화될 때까지 교섭에 응하여야 한다.

〔공무원의 노동조합 설립 및 운영 등에 관한 법률 제9조 제4항〕

③ 노동조합의 대표자는 정부교섭대표와 교섭하려는 경우에는 교섭하려는 사항에 대하여 권한을 가진 정부교섭대표에게 서면으로 교섭을 요구하여야 한다.

〔공무원의 노동조합 설립 및 운영 등에 관한 법률 제9조 제2항〕

④ 공무원은 임용권자의 동의를 받아 노동조합으로부터 급여를 지급받으면서 노동조합의 업무에만 종사할 수 있다. 〔공무원의 노동조합 설립 및 운영 등에 관한 법률 제7조 제1항〕

❺ 정부교섭대표는 효율적인 교섭을 위하여 관계 기관의 장을 교섭에 참여하게 하여야 한다.

> <u>정부교섭대표는 효율적인 교섭을 위하여 필요한 경우 정부교섭대표가 아닌 관계 기관의 장으로 하여금 교섭에 참여하게 할 수 있고</u>, 다른 기관의 장이 관리하거나 결정할 권한을 가진 사항에 대하여는 해당 기관의 장에게 교섭 및 단체협약 체결 권한을 위임할 수 있다(공무원의 노동조합 설립 및 운영 등에 관한 법률 제8조 제4항).

01	02	03	04	05	06	07	08	09	10	11	12	13	14	15	16	17	18	19	20	21	22	23	24	25
④	①	①	⑤	④	①	③	④	②	④	②	①	①	②	⑤	⑤	③	③	⑤	③	⑤	②	③	②	③

01 헌법상 근로3권에 관한 설명으로 옳지 않은 것은?(다툼이 있으면 판례에 따름)

① 대법원은 근로3권 중에 단체교섭권이 중핵적 권리라는 입장을 취하고 있다.

> 노동3권은 다같이 존중, 보호되어야 하고 그 사이에 비중의 차등을 둘 수 없는 권리들임에는 틀림없지만 근로조건의 향상을 위한다는 생존권의 존재목적에 비추어볼 때 위 노동3권 가운데에서도 단체교섭권이 가장 중핵적 권리이므로, 노동자에게 단체교섭권이 정당하게 확보되어 있기만 하다면 그것을 보장하는 권리로서의 단체행동권이 제한된다 해도 필요한 최소한도 내에서, 어쩔 수 없는 것으로서 사회관념상 상당한 대상조치가 마련되어 있다고 보여질 때에는 권리의 본질적인 내용을 침해하는 것으로 볼 수 없다고 할 것이다(대판 1990.5.15., 90도357).

② 법률이 정하는 주요방위산업체에 종사하는 근로자의 단체행동권은 법률이 정하는 바에 의하여 이를 제한하거나 인정하지 아니할 수 있다. ▸ 헌법 제33조 제3항

③ 헌법재판소는 단체교섭권은 어떠한 제약도 허용되지 아니하는 절대적인 권리가 아니라는 입장을 취하고 있다.

> 헌법 제33조 제1항이 보장하고 있는 노동기본권은 어떤 제약도 허용되지 아니한 절대적인 권리가 아니라 질서유지나 공공복리라는 관점에서 당연히 그 내재적인 제약이 있으며, 그 제한은 노동기본권 보장의 필요와 국민생활 전체의 이익을 유지 · 증진할 필요를 비교형량하여 양자가 적정한 균형을 유지하는 선에서 결정된다고 할 것이다(헌재 1996.12.26., 90헌바19).

☑ 헌법재판소는 단결권에는 단결하지 아니할 자유가 포함된다는 입장을 취하고 있다.

> 노동조합과 각종 단체의 헌법상 차이는, 결사의 자유의 경우 단체를 결성하는 자유, 단체에 가입하는 자유뿐만 아니라 단체를 결성하지 아니할 자유, 단체에의 참가를 강제당하지 아니할 자유, 단체를 탈퇴할 자유를 포함하는 데 반하여, 근로자의 단결권은 단결할 자유만을 가리킬 뿐이다(헌재 1999.11.25., 98헌마141).

⑤ 헌법이 근로3권을 보장하는 취지는 근로자의 이익과 지위의 향상을 도모하는 사회복지국가 건설의 과제를 달성하고자 함에 있는 것으로 설명될 수 있다.

> 헌법이 근로자의 근로3권을 보장하는 취지는 원칙적으로 개인과 기업의 경제상의 자유와 창의를 존중함을 기본으로 하는 시장경제의 원리를 경제의 기본질서로 채택하면서 노동관계 당사자가 상반된 이해관계로 말미암아 계급적 대립, 적대의 관계로 나아가지 않고 활동과정에서 서로 기능을 나누어 가진 대등한 교섭주체의 관계로 발전하게 하여 그들로 하여금 때로는 대립 · 항쟁하고 때로는 교섭 · 타협의 조정과정을 거쳐 분쟁을 평화적으로 해결하게 함으로써, 근로자의 이익과 지위의 향상을 도모하는 사회복지국가 건설의 과제를 달성하고자 함에 있는 것이다(헌재 2002.12.18., 2002헌바12).

02 각국 노동법의 연혁에 관한 설명으로 옳지 않은 것은?

① ✔ 우리나라의 제헌헌법에는 근로자의 단결에 관한 규정이 없었다.

> 근로자의 단결, 단체교섭과 단체행동의 자유는 법률의 범위 내에서 보장된다(제헌헌법 제18조).

② 독일의 1919년 바이마르헌법은 단결의 자유를 명문화하였다.

③ 미국의 1935년 와그너법은 근로자의 단결권 · 단체교섭권 · 단체행동권을 명문화하였다.

④ 우리나라의 노동위원회법은 1953년에 처음 제정되었다.

⑤ 우리나라의 노사협의회제도는 과거 노동조합법에 규정된 적이 있었다.

03 노동조합 및 노동관계조정법령상 노동조합에 관한 설명으로 옳지 않은 것은? `기출 수정`

① ✔ 최소한의 규모라 하더라도 사용자로부터 노동조합사무소를 제공받은 경우에는 노동조합으로 보지 아니한다.

> 근로자가 노동조합을 조직 또는 운영하는 것을 지배하거나 이에 개입하는 행위와 근로시간 면제한도를 초과하여 급여를 지급하거나 노동조합의 운영비를 원조하는 행위. 다만, 근로자가 근로시간 중에 제24조 제2항에 따른 활동을 하는 것을 사용자가 허용함은 무방하며, 또한 근로자의 후생자금 또는 경제상의 불행 그 밖에 재해의 방지와 구제 등을 위한 기금의 기부와 최소한의 규모의 노동조합사무소의 제공 및 그 밖에 이에 준하여 노동조합의 자주적인 운영 또는 활동을 침해할 위험이 없는 범위에서의 운영비 원조행위는 예외로 한다(노동조합 및 노동관계조정법 제81조 제1항 제4호).

② 복리사업만을 목적으로 하는 경우에는 노동조합으로 보지 아니한다.

> 노동조합 및 노동관계조정법 제2조 제4호 다목 ⚖

③ 항상 사용자의 이익을 대표하여 행동하는 자의 참가를 허용하는 경우에는 노동조합으로 보지 아니한다. 노동조합 및 노동관계조정법 제2조 제4호 가목 ⚖

④ 주로 정치운동을 목적으로 하는 경우에는 노동조합으로 보지 아니한다.

> 노동조합 및 노동관계조정법 제2조 제4호 마목 ⚖

⑤ 공제사업만을 목적으로 하는 경우에는 노동조합으로 보지 아니한다.

> 노동조합 및 노동관계조정법 제2조 제4호 다목 ⚖

⚖ 법령

노동조합 및 노동관계조정법 제2조(정의)

4. "노동조합"이라 함은 근로자가 주체가 되어 자주적으로 단결하여 근로조건의 유지 · 개선 기타 근로자의 경제적 · 사회적 지위의 향상을 도모함을 목적으로 조직하는 단체 또는 그 연합단체를 말한다. 다만, 다음 각 목의 1에 해당하는 경우에는 노동조합으로 보지 아니한다.
   가. 사용자 또는 항상 그의 이익을 대표하여 행동하는 자의 참가를 허용하는 경우
   나. 경비의 주된 부분을 사용자로부터 원조받는 경우
   다. 공제 · 수양 기타 복리사업만을 목적으로 하는 경우
   라. 근로자가 아닌 자의 가입을 허용하는 경우. 다만, 해고된 자가 노동위원회에 부당노동행위의 구제신청을 한 경우에는 중앙노동위원회의 재심판정이 있을 때까지는 근로자가 아닌 자로 해석하여서는 아니 된다.
   마. 주로 정치운동을 목적으로 하는 경우

04 노동조합 및 노동관계조정법상 노동조합에 관한 설명으로 옳지 않은 것은?

① 규약이 정하는 바에 의하여 법인으로 할 수 있다. 　노동조합 및 노동관계조정법 제6조 제1항

② 노동조합에 대하여는 그 사업체를 제외하고는 세법이 정하는 바에 따라 조세를 부과하지 아니한다. 　노동조합 및 노동관계조정법 제8조

③ 규약에는 임원의 규약위반에 대한 탄핵에 관한 사항을 기재하여야 한다.

　노동조합 및 노동관계조정법 제11조 제13호 ⚖️

④ 신고증을 교부받은 경우에는 설립신고서가 접수된 때에 설립된 것으로 본다.

　노동조합 및 노동관계조정법 제12조 제4항

🔑 행정관청은 설립신고서 기재사항 중 허위사실이 있는 경우에는 설립신고서를 즉시 반려하여야 한다.

　고용노동부장관, 특별시장·광역시장·도지사·특별자치도지사, 시장·군수 또는 자치구의 구청장(이하 "행정관청")은 설립신고서에 규약이 첨부되어 있지 아니하거나 설립신고서 또는 규약의 기재사항 중 <u>누락 또는 허위사실이 있는 경우에는 보완을 요구하여야 한다</u>(노동조합 및 노동관계조정법 시행령 제9조 제1항 제1호).

⚖️ 법령

노동조합 및 노동관계조정법 제11조(규약)
노동조합은 그 조직의 자주적·민주적 운영을 보장하기 위하여 당해 노동조합의 규약에 다음 각 호의 사항을 기재하여야 한다.
1. 명칭
2. 목적과 사업
3. 주된 사무소의 소재지
4. 조합원에 관한 사항(연합단체인 노동조합에 있어서는 그 구성단체에 관한 사항)
5. 소속된 연합단체가 있는 경우에는 그 명칭
6. 대의원회를 두는 경우에는 대의원회에 관한 사항
7. 회의에 관한 사항
8. 대표자와 임원에 관한 사항
9. 조합비 기타 회계에 관한 사항
10. 규약변경에 관한 사항
11. 해산에 관한 사항
12. 쟁의행위와 관련된 찬반투표 결과의 공개, 투표자 명부 및 투표용지 등의 보존·열람에 관한 사항
13. <u>대표자와 임원의 규약위반에 대한 탄핵에 관한 사항</u>
14. 임원 및 대의원의 선거절차에 관한 사항
15. 규율과 통제에 관한 사항

05 노동조합 및 노동관계조정법령상 노동조합 총회의 의결사항 중 '재적조합원 과반수의 출석과 출석조합원 3분의 2 이상의 찬성'으로 의결해야 하는 사항이 아닌 것은?

① 규약의 변경
② 해산
③ 분할
✔ 임원의 선거
⑤ 조직형태의 변경

> 총회는 재적조합원 과반수의 출석과 출석조합원 과반수의 찬성으로 의결한다. 다만, 규약의 제정·변경, 임원의 해임, 합병·분할·해산 및 조직형태의 변경에 관한 사항은 재적조합원 과반수의 출석과 출석조합원 3분의 2 이상의 찬성이 있어야 한다(노동조합 및 노동관계조정법 제16조 제2항).

06 노동조합 및 노동관계조정법령상 단체교섭 등에 관한 설명으로 옳지 않은 것은?(다툼이 있으면 판례에 따름)

✔ 노동조합의 대표자는 단체교섭의 당사자이다.

> 노동조합의 대표자는 그 노동조합 또는 조합원을 위하여 사용자나 사용자단체와 교섭하고 단체협약을 체결할 권한을 가진다(노동조합 및 노동관계조정법 제29조 제1항). 즉, 노동조합의 대표자는 단체교섭의 근로자 측 담당자이다. 당사자는 교섭의 주체로 자신의 이름으로 교섭을 행하고 그 효과가 귀속되며, 교섭의 담당자는 교섭의 당사자를 위해 현실적으로 교섭을 담당한다는 점에 차이가 있다.

② 사용자단체는 법령에 따라 교섭 또는 단체협약의 체결에 관한 권한을 위임하는 경우에는 교섭사항과 권한범위를 정하여 위임하여야 한다. 노동조합 및 노동관계조정법 시행령 제14조 제1항

③ 노동조합과 사용자 또는 사용자단체는 법령에 따라 교섭 또는 단체협약의 체결에 관한 권한을 위임한 때에는 그 사실을 상대방에게 통보하여야 한다.

노동조합 및 노동관계조정법 제29조 제4항

④ 노동조합과 사용자 또는 사용자단체는 정당한 이유 없이 교섭 또는 단체협약의 체결을 거부하거나 해태하여서는 아니 된다. 노동조합 및 노동관계조정법 제30조 제2항

⑤ 노동조합의 하부단체인 분회나 지부가 독자적인 규약 및 집행기관을 가지고 독립된 조직체로서 활동을 하는 경우 당해 조직이나 그 조합원에 고유한 사항에 대하여는 독자적으로 단체교섭하고 단체협약을 체결할 수 있다.

> 노동조합의 하부단체인 분회나 지부가 독자적인 규약 및 집행기관을 가지고 독립된 조직체로서 활동을 하는 경우 당해 조직이나 그 조합원에 고유한 사항에 대하여는 독자적으로 단체교섭하고 단체협약을 체결할 수 있고, 이는 그 분회나 지부가 노동조합 및 노동관계조정법 시행령 제7조의 규정에 따라 그 설립신고를 하였는지 여부에 영향받지 아니한다(대판 2001.2.23., 2000도4299).

07 노동조합 및 노동관계조정법령상 단체교섭에 관한 설명으로 옳지 않은 것은?(다툼이 있으면 판례에 따름)

① 단체교섭의 대상에 해당하는지 여부는 헌법과 노동조합 및 노동관계조정법상 근로자에게 단체교섭권을 보장한 취지에 비추어 판단하여야 한다. 대판 2003.12.26., 2003두8906

② 근로조건 그 자체는 아니지만 근로조건과 밀접한 관련을 가지는 사항은 사용자의 경영권을 근본적으로 제약하지 않는 경우 단체교섭 대상이 될 수 있다.

> 단체협약 중 조합원의 차량별 고정승무발령, 배차시간, 대기기사 배차순서 및 일당기사 배차에 관하여 노조와 사전합의를 하도록 한 조항은 그 내용이 한편으로는 사용자의 경영권에 속하는 사항이지만 다른 한편으로는 근로자들의 근로조건과도 밀접한 관련이 있는 부분으로서 사용자의 경영권을 근본적으로 제약하는 것은 아니라고 보여지므로 단체협약의 대상이 될 수 있고 그 내용 역시 헌법이나 노동조합법 기타 노동관계법규에 어긋나지 아니하므로 정당하다(대판 1994.8.26., 93누8993).

✓ 보건에 관한 사항은 노사협의회의 협의사항일 뿐 단체교섭 대상이 될 수 없다.

> 근로자참여 및 협력증진에 관한 법률 제20조에서 협의회의 협의 사항으로 보건에 관한 사항이 규정되어 있으나, 동법 제5조에서 노동조합의 단체교섭이나 그 밖의 모든 활동은 이 법에 의하여 영향을 받지 아니한다고 하였으므로 단체교섭 대상이 될 수 있다.

④ 비조합원의 근로조건이라도 그것이 조합원의 근로조건 및 집단적 노동관계에 영향을 주는 경우에는 단체교섭 대상이 될 수 있다.

> 임시직을 채용함으로써 조합원의 직종이 변경되는 경우 등을 들 수 있다.

⑤ 집단적 노동관계에 관한 사항은 근로조건과 밀접한 관계가 있기 때문에 강행법규나 공서양속에 반하지 않는 이상 단체교섭 대상이 될 수 있다.

> 단체교섭의 대상은 사용자의 처분 가능성과 집단성, 근로조건 관련성을 전제로 한다.

08 노동조합 및 노동관계조정법령상 교섭창구 단일화 절차 등에 관한 설명으로 옳지 않은 것은?

① 하나의 사업 또는 사업장에 2개 이상의 노동조합이 있더라도 교섭대표노동조합을 자율적으로 결정하는 기한 내에 사용자가 교섭창구 단일화 절차를 거치지 아니하기로 동의한 경우에는 해당 노동조합은 사용자와 개별적으로 교섭할 수 있다.

> 노동조합 및 노동관계조정법 제29조의2 제1항

② 노동조합 교섭요구 사실의 공고는 사용자가 법령에 따라 교섭을 요구받은 날부터 7일간 하여야 한다. 노동조합 및 노동관계조정법 시행령 제14조의3 제1항

③ 교섭대표노동조합이 그 결정된 날부터 1년 동안 단체협약을 체결하지 못한 경우에는 어느 노동조합이든지 사용자에게 교섭을 요구할 수 있다.

> 노동조합 및 노동관계조정법 시행령 제14조의10 제3항

✔ 교섭창구 단일화 절차에 참여한 노동조합이 자율적으로 교섭대표노동조합을 정하지 못한 경우에는 해당 사업 또는 사업장 근로자 전체의 과반수로 조직된 노동조합이 교섭대표노동조합이 된다.

> 기한 내에 교섭대표노동조합을 정하지 못하고 제1항 단서에 따른 사용자의 동의를 얻지 못한 경우에는 교섭창구 단일화 절차에 참여한 노동조합의 전체 조합원 과반수로 조직된 노동조합(2개 이상의 노동조합이 위임 또는 연합 등의 방법으로 교섭창구 단일화 절차에 참여한 노동조합 전체 조합원의 과반수가 되는 경우를 포함한다)이 교섭대표노동조합이 된다(노동조합 및 노동관계조정법 제29조의2 제4항).

⑤ 교섭대표노동조합을 결정함에 있어 교섭요구 사실 등에 대한 이의가 있는 때에는 노동위원회는 대통령령으로 정하는 바에 따라 노동조합의 신청을 받아 그 이의에 대한 결정을 할 수 있다.

> 노동조합 및 노동관계조정법 제29조의2 제7항

09 노동조합 및 노동관계조정법령상 교섭단위 분리에 관한 설명으로 옳지 않은 것은?

① 하나의 사업 또는 사업장에서 교섭단위를 분리할 필요가 있다고 인정되는 경우에 노동위원회는 노동관계 당사자의 신청을 받아 교섭단위를 분리하는 결정을 할 수 있다.

> 노동조합 및 노동관계조정법 제29조의3 제2항

✔ 노동위원회는 노동관계 당사자 양쪽의 신청이 있으면 교섭단위를 분리하는 결정을 하여야 한다.

> 하나의 사업 또는 사업장에서 현격한 근로조건의 차이, 고용형태, 교섭 관행 등을 고려하여 교섭단위를 분리하거나 분리된 교섭단위를 통합할 필요가 있다고 인정되는 경우에 노동위원회는 노동관계 당사자의 양쪽 또는 어느 한쪽의 신청을 받아 교섭단위를 분리하거나 분리된 교섭단위를 통합하는 결정을 할 수 있다(노동조합 및 노동관계조정법 제29조의3 제2항).

③ 노동위원회는 법령에 따라 교섭단위 분리의 결정 신청을 받은 때에는 해당 사업 또는 사업장의 모든 노동조합과 사용자에게 그 내용을 통지하여야 한다.

> 노동위원회는 제1항에 따라 교섭단위 분리의 결정 신청을 받은 때에는 해당 사업 또는 사업장의 모든 노동조합과 사용자에게 그 내용을 통지하여야 하며, 그 노동조합과 사용자는 노동위원회가 지정하는 기간까지 의견을 제출할 수 있다(노동조합 및 노동관계조정법 시행령 제14조의11 제2항).

④ 노동위원회는 법령에 따른 신청을 받은 날부터 30일 이내에 교섭단위 분리에 관한 결정을 하고 해당 사업 또는 사업장의 모든 노동조합과 사용자에게 통지하여야 한다.

> 노동조합 및 노동관계조정법 시행령 제14조의11 제3항

⑤ 노동조합 또는 사용자는 법령에 따라 사용자가 교섭요구 사실을 공고하기 전에 노동위원회에 교섭단위 분리의 결정을 신청할 수 있다.

> 노동조합 및 노동관계조정법 시행령 제14조의11 제1항 제1호

10 노동조합 및 노동관계조정법령상 단체협약에 관한 설명으로 옳지 않은 것은?(다툼이 있으면 판례에 따름)

① 단체협약에 정한 근로자의 대우에 관한 기준에 위반하는 취업규칙 또는 근로계약의 부분은 무효로 한다. 　노동조합 및 노동관계조정법 제33조 제1항

② 하나의 사업 또는 사업장에 상시 사용되는 동종의 근로자 반수 이상이 하나의 단체협약의 적용을 받게 된 때에는 당해 사업 또는 사업장에 사용되는 다른 동종의 근로자에 대하여도 당해 단체협약이 적용된다. 　노동조합 및 노동관계조정법 제35조

③ 일반적 구속력과 관련하여 사업장 단위로 체결되는 단체협약의 적용범위가 특정되지 않았거나 단체협약 조항이 모든 직종에 걸쳐서 공통적으로 적용되는 경우에는 직종의 구분 없이 사업장 내의 모든 근로자가 동종의 근로자에 해당된다. 　대판 1992.12.22., 92누13189

☑ 단체협약에 그 유효기간이 경과한 후에도 새로운 단체협약이 체결되지 아니한 때에는 새로운 단체협약이 체결될 때까지 종전 단체협약의 효력을 존속시킨다는 취지의 별도의 약정이 있는 경우에는 당사자 일방은 종전의 단체협약을 해지할 수 없다.

> 단체협약에 그 유효기간이 경과한 후에도 새로운 단체협약이 체결되지 아니한 때에는 새로운 단체협약이 체결될 때까지 종전 단체협약의 효력을 존속시킨다는 취지의 별도의 약정이 있는 경우에는 그에 따르되, 당사자 일방은 해지하고자 하는 날의 6월 전까지 상대방에게 통고함으로써 종전의 단체협약을 해지할 수 있다(노동조합 및 노동관계조정법 제32조 제3항 단서).

⑤ 단체협약이 실효되었다 하더라도 임금 등 개별적인 노동조건에 관한 부분은 그 단체협약의 적용을 받고 있던 개별적인 근로자의 근로계약의 내용으로 남아서 사용자와 근로자를 규율하게 되는 경우가 있다.

> 단체협약이 실효되었다고 하더라도 임금, 퇴직금이나 노동시간, 그 밖에 개별적인 노동조건에 관한 부분은 단체협약의 적용을 받고 있던 근로자의 근로계약 내용이 되어 그것을 변경하는 새로운 단체협약, 취업규칙이 체결·작성되거나 또는 개별적인 근로자 동의가 없는 한 여전히 사용자와 근로자를 규율하게 된다(대판 2011.7.28., 2009두2665).

11 노동조합 및 노동관계조정법령상 단체협약에 관한 설명으로 옳지 않은 것은? 　기출 수정

① 단체협약에 그 유효기간을 정하지 아니한 경우 그 유효기간은 3년으로 한다.

> 노동조합 및 노동관계조정법 제32조 제2항

☑ 단체협약의 해석에 관하여 관계 당사자 간에 의견의 불일치가 있는 때에는 당사자 쌍방은 고용노동부에 그 해석에 관한 견해의 제시를 요청할 수 있다.

> 단체협약의 해석 또는 이행방법에 관하여 관계 당사자 간에 의견의 불일치가 있는 때에는 당사자 쌍방 또는 단체협약에 정하는 바에 의하여 어느 일방이 노동위원회에 그 해석 또는 이행방법에 관한 견해의 제시를 요청할 수 있다(노동조합 및 노동관계조정법 제34조 제1항).

③ 단체협약의 당사자는 단체협약의 체결일부터 15일 이내에 당사자 쌍방의 연명으로 단체협약을 행정관청에게 신고하여야 한다. 　노동조합 및 노동관계조정법 제31조 제2항

④ 행정관청은 단체협약 중 위법한 내용이 있는 경우에는 노동위원회의 의결을 얻어 그 시정을 명할 수 있다. 노동조합 및 노동관계조정법 제31조 제3항

⑤ 단체협약은 서면으로 작성하여 당사자 쌍방이 서명 또는 날인하여야 한다.

노동조합 및 노동관계조정법 제31조 제1항

12 노동조합 및 노동관계조정법령상 단체협약의 지역적 구속력에 관한 설명으로 옳은 것은?

① 하나의 지역에 있어서 종업하는 동종의 근로자 3분의 2 이상이 하나의 단체협약의 적용을 받게 된 때에 행정관청이 법령에 따라 당해 단체협약의 지역적 구속력 적용을 결정하면 당해 지역에서 종업하는 다른 동종의 근로자와 그 사용자에 대하여도 당해 단체협약이 적용된다.

노동조합 및 노동관계조정법 제36조 제1항

② 행정관청은 직권으로 노동위원회의 의결을 얻어 단체협약의 지역적 구속력 적용결정을 할 수 없다.

행정관청은 당해 단체협약의 당사자의 쌍방 또는 일방의 신청에 의하거나 그 직권으로 노동위원회의 의결을 얻어 단체협약의 지역적 구속력 적용결정을 할 수 있다(노동조합 및 노동관계조정법 제36조 제1항).

③ 단체협약의 당사자 쌍방의 신청으로 행정관청이 단체협약의 지역적 구속력 적용결정을 하는 경우에는 노동위원회의 의결을 얻지 아니할 수 있다.

노동위원회의 의결을 얻어야 한다(노동조합 및 노동관계조정법 제36조 제1항).

④ 단체협약의 당사자 일방의 신청으로 행정관청이 단체협약의 지역적 구속력 적용결정을 하는 경우에는 중앙노동위원회의 조정을 거쳐야 한다.

중앙노동위원회의 조정을 요하지는 않는다.

⑤ 행정관청이 단체협약의 지역적 확장적용의 결정을 한 때에는 3개월 이내에 이를 공고하여야 한다.

행정관청이 제1항의 규정에 의한 결정을 한 때에는 지체 없이 이를 공고하여야 한다(노동조합 및 노동관계조정법 제36조 제2항).

13 노동조합 및 노동관계조정법령상 쟁의행위에 관한 설명으로 옳지 않은 것은?

① 교섭대표노동조합이 결정된 경우에는 교섭대표노동조합의 전체 조합원의 직접·비밀·무기명투표에 의한 과반수의 찬성으로 결정하지 아니하면 쟁의행위를 할 수 없다.

> 노동조합의 쟁의행위는 그 조합원의 직접·비밀·무기명투표에 의한 조합원 과반수의 찬성으로 결정하지 아니하면 이를 행할 수 없다. 제29조의2에 따라 교섭대표노동조합이 결정된 경우에는 그 절차에 참여한 노동조합의 전체 조합원(해당 사업 또는 사업장 소속 조합원으로 한정한다)의 직접·비밀·무기명투표에 의한 과반수의 찬성으로 결정하지 아니하면 쟁의행위를 할 수 없다(노동조합 및 노동관계조정법 제41조 제1항).

② 쟁의행위는 생산 기타 주요업무에 관련되는 시설과 이에 준하는 시설로서 대통령령이 정하는 시설을 점거하는 형태로 이를 행할 수 없다. 노동조합 및 노동관계조정법 제42조 제1항

③ 사업장의 안전보호시설에 대하여 정상적인 유지·운영을 방해하는 행위는 쟁의행위로서 이를 행할 수 없다. 노동조합 및 노동관계조정법 제42조 제2항

④ 사용자는 쟁의행위에 참가하여 근로를 제공하지 아니한 근로자에 대하여는 그 기간 중의 임금을 지급할 의무가 없다. 노동조합 및 노동관계조정법 제44조 제1항

⑤ 노동조합은 쟁의행위 기간에 대한 임금의 지급을 요구하여 이를 관철할 목적으로 쟁의행위를 하여서는 아니 된다. 노동조합 및 노동관계조정법 제44조 제2항

14 노동조합 및 노동관계조정법령상 사용자의 채용제한에 관한 설명으로 옳은 것을 모두 고른 것은?

> ㄱ. 필수공익사업의 사용자는 쟁의행위 기간 중에 한하여 그 쟁의행위로 중단된 업무의 수행을 위하여 당해 사업과 관계없는 자를 채용할 수 있으나 그 수의 제한이 있다.
> ㄴ. 필수공익사업의 사용자라 하더라도 쟁의행위 기간 중에 그 쟁의행위로 중단된 업무를 도급 줄 수 없다.
> ㄷ. 필수공익사업의 파업참가자 수는 근로의무가 있는 근로시간 중 파업참가를 이유로 근로의 일부 또는 전부를 제공하지 아니한 자의 수를 1일 단위로 산정한다.
> ㄹ. 사용자는 당해 사업과 관계있는 자라 하더라도 비노동조합원을 쟁의기간 중 쟁의행위로 중단된 업무의 수행을 위하여 대체할 수 없다.

① ㄱ, ㄴ   ② ㄱ, ㄷ

③ ㄱ, ㄹ   ④ ㄴ, ㄷ

⑤ ㄴ, ㄹ

ㄱ. (○) 사용자는 쟁의행위 기간 중 그 쟁의행위로 중단된 업무의 수행을 위하여 당해 사업과 관계없는 자를 채용 또는 대체할 수 없다(노동조합 및 노동관계조정법 제43조 제1항).

제1항 및 제2항의 규정은 필수공익사업의 사용자가 쟁의행위 기간 중에 한하여 당해 사업과 관계없는 자를 채용 또는 대체하거나 그 업무를 도급 또는 하도급 주는 경우에는 적용하지 아니한다(노동조합 및 노동관계조정법 제43조 제3항).

제3항의 경우 사용자는 당해 사업 또는 사업장 <u>파업참가자의 100분의 50을 초과하지 않는 범위</u> 안에서 채용 또는 대체하거나 도급 또는 하도급 줄 수 있다. 이 경우 파업참가자 수의 산정방법 등은 대통령령으로 정한다(노동조합 및 노동관계조정법 제43조 제4항).

ㄴ. (×) 제1항 및 제2항의 규정(채용 또는 대체 및 도급 또는 하도급의 금지)필수공익사업의 사용자가 <u>쟁의행위 기간 중에 한하여 당해 사과 관계없는 자를 채용 또는 대체하거나 그 업무를 도급 또는 하도급을 주는 경우에는 적용하지 아니한다</u>(노동조합 및 노동관계조정법 제43조 제3항).

ㄷ. (○) 노동조합 및 노동관계조정법 시행령 제22조의4 제1항

ㄹ. (×) 사용자는 쟁의행위 기간 중 그 쟁의행위로 중단된 업무의 수행을 위하여 당해 사업과 <u>관계없는 자를 채용 또는 대체할 수 없다</u>(노동조합 및 노동관계조정법 제43조 제1항).

15 노동조합 및 노동관계조정법령상 쟁의행위에 관한 설명으로 옳지 않은 것은?(다툼이 있으면 판례에 따름)

1
2
3

① 단체교섭사항이 될 수 없는 사항을 달성하려는 쟁의행위는 그 목적의 정당성을 인정할 수 없다.

긴박한 경영상의 필요에 의하여 하는 이른바 정리해고의 실시는 사용자의 경영상의 조치라고 할 것이므로, 정리해고에 관한 노동조합의 요구 내용이 사용자는 정리해고를 하여서는 아니된다는 취지라면 이는 사용자의 경영권을 근본적으로 제약하는 것이 되어 원칙적으로 단체교섭의 대상이 될 수 없고, <u>단체교섭사항이 될 수 없는 사항을 달성하려는 쟁의행위는 그 목적의 정당성을 인정할 수 없다</u>(대판 2001.4.24., 99도4893).

② 조합원은 노동조합에 의하여 주도되지 아니한 쟁의행위를 하여서는 아니 된다.

노동조합 및 노동관계조정법 제37조 제2항

③ 쟁의행위의 목적 중 일부가 정당하지 못한 경우에는 주된 목적 내지 진정한 목적의 당부에 의하여 그 쟁의 목적의 당부를 판단하여야 한다.

쟁의행위에서 추구되는 목적이 여러가지이고 그중 <u>일부가 정당하지 못한 경우에는 주된 목적 내지 진정한 목적의 당부에 의하여 그 쟁의 목적의 당부를 판단하여야</u> 하고, 부당한 요구사항을 제외하였다면 쟁의행위를 하지 않았을 것이라고 인정되는 경우에는 그 쟁의행위 전체가 정당성을 갖지 못한다고 보아야 한다(대판 2011.1.27., 2010도11030).

④ 구조조정이 불순한 의도로 추진되는 등의 특별한 사정이 없는 한, 노동조합이 실질적으로 그 실시 자체를 반대하기 위하여 쟁의행위에 나아간다면 그 쟁의행위는 목적의 정당성을 인정할 수 없다.

정리해고나 사업조직의 통폐합 등 기업의 구조조정의 실시 여부는 경영주체의 고도의 경영상 결단에 속하는 사항으로서 이는 원칙적으로 단체교섭의 대상이 될 수 없고, 그것이 긴박한 경영상의 필요나 합리적 이유 없이 <u>불순한 의도로 추진되는 등의 특별한 사정이 없는 한, 노동조합이 실질적으로 그 실시 자체를 반대하기 위하여 쟁의행위에 나아간다면</u>, 비록 그 실시로 인하여 근로자들의 지위나 근로조건의 변경이 필연적으로 수반된다고 하더라도 <u>그 쟁의행위는 목적의 정당성을 인정할 수 없다</u>(대판 2011.1.27., 2010도11030).

✅ 부당노동행위를 이유로 한 쟁의행위의 경우 그 쟁의행위에 앞서 부당노동행위 구제절차를 밟아야만 정당성이 인정될 수 있다.

> 사용자 측이 정당한 이유 없이 근로자의 단체협약 체결요구를 거부하거나 해태한 경우에 노동조합법 제40조의 규정에 의한 구제신청을 하지 아니하고 노동쟁의의 방법을 택하였다고 하여 노동조합법을 위반한 것이라고 할 수 없다(대판 1991.5.14., 90누4006).

16 노동조합 및 노동관계조정법령상 조정 및 중재에 관한 설명으로 옳지 않은 것은?

① 조정이 이루어진 경우에 그 내용은 단체협약과 동일한 효력을 가진다.

> 노동조합 및 노동관계조정법 제52조 제4항

② 노동위원회는 관계 당사자 쌍방의 신청이 있는 경우에는 조정위원회에 갈음하여 단독조정인에게 조정을 행하게 할 수 있다. 　노동조합 및 노동관계조정법 제57조 제1항

③ 노동쟁의가 중재에 회부된 때에는 그 날부터 15일간은 쟁의행위를 할 수 없다.

> 노동조합 및 노동관계조정법 제63조

④ 노동관계 당사자는 법령에 의한 사적 조정·중재에 의하여 노동쟁의를 해결하기로 한 경우에는 고용노동부령이 정하는 바에 따라 관할 노동위원회에 신고하여야 한다.

> 노동조합 및 노동관계조정법 시행령 제23조 제1항

✅ 노동위원회는 노동쟁의에 대한 조정이 실패한 경우에 한하여 중재를 행할 수 있다.

> 노동쟁의에 대한 조정이 실패한 경우는 조정 및 중재 요건에 해당하지 않는다. ⚖

⚖ 법령

> **노동조합 및 노동관계조정법 제62조(중재의 개시)**
> 노동위원회는 다음 각 호의 어느 하나에 해당하는 때에는 중재를 행한다.
> 1. 관계 당사자의 쌍방이 함께 중재를 신청한 때
> 2. 관계 당사자의 일방이 단체협약에 의하여 중재를 신청한 때

17 노동조합 및 노동관계조정법령상 긴급조정에 관한 설명으로 옳지 않은 것은?

① 고용노동부장관은 쟁의행위가 그 성질이 특별한 것으로서 현저히 국민경제를 해하거나 국민의 일상생활을 위태롭게 할 위험이 현존하는 때에는 긴급조정의 결정을 할 수 있다.

> 노동조합 및 노동관계조정법 제76조 제1항

② 고용노동부장관은 긴급조정의 결정을 하고자 할 때에는 미리 중앙노동위원회 위원장의 의견을 들어야 한다.   노동조합 및 노동관계조정법 제76조 제2항

❻ 긴급조정이 결정되면 관계 당사자는 즉시 쟁의행위를 중지하여야 하며, 결정일부터 30일이 경과하지 아니하면 쟁의행위를 재개할 수 없다.

> 관계 당사자는 제76조 제3항의 규정에 의한 긴급조정의 결정이 공표된 때에는 즉시 쟁의행위를 중지하여야 하며, 공표일부터 30일이 경과하지 아니하면 쟁의행위를 재개할 수 없다(노동조합 및 노동관계조정법 제77조).

④ 고용노동부장관은 긴급조정을 결정한 때에는 지체없이 이를 공표하여야 한다.

> 고용노동부장관은 제1항 및 제2항의 규정에 의하여 긴급조정을 결정한 때에는 지체없이 그 이유를 붙여 이를 공표함과 동시에 중앙노동위원회와 관계 당사자에게 각각 통고하여야 한다(노동조합 및 노동관계조정법 제76조 제3항).

⑤ 중앙노동위원회는 법령에 따라 긴급조정 결정의 통고를 받은 때에는 지체 없이 조정을 개시하여야 한다.   노동조합 및 노동관계조정법 제78조

18 노동조합 및 노동관계조정법령상 필수유지업무가 아닌 것은?

① 철도사업의 업무 중 철도 차량의 운전업무
② 통신사업의 업무 중 기간망의 운영·관리업무
❻ 항공운수사업의 업무 중 창정비 업무

> 항공기의 정비 업무 중 창정비는 제외한다(노동조합 및 노동관계조정법 시행령 [별표1]).

④ 혈액공급사업의 업무 중 채혈 업무
⑤ 수도사업의 업무 중 배수시설의 운영 업무

19 노동조합 및 노동관계조정법령상 부당노동행위 구제에 관한 설명으로 옳은 것은?

① 부당노동행위로 그 권리를 침해당한 근로자는 노동조합을 통해서만 노동위원회에 구제를 신청할 수 있다.

> 사용자의 부당노동행위로 인하여 그 권리를 침해당한 근로자 또는 노동조합은 노동위원회에 그 구제를 신청할 수 있다(노동조합 및 노동관계조정법 제82조 제1항).

② 부당노동행위가 계속하는 행위인 경우에는 그 종료일부터 6월 이내에 구제신청을 하여야 한다.

> 제1항의 규정에 의한 구제의 신청은 부당노동행위가 있은 날(계속하는 행위는 그 종료일)부터 3월 이내에 이를 행하여야 한다(노동조합 및 노동관계조정법 제82조 제2항).

③ 지방노동위원회의 구제명령에 불복이 있는 관계 당사자는 그 명령서의 송달을 받은 날부터 15일 이내에 중앙노동위원회에 재심을 신청할 수 있다.

> 지방노동위원회 또는 특별노동위원회의 구제명령 또는 기각결정에 불복이 있는 관계 당사자는 그 명령서 또는 결정서의 송달을 받은 날부터 10일 이내에 중앙노동위원회에 그 재심을 신청할 수 있다(노동조합 및 노동관계조정법 제85조 제1항).

④ 중앙노동위원회의 재심판정에 대하여 관계 당사자는 그 재심판정서의 송달을 받은 날부터 20일 이내에 행정소송법이 정하는 바에 의하여 소를 제기할 수 있다.

> 중앙노동위원회의 재심판정에 대하여 관계 당사자는 그 재심판정서의 송달을 받은 날부터 15일 이내에 행정소송법이 정하는 바에 의하여 소를 제기할 수 있다(노동조합 및 노동관계조정법 제85조 제2항).

☑ 지방노동위원회의 구제명령은 중앙노동위원회에의 재심신청에 의하여 그 효력이 정지되지 아니한다. 노동조합 및 노동관계조정법 제86조

---

20 노동조합 및 노동관계조정법령상 사용자가 중앙노동위원회의 구제명령에 대하여 행정소송을 제기한 경우 그 구제명령에 관한 설명으로 옳지 않은 것은?

① 관할 법원은 중앙노동위원회의 신청에 의하여 판결이 확정될 때까지 중앙노동위원회 구제명령의 전부 또는 일부를 이행하도록 명할 수 있다. 노동조합 및 노동관계조정법 제85조 제5항

② 관할 법원은 당사자의 신청이나 직권으로 중앙노동위원회 구제명령의 이행을 명한 결정을 취소할 수 있다. 노동조합 및 노동관계조정법 제85조 제5항

☑ 관할 법원이 중앙노동위원회 구제명령의 이행을 명한 경우 그 명령을 위반한 자에 대하여는 노동조합 및 노동관계조정법상 벌금형이 규정되어 있다.

> 제85조 제5항의 규정에 의한 법원의 명령에 위반한 자는 500만원 이하의 금액(당해 명령이 작위를 명하는 것일 때에는 그 명령의 불이행 일수 1일에 50만원 이하의 비율로 산정한 금액)의 과태료에 처한다(노동조합 및 노동관계조정법 제95조).

④ 관할 법원이 중앙노동위원회 구제명령의 이행을 명하는 경우 결정으로써 한다.

> 노동조합 및 노동관계조정법 제85조 제5항

⑤ 중앙노동위원회 구제명령은 행정소송의 제기에 의하여 그 효력이 정지되지 아니한다.

> 노동조합 및 노동관계조정법 제86조

21 노동조합 및 노동관계조정법령상 부당노동행위에 관한 설명으로 옳지 않은 것은?(다툼이 있으면 판례에 따름)

1
2
3

① 정당한 해고사유가 있어 근로자를 해고한 경우에 있어서는 비록 사용자에게 반노동조합 의사가 추정된다고 하더라도 부당노동행위에 해당한다고 할 수 없다.

> 사용자가 근로자를 해고함에 있어서 표면적으로 내세우는 해고사유와는 달리 실질적으로 근로자의 정당한 조합활동을 이유로 해고한 것으로 인정되는 경우에는 그 해고는 부당노동행위라고 보아야 하고, 정당한 해고사유가 있어 해고한 경우에 있어서는 비록 사용자가 근로자의 조합활동을 못마땅하게 여긴 흔적이 있다거나 사용자에게 반노동조합의 의사가 추정된다고 하여도 당해 해고사유가 단순히 표면상의 구실에 불과하다고 할 수 없는 것이므로 부당노동행위에 해당한다고 할 수 없다(대판 1999.3.26., 98두4672).

② 영업활동을 하지 아니하는 노조전임자를 다른 영업사원과 동일하게 판매실적에 따른 승격기준만을 적용하여 승격에서 배제한 것은 부당노동행위에 해당한다.

> 대판 2011.7.28., 2009두9574

③ 노동조합이 당해 사업장에 종사하는 근로자의 3분의 2 이상을 대표하고 있을 때에는 근로자가 그 노동조합의 조합원이 될 것을 고용조건으로 하는 단체협약의 체결은 부당노동행위에 해당하지 아니한다. 노동조합 및 노동관계조정법 제81조 제1항 제2호

④ 지배·개입으로서의 부당노동행위의 성립에는 반드시 근로자의 단결권의 침해라는 결과의 발생을 요하는 것은 아니다. 대판 2013.1.10., 2011도15497

✔ 타당한 근거 없이 과다하게 책정된 급여를 근로시간 면제자에게 지급하는 사용자의 행위가 단체협약 등 노사 간 합의에 의한 경우에는 부당노동행위가 될 수 없다.

> 단체협약 등 노사 간 합의에 의한 경우라도 타당한 근거 없이 과다하게 책정된 급여를 근로시간 면제자에게 지급하는 사용자의 행위는 노동조합 및 노동관계조정법 제81조 제4호 단서에서 허용하는 범위를 벗어나는 것으로서 노조전임자 급여 지원 행위나 노동조합 운영비 원조 행위에 해당하는 부당노동행위가 될 수 있다(대판 2016.4.28., 2014두11137).

22 노동위원회법상 노동위원회에 관한 설명으로 옳지 않은 것은?

1
2
3

① 특별노동위원회는 관계 법률에서 정하는 사항을 관장하기 위하여 필요한 경우에 해당 사항을 관장하는 중앙행정기관의 장 소속으로 둔다. 노동위원회법 제2조 제3항

✔ 둘 이상의 지방노동위원회의 관할구역에 걸친 노동쟁의의 조정사건은 주된 사업장의 소재지를 관할하는 지방노동위원회에서 관장한다.

> 둘 이상의 지방노동위원회의 관할구역에 걸친 노동쟁의의 조정사건은 주된 사업장의 소재지를 관할하는 중앙노동위원회가 관장한다(노동위원회법 제3조 제1항 제2호). ⚖

③ 지방노동위원회의 근로자위원은 노동조합이 추천한 사람 중에서 지방노동위원회 위원장의 제청으로 중앙노동위원회 위원장이 위촉한다. 노동위원회법 제6조 제3항 제2호

④ 상임위원은 해당 노동위원회의 공익위원이 된다. 노동위원회법 제11조 제1항

⑤ 노동위원회의 전원회의는 재적위원 과반수의 출석으로 개의한다.

> 노동위원회의 전원회의는 재적위원 과반수의 출석으로 개의하고, 출석위원 과반수의 찬성으로 의결한다(노동위원회법 제17조 제1항).

⚖️ 법령

노동위원회법 제3조(노동위원회의 관장)
① 중앙노동위원회는 다음 각 호의 사건을 관장한다.
   1. 지방노동위원회 및 특별노동위원회의 처분에 대한 재심사건
   2. 둘 이상의 지방노동위원회의 관할구역에 걸친 노동쟁의의 조정(調整)사건
   3. 다른 법률에서 그 권한에 속하는 것으로 규정된 사건
② 지방노동위원회는 해당 관할구역에서 발생하는 사건을 관장하되, 둘 이상의 관할구역에 걸친 사건(제1항 제2호의 조정사건은 제외한다)은 주된 사업장의 소재지를 관할하는 지방노동위원회에서 관장한다.
③ 특별노동위원회는 관계 법률에서 정하는 바에 따라 그 설치목적으로 규정된 특정사항에 관한 사건을 관장한다.

23 공무원의 노동조합 설립 및 운영에 관한 법률의 내용으로 옳지 않은 것은? `기출 수정`

1
2
3

① 법령상 '사실상 노무에 종사하는 공무원'은 공무원의 노동조합 설립 및 운영에 관한 법률에 따른 공무원의 노동조합에 가입할 수 없다. `공무원의 노동조합 설립 및 운영에 관한 법률 제2조 단서`

② 공무원의 노동조합은 정치활동을 하여서는 아니 된다.
`공무원의 노동조합 설립 및 운영에 관한 법률 제4조`

✔️ 다른 공무원에 대하여 지휘·감독권을 행사하는 일반직공무원은 공무원의 노동조합에 가입할 수 있다. `공무원의 노동조합 설립 및 운영 등에 관한 법률 제6조` ⚖️

④ 정부교섭대표는 법령에 따라 교섭을 요구하는 노동조합이 둘 이상인 경우에는 해당 노동조합에 교섭창구를 단일화하도록 요청할 수 있다.
`공무원의 노동조합 설립 및 운영에 관한 법률 제9조 제4항 전단`

⑤ 법령에 따라 체결된 단체협약의 내용 중 예산에 의하여 규정되는 내용은 단체협약으로서의 효력을 가지지 아니한다. `공무원의 노동조합 설립 및 운영에 관한 법률 제10조 제1항`

공무원의 노동조합 설립 및 운영 등에 관한 법률 제6조(가입 범위)

① 노동조합에 가입할 수 있는 사람의 범위는 다음 각 호와 같다.
 1. 일반직공무원
 2. 특정직공무원 중 외무영사직렬·외교정보기술직렬 외무공무원, 소방공무원 및 교육공무원(다만, 교원은 제외한다)
 3. 별정직공무원
 4. 제1호부터 제3호까지의 어느 하나에 해당하는 공무원이었던 사람으로서 노동조합 규약으로 정하는 사람
 5. 삭제
② 제1항에도 불구하고 다음 각 호의 어느 하나에 해당하는 공무원은 노동조합에 가입할 수 없다.
 1. 업무의 주된 내용이 <u>다른 공무원에 대하여 지휘·감독권을 행사하거나 다른 공무원의 업무를 총괄하는</u> 업무에 종사하는 공무원
 2. 업무의 주된 내용이 인사·보수 또는 노동관계의 조정·감독 등 노동조합의 조합원 지위를 가지고 수행하기에 적절하지 아니한 업무에 종사하는 공무원
 3. 교정·수사 등 공공의 안녕과 국가안전보장에 관한 업무에 종사하는 공무원
 4. 삭제

24 교원의 노동조합 설립 및 운영에 관한 법률의 내용으로 옳지 않은 것은? `기출 수정`

① 유아교육법과 초·중등교육법에 따른 교원은 특별시·광역시·도·특별자치도 단위 또는 전국 단위로만 노동조합을 설립할 수 있다. `교원의 노동조합 설립 및 운영에 관한 법률 제4조 제1항`

☑ **교원은 임용권자의 동의를 받아 노동조합으로부터 노동조합의 업무에만 종사할 수 있으나, 노동조합으로부터 급여를 지급받을 수는 없다.**

 교원은 임용권자의 동의를 받아 <u>노동조합으로부터 급여를 지급받으면서</u> 노동조합의 업무에만 종사할 수 있다(교원의 노동조합 설립 및 운영 등에 관한 법률 제5조 제1항).

③ 노동조합의 대표자는 사립학교 설립·경영자와 단체교섭을 하려는 경우에는 교섭하려는 사항에 대하여 권한을 가진 자에게 서면으로 교섭을 요구하여야 한다.

 `교원의 노동조합 설립 및 운영에 관한 법률 제6조 제4항`

④ 교원의 노동조합과 그 조합원은 업무의 정상적인 운영을 방해하는 어떠한 쟁의행위를 하여서는 아니 된다. `교원의 노동조합 설립 및 운영에 관한 법률 제8조`

⑤ 교원의 노동쟁의를 조정·중재하기 위하여 중앙노동위원회에 교원 노동관계 조정위원회를 둔다. `교원의 노동조합 설립 및 운영에 관한 법률 제11조 제1항`

25 근로자참여 및 협력증진에 관한 법률상 노사협의회에 관한 설명으로 옳지 않은 것은?

기출 수정

① 노사협의회는 근로조건에 대한 결정권이 있는 사업이나 사업장 단위로 설치하여야 한다. 다만, 상시 30명 미만의 근로자를 사용하는 사업이나 사업장은 그러하지 아니하다.

근로자참여 및 협력증진에 관한 법률 제4조 제1항

② 노사협의회는 근로자와 사용자를 대표하는 같은 수의 위원으로 구성하되, 각 3명 이상 10명 이하로 한다. 근로자참여 및 협력증진에 관한 법률 제6조 제1항

✔ 중앙노동위원회 위원장은 노사협의회 위원으로서의 직무수행과 관련하여 사용자가 근로자위원에게 불이익을 주는 처분을 하는 경우에는 그 시정을 명할 수 있다.

고용노동부장관은 사용자가 제9조 제2항을 위반하여 근로자위원에게 불이익을 주는 처분을 하거나 제10조 제1항을 위반하여 근로자위원의 선출에 개입하거나 방해하는 경우에는 그 시정(是正)을 명할 수 있다(근로자참여 및 협력증진에 관한 법률 제11조).

④ 노사협의회의 사용자를 대표하는 위원은 해당 사업이나 사업장의 대표자와 그 대표자가 위촉하는 자로 한다. 근로자참여 및 협력증진에 관한 법률 제6조 제3항

⑤ 근로자를 대표하는 위원은 근로자 과반수가 참여하여 직접·비밀·무기명 투표로 선출하되, 근로자의 과반수로 조직된 노동조합이 있는 경우에는 근로자위원은 노동조합의 대표자와 그 노동조합이 위촉하는 자로 한다. 근로자참여 및 협력증진에 관한 법률 제6조 제2항 및 제3항

PART

03

공인노무사 1차 시험 7개년 기출문제집

민법

[정답 및 해설]

01	02	03	04	05	06	07	08	09	10	11	12	13	14	15	16	17	18	19	20
④	②	①	①	②	②	①	①	④	④	②	④	⑤	⑤	②	④	⑤	①	⑤	③
21	22	23	24	25	26	27	28	29	30	31	32	33	34	35	36	37	38	39	40
⑤	③	③	②	⑤	②	②	⑤	④	③	①	⑤	①	②	⑤	④	④	③	③	⑤

01 민법상 법인의 정관에 관한 설명으로 옳지 않은 것은?(다툼이 있으면 판례에 따름)

① 이사의 대표권에 대한 제한은 이를 정관에 기재하지 아니하면 그 효력이 없다.

> 민법 제41조

② 정관의 변경사항을 등기해야 하는 경우, 이를 등기하지 않으면 제3자에게 대항할 수 없다.

> 설립등기 이외의 본절의 등기사항은 그 등기후가 아니면 제삼자에게 대항하지 못한다(민법 제54조 제1항). 재단법인의 목적달성 또는 그 재산의 보전을 위하여 적당한 때에는 전항의 규정에 불구하고 명칭 또는 사무소의 소재지를 변경할 수 있다(민법 제45조 제2항). 이때, 정관의 변경은 주무관청의 허가를 얻지 아니하면 그 효력이 없다(민법 제42조 제2항).

③ 재단법인의 재산보전을 위하여 적당한 때에는 명칭이나 사무소 소재지를 변경할 수 있다.

> 재단법인의 목적달성 또는 그 재산의 보전을 위하여 적당한 때에는 명칭 또는 사무소의 소재지를 변경할 수 있다(민법 제45조 제2항).

④ 정관의 변경을 초래하는 재단법인의 기본재산 변경은 기존의 기본재산을 처분하는 행위를 포함하지만, 새로이 기본재산으로 편입하는 행위를 포함하지 않는다.

> 재단법인의 기본재산에 관한 사항은 정관의 기재사항으로서 기본재산의 변경은 정관의 변경을 초래하기 때문에 주무부장관의 허가를 받아야하고 따라서 이미 기본재산으로 되어 있는 재산을 처분하는 행위는 물론 새로이 기본재산으로 편입하는 행위도 주무부장관의 허가가 있어야만 유효하다(대판 1982.9.28., 82다카499).

⑤ 정관에서 대표이사의 해임사유를 정한 경우, 대표이사의 중대한 의무위반 등 특별한 사정이 없는 한 법인은 정관에서 정하지 아니한 사유로 대표이사를 해임할 수 없다.

> 법인의 정관에 이사의 해임사유에 관한 규정이 있는 경우 이사의 중대한 의무위반 또는 정상적인 사무집행 불능 등의 특별한 사정이 없는 이상 법인은 정관에서 정하지 아니한 사유로 이사를 해임할 수 없다(대판 2024.1.4., 2023다263537).

02 주물과 종물에 관한 설명으로 옳은 것은?(다툼이 있으면 판례에 따름)

① 부동산은 종물이 될 수 없다.

> 종물은 주물과 독립한 물건이면 되고, 동산이든 부동산이든 관계없다. 낡은 가재도구 등의 보관장소로 사용되고 있는 방과 연탄창고 및 공동변소가 본채에서 떨어져 축조되어 있기는 하나 본채의 종물이라고 보았다(대판 1991.5.14., 91다2779).

☑ 종물은 주물의 구성부분이 아닌 독립한 물건이어야 한다.

> 물건의 소유자가 그 물건의 상용에 공하기 위하여 자기소유인 다른 물건을 이에 부속하게 한 때에는 그 부속물은 종물이다(민법 제100조 제1항). 따라서 자기소유인 다른 물건을 '주물'이라고 하고, 주물에 부속된 다른 물건을 '종물'이라고 한다. 종물은 주물과 독립한 물건이어야 한다. 판례에서도 정화조는 독립된 물건으로서 종물이라기 보다는 위 3층건물의 구성부분으로 보았다(대판 1993.12.10., 93다42399).

③ 종물을 주물의 처분에서 제외하는 당사자의 특약은 무효이다.

> 종물은 주물의 처분에 수반된다는 민법 제100조 제2항은 임의규정이므로, 당사자는 주물을 처분할 때에 특약으로 종물을 제외할 수 있고, 종물만을 별도로 처분할 수도 있다(대판 2012.1.26., 2009다76546). ⚖

④ 주물의 효용과 직접 관계가 없는 물건도 주물의 소유자나 이용자의 상용에 공여되는 물건이면 종물이 된다.

> 저당부동산의 종물이라 함은 민법 제100조가 규정하는 종물과 같은 의미로서 어느 건물이 주된 건물의 종물이기 위하여는 주물의 상용에 이바지하는 관계에 있어야 하고, 주물의 상용에 이바지한다 함은 주물 그 자체의 경제적 효용을 다하게 하는 것을 말하는 것으로서, 주물의 소유자나 이용자의 사용에 공여되고 있더라도 주물 그 자체의 효용과 직접 관계가 없는 물건은 종물이 아니다(대결 2000.11.2., 2000마3530).

⑤ 물건과 물건 상호 간의 관계에 관한 주물과 종물의 법리는 권리와 권리 상호 간의 관계에는 유추적용될 수 없다.

> 민법 제100조 제2항에서는 "종물은 주물의 처분에 따른다."고 하고 있는바, 위 종물과 주물의 관계에 관한 법리는 물건 상호 간의 관계뿐 아니라, 권리 상호 간에도 적용되고, 위 규정에서의 처분이란 처분행위에 의한 권리변동뿐 아니라 주물의 권리관계가 압류와 같은 공법상의 처분 등에 의하여 생긴 경우에도 적용되어야 한다(대판 2006.10.26., 2006다29020).

⚖ 법령

> **민법 제100조(주물, 종물)**
> ① 물건의 소유자가 그 물건의 상용에 공하기 위하여 자기소유인 다른 물건을 이에 부속하게 한 때에는 그 부속물은 종물이다.
> ② 종물은 주물의 처분에 따른다.

03 권리능력 없는 사단 A와 그 대표자 甲에 관한 설명으로 옳지 않은 것은?(다툼이 있으면 판례에 따름)

1
2
3

✔ 甲이 외형상 직무에 관한 행위로 乙에게 손해를 가한 경우, 甲의 행위가 직무범위에 포함되지 아니함을 乙이 중대한 과실로 알지 못하였더라도 A는 乙에게 손해배상책임을 진다.

> 비법인사단[권리능력 없는 사단(註)]의 경우 대표자(甲)의 행위가 직무에 관한 행위에 해당하지 아니함을 피해자(乙) 자신이 알았거나 또는 중대한 과실로 인하여 알지 못한 경우에는 비법인사단에게 손해배상책임을 물을 수 없다(대판 2003.7.25., 2002다27088). 따라서 A는 乙에게 손해배상책임을 부담하지 않는다.

② 甲의 대표권에 관하여 정관에 제한이 있는 경우, 그러한 제한을 위반한 甲의 대표행위에 대하여 상대방 乙이 대표권 제한 사실을 알았다면 甲의 대표행위는 A에게 효력이 없다.

> 비법인사단[권리능력 없는 사단(註)]의 경우에는 대표자(甲)의 대표권 제한에 관하여 등기할 방법이 없어 민법 제60조의 규정을 준용할 수 없고, 비법인사단의 대표자(甲)가 정관에서 사원총회의 결의를 거쳐야 하도록 규정한 대외적 거래행위에 관하여 이를 거치지 아니한 경우라도, 이와 같은 사원총회 결의사항은 비법인사단의 내부적 의사결정에 불과하다 할 것이므로, 그 乙(거래 상대방)이 그와 같은 대표권 제한 사실을 알았거나 알 수 있었을 경우가 아니라면 그 거래행위는 유효하다고 봄이 상당하고, 이 경우 乙이 대표권 제한 사실을 알았거나 알 수 있었음은 이를 주장하는 비법인사단측이 주장·입증하여야 한다(대판 2003.7.22., 2002다64780).

③ 甲이 丙을 대리인으로 선임하여 A와 관련된 제반 업무처리를 포괄적으로 위임한 경우, 丙이 행한 대행행위는 A에 대하여 효력이 미치지 않는다.

> 비법인사단[권리능력 없는 사단(註)]에 대하여는 사단법인에 관한 민법 규정 가운데 법인격을 전제로 하는 것을 제외하고는 이를 유추적용하여야 할 것인데, 민법 제62조의 규정에 비추어 보면 비법인사단의 대표자(甲)는 정관 또는 총회의 결의로 금지하지 아니한 사항에 한하여 타인으로 하여금 특정한 행위를 대리하게 할 수 있을 뿐 비법인사단의 제반 업무처리를 포괄적으로 위임할 수는 없으므로 비법인사단 대표자가 행한 타인에 대한 업무의 포괄적 위임과 그에 따른 포괄적 수임인(丙)의 대행행위는 민법 제62조의 규정에 위반된 것이어서 비법인사단에 대하여 그 효력이 미치지 아니한다(대판 2011.4.28., 2008다15438).

④ 甲이 자격을 상실하여 법원이 임시이사 丁을 선임한 경우, 丁은 원칙적으로 정식이사와 동일한 권한을 가진다.

> 이사가 없거나 결원이 있는 경우에 이로 인하여 손해가 생길 염려 있는 때에는 법원은 이해관계인이나 검사의 청구에 의하여 임시이사를 선임하여야 한다(민법 제63조). 민법상의 법인에 대하여 민법 제63조에 의하여 법원이 선임한 임시이사(丁)는 원칙적으로 정식이사와 동일한 권한을 가진다(대판 2013.6.13., 2012다40332).

⑤ A의 사원총회 결의는 법률 또는 정관에 다른 규정이 없으면 사원 과반수의 출석과 출석사원 의결권의 과반수로써 한다.

> "총회의 결의는 민법 또는 정관에 다른 규정이 없으면 사원 과반수의 출석과 출석사원의 의결권의 과반수로써 한다"는 민법 제75조 제1항의 규정은 법인 아닌 사단에 대하여도 유추적용될 수 있다(대판 2007.12.27., 2007다17062).

04 민법상 조건과 기한에 관한 설명으로 옳은 것은?(다툼이 있으면 판례에 따름)

① ✔ 대여금채무의 이행지체에 따른 확정된 지연손해금채무는 그 이행청구를 받은 때부터 지체책임이 발생한다.

> 금전채무의 지연손해금채무는 금전채무의 이행지체로 인한 손해배상채무로서 이행기의 정함이 없는 채무에 해당하므로, 채무자는 확정된 지연손해금채무에 대하여 채권자로부터 이행청구를 받은 때부터 지체책임을 부담하게 된다(대판 2021.5.7., 2018다259213).

② 지명채권의 양도에 대한 채무자의 승낙은 채권양도 사실을 승인하는 의사를 표명하는 행위로 조건을 붙여서 할 수 없다.

> 지명채권 양도의 대항요건인 채무자의 승낙은 채권양도 사실을 채무자가 승인하는 의사를 표명하는 채무자의 행위라고 할 수 있는데, 채무자는 채권양도를 승낙하면서 조건을 붙여서 할 수 있다(대판 2011.6.30., 2011다8614).

③ 부당이득반환채권과 같이 이행기의 정함이 없는 채권이 자동채권으로 상계될 때 상계적상에서 의미하는 변제기는 상계의 의사표시를 한 시점에 도래한다.

> 쌍방이 서로 같은 종류를 목적으로 한 채무를 부담한 경우 쌍방 채무의 이행기[변제기(註)]가 도래한 때에는 각 채무자는 대등액에 관하여 상계할 수 있다(민법 제492조 제1항). 여기서 '채무의 이행기가 도래한 때'는 채권자가 채무자에게 이행의 청구를 할 수 있는 시기가 도래하였음을 의미하고 채무자가 이행지체에 빠지는 시기를 말하는 것이 아니다. 상계의 의사표시는 각 채무가 상계할 수 있는 때에 대등액에 관하여 소멸한 것으로 본다(민법 제493조 제2항). 상계의 의사표시가 있는 경우 채무는 상계적상 시에 소급하여 대등액에 관하여 소멸하게 되므로, 상계에 따른 양 채권의 차액 계산 또는 상계 충당은 상계적상의 시점을 기준으로 한다. 이행기의 정함이 없는 채권의 경우 그 성립과 동시에 이행기에 놓이게 되고, 부당이득반환채권은 이행기의 정함이 없는 채권으로서 채권의 성립과 동시에 언제든지 이행을 청구할 수 있으므로, 그 채권의 성립일에 상계적상에서 의미하는 이행기[변제기(註)]가 도래한 것으로 볼 수 있다(대판 2022.3.17., 2021다287515).

④ 조건을 붙이고자 하는 의사는 법률행위의 내용으로 외부에 표시되어야 하므로 묵시적 의사표시나 묵시적 약정으로는 할 수 없다.

> 조건은 법률행위 효력의 발생 또는 소멸을 장래 불확실한 사실의 발생 여부에 따라 좌우되게 하는 법률행위의 부관이고, 법률행위에서 효과의사와 일체적인 내용을 이루는 의사표시 그 자체이다. 조건을 붙이고자 하는 의사는 법률행위의 내용으로 외부에 표시되어야 하고, 조건을 붙이고자 하는 의사가 있는지는 의사표시에 관한 법리에 따라 판단하여야 한다. 조건을 붙이고자 하는 의사의 표시는 그 방법에 관하여 일정한 방식이 요구되지 않으므로 묵시적 의사표시나 묵시적 약정으로도 할 수 있다(대판 2018.6.28., 2016다221368).

⑤ 당사자가 금전소비대차계약에 붙인 기한이익 상실특약은 특별한 사정이 없는 한 정지조건부 기한이익 상실특약으로 추정한다.

> 기한이익 상실의 특약은 그 내용에 의하여 일정한 사유가 발생하면 채권자의 청구 등을 요함이 없이 당연히 기한의 이익이 상실되어 이행기가 도래하는 것으로 하는 정지조건부 기한이익 상실의 특약과 일정한 사유가 발생한 후 채권자의 통지나 청구 등 채권자의 의사행위를 기다려 비로소 이행기가 도래하는 것으로 하는 형성권적 기한이익 상실의 특약의 두 가지로 대별할 수 있고, 기한이익 상실의 특약이 위의 양자 중 어느 것에 해당하느냐는 당사자의 의사해석의 문제이지만 일반적으로 기한이익 상실의 특약이 채권자를 위하여 둔 것인 점에 비추어 명백히 정지조건부 기한이익 상실의 특약이라고 볼 만한 특별한 사정이 없는 이상 형성권적 기한이익 상실의 특약으로 추정하는 것이 타당하다(대판 2010.8.26., 2008다42416).

05 제척기간과 소멸시효에 관한 설명으로 옳지 않은 것은?(다툼이 있으면 판례에 따름)

① 제척기간이 완성된 채권이 그 완성 전에 상계할 수 있었던 것이면 채권자는 이를 자동채권으로 하여 상대방의 채권과 상계할 수 있다.

> 매도인이나 수급인의 담보책임을 기초로 한 손해배상채권의 제척기간이 지난 경우에도 제척기간이 지나기 전 상대방의 채권과 상계할 수 있었던 경우에는 매수인이나 도급인은 민법 제495조를 유추적용해서 위 손해배상채권을 자동채권으로 해서 상대방의 채권과 상계할 수 있다고 봄이 타당하다(대판 2019.3.14., 2018다 255648).

② 제척기간이 도과하였는지 여부는 법원이 직권으로 조사하여 고려할 수 없고, 당사자의 주장에 따라야 한다.

> 매매예약완결권의 제척기간이 도과하였는지 여부는 소위 직권조사 사항으로서 이에 대한 당사자의 주장이 없더라도 법원이 당연히 직권으로 조사하여 재판에 고려하여야 하므로, 상고법원은 매매예약완결권이 제척 기간 도과로 인하여 소멸되었다는 주장이 적법한 상고이유서 제출기간 경과 후에 주장되었다 할지라도 이를 판단하여야 한다(대판 2000.10.13., 99다18725).

③ 보증채무의 부종성을 부정하여야 할 특별한 사정이 있는 경우, 보증인은 주채무의 시효소멸을 이유로 보증채무의 시효소멸을 주장할 수 없다.

> 보증채무에 대한 소멸시효가 중단되는 등의 사유로 완성되지 아니하였다고 하더라도 주채무에 대한 소멸시효가 완성된 경우에는 시효완성의 사실로 주채무가 소멸되므로 보증채무의 부종성에 따라 보증채무 역시 당연히 소멸되는 것이 원칙이다. 다만 보증채무의 부종성을 부정하여야 할 특별한 사정이 있는 경우에는 예외적으로 보증인은 주채무의 시효소멸을 이유로 보증채무의 소멸을 주장할 수 없으나, 특별한 사정을 인정하여 보증채무의 본질적인 속성에 해당하는 부종성을 부정하려면 보증인이 주채무의 시효소멸에도 불구하고 보증채무를 이행하겠다는 의사를 표시하거나 채권자와 그러한 내용의 약정을 하였어야 하고, 단지 보증인이 주채무의 시효소멸에 원인을 제공하였다는 것만으로는 보증채무의 부종성을 부정할 수 없다(대판 2018.5.15., 2016다 211620)

④ 부작위를 목적으로 하는 채권의 소멸시효는 위반행위를 한 때로부터 진행한다.

> 민법 제166조 제2항

⑤ 도급받은 자의 공사에 관한 채권은 3년간 행사하지 아니하면 소멸시효가 완성한다.

> 도급받은 자, 기사 기타 공사의 설계 또는 감독에 종사하는 자의 공사에 관한 채권은 3년간 행사하지 아니하면 소멸시효가 완성한다(민법 제163조 제3호).

06 제한능력자에 관한 설명으로 옳은 것은?

① 미성년자가 친권자의 동의를 얻어 법률행위를 한 후에도 친권자는 그 동의를 취소할 수 있다.

> 법정대리인은 미성년자가 아직 법률행위를 하기 전에는 법률행위의 동의와 범위를 정한 재산처분의 허락을 취소할 수 있다(민법 제7조).

② 법정대리인이 미성년자에게 특정한 영업을 허락한 경우, 그 영업 관련 행위에 대한 법정대리인의 대리권은 소멸한다.

> 미성년자가 법정대리인으로부터 허락을 얻은 특정한 영업에 관하여는 성년자와 동일한 행위능력이 있다(민법 제8조 제1항).

③ 상대방이 계약 당시에 제한능력자와 계약을 체결하였음을 알았더라도 제한능력자 측의 추인이 있을 때까지는 자신의 의사표시를 철회할 수 있다.

> 제한능력자가 맺은 계약은 추인이 있을 때까지 상대방이 그 의사표시를 철회할 수 있다. 다만, 상대방이 계약 당시에 제한능력자임을 알았을 경우에는 그러하지 아니하다(민법 제16조 제1항).

④ 피성년후견인이 속임수로써 상대방으로 하여금 성년후견인의 동의가 있는 것으로 믿게 하여 체결한 토지매매계약은 특별한 사정이 없는 한 제한능력을 이유로 취소할 수 없다.

> 제한능력자가 속임수로써 자기를 능력자로 믿게 한 경우에는 그 행위를 취소할 수 없다(민법 제17조 제1항). 미성년자나 피한정후견인이 속임수로써 법정대리인의 동의가 있는 것으로 믿게 한 경우에도 제1항과 같다(민법 제17조 제2항). 민법 제17조 제1항은 제한능력자(미성년자, 피성년후견인, 피한정후견인) 모두에 적용되나, 민법 제17조 제2항은 '피성년후견인'에게는 적용되지 않는다. 피성년후견인은 법정대리인의 동의를 얻더라도 원칙적으로 유효한 법률행위를 할 수 없기 때문에 피성년후견인이 속임수로써 상대방으로 하여금 성년후견인의 동의가 있는 것으로 믿게 하여 체결한 토지매매계약은 제한능력을 이유로 취소할 수 있다.

⑤ 법정대리인이 제한능력을 이유로 법률행위를 취소한 경우, 제한능력자의 부당이득 반환범위는 법정대리인의 선의 또는 악의에 따라 달라진다.

> 취소된 법률행위는 처음부터 무효인 것으로 본다. 다만, 제한능력자는 그 행위로 인하여 받은 이익이 현존하는 한도에서 상환(償還)할 책임이 있다(민법 제141조). 민법 제141조 단서는 부당이득에 있어 수익자의 반환범위를 정한 민법 제748조의 특칙으로서 제한능력자의 보호를 위해 그 선의·악의를 묻지 아니하고 반환범위를 현존 이익에 한정시키려는 데 그 취지가 있다(대판 2009.1.15., 2008다58367). ⚖

⚖
법령

> **민법 제748조(수익자의 반환범위)**
> ① 선의의 수익자는 그 받은 이익이 현존한 한도에서 전조의 책임이 있다.
> ② 악의의 수익자는 그 받은 이익에 이자를 붙여 반환하고 손해가 있으면 이를 배상하여야 한다.

07 甲은 乙에 대하여 2023.10.17.을 변제기로 하는 대여금채권을 갖고 있다. 이에 관한 설명으로 옳은 것을 모두 고른 것은?(다툼이 있으면 판례에 따름)

1
2
3

> ㄱ. 甲이 乙을 상대로 2023.12.20. 대여금의 지급을 구하는 소를 제기하였으나 그 소가 취하된 경우, 甲의 재판상 청구는 재판 외의 최고의 효력을 갖는다.
> ㄴ. 甲이 乙에 대한 대여금채권을 丙에게 양도한 경우, 채권양도의 대항요건을 갖추지 못한 상태에서 2023.12.20. 丙이 乙을 상대로 양수금의 지급을 구하는 소를 제기하였다면 양수금채권의 소멸시효가 중단되지 않는다.
> ㄷ. 甲이 乙을 상대로 2023.12.20. 대여금의 지급을 구하는 소를 제기하여 2024.4.20. 판결이 확정된 경우, 甲의 乙에 대한 대여금채권의 소멸시효는 2023.10.17.부터 다시 진행된다.

✓ ① ㄱ   ② ㄴ

③ ㄱ, ㄷ   ④ ㄴ, ㄷ

⑤ ㄱ, ㄴ, ㄷ

ㄱ. (○) 민법 제170조의 해석상 재판상의 청구는 그 소송이 취하된 경우에는 <u>그로부터 6월 내에 다시 재판상의 청구를 하지 않는 한 시효중단의 효력이 없고</u> 다만 <u>재판외의 최고의 효력만 있게 된다</u>(대판 1987.12.22., 87다카2337). 따라서 양도인(甲)이 채무자(乙)를 상대로 2023. 12. 20. 대여금의 지급을 구하는 소를 제기하였으나 그 소가 취하된 경우, <u>甲의 재판상 청구는 재판 외의 최고의 효력을 갖는다.</u>

ㄴ. (×) 채권양도는 구 채권자인 양도인(甲)과 신 채권자인 양수인(丙) 사이에 채권을 그 동일성을 유지하면서 전자로부터 후자에게로 이전시킬 것을 목적으로 하는 계약을 말한다 할 것이고, <u>채권양도에 의하여 채권은 그 동일성을 잃지 않고 양도인으로부터 양수인에게 이전되며, 이러한 법리는 채권양도의 대항요건을 갖추지 못하였다고 하더라도 마찬가지인 점</u>, 민법 제149조의 "조건의 성취가 미정한 권리의무는 일반규정에 의하여 처분, 상속, 보존 또는 담보로 할 수 있다."는 규정은 대항요건을 갖추지 못하여 채무자에게 대항하지 못한다고 하더라도 <u>채권양도에 의하여 채권을 이전받은 양수인의 경우에도 그대로 준용될 수 있는 점</u>, 채무자(乙)를 상대로 재판상의 청구를 한 채권의 양수인을 '권리 위에 잠자는 자'라고 할 수 없는 점 등에 비추어 보면, 비록 <u>대항요건을 갖추지 못하여 채무자에게 대항하지 못한다고 하더라도 채권의 양수인이 채무자를 상대로 재판상의 청구를 하였다면 이는 소멸시효 중단사유인 재판상의 청구에 해당한다고 보아야 한다</u>(대판 2005.11.10., 2005다41818). 따라서 채권양도의 대항요건을 갖추지 못한 상태에서 2023.12.20. 丙이 乙을 상대로 양수금의 지급을 구하는 소를 제기하였더라도 <u>양수금채권의 소멸시효는 중단된다.</u>

ㄷ. (×) 재판상의 청구로 인하여 중단한 시효는 재판이 확정된 때로부터 새로이 진행한다(민법 제178조 제2항). 따라서 甲이 乙을 상대로 2023.12.20. 대여금의 지급을 구하는 소를 제기하여 2024.4.20. 판결이 확정된 경우, <u>甲의 乙에 대한 대여금채권의 소멸시효는 판결이 확정된 때의 다음 날인 2024.4.21.부터 다시 진행한다.</u>

08 착오로 인한 의사표시에 관한 설명으로 옳은 것은?(다툼이 있으면 판례에 따름)

① ✅ 착오로 인한 불이익이 법령의 개정 등 사정의 변경으로 소멸하였다면 그 착오를 이유로 한 취소권의 행사는 신의칙에 의해 제한될 수 있다.

> 매매계약의 체결 경위 및 당시 시행되던 소득세법, 같은법시행령, 조세감면규제법, 주택건설촉진법 등 관계 규정에 의하면, 토지의 매수인이 개인인지 법인인지, 법인이라도 주택건설사업자인지 및 주택건설사업자라도 양도소득세 면제신청을 할 것인지 여부 등은 매도인이 부담하게 될 양도소득세액 산출에 중대한 영향을 미치게 되어 이 점에 관한 착오는 법률행위의 내용의 중요부분에 관한 것이라고 할 수 있으나, 소득세법 및 같은법시행령의 개정으로 1989.8.1. 이후 양도한 것으로 보게 되는 거래에 대하여는 투기거래의 경우를 제외하고는 법인과의 거래에 있어서도 개인과의 거래와 마찬가지로 양도가액을 양도 당시의 기준시가에 의하도록 변경된 점에 비추어 볼 때, <u>매매계약의 체결에 위와 같은 착오가 있었다 하더라도 소득세법상의 양도시기가 1989.8.1. 이후로 보게 되는 관계로</u> 매도인은 당초 예상한 바와 같이 기준시가에 의한 양도소득세액만 부담하면 족한 것으로 확정되어 <u>위 착오로 인한 불이익이 소멸되었으므로, 그 후 이 사건 소송계속중에 준비서면의 송달로써 한 취소의 의사표시는 신의성실의 원칙상 허용될 수 없다</u>(대판 1995.3.24., 94다44620).

② 과실로 착오에 빠져 의사표시를 한 후 착오를 이유로 이를 취소한 자는 상대방에게 신뢰이익을 배상하여야 한다.

> 불법행위로 인한 손해배상책임이 성립하기 위하여는 가해자의 고의 또는 과실 이외에 행위의 위법성이 요구되므로, 전문건설공제조합이 계약보증서를 발급하면서 조합원이 수급할 공사의 실제 도급금액을 확인하지 아니한 과실이 있다고 하더라도 민법 제109조에서 중과실이 없는 착오자의 착오를 이유로 한 의사표시의 취소를 허용하고 있는 이상, <u>전문건설공제조합이 과실로 인하여 착오에 빠져 계약보증서를 발급한 것이나 그 착오를 이유로 보증계약을 취소한 것이 위법하다고 할 수는 없다</u>(대판 1997.8.22., 97다13023).

③ 착오를 이유로 의사표시를 취소하려는 자는 자신의 착오가 중과실로 인한 것이 아님을 증명하여야 한다.

> 민법 제109조 제1항 단서에서 규정하는 착오한 표의자의 중대한 과실 유무에 관한 주장과 입증책임은 착오자가 아니라 의사표시를 취소하게 하지 않으려는 상대방에게 있는 것인바, 기록에 비추어 살펴보면 피고의 위 착오가 피고의 중대한 과실로 인한 것이라는 원고의 주장은 상고심에 이르러 비로소 주장하는 새로운 사실이고, 원심에서는 주장한 바 없었음이 명백하므로 이는 원심판결에 대한 적법한 상고이유가 될 수 없을 뿐만 아니라, 원심판결에 위와 같은 피고의 중대한 과실 유무에 대한 석명권 불행사로 인한 심리미진의 위법이 있다고 할 수도 없다(대판 2005.5.12., 2005다6228).

④ 법률에 관해 경과실로 착오를 한 경우, 표의자는 그것이 법률행위의 중요부분에 관한 것이더라도 그 착오를 이유로 취소할 수 없다.

> 법률에 관한 착오라도 그것이 법률행위의 내용의 중요부분에 관한 것인 때에는 표의자는 그 의사표시를 취소할 수 있다고 할 것이며, 또 비록 위 매매가 매도인인 피고에 대한 양도소득세의 부과를 회피할 목적으로 이루어진 것이라 하더라도 그것이 곧 사회질서에 반하는 것이라고 단정할 수 없으므로 이러한 경우에 역시 의사표시의 착오의 이론을 적용한 원심의 조처는 정당하고, 거기에 소론과 같은 법률행위의 착오에 관한 법리를 오해한 위법이 있다고 할 수 없다(대판 1981.11.10., 80다2475).

⑤ 전문가의 진품감정서를 믿고 이를 첨부하여 서화 매매계약을 체결한 후에 그 서화가 위작임이 밝혀진 경우, 매수인은 하자담보책임을 묻는 외에 착오를 이유로 하여 매매계약을 취소할 수 없다.

> 민법 제109조 제1항에 의하면 법률행위 내용의 중요 부분에 착오가 있는 경우 착오에 중대한 과실이 없는 표의자는 법률행위를 취소할 수 있고, 민법 제580조 제1항, 제575조 제1항에 의하면 매매의 목적물에 하자가 있는 경우 하자가 있는 사실을 과실 없이 알지 못한 매수인은 매도인에 대하여 하자담보책임을 물어 계약을 해제하거나 손해배상을 청구할 수 있다. 착오로 인한 취소 제도와 매도인의 하자담보책임 제도는 취지가 서로 다르고, 요건과 효과도 구별된다. 따라서 매매계약 내용의 중요 부분에 착오가 있는 경우 매수인은 매도인의 하자담보책임이 성립하는지와 상관없이 착오를 이유로 매매계약을 취소할 수 있다(대판 2018.9.13., 2015다78703).

09 통정허위표시에 관한 설명으로 옳지 않은 것은?(다툼이 있으면 판례에 따름)

① 표의자가 진의 아닌 표시를 하는 것에 관하여 상대방과 사이에 합의가 있어야 한다.

> 통정허위표시가 성립하기 위하여는 의사표시의 진의와 표시가 일치하지 아니하고, 그 불일치에 관하여 상대방과 사이에 합의가 있어야 하는 바, 제3자가 은행을 직접 방문하여 금전소비대차약정서에 주채무자로서 서명·날인하였다면 제3자는 자신이 당해 소비대차계약의 주채무자임을 은행에 대하여 표시한 셈이고, 제3자가 은행이 정한 동일인에 대한 여신한도 제한을 회피하여 타인으로 하여금 제3자 명의로 대출을 받아 이를 사용하도록 할 의도가 있었다거나 그 원리금을 타인의 부담으로 상환하기로 하였더라도, 특별한 사정이 없는 한 이는 소비대차계약에 따른 경제적 효과를 타인에게 귀속시키려는 의사에 불과할 뿐, 그 법률상의 효과까지도 타인에게 귀속시키려는 의사로 볼 수는 없으므로 제3자의 진의와 표시에 불일치가 있다고 보기는 어렵다(대판 1998.9.4., 98다17909).

② 통정허위표시로 행해진 부동산 매매계약이 사해행위로 인정되는 경우, 채권자취소권의 대상이 될 수 있다.

> 채무자의 법률행위가 통정허위표시인 경우에도 채권자취소권의 대상이 되고, 한편 채권자취소권의 대상으로 된 채무자의 법률행위라도 통정허위표시의 요건을 갖춘 경우에는 무효라고 할 것이다(대판 1998.2.27., 97다50985).

③ 민법 제108조 제2항의 선의의 제3자에 대해서는 그 누구도 통정허위표시의 무효로써 대항할 수 없다.

> 상대방과 통정한 허위의 의사표시는 무효이고 누구든지 그 무효를 주장할 수 있는 것이 원칙이나, 허위표시의 당사자와 포괄승계인 이외의 자로서 허위표시에 의하여 외형상 형성된 법률관계를 토대로 실질적으로 새로운 법률상 이해관계를 맺은 선의의 제3자에 대하여는 허위표시의 당사자뿐만 아니라 그 누구도 허위표시의 무효를 대항하지 못하는 것이다(대판 2000.7.6., 99다51258).

☑ 악의의 제3자로부터 전득한 선의의 제3자는 민법 제108조 제2항의 선의의 제3자에 포함되지 않는다.

> 통정허위표시임을 알고 있는 악의의 제3자로부터 목적물 또는 권리를 양수한 전득자가 선의라면 민법 제108조 제2항에서 보호되는 선의의 제3자에 해당한다(대판 2013.2.15., 2012다49292).

⑤ 甲과 乙사이에 행해진 X토지에 관한 가장매매예약이 철회되었으나 아직 가등기가 남아 있음을 기화로 乙이 허위의 서류로써 이에 기한 본등기를 한 후 X를 선의의 丙에게 매도하고 이전등기를 해주었다면 丙은 X의 소유권을 취득하지 못한다.

> 甲과 乙 사이의 통정한 허위의 의사표시[매매예약(註)]에 기하여 허위 가등기가 설정된 후 그 원인이 된 통정허위표시가 철회되었으나 그 외관인 허위 가등기가 제거되지 않고 잔존하는 동안에 가등기명의인인 乙이 임의로 소유권이전의 본등기를 마친 다음, 다시 위 본등기를 토대로 丙에게 소유권이전등기가 마쳐진 경우, 甲과 乙이 통정한 허위의 의사표시에 기하여 마친 가등기와 丙 명의의 소유권이전등기 사이에는 乙이 일방적으로 마친 원인무효의 본등기가 중간에 개재되어 있으므로, 이를 기초로 마쳐진 丙 명의의 소유권이전등기는 乙 명의의 가등기와는 서로 단절된 것으로 평가되고, 가등기의 설정행위와 본등기의 설정행위는 엄연히 구분되는 것으로서 丙에게 신뢰의 대상이 될 수 있는 '외관'은 乙 명의의 가등기가 아니라 단지 乙 명의의 본등기일뿐이라는 점에서 丙은 민법 제108조 제2항의 제3자에 해당하지 아니하므로(대판 2020.1.30., 2019다280375) 선의라고 하더라도 X의 소유권을 취득하지 못한다.

10 사기 · 강박에 의한 의사표시에 관한 설명으로 옳지 않은 것은?(다툼이 있으면 판례에 따름)

① ② ③

① 항거할 수 없는 절대적 폭력에 의해 의사결정을 스스로 할 수 있는 여지를 완전히 박탈당한 상태에서 행해진 의사표시는 무효이다.

> 어떤 자가 항거할 수 없는 물리적인 힘에 의하여 의사결정의 자유를 완전히 빼앗긴 상태에서 행해진 의사표시는 무효이다. 판례 또한 강박에 의한 법률행위가 하자 있는 의사표시로서 취소되는 것에 그치지 아니하고 더 나아가 무효로 되기 위하여는 강박의 정도가 극심하여 의사표시자의 의사결정의 자유가 완전히 박탈되는 정도에 이른 것임을 요한다(대판 1996.10.11., 95다1460).

② 사기로 인한 의사표시의 취소는 기망행위의 위법성을 요건으로 한다.

> 민법 제110조 제1항에 따라 사기에 의한 의사표시로 취소를 하려면, 표의자의 의사표시, 사기자의 고의(표의자를 기망하여 착오에 빠지게 하려는 고의와 그 착오에 기하여 표의자가 의사표시를 하게 하려는 고의), 사기자의 기망행위, 기망행위의 위법성(거래상 요구되는 신의칙에 반하는 경우), 사기자의 기망행위와 표의자의 의사표시 사이의 인과관계가 인정되어야 한다.

③ 강박으로 인한 의사표시의 취소는 강박의 고의를 요건으로 한다.

> 법률행위 취소의 원인이 될 강박이 있다고 하기 위하여서는 표의자로 하여금 외포심을 생기게 하고 이로 인하여 법률행위 의사를 결정하게 할 고의로서 불법으로 장래의 해악을 통고할 경우라야 할 것이다(대판 1992.12.24., 92다25120).

☑️ 계약당사자 일방의 대리인이 계약을 하면서 상대방을 기망한 경우, 본인이 그 사실을 몰랐거나 알 수 없었다면 계약의 상대방은 그 기망을 이유로 의사표시를 취소할 수 없다.

> 상대방 있는 의사표시에 관하여 제3자가 사기나 강박을 한 경우에는 상대방이 그 사실을 알았거나 알 수 있었을 경우에 한하여 그 의사표시를 취소할 수 있으나, 상대방의 대리인 등 상대방과 동일시할 수 있는 자의 사기나 강박은 제3자의 사기·강박에 해당하지 아니한다(대판 1999.2.23., 98다60828).

⑤ 근로자가 허위의 이력서를 제출하여 근로계약이 체결되어 실제로 노무제공이 행해졌다면 사용자가 후에 사기를 이유로 하여 근로계약을 취소하더라도 그 취소에는 소급효가 인정되지 않는다.

> 甲 주식회사가 乙에게서 백화점 의류 판매점 매니저로 근무한 경력이 포함된 이력서를 제출받아 그 경력을 보고 갑 회사가 운영하는 백화점 매장에서 乙이 판매 매니저로 근무하는 내용의 근로계약을 체결하였으나, 이력서의 기재와 달리 乙의 일부 백화점 근무 경력은 허위이고, 실제 근무한 경력 역시 근무기간은 1개월에 불과함에도 그 기간을 과장한 것이었으며, 이에 甲 회사가 위 근로계약은 乙이 이력서를 허위 기재함으로써 甲 회사를 기망하여 체결된 것이라는 이유로 이를 취소한다는 의사표시를 한 사안에서, 乙의 기망으로 체결된 위 근로계약은 甲 회사의 취소의 의사표시로써 적법하게 취소되었고, 다만 취소의 소급효가 제한되어 위 근로계약은 취소의 의사표시 이후의 장래에 관하여만 효력이 소멸할 뿐 이전의 법률관계는 여전히 유효하다(대판 2017.12.22., 2013다25194).

11 무권대리 및 표현대리에 관한 설명으로 옳은 것은?(다툼이 있으면 판례에 따름)

① 표현대리가 성립하는 경우에는 대리권 남용이 문제될 여지가 없다.

> 대리권 남용은 표현대리가 성립한 경우에도 똑같이 문제된다. 진의아닌 의사표시가 대리인에 의하여 이루어지고 그 대리인의 진의가 본인의 이익이나 의사에 반하여 자기 또는 제3자의 이익을 위한 배임적인 것임을 그 상대방이 알거나 알 수 있었을 경우에는 민법 제107조 제1항 단서의 유추해석상 그 대리인의 행위는 본인의 대리행위로 성립할 수 없다 하겠으므로 표의자의 진의를 존중하여 진의아닌 의사표시를 무효로 돌린다(대판 1987.7.7., 86다카1004). ⚖️

☑️ 민법 제135조의 상대방에 대한 무권대리인의 책임은 무과실책임이다.

> 민법 제135조 제1항은 "타인의 대리인으로 계약을 한 자가 그 대리권을 증명하지 못하고 또 본인의 추인을 얻지 못한 때에는 상대방의 선택에 좇아 계약의 이행 또는 손해배상의 책임이 있다."고 규정하고 있다. 위 규정에 따른 무권대리인의 상대방에 대한 책임은 무과실책임으로서 대리권의 흠결에 관하여 대리인에게 과실 등의 귀책사유가 있어야만 인정되는 것이 아니고, 무권대리행위가 제3자의 기망이나 문서위조 등 위법행위로 야기되었다고 하더라도 책임은 부정되지 아니한다(대판 2014.2.27., 2013다213038).

③ 사회통념상 대리권을 추단할 수 있는 직함의 사용을 묵인한 것만으로는 민법 제125조에서 말하는 대리권수여의 표시가 인정될 수 없다.

> 민법 제125조가 규정하는 대리권 수여의 표시에 의한 표현대리는 본인과 대리행위를 한 자 사이의 기본적인 법률관계의 성질이나 그 효력의 유무와는 직접적인 관계가 없이 어떤 자가 본인을 대리하여 제3자와 법률행위를 함에 있어 본인이 그 자에게 대리권을 수여하였다는 표시를 제3자에게 한 경우에는 성립될 수가 있고, 또 본인에 의한 대리권 수여의 표시는 반드시 대리권 또는 대리인이라는 말을 사용하여야 하는 것이 아니라 사회통념상 대리권을 추단할 수 있는 직함이나 명칭 등의 사용을 승낙 또는 묵인한 경우에도 대리권 수여의 표시가 있은 것으로 볼 수 있다(대판 1998.6.12., 97다53762).

④ 소멸한 대리권의 범위를 벗어나서 대리행위가 행해진 경우에는 민법 제126조의 권한을 넘은 표현대리가 성립할 수 없다.

> 민법 제126조에서 말하는 권한을 넘은 표현대리는 현재에 대리권을 가진 자가 그 권한을 넘은 경우에 성립하는 것이지, 현재에 아무런 대리권도 가지지 아니한 자가 본인을 위하여 한 어떤 대리행위가 과거에 이미 가졌던 대리권을 넘은 경우에까지 성립하는 것은 아니라고 할 것이고, 한편 과거에 가졌던 대리권이 소멸되어 민법 제129조에 의하여 표현대리로 인정되는 경우에 그 표현대리의 권한을 넘는 대리행위가 있을 때에는 민법 제126조에 의한 표현대리가 성립할 수 있다(대판 2008.1.31., 2007다74713).

⑤ 대리인이 대리권 소멸 후 복대리인을 선임한 경우, 그 복대리인의 대리행위에 대해서는 표현대리가 성립할 여지가 없다.

> 대리인이 대리권 소멸 후 직접 상대방과 사이에 대리행위를 하는 경우는 물론 대리인이 대리권 소멸 후 복대리인을 선임하여 복대리인으로 하여금 상대방과 사이에 대리행위를 하도록 한 경우에도, 상대방이 대리권 소멸 사실을 알지 못하여 복대리인에게 적법한 대리권이 있는 것으로 믿었고 그와 같이 믿은 데 과실이 없다면 민법 제129조에 의한 표현대리가 성립할 수 있다(대판 1998.5.29., 97다55317).

⚖️ 법령

민법 제107조(진의 아닌 의사표시)
① 의사표시는 표의자가 진의아님을 알고한 것이라도 그 효력이 있다. 그러나 상대방이 표의자의 진의아님을 알았거나 이를 알 수 있었을 경우에는 무효로 한다.
② 전항의 의사표시의 무효는 선의의 제삼자에게 대항하지 못한다.

---

12 법률행위에 관한 설명으로 옳지 않은 것은?

① 보증계약은 요식행위이다.

> 요식행위(要式行爲)는 일정한 방식을 필요로 하는 법률 행위를 의미하고, 불요식행위(不要式行爲)는 방식에 구속되지 않고 자유롭게 할 수 있는 법률행위이다. 보증계약은 그 의사가 보증인의 기명날인 또는 서명이 있는 서면으로 표시되어야 효력이 발생한다. 다만, 보증의 의사가 전자적 형태로 표시된 경우에는 효력이 없다(민법 제428조의2 제1항). 따라서 보증계약은 요식행위라고 할 수 있다.

② 증여계약은 낙성계약이다.

> 낙성계약(諾成契約)은 당사자 사이의 의사표시가 합치하기만 하면 계약이 성립하고, 그 밖에 다른 형식이나 절차를 필요로 하지 않는 계약이다. 증여계약은 당사자 일방이 무상으로 재산을 상대방에 수여하는 의사를 표시하고 상대방이 이를 승낙함으로써 그 효력이 생긴다(민법 제554조). 증여계약은 편무·무상·낙성·불요식계약이다(민법 제554조 참조). 증여계약은 목적물의 인도 기타 출연행위가 없더라도 당사자의 합의만으로 성립하는 낙성계약이다. 그리고 증여자만이 채무를 부담하는 편무계약이며, 대가(반대급부) 없이 재산을 출연하는 대표적인 무상계약이다. 또한 증여계약은 방식에 구속되지 않고 자유롭게 할 수 있는 불요식계약이다. 다만, 증여의 의사가 서면으로 표시되지 아니한 경우에는 각 당사자는 이를 해제할 수 있다(민법 제555조).

③ 채무면제는 처분행위이다.

> 채무면제는 채권을 소멸시키는 행위로서 준물권행위이므로 처분행위이다. 채무면제는 처분행위이므로 채권의 처분권한을 가지고 있는 자만이 할 수 있다.

✔ 유언은 생전행위이다.

법률행위는 그 효력이 행위자의 생전에 발생하는지 아니면 사망 후에 발생하는지에 따라 생전행위(生前行爲)와 사인행위(死因行爲)로 구분된다. 보통의 법률행위는 생전행위이나, 유언(민법 제1060조 이하), 사인증여(민법 제562조)는 사인행위(死因行爲)이다.

⑤ 상계는 상대방 있는 단독행위이다.

단독행위는 하나의 의사표시에 의하여 성립하는 법률행위이다. 상대방이 있느냐에 따라 '상대방 있는 단독행위'와 '상대방 없는 단독행위'로 구분된다. 동의, 채무면제, 추인, 취소, 상계, 해제, 해지는 상대방 있는 단독행위이다. 반면, 유언, 재단법인 설립행위, 상속의 포기는 상대방 없는 단독행위이다.

13 임의대리인의 권한에 관한 설명으로 옳지 않은 것을 모두 고른 것은?(다툼이 있으면 판례에 따름)

1
2
3

ㄱ. 부동산 매도의 대리권을 수여받은 자는 그 부동산의 매도 후 해당 매매계약을 합의해제할 권한이 있다.
ㄴ. 자동차 매도의 대리권을 수여받은 자가 본인의 허락 없이 본인의 자동차를 스스로 시가보다 저렴하게 매수하는 계약을 체결한 경우, 그 매매계약은 유동적 무효이다.
ㄷ. 통상의 오피스텔 분양에 관해 대리권을 수여받은 자는 본인의 명시적 승낙이 없더라도 부득이한 사유없이 복대리인을 선임할 수 있다.
ㄹ. 원인된 계약관계가 종료되더라도 수권행위가 철회되지 않았다면 대리권은 소멸하지 않는다.

① ㄱ, ㄴ
② ㄴ, ㄷ
③ ㄷ, ㄹ
④ ㄱ, ㄴ, ㄹ
✔⑤ ㄱ, ㄷ, ㄹ

ㄱ. (×) 일반적으로 법률행위에 의하여 수여된 대리권은 원인된 법률관계의 종료에 의하여 소멸하는 것이므로 특별한 사정이 없는 한, 매수명의자를 대리하여 매매계약을 체결하였다 하여 곧바로 그 제3자가 매수인을 대리하여 매매계약의 해제 등 일체의 처분권과 상대방의 의사를 수령할 권한까지 가지고 있다고 볼 수 없다(대판 1997.3.25., 96다51271).

ㄴ. (○) 대리인이 본인을 대리하면서 다른 한편 자기 자신이 상대방으로 계약을 체결하는 경우를 자기계약이라 한다. 본인의 허락이 없는 자기계약은 무권대리로서 본인에 대하여 그 효력이 없는 유동적(불확정적) 무효의 상태에 있으나, 이러한 제한은 본인의 이익을 위한 것이므로 본인이 사후에 추인하면 확정적 유효로 되고 더 이상 대리권의 제한은 문제되지 아니한다. 지문에서 자동차 매도의 대리권을 수여받은 자가 본인의 허락 없이 본인의 자동차를 스스로 시가보다 저렴하게 매수하는 계약을 체결한 경우, 민법 제124조에 위반한 무권대리에 해당한다. 대리권 없는 자가 타인의 대리인으로 한 계약은 본인이 이를 추인하지 아니하면 본인에 대하여 효력이 없다(민법 제130조).

ㄷ. (×) 대리의 목적인 법률행위의 성질상 대리인 자신에 의한 처리가 필요하지 아니한 경우에는 본인이 복대리 금지의 의사를 명시하지 아니하는 한 복대리인의 선임에 관하여 묵시적인 승낙이 있는 것으로 보는 것이 타당함은 원심이 판시한 바와 같다. 그러나 이 사건 대리의 목적이 된 오피스텔의 분양업무는 분양을 위임받은 자가 광고를 내거나 그 직원 또는 주변의 부동산중개인을 동원하여 분양사실을 널리 알리고, 분양사무실을 찾아온 사람들에게 오피스텔의 분양가격, 교통 등 입지조건, 오피스텔의 용도, 관리방법 등 분양에 필요한 제반사항을 설명하고 청약을 유인함으로써 분양계약을 성사시키는 것으로서 분양업자의 능력에 따라 건축주인 피고의 분양사업의 성공 여부가 결정되는 것이므로 사무처리의 주체가 별로 중요하지

아니한 경우에 해당한다고 보기 어렵다(대판 1996.1.26., 94다30690). 따라서 통상의 오피스텔 분양에 관해 대리권을 수여받은 자는 본인의 승낙이 있거나 부득이한 사유가 있는 때가 아니면 복대리인을 선임하지 못한다(민법 제120조).

ㄹ. (×) 법률행위에 의하여 수여된 대리권은 본인의 사망, 대리인의 사망 혹은 성년후견의 개시 또는 파산의 경우 외에 그 원인된 법률관계의 종료에 의하여 소멸한다. 법률관계의 종료전에 본인이 수권행위를 철회한 경우에도 같다(민법 제128조).

14 X토지 소유자인 甲이 사망하고, 그 자녀인 乙과 丙이 이를 공동으로 상속하였다. 그런데 丙은 乙의 예전 범죄사실을 사법당국에 알리겠다고 乙을 강박하여 X에 관한 乙의 상속지분을 丙에게 증여한다는 계약을 乙과 체결하였다. 그 직후 변호사와 상담을 통해 불안에서 벗어난 乙은 한 달 뒤 그간의 사정을 전해들은 丁에게 X에 관한 자신의 상속지분을 매도하고 지분이전등기를 마쳐준 후 5년이 지났다. 이에 관한 설명으로 옳은 것은?(다툼이 있으면 판례에 따름)

① 乙과 丙의 증여계약은 공서양속에 반하는 것으로 무효이다.

단지 법률행위의 성립과정에 강박이라는 불법적 방법이 사용된 데에 불과한 때에는 강박에 의한 의사표시의 하자나 의사의 흠결을 이유로 효력을 논의할 수는 있을지언정 반사회질서의 법률행위로서 무효라고 할 수는 없다(대판 2002.12.27., 2000다47361). 따라서 丙은 乙의 예전 범죄사실을 사법당국에 알리겠다고 乙을 강박하여 증여 계약을 체결한 것은 법률행위 성립과정에 강박이라는 불법적 방법이 사용된 데에 불과하므로 乙과 丙의 증여계약을 공서양속에 반하여 무효라고 볼 수 없다.

② 乙의 丙에 대한 증여의 의사표시는 비진의표시로서 무효이다.

비진의의사표시에 있어서의 진의란 특정한 내용의 의사표시를 하고자 하는 표의자의 생각을 말하는 것이지 표의자가 진정으로 마음속에서 바라는 사항을 뜻하는 것은 아니라고 할 것이므로, 비록 재산을 강제로 뺏긴다는 것이 표의자의 본심으로 잠재되어 있었다 하여도 표의자가 강박에 의하여서나마 증여를 하기로 하고 그에 따른 증여의 의사표시를 한 이상 증여의 내심의 효과의사가 결여된 것이라고 할 수는 없다(대판 1993.7.16., 92다41528). 따라서 乙의 丙에 대한 증여의 의사표시는 비진의표시로서 무효가 되는 것은 아니다.

③ 乙과 丁의 매매계약은 공서양속에 반하는 것으로 무효이다.

부동산의 이중매매가 반사회적 법률행위로서 무효가 되기 위하여는 매도인의 배임행위와 매수인이 매도인의 배임행위에 적극 가담한 행위로 이루어진 매매로서, 그 적극가담하는 행위는 매수인이 다른 사람에게 매매목적물이 매도된 것을 안다는 것만으로는 부족하고, 적어도 그 매도사실을 알고도 매도를 요청하여 매매계약에 이르는 정도가 되어야 한다(대판 1994.3.11., 93다55289). 따라서 丁은 乙과 丙의 증여계약 사실을 안 것에 불과하고 乙에게 매도를 요청하여 계약에 이르지 않았으므로 무효가 되는 것은 아니다.

④ 乙은 강박을 이유로 하여 丙과의 증여계약을 취소할 수 있다.

취소권은 추인할 수 있는 날로부터 3년 내에 행사하여야 한다(민법 제146조). "추인할 수 있는 날"이란 취소의 원인이 종료되어 취소권행사에 관한 장애가 없어져서 취소권자가 취소의 대상인 법률행위를 추인할 수도 있고 취소할 수도 있는 상태가 된 때를 가리킨다고 보아야 한다(대판 1998.11.27., 98다7421). 따라서 변호사와 상담을 통해 불안에서 벗어난 乙은 한 달 뒤 그간의 사정을 전해들은 丁에게 X에 관한 자신의 상속지분을 매도하고 지분이전등기를 마쳐준 시점에서 취소의 원인이 종료되었다고 볼 수 있다. 그날부터 5년이 지나 乙은 3년의 단기 제척기간이 도과하여 취소권은 소멸하였으므로 강박을 이유로 하여 丙과의 증여계약을 취소할 수 없다.

☑ 乙이 丙에게 증여계약의 이행을 하지 않는다면 채무불이행의 책임을 져야 한다.

> 乙은 강박을 이유로 丙과의 증여계약을 취소할 수 있었으나(민법 제110조 제1항), 3년의 단기 제척기간이 도과하여 취소권이 소멸한 이상 취소권을 행사할 수 없다(민법 제146조). 따라서 증여계약이 유효한 이상 乙이 丙에게 증여계약의 이행을 하지 않는다면 乙은 丙에게 채무불이행의 책임을 져야 한다(민법 제390조 및 제544조).

15 甲은 토지거래허가구역에 있는 자신 소유의 X토지에 관하여 허가를 받을 것을 전제로 乙과 매매계약을 체결한 후 계약금을 수령하였으나 아직 토지거래허가는 받지 않았다. 이에 관한 설명으로 옳지 않은 것을 모두 고른 것은?(다툼이 있으면 판례에 따름)

1
2
3

> ㄱ. 甲은 乙에게 계약금의 배액을 상환하면서 매매계약을 해제할 수 있다.
> ㄴ. 甲이 허가신청절차에 협력하지 않는 경우, 乙은 甲의 채무불이행을 이유로 하여 매매계약을 해제할 수 있다.
> ㄷ. 乙은 부당이득반환청구권을 행사하여 甲에게 계약금의 반환을 청구할 수 있다.
> ㄹ. 매매계약 후 X에 대한 토지거래허가구역 지정이 해제되었다면 더 이상 토지거래허가를 받을 필요 없이 매매계약은 확정적으로 유효로 된다.

① ㄱ, ㄴ   ☑ ㄴ, ㄷ
③ ㄷ, ㄹ   ④ ㄱ, ㄴ, ㄷ
⑤ ㄱ, ㄷ, ㄹ

> ㄱ. (○) 매매 당사자 일방이 계약 당시 상대방에게 계약금을 교부한 경우 당사자 사이에 다른 약정이 없는 한 당사자 일방이 계약 이행에 착수할 때까지 계약금 교부자는 이를 포기하고 계약을 해제할 수 있고, 그 상대방은 계약금의 배액을 상환하고 계약을 해제할 수 있음이 계약 일반의 법리인 이상, 특별한 사정이 없는 한 국토이용관리법상의 토지거래허가를 받지 않아 유동적 무효 상태인 매매계약에 있어서도 당사자 사이의 매매계약은 매도인이 계약금의 배액을 상환하고 계약을 해제함으로써 적법하게 해제된다(대판 1997.6.27., 97다9369). 사례의 경우 매도인 甲이 계약금만 수령하고 당사자 일방이 이행에 착수하기 전이므로, 매도인 甲은 매수인 乙에게 계약금의 배액을 상환하면서 매매계약을 해제할 수 있다(민법 제565조 제1항). ⚖
> ㄴ. (×) 국토이용관리법상 토지의 거래계약허가구역으로 지정된 구역 안의 토지에 관하여 관할 행정청의 허가를 받지 아니하고 체결한 토지거래계약은 처음부터 그 허가를 배제하거나 잠탈하는 내용의 계약일 경우에는 확정적 무효로서 유효화될 여지가 없으나, 이와 달리 허가받을 것을 전제로 한 거래계약일 경우에는 일단 허가를 받을 때까지는 법률상 미완성의 법률행위로서 거래계약의 채권적 효력도 전혀 발생하지 아니하지만, 일단 허가를 받으면 그 거래계약은 소급해서 유효로 되고 이와 달리 불허가가 된 때에는 무효로 확정되는 이른바 유동적 무효의 상태에 있다고 보아야 한다. 유동적 무효의 상태에 있는 거래계약의 당사자는 상대방이 그 거래계약의 효력이 완성되도록 협력할 의무를 이행하지 아니하였음을 들어 일방적으로 유동적 무효의 상태에 있는 거래계약 자체를 해제할 수 없다(대판(全) 1999.6.17. 98다40459). 따라서 매도인 甲이 허가신청절차에 협력하지 않더라도 매수인 乙은 甲의 채무불이행을 이유로 하여 매매계약 자체를 해제할 수는 없다.
> ㄷ. (×) 국토이용관리법상의 토지거래허가구역 내의 토지에 관하여 관할 관청의 허가를 받기 전에 체결한 매매계약은 처음부터 허가를 배제하거나 잠탈하는 내용의 계약일 경우에는 확정적 무효로서 유효화될 여지가 없지만, 이와 달리 허가받을 것을 전제로 한 거래계약일 경우에는 일단 허가를 받을 때까지는 법률상 미완성의 법률행위로서 소유권 등 권리의 이전에 관한 계약의 효력이 전혀 발생하지 않음은 확정적 무효의 경우와 다를 바 없으나, 일단 허가를 받으면 그 계약은 소급하여 유효한 계약이 되고 이와 달리 불허가가 된 경우에는 무효로 확정되므로 허가를 받기까지는 유동적 무효의 상태에 있다고 보아야 하고, 이와 같이

허가를 배제하거나 잠탈하는 내용이 아닌 유동적 무효 상태의 매매계약을 체결하고 그에 기하여 임의로 지급한 계약금 등은 그 계약이 유동적 무효 상태로 있는 한 그를 부당이득으로서 반환을 구할 수 없고 유동적 무효 상태가 확정적으로 무효가 되었을 때 비로소 부당이득으로 그 반환을 구할 수 있다(대판 1997.11.11., 97다36965). 따라서 X토지에 대한 매매계약이 유동적 무효 상태에 있는 한, 乙은 부당이득 반환청구권을 행사하여 甲에게 계약금의 반환을 청구할 수 없다.

ㄹ. (○) 토지거래허가구역 지정기간 중에 허가구역 안의 토지에 대하여 토지거래허가를 받지 아니하고 토지거래계약을 체결한 후 허가구역 지정이 해제되거나 허가구역 지정기간이 만료되었음에도 재지정을 하지 아니한 때에는 그 토지거래계약이 허가구역 지정이 해제되기 전에 확정적으로 무효로 된 경우를 제외하고는, 더 이상 관할 행정청으로부터 토지거래허가를 받을 필요가 없이 확정적으로 유효로 되어 거래 당사자는 그 계약에 기하여 바로 토지의 소유권 등 권리의 이전 또는 설정에 관한 이행청구를 할 수 있고, 상대방도 반대급부의 청구를 할 수 있다고 보아야 할 것이지, 여전히 그 계약이 유동적 무효상태에 있다고 볼 것은 아니다(대판 2010.3.25., 2009다41465). 따라서 매매계약 후 X에 대한 토지거래허가구역 지정이 해제되었다면, 더 이상 토지거래허가를 받을 필요 없이 매매계약은 확정적으로 유효로 된다.

⚖️ 법령

민법 제565조(해약금)

① 매매의 당사자일방이 계약당시에 금전 기타 물건을 계약금, 보증금 등의 명목으로 상대방에게 교부한 때에는 당사자 간에 다른 약정이 없는 한 당사자의 일방이 이행에 착수할 때까지 교부자는 이를 포기하고 수령자는 그 배액을 상환하여 매매계약을 해제할 수 있다.

---

16 손해배상에 관한 설명으로 옳은 것은?(다툼이 있으면 판례에 따름)

① 채무불이행으로 인한 손해배상액이 예정되어 있는 경우, 채권자는 채무불이행 사실 및 손해의 발생 사실을 모두 증명하여야 예정배상액을 청구할 수 있다.

> 채무불이행으로 인한 손해배상액이 예정되어 있는 경우에는 채권자는 채무불이행 사실만 증명하면 손해의 발생 및 그 액을 증명하지 아니하고 예정배상액을 청구할 수 있고, 채무자는 채권자와 채무불이행에 있어 채무자의 귀책사유를 묻지 아니한다는 약정을 하지 아니한 이상 자신의 귀책사유가 없음을 주장 · 입증함으로써 예정배상액의 지급책임을 면할 수 있다(대판 2007.12.27., 2006다9408).

② 특별한 사정으로 인한 손해배상에서 채무자가 그 사정을 알았거나 알 수 있었는지의 여부는 계약체결 당시를 기준으로 판단한다.

> 민법 제393조 제2항 소정의 특별사정으로 인한 손해배상에 있어서 채무자가 그 사정을 알았거나 알 수 있었는지의 여부를 가리는 시기는 원심판시와 같이 계약체결당시가 아니라 채무의 이행기까지를 기준으로 판단하여야 할 것이다(대판 1985.9.10., 84다카1532).

③ 부동산소유권이전채무가 이행불능이 되어 채권자가 채무자에게 갖게 되는 손해배상채권의 소멸시효는 계약체결 시부터 진행된다.

> 매매로 인한 부동산소유권 이전채무가 이행불능됨으로써 매수인이 매도인에 대하여 갖게 되는 손해배상채권은 그 부동산소유권의 이전채무가 이행불능된 때에 발생하는 것이고 그 계약체결일에 생기는 것은 아니므로 위 손해배상채권의 소멸시효는 계약 체결일 아닌 소유권이전채무가 이행불능된 때부터 진행한다(대판 1990.11.9., 90다카22513).

✅ 채무불이행으로 인한 손해배상액을 예정한 경우에는 특별한 사정이 없는 한 통상손해는 물론 특별손해까지도 예정액에 포함된다.

> 계약 당시 손해배상액을 예정한 경우에는 <u>다른 특약이 없는 한 채무불이행으로 인하여 입은 통상손해는 물론 특별손해까지도 예정액에 포함</u>되고 채권자의 손해가 예정액을 초과한다 하더라도 초과부분을 따로 청구할 수 없다(대판 1993.4.23., 92다41719).

⑤ 불법행위로 영업용 건물이 일부 멸실된 경우, 그에 따른 휴업손해는 특별손해에 해당한다.

> <u>불법행위로 영업용 물건이 멸실된 경우</u>, 이를 대체할 다른 물건을 마련하기 위하여 필요한 합리적인 기간 동안 그 물건을 이용하여 영업을 계속하였더라면 얻을 수 있었던 이익, 즉 <u>휴업손해는 그에 대한 증명이 가능한 한 통상의 손해로서 그 교환가치와는 별도로 배상하여야 하고</u>, 이는 영업용 물건이 일부 손괴된 경우, 수리를 위하여 필요한 합리적인 기간 동안의 휴업손해와 마찬가지라고 보아야 할 것이다(대판(全) 2004.3.18., 2001다82507).

17
甲에 대하여 乙및 丙은 1억 8,000만 원의 연대채무를 부담하고 있으며, 乙과 丙의 부담부분은 각각 1/3과 2/3이다. 이에 관한 설명으로 옳은 것은?(원본만을 고려하며, 다툼이 있으면 판례에 따름)

① 乙이 甲으로부터 위 1억 8,000만 원의 채권을 양수받은 경우, 丙의 채무는 전부 소멸한다.

> <u>채권과 채무가 동일한 주체에 귀속한 때에는 채권은 소멸한다</u>(민법 제507조). 채무자(乙)이 채권자(甲)으로부터 위 1억 8,000만 원의 채권을 양수받은 경우, <u>채권과 채무가 동일한 주체인 乙에게 귀속하므로 乙의 甲에 대한 연대채무 1억 8,000만 원은 혼동으로 인하여 전부 소멸한다.</u> 한편, 어느 연대채무자와 채권자 간에 혼동이 있는 때에는 그 채무자의 부담부분에 한하여 <u>다른 연대채무자도 의무를 면한다</u>(민법 제420조). 따라서 乙의 甲에 대한 연대채무 1억 8,000만 원이 전부 혼동으로 인하여 소멸하더라도, 다른 연대채무자 丙의 채무는 乙의 부담부분인 6,000만원(=1억 8,000만 원×1/3)에 한하여 소멸한다. <u>결과적으로 丙은 단독으로 乙에게 1억 2,000만원의 채무를 부담하게 된다.</u>

② 乙이 甲에 대하여 9,000만 원의 반대채권이 있으나 乙이 상계를 하지 않은 경우, 丙은 그 반대채권 전부를 자동채권으로 하여 甲의 채권과 상계할 수 있다.

> <u>상계할 채권이 있는 연대채무자가 상계하지 아니한 때에는 그 채무자의 부담부분에 한하여 다른 연대채무자가 상계할 수 있다</u>(민법 제418조 제2항). 따라서 연대채무자 乙이 채권자 甲에 대하여 9,000만원의 반대채권이 있으나 乙이 상계를 하지 않은 경우, <u>다른 연대채무자 丙은 乙의 부담부분인 6,000만원(=1억 8,000만 원×1/3)에 한하여 甲에 대한 반대채권을 자동채권으로 하여 甲의 채권과 상계할 수 있다.</u>

③ 甲이 乙에게 이행을 청구한 경우, 丙의 채무에 대해서는 시효중단의 효력이 없다.

> <u>어느 연대채무자에 대한 이행청구는 다른 연대채무자에게도 효력이 있다</u>(민법 제416조). 따라서 연대채무의 경우 이행청구를 사유로 한 소멸시효의 중단(민법 제168조 제1호)에도 절대적 효력이 인정된다. 甲이 乙에게 이행을 청구한 경우, 丙의 채무에 대해서도 시효중단의 효력이 있다.

④ 甲이 乙에게 채무를 면제해 준 경우, 丙도 1억 2,000만 원의 채무를 면한다.

> <u>어느 연대채무자에 대한 채무면제는 그 채무자의 부담부분에 한하여 다른 연대채무자의 이익을 위하여 효력이 있다</u>(민법 제419조). 따라서 甲이 연대채무자 중 1인에 해당하는 乙에게 채무 전부를 면제해 준 경우, <u>다른 연대채무자 丙은 乙의 부담부분인 6,000만원(=1억 8,000만 원×1/3)에 한하여 채무를 면한다.</u> 丙은 단독으로 甲에게 <u>1억 2,000만원의 채무를 부담하게 된다.</u>

✔ 丁이 乙 및 丙의 부탁을 받아 그 채무를 연대보증한 후에 甲에게 위 1억 8,000만 원을 변제하였다면, 丁은 乙에게 1억 8,000만 원 전액을 구상할 수 있다.

> 연대채무자가 수인이 있는 경우에 이들 모두를 위한 연대보증인은 보증채무의 이행으로 한 출연액 전부에 대하여 어느 연대채무자에게나 구상권을 가지는 것이다(대판 1992.5.12., 91다3062). 따라서 丁이 乙 및 丙의 부탁을 받아 그 채무를 연대보증한 후에 甲에게 위 1억 8,000만 원을 변제하였다면, 丁은 乙에게 1억 8,000만 원 전액을 구상할 수 있다.

18 이행지체에 관한 설명으로 옳지 않은 것은?(다툼이 있으면 판례에 따름)

① ✔ 이행지체를 이유로 채권자에게 전보배상청구가 인정되는 경우, 그 손해액은 원칙적으로 최고할 당시의 시가를 기준으로 산정하여야 한다.

> 이행지체에 의한 전보배상에 있어서의 손해액 산정은 본래의 의무이행을 최고한 후 상당한 기간이 경과한 당시의 시가를 표준으로 하고, 이행불능으로 인한 전보배상액은 이행불능 당시의 시가 상당액을 표준으로 할 것인바, 채무자의 이행거절로 인한 채무불이행에서의 손해액 산정은, 채무자가 이행거절의 의사를 명백히 표시하여 최고 없이 계약의 해제나 손해배상을 청구할 수 있는 경우에는 이행거절 당시의 급부목적물의 시가를 표준으로 해야 한다(대판 2007.9.20., 2005다63337).

② 중도금지급기일을 '2층 골조공사 완료 시'로 한 경우, 그 공사가 완료되었더라도 채무자가 그 완료사실을 알지 못하였다면 특별한 사정이 없는 한 지체책임을 지지 않는다.

> 채무이행시기가 확정기한으로 되어 있는 경우에는 기한이 도래한 때로부터 지체책임이 있으나, 불확정기한으로 되어 있는 경우에는 채무자가 기한이 도래함을 안 때로부터 지체책임이 발생한다고 할 것인바, 이 사건 중도금 지급기일을 '1층 골조공사 완료 시'로 정한 것은 중도금 지급의무의 이행기를 장래 도래할 시기가 확정되지 아니한 때, 즉 불확정기한으로 이행기를 정한 경우에 해당한다고 할 것이므로, 중도금 지급의무의 이행지체의 책임을 지우기 위해서는 1층 골조공사가 완료된 것만으로는 부족하고 채무자인 원고가 그 완료 사실을 알아야 한다고 할 것이다(대판 2005.10.7., 2005다38546). 따라서 그 공사가 완료되었더라도 채무자가 그 완료 사실을 알지 못하였다면 지체책임을 지지 않는다.

③ 금전채무의 이행지체로 인하여 발생하는 지연이자의 성질은 손해배상금이다.

> 금전채무의 이행지체로 인하여 발생하는 지연손해금은 그 성질이 손해배상금이지 이자가 아니며, 민법 제163조 제1호의 1년 이내의 기간으로 정한 채권도 아니므로 3년간의 단기소멸시효의 대상이 되지 아니한다(대판 1995.10.13., 94다57800). ⚖

④ 저당권이 설정된 부동산 매도인의 담보책임에 기한 손해배상채무는 이행청구를 받은 때부터 지체책임이 있다.

> 매매의 목적이 된 부동산에 설정된 저당권 또는 전세권의 행사로 인하여 매수인이 그 소유권을 취득할 수 없거나 취득한 소유권을 잃은 때에는 매수인은 계약을 해제할 수 있다. 이 경우에 매수인이 손해를 받은 때에는 그 배상을 청구할 수 있다(민법 제576조 제1항 및 제3항). 민법 제576조에서 정하는 매도인의 담보책임에 기한 손해배상채무는 이행의 기한이 없는 채무로서 이행청구를 받은 때부터 지체책임이 있다(대판 2015.4.23., 2013다92873).

⑤ 이행기의 정함이 없는 채권을 양수한 채권양수인이 채무자를 상대로 그 이행을 구하는 소를 제기하고 소송 계속 중 채무자에 대한 채권양도통지가 이루어진 경우, 특별한 사정이 없는 한 채무자는 채권양도통지가 도달된 다음 날부터 지체책임을 진다.

채무에 이행기의 정함이 없는 경우에는 채무자가 그 이행의 청구를 받은 다음 날부터 이행지체의 책임을 지는 것이나, 한편 지명채권이 양도된 경우 채무자에 대한 대항요건이 갖추어질 때까지 채권양수인은 채무자에게 대항할 수 없으므로, 이행기의 정함이 없는 채권을 양수한 채권양수인이 채무자를 상대로 그 이행을 구하는 소를 제기하고 그 소송 계속 중 채무자에 대한 채권양도통지가 이루어진 경우에는 특별한 사정이 없는 한 채무자는 그 채권양도통지가 도달된 다음 날부터 이행지체의 책임을 진다(대판 2014.4.10., 2012다29557).

민법 제163조(3년의 단기소멸시효)
다음 각호의 채권은 3년간 행사하지 아니하면 소멸시효가 완성한다.
1. 이자, 부양료, 급료, 사용료 기타 1년이내의 기간으로 정한 금전 또는 물건의 지급을 목적으로 한 채권
2. 의사, 조산원, 간호원 및 약사의 치료, 근로 및 조제에 관한 채권
3. 도급받은 자, 기사 기타 공사의 설계 또는 감독에 종사하는 자의 공사에 관한 채권
4. 변호사, 변리사, 공증인, 계리사 및 사법서사에 대한 직무상 보관한 서류의 반환을 청구하는 채권
5. 변호사, 변리사, 공증인, 계리사 및 사법서사의 직무에 관한 채권
6. 생산자 및 상인이 판매한 생산물 및 상품의 대가
7. 수공업자 및 제조자의 업무에 관한 채권

19 채권자대위권에 관한 설명으로 옳은 것을 모두 고른 것은?(다툼이 있으면 판례에 따름)

1
2
3

ㄱ. 피보전채권이 특정채권인 경우에 채무자의 무자력은 그 요건이 아니다.
ㄴ. 임차인은 특별한 사정이 없는 한 임차권 보전을 위하여 제3자에 대한 임대인의 임차목적물 인도청구권을 대위행사 할 수 있다.
ㄷ. 채권자대위권도 채권자대위권의 피대위권리가 될 수 있다.

① ㄱ
② ㄷ
③ ㄱ, ㄴ
④ ㄴ, ㄷ
⑤ ㄱ, ㄴ, ㄷ

ㄱ. (ㅇ) 채권자는 자기의 채무자에 대한 부동산의 소유권이전등기청구권 등 특정채권을 보전하기 위하여 채무자가 방치하고 있는 그 부동산에 관한 특정권리를 대위하여 행사할 수 있고 그 경우에는 채무자의 무자력을 요건으로 하지 아니하는 것이다(대판 1992.10.27., 91다483).
ㄴ. (ㅇ) 임대인이 그 소유 토지를 피고에게 임대하였다가 이를 해지한 뒤 다시 위 토지를 원고에게 임대한 경우에 그 뒤 임대인이 위 토지를 타에 매도하고 소유권이전등기를 완료함으로써 소유권을 상실하였다 하더라도 임대인으로서는 임차인 원고에게 임대물을 인도하여 그 사용수익에 필요한 상태를 제공유지하여야 할 의무가 있고 또 임대인은 피고와의 임대차계약을 해지함으로써 피고에게 임대물의 인도를 청구할 권리가 있다 할 것이므로 임대인이 타인에게 매도함으로써 소유권은 상실하였다해도 위와 같은 권리의무는 있다 할 것인즉 임차인인 원고는 임대인의 피고에 대한 위와 같은 권리를 대위하여 행사할 수 있다(대판 1964.12.29., 64다804).
ㄷ. (ㅇ) 채권자대위권도 채권자대위권의 피대위권리가 될 수 있다(대판 1992.7.14., 92다527, 대판 1968.1.23., 67다2440).

20 甲은 乙에 대하여 1억 원의 물품대금채권을 가지고 있고, 乙은 丙에 대한 1억 원의 대여금채권을 채무초과상태에서 丁에게 양도한 후 이를 丙에게 통지하였다. 甲은 丁을 피고로 하여 채권자취소소송을 제기하였다. 이에 관한 설명으로 옳은 것을 모두 고른 것은?(다툼이 있으면 판례에 따름)

> ㄱ. 甲의 乙에 대한 물품대금채권이 시효로 소멸한 경우, 丁은 이를 甲에게 원용할 수 있다.
> ㄴ. 乙의 丁에 대한 채권양도행위가 사해행위로 취소되는 경우, 丁이 丙에게 양수금채권을 추심하지 않았다면 甲은 원상회복으로서 丁이 丙에게 채권양도가 취소되었다는 취지의 통지를 하도록 청구할 수 있다.
> ㄷ. 乙의 丁에 대한 채권양도행위가 사해행위로 취소되어 원상회복이 이루어진 경우, 甲은 乙을 대위하여 丙에게 대여금채권의 지급을 청구할 수 있다.

① ㄱ

② ㄷ

③ ㄱ, ㄴ

④ ㄴ, ㄷ

⑤ ㄱ, ㄴ, ㄷ

ㄱ. (○) 소멸시효를 원용할 수 있는 사람은 권리의 소멸에 의하여 직접 이익을 받는 자에 한정되는바, 사해행위취소소송의 상대방이 된 사해행위의 수익자는, 사해행위가 취소되면 사해행위에 의하여 얻은 이익을 상실하고 사해행위취소권을 행사하는 채권자의 채권이 소멸하면 그와 같은 이익의 상실을 면하는 지위에 있으므로, 그 채권의 소멸에 의하여 직접 이익을 받는 자에 해당하는 것으로 보아야 한다(대판 2007.11.29., 2007다54849). 따라서 사해행위 취소권을 행사하는 채권자(甲)의 채무자(乙)에 대한 물품대금채권(피보전채권)이 시효로 소멸한 경우, 수익자(丁)은 이를 채권자에게 원용할 수 있다.

ㄴ. (○) 채무자의 수익자에 대한 채권양도가 사해행위로 취소되는 경우, 수익자가 제3채무자로부터 아직 그 채권을 추심하지 아니한 때에는, 채권자는 사해행위취소에 따른 원상회복으로서 수익자가 제3채무자에 대하여 채권양도가 취소되었다는 취지의 통지를 하도록 청구할 수 있다(대판 2015.11.17., 2012다2743). 따라서 乙의 丁에 대한 채권양도행위가 사해행위로 취소되는 경우, 丁이 제3채무자(丙)에게 양수금채권을 추심하지 않았다면 甲은 원상회복으로서 丁이 丙에게 채권양도가 취소되었다는 취지의 통지를 하도록 청구할 수 있다.

ㄷ. (×) 사해행위의 취소는 채권자와 수익자의 관계에서 상대적으로 채무자와 수익자 사이의 법률행위를 무효로 하는 데에 그치고, 채무자와 수익자 사이의 법률관계에는 영향을 미치지 아니한다. 따라서 乙의 丁에 대한 채권양도가 사해행위로 취소되고, 그에 따른 원상회복으로서 丙에게 채권양도가 취소되었다는 취지의 통지가 이루어지더라도, 甲와 丁의 관계에서 채권이 채무자의 책임재산으로 취급될 뿐, 채무자가 직접 채권을 취득하여 권리자로 되는 것은 아니므로, 채권자는 채무자를 대위하여 제3채무자에게 채권에 관한 지급을 청구할 수 없다(대판 2015.11.17., 2012다2743).

21 사해행위취소의 소에 관한 설명으로 옳지 않은 것을 모두 고른 것은?(다툼이 있으면 판례에 따름)

1
2
3

> ㄱ. 취소채권자의 채권이 정지조건부 채권인 경우에는 특별한 사정이 없는 한 이를 피보전채권으로 하여 채권자취소권을 행사할 수 없다.
> ㄴ. 사해행위 후 그 목적물에 관하여 선의의 제3자가 저당권을 취득하였음을 이유로 가액배상을 명하는 경우, 그 목적물의 가액에서 제3자가 취득한 저당권의 피담보채권액을 공제하여야 한다.
> ㄷ. 사해행위의 목적물이 동산이고 그 원상회복으로 현물반환이 가능하더라도 취소채권자는 직접 자기에게 그 목적물의 인도를 청구할 수 없다.

① ㄱ ② ㄷ
③ ㄱ, ㄴ ④ ㄴ, ㄷ
⑤ ㄱ, ㄴ, ㄷ

> ㄱ. (×) 채권자취소권 행사는 채무 이행을 구하는 것이 아니라 총채권자를 위하여 이행기에 채무 이행을 위태롭게 하는 채무자의 자력 감소를 방지하는 데 목적이 있는 점과 민법이 제148조, 제149조에서 조건부 권리의 보호에 관한 규정을 두고 있는 점을 종합해 볼 때, 취소채권자의 채권이 정지조건부채권이라 하더라도 장래에 정지조건이 성취되기 어려울 것으로 보이는 등 특별한 사정이 없는 한, 이를 피보전채권으로 하여 채권자취소권을 행사할 수 있다(대판 2011.12.8., 2011다55542).
> ㄴ. (×) 사해행위 후 그 목적물에 관하여 선의의 제3자가 저당권을 취득하였음을 이유로 가액배상을 명하는 경우에는 사해행위 당시 일반 채권자들의 공동담보로 되어 있었던 부동산 가액 전부의 배상을 명하여야 할 것이고, 그 가액에서 제3자가 취득한 저당권의 피담보채권액을 공제할 것은 아니고, 증여의 형식으로 이루어진 사해행위를 취소하고 원물반환에 갈음하여 그 목적물 가액의 배상을 명함에 있어서는 수익자에게 부과된 증여세액과 취득세액을 공제하여 가액배상액을 산정할 것도 아니다(대판 2003.12.12., 2003다40286).
> ㄷ. (×) 민법 제406조에 의한 사해행위의 취소에 따른 원상회복은 원칙적으로 그 목적물 자체의 반환에 의하여야 하는바, 이 때 사해행위의 목적물이 동산이고 그 현물반환이 가능한 경우에는 취소채권자는 직접 자기에게 그 목적물의 인도를 청구할 수 있다(대판 1999.8.24., 99다23468, 23475).

22 변제에 관한 설명으로 옳지 않은 것을 모두 고른 것은?(다툼이 있으면 판례에 따름)

1
2
3

> ㄱ. 미리 저당권의 등기에 그 대위를 부기하지 않은 피담보채무의 보증인은 저당물에 후순위 근저당권을 취득한 제3자에 대하여 채권자를 대위할 수 없다.
> ㄴ. 변제자가 주채무자인 경우 보증인이 있는 채무와 보증인이 없는 채무의 변제이익은 차이가 없다.
> ㄷ. 채무자로부터 담보부동산을 취득한 제3자와 물상보증인 상호 간에는 각 부동산의 가액에 비례하여 채권자를 대위할 수 있다.

① ㄱ ② ㄴ
③ ㄱ, ㄷ ④ ㄴ, ㄷ
⑤ ㄱ, ㄴ, ㄷ

ㄱ. (×) 민법 제482조 제2항 제1호와 제2호에서 보증인에게 대위권을 인정하면서도 제3취득자는 보증인에 대하여 채권자를 대위할 수 없다고 규정한 까닭은, 제3취득자는 등기부상 담보권의 부담이 있음을 알고 권리를 취득한 자로서 그 담보권의 실행으로 인하여 예기치 못한 손해를 입을 염려가 없고, 또한 저당부동산에 대하여 소유권, 지상권 또는 전세권을 취득한 제3자는 저당권자에게 그 부동산으로 담보된 채권을 변제하고 저당권의 소멸을 청구할 수 있으며(민법 제364조), 저당물의 제3취득자가 그 부동산의 보존, 개량을 위하여 필요비 또는 유익비를 지출한 때에는 저당물의 경매대가에서 우선상환을 받을 수 있도록(민법 제367조) 하는 등 그 이익을 보호하는 규정도 마련되어 있으므로, 변제자대위와 관련해서는 제3취득자보다는 보증인을 보호할 필요가 있기 때문이다. 그러나 저당부동산에 대하여 후순위 근저당권을 취득한 제3자는 민법 제364조에서 정한 저당권소멸청구권을 행사할 수 있는 제3취득자에 해당하지 아니하고, 달리 선순위 근저당권의 실행으로부터 그의 이익을 보호하는 규정이 없으므로 변제자대위와 관련해서 후순위 근저당권자보다 보증인을 더 보호할 이유가 없으며, 나아가 선순위 근저당권의 피담보채무에 대하여 직접 보증책임을 지는 보증인과 달리 선순위 근저당권의 피담보채무에 대한 직접 변제책임을 지지 않는 후순위 근저당권자는 보증인에 대하여 채권자를 대위할 수 있다고 봄이 타당하므로, 민법 제482조 제2항 제2호의 제3취득자에 후순위 근저당권자는 포함되지 아니한다(대판 2013.2.15., 2012다48855).

ㄴ. (○) 변제자가 주채무자인 경우, 보증인이 있는 채무와 보증인이 없는 채무 사이에는 변제이익의 점에서 차이가 없다고 보아야 하므로, 보증기간 중의 채무와 보증기간 종료 후의 채무 사이에서도 변제이익의 점에서 차이가 없다. 따라서 주채무자가 변제한 금원은 이행기가 먼저 도래한 채무부터 법이 정하는 바에 따라 변제충당을 하여야 한다(대판 2021.1.28., 2019다207141).

ㄷ. (×) 물상보증인이 채무를 변제하거나 담보권의 실행으로 소유권을 잃은 때에는 보증채무를 이행한 보증인과 마찬가지로 채무자로부터 담보부동산을 취득한 제3자에 대하여 구상권의 범위 내에서 출재한 전액에 관하여 채권자를 대위할 수 있는 반면, 채무자로부터 담보부동산을 취득한 제3자는 채무를 변제하거나 담보권의 실행으로 소유권을 잃더라도 물상보증인에 대하여 채권자를 대위할 수 없다고 보아야 한다. 만일 물상보증인의 지위를 보증인과 다르게 보아서 물상보증인과 채무자로부터 담보부동산을 취득한 제3자 상호 간에는 각 부동산의 가액에 비례하여 채권자를 대위할 수 있다고 한다면, 본래 채무자에 대하여 출재한 전액에 관하여 대위할 수 있었던 물상보증인은 채무자가 담보부동산의 소유권을 제3자에게 이전하였다는 우연한 사정으로 이제는 각 부동산의 가액에 비례하여서만 대위하게 되는 반면, 당초 채무 전액에 대한 담보권의 부담을 각오하고 채무자로부터 담보부동산을 취득한 제3자는 그 범위에서 뜻하지 않은 이득을 얻게 되어 부당하다(대판(全) 2014.12.18., 2011다50233).

민법 제482조(변제자대위의 효과, 대위자 간의 관계)

① 전2조의 규정에 의하여 채권자를 대위한 자는 자기의 권리에 의하여 구상할 수 있는 범위에서 채권 및 그 담보에 관한 권리를 행사할 수 있다.

② 전항의 권리행사는 다음 각호의 규정에 의하여야 한다.

1. 보증인은 미리 전세권이나 저당권의 등기에 그 대위를 부기하지 아니하면 전세물이나 저당물에 권리를 취득한 제삼자에 대하여 채권자를 대위하지 못한다.
2. 제3취득자는 보증인에 대하여 채권자를 대위하지 못한다.
3. 제3취득자 중의 1인은 각 부동산의 가액에 비례하여 다른 제3취득자에 대하여 채권자를 대위한다.
4. 자기의 재산을 타인의 채무의 담보로 제공한 자가 수인인 경우에는 전호의 규정을 준용한다.
5. 자기의 재산을 타인의 채무의 담보로 제공한 자와 보증인 간에는 그 인원수에 비례하여 채권자를 대위한다. 그러나 자기의 재산을 타인의 채무의 담보로 제공한 자가 수인인 때에는 보증인의 부담부분을 제외하고 그 잔액에 대하여 각 재산의 가액에 비례하여 대위한다. 이 경우에 그 재산이 부동산인 때에는 제1호의 규정을 준용한다.

23 지명채권양도에 관한 설명으로 옳지 않은 것은?(다툼이 있으면 판례에 따름)

1
2
3

① 채권양도에 대하여 채무자가 이의를 보류하지 않은 승낙을 하였더라도 채무자는 채권이 이미 타인에게 양도되었다는 사실로써 양수인에게 대항할 수 있다.

> 채무자가 이의를 보류하지 아니하고 전조의 승낙을 한 때에는 양도인에게 대항할 수 있는 사유로써 양수인에게 대항하지 못한다(민법 제451조 제1항). 민법 제451조 제1항의 "양도인에게 대항할 수 있는 사유"란 채권의 성립, 존속, 행사를 저지·배척하는 사유를 가리킬 뿐이고, 채권의 귀속(채권이 이미 타인에게 양도되었다는 사실)은 이에 포함되지 아니한다(대판 1994.4.29., 93다35551). 따라서 채권양도에 대하여 채무자가 이의를 보류하지 않은 승낙을 하였더라도 채무자는 채권이 이미 타인에게 양도되었다는 사실로써 양수인에게 대항할 수 있다.

② 채권양도에 있어서 주채무자에 대하여 대항요건을 갖추었다면 보증인에 대하여도 그 효력이 미친다.

> 채권양도에 있어서 주채무자에 대하여 채권양도통지 등 대항요건을 갖추었으면 보증인에 대하여도 그 효력이 미친다(대판 1976.4.13., 75다1100). 보증채무는 주채무에 대한 부종성 또는 수반성이 있어서 주채무자에 대한 채권이 이전되면 당사자 사이에 별도의 특약이 없는 한 보증인에 대한 채권도 함께 이전하고, 이 경우 채권양도의 대항요건도 주채권의 이전에 관하여 구비하면 족하고, 별도로 보증채권에 관하여 대항요건을 갖출 필요는 없다(대판 2002.9.10., 2002다21509).

☑ ③ 채권양도가 다른 채무의 담보조로 이루어진 후 그 피담보채무가 변제로 소멸된 경우, 양도채권의 채무자는 이를 이유로 채권양수인의 양수금 지급청구를 거절할 수 있다.

> 채권양도가 다른 채무의 담보조로 이루어졌으며 또한 그 채무가 변제되었다고 하더라도, 이는 채권 양도인과 양수인 간의 문제일 뿐이고, 양도채권의 채무자는 채권 양도·양수인 간의 채무 소멸 여하에 관계없이 양도된 채무를 양수인에게 변제하여야 하는 것이므로, 설령 그 피담보채무가 변제로 소멸되었다고 하더라도 양도채권의 채무자로서는 이를 이유로 채권양수인의 양수금 청구를 거절할 수 없다(대판 1999.11.26., 99다23093).

④ 채권양도금지특약의 존재를 경과실로 알지 못하고 그 채권을 양수한 자는 악의의 양수인으로 취급되지 않는다.

> 채무자는 제3자가 채권자로부터 채권을 양수한 경우 채권양도금지 특약의 존재를 알고 있는 양수인[악의의 양수인(註)]이나 그 특약의 존재를 알지 못함에 중대한 과실이 있는 양수인에게 그 특약으로써 대항할 수 있고, 여기서 말하는 '중과실'이란 통상인에게 요구되는 정도의 상당한 주의를 하지 않더라도 약간의 주의를 한다면 손쉽게 그 특약의 존재를 알 수 있음에도 불구하고 그러한 주의조차 기울이지 아니하여 특약의 존재를 알지 못한 것을 말하며, 제3자의 악의 내지 중과실은 채권양도금지의 특약으로 양수인에게 대항하려는 자가 이를 주장·증명하여야 한다(대판 2010.5.13., 2010다8310). 채권양도금지특약의 존재를 '중과실'로 알지 못하고 채권을 양수한 자와 달리, 채권양도금지특약의 존재를 '경과실'로 알지 못하고 그 채권을 양수한 자는 악의의 양수인으로 취급되지 않는다.

⑤ 당사자 사이에 양도금지의 특약이 있는 채권이라도 압류 및 전부명령에 의하여 이전될 수 있다.

> 당사자 사이에 양도금지의 특약이 있는 채권이라도 압류 및 전부명령에 의하여 이전할 수 있고, 양도금지의 특약이 있는 사실에 관하여 압류채권자가 선의인가 악의인가는 전부명령의 효력에 영향을 미치지 못한다(대판 1976.10.29., 76다1623).

24 채권자 甲, 채무자 乙, 인수인 丙으로 하는 채무인수 등의 법률관계에 관한 설명으로 옳은 것은?(다툼이 있으면 판례에 따름)

① 乙과 丙 사이의 합의에 의한 면책적 채무인수가 성립하는 경우, 甲이 乙또는 丙을 상대로 승낙을 하지 않더라도 그 채무인수의 효력은 발생한다.

> 제삼자가 채무자와의 계약으로 채무를 인수한 경우에는 채권자의 승낙에 의하여 그 효력이 생기며 채권자의 승낙 또는 거절의 상대방은 채무자나 제삼자이다(민법 제454조 제1항 및 제2항). 따라서 채무자(乙)과 丙[제3자(인수인)] 사이의 합의에 의한 면책적 채무인수가 성립하는 경우, 채권자(甲)이 채무자(乙) 또는 제3자인수인(丙)을 상대로 승낙을 해야 그 채무인수의 효력이 발생한다.

② 乙과 丙 사이의 합의에 의한 이행인수가 성립한 경우, 丙이 그에 따라 자신의 출연으로 乙의 채무를 변제하였다면 특별한 사정이 없는 한 甲의 채권을 법정대위할 수 있다.

> 민법 제481조에 의하여 법정대위를 할 수 있는 '변제할 정당한 이익이 있는 자'라고 함은 변제함으로써 당연히 대위의 보호를 받아야 할 법률상의 이익을 가지는 자를 의미한다. 그런데 이행인수인이 채무자와의 이행인수약정에 따라 채권자에게 채무를 이행하기로 약정하였음에도 불구하고 이를 이행하지 아니하는 경우에는 채무자에 대하여 채무불이행의 책임을 지게 되어 특별한 법적 불이익을 입게 될 지위에 있다고 할 것이므로, 이행인수인은 그 변제를 할 정당한 이익이 있다고 할 것이다(대결 2012.7.16., 2009마461). 따라서 채무자(乙과 丙(인수인) 사이의 합의에 의한 이행인수가 성립한 경우, 丙(이행인수인)이 그에 따라 자신의 출연으로 乙의 채무를 변제하였다면 특별한 사정이 없는 한 채권자 채권자(甲)의 채권을 법정대위할 수 있다.

③ 乙의 의사에 반하여 이루어진 甲과 丙사이의 합의에 의한 중첩적 채무인수는 무효이다.

> 중첩적 채무인수는 채권자와 채무인수인과의 합의가 있는 이상 채무자의 의사에 반하여서도 이루어질 수 있다(대판 1988.11.22., 87다카1836). 따라서 채무자(乙)의 의사에 반하여 이루어진 채권자(甲)과 丙(인수인)사이의 합의에 의한 중첩적 채무인수는 유효하다.

④ 乙과 丙 사이의 합의에 의한 채무인수가 면책적 인수인지, 중첩적 인수인지 분명하지 않은 때에는 이를 면책적 채무인수로 본다.

> 채무인수가 면책적인가 중첩적인가 하는 것은 채무인수계약에 나타난 당사자 의사의 해석에 관한 문제이고, 채무인수에 있어서 면책적 인수인지, 중첩적 인수인지가 분명하지 아니한 때에는 이를 중첩적으로 인수한 것으로 볼 것이다(대판 2002.9.24., 2002다36228).

⑤ 乙의 부탁을 받은 丙이 甲과 합의하여 중첩적 채무인수 계약을 체결한 경우, 乙과 丙은 부진정연대채무관계에 있다.

> 채무인수가 면책적인가 중첩적인가 하는 것은 채무인수계약에 나타난 당사자 의사의 해석에 관한 문제이고, 채무인수에 있어서 면책적 인수인지, 중첩적 인수인지가 분명하지 아니한 때에는 이를 중첩적으로 인수한 것으로 볼 것이다(대판 2014.8.20., 2012다97420, 97437). 채무자(乙)의 부탁을 받은 인수인(丙)이 채권자(甲)과 합의하여 중첩적 채무인수 계약을 체결한 경우, 乙과 丙은 주관적 공동관계가 있는 연대채무관계에 있다.

25 채권의 소멸에 관한 설명으로 옳지 않은 것은?(다툼이 있으면 판례에 따름)

① 변제공탁은 채권자의 수익의 의사표시 여부와 상관없이 공탁공무원의 수탁처분과 공탁물보관자의 공탁물수령으로 그 효력이 발생한다.

> 변제공탁은 공탁공무원의 수탁처분과 공탁물보관자의 공탁물수령으로 그 효력이 발생하여 채무소멸의 효과를 가져오는 것이고 채권자에 대한 공탁통지나 채권자의 수익의 의사표시가 있는 때에 공탁의 효력이 생기는 것이 아니다(대결 1972.5.15., 72마401).

② 기존 채권 · 채무의 당사자가 그 목적물을 소비대차의 목적으로 할 것을 약정한 경우, 당사자의 의사가 명백하지 않을 때에는 특별한 사정이 없는 한 그 약정은 경개가 아닌 준소비대차로 보아야 한다.

> 기존 채권 · 채무의 당사자가 목적물을 소비대차의 목적으로 할 것을 약정한 경우 약정을 경개로 볼 것인가 준소비대차로 볼 것인가는 일차적으로 당사자의 의사에 따라 결정되고 만약 당사자의 의사가 명백하지 않을 때에는 의사해석의 문제이나, 특별한 사정이 없는 한 동일성을 상실함으로써 채권자가 담보를 잃고 채무자가 항변권을 잃게 되는 것과 같이 스스로 불이익을 초래하는 의사를 표시하였다고는 볼 수 없으므로 일반적으로 준소비대차로 보아야 한다(대판 2016.6.9., 2014다64752).

③ 벌금형이 확정된 이상 벌금채권의 변제기는 도래한 것이므로 법률상 이를 금지할 근거가 없는 한 벌금채권은 상계의 자동채권이 될 수 있다.

> 상계는 쌍방이 서로 상대방에 대하여 같은 종류의 급부를 목적으로 하는 채권을 가지고 자동채권의 변제기가 도래하였을 것을 그 요건으로 하는 것인데, 형벌의 일종인 벌금도 일정 금액으로 표시된 추상적 경제가치를 급부목적으로 하는 채권인 점에서는 다른 금전채권들과 본질적으로 다를 것이 없고, 다만 발생의 법적 근거가 공법관계라는 점에서만 차이가 있을 뿐이나 채권 발생의 법적 근거가 무엇인지는 급부의 동종성을 결정하는 데 영향이 없으며, 벌금형이 확정된 이상 벌금채권의 변제기는 도래한 것이므로 달리 이를 금하는 특별한 법률상 근거가 없는 이상 벌금채권은 적어도 상계의 자동채권이 되지 못할 아무런 이유가 없다(대판 2004.4.27., 2003다37891).

④ 상계로 인한 채무소멸의 효력은 소멸한 채무 전액에 관하여 다른 부진정연대채무자에 대하여도 미치며, 이는 부진정연대채무자 중 1인이 채권자와 상계계약을 체결한 경우에도 마찬가지이다.

> 부진정연대채무자 중 1인이 자신의 채권자에 대한 반대채권으로 상계를 한 경우에도 채권은 변제, 대물변제, 또는 공탁이 행하여진 경우와 동일하게 현실적으로 만족을 얻어 그 목적을 달성하는 것이므로, 그 상계로 인한 채무소멸의 효력은 소멸한 채무 전액에 관하여 다른 부진정연대채무자에 대하여도 미친다고 보아야 한다. 이는 부진정연대채무자 중 1인이 채권자와 상계계약을 체결한 경우에도 마찬가지이다. 나아가 이러한 법리는 채권자가 상계 내지 상계계약이 이루어질 당시 다른 부진정연대채무자의 존재를 알았는지 여부에 의하여 좌우되지 아니한다(대판(全) 2010.9.16., 2008다97218).

☑ 손해배상채무가 중과실에 의한 불법행위로 발생한 경우, 그 채무자는 이를 수동채권으로 하는 상계로 채권자에게 대항하지 못한다.

> 고의의 불법행위에 인한 손해배상채권에 대한 상계금지를 중과실의 불법행위에 인한 손해배상채권에까지 유추 또는 확장적용하여야 할 필요성이 있다고 할 수 없다(대판 1994.8.12., 93다52808). 따라서 손해배상채무가 중과실에 의한 불법행위로 발생한 경우, 그 채무자는 이를 수동채권으로 하는 상계로 채권자에게 대항할 수 있다.

26 계약의 성립에 관한 설명으로 옳은 것은?(다툼이 있으면 판례에 따름)

① 민법은 청약의 구속력에 관한 규정에서 철회할 수 있는 예외를 규정하고 있다.

> 민법 제527조 청약의 구속력에 관한 규정에서 계약의 청약은 이를 철회하지 못한다고 규정하고 있지만 철회할 수 있는 예외를 규정하고 있지 않다.

② 승낙기간을 정하지 않은 청약은 청약자가 상당한 기간 내에 승낙 통지를 받지 못한 때에 그 효력을 잃는다.

> 승낙의 기간을 정하지 아니한 계약의 청약은 청약자가 상당한 기간내에 승낙의 통지를 받지 못한 때에는 그 효력을 잃는다(민법 제529조).

③ 민법은 격지자간의 계약은 승낙의 통지가 도달한 때에 성립한다고 규정하고 있다.

> 민법 제531조

④ 청약은 그에 응하는 승낙이 있어야 계약이 성립하므로 구체적이거나 확정적일 필요가 없다.

> 계약이 성립하기 위한 법률요건인 청약은 그에 응하는 승낙만 있으면 곧 계약이 성립하는 구체적, 확정적 의사표시여야 하므로, 청약은 계약의 내용을 결정할 수 있을 정도의 사항을 포함시키는 것이 필요하다(대판 2017.10.26., 2017다242867).

⑤ 아파트의 분양광고가 청약의 유인인 경우, 피유인자가 이에 대응하여 청약을 하는 것으로써 분양계약은 성립한다.

> 청약은 이에 대응하는 상대방의 승낙과 결합하여 일정한 내용의 계약을 성립시킬 것을 목적으로 하는 확정적인 의사표시인 반면 청약의 유인은 이와 달리 합의를 구성하는 의사표시가 되지 못하므로 피유인자가 그에 대응하여 의사표시를 하더라도 계약은 성립하지 않고 다시 유인한 자가 승낙의 의사표시를 함으로써 비로소 계약이 성립하는 것으로서 서로 구분되는 것이다. 그리고 위와 같은 구분 기준에 따르자면, 상가나 아파트의 분양광고의 내용은 청약의 유인으로서의 성질을 갖는 데 불과한 것이 일반적이라 할 수 있다(대판 2007.6.1., 2005다5812).

27 계약의 불성립이나 무효에 관한 설명으로 옳지 않은 것은?(다툼이 있으면 판례에 따름)

① 목적이 원시적·객관적 전부불능인 계약을 체결할 때 불능을 알았던 자는 선의·무과실의 상대방이 계약의 유효를 믿었으므로 인해 받은 손해를 배상해야 한다.

> 목적이 불능[원시적·객관적 전부불능(註)]한 계약을 체결할 때에 그 불능을 알았거나 알 수 있었을 자는 상대방이 그 계약의 유효를 믿었음으로 인하여 받은 손해를 배상하여야 한다. 그러나 그 배상액은 계약이 유효함으로 인하여 생길 이익액을 넘지 못한다(민법 제535조 제1항). 다만, 상대방이 그 불능을 알았거나 알 수 있었을 경우에는 적용하지 아니한다(민법 제535조 제2항).

② 목적물이 타인의 소유에 속하는 매매계약은 원시적 불능인 급부를 내용으로 하는 것으로 당연무효이다.

> 특정한 매매의 목적물이 타인의 소유에 속하는 경우라 하더라도, 그 매매계약이 원시적 이행불능에 속하는 내용을 목적으로 하는 당연무효의 계약이라고 볼 수 없다(대판 1993.9.10., 93다20283).

③ 계약이 의사의 불합치로 성립하지 않은 경우, 그로 인해 손해를 입은 당사자는 계약이 성립되지 않을 수 있다는 것을 알았던 상대방에게 민법 제535조(계약체결상의 과실)에 따른 손해배상청구를 할 수 없다.

> 계약이 의사의 불합치로 성립하지 아니한 경우 그로 인하여 손해를 입은 당사자가 상대방에게 부당이득반환청구 또는 불법행위로 인한 손해배상청구를 할 수 있는지는 별론으로 하고, 상대방이 계약이 성립되지 아니할 수 있다는 것을 알았거나 알 수 있었음을 이유로 민법 제535조를 유추적용하여 계약체결상의 과실로 인한 손해배상청구를 할 수는 없다(대판 2017.11.14., 2015다10929). ⚖️1

④ 수량을 지정한 부동산매매계약에서 실제면적이 계약면적에 미달하는 경우, 미달 부분의 원시적 불능을 이유로 민법 제535조에 따른 책임의 이행을 구할 수 없다.

> 부동산매매계약에 있어서 실제면적이 계약면적에 미달하는 경우에는 그 매매가 수량지정매매에 해당할 때에 한하여 민법 제574조, 제572조에 의한 대금감액청구권을 행사함은 별론으로 하고, 그 매매계약이 그 미달부분만큼 일부 무효임을 들어 이와 별도로 일반 부당이득반환청구를 하거나 그 부분의 원시적 불능을 이유로 민법 제535조가 규정하는 계약체결상의 과실에 따른 책임의 이행을 구할 수 없다(대판 2002.4.9., 99다47396). ⚖️2

⑤ 계약교섭의 부당파기가 신의성실원칙에 위반되어 위법한 행위이면 불법행위를 구성한다.

> 어느 일방이 교섭단계에서 계약이 확실하게 체결되리라는 정당한 기대 내지 신뢰를 부여하여 상대방이 그 신뢰에 따라 행동하였음에도 상당한 이유 없이 계약의 체결을 거부[계약교섭의 부당파기(註)]하여 손해를 입혔다면 이는 신의성실의 원칙에 비추어 볼 때 계약자유 원칙의 한계를 넘는 위법한 행위로서 불법행위를 구성한다고 할 것이다(대판 2003.4.11., 2001다53059).

⚖️1 **법령**

민법 제535조(계약체결상의 과실)
① 목적이 불능한 계약을 체결할 때에 그 불능을 알았거나 알 수 있었을 자는 상대방이 그 계약의 유효를 믿었으므로 인하여 받은 손해를 배상하여야 한다. 그러나 그 배상액은 계약이 유효함으로 인하여 생길 이익액을 넘지 못한다.
② 전항의 규정은 상대방이 그 불능을 알았거나 알 수 있었을 경우에는 적용하지 아니한다.

⚖️2 **법령**

민법 제572조(권리의 일부가 타인에게 속한 경우와 매도인의 담보책임)
① 매매의 목적이 된 권리의 일부가 타인에게 속함으로 인하여 매도인이 그 권리를 취득하여 매수인에게 이전할 수 없는 때에는 매수인은 그 부분의 비율로 대금의 감액을 청구할 수 있다.

민법 제574조(수량부족, 일부멸실의 경우와 매도인의 담보책임)
전2조의 규정은 수량을 지정한 매매의 목적물이 부족되는 경우와 매매목적물의 일부가 계약당시에 이미 멸실된 경우에 매수인이 그 부족 또는 멸실을 알지 못한 때에 준용한다.

28 동시이행의 항변권에 관한 설명으로 옳지 않은 것은?(다툼이 있으면 판례에 따름)

① 동시이행관계에 있는 쌍방의 채무 중 어느 한 채무가 이행불능으로 인하여 손해배상채무로 변경된 경우도 다른 채무와 동시이행의 관계에 있다.

> 동시이행의 관계에 있는 쌍방의 채무 중 어느 한 채무가 이행불능이 됨으로 인하여 발생한 손해배상채무도 여전히 다른 채무와 동시이행의 관계에 있다(대판 2000.2.25., 97다30066).

② 선이행의무 있는 중도금지급을 지체하던 중 매매계약이 해제되지 않고 잔대금 지급기일이 도래하면, 특별한 사정이 없는 한 중도금과 이에 대한 지급일 다음 날부터 잔대금 지급일까지의 지연손해금 및 잔대금 지급의무와 소유권이전의무는 동시이행관계이다.

> 매수인이 선이행하여야 할 중도금지급을 하지 아니한 채 잔대금지급일을 경과한 경우에는 매수인의 중도금 및 이에 대한 지급일 다음 날부터 잔대금지급일까지의 지연손해금과 잔대금의 지급채무는 매도인의 소유권 이전등기의무와 특별한 사정이 없는 한 동시이행관계에 있다(대판 1991.3.27., 90다19930).

③ 일방의 의무가 선이행의무라도 상대방의 이행이 곤란할 현저한 사유가 있는 때에는 상대방이 그 채무이행을 제공할 때까지 자기의 채무이행을 거절할 수 있다.

> 쌍무계약의 당사자일방은 상대방이 그 채무이행을 제공할 때까지 자기의 채무이행을 거절할 수 있다. 그러나 상대방의 채무가 변제기에 있지 아니하는 때에는 그러하지 아니하다. 당사자일방이 상대방에게 먼저 이행하여야 할 경우에 상대방의 이행이 곤란할 현저한 사유가 있는 때에는 전항 본문과 같다(민법 제536조 제1항 및 제2항).

④ 동시이행관계의 경우 일방의 채무의 이행기가 도래하더라도 상대방 채무의 이행제공이 있을 때까지 그 일방은 이행지체책임을 지지 않는다.

> 쌍무계약에서 쌍방의 채무가 동시이행관계에 있는 경우 일방의 채무의 이행기가 도래하더라도 상대방 채무의 이행제공이 있을 때까지는 그 채무를 이행하지 않아도 이행지체의 책임을 지지 않는 것이고, 이와 같은 효과는 이행지체의 책임이 없다고 주장하는 자가 반드시 동시이행의 항변권을 행사하여야만 발생하는 것은 아니다(대판 1998.3.13., 97다54604, 54611).

✅ 동시이행항변권에 따른 이행지체 책임 면제의 효력은 그 항변권을 행사해야 발생한다.

> 쌍무계약에서 쌍방의 채무가 동시이행관계에 있는 경우 일방의 채무의 이행기가 도래하더라도 상대방 채무의 이행제공이 있을 때까지는 그 채무를 이행하지 않아도 이행지체의 책임을 지지 않는 것이고, 이와 같은 효과는 이행지체의 책임이 없다고 주장하는 자가 반드시 동시이행의 항변권을 행사하여야만 발생하는 것은 아니다(대판 1998.3.13., 97다54604, 54611).

29 제3자를 위한 계약에 관한 설명으로 옳지 않은 것은?(다툼이 있으면 판례에 따름)

① 요약자는 낙약자의 채무불이행을 이유로 제3자의 동의 없이 기본관계를 이루는 계약을 해제할 수 있다.

> 제3자를 위한 유상 쌍무계약의 경우 요약자는 낙약자의 채무불이행을 이유로 제3자의 동의없이 계약을 해제할 수 있다(대판 1970.2.24., 69다1410, 1411).

② 낙약자는 기본관계에 기한 항변으로 계약의 이익을 받을 제3자에게 대항할 수 있다.

> 채무자[낙약자(註)]는 제539조의 계약에 기한 항변으로 그 계약의 이익을 받을 제삼자에게 대항할 수 있다(민법 제542조). ⚖

③ 계약 당사자가 제3자에 대하여 가진 채권에 관하여 그 채무를 면제하는 계약도 제3자를 위한 계약에 준하는 것으로 유효하다.

> 제3자를 위한 계약이 성립하기 위하여는 일반적으로 그 계약의 당사자가 아닌 제3자로 하여금 직접 권리를 취득하게 하는 조항이 있어야 할 것이지만, 계약의 당사자가 제3자에 대하여 가진 채권에 관하여 그 채무를 면제하는 계약도 제3자를 위한 계약에 준하는 것으로서 유효하다(대판 2004.9.3., 2002다37405).

✔ 제3자를 위한 계약의 성립 시에 제3자는 요약자와 낙약자에게 계약의 이익을 받을 의사를 표시해야 권리를 직접 취득한다.

> 계약에 의하여 당사자일방이 제삼자에게 이행할 것을 약정한 때에는 그 제삼자는 채무자에게 직접 그 이행을 청구할 수 있다. 제삼자의 권리는 그 제삼자가 채무자에 대하여 계약의 이익을 받을 의사를 표시한 때에 생긴다(민법 제539조 제1항 및 제2항). 채무자(낙약자)와 제삼자의 합의에 의한 중첩적 채무인수의 경우 채권자(요약자)의 수익의 의사표시는 그 계약의 성립요건이나 효력발생요건이 아니라 채권자가 인수인에 대하여 채권을 취득하기 위한 요건이다(대판 2013.9.13., 2011다56033). '제3자의 수익의 의사표시'는 제3자를 위한 계약의 성립 시에 해야 하는 것은 아니고, 계약 성립 후에도 할 수 있다(민법 제540조).

⑤ 채무자와 인수인 사이에 체결되는 중첩적 채무인수계약은 제3자를 위한 계약이다.

> 채무자와 인수인의 합의에 의한 중첩적 채무인수는 일종의 제3자를 위한 계약이라고 할 것이므로, 채권자는 인수인에 대하여 채무이행을 청구하거나 기타 채권자로서의 권리를 행사하는 방법으로 수익의 의사표시를 함으로써 인수인에 대하여 직접 청구할 권리를 갖게 된다(대판 2013.9.13., 2011다56033).

⚖ 법령

민법 제539조(제삼자를 위한 계약)
① 계약에 의하여 당사자 일방이 제삼자에게 이행할 것을 약정한 때에는 그 제삼자는 채무자에게 직접 그 이행을 청구할 수 있다.
② 전항의 경우에 제삼자의 권리는 그 제삼자가 채무자에 대하여 계약의 이익을 받을 의사를 표시한 때에 생긴다.

30 합의해지에 관한 설명으로 옳은 것을 모두 고른 것은?(다툼이 있으면 판례에 따름)

1
2
3

> ㄱ. 근로자의 사직원 제출에 따른 합의해지의 청약에 대해 사용자의 승낙의사가 형성되어 확정적으로 근로계약종료의 효과가 발생하기 전에는 특별한 사정이 없는 한 근로자는 사직의 의사표시를 철회할 수 있다.
> ㄴ. 계약의 합의해지는 묵시적으로 이루어질 수도 있으나, 묵시적 합의해지는 계약에 따른 채무의 이행이 시작된 후에 당사자 쌍방의 계약실현 의사의 결여 또는 포기로 인하여 계약을 실현하지 아니할 의사가 일치되어야만 한다.
> ㄷ. 당사자 사이에 약정이 없는 이상, 합의해지로 인하여 반환할 금전에 그 받은 날로부터의 이자를 가할 의무가 있다.

① ㄱ   ② ㄷ

✔️ ㄱ, ㄴ   ④ ㄴ, ㄷ

⑤ ㄱ, ㄴ, ㄷ

ㄱ. (○) 민법 527조에 따르면 "계약의 청약은 이를 철회하지 못한다"고 규정하고 있다. 그러나 판례는 근로자가 사직원의 제출방법에 의하여 근로계약관계의 합의해지를 청약하고 이에 대하여 사용자가 승낙함으로써 당해근로관계를 종료시키게 되는 경우에 있어서는, 근로자는 위 사직원의 제출에 따른 사용자의 승낙의사가 형성되어 확정적으로 근로계약 종료의 효과가 발생하기 전에는 그 사직의 의사표시를 자유로이 철회할 수 있다고 보아야 한다고 판시하고 있다(대판 1992.4.10., 91다43138).

ㄴ. (○) 계약의 합의해지는 묵시적으로 이루어질 수도 있으나, 계약에 따른 채무의 이행이 시작된 다음에 당사자 쌍방이 계약실현 의사의 결여 또는 포기로 계약을 실현하지 않을 의사가 일치되어야만 한다. 이와 같은 합의가 성립하기 위해서는 쌍방 당사자의 표시행위에 나타난 의사의 내용이 객관적으로 일치하여야 하므로 계약당사자 일방이 계약해지에 관한 조건을 제시한 경우 조건에 관한 합의까지 이루어져야 한다(대판 2018.12.27., 2016다274270, 274287).

ㄷ. (×) 합의해제 또는 해제계약이라 함은 해제권의 유무에 불구하고 계약 당사자 쌍방이 합의에 의하여 기존의 계약의 효력을 소멸시켜 당초부터 계약이 체결되지 않았던 것과 같은 상태로 복귀시킬 것을 내용으로 하는 새로운 계약으로서, 그 효력은 그 합의의 내용에 의하여 결정되고 여기에는 해제에 관한 민법 제548조 제2항의 규정은 적용되지 아니하므로, 당사자 사이에 약정이 없는 이상 합의해제로 인하여 반환할 금전에 그 받은 날로부터의 이자를 가하여야 할 의무가 있는 것은 아니다(대판 1996.7.30., 95다16011). ⚖️

법령

민법 제548조(해제의 효과, 원상회복의무)
① 당사자일방이 계약을 해제한 때에는 각 당사자는 그 상대방에 대하여 원상회복의 의무가 있다. 그러나 제삼자의 권리를 해하지 못한다.
② 전항의 경우에 반환할 금전에는 그 받은 날로부터 이자를 가하여야 한다.

31 상대부담없는 증여계약의 법정해제사유로 옳지 않은 것은?(다툼이 있으면 판례에 따름)

① 서면에 의하지 아니한 증여의 경우

> 증여의 의사가 서면으로 표시되지 아니한 경우에는 각당사자는 이를 해제할 수 있다(민법 제555조).

② 수증자의 증여자에 대한 범죄행위가 있는 경우

> 수증자가 증여자에 대하여 증여자 또는 그 배우자나 직계혈족에 대한 범죄행위가 있는 때에는 증여자는 그 증여를 해제할 수 있다(민법 제556조 제1항 제1호). 이 경우 증여자해제권은 해제원인있음을 안 날로부터 6월을 경과하거나 증여자가 수증자에 대하여 용서의 의사를 표시한 때에는 소멸한다(민법 제556조 제2항).

③ 증여자에 대한 부양의무 있는 수증자가 그 부양의무를 불이행한 경우

> 증여자에 대하여 부양의무있는 경우에 이를 이행하지 아니하는 때에는 증여자는 그 증여를 해제할 수 있다 (민법 제556조 제1항 제2호). 이 경우 증여자해제권은 해제원인 있음을 안 날로부터 6월을 경과하거나 증여자가 수증자에 대하여 용서의 의사를 표시한 때에는 소멸한다(민법 제556조 제2항).

④ 증여자의 재산상태가 현저히 변경되고 증여계약의 이행으로 생계에 중대한 영향을 미칠 경우

> 증여계약후에 증여자의 재산상태가 현저히 변경되고 그 이행으로 인하여 생계에 중대한 영향을 미칠 경우에는 증여자는 증여를 해제할 수 있다(민법 제557조).

☑ 증여 목적물에 증여자가 알지 못하는 하자가 있는 경우

> 증여자는 증여의 목적인 물건 또는 권리의 하자나 흠결에 대하여 책임을 지지 아니한다. 그러나 증여자가 그 하자나 흠결을 알고 수증자에게 고지하지 아니한 때에는 그러하지 아니하다(민법 제559조 제1항).

32 매매계약에 관한 설명으로 옳은 것은?(다툼이 있으면 판례에 따름)

☑ 매매의 일방예약이 행해진 경우, 예약완결권자가 상대방에게 매매를 완결할 의사를 표시하면 매매의 효력이 생긴다.

> 민법 제564조 제1항

② 매매계약에 관한 비용은 다른 약정이 없는 한 매수인이 부담한다.

> 매매계약에 관한 비용은 당사자 쌍방이 균분하여 부담한다(민법 제566조).

③ 경매목적물에 하자가 있는 경우, 경매에서의 채무자는 하자담보책임을 부담한다.

> 매도인의 하자담보책임에 관한 민법 제580조 제1항은 경매의 경우에 적용하지 아니한다(민법 제580조 제2항). ⚖

④ 매매계약 후 인도되지 않은 목적물로부터 생긴 과실은 다른 약정이 없는 한 대금을 지급하지 않더라도 매수인에게 속한다.

> 민법 제587조에 의하면, 매매계약 있은 후에도 인도하지 아니한 목적물로부터 생긴 과실은 매도인에게 속하고, 매수인은 목적물의 인도를 받은 날로부터 대금의 이자를 지급하여야 한다고 규정하고 있는바, 이는 매매 당사자 사이의 형평을 꾀하기 위하여 매매목적물이 인도되지 아니하더라도 매수인이 대금을 완제한 때에는 그 시점 이후의 과실은 매수인에게 귀속되지만, 매매목적물이 인도되지 아니하고 또한 매수인이 대금을 완제하지 아니한 때에는 매도인의 이행지체가 있더라도 과실은 매도인에게 귀속되는 것이므로 매수인은 인도의무의 지체로 인한 손해배상금의 지급을 구할 수 없다(대판 2004.4.23., 2004다8210).

⑤ 부동산 매매등기가 이루어지고 5년 후에 환매권의 보류를 등기한 때에는 매매등기 시부터 제 3자에 대하여 그 효력이 있다.

> 매매의 목적물이 부동산인 경우에 매매등기와 동시에 환매권의 보류를 등기한 때에는 제삼자에 대하여 그 효력이 있다(민법 제592조). 따라서 부동산 매매등기가 이루어지고 5년 후에 환매권의 보류를 등기한 때에는 매매등기 시부터 제3자에 대하여 그 효력이 없다.

민법 제580조(매도인의 하자담보책임)
① 매매의 목적물에 하자가 있는 때에는 제575조 제1항의 규정을 준용한다. 그러나 매수인이 하자있는 것을 알았거나 과실로 인하여 이를 알지 못한 때에는 그러하지 아니하다.

민법 제575조(제한물권있는 경우와 매도인의 담보책임)
① 매매의 목적물이 지상권, 지역권, 전세권, 질권 또는 유치권의 목적이 된 경우에 매수인이 이를 알지 못한 때에는 이로 인하여 계약의 목적을 달성할 수 없는 경우에 한하여 매수인은 계약을 해제할 수 있다. 기타의 경우에는 손해배상만을 청구할 수 있다.
② 전항의 규정은 매매의 목적이 된 부동산을 위하여 존재할 지역권이 없거나 그 부동산에 등기된 임대차계약이 있는 경우에 준용한다.
③ 전2항의 권리는 매수인이 그 사실을 안 날로부터 1년내에 행사하여야 한다.

② 전항의 규정은 경매의 경우에 적용하지 아니한다.

33 위임계약에 관한 설명으로 옳은 것을 모두 고른 것은?(다툼이 있으면 판례에 따름)

ㄱ. 수임인이 대변제청구권을 보전하기 위하여 위임인의 채권을 대위행사하는 경우에는 위임인의 무자력을 요건으로 한다.
ㄴ. 수임인은 특별한 사정이 없는 한 위임인에게 불리한 시기에 부득이한 사유로 위임계약을 해지할 수 없다.
ㄷ. 위임계약이 무상인 경우, 수임인은 특별한 사정이 없는 한 위임의 본지에 따라 선량한 관리자의 주의로써 위임사무를 처리하여야 한다.

① ㄱ   ㄷ
③ ㄱ, ㄴ   ④ ㄴ, ㄷ
⑤ ㄱ, ㄴ, ㄷ

> ㄱ. (×) 수임인이 가지는 민법 제688조 제2항 전단 소정의 대변제청구권은 통상의 금전채권과는 다른 목적을 갖는 것이므로, 수임인이 이 대변제청구권을 보전하기 위하여 채무자인 위임인의 채권을 대위행사하는 경우에는 채무자의 무자력을 요건으로 하지 아니한다(대판 2002.1.25., 2001다52506).
> ㄴ. (×) 수임인은 위임계약을 언제든지 해지할 수 있다. 수임인이 부득이한 사유없이 상대방의 불리한 시기에 계약을 해지한 때에는 그 손해를 배상해야 하지만, 수임인에게 부득이한 사유가 있다면 위임인에게 불리한 시기에 위임계약을 해지하였다고 하더라도 손해배상책임을 부담하지는 아니한다(민법 제689조).
> ㄷ. (○) 수임인은 위임의 본지에 따라 선량한 관리자의 주의로써 위임사무를 처리하여야 한다(민법 제681조). 이는 위임계약이 유상이든 무상이든 관계없이 수임인이 언제나 부담하는 기본채무이다.

민법 제688조(수임인의 비용상환청구권 등)
① 수임인이 위임사무의 처리에 관하여 필요비를 지출한 때에는 위임인에 대하여 지출한 날 이후의 이자를 청구할 수 있다.
② 수임인이 위임사무의 처리에 필요한 채무를 부담한 때에는 위임인에게 자기에 가름하여 이를 변제하게 할 수 있고 그 채무가 변제기에 있지 아니한 때에는 상당한 담보를 제공하게 할 수 있다.
③ 수임인이 위임사무의 처리를 위하여 과실없이 손해를 받은 때에는 위임인에 대하여 그 배상을 청구할 수 있다.

---

34 고용계약에 관한 설명으로 옳지 않은 것을 모두 고른 것은?(다툼이 있으면 판례에 따름)

ㄱ. 관행에 비추어 노무의 제공에 보수를 수반하는 것이 보통인 경우에도 보수에 관하여 명시적인 합의가 없다면 노무를 제공한 노무자는 사용자에게 보수를 청구할 수 없다.
ㄴ. 근로자를 고용한 기업으로부터 다른 기업으로 적을 옮겨 업무에 종사하게 하는 전적은 특별한 사정이 없는 한 근로자의 동의가 없더라도 효력이 생긴다.
ㄷ. 고용기간이 있는 고용계약을 해지할 수 있는 부득이한 사유에는 고용계약상 의무의 중대한 위반이 있는 경우가 포함되지 않는다.

① ㄱ
② ㄷ
③ ㄱ, ㄴ
④ ㄴ, ㄷ
⑤ ㄱ, ㄴ, ㄷ

ㄱ. (×) 고용은 노무를 제공하는 노무자에 대하여 사용자가 보수를 지급하기로 하는 계약이므로, 고용계약에 있어서 보수는 고용계약의 본질적 부분을 구성하고, 따라서 보수 지급을 전제로 하지 않는 고용계약은 존재할 수 없으나, 보수 지급에 관한 약정은 그 방법에 아무런 제한이 없고 반드시 명시적임을 요하는 것도 아니며, 관행이나 사회통념에 비추어 노무의 제공에 보수를 수반하는 것이 보통인 경우에는 당사자 사이에 보수에 관한 묵시적 합의가 있었다고 봄이 상당하고, 다만 이러한 경우에는 보수의 종류와 범위 등에 관한 약정이 없으므로 관행 등에 의하여 이를 결정하여야 한다(대판 1999.7.9., 97다58767). 따라서 관행에 비추어 노무의 제공에 보수를 수반하는 것이 보통인 경우 명시적 합의가 없더라도 묵시적 합의가 인정되므로 노무를 제공한 노무자는 이에 의하여 사용자에게 보수를 청구할 수 있다.
ㄴ. (×) 근로자를 그가 고용된 기업으로부터 다른 기업으로 적을 옮겨 다른 기업의 업무에 종사하게 하는 이른바 전적(전적)은, 종래에 종사하던 기업과 사이의 근로계약을 합의해지하고 이적하게 될 기업과 사이에 새로운 근로계약을 체결하는 것이거나 근로계약상의 사용자의 지위를 양도하는 것이므로, 동일 기업 내의 인사이동인 전근이나 전보와 달라 특별한 사정이 없는 한 근로자의 동의를 얻어야 효력이 생긴다(대판 2006.1.12., 2005두9873).
ㄷ. (×) 민법 제661조 소정의 '부득이한 사유'라 함은 고용계약을 계속하여 존속시켜 그 이행을 강제하는 것이 사회통념상 불가능한 경우를 말하고, 고용은 계속적 계약으로 당사자 사이의 특별한 신뢰관계를 전제로 하므로 고용관계를 계속하여 유지하는 데 필요한 신뢰관계를 파괴하거나 해치는 사실도 부득이한 사유에 포함되며, 따라서 고용계약상 의무의 중대한 위반이 있는 경우에도 부득이한 사유에 포함된다(대판 2004.2.27., 2003다51675).

35 도급계약에 관한 설명으로 옳지 않은 것은?(다툼이 있으면 판례에 따름)

① 공사도급계약의 수급인은 특별한 사정이 없는 한 이행대행자를 사용할 수 있다.

> 공사도급계약에 있어서 당사자 사이에 특약이 있거나 일의 성질상 수급인 자신이 하지 않으면 채무의 본지에 따른 이행이 될 수 없다는 등의 특별한 사정이 없는 한 반드시 수급인 자신이 직접 일을 완성하여야 하는 것은 아니고, 이행보조자 또는 이행대행자를 사용하더라도 공사도급계약에서 정한 대로 공사를 이행하는 한 계약을 불이행하였다고 볼 수 없다(대판 2002.4.12., 2001다82545, 82552).

② 수급인의 담보책임에 관한 제척기간은 재판상 또는 재판 외의 권리행사기간이다.

> 민법상 수급인의 하자담보책임에 관한 기간은 제척기간으로서 재판상 또는 재판 외의 권리행사기간이며 재판상 청구를 위한 출소기간이 아니라고 할 것이다(대판 2000.6.9., 2000다15371).

✔ 도급인이 하자보수에 갈음하여 손해배상을 청구하는 경우, 수급인이 그 채무이행을 제공할 때까지 도급인은 그 손해배상액에 상응하는 보수액 및 그 나머지 보수액에 대해서도 지급을 거절할 수 있다.

> 완성된 목적물에 하자가 있어 도급인이 하자의 보수에 갈음하여 손해배상을 청구한 경우에, 도급인은 수급인이 그 손해배상청구에 관하여 채무이행을 제공할 때까지 그 손해배상액에 상응하는 보수액에 관하여만 자기의 채무이행을 거절할 수 있을 뿐이고 그 나머지 보수액은 지급을 거절할 수 없다고 할 것이므로, 도급인의 손해배상 채권과 동시이행관계에 있는 수급인의 공사대금 채권은 공사잔대금 채권 중 위 손해배상 채권액과 동액의 채권에 한하고, 그 나머지 공사잔대금 채권은 위 손해배상 채권과 동시이행관계에 있다고 할 수 없다(대판 1996.6.11., 95다12798).

④ 부동산공사 수급인의 저당권설정청구권은 특별한 사정이 없는 한 공사대금채권의 양도에 따라 양수인에게 이전된다.

> 민법 제666조에서 정한 수급인의 저당권설정청구권은 공사대금채권을 담보하기 위하여 인정되는 채권적 청구권으로서 공사대금채권에 부수하여 인정되는 권리이므로, 당사자 사이에 공사대금채권만을 양도하고 저당권설정청구권은 이와 함께 양도하지 않기로 약정하였다는 등의 특별한 사정이 없는 한, 공사대금채권이 양도되는 경우 저당권설정청구권도 이에 수반하여 함께 이전된다고 봄이 타당하다(대판 2018.11.29., 2015다19827).

⑤ 민법 제673조에 따라 수급인이 일을 완성하기 전에 도급인이 손해를 배상하고 도급계약을 해제하는 경우, 도급인은 특별한 사정이 없는 한 그 손해배상과 관련하여 수급인의 부주의를 이유로 과실상계를 주장할 수 없다.

> 민법 제673조에서 도급인으로 하여금 자유로운 해제권을 행사할 수 있도록 하는 대신 수급인이 입은 손해를 배상하도록 규정하고 있는 것은 도급인의 일방적인 의사에 기한 도급계약 해제를 인정하는 대신, 도급인의 일방적인 계약해제로 인하여 수급인이 입게 될 손해, 즉 수급인이 이미 지출한 비용과 일을 완성하였더라면 얻었을 이익을 합한 금액을 전부 배상하게 하는 것이라 할 것이므로, 위 규정에 의하여 도급계약을 해제한 이상은 특별한 사정이 없는 한 도급인은 수급인에 대한 손해배상에 있어서 과실상계나 손해배상예정액 감액을 주장할 수는 없다(대판 2002.5.10., 2000다37296, 37302).

36 여행계약에 관한 설명으로 옳은 것은?(다른 사정은 고려하지 않음)

① 여행자는 여행을 시작하기 전에는 여행계약을 해제할 수 없다.

> 여행자는 여행을 시작하기 전에는 언제든지 계약을 해제할 수 있다. 다만, 여행자는 상대방에게 발생한 손해를 배상하여야 한다(민법 제674조의3). ⚖

② 여행대금지급시기에 관해 약정이 없는 경우, 여행자는 다른 관습이 있더라도 여행 종료 후 지체 없이 여행대금을 지급하여야 한다.

> 여행자는 약정한 시기에 대금을 지급하여야 하며, 그 시기의 약정이 없으면 관습에 따르고, 관습이 없으면 여행의 종료 후 지체 없이 지급하여야 한다(민법 제674조의5).

③ 여행의 하자에 대한 시정에 지나치게 많은 비용이 드는 경우에도 여행자는 그 시정을 청구할 수 있다.

> 여행에 하자가 있는 경우에는 여행자는 여행주최자에게 하자의 시정 또는 대금의 감액을 청구할 수 있다. 다만, 그 시정에 지나치게 많은 비용이 들거나 그 밖에 시정을 합리적으로 기대할 수 없는 경우에는 시정을 청구할 수 없다(민법 제674조의6 제1항). ⚖

✔ 여행에 중대한 하자로 인해 여행계약이 중도에 해지된 경우, 여행자는 실행된 여행으로 얻은 이익을 여행주최자에게 상환하여야 한다.

> 여행자는 여행에 중대한 하자가 있는 경우에 그 시정이 이루어지지 아니하거나 계약의 내용에 따른 이행을 기대할 수 없는 경우에는 계약을 해지할 수 있다. 계약이 해지된 경우에는 여행주최자는 대금청구권을 상실한다. 다만, 여행자가 실행된 여행으로 이익을 얻은 경우에는 그 이익을 여행주최자에게 상환하여야 한다(민법 제674조의7 제1항 및 제2항 및 제3항). ⚖

⑤ 여행계약의 담보책임 존속기간에 관한 규정과 다른 합의가 있는 경우, 그 합의가 여행자에게 유리하더라도 효력은 없다.

> 제674조의6과 제674조의7에 따른 권리는 여행 기간 중에도 행사할 수 있으며, 계약에서 정한 여행 종료일부터 6개월 내에 행사하여야 한다(민법 제674조의8). 다만, 제674조의3, 제674조의4 또는 제674조의6부터 제674조의8까지의 규정을 위반하는 약정으로서 여행자에게 불리한 것은 효력이 없다(민법 제674조의9). 여행자에게 유리한 경우 그 다른 합의의 효력은 인정된다. ⚖

⚖ **법령**

민법 제674조의3(여행 개시 전의 계약 해제)
여행자는 여행을 시작하기 전에는 언제든지 계약을 해제할 수 있다. 다만, 여행자는 상대방에게 발생한 손해를 배상하여야 한다.

민법 제674조의4(부득이한 사유로 인한 계약 해지)
① 부득이한 사유가 있는 경우에는 각 당사자는 계약을 해지할 수 있다. 다만, 그 사유가 당사자 한쪽의 과실로 인하여 생긴 경우에는 상대방에게 손해를 배상하여야 한다.
② 제1항에 따라 계약이 해지된 경우에도 계약상 귀환운송(歸還運送) 의무가 있는 여행주최자는 여행자를 귀환운송할 의무가 있다.
③ 제1항의 해지로 인하여 발생하는 추가 비용은 그 해지 사유가 어느 당사자의 사정에 속하는 경우에는 그 당사자가 부담하고, 누구의 사정에도 속하지 아니하는 경우에는 각 당사자가 절반씩 부담한다.

민법 제674조의6(여행주최자의 담보책임)
① 여행에 하자가 있는 경우에는 여행자는 여행주최자에게 하자의 시정 또는 대금의 감액을 청구할 수 있다. 다만, 그 시정에 지나치게 많은 비용이 들거나 그 밖에 시정을 합리적으로 기대할 수 없는 경우에는 시정을 청구할 수 없다.

② 제1항의 시정 청구는 상당한 기간을 정하여 하여야 한다. 다만, 즉시 시정할 필요가 있는 경우에는 그러하지 아니하다.

③ 여행자는 시정 청구, 감액 청구를 갈음하여 손해배상을 청구하거나 시정 청구, 감액 청구와 함께 손해배상을 청구할 수 있다.

민법 제674조의7(여행주최자의 담보책임과 여행자의 해지권)

① 여행자는 여행에 중대한 하자가 있는 경우에 그 시정이 이루어지지 아니하거나 계약의 내용에 따른 이행을 기대할 수 없는 경우에는 계약을 해지할 수 있다.

② 계약이 해지된 경우에는 여행주최자는 대금청구권을 상실한다. 다만, 여행자가 실행된 여행으로 이익을 얻은 경우에는 그 이익을 여행주최자에게 상환하여야 한다.

③ 여행주최자는 계약의 해지로 인하여 필요하게 된 조치를 할 의무를 지며, 계약상 귀환운송 의무가 있으면 여행자를 귀환운송하여야 한다. 이 경우 상당한 이유가 있는 때에는 여행주최자는 여행자에게 그 비용의 일부를 청구할 수 있다.

민법 제674조의8(담보책임의 존속기간)

제674조의6과 제674조의7에 따른 권리는 여행 기간 중에도 행사할 수 있으며, 계약에서 정한 여행 종료일부터 6개월 내에 행사하여야 한다.

민법 제674조의9(강행규정)

제674조의3, 제674조의4 또는 제674조의6부터 제674조의8까지의 규정을 위반하는 약정으로서 여행자에게 불리한 것은 효력이 없다.

37 임대차에 관한 설명으로 옳지 않은 것은?(다툼이 있으면 판례에 따름)

① 부동산소유자인 임대인은 특별한 사정이 없는 한 임대차기간을 영구로 정하는 부동산임대차계약을 체결할 수 있다.

> 임대차기간이 영구인 임대계약을 인정할 실제의 필요성도 있고, 이러한 임대차계약을 인정한다고 하더라도 사정변경에 의한 차임증감청구권이나 계약 해지 등으로 당사자들의 이해관계를 조정할 수 있는 방법이 있을 뿐만 아니라, 임차인에 대한 관계에서만 사용ㆍ수익권이 제한되는 외에 임대인의 소유권을 전면적으로 제한하는 것도 아닌 점 등에 비추어 보면, 당사자들이 자유로운 의사에 따라 임대차기간을 영구로 정한 약정은 이를 무효로 볼 만한 특별한 사정이 없는 한 계약자유의 원칙에 의하여 허용된다고 보아야 한다(대판 2023.6.1., 2023다209045).

② 부동산임차인은 특별한 사정이 없는 한 지출한 필요비의 한도에서 차임의 지급을 거절할 수 있다.

> 임차인이 임차물의 보존에 관한 필요비를 지출한 때에는 임대인에게 상환을 청구할 수 있다(민법 제626조 제1항). 여기에서 '필요비'란 임차인이 임차물의 보존을 위하여 지출한 비용을 말한다. 임대차계약에서 임대인은 목적물을 계약존속 중 사용ㆍ수익에 필요한 상태를 유지하게 할 의무를 부담하고, 이러한 의무와 관련한 임차물의 보존을 위한 비용도 임대인이 부담해야 하므로, 임차인이 필요비를 지출하면, 임대인은 이를 상환할 의무가 있다. 임대인의 필요비상환의무는 특별한 사정이 없는 한 임차인의 차임지급의무와 서로 대응하는 관계에 있으므로, 임차인은 지출한 필요비 금액의 한도에서 차임의 지급을 거절할 수 있다(대판 2019.11.14., 2016다227694).

③ 임대인이 임차인의 의사에 반하여 보존행위를 하는 경우, 임차인이 이로 인하여 임차목적을 달성할 수 없는 때에는 임대차계약을 해지할 수 있다.

> 민법 제625조

✅ 기간의 약정이 없는 토지임대차의 임대인이 임대차계약의 해지를 통고한 경우, 그 해지의 효력은 임차인이 통고를 받은 날부터 1개월 후에 발생한다.

> 임대차기간의 약정이 없는 때에는 당사자는 언제든지 계약해지의 통고를 할 수 있다. 상대방이 전항의 통고를 받은 날로부터 토지, 건물 기타 공작물에 대하여는 임대인이 해지를 통고한 경우에는 6월, 임차인이 해지를 통고한 경우에는 1월의 기간이 경과하면 해지의 효력이 생긴다(민법 제635조 제1항 및 제2항 제1호).

⑤ 임차인이 임대인의 동의 없이 임차권을 양도한 경우, 임대인은 특별한 사정이 없는 한 임대차계약을 해지할 수 있다.

> 임차인은 임대인의 동의 없이 그 권리[임차권(註)]를 양도하거나 임차물을 전대하지 못하며(민법 제629조 제1항), 임차인이 전항의 규정에 위반한 때에는 임대인은 계약을 해지할 수 있다(민법 제629조 제2항).

38 사무관리에 관한 설명으로 옳지 않은 것은?(다툼이 있으면 판례에 따름)

① 제3자와의 약정에 따라 타인의 사무를 처리한 경우, 사무처리자와 그 타인과의 관계에서는 원칙적으로 사무관리가 인정되지 않는다.

> 의무 없이 타인의 사무를 처리한 자는 그 타인에 대하여 민법상 사무관리 규정에 따라 비용상환 등을 청구할 수 있으나, 제3자와의 약정에 따라 타인의 사무를 처리한 경우에는 의무 없이 타인의 사무를 처리한 것이 아니므로 이는 원칙적으로 그 타인과의 관계에서는 사무관리가 된다고 볼 수 없다(대판 2013.9.26., 2012다43539).

② 타인의 사무처리가 본인의 의사에 반한다는 것이 명백하다면 특별한 사정이 없는 한 사무관리는 성립하지 않는다.

> 사무관리가 성립하기 위하여는 우선 그 사무가 타인의 사무이고 타인을 위하여 사무를 처리하는 의사, 즉 관리의 사실상의 이익을 타인에게 귀속시키려는 의사가 있어야 함은 물론 나아가 그 사무의 처리가 본인에게 불리하거나 본인의 의사에 반한다는 것이 명백하지 아니할 것을 요한다(대판 1997.10.10., 97다26326). 따라서 타인의 사무처리가 본인의 의사에 반한다는 것이 명백하다면 특별한 사정이 없는 한 사무관리는 성립하지 않는다.

✅ 사무관리의 성립요건인 '타인을 위하여 사무를 처리하는 의사'는 반드시 외부적으로 표시되어야 한다.

> 무관리가 성립하기 위하여는 우선 그 사무가 타인의 사무이고 타인을 위하여 사무를 처리하는 의사, 즉 관리의 사실상의 이익을 타인에게 귀속시키려는 의사가 있어야 하며, 나아가 그 사무의 처리가 본인에게 불리하거나 본인의 의사에 반한다는 것이 명백하지 아니할 것을 요한다. '타인을 위하여 사무를 처리하는 의사'는 관리자 자신의 이익을 위한 의사와 병존할 수 있고, 반드시 외부적으로 표시될 필요가 없으며, 사무를 관리할 당시에 확정되어 있을 필요가 없다(대판 2013.8.22., 2013다30882).

④ 사무관리에 의하여 본인이 아닌 제3자가 결과적으로 사실상 이익을 얻은 경우, 사무관리자는 그 제3자에 대하여 직접 부당이득반환을 청구할 수 없다.

> 계약상 급부가 계약 상대방뿐 아니라 제3자에게 이익이 된 경우에 급부를 한 계약당사자는 계약 상대방에 대하여 계약상 반대급부를 청구할 수 있는 이외에 제3자에 대하여 직접 부당이득반환청구를 할 수는 없다고 보아야 하고, 이러한 법리는 급부가 사무관리에 의하여 이루어진 경우에도 마찬가지이다. 따라서 의무 없이 타인을 위하여 사무를 관리한 자는 타인에 대하여 민법상 사무관리 규정에 따라 비용상환 등을 청구할 수 있는 외에 사무관리에 의하여 결과적으로 사실상 이익을 얻은 다른 제3자에 대하여 직접 부당이득반환을 청구할 수는 없다(대판 2013.6.27., 2011다17106).

⑤ 사무관리의 성립요건인 '타인을 위하여 사무를 처리하는 의사'는 관리자 자신의 이익을 위한
  의사와 병존할 수 있다.

> '타인을 위하여 사무를 처리하는 의사'는 관리자 자신의 이익을 위한 의사와 병존할 수 있고, 반드시 외부적으
> 로 표시될 필요가 없으며, 사무를 관리할 당시에 확정되어 있을 필요가 없다(대판 2013.8.22., 2013다30882).

39 불법행위에 관한 설명으로 옳지 않은 것을 모두 고른 것은?(다툼이 있으면 판례에 따름)

1
2
3

> ㄱ. 법적 작위의무가 객관적으로 인정되더라도 의무자가 그 작위의무의 존재를 인식하지 못한 경우
>   에는 부작위로 인한 불법행위가 성립하지 않는다.
> ㄴ. 공작물의 하자로 인해 손해가 발생한 경우, 그 손해가 공작물의 하자와 관련한 위험이 현실화되
>   어 발생한 것이 아니라도 공작물의 설치 또는 보존상 하자로 인하여 발생한 손해라고 볼 수 있다.
> ㄷ. 성추행을 당한 미성년자의 가해자에 대한 손해배상청구권의 소멸시효는 그 미성년자가 성년이
>   될 때까지는 진행되지 아니한다.

① ㄱ   ② ㄷ
③ ㄱ, ㄴ   ④ ㄴ, ㄷ
⑤ ㄱ, ㄴ, ㄷ

> ㄱ. (×) 부작위로 인한 불법행위가 성립하려면 작위의무가 전제되어야 하지만, 작위의무가 객관적으로 인정
> 되는 이상 의무자가 의무의 존재를 인식하지 못하였더라도 불법행위 성립에는 영향이 없다. 이는 고지의
> 무 위반에 의하여 불법행위가 성립하는 경우에도 마찬가지이므로 당사자의 부주의 또는 착오 등으로 고
> 지의무가 있다는 것을 인식하지 못하였다고 하여 위법성이 부정될 수 있는 것은 아니다(대판 2012.4.26.,
> 2010다8709).
> ㄴ. (×) 공작물책임 규정의 내용과 입법 취지, '공작물의 설치·보존상의 하자'의 판단 기준 등에 비추어 보
> 면, 공작물의 하자로 인해 어떤 손해가 발생하였다고 하더라도 그 손해가 공작물의 하자와 관련한 위험이
> 현실화되어 발생한 것이 아니라면 이는 '공작물의 설치 또는 보존상의 하자로 인하여 발생한 손해'라고
> 볼 수 없다(대판 2018.7.12., 2015다249147).
> ㄷ. (○) 미성년자가 성폭력, 성추행, 성희롱, 그 밖의 성적(性的) 침해를 당한 경우에 이로 인한 손해배상청구
> 권의 소멸시효는 그가 성년이 될 때까지는 진행되지 아니한다(민법 제766조 제3항).

40 부당이득에 관한 설명으로 옳은 것을 모두 고른 것은?(다툼이 있으면 판례에 따름)

ㄱ. 계약해제로 인한 원상회복의무의 이행으로 금전을 반환하는 경우, 그 금전에 받은 날로부터 가산하는 이자의 반환은 부당이득반환의 성질을 갖는다.

ㄴ. 민법 제742조(비채변제)의 규정은 변제자가 채무 없음을 알지 못한 경우에는 그 과실 유무를 불문하고 적용되지 아니한다.

ㄷ. 수익자가 취득한 것이 금전상의 이득인 경우, 특별한 사정이 없는 한 그 금전은 이를 취득한 자가 소비하였는지 여부를 불문하고 현존하는 것으로 추정된다.

① ㄱ
② ㄷ
③ ㄱ, ㄴ
④ ㄴ, ㄷ
☑ ㄱ, ㄴ, ㄷ

ㄱ. (ㅇ) 법정해제권 행사의 경우 당사자 일방이 그 수령한 금전을 반환함에 있어 그 받은 때로부터 법정이자를 부가함을 요하는 것은 민법 제548조 제2항이 규정하는 바로서, 이는 원상회복의 범위에 속하는 것이며 일종의 부당이득반환의 성질을 가지는 것이고 반환의무의 이행지체로 인한 것이 아니므로, 부동산 매매계약이 해제된 경우 매도인의 매매대금 반환의무와 매수인의 소유권이전등기말소등기 절차이행의무가 동시이행의 관계에 있는지 여부와는 관계없이 매도인이 반환하여야 할 매매대금에 대하여는 그 받은 날로부터 민법 소정의 법정이율인 연 5푼의 비율에 의한 법정이자를 부가하여 지급하여야 하고, 이와 같은 법리는 약정된 해제권을 행사하는 경우라 하여 달라지는 것은 아니다(대판 2000.6.9., 2000다9123). ⚖[1]

ㄴ. (ㅇ) 민법 제742조 소정의 비채변제에 관한 규정은 변제자가 채무 없음을 알면서도 변제를 한 경우에 적용되는 것이고, 채무 없음을 알지 못한 경우에는 그 과실 유무를 불문하고 적용되지 아니한다(대판 1998.11.13., 97다58453). ⚖[2]

ㄷ. (ㅇ) 법률상 원인 없이 타인의 재산 또는 노무로 인하여 이익을 얻고 그로 인하여 타인에게 손해를 가한 경우, 그 취득한 것이 금전상의 이득인 때에는 그 금전은 이를 취득한 자가 소비하였는가의 여부를 불문하고 현존하는 것으로 추정된다(대판 1996.12.10., 96다32881).

⚖[1]
법령

민법 제548조(해제의 효과, 원상회복의무)
① 당사자일방이 계약을 해제한 때에는 각 당사자는 그 상대방에 대하여 원상회복의 의무가 있다. 그러나 제삼자의 권리를 해하지 못한다.
② 전항의 경우에 반환할 금전에는 그 받은 날로부터 이자를 가하여야 한다.

⚖[2]
법령

민법 제742조(비채변제)
채무없음을 알고 이를 변제한 때에는 그 반환을 청구하지 못한다.

01	02	03	04	05	06	07	08	09	10	11	12	13	14	15	16	17	18	19	20	21	22	23	24	25
①	②	③	⑤	④	②	②	②	②	④	①	⑤	⑤	③	③	③	③	⑤	②	①	①	④	④	⑤	①

01 제한능력자에 관한 설명으로 옳지 않은 것은?

☑ ① 피성년후견인은 의사능력이 있더라도 단독으로 유효한 대리행위를 할 수 없다.

> 민법 제117조에서는 "대리인은 행위능력자임을 요하지 않는다"고 규정하고 있으므로 의사능력이 있는 한 피성년후견인도 대리인이 될 수 있다. 이는 본인이 제한능력자를 대리인으로 정한 이상, 그 불이익을 스스로 부담하여야 한다는 취지에서 규정된 것이다. 다만, 민법 제116조 제1항에서는 대리에 있어서 의사표시의 요건은 대리인을 표준으로 하여 판단하여야 한다고 규정하고 있으며, 따라서 대리행위를 하는 피성년후견인에게 의사능력은 있어야 하고, 의사능력이 없으면 대리행위는 무효가 된다.

② 가정법원은 한정후견개시의 심판을 할 때 본인의 의사를 고려하여야 한다.

> 민법 제12조 제2항, 제9조 제2항

③ 제한능력을 이유로 취소할 수 있는 법률행위는 제한능력자가 단독으로 취소할 수 있다.

> 취소할 수 있는 법률행위는 제한능력자, 착오로 인하거나 사기·강박에 의하여 의사표시를 한 자, 그의 대리인 또는 승계인만이 취소할 수 있다(민법 제140조).

④ 가정법원이 취소할 수 없는 피성년후견인의 법률행위의 범위를 정한 경우, 피성년후견인은 그 범위에서 단독으로 유효한 법률행위를 할 수 있다.

> 피성년후견인의 법률행위는 취소할 수 있으나, 가정법원이 취소할 수 없는 피성년후견인의 법률행위의 범위를 정한 경우에는 그 범위 내에서 피성년후견인에게 예외적으로 행위능력이 인정되며(민법 제10조 제1항, 제2항), 이 경우 피성년후견인은 그 범위에서 단독으로 유효한 법률행위를 할 수 있다. ⚖

⑤ 가정법원이 피한정후견인에 대하여 성년후견개시의 심판을 할 때에는 종전의 한정후견의 종료 심판을 해야 한다.

> 가정법원이 피한정후견인 또는 피특정후견인에 대하여 성년후견개시의 심판을 할 때에는 종전의 한정후견 또는 특정후견의 종료 심판을 한다(민법 제14조의3 제1항).

⚖ **법령**

> **민법 제10조(피성년후견인의 행위와 취소)**
> ① 피성년후견인의 법률행위는 취소할 수 있다.
> ② 제1항에도 불구하고 가정법원은 취소할 수 없는 피성년후견인의 법률행위의 범위를 정할 수 있다.

02 권리의 객체에 관한 설명으로 옳은 것을 모두 고른 것은?(다툼이 있으면 판례에 따름)

> ㄱ. 주물과 종물은 원칙적으로 동일한 소유자에게 속하여야 한다.
> ㄴ. 분묘에 안치되어 있는 피상속인의 유골은 제사주재자에게 승계된다.
> ㄷ. 부동산 매수인이 매매대금을 완제한 후, 그 부동산이 인도되지 않은 상태에서 그로부터 발생한 과실은 특별한 사정이 없는 한 매도인에게 귀속된다.

① ㄱ   ✓② ㄱ, ㄴ

③ ㄱ, ㄷ   ④ ㄴ, ㄷ

⑤ ㄱ, ㄴ, ㄷ

> ㄱ. (○) 종물은 물건의 소유자가 그 물건의 상용에 공하기 위하여 자기 소유인 다른 물건을 이에 부속하게 한 것을 말하므로(민법 제100조 제1항) 주물과 다른 사람의 소유에 속하는 물건은 종물이 될 수 없다(대판 2008.5.8., 2007다36933, 36940).
> ㄴ. (○) 사람의 유체·유골은 매장·관리·제사·공양의 대상이 될 수 있는 유체물로서, 분묘에 안치되어 있는 선조의 유체·유골은 민법 제1008조의3 소정의 제사용 재산인 분묘와 함께 그 제사주재자에게 승계되고, 피상속인 자신의 유체·유골 역시 위 제사용 재산에 준하여 그 제사주재자에게 승계된다(대판(全) 2008.11.20., 2007다27670).
> ㄷ. (×) 민법 제587조에 의하면, 매매계약 있은 후에도 인도하지 아니한 목적물로부터 생긴 과실은 매도인에게 속하고, 매수인은 목적물의 인도를 받은 날로부터 대금의 이자를 지급하여야 한다고 규정하고 있는바, 이는 매매당사자 사이의 형평을 꾀하기 위하여 매매목적물이 인도되지 아니하더라도 매수인이 대금을 완제한 때에는 그 시점 이후의 과실은 매수인에게 귀속되지만, 매매목적물이 인도되지 아니하고 또한 매수인이 대금을 완제하지 아니한 때에는 매도인의 이행지체가 있더라도 과실은 매도인에게 귀속되는 것이므로 매수인은 인도의무의 지체로 인한 손해배상금의 지급을 구할 수 없다(대판 2004.4.23., 2004다8210).

03 민법상 사단법인 甲과 그 대표이사 乙에 관한 설명으로 옳은 것을 모두 고른 것은?

> ㄱ. 甲과 乙의 이익이 상반하는 사항에 관하여는 乙은 대표권이 없다.
> ㄴ. 甲의 정관에 이사의 해임사유에 관한 규정이 있는 경우, 甲은 乙의 중대한 의무위반 등 특별한 사정이 없는 한 정관에서 정하지 아니한 사유로 乙을 해임할 수 없다.
> ㄷ. 乙이 丙에게 대표자로서의 모든 권한을 포괄적으로 위임하여 丙이 甲의 사무를 집행한 경우, 丙의 그 사무집행행위는 원칙적으로 甲에 대하여 효력이 있다.

① ㄱ   ② ㄷ

✓③ ㄱ, ㄴ   ④ ㄴ, ㄷ

⑤ ㄱ, ㄴ, ㄷ

> ㄱ. (○) 법인(甲)과 이사(乙)의 이익이 상반하는 사항에 관하여는 이사(乙)는 대표권이 없다. 이 경우에는 민법 제63조의 규정에 의하여 특별대리인을 선임하여야 한다(민법 제64조).
> ㄴ. (○) 법인이 정관에 이사의 해임사유 및 절차 등을 따로 정한 경우 그 규정은 법인과 이사와의 관계를 명확히 함은 물론 이사의 신분을 보장하는 의미도 아울러 가지고 있어 이를 단순히 주의적 규정으로 볼 수는 없다. 따라서 법인(甲)의 정관에 이사(乙)의 해임사유에 관한 규정이 있는 경우 법인으로서는 이사의 중대한 의무위반 또는 정상적인 사무집행 불능 등의 특별한 사정이 없는 이상, 정관에서 정하지 아니한 사유로 이사(乙)를 해임할 수 없다(대판 2013.11.28., 2011다41741).

ㄷ. (×) 이사는 정관 또는 총회의 결의로 금지하지 않은 사항에 한하여 타인으로 하여금 '특정의 행위'를 대리하게 할 수 있다(민법 제62조). 즉, 이사는 특정한 행위를 다른 이사에게 대리하게 할 수 있으나, 대표자로서의 모든 권한을 포괄적으로 위임할 수는 없다(대판 1989.5.9., 87다카2407 참조). 따라서 판례의 취지를 고려할 때 대표이사(乙)이 丙에게 대표자로서의 모든 권한을 포괄적으로 위임하여 丙이 甲의 사무를 집행한 경우, 丙의 그 사무집행행위는 민법 제62조를 위반한 것이어서 원칙적으로 甲에 대하여 효력이 없다(대판 2011.4.28., 2008다15438 참조).

04 의사표시에 관한 설명으로 옳지 않은 것은?(다툼이 있으면 판례에 따름)

① 매매계약이 착오로 취소된 경우 특별한 사정이 없는 한 당사자 쌍방의 원상회복의무는 동시이행관계에 있다.

> 매매계약이 취소된 경우에 당사자 쌍방의 원상회복의무는 동시이행의 관계에 있다(대판 2001.7.10., 2001다3764).

② 동기의 착오가 상대방의 부정한 방법에 의하여 유발된 경우, 동기가 표시되지 않았더라도 표의자는 착오를 이유로 의사표시를 취소할 수 있다.

> 동기의 착오가 법률행위의 내용의 중요부분의 착오에 해당함을 이유로 표의자가 법률행위를 취소하려면 그 동기를 당해 의사표시의 내용으로 삼을 것을 상대방에게 표시하고 의사표시의 해석상 법률행위의 내용으로 되어 있다고 인정되면 충분하고 당사자들 사이에 별도로 그 동기를 의사표시의 내용으로 삼기로 하는 합의까지 이루어질 필요는 없지만, 그 법률행위의 내용의 착오는 보통 일반인이 표의자의 입장에 섰더라면 그와 같은 의사표시를 하지 아니하였으리라고 여겨질 정도로 그 착오가 중요한 부분에 관한 것이어야 한다(대판 2000.5.12., 2000다12259). 이에 대한 예외를 인정한 판례로서, 동기의 착오가 상대방의 부정한 방법에 의하여 유발된 경우, 동기가 표시되지 않았더라도 표의자는 착오를 이유로 의사표시를 취소할 수 있다고 보는 판례(대판 1997.8.26., 97다6063 등)가 존재한다.

③ 통정허위표시로 무효인 법률행위도 채권자취소권의 대상이 될 수 있다.

> 채무자의 법률행위가 통정허위표시인 경우에도 채권자취소권의 대상이 되고, 한편 채권자취소권의 대상으로 된 채무자의 법률행위라도 통정허위표시의 요건을 갖춘 경우에는 무효라고 할 것이다(대판 1998.2.27., 97다50985).

④ 사기에 의해 화해계약이 체결된 경우 표의자는 화해의 목적인 분쟁에 관한 사항에 착오가 있더라도 사기를 이유로 화해계약을 취소할 수 있다.

> 민법 제733조의 규정에 의하면, 화해계약은 화해당사자의 자격 또는 화해의 목적인 분쟁 이외의 사항에 착오가 있는 경우를 제외하고는 착오를 이유로 취소하지 못하지만, 화해계약이 사기로 인하여 이루어진 경우에는 화해의 목적인 분쟁에 관한 사항에 착오가 있는 때에도 민법 제110조에 따라 이를 취소할 수 있다고 할 것이다(대판 2008.9.11., 2008다15278).

✔ 경과실에 의한 착오를 이유로 의사표시를 취소한 자는 상대방이 그 의사표시의 유효를 믿었음으로 인하여 발생한 손해에 대하여 불법행위책임을 진다.

> 불법행위로 인한 손해배상책임이 성립하기 위하여는 가해자의 고의 또는 과실 이외에 행위의 위법성이 요구되므로, 전문건설공제조합이 계약보증서를 발급하면서 조합원이 수급할 공사의 실제 도급금액을 확인하지 아니한 과실이 있다고 하더라도 민법 제109조에서 중과실이 없는 착오자의 착오를 이유로 한 의사표시의 취소를 허용하고 있는 이상, 전문건설공제조합이 과실로 인하여 착오에 빠져 계약보증서를 발급한 것이나 그 착오를 이유로 보증계약을 취소한 것이 위법하다고 할 수는 없다(대판 1997.8.22., 97다13023).

05 불공정한 법률행위에 관한 설명으로 옳은 것을 모두 고른 것은?(다툼이 있으면 판례에 따름)

ㄱ. 급부 상호 간에 현저한 불균형이 있는지의 여부는 법률행위 시를 기준으로 판단한다.
ㄴ. 무경험은 거래 일반에 관한 경험부족을 말하는 것이 아니라 특정영역에 있어서의 경험부족을 의미한다.
ㄷ. 불공정한 법률행위로서 무효인 법률행위는 원칙적으로 법정추인에 의하여 유효로 될 수 없다.
ㄹ. 대가관계 없는 일방적 급부행위에 대해서는 불공정한 법률행위에 관한 민법 제104조가 적용되지 않는다.

① ㄱ
② ㄴ, ㄷ
③ ㄴ, ㄹ
✔ ㄱ, ㄷ, ㄹ
⑤ ㄱ, ㄴ, ㄷ, ㄹ

ㄱ. (○) 어떠한 법률행위가 불공정한 법률행위에 해당하는지는 법률행위 시를 기준으로 판단하여야 한다(대판(全) 2013.9.26., 2011다53683, 53690).

ㄴ. (×) 민법 제104조에 규정된 불공정한 법률행위는 객관적으로 급부와 반대급부 사이에 현저한 불균형이 존재하고, 주관적으로 그와 같이 균형을 잃은 거래가 피해 당사자의 궁박, 경솔 또는 무경험을 이용하여 이루어진 경우에 성립하는 것으로서, 약자적 지위에 있는 자의 궁박, 경솔 또는 무경험을 이용한 폭리행위를 규제하려는 데에 그 목적이 있고, 불공정한 법률행위가 성립하기 위한 요건인 궁박, 경솔, 무경험은 모두 구비되어야 하는 요건이 아니라 그 중 일부만 갖추어져도 충분한데, 여기에서 '궁박'이라 함은 '급박한 곤궁'을 의미하는 것으로서 경제적 원인에 기인할 수도 있고 정신적 또는 심리적 원인에 기인할 수도 있으며, '무경험'이라 함은 일반적인 생활체험의 부족을 의미하는 것으로서 어느 특정영역에 있어서의 경험부족이 아니라 거래일반에 대한 경험부족을 뜻하고, 당사자가 궁박 또는 무경험의 상태에 있었는지 여부는 그의 나이와 직업, 교육 및 사회경험의 정도, 재산 상태 및 그가 처한 상황의 절박성의 정도 등 제반 사정을 종합하여 구체적으로 판단하여야 한다(대판 2002.10.22., 2002다38927).

ㄷ. (○) 불공정한 법률행위로서 무효인 경우에는 추인에 의하여 무효인 법률행위가 유효로 될 수 없다(대판 1994.6.24., 94다10900).

ㄹ. (○) 민법 제104조가 규정하는 현저히 공정을 잃은 법률행위라 함은 자기의 급부에 비하여 현저하게 균형을 잃은 반대급부를 하게 하여 부당한 재산적 이익을 얻는 행위를 의미하는 것이므로, 증여계약과 같이 아무런 대가관계 없이 당사자 일방이 상대방에게 일방적인 급부를 하는 법률행위는 그 공정성 여부를 논의할 수 있는 성질의 법률행위가 아니다(대판 2000.2.11., 99다56833). 따라서 대가관계 없는 일방적 급부행위에 대해서는 불공정한 법률행위에 관한 민법 제104조가 적용되지 않는다고 보는 것이 적절하다.

06 甲은 자신 소유의 X토지에 대한 매매계약 체결의 대리권을 乙에게 수여하였고, 그에 따라 乙은 丙과 위 X토지에 대한 매매계약을 체결하였다. 이에 관한 설명으로 옳은 것은?(다툼이 있으면 판례에 따름)

☐ 1
☐ 2
☐ 3

① 乙은 원칙적으로 매매계약을 해제할 수 있는 권한을 가진다.

> 법률행위에 의하여 수여된 대리권은 원인된 법률관계의 종료에 의하여 소멸하는 것이므로 특별한 사정이 없는 한, 매수명의자를 대리하여 매매계약을 체결하였다 하여 곧바로 대리인이 매수인을 대리하여 매매계약의 해제 등 일체의 처분권과 상대방의 의사를 수령할 권한까지 가지고 있다고 볼 수는 없다(대판 1997.3.25., 96다51271).

☑ 乙이 매매계약에 따라 丙으로부터 중도금을 수령하였으나 이를 甲에게 현실로 인도하지 않았더라도 특별한 사정이 없는 한 丙은 중도금 지급채무를 면한다.

> 계약이 적법한 대리인에 의하여 체결된 경우에 대리인은 다른 특별한 사정이 없는 한 본인을 위하여 계약상 급부를 변제로서 수령할 권한도 가진다. 그리고 대리인이 그 권한에 기하여 계약상 급부를 수령한 경우에, 그 법률효과는 계약 자체에서와 마찬가지로 직접 본인에게 귀속되고 대리인에게 돌아가지 아니한다. … 이는 본인이 대리인으로부터 그 수령한 급부를 현실적으로 인도받지 못하였다거나 해제의 원인이 된 계약상 채무의 불이행에 관하여 대리인에게 책임 있는 사유가 있다고 하여도 다른 특별한 사정이 없는 한 마찬가지라고 할 것이다(대판 2011.8.18., 2011다30871). 따라서 乙이 매매계약에 따라 丙으로부터 중도금을 수령하였으나 이를 甲에게 현실로 인도하지 않았더라도 특별한 사정이 없는 한 丙은 중도금 지급채무를 면한다.

③ 乙은 甲의 승낙이 있는 경우에만 복대리인을 선임할 수 있다.

> 대리권이 법률행위에 의하여 부여된 경우에는 대리인은 본인의 승낙이 있거나 부득이한 사유 있는 때가 아니면 복대리인을 선임하지 못한다(민법 제120조). 따라서 乙은 甲의 승낙이 있는 경우 외에도 부득이한 사유가 있는 경우에는 복대리인을 선임할 수 있다.

④ 乙의 사기로 매매계약이 체결된 경우, 丙은 甲이 乙의 사기를 알았거나 알 수 있었을 경우에 한하여 사기를 이유로 그 계약을 취소할 수 있다.

> • 상대방 있는 의사표시에 관하여 제3자가 사기나 강박을 행한 경우에는 상대방이 그 사실을 알았거나 알 수 있었을 경우에 한하여 그 의사표시를 취소할 수 있다(민법 제110조 제2항).
> • 의사표시의 상대방이 아닌 자로서 기망행위를 하였으나 민법 제110조 제2항에서 정한 제3자에 해당되지 아니한다고 볼 수 있는 자란 그 의사표시에 관한 상대방의 대리인 등 상대방과 동일시할 수 있는 자만을 의미한다(대판 1998.1.23., 96다41496).
> • 乙의 사기로 매매계약이 체결된 경우, 乙은 甲의 대리인으로서 甲과 동일시할 수 있는 자에 해당하며, 즉 민법 제110조 제2항의 제3자에 해당하지 않는다.
> • 따라서 甲이 乙의 사기를 알았거나 알 수 있었을 경우를 불문하고 丙은 민법 제110조 제1항에 따라 사기를 이유로 그 계약을 취소할 수 있다.

⑤ 丙이 甲의 채무불이행을 이유로 계약을 해제한 경우, 그 채무불이행에 乙의 책임사유가 있다면 해제로 인한 원상회복의무는 乙이 부담한다.

> 계약상 채무의 불이행을 이유로 계약이 상대방 당사자에 의하여 유효하게 해제되었다면, 해제로 인한 원상회복의무는 대리인이 아니라 계약의 당사자인 본인이 부담한다. 이는 본인이 대리인으로부터 그 수령한 급부를 현실적으로 인도받지 못하였다거나 해제의 원인이 된 계약상 채무의 불이행에 관하여 대리인에게 책임 있는 사유가 있다고 하여도 다른 특별한 사정이 없는 한 마찬가지라고 할 것이다(대판 2011.8.18., 2011다30871). 따라서 丙이 甲의 채무불이행을 이유로 계약을 해제한 경우, 그 채무불이행에 乙의 책임 있는 사유가 있다고 하더라도 해제로 인한 원상회복의무는 甲이 부담한다.

07 민법상 무권대리와 표현대리에 관한 설명으로 옳은 것은?(다툼이 있으면 판례에 따름)

① 표현대리행위가 성립하는 경우에 상대방에게 과실이 있다면 과실상계의 법리가 유추적용되어 본인의 책임이 경감될 수 있다.

> 표현대리행위가 성립하는 경우에 본인은 표현대리행위에 기하여 전적인 책임을 져야 하는 것이고 상대방에게 과실이 있다고 하더라도 과실상계의 법리를 유추적용하여 본인의 책임을 감경할 수 없는 것이다(대판 1994.12.22., 94다2498).

✅ 권한을 넘은 표현대리에 관한 제126조의 제3자는 당해 표현대리행위의 직접 상대방만을 의미한다.

> 표현대리에 관한 민법 제126조의 규정에서 제3자라 함은 당해 표현대리행위의 직접 상대방이 된 자만을 지칭하는 것이다(대판 2002.12.10., 2001다58443)

③ 무권대리행위의 상대방이 제134조의 철회권을 유효하게 행사한 후에도 본인은 무권대리행위를 추인할 수 있다.

> 민법 제134조는 "대리권 없는 자가 한 계약은 본인의 추인이 있을 때까지 상대방은 본인이나 그 대리인에 대하여 이를 철회할 수 있다. 그러나 계약 당시에 상대방이 대리권 없음을 안 때에는 그러하지 아니하다."고 규정하고 있다. 민법 제134조에서 정한 상대방의 철회권은, 무권대리행위가 본인의 추인에 따라 효력이 좌우되어 상대방이 불안정한 지위에 놓이게 됨을 고려하여 대리권이 없었음을 알지 못한 상대방을 보호하기 위하여 상대방에게 부여된 권리로서, 상대방이 유효한 철회를 하면 무권대리행위는 확정적으로 무효가 되어 그 후에는 본인이 무권대리행위를 추인할 수 없다(2017.6.29., 2017다213838).

④ 계약체결 당시 대리인의 무권대리 사실을 알고 있었던 상대방은 최고권을 행사할 수 없다.

> 무권대리 상대방의 철회권이 선의의 상대방에게만 인정되는 것(민법 제134조 단서)과 달리, 무권대리 상대방의 최고권은 악의의 상대방에게도 인정된다(민법 제131조). ⚖️

⑤ 대리인이 대리권 소멸 후 선임한 복대리인과 상대방 사이의 법률행위에는 대리권 소멸 후의 표현대리가 성립할 수 없다.

> 대리인이 대리권 소멸 후 직접 상대방과 사이에 대리행위를 하는 경우는 물론 대리인이 대리권 소멸 후 복대리인을 선임하여 복대리인으로 하여금 상대방과 사이에 대리행위를 하도록 한 경우에도, 상대방이 대리권 소멸 사실을 알지 못하여 복대리인에게 적법한 대리권이 있는 것으로 믿었고 그와 같이 믿은 데 과실이 없다면 민법 제129조에 의한 표현대리가 성립할 수 있다(대판 1998.5.29., 97다55317).

⚖️ 법령

민법 제131조(상대방의 최고권)
대리권 없는 자가 타인의 대리인으로 계약을 한 경우에 상대방은 상당한 기간을 정하여 본인에게 그 추인여부의 확답을 최고할 수 있다. 본인이 그 기간 내에 확답을 발하지 아니한 때에는 추인을 거절한 것으로 본다.

민법 제134조(상대방의 철회권)
대리권 없는 자가 한 계약은 본인의 추인이 있을 때까지 상대방은 본인이나 그 대리인에 대하여 이를 철회할 수 있다. 그러나 계약 당시에 상대방이 대리권 없음을 안 때에는 그러하지 아니하다.

08 민법상 법률행위의 무효 또는 취소에 관한 설명으로 옳은 것은?(다툼이 있으면 판례에 따름)

① 불공정한 법률행위에는 무효행위 전환에 관한 제138조가 적용될 수 없다.

> 매매계약이 약정된 매매대금의 과다로 말미암아 민법 제104조에서 정하는 '불공정한 법률행위'에 해당하여 무효인 경우에도 무효행위의 전환에 관한 민법 제138조가 적용될 수 있다. 따라서 당사자 쌍방이 위와 같은 무효를 알았더라면 대금을 다른 액으로 정하여 매매계약에 합의하였을 것이라고 예외적으로 인정되는 경우에는, 그 대금액을 내용으로 하는 매매계약이 유효하게 성립한다. 이때 당사자의 의사는 매매계약이 무효임을 계약 당시에 알았다면 의욕하였을 가정적(假定的) 효과의사로서, 당사자 본인이 계약 체결 시와 같은 구체적 사정 아래 있다고 상정하는 경우에 거래관행을 고려하여 신의성실의 원칙에 비추어 결단하였을 바를 의미한다(대판 2010.7.15., 2009다50308).

☑ 선량한 풍속 기타 사회질서에 위반한 사항을 내용으로 하는 법률행위의 무효는 이를 주장할 이익이 있는 자라면 누구든지 무효를 주장할 수 있다.

> 거래 상대방이 배임행위를 유인·교사하거나 배임행위의 전 과정에 관여하는 등 배임행위에 적극 가담하는 경우에는 실행행위자와 체결한 계약이 반사회적 법률행위에 해당하여 무효로 될 수 있고, 선량한 풍속 기타 사회질서에 위반한 사항을 내용으로 하는 법률행위의 무효는 이를 주장할 이익이 있는 자는 누구든지 무효를 주장할 수 있다(2016.3.24., 2015다11281).

③ 취소할 수 있는 법률행위를 취소한 후 그 취소 원인이 소멸하였다면, 취소할 수 있는 법률행위의 추인에 의하여 그 법률행위를 다시 확정적으로 유효하게 할 수 있다.

> 취소한 법률행위는 처음부터 무효인 것으로 간주되므로 취소할 수 있는 법률행위가 일단 취소된 이상 그 후에는 취소할 수 있는 법률행위의 추인에 의하여 이미 취소되어 무효인 것으로 간주된 당초의 의사표시를 다시 확정적으로 유효하게 할 수는 없고, 다만 무효인 법률행위의 추인의 요건과 효력으로서 추인할 수는 있으나, 무효행위의 추인은 그 무효 원인이 소멸한 후에 하여야 그 효력이 있다(대판 1997.12.12., 95다38240).

④ 법률행위의 일부분이 무효인 경우 원칙적으로 그 일부분만 무효이다.

> 법률행위의 일부분이 무효인 때에는 그 전부를 무효로 한다. 그러나 그 무효부분이 없더라도 법률행위를 하였을 것이라고 인정될 때에는 나머지 부분은 무효가 되지 아니한다(민법 제137조).

⑤ 甲이 乙의 기망행위로 자신의 X토지를 丙에게 매도한 경우, 甲은 매매계약의 취소를 乙에 대한 의사표시로 하여야 한다.

> 취소할 수 있는 법률행위의 상대방이 확정한 경우에는 그 취소는 그 상대방에 대한 의사표시로 하여야 한다(민법 제142조). 따라서 甲이 乙의 기망행위로 자신의 X토지를 丙에게 매도한 경우라도 매매계약의 상대방은 乙이 아니라 丙이 된다. 이에 甲은 매매계약의 취소를 丙에 대한 의사표시로 하여야 한다.

09 甲은 부동산 거래신고 등에 관한 법률상 토지거래허가 구역에 있는 자신 소유의 X토지를 乙에게 매도하는 매매계약을 체결하였다. 아직 토지거래허가(이하 '허가')를 받지 않아 유동적 무효 상태에 있는 법률관계에 관한 설명으로 옳지 않은 것은?(다툼이 있으면 판례에 따름)

① 甲은 허가 전에 乙의 대금지급의무의 불이행을 이유로 매매계약을 해제할 수 없다.

> 국토이용관리법(현행 부동산 거래신고 등에 관한 법률)상 규제구역 내의 토지에 대하여 매매계약을 체결한 경우에 있어 관할 관청으로부터 토지거래허가를 받기까지는 매매계약이 그 계약내용대로의 효력이 있을 수 없는 것이어서 매수인으로서도 그 계약내용에 따른 대금지급의무가 있다고 할 수 없으며, 설사 계약상 매수인의 대금지급의무가 매도인의 소유권이전등기의무에 선행하여 이행하기로 약정되어 있었다고 하더라도, 매수인에게 그 대금지급의무가 없음은 마찬가지여서 매도인으로서는 그 대금지급이 없었음을 이유로 계약을 해제할 수 없다(대판(全) 1991.12.24., 90다12243).

② 甲의 허가신청절차 협력의무와 乙의 대금지급의무는 동시이행관계에 있다.

> 국토이용관리법상의 토지거래규제구역 내의 토지에 관하여 관할 관청의 토지거래허가 없이 매매계약이 체결됨에 따라 그 매수인이 그 계약을 효력이 있는 것으로 완성시키기 위하여 매도인에 대하여 그 매매계약에 관한 토지거래허가 신청절차에 협력할 의무의 이행을 청구하는 경우, 매도인의 토지거래계약허가 신청절차에 협력할 의무와 토지거래허가를 받으면 매매계약 내용에 따라 매수인이 이행하여야 할 매매대금 지급의무나 이에 부수하여 매수인이 부담하기로 특약한 양도소득세 상당 금원의 지급의무 사이에는 상호 이행상의 견련성이 있다고 할 수 없으므로, 매도인으로서는 그러한 의무이행의 제공이 있을 때까지 그 협력의무의 이행을 거절할 수 있는 것은 아니다. 따라서 매도인의 토지거래허가 신청절차 협력의무와 매수인의 매매대금 또는 약정에 따른 양도소득세 상당의 금원 지급의무가 동시이행의 관계에 있는 것은 아니다(대판 1996.10.25., 96다23825).

③ 甲과 乙이 허가신청절차 협력의무 위반에 따른 손해배상액을 예정하는 약정은 유효하다.

> 국토이용관리법상 토지거래허가를 받지 않아 유동적 무효의 상태에 있는 계약을 체결한 당사자는 쌍방이 그 계약이 효력이 있는 것으로 완성될 수 있도록 서로 협력할 의무가 있으므로, 이러한 매매계약을 체결할 당시 당사자 사이에 그 일방이 토지거래허가를 받기 위한 협력 자체를 이행하지 아니하거나 허가신청에 이르기 전에 매매계약을 철회하는 경우 상대방에게 일정한 손해액을 배상하기로 하는 약정을 유효하게 할 수 있다(대판 1998.3.27., 97다36996).

④ 甲이 허가신청절차에 협력할 의무를 위반한 경우, 乙은 협력의무 위반을 이유로 매매계약을 해제할 수 없다.

> 유동적 무효의 상태에 있는 거래계약의 당사자는 상대방이 그 거래계약의 효력이 완성되도록 협력할 의무를 이행하지 아니하였음을 들어 일방적으로 유동적 무효의 상태에 있는 거래계약 자체를 해제할 수 없다(대판(全) 1999.6.17., 98다40459).

⑤ 甲이 허가신청절차에 협력하지 않는 경우, 乙은 협력의무의 이행을 소구할 수 있다.

> 국토이용관리법(현행 부동산 거래신고 등에 관한 법률)상 규제지역 내의 토지에 대하여 거래계약이 체결된 경우에 계약을 체결한 당사자 사이에 있어서는 그 계약이 효력 있는 것으로 완성될 수 있도록 서로 협력할 의무가 있음이 당연하므로, 계약의 쌍방 당사자는 공동으로 관할 관청의 허가를 신청할 의무가 있고, 이러한 의무에 위배하여 허가신청절차에 협력하지 않는 당사자에 대하여 상대방은 협력의무의 이행을 소송으로써 구할 이익이 있다(대판(全) 1991.12.24., 90다12243).

10 민법상 기간에 관한 설명으로 옳지 않은 것은?(다툼이 있으면 판례에 따름)

① 기간의 기산점에 관한 제157조의 초일 불산입의 원칙은 당사자의 합의로 달리 정할 수 있다.

> 민법 제157조는 "기간을 일, 주, 월 또는 년으로 정한 때에는 기간의 초일은 산입하지 아니한다"고 규정하여 초일 불산입을 원칙으로 정하고 있으나, 민법 제155조에 의하면 법령이나 법률행위 등에 의하여 <u>위 원칙과 달리 정하는 것도 가능하다</u>(대판 2007.8.23., 2006다62942).

② 정관상 사원총회의 소집통지를 1주간 전에 발송하여야 하는 사단법인의 사원총회일이 2023년 6월 2일(금) 10시인 경우, 총회소집통지는 늦어도 2023년 5월 25일 중에는 발송하여야 한다.

> 민법 제157조 및 제159조의 규정에 따라 사단법인의 사원총회일이 2023년 6월 2일(금) 10시인 경우, 6월 1일(목)이 기산점이 되어 그 날부터 역으로 7일을 계산한 날의 말일인 5월 26일(금)의 0시에 만료한다. 따라서 총회소집통지는 늦어도 2023년 5월 25일(목) 중에는 발송하여야 한다. ⚖

③ 2023년 5월 27일(토) 13시부터 9시간의 만료점은 2023년 5월 27일 22시이다.

> 기간을 <u>시</u>, 분, 초로 정한 때에는 <u>즉시로부터 기산</u>한다(민법 제156조).

✔ **2023년 5월 21일(일) 14시부터 7일간의 만료점은 2023년 5월 28일 24시이다.**

> 민법 제157조 및 제159조의 규정에 따라 2023년 5월 22일(월)이 기산점이 되고, 7일의 기간이 만료되는 날은 2023년 5월 28일 24시이다. 그러나 2023년 5월 28일은 공휴일(일요일)에 해당하므로 그 익일(다음 날)인 2023년 5월 <u>29일</u> 24시로 기간이 만료한다. ⚖

⑤ 2017년 1월 13일(금) 17시에 출생한 사람은 2036년 1월 12일 24시에 성년자가 된다.

> 민법 제158조 및 제159조의 규정에 따라 2017년 1월 13일(금) 17시에 출생한 사람은 1월 13일(금)을 산입 (출생일을 산입)하여 19년이 되는 2036년 1월 12일 24시에 성년자가 된다. ⚖

⚖
법령

> **민법 제157조(기간의 기산점)**
> 기간을 일, 주, 월 또는 연으로 정한 때에는 기간의 초일은 산입하지 아니한다. 그러나 그 기간이 오전 영시로부터 시작하는 때에는 그러하지 아니하다.
>
> **민법 제158조(나이의 계산과 표시)**
> 나이는 출생일을 산입하여 만(滿) 나이로 계산하고, 연수(年數)로 표시한다. 다만, 1세에 이르지 아니한 경우에는 월수(月數)로 표시할 수 있다.
>
> **민법 제159조(기간의 만료점)**
> 기간을 일, 주, 월 또는 연으로 정한 때에는 기간말일의 종료로 기간이 만료한다.

11 민법상 조건에 관한 설명으로 옳지 않은 것은?(다툼이 있으면 판례에 따름)

① 조건을 붙이고자 하는 의사는 법률행위의 내용으로 외부에 표시되어야 하므로 그 의사표시는 묵시적 방법으로는 할 수 없다.

> 조건은 법률행위 효력의 발생 또는 소멸을 장래 불확실한 사실의 발생 여부에 따라 좌우되게 하는 법률행위의 부관이고, 법률행위에서 효과의사와 일체적인 내용을 이루는 의사표시 그 자체이다. 조건을 붙이고자 하는 의사는 법률행위의 내용으로 외부에 표시되어야 하고, 조건을 붙이고자 하는 의사가 있는지는 의사표시에 관한 법리에 따라 판단하여야 한다. 조건을 붙이고자 하는 의사의 표시는 그 방법에 관하여 일정한 방식이 요구되지 않으므로 묵시적 의사표시나 묵시적 약정으로도 할 수 있다(대판 2018.6.28., 2016다221368).

② 조건이 법률행위의 당시 이미 성취한 것인 경우에는 그 조건이 정지조건이면 조건 없는 법률행위이다.

> 조건이 법률행위의 당시 이미 성취한 것인 경우에는 그 조건이 정지조건이면 조건 없는 법률행위로 하고 해제조건이면 그 법률행위는 무효로 한다(민법 제151조 제2항).

③ 조건의 성취로 인하여 불이익을 받을 당사자가 과실로 신의성실에 반하여 조건의 성취를 방해한 때에는 상대방은 그 조건이 성취한 것으로 주장할 수 있다.

> 조건의 성취로 인하여 불이익을 받을 당사자가 신의성실에 반하여 조건의 성취를 방해한 때에는 상대방은 그 조건이 성취한 것으로 주장할 수 있다(민법 제150조 제1항).

④ 조건의 성취가 미정한 권리의무는 일반규정에 의하여 담보로 할 수 있다.

> 조건의 성취가 미정한 권리의무는 일반규정에 의하여 처분, 상속, 보존 또는 담보로 할 수 있다(민법 제149조).

⑤ 선량한 풍속에 반하는 불법조건이 붙은 법률행위는 무효이다.

> 조건이 선량한 풍속 기타 사회질서에 위반한 것인 때에는 그 법률행위는 무효로 한다(민법 제151조 제1항).

12 소멸시효에 관한 설명으로 옳지 않은 것은?(다툼이 있으면 판례에 따름)

① 주채무자가 소멸시효 이익을 포기하더라도 보증인에게는 그 효력이 미치지 않는다.

> 주채무가 시효로 소멸한 때에는 보증인도 그 시효소멸을 원용할 수 있으며, 주채무자가 시효의 이익을 포기하더라도 보증인에게는 그 효력이 없다(대판 1991.1.29., 89다카1114).

② 시효중단의 효력 있는 승인에는 상대방의 권리에 대한 처분의 능력이나 권한 있음을 요하지 않는다. 민법 제177조

③ 당사자가 주장하는 소멸시효 기산일이 본래의 기산일과 다른 경우, 특별한 사정이 없는 한 당사자가 주장하는 기산일을 기준으로 소멸시효를 계산해야 한다.

> 소멸시효의 기산일은 채무의 소멸이라고 하는 법률효과 발생의 요건에 해당하는 소멸시효 기간 계산의 시발점으로서 소멸시효 항변의 법률요건을 구성하는 구체적인 사실에 해당하므로 이는 변론주의의 적용 대상이고, 따라서 본래의 소멸시효 기산일과 당사자가 주장하는 기산일이 서로 다른 경우에는 변론주의의 원칙상 법원은 당사자가 주장하는 기산일을 기준으로 소멸시효를 계산하여야 하는데, 이는 당사자가 본래의 기산일보다 뒤의 날짜를 기산일로 하여 주장하는 경우는 물론이고 특별한 사정이 없는 한 그 반대의 경우에 있어서도 마찬가지이다(대판 1995.8.25., 94다35886).

④ 어떤 권리의 소멸시효 기간이 얼마나 되는지는 법원이 직권으로 판단할 수 있다.

> 어떤 권리의 소멸시효기간이 얼마나 되는지에 관한 주장은 단순한 법률상의 주장에 불과하므로 변론주의의 적용대상이 되지 않고 법원이 직권으로 판단할 수 있다 할 것이다(대판 2008.3.27., 2006다70929, 70936).

☑ 민법 제163조 제1호의 '1년 이내의 기간으로 정한 금전 또는 물건의 지급을 목적으로 한 채권'이란 변제기가 1년 이내의 채권을 말한다.

> 민법 제163조 제1호 소정의 '1년 이내의 기간으로 정한 금전 또는 물건의 지급을 목적으로 하는 채권'이란 1년 이내의 정기에 지급되는 채권을 의미하는 것이지, 변제기가 1년 이내의 채권을 말하는 것이 아니므로, 이자채권이라고 하더라도 1년 이내의 정기에 지급하기로 한 것이 아닌 이상 위 규정 소정의 3년의 단기소멸시효에 걸리는 것이 아니다(대판 1996.9.20., 96다25302).

13 민법상 편무계약에 해당하는 것만 모두 고른 것은?

ㄱ. 도급	ㄴ. 조합	ㄷ. 증여	ㄹ. 사용대차

① ㄱ, ㄴ
② ㄱ, ㄷ
③ ㄴ, ㄷ
④ ㄴ, ㄹ
☑ ㄷ, ㄹ

> ㄱ. (×) 도급은 당사자 일방(수급인)이 일정한 일을 완성할 것을 약정하고, 상대방(도급인)이 그 일의 결과에 대하여 보수를 지급할 것을 약정함으로써 성립하는 계약이다(민법 제664조). 따라서 도급은 쌍무계약, 유상계약, 낙성계약이다.
> ㄴ. (×) 조합계약은 2인 이상이 상호 출자하여 공동사업을 경영할 것을 약정함으로써 성립하는 계약을 말한다(민법 제703조 제1항). 조합계약의 법적 성질에 관하여 합동행위로서의 성질과 계약으로서의 성질을 모두 가지는 특수한 법률행위라는 견해도 있으나, 조합원 각자가 서로 출자 내지 협력할 채무를 부담한다는 점에서 일반적으로 조합계약은 쌍무계약, 유상계약, 낙성계약이라고 본다.
> ㄷ. (○) 증여란 당사자 일방(증여자)이 무상으로 일정한 재산을 상대방(수증자)에게 준다는 의사를 표시하고, 상대방이 이를 승낙함으로써 성립하는 계약을 말한다(민법 제554조). 또한 증여는 계약이라는 점에서 단독행위인 유증(민법 제1074조)과 구별된다. 따라서 증여계약은 편무계약, 무상계약, 낙성계약이다.
> ㄹ. (○) 사용대차는 당사자 일방(대주)이 상대방(차주)에게 일정한 물건을 무상으로 사용·수익하게 하기 위하여 인도할 것을 약정하고, 상대방은 그 물건을 사용·수익한 후 반환할 것을 약정함으로써 성립하는 계약이다(민법 제609조). 사용대차는 차용물을 그대로 반환한다는 점에서 소비대차와 다르고, 이용의 대가를 지급하지 않는 무상의 계약이라는 점에서 임대차와 다르다. 따라서 사용대차는 편무계약, 무상계약, 낙성계약이다.

14 '민법 제390조의 채무불이행책임과 제750조의 불법행위책임'(이하 '양 책임')에 관한 비교 설명으로 옳지 않은 것은?

1
2
3

① 양 책임이 성립하기 위해서는 채무자 또는 가해자에게 귀책사유가 있어야 한다는 점에서 공통된다.

> 민법 제390조는 "채무자가 채무의 내용에 좇은 이행을 하지 아니한 때에는 채권자는 손해배상을 청구할 수 있다. 그러나 채무자의 고의나 과실없이 이행할 수 없게 된 때에는 그러하지 아니하다."고 규정하고 있으며, 동법 제750조는 "고의 또는 과실로 인한 위법행위로 타인에게 손해를 가한 자는 그 손해를 배상할 책임이 있다."고 규정한다. 즉 양 책임의 성립에 있어 채무자 또는 가해자의 귀책사유(고위 또는 과실)를 요구하고 있다는 공통점을 지닌다.

② 양 책임이 성립하는 경우, 채권자나 피해자에게 과실이 있다면 과실상계가 적용된다는 점에서 공통된다.

> 채무불이행에 관하여 채권자에게 과실이 있는 때에는 법원은 손해배상의 책임 및 그 금액을 정함에 이를 참작하여야 한다[민법 제396조(과실상계)]. 이 규정은 불법행위로 인한 손해배상에 준용한다(민법 제763조).

✔ ③ 양 책임이 성립하는 경우, 채권자나 피해자가 행사하는 손해배상채권의 소멸시효는 3년이 적용된다는 점에서 공통된다.

> 민법 제390조의 채무불이행으로 인한 손해배상청구권의 소멸시효는 원칙적으로 채무불이행 시부터 10년이다(민법 제162조 제1항, 대판 1995.6.30., 94다54269). 반면 불법행위로 인한 손해배상의 청구권의 소멸시효는 피해자나 그 법정대리인이 그 손해 및 가해자를 안 날로부터 3년, 불법행위를 한 날로부터 10년이다(민법 제766조 제1항 및 제2항).

④ 양 책임이 성립하는 경우, 손해배상은 통상의 손해를 그 한도로 한다는 점에서 공통된다.

> 채무불이행책임에서 규정된 손해배상의 범위에 대한 규정(민법 제393조)은 불법행위책임에서도 준용(민법 제763조)되므로 양 책임이 성립하는 경우, 손해배상은 통상의 손해를 그 한도로 하게 된다.

⑤ 양 책임이 성립하는 경우, 채무자나 가해자가 발생한 손해 전부를 배상한 때에는 손해배상자의 대위가 인정된다는 점에서 공통된다.

> 채무불이행책임에서 규정된 손해배상자의 대위에 대한 규정(민법 제399조)은 불법행위책임에서도 준용(민법 제763조)된다.

15 乙의 채권자 甲이 乙의 丙에 대한 금전채권에 대하여 채권자대위권을 행사하는 경우에 관한 설명으로 옳은 것은?(다툼이 있으면 판례에 따름)

1
2
3

① 甲은 乙의 동의를 받지 않는 한 채권자대위권을 행사할 수 없다.

> 채권자(甲)가 자기의 채권을 보존하기 위하여 채무자(乙)의 권리를 행사하는 경우에는 반드시 그 채무자(乙)의 동의가 있어야만 하는 것이 아니다(대판 1971.10.25., 71다1931). 채권자가 자기의 채권을 보전하기 위하여 채무자의 권리를 행사할 경우에는 채무자가 그 권리행사에 대하여 반대의 의사를 표명한다 할지라도 그 대위권행사는 가능하다 할 것이다(대판 1963.11.21., 63다634).

② 甲의 乙에 대한 채권이 금전채권인 경우, 甲은 丙에게 직접 자기에게 이행하도록 청구하여 상계적상에 있는 자신의 채권과 상계할 수 없다.

> 채권자가 자기의 금전채권을 보전하기 위하여 채무자의 금전채권을 대위행사하는 경우 제3채무자로 하여금 채무자에게 지급의무를 이행하도록 청구할 수도 있지만, 직접 대위채권자 자신에게 이행하도록 청구할 수도 있다(대판 2016.8.29., 2015다236547). 이때 채권자(甲)의 채무자(乙)에 대한 채권과 채무자(乙)의 채권자(甲)에 대한 채권이 상계적상에 있다면 상계의 의사표시에 의하여 '사실상'의 우선변제를 받을 수 있다.

✔️ 甲이 丙을 상대로 채권자대위권을 행사한 경우, 甲의 채권자대위소송의 제기로 인한 소멸시효 중단의 효력은 乙의 丙에 대한 채권에 생긴다.

> 채권자대위권 행사의 효과는 채무자에게 귀속되는 것이므로 채권자대위소송의 제기로 인한 소멸시효 중단의 효과 역시 채무자에게 생긴다(대판 2011.10.13., 2010다80930). 따라서 甲이 丙을 상대로 채권자대위권을 행사한 경우, 甲의 채권자대위소송의 제기로 인한 소멸시효 중단의 효력은 乙의 丙에 대한 채권에 생긴다.

④ 甲이 丙을 상대로 채권자대위권을 행사하고 그 사실을 乙에게 통지한 이후 乙이 丙에 대한 채권을 포기한 경우, 丙은 乙의 채권포기 사실을 들어 甲에게 대항할 수 있다.

> 채권자(甲)가 채무자(乙)를 대위하여 채무자의 제3채무자에 대한 권리를 행사하고 채무자에게 통지를 하거나 채무자(乙)가 채권자의 대위권 행사사실을 안 후에는 채무자(乙)는 그 권리에 대한 처분권을 상실하여 그 권리의 양도나 포기 등 처분행위를 할 수 없고 채무자의 처분행위에 기하여 취득한 권리로서는 채권자(甲)에게 대항할 수 없다(대판 1991.4.12., 90다9407).

⑤ 乙이 丙을 상대로 금전채무 이행청구의 소를 제기하여 패소판결이 확정된 경우, 甲은 乙에 대한 금전채권을 보전하기 위해 丙을 상대로 채권자대위권을 행사할 수 있다.

> 채권자대위권은 채무자(乙)가 제3채무자(丙)에 대한 권리를 행사하지 아니하는 경우에 한하여 채권자(甲)가 자기의 채권을 보전하기 위하여 행사할 수 있는 것이기 때문에 채권자가 대위권을 행사할 당시 이미 채무자가 그 권리를 재판상 행사하였을 때에는 설사 패소의 확정판결을 받았더라도 채권자(甲)는 채무자(乙)를 대위하여 채무자의 권리를 행사할 당사자적격이 없다(대판 1993.3.26., 92다32876).

16 乙의 채권자 甲은 乙이 채무초과상태에서 자신의 유일한 재산인 X부동산을 丙에게 매도하고 소유권이전등기를 해 준 사실을 알고 채권자취소권을 행사하려고 한다. 이에 관한 설명으로 옳은 것은?(다툼이 있으면 판례에 따름)

① 甲이 채권자취소권을 행사하기 위해서는 재판외 또는 재판상 이를 행사하여야 한다.

> 채권자는 그 취소 및 원상회복을 법원에 청구할 수 있다(민법 제406조 제1항). 따라서 채권자는 채권자취소권을 재판상으로만 행사할 수 있다(대판 1998.3.13. 95다48599 참조).

② 甲이 채권자취소권을 행사하기 위해서는 乙 및 丙의 사해의사 및 사해행위에 대한 악의를 증명하여여 하여야 한다.

> 사해행위취소소송에 있어서 채무자(乙)의 악의의 점에 대하여는 그 취소를 주장하는 채권자(甲)에게 입증책임이 있으나 수익자(丙) 또는 전득자가 악의라는 점에 관하여는 입증책임이 채권자에게 있는 것이 아니고 수익자(丙) 또는 전득자 자신에게 선의라는 사실을 입증할 책임이 있다(대판 1997.5.23., 95다51908).

✔️ 甲의 乙에 대한 채권이 X부동산에 대한 소유권이전등기청구권인 경우, 甲은 이를 피보전채권으로 하여 채권자취소권을 행사할 수 없다.

채권자취소권을 특정물에 대한 소유권이전등기청구권을 보전하기 위하여 행사하는 것은 허용되지 않으므로, 부동산의 제1양수인은 자신의 소유권이전등기청구권 보전을 위하여 양도인과 제3자 사이에서 이루어진 이중양도행위에 대하여 채권자취소권을 행사할 수 없다(대판 1999.4.27., 98다56690).

④ 甲이 채권자취소권을 재판상 행사하는 경우, 사해행위를 직접 행한 乙을 피고로 하여 그 권리를 행사하여야 한다.

채권자(甲)가 채권자취소권을 행사하려면 사해행위로 인하여 이익을 받은 자(丙)나 전득한 자를 상대로 그 법률행위의 취소를 청구하는 소송을 제기하여야 되는 것으로서 채무자(乙)를 상대로 그 소송을 제기할 수는 없다(대판 2004.8.30., 2004다21923).

⑤ 甲의 乙에 대한 채권이 시효로 소멸한 경우, 丙은 이를 들어 채권자취소권을 행사하는 甲에 대항할 수 없다.

소멸시효를 원용할 수 있는 사람은 권리의 소멸에 의하여 직접 이익을 받는 자에 한정되는바, 사해행위취소 소송의 상대방이 된 사해행위의 수익자(丙)는, 사해행위가 취소되면 사해행위에 의하여 얻은 이익을 상실하고 사해행위취소권을 행사하는 채권자(甲)의 채권이 소멸하면 그와 같은 이익의 상실을 면하는 지위에 있으므로, 그 채권의 소멸에 의하여 직접 이익을 받는 자에 해당하는 것으로 보아야 한다(대판 2007.11.29., 2007다54849). 따라서 甲의 乙에 대한 채권이 시효로 소멸한 경우, 丙은 소멸시효를 원용하여 채권자취소권을 행사하는 甲에게 대항할 수 있다.

17 민법상 채무의 종류에 따른 이행지체책임의 발생시기가 잘못 연결된 것을 모두 고른 것은? (당사자 사이에 다른 약정은 없으며, 다툼이 있으면 판례에 따름)

```
1
2
3
```

ㄱ. 부당이득반환채무 - 수익자가 이행청구를 받은 때
ㄴ. 불확정기한부 채무 - 채무자가 기한의 도래를 안 때
ㄷ. 동시이행의 관계에 있는 쌍방의 채무 - 쌍방의 이행제공 없이 쌍방 채무의 이행기가 도래한 때

① ㄱ

② ㄴ

③ ㄷ

④ ㄱ, ㄴ

⑤ ㄴ, ㄷ

ㄱ. (ㅇ) 채무이행의 기한이 없는 경우에는 채무자는 이행청구를 받은 때로부터 지체책임이 있다(민법 제387조 제2항). 부당이득반환의무는 이행기한의 정함이 없는 채무이므로 그 채무자[수익자(註)]는 이행청구를 받은 때에 비로소 지체책임을 진다(대판 2010.1.28., 2009다24187).

ㄴ. (ㅇ) 채무이행의 확정한 기한이 있는 경우에는 채무자는 기한이 도래한 때로부터 지체책임이 있고, 채무이행의 불확정한 기한이 있는 경우에는 채무자는 기한이 도래함을 안 때로부터 지체책임이 있다(민법 제387조 제1항).

ㄷ. (×) 쌍무계약에서 쌍방의 채무가 동시이행관계에 있는 경우 일방의 채무의 이행기가 도래하더라도 상대방 채무의 이행제공이 있을 때까지는 그 채무를 이행하지 않아도 이행지체의 책임을 지지 않는 것이며, 이와 같은 효과는 이행지체의 책임이 없다고 주장하는 자가 반드시 동시이행의 항변권을 행사하여야만 발생하는 것은 아니므로, 동시이행관계에 있는 쌍무계약상 자기채무의 이행을 제공하는 경우 그 채무를 이행함에 있어 상대방의 행위를 필요로 할 때에는 언제든지 현실로 이행을 할 수 있는 준비를 완료하고 그 뜻을 상대방에게 통지하여 그 수령을 최고하여야만 상대방으로 하여금 이행지체에 빠지게 할 수 있는 것이다(대판 2001.7.10., 2001다3764).

18 민법 제548조 제1항 단서의 계약해제의 소급효로부터 보호받는 제3자에 해당하지 않는 자는? (다툼이 있으면 판례에 따름)

① X토지에 대한 매매계약이 해제되기 전에 매수인으로부터 X토지를 매수하여 소유권을 취득한 자

> 국가가 그 부동산에 대한 매매계약을 해제하기 전에 그 부동산을 매수하고 소유권이전등기를 경료한 제3취득자에게 국가는 그 매매계약의 해제로써 대항할 수 없다(대판 1999.9.7., 99다14877). 따라서 매매계약이 해제되기 전에 X토지를 매수하여 소유권을 취득한 자는 제3자에 해당한다.

② X토지에 대한 매매계약이 해제되기 전에 매수인의 X토지에 저당권을 취득한 자

> X토지에 대한 매매계약이 해제되기 전에 매수인의 X토지에 저당권을 취득한 자는 해제된 계약으로부터 생긴 법률효과를 기초로 하여 해제 전에 새로운 이해관계를 가졌을 뿐만 아니라 저당권등기로 완전한 권리(저당권)를 취득한 사람에 해당하므로 민법 제548조 제1항 단서의 규정에 따라 계약해제로 인하여 권리를 침해받지 않는 제3자에 해당한다.

③ X토지에 대한 매매계약의 해제로 X토지의 소유권을 상실하게 된 매수인으로부터 해제 이전에 X토지를 임차하여 임차권등기를 마친 자

> 소유권을 취득하였다가 계약해제로 인하여 소유권을 상실하게 된 임대인으로부터 그 계약이 해제되기 전에 주택을 임차받아 주택의 인도와 주민등록을 마침으로써 주택임대차보호법 제3조 제1항에 의한 대항요건을 갖춘 임차인은 민법 제548조 제1항 단서의 규정에 따라 계약해제로 인하여 권리를 침해받지 않는 제3자에 해당하므로 임대인의 임대권원의 바탕이 되는 계약의 해제에도 불구하고 자신의 임차권을 새로운 소유자에게 대항할 수 있고, 이 경우 계약해제로 소유권을 회복한 제3자는 주택임대차보호법 제3조 제2항에 따라 임대인의 지위를 승계한다(대판 2003.8.22., 2003다12717). 즉, X토지에 대한 매매계약의 해제로 X토지의 소유권을 상실하게 된 매수인으로부터 해제 이전에 X토지를 임차하여 임차권등기를 마친 자 또한 해제된 계약으로부터 생긴 법률효과를 기초로 하여 해제 전에 새로운 이해관계를 가졌을 뿐만 아니라 임차권등기로 대항력 있는 임차권을 취득한 사람에 해당하므로 민법 제548조 제1항 단서의 규정에 따라 계약해제로 인하여 권리를 침해받지 않는 제3자에 해당한다.

④ X토지에 대한 매매계약이 해제되기 전에 매수인과 매매예약 체결 후 그에 기한 소유권이전등기 청구권 보전을 위한 가등기를 마친 자

> 민법 제548조 제1항 단서에서 말하는 제3자는 일반적으로 해제된 계약으로부터 생긴 법률효과를 기초로 하여 해제 전에 새로운 이해관계를 가졌을 뿐만 아니라 등기, 인도 등으로 권리를 취득한 사람을 말하는 것인바, 매수인과 매매예약을 체결한 후 그에 기한 소유권이전청구권 보전을 위한 가등기를 마친 사람도 위 조항 단서에서 말하는 제3자에 포함된다(대판 2014.12.11., 2013다14569).

❺ X토지에 대한 매매계약이 해제되기 전에 매수인으로부터 X토지에 대한 소유권이전등기청구권을 양도받은 자

> 민법 제548조 제1항 단서에서 말하는 제3자란 일반적으로 그 해제된 계약으로부터 생긴 법률효과를 기초로 하여 해제 전에 새로운 이해관계를 가졌을 뿐 아니라 등기, 인도 등으로 완전한 권리를 취득한 자를 말하므로 계약상의 채권(예 소유권이전등기청구권)을 양수한 자나 그 채권 자체를 압류 또는 전부한 채권자는 여기서 말하는 제3자에 해당하지 아니한다(대판 2000.4.11., 99다51685).

19 甲, 乙, 丙이 丁에 대하여 9백만 원의 연대채무를 부담하고 있고, 각자의 부담부분은 균등하다. 甲이 丁에 대하여 6백만 원의 상계적상에 있는 반대채권을 가지고 있는 경우에 관한 설명으로 옳은 것은?(당사자 사이에 다른 약정은 없으며, 다툼이 있으면 판례에 따름)

① 甲이 6백만 원에 대해 丁의 채무와 상계한 경우, 남은 3백만 원에 대해 乙과 丙이 丁에게 각각 1백 5십만 원의 분할채무를 부담한다.

> 어느 연대채무자가 채권자에 대하여 채권이 있는 경우에 그 채무자가 상계한 때에는 채권은 모든 연대채무자의 이익을 위하여 소멸한다(민법 제418조 제1항). ⚖ 따라서 甲이 6백만원에 대해 丁의 채무와 상계한 경우, 6백만원의 채무는 공동면책되고, 甲, 乙, 丙은 丁에게 남은 3백만원에 대한 연대채무를 부담한다.

✔️ **② 甲이 6백만 원에 대해 丁의 채무와 상계한 경우, 甲, 乙, 丙은 丁에게 3백만 원의 연대채무를 부담한다.**

> 민법 제418조 제1항에 따라 甲이 6백만원에 대해 丁의 채무와 상계한 경우, 6백만원의 채무가 공동면책되고, 甲, 乙, 丙은 丁에게 남은 3백만원에 대한 연대채무를 부담한다.

③ 甲이 상계권을 행사하지 않은 경우, 乙과 丙은 甲의 상계권을 행사할 수 없고, 甲, 乙, 丙은 丁에게 3백만 원의 연대채무를 부담한다.

> 상계할 채권이 있는 연대채무자가 상계하지 아니한 때에는 그 채무자의 부담부분에 한하여 다른 연대채무자가 상계할 수 있다(민법 제418조 제2항). ⚖ 따라서 甲이 상계권을 행사하지 않은 경우, 乙과 丙은 甲의 부담부분(3백만원)에 한하여 상계권을 행사할 수 있고, 상계권 행사 후 甲, 乙, 丙은 丁에게 6백만원에 대한 연대채무를 부담한다.

④ 甲이 상계권을 행사하지 않은 경우, 乙은 丁을 상대로 甲의 6백만 원에 대해 상계할 수 있고, 乙과 丙이 丁에게 각각 1백 5십만 원의 분할채무를 담당한다.

> 민법 제418조 제2항에 따라 甲이 상계권을 행사하지 않은 경우, 乙은 丁을 상대로 甲의 부담부분(3백만원)에 한하여 상계권을 행사할 수 있고, 상계권 행사 후 甲, 乙, 丙은 丁에게 6백만원에 대한 연대채무를 부담한다.

⑤ 甲이 상계권을 행사하지 않은 경우, 丙은 丁을 상대로 甲의 6백만 원에 대해 상계할 수 있고, 乙과 丙이 丁에게 3백만 원의 연대채무를 부담한다.

> 민법 제418조 제2항에 따라 甲이 상계권을 행사하지 않은 경우, 丙은 丁을 상대로 甲의 부담부분(3백만원)에 한하여 상계권을 행사할 수 있고, 상계권 행사 후 甲, 乙, 丙은 丁에게 6백만원에 대한 연대채무를 부담한다.

법령

> **민법 제418조(상계의 절대적 효력)**
> ① 어느 연대채무자가 채권자에 대하여 채권이 있는 경우에 그 채무자가 상계한 때에는 채권은 모든 연대채무자의 이익을 위하여 소멸한다.
> ② 상계할 채권이 있는 연대채무자가 상계하지 아니한 때에는 그 채무자의 부담부분에 한하여 다른 연대채무자가 상계할 수 있다.

20 계약의 성립에 관한 설명으로 옳지 않은 것은?(다툼이 있으면 판례에 따름)

① 청약자가 청약의 의사표시를 발송한 후 상대방에게 도달 전에 사망한 경우, 그 청약은 효력을 상실한다.

> 상대방이 있는 의사표시는 상대방에게 도달한 때에 그 효력이 생기며(민법 제111조 제1항), 의사표시자가 그 통지를 발송한 후 사망하거나 제한능력자가 되어도 의사표시의 효력에 영향을 미치지 아니한다(동조 제2항). 청약은 상대방 있는 의사표시에 해당하므로 청약자가 청약의 의사표시를 발송한 후 상대방에게 도달 전에 사망한 경우라도 그 청약은 유효하고, 상대방이 이를 수령한 후 승낙통지를 청약자의 상속인에게 하였을 때에는 계약은 상속인과 유효하게 성립한다.

② 명예퇴직의 신청이 근로계약에 대한 합의해지의 청약에 해당하는 경우, 이에 대한 사용자의 승낙으로 근로계약이 합의해지되기 전에는 근로자가 임의로 그 청약의 의사표시를 철회할 수 있다.

> 명예퇴직은 근로자가 명예퇴직의 신청(청약)을 하면 사용자가 요건을 심사한 후 이를 승인(승낙)함으로써 합의에 의하여 근로관계를 종료시키는 것으로, 명예퇴직의 신청은 근로계약에 대한 합의해지의 청약에 불과하여 이에 대한 사용자의 승낙이 있어 근로계약이 합의해지되기 전에는 근로자가 임의로 그 청약의 의사표시를 철회할 수 있다(대판 2003.4.25., 2002다11458).

③ 승낙기간을 정하지 않은 청약은 청약자가 상당한 기간 내에 승낙의 통지를 받지 못한 때는 그 효력을 잃는다.

> 민법 제529조

④ 당사자 사이에 동일한 내용의 청약이 상호 교차된 경우에는 양 청약이 상대방에게 도달한 때에 계약이 성립한다.

> 민법 제533조

⑤ 매도인이 매수인에게 매매계약의 합의해제를 청약한 경우, 매수인이 그 청약에 대하여 조건을 가하여 승낙한 때에는 그 합의해제의 청약은 거절된 것으로 본다.

> 매매계약 당사자 중 매도인이 매수인에게 매매계약의 합의해제를 청약하였다고 할지라도, 매수인이 그 청약에 대하여 조건을 붙이거나 변경을 가하여 승낙한 때에는 민법 제534조의 규정에 비추어 그 청약의 거절과 동시에 새로 청약한 것으로 보게 되는 것이고, 그로 인하여 종전의 매도인의 청약은 실효된다 할 것이다(대판 2009.2.12., 2008다71926).

21 매매계약에 관한 설명으로 옳은 것은?(다툼이 있으면 판례에 따름)

① ✓ 매매목적물과 대금은 반드시 계약 체결 당시에 구체적으로 특정할 필요는 없고, 이를 나중에라도 구체적으로 특정할 수 있는 방법과 기준이 정해져 있으면 매매계약은 성립한다.

> 매매는 당사자 일방이 재산권을 상대방에게 이전할 것을 약정하고 상대방이 그 대금을 지급할 것을 약정함으로써 그 효력이 생긴다(민법 제563조). 매매계약은 매도인이 재산권을 이전하는 것과 매수인이 대금을 지급하는 것에 관하여 쌍방 당사자가 합의함으로써 성립한다. 매매목적물과 대금은 반드시 계약 체결 당시에 구체적으로 특정할 필요는 없고, 이를 나중에라도 구체적으로 특정할 수 있는 방법과 기준이 정해져 있으면 충분하다(대판 2020.4.9., 2017다20371).

② 매도인이 매수인에게 현존하는 타인 소유의 물건을 매도하기로 약정한 경우, 그 매매계약은 원시적 불능에 해당하여 효력이 없다.

> 특정한 매매의 목적물이 타인의 소유에 속하는 경우라 하더라도, 그 매매계약이 원시적 이행불능에 속하는 내용을 목적으로 하는 당연무효의 계약이라고 볼 수 없다(대판 1993.9.10., 93다20283). 민법 제569조, 제570조에 비추어 보면, 양도계약의 목적물이 타인의 권리에 속하는 경우에 있어서도 그 양도계약은 계약당사자 간에 있어서는 유효하고, 그 양도계약에 따라 양도인은 그 목적물을 취득하여 양수인에게 이전하여 줄 의무가 있다(대판 1993.8.24., 93다24445).

③ 매매예약완결권은 당사자 사이에 다른 약정이 없는 한 10년 내에 이를 행사하지 않으면 시효로 소멸한다.

> 민법 제564조가 정하고 있는 매매예약에서 예약자의 상대방이 매매예약 완결의 의사표시를 하여 매매의 효력을 생기게 하는 권리, 즉 매매예약의 완결권은 일종의 형성권으로서 당사자 사이에 행사기간을 약정한 때에는 그 기간 내에, 약정이 없는 때에는 예약이 성립한 때부터 10년 내에 이를 행사하여야 하고, 그 기간이 지난 때에는 예약완결권은 제척기간의 경과로 소멸한다(대판 2018.11.29., 2017다247190).

④ 매도인과 매수인이 해제권을 유보하기 위해 계약금을 교부하기로 합의한 후 매수인이 약정한 계약금의 일부만 지급한 경우, 매도인은 실제 지급받은 금원의 배액을 상환하고 매매계약을 해제할 수 있다.

> 계약이 일단 성립한 후에는 당사자의 일방이 이를 마음대로 해제할 수 없는 것이 원칙이고, 다만 주된 계약과 더불어 계약금계약을 한 경우에는 민법 제565조 제1항의 규정에 따라 임의 해제를 할 수 있기는 하나, 계약금계약은 금전 기타 유가물의 교부를 요건으로 하므로 단지 계약금을 지급하기로 약정만 한 단계에서는 아직 계약금으로서의 효력, 즉 위 민법 규정에 의해 계약해제를 할 수 있는 권리는 발생하지 않는다고 할 것이다. 따라서 당사자가 계약금의 일부만을 먼저 지급하고 잔액은 나중에 지급하기로 약정하거나 계약금 전부를 나중에 지급하기로 약정한 경우, 교부자가 계약금의 잔금이나 전부를 약정대로 지급하지 않으면 상대방은 계약금 지급의무의 이행을 청구하거나 채무불이행을 이유로 계약금약정을 해제할 수 있고, 나아가 위 약정이 없었더라면 주계약을 체결하지 않았을 것이라는 사정이 인정된다면 주계약도 해제할 수도 있을 것이나, 교부자가 계약금의 잔금 또는 전부를 지급하지 아니하는 한 계약금계약은 성립하지 아니하므로 당사자가 임의로 주계약을 해제할 수는 없다 할 것이다(대판 2008.3.13., 2007다73611).

⑤ 매매계약에 관한 비용은 다른 약정이 없으면 매수인이 부담한다.

> 매매계약에 관한 비용은 당사자 쌍방이 균분하여 부담한다(민법 제566조).

22 조합에 관한 설명으로 옳지 않은 것은?(다툼이 있으면 판례에 따름)

① 조합계약으로 업무집행자를 정하지 아니한 경우에는 조합원의 3분의 2 이상의 찬성으로써 이를 선임한다. 민법 제706조 제1항

② 조합의 업무집행자가 수인인 때에는 그 과반수로써 업무집행을 결정한다.

> 조합의 업무집행은 조합원의 과반수로써 결정한다. 업무집행자 수인인 때에는 그 과반수로써 결정한다(민법 제706조 제2항).

③ 조합계약의 당사자가 손익분배의 비율을 정하지 아니한 때에는 각 조합원의 출자가액에 비례하여 이를 정한다.

> 민법 제711조 제1항

✔ 조합의 채무자는 그 채무와 조합원에 대한 채권으로 상계할 수 있다.

> 조합의 채무자는 그 채무와 조합원에 대한 채권으로 상계하지 못한다(민법 제715조).

⑤ 2인 조합에서 조합원 1인이 탈퇴하면 조합관계는 종료된다.

> 조합의 탈퇴란 특정 조합원이 장래에 향하여 조합원으로서의 지위를 벗어나는 것으로서, 이 경우 조합 자체는 나머지 조합원에 의해 동일성을 유지하며 존속하는 것이므로 결국 탈퇴는 잔존 조합원이 동업사업을 계속 유지·존속함을 전제로 한다. 2인으로 구성된 조합에서 한 사람이 탈퇴하면 조합관계는 종료되나 특별한 사정이 없는 한 조합은 해산이나 청산이 되지 않고, 다만 조합원의 합유에 속한 조합재산은 남은 조합원의 단독소유에 속하여 탈퇴 조합원과 남은 조합원 사이에는 탈퇴로 인한 계산을 해야 한다(대판 2018.12.13., 2015다72385).

23 건물 소유를 목적으로 X토지에 관하여 임대인 甲과 임차인 乙 사이에 적법한 임대차계약이 체결되었다. 이에 관한 설명으로 옳지 않은 것은?(다툼이 있으면 판례에 따름)

① 甲과 乙 사이에 체결된 임대차계약에 임대차기간에 관한 약정이 없는 때에는 甲은 언제든지 계약해지의 통고를 할 수 있다.

> 임대차기간의 약정이 없는 때에는 당사자는 언제든지 계약해지의 통고를 할 수 있다(민법 제635조 제1항). 따라서 甲은 언제든지 乙에게 임대차계약해지의 통고를 할 수 있다.

② 乙이 甲의 동의 없이 X토지를 전대한 경우, 甲은 원칙적으로 乙과의 임대차 계약을 해지할 수 있다.

> 임차인은 임대인의 동의 없이 그 권리를 양도하거나 임차물을 전대하지 못한다(민법 제629조 제1항). 임차인이 전항의 규정에 위반한 때에는 임대인은 계약을 해지할 수 있다(동조 제2항). 따라서 乙이 甲의 동의 없이 X토지를 전대하였다면 甲은 원칙적으로 임대차 계약을 해지할 수 있다.

③ X토지의 일부가 乙의 과실없이 멸실되어 사용·수익할 수 없게 된 경우, 乙은 그 부분의 비율에 의한 차임의 감액을 청구할 수 있다.

> 임차물(X토지)의 일부가 임차인(乙)의 과실없이 멸실 및 기타 사유로 인하여 사용, 수익할 수 없는 때에는 임차인(乙)은 그 부분의 비율에 의한 차임의 감액을 청구할 수 있다(민법 제627조 제1항).

✔ 토지임차인에게 인정되는 지상물매수청구권은 乙이 X토지 위에 甲의 동의를 얻어 신축한 건물에 한해 인정된다.

> 임차인의 지상물매수청구권은 건물 기타 공작물의 소유 등을 목적으로 한 토지임대차의 기간이 만료되었음에도 그 지상시설 등이 현존하고, 또한 임대인이 계약의 갱신에 불응하는 경우에 임차인이 임대인에게 상당한 가액으로 그 지상시설의 매수를 청구할 수 있는 권리라는 점에서 보면, 위 <u>매수청구권의 대상이 되는 건물</u>은 그것이 토지의 임대목적에 반하여 축조되고, 임대인이 예상할 수 없을 정도의 고가의 것이라는 특별한 사정이 없는 한 임대차기간 중에 축조되었다고 하더라도 그 만료 시에 그 가치가 잔존하고 있으면 그 범위에 포함되는 것이고, <u>반드시 임대차계약 당시의 기존건물이거나 임대인의 동의를 얻어 신축한 것에 한정된다고는 할 수 없다</u>(대판 1993.11.12., 93다34589). 즉, 토지임차인 乙에게 인정되는 지상물매수청구권은 乙이 甲의 동의를 얻어 신축한 건물에 한정된다고 볼 수 없다.

⑤ 甲이 변제기를 경과한 최후 2년의 차임채권에 의하여 그 지상에 있는 乙 소유의 건물을 압류한 때에는 저당권과 동일한 효력이 있다.

> 토지임대인(甲)이 변제기를 경과한 최후 2년의 차임채권에 의하여 그 지상에 있는 임차인(乙)소유의 건물을 압류한 때에는 저당권과 <u>동일한 효력이 있다</u>(민법 제649조).

24 부당이득에 관한 설명으로 옳은 것은?(다툼이 있으면 판례에 따름)

① 법률상 원인 없는 이득이 있다면 그 이득으로 인해 타인에게 손해가 발생한 것이 아니더라도 그 타인은 부당이득반환청구를 할 수 있다.

> 부당이득은 법률상 원인 없이 타인의 재산 또는 노무로 인하여 이익을 얻고 이로 인하여 타인에게 손해를 가함으로써 성립하는 것이므로, <u>법률상 원인 없는 이득이 있다 하더라도 그로 인하여 타인에게 손해가 발생한 것이 아니라면 그 타인은 부당이득반환청구권자가 될 수 없다</u>(대판 2011.7.28., 2009다100418).

② 변제기에 있지 아니한 채무를 착오 없이 변제한 때에는 그 변제한 것의 반환을 청구할 수 있다.

> <u>변제기에 있지 아니한 채무를 변제한 때에는 그 반환을 청구하지 못한다.</u> 그러나 채무자가 착오로 인하여 변제한 때에는 채권자는 이로 인하여 얻은 이익을 반환하여야 한다(민법 제743조).

③ 부동산 실권리자명의 등기에 관한 법률에 위반되어 무효인 명의신탁약정에 기하여 타인 명의로 등기를 마쳐준 것은 당연히 불법원인급여에 해당한다.

> 부동산 실권리자명의 등기에 관한 법률이 규정하는 <u>명의신탁약정</u>은 부동산에 관한 물권의 실권리자가 타인과의 사이에서 대내적으로는 실권리자가 부동산에 관한 물권을 보유하거나 보유하기로 하고 그에 관한 등기는 그 타인의 명의로 하기로 하는 약정을 말하는 것일 뿐이므로, <u>그 자체로 선량한 풍속 기타 사회질서에 위반하는 경우에 해당한다고 단정할 수 없을 뿐만 아니라</u>, 위 법률은 원칙적으로 명의신탁약정과 그 등기에 기한 물권변동만을 무효로 하고 명의신탁자가 다른 법률관계에 기하여 등기회복 등의 권리행사를 하는 것까지 금지하지는 않는 대신, 명의신탁에 대하여 행정적 제재나 형벌을 부과함으로써 사적자치 및 재산권보장의 본질을 침해하지 않도록 규정하고 있으므로, 위 법률이 비록 부동산등기제도를 악용한 투기·탈세·탈법행위 등 반사회적 행위를 방지하는 것 등을 목적으로 제정되었다고 하더라도, <u>무효인 명의신탁약정에 기하여 타인 명의의 등기가 마쳐졌다는 이유만으로 그것이 당연히 불법원인급여에 해당한다고 볼 수 없다</u>(대판 2003.11.27., 2003다41722).

④ 선의의 수익자가 패소한 때에는 그 소가 확정된 때로부터 악의의 수익자로 본다.

> 선의의 수익자가 패소한 때에는 <u>그 소를 제기한 때부터</u> 악의의 수익자로 본다(민법 제749조 제2항).

✔️ 제한행위능력을 이유로 법률행위를 취소한 경우 제한능력자는 선의·악의를 묻지 않고 그 행위로 인하여 받은 이익이 현존하는 한도에서 상환할 책임이 있다.

> 제한능력자의 책임을 제한하는 민법 제141조 단서는 부당이득에 있어 수익자의 반환범위를 정한 민법 제748조의 특칙으로서 제한능력자의 보호를 위해 그 선의·악의를 묻지 아니하고 반환범위를 현존 이익에 한정시키려는 데 그 취지가 있다(대판 2009.1.15., 2008다5836). ⚖️

⚖️
법령
> **민법 제141조(취소의 효과)**
> 취소된 법률행위는 처음부터 무효인 것으로 본다. 다만, 제한능력자는 그 행위로 인하여 받은 이익이 현존하는 한도에서 상환(償還)할 책임이 있다.
>
> **민법 제748조(수익자의 반환범위)**
> ① 선의의 수익자는 그 받은 이익이 현존한 한도에서 전조의 책임이 있다.
> ② 악의의 수익자는 그 받은 이익에 이자를 붙여 반환하고 손해가 있으면 이를 배상하여야 한다.

25 불법행위에 관한 설명으로 옳지 않은 것은?(다툼이 있으면 판례에 따름)

1
2
3

✔️ 과실로 불법행위를 방조한 자에 대해서는 공동불법행위가 인정될 수 없다.

> 수인이 공동하여 타인에게 손해를 가하는 민법 제760조의 공동불법행위에 있어서 행위자 상호 간의 공모는 물론 공동의 인식을 필요로 하지 아니하고, 다만 객관적으로 그 공동행위가 관련 공동되어 있으면 족하고 그 관련 공동성 있는 행위에 의하여 손해가 발생함으로써 그에 대한 배상책임을 지는 공동불법행위가 성립한다. 공동불법행위에 있어 방조라 함은 불법행위를 용이하게 하는 직접·간접의 모든 행위를 가리키는 것으로서 형법과 달리 손해의 전보를 목적으로 하여 과실을 원칙적으로 고의와 동일시하는 민법의 해석으로서는 과실에 의한 방조도 가능하다고 할 것이며, 이 경우의 과실의 내용은 불법행위에 도움을 주지 않아야 할 주의의무가 있음을 전제로 하여 이 의무에 위반하는 것을 말한다(대판 2009.4.23., 2009다1313). ⚖️

② 고의로 심신상실을 초래한 자는 타인에게 심신상실 중에 가한 손해를 배상할 책임이 있다.

> 심신상실 중에 타인에게 손해를 가한 자는 배상의 책임이 없다. 그러나 고의 또는 과실로 인하여 심신상실을 초래한 때에는 그러하지 아니하다(민법 제754조).

③ 사용자가 근로계약에 수반되는 보호의무를 위반함으로써 피용자가 손해를 입은 경우, 사용자는 이를 배상할 책임이 있다.

> 사용자는 근로계약에 수반되는 신의칙상의 부수적 의무로서 피용자가 노무를 제공하는 과정에서 생명, 신체, 건강을 해치는 일이 없도록 인적·물적 환경을 정비하는 등 필요한 조치를 강구하여야 할 보호의무를 부담하고, 이러한 보호의무를 위반함으로써 피용자가 손해를 입은 경우 이를 배상할 책임이 있다(대판 2001.7.27., 99다56734).

④ 고의로 불법행위를 한 가해자는 피해자의 손해배상채권을 피해자에 대한 자신의 다른 채권으로 상계할 수 없다.

> 민법 제496조("채무가 고의의 불법행위로 인한 것인 때에는 그 채무자는 상계로 채권자에게 대항하지 못한다")의 취지는, 고의의 불법행위에 의한 손해배상채권에 대하여 상계를 허용한다면 고의로 불법행위를 한 자까지도 상계권 행사로 현실적으로 손해배상을 지급할 필요가 없게 되어 보복적 불법행위를 유발하게 될 우려가 있고, 또 고의의 불법행위로 인한 피해자가 가해자의 상계권 행사로 인하여 현실의 변제를 받을 수 없는 결과가 됨은 사회적 정의관념에 맞지 아니하므로 고의에 의한 불법행위의 발생을 방지함과 아울러 고의의 불법행위로 인한 피해자에게 현실의 변제를 받게 하려는 데 있다 할 것이다(대판 2002.1.25., 2001다52506). 즉, 고의로 인한 불법행위채권을 수동채권으로 하는 상계는 금지된다.

⑤ 미성년자가 성폭력을 당한 경우에 이로 인한 손해배상청구권의 소멸시효는 그가 성년이 될 때까지는 진행되지 아니한다.

> 미성년자가 성폭력, 성추행, 성희롱, 그 밖의 성적(性的) 침해를 당한 경우에 이로 인한 손해배상청구권의 소멸시효는 그가 성년이 될 때까지는 진행되지 아니한다(민법 제766조 제3항).

법령

민법 제760조(공동불법행위자의 책임)
① 수인이 공동의 불법행위로 타인에게 손해를 가한 때에는 연대하여 그 손해를 배상할 책임이 있다.
② 공동 아닌 수인의 행위 중 어느 자의 행위가 그 손해를 가한 것인지를 알 수 없는 때에도 전항과 같다.
③ 교사자나 방조자는 공동행위자로 본다.

01	02	03	04	05	06	07	08	09	10	11	12	13	14	15	16	17	18	19	20	21	22	23	24	25
④,⑤	④	③	②	①	⑤	③	①	⑤	②	⑤	③	①	③	③	②	②	①	④	②	⑤	모두정답	④	⑤	④

01 신의성실의 원칙에 관한 설명으로 옳지 않은 것은?(다툼이 있으면 판례에 따름)

1
2
3

① 신의칙은 당사자의 주장이 없더라도 법원이 직권으로 그 위반 여부를 판단할 수 있다.

> 신의성실의 원칙에 반하는 것 또는 권리남용은 강행규정에 위배되는 것이므로 당사자의 주장이 없더라도 법원은 직권으로 판단할 수 있다(대판 1995.12.22., 94다432129).

② 사정변경의 원칙에 기한 계약의 해제가 인정되는 경우, 그 사정에는 계약의 기초가 된 객관적 사정만이 포함된다.

> 사정변경으로 인한 계약해제는, 계약성립 당시 당사자가 예견할 수 없었던 현저한 사정의 변경이 발생하였고 그러한 사정의 변경이 해제권을 취득하는 당사자에게 책임 없는 사유로 생긴 것으로서, 계약내용대로의 구속력을 인정한다면 신의칙에 현저히 반하는 결과가 생기는 경우에 계약준수 원칙의 예외로서 인정되는 것이고, 여기에서 말하는 사정이라 함은 계약의 기초가 되었던 객관적인 사정으로서, 일방당사자의 주관적 또는 개인적인 사정을 의미하는 것은 아니다(대판 2007.3.29., 2004다31302).

③ 임대차계약에 차임을 증액하지 않기로 하는 특약이 있더라도 그 특약을 그대로 유지시키는 것이 신의칙에 반한다고 인정될 정도의 사정변경이 있는 경우에는 임대인에게 차임증액청구가 인정될 수 있다.

> 임대차계약에 있어서 차임불증액의 특약이 있더라도 그 약정 후 그 특약을 그대로 유지시키는 것이 신의칙에 반한다고 인정될 정도의 사정변경이 있다고 보여지는 경우에는 형평의 원칙상 임대인에게 차임증액청구를 인정하여야 한다(대판 1996.11.12., 96다34061).

✔ 채무자가 소멸시효 완성을 주장하는 것은 신의칙에 반하여 권리남용으로 될 여지가 없다.

> 채무자의 소멸시효에 기한 항변권의 행사도 우리 민법의 대원칙인 신의성실의 원칙과 권리남용금지의 원칙의 지배를 받는 것이어서, 채무자가 시효완성 전에 채권자의 권리행사나 시효중단을 불가능 또는 현저히 곤란하게 하였거나, 그러한 조치가 불필요하다고 믿게 하는 행동을 하였거나, 객관적으로 채권자가 권리를 행사할 수 없는 장애사유가 있었거나, 또는 일단 시효완성 후에 채무자가 시효를 원용하지 아니할 것 같은 태도를 보여 권리자로 하여금 그와 같이 신뢰하게 하였거나, 채권자보호의 필요성이 크고, 같은 조건의 다른 채권자가 채무의 변제를 수령하는 등의 사정이 있어 채무이행의 거절을 인정함이 현저히 부당하거나 불공평하게 되는 등의 특별한 사정이 있는 경우에는 채무자가 소멸시효의 완성을 주장하는 것이 신의성실의 원칙에 반하여 권리남용으로서 허용될 수 없다(대판 2005.5.13., 2004다71881).

✔ 강행규정을 위반한 자가 그 위반을 이유로 하여 법률행위의 무효를 주장하는 것은 신의칙 위반으로 될 수 있다.

> ※ 해당 문제 ⑤는 '강행규정을 위반한 법률행위에 대하여 약정의 무효를 주장하는 것'이 '신의칙의 위반'인가를 쟁점으로 둔다. 판례에서는 강행규정을 위반한 자가 법률행위의 무효를 주장하는 것을 신의칙의 위반으로 보지

않음을 원칙으로 삼되, 신의칙을 우선하여 적용할 만한 특별한 사정이 있는 경우에는 신의칙에 위반됨을 예외로 둔다. 판례를 기준으로 ⑤를 해석함에 논쟁의 여지가 있는 바, 본 문제의 최종 정답을 '④, ⑤'로 변경한 것으로 보인다.

> 강행법규를 위반한 자가 스스로 강행법규에 위배된 약정의 무효를 주장하는 것이 신의칙에 위반되는 권리의 행사라는 이유로 그 주장을 배척한다면, 이는 오히려 강행법규에 의하여 배제하려는 결과를 실현시키는 셈이 되어 입법 취지를 완전히 몰각하게 되므로 달리 특별한 사정이 없는 한 위와 같은 주장은 신의칙에 반하는 것이라고 할 수 없다(대판 2011.3.10., 2007다17482).

> 강행규정을 위반한 법률행위를 한 사람이 스스로 그 무효를 주장하는 것이 신의칙에 위배되는 권리의 행사라는 이유로 이를 배척한다면 강행규정의 입법 취지를 몰각시키는 결과가 되므로 그러한 주장은 신의칙에 위배된다고 볼 수 없음이 원칙이다. 다만 신의칙을 적용하기 위한 일반적인 요건을 갖추고 강행규정성에도 불구하고 신의칙을 우선하여 적용할 만한 특별한 사정이 있는 예외적인 경우에는 강행규정을 위반한 법률행위의 무효를 주장하는 것이 신의칙에 위배될 수 있다(대판 2021.11.25., 2019다277157).

02 미성년자에 관한 설명으로 옳지 않은 것은?(다툼이 있으면 판례에 따름)

① 미성년자가 자신의 채무를 면제하는 것만을 내용으로 하는 채무면제계약에 관해 승낙의 의사표시를 하는 것은 법정대리인의 동의가 없어도 확정적으로 유효하다.

> 미성년자가 법률행위를 함에는 법정대리인의 동의를 얻어야 한다. 그러나 권리만을 얻거나 의무만을 면하는 행위는 그러하지 아니하다(민법 제5조 제1항).

② 법정대리인이 미성년자에게 범위를 정하여 재산의 처분을 허락하는 것은 묵시적으로도 가능하다.

> 미성년자가 법률행위를 함에 있어서 요구되는 법정대리인의 동의는 언제나 명시적이어야 하는 것은 아니고 묵시적으로도 가능한 것이며, 미성년자의 행위가 위와 같이 법정대리인의 묵시적 동의가 인정되거나 처분허락이 있는 재산의 처분 등에 해당하는 경우라면, 미성년자로서는 더 이상 행위무능력을 이유로 그 법률행위를 취소할 수 없다(대판 2007.11.16., 2005다71659).

③ 법정대리인이 미성년자에게 특정한 영업을 허락한 경우, 그 영업과 관련된 행위에 대해서 법정대리인의 대리권은 소멸한다.

> 미성년자가 법정대리인으로부터 허락을 얻은 특정한 영업에 관하여는 성년자와 동일한 행위능력이 있다(민법 제8조 제1항). 이에 따라 법정대리인의 대리권은 인정되지 아니한다.

④ 미성년자는 타인의 임의대리인이 될 수 없다.

> 대리인은 행위능력자임을 요하지 않는다(민법 제117조). 즉, 대리인은 행위능력을 요하지 않기 때문에 미성년자도 타인의 임의대리인이 될 수 있다.

⑤ 미성년자가 제한능력을 이유로 자신이 행한 법률행위를 단독으로 취소한 경우, 그 법정대리인은 미성년자가 행한 취소의 의사표시를 다시 취소할 수 없다.

> 미성년자는 제한능력자로서 법률행위를 취소할 수 있으며(민법 제140조), 취소된 법률행위는 처음부터 무효인 것으로 본다(동법 제141조). 따라서 그 법정대리인은 미성년자가 행한 취소의 의사표시를 다시 취소할 수 없다고 보아야 한다.

03 민법상 법인에 관한 설명으로 옳은 것은?(다툼이 있으면 판례에 따름)

① 생전처분으로 재단법인을 설립하는 자가 서면으로 재산출연의 의사표시를 하였다면 착오를 이유로 이를 취소할 수 없다.

> 민법 제47조 제1항에 의하여 생전처분으로 재단법인을 설립하는 때에 준용되는 민법 제555조는 "증여의 의사가 서면으로 표시되지 아니한 경우에는 각 당사자는 이를 해제할 수 있다."고 함으로써 서면에 의한 증여(출연)의 해제를 제한하고 있으나, 그 해제는 민법 총칙상의 취소와는 요건과 효과가 다르므로 서면에 의한 출연이더라도 민법 총칙규정에 따라 출연자가 착오에 기한 의사표시라는 이유로 출연의 의사표시를 취소할 수 있고, 상대방 없는 단독행위인 재단법인에 대한 출연행위라고 하여 달리 볼 것은 아니다(대판 1999.7.9., 98다9045).

② 생전처분으로 지명채권을 출연하여 재단법인을 설립하는 경우, 그 지명채권은 대외적으로는 양도통지나 채무자의 승낙이 행해진 때 법인의 재산이 된다.

> 생전처분으로 재단법인을 설립하는 때에는 출연재산은 법인이 성립된 때로부터 법인의 재산이 된다(민법 제48조). 민법 제450조 따르면 양도통지 및 채무자의 승낙은 대항요건에 불과하다. ⚖️

✓ 법인의 불법행위를 성립시키는 대표기관에는 법인을 실질적으로 운영하면서 그 법인을 사실상 대표하여 법인의 사무를 집행하는 사람이 포함된다.

> 민법 제35조 제1항은 "법인은 이사 기타 대표자가 그 직무에 관하여 타인에게 가한 손해를 배상할 책임이 있다"라고 정한다. 여기서 '법인의 대표자'에는 그 명칭이나 직위 여하, 또는 대표자로 등기되었는지 여부를 불문하고 당해 법인을 실질적으로 운영하면서 법인을 사실상 대표하여 법인의 사무를 집행하는 사람을 포함한다고 해석함이 상당하다(대판 2011.4.28., 2008다15438).

④ 법인의 대표기관은 정관 또는 사원총회에 의해 금지되지 않는 한 타인에게 포괄적인 대리권을 수여할 수 있다.

> 이사는 정관 또는 총회의 결의로 금지하지 아니한 사항에 한하여 타인으로 하여금 특정한 행위를 대리하게 할 수 있다(민법 제62조).

⑤ 법인이 청산종결등기를 하였다면 실제로 청산사무가 종료되지 않았더라도 그 법인은 소멸한다.

> 청산종결등기가 경료된 경우에도 청산사무가 종료되었다 할 수 없는 경우에는 청산법인으로 존속한다(대판 1980.4.8., 79다2036).

⚖️ **법령**

민법 제450조(지명채권양도의 대항요건)
① 지명채권의 양도는 양도인이 채무자에게 통지하거나 채무자가 승낙하지 아니하면 채무자 기타 제삼자에게 대항하지 못한다.
② 전항의 통지나 승낙은 확정일자 있는 증서에 의하지 아니하면 채무자 이외의 제삼자에게 대항하지 못한다.

04 물건에 관한 설명으로 옳지 않은 것은?(다툼이 있으면 판례에 따름)

1
2
3

① 특정이 가능하다면 증감·변동하는 유동집합물도 하나의 물건으로 다루어질 수 있다.

> 일단의 증감 변동하는 동산을 하나의 물건으로 보아 이를 채권담보의 목적으로 삼는 이른바 유동집합물에 대한 양도담보설정계약의 경우에, 양도담보의 효력이 미치는 범위를 명시하여 제3자에게 불측의 손해를 입지 않도록 하고 권리관계를 미리 명확히 하여 집행절차가 부당히 지연되지 않도록 하기 위하여 그 목적물을 특정할 필요가 있으므로, 담보목적물은 담보설정자의 다른 물건과 구별될 수 있도록 그 종류, 소재하는 장소 또는 수량의 지정 등의 방법에 의하여 외부적·객관적으로 특정되어 있어야 하고, 목적물의 특정 여부 및 목적물의 범위는 목적물의 종류, 장소, 수량 등에 관한 계약의 전체적 내용, 계약 당사자의 의사, 목적물 자체가 가지는 유기적 결합의 정도, 목적물의 성질, 담보물 관리와 이용방법 등 여러 가지 사정을 종합하여 구체적으로 판단하여야 한다(대판 2003.3.14., 2002다72385). 따라서 특정이 가능하다면 증감·변동하는 유동집합물도 하나의 물건으로 다루어질 수 있다고 보는 것이 타당하다.

☑️ 타인의 토지에 권원 없이 자신의 수목을 식재한 자가 이를 부단히 관리하고 있다면 그 수목은 토지에 부합하지 않는다.

> 타인의 토지상에 권원 없이 식재한 수목의 소유권은 토지소유자에게 귀속하고 권원에 의하여 식재한 경우에는 그 소유권이 식재한 자에게 있다할 것이다(대판 1980.9.30., 80도1874). 이러한 법리는 수목을 식재한 자가 수목을 부단히 관리하고 있더라도 마찬가지로 적용된다.

③ 명인방법을 갖춘 수목은 독립하여 거래의 객체가 될 수 있다.

> 경매의 대상이 된 토지 위에 생립하고 있는 채무자 소유의 미등기 수목은 토지의 구성 부분으로서 토지의 일부로 간주되어 특별한 사정이 없는 한 토지와 함께 경매되는 것이므로 그 수목의 가액을 포함하여 경매 대상 토지를 평가하여 이를 최저경매가격으로 공고하여야 하고, 다만 입목에관한법률에 따라 등기된 입목이나 명인방법을 갖춘 수목의 경우에는 독립하여 거래의 객체가 되므로 토지 평가에 포함되지 아니한다(대판 1998.10.28., 98마1817).

④ 주물·종물 관계는 특별한 사정이 없는 한 동일인 소유의 물건 사이에서 인정된다.

> 종물은 물건의 소유자가 그 물건의 상용에 공하기 위하여 자기 소유인 다른 물건을 이에 부속하게 한 것을 말하므로(민법 제100조 제1항), 주물과 다른 사람의 소유에 속하는 물건은 종물이 될 수 없다(대결 2008.5.8., 2007다36933).

⑤ 주물·종물 법리는 타인 소유 토지 위에 존재하는 건물의 소유권과 그 건물의 부지에 관한 건물소유자의 토지임차권 사이에도 유추적용될 수 있다.

> 건물의 소유를 목적으로 하여 토지를 임차한 사람이 그 토지 위에 소유하는 건물에 저당권을 설정한 때에는 민법 제358조 본문에 따라서 저당권의 효력이 건물뿐만 아니라 건물의 소유를 목적으로 한 토지의 임차권에도 미친다고 보아야 할 것이므로, 건물에 대한 저당권이 실행되어 경락인이 건물의 소유권을 취득한 때에는 특별한 다른 사정이 없는 한 건물의 소유를 목적으로 한 토지의 임차권도 건물의 소유권과 함께 경락인에게 이전된다(대판 1993.4.13., 92다24950).

05 반사회질서의 법률행위에 관한 설명으로 옳지 않은 것은?(다툼이 있으면 판례에 따름)

① ✔ 과도한 위약벌 약정은 법원의 직권감액이 가능하므로 선량한 풍속 기타 사회질서에 반할 여지가 없다.

> 위약벌의 약정은 채무의 이행을 확보하기 위하여 정해지는 것으로서 손해배상의 예정과는 그 내용이 다르므로 손해배상의 예정에 관한 민법 제398조 제2항을 유추적용하여 그 액을 감액할 수는 없고, 다만 그 의무의 강제에 의하여 얻어지는 채권자의 이익에 비하여 약정된 벌이 과도하게 무거울 때에는 그 일부 또는 전부가 공서양속에 반하여 무효로 된다(대판 2013.7.25., 2013다27015).

② 부동산 매매계약에서 계약금을 수수한 후 당사자가 매매계약의 이행에 착수하기 전에 제3자가 매도인을 적극 유인하여 해당 부동산을 매수하였다면 매도인과 제3자 사이의 그 매매계약은 반사회질서의 법률행위가 아니다.

> 이중매매라 하더라도 중도금을 지급하지 않았다면 계약을 해제할 수 있다. 부동산 이중매매가 반사회질서적인 법률행위로 평가되기 위해서는 매매에 약정 또는 법정해제사유가 없어야 하고, 중도금이 지급되는 등 계약금의 배액상환으로 매매계약을 해제할 수 없는 상태에 이르러야 한다. 따라서 당사자가 매매계약의 이행에 착수하기 전에 제3자가 매도인을 적극 유인하여 해당 부동산을 매수한 경우에 대하여, 그 매매계약은 반사회질서의 법률행위라고 볼 수 없을 것이다.

③ 보험사고를 가장하여 보험금을 부정취득할 목적으로 체결된 다수의 생명보험계약은 그 목적에 대한 보험자의 인식 여부를 불문하고 무효이다.

> 보험계약자가 다수의 보험계약을 통하여 보험금을 부정취득할 목적으로 보험계약을 체결한 경우 보험계약은 민법 제103조의 선량한 풍속 기타 사회질서에 반하여 무효이다(대판 2017.4.7., 2014다234827). 이 경우는 보험자의 인식 여부도 불문한다.

④ 부첩(夫妾)관계의 종료를 해제조건으로 하는 증여계약은 반사회질서의 법률행위로서 무효이다.

> 부첩관계인 부부생활의 종료를 해제조건으로 하는 증여계약은 그 조건만이 무효인 것이 아니라 증여계약 자체가 무효이다(대판 1966.6.21., 66다530).

⑤ 선량한 풍속 기타 사회질서에 반하는 법률행위의 무효는 그 법률행위를 기초로 하여 새로운 이해관계를 맺은 선의의 제3자에 대해서도 주장할 수 있다.

> 반사회질서의 법률행위의 무효는 절대적 무효이다. 따라서 선의의 제3자에게도 대항할 수 있다.

06 통정허위표시에 관한 설명으로 옳은 것은?(다툼이 있으면 판례에 따름)

① 통정허위표시에 의하여 생긴 채권을 가압류한 경우, 가압류권자는 선의이더라도 통정허위표시와 관련하여 보호받는 제3자에 해당하지 않는다.

> 통정한 허위표시에 의하여 외형상 형성된 법률관계로 생긴 채권을 가압류한 경우, 그 가압류권자는 허위표시에 기초하여 새로운 법률상 이해관계를 가지게 되므로 민법 제108조 제2항의 제3자에 해당한다고 봄이 상당하고, 또한 민법 제108조 제2항의 제3자는 선의이면 족하고 무과실은 요건이 아니다(대판 2004.5.28., 2003다70041). ⚖

② 통정허위표시인 법률행위는 무효이므로 채권자취소권의 대상인 사해행위로 될 수 없다.

> 채무자의 법률행위가 통정허위표시인 경우에도 채권자취소권의 대상이 되고, 한편 채권자취소권의 대상으로 된 채무자의 법률행위라도 통정허위표시의 요건을 갖춘 경우에는 무효라고 할 것이다(대판 1998.2.27., 97다50985). 통정한 허위의 의사표시는 민법 제108조를 준용한다. ⚖

③ 표의자의 진의와 표시가 불일치함을 상대방이 명확하게 인식하였다면 그 불일치에 대하여 양자 간에 합의가 없더라도 통정허위표시가 성립한다.

> 의사표시의 진의와 표시가 일치하지 아니하고, 그 불일치에 관하여 상대방과 사이에 합의가 있는 경우에는, 통정허위표시가 성립한다. 여러 당사자 사이에서 여러 개의 계약이 체결된 경우에, 그 계약 전부가 하나의 계약인 것과 같은 불가분의 관계에 있는 것인지의 여부는, 계약체결의 경위와 목적 및 당사자의 의사 등을 종합적으로 고려하여 판단하여야 한다(대판 2018.7.24., 2018다220574).

④ 파산관재인이 통정허위표시와 관련하여 보호받는 제3자로 등장하는 경우, 모든 파산채권자가 선의인 경우에 한하여 그의 선의가 인정된다.

> 파산관재인은 그 허위표시에 따라 외형상 형성된 법률관계를 토대로 실질적으로 새로운 법률상 이해관계를 가지게 된 민법 제108조 제2항의 제3자에 해당하고, 그 선의·악의도 파산관재인 개인의 선의·악의를 기준으로 할 수는 없고, 총파산채권자를 기준으로 하여 파산채권자 모두가 악의로 되지 않는 한 파산관재인은 선의의 제3자라고 할 수밖에 없다(대판 2013.4.26., 2013다1952).

✅ 임대차보증금반환채권을 담보하기 위하여 임대인과 임차인 사이에 임차인을 전세권자로 하는 전세권설정계약이 체결된 경우, 그 계약이 전세권자의 사용·수익을 배제하는 것이 아니라 하더라도 임대차계약과 양립할 수 없는 범위에서는 통정허위표시로 무효이다.

> 임대차계약에 따른 임대차보증금반환채권을 담보할 목적으로 임대인과 임차인 사이의 합의에 따라 임차인 명의로 전세권설정등기를 마친 경우, 그 전세금의 지급은 이미 지급한 임대차보증금으로 대신한 것이고, 장차 전세권자가 목적물을 사용·수익하는 것을 완전히 배제하는 것도 아니므로, 그 전세권설정등기는 유효하다. 이때 임대인과 임차인이 그와 같은 전세권설정등기를 마치기 위하여 전세권설정계약을 체결하여도, 임대차보증금은 임대차계약이 종료된 후 임차인이 목적물을 인도할 때까지 발생하는 차임 및 기타 임차인의 채무를 담보하는 것이므로, 임대인과 임차인이 위와 같이 임대차보증금반환채권을 담보할 목적으로 전세권을 설정하기 위하여 전세권설정계약을 체결하였다면, 임대차보증금에서 연체차임 등을 공제하고 남은 돈을 전세금으로 하는 것이 임대인과 임차인의 합치된 의사라고 볼 수 있다. 그러나 그 전세권설정계약은 외관상으로는 그 내용에 차임지급 약정이 존재하지 않고 이에 따라 전세금이 연체차임으로 공제되지 않는 등 임대인과 임차인의 진의와 일치하지 않는 부분이 존재한다. 따라서 그러한 전세권설정계약은 위와 같이 임대차계약과 양립할 수 없는 범위에서 통정허위표시에 해당하여 무효라고 봄이 타당하다. 다만 그러한 전세권설정계약에 의하여 형성된 법률관계에 기초하여 새로이 법률상 이해관계를 가지게 된 제3자에 대하여는 그 제3자가 그와 같은 사정을 알고 있었던 경우에만 그 무효를 주장할 수 있다(대판 2021.12.30., 2018다268538).

⚖ 법령

> **민법 제108조(통정한 허위의 의사표시)**
> ① 상대방과 통정한 허위의 의사표시는 무효로 한다.
> ② 전항의 의사표시의 무효는 선의의 제삼자에게 대항하지 못한다.

07 대리에 관한 설명으로 옳지 않은 것은?

① 대리인이 그 권한 내에서 본인을 위한 것임을 표시한 의사표시는 직접 본인에게 효력이 생긴다.

　　민법 제114조 제1항

② 복대리인은 본인에 대하여 대리인과 동일한 권리의무가 있다.　민법 제123조 제2항

❸ 대리인이 수인(數人)인 때에는 법률 또는 수권행위에서 다른 정함이 없으면 공동으로 본인을 대리한다.

　　대리인이 수인인 때에는 각자가 본인을 대리한다. 그러나 법률 또는 수권행위에 다른 정한 바가 있는 때에는 그러하지 아니하다(민법 제119조).

④ 임의대리권은 대리인의 성년후견의 개시로 소멸된다.　민법 제127조 제2호 ⚖

⑤ 특정한 법률행위를 위임한 경우에 대리인이 본인의 지시에 좇아 그 행위를 한 때에는 본인은 자기가 안 사정에 관하여 대리인의 부지(不知)를 주장하지 못한다.　민법 제116조 제2항

⚖ 법령

민법 127조(대리권의 소멸사유)
대리권은 다음 각 호의 어느 하나에 해당하는 사유가 있으면 소멸된다.
1. 본인의 사망
2. 대리인의 사망, 성년후견의 개시 또는 파산

08 대리에 관한 설명으로 옳지 않은 것은?(다툼이 있으면 판례에 따름)

❶ 대리행위가 강행법규에 위반하여 무효인 경우에도 표현대리가 성립할 수 있다.

　　증권회사 또는 그 임·직원의 부당권유행위를 금지하는 증권거래법 제52조 제1호는 공정한 증권거래질서의 확보를 위하여 제정된 강행법규로서 이에 위배되는 주식거래에 관한 투자수익보장약정은 무효이고, 투자수익보장이 강행법규에 위반되어 무효인 이상 증권회사의 지점장에게 그와 같은 약정을 체결할 권한이 수여되었는지 여부에 불구하고 그 약정은 여전히 무효이므로 표현대리의 법리가 준용될 여지가 없다(대판 1996.8.23., 94다38199).

② 복임권이 없는 임의대리인이 선임한 복대리인의 행위에도 표현대리가 성립할 수 있다.

　　대리인이 사자 내지 임의로 선임한 복대리인을 통하여 권한 외의 법률행위를 한 경우, 상대방이 그 행위자를 대리권을 가진 대리인으로 믿었고 또한 그렇게 믿는 데에 정당한 이유가 있는 때에는, 복대리인 선임권이 없는 대리인에 의하여 선임된 복대리인의 권한도 기본대리권이 될 수 있을 뿐만 아니라, 그 행위자가 사자라고 하더라도 대리행위의 주체가 되는 대리인이 별도로 있고 그들에게 본인으로부터 기본대리권이 수여된 이상, 민법 제126조를 적용함에 있어서 기본대리권의 흠결 문제는 생기지 않는다(대판 1998.3.27., 97다48982).

③ 하나의 무권대리행위 일부에 대한 본인의 추인은 상대방의 동의가 없으면 무효이다.

> 무권대리행위의 추인은 무권대리인에 의하여 행하여진 불확정한 행위에 관하여 그 행위의 효과를 자기에게 직접 발생케 하는 것을 목적으로 하는 의사표시이며, 무권대리인 또는 상대방의 동의나 승낙을 요하지 않는 단독행위로서 추인은 의사표시의 전부에 대하여 행하여져야 하고, 그 일부에 대하여 추인을 하거나 그 내용을 변경하여 추인을 하였을 경우에는 상대방의 동의를 얻지 못하는 한 무효이다(대판 1982.1.26., 81다카549).

④ 무권대리인이 본인을 단독상속한 경우, 특별한 사정이 없는 한 자신이 행한 무권대리행위의 무효를 주장하는 것은 허용되지 않는다.

> 甲이 대리권 없이 乙 소유 부동산을 병에게 매도하여 부동산소유권이전등기등에관한특별조치법에 의하여 소유권이전등기를 마쳐주었다면 그 매매계약은 무효이고 이에 터잡은 이전등기 역시 무효가 되나, 甲은 乙의 무권대리인으로서 민법 제135조 제1항의 규정에 의하여 매수인인 丙에게 부동산에 대한 소유권이전등기를 이행할 의무가 있으므로 그러한 지위에 있는 무권대리인(甲)이 乙로부터 부동산을 상속받아 그 소유자가 되어 소유권이전등기이행의무를 이행하는 것이 가능하게 된 시점에서 자신이 소유라고 하여 자신으로부터 부동산을 전전매수한 丁에게 원래 자신의 매매행위가 무권대리행위여서 무효였다는 이유로 丁앞으로 경료된 소유권이전등기가 무효의 등기라고 주장하여 그 등기의 말소를 청구하거나 부동산의 점유로 인한 부당이득금의 반환을 구하는 것은 금반언의 원칙이나 신의성실의 원칙에 반하여 허용될 수 없다(대판 1994.9.27., 94다20617).

⑤ 제한능력자가 법정대리인의 동의 없이 계약을 무권대리한 경우, 그 제한능력자는 무권대리인으로서 계약을 이행할 책임을 부담하지 않는다.

> 대리인으로서 계약을 맺은 자에게 대리권이 없다는 사실을 상대방이 알았거나 알 수 있었을 때 또는 대리인으로서 계약을 맺은 사람이 제한능력자일 때에는 무권대리인으로서 계약을 이행할 책임을 적용하지 아니한다(민법 제135조 제2항).

09 법률행위의 무효와 취소에 관한 설명으로 옳은 것은?(다툼이 있으면 판례에 따름)

① 반사회질서의 법률행위는 당사자가 그 무효를 알고 추인하면 원칙적으로 유효가 된다.

> 민법 제103조에 따라 반사회질서의 법률행위는 무효이며, 이는 절대적 무효로서 당서자가 그 무효를 알고 추인하더라도 그 행위가 유효로 되지 않는다.

② 담보의 제공은 법정추인사유에 해당하지 않는다.

> 민법 제145조 법정추인사유는 '전부나 일부의 이행, 이행의 청구, 경개, 담보의 제공, 취소할 수 있는 행위로 권리의 전부나 일부의 양도, 강제집행'이다.

③ 무효행위의 추인은 무효원인이 소멸하기 전에도 할 수 있다.

> 무효행위의 추인은 그 무효원인이 소멸한 후에 하여야 그 효력이 있다(대판 1997.12.12., 95다38240).

④ 피성년후견인은 법정대리인의 동의가 있으면 취소할 수 있는 법률행위를 추인할 수 있다.

> 피성년후견인이 성년후견이 종료되어 자기가 행한 법률행위를 추인하거나 법정대리인이 추인하는 경우 외에 취소의 원인이 소멸되지 않는 한 피성년후견인은 법정대리인의 동의를 얻어 취소할 수 있는 법률행위를 추인할 수 없다.

✅ 제한능력을 이유로 법률행위가 취소된 경우, 제한능력자는 현존이익의 한도에서 상환할 책임이 있다.

> 취소된 법률행위는 처음부터 무효인 것으로 본다. 다만, 제한능력자는 그 행위로 인하여 <u>받은 이익이 현존하는 한도에서</u> 상환(償還)할 책임이 있다(민법 제141조).

10 민법상 기간에 관한 설명으로 옳지 않은 것은?

① 연령계산에는 출생일을 산입한다. 민법 제158조

✅ 월의 처음으로부터 기간을 기산하지 아니하는 때에는 최후의 월에서 그 기산일에 해당한 날의 익일로 기간이 만료한다.

> 주, 월 또는 연의 처음으로부터 기간을 기산하지 아니하는 때에는 최후의 주, 월 또는 연에서 그 기산일에 해당한 날의 <u>전일</u>로 기간이 만료한다(민법 제160조 제2항).

③ 기간의 말일이 공휴일에 해당한 때에는 기간은 그 익일로 만료한다.

> 기간의 말일이 토요일 또는 <u>공휴일</u>에 해당한 때에는 기간은 그 익일로 만료한다(민법 제161조).

④ 기간을 분으로 정한 때에는 즉시로부터 기산한다.

> 기간을 시, <u>분</u>, 초로 정한 때에는 즉시로부터 기산한다(민법 제156조).

⑤ 기간을 월로 정한 때에는 역(曆)에 의하여 계산한다.

> 기간을 주, 월 또는 연으로 정한 때에는 역에 의하여 계산한다(민법 제160조 제1항).

11 조건과 기한에 관한 설명으로 옳은 것은?(다툼이 있으면 판례에 따름)

① 기한의 이익을 가지고 있는 채무자가 그가 부담하는 담보제공 의무를 이행하지 아니하더라도 그 기한의 이익은 상실되지 않는다.

> 채무자가 담보를 손상, 감소 또는 멸실하게 한 때 및 <u>채무자가 담보제공의 의무를 이행하지 아니한 때에는</u> <u>기한의 이익을 주장하지 못한다</u>(민법 제388조 제1호 및 제2호).

② 해제조건 있는 법률행위는 조건이 성취한 때로부터 그 효력이 생긴다.

> 해제조건 있는 법률행위는 조건이 성취한 때로부터 <u>그 효력을 잃는다</u>(민법 제147조 제2항).

③ 기성조건이 정지조건이면 그 법률행위는 무효로 한다.

> 조건이 법률행위의 당시 이미 성취한 것인 경우에는 <u>그 조건이 정지조건이면 조건없는 법률행위로 하고</u> 해제조건이면 그 법률행위는 무효로 한다(민법 제151조 제2항).

④ 기한이익 상실특약은 특별한 사정이 없는 한 정지조건부 기한이익 상실특약으로 본다.

> 기한이익 상실의 특약은 그 내용에 의하여 일정한 사유가 발생하면 채권자의 청구 등을 요함이 없이 당연히 기한의 이익이 상실되어 이행기가 도래하는 것으로 하는 정지조건부 기한이익 상실의 특약과 일정한 사유가 발생한 후 채권자의 통지나 청구 등 채권자의 의사행위를 기다려 비로소 이행기가 도래하는 것으로 하는 형성권적 기한이익 상실의 특약의 두 가지로 대별할 수 있고, 기한이익 상실의 특약이 위의 양자 중 어느 것에 해당하느냐는 당사자의 의사해석의 문제이지만 일반적으로 기한이익 상실의 특약이 채권자를 위하여 둔 것인 점에 비추어 명백히 정지조건부 기한이익 상실의 특약이라고 볼 만한 특별한 사정이 없는 이상 형성권적 기한이익 상실의 특약으로 추정하는 것이 타당하다(대판 2010.8.26., 2008다42416).

☑ 기한은 원칙적으로 채무자의 이익을 위한 것으로 추정한다. 민법 제153조 제1항

12 소멸시효의 중단에 관한 설명으로 옳지 않은 것은?(다툼이 있으면 판례에 따름)

① 3년의 소멸시효기간이 적용되는 채권이 지급명령에서 확정된 경우, 그 시효기간은 10년으로 한다.

> 민사소송법 제474조, 민법 제165조 제2항에 의하면, 지급명령에서 확정된 채권은 단기의 소멸시효에 해당하는 것이라도 그 소멸시효기간이 10년으로 연장된다(대판 2009.9.24., 2009다39530).

② 채권자가 동일한 목적을 달성하기 위하여 복수의 채권을 가지고 있는 경우, 특별한 사정이 없으면 그중 하나의 채권을 행사한 것만으로는 다른 채권에 대한 시효중단의 효력은 없다.

> 채권자가 동일한 목적을 달성하기 위하여 복수의 채권을 갖고 있는 경우, 채권자로서는 그 선택에 따라 권리를 행사할 수 있되, 그중 어느 하나의 청구를 한 것만으로는 다른 채권 그 자체를 행사한 것으로 볼 수는 없으므로, 특별한 사정이 없는 한 다른 채권에 대한 소멸시효 중단의 효력은 없다(대판 2020.3.26., 2018다221867).

☑ 대항요건을 갖추지 못한 채권양도의 양수인이 채무자를 상대로 재판상 청구를 하여도 시효중단사유인 재판상 청구에 해당하지 아니한다.

> 채권양도는 구 채권자인 양도인과 신 채권자인 양수인 사이에 채권을 그 동일성을 유지하면서 전자로부터 후자에게로 이전시킬 것을 목적으로 하는 계약을 말한다 할 것이고, 채권양도에 의하여 채권은 그 동일성을 잃지 않고 양도인으로부터 양수인에게 이전되며, 이러한 법리는 채권양도의 대항요건을 갖추지 못하였다고 하더라도 마찬가지인 점, 민법 제149조의 "조건의 성취가 미정한 권리의무는 일반규정에 의하여 처분, 상속, 보존 또는 담보로 할 수 있다."는 규정은 대항요건을 갖추지 못하여 채무자에게 대항하지 못한다고 하더라도 채권양도에 의하여 채권을 이전받은 양수인의 경우에도 그대로 준용될 수 있는 점, 채무자를 상대로 재판상의 청구를 한 채권의 양수인을 '권리 위에 잠자는 자'라고 할 수 없는 점 등에 비추어 보면, 비록 대항요건을 갖추지 못하여 채무자에게 대항하지 못한다고 하더라도 채권의 양수인이 채무자를 상대로 재판상의 청구를 하였다면 이는 소멸시효 중단사유인 재판상의 청구에 해당한다고 보아야 한다(대판 2005.11.10., 2005다41818).

④ 채권자가 최고를 여러 번 거듭하다가 재판상 청구를 한 경우, 시효중단의 효력은 재판상 청구를 한 시점을 기준으로 하여 이로부터 소급하여 6월 이내에 한 최고 시에 발생한다.

> 최고를 여러 번 거듭하다가 재판상 청구 등을 한 경우에 있어서의 시효중단의 효력은 항상 최초의 최고 시에 발생하는 것이 아니라 재판상 청구 등을 한 시점을 기준으로 하여 이로부터 소급하여 6월 이내에 한 최고 시에 발생한다(대판 1987.12.22., 87다카2337).

⑤ 동일한 당사자 사이에 계속적 거래관계로 인한 수 개의 금전채무가 있고, 채무자가 그 채무 전액을 변제하기에는 부족한 금액으로 채무의 일부를 변제하는 경우에 그 수 개의 채무 전부에 관하여 시효중단의 효력이 발생하는 것이 원칙이다.

> 동일 당사자 간의 계속적인 금전거래로 인하여 수 개의 금전채무가 있는 경우에 채무의 일부 변제는 채무의 일부로서 변제한 이상 그 채무 전부에 관하여 시효중단의 효력을 발생하는 것으로 보아야 하고 동일 당사자 간에 계속적인 거래관계로 인하여 수개의 금전채무가 있는 경우에 채무자가 전채무액을 변제하기에 부족한 금액을 채무의 일부로 변제한 때에는 특별한 사정이 없는 한 기존의 수 개의 채무 전부에 대하여 승인을 하고 변제한 것으로 보는 것이 상당하다(대판 1980.5.13., 78다1790).

13 민법상 채권의 목적에 관한 설명으로 옳지 않은 것은? (다툼이 있으면 판례에 따름)

❶ 선택채권의 경우, 특별한 사정이 없는 한 선택의 효력은 소급하지 않는다.

> 선택의 효력은 그 채권이 발생한 때에 소급한다. 그러나 제삼자의 권리를 해하지 못한다(민법 제386조).

② 금전으로 가액을 산정할 수 없는 것이라도 채권의 목적으로 할 수 있다. 민법 제373조

③ 종류채권의 경우, 목적물이 특정된 때부터 그 특정된 물건이 채권의 목적물이 된다.

> 종류채권의 경우에 채무자가 이행에 필요한 행위를 완료하거나 채권자의 동의를 얻어 이행할 물건을 지정한 때에는 그때로부터 그 물건을 채권의 목적물로 한다(민법 제375조 제2항).

④ 특정물매매계약의 매도인은 특별한 사정이 없는 한 그 목적물을 인도할 때까지 선량한 관리자의 주의로 그 물건을 보존하여야 한다.

> 특정물의 인도가 채권의 목적인 때에는 채무자는 그 물건을 인도하기까지 선량한 관리자의 주의로 보존하여야 한다(민법 제374조).

⑤ 금전채무에 관하여 이행지체에 대비한 지연손해금 비율을 따로 약정한 경우, 그 약정은 일종의 손해배상액의 예정이다.

> 민법 제398조 제2항은 손해배상의 예정액이 부당히 과다한 경우에는 법원이 이를 적당히 감액할 수 있다고 규정하고 있고, 금전채무의 불이행에 관하여 적용을 배제하지 않고 있다. 또한 이자제한법 제6조는 법원은 당사자가 금전을 목적으로 한 채무의 불이행에 관하여 예정한 배상액을 부당하다고 인정한 때에는 상당한 액까지 이를 감액할 수 있다고 규정하고 있다. 따라서 금전채무에 관하여 이행지체에 대비한 지연손해금 비율을 따로 약정한 경우에 이는 손해배상액의 예정으로서 감액의 대상이 된다(대판 2017.7.11., 2016다52265).

14 甲과 乙은 A에 대하여 2억 원의 연대채무를 부담하고 있으며, 甲과 乙사이의 부담 부분은 균등하다. 이에 관한 설명으로 옳은 것은?(다툼이 있으면 판례에 따름)

① 甲의 A에 대한 위 채무가 시효완성으로 소멸한 경우, 乙도 A에 대하여 위 채무 전부를 이행할 의무를 면한다.

> 어느 연대채무자에 대하여 소멸시효가 완성한 때에는 그 부담부분에 한하여 다른 연대채무자도 의무를 면한다(민법 제421조). 甲과 乙 사이의 부담 부분은 균등하므로 乙은 A에게 자기의 부담부분인 1억 원에 대한 연대채무를 부담한다.

② 甲이 A에게 2억 원의 상계할 채권을 가지고 있음에도 상계를 하지 않는 경우, 乙은 甲이 A에게 가지는 2억 원의 채권으로 위 채무 전부를 상계할 수 있다.

> 상계할 채권이 있는 연대채무자가 상계하지 아니한 때에는 그 채무자의 부담부분에 한하여 다른 연대채무자가 상계할 수 있다(민법 제418조 제2항). 연대채무자 甲이 채권자 A에게 2억 원의 상계할 채권을 가지고 있음에도 상계를 하지 않는 경우, 다른 연대채무자 乙은 甲이 A에게 가지는 2억 원의 채권의 부담부분인 1억 원에 한하여 상계할 수 있다.

❸ A가 甲에 대하여 채무의 이행을 청구하여 시효가 중단된 경우, 乙에게도 시효중단의 효력이 있다.

> 청구에 의한 소멸시효는 중단되며(민법 제168조 제1호), 어느 연대채무자에 대한 이행청구는 다른 연대채무자에게도 효력이 있다(동법 제416조). 따라서 채권자 A가 연대채무자 甲에 대하여 채무의 이행을 청구하여 시효가 중단된 경우, 다른 연대채무자 乙에게도 시효중단의 효력이 있다.

④ A의 신청에 의한 경매개시결정에 따라 甲소유의 부동산이 압류되어 시효가 중단된 경우, 乙에게도 시효중단의 효력이 있다.

> 연대채무자와 채권자 사이에 절대적 효력이 있는 사유 외에는 상대적 효력이 인정되는 데 그친다(민법 제423조). 따라서 채권자 A의 이행청구 외의 압류로 인한 소멸시효의 중단의 효력은 다른 연대채무자인 乙에게 미치지 아니한다.

⑤ A가 甲에 대하여 위 채무를 전부 면제해 준 경우, 乙도 A에 대하여 위 채무 전부를 이행할 의무를 면한다.

> 어느 연대채무자에 대한 채무면제는 그 채무자의 부담부분에 한하여 다른 연대채무자의 이익을 위하여 효력이 있다(민법 제419조). 채권자 A가 연대채무자 甲에 대하여 채무를 전부 면제해 준 경우 甲은 연대채무를 면하게 되지만, 다른 연대채무자 乙은 A에 대하여 자신의 부담부분인 1억 원에 한하여 연대채무를 이행할 의무가 있다.

15 채권자대위권에 관한 설명으로 옳지 않은 것은?(다툼이 있으면 판례에 따름)

① 물권적 청구권도 채권자대위권의 피보전권리가 될 수 있다.

> 채권자는 채무자에 대한 채권을 보전하기 위하여 채무자를 대위해서 채무자의 권리를 행사할 수 있는 바, … 피보전채권이 특정채권이라 하여 반드시 순차매도 또는 임대차에 있어 소유권이전등기청구권이나 인도청구권 등의 보전을 위한 경우에만 한하여 채권자대위권이 인정되는 것은 아니며, 물권적 청구권에 대하여도 채권자대위권에 관한 민법 제404조의 규정과 위와 같은 법리가 적용될 수 있다(대판 2007.5.10., 2006다82700).

② 피보전채권의 이행기가 도래하기 전이라도 채권자는 법원의 허가를 얻어 채무자의 제3자에 대한 채권자취소권을 대위행사할 수 있다.

> 채권자는 피보전채권의 이행기가 도래하기 전이라도 법원의 허가를 얻어 채권자대위권의 대상이 되는 채무자의 제3자에 대한 채권자취소권의 대위행사가 가능하다(대판 2001.12.27., 2000다73049).

✓ 민법상 조합원의 조합탈퇴권은 특별한 사정이 없는 한 채권자대위권의 목적이 될 수 없다.

> 조합원이 조합을 탈퇴할 권리는 그 성질상 조합계약의 해지권으로서 그의 일반재산을 구성하는 재산권의 일종이라 할 것이고 채권자대위가 허용되지 않는 일신전속적 권리라고는 할 수 없다(대결 2007.11.30., 2005마1130).

④ 행사상 일신전속권은 채권자대위권의 목적이 되지 못한다.

> 채권자는 자기의 채권을 보전하기 위하여 채무자의 권리를 행사할 수 있다. 그러나 일신에 전속한 권리는 그러하지 아니하다(민법 제404조 제1항 단서).

⑤ 채권자대위소송에서 피보전채권의 존재 여부는 법원의 직권조사사항이다.

> 채권자대위소송에서 대위에 의하여 보전될 채권자의 채무자에 대한 권리(피보전채권)가 존재하는지 여부는 소송요건으로서 법원의 직권조사사항이므로, 법원으로서는 그 판단의 기초자료인 사실과 증거를 직권으로 탐지할 의무까지는 없다 하더라도, 법원에 현출된 모든 소송자료를 통하여 살펴보아 피보전채권의 존부에 관하여 의심할 만한 사정이 발견되면 직권으로 추가적인 심리·조사를 통하여 그 존재 여부를 확인하여야 할 의무가 있다(대판 2009.4.23., 2009다3234).

16 채무인수에 관한 설명으로 옳지 않은 것은?(다툼이 있으면 판례에 따름)

① 중첩적 채무인수는 채권자와 인수인 사이의 합의가 있으면 채무자의 의사에 반하여서도 이루어질 수 있다.

> 중첩적 채무인수는 채권자와 채무인수인과의 합의가 있는 이상 채무자의 의사에 반하여서도 이루어질 수 있다(대판 1988.11.22., 87다카1836).

✓ 채무자와 인수인의 계약에 의한 면책적 채무인수는 채권자의 승낙이 없더라도 면책적 채무인수의 효력이 있다.

> 제삼자가 채무자와의 계약으로 채무를 인수한 경우에는 채권자의 승낙에 의하여 그 효력이 생긴다(민법 제454조 제1항). 즉, 면책적 채무인수의 효력은 채권자의 승낙을 요한다.

③ 채무인수가 면책적인지 중첩적인지 불분명한 경우에는 중첩적 채무인수로 본다.

> 채무인수가 면책적인가 중첩적인가 하는 것은 채무인수계약에 나타난 당사자 의사의 해석에 관한 문제이고, 채무인수에 있어서 면책적 인수인지, 중첩적 인수인지가 분명하지 아니한 때에는 이를 중첩적으로 인수한 것으로 볼 것이다(대판 2002.9.24., 2002다36228).

④ 면책적 채무인수인은 전(前)채무자의 항변할 수 있는 사유로 채권자에게 대항할 수 있다.

> 민법 제458조

⑤ 전(前)채무자의 채무에 대한 보증은 보증인의 동의가 없는 한 면책적 채무인수로 인하여 소멸한다.

> 전채무자의 채무에 대한 보증이나 제삼자가 제공한 담보는 채무인수로 인하여 소멸한다. 그러나 보증인이나 제삼자가 채무인수에 동의한 경우에는 그러하지 아니하다(민법 제459조).

17 甲은 乙에 대하여 A채무(원본 : 5천만 원, 대여일 : 2021년 3월 1일, 이자 : 월 0.5 %, 변제기 : 2021년 4월 30일)와 B채무(원본 : 4천만 원, 대여일 : 2021년 4월 1일, 이자 : 월 1%, 변제기 : 2021년 5월 31일)를 부담하고 있다. 이에 관한 설명으로 옳은 것을 모두 고른 것은?(다툼이 있으면 판례에 따름)

> ㄱ. 甲은 2021년 6월 5일에 5천만 원을 변제하면서 乙과의 합의로 B채무의 원본에 충당한 후 나머지는 A채무의 원본에 충당하는 것으로 정할 수 있다.
> ㄴ. 甲이 2021년 6월 5일에 5천만 원을 변제하면서 법정충당이 이루어지는 경우, B채무에 보증인이 있다면 A채무의 변제에 먼저 충당된다.
> ㄷ. 甲이 2021년 5월 3일에 5천만 원을 변제하면서 법정충당이 이루어지는 경우, B채무에 먼저 충당된다.
> ㄹ. 甲이 2021년 4월 28일에 5천만 원을 변제하면서 법정충당이 이루어지는 경우, B채무에 먼저 충당된다.

① ㄱ, ㄴ   ✓② ㄱ, ㄹ
③ ㄴ, ㄷ   ④ ㄱ, ㄷ, ㄹ
⑤ ㄴ, ㄷ, ㄹ

> ㄱ. (○) 변제충당의 경우 민법상 명문 규정은 존재하지 아니하지만, 합의에 의한 충당이 최우선적으로 적용된다. 채무자 甲이 채권자 乙에게 A채무(5천만 원)와 B채무(4천만 원)을 부담하고 있는 와중에 甲이 변제한 5천만 원은 채무 전부를 소멸시키기에 충분하지 아니하나, 甲이 乙과의 합의가 이루어진다면 B채무의 원본에 충당한 후 나머지는 A채무의 원본에 충당하는 것으로 정할 수 있다.
> ㄴ. (×) 보증인이 있는 채무와 보증인이 없는 채무 사이에 있어서 전자가 후자에 비하여 변제이익이 더 많다고 볼 근거는 전혀 없어 양자는 변제이익의 점에 있어 차이가 없다(대판 1985.3.12., 84다카2093). 그러나 A채무와 B채무 모두 이미 변제기가 도래하였으며, 이 경우 민법 제477조 제2호에 따라 변제이익이 많은 채무의 변제에 충당해야 하고, 이자 발생으로 인한 변제이익은 A채무 '월 25만 원', B채무 '월 40만 원'으로, 변제이익이 더 많은 B채무의 변제에 먼저 충당된다.

ㄷ. (×) 甲이 2021년 5월 3일에 5천만 원을 변제하면서 법정충당이 이루어지는 경우, A채무는 변제기에 도달하였으나 B채무는 그러하지 아니하다. 채무 중에 이행기가 도래한 것과 도래하지 않은 것이 있으면 이행기가 도래한 채무의 변제에 충당해야 하므로(민법 제477조 제1호), A채무의 변제에 먼저 충당된다.

ㄹ. (○) 甲이 2021년 4월 28일에 5천만 원을 변제하면서 법정충당이 이루어지는 경우, A채무와 B채무 모두 변제기에 도달하지 아니하였다. 채무 전부의 이행기가 도래하지 아니한 때에는 채무자에게 변제이익이 많은 채무의 변제에 충당해야 하므로(민법 제477조 제2호), 변제 이익이 많은 B채무에 먼저 충당된다.

18 상계에 관한 설명으로 옳은 것은?(다툼이 있으면 판례에 따름)

① ✔ 고의의 불법행위로 인하여 손해배상채무를 부담하는 자는 그 채무를 수동채권으로 하여 상계하지 못한다.

> 채무가 고의의 불법행위로 인한 것인 때에는 그 채무자는 상계로 채권자에게 대항하지 못한다(민법 제496조).

② 자동채권의 변제기는 도래하였으나 수동채권의 변제기가 도래하지 않은 경우에는 상계를 할 수 없다.

> 자동채권은 변제기에 도래할 것을 요하나, 수동채권의 경우 채무자는 변제기가 도래하기 이전이라도 변제할 수 있다(민법 제468조). 따라서 채무의 변제가기 도래하지 않았더라도 기한의 이익을 포기하고 상계할 수 있다고 본다.

③ 채권자가 주채무자에 대하여 상계적상에 있는 자동채권을 상계하지 않는 경우, 보증채무자는 이를 이유로 보증한 채무의 이행을 거부할 수 있다.

> 상계는 단독행위로서 상계를 할지는 채권자의 의사에 따른 것이고 상계적상에 있는 자동채권이 있다고 하여 반드시 상계를 해야 할 것은 아니다. 채권자가 주채무자에 대하여 상계적상에 있는 자동채권을 상계하지 않았다고 하여 이를 이유로 보증채무자가 보증한 채무의 이행을 거부할 수 없으며 나아가 보증채무자의 책임이 면책되는 것도 아니다(대판 2018.9.13., 2015다209347).

④ 채무자는 채권양도를 승낙한 후에도 양도인에 대한 채권을 새로 취득한 경우에 이를 가지고 양수인에 대하여 상계할 수 있다.

> 채무자는 채권양도를 승락한 후에 취득한 양도인에 대한 채권으로써 양수인에 대하여 상계로써 대항하지 못한다(대판 1984.9.11., 83다카2288).

⑤ 벌금형이 확정된 경우, 그 벌금채권은 상계의 자동채권이 될 수 없다.

> 상계는 쌍방이 서로 상대방에 대하여 같은 종류의 급부를 목적으로 하는 채권을 가지고 자동채권의 변제기가 도래하였을 것을 그 요건으로 하는 것인데, … 벌금형이 확정된 이상 벌금채권의 변제기는 도래한 것이므로 달리 이를 금하는 특별한 법률상 근거가 없는 이상 벌금채권은 적어도 상계의 자동채권이 되지 못할 아무런 이유가 없다(대판 2004.4.27., 2003다37891).

19 계약의 성립에 관한 설명으로 옳지 않은 것은?(다툼이 있으면 판례에 따름)

1
2
3

① 청약은 상대방이 있는 의사표시이지만, 상대방은 청약 당시에 특정되어 있지 않아도 된다.

> 청약은 장래 계약의 당사자가 될 특정인에 의하여 행해지는 것이지만, 청약의 상대방은 불특정 다수인에 대한 것도 유효하며 이 경우 청약은 장래 계약의 당사자로 될 수 있는 자에게 유효하다.

② 관습에 의하여 승낙의 통지가 필요하지 않은 경우에 계약은 승낙의 의사표시로 인정되는 사실이 있는 때에 성립한다.

> 청약자의 의사표시나 관습에 의하여 승낙의 통지가 필요하지 아니한 경우에는 계약은 승낙의 의사표시로 인정되는 사실이 있는 때에 성립한다(민법 제532조).

③ 청약이 상대방에게 발송된 후 도달하기 전에 발생한 청약자의 사망은 그 청약의 효력에 영향을 미치지 아니한다.

> 청약이 상대방에게 발송된 후 도달하기 전에 청약자가 사망하거나 제한능력자가 되어도, 청약의 효력에는 영향을 미치지 아니한다(민법 제111조 제2항). ⚖️

✔ 승낙자가 승낙기간을 도과한 후 승낙을 발송한 경우에 이를 수신한 청약자가 승낙의 연착을 통지하지 아니하면 그 승낙은 연착되지 아니한 것으로 본다.

> 승낙의 통지가 승낙기간 후에 도달한 경우에 보통 그 기간 내에 도달할 수 있는 발송인 때에는 청약자는 지체없이 상대방에게 그 연착의 통지를 하여야 한다. 그러나 청약자가 전항의 통지를 하지 아니한 때에는 승낙의 통지는 연착되지 아니한 것으로 본다(민법 제528조 제2항 및 제3항). 즉, 기간 내 도달할 수 있는 발송인지의 여부가 기준이 된다.

⑤ 교차청약에 의한 격지자 간 계약은 양(兩) 청약이 상대방에게 모두 도달한 때에 성립한다.

> 당사자 간에 동일한 내용의 청약이 상호교차된 경우에는 양 청약이 상대방에게 도달한 때에 계약이 성립한다(민법 제533조).

⚖️ 법령

> **민법 제111조(의사표시의 효력발생시기)**
> ① 상대방이 있는 의사표시는 상대방에게 도달한 때에 그 효력이 생긴다.
> ② 의사표시자가 그 통지를 발송한 후 사망하거나 제한능력자가 되어도 의사표시의 효력에 영향을 미치지 아니한다.

20 제3자를 위한 계약에 관한 설명으로 옳은 것은?(다툼이 있으면 판례에 따름)

1
2
3

① 채무자와 인수인 사이에 체결되는 중첩적 채무인수계약은 제3자를 위한 계약이 아니다.

> 채무자와 인수인의 합의에 의한 중첩적 채무인수는 일종의 제3자를 위한 계약이라고 할 것이므로, 채권자는 인수인에 대하여 채무이행을 청구하거나 기타 채권자로서의 권리를 행사하는 방법으로 수익의 의사표시를 함으로써 인수인에 대하여 직접 청구할 권리를 갖게 된다(대판 2013.9.13., 2011다56033).

❷ 제3자를 위한 도급계약에서 수익의 의사표시를 한 제3자가 그 계약에 따라 완성된 목적물의 하자로 인해 손해를 입은 경우, 특별한 사정이 없는 한 낙약자는 그 제3자에게 해당 손해를 배상할 의무가 있다.

> 제3자를 위한 계약에 있어서 수익의 의사표시를 한 수익자는 낙약자에게 직접 그 이행을 청구할 수 있을 뿐만 아니라 요약자가 계약을 해제한 경우에는 낙약자에게 자기가 입은 손해의 배상을 청구할 수 있는 것이므로, 수익자가 완성된 목적물의 하자로 인하여 손해를 입었다면 수급인(낙약자)은 그 손해를 배상할 의무가 있다(대판 1994.8.12., 92다41559).

③ 요약자와 낙약자의 합의에 따라 제3자의 권리를 소멸시킬 수 있음을 미리 유보하였더라도 제3자에게 그 권리가 확정적으로 귀속되었다면 요약자와 낙약자는 제3자의 권리를 소멸시키지 못한다.

> 제3자를 위한 계약에 있어서, 제3자가 민법 제539조 제2항에 따라 수익의 의사표시를 함으로써 제3자에게 권리가 확정적으로 귀속된 경우에는, 요약자와 낙약자의 합의에 의하여 제3자의 권리를 변경·소멸시킬 수 있음을 미리 유보하였거나, 제3자의 동의가 있는 경우가 아니면 계약의 당사자인 요약자와 낙약자는 제3자의 권리를 변경·소멸시키지 못하고, 만일 계약의 당사자가 제3자의 권리를 임의로 변경·소멸시키는 행위를 한 경우 이는 제3자에 대하여 효력이 없다(대판 2002.1.25., 2001다30285).

④ 제3자가 수익의 의사표시를 한 후에는 요약자는 원칙적으로 낙약자에 대하여 제3자에게 급부를 이행할 것을 요구할 수 있는 권리를 갖지 못한다.

> 제3자를 위한 계약에서 제3자는 채무자(낙약자)에 대하여 계약의 이익을 받을 의사를 표시한 때에 채무자에게 직접 이행을 청구할 수 있는 권리를 취득하고(민법 제539조), 요약자는 제3자를 위한 계약의 당사자로서 원칙적으로 제3자의 권리와는 별도로 낙약자에 대하여 제3자에게 급부를 이행할 것을 요구할 수 있는 권리를 가진다(대판 2022.1.27., 2018다259565).

⑤ 제3자가 수익의 의사표시를 한 경우, 특별한 사정이 없는 한 요약자는 낙약자의 채무불이행을 이유로 제3자의 동의 없이 계약을 해제할 수 없다.

> 제3자를 위한 유상 쌍무계약의 경우 요약자는 낙약자의 채무불이행을 이유로 제3자의 동의없이 계약을 해제할 수 있다(대판 1970.2.24., 69다1410).

21 계약의 해제에 관한 설명으로 옳지 않은 것은?(특별한 사정이 없음을 전제로 하며, 다툼이 있으면 판례에 따름)

① 당사자는 합의로 계약을 해제할 수 있다.

> 계약의 합의해제는 해제권의 유무를 불문하고 계약당사자 쌍방이 합의에 의하여 기존 계약의 효력을 소멸시켜 당초부터 계약이 체결되지 않았던 것과 같은 상태로 복귀시킬 것을 내용으로 하는 새로운 계약을 말한다 (대판 2011.2.10., 2010다77385).

② 채권자가 채무액을 현저히 초과하는 금액의 지급을 최고하고, 이 금액을 지급하지 않으면 수령하지 않을 것이 분명한 경우에 이 최고에 터잡은 채권자의 해제는 무효이다.

> 채권자의 이행최고가 본래 이행하여야 할 채무액을 초과하는 금액의 이행을 요구하는 내용일 때에는 그 과다한 정도가 현저하고 채권자가 청구한 금액을 제공하지 않으면 그것을 수령하지 않을 것이라는 의사가 분명한 경우에는 그 최고는 부적법하고 이러한 최고에 터잡은 계약해제는 그 효력이 없다(대판 1994.11.25., 94다35930).

③ 계약체결에 관한 대리권만을 수여받은 대리인은 계약체결 후 그 계약을 해제할 수 없다.

> 어떠한 계약의 체결에 관한 대리권을 수여받은 대리인이 수권된 법률행위를 하게 되면 그것으로 대리권의 원인된 법률관계는 원칙적으로 목적을 달성하여 종료하는 것이고, 법률행위에 의하여 수여된 대리권은 그 원인된 법률관계의 종료에 의하여 소멸하는 것이므로(민법 제128조), 그 계약을 대리하여 체결하였던 대리인이 체결된 계약의 해제 등 일체의 처분권과 상대방의 의사를 수령할 권한까지 가지고 있다고 볼 수는 없다(대판 2008.6.12., 2008다11276).

④ 하나의 계약에서 일방이 수인(數人)인 경우에 상대방은 그 수인 모두에게 해제의 의사표시를 하여야 한다.

> 당사자의 일방 또는 쌍방이 수인인 경우에는 계약의 해지나 해제는 그 전원으로부터 또는 전원에 대하여 하여야 한다(민법 제547조 제1항).

✔️ 매도인의 책임 있는 사유로 이행불능이 되어 매수인이 계약을 해제한 경우의 손해배상은 해제 시 목적물의 시가를 기준으로 그 손해를 산정한다.

> 채무가 이행불능으로 되거나, 타인의 권리매매에 있어 매도인이 그 권리를 매수인에게 이전할 수 없게 된 경우의 손해배상은 이행불능 당시의 목적물의 시가를 기준으로 그 손해를 산정한다(대판 1980.3.11., 80다78).

22 담보책임에 관한 설명으로 옳은 것은?(특별한 사정이 없음을 전제로 하며, 다툼이 있으면 판례에 따름)

1
2
3

※ 해당 문제는 본래 정답을 ②로 하여 ①, ③, ④, ⑤는 담보책임에 관한 틀린 지문이나, ②를 해석함에 있어 옳지 않은 것으로 판단할 여지가 있다고 보아 최종 정답에서 '모두 정답'으로 변경하였다.

☑ 특정물매매계약에 있어 목적물에 하자가 있는 경우, 악의의 매수인은 대금감액청구권을 행사할 수 있다.

> 특정매매계약에 있어 목적물에 하자가 있는 경우 선의, 무과실의 매수인은 계약해제권과 손해배상청구권을 행사할 수 있다. 대금감액청구권은 권리의 일부가 타인에게 속한 경우와 수량 부족, 일부 멸실의 경우에 매도인에게 인정되는 담보책임의 내용이 된다(민법 제572조, 제574조 및 제580조 제1항).

☑ 특정물의 수량지정매매에서 수량이 부족한 경우, 악의의 매수인은 계약한 날로부터 1년 이내에 대금감액청구권을 행사하여야 한다.

> 수량지정매매에 있어서의 매도인의 담보책임에 기한 매수인의 대금감액청구권은 매수인이 선의인 경우에는 사실을 안 날로부터, 악의인 경우에는 계약한 날로부터 1년 이내에 행사하여야 한다는 판례(대판 2002.11.8., 99다58136)에 따라, 특정물의 수량지정매매에서 수량이 부족한 경우 악의의 매수인에게도 대금감액청구권을 인정한 것이라는 견해도 존재한다. 그러나 민법 제572조 제3항과 제574조 후단의 취지를 고려할 때, 악의의 매수인에게는 대금감액 청구권이 인정되지 않는다고 보는 것이 타당하다고 판단될 수 있다. 이에 최종 정답에서 이 문제의 정답이 ②에서 '모두정답'으로 변경되었다. ⚖

☑ 부담부 증여의 증여자는 담보책임을 지지 않는다.

> 상대부담있는 증여에 대하여는 증여자는 그 부담의 한도에서 매도인과 같은 담보의 책임이 있다(민법 제559조 제2항).

☑ 일정한 면적(수량)을 가지고 있다는 데 주안을 두고, 대금도 면적을 기준으로 하여 정해지는 아파트분양계약은 수량지정매매가 될 수 없다.

> 목적물이 일정한 면적(수량)을 가지고 있다는 데 주안을 두고 대금도 면적을 기준으로 하여 정하여지는 아파트분양계약은 이른바 수량을 지정한 매매라 할 것이다(대판 2002.11.8., 99다58136).

☑ 건물신축도급계약에 따라 완성된 건물의 하자로 계약의 목적을 달성할 수 없는 경우, 도급인은 이를 이유로 그 계약을 해제할 수 있다.

> 도급인이 완성된 목적물의 하자로 인하여 계약의 목적을 달성할 수 없는 때에는 계약을 해제할 수 있다. 그러나 건물 기타 토지의 공작물에 대하여는 그러하지 아니하다(민법 제668조).

⚖
법령

민법 제572조(권리의 일부가 타인에게 속한 경우와 매도인의 담보책임)
① 매매의 목적이 된 권리의 일부가 타인에게 속함으로 인하여 매도인이 그 권리를 취득하여 매수인에게 이전할 수 없는 때에는 매수인은 그 부분의 비율로 대금의 감액을 청구할 수 있다.
② 전항의 경우에 잔존한 부분만이면 매수인이 이를 매수하지 아니하였을 때에는 선의의 매수인은 계약전부를 해제할 수 있다.
③ 선의의 매수인은 감액청구 또는 계약해제 외에 손해배상을 청구할 수 있다.

민법 제574조(수량부족, 일부멸실의 경우와 매도인의 담보책임)
전2조의 규정은 수량을 지정한 매매의 목적물이 부족되는 경우와 매매목적물의 일부가 계약 당시에 이미 멸실된 경우에 매수인이 그 부족 또는 멸실을 알지 못한 때에 준용한다.

23 민법상 위임에 관한 설명으로 옳지 않은 것은?(다툼이 있으면 판례에 따름)

① 무상위임의 수임인은 선량한 관리자의 주의의무를 부담한다.

> 수임인은 위임의 본지에 따라 선량한 관리자의 주의로써 위임사무를 처리하여야 한다(민법 제681조). 이는 수임인의 유상위임, 무산위임 여부를 불문한다.

② 수임인은 부득이한 사유가 있으면 제3자로 하여금 자기에 갈음하여 위임사무를 처리하게 할 수 있다.

> 수임인은 위임인의 승낙이나 부득이한 사유없이 제삼자로 하여금 자기에 갈음하여 위임사무를 처리하게 하지 못한다(민법 제682조 제1항).

③ 변호사에게 계쟁사건의 처리를 위임함에 있어서 보수에 관하여 명시적으로 약정하지 않은 경우, 특별한 사정이 없는 한 응분의 보수를 지급할 묵시의 약정이 있는 것으로 볼 수 있다.

> 변호사에게 계쟁사건의 처리를 위임함에 있어서 그 보수지급 및 수액에 관하여 명시적인 약정을 아니하였다 하여도, 무보수로 한다는 등 특별한 사정이 없는 한 응분의 보수를 지급할 묵시의 약정이 있는 것으로 봄이 상당하다(대판 1993.11.12., 93다36882).

✔ 위임인에게 불리한 시기에 부득이한 사유로 계약을 해지한 수임인은 그 해지로 인해 위임인에게 발생한 손해를 배상하여야 한다.

> 당사자 일방이 부득이한 사유없이 상대방의 불리한 시기에 계약을 해지한 때에는 그 손해를 배상하여야 한다(민법 제689조 제2항). 부득이한 사유가 있다면 수임인은 그 해지로 인해 위임인에게 발생한 손해를 배상하여야 할 책임을 지지 않는다.

⑤ 위임이 종료된 경우, 수임인은 특별한 사정이 없는 한 지체없이 그 전말을 위임인에게 보고하여야 한다.

> 수임인은 위임인의 청구가 있는 때에는 위임사무의 처리상황을 보고하고 위임이 종료한 때에는 지체없이 그 전말을 보고하여야 한다(민법 제683조).

24 부당이득에 관한 설명으로 옳은 것은?(다툼이 있으면 판례에 따름)

① 채무자가 착오로 변제기 전에 채무를 변제한 경우, 채권자는 이로 인해 얻은 이익을 반환할 의무가 없다.

> 변제기에 있지 아니한 채무를 변제한 때에는 그 반환을 청구하지 못한다. 그러나 채무자가 착오로 인하여 변제한 때에는 채권자는 이로 인하여 얻은 이익을 반환하여야 한다(민법 743조).

② 수익자가 이익을 받은 후 법률상 원인없음을 안 때에는 그 이익을 받은 날로부터 악의의 수익자로서 이익반환의 책임이 있다.

> 수익자가 이익을 받은 후 법률상 원인없음을 안 때에는 그때부터 악의의 수익자로서 이익반환의 책임이 있다(민법 제749조 제1항).

③ 선의의 수익자가 패소한 때에는 패소가 확정된 때부터 악의의 수익자로 본다.

> 선의의 수익자가 패소한 때에는 <u>그 소를 제기한 때부터</u> 악의의 수익자로 본다(민법 제749조 제2항).

④ 불법원인급여에서 수익자의 불법성이 현저히 크고, 그에 비하여 급여자의 불법성은 경미한 경우라 하더라도 급여자의 반환 청구는 허용되지 않는다.

> 수익자의 불법성이 급여자의 그것보다 현저히 큰 데 반하여 급여자의 불법성은 미약한 경우에도 급여자의 반환청구가 허용되지 않는다면 공평에 반하고 신의성실의 원칙에도 어긋나므로, 이러한 경우에는 민법 제746조 본문의 적용이 배제되어 <u>급여자의 반환청구는 허용된다</u>(대판 1999.9.17., 98도2036).

☑ 법률상 원인 없이 이득을 얻은 자는 있지만 그로 인해 손해를 입은 자가 없는 경우, 부당이득 반환청구권은 인정되지 않는다.

> 부당이득은 법률상 원인 없이 타인의 재산 또는 노무로 인하여 이익을 얻고 이로 인하여 타인에게 손해를 가함으로써 성립하는 것이므로, 법률상 원인 없는 이득이 있다 하더라도 <u>그로 인하여 타인에게 손해가 발생한 것이 아니라면 그 타인은 부당이득반환청구권자가 될 수 없다</u>(대판 2011.7.28., 2009다100418).

25 불법행위에 기한 손해배상에 관한 설명으로 옳지 않은 것을 모두 고른 것은?(다툼이 있으면 판례에 따름)

□1
□2
□3

> ㄱ. 작위의무 있는 자의 부작위에 의한 과실방조는 공동불법행위의 방조가 될 수 없다.
> ㄴ. 도급인이 수급인의 일의 진행과 방법에 관해 구체적으로 지휘·감독한 경우, 수급인의 그 도급 업무와 관련된 불법행위로 인한 제3자의 손해에 대해 도급인은 사용자 책임을 진다.
> ㄷ. 책임능력 없는 미성년자의 불법행위로 인해 손해를 입은 자는 그 미성년자의 감독자에게 배상을 청구하기 위해 그 감독자의 감독의무해태를 증명하여야 한다.
> ㄹ. 파견근로자의 파견업무에 관한 불법행위에 대하여 파견사업주는 특별한 시정이 없는 한 사용자로서의 배상책임을 부담하지 않는다.

① ㄱ
② ㄴ, ㄷ
③ ㄴ, ㄹ
☑ ㄱ, ㄷ, ㄹ
⑤ ㄱ, ㄴ, ㄷ, ㄹ

> ㄱ. (×) 민법 제760조 제3항은 교사자나 방조자는 공동행위자로 본다고 규정하여 교사자나 방조자에게 공동불법행위자로서 책임을 부담시키고 있는바, 방조라 함은 불법행위를 용이하게 하는 직접, 간접의 모든 행위를 가리키는 것으로서 작위에 의한 경우뿐만 아니라 작위의무 있는 자가 그것을 방지하여야 할 여러 조치를 취하지 아니하는 <u>부작위로 인하여 불법행위자의 실행행위를 용이하게 하는 경우도 포함하고</u>, 이러한 불법행위의 방조는 형법과 달리 손해의 전보를 목적으로 하여 과실을 원칙적으로 고의와 동일시하는 민법의 해석으로서는 <u>과실에 의한 방조도 가능하다</u>(대판 2007.6.14., 2005다32999).
> ㄴ. (○) 도급인이 수급인의 일의 진행 및 방법에 관하여 구체적인 지휘감독권을 유보한 경우에는 도급인과 수급인의 관계는 실질적으로 사용자 및 피용자의 관계와 다를 바 없으므로 수급인이 고용한 제3자의 불법행위로 인한 손해에 대하여 도급인은 <u>민법 제756조에 의한 사용자 책임을 면할 수 없다</u>(대판 1987.10.28., 87다카1185).

ㄷ. (×) 민법 제755조 제1항에 의하여 책임능력 없는 미성년자를 감독할 법정의 의무 있는 자가 지는 손해배상책임은 그 미성년자에게 책임이 없음을 전제로 하여 이를 보충하는 책임이고, 그 경우에 감독의무자 자신이 감독의무를 해태하지 아니하였음을 입증하지 아니하는 한 책임을 면할 수 없는 것이다(대판 1994.2.8., 93다13605).

ㄹ. (×) 파견사업주와 파견근로자 사이에는 민법 제756조의 사용관계가 인정되어 파견사업주는 파견근로자의 파견업무에 관련한 불법행위에 대하여 파견근로자의 사용자로서의 책임을 져야 하지만, 파견근로자가 사용사업주의 구체적인 지시·감독을 받아 사용사업주의 업무를 행하던 중에 불법행위를 한 경우에 파견사업주가 파견근로자의 선발 및 일반적 지휘·감독권의 행사에 있어서 주의를 다하였다고 인정되는 때에는 면책된다고 할 것이다(대판 2003.10.9., 2001다24655).

01	02	03	04	05	06	07	08	09	10	11	12	13	14	15	16	17	18	19	20	21	22	23	24	25
④	③	②	④	②	⑤	⑤	④	①	④	①	②	⑤	③	⑤	②	①	②	③	③④	③	②	⑤	⑤	①

01 제한능력자에 관한 설명으로 옳은 것은?(다툼이 있으면 판례에 따름)

① 미성년자가 법정대리인의 동의 없이 매매계약을 체결하고 성년이 되기 전에 스스로 채무의 일부를 이행한 경우에는 그 계약을 추인한 것으로 본다.

> 추인은 취소할 수 있는 행위를 대상으로 하며, 취소의 원인이 소멸된 후에 하여야만 효력이 있다(민법 제144조 제1항). 이에 따라 미성년자의 행위로서 취소할 수 있는 행위의 추인은 미성년자가 성인이 된 이후에 가능하다. 따라서 미성년자가 성년이 되기 전에 스스로 채무를 이행하였더라도 취소의 원인이 소멸되기 전이므로 그 계약을 추인한 것으로 볼 수 없다.

② 피성년후견인이 속임수로써 상대방으로 하여금 성년후견인의 동의가 있는 것으로 믿게 하여 체결한 토지매매계약은 제한능력을 이유로 취소할 수 없다.

> 미성년자나 피한정후견인이 속임수로써 법정대리인의 동의가 있는 것으로 믿게 한 경우에는 그 행위를 취소할 수 없다(민법 제17조 제2항). 다만, 피성년후견인이 위와 같은 행위로 체결한 토지매매계약은 제한능력을 이유로 취소할 수 있다.

③ 가정법원은 본인의 의사에 반하여 한정후견개시의 심판을 할 수 없다.

> 가정법원은 한정후견개시의 심판을 할 때 본인의 의사를 고려하여야 한다(민법 세12조 제2항, 제9조 제2항). 반면, 특정후견은 본인의 의사에 반하여 할 수 없다(민법 제14조의2 제2항).

☑ 가정법원이 특정후견의 심판을 하는 경우에는 특정후견의 기간 또는 사무의 범위를 정하여야 한다. 민법 제14조의2 제3항

⑤ 제한능력자의 취소권은 재판 외에서 의사표시를 하는 방법으로는 행사할 수 없다.

> 미성년자 또는 친족회가 민법 제950조 제2항에 따라 제1항의 규정에 위반한 법률행위를 취소할 수 있는 권리는 형성권으로서 민법 제146조에 규정된 취소권의 존속기간은 제척기간이라고 보아야 할 것이지만, 그 제척기간 내에 소를 제기하는 방법으로 권리를 재판상 행사하여야만 되는 것은 아니고, 재판 외에서 의사표시를 하는 방법으로도 권리를 행사할 수 있다고 보아야 한다(대판 1993.7.27., 92다52795).

02 법인 아닌 사단에 관한 설명으로 옳지 않은 것은?(다툼이 있으면 판례에 따름)

① 이사에 결원이 생겨 손해가 생길 염려가 있는 경우, 임시이사의 선임에 관한 민법 제63조가 유추적용될 수 있다.

> 민법 제63조는 법인의 조직과 활동에 관한 것으로서 법인격을 전제로 하는 조항이 아니고, 법인 아닌 사단이나 재단의 경우에도 이사가 없거나 결원이 생길 수 있으며, 통상의 절차에 따른 새로운 이사의 선임이 극히 곤란하고 종전 이사의 긴급처리권도 인정되지 아니하는 경우에는 사단이나 재단 또는 타인에게 손해가 생길 염려가 있을 수 있으므로, 민법 제63조는 법인 아닌 사단이나 재단에도 유추적용할 수 있다(대판(全) 2009.11.19., 2008마699).

② 법인 아닌 사단이 그 명의로 총유재산에 관한 소송을 제기할 때에는 특별한 사정이 없는 한 사원총회의 결의를 거쳐야 한다.

> 총유물의 보존에 있어서는 공유물의 보존에 관한 민법 제265조의 규정이 적용될 수 없고, 특별한 사정이 없는 한 민법 제276조 제1항의 규정에 따라 사원총회의 결의를 거쳐야 하므로, 법인 아닌 사단인 종중이 그 총유재산에 대한 보존행위로서 소송을 하는 경우에도 특별한 사정이 없는 한 종중 총회의 결의를 거쳐야 한다(대판 2010.2.11., 2009다83650).

✔️ 대표자로부터 사단의 제반 업무처리를 포괄적으로 위임받은 자의 대행행위의 효력은 원칙적으로 법인 아닌 사단에 미친다.

> 비법인사단에 대하여는 사단법인에 관한 민법 규정 가운데 법인격을 전제로 하는 것을 제외하고는 이를 유추적용하여야 하는데, 민법 제62조에 비추어 보면 비법인사단의 대표자는 정관 또는 총회의 결의로 금지하지 아니한 사항에 한하여 타인으로 하여금 특정한 행위를 대리하게 할 수 있을 뿐 비법인사단의 제반 업무처리를 포괄적으로 위임할 수는 없으므로 비법인사단 대표자가 행한 타인에 대한 업무의 포괄적 위임과 그에 따른 포괄적 수임인의 대행행위는 민법 제62조를 위반한 것이어서 비법인사단에 대하여 그 효력이 미치지 않는다(대판 2011.4.28., 2008다15438).

④ 대표자가 정관에 규정된 대표권 제한을 위반하여 법률행위를 한 경우, 그 상대방이 대표권 제한 사실을 알았거나 알 수 있었을 경우가 아니라면 그 법률행위는 유효하다.

> 비법인사단의 경우에는 대표자의 대표권 제한에 관하여 등기할 방법이 없어 민법 제60조의 규정을 준용할 수 없고, 비법인사단의 대표자가 정관에서 사원총회의 결의를 거쳐야 하도록 규정한 대외적 거래행위에 관하여 이를 거치지 아니한 경우라도, 이와 같은 사원총회 결의사항은 비법인사단의 내부적 의사결정에 불과하다 할 것이므로, 그 거래 상대방이 그와 같은 대표권 제한 사실을 알았거나 알 수 있었을 경우가 아니라면 그 거래행위는 유효하다고 봄이 상당하고, 이 경우 거래의 상대방이 대표권 제한 사실을 알았거나 알 수 있었음은 이를 주장하는 비법인사단측이 주장·입증하여야 한다(대판 2003.7.22., 2002다64780).

⑤ 사원이 존재하지 않게 된 경우, 법인 아닌 사단은 청산사무가 완료될 때까지 청산의 목적 범위 내에서 권리의무의 주체가 된다.

> 비법인사단에 대하여는 사단법인에 관한 민법규정 중 법인격을 전제로 하는 것을 제외한 규정들을 유추적용하여야 할 것이므로 비법인사단인 교회의 교인이 존재하지 않게 된 경우 그 교회는 해산하여 청산절차에 들어가서 청산의 목적범위 내에서 권리·의무의 주체가 되며, 이 경우 해산 당시 그 비법인사단의 총회에서 향후 업무를 수행할 자를 선정하였다면 민법 제82조 제1항을 유추하여 그 선임된 자가 청산인으로서 청산 중의 비법인사단을 대표하여 청산업무를 수행하게 된다(대판 2003.11.14., 2001다32687).

03 불공정한 법률행위에 관한 설명으로 옳지 않은 것은?(다툼이 있으면 판례에 따름)

① 법률행위가 대리인에 의해서 행해진 경우, 궁박 상태는 본인을 기준으로 판단하여야 한다.

> 대리인에 의하여 법률행위가 이루어진 경우 그 법률행위가 민법 제104조의 불공정한 법률행위에 해당하는지 여부를 판단함에 있어서 경솔과 무경험은 대리인을 기준으로 하여 판단하고, 궁박은 본인의 입장에서 판단하여야 한다(대판 2002.10.22., 2002다38927).

☑ **불공정한 법률행위의 무효는 선의의 제3자에게 대항할 수 없다.**

> 불공정한 법률행위의 무효는 절대적 무효로서 선의의 제3자에게 대항할 수 있다.

③ 불공정한 법률행위의 무효는 원칙적으로 추인에 의해 유효로 될 수 없다.

> 불공정한 법률행위로서 무효인 경우에는 추인에 의하여 무효인 법률행위가 유효로 될 수 없다(대판 1994.6.24., 94다10900).

④ 경매절차에서 매각대금이 시가보다 현저히 저렴하더라도 불공정한 법률행위를 이유로 무효를 주장할 수 없다.

> 적법한 절차에 의하여 이루어진 경매에 있어서 경락가격이 경매부동산의 시가에 비하여 저렴하다는 사유는 경락허가결정에 대한 적법한 불복이유가 되지 못하는 것이고 경매에 있어서는 불공정한 법률행위 또는 채무자에게 불리한 약정에 관한 것으로서 효력이 없다는 민법 제104조, 608조는 적용될 여지가 없다(대판 1980.3.21., 80마77).

⑤ 매매계약이 불공정한 법률행위에 해당하여 무효인 경우, 특별한 사정이 없는 한 그 계약에 관한 부제소합의도 무효가 된다.

> 매매계약과 같은 쌍무계약이 급부와 반대급부와의 불균형으로 말미암아 불공정한 법률행위에 해당하여 무효라고 한다면, 그 계약으로 인하여 불이익을 입는 당사자로 하여금 위와 같은 불공정성을 소송 등 사법적 구제수단을 통하여 주장하지 못하도록 하는 부제소합의 역시 다른 특별한 사정이 없는 한 무효라고 할 것이다 (대판 2017.5.30., 2017다201422).

04 통정허위표시에 관한 설명으로 옳지 않은 것은?(다툼이 있으면 판례에 따름)

① 통정허위표시가 성립하기 위해서는 표의자의 진의와 표시의 불일치에 관하여 상대방과의 사이에 합의가 있어야 한다.

> 통정허위표시가 성립하기 위해서는 의사표시의 진의와 표시가 일치하지 아니하고 그 불일치에 관하여 상대방과 사이에 합의가 있어야 한다(대판 2015.2.12., 2014다41223).

② 통정허위표시로 무효인 법률행위는 채권자취소권의 대상이 될 수 있다.

> 채무자의 법률행위가 통정허위표시인 경우에도 채권자취소권의 대상이 되고, 한편 채권자취소권의 대상으로 된 채무자의 법률행위라도 통정허위표시의 요건을 갖춘 경우에는 무효라고 할 것이다(대판 1998.2.27., 97다50985). 즉, 통정허위표시로서 무효인 경우에도 채권자취소권의 대상이 될 수 있다.

③ 통정허위표시로서 의사표시가 무효라고 주장하는 자는 그 무효사유에 해당하는 사실을 증명할 책임이 있다.

> 발행인과 수취인이 통모하여 진정한 어음채무 부담이나 어음채권 취득에 관한 의사 없이 단지 발행인의 채권자에게서 채권 추심이나 강제집행을 받는 것을 회피하기 위하여 형식적으로만 약속어음의 발행을 가장한 경우 이러한 어음발행행위는 통정허위표시로서 무효이다. 이 경우에도 어음발행행위 등 어떠한 의사표시가 통정허위표시로서 무효라고 주장하는 자에게 그 사유에 해당하는 사실을 증명할 책임이 있다 (대판 2017.8.18., 2014다87595).

✔ 가장근저당권설정계약이 유효하다고 믿고 그 피담보채권을 가압류한 자는 통정허위 표시의 무효로 대항할 수 없는 제3자에 해당하지 않는다.

> 통정한 허위표시에 의하여 외형상 형성된 법률관계로 생긴 채권을 가압류한 경우, 그 가압류권자는 허위표시에 기초하여 새로운 법률상 이해관계를 가지게 되므로 민법 제108조 제2항의 제3자에 해당한다고 봄이 상당하고, 또한 민법 제108조 제2항의 제3자는 선의이면 족하고 무과실은 요건이 아니다(대판 2004.5.28., 2003다70041). ⚖

⑤ 가장양수인으로부터 소유권이전등기청구권 보전을 위한 가등기를 경료받은 자는 특별한 사정이 없는 한 선의로 추정된다.

> 가장양수인으로부터 소유권이전등기청구권 보전을 위한 가등기를 경료받은 자는 민법 제108조 제2항의 제3자에 해당한다(대판 1970.9.29., 70다466). 민법 제108조 제1항에서 상대방과 통정한 허위의 의사표시를 무효로 규정하고, 제2항에서 그 의사표시의 무효는 선의의 제3자에게 대항하지 못한다고 규정하고 있는데, 여기에서 제3자는 특별한 사정이 없는 한 선의로 추정할 것이므로, 제3자가 악의라는 사실에 관한 주장·입증책임은 그 허위표시의 무효를 주장하는 자에게 있다(대판 2006.3.10., 2002다1321).

⚖ 법령

민법 제108조 제2항의 제3자에 해당하는 자

- 제3자에 해당하는 자
  - 가장전세권에 대하여 저당권을 취득한 자
  - 가장소비대차에 기한 대여금채권의 양수인
  - 가장매매의 매수인으로부터 목적 부동산의 소유권을 취득한 자
  - 가장저당권설정행위에 기한 저당권실행에 의해 목적 부동산을 경락받은 자
  - 가장근저당설정계약이 유효하다고 믿고 그 피담보채권에 대해 가압류한 자
  - 가장매매의 매수인으로부터 매매계약에 기한 소유권이전등기청구권을 보전하기 위하여 가등기를 경료한 자
  - 파산자가 상대방과 통정한 허위의 의사표시에 의해 성립된 가장채권을 보유하고 있다가 파산선고가 된 경우의 파산관재인
  - 통정허위표시에 의한 채권을 가압류한 자
- 제3자에 해당하지 않는 자
  - 가장양수인의 일반채권자
  - 채권의 가장양도에 있어서의 채무자
  - 주식이 가장양도된 경우의 그 주식회사
  - 가장매매에 기한 손해배상청구권의 양수인
  - 가장매매의 매수인으로부터 그 지위를 상속받은 자
  - 가장행위로서의 제3자를 위한 계약의 제3자(수익자)
  - 저당권 등 제한물권이 가장 포기된 경우의 기존의 후순위 제한물권자

05 물건에 관한 설명으로 옳지 않은 것은?(다툼이 있으면 판례에 따름)

① 주물과 종물은 원칙적으로 동일한 소유자에게 속하여야 한다.

> 종물은 물건의 소유자가 그 물건의 상용에 공하기 위하여 자기 소유인 다른 물건을 이에 부속하게 한 것을 말하므로(민법 제100조 제1항) 주물과 다른 사람의 소유에 속하는 물건은 종물이 될 수 없다(대판 2008.5.8., 2007다36933).

② 주물과 종물에 관한 민법 제100조 제2항의 법리는 압류와 같은 공법상 처분에는 적용되지 않는다.

> 민법 제100조 제2항의 종물과 주물의 관계에 관한 법리는 물건 상호 간의 관계뿐 아니라 권리 상호 간에도 적용되고, 위 규정에서의 처분은 처분행위에 의한 권리변동뿐 아니라 주물의 권리관계가 압류와 같은 공법상의 처분 등에 의하여 생긴 경우에도 적용되어야 한다(대판 2006.10.26., 2006다29020).

③ 당사자는 주물을 처분할 때에 특약으로 종물을 제외하거나 종물만 별도로 처분할 수 있다.

> 종물은 주물의 처분에 수반된다는 민법 제100조 제2항은 임의규정이므로, 당사자는 주물을 처분할 때에 특약으로 종물을 제외할 수 있고 종물만을 별도로 처분할 수도 있다(대판 2012.1.26., 2009다76546).

④ 노동의 대가인 임금은 법정과실이 아니다.

> 물건의 사용대가로 받는 금전 기타의 물건을 법정과실이라 하며(민법 제101조 제2항), 이에 따르면 임료, 지료, 이자 등이 법정과실에 속한다. 그러나 원물과 과실은 모두 물건이어야 하므로 임금, 주식배당금, 지연이자 등은 과실이라고 할 수 없다.

⑤ 매매목적물이 인도되지 않았고 매수인도 대금을 완제하지 않은 경우, 특별한 사정이 없는 한 매도인의 이행지체가 있더라도 매매목적물로부터 발생하는 과실은 매도인에게 귀속된다.

> 민법 제587조에 의하면, 매매계약 있은 후에도 인도하지 아니한 목적물로부터 생긴 과실은 매도인에게 속하고, 매수인은 목적물의 인도를 받은 날로부터 대금의 이자를 지급하여야 한다고 규정하고 있는바, 이는 매매당사자 사이의 형평을 꾀하기 위하여 매매목적물이 인도되지 아니하더라도 매수인이 대금을 완제한 때에는 그 시점 이후의 과실은 매수인에게 귀속되지만, 매매목적물이 인도되지 아니하고 또한 매수인이 대금을 완제하지 아니한 때에는 매도인의 이행지체가 있더라도 과실은 매도인에게 귀속되는 것이므로 매수인은 인도의무의 지체로 인한 손해배상금의 지급을 구할 수 없다고 할 것이다(대판 2004.4.23., 2004다8210).

06 착오로 인한 의사표시에 관한 설명으로 옳은 것은?(다툼이 있으면 판례에 따름)

① 상대방이 표의자의 착오를 알고 이를 이용한 경우, 표의자에게 중과실이 있으면 그 의사표시를 취소할 수 없다.

> 민법 제109조 제1항 단서는 의사표시의 착오가 표의자의 중대한 과실로 인한 때에는 그 의사표시를 취소하지 못한다고 규정하고 있는데, 위 단서 규정은 표의자의 상대방의 이익을 보호하기 위한 것이므로, 상대방이 표의자의 착오를 알고 이를 이용한 경우에는 착오가 표의자의 중대한 과실로 인한 것이라고 하더라도 표의자는 의사표시를 취소할 수 있다(대판 2014.11.27., 2013다49794).

② 착오의 존재와 그 착오가 법률행위의 중요부분에 관한 것이라는 점은 표의자의 상대방이 증명하여야 한다.

> 착오를 이유로 의사표시를 취소하는 자는 법률행위의 내용에 착오가 있었다는 사실과 함께 그 착오가 의사표시에 결정적인 영향을 미쳤다는 점. 즉 만약 그 착오가 없었더라면 의사표시를 하지 않았을 것이라는 점을 증명하여야 한다(대판 2015.4.23., 2013다9383).

③ 신원보증서류에 서명날인한다는 착각에 빠진 상태로 연대보증서면에 서명날인한 것은 동기의 착오이다.

> 신원보증서류에 서명날인한다는 착각에 빠진 상태로 연대보증의 서면에 서명날인한 경우. 결국 위와 같은 행위는 강학상 기명날인의 착오(또는 서명의 착오). 즉 어떤 사람이 자신의 의사와 다른 법률효과를 발생시키는 내용의 서면에. 그것을 읽지 않거나 올바르게 이해하지 못한 채 기명날인을 하는 이른바 표시상의 착오에 해당한다(대판 2005.5.27., 2004다43824).

④ 재단법인설립을 위한 출연행위는 상대방 없는 단독행위이므로 착오를 이유로 취소할 수 없다.

> 재단법인에 대한 출연자와 법인과의 관계에 있어서 그 출연행위에 터잡아 법인이 성립되면 그로써 출연재산은 민법 제48조에 의하여 법인 성립 시에 법인에게 귀속되어 법인의 재산이 되는 것이고. 출연재산이 부동산인 경우에 있어서도 위 양 당사자 간의 관계에 있어서는 법인의 성립 외에 등기를 필요로 하는 것은 아니라 할지라도. 재단법인의 출연자가 착오를 원인으로 취소를 한 경우에는 출연자는 재단법인의 성립 여부나 출연된 재산의 기본재산인 여부와 관계없이 그 의사표시를 취소할 수 있다(대판 1999.7.9., 98다9045).

✔️ 표시상 착오가 제3자의 기망행위에 의하여 일어난 경우. 표의자는 제3자의 기망행위를 상대방이 알았는지 여부를 불문하고 착오를 이유로 의사표시를 취소할 수 있다.

> 착오가 제3자의 기망행위에 의하여 일어난 것이라 하더라도 그에 관하여는 사기에 의한 의사표시에 관한 법리. 특히 상대방이 그러한 제3자의 기망행위 사실을 알았거나 알 수 있었을 경우가 아닌 한 의사표시자가 취소권을 행사할 수 없다는 민법 제110조 제2항의 규정을 적용할 것이 아니라. 착오에 의한 의사표시에 관한 법리만을 적용하여 취소권 행사의 가부를 가려야 한다(대판 2005.5.27., 2004다43824).

07 소멸시효에 관한 설명으로 옳지 않은 것은?(다툼이 있으면 판례에 따름)

① 공유관계가 존속하는 한 공유물분할청구권은 소멸시효에 걸리지 않는다.

> 공유물분할청구권은 공유관계에서 수반되는 형성권이므로 공유관계가 존속하는 한 그 분할청구권만이 독립하여 시효소멸될 수 없다(대판 1981.3.24., 80다1888).

② 소멸시효는 그 기산일에 소급하여 효력이 생긴다. 　민법 제167조

③ 정지조건부채권의 소멸시효는 조건성취 시부터 진행된다.

> 소멸시효는 권리를 행사할 수 있는 때로부터 진행하고. 여기서 권리를 행사할 수 있는 때라 함은 권리행사에 법률상의 장애가 없는 때를 말하므로. 정지조건부 권리에 있어서 조건 미성취의 동안은 권리를 행사할 수 없어 소멸시효가 진행되지 아니한다(대판 2009.12.24., 2007다64556).

④ 시효중단의 효력있는 승인에는 상대방의 권리에 관한 처분의 능력이나 권한있음을 요하지 아니한다. 　민법 제177조

✔ 천재지변으로 인하여 소멸시효를 중단할 수 없을 경우, 그 사유가 종료한 때로부터 6월 내에는 시효가 완성되지 아니한다.

> 천재 기타 사변으로 인하여 소멸시효를 중단할 수 없을 때에는 그 사유가 종료한 때로부터 <u>1월 내에는</u> 시효가 완성하지 아니한다(민법 제182조).

08 민법상 대리에 관한 설명으로 옳지 않은 것은?(다툼이 있으면 판례에 따름)

① 매매계약 체결의 대리권을 수여받은 대리인은 특별한 사정이 없는 한 중도금을 수령할 권한이 있다.

> 부동산의 소유자로부터 매매계약을 체결할 대리권을 수여받은 대리인은 특별한 사정이 없는 한 그 매매계약에서 약정한 바에 따라 중도금이나 잔금을 <u>수령할 권한도 있다고 보아야 한다</u>(대판 1994.2.8., 93다39379).

② 권한의 정함이 없는 대리인은 기한이 도래한 채무를 변제할 수 있다.

> 권한을 정하지 아니한 대리인은 보존행위와 대리의 목적인 물건이나 권리의 성질을 변하지 아니하는 범위에서 그 이용 또는 개량하는 행위만을 할 수 있으므로(민법 제118조), <u>권한의 정함이 없는 대리인은 보존행위로서 기한이 도래한 채무를 변제할 수 있다.</u>

③ 대리인이 수인인 경우 대리인은 특별한 사정이 없는 한 각자가 본인을 대리한다.

> <u>대리인이 수인인 때에는 각자가 본인을 대리한다.</u> 그러나 법률 또는 수권행위에 다른 정한 바가 있는 때에는 그러하지 아니하다(민법 제119조).

✔ 대리인의 쌍방대리는 금지되나 채무의 이행은 가능하므로, 쌍방의 허락이 없더라도 경개계약을 체결할 수 있다.

> 대리인은 본인의 허락이 없으면 본인을 위하여 자기와 법률행위를 하거나 동일한 법률행위에 관하여 당사자쌍방을 대리하지 못한다. 그러나 채무의 이행은 할 수 있다(민법 제124조). <u>단, 채무의 이행일지라도 새로운 이해관계를 수반하는 채무의 이행, 즉 대물변제나 경개계약 체결 등은 본인의 허락이 없는 한 허용되지 아니한다.</u>

⑤ 사채알선업자가 대주와 차주 쌍방을 대리하여 소비대차계약을 유효하게 체결한 경우, 사채알선업자는 특별한 사정이 없는 한 차주가 한 변제를 수령할 권한이 있다.

> 사채알선업자가 대주(貸主)와 차주(借主) 쌍방을 대리하여 소비대차계약과 담보권설정계약을 체결한 경우, <u>대주로부터 소비대차계약을 체결할 대리권을 수여받은 대리인은 특별한 사정이 없는 한 그 소비대차계약에서 정한 바에 따라 차주로부터 변제를 수령할 권한도 있다고 봄이 상당하므로</u> 차주가 그 사채알선업자에게 하는 변제는 유효하다(대판 1997.7.8., 97다12273).

09 법률행위의 조건에 관한 설명으로 옳은 것은?(다툼이 있으면 판례에 따름)

✔ 법률행위에 조건이 붙어 있는지 여부는 사실인정의 문제로서 그 조건의 존재를 주장하는 자가 이를 증명하여야 한다.

> 조건은 법률행위의 당사자가 그 의사표시에 의하여 그 법률행위와 동시에 그 법률행위의 내용으로서 부가시켜 그 법률행위의 효력을 제한하는 법률행위의 부관이므로, 구체적인 사실관계가 어느 법률행위에 붙은 조건의 성취에 해당하는지 여부는 의사표시의 해석에 속하는 경우도 있다고 할 수 있지만, 어느 법률행위에 어떤 조건이 붙어 있었는지 아닌지는 사실인정의 문제로서 그 조건의 존재를 주장하는 자가 이를 증명하여야 한다(대판 2001.8.25., 2008다47367).

② 조건의 성취가 미정한 권리의무는 일반규정에 의하여 담보로 할 수 없다.

> 조건의 성취가 미정한 권리의무는 일반규정에 의하여 처분, 상속, 보존 또는 담보로 할 수 있다(민법 제149조).

③ 조건이 선량한 풍속 기타 사회질서에 위반한 경우, 그 조건만 무효로 될 뿐 그 법률행위는 조건없는 법률행위로 유효하다.

> 조건이 선량한 풍속 기타 사회질서에 위반한 것인 때에는 그 법률행위는 무효로 한다(민법 제151조 제1항).

④ 법률행위 당시 조건이 이미 성취된 경우, 그 조건이 정지조건이면 그 법률행위는 무효이다.

> 조건이 법률행위의 당시 이미 성취한 것인 경우에는 그 조건이 정지조건이면 조건없는 법률행위로 하고 해제조건이면 그 법률행위는 무효로 한다(민법 제151조 제2항).

⑤ 당사자가 조건성취의 효력을 그 성취 전으로 소급하게 할 의사를 표시한 경우, 그 소급의 의사표시는 효력이 없다.

> 당사자가 조건성취의 효력을 그 성취 전에 소급하게 할 의사를 표시한 때에는 그 의사에 의한다(민법 제147조 제3항).

10 2021년 5월 8일(토)에 계약기간을 '앞으로 3개월'로 정한 경우, 기산점과 만료점을 바르게 나열한 것은?(단, 기간의 계산방법에 관하여 달리 정함은 없고, 8월 6일은 금요일임)

① 5월 8일, 8월 7일　　　　　　　② 5월 8일, 8월 9일

③ 5월 9일, 8월 8일　　　　　　　✔ 5월 9일, 8월 9일

⑤ 5월 10일, 8월 9일

> 기간을 일, 주, 월 또는 연으로 정한 때에는 기간의 초일은 산입하지 아니한다(민법 제157조). 이에 따라 기산점은 5월 9일이다. 또한 기간의 말일이 토요일 또는 공휴일에 해당한 때에는 기간은 그 익일로 만료한다(민법 제161조). 이에 따라 만료점은 8월 9일이다.

11 무효행위에 관한 설명으로 옳지 않은 것은?(다툼이 있으면 판례에 따름)

① 취소할 수 있는 법률행위가 취소된 후에는 무효행위의 추인요건을 갖추더라도 다시 추인될 수 없다.

> 취소한 법률행위는 처음부터 무효인 것으로 간주되므로 취소할 수 있는 법률행위가 일단 취소된 이상 그 후에는 취소할 수 있는 법률행위의 추인에 의하여 이미 취소되어 무효인 것으로 간주된 당초의 의사표시를 다시 확정적으로 유효하게 할 수는 없고, 다만 무효인 법률행위의 추인의 요건과 효력으로서 추인할 수는 있으나, 무효행위의 추인은 그 무효 원인이 소멸한 후에 하여야 그 효력이 있다(대판 1997.12.12., 95다38240).

② 무효행위의 추인은 묵시적으로 이루어질 수 있다.

> 무권대표행위를 포함하여 무효행위의 추인은 무권대표행위 등이 있음을 알고 그 행위의 효과를 자기에게 귀속시키도록 하는 단독행위로서 그 의사표시의 방법에 관하여 일정한 방식이 요구되는 것이 아니므로 명시적이든 묵시적이든 묻지 않고, 본인이 그 행위로 처하게 된 법적 지위를 충분히 이해하고 진의에 기하여 그 행위의 효과가 자기에게 귀속된다는 것을 승인한 것으로 볼 만한 사정이 있다면 인정할 수 있다(대판 2021.4.8., 2020다284496).

③ 무효행위의 추인이 있었다는 사실은 새로운 법률행위의 성립을 주장하는 자가 증명하여야 한다.

> 무효인 법률행위는 추인하여도 그 효력이 생기지 아니하나, 당사자가 그 무효임을 알고 추인한 때에는 새로운 법률행위로 보게 되므로(민법 제139조), 무효행위의 추인이 있었다는 사실은 새로운 법률행위의 성립을 주장하는 자가 증명하여야 한다.

④ 법률행위의 일부분이 무효인 때에는 특별한 사정이 없는 한 그 전부를 무효로 한다.

> 법률행위의 일부분이 무효인 때에는 그 전부를 무효로 한다. 그러나 그 무효부분이 없더라도 법률행위를 하였을 것이라고 인정될 때에는 나머지 부분은 무효가 되지 아니한다(민법 제137조).

⑤ 불공정한 법률행위는 무효행위의 전환에 관한 민법 제138조가 적용될 수 있다.

> 매매계약이 약정된 매매대금의 과다로 말미암아 민법 제104조에서 정하는 '불공정한 법률행위'에 해당하여 무효인 경우에도 무효행위의 전환에 관한 민법 제138조가 적용될 수 있다. 따라서 당사자 쌍방이 위와 같은 무효를 알았더라면 대금을 다른 액으로 정하여 매매계약에 합의하였을 것이라고 예외적으로 인정되는 경우에는, 그 대금액을 내용으로 하는 매매계약이 유효하게 성립한다(대판 2010.7.15., 2009다50308).

12 계약의 무권대리에 관한 설명으로 옳은 것은?(다툼이 있으면 판례에 따름)

① 무권대리행위의 목적이 가분적인 경우, 본인은 상대방의 동의 없이 그 일부에 대하여 추인할 수 있다.

> 무권대리행위의 추인은 무권대리인에 의하여 행하여진 불확정한 행위에 관하여 그 행위의 효과를 자기에게 직접 발생케 하는 것을 목적으로 하는 의사표시이며, 무권대리인 또는 상대방의 동의나 승락을 요하지 않는 단독행위로서 추인은 의사표시의 전부에 대하여 행하여져야 하고, 그 일부에 대하여 추인을 하거나 그 내용을 변경하여 추인을 하였을 경우에는 상대방의 동의를 얻지 못하는 한 무효이다(대판 1982.1.26., 81다카549).

☑ 계약체결 당시 상대방이 대리인의 대리권 없음을 알았다는 사실에 관한 주장·증명책임은 무권대리인에게 있다.

> 민법 제135조 제2항은 '대리인으로서 계약을 맺은 자에게 대리권이 없다는 사실을 상대방이 알았거나 알 수 있었을 때에는 제1항을 적용하지 아니한다.'고 정하고 있다. 이는 무권대리인의 무과실책임에 관한 원칙 규정인 제1항에 대한 예외 규정이므로 상대방이 대리권이 없음을 알았다는 사실 또는 알 수 있었는데도 알지 못하였다는 사실에 관한 주장·증명책임은 무권대리인에게 있다(대판 2018.6.28., 2018다210775).

③ 상대방이 무권대리로 인하여 취득한 권리를 양도한 경우, 본인은 그 양수인에게 추인할 수 없다.

> 무권대리행위의 추인에 특별한 방식이 요구되는 것이 아니므로 명시적인 방법만 아니라 묵시적인 방법으로도 할 수 있고, 그 추인은 무권대리인, 무권대리행위의 직접의 상대방 및 그 무권대리행위로 인한 권리 또는 법률 관계의 승계인에 대하여도 할 수 있다(대판 1981.4.14., 80다2314).

④ 무권대리의 추인은 다른 의사표시가 없는 한 추인한 때로부터 그 효력이 생긴다.

> 무권대리의 추인의 다른 의사표시가 없는 때에는 계약 시에 소급하여 그 효력이 생긴다. 그러나 제삼자의 권리를 해하지 못한다(민법 제133조).

⑤ 계약체결 당시 대리인의 무권대리 사실을 알 수 있었던 상대방은 최고권을 행사할 수 없다.

> 대리권 없는 자가 타인의 대리인으로 계약을 한 경우에 상대방은 상당한 기간을 정하여 본인에게 그 추인 여부의 확답을 최고할 수 있다. 본인이 그 기간 내에 확답을 발하지 아니한 때에는 추인을 거절한 것으로 본다(민법 제131조). 이때 상대방의 선·악의에 관계없이 최고권이 인정되나, 추인능력이 있는 본인에게 최고하여야 한다.

13 채권자취소권에 관한 설명으로 옳은 것을 모두 고른 것은?(다툼이 있으면 판례에 따름)

1
2
3

> ㄱ. 채권자취소의 소는 취소원인을 안 날로부터 3년, 법률행위가 있은 날로부터 10년 내에 제기하여야 한다.
> ㄴ. 채권자가 채무자의 사해의사를 증명하면 수익자의 악의는 추정된다.
> ㄷ. 채무초과상태에 있는 채무자의 상속포기는 채권자취소권의 대상이 되지 못한다.
> ㄹ. 사해행위 이전에 성립된 채권을 양수하였으나, 그 대항요건을 사해행위 이후에 갖춘 양수인은 이를 피보전채권으로 하는 채권자취소권을 행사할 수 없다.
> ㅁ. 건물신축의 도급인이 민법 제666조에 따른 수급인의 저당권설정청구권 행사에 의해 그 건물에 저당권을 설정하는 행위는 특별한 사정이 없는 한 사해행위에 해당하지 않는다.

① ㄱ, ㄴ, ㅁ
② ㄱ, ㄷ, ㄹ
③ ㄱ, ㄹ, ㅁ
④ ㄴ, ㄷ, ㄹ
☑ ㄴ, ㄷ, ㅁ

ㄱ. (×) 채권자의 취소의 소는 채권자가 취소원인을 안 날로부터 1년, 법률행위 있은 날로부터 5년 내에 제기하여야 한다(민법 제406조 제2항).

ㄴ. (○) 채무자의 제3자에 대한 재산양도행위가 채권자취소권의 대상이 되는 사해행위에 해당하는 경우 수익자의 악의는 추정되는 것이므로 수익자가 그 법률행위 당시 선의이었다는 입증을 다하지 못하는 한 채권자는 그 양도행위를 취소하고 원상회복을 청구할 수 있다(대판 1988.4.25., 87다카1380).

ㄷ. (○) 상속의 포기는 민법 제406조 제1항에서 정하는 "재산권에 관한 법률행위"에 해당하지 아니하여 사해행위취소의 대상이 되지 못한다(대판 2011.6.9., 2011다29307).

ㄹ. (×) 채권자의 채권이 사해행위 이전에 성립되어 있는 이상 그 채권이 양도된 경우에도 그 양수인이 채권자취소권을 행사할 수 있고, 이 경우 채권양도의 대항요건을 사해행위 이후에 갖추었더라도 채권양수인이 채권자취소권을 행사하는 데 아무런 장애사유가 될 수 없다 할 것이다(대판 2006.6.29., 2004다5822).

ㅁ. (○) 신축건물의 도급인이 민법 제666조가 정한 수급인의 저당권설정청구권의 행사에 따라 공사대금채무의 담보로 그 건물에 저당권을 설정하는 행위는 특별한 사정이 없는 한 사해행위에 해당하지 아니한다(대판 2018.11.29., 2015다19827).

14 이행보조자에 관한 설명으로 옳은 것은?(다툼이 있으면 판례에 따름)

① 이행보조자는 채무자에게 종속되어 지시·감독을 받는 관계에 있는 자를 말한다.

> 민법 제391조는 이행보조자의 고의·과실을 채무자의 고의·과실로 본다고 정하고 있는데, 이러한 이행보조자는 채무자의 의사 관여 아래 채무의 이행행위에 속하는 활동을 하는 사람이면 충분하고 반드시 채무자의 지시 또는 감독을 받는 관계에 있어야 하는 것은 아니다(대판 2018.2.13., 2017다275447).

② 동일한 사실관계에 기하여 채무자와 이행보조자가 각 채무불이행책임과 불법행위책임을 지는 경우, 이들의 책임은 연대채무관계에 있다.

> 판례는 채무자의 채무불이행책임과 이행보조자의 불법행위책임이 동일한 사실관계에 기한 경우에는, 부진정연대채무관계에 있다고 본다(대판 1994.11.11., 94다22446).

③ 채무자가 이행보조자의 선임·감독상의 주의의무를 다하더라도 채무자는 이행보조자에 의해 유발된 채무불이행책임을 면하지 못한다.

> 사용자책임과는 달리, 채무자는 이행보조자에 대하여 선임·감독상의 주의의무를 다하였음을 증명하더라도 이행보조자에 의하여 유발된 채무불이행책임을 면하지 못한다.

④ 이행보조자의 경과실에 대하여 채무자가 채무불이행 책임을 지지 아니한다는 내용의 특약은 원칙적으로 무효이다.

> 계약자유의 원칙상 이행보조자의 경과실에 대한 채무자의 면책을 내용으로 하는 경과실 면책특약은 유효하나, 고의·중과실면책특약에 관하여는 학설이 대립하고 있다.

⑤ 이행보조자가 제3자를 복이행보조자로 사용하는 경우, 채무자가 이를 묵시적으로 동의했다면 복이행보조자의 경과실에 대해서 채무자는 책임을 부담하지 않는다.

> 이행보조자가 채무의 이행을 위하여 제3자를 복이행보조자로 사용하는 경우에도 채무자가 이를 승낙하였거나 적어도 묵시적으로 동의한 경우 채무자는 복이행보조자의 고의·과실에 관하여 민법 제391조에 따라 책임을 부담한다고 보아야 한다(대판 2020.6.11., 2020다201156).

15 매매계약의 불능에 관한 설명으로 옳지 않은 것은?(다툼이 있으면 판례에 따름)

① 계약목적이 원시적·객관적 전부불능인 경우, 악의의 매도인은 매수인이 그 계약의 유효를 믿었음으로 인하여 받은 손해를 배상하여야 한다.

> 원시적·객관적 전부불능을 목적으로 한 법률행위는 무효하나, 계약체결상 과실책임(민법 제535조)에 의하여 매도인이 불능을 알았거나 알 수 있었을 경우에는, 신뢰·무과실의 매수인이 그 계약이 유효하다고 믿음으로써 입은 손해, 즉 신뢰이익의 손해를 배상하여야 한다.

② 계약목적이 원시적·주관적 전부불능인 경우, 선의의 매수인은 악의의 매도인에게 계약상 급부의 이행을 청구할 수 있다.

> 원시적·주관적 전부불능을 목적으로 한 법률행위는 타인의 권리매매(민법 제569조)에 해당하여 그 계약은 원칙적으로 유효하게 되며, 매도인은 매수인에게 재산권이전의무를 부담한다. 이에 따라 선의의 매수인은 악의의 매도인에게 계약상 급부의 이행을 청구할 수 있다. 한편 매도인이 타인에게 속한 권리를 취득하여 매수인에게 이전할 수 없는 경우에는 담보책임(민법 제570조)을 부담할 수 있다.

③ 당사자 쌍방의 귀책사유 없이 매도인의 채무가 후발적·객관적 전부불능된 경우, 매도인은 매수인에게 매매대금의 지급을 구하지 못한다.

> 당사자 쌍방의 귀책사유 없이 매도인의 채무가 후발적·객관적 전부불능된 경우에는 위험부담의 문제로 다루어진다. 즉, 쌍무계약의 당사자 일방의 채무가 당사자 쌍방의 책임 없는 사유로 이행할 수 없게 된 때에는 채무자는 상대방의 이행을 청구하지 못하게 된다(민법 제537조). 따라서 매도인은 자신의 재산권이전의무를 면하는 대신, 매수인에게 매매대금의 지급을 구하지 못한다.

④ 매도인의 귀책사유로 그의 채무가 후발적·객관적 전부불능된 경우, 매수인은 매도인에게 전보배상을 청구할 수 있다.

> 채무자의 귀책사유로 후발적 불능이 된 경우에는 채무불이행(민법 제390조)의 문제로 다루어진다. 즉, 매수인은 매도인에게 전보배상을 청구할 수 있으며 계약해제권 및 대상청구권 등을 행사할 수 있다.

✅ 대상(代償)을 발생시키는 매매목적물의 후발적 불능에 대하여 매도인의 귀책사유가 존재하는 경우, 매수인은 대상청구권을 행사하지 못한다.

> 급부의 후발적 불능에 대하여 채무자인 매도인의 귀책사유 존재 여부는 불문하며, 불능이 매도인의 귀책사유에 기한 경우에도 대상청구권이 인정된다. 따라서 매수인은 대상청구권을 행사할 수 있다.

16 채권양도와 채무인수에 관한 설명으로 옳지 않은 것은?(다툼이 있으면 판례에 따름)

1
2
3

① 매매로 인한 소유권이전등기청구권의 양도는 채무자의 동의나 승낙을 받아야 대항력이 생긴다.

> 매매로 인한 소유권이전등기청구권의 양도는 특별한 사정이 없는 이상 양도가 제한되고 양도에 채무자의 승낙이나 동의를 요한다고 할 것이므로 통상의 채권양도와 달리 양도인의 채무자에 대한 통지만으로는 채무자에 대한 대항력이 생기지 않으며 반드시 채무자의 동의나 승낙을 받아야 대항력이 생긴다(대판 2018.7.12., 2015다36167).

✔ ② 중첩적 채무인수는 채권자와 채무인수인 사이에 합의가 있더라도 채무자의 의사에 반해서는 이루어질 수 없다.

> 중첩적 채무인수는 채권자와 채무인수인과의 합의가 있는 이상 채무자의 의사에 반하여서도 이루어질 수 있다(대판 1988.11.22., 87다카1836).

③ 당사자 간 지명채권양도의 효과는 특별한 사정이 없는 한 통지 또는 승낙과 관계없이 양도계약과 동시에 발생한다.

> 당사자 간 지명채권 양도의 효과는 양도인과 양수인 사이에 채권을 양도인으로부터 양수인에게 이전하기로 하는 내용의 양도계약을 체결함으로써 발생한다. 또한 민법 제450조에 정의된 채무자의 승낙과 채무자에게의 통지는 대항요건에 불과하므로 지명채권양도의 효과는 통지 또는 승낙과 관계없이 발생한다.

④ 가압류된 채권도 특별한 사정이 없는 한 양도하는 데 제한이 없다.

> 채권양도에 의하여 채권은 그 동일성을 잃지 않고 양도인으로부터 양수인에게 이전된다 할 것이며, 가압류된 채권도 이를 양도하는 데 아무런 제한이 없다 할 것이나, 다만 가압류된 채권을 양수받은 양수인은 그러한 가압류에 의하여 권리가 제한된 상태의 채권을 양수받는다고 보아야 할 것이다(대판 2002.4.26., 2001다59033).

⑤ 채무의 인수가 면책적인지 중첩적인지 불분명한 경우에는 중첩적 채무인수로 본다.

> 채무인수가 면책적인가 중첩적인가 하는 것은 채무인수계약에 나타난 당사자 의사의 해석에 관한 문제로서, 면책적 인수인지 중첩적 인수인지가 분명하지 아니한 때에는 이를 중첩적으로 인수한 것으로 볼 것이다(대판 2013.9.13., 2011다56033).

17 다수당사자 간의 법률관계에 관한 설명으로 옳지 않은 것은?(다툼이 있으면 판례에 따름)

1
2
3

✔ ① 공동임차인의 차임지급의무는 특별한 사정이 없는 한 불가분채무이다.

> 공동임차인의 차임지급의무는 연대채무이다(민법 제654조, 제616조).

② 특별한 사정이 없는 한 연대채무자 중 1인이 채무 일부를 변제받더라도 그가 지급해야 할 잔존 채무액이 그의 부담부분을 초과한다면, 다른 연대채무자는 채무 전액을 부담한다.

> 연대채무자 중 1인이 채무 일부를 면제받는 경우에 그 연대채무자가 지급해야 할 잔존 채무액이 부담부분을 초과하는 경우에는 그 연대채무자의 부담부분이 감소한 것은 아니므로 다른 연대채무자의 채무에도 영향을 주지 않아 다른 연대채무자는 채무 전액을 부담하여야 한다(대판 2019.8.14., 2019다216435).

③ 연대채무자 중 1인이 연대의 면제를 받더라도, 다른 연대채무자는 채무 전액을 부담한다.

> 연대채무자 중 1인이 연대의 면제를 받으면 그는 연대채무관계에서 이탈하여 자기의 부담부분에 대하여만 채무를 부담하게 되고, 구상에서의 무자력위험은 채권자의 부담으로 한다(민법 제427조 제2항). 이때 다른 연대채무자는 채무 전액을 부담한다.

④ 부진정연대채무의 다액채무자가 일부 변제한 경우, 그 변제로 인하여 먼저 소멸하는 부분은 다액채무자가 단독으로 부담하는 부분이다.

> 금액이 다른 채무가 서로 부진정연대 관계에 있을 때 다액채무자가 일부 변제를 하는 경우 변제로 인하여 먼저 소멸하는 부분은 당사자의 의사와 채무 전액의 지급을 확실히 확보하려는 부진정연대채무 제도의 취지에 비추어 볼 때 다액채무자가 단독으로 채무를 부담하는 부분으로 보아야 한다(대판(全) 2018.3.22., 2012다74236).

⑤ 보증채무의 이행을 확보하기 위하여 채권자와 보증인은 보증채무에 관해서만 손해배상액을 예정할 수 있다.

> 보증인은 그 보증채무에 관한 위약금 기타 손해배상액을 예정할 수 있다(민법 제429조 제2항). 이는 보증채무 자체의 이행을 확보하기 위한 것이며, 민법에는 이러한 보증채무의 독립성에 관한 법률이 규정되어 있다.

18 채무불이행책임에 관한 설명으로 옳은 것은?(다툼이 있으면 판례에 따름)

① 강제이행과 손해배상청구는 양립할 수 없다.

> 강제이행청구는 손해배상청구에 영향을 미치지 아니한다(민법 제389조 제4항). 따라서 강제이행과 손해배상청구는 양립할 수 있다고 보아야 한다.

✔ 채권자의 단순한 부주의라도 그것이 손해확대의 원인이 되는 경우, 이를 이유로 과실상계할 수 있다.

> 민법상 과실상계 제도는 채권자가 신의칙상 요구되는 주의를 다하지 아니한 경우 공평의 원칙에 따라 손해배상액을 정함에 있어 채권자의 그와 같은 부주의를 참작하게 하려는 것이므로, 단순한 부주의라도 그로 말미암아 손해가 발생하거나 확대된 원인을 이루었다면 과실이 있는 것으로 보아 과실상계를 할 수 있다(대판 2000.6.13., 98다35389).

③ 하는 채무에 대한 대체집행은 허용되지 않는다.

> 대체집행은 이른바 '하는 채무' 중 대체적 작위채무에 대한 강제집행방법이다. 즉, 대체적 작위급부를 내용으로 하는 채무불이행이 있는 경우, 채권자는 법원에 대체집행을 청구할 수 있다(민법 제389조 제2항).

④ 손해배상청구권의 소멸시효는 본래의 채권을 행사할 수 있는 때로부터 진행된다.

> 채무불이행으로 인한 손해배상청구권의 소멸시효는 채무불이행 시로부터 진행한다(대판 1995.6.30., 94다54269).

⑤ 채무불이행으로 인하여 채권자의 생명침해가 있는 경우, 채권자의 직계존속은 민법 제752조를 유추적용하여 채무불이행을 이유로 한 위자료를 청구할 수 있다.

> 숙박업자가 숙박계약상의 고객 보호의무을 다하지 못하여 투숙객이 사망한 경우, 숙박계약의 당사자가 아닌 그 투숙객의 근친자가 그 사고로 인하여 정신적 고통을 받았다 하더라도 숙박업자의 그 망인에 대한 숙박계약상의 채무불이행을 이유로 위자료를 청구할 수는 없다(대판 2000.11.24., 2000다38718).

19 손해배상액의 예정에 관한 설명으로 옳지 않은 것은?(다툼이 있으면 판례에 따름)

1
2
3

① 채무자는 특별한 사정이 없는 한 자신의 귀책사유 없음을 이유로 예정배상액의 지급책임을 면할 수 있다.

> 채무불이행으로 인한 손해배상액이 예정되어 있는 경우 채권자는 채무불이행 사실만 증명하면 손해의 발생 및 그 액수를 증명하지 아니하고 예정배상액을 청구할 수 있으나, 반면 채무자는 채권자와 채무불이행에 있어 채무자의 귀책사유를 묻지 아니한다는 약정을 하지 아니한 이상 자신의 귀책사유가 없음을 주장·증명함으로써 위 예정배상액의 지급책임을 면할 수 있다(대판 2010.2.25., 2009다83797).

② 손해배상액의 예정에는 특별한 사정이 없는 한 통상손해뿐만 아니라 특별손해도 포함된다.

> 계약 당시 손해배상액을 예정한 경우에는 다른 특약이 없는 한 채무불이행으로 인하여 입은 통상손해는 물론 특별손해까지도 예정액에 포함되고 채권자의 손해가 예정액을 초과한다 하더라도 초과 부분을 따로 청구할 수 없다(대판 2012.12.27., 2012다60954).

☑ 손해배상액이 예정되어 있는 경우라도 과실상계 할 수 있다.

> 당사자 사이의 계약에서 채무자의 채무불이행으로 인한 손해배상액이 예정되어 있는 경우, 채무불이행으로 인한 손해의 발생 및 확대에 채권자에게도 과실이 있더라도 민법 제398조 제2항에 따라 채권자의 과실을 비롯하여 채무자가 계약을 위반한 경위 등 제반 사정을 참작하여 손해배상 예정액을 감액할 수는 있을지언정 채권자의 과실을 들어 과실상계를 할 수는 없다(대판 2016.6.10., 2014다200763, 200770).

④ 예정배상액의 감액 범위에 대한 판단은 사실심 변론종결 당시를 기준으로 한다.

> 손해배상 예정액을 감액하기 위한 요건인 '부당성'은 채권자와 채무자의 지위, 계약의 목적과 내용, 손해배상액을 예정한 동기, 채무액에 대한 예정액의 비율, 예상 손해액의 크기, 당시의 거래관행 등 모든 사정을 참작하여 일반 사회관념에 비추어 예정액의 지급이 경제적 약자의 지위에 있는 채무자에게 부당한 압박을 가하여 공정성을 잃는 결과를 초래하는 경우에 인정된다. 특히 금전채무의 불이행에 대하여 손해배상액을 예정한 경우에는 위에서 든 고려요소 이외에 통상적인 연체금리도 고려하여야 한다. 이와 같이 손해배상의 예정액이 부당한지 여부나 그에 대한 적당한 감액의 범위를 판단하는 기준 시점은 법원이 구체적으로 판단을 하는 때, 즉 사실심의 변론종결 당시이다(대판 2017.8.18., 2017다228762).

⑤ 금전채무에 관하여 이행지체에 대비한 지연손해금 비율에 대한 합의는 손해배상액의 예정으로 보아 감액의 대상이 된다.

> 민법 제398조 제2항은 손해배상의 예정액이 부당히 과다한 경우에는 법원이 이를 적당히 감액할 수 있다고 규정하고 있고, 금전채무의 불이행에 관하여 적용을 배제하지 않고 있다. 또한 이자제한법 제6조는 법원은 당사자가 금전을 목적으로 한 채무의 불이행에 관하여 예정한 배상액을 부당하다고 인정한 때에는 상당한 액까지 이를 감액할 수 있다고 규정하고 있다. 따라서 금전채무에 관하여 이행지체에 대비한 지연손해금 비율을 따로 약정한 경우에 이는 손해배상액의 예정으로서 감액의 대상이 된다(대판 2017.7.11., 2016다52265).

20 甲은 법률상 의무 없이 乙의 사무를 처리하고 있다. 이에 관한 설명으로 옳지 않은 것은?(다툼이 있으면 판례에 따름)

① 甲이 제3자와의 별도의 위임계약에 따라 乙의 사무를 처리한 경우, 원칙적으로 甲과 乙 사이에 사무관리는 성립하지 않는다.

> 의무 없이 타인의 사무를 처리한 자는 그 타인에 대하여 민법상 사무관리 규정에 따라 비용상환 등을 청구할 수 있으나, 제3자와의 약정에 따라 타인의 사무를 처리한 경우에는 의무 없이 타인의 사무를 처리한 것이 아니므로 이는 원칙적으로 그 타인과의 관계에서는 사무관리가 된다고 볼 수 없다(대판 2013.9.26., 2012다43539). 이에 따라 甲이 제3자와의 별도의 위임계약에 따라 乙의 사무를 처리한 경우, 원칙적으로 甲과 乙 사이에 사무관리는 성립하지 않는다고 보는 것이 타당하다.

② 사무관리가 성립되기 위한 甲의 사무관리의사는 甲 자신을 위한 의사와 병존할 수 있다.

> 사무관리가 성립하기 위하여는 우선 그 사무가 타인의 사무이고 타인을 위하여 사무를 처리하는 의사, 즉 관리의 사실상의 이익을 타인에게 귀속시키려는 의사가 있어야 하며, 나아가 그 사무의 처리가 본인에게 불리하거나 본인의 의사에 반한다는 것이 명백하지 아니할 것을 요한다. 여기에서 '타인을 위하여 사무를 처리하는 의사'는 관리자 자신의 이익을 위한 의사와 병존할 수 있고, 반드시 외부적으로 표시될 필요가 없으며, 사무를 관리할 당시에 확정되어 있을 필요가 없다(대판 2013.8.22., 2013다30882).

✔️ 사무관리가 성립하는 경우, 甲은 乙에게 부당이득반환을 청구할 수 없다.

> 사무관리가 성립하는 경우, 민법 제739조 제3항에 따라 관리자 甲은 본인 乙에게 본인 乙의 현존이익의 한도에서 비용상환청구권, 채무대변제청구권, 담보제공청구권 등의 부당이득 반환을 청구할 수 있다.

✔️ 사무관리가 성립하는 경우, 甲이 乙의 의사를 알거나 알 수 있었다면 甲은 사무의 성질에 좇아 乙에게 이익이 되는 방법으로 관리하여야 한다.

> 의무 없이 타인을 위하여 사무를 관리하는 자는 그 사무의 성질에 좇아 가장 본인에게 이익되는 방법으로 이를 관리하여야 하고, 관리자가 본인의 의사를 알거나 알 수 있는 때에는 그 의사에 적합하도록 관리하여야 한다(민법 제734조 제1항 및 제2항). 이에 따라 甲이 乙의 의사를 알거나 알 수 있었다면, 甲은 乙의 의사에 적합하도록 관리하는 것이 옳다.

⑤ 甲이 사무관리하면서 과실 없이 손해를 입은 경우, 甲은 乙의 현존이익의 한도 내에서 그 손해의 보상을 청구할 수 있다.

> 관리자가 사무관리를 함에 있어서 과실 없이 손해를 받은 때에는 본인의 현존이익의 한도에서 그 손해의 보상을 청구할 수 있다(민법 제740조).

21 불법행위책임에 관한 설명으로 옳지 않은 것은?(다툼이 있으면 판례에 따름)

1
2
3

① 피용자의 불법행위로 인하여 사용자책임을 지는 자가 그 피용자에 대하여 행사하는 구상권은 신의칙을 이유로 제한 또는 배제될 수 있다.

> 일반적으로 사용자가 피용자의 업무수행과 관련하여 행하여진 불법행위로 인하여 직접 손해를 입었거나 피해자인 제3자에게 사용자로서의 손해배상책임을 부담한 결과로 손해를 입게 된 경우에 사용자는 사업의 성격과 규모, 시설의 현황, 피용자의 업무내용과 근로조건 및 근무태도, 가해행위의 발생원인과 성격, 가해행위의 예방이나 손실의 분산에 관한 사용자의 배려의 정도, 기타 제반 사정에 비추어 손해의 공평한 분담이라는 견지에서 신의칙상 상당하다고 인정되는 한도 내에서만 피용자에 대하여 손해배상을 청구하거나 구상권을 행사할 수 있다(대판 2017.4.27., 2016다271226).

② 공동불법행위에서 과실상계를 하는 경우, 피해자에 대한 공동불법행위자 전원의 과실과 피해자의 공동불법행위자 전원에 대한 과실을 전체적으로 평가하여야 한다.

> 공동불법행위책임은 가해자 각 개인의 행위에 대하여 개별적으로 그로 인한 손해를 구하는 것이 아니라 가해자들이 공동으로 가한 불법행위에 대하여 그 책임을 추궁하는 것으로, 법원이 피해자의 과실을 들어 과실상계를 함에 있어서는 피해자의 공동불법행위자 각인에 대한 과실비율이 서로 다르더라도 피해자의 과실을 공동불법행위자 각인에 대한 과실로 개별적으로 평가할 것이 아니고 그들 전원에 대한 과실로 전체적으로 평가하여야 한다(대판 2008.6.26., 2008다22481).

✅ 가해자 중 1인이 다른 가해자에 비하여 불법행위에 가공한 정도가 경미한 경우, 그 가해자의 피해자에 대한 책임 범위를 손해배상액의 일부로 제한하여 인정할 수 있다.

> 공동불법행위로 인한 손해배상책임의 범위는 피해자에 대한 관계에서 가해자들 전원의 행위를 전체적으로 함께 평가하여 정하여야 하고, 그 손해배상액에 대하여는 가해자 각자가 그 금액의 전부에 대한 책임을 부담하며, 가해자의 1인이 다른 가해자에 비하여 불법행위에 가공한 정도가 경미하다고 하더라도 피해자에 대한 관계에서 그 가해자의 책임 범위를 위와 같이 정하여진 손해배상액의 일부로 제한하여 인정할 수는 없다(대판 2012.8.17., 2012다30892).

④ 불법행위에 경합된 당사자들의 과실 정도에 관한 사실인정이나 그 비율을 정하는 것은 특별한 사정이 없는 한 사실심의 전권사항에 속한다.

> 불법행위에 경합된 당사자들의 과실 정도에 관한 사실인정이나 그 비율을 정하는 것은 그것이 형평의 원칙에 비추어 현저하게 불합리하다고 인정되지 않는 한 사실심의 전권사항에 속한다(대판 2015.4.23., 2013다211834).

⑤ 일반육체노동을 하는 사람의 가동연한은 특별한 사정이 없는 한 경험칙상 만 65세로 보아야 한다.

> 일반육체노동을 하는 사람 또는 육체노동을 주로 생계활동으로 하는 사람은 특별한 사정이 없는 한 만 65세까지 가동할 수 있다고 보는 것이 경험칙에 합당하다(대판 2021.3.11., 2019다208472).

22 계약해제에 관한 설명으로 옳지 않은 것은?(다툼이 있으면 판례에 따름)

① 제3자를 위한 계약에서 요약자는 낙약자의 채무불이행을 이유로 제3자의 동의 없이 기본관계를 이루는 계약을 해제할 수 있다.

> 제3자를 위한 유상 쌍무계약의 경우 요약자는 낙약자의 채무불이행을 이유로 제3자의 동의 없이 계약을 해제할 수 있다(대판 1970.2.24., 69다1410).

② 계약이 해제된 경우 금전을 수령한 자는 해제한 날부터 이자를 가산하여 반환하여야 한다.

> 당사자 일방이 계약을 해제한 때에는 각 당사자는 그 상대방에 대하여 원상회복의 의무가 있다. 그러나 제삼자의 권리를 해하지 못하며(민법 제548조 제1항), 이 경우에 반환할 금전에는 그 받은 날로부터 이자를 가하여야 한다(민법 제548조 제2항).

③ 甲, 乙, 丙 사이에 순차적으로 매매계약이 이루어지고 丙이 매매대금을 乙의 지시에 따라 甲에게 지급한 경우, 乙과 丙 사이의 매매계약이 해제되더라도 丙은 甲에게 직접 부당이득반환을 청구할 수 없다.

> 계약의 한쪽 당사자가 상대방의 지시 등으로 급부과정을 단축하여 상대방과 또 다른 계약관계를 맺고 있는 제3자에게 직접 급부를 하는 경우(이른바 삼각관계에서 급부가 이루어진 경우), 그 급부로써 급부를 한 계약당사자가 상대방에게 급부를 한 것일 뿐만 아니라 그 상대방이 제3자에게 급부를 한 것이다. 따라서 계약의 한쪽 당사자는 제3자를 상대로 법률상 원인 없이 급부를 수령하였다는 이유로 부당이득반환청구를 할 수 없다(대판 2018.7.12., 2018다204992). 이에 따라 乙과 丙 사이의 매매계약이 해제된 경우 丙은 매매계약상대방인 乙에게 부당이득반환을 청구하여야 한다.

④ 매도인이 계약금계약에 의한 해제를 하는 경우, 매도인은 해제의사표시시와 약정 계약금의 배액을 제공하면 되고, 매수인의 수령거절 시 공탁할 필요는 없다.

> 대판 1992.5.12., 91다2151

⑤ 계약해제로 인한 원상회복의무가 이행지체에 빠진 이후의 지연손해금률에 관하여 당사자 사이에 별도의 약정이 있는 경우, 그 지연손해금률이 법정이율보다 낮더라도 약정에 따른 지연손해금률이 적용된다.

> 당사자 일방이 계약을 해제한 때에는 각 당사자는 상대방에 대하여 원상회복의무가 있고, 이 경우 반환할 금전에는 받은 날로부터 이자를 가산하여 지급하여야 한다. 여기서 가산되는 이자는 원상회복의 범위에 속하는 것으로서 일종의 부당이득반환의 성질을 가지는 것이고 반환의무의 이행지체로 인한 지연손해금이 아니다. 따라서 당사자 사이에 그 이자에 관하여 특별한 약정이 있으면 그 약정이율이 우선 적용되고 약정이율이 없으면 민사 또는 상사 법정이율이 적용된다. 반면 원상회복의무가 이행지체에 빠진 이후의 기간에 대해서는 부당이득반환의무로서의 이자가 아니라 반환채무에 대한 지연손해금이 발생하게 되므로 거기에는 지연손해금률이 적용되어야 한다. 그 지연손해금률에 관하여도 당사자 사이에 별도의 약정이 있으면 그에 따라야 할 것이고, 설사 그것이 법정이율보다 낮다 하더라도 마찬가지이다(대판 2013.4.26., 2011다50509).

23 민법상 조합에 관한 설명으로 옳지 않은 것은?(다툼이 있으면 판례에 따름)

① 수인이 공동사업을 경영할 목적 없이 전매차익만을 얻기 위해 상호 협력한 경우, 특별한 사정이 없는 한 이들 사이의 법률관계는 조합에 해당하지 않는다.

> 부동산의 공동매수인들이 전매차익을 얻으려는 '공동의 목적 달성'을 위해 상호 협력한 것에 불과하고 이를 넘어 '공동사업을 경영할 목적'이 있었다고 인정되지 않는 경우, 이들 사이의 법률관계는 공유관계에 불과할 뿐 민법상 조합이 아니다(대판 2007.6.14., 2005다5140).

② 조합채무자가 조합원들 중의 1인에 대하여 개인 채권을 가지고 있는 경우, 그 채권과 조합에 대한 채무를 서로 대등액에서 상계할 수 없다.

> 조합에 대한 채무자는 그 채무와 조합원에 대한 채권으로 상계할 수는 없는 것이므로(민법 제715조), 조합으로부터 부동산을 매수하여 잔대금 채무를 지고 있는 자가 조합원 중의 1인에 대하여 개인 채권을 가지고 있다고 하더라도 그 채권과 조합과의 매매계약으로 인한 잔대금 채무를 서로 대등액에서 상계할 수는 없다(대판 1998.3.13., 97다6919).

③ 조합계약에서 출자의무의 이행과 이익분배를 직접 연결시키는 특약을 두지 않은 경우, 조합은 출자의무를 이행하지 않은 조합원의 이익분배 자체를 거부할 수 없다.

> 건설공동수급체 구성원은 공동수급체에 출자의무를 지는 반면 공동수급체에 대한 이익분배청구권을 가지는데, 이익분배청구권과 출자의무는 별개의 권리·의무이다. 따라서 공동수급체의 구성원이 출자의무를 이행하지 않더라도, 공동수급체가 출자의무의 불이행을 이유로 이익분배 자체를 거부할 수도 없고, 그 구성원에게 지급할 이익분배금에서 출자금이나 그 연체이자를 당연히 공제할 수도 없다. 다만 공동수급체의 구성원들 사이에 '출자의무와 이익분배를 직접 연계시키는 특약'을 하는 것은 계약자유의 원칙상 허용된다. 따라서 구성원들이 출자의무를 먼저 이행한 경우에 한하여 이익분배를 받을 수 있다고 약정하거나 출자의무의 불이행 정도에 따라 이익분배금을 전부 또는 일부 삭감하기로 약정할 수도 있다(대판 2018.1.24., 2015다69990).

④ 조합원의 지분에 대한 압류는 그 조합원의 장래의 이익배당 및 지분의 반환을 받을 권리에 대하여 효력이 있다. 민법 제714조

✔ 2인 조합에서 조합원 1인이 탈퇴하면 조합관계는 종료되고, 원칙적으로 조합은 즉시 해산된다.

> 2인 조합에서 조합원 1인이 탈퇴하면 조합관계는 종료되지만 특별한 사정이 없는 한 조합이 해산되지 아니하고, 조합원의 합유에 속하였던 재산은 남은 조합원의 단독소유에 속하게 되어 기존의 공동사업은 청산절차를 거치지 않고 잔존자가 계속 유지할 수 있다(대판 2013.5.23., 2010다10281).

24 동시이행항변권에 관한 설명으로 옳은 것은?(다툼이 있으면 판례에 따름)

① 공사도급계약상 도급인의 지체상금채권과 수급인의 공사대금채권은 특별한 사정이 없는 한 동시이행관계에 있다.

> 공사도급계약상 도급인의 지체상금채권과 수급인의 공사대금채권은 특별한 사정이 없는 한 동시이행의 관계에 있다고 할 수 없다(대판 2015.8.27., 2013다81224).

② 선이행의무자가 이행을 지체하는 동안 상대방의 채무가 이행기에 도래한 경우, 특별한 사정이 없는 한 양 당사자의 의무는 동시이행관계에 있지 않다.

> 쌍무계약인 매매계약에서 매수인이 선이행의무인 잔금지급의무를 이행하지 않던 중 매도인도 소유권이전등기의무의 이행을 제공하지 아니한 채 소유권이전등기의무의 이행기를 도과한 경우, 여전히 선이행의무로 하기로 약정하는 등 특별한 사정이 없는 한 매도인과 매수인 쌍방의 의무는 동시이행관계에 놓이게 된다(대판 1999.7.9., 98다13754).

③ 동시이행항변권에 따른 이행지체책임 면제의 효력은 그 항변권을 행사·원용하여야 발생한다.

> 쌍무계약에서 쌍방의 채무가 동시이행관계에 있는 경우 일방의 채무의 이행기가 도래하더라도 상대방 채무의 이행제공이 있을 때까지는 그 채무를 이행하지 않아도 이행지체의 책임을 지지 않는 것이며, 이와 같은 효과는 이행지체의 책임이 없다고 주장하는 자가 반드시 동시이행의 항변권을 행사하여야만 발생하는 것은 아니다(대판 2010.10.14., 2010다47438).

④ 동시이행항변권은 연기적 항변권으로 동시이행관계에 있으면 소멸시효는 진행되지 아니한다.

> 부동산에 대한 매매대금 채권이 소유권이전등기청구권과 동시이행의 관계에 있다고 할지라도 매도인은 매매대금의 지급기일 이후 언제라도 그 대금의 지급을 청구할 수 있는 것이며, 다만 매수인은 매도인으로부터 그 이전등기에 관한 이행의 제공을 받기까지 그 지급을 거절할 수 있는 데 지나지 아니하므로 매매대금 청구권은 그 지급기일 이후 시효의 진행에 걸린다(대판 1991.3.22., 90다9797).

✔ 자동채권과 수동채권이 동시이행관계에 있더라도 서로 현실적으로 이행하여야 할 필요가 없는 경우, 특별한 사정이 없는 한 상계는 허용된다.

> 상계의 대상이 될 수 있는 자동채권과 수동채권이 동시이행관계에 있다고 하더라도 서로 현실적으로 이행하여야 할 필요가 없는 경우라면 상계로 인한 불이익이 발생할 우려가 없고 오히려 상계를 허용하는 것이 동시이행관계에 있는 채권·채무 관계를 간명하게 해소할 수 있으므로 특별한 사정이 없는 한 상계가 허용된다(대판 2006.7.28., 2004다54633).

25 매매에 관한 설명으로 옳은 것을 모두 고른 것은?(다툼이 있으면 판례에 따름)

ㄱ. 당사자가 매매예약완결권의 행사기간을 약정하지 않은 경우, 완결권은 예약이 성립한 때로부터 10년 내에 행사되어야 하고, 그 기간을 지난 때에는 제척기간의 경과로 인하여 소멸한다.

ㄴ. 목적물이 일정한 면적을 가지고 있다는 데 주안을 두고 대금도 면적을 기준으로 정하여지는 아파트 분양계약은 특별한 사정이 없는 한 수량지정매매에 해당한다.

ㄷ. 건축목적으로 매매된 토지에 대하여 건축허가를 받을 수 없어 건축이 불가능한 경우, 이와 같은 법률적 제한 내지 장애는 권리의 하자에 해당한다.

ㄹ. 특정물매매에서 매도인의 하자담보책임이 성립하는 경우. 매수인은 매매계약 내용의 중요부분에 착오가 있더라도 이를 취소할 수 없다.

☑ ㄱ, ㄴ   ② ㄱ, ㄹ

③ ㄴ, ㄷ   ④ ㄱ, ㄷ, ㄹ

⑤ ㄴ, ㄷ, ㄹ

ㄱ. (○) 민법 제564조가 정하고 있는 매매예약에서 예약자의 상대방이 매매예약 완결의 의사표시를 하여 매매의 효력을 생기게 하는 권리, 즉 매매예약의 완결권은 일종의 형성권으로서 당사자 사이에 행사기간을 약정한 때에는 그 기간 내에, 약정이 없는 때에는 예약이 성립한 때부터 10년 내에 이를 행사하여야 하고, 그 기간이 지난 때에는 예약완결권은 제척기간의 경과로 소멸한다(대판 2018.11.29., 2017다247190).

ㄴ. (○) 목적물이 일정한 면적(수량)을 가지고 있다는 데 주안을 두고 대금도 면적을 기준으로 하여 정하여지는 아파트분양계약은 이른바 수량을 지정한 매매라 할 것이다(대판 2002.11.8., 99다58136).

ㄷ. (×) 매매의 목적물이 거래통념상 기대되는 객관적 성질·성능을 결여하거나, 당사자가 예정 또는 보증한 성질을 결여한 경우에 매도인은 매수인에 대하여 그 하자로 인한 담보책임을 부담한다 할 것이고, 한편 건축을 목적으로 매매된 토지에 대하여 건축허가를 받을 수 없어 건축이 불가능한 경우, 위와 같은 법률적 제한 내지 장애 역시 매매목적물의 하자에 해당한다 할 것이나, 다만 위와 같은 하자의 존부는 매매계약 성립 시를 기준으로 판단하여야 할 것이다(대판 2000.1.18., 98다18506).

ㄹ. (×) 민법 제109조 제1항에 의하면 법률행위 내용의 중요 부분에 착오가 있는 경우 착오에 중대한 과실이 없는 표의자는 법률행위를 취소할 수 있고, 민법 제580조 제1항, 제575조 제1항에 의하면 매매의 목적물에 하자가 있는 경우 하자기 있는 사실을 과실 없이 알지 못한 매수인은 매도인에 대하여 하자담보책임을 물어 계약을 해제하거나 손해배상을 청구할 수 있다. 착오로 인한 취소 제도와 매도인의 하자담보책임 제도는 취지가 서로 다르고, 요건과 효과도 구별된다. 따라서 매매계약 내용의 중요 부분에 착오가 있는 경우 매수인은 매도인의 하자담보책임이 성립하는지와 상관없이 착오를 이유로 매매계약을 취소할 수 있다(대판 2018.9.13., 2015다78703).

01	02	03	04	05	06	07	08	09	10	11	12	13	14	15	16	17	18	19	20	21	22	23	24	25
④	①	④	③	①	②	⑤	①	④	③	②	③	①	②	⑤	②	①	④	④	⑤	③	③	④	③	⑤

01 미성년자 甲과 행위능력자 乙 간의 매매계약에 관한 설명으로 옳은 것은?(다툼이 있으면 판례에 따름)

① 甲의 법정대리인이 동의하면 위 계약은 확정적으로 유효하게 되는데 이때 그 동의는 명시적으로 행해져야 한다.

> 미성년자가 법률행위를 함에 있어서 요구되는 법정대리인의 동의는 언제나 명시적이어야 하는 것은 아니고 묵시적으로도 가능한 것이다(대판 2007.11.16., 2005다71659).

② 乙은 계약체결 시 甲이 미성년자임을 알았더라도 추인이 있기 전까지 자신의 의사표시를 철회할 수 있다.

> 제한능력자가 맺은 계약은 추인이 있을 때까지 상대방이 그 의사표시를 철회할 수 있다. 다만, 상대방이 계약 당시에 제한능력자임을 알았을 경우에는 그러하지 아니하다(민법 제16조 제1항).

③ 甲이 단독으로 乙과 계약을 체결한 후, 제한능력을 이유로 甲 스스로 위 계약을 취소하는 것은 신의칙에 반한다.

> 미성년자의 법률행위에 법정대리인의 동의를 요하도록 하는 것은 강행규정인데, 위 규정에 반하여 이루어진 신용구매계약을 미성년자 스스로 취소하는 것을 신의칙 위반을 이유로 배척한다면, 이는 오히려 위 규정에 의해 배제하려는 결과를 실현시키는 셈이 되어 미성년자 제도의 입법 취지를 몰각시킬 우려가 있으므로, 법정대리인의 동의 없이 신용구매계약을 체결한 미성년자가 사후에 법정대리인의 동의 없음을 사유로 들어 이를 취소하는 것이 신의칙에 위배된 것이라고 할 수 없다(대판 2007.11.16., 2005다71659).

✔ 계약체결 시 乙이 甲에게 나이를 물었을 때 甲이 만 20세라 답하였다고 하더라도 甲의 법정대리인은 위 계약을 취소할 수 있다.

> 단순히 자기가 능력자라 사언함은 동조에 이른바 사술을 쓴 것이라고 할 수 없다(대판 1971.12.14., 71다2045). 따라서 甲이 만 20세라 답한 행위는 적극적으로 사기수단을 쓴 것이라 볼 수 없으므로 甲의 법정대리인은 위 계약을 취소할 수 있다. ⚖

⑤ 甲의 법정대리인에 의하여 위 계약이 甲의 제한능력을 이유로 취소되었다면, 甲의 부당이득 반환범위는 그 법정대리인의 선의·악의에 따라 달라진다.

> 취소된 법률행위는 처음부터 무효인 것으로 본다. 다만, 제한능력자는 그 행위로 인하여 받은 이익이 현존하는 한도에서 상환(償還)할 책임이 있다(민법 제141조). 따라서 甲은 현존이익의 한도에서 받은 이익을 반환한다.

민법 제5조(미성년자의 능력)
① 미성년자가 법률행위를 함에는 법정대리인의 동의를 얻어야 한다. 그러나 권리만을 얻거나 의무만을 면하는 행위는 그러하지 아니하다.
② 전항의 규정에 위반한 행위는 취소할 수 있다.

민법 제17조(제한능력자의 속임수)
① 제한능력자가 속임수로써 자기를 능력자로 믿게 한 경우에는 그 행위를 취소할 수 없다.

02 민법상 법인에 관한 설명으로 옳은 것은?(다툼이 있으면 판례에 따름)

☑ 사단법인 정관의 법적 성질은 자치법규이다.

> 사단법인의 정관은 이를 작성한 사원뿐만 아니라 그 후에 가입한 사원이나 사단법인의 기관 등도 구속하는 점에 비추어 보면 그 법적 성질은 계약이 아니라 자치법규로 보는 것이 타당하다(대판 2000.11.24., 99다12437).

② 청산종결등기가 행해졌다면 청산사무가 아직 남아있다 하더라도 그 법인의 권리능력은 소멸된다.

> 청산종결등기가 경료된 경우에도 청산사무가 종료되었다 할 수 없는 경우에는 청산법인으로 존속한다(대판 1980.4.8., 79다2036). 따라서 법인의 권리능력은 인정된다.

③ 대표이사의 불법행위가 법인의 불법행위로 되는 경우에 대표이사는 자기의 불법행위 책임을 면한다.

> 법인은 이사 기타 대표자가 그 직무에 관하여 타인에게 가한 손해를 배상할 책임이 있다. 이사 기타 대표자는 이로 인하여 자기의 손해배상책임을 면하지 못한다(민법 제35조 제1항).

④ 법인의 대표권을 가진 자가 하는 법률행위는 성립상 효과만 법인에게 귀속할 뿐 그 위반의 효과인 채무불이행책임까지 법인에 귀속하는 것은 아니다.

> 법인이 대표기관을 통하여 법률행위를 한 때에는 대리에 관한 규정이 준용된다(민법 제59조 제2항). 따라서 적법한 대표권을 가진 자와 맺은 법률행위의 효과는 대표자 개인이 아니라 본인인 법인에 귀속하고, 마찬가지로 그러한 법률행위상의 의무를 위반하여 발생한 채무불이행으로 인한 손해배상책임도 대표기관 개인이 아닌 법인만이 책임의 귀속주체가 되는 것이 원칙이다(대판 2019.5.30., 2017다53265).

⑤ 사단법인 사원의 지위는 정관에 의하여도 상속할 수 없다.

> "사단법인의 사원의 지위는 양도 또는 상속할 수 없다"고 한 민법 제56조의 규정은 강행규정은 아니라고 할 것이므로, 정관에 의하여 이를 인정하고 있을 때에는 양도·상속이 허용된다(대판 1992.4.14., 91다26850).

03 비법인사단에 관한 설명으로 옳지 않은 것은?(다툼이 있으면 판례에 따름)

① 비법인사단의 대표자로부터 포괄적 위임을 받은 수임인의 대행행위는 비법인사단에 효력을 미치지 않는다.

> 비법인사단에 대하여는 사단법인에 관한 민법 규정 가운데 법인격을 전제로 하는 것을 제외하고는 이를 유추적용하여야 하는데, 민법 제62조에 비추어 보면 비법인사단의 대표자는 정관 또는 총회의 결의로 금지하지 아니한 사항에 한하여 타인으로 하여금 특정한 행위를 대리하게 할 수 있을 뿐 비법인사단의 제반 업무처리를 포괄적으로 위임할 수는 없으므로 비법인사단 대표자가 행한 타인에 대한 업무의 포괄적 위임과 그에 따른 포괄적 수임인의 대행행위는 민법 제62조를 위반한 것이어서 비법인사단에 대하여 그 효력이 미치지 않는다(대판 2011.4.28., 2008다15438).

② 비법인사단 대표자의 대표권이 정관으로 제한된 경우, 비법인사단은 그 등기가 없더라도 그 거래상대방이 악의라면 이로써 대항할 수 있다.

> 비법인사단의 경우에는 대표자의 대표권 제한에 관하여 등기할 방법이 없어 민법 제60조의 규정을 준용할 수 없고, 비법인사단의 대표자가 정관에서 사원총회의 결의를 거쳐야 하도록 규정한 대외적 거래행위에 관하여 이를 거치지 아니한 경우라도, 이와 같은 사원총회 결의사항은 비법인사단의 내부적 의사결정에 불과하다 할 것이므로, 그 거래 상대방이 그와 같은 대표권 제한 사실을 알았거나 알 수 있었을 경우가 아니라면 그 거래행위는 유효하다고 봄이 상당하고, 이 경우 거래의 상대방이 대표권 제한 사실을 알았거나 알 수 있었음은 이를 주장하는 비법인사단측이 주장·입증하여야 한다(대판 2003.7.22., 2002다64780).

③ 법인의 불법행위책임에 관한 민법 제35조 제1항은 비법인사단에 유추적용된다.

> 비법인사단의 대표자가 직무에 관하여 타인에게 손해를 가한 경우 그 사단은 민법 제35조 제1항의 유추적용에 의하여 그 손해를 배상할 책임이 있고, 비법인사단의 대표자의 행위가 대표자 개인의 사리를 도모하기 위한 것이었거나 혹은 법령의 규정에 위배된 것이었다 하더라도 외관상, 객관적으로 직무에 관한 행위라고 인정할 수 있다면 민법 제35조 제1항의 직무에 관한 행위에 해당한다 할 것이나, 한편 그 대표자의 행위가 직무에 관한 행위에 해당하지 아니함을 피해자 자신이 알았거나 또는 중대한 과실로 인하여 알지 못한 경우에는 비법인사단에게 손해배상책임을 물을 수 없다(대판 2008.1.18., 2005다34711).

☑ 비법인사단의 구성원들이 집단으로 탈퇴하면 2개의 비법인사단으로 분열되고, 이때 각 비법인사단은 종전의 재산을 구성원 수의 비율로 총유한다.

> 법인 아닌 사단의 구성원들의 집단적 탈퇴로써 사단이 2개로 분열되고 분열되기 전 사단의 재산이 분열된 각 사단들의 구성원들에게 각각 총유적으로 귀속되는 결과를 초래하는 형태의 법인 아닌 사단의 분열은 허용되지 않는다(대판(全) 2006.4.20., 2004다37775).

⑤ 사원총회 결의를 거치지 않아 무효가 되는 비법인사단 대표자의 총유물 처분행위에 대해서는 '권한을 넘은 표현대리'의 법리가 적용되지 않는다.

> 비법인사단의 대표자는 총유물인의 처분에 관하여 사원총회의 결의를 거치지 아니하고는 이를 대표하여 행할 권한이 없다. 그리고 비법인사단의 대표자가 권한 없이 행한 재산의 처분행위에 대하여는 민법 제126조의 표현대리에 관한 규정이 준용되지 아니한다(대판 2009.2.12., 2006다23312).

04 물건에 관한 설명으로 옳지 않은 것은?(다툼이 있으면 판례에 따름)

① 주물과 다른 사람의 소유에 속하는 물건은 종물이 될 수 없다.

> 물건의 소유자가 그 물건의 상용에 공하기 위하여 <u>자기소유인 다른 물건</u>을 이에 부속하게 한 때에는 그 부속물은 종물이다(민법 제100조 제1항).

② 주물을 처분할 때 당사자 간의 특약으로 종물만을 별도로 처분할 수도 있다.

> 당사자는 주물을 처분할 때에 <u>특약으로 종물을 제외할 수 있고 종물만을 별도로 처분할 수도 있다</u>(대판 2012.1.26., 2009다76546).

☑ 국립공원의 입장료는 법정과실에 해당한다.

> 국립공원의 입장료는 토지의 사용대가라는 <u>민법상 과실이 아니라 수익자 부담의 원칙에 따라</u> 국립공원의 유지·관리비용의 일부를 국립공원 입장객에게 부담시키고자 하는 것이다(대판 2001.12.28., 2000다27749).

④ 관리할 수 있는 자연력은 동산이다.

> 토지 및 그 정착물은 부동산이며, <u>부동산 이외의 물건은 동산</u>이다(민법 제99조 제1항 및 제2항).

⑤ 명인방법을 갖춘 수목의 경우 토지와 독립된 물건으로서 거래의 객체가 된다.

> 등기된 입목이나 명인방법을 갖춘 수목의 경우에는 <u>독립하여 거래의 객체가 된다</u>(대결 1998.10.28., 98마1817).

05 무자력한 甲은 乙에게 3억 원의 금전채무를 부담하고 있으나, 乙의 강제집행을 피하기 위해 자신의 유일한 재산인 A부동산을 丙에게 가장매매하고 소유권이전등기를 해주었다. 이에 관한 설명으로 옳은 것은?(다툼이 있으면 판례에 따름)

☑ 乙은 甲에 대한 자신의 채권을 보전하기 위하여 甲의 丙에 대한 소유권이전등기의 말소등기 청구권을 대위행사할 수 있다.

> 민법 108조에 따라 통정한 허위의 의사표시인 甲과 丙 간의 A부동산 매매계약은 무효이며 <u>乙은 자기의 채권을 보전하기 위하여 채무자의 권리를 행사할 수 있다.</u> ⚖

② 甲과 丙 간의 가장매매는 무효이므로 乙은 이것이 사해행위라는 것을 이유로 하여 채권자취 소권을 행사할 수 없다.

> 현재 판례는 채무자의 법률행위가 통정허위표시인 경우에도 <u>채권자취소권의 대상이 된다고 본다</u>(대판 1998.2.27., 97다50985).

③ 허위표시는 불법원인이므로 甲은 丙에게 자신의 소유권에 기하여 A부동산의 반환을 청구할 수 없다.

> 불법의 원인으로 인하여 재산을 급여하거나 노무를 제공한 때에는 그 이익의 반환을 청구하지 못한다(민법 제746조). 하지만 허위표시는 불법원인급여에 해당하지 않으므로 甲은 丙에게 소유권에 기하여 <u>A부동산의 반환을 청구할 수 있다</u>.

④ 만약 丙이 丁에게 A부동산을 매도하였다면, 丁은 선의·무과실이어야 제3자로서 보호를 받을 수 있다.

⑤ 甲과 丙이 A부동산의 가장매매계약을 추인하면 그 계약은 원칙적으로 체결시로 소급하여 유효한 것이 된다.

⚖
법령

민법 제108조(통정한 허위의 의사표시)
① 상대방과 통정한 허위의 의사표시는 무효로 한다.
② 전항의 의사표시의 무효는 선의의 제삼자에게 대항하지 못한다.

민법 404조(채권자대위권)
① 채권자는 자기의 채권을 보전하기 위하여 채무자의 권리를 행사할 수 있다. 그러나 일신에 전속한 권리는 그러하지 아니하다.

2020년

06 비진의표시에 관한 설명으로 옳지 않은 것은?(다툼이 있으면 판례에 따름)

1
2
3

① 비진의표시에서 '진의'란 특정한 내용의 의사표시를 하고자 하는 표의자의 생각을 말하는 것이지 진정으로 마음속에서 바라는 사항을 뜻하는 것은 아니다. 대판 1993.7.16., 92다41528

✔ 법률상의 장애로 자기명의로 대출받을 수 없는 자를 위하여 대출금채무자로서 명의를 빌려준 자는 특별한 사정이 없는 한 채무부담의사를 가지지 않으므로 그가 행한 대출계약상의 의사표시는 비진의표시이다.

③ 재산을 강제로 뺏긴다는 인식을 하고 있는 자가 고지된 해악이 두려워 어쩔 수 없이 증여의 의사표시를 한 경우 이는 비진의표시라 할 수 없다.

④ 근로자가 회사의 경영방침에 따라 사직원을 제출하고 회사가 이를 받아들여 퇴직처리를 하였다가 즉시 재입사하는 형식으로 실질적 근로관계의 단절없이 계속 근무하였다면, 그 사직의 의사표시는 무효이다.

> 근로자가 회사의 경영방침에 따라 사직원을 제출하여 회사가 이를 받아들여 퇴직처리를 하였다가 즉시 재입사하는 형식을 취하는 경우, 사직원제출과 퇴직처리에 따른 퇴직의 효과가 발생한다고 볼 수 없다(대판 2005.4.29., 2004두14090).

⑤ 비리공무원이 감사기관의 사직권고를 받고 사직의 의사표시를 하여 의원면직처분이 된 경우, 그 사표제출자의 내심에 사직할 의사가 없었더라도 그 사직의 의사표시는 효력이 발생한다.

> 공무원이 사직의 의사표시를 하여 의원면직처분을 하는 경우 그 사직의 의사표시는 그 법률관계의 특수성에 비추어 외부적·객관적으로 표시된 바를 존중하여야 할 것이므로, 비록 사직원제출자의 내심의 의사가 사직할 뜻이 아니었다고 하더라도 진의 아닌 의사표시에 관한 민법 제107조는 그 성질상 사직의 의사표시와 같은 사인의 공법행위에는 준용되지 아니하므로 그 의사가 외부에 표시된 이상 그 의사는 표시된 대로 효력을 발한다(대판 1997.12.12., 97누13962).

07 의사표시를 한 자가 착오를 이유로 그 의사표시를 취소할 수 없는 경우를 모두 고른 것은? (단, 표의자의 중대한 과실은 없으며 다툼이 있으면 판례에 따름)

> ㄱ. 매매에서 매도인이 목적물의 시가를 몰라서 대금과 시가에 근소한 차이가 있는 경우
> ㄴ. 주채무자의 차용금반환채무를 보증할 의사로 공정증서에 서명·날인하였으나 그 공정증서가 주채무자의 기존의 구상금채무에 관한 준소비대차계약의 공정증서이었던 경우
> ㄷ. 건물 및 부지를 현상태대로 매수하였으나 그 부지의 지분이 근소하게 부족한 경우

① ㄱ   ② ㄷ

③ ㄱ, ㄴ   ④ ㄴ, ㄷ

✔ ㄱ, ㄴ, ㄷ

> ㄱ. 부동산 매매에 있어서 시가에 관한 착오는 부동산을 매매하려는 의사를 결정함에 있어 동기의 착오에 불과할 뿐 법률행위의 중요부분에 관한 착오라고 할 수 없다(대판 1992.10.23., 92다29337).
> ㄴ. 주채무자의 차용금반환채무를 보증할 의사로 공정증서에 연대보증인으로 서명·날인하였으나 그 공정증서가 주채무자의 기존의 구상금채무 등에 관한 준소비대차계약의 공정증서이었던 경우, 표시와 의사의 불일치가 객관적으로 현저한 경우에 해당하지 않을 뿐만 아니라 착오로 인하여 경제적인 불이익을 입었거나 장차 불이익을 당할 염려도 없으므로 위와 같은 착오는 연대보증계약의 중요부분의 착오가 아니다(대판 2006.12.7., 2006다41457).
> ㄷ. 계약의 내용이 피고의 지분등기와 본건 건물 및 그 부지를 현상태대로 매매한 것인 경우 부지에 관하여 피고의 지분이 부족하다 하더라도 그러한 근소한 차이만으로써는 매매계약의 중요부분에 착오가 있었다거나 기망행위가 있었다고는 보기 어렵다(대판 1984.4.10., 83다카1328).

08 민법 제104조(불공정한 법률행위)에 관한 설명으로 옳은 것은?(다툼이 있으면 판례에 따름)

① 증여계약은 민법 제104조에서의 공정성 여부를 논의할 수 있는 성질의 법률행위가 아니다.

> 민법 제104조가 규정하는 현저히 공정을 잃은 법률행위라 함은 자기의 급부에 비하여 현저하게 균형을 잃은 반대급부를 하게 하여 부당한 재산적 이익을 얻는 행위를 의미하는 것이므로, 증여계약과 같이 아무런 대가관계 없이 당사자 일방이 상대방에게 일방적인 급부를 하는 법률행위는 그 공정성 여부를 논의할 수 있는 성질의 법률행위가 아니다(대판 2000.2.11., 99다56833). ⚖️

② 급부와 반대급부가 현저히 균형을 잃은 경우에는 법률행위가 궁박, 경솔, 무경험으로 인해 이루어진 것으로 추정된다.

> 급부와 반대급부가 현저한 불균형이 있다고 해서 곧바로 당사자의 궁박, 경솔 또는 무경험에 기인하는 것으로 추정되지는 아니한다(대판 1969.12.30., 99다56833).

③ 대리인에 의하여 법률행위가 이루어진 경우 경솔과 무경험은 본인을 기준으로, 궁박은 대리인을 기준으로 판단한다.

> 대리인에 의하여 법률행위가 이루어진 경우 그 법률행위가 민법 제104조의 불공정한 법률행위에 해당하는지 여부를 판단함에 있어서 경솔과 무경험은 대리인을 기준으로 하여 판단하고, 궁박은 본인의 입장에서 판단하여야 한다(대판 2002.10.22., 2002다38927). ⚖️

④ 불공정한 법률행위의 성립요건인 궁박, 경솔, 무경험은 모두 구비되어야 한다.

> 불공정한 법률행위가 성립하기 위하여는 당사자 일방의 궁박, 경솔, 무경험은 모두 구비하여야 하는 요건이 아니고 그중 어느 하나만 갖추어져도 충분하다(대판 1993.10.12., 93다19924).

⑤ 불공정한 법률행위로서 무효인 경우라도 당사자의 추인에 의하여 유효로 된다.

> 불공정한 법률행위로서 무효인 경우에는 추인에 의하여 무효인 법률행위가 유효로 될 수 없다(대판 1994.6.24., 94다10900).

⚖️ **법령**

> **민법 제104조(불공정한 법률행위)**
> 당사자의 궁박, 경솔 또는 무경험으로 인하여 현저하게 공정을 잃은 법률행위는 무효로 한다.

09 민법상 조건에 관한 설명으로 옳은 것은?(다툼이 있으면 판례에 따름)

① '대금이 완납되면 매매목적물의 소유권이 이전된다'는 조항이 있는 소유권유보부 매매에서 대금완납은 해제조건이다.

> 매도인이 대금을 모두 지급받기 전에 목적물을 매수인에게 인도하지만 대금이 모두 지급될 때까지는 목적물의 소유권은 매도인에게 유보되며 대금이 모두 지급된 때에 그 소유권이 매수인에게 이전된다는 내용의 이른바 소유권유보의 특약을 한 경우, 목적물의 소유권을 이전한다는 당사자 사이의 물권적 합의는 매매계약을 체결하고 목적물을 인도한 때 이미 성립하지만 대금이 모두 지급되는 것을 정지조건으로 한다(대판 1999.9.7., 99다30534).

② 선량한 풍속에 반하는 불법조건이 붙은 법률행위는 조건 없는 법률행위가 된다.

> 조건이 선량한 풍속 기타 사회질서에 위반한 것인 때에는 그 법률행위는 무효로 한다(민법 제151조 제1항).

③ 당사자의 의사표시로 조건성취의 효력을 소급시킬 수 없다.

> 당사자가 조건성취의 효력을 그 성취 전에 소급하게 할 의사를 표시한 때에는 그 의사에 의한다(민법 제147조 제3항).

☑ **조건은 법률행위의 내용을 이룬다.**

> 조건은 법률행위의 효력의 발생 또는 소멸을 장래의 불확실한 사실의 성부에 의존케 하는 법률행위의 부관으로서 당해 법률행위를 구성하는 의사표시의 일체적인 내용을 이루는 것이다(대판 2003.5.13., 2003다10797).

⑤ 유언에는 조건을 붙일 수 없다.

> 유언에 정지조건이 있는 경우에 그 조건이 유언자의 사망 후에 성취한 때에는 그 조건성취한 때로부터 유언의 효력이 생긴다(민법 제1073조 제2항). 즉, 유언에는 정지조건을 부가할 수 있다.

10 법률행위의 무효 또는 취소에 관한 설명으로 옳은 것은?(다툼이 있으면 판례에 따름)

① 법률행위의 일부분이 무효인 경우 원칙적으로 그 일부분만 무효이다.

> 법률행위의 일부분이 무효인 때에는 그 전부를 무효로 한다. 그러나 그 무효부분이 없더라도 법률행위를 하였을 것이라고 인정될 때에는 나머지 부분은 무효가 되지 아니한다(민법 제137조).

② 제한능력자가 법률행위를 취소한 경우 원칙적으로 그가 받은 이익 전부를 상환하여야 한다.

> 취소된 법률행위는 처음부터 무효인 것으로 본다. 다만, 제한능력자는 그 행위로 인하여 받은 이익이 현존하는 한도에서 상환(償還)할 책임이 있다(민법 제141조).

☑ **취소할 수 있는 법률행위는 추인권자의 추인이 있은 후에는 취소하지 못한다.**

> 민법 제143조 제1항

④ 법률행위의 취소권은 법률행위를 한 날부터 3년 내에, 추인할 수 있는 날부터 10년 내에 행사하여야 한다.

> 취소권은 추인할 수 있는 날로부터 3년 내에 법률행위를 한 날로부터 10년 내에 행사하여야 한다(민법 제146조).

⑤ 매도인에게 부과될 공과금을 매수인이 책임진다는 취지의 특약은 사회질서에 반하므로 무효이다.

> 매매계약에서 매도인에게 부과될 공과금을 매수인이 책임진다는 취지의 특약을 하였다 하더라도 이는 공과금이 부과되는 경우 그 부담을 누가 할 것인가에 관한 약정으로서 그 자체가 불법조건이라고 할 수 없고 이것만 가지고 사회질서에 반한다고 단정하기도 어렵다(대판 1993.5.25., 93다296).

11 대리에 관한 설명으로 옳은 것은?(다툼이 있으면 판례에 따름)

① 대리인 乙이 자신을 본인 甲이라고 하면서 계약을 체결한 경우 그것이 대리권의 범위 내일지라도 그 계약의 효력은 甲이 아닌 乙에게 귀속된다.

> 갑이 부동산을 농업협동조합중앙회에 담보로 제공함에 있어 동업자인 을에게 그에 관한 대리권을 주었다면 을이 동 중앙회와의 사이에 그 부동산에 관하여 근저당권설정계약을 체결함에 있어 그 피담보채무를 동업관계의 채무로 특정하지 아니하고 또 대리관계를 표시함이 없이 마치 자신이 갑 본인인 양 행세하였다 하더라도 위 근저당권설정계약은 대리인인 위 을이 그의 권한 범위 안에서 한 것인 이상 그 효력은 본인인 갑에게 미친다(대판 1987.6.23., 86다카1411). 판례의 취지를 고려할 때 대리인 乙이 자신을 본인 甲이라고 하며 계약을 체결하여도 대리권의 범위 내일 시 그 계약의 효력은 甲에게 귀속된다.

☑ 대리행위를 한 자에게 대리권이 있다는 점에 대한 증명책임은 대리행위의 효과를 주장하는 자에게 있다.

> 대판 2010.10.14., 2010다44248(대판 1994.2.22., 93다42047, 대판 2008.9.25., 2008다42195 등 참조)

③ 금전소비대차계약에서 원리금반환채무 변제의 수령권한을 위임받은 대리인은 원칙적으로 그 원리금반환채무를 면제해 줄 대리권도 있다.

> 대여금의 영수권한만을 위임받은 대리인이 그 대여금 채무의 일부를 면제하기 위하여는 본인의 특별수권이 필요하다(대판 1981.6.23., 80다3221).

④ 수인의 대리인이 본인을 위하여 각각 상충되는 내용의 계약을 체결한 경우 가장 먼저 체결된 계약만이 본인에게 효력이 있다.

> 대리인이 그 권한 내에서 본인을 위한 것임을 표시한 의사표시는 직접 본인에게 대하여 효력이 생기며(민법 제114조), 대리인이 수인인 때에는 각자가 본인을 대리한다(민법 제119조). 따라서 수인의 대리인이 체결한 계약 모두 본인에게 효력이 있다.

⑤ 임의대리인은 본인의 승낙이 있는 경우에만 복대리인을 선임할 수 있다.

> 대리권이 법률행위에 의하여 부여된 경우에는 대리인은 본인의 승낙이 있거나 부득이한 사유있는 때가 아니면 복대리인을 선임하지 못한다(민법 제120조).

12 소멸시효에 관한 설명으로 옳지 않은 것은?(다툼이 있으면 판례에 따름)

① 변론주의의 원칙상 법원은 당사자가 주장하는 기산점을 기준으로 소멸시효를 계산하여야 한다.

> 본래의 소멸시효 기산일과 당사자가 주장하는 기산일이 서로 다른 경우에는 변론주의의 원칙상 법원은 당사자가 주장하는 기산일을 기준으로 소멸시효를 계산하여야 하는데, 이는 당사자가 본래의 기산일보다 뒤의 날짜를 기산일로 하여 주장하는 경우는 물론이고 특별한 사정이 없는 한 그 반대의 경우에 있어서도 마찬가지이다(대판 1995.8.25., 94다35886).

② 매수인이 목적부동산을 인도받아 계속 점유하고 있다면 그 소유권이전등기청구권의 소멸시효는 진행하지 않는다.

> 부동산에 관하여 인도, 등기 등의 어느 한 쪽만에 대하여서라도 권리를 행사하는 자는 전체적으로 보아 그 부동산에 관하여 권리 위에 잠자는 자라고 할 수 없다 할 것이므로, 매수인이 목적 부동산을 인도받아 계속 점유하는 경우에는 그 소유권이전등기청구권의 소멸시효가 진행하지 않는다(대판(全) 1999.3.18., 98다32175).

✔ 계속적 물품공급계약에 기하여 발생한 외상대금채권은 특별한 사정이 없는 한 거래종료일로부터 외상대금채권 총액에 대하여 한꺼번에 소멸시효가 기산한다.

> 계속적 물품공급계약에 기하여 발생한 외상대금채권은 특별한 사정이 없는 한 개별 거래로 인한 각 외상대금채권이 발생한 때로부터 개별적으로 소멸시효가 진행하는 것이지 거래종료일부터 외상대금채권 총액에 대하여 한꺼번에 소멸시효가 기산한다고 할 수 없는 것이다(대판 2007.1.25., 2006다68940).

④ 건물신축공사도급계약에서의 수급인의 도급인에 대한 저당권설정청구권의 소멸시효 기간은 3년이다.

> 도급받은 공사의 공사대금채권은 민법 제163조 제3호에 따라 3년의 단기소멸시효가 적용되고, 공사에 부수되는 채권도 마찬가지인데, 민법 제666조에 따른 저당권설정청구권은 공사대금채권을 담보하기 위하여 저당권설정등기절차의 이행을 구하는 채권적 청구권으로서 공사에 부수되는 채권에 해당하므로 소멸시효기간 역시 3년이다(대판 2016.10.27., 2014다211978).

⑤ 변론주의 원칙상 당사자의 주장이 없으면 법원은 소멸시효의 중단에 관해서 직권으로 판단할 수 없다.

> 민사소송절차에서 변론주의 원칙은 권리의 발생·변경·소멸이라는 법률효과 판단의 요건이 되는 주요사실에 관한 주장·증명에 적용된다. 따라서 권리를 소멸시키는 소멸시효 항변은 변론주의 원칙에 따라 당사자의 주장이 있어야만 법원의 판단대상이 된다(대판 2017.3.22., 2016다258124).

13 금전채권에 관한 설명으로 옳지 않은 것은?(다툼이 있으면 판례에 따름)

☑ ① 우리나라 통화를 외화채권에 변제충당할 때 특별한 사정이 없는 한 채무이행기의 외국환시세에 의해 환산한다.

> 채권액이 외국통화로 지정된 금전채권인 외화채권을 채무자가 우리나라 통화로 변제함에 있어서는 민법 제378조가 그 환산시기에 관하여 외화채권에 관한 같은 법 제376조, 제377조 제2항의 "변제기"라는 표현과는 다르게 "지급할 때"라고 규정한 취지에서 새겨 볼 때 그 환산시기는 이행기가 아니라 현실로 이행하는 때 즉, 현실 이행 시의 외국환시세에 의하여 환산한 우리나라 통화로 변제하여야 한다고 풀이함이 상당하다(대판(全) 1991.3.12., 90다2147). ⚖

② 금전채무의 이행지체로 발생하는 지연손해금의 성질은 손해배상금이지 이자가 아니다.

> 금전채무의 이행지체로 인하여 발생하는 지연손해금은 그 성질이 손해배상금이지 이자가 아니며, 민법 제163조 제1호가 규정한 '1년 이내의 기간으로 정한 채권'도 아니므로 3년간의 단기소멸시효의 대상이 되지 아니한다(대판 1998.11.10., 98다42141).

③ 금전채무의 이행지체로 인한 지연손해금채무는 이행기의 정함이 없는 채무에 해당한다.

> 금전채무의 지연손해금채무는 금전채무의 이행지체로 인한 손해배상채무로서 이행기의 정함이 없는 채무에 해당하므로, 채무자는 확정된 지연손해금채무에 대하여 채권자로부터 이행청구를 받은 때부터 지체책임을 부담하게 된다(대판 2010.12.9., 2009다59237).

④ 금전채무의 약정이율은 있었지만 이행지체로 인해 발생한 지연손해금에 관한 약정이 없는 경우, 특별한 사정이 없는 한 지연손해금은 그 약정이율에 의해 산정한다.

> 계약해제 시 반환할 금전에 가산할 이자에 관하여 당사자 사이에 약정이 있는 경우에는 특별한 사정이 없는 한 이행지체로 인한 지연손해금도 그 약정이율에 의하기로 하였다고 보는 것이 당사자의 의사에 부합한다(대판 2013.4.26., 2011다50509).

⑤ 금전채무에 관하여 이행지체에 대비한 지연손해금 비율을 따로 약정한 경우, 이는 일종의 손해배상액의 예정이다.

> 금전채무에 관하여 이행지체에 대비한 지연손해금 비율을 따로 약정한 경우에 이는 일종의 손해배상액의 예정으로서 민법 제398조 제2항에 의한 감액의 대상이 된다(대판 2017.5.30., 2016다275402).

⚖ 법령

> **민법 제376조(금전채권)**
> 채권의 목적이 어느 종류의 통화로 지급할 것인 경우에 그 통화가 변제기에 강제통용력을 잃은 때에는 채무자는 다른 통화로 변제하여야 한다.
>
> **민법 제377조(외화채권)**
> ② 채권의 목적이 어느 종류의 다른 나라 통화로 지급할 것인 경우에 그 통화가 변제기에 강제통용력을 잃은 때에는 그 나라의 다른 통화로 변제하여야 한다.
>
> **민법 제378조(동전)**
> 채권액이 다른 나라 통화로 지정된 때에는 채무자는 지급할 때에 있어서의 이행지의 환금시가에 의하여 우리나라 통화로 변제할 수 있다.

14 채무자의 이행지체책임 발생시기로 옳은 것을 모두 고른 것은?(다툼이 있으면 판례에 따름)

ㄱ. 불확정기한부 채무의 경우, 채무자가 기한이 도래함을 안 때
ㄴ. 부당이득반환채무의 경우, 수익자가 이행청구를 받은 때
ㄷ. 불법행위로 인한 손해배상채무의 경우, 가해자가 피해자로부터 이행청구를 받은 때

① ㄱ   ✔ ㄱ, ㄴ

③ ㄱ, ㄷ   ④ ㄴ, ㄷ

⑤ ㄱ, ㄴ, ㄷ

ㄱ. (○) 채무이행의 불확정한 기한이 있는 경우에는 채무자는 <u>기한이 도래함을 안 때</u>로부터 지체책임이 있다(민법 제387조 제1항).
ㄴ. (○) 부당이득반환의무는 이행기한의 정함이 없는 채무이므로 그 채무자는 <u>이행청구를 받은 때</u>에 비로소 지체책임을 진다(대판 2010.1.28., 2009다24187, 24194).
ㄷ. (×) 불법행위로 인한 손해배상채무에 대하여는 원칙적으로 별도의 이행 최고가 없더라도 공평의 관념에 비추어 <u>불법행위로 그 채무가 성립함과 동시에 지연손해금이 발생</u>한다(대판 2016.9.28., 2014다221517).

15 민법상 과실상계에 관한 설명으로 옳지 않은 것은?(다툼이 있으면 판례에 따름)

① 불법행위의 성립에 관한 가해자의 과실과 과실상계에서의 피해자의 과실은 그 의미를 달리한다.

공동불법행위자는 채권자에 대한 관계에서 연대책임(부진정연대채무)을 지되 공동불법행위자들 내부관계에서는 일정한 부담 부분이 있고, 이 부담 부분은 공동불법행위자의 채권자에 대한 가해자로서의 과실 정도에 따라 정하여지는 것으로서 여기에서의 과실은 의무위반이라는 강력한 과실임에 반하여, 불법행위에 있어서 피해자의 과실을 따지는 <u>과실상계에서의 과실은 가해자의 과실과 달리 사회통념이나 신의성실의 원칙에 따라 공동생활에 있어 요구되는 약한 의미의 부주의를 가리키는 것</u>이다(대판 2000.8.22., 2000다29028).

② 피해자에게 과실이 있는 경우 가해자가 과실상계를 주장하지 않았더라도 법원은 손해배상액을 정함에 있어서 이를 참작하여야 한다.

법원은 불법행위로 인하여 배상할 손해의 범위를 정함에 있어서 상대방의 과실상계 항변이 없더라도 <u>피해자의 과실을 참작하여야 하는 것</u>이다(대판 2008.2.28., 2005다60369).

③ 매도인의 하자담보책임은 법이 특별히 인정한 무과실책임이지만 그 하자의 발생 및 확대에 가공한 매수인의 잘못이 있다면 법원은 이를 참작하여 손해배상액의 범위를 정하여야 한다.

민법 제581조, 제580조에 기한 <u>매도인의 하자담보책임은 법이 특별히 인정한 무과실책임</u>으로서 여기에 민법 제396조의 과실상계 규정이 준용될 수는 없다 하더라도, 담보책임이 민법의 지도이념인 공평의 원칙에 입각한 것인 이상 <u>하자 발생 및 그 확대에 가공한 매수인의 잘못을 참작하여 손해배상의 범위를 정함이 상당하다</u>(대판 1995.6.30., 94다23920).

④ 피해자의 부주의를 이용하여 고의의 불법행위를 한 자는 특별한 사정이 없는 한 피해자의 그 부주의를 이유로 과실상계를 주장할 수 없다.

> 피해자의 부주의를 이용하여 고의로 불법행위를 저지른 자가 바로 그 피해자의 부주의를 이유로 자신의 책임을 감하여 달라고 주장하는 것은 허용될 수 없다(대판 2005.11.10., 2003다66066).

☑ 손해를 산정함에 있어서 손익상계와 과실상계를 모두 하는 경우 손익상계를 먼저 하여야 한다.

> 불법행위로 인한 손해배상액을 산정함에 있어서 과실상계를 한 다음 손익상계를 하여야 한다(대판 1996.1.23., 95다24340).

16 채권자 甲, 채무자 乙, 수익자 丙을 둘러싼 채권자취소소송에 관한 설명으로 옳은 것은?(단, 乙에게는 甲 외에 다수의 채권자가 존재하며 다툼이 있으면 판례에 따름)

① 채권자취소소송에서 원고는 甲이고 피고는 乙과 丙이다.

> 채권자가 채권자취소권을 행사하려면 사해행위로 인하여 이익을 받은 자나 전득한 자를 상대로 그 법률행위의 취소를 청구하는 소송을 제기하여야 되는 것으로서 채무자를 상대로 그 소송을 제기할 수는 없다(대판 2004.8.30., 2004다21923). 따라서 이 경우 원고는 甲이고 피고는 丙이다.

☑ 원상회복으로 丙이 금전을 지급하여야 하는 경우에 甲은 직접 자신에게 이를 지급할 것으로 청구할 수 있다.

> 사해행위취소로 인한 원상회복으로서 가액배상을 명하는 경우에는, 취소채권자는 직접 자기에게 가액배상금을 지급할 것을 청구할 수 있다(대판 2008.11.13., 2006다1442).

③ 채권자취소권 행사의 효력은 소를 제기한 甲의 이익을 위해서만 발생한다.

> 채권자취소권에 의한 취소와 원상회복은 모든 채권자의 이익을 위하여 그 효력이 있다(민법 제407조).

④ 乙의 사해의사는 특정 채권자인 甲을 해한다는 인식이 필요하다.

> 사해의사란 공동담보 부족에 의하여 채권자가 채권변제를 받기 어렵게 될 위험이 생긴다는 사실을 인식하는 것이며, 이러한 인식은 일반 채권자에 대한 관계에서 있으면 족하고, 특정의 채권자를 해한다는 인식이 있어야 하는 것은 아니다(대판 2009.3.26., 2007다63102).

⑤ 채권자취소소송은 甲이 乙의 대리인으로서 수행하는 것이다.

> 채권자취소권은 채권자가 자신의 이름으로 행사하며, 채무자의 권리를 대신하여 행사하는 것이 아니라 채권자가 자신의 권리를 행사하는 것이다. 또한 효과도 그 취소권을 행사한 채권자와 그 상대방인 수익자 또는 전득자와의 상대적인 관계에서만 미친다.

17 민법상 보증채무에 관한 설명으로 옳지 않은 것은?(다툼이 있으면 판례에 따름)

☑ ① 주채무가 민사채무이고 보증채무가 상사채무인 경우 보증채무의 소멸시효기간은 주채무에 따라 결정된다.

> 보증채무는 주채무와는 별개의 독립된 채무이므로 보증채무와 주채무의 소멸시효기간은 그 채무의 성질에 따라 각별로 정해진다고 할 것이다. 따라서 보증채무가 상사채무인 경우 상법 제64조에 의해 그 소멸시효기간이 5년이라고 판단한다(대판 2010.9.9., 2010다28031).

② 보증은 불확정한 다수의 채무에 대하여도 할 수 있다.　민법 제428조의3 제1항

③ 주채권과 분리하여 보증채권만을 양도하기로 하는 약정은 그 효력이 없다.

> 주채권과 보증인에 대한 채권의 귀속주체를 달리하는 것은, 주채무자의 항변권으로 채권자에게 대항할 수 있는 보증인의 권리가 침해되는 등 보증채무의 부종성에 반하고, 주채권을 가지지 않는 자에게 보증채권만을 인정할 실익도 없기 때문에 주채권과 분리하여 보증채권만을 양도하기로 하는 약정은 그 효력이 없다(대판 2002.9.10., 2002다21509).

④ 보증채권을 주채권과 함께 양도하는 경우 대항요건은 주채권의 이전에 관하여만 구비하면 족하다.

> 보증채무는 주채무에 대한 부종성 또는 수반성이 있어서 주채무자에 대한 채권이 이전되면 당사자 사이에 별도의 특약이 없는 한 보증인에 대한 채권도 함께 이전하고, 이 경우 채권양도의 대항요건도 주채권의 이전에 관하여 구비하면 족하고, 별도로 보증채권에 관하여 대항요건을 갖출 필요는 없다(대판 2002.9.10., 2002다21509).

⑤ 보증인은 주채무자의 채권에 의한 상계로 채권자에게 대항할 수 있다.　민법 제434조

18 지명채권의 양도에 관한 설명으로 옳지 않은 것은?(다툼이 있으면 판례에 따름)

① 장래의 채권도 그 권리의 특정이 가능하고 가까운 장래에 발생할 것임이 상당 정도 기대되는 경우에는 채권양도의 대상이 될 수 있다.

> 장래의 채권도 양도 당시 기본적 채권관계가 어느 정도 확정되어 있어 그 권리의 특정이 가능하고 가까운 장래에 발생할 것임이 상당 정도 기대되는 경우에는 이를 양도할 수 있다(대판 1996.7.30., 95다7932).

② 채권의 양도를 승낙함에 있어서는 이의를 보류할 수 있고 양도금지의 특약이 있는 채권양도를 승낙하면서 조건을 붙일 수도 있다.

> 지명채권의 양도를 승낙함에 있어서는 이의를 보류하고 할 수 있음은 물론이고 양도금지의 특약이 있는 채권양도를 승낙함에 있어 조건을 붙여서 할 수도 있으며 승낙의 성격이 관념의 통지라고 하여 조건을 붙일 수 없는 것은 아니다(대판 1989.7.11., 88다카20866).

③ 채권양도에 대한 채무자의 승낙은 양도인 또는 양수인에 대하여 할 수 있다.

> 지명채권 양도의 채무자에 대한 대항요건은 채무자에 대한 채권양도의 통지 또는 채무자의 승낙인데, 채권양도 통지가 채무자에 대하여 이루어져야 하는 것과는 달리 채무자의 승낙은 양도인 또는 양수인 모두가 상대방이 될 수 있다(대판 2011.6.30., 2011다8614).

✔ 채권이 이중으로 양도된 경우 양수인 상호 간의 우열은 통지 또는 승낙에 붙여진 확정일자의 선후에 의하여 결정된다.

> 채권이 이중으로 양도된 경우의 양수인 상호 간의 우열은 통지 또는 승낙에 붙여진 확정일자의 선후에 의하여 결정할 것이 아니라, 채권양도에 대한 채무자의 인식, 즉 확정일자 있는 양도통지가 채무자에게 도달한 일시 또는 확정일자 있는 승낙의 일시의 선후에 의하여 결정하여야 할 것이다(대판(全) 1994.4.26., 93다24223).

⑤ 채권양도 없이 채무자에게 채권양도를 통지한 경우 선의인 채무자는 양수인에게 대항할 수 있는 사유로 양도인에게 대항할 수 있다.

> 양도인이 채무자에게 채권양도를 통지한 때에는 아직 양도하지 아니하였거나 그 양도가 무효인 경우에도 선의인 채무자는 양수인에게 대항할 수 있는 사유로 양도인에게 대항할 수 있다(민법 제452조 제1항).

19 변제에 관한 설명으로 옳지 않은 것은?(다툼이 있으면 판례에 따름)

① 금액이 서로 다른 채무가 부진정연대관계에 있을 때, 다액채무자가 일부 변제를 하는 경우 변제로 먼저 소멸하는 부분은 다액채무자가 단독으로 채무를 부담하는 부분이다.

> 금액이 서로 다른 채무가 서로 부진정연대 관계에 있을 때 다액채무자가 일부 변제를 하는 경우 변제로 먼저 소멸하는 부분은 다액채무자가 단독으로 채무를 부담하는 부분으로 보아야 한다(대판 2018.4.10., 2016다252898).

② 채권의 준점유자에게 한 변제는 변제자가 선의이며 과실 없음을 입증하면 채권자에 대하여 효력이 있다.

> 채권의 준점유자에 대한 변제는 변제자가 선의이며 과실 없는 때에 한하여 효력이 있다(민법 제470조).

③ 변제충당에 관한 당사자의 특별한 합의가 없으면 그 채무의 비용, 이자, 원본의 순서로 변제에 충당하여야 한다.

> 채무자가 1개 또는 수개 채무의 비용 및 이자를 전부 소멸케 하지 못하는 급여를 한 경우의 변제충당에 관하여는 민법 제479조에 그 충당순서가 법정되어 있고 지정변제충당에 관한 민법 제476조는 준용되지 아니하므로, 당사자 사이에 특별한 합의가 없는 한 비용, 이자, 원본의 순서로 변제에 충당되며, 채무자는 물론 채권자라고 할지라도 위 법정 순서와 다르게 일방적으로 충당의 순서를 지정할 수는 없다(대판 2006.10.12., 2004재다818).

✔ 채권의 일부에 대하여 변제자대위가 인정되는 경우 그 대위자는 채무자의 채무불이행을 이유로 채권자와 채무자간의 계약을 해제할 수 있다.

> 채권의 일부에 대하여 대위변제가 있는 경우에 채무불이행을 원인으로 하는 계약의 해지 또는 해제는 채권자만이 할 수 있고 채권자는 대위자에게 그 변제한 가액과 이자를 상환하여야 한다(민법 제483조 제2항).

⑤ 채권자가 변제수령을 거절하면 채무자는 공탁함으로써 그 채무를 면할 수 있다.

> 채권자가 변제를 받지 아니하거나 받을 수 없는 때에는 변제자는 채권자를 위하여 변제의 목적물을 공탁하여 그 채무를 면할 수 있다(민법 제487조).

20 甲은 2020.2.1. 자기 소유 중고자동차를 1,000만원에 매수할 것을 乙에게 청약하는 내용의 편지를 발송하였다. 이에 관한 설명으로 옳지 않은 것은?

① 甲의 편지가 2020.2.5. 乙에게 도달하였다면 甲은 위 청약을 임의로 철회하지 못한다.

> 계약의 청약은 이를 철회하지 못한다(민법 제527조). 甲의 편지가 乙에게 도달하여 효력이 발생하였으므로 甲은 위 청약을 임의로 철회하지 못한다.

② 甲의 편지가 2020.2.5. 乙에게 도달하였다면 그 사이 甲이 사망하였더라도 위 청약은 유효하다.

> 상대방이 있는 의사표시는 상대방에게 도달한 때에 그 효력이 생기며, 의사표시자가 그 통지를 발송한 후 사망하거나 제한능력자가 되어도 의사표시의 효력에 영향을 미치지 아니한다(민법 제111조 제1항 및 제2항).

③ 乙이 위 중고자동차를 900만원에 매수하겠다고 회신하였다면 乙은 甲의 청약을 거절하고 새로운 청약을 한 것이다.

> 승낙자가 청약에 대하여 조건을 붙이거나 변경을 가하여 승낙한 때에는 그 청약의 거절과 동시에 새로 청약한 것으로 본다(민법 제534조).

④ 甲의 편지를 2020.2.5. 乙이 수령하였더라도 乙이 미성년자라면 甲은 원칙적으로 위 청약의 효력발생을 주장할 수 없다.

> 의사표시의 상대방이 의사표시를 받은 때에 제한능력자인 경우에는 의사표시자는 그 의사표시로써 대항할 수 없다. 다만, 그 상대방의 법정대리인이 의사표시가 도달한 사실을 안 후에는 그러하지 아니하다(민법 제112조).

⑤ 乙이 위 청약을 승낙하는 편지를 2020.2.10. 발송하여 甲에게 2020.2.15. 도달하였다면 甲과 乙 간의 계약성립일은 2020.2.15.이다.

> 격지자간의 계약은 승낙의 통지를 발송한 때에 성립한다(민법 제531조). 따라서 乙이 편지를 발송한 2020.2.10.을 계약성립일로 보는 것이 타당하다.

21 민법상 특정물 매도인의 하자담보책임에 관한 설명으로 옳지 않은 것은?(다툼이 있으면 판례에 따름)

① 매도인의 고의·과실은 하자담보책임의 성립요건이 아니다.

> 매도인의 하자담보책임은 매도인의 과실과는 관계없이 생기는 책임으로 무과실책임이다.

② 악의의 매수인에 대해서 매도인은 하자담보책임을 지지 않는다.

> 매매의 목적물에 하자가 있는 때에는 제575조 제1항의 규정을 준용한다. 그러나 매수인이 하자있는 것을 알았거나 과실로 인하여 이를 알지 못한 때에는 그러하지 아니하다(민법 제580조 제1항).

✔️ 매매 목적물인 서화(書畫)가 위작으로 밝혀진 경우, 매도인의 담보책임이 발생하면 매수인은 착오를 이유로는 매매계약을 취소할 수 없다.

> 민법 제109조 제1항에 의하면 법률행위 내용의 중요 부분에 착오가 있는 경우 착오에 중대한 과실이 없는 표의자는 법률행위를 취소할 수 있고, 민법 제580조 제1항, 제575조 제1항에 의하면 매매의 목적물에 하자가 있는 경우 하자가 있는 사실을 과실 없이 알지 못한 매수인은 매도인에 대하여 하자담보책임을 물어 계약을 해제하거나 손해배상을 청구할 수 있다. 착오로 인한 취소 제도와 매도인의 하자담보책임 제도는 취지가 서로 다르고, 요건과 효과도 구별된다. 따라서 매매계약 내용의 중요 부분에 착오가 있는 경우 매수인은 매도인의 하자담보책임이 성립하는지와 상관없이 착오를 이유로 매매계약을 취소할 수 있다(대판 2018.9.13., 2015다78703).

④ 경매목적물에 물건의 하자가 있는 경우 하자담보책임이 발생하지 않는다.

> 민법 제580조 제2항에 따라 경매의 경우에는 매도인의 하자담보책임이 적용되지 아니한다.

⑤ 목적물에 하자가 있더라도 계약의 목적을 달성할 수 있는 경우에는 매수인에게 해제권이 인정되지 않는다.

> 매매의 목적물에 하자가 있는 때에는 제575조 제1항의 규정을 준용하므로 계약의 목적을 달성할 수 있는 경우 매수인에게 해제권이 인정되지 않는다. ⚖️

⚖️ 법령

민법 제575조(제한물권있는 경우와 매도인의 담보책임)
① 매매의 목적물이 지상권, 지역권, 전세권, 질권 또는 유치권의 목적이 된 경우에 매수인이 이를 알지 못한 때에는 이로 인하여 계약의 목적을 달성할 수 없는 경우에 한하여 매수인은 계약을 해제할 수 있다. 기타의 경우에는 손해배상만을 청구할 수 있다.

2020년

22 수급인의 하자담보책임에 관한 설명으로 옳지 않은 것은?(다툼이 있으면 판례에 따름)

① 신축된 건물에 하자가 있는 경우 도급인은 수급인의 하자담보책임에 기하여 계약을 해제할 수 없다.

> 도급인이 완성된 목적물의 하자로 인하여 계약의 목적을 달성할 수 없는 때에는 계약을 해제할 수 있다. 그러나 건물 기타 토지의 공작물에 대하여는 그러하지 아니하다(민법 제668조).

② 수급인의 하자담보책임에 관한 제척기간은 재판상 또는 재판 외의 권리행사기간이다.

> 민법상 수급인의 하자담보책임에 관한 기간은 제척기간으로서 재판상 또는 재판 외의 권리행사기간이다 (대판 2004.1.27., 2001다24891).

✔️ 완성된 목적물의 하자가 중요하지 아니하면서 동시에 보수에 과다한 비용을 요하는 경우 도급인은 수급인에게 하자의 보수에 갈음하는 손해배상을 청구할 수 있다.

> 도급계약에서 완성된 목적물에 하자가 있으면 도급인은 수급인에게 하자의 보수나 그에 갈음하는 손해배상을 청구할 수 있으나, 하자가 중요하지 아니하면서 동시에 보수에 과다한 비용을 요할 때에는 하자의 보수나 그에 갈음하는 손해배상을 청구할 수는 없고, 하자로 인하여 입은 손해의 배상만을 청구할 수 있다(대판 2015.4.23., 2011다63383).

④ 완성된 액젓저장탱크에 균열이 발생하여 보관 중이던 액젓의 변질로 인한 손해배상은 하자보수에 갈음하는 손해배상과는 별개의 권원에 의하여 경합적으로 인정된다.

> 액젓 저장탱크의 제작·설치공사 도급계약에 의하여 완성된 저장탱크에 균열이 발생한 경우, 보수비용은 민법 제667조 제2항에 의한 수급인의 하자담보책임 중 하자보수에 갈음하는 손해배상이고, 액젓 변질로 인한 손해배상은 위 하자담보책임을 넘어서 수급인이 도급계약의 내용에 따른 의무를 제대로 이행하지 못함으로 인하여 <u>도급인의 신체·재산에 발생한 손해에 대한 배상으로서 양자는 별개의 권원에 의하여 경합적으로 인정된다</u>(대판 2004.8.20., 2001다70337).

⑤ 수급인의 하자담보책임을 면제하는 약정이 있더라도 수급인이 알면서 고지하지 아니한 사실에 대하여는 그 책임이 면제되지 않는다.

> 수급인은 제667조, 제668조의 담보책임이 없음을 약정한 경우에도 알고 고지하지 아니한 사실에 대하여는 <u>그 책임을 면하지 못한다</u>(민법 제672조).

23 조합계약에 관한 설명으로 옳은 것을 모두 고른 것은?(다툼이 있으면 판례에 따름)

ㄱ. 2인이 상호출자하여 부동산 임대사업을 하기로 약정하고 이를 위해 부동산을 취득한 경우 그 부동산은 위 2인이 총유한다.
ㄴ. 업무집행자가 수인인 경우 그 조합의 통상사무는 각 업무집행자가 전행할 수 있다.
ㄷ. 당사자들이 공동이행방식의 공동수급체를 구성하여 도급인으로부터 공사를 수급받는 경우 그 공동수급체는 원칙적으로 민법상 조합에 해당한다.

① ㄱ
② ㄱ, ㄴ
③ ㄱ, ㄷ
✔ ㄴ, ㄷ
⑤ ㄱ, ㄴ, ㄷ

> ㄱ. (×) 조합은 2인 이상이 상호출자하여 공동사업을 경영할 것을 약정함으로써 그 효력이 생긴다(민법 제703조 제1항). 조합원의 출자 기타 조합재산은 조합원의 합유로 한다(민법 제704조).
> ㄴ. (○) 조합의 통상사무는 전항의 규정에 불구하고 각 조합원 또는 각 업무집행자가 전행할 수 있다(민법 제706조 제3항).
> ㄷ. (○) 대판 2018.1.24., 2015다69990

24 부당이득반환청구권에 관한 설명으로 옳지 않은 것은?(다툼이 있으면 판례에 따름)

① 부당이득반환청구권의 요건인 수익자의 이득은 실질적으로 귀속된 이득을 의미한다.

> 임차인이 임대차계약 종료 이후에도 동시이행의 항변권을 행사하는 방법으로 목적물의 반환을 거부하기 위하여 임차건물부분을 계속 점유하기는 하였으나 이를 본래의 임대차계약상의 목적에 따라 사용·수익하지 아니하여 실질적인 이득을 얻은 바 없는 경우에는 그로 인하여 임대인에게 손해가 발생하였다 하더라도 임차인의 부당이득반환의무는 성립되지 아니한다 할 것이다(대판 2001.2.9., 2000다61398).

② 법률상 원인 없이 이득을 얻은 자는 있지만 그로 인해 손해를 입은 자가 없다면 부당이득반환청구권은 성립하지 않는다.

> 부당이득은 법률상 원인 없이 타인의 재산 또는 노무로 인하여 이익을 얻고 이로 인하여 타인에게 손해를 가함으로써 성립하는 것이므로, 법률상 원인 없는 이득이 있다 하더라도 그로 인하여 타인에게 손해가 발생한 것이 아니라면 그 타인은 부당이득반환청구권자가 될 수 없다(대판 2011.7.28., 2009다100418).

✔️ 수인이 공동으로 법률상 원인 없이 타인의 재산을 사용한 경우 발생하는 부당이득반환채무는 특별한 사정이 없는 한 부진정연대관계에 있다.

> 여러 사람이 공동으로 법률상 원인 없이 타인의 재산을 사용한 경우의 부당이득 반환채무는 특별한 사정이 없는 한 불가분적 이득의 반환으로서 불가분채무이고, 불가분채무는 각 채무자가 채무 전부를 이행할 의무가 있으며, 1인의 채무이행으로 다른 채무자도 그 의무를 면하게 된다(대판 2001.12.11., 2000다13948).

④ 부당이득이 금전상 이득인 경우 이를 취득한 자가 소비하였는지 여부를 불문하고 그 이득은 현존하는 것으로 추정된다.

> 법률상 원인 없이 타인의 재산 또는 노무로 인하여 이익을 얻고 그로 인하여 타인에게 손해를 가한 경우, 그 취득한 것이 금전상의 이득인 때에는 이를 취득한 자가 소비하였는지 아닌지를 불문하고 그 이득은 현존하는 것으로 추정된다(대판 2012.12.13., 2011다69770).

⑤ 선의의 수익자가 부당이득반환청구소송에서 패소한 때에는 그 소가 제기된 때부터 악의의 수익자로 간주된다. 민법 제749조 제2항

25 민법 제756조(사용자의 배상책임)에 관한 설명으로 옳지 않은 것은?(다툼이 있으면 판례에 따름)

① 사용자와 피용자 간의 고용계약이 무효이더라도 사실상의 지휘·감독관계가 인정된다면 사용자의 배상책임이 성립할 수 있다.

> 민법 제756조 소정의 사용자와 피용자의 관계는 반드시 유효한 고용관계가 있는 경우에 한하는 것이 아니고, 사실상 어떤 사람이 다른 사람을 위하여 그 지휘·감독 아래 그 의사에 따라 사무를 집행하는 관계에 있으면 족한 것이다(대판 1998.8.21., 97다13702).

② 폭행과 같은 피용자의 범죄행위도 민법 제756조 소정의 사무집행관련성을 가질 수 있다.

> 피용자가 고의에 기하여 다른 사람에게 가해행위를 한 경우 그 행위가 피용자의 사무집행 그 자체는 아니라 하더라도 사용자의 사업과 시간적, 장소적으로 근접하고, 피용자의 사무의 전부 또는 일부를 수행하는 과정에서 이루어지거나 가해행위의 동기가 업무처리와 관련된 것일 경우에는 외형적, 객관적으로 사용자의 사무집행행위와 관련된 것이라고 보아 사용자책임이 성립한다고 할 것이다(대판 2000.2.11., 99다47297).

③ 파견근로자의 파견업무에 관련한 불법행위에 대하여 파견사업주는 특별한 사정이 없는 한 사용자의 배상책임을 부담한다.

> 파견근로자 보호 등에 관한 법률에 의한 근로자 파견은 파견사업주가 근로자를 고용한 후 그 고용관계를 유지하면서 사용사업주와 사이에 체결한 근로자 파견계약에 따라 사용사업주에게 근로자를 파견하여 근로를 제공하게 하는 것이다. 따라서 파견사업주와 파견근로자 사이에는 민법 제756조의 사용관계가 인정되어 파견사업주는 파견근로자의 파견업무에 관련한 불법행위에 대하여 파견근로자의 사용자로서의 책임을 져야 하지만, 파견근로자가 사용사업주의 구체적인 지시·감독을 받아 사용사업주의 업무를 행하던 중에 불법행위를 한 경우에 파견사업주가 파견근로자의 선발 및 일반적 지휘·감독권의 행사에 있어서 주의를 다하였다고 인정되는 때에는 면책된다고 할 것이다(대판 2003.10.9., 2001다24655).

④ 고의로 불법행위를 한 피용자가 신의칙상 과실상계를 주장할 수 없는 경우에도 사용자는 특별한 사정이 없는 한 과실상계를 주장할 수 있다.

> 피해자의 부주의를 이용하여 고의로 불법행위를 저지른 자가 바로 그 피해자의 부주의를 이유로 자신의 책임을 감하여 달라고 주장하는 것은 허용될 수 없으나, 이는 그러한 사유가 있는 자에게 과실상계의 주장을 허용하는 것이 신의칙에 반하기 때문이므로, 중개보조원이 업무상 행위로 거래당사자인 피해자에게 고의로 불법행위를 저지른 경우라 하더라도 중개보조원을 고용하였을 뿐 이러한 불법행위에 가담하지 아니한 중개업자에게 책임을 묻고 있는 피해자에 과실이 있다면, 법원은 과실상계의 법리에 좇아 손해배상책임 및 그 금액을 정하면서 이를 참작하여야 한다(대판 2011.7.14., 2011다21143).

✔️ 피용자와 공동불법행위를 한 제3자가 있는 경우, 사용자가 피해자에게 손해 전부를 배상하였다면 사용자는 그 제3자에게 배상액 전부를 구상할 수 있다.

> 피용자와 제3자가 공동불법행위로 피해자에게 손해를 가하여 그 손해배상채무를 부담하는 경우에 피용자와 제3자는 공동불법행위자로서 서로 부진정연대관계에 있고, 한편 사용자의 손해배상책임은 피용자의 배상책임에 대한 대체적 책임이어서 사용자도 제3자와 부진정연대관계에 있다고 보아야 할 것이므로, 사용자가 피용자와 제3자의 책임비율에 의하여 정해진 피용자의 부담부분을 초과하여 피해자에게 손해를 배상한 경우에는 사용자는 제3자에 대하여도 구상권을 행사할 수 있으며, 그 구상의 범위는 제3자의 부담부분에 국한된다고 보는 것이 타당하다(대판(全) 1992.6.23., 91다33070).

6월 1일 시행

01	02	03	04	05	06	07	08	09	10	11	12	13	14	15	16	17	18	19	20	21	22	23	24	25
⑤	④	③	②	②	⑤	③	②	②	①	⑤	③	⑤	③	③	①	④	③	②	⑤	④	②	①	④	⑤

01 사권(私權)과 그 성격이 올바르게 연결되지 않은 것은?(다툼이 있으면 판례에 따름)

① 물권 – 지배권

② 제한능력자의 취소권 – 형성권

③ 매매예약의 완결권 – 형성권

④ 동시이행의 항변권 – 연기적 항변권

✔ 임차인의 부속물매수청구권 – 청구권

임차인의 부속물매수청구권은 그 명칭과는 달리 성질상 일종의 형성권이다.

02 제한능력자에 관한 설명으로 옳지 않은 것은?(다툼이 있으면 판례에 따름)

① 미성년자가 속임수로써 법정대리인의 동의가 있는 것으로 믿게 하고 자신의 부동산을 매도한 경우, 그 매매계약은 취소할 수 없다. 민법 제17조 제1항

② 2018년 12월 1일 오후 4시에 출생한 자는 2037년 12월 1일 0시에 성년이 된다.

사람은 19세로 성년에 이르게 하며(민법 제4조), 연령계산에는 출생일을 산입한다(동법 제158조).

③ 일상생활에 필요하고 그 대가가 과도하지 아니한 피성년후견인의 법률행위는 성년후견인이 취소할 수 없다.

피성년후견인의 법률행위는 취소할 수 있으나, 일용품의 구입 등 일상생활에 필요하고 그 대가가 과도하지 아니한 법률행위는 성년후견인이 취소할 수 없다(민법 제10조 제1항 및 제4항).

✔ 제한능력자의 취소권은 재판 외에서 의사표시를 하는 방법으로는 행사할 수 없다.

제한능력자의 취소권은 재판상 또는 재판 외에서 상대방에 대한 의사표시의 방법으로 행사할 수 있다.

⑤ 제한능력자가 맺은 계약은 추인이 있을 때까지 상대방이 그 의사표시를 철회할 수 있지만, 상대방이 계약 당시에 제한능력자임을 알았을 경우에는 철회할 수 없다. 민법 제16조 제1항

03 법인 아닌 사단에 관한 설명으로 옳은 것은?(다툼이 있으면 판례에 따름)

1
2
3

① 성년의 남자만이 종중의 구성원이 될 수 있다.

> 공동선조의 후손 중 성년 남자만을 종중의 구성원으로 하고 여성은 종중의 구성원이 될 수 없다는 종래의 관습은, 공동선조의 분묘수호와 봉제사 등 종중의 활동에 참여할 기회를 출생에서 비롯되는 성별만에 의하여 생래적으로 부여하거나 원천적으로 박탈하는 것으로서, 위와 같이 변화된 우리의 전체 법질서에 부합하지 아니하여 정당성과 합리성이 있다고 할 수 없으므로, 종중 구성원의 자격을 성년 남자만으로 제한하는 종래의 관습법은 이제 더 이상 법적 효력을 가질 수 없게 되었다(대판(全) 2005.7.21., 2002다1178).

② 법인 아닌 사단의 대표가 총회 결의 없이 법인 아닌 사단의 이름으로 제3자의 금전채무를 보증한 경우, 특별한 사정이 없는 한 법인 아닌 사단은 보증채무를 부담하지 않는다.

> 비법인사단이 타인 간의 금전채무를 보증하는 행위는 총유물 그 자체의 관리·처분이 따르지 아니하는 단순한 채무부담행위에 불과하여 이를 총유물의 관리·처분행위라고 볼 수는 없다. 따라서 비법인사단인 재건축조합의 조합장이 채무보증계약을 체결하면서 조합규약에서 정한 조합 임원회의 결의를 거치지 아니하였다거나 조합원총회 결의를 거치지 않았다고 하더라도 그것만으로 바로 그 보증계약이 무효라고 할 수는 없다(대법(全) 2007.4.19., 2004다60072). 따라서 총의결의 없이 법인 아닌 사단의 대표가 법인 아닌 사단의 이름으로 제3자의 금전채무를 보증한 경우 이는 유효하므로 법인 아닌 사단은 보증채무를 부담한다.

✔ 종중재산의 분배에 관한 종중총회의 결의 내용이 자율적으로 결정되었다고 하더라도 종원의 고유하고 기본적인 권리의 본질적인 내용을 침해하는 경우, 그 결의는 무효이다.

> 종중은 공동선조의 분묘수호와 제사 및 종원 상호간의 친목 등을 목적으로 하여 구성되는 자연발생적인 종족집단으로 그 공동선조와 성과 본을 같이하는 후손은 그 의사와 관계없이 성년이 되면 당연히 그 구성원(종원)이 되는 종중의 성격에 비추어, 종중재산의 분배에 관한 종중총회의 결의 내용이 현저하게 불공정하거나 선량한 풍속 기타 사회질서에 반하는 경우 또는 종원의 고유하고 기본적인 권리의 본질적인 내용을 침해하는 경우 그 결의는 무효이다(대판 2010.9.9., 2007다42310, 42327).

④ 법인 아닌 사단의 대표자의 직무상 불법행위에 대하여는 법인의 불법행위능력에 관한 민법 제35조 제1항이 적용되지 않는다.

> 주택조합과 같은 비법인사단의 대표자가 직무에 관하여 타인에게 손해를 가한 경우 그 사단은 민법 제35조 제1항의 유추적용에 의하여 그 손해를 배상할 책임이 있으며, 비법인사단의 대표자의 행위가 대표자 개인의 사리를 도모하기 위한 것이었거나 혹은 법령의 규정에 위배된 것이었다 하더라도 외관상, 객관적으로 직무에 관한 행위라고 인정할 수 있는 것이라면 민법 제35조 제1항의 직무에 관한 행위에 해당한다(대판 2003.7.25., 2002다27088).

⑤ 교인들이 집단적으로 교회를 탈퇴한 경우, 법인 아닌 사단인 교회가 2개로 분열되고, 분열되기 전 교회의 재산은 분열된 각 교회의 구성원들에게 각각 총유적으로 귀속된다.

> 법인 아닌 사단의 구성원들의 집단적 탈퇴로써 사단이 2개로 분열되고 분열되기 전 사단의 재산이 분열된 각 사단들의 구성원들에게 각각 총유적으로 귀속되는 결과를 초래하는 형태의 법인 아닌 사단의 분열은 허용되지 않는다(대판(全) 2006.4.20., 2004다37775).

04 물건에 관한 설명으로 옳은 것은?(다툼이 있으면 판례에 따름)

① 국립공원의 입장료는 토지의 사용대가로서 민법상의 과실이다.

> 자연공원법(1995.12.30. 법률 제5122호로 개정된 것) 제26조 및 제33조의 규정내용과 입법목적을 종합하여 보면, 국립공원의 입장료는 토지의 사용대가라는 민법상 과실이 아니라 수익자 부담의 원칙에 따라 국립공원의 유지·관리비용의 일부를 국립공원 입장객에게 부담시키고자 하는 것이다(대판 2001.12.28., 2000다27749).

☑ ② 주물과 종물의 관계에 관한 법리는 특별한 사정이 없는 한 권리 상호 간의 관계에도 미친다.

> 민법 제100조 제2항의 종물과 주물의 관계에 관한 법리는 물건 상호 간의 관계뿐 아니라 권리 상호 간에도 적용된다(대판 2006.10.26., 2006다29020).

③ 주물의 소유자 아닌 자의 물건도 원칙적으로 종물이 될 수 있다.

> 물건의 소유자가 그 물건의 상용에 공하기 위하여 자기소유인 다른 물건을 이에 부속하게 한 때에는 그 부속물은 종물이다(민법 제100조 제1항). 따라서 종물이 되려면 주물의 소유자의 물건일 것을 요한다.

④ 주유소 지하에 콘크리트를 타설하여 매설한 유류저장탱크는 토지의 종물이다.

> 이 사건 유류저장탱크는 이 사건 토지의 지하에 설치되어 유류를 저장하는 데 사용되는 것으로서 콘크리트 덮개를 훼손하지 아니하면 이를 분리할 수 없거나 분리에 과다한 비용을 요하게 되므로 이는 이 사건 토지에 부합되었다(대판 1995.6.29., 94다6345).

⑤ 수목의 집단이 관계법규에 따라 등기된 경우에도 특별한 사정이 없는 한 토지소유권을 취득한 자는 입목의 소유권도 취득한다.

> 수목의 집단이 입목에 관한 법률에 따라 입목등기된 경우, 수목의 집단은 토지와 별개의 독립된 부동산으로 다루어진다(입목에 관한 법률 제3조 제2항).

05 민법 제103조의 반사회적 법률행위에 해당하여 무효인 것을 모두 고른 것은?(다툼이 있으면 판례에 따름)

> ㄱ. 뇌물로 받은 금전을 소극적으로 은닉하기 위하여 이를 임치하는 약정
> ㄴ. 강제집행을 면할 목적으로 허위의 근저당권을 설정하는 행위
> ㄷ. 도박자금에 제공할 목적으로 금전을 대여하는 행위
> ㄹ. 해외파견 후 귀국일로부터 상당기간 동안 소속회사에서 근무하지 않으면 해외파견 소요경비를 배상한다는 사규나 약정

① ㄱ   ☑ ② ㄷ

③ ㄱ, ㄴ   ④ ㄴ, ㄷ

⑤ ㄷ, ㄹ

06 甲은 강제집행을 면할 목적으로 자기 소유의 X토지에 관하여 乙과 짜고 허위의 매매계약을 체결한 후 乙 명의로 소유권이전등기를 마쳐 주었다. 그 후 乙은 丙에게 금전을 차용하면서 X토지 위에 저당권을 설정하였다. 이에 관한 설명으로 옳지 않은 것은?(다툼이 있으면 판례에 따름)

① 甲과 乙사이의 매매계약은 무효이다.

> 상대방과 통정한 허위의 의사표시는 무효로 한다(민법 제108조 제1항).

② 丙은 특별한 사정이 없는 한 선의로 추정된다.

> 민법 제108조 제1항에서 상대방과 통정한 허위의 의사표시를 무효로 규정하고, 제2항에서 그 의사표시의 무효는 선의의 제3자에게 대항하지 못한다고 규정하고 있는데, 여기에서 제3자는 특별한 사정이 없는 한 선의로 추정할 것이므로, 제3자가 악의라는 사실에 관한 주장·입증책임은 그 허위표시의 무효를 주장하는 자에게 있다(대판 2006.3.10., 2002다1321).

③ 丙이 보호받기 위해서는 허위표시에 대하여 선의이면 족하고 무과실일 필요는 없다.

> 민법 제108조 제2항에 규정된 통정허위표시에 있어서의 제3자는 그 선의 여부가 문제이지 이에 관한 과실 유무를 따질 것이 아니다(대판 2006.3.10., 2002다1321).

④ 丙이 악의인 경우, 甲은 丙의 저당권등기의 말소청구를 할 수 있다.

> 민법 제108조 제2항에 규정된 통정허위표시에 있어서의 제3자는 그 선의 여부가 문제이지 이에 관한 과실 유무를 따질 것이 아니다(대판 2006.3.10., 2002다1321).

⑤ 丙이 선의인 경우, 甲은 乙에게 X토지의 진정명의회복을 위한 소유권이전등기를 청구할 수 없다.

> 甲과 乙의 매매계약은 무효이므로 X토지의 소유권은 甲이 갖게 된다. 따라서 甲은 乙에게 진정명의회복을 위한 소유권이 전등기를 청구할 수 있다.

07 착오에 의한 의사표시에 관한 설명으로 옳은 것은?(다툼이 있으면 판례에 따름)

① 매도인의 담보책임이 성립하는 경우, 매수인은 매매계약 내용의 중요부분에 착오가 있더라도 이를 취소할 수 없다.

> 착오로 인한 취소 제도와 매도인의 하자담보책임 제도는 취지가 서로 다르고, 요건과 효과도 구별된다. 따라서 매매계약 내용의 중요 부분에 착오가 있는 경우 매수인은 매도인의 하자담보책임이 성립하는지와 상관없이 착오를 이유로 매매계약을 취소할 수 있다(대판 2018.9.13., 2015다78703).

② 소송행위에도 특별한 사정이 없는 한 착오를 이유로 하는 취소가 허용된다.

> 민법상 법률행위에 관한 규정은 민사소송법상 소송행위에는 특별한 규정 또는 특별한 사정이 없는 한 적용이 없으므로 사기 또는 착오를 원인으로 하여 소취하등 소송행위를 취소할 수 없다(대판 1964.9.15., 64다92).

✔ 착오로 인하여 표의자가 경제적 불이익을 입지 않은 경우에는 법률행위 내용의 중요부분의 착오라고 볼 수 없다.

> 착오가 법률행위 내용의 중요부분에 있다고 하기 위하여는 표의자에 의하여 추구된 목적을 고려하여 합리적으로 판단하여 볼 때 표시와 의사의 불일치가 객관적으로 현저하여야 하고, 만일 그 착오로 인하여 표의자가 무슨 경제적인 불이익을 입은 것이 아니라고 한다면 이를 법률행위 내용의 중요부분의 착오라고 할 수 없다(대판 2006.12.7., 2006다41457).

④ 표의자에게 중대한 과실이 있다는 사실은 법률행위의 효력을 부인하는 자가 증명하여야 한다.

> 입증책임분배의 원칙에 따라 착오로 인한 취소는 표의자가, 표의자에게 중대한 과실이 있다는 사실은 상대방이 하여야 한다.

⑤ 매도인이 매수인의 채무불이행을 이유로 매매계약을 적법하게 해제한 경우에는 매수인은 착오를 이유로 그 매매계약을 취소할 수 없다.

> 매도인이 매수인의 중도금 지급채무 불이행을 이유로 매매계약을 적법하게 해제한 후라도 매수인으로서는 상대방이 한 계약해제의 효과로서 발생하는 손해배상책임을 지거나 매매계약에 따른 계약금의 반환을 받을 수 없는 불이익을 면하기 위하여 착오를 이유로 한 취소권을 행사하여 매매계약 전체를 무효로 돌리게 할 수 있다(대판 1996.12.6., 95다24982).

2019년

08 임의대리권의 범위에 관한 설명으로 옳지 않은 것은?(다툼이 있으면 판례에 따름)

① 권한을 정하지 않은 대리인은 보존행위를 할 수 있다. 민법 제118조 제1호

✔ 대리인이 수인인 때에는 법률 또는 수권행위에서 달리 정한 바가 없으면 공동으로 본인을 대리한다.

> 대리인이 수인인 때에는 각자가 본인을 대리한다. 그러나 법률 또는 수권행위에 다른 정한 바가 있는 때에는 그러하지 아니하다(민법 제119조).

③ 토지 매각의 대리권을 수여받은 대리인은 특별한 사정이 없는 한 중도금과 잔금을 수령할 권한을 가진다.

> 매매계약 체결의 대리권을 수여받은 대리인은 중도금과 잔금을 수령할 권한이 있다(대판 2015.9.10., 2010두1385).

④ 매매계약체결에 대해 포괄적 대리권을 수여받은 자는 특별한 사정이 없는 한 상대방에게 약정된 매매대금의 지급기일을 연장하여 줄 권한을 가진다. 대판 1992.4.14., 91다43107

⑤ 대여금의 영수권한만을 위임받은 대리인이 그 대여금의 일부를 면제하기 위해서는 본인의 특별수권이 필요하다. 대판 1981.6.23., 80다3221

09 乙이 대리권 없이 甲의 대리인으로서 丙과 매매계약을 체결한 경우에 관한 설명으로 옳은 것은?(다툼이 있으면 판례에 따름)

1
2
3

① 甲이 매매계약을 추인하더라도 소급효가 없다.

> 추인은 다른 의사표시가 없는 때에는 계약 시에 소급하여 그 효력이 생긴다(민법 제133조 본문).

✔ 乙이 甲으로부터 추인에 관한 특별수권을 받은 경우, 乙은 매매계약을 추인할 수 있다.

> 추인권자는 본인 甲이지만, 임의대리인 乙이 甲으로부터 추인에 관한 특별수권을 받은 경우 乙도 매매계약을 추인할 수 있다.

③ 甲은 매매계약의 추인을 거절하였더라도 이를 다시 번복하여 추인할 수 있다.

> 본인의 추인거절이 있으면 무권대리행위는 무효인 것으로 확정되므로 본인은 이를 다시 번복하여 추인할 수 없다.

④ 乙이 미성년자인 경우에도 乙은 무권대리인의 책임을 진다.

> 다른 자의 대리인으로서 계약을 맺은 자가 그 대리권을 증명하지 못하고 또 본인의 추인을 받지 못한 경우에는 그는 상대방의 선택에 따라 계약을 이행할 책임 또는 손해를 배상할 책임이 있다(민법 제135조 제1항). 그러나 대리인으로서 계약을 맺은 사람이 제한능력자일 때에는 제1항을 적용하지 아니한다(민법 제135조 제2항). 따라서 제한능력자인 미성년자 乙은 무권대리인의 책임을 지지 않는다.

⑤ 丙은 甲이 매매계약을 추인한 사실을 안 경우에도 무권대리임을 이유로 乙과 체결한 매매계약을 철회할 수 있다.

> 대리권없는 자가 한 계약은 본인의 추인이 있을 때까지 상대방은 본인이나 그 대리인에 대하여 이를 철회할 수 있다. 그러나 계약당시에 상대방이 대리권 없음을 안 때에는 그러하지 아니하다(민법 제134조).

10 무효와 취소에 관한 설명으로 옳은 것은?(다툼이 있으면 판례에 따름)

✔ **무효인 법률행위의 당사자가 그 무효임을 알고 추인한 때에는 새로운 법률행위로 본다.**

> 무효인 법률행위는 추인하여도 그 효력이 생기지 아니한다. 그러나 당사자가 그 무효임을 알고 추인한 때에는 새로운 법률행위로 본다(민법 제139조).

② 취소권자가 이의의 보류 없이 상대방으로부터 일부의 이행을 수령한 경우에도 법정추인이 되지 않는다.

> 이의를 보류함이 없이 일부의 이행을 수령한 경우에는 법정추인에 해당한다(민법 제145조 제1호).

③ 불공정한 법률행위는 법정추인에 의해 유효로 될 수 있다.

> 불공정한 법률행위로서 무효인 경우에는 추인에 의하여 무효인 법률행위가 유효로 될 수 없다(대판 1994.6.24., 94다10900).

④ 강박에 의한 의사표시를 취소하여 무효가 된 법률행위는 그 무효원인이 종료하더라도 무효행위 추인의 요건에 따라 다시 추인할 수 없다.

> 취소한 법률행위는 처음부터 무효인 것으로 간주되므로 취소할 수 있는 법률행위가 일단 취소된 이상 그 후에는 취소할 수 있는 법률행위의 추인에 의하여 이미 취소되어 무효인 것으로 간주된 당초의 의사표시를 다시 확정적으로 유효하게 할 수는 없고, 다만 무효인 법률행위의 추인의 요건과 효력으로서 추인할 수는 있다(대판 1997.12.12., 95다38240).

⑤ 토지거래허가구역 내의 토지의 매도인은 거래허가 전이라도 매수인의 대금지급의무의 불이행을 이유로 계약을 해제할 수 있다.

> 매매계약을 체결한 경우에 있어 관할 관청으로부터 토지거래허가를 받기까지는 매매계약이 그 계약내용대로의 효력이 있을 수 없는 것이어서 매수인으로서도 그 계약내용에 따른 대금지급의무가 있다고 할 수 없으며, 설사 계약상 매수인의 대금지급의무가 매도인의 소유권이전등기의무에 선행하여 이행하기로 약정되어 있었다고 하더라도, 매수인에게 그 대금지급의무가 없음은 마찬가지여서 매도인으로서는 그 대금지급이 없었음을 이유로 계약을 해제할 수 없다(대판(全) 1991.12.24., 90다12243).

11 조건에 관한 설명으로 옳지 않은 것은?(다툼이 있으면 판례에 따름)

① 정지조건부권리의 경우, 조건이 미성취인 동안에는 소멸시효가 진행되지 않는다.

> 정지조건부권리의 경우에는 조건 미성취의 동안은 권리를 행사할 수 없는 것이어서 소멸시효가 진행되지 않는다(대판 1992.12.22., 92다28822).

② 불법조건이 붙어 있는 법률행위는 그 조건뿐만 아니라 법률행위 전부가 무효로 된다.

> 민법 제151조 제1항

③ 조건의 성취가 미정인 조건부권리도 일반규정에 의하여 담보로 할 수도 있다.　민법 제149조

④ 기성조건을 해제조건으로 한 법률행위는 무효이다.　민법 제151조 제2항

✔ **정지조건부 법률행위는 권리가 성립한 때에 소급하여 그 효력이 생긴다.**

> 정지조건 있는 법률행위는 조건이 성취한 때로부터 그 효력이 생긴다(민법 제147조 제1항).

12 소멸시효에 관한 설명으로 옳지 않은 것은?(다툼이 있으면 판례에 따름)

① 음식료채권의 시효기간은 1년이다. ｜민법 제164조 제1호｜

② 소멸시효의 이익은 시효가 완성한 뒤에는 포기할 수 있다.

> 소멸시효의 이익은 미리 포기하지 못한다(민법 제184조 제1항). 이에 따라 소멸시효가 완성된 뒤에는 시효이익을 포기할 수 있다.

❸ 가처분은 소멸시효 정지사유 중의 하나이다.

> 민법 제168조 제2호에 따라 가처분은 소멸시효의 중단사유에 해당한다. ⚖

④ 가압류에 의한 시효중단의 효력은 가압류의 집행보전의 효력이 존속하는 동안 계속된다.

> 대판 2013.11.14., 2013다18622

⑤ 동시이행항변권이 붙은 매매대금 채권은 그 지급기일 이후부터 소멸시효가 진행한다.

> 부동산에 대한 매매대금 채권이 소유권이전등기청구권과 동시이행의 관계에 있다고 할지라도 매도인은 매매대금의 지급기일 이후 언제라도 그 대금의 지급을 청구할 수 있는 것이며, 다만 매수인은 매도인으로부터 그 이전등기에 관한 이행의 제공을 받기까지 그 지급을 거절할 수 있는 데 지나지 아니하므로 매매대금 청구권은 그 지급기일 이후 시효의 진행에 걸린다(대판 1991.3.22., 90다9797).

⚖ 법령

> **민법 제168조(소멸시효의 중단사유)**
> 소멸시효는 다음 각호의 사유로 인하여 중단된다.
> 1. 청구
> 2. 압류 또는 가압류, 가처분
> 3. 승인

13 甲은 자기 소유의 토지에 대해 乙과 매매계약을 체결하면서 이행지체로 인한 손해배상액을 예정하였다. 乙의 이행지체를 이유로 甲이 손해배상을 청구하는 경우에 관한 설명으로 옳지 않은 것은?(다툼이 있으면 판례에 따름)

① 甲은 손해액에 대한 증명을 하지 않더라도 乙의 이행지체가 있었던 사실을 증명하면 예정배상액을 청구할 수 있다.

> 채무불이행으로 인한 손해배상액의 예정이 있는 경우에는 채권자는 채무불이행 사실만 증명하면 손해의 발생 및 그 액을 증명하지 아니하고 예정 배상액을 청구할 수 있다(대판 2000.12.8., 2000다50350).

② 甲에게 손해가 발생하였더라도 특별한 사정이 없는 한 乙은 자신에게 귀책사유가 없음을 증명함으로써 예정배상액의 지급책임을 면할 수 있다.

> 채무자는 채권자와 채무불이행에 있어 채무자의 귀책사유를 묻지 아니한다는 약정을 하지 않는 이상 자신의 귀책사유가 없음을 주장·입증함으로써 예정배상액의 지급책임을 면할 수 있다(대판 2007.12.27., 2006다9408).

③ 乙은 甲에게 손해가 발생하지 않았다는 사실을 증명하더라도 예정배상액의 지급책임을 면할 수 없다.

> 채무자가 실제로 손해 발생이 없다거나 손해액이 예정액보다 적다는 것을 입증하더라도 채무자는 그 예정액의 지급을 면하거나 감액을 청구하지 못한다(대판 2008.11.13., 2008다46906).

④ 甲은 乙의 이행지체로 인하여 입은 실제 손해액이 예정배상액보다 크다는 사실을 증명하더라도 다른 특약이 없는 한 그 초과부분을 따로 청구할 수 없다.

> 반대의 특약이 없는 한 실제의 손해액이 예정된 배상액보다 많더라도 채권자는 예정된 배상액을 청구할 수 있을 뿐이다. 따라서 甲이 자신의 실제 손해액이 예정된 배상액보다 크다는 사실을 증명하더라도 다른 특약이 없는 한 그 초과 부분을 따로 청구할 수 없다.

✔ 乙의 이행지체로 인하여 특별손해가 발생한 경우, 다른 특약이 없는 한 甲은 乙에게 특별손해에 대한 손해배상을 별도로 청구할 수 있다.

> 특약이 없는 한 예정 배상액에는 통상손해와 특별손해가 모두 포함된 것으로 보므로, 특별손해에 대해 별도로 청구할 수 없다(대판 1988.9.27., 86다카2375).

14 과실상계에 관한 설명으로 옳은 것은?(다툼이 있으면 판례에 따름)

① 과실상계의 비율에 대한 당사자의 주장은 법원을 구속한다.

> 과실상계는 변론주의의 영향을 받지 아니한다. 따라서 채권자의 과실 유무, 비율 등은 당사자의 주장과 달리 법원이 직권으로 조사·결정할 사항이라 할 것이다.

② 배상의무자가 피해자의 과실에 관하여 주장하지 않는 경우, 법원이 이를 직권으로 심리·판단할 수 없다.

> 불법행위로 인한 손해의 발생 또는 확대에 관하여 피해자에게도 과실이 있는 때에는 가해자의 손해배상의 범위를 정할 때 당연히 이를 참작하여야 하고, 배상의무자가 피해자의 과실에 관하여 주장을 하지 아니한 경우에도 소송자료에 따라 과실이 인정되는 경우에는 이를 법원이 직권으로 심리·판단하여야 한다(대판 2016.4.12., 2013다31137).

✔ 한 개의 손해배상청구권 중 일부가 소송상 청구된 경우, 법원은 과실상계를 함에 있어서 손해의 전액에서 과실비율에 의한 감액을 하고 그 잔액이 청구액을 초과하지 않을 경우에는 그 잔액을 인용해야 한다. 대판 1976.6.22., 75다819

④ 채무내용에 따른 본래의 급부의 이행을 구하는 경우에도 과실상계는 적용된다.

> 과실상계는 채무불이행 내지 불법행위로 인한 손해배상책임에 대하여 인정되는 것이고, 채무 내용에 따른 본래의 급부의 이행을 구하는 경우에 적용될 것은 아니다(대판 2000.4.7., 99다53742).

⑤ 채무불이행에 관하여 채권자의 과실이 있고 채권자가 그로 인하여 이익을 받은 경우, 손해배상액을 산정함에 있어서 손익상계를 한 다음 과실상계를 해야 한다.

> 불법행위로 인하여 손해가 발생하고 그 손해발생으로 이득이 생기고 동시에 그 손해발생에 피해자에게도 과실이 있어 과실상계를 하여야 할 경우에는 먼저 산정된 손해액에서 과실상계를 한 다음에 위 이득을 공제하여야 한다(대판 1990.5.8., 89다카29129).

15 乙의 채권자 甲이 乙의 丙에 대한 금전채권에 대하여 채권자대위권을 행사하는 경우에 관한 설명으로 옳지 않은 것은?(다툼이 있으면 판례에 따름)

① 甲의 乙에 대한 채권의 소멸시효가 이미 완성된 경우, 丙은 乙의 甲에 대한 소멸시효의 항변을 원용할 수 없다.

> 채권자가 채권자대위권을 행사하여 제3자에 대하여 하는 청구에 있어서, 제3채무자는 채무자가 채권자에 대하여 가지는 항변으로 대항할 수 없고, 채권의 소멸시효가 완성된 경우 이를 원용할 수 있는 자는 원칙적으로는 시효이익을 직접 받는 자뿐이고, 채권자대위소송의 제3채무자는 이를 행사할 수 없다(대판 2004.2.12., 2001다10151).

② 丙이 乙의 이행청구에 대하여 동시이행항변권을 행사할 수 있는 경우, 丙은 甲에게 그 동시이행항변권을 가지고 대항할 수 있다.

> 채권자대위권은 채무자의 제3채무자에 대한 권리를 행사하는 것이므로, 제3채무자는 채무자에 대해 가지는 모든 항변사유로 채권자에게 대항할 수 있으나, 채권자는 채무자 자신이 주장할 수 있는 사유의 범위 내에서 주장할 수 있을 뿐 자기와 제3채무자 사이의 독자적인 사정에 기한 사유를 주장할 수는 없다(대판 2009.5.28., 2009다4787).

✔ 채권자대위소송에서 甲의 乙에 대한 채권이 존재하는지 여부는 법원의 직권조사사항이 아니다.

> 채권자대위소송에서 대위에 의하여 보전될 채권자의 채무자에 대한 권리(피보전채권)가 존재하는지 여부는 소송요건으로서 법원의 직권조사사항이다(대판 2009.4.23., 2009다3234).

④ 甲의 乙에 대한 채권의 이행기가 도래하기 전이라도 甲은 법원의 허가를 받아 乙의 丙에 대한 채권을 대위행사할 수 있다.

> 피보전채권의 이행기 도래가 채권자 대위권 행사의 요건이 된다. 그러나 채권의 이행기 전이라도, 법원의 허가가 있거나 시효중단 · 보존등기와 같은 보존행위의 경우에는 대위권을 행사할 수 있다(민법 제404조 제2항).

⑤ 甲은 丙에게 직접 자기에게 이행하도록 청구하여 급부를 대위수령할 수 있다.

> 채권자가 자기의 금전채권을 보전하기 위하여 채무자의 금전채권을 대위행사하는 경우 제3채무자로 하여금 채무자에게 지급의무를 이행하도록 청구할 수도 있지만, 직접 대위채권자 자신에게 이행하도록 청구할 수도 있다(대판 2016.9.28., 2016다205915).

16 채권자취소권에 관한 설명으로 옳지 않은 것은?(다툼이 있으면 판례에 따름)

✔ 채권자가 사해행위 취소소송을 통해 원상회복만을 구하는 경우, 법원은 가액배상을 명할 수 없다.

> 사해행위를 전부 취소하고 원상회복을 구하는 채권자의 주장 속에는 사해행위를 일부 취소하고 가액의 배상을 구하는 취지도 포함되어 있으므로, 채권자가 원상회복만을 구하는 경우에도 법원은 가액의 배상을 명할 수 있다(대판 2001.9.4., 2000다66416).

② 채권자가 사해행위의 취소와 원상회복을 구하는 경우, 사해행위의 취소만을 먼저 청구한 다음 원상회복을 나중에 청구할 수도 있다. | 대판 2001.9.4., 2001다14108 |

③ 채무초과상태의 채무자가 유일한 재산을 우선변제권 있는 채권자에게 대물변제로 제공하는 경우, 특별한 사정이 없는 한 사해행위가 되지 않는다.

> 채무자의 재산이 채무의 전부를 변제하기에 부족한 경우에 채무자가 그의 유일한 재산을 어느 특정 채권자에게 대물변제로 제공하는 행위는 다른 특별한 사정이 없는 한 다른 채권자들에 대한 관계에서 사해행위가 되지만, … 우선변제권 있는 채권자에 대한 대물변제의 제공행위는 특별한 사정이 없는 한 다른 채권자들의 이익을 해한다고 볼 수 없어 사해행위가 되지 않는다(대판 2008.2.14., 2006다33357).

④ 사해행위 취소소송에서 채무자는 피고적격이 없다.

> 채권자취소의 소에 있어 상대방은 채무자가 아니라 그 수익자나 전득자가 되어야 한다(대판 1988.2.23., 87다카1586).

⑤ 채권자취소권의 행사에 있어서 제척기간의 도과에 관한 증명책임은 사해행위 취소소송의 상대방에게 있다. 대판 2018.4.10., 2016다272311

17 채권양도에 관한 설명으로 옳지 않은 것은?(다툼이 있으면 판례에 따름)

① 근로자가 임금채권을 양도한 경우, 양수인은 스스로 사용자에 대하여 임금지급을 청구할 수 없다.

> 근로자가 그 임금채권을 양도한 경우라 할지라도 그 임금의 지급에 관하여는 근로기준법 제36조 제1항에 정한 임금 직접지급의 원칙이 적용되어 사용자는 직접 근로자에게 임금을 지급하지 아니하면 안 되고, 그 결과 비록 적법 유효한 양수인이라도 스스로 사용자에 대하여 임금의 지급을 청구할 수 없으며, 그러한 법리는 근로자로부터 임금채권을 양도받거나 그의 추심을 위임받은 자가 사용자의 집행 재산에 대하여 배당을 요구하는 경우에도 그대로 적용된다(대판 1996.3.22., 95다2630).

② 주채권과 분리하여 보증채권만을 양도하기로 하는 약정은 그 효력이 없다.

> 주채권과 보증인에 대한 채권의 귀속주체를 달리하는 것은, 주채무자의 항변권으로 채권자에게 대항할 수 있는 보증인의 권리가 침해되는 등 보증채무의 부종성에 반하고, 주채권을 가지지 않는 자에게 보증채권만을 인정할 실익도 없기 때문에 주채권과 분리하여 보증채권만을 양도하기로 하는 약정은 그 효력이 없다(대판 2002.9.10., 2002다21509).

③ 지명채권의 양도통지를 한 후 그 양도계약이 해제된 경우, 양도인이 그 해제를 이유로 채무자에게 양도채권으로 대항하려면 양수인이 그 채무자에게 해제사실을 통지하여야 한다.

> 지명채권의 양도통지를 한 후 양도계약이 해제 또는 합의해제된 경우에 채권양도인이 해제 등을 이유로 다시 원래의 채무자에 대하여 양도채권으로 대항하려면 채권양도인이 채권양수인의 동의를 받거나 채권양수인이 채무자에게 위와 같은 해제 등 사실을 통지하여야 한다(대판 2012.11.29., 2011다11953).

✔ 매매로 인한 소유권이전등기청구권에 관한 양도제한의 법리는 취득시효완성으로 인한 소유권이전등기 청구권의 양도에도 적용된다.

> 취득시효완성으로 인한 소유권이전등기청구권은 채권자와 채무자 사이에 아무런 계약관계나 신뢰관계가 없고, 그에 따라 채권자가 채무자에게 반대급부로 부담하여야 하는 의무도 없다. 따라서 취득시효완성으로 인한 소유권이전등기청구권의 양도의 경우에는 매매로 인한 소유권이전등기청구권에 관한 양도제한의 법리가 적용되지 않는다(대판 2018.7.12., 2015다36167).

⑤ 2인이 동업하는 조합의 조합원 1인이 다른 조합원의 동의 없이 한 조합채권의 양도행위는 무효이다.

> 2인이 동업하는 조합의 조합원 1인이 다른 조합원의 동의 없이 한 조합채권양도행위는 <u>무효이다</u>(대판 1990.2.27., 88다카11534).

18 채무인수에 관한 설명으로 옳은 것은?(다툼이 있으면 판례에 따름)

① 채권자와 인수인의 계약에 의한 중첩적 채무인수는 채무자의 의사에 반하여 할 수 없다.

> 중첩적 채무인수는 채권자와 채무인수인과의 합의가 있는 이상 <u>채무자의 의사에 반하여서도 이루어질 수 있다</u>(대판 1988.11.22., 87다카1836).

② 채무자와 인수인의 계약에 의한 면책적 채무인수는 채권자의 승낙이 없더라도 유효하다.

> 민법 제454조는 제3자가 채무자와 계약으로 채무를 인수하여 채무자의 채무를 면하게 하는 면책적 채무인수의 경우에 채권자 승낙이 있어야 채권자에 대하여 효력이 생긴다고 규정하고 있으므로, <u>채권자의 승낙이 없는 경우</u>에는 채무자와 인수인 사이에서 면책적 채무인수 약정을 하더라도 이행인수 등으로서 효력밖에 갖지 못하며 채무자는 <u>채무를 면하지 못한다</u>(대판 2012.5.24., 2009다88303).

③ 면책적 채무인수로 인하여 종래의 채무가 소멸하는 것은 아니므로 특별한 사정이 없는 한 종래의 채무를 담보하는 저당권도 당연히 소멸하지는 않는다.　대판 1996.10.11., 96다27476

④ 채무인수가 면책적 인수인지, 중첩적 인수인지 분명하지 않은 때에는 이를 면책적 채무인수로 본다.

> 채무의 인수에 있어서 면책적 인수인지, 중첩적 인수인지가 분명하지 아니한 때에는 이를 <u>중첩적으로 인수한 것으로 본다</u>(대판 1988.5.24., 87다카3104).

⑤ 부동산 매수인이 매매목적물에 설정된 저당권의 피담보채무를 인수하는 한편 그 채무액을 매매대금에서 공제하기로 약정한 경우, 특별한 사정이 없는 한 이는 매도인을 면책시키는 채무인수로 본다.

> 부동산의 매수인이 매매목적물에 관한 근저당권의 피담보채무, 가압류채무, 임대차보증금반환채무를 인수하는 한편 그 채무액을 매매대금에서 공제하기로 약정한 경우, 다른 특별한 약정이 없는 이상 이는 <u>매도인을 면책시키는 채무인수가 아니라 이행인수로 보아야 한다</u>(대판 1993.2.12., 92다23193).

19 제3자를 위한 계약에 관한 설명으로 옳은 것을 모두 고른 것은?(다툼이 있으면 판례에 따름)

> ㄱ. 계약체결 당시에 수익자가 특정되어 있지 않으면 제3자를 위한 계약은 성립할 수 없다.
> ㄴ. 계약 당사자가 제3자에 대하여 가진 채권에 관하여 그 채무를 면제하는 계약도 제3자를 위한 계약에 준하는 것으로 유효하다.
> ㄷ. 낙약자는 요약자와 수익자 사이의 법률관계에 기한 항변으로 수익자에게 대항하지 못한다.
> ㄹ. 낙약자가 채무를 불이행하는 경우 수익자는 낙약자의 채무불이행을 이유로 계약을 해제할 수 있다.

① ㄱ, ㄴ   ✔ ② ㄴ, ㄷ

③ ㄷ, ㄹ   ④ ㄱ, ㄴ, ㄹ

⑤ ㄴ, ㄷ, ㄹ

> ㄱ. (×) 제3자를 위한 계약에서 수익자는 계약의 당사자가 아니므로, <u>계약체결 당시에 특정되어 있을 필요가 없다.</u>
> ㄹ. (×) 수익자는 계약상의 권리를 취득할 뿐 계약의 당사자가 아니므로, <u>낙약자의 채무불이행을 이유로 계약을 해제할 수 없다.</u>

20 계약해제에 관한 설명으로 옳지 않은 것은?(다툼이 있으면 판례에 따름)

① 약정해제권 행사의 경우, 특별한 사정이 없는 한 그 해제의 효과로서 손해배상청구는 할 수 없다. 대판 1983.1.18., 81다89

② 해제로 인해 소멸되는 계약상의 채권을 계약해제 이전에 양수한 자는 계약해제의 효과를 규정한 민법 제548조 제1항 단서에 의해 보호받는 제3자에 해당하지 않는다.

> 민법 제548조 제1항 단서에서 규정하고 있는 제3자란 일반적으로 계약이 해제되는 경우 그 해제된 계약으로부터 생긴 법률효과를 기초로 하여 해제 전에 새로운 이해관계를 가졌을 뿐 아니라 등기·인도 등으로 완전한 권리를 취득한 자를 말하고, <u>계약상의 채권을 양수한 자는 여기서 말하는 제3자에 해당하지 않는다고 할 것이다</u>(대판 2003.1.24., 2000다22850).

③ 이행지체로 계약이 해제된 경우, 원상회복의무의 이행으로 반환할 금전에는 그 받은 날로부터 이자를 가하여야 한다. 민법 제548조 제2항

④ 이행거절로 인한 계약해제의 경우, 해제자는 상대방의 최고 및 동시이행관계에 있는 자기 채무의 이행을 제공할 필요가 없다. 대판 2011.2.10., 2010다77385

✔ 계약해제에 따른 원상회복으로 매매대금의 반환을 구하는 경우, 해제자가 해제원인의 일부를 제공하였다면 과실상계가 적용된다.

> 과실상계는 본래 채무불이행 또는 불법행위로 인한 손해배상책임에 대하여 인정되는 것이고, 매매계약이 해제되어 소급적으로 효력을 잃은 결과 매매당사자에게 당해 계약에 기한 급부가 없었던 것과 동일한 재산상태를 회복시키기 위한 <u>원상회복의무의 이행으로서 이미 지급한 매매대금 기타의 급부의 반환을 구하는 경우에는 적용되지 아니한다</u>(대판 2014.3.13., 2013다34143).

21 甲은 자기 소유 부동산을 매매하는 사무를 乙에게 위임하였다. 이에 관한 설명으로 옳지 않은 것은?(다툼이 있으면 판례에 따름)

① 乙은 甲의 승낙이나 부득이한 사유 없이 제3자로 하여금 위임사무를 대신 처리하도록 할 수 없다. 　민법 제682조 제1항

② 乙은 甲의 청구가 있는 때에는 위임사무의 처리상황을 보고하고 위임이 종료한 때에는 지체 없이 그 전말을 보고하여야 한다. 　민법 제683조

③ 乙이 위임을 해지하여 甲이 손해를 입었더라도 乙은 손해배상의무를 부담하지 않는 것이 원칙이다.

> 위임계약은 각 당사자가 언제든지 해지할 수 있고(민법 제689조 제1항), 이에 따라 상대방이 손해를 입는 일이 있어도 그것을 배상할 의무를 부담하지 아니하는 것이 원칙이다. 다만, 당사자 일방이 부득이한 사유 없이 상대방이 불리한 시기에 계약을 해지한 때에는 그 손해를 배상하여야 한다(동조 제2항).

④ 위임사무처리에 비용을 요하는 경우, 乙은 위임사무를 완료한 후가 아니면 그 비용을 청구할 수 없다.

> 위임사무의 처리에 비용을 요하는 때에는 위임인은 수임인의 청구에 의하여 이를 선급하여야 한다(민법 제687조).

⑤ 甲 또는 乙은 원칙적으로 언제든지 위임계약을 해지할 수 있다. 　민법 제689조 제1항

22 乙이 甲소유의 주택을 2년간 임차하는 계약을 甲과 체결하여 그 주택에 거주하는 경우에 관한 설명으로 옳지 않은 것은?(다툼이 있으면 판례에 따름)

① 특별한 사정이 없는 한 甲은 乙의 안전을 배려하거나 도난을 방지할 보호의무를 부담하지 않는다.

> 통상의 임대차관계에 있어서 임대인의 임차인에 대한 의무는 특별한 사정이 없는 한 단순히 임차인에게 임대목적물을 제공하여 임차인으로 하여금 이를 사용·수익하게 함에 그치는 것이고, 더 나아가 임차인의 안전을 배려하여 주거나 도난을 방지하는 등의 보호의무까지 부담한다고 볼 수 없다(대판 1999.7.9., 99다10004).

② 甲의 귀책사유로 임대차계약이 해지된 경우, 원칙적으로 乙은 원상회복의무를 부담하지 않는다.

> 임대차계약이 중도에 해지되어 종료하면 임차인은 목적물을 원상으로 회복하여 반환하여야 하는 것이고, 임대인의 귀책사유로 임대차계약이 해지되었다고 하더라도 임차인은 그로 인한 손해배상을 청구할 수 있음은 별론으로 하고 원상회복 의무를 부담하지 않는다고 할 수는 없다(대판 2002.12.6., 42278).

③ 임대차계약 존속 중 주택에 사소한 파손이 생긴 경우, 乙의 사용·수익을 방해할 정도가 아니라면 특별한 사정이 없는 한 甲은 수선의무를 부담하지 않는다.

> 임대차계약에 있어서 임대인은 임대차 목적물을 계약 존속 중 그 사용·수익에 필요한 상태를 유지하게 할 의무를 부담하는 것이므로(민법 제623조), 목적물에 파손 또는 장해가 생긴 경우 그것이 임차인이 별 비용을 들이지 아니하고도 손쉽게 고칠 수 있을 정도의 사소한 것이어서 임차인의 사용·수익을 방해할 정도의 것이 아니라면 임대인은 수선의무를 부담하지 않는다(대판 1994.12.9., 94다34692).

④ 원인불명의 화재로 주택이 소실된 경우 乙이 이행불능으로 인한 손해배상책임을 면하려면 그 주택의 보존에 관하여 선량한 관리자의 주의의무를 다하였음을 증명하여야 한다.

> 임차인의 임차물반환채무가 이행불능이 된 경우에 임차인이 그 이행불능으로 인한 손해배상 책임을 면하려면 그 이행불능이 임차인의 귀책사유에 의하지 않은 것임을 입증할 책임이 있으며, 임차건물이 그 건물로부터 발생한 화재로 소실된 경우, 그 화재의 원인이 불명인 때에도 임차인이 그 책임을 면하려면 그 임차건물의 보존에 관하여 선량한 관리자의 주의의무를 다하였음을 입증하여야 한다(대판 1985.4.9., 84다카2416).

⑤ 乙이 주택의 사용·편익을 위하여 甲의 동의를 얻어 주택에 부속한 물건이 있는 경우, 특별한 사정이 없는 한 임대차 종료 시에 甲에 대하여 그 부속물의 매수를 청구할 수 있다.

> 건물 기타 공작물의 임차인이 그 사용의 편익을 위하여 임대인의 동의를 얻어 이에 부속한 물건이 있는 때에는 임대차의 종료 시에 임대인에 대하여 그 부속물의 매수를 청구할 수 있다(민법 제646조 제1항).

23 화해계약에 관한 설명으로 옳지 않은 것은?(다툼이 있으면 판례에 따름)

1 2 3

✓ 화해당사자의 자격에 관한 착오가 있는 경우에는 이를 이유로 취소하지 못한다.

> 화해계약은 착오를 이유로 하여 취소하지 못한다. 그러나 화해당사자의 자격 또는 화해의 목적인 분쟁 이외의 사항에 착오가 있는 때에는 그러하지 아니하다(민법 제733조).

② 화해계약은 특별한 사정이 없는 한, 당사자 일방이 양보한 권리가 소멸되고 상대방이 화해로 인하여 그 권리를 취득하는 효력이 있다. 민법 제732조

③ 채권자와 채무자 간의 잔존채무액의 계산행위는 특별한 사정이 없는 한 화해계약이 아니다.

> 채권자와 채무자간의 잔존채무액의 계산행위는 다른 특별한 사정이 없는 한 채무자가 채권자에게 지급할 채무액을 새로이 확정하는 채권자와 채무자 간의 화해계약이라고는 볼 수 없다(대판 1984.3.13., 83다358).

④ 화해계약이 사기로 인해 이루어진 경우에는 화해의 목적인 분쟁에 관한 사항에 착오가 있더라도 사기에 의한 의사표시를 이유로 이를 취소할 수 있다.

> 화해계약은 화해당사자의 자격 또는 화해의 목적인 분쟁 이외의 사항에 착오가 있는 경우를 제외하고는 착오를 이유로 취소하지 못하지만, 화해계약이 사기로 인하여 이루어진 경우에는 화해의 목적인 분쟁에 관한 사항에 착오가 있는 때에도 민법 제110조에 따라 이를 취소할 수 있다고 할 것이다(대판 2008.9.11., 2008다15278).

⑤ 성질상 당사자가 임의로 처분할 수 없는 법률관계는 화해계약의 대상이 될 수 없다.

> 조정이나 재판상 화해의 대상인 권리관계는 사적 이익에 관한 것으로서, 당사자가 자유롭게 처분할 수 있는 것이어야 하므로, 성질상 당사자가 임의로 처분할 수 없는 사항을 대상으로 한 조정이나 재판상 화해는 허용될 수 없고, 설령 그에 관하여 조정이나 재판상 화해가 성립하였더라도 효력이 없어 당연무효이다(대판 2012.9.13., 2010다97846).

24 불법행위에 관한 설명으로 옳지 않은 것은?(다툼이 있으면 판례에 따름)

① 타인의 불법행위로 모체 내에서 사망한 태아는 불법행위로 인한 손해배상청구권을 갖지 못한다.

> 태아는 살아서 태어나는 것을 전제로 하여 권리능력을 가질 수 있다.

② 고의의 불법행위로 인한 손해배상청구권을 수동채권으로 하는 상계는 허용되지 않는다.

> 채무가 고의의 불법행위로 인한 것인 때에는 그 채무자는 상계로 채권자에게 대항하지 못한다(민법 제496조).

③ 불법행위에 의하여 재산권이 침해된 경우, 특별한 사정이 없는 한 그 재산적 손해의 배상에 의하여 정신적 고통도 회복된다고 볼 수 있다.

> 일반적으로 타인의 불법행위로 인하여 재산권이 침해된 경우에는 특별한 사정이 없는 한 그 재산적 손해의 배상에 의하여 정신적 고통도 회복된다고 보아야 할 것이고 재산적 손해의 배상만으로는 회복할 수 없는 정신적 손해가 있다면 그 위자료를 인정할 수 있다(대판 2003.7.25., 2003다22912).

④ 공동불법행위자 1인에 대한 이행청구는 다른 공동불법행위자에 대하여 시효중단의 효력이 있다.

> 부진정연대채무에 있어 채무자 1인에 대한 이행의 청구는 타 채무자에 대하여 그 효력이 미치지 않는다(대판 1997.9.12., 95다42027).

⑤ 책임능력 있는 미성년자가 불법행위책임을 지는 경우에 그 손해가 그 미성년자의 감독의무자의 의무 위반과 상당인과관계가 있으면 그 감독의무자도 일반불법행위책임을 진다.

> 미성년자가 책임능력이 있어 그 스스로 불법행위책임을 지는 경우에도 그 손해가 당해 미성년자의 감독의무자의 의무위반과 상당인과관계가 있으면 감독의무자는 일반불법행위자로서 손해배상책임이 있다(대판(全) 1994.8.23., 93다60588).

25 부당이득에 관한 설명으로 옳은 것은?(다툼이 있으면 판례에 따름)

① 채무자가 채무 없음을 알고 임의로 변제한 경우, 그 반환을 청구할 수 있다.

> 채무 없음을 알고 이를 변제한 때에는 <u>그 반환을 청구하지 못한다</u>(민법 제742조).

② 선의의 수익자가 패소한 때에는 패소 시부터 악의의 수익자로 본다.

> 선의의 수익자가 패소한 때에는 <u>그 소를 제기한 때부터</u> 악의의 수익자로 본다(민법 제749조 제2항).

③ 불법원인급여로 인해 반환을 청구하지 못하는 이익은 종국적인 것임을 요하지 않는다.

> 민법 제746조에서 불법의 원인으로 인하여 급여함으로써 그 <u>반환을 청구하지 못하는 이익은 종국적인 것을 말한다</u>(대판 1995.8.11., 94다54108).

④ 제한능력을 이유로 법률행위를 취소하는 경우, 악의의 제한능력자는 그 행위로 인하여 받은 이익 전부를 상환하여야 한다.

> 취소된 법률행위는 처음부터 무효인 것으로 본다. 다만, 제한능력자는 그 행위로 인하여 받은 이익이 <u>현존하는 한도에서 상환(償還)할 책임이 있다</u>(민법 제141조). 악의 여부는 문제되지 않는다.

✔️ 수익자가 법률상 원인 없이 이득한 재산을 처분함으로 인하여 원물반환이 불가능한 경우, 반환하여야 할 가액은 특별한 사정이 없는 한 그 처분 당시의 대가이다.

> 대판 1995.5.12., 94다25551

01	02	03	04	05	06	07	08	09	10	11	12	13	14	15	16	17	18	19	20	21	22	23	24	25
③	⑤	③	④	④	②	③	⑤	⑤	①	②	①	①	③	③	⑤	①	④	①	②	⑤	②	②	④	④

01 신의성실의 원칙에 관한 설명으로 옳은 것은?(다툼이 있으면 판례에 따름)

① 인지청구권의 포기는 허용되지 않지만, 인지청구권에는 실효의 법리가 적용될 수 있다.

> 인지청구권은 본인의 일신전속적인 신분관계상의 권리로서 포기할 수도 없으며 포기하였더라도 그 효력이 발생할 수 없는 것이고, 이와 같이 인지청구권의 포기가 허용되지 않는 이상 거기에 실효의 법리가 적용될 여지도 없다(대판 2001.11.27., 2001므1353).

② 임대차계약 당사자가 차임을 증액하지 않기로 약정한 경우, 사정변경의 원칙에 따라 차임을 증액할 수 없다.

> 임대차계약에 있어서 차임불증액의 특약이 있더라도 그 약정 후 그 특약을 그대로 유지시키는 것이 신의칙에 반한다고 인정될 정도의 사정변경이 있다고 보여지는 경우에는 형평의 원칙상 임대인에게 차임증액청구를 인정하여야 한다(대판 1996.11.12., 96다34061).

③ 신의성실의 원칙에 반한다는 것을 당사자가 주장하지 않더라도 법원은 직권으로 판단할 수 있다. 대판 1995.12.22., 94다42129

④ 취득시효 완성 후 그 사실을 모르고 권리를 주장하지 않기로 하였다가 후에 시효주장을 하는 것은 특별한 사정이 없는 한 신의칙상 허용된다.

> 취득시효 완성 후에 그 사실을 모르고 당해 토지에 관하여 어떠한 권리도 주장하지 않기로 하였다 하더라도 이에 반하여 시효주장을 하는 것은 특별한 사정이 없는 한 신의칙상 허용되지 않는다(대판 1998.5.22., 96다24101).

⑤ 강행법규를 위반한 약정을 한 사람이 스스로 그 약정의 무효를 주장하는 것은 신의칙상 허용되지 않는다.

> 강행법규를 위반한 피고 스스로가 그 약정의 무효를 주장함이 신의칙에 위반되는 권리의 행사라는 이유로 그 주장을 배척한다면, 이는 오히려 강행법규에 의하여 배제하려는 결과를 실현시키는 셈이 되어 입법취지를 완전히 몰각하게 되므로, 달리 특별한 사정이 없는 한 위와 같은 주장이 신의성실의 원칙에 반하는 것이라고 할 수 없다(대판 1999.3.23., 99다4405).

02 제한능력자에 관한 설명으로 옳지 않은 것은?

① 미성년자가 법정대리인으로부터 허락을 얻은 특정한 영업에 관하여는 성년자와 동일한 행위능력이 있다. ▨민법 제8조 제1항▨

② 가정법원은 성년후견개시의 심판을 할 때 본인의 의사를 고려하여야 한다. ▨민법 제9조 제2항▨

③ 특정후견은 본인의 의사에 반하여 할 수 없다. ▨민법 제14조의2 제2항▨

④ 가정법원이 피성년후견인에 대하여 한정후견개시의 심판을 할 때에는 종전의 성년후견의 종료 심판을 한다. ▨민법 제14조의3 제2항▨

✓ 가정법원은 질병, 장애, 노령, 그 밖의 사유로 인한 정신적 제약으로 사무를 처리할 능력이 부족한 사람에 대하여 일정한 자의 청구로 성년후견개시의 심판을 한다.

　▨민법 제12조에 따른 한정후견개시의 심판을 하는 사유이다. ⚖▨

⚖ 법령

민법 제9조(성년후견개시의 심판)
① 가정법원은 질병, 장애, 노령, 그 밖의 사유로 인한 정신적 제약으로 <u>사무를 처리할 능력이 지속적으로 결여된 사람</u>에 대하여 본인, 배우자, 4촌 이내의 친족, 미성년후견인, 미성년후견감독인, 한정후견인, 한정후견감독인, 특정후견인, 특정후견감독인, 검사 또는 지방자치단체의 장의 청구에 의하여 성년후견개시의 심판을 한다.

민법 제12조(한정후견개시의 심판)
① 가정법원은 질병, 장애, 노령, 그 밖의 사유로 인한 정신적 제약으로 <u>사무를 처리할 능력이 부족한 사람</u>에 대하여 본인, 배우자, 4촌 이내의 친족, 미성년후견인, 미성년후견감독인, 성년후견인, 성년후견감독인, 특정후견인, 특정후견감독인, 검사 또는 지방자치단체의 장의 청구에 의하여 한정후견개시의 심판을 한다.

민법 제14조의2(특정후견의 심판)
① 가정법원은 질병, 장애, 노령, 그 밖의 사유로 인한 정신적 제약으로 <u>일시적 후원 또는 특정한 사무에 관한 후원이 필요한 사람</u>에 대하여 본인, 배우자, 4촌 이내의 친족, 미성년후견인, 미성년후견감독인, 검사 또는 지방자치단체의 장의 청구에 의하여 특정후견의 심판을 한다.

03 부재자 재산관리인에 관한 설명으로 옳지 않은 것은?(다툼이 있으면 판례에 따름)

① 부재자가 재산관리인을 정한 경우에 부재자의 생사가 분명하지 않은 때에는 법원은 재산관리인을 개임할 수 있다. ▨민법 제23조▨

② 법원은 재산관리인의 과거의 처분행위를 추인하는 허가도 할 수 있다.

　▨부재자 재산관리인에 의한 부재자 소유의 부동산 매매행위에 대한 법원의 허가결정은 그 허가를 받은 재산에 대한 장래의 처분행위뿐만 아니라 기왕의 매매를 추인하는 방법으로도 할 수 있다(대판 2000.12.26., 99다19278).▨

✔ 법원이 선임한 재산관리인의 권한은 부재자가 사망하면 선임결정이 취소되지 않더라도 소멸한다.

> 사망한 것으로 간주된 자가 그 이전에 생사불명의 부재자로서 그 재산관리에 관하여 법원으로부터 재산관리인이 선임되어 있었다면 재산관리인은 그 부재자의 사망을 확인했다고 하더라도 선임결정이 취소되지 아니하는 한 계속하여 권한을 행사할 수 있다(대판 1991.11.26., 91다11810).

④ 법원이 선임한 재산관리인은 관리할 재산목록을 작성하여야 한다. 민법 제24조 제1항

⑤ 부재자의 생사가 분명하지 않은 경우, 법원은 부재자가 정한 재산관리인에게 재산의 관리 및 반환에 관하여 상당한 담보를 제공하게 할 수 있다. 민법 제26조 제1항 및 제3항

---

04 권리의 객체에 관한 설명으로 옳지 않은 것은?(다툼이 있으면 판례에 따름)

① 주물 자체의 효용과 직접 관계없는 물건은 종물이 아니다.

> 종물은 주물의 상용에 이바지하는 관계에 있어야 하고, 주물의 상용에 이바지한다 함은 주물 그 자체의 경제적 효용을 다하게 하는 것을 말하는 것으로서 주물의 소유자나 이용자의 상용에 공여되고 있더라도 주물 그 자체의 효용과 직접 관계가 없는 물건은 종물이 아니다(대판 1997.10.10., 97다3750).

② 주물에 설정된 저당권의 효력은 특별한 사정이 없으면 종물에 미친다. 민법 제358조

③ 입목에 관한 법률에 의하여 입목등기를 한 수목의 집단은 토지와 별개의 부동산이다.

> 입목에 관한 법률에 의하여 입목등기를 한 수목의 집단을 입목이라 하고, 입목은 토지와 별개의 부동산으로 보므로 양도하거나 저당권의 목적으로 할 수 있다(입목에 관한 법률 제2조 제1항 제1호, 제3조 제2항).

✔ 종물은 주물의 처분에 따르므로, 당사자의 특약에 의하여 종물만을 별도로 처분할 수 없다.

> 종물은 주물의 처분에 수반된다는 민법 제100조 제2항은 임의규정이므로, 당사자는 주물을 처분할 때에 특약으로 종물을 제외할 수 있고 종물만을 별도로 처분할 수도 있다(대판 2012.1.26., 2009다76546).

⑤ 법정과실은 수취할 권리의 존속기간일수의 비율로 취득한다. 민법 제102조 제2항

---

05 민법상 법인에 관한 설명으로 옳지 않은 것은?

① 법인은 이사를 두어야 한다. 민법 제57조

② 사단법인의 사원의 지위는 양도 또는 상속할 수 없다. 민법 제56조

③ 법인은 정관 또는 총회의 결의로 감사를 둘 수 있다. 민법 제66조

✔ 주무관청은 이해관계인의 청구에 의하여 임시이사를 선임할 수 있다.

> 이사가 없거나 결원이 있는 경우에 이로 인하여 손해가 생길 염려 있는 때에는 법원은 이해관계인이나 검사의 청구에 의하여 임시이사를 선임하여야 한다(민법 제63조).

⑤ 이사의 대표권에 대한 제한은 등기하지 않으면 제3자에게 대항하지 못한다. 민법 제60조

06 민법 제104조의 불공정한 법률행위에 관한 설명으로 옳은 것은?(다툼이 있으면 판례에 따름)

① '무경험'이란 일반적인 생활체험의 부족이 아니라 어느 특정영역에서의 경험부족을 의미한다.

> '무경험'이라 함은 일반적인 생활체험의 부족을 의미하는 것으로서 어느 특정영역에 있어서의 경험부족이 아니라 거래일반에 대한 경험부족을 뜻한다(대판 2002.10.22., 2002다38927).

✔ 급부와 반대급부 사이의 '현저한 불균형'은 당사자의 주관적 가치가 아닌 거래상의 객관적 가치에 의하여 판단한다.

> 급부와 반대급부 사이의 '현저한 불균형'은 단순히 시가와의 차액 또는 시가와의 배율로 판단할 수 있는 것은 아니고 구체적·개별적 사안에 있어서 일반인의 사회통념에 따라 결정하여야 한다. 그 판단에 있어서는 피해 당사자의 궁박·경솔·무경험의 정도가 아울러 고려되어야 하고, 당사자의 주관적 가치가 아닌 거래상의 객관적 가치에 의하여야 한다(대판 2010.7.15., 2009다50308).

③ '궁박'에는 정신적 또는 심리적 원인에 기인한 것은 포함되지 않는다.

> '궁박'이라 함은 '급박한 곤궁'을 의미하는 것으로서 경제적 원인에 기인할 수도 있고 정신적 또는 심리적 원인에 기인할 수도 있다(대판 2002.10.22., 2002다38927).

④ 불공정한 법률행위가 성립하기 위해서는 피해자에게 궁박, 경솔, 무경험 요건이 모두 구비되어야 한다.

> 불공정한 법률행위가 성립하기 위한 요건인 궁박, 경솔, 무경험은 모두 구비되어야 하는 요건이 아니라 그중 일부만 갖추어져도 충분하다(대판 2002.10.22., 2002다38927).

⑤ 법률행위가 현저하게 공정을 잃은 경우, 그 행위는 궁박, 경솔, 무경험으로 이루어진 것으로 추정된다.

> 법률행위가 현저하게 공정을 잃었다고 하여 곧 그것이 궁박, 경솔하게 이루어진 것으로 추정되지 아니한다(대판 1969.7.8., 69다594).

07 착오에 관한 설명으로 옳지 않은 것은?(다툼이 있으면 판례에 따름)

① 대리인에 의한 의사표시의 경우, 착오의 유무는 대리인을 표준으로 결정한다.

> 의사표시의 효력이 의사의 흠결, 사기, 강박 또는 어느 사정을 알았거나 과실로 알지 못한 것으로 인하여 영향을 받을 경우에 그 사실의 유무는 대리인을 표준하여 결정한다(민법 제116조 제1항).

② 소송대리인의 사무원의 착오로 소를 취하한 경우, 착오를 이유로 취소하지 못한다.

> 소의 취하는 원고가 제기한 소를 철회하여 소송계속을 소멸시키는 원고의 법원에 대한 소송행위이고 소송행위는 일반 사법상의 행위와는 달리 내심의 의사보다 그 표시를 기준으로 하여 효력 유무를 판정할 수밖에 없는 것인 바, 원고 소송대리인으로부터 소송대리인 사임신고서 제출을 지시받은 사무원은 원고 소송대리인의 표시기관에 해당되어 그의 착오는 원고 소송대리인의 착오라고 보아야 하므로, 사무원의 착오로 원고 소송대리인의 의사에 반하여 소를 취하하였다고 하여도 이를 무효라고 볼 수는 없다(대판 1997.10.24., 95다11740).

✅ 매도인이 매매계약을 적법하게 해제한 후 매수인은 착오를 이유로 매매계약을 취소할 수 없다.

> 매도인이 매수인의 중도금 지급채무 불이행을 이유로 매매계약을 적법하게 해제한 후라도 매수인으로서는 상대방이 한 계약해제의 효과로서 발생하는 손해배상책임을 지거나 매매계약에 따른 계약금의 반환을 받을 수 없는 불이익을 면하기 위하여 착오를 이유로 한 취소권을 행사하여 매매계약 전체를 무효로 돌리게 할 수 있다(대판 1996.12.6., 95다24982, 24999).

④ 상대방이 착오자의 진의에 동의한 것으로 인정될 때에는 계약의 취소가 허용되지 않는다.

> 상대방의 착오자의 진의에 동의하였다는 것은 의사의 합치가 있었다는 것으로 볼 수 있을 것이다.

⑤ 착오가 표의자의 중대한 과실로 인한 것이더라도 상대방이 표의자의 착오를 알고 이를 이용한 경우에 표의자는 의사표시를 취소할 수 있다.

> 민법 제109조 제1항 단서는 의사표시의 착오가 표의자의 중대한 과실로 인한 때에는 그 의사표시를 취소하지 못한다고 규정하고 있는데, 위 단서 규정은 표의자의 상대방의 이익을 보호하기 위한 것이므로, 상대방이 표의자의 착오를 알고 이를 이용한 경우에는 착오가 표의자의 중대한 과실로 인한 것이라고 하더라도 표의자는 의사표시를 취소할 수 있다(대판 2014.11.27., 2013다49794).

08 대리에 관한 설명으로 옳은 것을 모두 고른 것은?(다툼이 있으면 판례에 따름)

> ㄱ. 복대리인은 본인이나 제3자에 대하여 대리인과 동일한 권리의무가 있다.
> ㄴ. 대리행위가 강행법규에 위반하는 경우에는 표현대리의 법리가 적용되지 않는다.
> ㄷ. 친권자가 자신의 부동산을 미성년 자녀에게 증여하는 행위는 자기계약이지만 유효하다.
> ㄹ. 대리인이 그 권한 내에서 본인을 위한 것임을 표시한 의사표시는 직접 본인에게 대하여 효력이 생긴다.

① ㄱ, ㄴ   ② ㄷ, ㄹ
③ ㄱ, ㄴ, ㄷ   ④ ㄴ, ㄷ, ㄹ
✅ ㄱ, ㄴ, ㄷ, ㄹ

> ㄱ. (○) 민법 제123조 제2항
> ㄴ. (○) 증권회사 또는 그 임·직원의 부당권유행위를 금지하는 증권거래법 제52조 제1호는 공정한 증권거래질서의 확보를 위하여 제정된 강행법규로서 이에 위배되는 주식거래에 관한 투자수익보장약정은 무효이고, 투자수익보장이 강행법규에 위반되어 무효인 이상 증권회사의 지점장에게 그와 같은 약정을 체결할 권한이 수여되었는지 여부에 불구하고 그 약정은 여전히 무효이므로 표현대리의 법리가 준용될 여지가 없다(대판 1996.8.23., 94다38199).
> ㄷ. (○) 법정대리인인 친권자가 부동산을 매수하여 이를 그 자에게 증여하는 행위는 미성년자인 자에게 이익만을 주는 행위이므로 친권자와 자 사이의 이해상반행위에 속하지 아니하고, 또 자기계약이지만 유효하다(대판 1981.10.13., 81다649).
> ㄹ. (○) 민법 제114조 제1항

09 무권대리행위의 추인에 관한 설명으로 옳지 않은 것은?(다툼이 있으면 판례에 따름)

① 추인은 제3자의 권리를 해하지 않는 한, 다른 의사표시가 없으면 계약 시에 소급하여 그 효력이 생긴다.   민법 제133조

② 무권대리행위의 일부에 대한 추인은 상대방의 동의를 얻지 못하는 한 무효이다.

> 무권대리행위의 추인은 무권대리인에 의하여 행하여진 불확정한 행위에 관하여 그 행위의 효과를 자기에게 직접 발생케 하는 것을 목적으로 하는 의사표시이며, 무권대리인 또는 상대방의 동의나 승락을 요하지 않는 단독행위로서 추인은 의사표시의 전부에 대하여 행하여져야 하고, 그 일부에 대하여 추인을 하거나 그 내용을 변경하여 추인을 하였을 경우에는 상대방의 동의를 얻지 못하는 한 무효이다(대판 1982.1.26., 81다카549).

③ 추인은 무권대리행위로 인한 권리 또는 법률관계의 승계인에게도 할 수 있다.

> 무권대리행위의 추인에 특별한 방식이 요구되는 것이 아니므로 명시적인 방법만 아니라 묵시적인 방법으로도 할 수 있고, 그 추인은 무권대리인, 무권대리행위의 직접의 상대방 및 그 무권대리행위로 인한 권리 또는 법률 관계의 승계인에 대하여도 할 수 있다(대판 1981.4.14., 80다2314).

④ 본인이 무권대리인에게 추인한 경우, 상대방은 추인이 있었음을 주장할 수 있다.

> 민법 제132조는 본인이 무권대리인에게 무권대리행위를 추인한 경우에 상대방이 이를 알지 못하는 동안에는 본인은 상대방에게 추인의 효과를 주장하지 못한다는 취지이므로 상대방은 그때까지 민법 제134조에 의한 철회를 할 수 있고, 또 무권대리인에의 추인이 있었음을 주장할 수도 있다(대판 1981.4.14., 80다2314).

✔ 무권대리행위가 범죄가 되는 경우에 본인이 그 사실을 알고도 장기간 형사고소를 하지 않은 것만으로 묵시적 추인이 된다.

> 무권대리행위에 대한 추인은 무권대리행위로 인한 효과를 자기에게 귀속시키려는 의사표시이니만큼 무권대리행위에 대한 추인이 있었다고 하려면 그러한 의사가 표시되었다고 볼 만한 사유가 있어야 하고, 무권대리행위가 범죄가 되는 경우에 대하여 그 사실을 알고도 장기간 형사고소를 하지 아니하였다 하더라도 그 사실만으로 묵시적인 추인이 있었다고 할 수는 없는 바, 권한 없이 기명날인을 대행하는 방식에 의하여 약속어음을 위조한 경우에 피위조자가 이를 묵시적으로 추인하였다고 인정하려면 추인의 의사가 표시되었다고 볼 만한 사유가 있어야 한다(대판 1998.2.10., 97다31113).

10 법률행위의 조건에 관한 설명으로 옳지 않은 것은?(다툼이 있으면 판례에 따름)

✔ 정지조건이 법률행위 당시 이미 성취된 경우에는 그 법률행위는 무효이다.

> 조건이 법률행위의 당시 이미 성취한 것인 경우에는 그 조건이 정지조건이면 조건 없는 법률행위로 하고 해제조건이면 그 법률행위는 무효로 한다(민법 제151조 제2항).

② 해제조건 있는 법률행위는 조건이 성취한 때로부터 그 효력을 잃는다.   민법 제147조 제2항

③ 조건의 성취가 미정한 권리의무는 일반규정에 의하여 처분, 상속, 보존 또는 담보로 할 수 있다.

민법 제149조

④ 당사자가 합의한 경우에는 조건성취의 효력을 소급시킬 수 있다.

> 당사자가 조건성취의 효력을 그 성취 전에 소급하게 할 의사를 표시한 때에는 그 의사에 의한다(민법 제147조 제3항).

⑤ 정지조건부 법률행위에서 조건성취의 사실은 권리를 취득하는 자가 증명책임을 진다.

> 원고가 피고 교회의 담임 목사직을 자진은퇴하겠다는 의사를 표명한 데 대하여 피고 교회에서 은퇴위로금으로 이 건 부동산을 증여하기로 한 것이라면 이 증여는 원고의 자진사임을 조건으로 한 증여라고 보아야 할 것이므로 원고가 위 증여계약을 원인으로 피고에게 소유권이전등기를 구하려면 적어도 그 후 자진사임 함으로써 그 조건이 성취되었음을 입증할 책임이 있다(대판 1984.9.25., 84다카967).

11 사용자 甲이 의사능력이 없는 상태에서 乙과 근로계약을 체결하였다. 이에 관한 설명으로 옳은 것은?(다툼이 있으면 판례에 의함)

① 甲은 乙과의 근로계약을 취소할 수 있다.

> 해당 계약의 취소 여부를 따질 필요도 없이, 의사무능력자의 근로계약이므로 무효이다.

✔ 甲이 의사무능력 상태에서 乙과의 근로계약을 추인하더라도 그 계약은 무효이다.

> 의사무능력 상태에서는 직접 추인하더라도 효력이 없다.

③ 甲이 의사무능력을 회복한 후에 추인하면, 다른 약정이 없더라도 그 근로계약은 소급하여 유효하다.

> 무효인 법률행위는 추인하여도 그 효력이 생기지 아니한다. 그러나 당사자가 그 무효임을 알고 추인한 때에는 새로운 법률행위로 본다(민법 제139조). 즉, 추인한 때로부터 유효하다.

④ 甲과 乙의 근로계약은 추인 여부와 상관없이 甲이 의사능력을 회복한 때로부터 유효하다.

> 甲은 의사능력이 없는 상태에서 근로계약으로 체결하였으므로, 해당 계약의 취소 여부를 따질 필요도 없이 무효이다.

⑤ 甲이 의사능력을 회복한 후에 상당한 기간 내에 취소하지 않으면 근로계약은 유효하다.

> 甲은 의사능력이 없는 상태에서 근로계약으로 체결하였으므로, 해당 계약의 취소 여부를 따질 필요도 없이 무효이다.

12 소멸시효에 관한 설명으로 옳지 않은 것은?(다툼이 있으면 판례에 따름)

✔ 주채무자가 소멸시효 이익을 포기하면, 보증인에게도 그 효력이 미친다.

> 주채무가 시효로 소멸한 때에는 보증인도 그 시효소멸을 원용할 수 있으며, 주채무자가 시효의 이익을 포기하더라도 보증인에게는 그 효력이 없다(대판 1991.1.29., 89다카1114).

② 소멸시효의 기간만료 전 6개월 내에 제한능력자에게 법정대리인이 없는 경우에는 그가 능력자가 되거나 법정대리인이 취임한 때부터 6개월 내에는 시효가 완성되지 않는다.

> 민법 제179조

③ 시효중단의 효력 있는 승인에는 상대방의 권리에 관한 처분의 능력이나 권한 있음을 요하지 않는다. 민법 제177조

④ 채무자가 제기한 소에 채권자인 피고가 응소하여 권리를 주장하였으나, 그 소가 각하된 경우에 6개월 이내에 재판상 청구를 하면 응소 시에 소급하여 시효중단의 효력이 있다.

> 민법 제168조 제1호, 제170조 제1항에서 시효중단 사유의 하나로 규정하고 있는 재판상의 청구는, 권리자가 시효를 주장하는 자를 상대로 소로써 권리를 주장하는 경우뿐 아니라, 시효를 주장하는 자가 원고가 되어 소를 제기한 데 대하여 피고로서 응소하여 그 소송에서 적극적으로 권리를 주장하고 그것이 받아들여진 경우도 포함한다. 권리자인 피고가 응소하여 권리를 주장하였으나 그 소가 각하되거나 취하되는 등의 사유로 본안에서 그 권리 주장에 관한 판단 없이 소송이 종료된 경우에도 민법 제170조 제2항을 유추적용하여 그때부터 6월 내에 재판상의 청구 등 다른 시효중단 조치를 취하면 응소 시에 소급하여 시효중단의 효력이 인정된다(대판 2019.3.14., 2018두56435).

⑤ 당사자가 주장하는 소멸시효 기산일이 본래의 기산일보다 뒤의 날짜인 경우에는 당사자가 주장하는 기산일을 기준으로 소멸시효를 계산하여야 한다.

> 소멸시효의 기산일은 채권의 소멸이라고 하는 법률효과 발생의 요건에 해당하는 소멸시효기간 계산의 시발점으로서 시효소멸 항변의 법률요건을 구성하는 구체적인 사실에 해당하므로 이는 변론주의의 적용대상이라 할 것이고, 따라서 본래의 소멸시효 기산일과 당사자가 주장하는 기산일이 서로 다른 경우에는 변론주의의 원칙상 법원은 당사자가 주장하는 기산일을 기준으로 소멸시효를 계산하여야 하는데, 이는 당사자가 본래의 기산일보다 뒤의 날짜를 기산일로 하여 주장하는 경우는 물론이고, 특별한 사정이 없는 한 그 반대의 경우에 있어서도 마찬가지라고 보아야 할 것이다(대판 1995.8.25., 94다35886).

13 지명채권의 양도에 관한 설명으로 옳은 것은?(다툼이 있으면 판례에 따름)

1
2
3

✔ 채권양도의 대항요건인 채무자의 승낙에는 조건을 붙일 수 있다.

> 지명채권 양도의 대항요건인 채무자의 승낙은 채권양도 사실을 채무자가 승인하는 의사를 표명하는 채무자의 행위라고 할 수 있는데, 채무자는 채권양도를 승낙하면서 조건을 붙여서 할 수 있다(대판 2011.6.30., 2011다8614).

② 채권양도행위가 사해행위에 해당하지 않는 경우에도 양도통지가 별도로 채권자취소권 행사의 대상이 된다.

> 채권양도의 경우 권리이전의 효과는 원칙적으로 당사자 사이의 양도계약 체결과 동시에 발생하며 채무자에 대한 통지 등은 채무자를 보호하기 위한 대항요건일 뿐이므로, 채권양도행위가 사해행위에 해당하지 않는 경우에 양도통지가 따로 채권자취소권 행사의 대상이 될 수는 없다(대판 2012.8.30., 2011다32785, 32792).

③ 근로자가 그 임금채권을 양도한 경우, 양수인은 사용자에 대하여 임금의 지급을 청구할 수 있다.

> 근로자가 그 임금채권을 양도한 경우라 할지라도 그 임금의 지급에 관하여는 근로기준법 제36조 제1항에 정한 임금 직접지급의 원칙이 적용되어 사용자는 직접 근로자에게 임금을 지급하지 아니하면 안 되고, 그 결과 비록 적법 유효한 양수인이라도 스스로 사용자에 대하여 임금의 지급을 청구할 수 없으며, 그러한 법리는 근로자로부터 임금채권을 양도받거나 그의 추심을 위임받은 자가 사용자의 집행 재산에 대하여 배당을 요구하는 경우에도 그대로 적용된다(대판 1996.3.22., 95다2630).

④ 채무자는 채권양도를 승낙한 후에도 양도인에 대한 채권을 새로 취득한 경우에 이를 가지고 양수인에 대하여 상계할 수 있다.

> 채무자는 채권양도를 승낙한 후에 취득한 양도인에 대한 채권으로써 양수인에 대하여 상계로써 대항하지 못한다(대판 1984.9.11., 83다카2288).

⑤ 채권양도에 대한 채무자의 승낙은 양도인에게 하여야 하며, 양수인에게 한 경우에는 효력이 없다.

> 민법 제450조 소정의 채무자의 승낙은 채권양도의 사실을 채무자가 승인하는 뜻으로서 동조가 규정하는 채권양도의 대항요건을 구비하기 위하여서는 채무자가 양도의 사실을 양도인 또는 양수인에 대하여 승인함을 요한다(대판 1986.2.25., 85다카1529).

14 이행지체책임의 발생 시기에 관한 설명으로 옳지 않은 것은?(다툼이 있으면 판례에 따름)

① 지시채권의 경우, 기한이 도래한 후 소지인이 그 증서를 제시하여 이행을 청구한 때로부터 지체책임을 진다. 　민법 제517조

② 동시이행관계에 있는 채무는 상대방이 채무의 이행을 제공하지 않는 한, 이행기가 도래하여도 지체책임을 지지 않는다.

> 동시이행관계에 있는 채무는 당사자 간에 동시이행의 항변권이 인정되므로 지체책임을 지지 않는다.

✔ 불확정기한부 채무의 경우, 기한 도래 사실의 인식 여부를 불문하고 기한이 객관적으로 도래한 때로부터 지체책임을 진다.

> 채무이행의 불확정한 기한이 있는 경우에는 채무자는 기한이 도래함을 안 때로부터 지체책임이 있다(민법 제387조 제1항 후단).

④ 채무이행의 기한이 없는 경우, 채무자는 이행청구를 받은 때부터 지체책임을 진다.

> 민법 제387조 제2항

⑤ 불법행위로 인한 손해배상채무는 원칙적으로 그 성립과 동시에 당연히 이행지체가 성립된다.

> 대판 1975.5.27., 74다1393

15 손해배상액의 예정에 관한 설명으로 옳은 것은?(다툼이 있으면 판례에 따름)

① 특별손해는 예정액을 초과하더라도 원칙적으로 청구할 수 있다.

> 계약 당시 손해배상액을 예정한 경우에는 다른 특약이 없는 한 채무불이행으로 인하여 입은 통상손해는 물론 특별손해까지도 예정액에 포함되고 채권자의 손해가 예정액을 초과한다 하더라도 초과부분을 따로 청구할 수 없다(대판 1993.4.23., 92다41719).

② 계약체결 시 손해배상액 예정을 한 경우, 그 예정은 그 계약과 관련된 불법행위로 인한 손해 배상까지 예정한 것으로 볼 수 있다.

> 계약 당시 당사자 사이에 손해배상액을 예정하는 내용의 약정이 있는 경우에는 그것은 계약상의 채무불이행으로 인한 손해액에 관한 것이고 이를 그 계약과 관련된 불법행위상의 손해까지 예정한 것이라고는 볼 수 없다(대판 1999.1.15., 98다48033).

☑ 손해배상 예정액이 부당하게 과다한 경우에는 법원은 당사자의 주장이 없더라도 직권으로 이를 감액할 수 있다. 대판 2002.12.24., 2000다54536

④ 채권자가 예정된 손해배상액을 청구하기 위하여 손해배상액을 증명할 필요는 없으나 적어도 손해의 발생은 증명하여야 한다.

> 채무불이행으로 인한 손해배상액의 예정이 있는 경우에는 채권자는 채무불이행 사실만 증명하면 손해의 발생 및 그 액을 증명하지 아니하고 예정배상액을 청구할 수 있다(대판 2000.12.8., 2000다50350).

⑤ 손해배상액 예정이 있어도 손해의 발생에 있어서 채권자의 과실이 있으면, 공평의 원칙상 과 실상계를 한다.

> 당사자 사이의 계약에서 채무자의 채무불이행으로 인한 손해배상액이 예정되어 있는 경우, 채무불이행으로 인한 손해의 발생 및 확대에 채권자에게도 과실이 있더라도 민법 제398조 제2항에 따라 채권자의 과실을 비롯하여 채무자가 계약을 위반한 경위 등 제반 사정을 참작하여 손해배상 예정액을 감액할 수는 있을지언정 채권자의 과실을 들어 과실상계를 할 수는 없다(대판 2016.6.10., 2014다200763, 200770).

16 甲은 乙에게 변제기가 도래한 1억원의 금전채권을 가지고 있다. 乙은 현재 무자력 상태에 있 고 丙에 대하여 변제기가 도래한 5,000만원의 금전채권을 가지고 있다. 이에 관한 설명으로 옳지 않은 것은?(다툼이 있으면 판례에 따름)

① 乙이 반대하는 경우에도 甲은 丙에 대하여 채권자대위권을 행사할 수 있다.

> 채권자대위권의 행사는 채무자가 그 행사를 반대하는 경우에도 가능하다(대판 1963.11.21., 63다634).

② 甲이 채권자대위권을 행사하는 경우에 丙은 乙에 대해 가지는 모든 항변사유로써 甲에게 대 항할 수 있다.

> 甲은 乙의 권리를 행사하는 것이므로, 丙은 乙에 대하여 가지는 모든 항변 사유를 들어 甲에게 대항할 수 있다.

③ 甲은 丙에게 5,000만원을 乙에게 이행할 것을 청구할 수 있을 뿐만 아니라, 직접 자기에게 이행할 것을 청구할 수 있다.

> 채권자가 자기의 금전채권을 보전하기 위하여 채무자의 금전채권을 대위행사하는 경우 제3채무자로 하여금 채무자에게 지급의무를 이행하도록 청구할 수도 있지만, 직접 대위채권자 자신에게 이행하도록 청구할 수도 있다(대판 2016.8.29., 2015다236547).

④ 甲이 丙으로부터 5,000만원을 대위수령한 경우, 甲은 상계적상에 있는 때에는 상계함으로써 사실상 우선변제를 받을 수 있다.

> 채권자가 금전을 수령하는 경우, 채무자의 반환의무와 자기 채권을 상계하여 사실상의 우선변제를 받는 효과를 얻을 수 있다.

✔ 甲이 丙에게 채권자대위소송을 제기한 경우, 乙은 소송당사자가 아니므로 乙의 丙에 대한 채권은 소멸시효가 중단되지 않는다.

> 甲의 채권자대위권 행사는 甲이 乙의 권리를 행사하는 것이므로, 乙의 丙에 대한 권리에 대한 소멸시효는 중단된다.

17 상계에 관한 설명으로 옳지 않은 것은?(다툼이 있으면 판례에 따름)

1
2
3

✔ 채무의 이행지가 서로 다른 채권은 상계할 수 없다.

> 각 채무의 이행지가 다른 경우에도 상계할 수 있다. 그러나 상계하는 당사자는 상대방에게 상계로 인한 손해를 배상하여야 한다(민법 제494조).

② 지급을 금지하는 명령을 받은 제3채무자는 그 후에 취득한 채권에 의한 상계로 그 명령을 신청한 채권자에게 대항하지 못한다. 민법 제498조

③ 채권이 압류하지 못할 것인 때에는 그 채무자는 상계로 채권자에게 대항하지 못한다.

> 민법 제497조

④ 소멸시효가 완성된 채권이 그 완성 전에 상계할 수 있었던 것이면 채권자는 상계할 수 있다.

> 민법 제495조

⑤ 쌍방의 채무가 상계적상에 있었으나 상계 의사표시를 않는 동안에 일방의 채무가 변제로 소멸한 후에는 상계할 수 없다. 대판 1979.8.28., 79다1077

18 부동산 매매계약의 합의해제(해제계약)에 관한 설명으로 옳은 것은?(다툼이 있으면 판례에 따름)

① 합의해제는 당사자 쌍방의 묵시적 합의로 성립할 수 없다.

> 계약의 합의해제는 명시적으로뿐만 아니라 당사자 쌍방의 묵시적인 합의에 의하여도 할 수 있으나, 묵시적인 합의해제를 한 것으로 인정되려면 계약이 체결되어 그 일부가 이행된 상태에서 당사자 쌍방이 장기간에 걸쳐 나머지 의무를 이행하지 아니함으로써 이를 방치한 것만으로는 부족하고, 당사자 쌍방에게 계약을 실현할 의사가 없거나 계약을 포기할 의사가 있다고 볼 수 있을 정도에 이르러야 한다(대판 2011.2.10., 2010다77385).

② 합의해제 시에 손해배상에 관한 특약 등을 하지 않았더라도 매도인은 채무불이행으로 인한 손해배상을 청구할 수 있다.

> 계약이 합의해제 된 경우에는 그 해제 시에 당사자 일방이 상대방에게 손해배상을 하기로 특약하거나 손해배상청구를 유보하는 의사표시를 하는 등 다른 사정이 없는 한 채무불이행으로 인한 손해배상을 청구할 수 없다(대판 1989.4.25., 86다카1147, 86다카1148).

③ 합의해제의 소급효는 해제 전에 매매목적물에 대하여 저당권을 취득한 제3자에게 영향을 미친다.

> 계약의 합의해제에 있어서도 민법 제548조의 계약해제의 경우와 같이 이로써 제3자의 권리를 해할 수 없다(대판 1991.4.12., 91다2601).

✔ 합의해제에 따른 매도인의 원상회복청구권은 소유권에 기한 물권적 청구권으로서 소멸시효의 대상이 되지 않는다.

> 매매계약이 합의해제된 경우에도 매수인에게 이전되었던 소유권은 당연히 매도인에게 복귀하는 것이므로 합의해제에 따른 매도인의 원상회복청구권은 소유권에 기한 물권적 청구권이라고 할 것이고 이는 소멸시효의 대상이 되지 아니한다(대판 1982.7.27., 80다2968).

⑤ 다른 약정이 없으면 합의해제로 인하여 반환할 금전에 그 받은 날로부터 이자를 가산하여야 할 의무가 있다.

> 당사자 사이에 약정이 없는 이상 합의해제로 인하여 반환할 금전에 그 받은 날로부터의 이자를 가하여야 할 의무가 있는 것은 아니다(대판 1996.7.30., 95다16011).

19 甲은 자신의 X건물을 매매대금 1억원, 계약금 1,000만원으로 정하여 乙에게 매도하는 계약을 체결하고, 乙로부터 계약금을 수령하였다. 甲이 乙에게 X건물의 인도 및 소유권이전등기를 마쳐주기 전에 제3자 丙의 과실로 인한 화재로 X건물이 전부 멸실되었다. 이에 관한 설명으로 옳지 않은 것은?(다툼이 있으면 판례에 따름)

✔ 乙은 丙에게 불법행위로 인한 손해배상을 청구할 수 있다.

> 아직 甲이 乙에게 소유권이전등기를 마쳐주기 전이므로 乙은 丙에 대하여 불법행위로 인한 손해배상을 청구할 수 있는 구체적인 권리가 없다.

② 乙은 甲에게 X건물에 관한 소유권이전등기를 청구할 수 없다.

③ 乙은 甲에게 채무불이행으로 인한 손해배상을 청구할 수 없다.

④ 乙은 甲에게 지급한 계약금에 대해 부당이득반환을 청구할 수 있다.

⑤ 乙은 甲에게 대상청구권의 행사로써 丙에 대한 손해배상채권의 양도를 청구할 수 있다.

20 매도인의 담보책임에 관한 설명으로 옳지 않은 것은?(다툼이 있으면 판례에 따름)

① 경매절차에서 취득한 물건에 하자가 있는 경우, 그에 대하여 담보책임을 물을 수 없다.

> 민법 제580조 제2항에 따라 매도인의 하자담보책임은 경매의 경우에는 적용되지 않는다.

☑ 수량을 지정한 매매의 목적물이 부족한 경우, 악의의 매수인은 대금감액을 청구할 수 있다.

> 민법 제572조(권리의 일부가 타인에게 속한 경우와 매도인의 담보책임)의 규정은 수량을 지정한 매매의 목적물이 부족한 경우와 매매목적물의 일부가 계약 당시에 이미 멸실된 경우에 매수인이 그 부족 또는 멸실을 알지 못한 때에 준용한다(민법 제574조). 이 경우 선의의 매수인이어야 한다.

③ 매매의 목적인 권리의 전부가 타인에게 속한 경우, 매도인이 그 권리를 취득하여 매수인에게 이전할 수 없는 때에는 악의의 매수인은 매매계약을 해제할 수 있다. 민법 제570조 본문

④ 매매목적물의 하자로 인한 매수인의 매도인에 대한 하자담보책임에 기한 손해배상청구권에는 채권의 소멸시효에 관한 규정이 적용된다.

> 하자담보에 기한 매수인의 손해배상청구권은 그 권리의 내용·성질 및 취지에 비추어 민법 제162조 제1항의 채권 소멸시효의 규정이 적용된다고 할 것이고, 민법 제582조의 제척기간 규정으로 인하여 위 소멸시효 규정의 적용이 배제된다고 볼 수 없으며, 이때 다른 특별한 사정이 없는 한 무엇보다도 매수인이 매매의 목적물을 인도받은 때부터 그 소멸시효가 진행한다고 해석함이 타당하다(대판 2011.10.13., 2011다10266).

⑤ 매매의 목적인 부동산에 설정된 저당권의 행사로 인하여 매수인이 그 소유권을 취득할 수 없게 된 경우, 악의의 매수인은 계약을 해제할 수 있다. 민법 제576조 제1항

21 임대차에 관한 설명으로 옳은 것은?(다툼이 있으면 판례에 따름)

① 토지임차인이 지상물만을 타인에게 양도하더라도 임대차가 종료하면 그 임차인이 매수청구권을 행사할 수 있다.

> 임차인의 지상물이 이미 양도되었으므로 임차인은 이에 대한 권리가 없다.

② 건물임차인이 임대인의 동의 없이 건물의 소부분을 전대한 경우, 임대인은 임대차계약을 해지할 수 있다.

> 임차인은 임대인의 동의없이 그 권리를 양도하거나 임차물을 전대하지 못한다(민법 제629조 제1항). 다만, 건물의 임차인이 그 건물의 소부분을 타인에게 사용하게 하는 경우에는 적용하지 아니한다(민법 제632조).
> ⚖

③ 임차인의 채무불이행으로 임대차계약이 해지된 경우, 임차인은 부속물매수청구권을 행사할 수 있다.

> 임대차계약이 임차인의 채무불이행으로 인하여 해지된 경우에는 임차인은 민법 제646조에 의한 부속물매수청구권이 없다(대판 1990.1.23., 88다카7245, 88다카7252).

④ 임대인은 보증금반환채권에 대한 전부명령이 송달된 후에 발생한 연체차임을 보증금에서 공제할 수 없다.

> 임차보증금을 피전부채권으로 하여 전부명령이 있을 경우에도 제3채무자인 임대인은 임차인에게 대항할 수 있는 사유로서 전부채권자에게 대항할 수 있는 것이어서 건물임대차보증금의 반환채권에 대한 전부명령의 효력이 그 송달에 의하여 발생한다고 하여도 위 보증금반환채권은 임대인의 채권이 발생하는 것을 해제조건으로 하는 것이므로 임대인의 채권을 공제한 잔액에 관하여서만 전부명령이 유효하다(대판 1988.1.19., 87다카1315).

☑ 건물소유를 위한 토지임대차의 경우, 임차인의 차임연체액이 2기의 차임액에 이른 때에는 임대인은 계약을 해지할 수 있다.

> 건물 기타 공작물의 임대차에는 임차인의 차임연체액이 2기의 차임액에 달하는 때에는 임대인은 계약을 해지할 수 있다(민법 제640조). 건물 기타 공작물의 소유 또는 식목, 채염, 목축을 목적으로 한 토지임대차의 경우에도 전조의 규정을 준용한다(민법 제641조).

⚖️ 법령

민법 제629조(임차권의 양도, 전대의 제한)
① 임차인은 임대인의 동의없이 그 권리를 양도하거나 임차물을 전대하지 못한다.
② 임차인이 전항의 규정에 위반한 때에는 임대인은 계약을 해지할 수 있다.

민법 제632조(임차건물의 소부분을 타인에게 사용케 하는 경우)
전3조의 규정은 건물의 임차인이 그 건물의 소부분을 타인에게 사용하게 하는 경우에 적용하지 아니한다.

---

22 甲은 자신의 토지에 X건물을 신축하기로 하는 계약을 수급인 乙과 체결하면서 甲명의로 건축허가를 받아 소유권보존등기를 하기로 하는 등 완공된 X건물의 소유권을 甲에게 귀속시키기로 합의하였다. 乙은 X건물을 신축하여 완공하였지만 공사대금을 받지 못하고 있다. 이에 관한 설명으로 옳은 것은?(다툼이 있으면 판례에 따름)

① X건물의 소유권은 乙에게 원시적으로 귀속된다.

> 일반적으로 자기의 노력과 재료를 들여 건물을 건축한 사람이 그 건물의 소유권을 원시취득하는 것이지만, 도급계약에 있어서는 수급인이 자기의 노력과 재료를 들여 건물을 완성하더라도 도급인과 수급인 사이에 도급인 명의로 건축허가를 받아 소유권보존등기를 하기로 하는 등 완성된 건물의 소유권을 도급인에게 귀속시키기로 합의한 것으로 보일 경우에는 그 건물의 소유권은 도급인에게 원시적으로 귀속된다(대판(全) 2003.12.18., 98다43601).

☑ X건물에 대한 乙의 하자담보책임은 무과실책임이다.

> 민법 제667조 소정의 수급인의 하자 담보책임이 법이 특별히 인정한 무과실 책임이다(대판 1980.11.11., 80다923, 924).

③ 乙의 甲에 대한 공사대금채권의 소멸시효는 10년이다.

> 공사에 관한 채권의 소멸시효는 <u>3년이다</u>. ⚖

④ 乙은 甲에 대한 공사대금채권을 담보하기 위하여 X건물을 목적으로 한 저당권 설정을 청구할 수 없다.

> 부동산공사의 수급인은 전조의 보수에 관한 채권을 담보하기 위하여 그 부동산을 목적으로 한 <u>저당권의 설정을 청구할 수 있다</u>(민법 제666조).

⑤ X건물의 하자로 인하여 계약의 목적을 달성할 수 없는 경우, 甲은 특별한 사정이 없는 한 계약을 해제할 수 있다.

> 도급인이 완성된 목적물의 하자로 인하여 계약의 목적을 달성할 수 없는 때에는 계약을 해제할 수 있다. 그러나 건물 기타 공작물에 대하여는 그러하지 아니하다(민법 제668조). 이에 따르면 X건물의 하자로 인하여 계약의 목적을 달성할 수 없는 경우라도, 도급인 甲은 X건물 <u>신축도급계약을 해제할 수 없다</u>.

⚖ **법령**

소멸시효 정리(민법 제162~164조)

구분		채권
원칙	10년	채권
	20년	채권 및 소유권 이외의 재산권
예외	3년	• 이자, 부양료, 급료, 사용료 기타 1년 이내의 기간으로 정한 금전 또는 물건의 지급을 목적으로 한 채권 • 의사, 조산사, 간호사 및 약사의 치료, 근로 및 조제에 관한 채권 • 도급받은 자, 기사 기타 공사의 설계 또는 감독에 종사하는 자의 공사에 관한 채권 • 변호사, 변리사, 공증인, 공인회계사 및 법무사에 대한 직무상 보관한 서류의 반환을 청구하는 채권 • 변호사, 변리사, 공증인, 공인회계사 및 법무사의 직무에 관한 채권 • 생산자 및 상인이 판매한 생산물 및 상품의 대가 • 수공업자 및 제조자의 업무에 관한 채권
	1년	• 여관, 음식점, 대석, 오락장의 숙박료, 음식료, 대석료, 입장료, 소비물의 대가 및 대지급금의 채권 • 의복, 침구, 장구 기타 동산의 사용료의 채권 • 노역인, 연예인의 임금 및 그에 공급한 물건의 대금채권 • 학생 및 수업자의 교육, 의식 및 유숙에 관한 교주, 숙주, 교사의 채권

23 부당이득에 관한 설명으로 옳은 것은?(다툼이 있으면 판례에 따름)

① 선의의 수익자가 패소한 때에는 그 판결이 확정된 때부터 악의의 수익자로 본다.

> 선의의 수익자가 패소한 때에는 <u>그 소를 제기한 때부터</u> 악의의 수익자로 본다(민법 제749조 제2항).

☑ 악의의 비채변제라도 변제를 강제당한 경우 등 그 변제가 자유로운 의사에 반하여 이루어진 때에는 반환을 청구할 수 있다.

> 채무 없는 자가 착오로 인하여 변제한 것이 아니라면 비채변제는 지급자가 채무 없음을 알면서도 임의로 지급한 경우에만 성립하고 채무 없음을 알고 있었다 하더라도 <u>변제를 강제당한 경우</u>나 변제거절로 인한 사실상의 손해를 피하기 위하여 부득이 변제하게 된 경우 등 <u>그 변제가 자기의 자유로운 의사에 반하여 이루어진 것으로 볼 수 있는 사정이 있는 때에는 지급자가 그 반환청구권을 상실하지 않는다</u>(대판 1997.7.25., 97다5541).

③ 임차인이 동시이행의 항변권에 기하여 임차목적물을 사용·수익한 경우에는 부당이득이 성립하지 않는다.

> <u>임차인이 동시이행의 항변권에 기하여 임차목적물을 점유하고 사용·수익한 경우</u> 그 점유는 불법점유라 할 수 없어 그로 인한 손해배상책임은 지지 아니하되, 다만 사용·수익으로 인하여 <u>실질적으로 얻은 이익이 있으면 부당이득으로서 반환하여야 한다</u>(대판 1998.7.10., 98다15545).

④ 무효인 명의신탁약정에 의하여 타인 명의의 등기가 마쳐졌다는 이유만으로 그것이 불법원인 급여에 해당한다.

> 무효인 명의신탁약정에 기하여 타인 명의의 등기가 마쳐졌다는 이유만으로 그것이 당연히 <u>불법원인급여에 해당한다고 볼 수 없다</u>(대판 2003.11.27., 2003다41722).

⑤ 채무 없는 자가 착오로 변제한 경우에 그 변제가 도의관념에 적합한 때에도 그 반환을 청구할 수 있다.

> 채무 없는 자가 착오로 인하여 변제한 경우에 그 변제가 도의관념에 적합한 때에는 <u>그 반환을 청구하지 못한다</u>(민법 제744조).

24 불법행위에 관한 설명으로 옳은 것은?(다툼이 있으면 판례에 따름)

① 민법 제758조의 공작물의 소유자책임은 과실책임이다.

> 민법 제758조 제1항은 일종의 무과실책임을 인정한 것이다(대판 1983.12.13., 82다카1038).

② 불법행위에서 고의 또는 과실의 증명책임은 원칙적으로 가해자가 부담한다.

> 채무불이행책임을 면하기 위하여는 채무자가 자기에게 과실 없음을 증명해야 하지만, 불법행위에서의 고의 또는 과실의 증명책임은 원칙적으로 피해자가 부담한다.

③ 명예훼손의 경우, 법원은 피해자의 청구가 없더라도 직권으로 명예회복에 적합한 처분을 명할 수 있다.

> 타인의 명예를 훼손한 자에 대하여는 법원은 피해자의 청구에 의하여 손해배상에 갈음하거나 손해배상과 함께 명예회복에 적당한 처분을 명할 수 있다(민법 제764조).

☑ 중과실의 불법행위자는 피해자에 대한 채권을 가지고 피해자의 손해배상채권을 상계할 수 있다.

> 고의의 불법행위에 인한 손해배상채권에 대한 상계금지를 중과실의 불법행위에 인한 손해배상채권에까지 유추 또는 확장적용하여야 할 필요성이 있다고 할 수 없다(대판 1994.8.12., 93다52808).

⑤ 여럿이 공동의 불법행위로 타인에게 손해를 가한 때에는 분할하여 그 손해를 배상할 책임이 있다.

> 수인이 공동의 불법행위로 타인에게 손해를 가한 때에는 연대하여 그 손해를 배상할 책임이 있다(민법 제760조 제1항).

25 甲은 자신의 X건물을 공인노무사 乙에게 임대하였다. 乙이 X건물에서 사무소를 운영하고 있던 중 乙의 사무직원 丙의 과실로 X건물이 화재로 멸실되었다. 이에 관한 설명으로 옳지 않은 것은?(다툼이 있으면 판례에 따름)

① 甲은 乙에게 사용자책임을 주장할 수 있다.

② 甲은 乙에게 채무불이행으로 인한 손해배상을 청구할 수 있다.

③ 甲은 丙에게 채무불이행으로 인한 손해배상을 청구할 수 없다.

☑ 甲은 동시에 乙과 丙에 대하여 손해배상 전부의 이행을 청구할 수 없다.

> 甲은 乙과 丙에 대하여 동시에 또는 순차적으로 손해배상 전부의 이행을 청구할 수 있다.

⑤ 乙이 甲에게 손해를 배상한 경우, 乙은 丙에게 구상권을 행사할 수 있다.

내가 뽑은 원픽!

PART

04

사회보험법

[정답 및 해설]

01	02	03	04	05	06	07	08	09	10	11	12	13	14	15	16	17	18	19	20
⑤	①	②	②	④	④	④	④	①	①	⑤	③	①	④	③	②	⑤	①	③	②
21	22	23	24	25	26	27	28	29	30	31	32	33	34	35	36	37	38	39	40
③	①	⑤	②	③	②	③	⑤	⑤	④	④	②	④	④	⑤	⑤	⑤	①	④	③	②

01 사회보장기본법령상 보건복지부장관이 중장기 사회보장 재정추계 및 사회보장통계업무를 효율적으로 수행하기 위하여 필요하다고 인정하는 경우 관련 자료의 수집·조사 및 분석에 관한 업무 등을 위탁할 수 있는 기관 또는 단체를 모두 고른 것은?

> ㄱ. 정부출연연구기관 등의 설립·운영 및 육성에 관한 법률에 따라 설립된 정부출연연구기관
> ㄴ. 고등교육법 제2조에 따른 학교
> ㄷ. 특정연구기관 육성법 제2조에 따른 특정연구기관
> ㄹ. 국공립 연구기관

① ㄱ, ㄴ, ㄷ   ② ㄱ, ㄴ, ㄹ

③ ㄱ, ㄷ, ㄹ   ④ ㄴ, ㄷ, ㄹ

☑ ㄱ, ㄴ, ㄷ, ㄹ

> ㄱ, ㄴ, ㄷ, ㄹ 모두 보건복지부장관이 중장기 사회보장 재정추계 및 사회보장통계업무를 효율적으로 수행하기 위하여 필요하다고 인정하는 경우 관련 자료의 수집·조사 및 분석에 관한 업무 등을 위탁할 수 있는 기관 또는 단체에 해당한다. ⚖

⚖
법령

> **사회보장기본법 제32조의2(사회보장 재정추계 및 사회보장통계 등에 대한 민간위탁)**
> 보건복지부장관은 제5조 제4항에 따른 사회보장 재정추계 및 제32조에 따른 사회보장통계 업무를 효율적으로 수행하기 위하여 필요하다고 인정하는 경우에는 관련 자료의 수집·조사 및 분석에 관한 업무 등을 다음 각 호의 기관 또는 단체에 위탁할 수 있다.
> 1. 정부출연연구기관 등의 설립·운영 및 육성에 관한 법률에 따라 설립된 정부출연연구기관
> 2. 그 밖에 대통령령으로 정하는 전문기관 또는 단체
>
> **사회보장기본법 시행령 제18조의2(사회보장 재정추계 및 사회보장통계 등에 대한 민간위탁 대상기관)**
> 법 제32조의2 제2호에서 "대통령령으로 정하는 전문기관 또는 단체"란 다음 각 호의 어느 하나에 해당하는 기관 또는 단체를 말한다.
> 1. 고등교육법 제2조에 따른 학교
> 2. 특정연구기관 육성법 제2조에 따른 특정연구기관
> 3. 국공립 연구기관

02 사회보장기본법령에 관한 설명으로 옳지 않은 것은?

1
2
3

✔️ ① 보건복지부장관은 사회보장 행정데이터 분석센터의 설치·운영에 관한 사무를 수행하기 위하여 불가피한 경우 개인정보 보호법 시행령 제18조 제2호에 따른 범죄경력자료에 해당하는 정보를 처리할 수 있다.

> 보건복지부장관은 사회보장기본법 제43조에 따른 사회보장 행정데이터 분석센터의 설치·운영에 관한 사무를 수행하기 위하여 불가피한 경우 개인정보 보호법 제23조에 따른 건강에 관한 정보가 포함된 자료를 처리할 수 있다(사회보장기본법 제21조 제1항 제2호). ⚖️

② 보건복지부장관은 사회보장 분야 전문 인력 양성을 위하여 관계 중앙행정기관, 지방자치단체, 공공기관 및 법인·단체 등의 직원을 대상으로 사회보장에 관한 교육을 매년 1회 이상 실시할 수 있다.

> 보건복지부장관은 사회보장기본법 제31조에 따라 사회보장 분야 전문 인력 양성을 위하여 관계 중앙행정기관, 지방자치단체, 공공기관 및 법인·단체 등의 직원을 대상으로 사회보장에 관한 교육을 매년 1회 이상 실시할 수 있다(사회보장기본법 시행령 제17조 제1항).

③ 보건복지부장관은 사회보장정보시스템을 통해 다른 법령에 따라 국가 및 지방자치단체로부터 위탁받은 사회보장에 관한 업무를 수행할 수 있다.

> 사회보장기본법 시행령 제19조 제1항 제6호

④ 보건복지부장관은 사회보장통계의 작성·제출과 관련하여 작성 대상 범위, 절차 등의 내용을 포함한 사회보장통계 운용지침을 마련하여 매년 12월 31일까지 관계 중앙행정기관의 장과 지방자치단체의 장에게 통보하여야 한다.

> 사회보장기본법 시행령 제18조 제1항

⑤ 보건복지부장관이 사회보장정보시스템의 운영·지원을 위하여 설치할 수 있는 전담기구는 사회보장급여의 이용·제공 및 수급권자 발굴에 관한 법률 제29조에 따른 한국사회보장정보원으로 한다.

> 보건복지부장관이 사회보장기본법 제37조 제7항에 따라 설치할 수 있는 전담기구는 사회보장급여의 이용·제공 및 수급권자 발굴에 관한 법 제29조에 따른 한국사회보장정보원으로 한다(사회보장기본법 시행령 제19조 제6항, 사회보장기본법 제37조 제7항).

⚖️
법령

사회보장기본법 제21조(민감정보 및 고유식별정보의 처리)
① 보건복지부장관(사회보장기본법 제37조 제7항에 따른 전담기구를 포함한다)은 다음 각 호의 사무를 수행하기 위하여 불가피한 경우 각 호의 구분에 따른 자료를 처리할 수 있다.
  1. 법 제37조 및 이 영 제19조 제1항부터 제3항까지의 규정에 따른 사회보장정보시스템의 구축 및 운영 등에 관한 사무 : 개인정보보호법 제23조에 따른 건강에 관한 정보(건강관리, 건강검진 및 의료비 지원에 관한 정보만 해당한다), 같은 법 시행령 제18조 제2호에 따른 범죄경력자료에 해당하는 정보, 같은 영 제19조 제1호부터 제4호까지의 규정에 따른 주민등록번호, 여권번호, 운전면허번호 또는 외국인등록번호가 포함된 자료
  2. 법 제43조에 따른 사회보장 행정데이터 분석센터의 설치·운영에 관한 사무 : 개인정보 보호법 제23조에 따른 건강에 관한 정보가 포함된 자료
② 위원회는 법 제42조에 따른 사회보장 행정데이터의 제공 요청에 관한 사무를 수행하기 위하여 불가피한 경우 개인정보 보호법 제23조에 따른 건강에 관한 정보가 포함된 자료를 처리할 수 있다.

03 사회보장기본법령상 사회보장 재정추계(財政推計)에 관한 설명으로 옳지 않은 것은?

① 국가는 사회보장제도의 안정적인 운영을 위하여 중장기 사회보장 재정추계를 격년으로 실시하고 이를 공표하여야 한다.

> 사회보장기본법 제5조 제4항

☑ 보건복지부장관은 사회보장 재정추계를 위하여 재정추계를 실시하는 해의 1월 31일까지 재정추계 세부지침을 마련하여야 한다.

> 보건복지부장관은 사회보장 재정추계(財政推計)를 위하여 재정추계를 실시하는 해의 3월 31일까지 재정추계 세부지침을 마련하여야 한다. 이 경우 재정추계 세부지침에는 재정의 세부범위, 추계방법, 추진체계, 공표방법·절차 등이 포함되어야 한다(사회보장기본법 시행령 제2조 제1항). ⚖

③ 보건복지부장관은 마련한 재정추계 세부지침에 따라 추계를 실시하는 해의 9월 30일까지 재정추계를 하고, 그 결과를 사회보장위원회의 심의를 거쳐 같은 해 10월 31일까지 관계 중앙행정기관의 장에게 통보하여야 한다.

> 사회보장기본법 시행령 제2조 제2항 ⚖

④ 관계 중앙행정기관의 장은 재정추계 결과를 바탕으로 정책개선안을 마련하여 같은 해 12월 31일까지 보건복지부장관에게 제출하여야 한다.

> 사회보장기본법 시행령 제2조 제3항 ⚖

⑤ 보건복지부장관은 정책개선안을 종합하여 이를 추계 실시 해의 다음 해 3월 31일까지 사회보장위원회에 보고하여야 한다.

> 사회보장기본법 시행령 제2조 제4항 ⚖

⚖
법령

사회보장기본법 시행령 제2조(사회보장 재정추계 등)
① 보건복지부장관은 사회보장기본법(이하 "법"이라 한다) 제5조 제4항에 따른 사회보장 재정추계(財政推計)를 위하여 재정추계를 실시하는 해의 3월 31일까지 재정추계 세부지침을 마련하여야 한다. 이 경우 재정추계 세부지침에는 재정의 세부범위, 추계방법, 추진체계, 공표방법·절차 등이 포함되어야 한다.
② 보건복지부장관은 제1항의 재정추계 세부지침에 따라 추계를 실시하는 해의 9월 30일까지 재정추계를 하고, 그 결과를 법 제20조에 따른 사회보장위원회(이하 "위원회"라 한다)의 심의를 거쳐 같은 해 10월 31일까지 관계 중앙행정기관의 장에게 통보하여야 한다.
③ 관계 중앙행정기관의 장은 제2항에 따른 재정추계 결과를 바탕으로 정책개선안을 마련하여 같은 해 12월 31일까지 보건복지부장관에게 제출하여야 한다.
④ 보건복지부장관은 제3항에 따라 제출받은 정책개선안을 종합하여 이를 추계 실시 해의 다음 해 3월 31일까지 위원회에 보고하여야 한다.

04 고용보험법상 장애인고용촉진 및 직업재활법 제2조 제1호에 따른 장애인의 피보험기간이 1년인 구직급여의 소정급여일수는?

① 120일　　　　　　　　　　　　　　　✔ 180일

③ 210일　　　　　　　　　　　　　　　④ 240일

⑤ 270일

> 장애인고용촉진 및 직업재활법 제2조 제1호에 따른 장애인의 피보험기간이 1년인 구직급여의 소정급여일수는 <u>180일</u>이다(고용보험법 [별표 1]). ⚖️

⚖️ 법령

고용보험법 [별표 1] 구직급여의 소정급여일수(제50조 제1항 관련)

구분		피보험기간				
		1년 미만	<u>1년 이상 3년 미만</u>	3년 이상 5년 미만	5년 이상 10년 미만	10년 이상
이직일 현재 연령	50세 미만	120일	150일	180일	210일	240일
	50세 이상	120일	<u>180일</u>	210일	240일	270일

비고 : 장애인고용촉진 및 직업재활법 제2조 제1호에 따른 장애인은 50세 이상인 것으로 보아 위 표를 적용한다.

05 고용보험법상 심사 및 재심사청구에 관한 설명으로 옳은 것은?

① 직업안정기관 또는 근로복지공단은 심사청구서를 받은 날부터 7일 이내에 의견서를 첨부하여 심사청구서를 고용보험심사관에 보내야 한다.

> 직업안정기관 또는 근로복지공단은 심사청구서를 받은 날부터 <u>5일 이내에 의견서를 첨부하여 심사청구서를 심사관에게 보내야 한다</u>(고용보험법 제90조 제2항).

② 고용보험심사관은 원처분 등의 집행에 의하여 발생하는 중대한 위해(危害)를 피하기 위하여 긴급한 필요가 있다고 인정되더라도 직권으로는 그 집행을 정지시킬 수 없다.

> <u>심사의 청구는 원처분 등의 집행을 정지시키지 아니한다.</u> 다만, 심사관은 원처분 등의 집행에 의하여 발생하는 중대한 위해(危害)를 피하기 위하여 긴급한 필요가 있다고 인정하면 직권으로 그 집행을 정지시킬 수 있다(고용보험법 제93조 제1항).

③ 육아휴직 급여와 출산전후휴가 급여 등에 관한 처분에 대한 심사의 청구는 근로복지공단을 거쳐 고용보험심사관에게 하여야 한다.

> 심사를 청구하는 경우 제17조에 따른 피보험자격의 취득·상실 확인에 대한 심사의 청구는 산업재해보상보험법 제10조에 따른 근로복지공단(이하 "근로복지공단"이라 한다)을, 육아휴직 급여와 출산전후휴가 급여 등에 관한 처분에 대한 심사의 청구는 <u>직업안정기관의 장을 거쳐 심사관에게 하여야 한다</u>(고용보험법 제90조 제1항).

✔ 고용보험심사관은 심사의 청구에 대한 심리(審理)를 마쳤을 때에는 원처분 등의 전부 또는 일부를 취소하거나 심사청구의 전부 또는 일부를 기각한다.

> 고용보험법 제96조

⑤ 심사청구에 대한 결정은 심사청구인 및 직업안정기관의 장 또는 근로복지공단에 결정서의 정본을 보낸 다음 날부터 효력이 발생한다.

> 심사청구에 대한 결정은 심사청구인 및 직업안정기관의 장 또는 근로복지공단에 결정서의 정본을 보낸 날부터 효력이 발생한다(고용보험법 제98조 제1항).

06 고용보험법령상 육아휴직 급여 등의 특례에 관한 내용이다. ( )에 들어갈 내용은?

```
1
2
3
```

> 같은 자녀에 대하여 자녀의 출생 후 18개월이 될 때까지 피보험자인 부모가 모두 육아휴직을 하는 경우(부모의 육아휴직기간이 전부 또는 일부 겹치지 않은 경우를 포함한다) 그 부모인 피보험자의 육아휴직 급여의 월별 지급액은 육아휴직 7개월째부터 육아휴직 종료일까지는 육아휴직 시작일을 기준으로 한 각 피보험자의 월 통상임금의 (ㄱ)에 해당하는 금액으로 한다. 다만, 해당 금액이 (ㄴ)만원을 넘는 경우에는 부모 각각에 대하여 (ㄴ)만원으로 하고, 해당 금액이 70만원보다 적은 경우에는 부모 각각에 대하여 70만원으로 한다.

① ㄱ : 100분의 70, ㄴ : 150   ② ㄱ : 100분의 70, ㄴ : 200
③ ㄱ : 100분의 80, ㄴ : 100   ✔ ㄱ : 100분의 80, ㄴ : 150
⑤ ㄱ : 100분의 80, ㄴ : 200

> 같은 자녀에 대하여 자녀의 출생 후 18개월이 될 때까지 피보험자인 부모가 모두 육아휴직을 하는 경우(부모의 육아휴직기간이 전부 또는 일부 겹치지 않은 경우를 포함한다) 그 부모인 피보험자의 육아휴직 급여의 월별 지급액은 육아휴직 7개월째부터 육아휴직 종료일까지 육아휴직 시작일을 기준으로 한 각 피보험자의 월 통상임금의 (100분의 80)에 해당하는 금액으로 한다. 다만, 해당 금액이 (150)만원을 넘는 경우에는 부모 각각에 대하여 (150)만원으로 하고, 해당 금액이 70만원보다 적은 경우에는 부모 각각에 대하여 70만원으로 한다(고용보험법 시행령 제95조의3 제1항 제2호). ⚖️

⚖️ 법령

고용보험법 시행령 제95조의3(출생 후 18개월 이내의 자녀에 대한 육아휴직 급여 등의 특례)
① 제95조 제1항 및 제95조의2 제1항·제2항에도 불구하고 같은 자녀에 대하여 자녀의 출생 후 18개월이 될 때까지 피보험자인 부모가 모두 육아휴직을 하는 경우(부모의 육아휴직기간이 전부 또는 일부 겹치지 않은 경우를 포함한다) 그 부모인 피보험자의 육아휴직 급여의 월별 지급액은 다음 각 호의 구분에 따라 산정한 금액으로 한다.
1. 육아휴직 시작일부터 6개월까지 : 육아휴직 시작일을 기준으로 한 각 피보험자의 월 통상임금에 해당하는 금액. 이 경우 그 월별 지급액의 상한액은 다음 각 목의 구분에 따르며, 그 월별 지급액의 하한액은 부모 각각에 대하여 70만원으로 한다.
   가. 부모가 육아휴직을 사용한 기간이 각각 1개월인 경우 : 부모 각각에 대하여 월 200만원
   나. 부모가 육아휴직을 사용한 기간이 각각 2개월인 경우 : 부모 각각에 대하여 첫 번째 달은 월 200만원, 두 번째 달은 월 250만원
   다. 부모가 육아휴직을 사용한 기간이 각각 3개월인 경우 : 부모 각각에 대하여 첫 번째 달은 월 200만원, 두 번째 달은 월 250만원, 세 번째 달은 월 300만원
   라. 부모가 육아휴직을 사용한 기간이 각각 4개월인 경우 : 부모 각각에 대하여 첫 번째 달은 월 200만원, 두 번째 달은 월 250만원, 세 번째 달은 월 300만원, 네 번째 달은 월 350만원
   마. 부모가 육아휴직을 사용한 기간이 각각 5개월인 경우 : 부모 각각에 대하여 첫 번째 달은 월 200만원, 두 번째 달은 월 250만원, 세 번째 달은 월 300만원, 네 번째 달은 월 350만원, 다섯 번째 달은 월 400만원

바. 부모가 육아휴직을 사용한 기간이 각각 6개월인 경우 : 부모 각각에 대하여 첫 번째 달은 월 200만원, 두 번째 달은 월 250만원, 세 번째 달은 월 300만원, 네 번째 달은 월 350만원, 다섯 번째 달은 월 400만원, 여섯 번째 달은 월 450만원

2. 육아직 7개월째부터 육아휴직 종료일까지 : 육아휴직 시작일을 기준으로 한 각 피보험자의 월 통상임금의 100분의 80에 해당하는 금액. 다만, 해당 금액이 150만원을 넘는 경우에는 부모 각각에 대하여 150만원으로 하고, 해당 금액이 70만원보다 적은 경우에는 부모 각각에 대하여 70만원으로 한다.

07 고용보험법령상 보험가입 등에 관한 설명으로 옳지 않은 것은?

① 국가공무원법에 따른 임기제 공무원(이하 "임기제 공무원"이라 한다)의 경우는 본인의 의사에 따라 고용보험(실업급여에 한정)에 가입할 수 있다.

> 고용보험법 제10조 제1항 제3호 단서

② 임기제 공무원이 원하는 경우에는 임용된 날부터 3개월 이내에 고용노동부장관에게 직접 고용보험 가입을 신청할 수 있다.

> 소속기관의 장은 제1항에 따라 보험가입 의사가 있는 것으로 확인된 가입대상 공무원에 대하여 임용된 날부터 3개월 이내에 고용노동부장관에게 고용보험 가입을 신청하여야 한다. 다만, 해당 가입대상 공무원이 원하는 경우에는 같은 기간에 직접 가입을 신청할 수 있으며, 이 경우 고용노동부장관은 가입 신청 사실을 소속기관의 장에게 알려야 한다(고용보험법 시행령 제3조의2 제2항). ⚖️

③ 고용보험 피보험자격을 취득한 임기제 공무원이 공무원 신분의 변동에 따라 계속하여 다른 임기제 공무원으로 임용된 때에는 별도의 가입신청을 하지 않은 경우에도 고용보험의 피보험자격을 유지한다.

> 가입을 신청한 경우에 해당 가입대상 공무원은 가입을 신청한 날의 다음 날에 피보험자격을 취득한 것으로 본다. 이 경우 피보험자격을 취득한 공무원이 공무원 신분의 변동에 따라 계속하여 다른 별정직 또는 임기제 공무원으로 임용된 때에는 별도의 가입신청을 하지 않은 경우에도 고용보험의 피보험자격을 유지한다(고용보험법 시행령 제3조의2 제3항). ⚖️

✅ 임기제 공무원이 가입한 고용보험에서 탈퇴한 이후에 가입대상 공무원으로 계속 재직하는 경우 본인의 신청에 의하여 고용보험에 다시 가입할 수 있다.

> 고용보험에서 탈퇴한 이후에 가입대상 공무원으로 계속 재직하는 동안에는 고용보험에 다시 가입할 수 없으며, 고용보험에서 탈퇴한 이후에는 수급자격을 인정하지 아니한다. 다만, 탈퇴한 공무원이 가입대상 공무원의 직에서 이직(가입대상 공무원 외의 공무원으로 임용된 경우를 포함한다)한 이후에 법과 이 영에 따라 다시 피보험자격을 취득한 경우에는 법 제40조 제1항 제1호에 따른 피보험 단위기간을 산정하는 경우에 그 이전 가입대상 공무원 재직 시의 피보험기간 중 법 제41조 제1항에 따른 보수 지급의 기초가 된 날을 합산하고, 법 제50조에 따라 피보험기간을 산정하는 경우에 탈퇴하기 전의 피보험기간도 같은 조에서 규정하고 있는 피보험기간에 포함하여 산정한다(고용보험법 시행령 제3조의2 제5항). ⚖️

⑤ 고용보험에 가입한 임기제 공무원에 대한 보험료는 소속기관과 고용보험에 가입한 임기제 공무원이 각각 2분의 1씩 부담한다.

> 고용보험에 가입한 공무원에 대한 보험료율은 고용산재보험료고용보험 및 산업재해보상보험의 보험료징수 등에 관한 법 시행령 제12조 제1항 제2호에 따른 실업급여의 보험료율로 하되, 소속기관과 고용보험에 가입한 공무원이 각각 2분의 1씩 부담한다(고용보험법 시행령 제3조의2 제6항). ⚖️

⚖️ 법령

고용보험법 시행령 제3조의2(별정직·임기제 공무원의 보험 가입)

① 별정직 또는 임기제 공무원(이하 "가입대상 공무원"이라 한다)을 임용하는 행정기관(이하 "소속기관"이라 한다)의 장은 가입대상 공무원이 해당 소속기관에 최초로 임용된 경우 지체 없이 법 제10조 제1항 제3호 단서에 따른 본인의 의사를 확인하여야 한다.

② 소속기관의 장은 제1항에 따라 보험가입 의사가 있는 것으로 확인된 가입대상 공무원에 대하여 임용된 날부터 3개월 이내에 고용노동부장관에게 고용보험 가입을 신청하여야 한다. 다만, 해당 가입대상 공무원이 원하는 경우에는 같은 기간에 직접 가입을 신청할 수 있으며, 이 경우 고용노동부장관은 가입 신청 사실을 소속기관의 장에게 알려야 한다.

③ 제1항 또는 제2항에 따라 가입을 신청한 경우에 해당 가입대상 공무원은 가입을 신청한 날의 다음 날에 피보험자격을 취득한 것으로 본다. 이 경우 피보험자격을 취득한 공무원이 공무원 신분의 변동에 따라 계속하여 다른 별정직 또는 임기제 공무원으로 임용된 때에는 별도의 가입신청을 하지 않은 경우에도 고용보험의 피보험자격을 유지한다.

④ 고용보험에 가입한 공무원이 고용보험에서 탈퇴하려는 경우에는 고용노동부장관에게 탈퇴신청을 하여야 한다. 이 경우 탈퇴를 신청한 날의 다음 날에 피보험자격을 상실한 것으로 본다.

⑤ 제4항에 따라 고용보험에서 탈퇴한 이후에 가입대상 공무원으로 계속 재직하는 동안에는 고용보험에 다시 가입할 수 없으며, 고용보험에서 탈퇴한 이후에는 수급자격을 인정하지 아니한다. 다만, 탈퇴한 공무원이 가입대상 공무원의 직에서 이직(가입대상 공무원 외의 공무원으로 임용된 경우를 포함한다)한 이후에 법과 이 영에 따라 다시 피보험자격을 취득한 경우에는 법 제40조 제1항 제1호에 따른 피보험 단위기간을 산정하는 경우에 그 이전 가입대상 공무원 재직 시의 피보험기간 중 법 제41조 제1항에 따른 보수 지급의 기초가 된 날을 합산하고, 법 제50조에 따라 피보험기간을 산정하는 경우에 탈퇴하기 전의 피보험기간도 같은 조에서 규정하고 있는 피보험기간에 포함하여 산정한다.

⑥ 고용보험에 가입한 공무원에 대한 보험료율은 고용산재보험료고용보험 및 산업재해보상보험의 보험료징수 등에 관한 법시행령 제12조 제1항 제2호에 따른 실업급여의 보험료율로 하되, 소속기관과 고용보험에 가입한 공무원이 각각 2분의 1씩 부담한다.

---

08 고용보험법령상 실업급여에 관한 설명으로 옳지 않은 것은?

1 2 3

① 실업급여수급계좌의 해당 금융기관은 고용보험법에 따른 실업급여만이 실업급여수급계좌에 입금되도록 관리하여야 한다.

> 고용보험법 제37조의2 제2항

② 직업안정기관의 장은 수급자격 인정신청을 한 사람에게 신청인이 원하는 경우에는 해당 실업급여를 실업급여수급계좌로 받을 수 있다는 사실을 안내하여야 한다.

> 고용보험법 시행령 제58조의2 제3항

③ 실업급여수급계좌에 입금된 실업급여 금액 전액 이하의 금액에 관한 채권은 압류할 수 없다.

> 지정된 실업급여수급계좌의 예금 중 실업급여수급계좌에 입금된 금액 전액 이하의 금액에 관한 채권은 압류할 수 없다(고용보험법 제38조 제2항, 동법 시행령 제58조의3).

✔️ 실업급여로서 지급된 금품에 대하여는 국세기본법 제2조 제8호의 공과금을 부과한다.

> 실업급여로서 지급된 금품에 대하여는 국가나 지방자치단체의 공과금(국세기본법 제2조 제8호 또는 지방세기본법 제2조 제1항 제26호에 따른 공과금을 말한다)을 부과하지 아니한다(고용보험법 제38조의2).

⑤ 직업안정기관의 장은 정보통신장애로 인하여 실업급여를 실업급여수급계좌로 이체할 수 없을 때에는 해당 실업급여 금액을 수급자격자에게 직접 현금으로 지급할 수 있다.

> 직업안정기관의 장은 수급자격자의 신청이 있는 경우에는 실업급여를 수급자격자 명의의 지정된 계좌로 입금하여야 한다. 다만, 정보통신장애로 실업급여를 실업급여수급계좌로 이체할 수 없을 때에는 현금 지급 등 대통령령으로 정하는 바에 따라 실업급여를 지급할 수 있다(고용보험법 제37조의2 제1항, 동법 시행령 제58조의2 제2항).

09 고용보험법상 최종 이직 당시 단기예술인인 피보험자에게만 적용되는 구직급여 지급요건을 모두 고른 것은?

ㄱ. 수급자격의 인정신청일 이전 1개월 동안의 노무제공일수가 10일 미만이거나 수급자격 인정신청일 이전 14일간 연속하여 노무제공내역이 없을 것
ㄴ. 이직일 이전 24개월 동안의 피보험 단위기간이 통산하여 9개월 이상일 것
ㄷ. 이직일 이전 24개월 중 3개월 이상을 예술인 피보험자로 피보험자격을 유지하였을 것
ㄹ. 최종 이직일 이전 24개월 동안의 피보험 단위기간 중 다른 사업에서 제77조의5 제2항에서 준용하는 제58조에 따른 수급자격의 제한 사유에 해당하는 사유로 이직한 사실이 있는 경우에는 그 피보험 단위기간 중 90일 이상을 단기예술인으로 종사하였을 것
ㅁ. 근로 또는 노무제공의 의사와 능력이 있음에도 불구하고 취업(영리를 목적으로 사업을 영위하는 경우를 포함한다)하지 못한 상태에 있을 것

 ㄱ, ㄹ

② ㄱ, ㄴ, ㅁ

③ ㄴ, ㄹ, ㅁ

④ ㄴ, ㄷ, ㄹ, ㅁ

⑤ ㄱ, ㄴ, ㄷ, ㄹ, ㅁ

> 고용보험법상 최종 이직 당시 단기예술인인 피보험자에게만 적용되는 구직급여 지급요건에 해당하는 것은 ㄱ과 ㄹ이다.
> ㄱ. (ㅇ) 최종 이직 당시 단기예술인이었던 예술인에게 수급자격의 인정신청일 이전 1개월 동안의 노무제공일수가 10일 미만이거나 수급자격 인정신청일 이전 14일간 연속하여 노무제공내역이 없을 것(고용보험법 제77조의3 제1항 제6호 가목).
> ㄴ. (×) 이직일 이전 24개월 동안의 피보험 단위기간이 통산하여 9개월 이상일 것(고용보험법 제77조의3 제1항 제1호)은 예술인의 구직급여 지급요건에 해당한다. 하지만 최종 이직 당시 단기예술인인 피보험자에게만 적용되는 구직급여 지급요건을 고르는 것이므로 옳지 않다.
> ㄷ. (×) 이직일 이전 24개월 중 3개월 이상을 예술인 피보험자로 피보험자격을 유지하였을 것(고용보험법 제77조의3 제1항 제4호)은 예술인의 구직급여 지급요건에 해당한다. 하지만 최종 이직 당시 단기예술인인 피보험자에게만 적용되는 구직급여 지급요건을 고르는 것이므로 옳지 않다.
> ㄹ. (ㅇ) 최종 이직일 이전 24개월 동안의 피보험 단위기간 중 다른 사업에서 제77조의5 제2항에서 준용하는 제58조에 따른 수급자격의 제한 사유에 해당하는 사유로 이직한 사실이 있는 경우에는 그 피보험 단위기간 중 90일 이상을 단기예술인으로 종사하였을 것(고용보험법 제77조의3 제1항 제6호 나목)
> ㅁ. (×) 근로 또는 노무제공의 의사와 능력이 있음에도 불구하고 취업(영리를 목적으로 사업을 영위하는 경우를 포함한다. 이하 이 장에서 같다)하지 못한 상태에 있을 것(고용보험법 제77조의3 제1항 제2호)은 예술인의 구직급여 지급요건에 해당한다. 하지만 최종 이직 당시 단기예술인인 피보험자에게만 적용되는 구직급여 지급요건을 고르는 것이므로 옳지 않다.

⚖️ 법령

고용보험법 제77조의3(예술인인 피보험자에 대한 구직급여)

① 예술인의 구직급여는 다음 각 호의 요건을 모두 갖춘 경우에 지급한다. 다만, 제6호는 최종 이직 당시 단기예술인이었던 사람만 해당한다.

1. 이직일 이전 24개월 동안의 피보험 단위기간이 통산하여 9개월 이상일 것
2. 근로 또는 노무제공의 의사와 능력이 있음에도 불구하고 취업(영리를 목적으로 사업을 영위하는 경우를 포함한다. 이하 이 장에서 같다)하지 못한 상태에 있을 것
3. 이직사유가 제77조의5 제2항에서 준용하는 제58조에 따른 수급자격의 제한 사유에 해당하지 아니할 것. 다만, 제77조의5 제2항에서 준용하는 제58조 제2호 가목에도 불구하고 예술인이 이직할 당시 대통령령으로 정하는 바에 따른 소득감소로 인하여 이직하였다고 직업안정기관의 장이 인정하는 경우에는 제58조에 따른 수급자격의 제한 사유에 해당하지 아니하는 것으로 본다.
4. 이직일 이전 24개월 중 3개월 이상을 예술인인 피보험자로 피보험자격을 유지하였을 것
5. 재취업을 위한 노력을 적극적으로 할 것
6. 다음 각 목의 요건을 모두 갖출 것
   가. 수급자격의 인정신청일 이전 1개월 동안의 노무제공일수가 10일 미만이거나 수급자격 인정신청일 이전 14일간 연속하여 노무제공내역이 없을 것
   나. 최종 이직일 이전 24개월 동안의 피보험 단위기간 중 다른 사업에서 제77조의5 제2항에서 준용하는 제58조에 따른 수급자격의 제한 사유에 해당하는 사유로 이직한 사실이 있는 경우에는 그 피보험 단위기간 중 90일 이상을 단기예술인으로 종사하였을 것

10 고용보험법령상 연장급여의 상호 조정 등에 관한 설명으로 옳지 않은 것은?

① ✔ 훈련연장급여의 지급 기간은 1년을 한도로 한다.

> 직업안정기관의 장은 직업능력개발 훈련 등을 받도록 지시한 경우에는 수급자격자가 그 직업능력개발 훈련 등을 받는 기간 중 실업의 인정을 받은 날에 대하여는 소정급여일수를 초과하여 구직급여를 연장하여 지급할 수 있다. 이 경우 연장하여 지급하는 구직급여(이하 "훈련연장급여"라 한다)의 지급 기간은 2년을 한도로 한다(고용보험법 제51조 제2항, 동법 시행령 제72조).

② 훈련연장급여를 지급받고 있는 수급자격자에게는 그 훈련연장급여의 지급이 끝난 후가 아니면 특별연장급여를 지급하지 아니한다.

> 훈련연장급여를 지급받고 있는 수급자격자에게는 그 훈련연장급여의 지급이 끝난 후가 아니면 개별연장급여 및 특별연장급여를 지급하지 아니한다(고용보험법 제55조 제2항). ⚖️

③ 개별연장급여를 지급받고 있는 수급자격자가 훈련연장급여를 지급받게 되면 개별연장급여를 지급하지 아니한다.

> 개별연장급여 또는 특별연장급여를 지급받고 있는 수급자격자가 훈련연장급여를 지급받게 되면 개별연장급여나 특별연장급여를 지급하지 아니한다(고용보험법 제55조 제3항). ⚖️

④ 특별연장급여를 지급받고 있는 수급자격자에게는 특별연장급여의 지급이 끝난 후가 아니면 개별연장급여를 지급하지 아니한다.

> 특별연장급여를 지급받고 있는 수급자격자에게는 특별연장급여의 지급이 끝난 후가 아니면 개별연장급여를 지급하지 아니하고, 개별연장급여를 지급받고 있는 수급자격자에게는 개별연장급여의 지급이 끝난 후가 아니면 특별연장급여를 지급하지 아니한다(고용보험법 제55조 제4항). ⚖️

⑤ 특별연장급여는 그 수급자격자가 지급받을 수 있는 구직급여의 지급이 끝난 후에 지급한다.

고용보험법 제55조 제1항 ⚖️

⚖️
법령

고용보험법 제55조(연장급여의 상호 조정 등)
① 제51조부터 제53조까지의 규정에 따른 연장급여는 제48조에 따라 그 수급자격자가 지급받을 수 있는 구직급여의 지급이 끝난 후에 지급한다.
② 훈련연장급여를 지급받고 있는 수급자격자에게는 그 훈련연장급여의 지급이 끝난 후가 아니면 개별연장급여 및 특별연장급여를 지급하지 아니한다.
③ 개별연장급여 또는 특별연장급여를 지급받고 있는 수급자격자가 훈련연장급여를 지급받게 되면 개별연장급여나 특별연장급여를 지급하지 아니한다.
④ 특별연장급여를 지급받고 있는 수급자격자에게는 특별연장급여의 지급이 끝난 후가 아니면 개별연장급여를 지급하지 아니하고, 개별연장급여를 지급받고 있는 수급자격자에게는 개별연장급여의 지급이 끝난 후가 아니면 특별연장급여를 지급하지 아니한다.
⑤ 그 밖에 연장급여의 조정에 관하여 필요한 사항은 고용노동부령으로 정한다.

---

11 고용보험법상 훈련연장급여에 관한 내용이다. (　　　)에 들어갈 숫자를 순서대로 옳게 나열한 것은?

1
2
3

> 제54조(연장급여의 수급기간 및 구직급여일액)
> ① 〈중략〉
> ② 제51조에 따라 훈련연장급여를 지급하는 경우에 그 일액은 해당 수급자격자의 구직급여일액의 100분의 (　　　)으로 하고, 제52조 또는 제53조에 따라 개별연장급여 또는 특별연장급여를 지급하는 경우에 그 일액은 해당 수급자격자의 구직급여 일액의 100분의 (　　　)을 곱한 금액으로 한다.

① 60, 60　　　　　　　　　　　　② 70, 60
③ 80, 60　　　　　　　　　　　　④ 90, 70
✔️ 100, 70

> 제51조에 따라 훈련연장급여를 지급하는 경우에 그 일액은 해당 수급자격자의 구직급여일액의 100분의 (100)으로 하고, 제52조 또는 제53조에 따라 개별연장급여 또는 특별연장급여를 지급하는 경우에 그 일액은 해당 수급자격자의 구직급여일액의 100분의 (70)을 곱한 금액으로 한다(고용보험법 제54조 제2항). ⚖️

⚖️
법령

고용보험법 제54조(연장급여의 수급기간 및 구직급여일액)
① 제51조부터 제53조까지의 규정에 따른 연장급여를 지급하는 경우에 그 수급자격자의 수급기간은 제48조에 따른 그 수급자격자의 수급기간에 연장되는 구직급여일수를 더하여 산정한 기간으로 한다.
② 제51조에 따라 훈련연장급여를 지급하는 경우에 그 일액은 해당 수급자격자의 구직급여일액의 100분의 100으로 하고, 제52조 또는 제53조에 따라 개별연장급여 또는 특별연장급여를 지급하는 경우에 그 일액은 해당 수급자격자의 구직급여일액의 100분의 70을 곱한 금액으로 한다.
③ 제2항에 따라 산정된 구직급여일액이 제46조 제2항에 따른 최저구직급여일액보다 낮은 경우에는 최저구직급여일액을 그 수급자격자의 구직급여일액으로 한다.

12 고용보험법령상 고용유지지원금에 관한 설명이다. (   )에 들어갈 내용으로 옳은 것은?(다만, 2020년 보험연도의 경우는 제외한다.)

1
2
3

> 고용유지지원금은 그 조치를 실시한 일수(둘 이상의 고용유지조치를 동시에 실시한 날은 (ㄱ)로 본다)의 합계가 그 보험연도의 기간 중에 (ㄴ)에 이를 때까지만 각각의 고용유지조치에 대하여 고용유지지원금을 지급한다.

① ㄱ : 1일, ㄴ : 60일   ② ㄱ : 1일, ㄴ : 90일

❸ ㄱ : 1일, ㄴ : 180일   ④ ㄱ : 2일, ㄴ : 90일

⑤ ㄱ : 2일, ㄴ : 180일

> 고용유지지원금은 그 조치를 실시한 일수(둘 이상의 고용유지조치를 동시에 실시한 날은 (1일)로 본다)의 합계가 그 보험연도의 기간 중에 (180일)에 이를 때까지만 각각의 고용유지조치에 대하여 고용유지지원금을 지급한다(고용보험법 시행령 제21조 제2항).

법령

고용보험법 시행령 제21조(고용유지지원금의 금액 등)
① 고용유지지원금은 다음 각 호에 해당하는 금액으로 한다. 다만, 고용노동부장관이 실업의 급증 등 고용사정이 악화되어 고용안정을 위하여 필요하다고 인정할 때에는 1년의 범위에서 고용노동부장관이 정하여 고시하는 기간에 사업주가 피보험자의 임금을 보전하기 위하여 지급한 금품의 4분의 3 이상 10분의 9 이하로서 고용노동부장관이 정하여 고시하는 비율[우선지원대상기업에 해당하지 않는 기업(이하 "대규모기업"이라 한다)의 경우에는 3분의 2]에 해당하는 금액으로 한다.
1. 근로시간 조정, 교대제 개편, 휴업 또는 휴직 등으로 단축된 근로시간이 역에 따른 1개월의 기간 동안 100분의 50 미만인 경우 : 단축된 근로시간 또는 휴직기간에 대하여 사업주가 피보험자의 임금을 보전하기 위하여 지급한 금품의 3분의 2(대규모기업의 경우에는 2분의 1)에 해당하는 금액
2. 근로시간 조정, 교대제 개편, 휴업 또는 휴직 등으로 단축된 근로시간이 역에 따른 1개월의 기간 동안 100분의 50 이상인 경우 : 단축된 근로시간 또는 휴직기간에 대하여 사업주가 피보험자의 임금을 보전하기 위하여 지급한 금품의 3분의 2에 해당하는 금액
② 제1항에 따른 고용유지지원금은 그 조치를 실시한 일수(둘 이상의 고용유지조치를 동시에 실시한 날은 1일로 본다)의 합계가 그 보험연도의 기간 중에 180일에 이를 때까지만 각각의 고용유지조치에 대하여 고용유지지원금을 지급한다.

13 고용보험법령상 고용보험위원회(이하 '위원회'라 한다)에 관한 설명으로 옳지 않은 것은?

☑ 위원회의 위원장은 고용노동부차관이 되며, 그 위원장은 위원을 임명하거나 위촉한다.

> 위원회의 위원장은 고용노동부차관이 되고, 위원은 각각 같은 수(數)로 고용노동부장관이 임명하거나 위촉하는 사람이 된다(고용보험법 제7조 제4항). ⚖

② 위원회에는 고용보험운영전문위원회와 고용보험평가전문위원회를 둔다.

> 위원회는 심의 사항을 사전에 검토·조정하기 위하여 위원회에 전문위원회를 둘 수 있다(고용보험법 제7조 제5항). 위원회에 고용보험운영전문위원회와 고용보험평가전문위원회(이하 "전문위원회"라 한다)를 둔다(동법 시행령 제1조의7 제1항). ⚖

③ 위원회의 위원 중 정부를 대표하는 사람은 임명의 대상이 된다.

> 위원회의 위원장은 고용노동부차관이 되고, 위원은 정부를 대표하는 사람 중에서 각각 같은 수(數)로 고용노동부장관이 임명하거나 위촉하는 사람이 된다(고용보험법 제7조 4항). 정부를 대표하는 사람은 고용보험 관련 중앙행정기관의 고위공무원단에 속하는 공무원 중에서 고용노동부장관이 임명한다(고용보험법 시행령 제1조의3 제3항). ⚖

④ 위원회의 간사는 1명을 두되, 간사는 고용노동부 소속 공무원 중에서 위원장이 임명한다.

> 고용보험법 시행령 제1조의10

⑤ 고용보험 및 산업재해보상보험의 보험료징수 등에 관한 법률에 따른 보험료율의 결정에 관한 사항은 위원회의 심의사항이다.

> 위원회는 고용산재보험료고용보험 및 산업재해보상보험의 보험료징수 등에 관한 법에 따른 보험료율의 결정에 관한 사항을 심의한다(고용보험법 제7조 제2항 제2호). ⚖

⚖ 법령

> **고용보험법 제7조(고용보험위원회)**
> ① 이 법 및 고용산재보험료고용보험 및 산업재해보상보험의 보험료징수 등에 관한 법(보험에 관한 사항만 해당한다)의 시행에 관한 주요 사항을 심의하기 위하여 고용노동부에 고용보험위원회(이하 이 조에서 "위원회"라 한다)를 둔다.
> ② 위원회는 다음 각 호의 사항을 심의한다.
> 　1. 보험제도 및 보험사업의 개선에 관한 사항
> 　2. 고용산재보험료고용보험 및 산업재해보상보험의 보험료징수 등에 관한 법에 따른 보험료율의 결정에 관한 사항
> 　3. 제11조의2에 따른 보험사업의 평가에 관한 사항
> 　4. 제81조에 따른 기금운용 계획의 수립 및 기금의 운용 결과에 관한 사항
> 　5. 그 밖에 위원장이 보험제도 및 보험사업과 관련하여 위원회의 심의가 필요하다고 인정하는 사항
> ③ 위원회는 위원장 1명을 포함한 20명 이내의 위원으로 구성한다.
> ④ 위원회의 위원장은 고용노동부차관이 되고, 위원은 다음 각 호의 사람 중에서 각각 같은 수(數)로 고용노동부장관이 임명하거나 위촉하는 사람이 된다.
> 　1. 근로자를 대표하는 사람
> 　2. 사용자를 대표하는 사람
> 　3. 공익을 대표하는 사람
> 　4. 정부를 대표하는 사람
> ⑤ 위원회는 심의 사항을 사전에 검토·조정하기 위하여 위원회에 전문위원회를 둘 수 있다.
> ⑥ 위원회 및 전문위원회의 구성·운영과 그 밖에 필요한 사항은 대통령령으로 정한다.

14 산업재해보상보험법령상 산업재해보상보험및예방심의위원회(이하 '위원회'라 한다)에 관한 내용으로 옳지 않은 것은?

① 위원회는 근로자를 대표하는 사람, 사용자를 대표하는 사람 및 공익을 대표하는 사람으로 구성하되, 그 수는 각각 같은 수로 한다.

> 산업재해보상보험법 제8조 제2항

② 사용자를 대표하는 위원은 전국을 대표하는 사용자 단체가 추천하는 사람 5명으로 한다.

> 산업재해보상보험법 시행령 제4조 제2호

③ 근로자를 대표하는 위원의 임기는 3년으로 하되, 연임할 수 있다.

> <u>위원의 임기는 3년으로 하되, 연임할 수 있다.</u> 다만, 제4조 제3호 가목 또는 나목에 해당하는 위원의 임기는 그 재직기간으로 한다(산업재해보상보험법 시행령 제5조 제1항).

✅ 위원회의 회의는 재적위원 과반수의 출석으로 개의하고, 출석위원 3분의 2 이상의 찬성으로 의결한다.

> 위원회의 회의는 재적위원 과반수의 출석으로 개의하고, <u>출석위원 과반수의 찬성으로 의결한다</u>(산업재해보상보험법 시행령 제7조 제3항).

⑤ 보궐위원의 임기는 전임자의 남은 임기로 한다.

> 산업재해보상보험법 시행령 제5조 제2항

15 산업재해보상보험법령상 유족보상연금에 관한 내용으로 옳지 않은 것은?

① 유족보상연금 수급자격자인 유족이 사망한 근로자와의 친족 관계가 끝난 경우 그 자격을 잃는다.

> 산업재해보상보험법 제64조 제1항 제3호 ⚖[1]

② 대한민국 국민이 아닌 유족보상연금 수급자격자인 유족이 외국에서 거주하기 위하여 출국하는 경우 그 자격을 잃는다.

> 산업재해보상보험법 제64조 제1항 제7호 ⚖[1]

✅ 근로복지공단은 근로자의 사망 당시 태아였던 자녀가 출생한 경우 유족보상연금 수급권자의 청구에 의하거나 직권으로 그 사유가 발생한 달 분부터 유족보상연금의 금액을 조정한다.

> 근로복지공단은 근로자의 사망 당시 태아였던 자녀가 출생한 경우 유족보상연금 수급권자의 청구에 의하거나 직권으로 <u>그 사유가 발생한 달의 다음 달 분부터 유족보상연금의 금액을 조정한다</u>(산업재해보상보험법 시행령 제63조 제1호). ⚖[2]

④ 근로자가 사망할 당시 대한민국 국민이었던 유족보상연금 수급자격자인 유족이 국적을 상실하고 외국에서 거주하고 있거나 외국에서 거주하기 위하여 출국하는 경우 그 자격을 잃는다.

> 산업재해보상보험법 제64조 제1항 제6호 ⚖[1]

⑤ 유족보상연금을 받을 권리가 있는 유족보상연금 수급자격자가 그 자격을 잃은 경우에 유족보상연금을 받을 권리는 같은 순위자가 있으면 같은 순위자에게, 같은 순위자가 없으면 다음 순위자에게 이전된다.

산업재해보상보험법 제64조 제2항 ⚖️[1]

⚖️[1]
법령

산업재해보상보험법 제64조(유족보상연금 수급자격자의 자격 상실과 지급 정지 등)
① 유족보상연금 수급자격인 유족이 다음 각 호의 어느 하나에 해당하면 그 자격을 잃는다.
1. 사망한 경우
2. 재혼한 때(사망한 근로자의 배우자만 해당하며, 재혼에는 사실상 혼인 관계에 있는 경우를 포함한다)
3. 사망한 근로자와의 친족 관계가 끝난 경우
4. 자녀가 25세가 된 때
4의2. 손자녀가 25세가 된 때
4의3. 형제자매가 19세가 된 때
5. 제63조 제1항 제4호에 따른 장애인이었던 사람으로서 그 장애 상태가 해소된 경우
6. 근로자가 사망할 당시 대한민국 국민이었던 유족보상연금 수급자격자가 국적을 상실하고 외국에서 거주하고 있거나 외국에서 거주하기 위하여 출국하는 경우
7. 대한민국 국민이 아닌 유족보상연금 수급자격자가 외국에서 거주하기 위하여 출국하는 경우
② 유족보상연금을 받을 권리가 있는 유족보상연금 수급자격자(이하 "유족보상연금 수급권자"라 한다)가 그 자격을 잃은 경우에 유족보상연금을 받을 권리는 같은 순위자가 있으면 같은 순위자에게, 같은 순위자가 없으면 다음 순위자에게 이전된다.

⚖️[2]
법령

산업재해보상보험법 시행령 제63조(유족보상연금액의 조정)
공단은 다음 각 호의 사유가 발생하면 유족보상연금 수급권자의 청구에 의하거나 직권으로 그 사유가 발생한 달의 다음 달 분부터 유족보상연금의 금액을 조정한다.
1. 근로자의 사망 당시 태아였던 자녀가 출생한 경우
2. 제62조 제3항에 따라 지급정지가 해제된 경우
3. 유족보상연금 수급자격자가 법 제64조 제1항에 따라 자격을 잃은 경우
4. 유족보상연금 수급자격자가 행방불명이 된 경우

16 산업재해보상보험법령상 노무제공자에 대한 특례의 내용으로 옳지 않은 것은?

① "플랫폼 종사자"란 온라인 플랫폼을 통해 노무를 제공하는 노무제공자를 말한다.

> 산업재해보상보험법 제91조의15 제2호

✓ "평균보수"란 이를 산정하여야 할 사유가 발생한 날이 속하는 달의 전달 말일부터 이전 3개월 동안 노무제공자가 재해가 발생한 사업에서 지급받은 보수와 같은 기간 동안 해당 사업 외의 사업에서 지급받은 보수를 모두 합산한 금액을 해당 기간의 총 일수로 나눈 금액을 말한다.

> "평균보수"란 이를 산정하여야 할 사유가 발생한 날이 속하는 달의 <u>전전달 말일부터</u> 이전 3개월 동안 노무제공자가 재해가 발생한 사업에서 지급받은 보수와 같은 기간 동안 해당 사업 외의 사업에서 지급받은 보수를 모두 합산한 금액을 해당 기간의 총 일수로 나눈 금액을 말한다. 다만, 노무제공의 특성에 따라 소득확인이 어렵거나 소득의 종류나 내용에 따라 평균보수를 산정하기 곤란하다고 인정되는 경우에는 고용노동부장관이 고시하는 금액으로 한다(산업재해보상보험법 제91조의15 제6호).

③ 보험을 모집하는 사람으로서 새마을금고법 및 신용협동조합법에 따른 공제의 모집을 전업으로 하는 사람은 노무제공자의 범위에 포함된다.

> 산업재해보상보험법 제91조의15 제1호, 동법 시행령 제83조의5 제1호 나목

④ 보험을 모집하는 사람으로서 우체국예금·보험에 관한 법률에 따른 우체국보험의 모집을 전업으로 하는 사람은 노무제공자의 범위에 포함된다.

> 산업재해보상보험법 제91조의15 제1호, 동법 시행령 제83조의5 제1호 다목

⑤ "플랫폼 운영자"란 온라인 플랫폼을 이용하여 플랫폼 종사자의 노무제공을 중개 또는 알선하는 것을 업으로 하는 자를 말한다.

> 산업재해보상보험법 제91조의15 제3호

⚖️ 법령

산업재해보상보험법 제91조의15(노무제공자 등의 정의)
이 장에서 사용하는 용어의 뜻은 다음과 같다.
1. <u>"노무제공자"란 자신이 아닌 다른 사람의 사업을 위하여 다음 각 목의 어느 하나에 해당하는 방법에 따라 자신이 직접 노무를 제공하고 그 대가를 지급받는 사람으로서 업무상 재해로부터의 보호 필요성, 노무제공 형태 등을 고려하여 대통령령으로 정하는 직종에 종사하는 사람을 말한다.</u>
   가. 노무제공자가 사업주로부터 직접 노무제공을 요청받은 경우
   나. 노무제공자가 사업주로부터 일하는 사람의 노무제공을 중개·알선하기 위한 전자적 정보처리시스템(이하 "온라인 플랫폼"이라 한다)을 통해 노무제공을 요청받은 경우
2. <u>"플랫폼 종사자"란 온라인 플랫폼을 통해 노무를 제공하는 노무제공자를 말한다.</u>
3. <u>"플랫폼 운영자"란 온라인 플랫폼을 이용하여 플랫폼 종사자의 노무제공을 중개 또는 알선하는 것을 업으로 하는 자를 말한다.</u>
4. "플랫폼 이용 사업자"란 플랫폼 종사자로부터 노무를 제공받아 사업을 영위하는 자를 말한다. 다만, 플랫폼 운영자가 플랫폼 종사자의 노무를 직접 제공받아 사업을 영위하는 경우 플랫폼 운영자를 플랫폼 이용 사업자로 본다.
5. "보수"란 노무제공자가 이 법의 적용을 받는 사업에서 노무제공의 대가로 지급받은 소득세법 제19조에 따른 사업소득 및 같은 법 제21조에 따른 기타소득에서 대통령령으로 정하는 금품을 뺀 금액을 말한다. 다만, 노무제공의 특성에 따라 소득확인이 어렵다고 대통령령으로 정하는 직종의 보수는 고용노동부장관이 고시하는 금액으로 한다.

6. "평균보수"란 이를 산정하여야 할 사유가 발생한 날이 속하는 달의 전전달 말일부터 이전 3개월 동안 노무제공자가 재해가 발생한 사업에서 지급받은 보수와 같은 기간 동안 해당 사업 외의 사업에서 지급받은 보수를 모두 합산한 금액을 해당 기간의 총 일수로 나눈 금액을 말한다. 다만, 노무제공의 특성에 따라 소득확인이 어렵거나 소득의 종류나 내용에 따라 평균보수를 산정하기 곤란하다고 인정되는 경우에는 고용노동부장관이 고시하는 금액으로 한다.

> **산업재해보상보험법 시행령 제83조의5(노무제공자의 범위)**
> 산업재해보상보험법 제91조의15 제1호 각 목 외의 부분에서 "대통령령으로 정하는 직종에 종사하는 사람"이란 다음 각 호의 사람을 말한다.
> 1. 보험을 모집하는 사람으로서 다음 각 목의 어느 하나에 해당하는 사람
>   가. 보험업법 제83조 제1항 제1호에 따른 보험설계사
>   나. 새마을금고법 및 신용협동조합법에 따른 공제의 모집을 전업으로 하는 사람
>   다. 우체국예금·보험에 관한 법률에 따른 우체국보험의 모집을 전업으로 하는 사람

17 산업재해보상보험법상 요양급여의 범위에 해당하는 것은 모두 몇 개인가?

```
1
2
3
```

- 재활치료   • 간호
- 이송   • 간병
- 약제 또는 진료재료와 의지(義肢)나 그 밖의 보조기의 지급

① 1개   ② 2개
③ 3개   ④ 4개
☑ 5개

> 재활치료, 간호, 이송, 간병, 약제 또는 진료재료와 의지(義肢)나 그 밖의 보조기의 지급 모두 요양급여의 범위에 해당한다.

법령

> **산업재해보상보험법 제40조(요양급여)**
> ① 요양급여는 근로자가 업무상의 사유로 부상을 당하거나 질병에 걸린 경우에 그 근로자에게 지급한다.
> ② 제1항에 따른 요양급여는 제43조 제1항에 따른 산재보험 의료기관에서 요양을 하게 한다. 다만, 부득이한 경우에는 요양을 갈음하여 요양비를 지급할 수 있다.
> ③ 제1항의 경우에 부상 또는 질병이 3일 이내의 요양으로 치유될 수 있으면 요양급여를 지급하지 아니한다.
> ④ 제1항의 요양급여의 범위는 다음 각 호와 같다.
>   1. 진찰 및 검사
>   2. 약제 또는 진료재료와 의지(義肢)나 그 밖의 보조기의 지급
>   3. 처치, 수술, 그 밖의 치료
>   4. 재활치료
>   5. 입원
>   6. 간호 및 간병
>   7. 이송
>   8. 그 밖에 고용노동부령으로 정하는 사항

18 산업재해보상보험법령상 장례비에 관한 설명으로 옳지 않은 것은?

① 장례비 최고금액 및 최저금액의 적용기간은 당해 연도 1월 1일부터 12월 31일까지로 한다.

> 장례비 최고금액 및 최저금액의 적용기간은 다음 연도 1월 1일부터 12월 31일까지로 한다(산업재해보상보험법 시행령 제66조 제3항). ⚖

② 장례비 최고금액은 전년도 장례비 수급권자에게 지급된 1명당 평균 장례비 90일분＋최고 보상기준 금액의 30일분으로 산정한다.

> 산업재해보상보험법 시행령 제66조 제1항 제1호 ⚖

③ 장례비 최저금액은 전년도 장례비 수급권자에게 지급된 1명당 평균 장례비 90일분＋최저 보상기준 금액의 30일분으로 산정한다.

> 산업재해보상보험법 시행령 제66조 제1항 제2호 ⚖

④ 장례비 최고금액 및 최저금액을 산정할 때 10원 미만은 버린다.

> 산업재해보상보험법 시행령 제66조 제2항 ⚖

⑤ 장례비는 장례를 지낼 유족이 없거나 그 밖에 부득이한 사유로 유족이 아닌 사람이 장례를 지낸 경우에는 평균임금의 120일분에 상당하는 금액의 범위에서 실제 드는 비용을 그 장례를 지낸 사람에게 지급한다.

> 장례비는 근로자가 업무상의 사유로 사망한 경우에 지급하되, 평균임금의 120일분에 상당하는 금액을 그 장례를 지낸 유족에게 지급한다. 다만, 장례를 지낼 유족이 없거나 그 밖에 부득이한 사유로 유족이 아닌 사람이 장례를 지낸 경우에는 평균임금의 120일분에 상당하는 금액의 범위에서 실제 드는 비용을 그 장례를 지낸 사람에게 지급한다(산업재해보상보험법 제71조 제1항).

⚖ **법령**

> **산업재해보상보험법 제66조**(장례비 최고 · 최저 금액의 산정)
> ① 법 제71조 제2항에 따른 장례비의 최고금액 및 최저금액은 다음 각 호의 구분에 따라 산정한다.
> 　1. 장례비 최고금액 : 전년도 장례비 수급권자에게 지급된 1명당 평균 장례비 90일분＋최고 보상기준 금액의 30일분
> 　2. 장례비 최저금액 : 전년도 장례비 수급권자에게 지급된 1명당 평균 장례비 90일분＋최저 보상기준 금액의 30일분
> ② 장례비 최고금액 및 최저금액을 산정할 때 10원 미만은 버린다.
> ③ 장례비 최고금액 및 최저금액의 적용기간은 다음 연도 1월 1일부터 12월 31일까지로 한다.

19 산업재해보상보험법령상 업무상질병판정위원회의 구성에 관한 내용으로 옳은 것은?

① 고등교육법 제2조에 따른 학교에서 조교수 이상으로 재직하고 있는 사람은 위원이 될 수 없다.

> 판정위원회의 위원장 및 위원은 고등교육법 제2조에 따른 학교에서 조교수 이상으로 재직하고 있거나 재직하였던 사람 중에서 공단 이사장이 위촉하거나 임명한다(산업재해보상보험법 시행규칙 제6조 제2항 제2호).

② 국가기술자격법에 따른 산업위생관리 기사 이상의 자격을 취득하고 관련 업무에 3년 이상 종사한 치과의사는 위원이 될 수 없다.

> 국가기술자격법에 따른 산업위생관리 또는 인간공학 분야 기사 이상의 자격을 취득하고 관련 업무에 5년 이상 종사한 사람 중에서 공단 이사장이 위촉하거나 임명(산업재해보상보험법 시행규칙 제6조 제2항 제5호)하여 위원이 될 수 있지만, 치과의사는 이러한 요건을 구비하지 않고 위원이 될 수 있다(산업재해보상보험법 시행규칙 제6조 제2항 제3호).

✅ 산업재해보상보험 관련 업무에 5년 이상 종사한 사람은 위원이 될 수 있다.

> 산업재해보상보험 관련 업무에 5년 이상 종사한 사람 중에서 공단 이사장이 위촉하거나 임명한다(산업재해보상보험법 시행규칙 제6조 제2항 제4호).

④ 국가기술자격법에 따른 인간공학 분야 기사 이상의 자격을 취득하고 관련 업무에 3년 이상 종사한 한의사는 위원이 될 수 없다.

> 국가기술자격법에 따른 산업위생관리 또는 인간공학 분야 기사 이상의 자격을 취득하고 관련 업무에 5년 이상 종사한 사람 중에서 공단 이사장이 위촉하거나 임명(산업재해보상보험법 시행규칙 제6조 제2항 제5호)하여 위원이 될 수 있지만, 한의사는 이러한 요건을 구비하지 않고 위원이 될 수 있다(산업재해보상보험법 시행규칙 제6조 제2항 제3호).

⑤ 위원장과 위원의 임기는 3년으로 하되, 연임할 수 있다.

> 판정위원회의 위원장과 위원의 임기는 2년으로 하되, 연임할 수 있다(산업재해보상보험법 시행규칙 제6조 제5항).

⚖️ 법령

산업재해보상보험법 시행규칙 제6조(업무상질병판정위원회의 구성)
① 법 제38조 제1항에 따른 업무상질병판정위원회(이하 "판정위원회"라 한다)는 위원장 1명을 포함하여 180명 이내의 위원으로 구성한다. 이 경우 판정위원회의 위원장은 상임으로 하고, 위원장을 제외한 위원은 비상임으로 한다.
② 판정위원회의 위원장 및 위원은 다음 각 호의 어느 하나에 해당하는 사람 중에서 공단 이사장이 위촉하거나 임명한다.
  1. 변호사 또는 공인노무사
  2. 고등교육법 제2조에 따른 학교에서 조교수 이상으로 재직하고 있거나 재직하였던 사람
  3. 의사, 치과의사 또는 한의사
  4. 산업재해보상보험 관련 업무에 5년 이상 종사한 사람
  5. 국가기술자격법에 따른 산업위생관리 또는 인간공학 분야 기사 이상의 자격을 취득하고 관련 업무에 5년 이상 종사한 사람
③ 판정위원회의 위원 중 3분의 2에 해당하는 위원은 제2항 각 호의 어느 하나에 해당하는 사람으로서 근로자 단체와 사용자 단체가 각각 추천하는 사람 중에서 위촉한다. 이 경우 근로자 단체와 사용자 단체가 추천하는 위원은 같은 수로 한다.
④ 제3항에도 불구하고 근로자 단체나 사용자 단체가 각각 추천하는 사람이 위촉하려는 전체 위원 수의 3분의 1보다 적은 경우에는 제3항 후단을 적용하지 않고 근로자 단체와 사용자 단체가 추천하는 위원 수를 전체 위원 수의 3분의 2 미만으로 할 수 있다.
⑤ 판정위원회의 위원장과 위원의 임기는 2년으로 하되, 연임할 수 있다.

20 산업재해보상보험법에서 사용하는 용어의 정의로 옳지 않은 것은?

1
2
3

① "유족"이란 사망한 사람의 배우자(사실상 혼인 관계에 있는 사람을 포함한다) · 자녀 · 부모 · 손자녀 · 조부모 또는 형제자매를 말한다.

산업재해보상보험법 제5조 제3호

② "장해"란 업무상의 부상 또는 질병에 따른 정신적 또는 육체적 훼손으로 노동능력이 상실되거나 감소된 상태로서 그 부상 또는 질병이 치유되지 아니한 상태를 말한다.

"장해"란 부상 또는 질병이 치유되었으나 정신적 또는 육체적 훼손으로 인하여 노동능력이 상실되거나 감소된 상태를 말한다(산업재해보상보험법 제5조 제5호). 업무상의 부상 또는 질병에 따른 정신적 또는 육체적 훼손으로 노동능력이 상실되거나 감소된 상태로서 그 부상 또는 질병이 치유되지 아니한 상태는 "중증요양상태"이다.

③ "치유"란 부상 또는 질병이 완치되거나 치료의 효과를 더 이상 기대할 수 없고 그 증상이 고정된 상태에 이르게 된 것을 말한다.

산업재해보상보험법 제5조 제4호

④ "출퇴근"이란 취업과 관련하여 주거와 취업장소 사이의 이동 또는 한 취업장소에서 다른 취업장소로의 이동을 말한다.

산업재해보상보험법 제5조 제8호

⑤ "진폐"(塵肺)란 분진을 흡입하여 폐에 생기는 섬유증식성(纖維增殖性) 변화를 주된 증상으로 하는 질병을 말한다.

산업재해보상보험법 제5조 제7호

법령

산업재해보상보험법 제5조(정의)

이 법에서 사용하는 용어의 뜻은 다음과 같다.

1. "업무상의 재해"란 업무상의 사유에 따른 근로자의 부상 · 질병 · 장해 또는 사망을 말한다.
2. "근로자" · "임금" · "평균임금" · "통상임금"이란 각각 근로기준법에 따른 "근로자" · "임금" · "평균임금" · "통상임금"을 말한다. 다만, 근로기준법에 따라 "임금" 또는 "평균임금"을 결정하기 어렵다고 인정되면 고용노동부장관이 정하여 고시하는 금액을 해당 "임금" 또는 "평균임금"으로 한다.
3. "유족"이란 사망한 사람의 배우자(사실상 혼인 관계에 있는 사람을 포함한다. 이하 같다) · 자녀 · 부모 · 손자녀 · 조부모 또는 형제자매를 말한다.
4. "치유"란 부상 또는 질병이 완치되거나 치료의 효과를 더 이상 기대할 수 없고 그 증상이 고정된 상태에 이르게 된 것을 말한다.
5. "장해"란 부상 또는 질병이 치유되었으나 정신적 또는 육체적 훼손으로 인하여 노동능력이 상실되거나 감소된 상태를 말한다.
6. "중증요양상태"란 업무상의 부상 또는 질병에 따른 정신적 또는 육체적 훼손으로 노동능력이 상실되거나 감소된 상태로서 그 부상 또는 질병이 치유되지 아니한 상태를 말한다.
7. "진폐"(塵肺)란 분진을 흡입하여 폐에 생기는 섬유증식성(纖維增殖性) 변화를 주된 증상으로 하는 질병을 말한다.
8. "출퇴근"이란 취업과 관련하여 주거와 취업장소 사이의 이동 또는 한 취업장소에서 다른 취업장소로의 이동을 말한다.

21 산업재해보상보험법상 장해보상연금에 관한 내용이다. (   )에 들어갈 숫자의 합은?

1
2
3

> 장해보상연금은 수급권자가 신청하면 그 연금의 최초 1년분 또는 (   )년분(대통령령으로 정하는 노동력을 완전히 상실한 장해등급의 근로자에게는 그 연금의 최초 1년분부터 (   )년분까지)의 (   )분의 1에 상당하는 금액을 미리 지급할 수 있다. 이 경우 미리 지급하는 금액에 대하여는 100분의 (   )의 비율 범위에서 대통령령으로 정하는 바에 따라 이자를 공제할 수 있다.

① 11

② 12

✔ 13

④ 15

⑤ 18

> 장해보상연금은 수급권자가 신청하면 그 연금의 최초 1년분 또는 (2)년분(제3항 단서에 따른 근로자에게는 그 연금의 최초 1년분부터 (4)년분까지)의 (2)분의 1에 상당하는 금액을 미리 지급할 수 있다. 이 경우 미리 지급하는 금액에 대하여는 100분의 (5)의 비율 범위에서 대통령령으로 정하는 바에 따라 이자를 공제할 수 있다(산업재해보상보험법 제57조 제4항). 따라서 (   )에 들어갈 숫자의 합은 2+4+2+5=13이 된다.

22 산업재해보상보험법령상 상병보상연금에 관한 설명으로 옳은 것은?

1
2
3

✔ 중증요양상태등급이 제3급인 경우 평균임금의 257일분을 지급한다.

> 중증요양상태등급이 제3급인 경우 평균임금의 257일분을 지급한다(산업재해보상보험법 [별표 4]). ⚖

② 상병보상연금을 받는 근로자가 60세가 되면 그 이후의 상병보상연금은 고령자의 1일당 상병보상연금 지급기준에 따라 감액된 금액을 지급한다.

> 상병보상연금을 받는 근로자가 61세가 되면 그 이후의 상병보상연금은 1일당 상병보상연금 지급기준에 따라 산정한 금액을 지급한다(산업재해보상보험법 제68조).

③ 상병보상연금을 지급받는 경우 요양급여와 휴업급여는 지급되지 아니한다.

> 요양급여를 받는 근로자가 요양을 시작한 지 2년이 지난 날 이후에 부상이나 질병이 치유되지 아니한 상태이며, 부상이나 질병에 따른 중증요양상태의 정도가 대통령령으로 정하는 중증요양상태등급 기준에 해당하고, 요양으로 인하여 취업하지 못한 상태가 계속되면 휴업급여 대신 상병보상연금을 그 근로자에게 지급한다(산업재해보상보험법 제66조 제1항). 따라서 근로자가 상병보상연금을 지급받는 경우 요양급여는 계속 지급되나 휴업급여는 지급되지 아니한다.

④ 재요양을 시작한 지 1년이 지난 후에 부상·질병 상태가 상병보상연금의 지급요건 모두에 해당하는 사람에게는 상병보상연금을 지급한다.

> 재요양을 시작한 지 2년이 지난 후에 부상·질병 상태가 제66조 제1항 각 호의 요건 모두에 해당하는 사람에게는 휴업급여 대신 중증요양상태등급에 따라 상병보상연금을 지급한다(산업재해보상보험법 제69조 제1항 전문).

⑤ 상병보상연금을 산정할 때 근로자의 평균임금이 최저임금액에 90분의 100을 곱한 금액보다 적을 때에는 최저임금액의 90분의 100에 해당하는 금액을 그 근로자의 평균임금으로 보아 산정한다.

> 제66조에 따라 상병보상연금을 산정할 때 그 근로자의 평균임금이 최저임금액에 70분의 100을 곱한 금액보다 적을 때에는 최저임금액의 70분의 100에 해당하는 금액을 그 근로자의 평균임금으로 보아 산정한다(산업재해보상보험법 제67조 제1항).

법령

산업재해보상보험법 [별표 4] 상병보상연금표(제66조 제2항 관련)

중증요양상태등급	상병보상연금
제1급	평균임금의 329일분
제2급	평균임금의 291일분
제3급	평균임금의 257일분

23 산업재해보상보험법상 직장복귀지원금 등에 관한 것이다. (   )에 들어갈 숫자로 옳은 것은?

1
2
3

> 제75조(직장복귀지원금 등)
> ① 〈중략〉
> ② 제1항에 따른 직장복귀지원금은 고용노동부장관이 임금수준 및 노동시장의 여건 등을 고려하여 고시하는 금액의 범위에서 사업주가 장해급여자에게 지급한 임금액으로 하되, 그 지급기간은 (ㄱ)개월 이내로 한다.
> ③ 제1항에 따른 직장적응훈련비 및 재활운동비는 고용노동부장관이 직장적응훈련 또는 재활운동에 드는 비용을 고려하여 고시하는 금액의 범위에서 실세 드는 비용으로 하되, 그 지급기간은 (ㄴ)개월 이내로 한다.

① ㄱ : 3, ㄴ : 3　　　　　　　　　② ㄱ : 3, ㄴ : 6

③ ㄱ : 6, ㄴ : 6　　　　　　　　　④ ㄱ : 6, ㄴ : 12

☑ ㄱ : 12, ㄴ : 3

> 제1항에 따른 직장복귀지원금은 고용노동부장관이 임금수준 및 노동시장의 여건 등을 고려하여 고시하는 금액의 범위에서 사업주가 장해급여자에게 지급한 임금액으로 하되, 그 지급기간은 (12)개월 이내로 한다(산업재해보상보험법 제75조 제2항). 제1항에 따른 직장적응훈련비 및 재활운동비는 고용노동부장관이 직장적응훈련 또는 재활운동에 드는 비용을 고려하여 고시하는 금액의 범위에서 실제 드는 비용으로 하되, 그 지급기간은 (3)개월 이내로 한다(산업재해보상보험법 제75조 제3항).

산업재해보상보험법 제75조(직장복귀지원금 등)

① 제72조 제1항 제2호에 따른 직장복귀지원금, 직장적응훈련비 및 재활운동비는 장해급여자에 대하여 고용을 유지하거나 직장적응훈련 또는 재활운동을 실시하는 사업주에게 각각 지급한다. 이 경우 직장복귀지원금, 직장적응훈련비 및 재활운동비의 지급요건은 각각 대통령령으로 정한다.

② 제1항에 따른 직장복귀지원금은 고용노동부장관이 임금수준 및 노동시장의 여건 등을 고려하여 고시하는 금액의 범위에서 사업주가 장해급여자에게 지급한 임금액으로 하되, 그 지급기간은 12개월 이내로 한다.

③ 제1항에 따른 직장적응훈련비 및 재활운동비는 고용노동부장관이 직장적응훈련 또는 재활운동에 드는 비용을 고려하여 고시하는 금액의 범위에서 실제 드는 비용으로 하되, 그 지급기간은 3개월 이내로 한다.

24 국민연금법에 관한 내용으로 옳지 않은 것은?

① 급여수급전용계좌에 입금된 급여와 이에 관한 채권은 압류할 수 없다.

> 국민연금법 제58조 제3항

✔️ 장애연금액은 장애등급 2급에 해당하는 자에 대하여는 기본연금액의 1천분의 600에 해당하는 금액에 부양가족연금액을 더한 금액으로 한다.

> 장애연금액은 장애등급 2급에 해당하는 자에 대하여는 기본연금액의 1천분의 800에 해당하는 금액에 부양가족연금액을 더한 금액으로 한다(국민연금법 제68조 제1항 제2호).

③ 장애등급이 2급 이상인 장애연금 수급권자가 사망하면 그 유족에게 유족연금을 지급한다.

> 국민연금법 제72조 제1항 제5호

④ 가입자 또는 가입자였던 자가 가입기간이 10년 미만이고 60세가 된 때에는 본인이나 그 유족의 청구에 의하여 반환일시금을 지급받을 수 있다.

> 국민연금법 제77조 제1항 제1호

⑤ 장애연금 수급권자가 고의나 중대한 과실로 요양 지시에 따르지 아니하거나 정당한 사유 없이 요양 지시에 따르지 아니하여 회복을 방해한 때에는 급여의 전부 또는 일부의 지급을 정지할 수 있다.

> 국민연금법 제86조 제1항 제3호

25 국민연금법상 소멸시효에 관한 내용이다. ( )에 들어갈 숫자의 합은?

> 연금보험료, 환수금, 그 밖의 이 법에 따른 징수금을 징수하거나 환수할 권리는 ( )년간, 급여(제77조 제1항 제1호에 따른 반환일시금은 제외한다)를 받거나 과오납금을 반환받을 수급권자 또는 가입자 등의 권리는 ( )년간 행사하지 아니하면 각각 소멸시효가 완성된다.

① 4   ② 6
✓ 8   ④ 13
⑤ 15

> 연금보험료, 환수금, 그 밖의 이 법에 따른 징수금을 징수하거나 환수할 권리는 (3)년간, 급여(제77조 제1항 제1호에 따른 반환일시금은 제외한다)를 받거나 과오납금을 반환받을 수급권자 또는 가입자 등의 권리는 (5)년간, 제77조 제1항 제1호에 따른 반환일시금을 지급받을 권리는 10년간 행사하지 아니하면 각각 소멸시효가 완성된다(국민연금법 제115조 제1항). 따라서 ( )에 들어갈 숫자의 합은 3+5=8이 된다. ⚖

⚖ 법령

> **국민연금법 제115조(시효)**
> ① 연금보험료, 환수금, 그 밖의 이 법에 따른 징수금을 징수하거나 환수할 권리는 3년간, 급여(제77조 제1항 제1호에 따른 반환일시금은 제외한다)를 받거나 과오납금을 반환받을 수급권자 또는 가입자 등의 권리는 5년간, 제77조 제1항 제1호에 따른 반환일시금을 지급받을 권리는 10년간 행사하지 아니하면 각각 소멸시효가 완성된다.

26 국민연금법령상 심사청구 및 재심사청구에 관한 내용으로 옳지 않은 것은?

① 가입자의 자격, 기준소득월액, 연금보험료, 그 밖의 이 법에 따른 징수금과 급여에 관한 국민연금공단 또는 국민건강보험공단의 처분에 이의가 있는 자는 그 처분을 한 국민연금공단 또는 국민건강보험공단에 심사청구를 할 수 있다.

> 국민연금법 제108조 제1항

✓ 국민연금심사위원회 위원의 임기는 2년으로 하며, 1차례만 연임할 수 있으며, 국민연금공단의 임직원인 위원의 임기는 그 직위의 재임기간으로 한다.

> 심사위원회 위원의 임기는 2년으로 하며, 2차례만 연임할 수 있다. 다만, 공단의 임직원인 위원의 임기는 그 직위의 재임기간으로 한다(국민연금법 시행령 제91조).

③ 청구인은 결정이 있기 전까지는 언제든지 심사청구를 문서로 취하할 수 있다.

> 국민연금법 시행령 제98조

④ 심사청구에 대한 결정에 불복하는 자는 그 결정통지를 받은 날부터 90일 이내에 국민연금재심사위원회에 재심사를 청구할 수 있다.

> 심사청구에 대한 결정에 불복하는 자는 그 결정통지를 받은 날부터 90일 이내에 대통령령으로 정하는 사항을 적은 재심사청구서에 따라 국민연금재심사위원회에 재심사를 청구할 수 있다(국민연금법 제110조 제1항).

⑤ 국민연금재심사위원회의 재심사와 재결에 관한 절차에 관하여는 행정심판법을 준용한다.

국민연금법 제112조 제1항

27 국민연금법령상 연금보험료 등의 독촉에 관한 내용이다. ( )에 들어갈 내용은?

제64조(연금보험료 등의 독촉)
① 국민건강보험공단은 법 제95조 제1항에 따라 사업장가입자의 연금보험료와 그에 따른 징수금의 납부를 독촉할 때에는 납부기한이 지난 후 (ㄱ) 이내에 해당 사업장가입자의 사용자에게 독촉장을 발부하여야 한다.
② 국민건강보험공단은 법 제95조 제1항에 따라 지역가입자의 연금보험료와 그에 따른 징수금의 납부를 독촉할 때에는 납부 기한이 지난 후 (ㄴ) 이내에 해당 가입자에게 독촉장을 발부하여야 한다.
③ 국민건강보험공단은 법 제95조 제1항에 따라 제2차 납부의무자의 연금보험료, 연체금, 체납처분비의 납부를 독촉할 때에는 납부 기한이 지난 후 (ㄷ)이내에 제2차 납부의무자에게 독촉장을 발부하여야 한다.

① ㄱ : 10일, ㄴ : 1개월, ㄷ : 10일
② ㄱ : 20일, ㄴ : 1개월, ㄷ : 20일
③ ㄱ : 20일, ㄴ : 3개월, ㄷ : 20일
④ ㄱ : 30일, ㄴ : 3개월, ㄷ : 20일
⑤ ㄱ : 30일, ㄴ : 3개월, ㄷ : 30일

건강보험공단은 법 제95조 제1항에 따라 사업장가입자의 연금보험료와 그에 따른 징수금의 납부를 독촉할 때에는 납부 기한이 지난 후 (20일) 이내에 해당 사업장가입자의 사용자에게 독촉장을 발부하여야 한다(국민연금법 시행령 제64조 제1항). 건강보험공단은 법 제95조 제1항에 따라 지역가입자의 연금보험료와 그에 따른 징수금의 납부를 독촉할 때에는 납부 기한이 지난 후 (3개월) 이내에 해당 가입자에게 독촉장을 발부하여야 한다(국민연금법 시행령 제64조 제2항). 건강보험공단은 법 제95조 제1항에 따라 제2차 납부의무자의 연금보험료, 연체금, 체납처분비의 납부를 독촉할 때에는 납부 기한이 지난 후 (20일) 이내에 제2차 납부의무자에게 독촉장을 발부하여야 한다(국민연금법 시행령 제64조 제3항).

28 국민연금법령상 국민연금기금에 관한 설명으로 옳지 <u>않은</u> 것은?

① 국민연금기금은 연금보험료, 국민연금기금 운용 수익금, 적립금, 국민연금공단의 수입지출 결산상의 잉여금을 재원으로 조성한다.

> 국민연금법 제101조 제2항

② 국민연금기금운용위원회는 국민연금기금을 관리기금에 위탁할 경우 예탁 이자율의 협의에 관한 사항을 심의·의결할 수 있다.

> 국민연금기금을 관리기금에 위탁할 경우 <u>예탁 이자율의 협의에 관한 사항을 심의·의결하기 위하여</u> 보건복지부에 국민연금기금운용위원회를 둔다(국민연금법 제103조 제1항 제2호).

③ 보건복지부장관은 다음 연도의 국민연금기금운용지침안을 작성하여 4월 말일까지 국민연금기금운용위원회에 제출하여야 하고, 국민연금기금운용위원회는 국민연금기금운용지침안을 5월 말일까지 심의·의결하여야 한다.

> 보건복지부장관은 다음 연도의 국민연금기금운용지침안을 작성하여 <u>4월 말일까지</u> 운용위원회에 제출하여야 한다. 운용위원회는 기금운용지침안을 <u>5월 말일까지 심의·의결하여야</u> 한다(국민연금법 시행령 제81조 제1항 및 제2항).

④ 보건복지부장관은 매년 국민연금기금 운용계획을 세워서 국민연금기금운용위원회 및 국무회의의 심의를 거쳐 대통령의 승인을 받아야 한다.

> 국민연금법 제107조 제1항

☑ 보건복지부장관은 국민연금기금의 운용 내용과 관리기금에 예탁된 국민연금기금의 사용 내용을 다음 연도 6월 말까지 국민연금기금운용위원회에 제출하여야 한다.

> 보건복지부장관은 <u>기금의 운용 내용을</u>, 기획재정부장관은 관리기금에 예탁된 기금의 사용 내용을 각각 다음 연도 6월 말까지 운용위원회에 제출하여야 한다(국민연금법 제107조 제3항).

29 국민건강보험법상 국민건강보험공단은 보험료등의 납부의무자가 납부기한까지 보험료등을 내지 아니하는 경우에 보건복지부령으로 정하는 부득이한 사유로 연체금을 징수하지 아니할 수 있다. 밑줄 친 사유에 해당하는 것을 모두 고른 것은?

> ㄱ. 사변으로 인하여 체납하는 경우
> ㄴ. 화재로 피해가 발생해 체납한 경우
> ㄷ. 사업장 폐업으로 체납액을 징수할 수 없는 경우
> ㄹ. 연체금의 금액이 국민건강보험공단의 정관으로 정하는 금액 이하인 경우

① ㄱ, ㄴ   ② ㄴ, ㄷ
③ ㄱ, ㄴ, ㄹ   ④ ㄱ, ㄷ, ㄹ
☑ ㄱ, ㄴ, ㄷ, ㄹ

> ㄱ, ㄴ, ㄷ, ㄹ 모두 연체금 징수의 부득이한 예외 사유에 해당한다. ⚖

⚖️ 법령

국민건강보험법 시행규칙 제51조(연체금 징수의 예외)

법 제80조 제3항에서 "보건복지부령으로 정하는 부득이한 사유"란 다음 각 호의 어느 하나에 해당하는 경우를 말한다.

1. 전쟁 또는 사변으로 인하여 체납한 경우
2. 연체금의 금액이 공단의 정관으로 정하는 금액 이하인 경우
3. 사업장 또는 사립학교의 폐업·폐쇄 또는 폐교로 체납액을 징수할 수 없는 경우
4. 화재로 피해가 발생해 체납한 경우
5. 그 밖에 보건복지부장관이 연체금을 징수하기 곤란한 부득이한 사유가 있다고 인정하는 경우

30 국민건강보험법상 국내에 거주하는 국민으로서 건강보험 가입자의 자격의 변동시기에 관한 내용으로 옳은 것을 모두 고른 것은?

1
2
3

ㄱ. 지역가입자가 적용대상사업장의 사용자로 된 다음 날
ㄴ. 직장가입자가 다른 적용대상사업장의 근로자로 사용된 날
ㄷ. 지역가입자가 다른 세대로 전입한 날
ㄹ. 직장가입자인 근로자가 그 사용관계가 끝난 날의 다음 날

① ㄱ
② ㄱ, ㄴ
③ ㄴ, ㄷ
✔ ㄴ, ㄷ, ㄹ
⑤ ㄱ, ㄴ, ㄷ, ㄹ

> 건강보험 가입자의 자격의 변동시기에 관한 내용으로 옳은 것은 보기 중 ㄴ. 직장가입자가 다른 적용대상사업장의 사용자로 되거나 근로자 등으로 사용된 날(국민건강보험법 제9조 제1항 제2호), ㄷ. 지역가입자가 다른 세대로 전입한 날(동법 제9조 제1항 제5호), ㄹ. 직장가입자인 근로자 등이 그 사용관계가 끝난 날의 다음 날(동법 제9조 제1항 제3호)이다. ㄱ. "지역가입자가 적용대상사업장의 사용자로 된 다음 날"이 아닌 지역가입자가 적용대상사업장의 사용자로 되거나, 근로자·공무원 또는 교직원으로 사용된 날(동법 제9조 제1항 제1호)이 건강보험 가입자의 자격의 변동시기이므로 ㄱ은 옳지 않다. ⚖️

⚖️ 법령

국민건강보험법 제9조(자격의 변동 시기 등)

① 가입자는 다음 각 호의 어느 하나에 해당하게 된 날에 그 자격이 변동된다.

1. 지역가입자가 적용대상사업장의 사용자로 되거나, 근로자·공무원 또는 교직원(이하 "근로자 등"이라 한다)으로 사용된 날
2. 직장가입자가 다른 적용대상사업장의 사용자로 되거나 근로자 등으로 사용된 날
3. 직장가입자인 근로자 등이 그 사용관계가 끝난 날의 다음 날
4. 적용대상사업장에 제7조 제2호에 따른 사유가 발생한 날의 다음 날
5. 지역가입자가 다른 세대로 전입한 날

31 국민건강보험법상 국민건강보험공단(이하 '공단'이라 한다)에 관한 설명으로 옳지 않은 것은?

① 공단은 법인으로 한다. 국민건강보험법 제15조 제1항

② **공단의 해산에 관하여는 정관으로 정한다.**

> 공단의 해산에 관하여는 법률로 정한다(국민건강보험법 제19조).

③ 공단은 주된 사무소의 소재지에서 설립등기를 함으로써 성립한다.

> 국민건강보험법 제15조 제2항

④ 공단의 설립등기에는 목적, 명칭, 주된 사무소 및 분사무소의 소재지, 이사장의 성명·주소 및 주민등록번호를 포함하여야 한다.

> 국민건강보험법 제18조

⑤ 공단의 주된 사무소의 소재지는 정관으로 정한다.

> 국민건강보험법 제16조 제1항

32 국민건강보험법상 이의신청 및 심판청구 등에 관한 설명으로 옳지 않은 것은?

① 보험급여 비용에 관한 국민건강보험공단의 처분에 이의가 있는 자는 국민건강보험공단에 이의신청을 할 수 있다.

> 가입자 및 피부양자의 자격, 보험료등, 보험급여, 보험급여 비용에 관한 공단의 처분에 이의가 있는 자는 공단에 이의신청을 할 수 있다(국민건강보험법 제87조 제1항).

② 요양급여의 적정성 평가 등에 관한 건강보험심사평가원의 처분에 이의가 있는 자는 건강보험심사평가원에 이의신청을 할 수 있다.

> 요양급여비용 및 요양급여의 적정성 평가 등에 관한 심사평가원의 처분에 이의가 있는 공단, 요양기관 또는 그 밖의 자는 심사평가원에 이의신청을 할 수 있다(국민건강보험법 제87조 제2항).

③ 이의신청에 대한 결정에 불복하는 자는 건강보험분쟁조정위원회에 심판청구를 할 수 있다.

> 이의신청에 대한 결정에 불복하는 자는 제89조에 따른 건강보험분쟁조정위원회에 심판청구를 할 수 있다. 이 경우 심판청구의 제기기간 및 제기방법에 관하여는 제87조 제3항을 준용한다(국민건강보험법 제88조 제1항).

④ **정당한 사유로 이의신청을 할 수 없었음을 소명한 경우가 아니면 이의신청은 처분이 있은 날부터 90일을 지나면 제기하지 못한다.**

> 이의신청은 처분이 있음을 안 날부터 90일 이내에 문서(전자문서를 포함한다)로 하여야 하며 처분이 있은 날부터 180일을 지나면 제기하지 못한다. 다만, 정당한 사유로 그 기간에 이의신청을 할 수 없었음을 소명한 경우에는 그러하지 아니하다(국민건강보험법 제87조 제3항).

⑤ 이의신청에 대한 결정에 불복하는 자는 행정소송법이 정하는 바에 따라 행정소송을 제기할 수 있다.

> 공단 또는 심사평가원의 처분에 이의가 있는 자와 이의신청 또는 심판청구에 대한 결정에 불복하는 자는 행정소송법에서 정하는 바에 따라 행정소송을 제기할 수 있다(국민건강보험법 제90조).

33 국민건강보험법령상 국내에 거주하는 국민인 피부양자의 자격 상실 시기로 옳은 것을 모두 고른 것은?

1
2
3

> ㄱ. 대한민국의 국적을 잃은 날
> ㄴ. 사망한 날의 다음 날
> ㄷ. 직장가입자가 자격을 상실한 날
> ㄹ. 피부양자 자격을 취득한 사람이 본인의 신고에 따라 피부양자 자격 상실신고를 한 경우에는 신고한 날

① ㄱ   ② ㄹ

③ ㄱ, ㄴ   ✔ ㄴ, ㄷ

⑤ ㄷ, ㄹ

> ㄱ. (×) 대한민국의 국적을 잃은 날의 <u>다음 날</u>(국민건강보험 시행규칙 제2조 제3항 제2호)
> ㄴ. (○) 사망한 날의 다음 날(국민건강보험 시행규칙 제2조 제3항 제1호)
> ㄷ. (○) 직장가입자가 자격을 상실한 날(국민건강보험 시행규칙 제2조 제3항 제4호)
> ㄹ. (×) 피부양자 자격을 취득한 사람이 본인의 신고에 따라 피부양자 자격 상실 신고를 한 경우에는 <u>신고한 날의 다음 날</u>(국민건강보험 시행규칙 제2조 제3항 제8호)

⚖️
법령

국민건강보험법 시행규칙 제2조(피부양자 자격의 인정기준 등)

③ 피부양자는 다음 각 호의 어느 하나에 해당하게 된 날에 그 자격을 상실한다.
  1. 사망한 날의 다음 날
  2. 대한민국의 국적을 잃은 날의 다음 날
  3. 국내에 거주하지 아니하게 된 날의 다음 날
  4. 직장가입자가 자격을 상실한 날
  5. 법 제5조 제1항 제1호에 따른 수급권자가 된 날
  6. 법 제5조 제1항 제2호에 따른 유공자 등 의료보호대상자인 피부양자가 공단에 건강보험의 적용배제 신청을 한 날의 다음 날
  7. 직장가입자 또는 다른 직장가입자의 피부양자 자격을 취득한 경우에는 그 자격을 취득한 날
  8. 피부양자 자격을 취득한 사람이 본인의 신고에 따라 피부양자 자격 상실 신고를 한 경우에는 신고한 날의 다음 날

34 국민건강보험법령상 보수월액에 관한 설명으로 옳지 않은 것은?

1
2
3

① 보수의 전부 또는 일부가 현물(現物)로 지급되는 경우에는 그 지역의 시가(時價)를 기준으로 국민건강보험공단이 정하는 가액(價額)을 그에 해당하는 보수로 본다.

국민건강보험법 시행령 제33조 제3항

② 직장가입자의 보수월액은 직장가입자가 지급받는 보수를 기준으로 하여 산정한다.

국민건강보험법 제70조 제1항 ⚖

③ 도급(都給)으로 보수가 정해지는 경우에 직장가입자의 자격을 취득하거나 자격이 변동된 달의 전 1개월 동안에 그 사업장에서 해당 직장가입자와 같은 업무에 종사하고 같은 보수를 받는 사람의 보수액을 평균한 금액을 해당 직장가입자의 보수월액으로 결정한다.

국민건강보험법 시행령 제37조 제2호

④ 보수는 근로자 등이 근로를 제공하고 사용자·국가 또는 지방자치단체로부터 지급받는 금품 (실비변상적인 성격을 갖는 금품은 제외한다)으로서 이 경우 보수 관련 자료가 없거나 불명확한 경우 보건복지부장관이 정하여 고시하는 금액을 보수로 본다.

국민건강보험법 제70조 제3항 ⚖

☑ 휴직이나 그 밖의 사유로 보수의 전부 또는 일부가 지급되지 아니하는 가입자의 보수월액보험료는 해당 사유가 생긴 달의 보수월액을 기준으로 산정한다.

> 휴직이나 그 밖의 사유로 보수의 전부 또는 일부가 지급되지 아니하는 가입자의 보수월액보험료는 해당 사유가 생기기 전 달의 보수월액을 기준으로 산정한다(국민건강보험법 제70조 제2항). ⚖

⚖
법령

> **국민건강보험법 제70조(보수월액)**
> ① 제69조 제4항 제1호에 따른 직장가입사의 보수월액은 직장가입자가 지급받는 보수를 기준으로 하여 산정한다.
> ② 휴직이나 그 밖의 사유로 보수의 전부 또는 일부가 지급되지 아니하는 가입자(이하 "휴직자등"이라 한다)의 보수월액보험료는 해당 사유가 생기기 전 달의 보수월액을 기준으로 산정한다.
> ③ 제1항에 따른 보수는 근로자 등이 근로를 제공하고 사용자·국가 또는 지방자치단체로부터 지급받는 금품 (실비변상적인 성격을 갖는 금품은 제외한다)으로서 대통령령으로 정하는 것을 말한다. 이 경우 보수 관련 자료가 없거나 불명확한 경우 등 대통령령으로 정하는 사유에 해당하면 보건복지부장관이 정하여 고시하는 금액을 보수로 본다.
> ④ 제1항에 따른 보수월액의 산정 및 보수가 지급되지 아니하는 사용자의 보수월액의 산정 등에 필요한 사항은 대통령령으로 정한다.

35 고용보험 및 산업재해보상보험의 보험료징수 등에 관한 법률 제49조의2(자영업자에 대한 특례)에 관한 설명으로 옳은 것은?

① 자영업자에 대한 고용보험료 산정의 기초가 되는 보수액은 자영업자의 소득, 보수수준 등을 고려하여 기획재정부장관이 정하여 고시한다.

> 자영업자에 대한 고용보험료 산정의 기초가 되는 보수액은 자영업자의 소득, 보수수준 등을 고려하여 <u>고용노동부장관이 정하여 고시한다</u>(고용보험 및 산업재해보상보험의 보험료징수 등에 관한 법률 제49조의2 제3항).

② 고용보험에 가입한 자영업자는 매월 부과된 보험료를 다음 달 14일까지 납부하여야 한다.

> 고용보험에 가입한 자영업자는 <u>매월 부과된 보험료를 다음 달 10일까지 납부하여야 한다</u>(고용보험 및 산업재해보상보험의 보험료징수 등에 관한 법률 제49조의2 제9항).

③ 자영업자의 고용보험료는 근로복지공단이 매월 부과하고 징수한다.

> 자영업자의 고용보험료는 <u>공단이 매월 부과하고, 건강보험공단이 이를 징수한다</u>(고용보험 및 산업재해보상보험의 보험료징수 등에 관한 법률 제49조의2 제8항).

④ 고용보험에 가입한 자영업자가 자신에게 부과된 월(月)의 고용보험료를 계속하여 3개월간 납부하지 아니한 경우에는 마지막으로 납부한 고용보험료에 해당되는 피보험기간의 다음 날에 보험관계가 소멸된다.

> 고용보험에 가입한 자영업자가 자신에게 부과된 <u>월(月)의 고용보험료를 계속하여 6개월간 납부하지 아니한 경우에는 마지막으로 납부한 고용보험료에 해당되는 피보험기간의 다음 날에 보험관계가 소멸된다</u>. 다만, 천재지변이나 그 밖에 부득이한 사유로 고용보험료를 낼 수 없었음을 증명하면 그러하지 아니하다(고용보험 및 산업재해보상보험의 보험료징수 등에 관한 법률 제49조의2 제10항).

☑ 근로복지공단의 승인을 통해 고용보험에 가입한 자영업자가 50명 이상의 근로자를 사용하게 된 경우에도 본인이 피보험자격을 유지하려는 경우에는 계속하여 보험에 가입된 것으로 본다.

> 근로복지공단의 승인을 받아 보험에 가입한 <u>자영업자가 50명 이상의 근로자를 사용하게 된 경우에도 본인이 피보험자격을 유지하려는 경우에는 계속하여 보험에 가입된 것으로 본다</u>(고용보험 및 산업재해보상보험의 보험료징수 등에 관한 법률 제49조의2 제2항).

⚖️ **법령**

고용보험 및 산업재해보상보험의 보험료징수 등에 관한 법률 제49조의2(자영업자에 대한 특례)
① 근로자를 사용하지 아니하거나 50명 미만의 근로자를 사용하는 사업주로서 대통령령으로 정하는 요건을 갖춘 자영업자(이하 "자영업자"라 한다)는 <u>공단의 승인을 받아 자기를 이 법에 따른 근로자로 보아 고용보험에 가입할 수 있다.</u>
② 제1항에 따라 <u>보험에 가입한 자영업자가 50명 이상의 근로자를 사용하게 된 경우에도 본인이 피보험자격을 유지하려는 경우에는 계속하여 보험에 가입된 것으로 본다.</u>
③ <u>자영업자에 대한 고용보험료 산정의 기초가 되는 보수액은 자영업자의 소득, 보수수준 등을 고려하여 고용노동부장관이 정하여 고시한다.</u>
④ 자영업자는 제1항에 따라 보험가입 승인을 신청하려는 경우에는 본인이 원하는 혜택수준을 고려하여 제3항에 따라 고시된 보수액 중 어느 하나를 선택하여야 한다.
⑤ 자영업자는 제4항에 따라 선택한 보수액을 다음 보험연도에 변경하려는 경우에는 직전 연도의 12월 20일까지 제3항에 따라 고시된 보수액 중 어느 하나를 다시 선택하여 공단에 보수액의 변경을 신청할 수 있다.
⑥ 제13조 제2항 및 제4항에도 불구하고 자영업자가 부담하여야 하는 고용안정ㆍ직업능력개발사업 및 실업급여에 대한 고용보험료는 제4항 또는 제5항에 따라 선택한 보수액에 제7항에 따른 고용보험료율을 곱한 금액으로 한다. 이 경우 월(月)의 중간에 보험관계가 성립하거나 소멸하는 경우에는 그 고용보험료는 일수에 비례하여 계산한다.

⑦ 자영업자에게 적용하는 고용보험료율은 보험수지의 동향과 경제상황 등을 고려하여 1,000분의 30의 범위에서 고용안정·직업능력개발사업의 보험료율 및 실업급여의 보험료율로 구분하여 대통령령으로 정한다. 이 경우 고용보험료율의 결정 및 변경은 고용보험법 제7조에 따른 고용보험위원회의 심의를 거쳐야 한다.

⑧ 제6항에 따른 고용보험료는 공단이 매월 부과하고, 건강보험공단이 이를 징수한다.

⑨ 고용보험에 가입한 자영업자는 매월 부과된 보험료를 다음 달 10일까지 납부하여야 한다.

⑩ 고용보험에 가입한 자영업자가 자신에게 부과된 월(月)의 고용보험료를 계속하여 6개월간 납부하지 아니한 경우에는 마지막으로 납부한 고용보험료에 해당되는 피보험기간의 다음 날에 보험관계가 소멸된다. 다만, 천재지변이나 그 밖에 부득이한 사유로 고용보험료를 낼 수 없었음을 증명하면 그러하지 아니하다.

36 고용보험 및 산업재해보상보험의 보험료징수 등에 관한 법령상 보험료 등에 관한 설명으로 옳지 않은 것을 모두 고른 것은?

> ㄱ. 고용보험 가입자인 근로자가 부담하여야 하는 고용보험료는 자기의 보수총액에 고용안정·직업능력개발사업 및 실업급여의 보험료율의 2분의 1을 곱한 금액으로 한다.
> ㄴ. 보험료는 국민건강보험공단이 매월 부과하고, 이를 근로복지공단이 징수한다.
> ㄷ. 보험사업에 드는 비용에 충당하기 위하여 보험가입자인 근로자와 사용자로부터 산업재해보상보험의 보험료를 징수한다.
> ㄹ. 기획재정부장관은 산재예방요율을 적용받는 사업이 거짓이나 그 밖의 부정한 방법으로 재해예방활동의 인정을 받은 경우에는 재해예방활동의 인정을 취소하여야 한다.

① ㄱ, ㄴ, ㄷ   ② ㄱ, ㄴ, ㄹ
③ ㄱ, ㄷ, ㄹ   ④ ㄴ, ㄷ, ㄹ
⑤ ㄱ, ㄴ, ㄷ, ㄹ

> ㄱ. (×) 고용보험 가입자인 사업주가 부담하여야 하는 고용보험료는 그 사업에 종사하는 고용보험 가입자인 근로자의 개인별 보수총액에 고용안정·직업능력개발사업의 보험료율과 실업급여의 보험료율의 2분의 1을 각각 곱하여 산출한 각각의 금액을 합한 금액으로 한다(고용보험 및 산업재해보상보험의 보험료징수 등에 관한 법 제13조 제2항). 사업주가 부담하여야 하는 고용보험료는 그 사업에 종사하는 고용보험 가입자인 근로자의 개인별 보수총액에 실업급여의 보험료율의 2분의 1을 각각 곱하여 산출한 각각의 금액을 합한 금액으로 한다(고용보험 및 산업재해보상보험의 보험료징수 등에 관한 법률 제13조 제4항).
> ㄴ. (×) 보험료는 공단이 매월 부과하고, 건강보험공단이 이를 징수한다(고용보험 및 산업재해보상보험의 보험료징수 등에 관한 법률 제16조의2 제1항).
> ㄷ. (×) 보험사업에 드는 비용에 충당하기 위하여 고용보험의 가입자인 사업주와 근로자로부터 고용안정·직업능력개발사업 및 실업급여의 보험료와 산업재해보상보험법에 따라 산업재해보상보험의 가입자인 사업주로부터 산업재해보상보험의 보험료를 징수한다(고용보험 및 산업재해보상보험의 보험료징수 등에 관한 법률 제13조 제1항 제1호, 제3호, 동법 제5조 제1항 및 제3항).
> ㄹ. (×) 고용노동부장관은 산재예방요율을 적용받는 사업이 거짓이나 그 밖의 부정한 방법으로 재해예방활동의 인정을 받은 경우에는 재해예방활동의 인정을 취소하여야 한다(고용보험 및 산업재해보상보험의 보험료징수 등에 관한 법률 제15조 제8항 제1호).

37 고용보험 및 산업재해보상보험의 보험료징수 등에 관한 법률상 납부의무가 확정된 보험료가 600만원인 경우, 이를 납부기한 전이라도 징수할 수 있는 사유에 해당하지 않는 것은?

☑ 법인이 합병한 경우

> "법인이 합병한 경우"는 고용보험 및 산업재해보상보험의 보험료징수 등에 관한 법 제27조의2 제1항에서 규정하고 있는 보험료 기타 징수금의 납부기한 전 보험료를 징수할 수 있는 사유에 해당하지 않는다.

② 공과금을 체납하여 체납처분을 받은 경우

> 고용보험 및 산업재해보상보험의 보험료징수 등에 관한 법률 제27조의2 제1항 제2호

③ 강제집행을 받은 경우

> 고용보험 및 산업재해보상보험의 보험료징수 등에 관한 법률 제27조의2 제1항 제3호

④ 법인이 해산한 경우

> 고용보험 및 산업재해보상보험의 보험료징수 등에 관한 법률 제27조의2 제1항 제6호

⑤ 어음법및수표법에 따른 어음교환소에서 거래정지처분을 받은 경우

> 고용보험 및 산업재해보상보험의 보험료징수 등에 관한 법률 제27조의2 제1항 제4호

고용보험 및 산업재해보상보험의 보험료징수 등에 관한 법률 제27조의2(납부기한 전 징수)

① 공단 또는 건강보험공단은 사업주에게 다음 각 호의 어느 하나에 해당하는 사유가 있는 경우에는 납부기한 전이라도 이미 납부의무가 확정된 보험료, 이 법에 따른 그 밖의 징수금을 징수할 수 있다. 다만, 보험료와 이 법에 따른 그 밖의 징수금의 총액이 500만원 미만인 경우에는 그러하지 아니하다.
  1. 국세를 체납하여 체납처분을 받은 경우
  2. 지방세 또는 공과금을 체납하여 체납처분을 받은 경우
  3. 강제집행을 받은 경우
  4. 어음법 및 수표법에 따른 어음교환소에서 거래정지처분을 받은 경우
  5. 경매가 개시된 경우
  6. 법인이 해산한 경우
② 공단 또는 건강보험공단은 제1항에 따라 납부기한 전에 보험료와 이 법에 따른 그 밖의 징수금을 징수할 때에는 새로운 납부기한 및 납부기한의 변경사유를 적어 사업주에게 알려야 한다. 이 경우 이미 납부통지를 하였을 때에는 납부기한의 변경을 알려야 한다.

38 고용보험 및 산업재해보상보험의 보험료징수 등에 관한 법령상 보험료율의 인상 또는 인하 등에 따른 조치에 관한 설명으로 옳지 않은 것은?

1
2
3

① 근로복지공단은 보험료율 인하로 보험료를 감액 조정한 경우에는 보험료율의 인하를 결정한 날부터 20일 이내에 그 감액 조정 사실을 사업주에게 알려야 한다.

> 고용보험 및 산업재해보상보험의 보험료징수 등에 관한 법률 시행령 제24조 제1항

② 보험료율 인상으로 월별보험료가 증액된 때에는 국민건강보험공단이 징수한다.

> 공단은 보험료율이 인상 또는 인하된 때에는 월별보험료 및 개산보험료를 증액 또는 감액 조정하고, 월별보험료가 증액된 때에는 건강보험공단이, 개산보험료가 증액된 때에는 공단이 각각 징수한다. 이 경우 사업주에 대한 통지, 납부기한 등 필요한 사항은 대통령령으로 정한다(고용보험 및 산업재해보상보험의 보험료징수 등에 관한 법률 제18조 제1항). ⚖

③ 보험료율 인상으로 증액 조정된 보험료의 추가 납부를 통지받은 사업주는 납부기한까지 증액된 보험료를 내야 한다. 다만, 근로복지공단 또는 국민건강보험공단은 정당한 사유가 있다고 인정되는 경우에는 30일의 범위에서 그 납부기한을 한 번 연장할 수 있다.

> 공단 또는 건강보험공단은 보험료를 증액 조정한 경우에는 납부기한을 정하여 보험료를 추가로 낼 것을 사업주에게 알려야 한다. <u>보험료의 추가 납부를 통지받은 사업주는 납부기한까지 증액된 보험료를 내야 한다.</u> 다만, 공단 또는 건강보험공단은 <u>정당한 사유가 있다고 인정되는 경우에는 30일의 범위에서 그 납부기한을 한 번 연장할 수 있다</u>(고용보험 및 산업재해보상보험의 보험료징수 등에 관한 법률 시행령 제24조 제3항 및 제4항).

✔ 근로복지공단은 사업주가 보험연도 중에 사업의 규모를 축소하여 실제의 개산보험료 총액이 이미 신고한 개산보험료 총액보다 100분의 20 이상으로 감소하게 된 경우에는 그 초과액을 감액해야 한다.

> 공단은 사업주가 보험연도 중에 사업의 규모를 축소하여 <u>실제의 개산보험료 총액이 이미 신고한 개산보험료 총액보다 100분의 30 이상으로 감소하게 된 경우에는</u> 사업주의 신청을 받아 그 초과액을 감액할 수 있다(고용보험 및 산업재해보상보험의 보험료징수 등에 관한 법률 제18조 제2항, 동법 시행령 제25조). ⚖

⑤ 보험료율 인상으로 개산보험료가 증액된 때에는 근로복지공단이 징수한다.

> 공단은 <u>보험료율이 인상</u> 또는 인하된 때에는 월별보험료 및 <u>개산보험료를 증액</u> 또는 감액 조정하고, 월별보험료가 증액된 때에는 건강보험공단이, <u>개산보험료가 증액된</u> 때에는 공단이 각각 징수한다. 이 경우 사업주에 대한 통지, 납부기한 등 필요한 사항은 대통령령으로 정한다(고용보험 및 산업재해보상보험의 보험료징수 등에 관한 법률 제18조 제1항). ⚖

⚖
법령

> **고용보험 및 산업재해보상보험의 보험료징수 등에 관한 법률 제18조(보험료율의 인상 또는 인하 등에 따른 조치)**
> ① 공단은 보험료율이 인상 또는 인하된 때에는 월별보험료 및 개산보험료를 증액 또는 감액 조정하고, 월별보험료가 증액된 때에는 건강보험공단이, 개산보험료가 증액된 때에는 공단이 각각 징수한다. 이 경우 사업주에 대한 통지, 납부기한 등 필요한 사항은 대통령령으로 정한다.
> ② 공단은 사업주가 보험연도 중에 사업의 규모를 축소하여 실제의 개산보험료 총액이 이미 신고한 개산보험료 총액보다 대통령령으로 정하는 기준 이상으로 감소하게 된 경우에는 사업주의 신청을 받아 그 초과액을 감액할 수 있다.

> **고용보험 및 산업재해보상보험의 보험료징수 등에 관한 법률 시행령 제25조(개산보험료의 감액조정의 기준)**
>
> 고용보험 및 산업재해보상보험의 보험료징수 등에 관한 법률 제18조 제2항에서 "대통령령으로 정하는 기준"이란 <u>100분의 30</u>을 말한다.

39 고용보험 및 산업재해보상보험의 보험료징수 등에 관한 법령상 거짓으로 보험사무대행기관 인가를 받아 근로복지공단으로부터 인가가 취소된 경우 보험사무대행기관 인가의 제한 기간은?

① 3개월 　　　　　　　　　　　　　② 6개월

✓ 1년 　　　　　　　　　　　　　④ 3년

⑤ 5년

> 공단은 보험사무대행기관이 <u>거짓이나 그 밖의 부정한 방법으로 인가를 받은 경우에는 그 인가를 취소할 수 있다</u>. 다만, 제1호에 해당하는 경우에는 <u>인가를 취소하여야 한다</u>(고용보험 및 산업재해보상보험의 보험료징수 등에 관한 법률 제33조 제5항 제1호, 동법 제6항). 또한 인가가 취소된 보험사무대행기관은 <u>1년 동안은 다시 인가받을 수 없다</u>(고용보험 및 산업재해보상보험의 보험료징수 등에 관한 법률 시행령 제48조 제1항 제1호 가목). ⚖️

⚖️ 법령

고용보험 및 산업재해보상보험의 보험료징수 등에 관한 법률 제33조(보험사무대행기관)

⑤ 공단은 보험사무대행기관이 다음 각 호의 어느 하나에 해당하는 경우에는 <u>그 인가를 취소할 수 있다</u>. 다만, 제1호에 해당하는 경우에는 인가를 취소하여야 한다.
1. 거짓이나 그 밖의 부정한 방법으로 인가를 받은 경우
2. 정당한 사유 없이 계속하여 2개월 이상 보험사무를 중단한 경우
3. 보험사무를 거짓이나 그 밖의 부정한 방법으로 운영한 경우
4. 그 밖에 이 법 또는 이 법에 따른 명령을 위반한 경우

⑥ 제4항에 따라 업무가 전부 폐지되거나 제5항에 따라 인가가 취소된 보험사무대행기관은 폐지신고일 또는 인가취소일부터 1년의 범위에서 대통령령으로 정하는 기간 동안은 보험사무대행기관으로 다시 인가받을 수 없다.

고용보험 및 산업재해보상보험의 보험료징수 등에 관한 법률 시행령 제48조(보험사무대행기관 인가의 제한 기간 등)

① 법 제33조 제6항에서 "대통령령으로 정하는 기간"이란 다음 각 호의 구분에 따른 기간을 말한다.
1. 법 제33조 제4항에 따라 업무 전부에 대한 폐지 신고를 한 경우 : 3개월. 다만, 법 제33조 제5항 각 호의 어느 하나에 해당하는 사유에 따른 인가취소 절차가 진행 중인 기간(행정절차법 제21조에 따른 처분의 사전 통지 시점부터 인가취소 처분 여부를 결정하기 전까지의 기간을 말한다)에 업무 전부에 대한 폐지 신고를 한 경우에는 다음 각 목의 구분에 따른다.
　　가. 법 제33조 제5항 제1호의 사유로 인가취소의 사전 통지를 받은 경우 : 1년
　　나. 법 제33조 제5항 제2호부터 제4호까지의 어느 하나에 해당하는 사유로 인가취소의 사전 통지를 받은 경우 : 6개월
2. 법 제33조 제5항 제1호의 사유로 인가가 취소된 경우 : 1년
3. 법 제33조 제5항 제2호부터 제4호까지의 어느 하나에 해당하는 사유로 인가가 취소된 경우 : 6개월

40 고용보험 및 산업재해보상보험의 보험료징수 등에 관한 법령상 고용안정 · 직업능력개발사업의 보험료율에 관한 내용이다. 다음 중 연결이 옳은 것은?

[1]
[2]
[3]

> ㄱ. 상시근로자수가 120명인 사업주의 사업
> ㄴ. 상시근로자수가 1,000명인 사업주의 사업
> ㄷ. 국가 · 지방자치단체가 직접 하는 사업

> a. 1만분의 18   b. 1만분의 25
> c. 1만분의 65   d. 1만분의 85
> e. 1천분의 18

① ㄱ - a, ㄴ - c   ✔② ㄱ - b, ㄷ - d
③ ㄱ - c, ㄴ - e   ④ ㄴ - d, ㄷ - a
⑤ ㄴ - e, ㄷ - b

> 고용안정 · 직업능력개발사업의 보험료율 및 실업급여의 보험료율은 ㄱ. 상시근로자수가 150명 미만인 사업주의 사업의 경우 1만분의 25, ㄴ. 상시근로자수가 1천명 이상인 사업주의 사업은 1만분의 85, ㄷ. 국가 · 지방자치단체가 직접 하는 사업은 1만분의 85로 규정하고 있다(고용보험 및 산업재해보상보험의 보험료징수 등에 관한 법 시행령 제12조 제1항). 따라서 ㄱ - b, ㄴ, ㄷ - d가 된다. ⚖️

⚖️
법령

고용보험 및 산업재해보상보험의 보험료징수 등에 관한 법 제12조(고용보험료율)
① 법 제14조 제1항에 따른 고용보험료율은 다음 각 호와 같다.
　1. 고용안정 · 직업능력개발사업의 보험료율 : 다음 각 목의 구분에 따른 보험료율
　　가. 상시근로자수가 150명 미만인 사업주의 사업 : 1만분의 25
　　나. 상시근로자수가 150명 이상인 사업주의 사업으로서 우선지원대상기업의 범위에 해당하는 사업 : 1만분의 45
　　다. 상시근로자수가 150명 이상 1천명 미만인 사업주의 사업으로서 나목에 해당하지 않는 사업 : 1만분의 65
　　라. 상시근로자수가 1천명 이상인 사업주의 사업으로서 나목에 해당하지 않는 사업 및 국가 · 지방자치단체가 직접 하는 사업 : 1만분의 85

01	02	03	04	05	06	07	08	09	10	11	12	13	14	15	16	17	18	19	20	21	22	23	24	25
①	⑤	⑤	④	②	②	①	⑤	①	④	③	④	①	②	④	③	②	③	①	③	④	③	⑤	②	③

01 사회보장기본법령에 관한 설명으로 옳은 것은?

☑ ① 국가와 지방자치단체는 모든 국민의 인간다운 생활과 자립, 사회참여, 자아실현 등을 지원하여 삶의 질이 향상될 수 있도록 사회서비스에 관한 시책을 마련하여야 한다.

> 사회보장기본법 제23조 제1항

② 보건복지부장관은 제공받은 사회보장 행정데이터의 원활한 분석, 활용 등을 위하여 사회보장 행정데이터 분석센터를 설치 · 운영하여야 한다.

> 보건복지부장관은 제42조에 따라 제공받은 사회보장 행정데이터의 원활한 분석, 활용 등을 위하여 사회보장 행정데이터 분석센터를 설치 · 운영할 수 있다(사회보장기본법 제43조 제1항).

③ 부담 능력이 있는 국민에 대한 사회서비스에 드는 비용은 국가가 부담함을 원칙으로 한다.

> 부담 능력이 있는 국민에 대한 사회서비스에 드는 비용은 그 수익자가 부담함을 원칙으로 하되, 관계 법령에서 정하는 바에 따라 국가와 지방자치단체가 그 비용의 일부를 부담할 수 있다(사회보장기본법 제28조 제4항).

④ 사회보장수급권을 포기하는 것이 다른 사람에게 피해를 주는 경우에는 사회보장수급권을 포기할 수 있다.

> 사회보장수급권을 포기하는 것이 다른 사람에게 피해를 주거나 사회보장에 관한 관계 법령에 위반되는 경우에는 사회보장수급권을 포기할 수 없다(사회보장기본법 제14조 제3항).

⑤ 보건복지부장관은 재정추계의 결과를 사회보장위원회의 심의를 거쳐 같은 해 9월 30일까지 관계 중앙행정기관의 장에게 통보하여야 한다.

> 보건복지부장관은 재정추계 세부지침에 따라 추계를 실시하는 해의 9월 30일까지 재정추계를 하고, 그 결과를 법 제20조에 따른 사회보장위원회(이하 "위원회"라 한다)의 심의를 거쳐 같은 해 10월 31일까지 관계 중앙행정기관의 장에게 통보하여야 한다(사회보장기본법 시행령 제2조 제2항).

02 사회보장기본법상 사회보장위원회에서 심의·조정하는 사항은 모두 몇 개인가?

1
2
3

> • 사회보장 관련 주요 계획
> • 둘 이상의 중앙행정기관이 관련된 주요 사회보장정책
> • 사회보장급여 및 비용 부담
> • 국가와 지방자치단체의 역할 및 비용 분담
> • 사회보장 전달체계 운영 및 개선

① 1개　　　　　　　　　　　　② 2개

③ 3개　　　　　　　　　　　　④ 4개

☑ 5개

제시된 5개의 지문은 사회보장기본법 제20조 제2항 제2조, 제5조, 제6조, 제7조, 제9조에 명시된 조항으로서 사회보장위원회에서 심의·조정하는 사항에 해당한다.

법령

사회보장기본법 제20조(사회보장위원회)

① 사회보장에 관한 주요 시책을 심의·조정하기 위하여 국무총리 소속으로 사회보장위원회(이하 "위원회"라 한다)를 둔다.

② 위원회는 다음 각 호의 사항을 심의·조정한다.
　1. 사회보장 증진을 위한 기본계획
　2. 사회보장 관련 주요 계획
　3. 사회보장제도의 평가 및 개선
　4. 사회보장제도의 신설 또는 변경에 따른 우선순위
　5. 둘 이상의 중앙행정기관이 관련된 주요 사회보장정책
　6. 사회보장급여 및 비용 부담
　7. 국가와 지방자치단체의 역할 및 비용 분담
　8. 사회보장의 재정추계 및 재원조달 방안
　9. 사회보장 전달체계 운영 및 개선
　10. 제32조 제1항에 따른 사회보장통계
　11. 사회보장정보의 보호 및 관리
　12. 제26조 제4항에 따른 조정
　13. 그 밖에 위원장이 심의에 부치는 사항

03 사회보장기본법에 관한 설명으로 옳은 것은?

① 사회보장수급권은 정당한 권한이 있는 기관에 서면이나 구두로 포기할 수 있다.

> 사회보장수급권은 정당한 권한이 있는 기관에 서면으로 통지하여 포기할 수 있다(사회보장기본법 제14조 제1항).

② 고용노동부장관은 관계 중앙행정기관의 장과 협의하여 사회보장에 관한 기본계획을 5년마다 수립하여야 한다.

> 보건복지부장관은 관계 중앙행정기관의 장과 협의하여 사회보장 증진을 위하여 사회보장에 관한 기본계획을 5년마다 수립하여야 한다(사회보장기본법 제16조 제1항).

③ 국가와 지방자치단체는 효과적인 사회보장정책의 수립·시행을 위하여 사회보장에 관한 통계를 작성·관리할 수 있다.

> 국가와 지방자치단체는 효과적인 사회보장정책의 수립·시행을 위하여 사회보장에 관한 통계를 작성·관리하여야 한다(사회보장기본법 제32조 제1항).

④ 국가는 사회보장제도의 안정적인 운영을 위하여 중장기 사회보장 재정추계를 매년 실시하고 이를 공표하여야 한다.

> 국가는 사회보장제도의 안정적인 운영을 위하여 중장기 사회보장 재정추계를 격년으로 실시하고 이를 공표하여야 한다(사회보장기본법 제5조 제4항).

☑ 국가와 지방자치단체는 평생사회안전망을 구축·운영함에 있어 사회적 취약계층을 위한 공공부조를 마련하여 최저생활을 보장하여야 한다.　사회보장기본법 제22조 제2항

04 고용보험법령상 구직급여에 관한 설명으로 옳지 않은 것은?

① 마지막 이직 당시 일용근로자로서 피보험 단위기간이 1개월 미만인 사람이 수급자격을 갖추지 못한 경우에는 일용근로자가 아닌 근로자로서 마지막으로 이직한 사업을 기준으로 수급자격의 인정 여부를 결정한다.

> 제2항에 따른 신청인이 다음 각 호의 요건을 모두 갖춘 경우에는 마지막에 이직한 사업을 기준으로 수급자격의 인정 여부를 결정한다. 다만, 마지막 이직 당시 일용근로자로서 피보험 단위기간이 1개월 미만인 사람이 수급자격을 갖추지 못한 경우에는 일용근로자가 아닌 근로자로서 마지막으로 이직한 사업을 기준으로 결정한다(고용보험법 제43조 제3항).

② 구직급여는 수급자격자가 실업한 상태에 있는 날 중에서 직업안정기관의 장으로부터 실업의 인정을 받은 날에 대하여 지급한다.

> 고용보험법 제44조 제1항

③ 수급자격자가 사망한 경우 그 수급자격자에게 지급되어야 할 구직급여로서 아직 지급되지 않은 구직급여의 지급을 청구하려는 사람은 미지급 실업급여 청구서를 사망한 수급자격자의 신청지 관할 직업안정기관의 장에게 제출해야 한다.

> 고용보험법 제57조 제1항, 동법 시행령 제76조 제1항 ⚖

☑ 구직급여는 이 법에 따로 규정이 있는 경우 외에는 그 구직급여의 수급자격과 관련된 이직일부터 계산하기 시작하여 12개월 내에 하나의 수급자격에 따라 구직급여를 지급받을 수 있는 날을 한도로 하여 지급한다.

> 구직급여는 이 법에 따로 규정이 있는 경우 외에는 그 구직급여의 수급자격과 관련된 <u>이직일의 다음 날부터</u> 계산하기 시작하여 12개월 내에 하나의 수급자격에 따라 구직급여를 지급받을 수 있는 날(소정급여일수)을 한도로 하여 지급한다(고용보험법 제48조 제1항, 제50조 제1항).

⑤ 수급자격자가 질병이나 부상으로 직업안정기관에 출석할 수 없었던 경우로서 그 기간이 계속하여 7일 미만인 경우에 해당하면 직업안정기관에 출석할 수 없었던 사유를 적은 증명서를 제출하여 실업의 인정을 받을 수 있다.

> 고용보험법 제44조 제3항 제1호

⚖️ 법령

고용보험법 제57조(지급되지 아니한 구직급여)
① 수급자격자가 사망한 경우 <u>그 수급자격자에게 지급되어야 할 구직급여로서 아직 지급되지 아니한 것이 있는 경우</u>에는 그 수급자격자의 배우자(사실상의 혼인 관계에 있는 사람을 포함한다)·자녀·부모·손자녀·조부모 또는 형제자매로서 수급자격자와 생계를 같이하고 있던 사람의 청구에 따라 그 미지급분을 지급한다.

고용보험법 시행령 제76조(지급되지 않은 구직급여의 청구)
① <u>법 제57조 제1항에 따라 지급되지 않은 구직급여의 지급을 청구하려는 사람(이하 "미지급급여청구자"라 한다)</u>은 미지급 실업급여 청구서를 사망한 수급자격자의 신청지 관할 <u>직업안정기관의 장에게</u> 제출해야 한다.

---

05 고용보험법령상 고용유지지원금에 관한 내용이다. (   )에 들어갈 내용은?

1
2
3

> 고용노동부장관이 실업의 급증 등 고용사정이 악화되어 고용안정을 위하여 필요하다고 인정할 때에는 (ㄱ)년의 범위에서 고용노동부장관이 정하여 고시하는 기간에 사업주가 피보험자의 임금을 보전하기 위하여 지급한 금품의 (ㄴ)로서 고용노동부장관이 정하여 고시하는 비율에 해당하는 금액으로 한다.

① ㄱ : 1, ㄴ : 3분의 2 이상 10분의 7 이하

☑ ㄱ : 1, ㄴ : 4분의 3 이상 10분의 9 이하

> 고용노동부장관이 실업의 급증 등 고용사정이 악화되어 고용안정을 위하여 필요하다고 인정할 때에는 (<u>1</u>)년의 범위에서 고용노동부장관이 정하여 고시하는 기간에 사업주가 피보험자의 임금을 보전하기 위하여 지급한 금품의 (<u>4분의 3 이상 10분의 9 이하</u>)로서 고용노동부장관이 정하여 고시하는 비율에 해당하는 금액으로 한다(고용보험법 시행령 제21조 제1항).

③ ㄱ : 2, ㄴ : 3분의 2 이상 10분의 7 이하

④ ㄱ : 2, ㄴ : 4분의 3 이상 10분의 9 이하

⑤ ㄱ : 3, ㄴ : 3분의 2 이상 10분의 9 이하

06 고용보험법령상 예술인인 피보험자가 임신 13주차에 유산을 한 경우 출산전후급여 등의 지급 기간은?

① 5일   ✔ 10일

③ 15일   ④ 20일

⑤ 30일

> 임신기간이 12주 이상 15주 이내인 예술인인 피보험자 또는 피보험자였던 사람이 유산 또는 사산한 경우 출산전후급여 등의 지급기간은 <u>유산 또는 사산한 날부터 10일</u>이다(고용보험법 시행령 제104조의9 제2항 제2호 나목). ⚖

⚖ 법령

> **고용보험법 시행령 제104조의9(예술인의 출산전후급여 등의 지급요건 등)**
> ② 출산전후급여 등의 지급기간은 다음 각 호의 구분에 따른다.
>   1. 예술인 피보험자 또는 피보험자였던 사람이 출산한 경우 : 출산 전과 후를 연속하여 90일(한 번에 둘 이상의 자녀를 임신한 경우에는 120일)로 하되, 출산 후에 45일(한 번에 둘 이상의 자녀를 임신한 경우에는 60일) 이상이 되도록 할 것
>   2. <u>예술인 피보험자 또는 피보험자였던 사람이 유산 또는 사산한 경우</u> : 다음 각 목에 해당하는 기간
>   가. 임신기간이 11주 이내인 경우 : 유산 또는 사산한 날부터 5일
>   나. <u>임신기간이 12주 이상 15주 이내인 경우 : 유산 또는 사산한 날부터 10일</u>
>   다. 임신기간이 16주 이상 21주 이내인 경우 : 유산 또는 사산한 날부터 30일
>   라. 임신기간이 22주 이상 27주 이내인 경우 : 유산 또는 사산한 날부터 60일
>   마. 임신기간이 28주 이상인 경우 : 유산 또는 사산한 날부터 90일

07 고용보험법령상 고용보험위원회(이하 '위원회'라 한다)에 관한 설명으로 옳지 않은 것은?

✔ 위촉위원 중 정부를 대표하는 사람의 임기는 2년으로 한다.

> 고용보험위원회의 위촉위원 중 근로자를 대표하는 사람, 사용자를 대표하는 사람, 공익을 대표하는 사람의 임기는 2년으로 정하고 있다(고용보험법 시행령 제1조의4 제1항 본문). 한편 <u>위촉위원 중 정부를 대표하는 사람</u>은 고용보험 관련 중앙행정기관의 고위공무원단에 속하는 공무원 중에서 고용노동부장관이 임명하는 것으로 규정하고 있다(고용보험법 시행령 제1조의3 제3항). <u>그러나 별도의 임기를 규정하고 있지는 않다.</u>

② 위촉위원 중 보궐위원의 임기는 전임자 임기의 남은 기간으로 한다.

> 법 제7조제4항제1호부터 제3호까지의 규정에 따른 위촉위원의 임기는 2년으로 한다. 다만, <u>보궐위원의 임기는 전임자 임기의 남은 기간으로 한다</u>(고용보험법 시행령 제1조의4 제1항).

③ 위원회의 위원장이 부득이한 사유로 직무를 수행할 수 없을 때에는 위원장이 미리 지명하는 위원이 그 직무를 대행한다.   고용보험법 시행령 제1조의5 제2항

④ 위원회의 회의는 재적위원 과반수의 출석으로 개의(開議)하고 출석의원 과반수의 찬성으로 의결한다.   고용보험법 시행령 제1조의6 제2항

⑤ 위원회에 고용보험운영전문위원회와 고용보험평가전문위원회를 둔다.

고용보험법 시행령 제1조의7 제1항

08 고용보험법상 고용보험심사관(이하 '심사관'이라 한다)에 관한 설명으로 옳지 않은 것은?

① 실업급여에 관한 처분에 이의가 있는 자는 심사관에게 심사를 청구할 수 있다.

> 피보험자격의 취득·상실에 대한 확인, 제4장의 규정에 따른 실업급여 및 제5장에 따른 육아휴직 급여와 출산전후휴가 급여등에 관한 처분[이하 "원처분(原處分) 등"이라 한다]에 이의가 있는 자는 제89조에 따른 심사관에게 심사를 청구할 수 있고, 그 결정에 이의가 있는 자는 제99조에 따른 심사위원회에 재심사를 청구할 수 있다(고용보험법 제87조 제1항).

② 심사관은 심사청구를 받으면 30일 이내에 그 심사청구에 대한 결정을 하여야 한다. 다만, 부득이한 사정으로 그 기간에 결정할 수 없을 때에는 한 차례만 10일을 넘지 아니하는 범위에서 그 기간을 연장할 수 있다.

> 고용보험법 제89조 제2항

③ 심사관은 심사의 청구에 대한 심리를 위하여 필요하다고 인정하면 심사청구인의 신청 또는 직권으로 심사청구인 또는 관계인을 지정 장소에 출석하게 하여 질문하거나 의견을 진술하게 할 수 있다. 고용보험법 제94조 제1항 제1호

④ 당사자는 심사관에게 심리·결정의 공정을 기대하기 어려운 사정이 있으면 그 심사관에 대한 기피신청을 고용노동부장관에게 할 수 있다.

> 고용보험법 제89조 제4항

❺ 직업안정기관 또는 근로복지공단은 심사청구서를 받은 날부터 14일 이내에 의견서를 첨부하여 심사청구서를 심사관에게 보내야 한다.

> 직업안정기관 또는 근로복지공단은 심사청구서를 받은 날부터 5일 이내에 의견서를 첨부하여 심사청구서를 심사관에게 보내야 한다(고용보험법 제90조 제2항).

09 고용보험법령상 폐업한 자영업자인 피보험자에 관한 설명으로 옳지 않은 것은?

❶ 법령을 위반하여 영업 정지를 받아 폐업한 경우라도 직업안정기관의 장이 인정하는 경우에는 수급자격이 있는 것으로 본다.

> 폐업한 자영업자인 피보험자가 법령을 위반하여 영업 정지를 받음에 따라 폐업한 경우에 해당한다고 직업안정기관의 장이 인정하는 경우에는 수급자격이 없는 것으로 본다(고용보험법 제69조의7 제1호). ⚖️¹

② 자영업자인 피보험자 본인의 중대한 귀책사유로서 본인의 사업과 관련하여 특정경제범죄 가중처벌 등에 관한 법률 제3조에 따라 징역형을 선고받고 폐업한 경우에 해당한다고 직업안정기관의 장이 인정하는 경우에는 수급자격이 없는 것으로 본다.

> 고용보험법 제69조의7 제2호, 고용보험법 시행규칙 제115조의2 제2호 ⚖️¹

③ 자영업자인 피보험자로서 폐업한 수급자격자에 대한 소정급여일수는 대기기간이 끝난 다음 날부터 계산하기 시작하여 피보험기간이 5년 이상 10년 미만이면 180일까지로 한다.

> 고용보험법 제69조의6, 고용보험법 [별표 2] ⚖️²

④ 자영업자인 피보험자의 피보험기간은 그 수급자격과 관련된 폐업 당시의 적용 사업에의 보험가입기간 중에서 실제로 납부한 고용보험료에 해당하는 기간으로 한다.

> 피보험기간은 그 수급자격과 관련된 이직 당시의 적용 사업에서 고용된 기간으로 한다. 다만, 자영업자인 피보험자의 경우에는 그 수급자격과 관련된 폐업 당시의 적용 사업에의 보험가입기간 중에서 실제로 납부한 고용보험료에 해당하는 기간으로 한다(고용보험법 제50조 제3항).

⑤ 자영업자인 피보험자로서 폐업한 수급자격자에 대한 구직급여일액은 그 수급자격자의 기초일액에 100분의 60을 곱한 금액으로 한다.

> 고용보험법 제69조의5

고용보험법 제69조의7(폐업사유에 따른 수급자격의 제한)
제69조의3에도 불구하고 폐업한 자영업자인 피보험자가 다음 각 호의 어느 하나에 해당한다고 직업안정기관의 장이 인정하는 경우에는 수급자격이 없는 것으로 본다.
1. 법령을 위반하여 허가 취소를 받거나 영업 정지를 받음에 따라 폐업한 경우
2. 방화(放火) 등 피보험자 본인의 중대한 귀책사유로서 고용노동부령으로 정하는 사유로 폐업한 경우

> **고용보험법 시행규칙 제115조의2(폐업사유에 따른 수급자격의 제한)**
> 법 제69조의7 제2호의 "고용노동부령으로 정하는 사유로 폐업한 경우"란 다음 각 호의 어느 하나에 해당하는 경우를 말한다.
> 1. 법 제2조 제1호 나목에 따른 자영업자인 피보험자(이하 "자영업자인 피보험자"라 한다)가 본인의 사업장 또는 사업장 내의 주요 생산·판매시설 등에 대하여 형법 제13장의 죄를 범하여 금고 이상의 형을 선고받고 폐업한 경우
> 2. 자영업자인 피보험자가 본인의 사업과 관련하여 형법 제347조, 제350조, 제351조(제347조 및 제350조의 상습범으로 한정한다), 제355조, 제356조 또는 특정경제범죄 가중처벌 등에 관한 법률 제3조에 따라 징역형을 선고받고 폐업한 경우

3. 매출액 등이 급격하게 감소하는 등 고용노동부령으로 정하는 사유가 아닌 경우로서 전직 또는 자영업을 다시 하기 위하여 폐업한 경우
4. 그 밖에 고용노동부령으로 정하는 정당한 사유에 해당하지 아니하는 사유로 폐업한 경우

고용보험법 제69조의6(소정급여일수)
자영업자인 피보험자로서 폐업한 수급자격자에 대한 소정급여일수는 제49조에 따른 대기기간이 끝난 다음 날부터 계산하기 시작하여 피보험기간에 따라 별표 2에서 정한 일수가 되는 날까지로 한다.

고용보험법 [별표2] 자영업자의 구직급여의 소정급여일수

구분	피보험기간			
	1년 이상 3년 미만	3년 이상 5년 미만	5년 이상 10년 미만	10년 이상
소정급여일수	120일	150일	180일	210일

10 고용보험법령상 고용노동부장관이 고용환경 개선, 근무형태 변경 등으로 고용의 기회를 확대1
한 사업주에게 임금의 일부를 지원할 수 있는 경우가 아닌 것은?

1
2
3

① 직무의 분할 등을 통하여 실업자를 근로계약기간을 정하지 않고 시간제로 근무하는 형태로
하여 새로 고용하는 경우 　고용보험법 시행령 제17조 제1항 제3호 ⚖️

② 고용보험위원회에서 심의·의결한 국내복귀기업 또는 지역특화산업 등 고용지원이 필요한
업종에 해당하는 기업이 실업자를 고용하는 경우

고용보험법 시행령 제17조 제1항 제4호 ⚖️

③ 고용보험위원회에서 심의·의결한 업종에 해당하는 우선지원대상기업이 고용노동부장관이
정하는 전문적인 자격을 갖춘 자를 고용하는 경우

고용보험법 시행령 제17조 제1항 제5호 ⚖️

✅ 임금을 감액하는 제도 또는 그 밖의 임금체계 개편 등을 통하여 18세 이상 35세 이하의 청년
실업자를 고용하는 경우

고용노동부장관은 임금피크제, 임금을 감액하는 제도 또는 그 밖의 임금체계 개편 등을 통하여 <u>15세 이상
34세 이하의 청년 실업자를 고용하는 경우</u> 사업주에게 임금의 일부를 지원할 수 있다(고용보험법 시행령
제17조 제1항 제6호). ⚖️

⑤ 고용노동부장관이 고용상 연령차별 금지 및 고령자고용촉진에 관한 법률에 따른 고령자가 근무
하기에 적합한 것으로 인정하는 직무에 고령자를 새로 고용하는 경우

고용보험법 시행령 제17조 제1항 제7호 ⚖️

⚖️
법령

고용보험법 제20조(고용창출의 지원)
고용노동부장관은 고용환경 개선, 근무형태 변경 등으로 고용의 기회를 확대한 사업주에게 대통령령으로 정하는
바에 따라 필요한 지원을 할 수 있다.

고용보험법 시행령 제17조(고용창출에 대한 지원)
① 고용노동부장관은 법 제20조에 따라 다음 각 호의 어느 하나에 해당하는 사업주에게 <u>임금의 일부를 지원할</u>
<u>수 있다.</u> 다만, 제1호의 경우에는 근로시간이 감소된 근로자에 대한 임금의 일부와 필요한 시설의 설치비의
일부도 지원할 수 있으며, 제2호의 경우에는 시설의 설치비의 일부도 지원할 수 있다.
1. 근로시간 단축, 교대근로 개편, 정기적인 교육훈련 또는 안식휴가 부여 등(이하 "일자리 함께하기"라
한다)을 통하여 실업자를 고용함으로써 근로자 수가 증가한 경우
2. 고용노동부장관이 정하는 시설을 설치·운영하여 고용환경을 개선하고 실업자를 고용하여 근로자 수가
증가한 경우
3. <u>직무의 분할, 근무체계 개편 또는 시간제직무 개발 등을 통하여 실업자를 근로계약기간을 정하지 않고</u>
<u>시간제로 근무하는 형태로 하여 새로 고용하는 경우</u>
4. <u>위원회에서 심의·의결한 성장유망업종, 인력수급 불일치 업종, 국내복귀기업 또는 지역특화산업 등</u>
<u>고용지원이 필요한 업종에 해당하는 기업이 실업자를 고용하는 경우</u>
5. <u>위원회에서 심의·의결한 업종에 해당하는 우선지원대상기업이 고용노동부장관이 정하는 전문적인</u>
<u>자격을 갖춘 자(이하 "전문인력"이라 한다)를 고용하는 경우</u>
6. <u>제28조에 따른 임금피크제, 제28조의2에 따른 임금을 감액하는 제도 또는 그 밖의 임금체계 개편 등을</u>
<u>통하여 15세 이상 34세 이하의 청년 실업자를 고용하는 경우</u>
7. <u>고용노동부장관이 고용상 연령차별 금지 및 고령자고용촉진에 관한 법률 제2조 제1호 또는 제2호에</u>
<u>따른 고령자 또는 준고령자가 근무하기에 적합한 것으로 인정하는 직무에 고령자 또는 준고령자를 새로</u>
<u>고용하는 경우</u>

11 산업재해보상보험법상 진폐에 따른 보험급여 종류를 모두 고른 것은?

1	
2	
3	

> ㄱ. 장례비　　　　　　ㄴ. 휴업급여　　　　　　ㄷ. 직업재활급여
>
> ㄹ. 간병급여　　　　　　ㅁ. 유족급여

① ㄱ, ㄹ

② ㄱ, ㄴ, ㅁ

✓ ㄱ, ㄷ, ㄹ

> 진폐에 따른 보험급여의 종류는 요양급여, 간병급여, 장례비, 직업재활급여, 진폐보상연금 및 진폐유족연금으로 한다(산업재해보상보험법 제36조 제1항).

④ ㄴ, ㄷ, ㄹ, ㅁ

⑤ ㄱ, ㄴ, ㄷ, ㄹ, ㅁ

12 산업재해보상보험법상 심사 청구 및 재심사 청구에 관한 설명으로 옳지 않은 것은?

1	
2	
3	

① 재심사위원회의 재결은 근로복지공단을 기속(羈束)한다.

> 산업재해보상보험법 제109조 제2항

② 재심사위원회의 위원(당연직위원은 제외한다)의 임기는 3년으로 하되 연임할 수 있고, 위원장이나 위원의 임기가 끝난 경우 그 후임자가 임명될 때까지 그 직무를 수행한다.

> 산업재해보상보험법 제107조 제7항

③ 보험급여 결정 등에 대하여는 행정심판법에 따른 행정심판을 제기할 수 없다.

> 산업재해보상보험법 제103조 제5항

✓ 재심사위원회의 위원장 및 위원은 고용노동부장관이 임명한다.

> 재심사위원회의 위원장 및 위원은 고용노동부장관의 제청으로 대통령이 임명한다(산업재해보상보험법 제107조 제5항).

⑤ 재심사 청구의 제기는 시효의 중단에 관하여 민법 제168조에 따른 재판상의 청구로 본다.

> 제103조 및 제106조에 따른 심사 청구 및 재심사 청구의 제기는 시효의 중단에 관하여 민법 제168조에 따른 재판상의 청구로 본다(산업재해보상보험법 제111조 제1항).

13 산업재해보상보험법상 과태료 부과 대상이 되는 자를 모두 고른 것은?

1
2
3

ㄱ. 근로복지공단이 아닌 자가 근로복지공단과 비슷한 명칭을 사용한 자
ㄴ. 근로자가 보험급여를 신청한 것을 이유로 근로자를 해고한 사업주
ㄷ. 특수형태근로종사자로부터 노무를 제공받지 아니하게 된 경우에 이를 대통령령으로 정하는 바에 따라 근로복지공단에 신고를 하지 아니한 사업주

✔ ① ㄱ

② ㄴ

③ ㄱ, ㄷ

④ ㄴ, ㄷ

⑤ ㄱ, ㄴ, ㄷ

ㄱ. (○) 근로복지공단이 아니면서 근로복지공단과 비슷한 명칭을 사용한 자에게는 <u>200만원 이하의 과태료를 부과한다</u>(산업재해보상보험법 제129조 제2항 제1호). ⚖

ㄴ. (✕) 근로자가 보험급여를 신청한 것을 이유로 근로자를 해고한 사업주에게는 <u>2년 이하의 징역 또는 2천만원 이하의 벌금에 처한다</u>(산업재해보상보험법 제127조 제3항 제3호). ⚖

ㄷ. (✕) 본 지문의 경우, 제32회(2023.5.27.) 시험 실시 당시에는 (구 산업재해보상보험법 제129조 제2항 제5호, 제125조 제3항에 따라) 산업재해보상보험법상 100만원 이하의 과태료 부과 대상이었으나, <u>2022.6.10. 개정 및 2023.7.1. 시행된 산업재해보상보험법에 따라 과태료 부과 대상에서 삭제되었다.</u> 따라서 ㄷ은 틀린 지문으로 해석한다. ⚖

⚖
법령

산업재해보상보험법 제127조(벌칙)

① 제31조의2 제3항을 위반하여 공동이용하는 전산정보자료를 같은 조 제1항에 따른 목적 외의 용도로 이용하거나 활용한 자는 3년 이하의 징역 또는 3천만원 이하의 벌금에 처한다.

② 산재보험 의료기관이나 제46조제1항에 따른 약국의 종사자로서 거짓이나 그 밖의 부정한 방법으로 진료비나 약제비를 지급받은 자는 3년 이하의 징역 또는 3천만원 이하의 벌금에 처한다.

③ 다음 각 호의 어느 하나에 해당하는 자는 2년 이하의 징역 또는 2천만원 이하의 벌금에 처한다.
  1. 거짓이나 그 밖의 부정한 방법으로 보험급여를 받은 자
  2. 거짓이나 그 밖의 부정한 방법으로 보험급여를 받도록 시키거나 도와준 사
  3. <u>제111조의2를 위반하여 근로자를 해고하거나 그 밖에 근로자에게 불이익한 처우를 한 사업주</u>

④ 제21조제3항을 위반하여 비밀을 누설한 자는 2년 이하의 징역 또는 1천만원 이하의 벌금에 처한다.

산업재해보상보험법 제129조(과태료)

① 제91조의21을 위반하여 자료 또는 정보의 제공 요청에 따르지 아니한 자에게는 <u>300만원 이하의 과태료를</u> 부과한다.

② 다음 각 호의 어느 하나에 해당하는 자에게는 200만원 이하의 과태료를 부과한다.
  1. 제34조를 위반하여 <u>근로복지공단 또는 이와 비슷한 명칭을 사용한 자</u>
  2. 제45조 제1항을 위반하여 공단이 아닌 자에게 진료비를 청구한 자

③ 다음 각 호의 어느 하나에 해당하는 자에게는 100만원 이하의 과태료를 부과한다.
  1. 제47조 제1항에 따른 진료계획을 정당한 사유 없이 제출하지 아니하는 자
  2. 제105조 제4항(제109조 제1항에서 준용하는 경우를 포함한다)에 따른 질문에 답변하지 아니하거나 거짓된 답변을 하거나 검사를 거부·방해 또는 기피한 자
  3. 제114조 제1항 또는 제118조에 따른 보고를 하지 아니하거나 거짓된 보고를 한 자 또는 서류나 물건의 제출 명령에 따르지 아니한 자
  4. 제117조 또는 제118조에 따른 공단의 소속 직원의 질문에 답변을 거부하거나 조사를 거부·방해 또는 기피한 자
  5. 삭제

14 산업재해보상보험법상 유족급여에 관한 설명으로 옳지 않은 것을 모두 고른 것은?

> ㄱ. 유족보상연금액은 기본금액과 가산금액을 곱한 금액으로 한다.
> ㄴ. 유족보상연금액상 급여기초연액은 평균임금에 365를 곱하여 얻은 금액이다.
> ㄷ. 유족보상연금액상 기본금액은 급여기초연액의 100분의 45에 상당하는 금액이다.
> ㄹ. 유족보상연금액상 가산금액의 합산금액이 급여기초연액의 100분의 20을 넘을 때에는 급여기초연액의 100분의 20에 상당하는 금액으로 한다.

① ㄱ, ㄴ

② ㄱ, ㄷ

> ㄱ. (×) 유족보상연금액은 기본금액과 가산금액을 <u>합한</u> 금액으로 한다(산업재해보상보험법 [별표 3]). ⚖
> ㄷ. (×) 유족보상연금액상 기본금액은 급여기초연액의 <u>100분의 47</u>에 상당하는 금액이다(산업재해보상보험법 [별표 3]). ⚖

③ ㄴ, ㄷ

④ ㄴ, ㄹ

⑤ ㄷ, ㄹ

⚖ 법령

산업재해보상보험법 [별표 3] 유족급여

유족급여의 종류	유족급여의 금액
유족보상연금	유족보상연금액은 다음의 <u>기본금액과 가산금액을 합한 금액으로 한다.</u> 1. 기본금액 <u>급여기초연액(평균임금에 365를 곱하여 얻은 금액)의 100분의 47에 상당하는 금액</u> 2. 가산금액 유족보상연금수급권자 및 근로자가 사망할 당시 그 근로자와 생계를 같이 하고 있던 유족보상연금수급자격자 1인당 급여기초연액의 100분의 5에 상당하는 금액의 합산액. 다만, 그 합산금액이 급여기초연액의 <u>100분의 20을 넘을 때에는 급여기초연액의 100분의 20에 상당하는 금액으로 한다.</u>
유족보상일시금	평균임금의 1,300일분

15 산업재해보상보험법령상 업무상 사고에 해당하지 않는 것은?

① 근로자가 근로계약에 따른 업무수행 행위를 하던 중 발생한 사고

> 산업재해보상보험법 시행령 제27조 제1항 제1호 ⚖

② 업무를 준비하는 행위를 하던 중 발생한 사고

> 산업재해보상보험법 시행령 제27조 제1항 제3호 ⚖

③ 천재지변·화재 등 사업장 내에 발생한 돌발적인 사고에 따른 긴급피난·구조행위 등 사회통념상 예견되는 행위를 하던 중에 발생한 사고

> 산업재해보상보험법 시행령 제27조 제1항 제4호 ⚖️

✔️ 사업장 밖에서 업무를 수행하던 중 사업주의 구체적인 지시를 위반한 행위로 인한 사고

> 근로자가 사업주의 지시를 받아 사업장 밖에서 업무를 수행하던 중에 발생한 사고는 근로자가 근로계약에 따른 업무나 그에 따르는 행위를 하던 중 발생한 업무상 사고로 본다. 다만, 사업주의 구체적인 지시를 위반한 행위, 근로자의 사적(私的) 행위 또는 정상적인 출장 경로를 벗어났을 때 발생한 사고는 업무상 사고로 보지 않는다(산업재해보상보험법 시행령 제27조 제2항). ⚖️

⑤ 휴게시간 중 사업주의 지배관리하에 있다고 볼 수 있는 행위로 발생한 사고

> 산업재해보상보험법 제37조 제1항 제1호 마목 ⚖️

법령

> **산업재해보상보험법 제37조(업무상의 재해의 인정 기준)**
> ① 근로자가 다음 각 호의 어느 하나에 해당하는 사유로 부상·질병 또는 장해가 발생하거나 사망하면 업무상의 재해로 본다. 다만, 업무와 재해 사이에 상당인과관계(相當因果關係)가 없는 경우에는 그러하지 아니하다.
> 1. 업무상 사고
>   가. 근로자가 근로계약에 따른 업무나 그에 따르는 행위를 하던 중 발생한 사고
>   나. 사업주가 제공한 시설물 등을 이용하던 중 그 시설물 등의 결함이나 관리소홀로 발생한 사고
>   다. 삭제
>   라. 사업주가 주관하거나 사업주의 지시에 따라 참여한 행사나 행사준비 중에 발생한 사고
>   마. 휴게시간 중 사업주의 지배관리하에 있다고 볼 수 있는 행위로 발생한 사고
>   바. 그 밖에 업무와 관련하여 발생한 사고
>
> **산업재해보상보험법 시행령 제27조(업무수행 중의 사고)**
> ① 근로자가 다음 각 호의 어느 하나에 해당하는 행위를 하던 중에 발생한 사고는 법 제37조 제1항 제1호 가목에 따른 업무상 사고로 본다.
> 1. 근로계약에 따른 업무수행 행위
> 2. 업무수행 과정에서 하는 용변 등 생리적 필요 행위
> 3. 업무를 준비하거나 마무리하는 행위, 그 밖에 업무에 따르는 필요적 부수행위
> 4. 천재지변·화재 등 사업장 내에 발생한 돌발적인 사고에 따른 긴급피난·구조행위 등 사회통념상 예견되는 행위
> ② 근로자가 사업주의 지시를 받아 사업장 밖에서 업무를 수행하던 중에 발생한 사고는 법 제37조 제1항 제1호 가목에 따른 업무상 사고로 본다. 다만, 사업주의 구체적인 지시를 위반한 행위, 근로자의 사적(私的) 행위 또는 정상적인 출장 경로를 벗어났을 때 발생한 사고는 업무상 사고로 보지 않는다.

16 산업재해보상보험법령상 업무상 질병판정위원회의 심의에서 제외되는 질병이 아닌 것은?

① 진폐

> 산업재해보상보험법 시행규칙 제7조 제1호 ⚖️

② 이황화탄소 중독증

> 산업재해보상보험법 시행규칙 제7조 제2호 ⚖️

☑ 유해·위험요인에 지속적으로 소량 노출되어 나타나는 만성 중독 증상 또는 소견 등의 질병

> 산업재해보상보험법 시행규칙 제7조 제3호에 따라, 유해·위험요인에 일시적으로 다량 노출되어 나타나는 급성 중독 증상 또는 소견 등의 질병이 업무상 질병판정위원회의 심의에서 제외되는 질병에 해당된다. ⚖️

④ 한국산업안전보건공단법에 따른 한국산업안전보건공단에 자문한 결과 업무와의 관련성이 높다고 인정된 질병

> 산업재해보상보험법 시행규칙 제7조 제5호 ⚖️

⑤ 업무의 그 질병 사이에 상당인과관계가 있는지를 명백히 알 수 있는 경우로서 근로복지공단이 정하는 질병

> 산업재해보상보험법 시행규칙 제7조 제6호 ⚖️

> **산업재해보상보험법 시행규칙 제7조(판정위원회의 심의에서 제외되는 질병)**
> 법 제38조 제2항에 따른 판정위원회의 심의에서 제외되는 질병은 다음 각 호의 어느 하나에 해당하는 질병으로 한다.
> 1. 진폐
> 2. 이황화탄소 중독증
> 3. 유해·위험요인에 일시적으로 다량 노출되어 나타나는 급성 중독 증상 또는 소견 등의 질병
> 4. 영 제117조 제1항 제3호에 따른 진찰을 한 결과 업무와의 관련성이 매우 높다는 소견이 있는 질병
> 5. 제22조 각 호의 기관에 자문한 결과 업무와의 관련성이 높다고 인정된 질병
> 6. 그 밖에 업무와 그 질병 사이에 상당인과관계가 있는지를 명백히 알 수 있는 경우로서 공단이 정하는 질병

17 국민연금법령상 다음 A근로자의 경우 산입될 국민연금 가입기간은?

> 사용자가 A근로자의 임금에서 7개월간 기여금을 공제하였음에도 연금보험료를 내지 않았다.

① 3개월　　　　　　　　　　　☑ 4개월
③ 5개월　　　　　　　　　　　④ 6개월
⑤ 7개월

> 가입기간을 계산할 때 연금보험료를 내지 아니한 기간은 가입기간에 산입하지 아니한다. 다만, 사용자가 근로자의 임금에서 기여금을 공제하고 연금보험료를 내지 아니한 경우에는 그 내지 아니한 기간의 2분의 1에 해당하는 기간을 근로자의 가입기간으로 산입한다. 이 경우 1개월 미만의 기간은 1개월로 한다(국민연금법 제17조 제2항). 이에 따라 A근로자의 경우 산입될 국민연금 가입기간은 7개월의 2분의 1에 해당하는 기간 3.5개월이며, 이때 1개월 미만의 기간을 1개월로 하여 4개월이 된다.

18 국민연금법상 다음 (   )에 들어갈 숫자의 합은?

☐1
☐2
☐3

> 제64조(분할연금 수급권자 등) ① 혼인 기간이 (   )년 이상인 자가 다음 각 호의 요건을 모두 갖추면 그때부터 그가 생존하는 동안 배우자였던 자의 노령연금을 분할한 일정한 금액의 연금(이하 "분할연금"이라 한다)을 받을 수 있다.
>   1. 배우자와 이혼하였을 것
>   2. 배우자였던 사람이 노령연금 수급권자일 것
>   3. 60세가 되었을 것
> 〈중략〉
> ③ 제1항에 따른 분할연금은 제1항 각 호의 요건을 모두 갖추게 될 때부터 (   )년 이내에 청구하여야 한다.

① 6   ② 8

✓ 10   ④ 13

⑤ 15

> 국민연금법 제64조에 따라 빈칸에 각각 들어갈 숫자의 합은 5+5=10이 된다.

⚖️ 법령

> **국민연금법 제64조(분할연금 수급권자 등)**
> ① 혼인 기간이 (5)년 이상인 자가 다음 각 호의 요건을 모두 갖추면 그때부터 그가 생존하는 동안 배우자였던 자의 노령연금을 분할한 일정한 금액의 연금(이하 "분할연금"이라 한다)을 받을 수 있다.
>   1. 배우자와 이혼하였을 것
>   2. 배우자였던 사람이 노령연금 수급권자일 것
>   3. 60세가 되었을 것
> 〈중략〉
> ③ 제1항에 따른 분할연금은 제1항 각 호의 요건을 모두 갖추게 될 때부터 (5)년 이내에 청구하여야 한다.

19 국민건강보험법령상 피부양자에 해당하지 않는 자는?(단, 직장가입자에게 주로 생계를 의존하는 사람으로서 소득 및 재산이 보건복지부령으로 정하는 기준 이하에 해당하는 사람에 한정한다.)

☐1
☐2
☐3

✓ 직장가입자의 형제의 배우자

> 국민건강보험법에 제5조 제2항에서 정한 피부양자는 직장가입자의 배우자, 직장가입자의 직계존속(배우자의 직계존속을 포함), 직장가입자의 직계비속(배우자의 직계비속을 포함)과 그 배우자, 직장가입자의 형제·자매이며 이때 직장가입자의 형제의 배우자는 포함되지 않는다. ⚖️

② 직장가입자의 직계비속

③ 직장가입자의 배우자의 직계비속

④ 직장가입자의 직계존속

⑤ 직장가입자의 형제·자매

법령

> **국민건강보험법 제5조(적용 대상 등)**
> ② 제1항의 피부양자는 다음 각 호의 어느 하나에 해당하는 사람 중 직장가입자에게 주로 생계를 의존하는 사람
> 으로서 소득 및 재산이 보건복지부령으로 정하는 기준 이하에 해당하는 사람을 말한다.
> 1. 직장가입자의 배우자
> 2. 직장가입자의 직계존속(배우자의 직계존속을 포함한다)
> 3. 직장가입자의 직계비속(배우자의 직계비속을 포함한다)과 그 배우자
> 4. 직장가입자의 형제 · 자매

20 국민건강보험법령에 관한 설명으로 옳은 것은? ［기출 수정］

① 요양급여비용 및 요양급여의 적정성 평가 등에 관한 건강보험심사평가원의 처분에 이의가 있는 국민건강보험공단, 요양기관 또는 그 밖의 자는 건강보험정책심의위원회에 이의신청을 할 수 있다.

> 요양급여비용 및 요양급여의 적정성 평가 등에 관한 심사평가원의 처분에 이의가 있는 공단, 요양기관 또는 그 밖의 자는 <u>심사평가원</u>에 이의신청을 할 수 있다(국민건강보험법 제87조 제2항).

② 직장가입자의 보수월액보험료 상한은 보험료가 부과되는 연도의 전전년도 직장가입자 평균 보수월액보험료의 20배에 해당하는 금액을 고려하여 보건복지부장관이 정하여 고시하는 금액으로 한다.

> 직장가입자의 보수월액보험료의 상한은 보험료가 부과되는 연도의 전전년도 직장가입자 평균 보수월액보험료의 <u>30배에</u> 해당하는 금액을 고려하여 보건복지부장관이 정하여 고시하는 금액으로 한다(국민건강보험법 시행령 제32조 제1호 가목). 법령[1]

✓ 국민건강보험공단은 보험급여를 받을 수 있는 사람이 고의 또는 중대한 과실로 국민건강보험공단이나 요양기관의 요양에 관한 지시에 따르지 아니한 경우 보험급여를 하지 아니한다.

> 국민건강보험법 제53조 제1항 제2호 법령[2]

④ 건강보험심사평가원은 요양급여에 대한 의료의 질을 향상시키기 위하여 요양급여의 적정성 평가를 격년으로 실시하여야 한다.

> 건강보험심사평가원은 요양급여에 대한 의료의 질을 향상시키기 위하여 <u>요양급여의 적정성 평가를 실시할 수 있다</u>(국민건강보험법 제47조의4 제1항). 건강보험심사평가원은 <u>매년</u> 진료심사평가위원회의 심의를 거쳐 <u>다음 해의 적정성평가 계획을 수립해야 한다</u>(국민건강보험법 시행규칙 제22조의2 제3항).

⑤ 상시 100명 이상의 근로자가 소속되어 있는 사업장의 사용자는 해당 직장가입자의 해당 월의 보수가 14일 이전에 변경된 경우 해당 월의 다음 달 15일까지 공단에 보수월액의 변경을 신청할 수 있다.

> 사용자는 해당 직장가입자의 보수가 인상되거나 인하되었을 때에는 공단에 보수월액의 변경을 신청할 수 있다. 다만, 상시 100명 이상의 근로자가 소속되어 있는 사업장의 사용자는 해당 월의 보수가 14일 이전에 변경된 경우 <u>해당 월의 15일까지</u> 공단에 그 보수월액의 변경을 신청하여야 한다(국민건강보험법 시행령 제36조 제2항 제1호).

국민건강보험법 시행령 제32조(월별 보험료액의 상한과 하한)
법 제69조제6항에 따른 월별 보험료액의 상한 및 하한은 다음 각 호의 구분에 따른다.
1. 월별 보험료액의 상한은 다음 각 목과 같다.
   가. 직장가입자의 보수월액보험료 : 보험료가 부과되는 연도의 전전년도 직장가입자 평균 보수월액보험료(이하 이 조에서 "전전년도 평균 보수월액보험료"라 한다)의 30배에 해당하는 금액을 고려하여 보건복지부장관이 정하여 고시하는 금액
   나. 직장가입자의 소득월액보험료 및 지역가입자의 월별 보험료액 : 보험료가 부과되는 연도의 전전년도 평균 보수월액보험료의 15배에 해당하는 금액을 고려하여 보건복지부장관이 정하여 고시하는 금액
2. 월별 보험료액의 하한은 다음 각 목과 같다.
   가. 직장가입자의 보수월액보험료 : 보험료가 부과되는 연도의 전전년도 평균 보수월액보험료의 1천분의 50 이상 1천분의 85 미만의 범위에서 보건복지부장관이 정하여 고시하는 금액
   나. 지역가입자의 월별 보험료액 : 가목에 따른 보수월액보험료의 100분의 90 이상 100분의 100 이하의 범위에서 보건복지부장관이 정하여 고시하는 금액

국민건강보험법 제53조(급여의 제한)
① 공단은 보험급여를 받을 수 있는 사람이 다음 각 호의 어느 하나에 해당하면 보험급여를 하지 아니한다.
1. 고의 또는 중대한 과실로 인한 범죄행위에 그 원인이 있거나 고의로 사고를 일으킨 경우
2. 고의 또는 중대한 과실로 공단이나 요양기관의 요양에 관한 지시에 따르지 아니한 경우
3. 고의 또는 중대한 과실로 제55조에 따른 문서와 그 밖의 물건의 제출을 거부하거나 질문 또는 진단을 기피한 경우
4. 업무 또는 공무로 생긴 질병·부상·재해로 다른 법령에 따른 보험급여나 보상(報償) 또는 보상(補償)을 받게 되는 경우

21 국민건강보험법령상 보험료에 관한 설명으로 옳은 것은?

① 가입자의 자격을 취득한 날이 속하는 달의 다음 달부터 가입자의 자격을 잃은 날이 속하는 달까지 징수한다.

> 보험료는 가입자의 자격을 취득한 날이 속하는 달의 다음 달부터 가입자의 자격을 잃은 날의 전날이 속하는 달까지 징수한다. 다만, 가입자의 자격을 매월 1일에 취득한 경우 또는 유공자 등 의료보호대상자의 건강보험의 적용 신청으로 가입자의 자격을 취득하는 경우에는 그 달부터 징수한다(국민건강보험법 제69조 제2항).

② 직장가입자의 보수 외 소득월액보험료는 사용자가 부담한다.

> 직장가입자의 보수 외 소득월액보험료는 직장가입자가 납부한다(국민건강보험법 제77조 제1항 제2호).

③ 보험료 납부의무가 있는 자는 가입자에 대한 그 달의 보험료를 그 달 말일까지 납부하여야 한다.

> 보험료 납부의무가 있는 자는 가입자에 대한 그 달의 보험료를 그 다음 달 10일까지 납부하여야 한다. 다만, 직장가입자의 보수 외 소득월액보험료 및 지역가입자의 보험료는 보건복지부령으로 정하는 바에 따라 분기별로 납부할 수 있다(국민건강보험법 제78조 제1항).

✅ 직장가입자의 보험료율은 1만분의 709로 한다.

> 국민건강보험법 시행령 제44조 제1항

⑤ 60세 이상인 사람은 보험료 경감대상이 될 수 있다.

> 65세 이상인 사람은 보험료 경감대상이 될 수 있다(국민건강보험법 제75조 제1항 제2호).

국민건강보험법 제77조(보험료 납부의무)

① 직장가입자의 보험료는 다음 각 호의 구분에 따라 그 각 호에서 정한 자가 납부한다.

　　1. 보수월액보험료 : 사용자. 이 경우 사업장의 사용자가 2명 이상인 때에는 그 사업장의 사용자는 해당
　　　직장가입자의 보험료를 연대하여 납부한다.

　　2. 소득월액보험료 : 직장가입자

법령

국민건강보험법 제75조(보험료의 경감 등)

① 다음 각 호의 어느 하나에 해당하는 가입자 중 보건복지부령으로 정하는 가입자에 대하여는 그 가입자 또는
　그 가입자가 속한 세대의 보험료의 일부를 경감할 수 있다.

　　1. 섬·벽지(僻地)·농어촌 등 대통령령으로 정하는 지역에 거주하는 사람

　　2. 65세 이상인 사람

　　3. 장애인복지법에 따라 등록한 장애인

　　4. 국가유공자 등 예우 및 지원에 관한 법률 제4조 제1항 제4호, 제6호, 제12호, 제15호 및 제17호에 따른
　　　국가유공자

　　5. 휴직자

　　6. 그 밖에 생활이 어렵거나 천재지변 등의 사유로 보험료를 경감할 필요가 있다고 보건복지부장관이
　　　정하여 고시하는 사람

22 국민건강보험법령상 건강검진에 관한 설명으로 옳지 않은 것은?

① 사무직에 종사하지 않는 직장가입자에 대해서는 1년에 1회 실시한다.

> 건강검진은 2년마다 1회 이상 실시하되, 사무직에 종사하지 않는 직장가입자에 대해서는 1년에 1회 실시한다.
> 다만, 암검진은 암관리법 시행령에서 정한 바에 따르며, 영유아건강검진은 영유아의 나이 등을 고려하여
> 보건복지부장관이 정하여 고시하는 바에 따라 검진주기와 검진횟수를 다르게 할 수 있다(국민건강보험법
> 시행령 제25조 제1항).

② 검진기관이 건강검진을 받은 사람에게 직접 통보한 경우에는 국민건강보험공단은 그 통보를
생략할 수 있다.

> 건강검진을 실시한 검진기관은 공단에 건강검진의 결과를 통보해야 하며, 공단은 이를 건강검진을 받은 사람
> 에게 통보해야 한다. 다만, 검진기관이 건강검진을 받은 사람에게 직접 통보한 경우에는 공단은 그 통보를 생략
> 할 수 있다(국민건강보험법 시행령 제25조 제4항).

✔ 직장가입자, 세대주인 지역가입자, 18세 이상인 지역가입자는 일반건강검진 대상이다.

> 직장가입자, 세대주인 지역가입자, 20세 이상인 지역가입자 및 20세 이상인 피부양자는 일반건강검진 대상
> 이다(국민건강보험법 제52조 제2항 제1호).

④ 영유아검진 대상은 6세 미만의 가입자 및 피부양자이다.

> 국민건강보험법 제52조 제2항 제3호

⑤ 국민건강보험공단은 직장가입자에게 실시하는 일반건강검진의 실시에 관한 사항을 해당 사용
자에게 통보해야 한다.

> 국민건강보험법 시행령 제25조 제3항 제1호

23 고용보험 및 산업재해보상보험의 보험료징수 등에 관한 법령상 고액 · 상습 체납자의 인적사항 공개에 관한 설명으로 옳지 않은 것은?

① 국민건강보험공단은 체납된 보험료, 이 법에 따른 그 밖의 징수금과 체납처분비와 관련하여 행정심판이 계류 중인 경우에는 공개하여서는 아니 된다.

> 건강보험공단은 이 법에 따른 납부기한의 다음 날부터 1년이 지난 보험료와 이 법에 따른 그 밖의 징수금과 체납처분비(제29조에 따라 결손처분한 보험료, 이 법에 따른 그 밖의 징수금과 체납처분비로서 징수권 소멸시효가 완성되지 아니한 것을 포함한다)의 총액이 5천만원 이상인 체납자가 납부능력이 있음에도 불구하고 체납한 경우에는 그 인적사항 및 체납액 등(이하 이 조에서 "인적사항 등"이라 한다)을 공개할 수 있다. 다만, 체납된 보험료, 이 법에 따른 그 밖의 징수금과 체납처분비와 관련하여 행정심판 또는 행정소송이 계류 중인 경우, 그 밖에 체납된 금액의 일부납부 등 대통령령으로 정하는 사유가 있을 때에는 그러하지 아니하다(고용보험 및 산업재해보상보험의 보험료징수 등에 관한 법률 제28조의6 제1항).

② 체납자의 인적사항 등에 대한 공개 여부를 심의하기 위하여 국민건강보험공단에 보험료정보 공개심의위원회를 둔다.

> 고용보험 및 산업재해보상보험의 보험료징수 등에 관한 법률 제28조의6 제2항

③ 국민건강보험공단은 인적사항 등의 공개가 결정된 자에 대하여 소명할 기회를 주어야 한다.

> 건강보험공단은 위원회의 심의를 거쳐 인적사항 등의 공개가 결정된 자에 대하여 공개대상자임을 알림으로써 소명할 기회를 주어야 하며, 통지일부터 6개월이 지난 후 위원회로 하여금 체납액의 납부이행 등을 고려하여 체납자 인적사항 등의 공개 여부를 재심의하게 한 후 공개대상자를 선정한다(고용보험 및 산업재해보상보험의 보험료징수 등에 관한 법률 제28조의6 제3항).

④ 체납자 인적사항 등의 공개는 관보에 게재하거나, 고용 · 산재정보통신망 또는 국민건강보험 공단 게시판에 게시하는 방법에 따른다.

> 고용보험 및 산업재해보상보험의 보험료징수 등에 관한 법률 제28조의6 제4항

✔ 국민건강보험공단은 보험료정보공개심의위원회의 심의와 관련한 통지일부터 3개월이 지난 후 체납자 인적사항 등의 공개 여부를 재심의하게 한 후 공개대상자를 선정한다.

> 건강보험공단은 위원회의 심의를 거쳐 인적사항 등의 공개가 결정된 자에 대하여 공개대상자임을 알림으로써 소명할 기회를 주어야 하며, 통지일부터 6개월이 지난 후 위원회로 하여금 체납액의 납부이행 등을 고려하여 체납자 인적사항 등의 공개 여부를 재심의하게 한 후 공개대상자를 선정한다(고용보험 및 산업재해보상보험의 보험료징수 등에 관한 법률 제28조의6 제3항).

24 고용보험 및 산업재해보상보험의 보험료징수 등에 관한 법령상 예술인과 이들을 상대방으로 하여 문화예술용역 관련 계약을 체결한 사업의 사업주에 대한 고용보험료율은?

① 1천분의 8

✓ 1천분의 16

> 예술인과 이들을 상대방으로 하여 문화예술용역 관련 계약을 체결한 사업의 사업주에 대한 고용보험료율은 1천분의 16으로 한다(고용보험 및 산업재해보상보험의 보험료징수 등에 관한 법률 시행령 제56조의5 제2항).

③ 1천분의 24

④ 1천분의 32

⑤ 1천분의 40

법령

고용보험 및 산업재해보상보험의 보험료징수 등에 관한 법률 제48조의2(예술인 고용보험 특례)

① 고용보험법 제77조의2에 따라 고용보험의 적용을 받는 예술인과 이들을 상대방으로 하여 문화예술용역 관련 계약을 체결한 사업의 사업주는 당연히 고용보험의 보험가입자가 된다.

② 예술인의 보수액은 소득세법 제19조에 따른 사업소득 및 같은 법 제21조에 따른 기타소득에서 대통령령으로 정하는 금품을 뺀 금액으로 한다.

③ 제14조에도 불구하고 예술인과 이들을 상대방으로 하여 문화예술용역 관련 계약을 체결한 사업의 사업주에 대한 고용보험료율은 종사형태 등을 반영하여 고용보험법 제7조에 따른 고용보험위원회의 심의를 거쳐 대통령령으로 달리 정할 수 있다. 이 경우 보험가입자의 고용보험료 평균액의 일정비율에 해당하는 금액을 고려하여 대통령령으로 고용보험료의 상한을 정할 수 있다.

고용보험 및 산업재해보상보험의 보험료징수 등에 관한 법률 시행령 제56조의5(예술인 고용보험 특례)

② 법 제48조의2제3항 전단에 따른 고용보험료율은 1천분의 16으로 한다.

25 고용보험 및 산업재해보상보험의 보험료징수 등에 관한 법령상 동일한 사업주가 하나의 장소에서 사업의 종류가 다른 사업을 아래와 같이 할 경우 산재보험료율을 적용하기 위한 주된 사업은?

사업의 종류	매출액(억)	보수총액(억)	근로자 수(명)
A	150	15	30
B	150	15	40
C	250	15	40
D	250	12	40
E	300	12	40

① A
② B
③ C
④ D
⑤ E

> 동일한 사업주가 하나의 장소에서 사업의 종류가 다른 사업을 아래와 같이 할 경우 산재보험료율을 적용하기 위한 주된 사업의 결정은 1. 근로자 수가 많은 사업 → 2. 근로자 수가 같거나 그 수를 파악할 수 없는 경우에는 보수총액이 많은 사업 → 제1호 및 제2호에 따라 주된 사업을 결정할 수 없는 경우에는 매출액이 많은 제품을 제조하거나 서비스를 제공하는 사업 순서에 따른다(고용보험 및 산업재해보상보험의 보험료징수 등에 관한 법률 시행령 제14조 제2항). 즉, 근로자 수가 많은 사업 'B, C, D, E'(40명) → 'B, C, D, E' 중에서 보수총액이 많은 사업 'B, C'(15억) → 'B, C' 중에서 매출액이 많은 사업 'C'(250억)가 산재보험료율을 적용하기 위한 주된 사업이 된다. ⚖

⚖
법령

고용보험 및 산업재해보상보험의 보험료징수 등에 관한 법률 시행령 제14조(산재보험료율의 적용)
① 동일한 사업주가 하나의 장소에서 법 제14조 제3항에 따른 사업의 종류가 다른 사업을 둘 이상 하는 경우에는 그 중 근로자 수 및 보수총액 등의 비중이 큰 주된 사업(이하 이 조에서 "주된 사업"이라 한다)에 적용되는 산재보험료율을 그 장소의 모든 사업에 적용한다.
② 제1항에 따른 주된 사업의 결정은 다음 각 호의 순서에 따른다.
　1. 근로자 수가 많은 사업
　2. 근로자 수가 같거나 그 수를 파악할 수 없는 경우에는 보수총액이 많은 사업
　3. 제1호 및 제2호에 따라 주된 사업을 결정할 수 없는 경우에는 매출액이 많은 제품을 제조하거나 서비스를 제공하는 사업

01	02	03	04	05	06	07	08	09	10	11	12	13	14	15	16	17	18	19	20	21	22	23	24	25
④	③	①	④	①	⑤	④	④	②	③	③	③	①	⑤	②	④	⑤	⑤	⑤	⑤	①	②	②	①	②

01 사회보장기본법에 관한 설명으로 옳지 않은 것은?

① 모든 국민은 자신의 능력을 최대한 발휘하여 자립·자활(自活)할 수 있도록 노력하여야 한다.
> 사회보장기본법 제7조 제1항

② 국가와 지방자치단체는 사회보장제도를 시행할 때에 가정과 지역공동체의 자발적인 복지활동을 촉진하여야 한다. 사회보장기본법 제6조 제2항

③ 사회보험이란 국민에게 발생하는 사회적 위험을 보험의 방식으로 대처함으로써 국민의 건강과 소득을 보장하는 제도를 말한다. 사회보장기본법 제3조 제2호

✔ 국내에 거주하는 외국인에게 사회보장제도를 적용할 때에는 국민과 차별하지 아니하되 예외적으로 상호주의에 따를 수 있다.
> 국내에 거주하는 외국인에게 사회보장제도를 적용할 때에는 상호주의의 원칙에 따르되, 관계 법령에서 정하는 바에 따른다(사회보장기본법 제8조).

⑤ 국가와 지방자치단체는 가정이 건전하게 유지되고 그 기능이 향상되도록 노력하여야 한다.
> 사회보장기본법 제6조 제1항

02 사회보장기본법상 사회보장제도의 운영에 관한 설명으로 옳지 않은 것은?

① 국가와 지방자치단체가 사회보장제도를 운영할 때에는 이 제도를 필요로 하는 모든 국민에게 적용하여야 한다. 사회보장기본법 제25조 제1항

② 국가와 지방자치단체는 공공부문과 민간부문의 사회보장 전달체계가 효율적으로 연계되도록 노력하여야 한다. 사회보장기본법 제29조 제3항

✔ 공공부조는 국가의 책임으로 시행하고, 사회보험과 사회서비스는 국가와 지방자치단체의 책임으로 시행하는 것을 원칙으로 한다.
> 사회보험은 국가의 책임으로 시행하고, 공공부조와 사회서비스는 국가와 지방자치단체의 책임으로 시행하는 것을 원칙으로 한다. 다만, 국가와 지방자치단체의 재정 형편 등을 고려하여 이를 협의·조정할 수 있다(사회보장기본법 제25조 제5항).

④ 국가와 지방자치단체는 사회보장 관계 법령에서 정하는 바에 따라 사회보장에 관한 상담에 응하여야 한다. 사회보장기본법 제35조

⑤ 국가와 지방자치단체는 효과적인 사회보장정책의 수립ㆍ시행을 위하여 사회보장에 관한 통계를 작성ㆍ관리하여야 한다. 사회보장기본법 제32조 제1항

03 사회보장기본법령상 사회보장 관련 주요 시책의 시행계획에 관한 내용이다. (   )에 들어갈 내용으로 옳은 것은?

> 보건복지부장관은 사회보장과 관련된 소관 주요 시책의 시행계획에 따른 추진 실적의 평가를 위한 지침을 작성하여 매년 (ㄱ)까지 관계 중앙행정기관의 장에게 통보하고, 관계 중앙행정기관의 장은 통보받은 평가지침에 따라 전년도 시행계획의 추진실적을 평가한 후 그 결과를 매년 (ㄴ)까지 보건복지부장관에게 제출하여야 한다.

✔ ① ㄱ : 1월 31일, ㄴ : 3월 31일   ② ㄱ : 1월 31일, ㄴ : 6월 30일
③ ㄱ : 3월 31일, ㄴ : 6월 30일   ④ ㄱ : 3월 31일, ㄴ : 9월 30일
⑤ ㄱ : 6월 30일, ㄴ : 9월 30일

보건복지부장관은 사회보장과 관련된 소관 주요 시책의 시행계획에 따른 추진 실적의 평가를 위한 지침을 작성하여 매년 (1월 31일)까지 관계 중앙행정기관의 장에게 통보하고, 관계 중앙행정기관의 장은 통보받은 평가지침에 따라 전년도 시행계획의 추진실적을 평가한 후 그 결과를 매년 (3월 31일)까지 보건복지부장관에게 제출하여야 한다(사회보장기본법 시행령 제6조 제1항).

04 사회보장기본법에 관한 설명으로 옳지 않은 것은?

① 국가는 관계 법령에서 정하는 바에 따라 최저보장수준과 최저임금을 매년 공표하여야 한다.
  사회보장기본법 제10조 제2항

② 국가와 지방자치단체는 사회보장에 관한 책임과 역할을 합리적으로 분담하여야 한다.
  사회보장기본법 제5조 제2항

③ 사회보장수급권이 제한되거나 정지되는 경우에는 제한 또는 정지하는 목적에 필요한 최소한의 범위에 그쳐야 한다. 사회보장기본법 제13조 제2항

✔ 사회보장수급권은 정당한 권한이 있는 기관에 구두 또는 서면으로 통지하여 포기할 수 있다.
  사회보장수급권은 정당한 권한이 있는 기관에 서면으로 통지하여 포기할 수 있다(사회보장기본법 제14조 제1항).

⑤ 사회보장에 관한 다른 법률을 제정하거나 개정하는 경우에는 사회보장기본법에 부합되도록 하여야 한다. 사회보장기본법 제4조

05 고용보험법상 피보험자격의 취득 또는 상실 등에 관한 설명으로 옳지 않은 것은?

① 고용보험 및 산업재해보상보험의 보험료징수 등에 관한 법률(이하 "고용산재보험료징수법"이라 한다)에 따른 보험관계 성립일 전에 고용된 근로자의 경우에는 그 보험관계가 성립한 날의 다음 날에 피보험자격을 취득한 것으로 본다.

> 고용보험 및 산업재해보상보험의 보험료징수 등에 관한 법률(이하 "고용산재보험료징수법"이라 한다)에 따른 보험관계 성립일 전에 고용된 근로자의 경우에는 <u>그 보험관계가 성립한 날에 피보험자격을 취득한 것으로 본다</u>(고용보험법 제13조 제1항 제2호). ⚖¹

② 근로자인 피보험자가 이직한 경우에는 이직한 날의 다음 날에 피보험자격을 상실한다.

> 고용보험법 제14조 제1항 제3호 ⚖²

③ 근로자인 피보험자가 사망한 경우에는 사망한 날의 다음 날에 피보험자격을 상실한다.

> 고용보험법 제14조 제1항 제4호 ⚖²

④ 고용산재보험료징수법에 따라 보험관계가 소멸한 경우에는 그 보험관계가 소멸한 날에 그 피보험자격을 상실한다. 고용보험법 제14조 제2항 ⚖²

⑤ 피보험자 또는 피보험자였던 사람은 언제든지 고용노동부장관에게 피보험자격의 취득 또는 상실에 관한 확인을 청구할 수 있다. 고용보험법 제17조 제1항

⚖¹ 법령

고용보험법 제13조(피보험자격의 취득일)
① 근로자인 피보험자는 이 법이 적용되는 사업에 고용된 날에 피보험자격을 취득한다. 다만, 다음 각 호의 경우에는 각각 그 해당되는 날에 피보험자격을 취득한 것으로 본다.
  1. 제10조 및 제10조의2에 따른 적용 제외 근로자였던 사람이 이 법의 적용을 받게 된 경우에는 그 적용을 받게 된 날
  2. 고용산재보험료징수법 제7조에 따른 <u>보험관계 성립일 전에 고용된 근로자의 경우에는 그 보험관계가 성립한 날</u>
② 자영업자인 피보험자는 고용산재보험료징수법 제49조의2 제1항 및 같은 조 제12항에서 준용하는 같은 법 제7조 제3호에 따라 보험관계가 성립한 날에 피보험자격을 취득한다.

⚖² 법령

고용보험법 제14조(피보험자격의 상실일)
① 근로자인 피보험자는 다음 각 호의 어느 하나에 해당하는 날에 각각 그 피보험자격을 상실한다.
  1. 근로자인 피보험자가 제10조 및 제10조의2에 따른 적용 제외 근로자에 해당하게 된 경우에는 그 적용 제외 대상자가 된 날
  2. 고용산재보험료징수법 제10조에 따라 보험관계가 소멸한 경우에는 그 보험관계가 소멸한 날
  3. <u>근로자인 피보험자가 이직한 경우에는 이직한 날의 다음 날</u>
  4. <u>근로자인 피보험자가 사망한 경우에는 사망한 날의 다음 날</u>
② 자영업자인 피보험자는 고용산재보험료징수법 제49조의2 제10항 및 같은 조 제12항에서 준용하는 같은 법 제10조 제1호부터 제3호까지의 규정에 따라 보험관계가 소멸한 날에 피보험자격을 상실한다.

06 고용보험법령상 고용보험법 적용이 제외되는 것을 모두 고른 것은?

1
2
3

> ㄱ. 별정우체국법에 따른 별정우체국 직원
> ㄴ. 사립학교교직원 연금법의 적용을 받는 사람
> ㄷ. 어업 중 법인이 아닌 자가 상시 4명 이하의 근로자를 사용하는 사업

① ㄱ ② ㄱ, ㄴ

③ ㄱ, ㄷ ④ ㄴ, ㄷ

☑ ㄱ, ㄴ, ㄷ

고용보험법 제8조(적용 범위) 및 제10조(적용 제외) 규정에 따라 ㄱ, ㄴ, ㄷ은 모두 고용보험법의 적용이 제외된다.

법령

고용보험법 제8조(적용 범위)

① 이 법은 근로자를 사용하는 모든 사업 또는 사업장(이하 "사업"이라 한다)에 적용한다. 다만, 산업별 특성 및 규모 등을 고려하여 대통령령으로 정하는 사업에 대해서는 적용하지 아니한다.

> **고용보험법 시행령 제2조(적용 범위)**
>
> ① 법 제8조제1항 단서에서 "대통령령으로 정하는 사업"이란 다음 각 호의 어느 하나에 해당하는 사업을 말한다.
>
> 1. 삭제
> 2. 다음 각 목의 어느 하나에 해당하는 공사. 다만, 법 제15조 제2항 각 호에 해당하는 자가 시공하는 공사는 제외한다.
>   가. 고용보험 및 산업재해보상보험의 보험료징수 등에 관한 법률 시행령 제2조 제1항 제2호에 따른 총공사금액이 2천만원 미만인 공사
>   나. 연면적이 100제곱미터 이하인 건축물의 건축 또는 연면적이 200제곱미터 이하인 건축물의 대수선에 관한 공사
> 3. 가구 내 고용활동 및 달리 분류되지 아니한 자가소비 생산활동

고용보험법 제10조(적용 제외)

① 다음 각 호의 어느 하나에 해당하는 사람에게는 이 법을 적용하지 아니한다.

1. 삭제
2. 소정(所定)근로시간이 대통령령으로 정하는 시간 미만인 사람
3. 국가공무원법과 지방공무원법에 따른 공무원. 다만, 대통령령으로 정하는 바에 따라 별정직공무원, 국가공무원법 제26조의5 및 지방공무원법 제25조의5에 따른 임기제공무원의 경우는 본인의 의사에 따라 고용보험(제4장에 한정한다)에 가입할 수 있다.
4. 사립학교교직원 연금법의 적용을 받는 사람
5. 그 밖에 대통령령으로 정하는 사람

> **고용보험법 시행령 제3조(적용 제외 근로자)**
>
> ② 법 제10조 제1항 제5호에서 "대통령령으로 정하는 사람"이란 별정우체국법에 따른 별정우체국 직원을 말한다.

07 고용보험법상 자영업자의 구직급여에 관한 사항으로 피보험기간과 소정급여일수가 옳게 연결된 것은?

① 피보험기간 6개월 – 소정급여일수 120일

> 피보험기간 6개월은 <u>소정급여일수 적용을 받지 아니한다.</u> ⚖

② 피보험기간 1년 – 소정급여일수 150일 피보험기간 1년 – 소정급여일수 <u>120일</u> ⚖

③ 피보험기간 3년 – 소정급여일수 180일 피보험기간 3년 – 소정급여일수 <u>150일</u> ⚖

✔ 피보험기간 10년 – 소정급여일수 210일

⑤ 피보험기간 15년 – 소정급여일수 240일 피보험기간 15년 – 소정급여일수 <u>210일</u> ⚖

고용보험법 [별표2] 자영업자의 구직급여의 소정급여일수

구분	피보험기간			
	1년 이상 3년 미만	3년 이상 5년 미만	5년 이상 10년 미만	10년 이상
소정급여일수	120일	150일	180일	210일

08 고용보험법령상 노무제공자인 피보험자에 해당하지 않는 것은?

① 한국표준직업분류표의 세세분류에 따른 대여 제품 방문점검원

> 고용보험법 시행령 제104조의11 제1항 제7호 ⚖

② 가전제품의 판매를 위한 배송 업무를 주로 수행하고 가전제품의 설치, 시운전 등을 통해 작동 상태를 확인하는 사람 고용보험법 시행령 제104조의11 제1항 제8호 ⚖

③ 초·중등교육법에 따른 학교에서 운영하는 방과후학교의 과정을 담당하는 강사

> 고용보험법 시행령 제104조의11 제1항 제9호 ⚖

✔ 방문판매 등에 관한 법률에 따른 후원방문판매원으로서 자가 소비를 위한 후원방문판매원

> 고용보험법 시행령 제104조의11 제1항 제6호 단서에 따라, 방문판매 등에 관한 법률에 따른 후원방문판매원으로서 자가 소비를 위한 후원방문판매원은 노무제공자인 피보험자에서 제외된다. ⚖

⑤ 우체국 예금·보험에 관한 법률에 따른 우체국보험의 모집을 전업으로 하는 사람

> 고용보험법 시행령 제104조의11 제1항 제1호 나목 ⚖

고용보험법 시행령 제104조의11(노무제공자인 피보험자의 범위)

① 법 제77조의6 제1항에서 "대통령령으로 정하는 직종에 종사하는 사람"이란 다음 각 호의 어느 하나에 해당하는 사람을 말한다.
  1. 보험을 모집하는 사람으로서 다음 각 목의 어느 하나에 해당하는 사람
    가. 보험업법 제84조 제1항에 따라 등록한 보험설계사
    나. 우체국 예금·보험에 관한 법률에 따른 우체국보험의 모집을 전업으로 하는 사람
  2. 통계법 제22조에 따라 통계청장이 고시하는 직업에 관한 표준분류(이하 "한국표준직업분류표"라 한다)의 세세분류에 따른 학습지 방문강사, 교육교구 방문강사 등 회원의 가정 등을 직접 방문하여 아동이나 학생 등을 가르치는 사람
  3. 한국표준직업분류표의 세분류에 따른 택배원인 사람으로서 택배사업[소화물을 집화(集貨)·수송 과정을 거쳐 배송하는 사업을 말한다. 이하 제11호 라목에서 같다]에서 집화 또는 배송 업무를 하는 사람
  4. 대부업 등의 등록 및 금융이용자 보호에 관한 법률 제3조 제1항 단서에 따른 대출모집인
  5. 여신전문금융업법 제14조의2 제1항 제2호에 따른 신용카드회원모집인(전업으로 하는 사람만 해당한다)
  6. 방문판매 등에 관한 법률 제2조 제2호에 따른 방문판매원 또는 같은 조 제8호에 따른 후원방문판매원으로서 상시적으로 방문판매업무를 하는 사람. 다만, 자가 소비를 위한 방문판매원·후원방문판매원 및 제2호 또는 제7호에 동시에 해당하는 사람은 제외한다.
  7. 한국표준직업분류표의 세세분류에 따른 대여 제품 방문점검원
  8. 가전제품의 판매를 위한 배송 업무를 주로 수행하고 가전제품의 설치, 시운전 등을 통해 작동상태를 확인하는 사람
  9. 초·중등교육법 제2조에 따른 학교에서 운영하는 방과후학교의 과정을 담당하는 강사
  10. 건설기계관리법 제3조 제1항에 따라 등록된 건설기계를 직접 운전하는 사람
    ⋮
  16. 도로교통법에 따른 어린이통학버스를 운전하는 사람
  17. 체육시설의 설치·이용에 관한 법률 제7조에 따라 직장체육시설로 설치된 골프장 또는 같은 법 제19조에 따라 체육시설업의 등록을 한 골프장에서 골프경기를 보조하는 골프장 캐디

09 고용보험법령상 고용보험기금에 관한 설명으로 옳지 않은 것은?

① 고용노동부장관은 한국은행에 고용보험기금계정을 설치하여야 한다.

> 고용보험법 제82조 제1항

✔️ **고용보험기금의 결산상 손실금이 생기는 경우 이를 적립금으로 보전(補塡)할 수 없다.**

> 기금의 결산상 잉여금이 생기면 이를 적립금으로 적립하여야 한다. 또한 기금의 결산상 손실금이 생기면 적립금을 사용하여 이를 보전(補塡)할 수 있다(고용보험법 제85조 제1항 및 제2항).

③ 기금수입징수관은 기금징수액보고서를 매월 말일을 기준으로 작성하여 다음 달 20일까지 고용노동부장관에게 제출하여야 한다.

> 기금수입징수관은 기금징수액보고서를, 기금재무관은 기금지출원인행위액 보고서를, 기금지출관은 기금지출액보고서를 매월 말일을 기준으로 작성하여 다음 달 20일까지 고용노동부장관에게 제출하여야 한다(고용보험법 시행령 제117조 제1항).

④ 고용보험기금을 지출할 때 자금 부족이 발생할 것으로 예상되는 경우에는 고용보험기금의 부담으로 금융기관·다른 기금과 그 밖의 재원 등으로부터 차입을 할 수 있다.

> 고용보험법 제86조

⑤ 고용노동부장관의 고용보험기금 관리 · 운용 방법에는 금융기관에 예탁하는 방법이 있다.

고용보험법 제79조 제3항 제1호 ⚖️

⚖️
법령

고용보험법 제79조(기금의 관리 · 운용)
③ 고용노동부장관은 다음 각 호의 방법에 따라 기금을 관리 · 운용한다.
1. 금융기관에의 예탁
2. 재정자금에의 예탁
3. 국가 · 지방자치단체 또는 금융기관에서 직접 발행하거나 채무이행을 보증하는 유가증권의 매입
4. 보험사업의 수행 또는 기금 증식을 위한 부동산의 취득 및 처분
5. 그 밖에 대통령령으로 정하는 기금 증식 방법

10 고용보험법상 재심사에 관한 설명으로 옳지 않은 것은?

1
2
3

① 재심사의 청구는 심사청구에 대한 결정이 있음을 안 날부터 90일 이내에 제기하여야 한다.

심사의 청구는 확인 또는 처분이 있음을 안 날부터 90일 이내에, 재심사의 청구는 심사청구에 대한 결정이 있음을 안 날부터 90일 이내에 각각 제기하여야 한다(고용보험법 제87조 제2항).

② 재심사의 청구는 시효중단에 관하여 재판상의 청구로 본다. 고용보험법 제87조 제3항

✔️ **고용보험심사위원회의 재심사청구에 대한 심리는 공개하지 않음이 원칙이지만, 당사자의 양쪽 또는 어느 한 쪽이 신청한 경우에는 공개할 수 있다.**

심사위원회의 재심사청구에 대한 심리는 공개한다. 다만, 당사자의 양쪽 또는 어느 한 쪽이 신청한 경우에는 공개하지 아니할 수 있다(고용보험법 제101조 제3항).

④ 고용보험심사위원회는 재심사의 청구를 받으면 그 청구에 대한 심리 기일(審理期日) 및 장소를 정하여 심리 기일 3일 전까지 당사자 및 그 사건을 심사한 고용보험심사관에게 알려야 한다.

고용보험법 제101조 제1항

⑤ 당사자는 고용보험심사위원회에 문서나 구두로 그 의견을 진술할 수 있다.

고용보험법 제101조 제2항

11 산업재해보상보험법령상 산업재해보상보험 및 예방심의위원회의 심의사항이 아닌 것은?

① 요양급여의 범위나 비용 등 요양급여의 산정 기준에 관한 사항

② 고용보험 및 산업재해보상보험의 보험료징수 등에 관한 법률에 따른 산재보험료율의 결정에 관한 사항

☑ 산업안전보건법에 따른 산업재해 보상의 세부계획에 관한 사항

> 산업안전보건법 시행령 제3조에서는 동법 제8조에 따른 산업재해보상보험 및 산업재해 예방에 관한 중요 사항의 심의를 위한 심의사항을 규정하고 있으나, 산업안전보건법에 따른 산업재해 보상의 세부계획에 관한 사항은 이에 포함되지 않는다. ⚖

④ 산업재해보상보험및예방기금의 운용계획 수립에 관한 사항

⑤ 고용노동부장관이 산업재해보상보험 사업 및 산업안전·보건 업무에 관하여 심의에 부치는 사항

⚖ 법령

산업재해보상보험법 시행령 제3조(산업재해보상보험및예방심의위원회의 기능)
법 제8조 제1항에 따른 산업재해보상보험 및 예방심의위원회(이하 "위원회"라 한다)는 다음 각 호의 사항을 심의한다.
1. 법 제40조 제5항에 따른 <u>요양급여의 범위나 비용 등 요양급여의 산정 기준에 관한 사항</u>
2. 고용보험 및 산업재해보상보험의 보험료징수 등에 관한 법률(이하 "보험료징수법"이라 한다) 제14조 제3항 및 같은 조 제4항에 따른 <u>산재보험료율의 결정에 관한 사항</u>
3. 법 제98조에 따른 <u>산업재해보상보험및예방기금의 운용계획 수립에 관한 사항</u>
4. 산업안전보건법 제4조 제1항 각 호에 따른 산업안전·보건 업무와 관련되는 주요 정책 및 같은 법 제7조에 따른 산업재해 예방에 관한 기본계획
5. 그 밖에 <u>고용노동부장관이 산업재해보상보험 사업(이하 "보험사업"이라 한다) 및 산업안전·보건 업무에 관하여 심의에 부치는 사항</u>

---

12 산업재해보상보험법령상 산업재해보상보험법의 적용 제외 사업에 해당하지 않는 것은?

① 군인 재해보상법에 따라 재해보상이 되는 사업

② 선원법에 따라 재해보상이 되는 사업

☑ 벌목업 중 법인이 아닌 자의 사업으로서 상시근로자 수가 5명 미만인 사업

> 벌목업 중 법인이 아닌 자의 사업의 상시근로자 수가 5명 미만인 사업은 산업재해보상보험법의 적용 제외 사업에 해당하지 아니한다(산업재해보상보험법 제6조 및 동법 시행령 제2조 제1항 제6호). ⚖

④ 수렵업 중 법인이 아닌 자의 사업으로서 상시근로자 수가 5명 미만인 사업

⑤ 가구 내 고용활동

산업재해보상보험법 제6조(적용 범위)

이 법은 근로자를 사용하는 모든 사업 또는 사업장(이하 "사업"이라 한다)에 적용한다. 다만, 위험률·규모 및 장소 등을 고려하여 대통령령으로 정하는 사업에 대하여는 이 법을 적용하지 아니한다.

산업재해보상보험법 시행령 제2조(법의 적용 제외 사업)

① 산업재해보상보험법 제6조 단서에서 "대통령령으로 정하는 사업"이란 다음 각 호의 어느 하나에 해당하는 사업 또는 사업장을 말한다.

1. 공무원 재해보상법 또는 군인 재해보상법에 따라 재해보상이 되는 사업. 다만, 공무원 재해보상법 제60조에 따라 순직유족급여 또는 위험직무순직유족급여에 관한 규정을 적용받는 경우는 제외한다.
2. 선원법, 어선원 및 어선 재해보상보험법 또는 사립학교교직원 연금법에 따라 재해보상이 되는 사업
3. 삭제
4. 가구 내 고용활동
5. 삭제
6. 농업, 임업(벌목업은 제외한다), 어업 및 수렵업 중 법인이 아닌 자의 사업으로서 상시근로자 수가 5명 미만인 사업

13 산업재해보상보험법상 과태료 부과 대상이 되는 자를 모두 고른 것은?

1
2
3

ㄱ. 근로복지공단이 아닌 자가 근로복지공단과 비슷한 명칭을 사용한 자
ㄴ. 거짓으로 보험급여를 받도록 시키거나 도와준 자
ㄷ. 거짓으로 보험급여를 받은 자

☑ ① ㄱ ② ㄷ
③ ㄱ, ㄴ ④ ㄴ, ㄷ
⑤ ㄱ, ㄴ, ㄷ

산업재해보상보험법 제129조에 따라 과태료 부과 대상에 해당하는 것은 ㄱ뿐이다. ㄴ, ㄷ은 동법 제127조에 따라 과태료가 아니라 벌금 부과 대상에 해당한다. ⚖

산업재해보상보험법 제129조(과태료)

① 제91조의21을 위반하여 자료 또는 정보의 제공 요청에 따르지 아니한 자에게는 300만원 이하의 과태료를 부과한다.

② 다음 각 호의 어느 하나에 해당하는 자에게는 200만원 이하의 과태료를 부과한다.

1. 제34조를 위반하여 근로복지공단 또는 이와 비슷한 명칭을 사용한 자
2. 제45조 제1항을 위반하여 공단이 아닌 자에게 진료비를 청구한 자

③ 다음 각 호의 어느 하나에 해당하는 자에게는 100만원 이하의 과태료를 부과한다.

1. 제47조 제1항에 따른 진료계획을 정당한 사유 없이 제출하지 아니하는 자
2. 제105조 제4항(제109조 제1항에서 준용하는 경우를 포함한다)에 따른 질문에 답변하지 아니하거나 거짓된 답변을 하거나 검사를 거부·방해 또는 기피한 자
3. 제114조 제1항 또는 제118조에 따른 보고를 하지 아니하거나 거짓된 보고를 한 자 또는 서류나 물건의 제출 명령에 따르지 아니한 자
4. 제117조 또는 제118조에 따른 공단의 소속 직원의 질문에 답변을 거부하거나 조사를 거부·방해 또는 기피한 자
5. 삭제

14 산업재해보상보험법상 상병보상연금의 지급요건을 모두 고른 것은?

ㄱ. 그 부상이나 질병이 치유되지 아니한 상태일 것

ㄴ. 요양으로 인하여 취업하지 못하였을 것

ㄷ. 그 부상이나 질병에 따른 중증요양상태의 정도가 대통령령으로 정하는 중증요양상태등급 기준
에 해당할 것

① ㄱ

② ㄴ

③ ㄱ, ㄴ

④ ㄴ, ㄷ

✓ ㄱ, ㄴ, ㄷ

산업재해보상보험법 제66조 제1항에 따라 ㄱ～ㄷ 모두 상병보상연금의 지급요건에 해당한다.

산업재해보상보험법 제66조(상병보상연금)

① 요양급여를 받는 근로자가 요양을 시작한 지 2년이 지난 날 이후에 다음 각 호의 요건 모두에 해당하는
상태가 계속되면 휴업급여 대신 상병보상연금을 그 근로자에게 지급한다.

　1. 그 부상이나 질병이 치유되지 아니한 상태일 것

　2. 그 부상이나 질병에 따른 중증요양상태의 정도가 대통령령으로 정하는 중증요양상태등급 기준에 해당할 것

　3. 요양으로 인하여 취업하지 못하였을 것

15 산업재해보상보험법령상 업무상의 재해의 인정 기준에 해당하는 사유가 아닌 것은?

① 근로자가 근로계약에 따른 업무나 그에 따르는 행위를 하던 중 발생한 사고

✓ 사업주의 구체적인 지시를 위반한 행위로 인한 사고

사업주의 구체적인 지시를 위반한 행위로 인한 사고는 산업재해보상보험법 제37조 제1항에서 정한 업무상의
재해의 인정 기준에 해당하지 않는다. ①, ③～⑤는 제1항 제1호에 규정된 업무상의 사고에 해당한다.

③ 사업주가 제공한 시설물 등을 이용하던 중 그 시설물 등의 결함이나 관리소홀로 발생한 사고

④ 사업주가 주관하거나 사업주의 지시에 따라 참여한 행사나 행사준비 중에 발생한 사고

⑤ 휴게시간 중 사업주의 지배관리하에 있다고 볼 수 있는 행위로 발생한 사고

법령

산업재해보상보험법 제37조(업무상의 재해의 인정 기준)

① 근로자가 다음 각 호의 어느 하나에 해당하는 사유로 부상·질병 또는 장해가 발생하거나 사망하면 업무상의 재해로 본다. 다만, 업무와 재해 사이에 상당인과관계(相當因果關係)가 없는 경우에는 그러하지 아니하다.

1. 업무상 사고
   가. 근로자가 근로계약에 따른 업무나 그에 따르는 행위를 하던 중 발생한 사고
   나. 사업주가 제공한 시설물 등을 이용하던 중 그 시설물 등의 결함이나 관리소홀로 발생한 사고
   다. 삭제
   라. 사업주가 주관하거나 사업주의 지시에 따라 참여한 행사나 행사준비 중에 발생한 사고
   마. 휴게시간 중 사업주의 지배관리하에 있다고 볼 수 있는 행위로 발생한 사고
   바. 그 밖에 업무와 관련하여 발생한 사고

16 산업재해보상보험법에 따라 산정된 저소득 근로자의 휴업급여에 관한 내용이다. (   )에 들어갈 숫자로 옳은 것은?

1일당 휴업급여 지급액이 최저 보상기준 금액의 100분의 (ㄱ)보다 적거나 같으면 그 근로자에 대하여는 평균임금의 100분의 (ㄴ)에 상당하는 금액을 1일당 휴업급여 지급액으로 한다. 다만, 그 근로자의 평균임금의 100분의 (ㄴ)에 상당하는 금액이 최저 보상기준 금액의 100분의 (ㄱ)보다 많은 경우에는 최저 보상기준 금액의 100분의 (ㄱ)에 상당하는 금액을 1일당 휴업급여 지급액으로 한다.

① ㄱ : 70, ㄴ : 70　　　　　　　　　② ㄱ : 70, ㄴ : 80

③ ㄱ : 80, ㄴ : 80　　　　　　　　　❹ ㄱ : 80, ㄴ : 90

⑤ ㄱ : 90, ㄴ : 90

1일당 휴업급여 지급액이 최저 보상기준 금액의 100분의 (80)보다 적거나 같으면 그 근로자에 대하여는 평균임금의 100분의 (90)에 상당하는 금액을 1일당 휴업급여 지급액으로 한다. 다만, 그 근로자의 평균임금의 100분의 (90)에 상당하는 금액이 최저 보상기준 금액의 100분의 (80)보다 많은 경우에는 최저 보상기준 금액의 100분의 (80)에 상당하는 금액을 1일당 휴업급여 지급액으로 한다(산업재해보상보험법 제54조 제1항).

17 국민연금법상 급여에 관한 설명으로 옳은 것은?

① 급여는 노령연금과 장애연금 두 종류로 나뉜다.

> 급여는 노령연금, 장애연금, 유족연금, 반환일시금 네 종류로 나뉜다(국민연금법 제49조).

② 급여수급전용계좌에 입금된 급여와 이에 관한 채권은 압류할 수 있다.

> 급여수급전용계좌에 입금된 급여와 이에 관한 채권은 압류할 수 없다(국민연금법 제58조 제3항).

③ 급여로 지급된 금액에 대하여는 조세특례제한법이나 그 밖의 법률 또는 지방자치단체가 조례로 정하는 바에 따라 조세, 그 밖에 국가 또는 지방자치단체의 공과금을 감면할 수 없다.

> 급여로 지급된 금액에 대하여는 조세특례제한법이나 그 밖의 법률 또는 지방자치단체가 조례로 정하는 바에 따라 조세, 그 밖에 국가 또는 지방자치단체의 공과금을 감면한다(국민연금법 제60조).

④ 국민연금공단은 장애연금 수급권자의 장애 정도를 심사하여 장애등급에 해당되지 아니하면 장애연금액을 변경한다.

> 공단은 장애연금 수급권자의 장애 정도를 심사하여 장애등급이 다르게 되면 그 등급에 따라 장애연금액을 변경하고, 장애등급에 해당되지 아니하면 장애연금 수급권을 소멸시킨다(국민연금법 제70조 제1항).

⑤ 자녀인 수급권자가 다른 사람에게 입양된 때에는 그에 해당하게 된 때부터 유족연금의 지급을 정지한다.

> 자녀나 손자녀인 수급권자가 다른 사람에게 입양된 때에는 그에 해당하게 된 때부터 유족연금의 지급을 정지한다(국민연금법 제76조 제5항).

18 국민연금법상 국민연금가입자에 관한 설명으로 옳지 않은 것은?

① 가입자는 사업장가입자, 지역가입자, 임의가입자 및 임의계속가입자로 구분한다.

> 국민연금법 제7조

② 임의가입자는 보건복지부령으로 정하는 바에 따라 국민연금공단에 신청하여 탈퇴할 수 있다.

> 국민연금법 제10조 제2항

③ 가입자의 가입 종류가 변동되면 그 가입자의 가입기간은 각 종류별 가입기간을 합산한 기간으로 한다. 국민연금법 제20조 제2항

④ 가입자의 자격을 상실한 후 다시 그 자격을 취득한 자에 대하여는 전후(前後)의 가입기간을 합산한다. 국민연금법 제20조 제1항

⑤ 임의가입자는 가입 신청을 한 날에 자격을 취득한다.

> 임의가입자는 가입 신청이 수리된 날에 자격을 취득한다(국민연금법 제11조 제3항).

19 국민건강보험법령상 보수월액에 관한 설명으로 옳지 않은 것은?

① 직장가입자의 보수월액은 직장가입자가 지급받는 보수를 기준으로 하여 산정한다.

> 국민건강보험법 제70조 제1항

② 휴직으로 보수의 전부 또는 일부가 지급되지 아니하는 가입자의 보수월액보험료는 해당 사유가 생기기 전 달의 보수월액을 기준으로 산정한다. 　국민건강보험법 제70조 제2항

③ 근로자가 근로를 제공하고 사용자로부터 지급받는 금품 중 퇴직금은 보수에서 제외한다.

> 국민건강보험법 제70조 제3항, 동법 시행령 제33조 제1항 제1호 ⚖

④ 보수의 전부 또는 일부가 현물(現物)로 지급되는 경우에는 그 지역의 시가(時價)를 기준으로 국민건강보험공단이 정하는 가액(價額)을 그에 해당하는 보수로 본다.

> 국민건강보험법 시행령 제33조 제3항 ⚖

✔ 보수 관련 자료가 없거나 불명확한 경우에 해당하면 고용노동부장관이 정하여 고시하는 금액을 보수로 본다.

> 국민건강보험법 제70조 제3항, 동법 시행령 제33조 제2항 제1호 ⚖

⚖ **법령**

국민건강보험법 제70조(보수월액)
③ 제1항에 따른 보수는 근로자 등이 근로를 제공하고 사용자·국가 또는 지방자치단체로부터 지급받는 금품(실비변상적인 성격을 갖는 금품은 제외한다)으로서 대통령령으로 정하는 것을 말한다. 이 경우 보수 관련 자료가 없거나 불명확한 경우 등 대통령령으로 정하는 사유에 해당하면 <u>보건복지부장관이 정하여 고시하는 금액</u>을 보수로 본다.

국민건강보험법 시행령 제33조(보수에 포함되는 금품 등)
① 법 제70조 제3항 전단에서 "대통령령으로 정하는 것"이란 근로의 대가로 받은 봉급, 급료, 보수, 세비(歲費), 임금, 상여, 수당, 그 밖에 이와 유사한 성질의 금품으로서 다음 각 호의 것을 제외한 것을 말한다.
　1. 퇴직금
　2. 현상금, 번역료 및 원고료
　3. 소득세법에 따른 비과세근로소득. 다만, 소득세법 제12조 제3호 차목·파목 및 거목에 따라 비과세되는 소득은 제외한다.
② 법 제70조 제3항 후단에서 "보수 관련 자료가 없거나 불명확한 경우 등 대통령령으로 정하는 사유"란 다음 각 호의 어느 하나에 해당하는 경우를 말한다.
　1. 보수 관련 자료가 없거나 불명확한 경우
　2. 최저임금법 제5조에 따른 최저임금액 등을 고려할 때 보수 관련 자료의 신뢰성이 없다고 공단이 인정하는 경우
③ 보수의 전부 또는 일부가 현물(現物)로 지급되는 경우에는 그 지역의 시가(時價)를 기준으로 공단이 정하는 가액(價額)을 그에 해당하는 보수로 본다.
④ 법 제70조 제3항 후단에 따라 보건복지부장관이 고시하는 금액이 적용되는 기간 중에 사업장 근로자의 보수가 확인되는 경우에는 공단이 확인한 날이 속하는 달의 다음 달부터 그 고시 금액을 적용하지 아니한다

20 국민건강보험법령상 직장가입자 제외자에 해당하는 자를 모두 고른 것은?

> ㄱ. 고용 기간이 1개월 미만인 일용근로자
> ㄴ. 1개월 동안의 소정(所定)근로시간이 60시간 미만인 단시간근로자
> ㄷ. 병역법에 따른 군간부후보생
> ㄹ. 선거에 당선되어 취임하는 공무원으로서 매월 보수 또는 보수에 준하는 급료를 받지 아니하는 사람

① ㄱ, ㄴ   ② ㄴ, ㄷ

③ ㄱ, ㄴ, ㄹ   ④ ㄱ, ㄷ, ㄹ

✔ ㄱ, ㄴ, ㄷ, ㄹ

> 국민건강보험 제6조 제2항 및 동법 시행령 제9조에 따라, ㄱ, ㄴ, ㄷ, ㄹ 모두 직장가입자 제외 대상이다. ⚖

⚖ 법령

국민건강보험법 제6조(가입자의 종류)

② 모든 사업장의 근로자 및 사용자와 공무원 및 교직원은 직장가입자가 된다. 다만, 다음 각 호의 어느 하나에 해당하는 사람은 제외한다.

1. 고용 기간이 1개월 미만인 일용근로자
2. 병역법에 따른 현역병(지원에 의하지 아니하고 임용된 하사를 포함한다), 전환복무된 사람 및 군간부후보생
3. 선거에 당선되어 취임하는 공무원으로서 매월 보수 또는 보수에 준하는 급료를 받지 아니하는 사람
4. 그 밖에 사업장의 특성, 고용 형태 및 사업의 종류 등을 고려하여 대통령령으로 정하는 사업장의 근로자 및 사용자와 공무원 및 교직원

> **국민건강보험법 시행령 제9조(직장가입자에서 제외되는 사람)**
>
> 법 제6조 제2항 제4호에서 "대통령령으로 정하는 사업장의 근로자 및 사용자와 공무원 및 교직원"이란 다음 각 호의 어느 하나에 해당하는 사람을 말한다.
>
> 1. 비상근 근로자 또는 1개월 동안의 소정(所定)근로시간이 60시간 미만인 단시간근로자
> 2. 비상근 교직원 또는 1개월 동안의 소정근로시간이 60시간 미만인 시간제공무원 및 교직원
> 3. 소재지가 일정하지 아니한 사업장의 근로자 및 사용자
> 4. 근로자가 없거나 제1호에 해당하는 근로자만을 고용하고 있는 사업장의 사업주

21 고용보험 및 산업재해보상보험의 보험료징수 등에 관한 법률상 보험료율의 인상 또는 인하 등에 따른 조치에 관한 내용이다. ( )에 들어갈 내용으로 옳은 것은?

> (ㄱ)은 보험료율이 인상 또는 인하된 때에는 월별보험료 및 개산보험료를 증액 또는 감액 조정하고, 월별보험료가 증액된 때에는 (ㄴ)이, 개산보험료가 증액된 때에는 (ㄷ)이 각각 징수한다.

✔ ㄱ : 근로복지공단, ㄴ : 국민건강보험공단, ㄷ : 근로복지공단

> (근로복지공단)은 보험료율이 인상 또는 인하된 때에는 월별보험료 및 개산보험료를 증액 또는 감액 조정하고, 월별보험료가 증액된 때에는 (건강보험공단)이, 개산보험료가 증액된 때에는 (근로복지공단)이 각각 징수한다(고용보험 및 산업재해보상보험의 보험료징수 등에 관한 법률 제18조 제1항).

② ㄱ : 근로복지공단, ㄴ : 근로복지공단, ㄷ : 국민건강보험공단
③ ㄱ : 근로복지공단, ㄴ : 근로복지공단, ㄷ : 근로복지공단
④ ㄱ : 국민건강보험공단, ㄴ : 근로복지공단, ㄷ : 국민건강보험공단
⑤ ㄱ : 국민건강보험공단, ㄴ : 국민건강보험공단, ㄷ : 근로복지공단

22 고용보험 및 산업재해보상보험의 보험료징수 등에 관한 법령상 보험관계의 성립 및 소멸에 관한 설명으로 옳지 않은 것은?

① 산업재해보상보험법을 적용하지 아니하는 사업의 사업주는 근로복지공단의 승인을 받아 산업재해보상보험에 가입할 수 있다.

> 고용보험 및 산업재해보상보험의 보험료징수 등에 관한 법률 제5조 제4항

✔ 일괄적용사업의 사업주는 사업의 개시일부터 14일 이내에 끝나는 사업의 경우에는 그 끝나는 날의 다음 날까지 개시 및 종료 사실을 근로복지공단에 신고하여야 한다.

> 일괄적용사업의 사업주는 그 각각의 사업(제1항에 따라 신고된 사업은 제외한다)의 개시일 및 종료일(사업 종료의 신고는 고용보험의 경우만 한다)부터 각각 14일 이내에 그 개시 및 종료 사실을 공단에 신고하여야 한다. 다만, 사업의 개시일부터 14일 이내에 끝나는 사업의 경우에는 그 끝나는 날의 전날까지 신고하여야 한다(고용보험 및 산업재해보상보험의 보험료징수 등에 관한 법률 제11조 제3항).

③ 고용보험법을 적용하지 아니하는 사업의 사업주가 고용보험에 가입된 경우 그 보험계약을 해지할 때에는 미리 근로복지공단의 승인을 받아야 한다.

> 고용보험 및 산업재해보상보험의 보험료징수 등에 관한 법률 제5조 제5항 전문

④ 고용보험에 가입한 사업주는 기간의 정함이 있는 건설사업의 경우 사업의 기간이 변경되면 그 변경된 날부터 14일 이내에 그 변경사항을 근로복지공단에 신고하여야 한다.

> 고용보험 및 산업재해보상보험의 보험료징수 등에 관한 법률 제12조, 동법 시행령 제9조 제5호 ⚖

⑤ 고용보험법을 적용하지 아니하는 사업의 사업주가 근로자의 과반수의 동의를 받아 근로복지공단의 승인을 받으면 그 사업의 사업주와 근로자는 고용보험에 가입할 수 있다.

> 고용보험 및 산업재해보상보험의 보험료징수 등에 관한 법률 제5조 제2항

고용보험 및 산업재해보상보험의 보험료징수 등에 관한 법률 제12조(보험관계의 변경신고)

보험에 가입한 사업주는 그 이름, 사업의 소재지 등 대통령령으로 정하는 사항이 변경된 경우에는 그 날부터 14일 이내에 그 변경사항을 공단에 신고하여야 한다.

고용보험 및 산업재해보상보험의 보험료징수 등에 관한 법률 제9조(보험관계의 변경신고)

법 제12조에 따라 사업주는 보험에 가입된 사업에 다음 각 호의 사항이 변경되면 그 변경된 날부터 14일 이내에 공단에 신고하여야 한다. 다만, 제6호는 다음 보험연도 첫날부터 14일 이내에 신고하여야 한다.
1. 사업주(법인인 경우에는 대표자)의 이름 및 주민등록번호
2. 사업의 명칭 및 소재지
3. 사업의 종류
4. 사업자등록번호(법인인 경우에는 법인등록번호를 포함한다)
5. 건설공사 또는 벌목업 등 기간의 정함이 있는 사업의 경우 사업의 기간
6. 고용보험법 시행령 제12조에 따른 우선지원 대상기업의 해당 여부에 변경이 있는 경우 상시근로자수

23 고용보험 및 산업재해보상보험의 보험료징수 등에 관한 법령상 상시근로자수가 150명 미만인 사업주의 사업의 고용안정 · 직업능력개발사업의 보험료율은?

① 1만분의 15 ✓ ② 1만분의 25
③ 1만분의 35 ④ 1만분의 45
⑤ 1만분의 55

> 고용안정 · 직업능력개발사업의 보험료율은 상시근로자수가 150명 미만인 사업주의 사업의 경우 1만분의 25를 적용한다(고용보험 및 산업재해보상보험의 보험료징수 등에 관한 법률 시행령 제12조 제1호 가목). ⚖

고용보험 및 산업재해보상보험의 보험료징수 등에 관한 법률 시행령 제12조(고용보험료율)

① 법 제14조 제1항에 따른 고용보험료율은 다음 각 호와 같다.
  1. 고용안정 · 직업능력개발사업의 보험료율 : 다음 각 목의 구분에 따른 보험료율
    가. 상시근로자수가 150명 미만인 사업주의 사업 : 1만분의 25
    나. 상시근로자수가 150명 이상인 사업주의 사업으로서 고용보험법 시행령 제12조에 따른 우선지원 대상기업의 범위에 해당하는 사업 : 1만분의 45
    다. 상시근로자수가 150명 이상 1천명 미만인 사업주의 사업으로서 나목에 해당하지 않는 사업 : 1만분의 65
    라. 상시근로자수가 1천명 이상인 사업주의 사업으로서 나목에 해당하지 않는 사업 및 국가 · 지방자치단체가 직접 하는 사업 : 1만분의 85

24 고용보험 및 산업재해보상보험의 보험료징수 등에 관한 법령상 기준보수에 관한 설명으로 옳지 않은 것은?

☑ 근로시간에 따라 보수를 지급받는 근로자가 주당 소정근로시간을 확정할 수 없는 경우에는 시간단위 기준보수를 적용한다.

> 고용보험 및 산업재해보상보험의 보험료징수 등에 관한 법률 시행령 제3조 제2항 제2호 단서

② 기준보수는 사업의 규모, 근로형태 및 보수수준 등을 고려하여 고용보험법에 따른 고용보험위원회의 심의를 거쳐 시간·일 또는 월 단위로 정하되, 사업의 종류별 또는 지역별로 구분하여 정할 수 있다. 고용보험 및 산업재해보상보험의 보험료징수 등에 관한 법률 제3조 제2항

③ 사업 또는 사업장의 이전 등으로 사업의 소재지를 파악하기 곤란한 경우에는 기준보수를 보수로 할 수 있다.

> 고용보험 및 산업재해보상보험의 보험료징수 등에 관한 법률 제3조 제1항, 동법 시행령 제3조 제1항 제2호

④ 통상근로자로서 월정액으로 보수를 지급받는 근로자에게는 월단위 기준보수를 적용한다.

> 고용보험 및 산업재해보상보험의 보험료징수 등에 관한 법률 제3조 제2항, 동법 시행령 제3조 제2항 제1호

⑤ 사업의 폐업으로 보수를 산정하기 곤란한 경우에는 기준보수를 보수로 할 수 있다.

> 사업의 폐업·도산 등으로 보수를 산정·확인하기 곤란한 경우 또는 대통령령으로 정하는 사유에 해당하는 경우에는 고용노동부장관이 정하여 고시하는 금액(이하 "기준보수"라 한다)을 보수로 할 수 있다(고용보험 및 산업재해보상보험의 보험료징수 등에 관한 법률 제3조 제1항 제1호).

25 고용보험 및 산업재해보상보험의 보험료징수 등에 관한 법률상 보험관계의 변경신고에 관한 내용이다. ( )에 들어갈 숫자로 옳은 것은?

> 보험에 가입한 사업주는 그 이름, 사업의 소재지 등 대통령령으로 정하는 사항이 변경된 경우에는 그 날부터 ( )일 이내에 그 변경사항을 근로복지공단에 신고하여야 한다.

① 7 ☑ 14

③ 15 ④ 20

⑤ 30

> 보험에 가입한 사업주는 그 이름, 사업의 소재지 등 대통령령으로 정하는 사항이 변경된 경우에는 그 날부터 (14)일 이내에 그 변경사항을 근로복지공단에 신고하여야 한다(고용보험 및 산업재해보상보험의 보험료징수 등에 관한 법률 제12조).

01	02	03	04	05	06	07	08	09	10	11	12	13	14	15	16	17	18	19	20	21	22	23	24	25
②	③	②	④	⑤	③	⑤	①	③	⑤	④	④	①	④	④	③	②	②	①	⑤	②	⑤	⑤	④	①

01 사회보장기본법령상 국가와 지방자치단체의 책임에 관한 내용으로 옳지 않은 것은?

① 국가와 지방자치단체는 국가 발전수준에 부응하고 사회환경의 변화에 선제적으로 대응하며 지속 가능한 사회보장제도를 확립하고 매년 이에 필요한 재원을 조달하여야 한다.

> 사회보장기본법 제5조 제3항

✅ 국가와 지방자치단체는 사회보장 관계 법령에서 규정한 권리나 의무를 모든 국민에게 설명하여야 한다.

> 국가와 지방자치단체는 사회보장 관계 법령에서 규정한 권리나 의무를 <u>해당 국민에게 설명하도록 노력하여야 한다</u>(사회보장기본법 제34조).

③ 국가와 지방자치단체는 사회보장에 관한 책임과 역할을 합리적으로 분담하여야 한다.

> 사회보장기본법 제5조 제2항

④ 국가는 사회보장제도의 안정적인 운영을 위하여 중장기 사회보장 재정추계를 격년으로 실시하고 이를 공표하여야 한다. 사회보장기본법 제5조 제4항

⑤ 국가와 지방사치단체는 모든 국민의 인간다운 생활을 유지 · 증진하는 책임을 가진다.

> 사회보장기본법 제5조 제1항

02 사회보장기본법령상 사회보장위원회에 관한 내용으로 옳지 않은 것은?

① 사회보장위원회의 부위원장은 기획재정부장관, 교육부장관 및 보건복지부장관이 된다.

> 사회보장기본법 제21조 제2항

② 사회보장위원회의 사무를 효율적으로 처리하기 위하여 보건복지부에 사무국을 둔다.

> 사회보장기본법 제21호 제8항

✅ 사회보장위원회에 간사 1명을 두고, 간사는 보건복지부 사회복지정책실장으로 한다.

> 사회보장위원회에 <u>간사 2명</u>을 두고, 간사는 국무조정실 사회조정실장과 보건복지부 사회복지정책실장으로 한다(사회보장기본법 시행령 제9조 제2항).

④ 대통령은 위촉한 사회보장위원회의 위원이 직무와 관련된 비위사실이 있는 경우에는 해당 위원을 해촉할 수 있다. 사회보장기본법 시행령 제9조의2 제2호

⑤ 사회보장위원회에 두는 실무위원회는 공동위원장 2명을 포함하여 30명 이내의 위원으로 구성한다. 사회보장기본법 시행령 제11조 제3항

03 사회보장기본법령상 사회보장수급권에 관한 내용으로 옳지 않은 것은?

① 사회보장수급권이 정지되는 경우에는 정지하는 목적에 필요한 최소한의 범위에 그쳐야 한다.

사회보장기본법 제13조 제2항

✔ **사회보장수급권은 관계 법령에서 정하는 바에 따라 타인에게 양도할 수 있다.**

사회보장수급권은 관계 법령에서 정하는 바에 따라 다른 사람에게 양도하거나 담보로 제공할 수 없으며, 이를 압류할 수 없다(사회보장기본법 제12조).

③ 사회보장수급권은 관계 법령에서 따로 정하고 있는 경우에는 제한될 수 있다.

사회보장기본법 제13조 제1항

④ 사회보장수급권은 관계 법령에서 정하는 바에 따라 타인에게 담보로 제공할 수 없다.

사회보장기본법 제12조

⑤ 사회보장수급권을 포기하는 것이 다른 사람에게 피해를 주는 경우에는 사회보장수급권을 포기할 수 없다. 사회보장기본법 제14조 제3항

04 고용보험법령상 사업주에게 지급하는 출산육아기 고용안정장려금의 지급요건 중 하나이다. ( )에 들어갈 내용으로 옳은 것은? `기출 수정`

출산전후휴가, 유산 · 사산 휴가 또는 육아기 근로시간 단축의 시작일 전 (ㄱ)이 되는 날(출산전후휴가에 연이어 유산 · 사산 휴가 또는 육아기 근로시간 단축을 시작하는 경우에는 출산전후휴가 시작일 전 (ㄴ)이 되는 날) 이후 새로 대체인력을 고용하여 (ㄷ) 이상 계속 고용한 경우

① ㄱ : 30일, ㄴ : 30일, ㄷ : 30일 ② ㄱ : 30일, ㄴ : 60일, ㄷ : 60일
③ ㄱ : 60일, ㄴ : 60일, ㄷ : 60일 ✔ ㄱ : **2개월**, ㄴ : **2개월**, ㄷ : **30일**
⑤ ㄱ : 60일, ㄴ : 2개월, ㄷ : 60일

출산전후휴가, 유산 · 사산 휴가 또는 육아기 근로시간 단축의 시작일 전 (2개월)이 되는 날(출산전후휴가에 연이어 유산 · 사산 휴가 또는 육아기 근로시간 단축을 시작하는 경우에는 출산전후휴가 시작일 전 (2개월) 이 되는 날) 이후 새로 대체인력을 고용하여 (30일) 이상 계속 고용한 경우(고용보험법 시행령 제29조 제1항 제3호 가목)

05 고용보험법령상 장애인고용촉진 및 직업재활법에 따른 장애인인 甲(45세)은 근무하던 A회사를 퇴사하여 직업안정기관으로부터 구직급여 수급자격을 인정받았다. 피보험기간이 15년인 甲이 받을 수 있는 구직급여의 소정급여일수는?

① 120일

② 180일

③ 210일

④ 240일

☑ 270일

> 장애인고용촉진 및 직업재활법 제2조 제1호에 따른 장애인은 50세 이상인 것으로 보아 구직급여의 소정급여일수를 적용한다. 따라서 피보험기간이 15년인 45세 장애인 甲에게는 270일의 소정급여일수가 인정된다.

고용보험법 [별표 1] 구직급여의 소정급여일수

구분		피보험기간				
		1년 미만	1년 이상 3년 미만	3년 이상 5년 미만	5년 이상 10년 미만	10년 이상
이직일 현재 연령	50세 미만	120일	150일	180일	210일	240일
	50세 이상	120일	180일	210일	240일	270일

※ 비고 : 장애인고용촉진 및 직업재활법 제2조 제1호에 따른 장애인은 50세 이상인 것으로 보아 위 표를 적용한다.

06 고용보험법령상 예술인인 피보험자의 구직급여에 관한 내용으로 옳지 않은 것은?

① 이직일 이전 24개월 동안의 피보험 단위기간이 통산하여 9개월 이상일 것을 지급요건으로 한다.

> 고용보험법 제77조의3 제1항 제1호

② 이직일 이전 24개월 중 3개월 이상을 예술인인 피보험자로 피보험자격을 유지하였을 것을 지급요건으로 한다. 고용보험법 제77조의3 제1항 제4호

☑ 실업의 신고일부터 계산하기 시작하여 30일간은 대기기간으로 보아 구직급여를 지급하지 아니한다.

> 예술인은 제42조에 따른 실업의 신고일부터 계산하기 시작하여 7일간은 대기기간으로 보아 구직급여를 지급하지 아니한다. 다만, 다음 각 호의 사유에 해당하는 경우에는 각 호의 사유별로 4주의 범위에서 대통령령으로 정하는 기간을 대기기간으로 보아 구직급여를 지급하지 아니하며, 각 호의 사유 중 둘 이상에 해당하는 경우에는 그 대기기간이 가장 긴 기간을 대기기간으로 본다(고용보험법 제77조의3 제6항).

④ 예술인의 구직급여일액은 기초일액에 100분의 60을 곱한 금액으로 한다.

> 고용보험법 제77조의3 제4항

⑤ 예술인의 구직급여일액의 상한액은 6만 6천원이다. 고용보험법 제77조의3 제5항

고용보험법 제77조의3(예술인인 피보험자에 대한 구직급여)

⑤ 제4항에 따른 구직급여일액의 상한액은 근로자인 피보험자의 구직급여 상한액 등을 고려하여 <u>대통령령으로 정하는 금액</u>으로 한다.

> **고용보험법 시행령 제104조의8(예술인인 피보험자의 구직급여 수급요건 등)**
>
> ④ 법 제77조의3 제5항에서 "대통령령으로 정하는 금액"이란 <u>6만 6천원</u>을 말한다.

⑥ <u>예술인은 제42조에 따른 실업의 신고일부터 계산하기 시작하여 7일간은 대기기간으로 보아 구직급여를 지급하지 아니한다.</u> 다만, 다음 각 호의 사유에 해당하는 경우에는 각 호의 사유별로 4주의 범위에서 대통령령으로 정하는 기간을 대기기간으로 보아 구직급여를 지급하지 아니하며, 각 호의 사유 중 둘 이상에 해당하는 경우에는 그 대기기간이 가장 긴 기간을 대기기간으로 본다.
1. 제1항 제3호 단서에서 정한 사유로 이직한 경우
2. 제43조의2 제1항에 따라 수급자격의 인정신청을 한 경우로서 가장 나중에 상실한 피보험자격과 관련된 이직사유가 같은 조 제2항 단서에 해당하는 경우

---

07 고용보험법령상 육아휴직 급여의 특례에 관한 내용이다. (   )에 들어갈 내용으로 옳은 것은?

기출 수정

> 2022년 12월 31일까지 같은 자녀에 대하여 피보험자인 부모가 순차적으로 육아휴직을 하는 경우, 육아휴직 시작일부터 3개월까지 두 번째 육아휴직을 한 피보험자에게 지급하는 육아휴직 급여의 월별 지급액은 육아휴직 시작일을 기준으로 한 (ㄱ)으로 한다. 이 경우 해당 금액이 (ㄴ)을 넘는 경우에는 (ㄴ)으로 하고, 해당 금액이 (ㄷ)보다 적은 경우에는 (ㄷ)으로 한다.

① ㄱ : 월 통상임금의 100분의 50에 해당하는 금액, ㄴ : 120만원, ㄷ : 30만원

② ㄱ : 월 통상임금의 100분의 80에 해당하는 금액, ㄴ : 120만원, ㄷ : 50만원

③ ㄱ : 월 통상임금의 100분의 80에 해당하는 금액, ㄴ : 150만원, ㄷ : 50만원

④ ㄱ : 월 통상임금에 해당하는 금액, ㄴ : 150만원, ㄷ : 60만원

✓ ㄱ : 월 통상임금에 해당하는 금액, ㄴ : 250만원, ㄷ : 70만원

> 2022년 12월 31일까지 같은 자녀에 대하여 피보험자인 부모가 순차적으로 육아휴직을 하는 경우, 육아휴직 시작일부터 3개월까지 두 번째 육아휴직을 한 피보험자에게 지급하는 육아휴직 급여의 월별 지급액은 육아휴직 시작일을 기준으로 한 (월 통상임금에 해당하는 금액)으로 한다. 이 경우 해당 금액이 (250만원)을 넘는 경우에는 (250만원)으로 하고, 해당 금액이 (70만원)보다 적은 경우에는 (70만원)으로 한다(고용보험법 시행령 제95조의2 제1항 제1호).

고용보험법 시행령 제95조의2(두 번째 육아휴직자에 대한 육아휴직 급여에 관한 한시적 특례)

① 제95조 제1항에도 불구하고 2022년 12월 31일까지 같은 자녀에 대하여 피보험자인 부모가 순차적으로 육아휴직을 하는 경우 두 번째 육아휴직을 한 피보험자에게 지급하는 육아휴직 급여의 월별 지급액은 다음 각 호의 구분에 따라 산정한 금액으로 한다.

  1. 육아휴직 시작일부터 3개월까지 : 육아휴직 시작일을 기준으로 한 월 통상임금에 해당하는 금액. 다만, 해당 금액이 250만원을 넘는 경우에는 250만원으로 하고, 해당 금액이 70만원보다 적은 경우에는 70만원으로 한다.

  2. 육아휴직 4개월째부터 육아휴직 종료일까지 : 육아휴직 시작일을 기준으로 한 월 통상임금의 100분의 50에 해당하는 금액. 다만, 해당 금액이 120만원을 넘는 경우에는 120만원으로 하고, 해당 금액이 70만원보다 적은 경우에는 70만원으로 한다.

---

08 고용보험법령상 피보험자격에 관한 내용으로 옳지 않은 것은? `기출 수정`

☑ 사업주는 그 사업에 고용된 근로자의 피보험자격 취득에 관한 사항을 신고하려는 경우 그 사유가 발생한 날이 속하는 달의 다음 달 말일까지 고용노동부장관에게 신고해야 한다.

> 사업주나 하수급인(下受給人)은 법 제15조에 따라 고용노동부장관에게 그 사업에 고용된 근로자의 피보험자격 취득 및 상실에 관한 사항을 신고하려는 경우에는 그 사유가 발생한 날이 속하는 달의 다음 달 15일까지(근로자가 그 기일 이전에 신고할 것을 요구하는 경우에는 지체 없이) 신고해야 한다(고용보험법 시행령 제7조 제1항).

② 사업주가 그 사업에 고용된 근로자의 피보험자격의 취득에 관한 사항을 신고하지 아니하면 근로자가 근로계약서 등 고용관계를 증명할 수 있는 서류를 제출하여 신고할 수 있다.

> 고용보험법 제15조 제3항, 동법 시행령 제8조

③ 자영업자인 피보험자는 피보험자격의 취득 및 상실에 관한 신고를 하지 아니한다.

> 고용보험법 제15조 제7항

④ 고용보험에 가입되거나 가입된 것으로 보는 근로자가 보험관계가 성립되어 있는 둘 이상의 사업에 동시에 고용되어 있는 경우에는 대통령령으로 정하는 바에 따라 그중 한 사업의 피보험자격을 취득한다. `고용보험법 제18조 제1항, 동조 제2조 제1호` ⚖

⑤ 피보험자는 언제든지 고용노동부장관에게 피보험자격의 취득 또는 상실에 관한 확인을 청구할 수 있다. `고용보험법 제17조 제1항`

고용보험법 제18조(피보험자격의 취득기준)

① 제2조 제1호 가목에 따른 근로자가 보험관계가 성립되어 있는 둘 이상의 사업에 동시에 고용되어 있는 경우에는 대통령령으로 정하는 바에 따라 그 중 한 사업의 피보험자격을 취득한다.

② 제2조 제1호 가목 및 나목에 동시에 해당하는 사람은 같은 호 가목에 따른 근로자, 예술인 또는 노무제공자로서의 피보험자격을 취득한다. 다만, 제2조 제1호 가목에 따른 피보험자가 다음 각 호의 어느 하나에 해당하는 사람인 경우에는 같은 호 가목 및 나목의 피보험자격 중 하나를 선택하여 피보험자격을 취득하거나 유지한다.

  1. 일용근로자

2. 제77조의2 제2항 제2호 단서에 따른 단기예술인

3. 제77조의6 제2항 제2호 단서에 따른 단기노무제공자

③ 제2항에도 불구하고 제2조제1호가목 및 나목에 동시에 해당하는 사람은 본인 의사에 따라 같은 호 가목 및 나목에 따른 피보험자격 모두를 취득하거나 유지할 수 있다.

④ 제2조 제1호 가목에 따른 예술인 또는 노무제공자가 보험관계가 성립되어 있는 둘 이상의 사업에서 동시에 노무를 제공하거나 근로를 제공하는 경우에는 대통령령으로 정하는 바에 따라 피보험자격을 취득한다.

고용보험법 제2조(정의)

이 법에서 사용하는 용어의 뜻은 다음과 같다.

1. "피보험자"란 다음 각 목에 해당하는 사람을 말한다.

   가. 고용보험 및 산업재해보상보험의 보험료징수 등에 관한 법률(이하 "고용산재보험료징수법"이라 한다) 제5조 제1항·제2항, 제6조 제1항, 제8조 제1항·제2항, 제48조의2 제1항 및 제48조의3 제1항에 따라 보험에 가입되거나 가입된 것으로 보는 근로자, 예술인 또는 노무제공자

   나. 고용산재보험료징수법 제49조의2 제1항·제2항에 따라 고용보험에 가입하거나 가입된 것으로 보는 자영업자(이하 "자영업자인 피보험자"라 한다)

09 고용보험법령상 자영업자인 피보험자에 대한 실업급여 적용의 특례에 관한 내용으로 옳은 것은?

① 자영업자인 피보험자의 실업급여의 종류에는 광역 구직활동비가 포함되지 않는다.

> 자영업자인 피보험자의 실업급여의 종류는 제37조에 따른다. 다만, 제51조부터 제55조까지의 규정에 따른 연장급여와 제64조에 따른 조기재취업 수당은 제외한다(고용보험법 제69조의2). 이에 따른 취업촉진 수장의 종류에는 광역 구직활동비가 포함된다. ⚖[1]

② 폐업일 이전 12개월간 자영업자인 피보험자로서 갖춘 피보험 단위기간이 합산하여 6개월이면 구직급여를 지급한다.

> 구직급여는 폐업일 이전 24개월간 자영업자인 피보험자로서 갖춘 피보험 단위기간이 합산하여 1년 이상일 경우에 지급한다(고용보험법 제69조의3 제1호).

✔ 자영업자인 피보험자로서 폐업한 수급자격자에 대한 구직급여일액은 그 수급자격자의 기초일액에 100분의 60을 곱한 금액으로 한다. 　고용보험법 제69조의5

④ 고용노동부장관은 자영업자의 피보험기간이 3년이면서 보험료 체납 횟수가 1회인 경우 실업급여를 지급하지 아니한다.

> 고용보험법 시행규칙 [별표 2의4]에 따르면, 피보험기간이 3년인 자영업자의 실업급여 지급이 제한되는 보험료 체납횟수는 3회이다. ⚖[2]

⑤ 자영업자의 실업급여를 받을 권리는 양도하거나 담보로 제공할 수 있다.

> 자영업자의 실업급여를 받을 권리는 양도 또는 압류하거나 담보로 제공할 수 없다(고용보험법 제69조의9, 제38조 제1항).

법령 ¹

> **고용보험법 제37조(실업급여의 종류)**
> ① 실업급여는 구직급여와 취업촉진 수당으로 구분한다.
> ② 취업촉진 수당의 종류는 다음 각 호와 같다.
>   1. 조기(早期)재취업 수당
>   2. 직업능력개발 수당
>   3. 광역 구직활동비
>   4. 이주비

법령 ²

> **고용보험법 시행규칙 [별표 2의4] 자영업자 실업급여 지급이 제한되는 보험료 체납 횟수**
>
> | 구분 | | 체납 횟수 |
> |---|---|---|
> | | 1년 이상~2년 미만 | 1회 |
> | 피보험기간 | 2년 이상~3년 미만 | 2회 |
> | | 3년 이상 | 3회 |

10 산업재해보상보험법령상 노무제공자의 직종에 해당하지 않는 사람은? 기출 수정

① 한국표준직업분류표의 세분류에 따른 택배원인 사람으로서 소화물을 집화·수송 과정을 거쳐 배송하는 택배사업에서 집화 업무를 하는 사람

> 산업재해보상보험법 시행령 제85조의5 제5호 나목 ⚖️

② 우체국 예금·보험에 관한 법률에 따른 우체국보험의 모집을 전업으로 하는 사람

> 산업재해보상보험법 시행령 제85조의5 제1호 다목 ⚖️

③ 한국표준직업분류표의 세세분류에 따른 대여 제품 방문점검원

> 산업재해보상보험법 시행령 제85조의5 제11호 ⚖️

④ 한국표준직업분류표의 세분류에 따른 가전제품 설치 및 수리원으로서 가전제품을 배송, 설치 및 시운전하여 작동상태를 확인하는 사람

> 산업재해보상보험법 시행령 제85조의5 제12호 ⚖️

✔️ **신용정보의 이용 및 보호에 관한 법률에 따른 위임직채권추심인**

> 신용정보의 이용 및 보호에 관한 법률에 따른 위임직채권추심인은 노무제공자의 직종에 해당하지 않는다.

산업재해보상보험법 제91조의15(노무제공자 등의 정의)

이 장에서 사용하는 용어의 뜻은 다음과 같다.

1. "노무제공자"란 자신이 아닌 다른 사람의 사업을 위하여 다음 각 목의 어느 하나에 해당하는 방법에 따라 자신이 직접 노무를 제공하고 그 대가를 지급받는 사람으로서 업무상 재해로부터의 보호 필요성, 노무제공 형태 등을 고려하여 대통령령으로 정하는 직종에 종사하는 사람을 말한다.

   가. 노무제공자가 사업주로부터 직접 노무제공을 요청받은 경우

   나. 노무제공자가 사업주로부터 일하는 사람의 노무제공을 중개·알선하기 위한 전자적 정보처리시스템(이하 "온라인 플랫폼"이라 한다)을 통해 노무제공을 요청받는 경우

산업재해보상보험법 시행령 제83조의5(노무제공자의 범위)

법 제91조의15 제1호 각 목 외의 부분에서 "대통령령으로 정하는 직종에 종사하는 사람"이란 다음 각 호의 사람을 말한다.

1. 보험을 모집하는 사람으로서 다음 각 목의 어느 하나에 해당하는 사람

   가. 보험업법 제83조 제1항 제1호에 따른 보험설계사

   나. 새마을금고법 및 신용협동조합법에 따른 공제의 모집을 전업으로 하는 사람

   다. 우체국예금·보험에 관한 법률에 따른 우체국보험의 모집을 전업으로 하는 사람

2. 건설기계관리법 제3조 제1항에 따라 등록된 건설기계를 직접 운전하는 사람

3. 통계법 제22조에 따라 통계청장이 고시하는 직업에 관한 표준분류(이하 "한국표준직업분류표"라 한다)의 세세분류에 따른 학습지 방문강사, 교육교구 방문강사 등 회원의 가정 등을 직접 방문하여 아동이나 학생 등을 가르치는 사람

4. 체육시설의 설치·이용에 관한 법률 제7조에 따라 직장체육시설로 설치된 골프장 또는 같은 법 제19조에 따라 체육시설업의 등록을 한 골프장에서 골프경기를 보조하는 골프장 캐디

5. 한국표준직업분류표의 세분류에 따른 택배원으로서 다음 각 목의 어느 하나에 해당하는 사람

   가. 생활물류서비스산업발전법 제2조 제6호 가목에 따른 택배서비스종사자로서 집화 또는 배송(설치를 수반하는 배송을 포함한다) 업무를 하는 사람

   나. 가목 외의 택배사업(소화물을 집화·수송 과정을 거쳐 배송하는 사업을 말한다)에서 집화 또는 배송 업무를 하는 사람

6. 한국표준직업분류표의 세분류에 따른 택배원으로서 퀵서비스업의 사업주로부터 업무를 의뢰받아 배송 업무를 하는 사람. 다만, 제5호 또는 제14호에 해당하는 사람은 제외한다.

7. 대부업 등의 등록 및 금융이용자 보호에 관한 법률 제3조 제1항 단서에 따른 대출모집인

8. 여신전문금융업법 제14조의2 제1항 제2호에 따른 신용카드회원 모집인

9. 다음 각 목의 어느 하나에 해당하는 사업자로부터 업무를 의뢰받아 자동차를 운전하는 사람

   가. 대리운전업자(자동차 이용자의 요청에 따라 그 이용자와 동승하여 해당 자동차를 목적지까지 운전하는 사업의 사업주를 말한다)

   나. 탁송업자(자동차 이용자의 요청에 따라 그 이용자와 동승하지 않고 해당 자동차를 목적지까지 운전하는 사업의 사업주를 말한다)

   다. 대리주차업자(자동차 이용자의 요청에 따라 그 이용자를 대신하여 해당 자동차를 주차하는 사업의 사업주를 말한다)

10. 방문판매 등에 관한 법률 제2조 제2호에 따른 방문판매원 또는 같은 조 제8호에 따른 후원방문판매원으로서 방문판매업무를 하는 사람. 다만, 다음 각 목의 어느 하나에 해당하는 경우는 제외한다.

    가. 방문판매는 하지 않고 자가 소비만 하는 경우

    나. 제3호 또는 제11호에 해당하는 경우

11. 한국표준직업분류표의 세세분류에 따른 대여 제품 방문점검원

12. 한국표준직업분류표의 세분류에 따른 가전제품 설치 및 수리원으로서 가전제품의 판매를 위한 배송 업무를 주로 수행하고 가전제품의 설치·시운전 등을 통해 작동상태를 확인하는 사람

13. 화물자동차 운수사업법 제2조 제1호에 따른 화물자동차 중 고용노동부령으로 정하는 자동차를 운전하는 사람

14. 화물자동차 운수사업법 제2조 제11호에 따른 화물차주로서 다음 각 목의 어느 하나에 해당하는 자동차를 운전하는 사람. 다만, 제5호, 제12호 또는 제13호에 해당하는 사람은 제외한다.

    가. 자동차관리법 제3조 제1항 제3호에 따른 화물자동차

나. 자동차관리법 제3조 제1항 제4호에 따른 특수자동차 중 견인형 자동차 또는 특수작업형 사다리차(이사 등을 위하여 높은 건물에 필요한 물건을 올리기 위한 자동차를 말한다)

15. 소프트웨어 진흥법 제2조 제3호에 따른 소프트웨어사업에서 노무를 제공하는 같은 조 제10호에 따른 소프트웨어기술자

16. 다음 각 목의 어느 하나에 해당하는 강사

    가. 초·중등교육법 제2조에 따른 학교에서 운영하는 방과후학교의 과정을 담당하는 강사

    나. 유아교육법 제2조 제2호에 따른 유치원에서 운영하는 같은 조 제6호에 따른 방과후 과정을 담당하는 강사

    다. 영유아보육법 제2조 제3호에 따른 어린이집에서 운영하는 같은 법 제29조 제4항에 따른 특별활동프로그램을 담당하는 강사

17. 관광진흥법 제38조 제1항 단서에 따른 관광통역안내의 자격을 가진 사람으로서 외국인 관광객을 대상으로 관광안내를 하는 사람

18. 도로교통법 제2조 제23호에 따른 어린이통학버스를 운전하는 사람

---

11 산업재해보상보험법령상 업무상질병판정위원회에 관한 내용으로 옳지 않은 것은?

① 한의사는 업무상질병판정위원회의 위원이 될 수 있다.

    산업재해보상보험법 시행규칙 제6조 제2항 제3호

② 업무상질병판정위원회의 위원장과 위원의 임기는 2년으로 하되, 연임할 수 있다.

    산업재해보상보험법 시행규칙 제6조 제5항

③ 이황화탄소 중독증은 업무상질병판정위원회의 심의에서 제외되는 질병에 해당한다.

    산업재해보상보험법 시행규칙 제7조 제2호

☑ 업무상질병판정위원회는 부득이한 사유로 심의를 의뢰받은 날부터 60일 이내에 심의를 마칠 수 없으면 20일 단위로 두 차례 연장할 수 있다.

    판정위원회는 심의를 의뢰받은 날부터 20일 이내에 업무상 질병으로 인정되는지를 심의하여 그 결과를 심의를 의뢰한 소속 기관의 장에게 알려야 한다. 다만, 부득이한 사유로 그 기간 내에 심의를 마칠 수 없으면 10일을 넘지 않는 범위에서 한 차례만 그 기간을 연장할 수 있다(산업재해보상보험법 시행규칙 제8조 제2항).

⑤ 업무상질병판정위원회의 원활한 운영을 위하여 필요하면 위원장이 지명하는 위원이 회의를 주재할 수 있다.   산업재해보상보험법 시행규칙 제9조 제1항

12 산업재해보상보험법령상 보험급여에 관한 내용으로 옳지 않은 것은?

① 장해보상연금의 수급권자가 재요양을 받는 경우에도 그 연금의 지급을 정지하지 아니한다.

> 산업재해보상보험법 제60조 제1항

② 진폐유족연금의 지급은 그 지급사유가 발생한 달의 다음 달 첫날부터 시작된다.

> 장해보상연금, 유족보상연금, 진폐보상연금 또는 진폐유족연금의 지급은 그 지급사유가 발생한 달의 다음 달 첫날부터 시작되며, 그 지급받을 권리가 소멸한 달의 말일에 끝난다(산업재해보상보험법 제70조 제1항).

③ 유족보상연금 수급자격자인 손자녀가 25세가 된 때 또는 형제자매가 19세가 된 때에는 그 자격을 잃는다.

> 산업재해보상보험법 제64조 제1항 제4호의2 및 제4호의3

✔ 요양급여를 받는 근로자가 요양을 시작한 지 1년이 지난 이후에 취업하지 못하면 휴업급여 대신 상병보상연금을 그 근로자에게 지급한다.

> 요양급여를 받는 근로자가 요양을 시작한 지 2년이 지난 날 이후에 취업하지 못하면 휴업급여 대신 상병보상연금을 그 근로자에게 지급한다(산업재해보상보험법 제66조 제1항). ⚖

⑤ 장해보상연금은 그 지급을 정지할 사유가 발생한 때에는 그 사유가 발생한 달의 다음 달 첫날부터 그 사유가 소멸한 달의 말일까지 지급하지 아니한다.

> 장해보상연금, 유족보상연금, 진폐보상연금 또는 진폐유족연금은 그 지급을 정지할 사유가 발생한 때에는 그 사유가 발생한 달의 다음 달 첫날부터 그 사유가 소멸한 달의 말일까지 지급하지 아니한다(산업재해보상보험법 제70조 제2항).

⚖ 법령

> **산업재해보상보험법 제66조(상병보상연금)**
> ① 요양급여를 받는 근로자가 요양을 시작한 지 2년이 지난 날 이후에 다음 각 호의 요건 모두에 해당하는 상태가 계속되면 휴업급여 대신 상병보상연금을 그 근로자에게 지급한다.
> 1. 그 부상이나 질병이 치유되지 아니한 상태일 것
> 2. 그 부상이나 질병에 따른 중증요양상태의 정도가 대통령령으로 정하는 중증요양상태등급 기준에 해당할 것
> 3. 요양으로 인하여 취업하지 못하였을 것

13 산업재해보상보험법령상 진폐에 따른 보험급여의 종류에 해당하는 것을 모두 고른 것은?

ㄱ. 요양급여	ㄴ. 휴업급여	ㄷ. 장해급여
ㄹ. 간병급여	ㅁ. 유족급여	

✔ ㄱ, ㄹ
② ㄱ, ㄴ, ㅁ
③ ㄴ, ㄹ, ㅁ
④ ㄴ, ㄷ, ㄹ, ㅁ
⑤ ㄱ, ㄴ, ㄷ, ㄹ, ㅁ

> 요양급여와 간병급여는 산업재해보상보험법령상 진폐에 따른 보험급여의 종류에 해당한다(산업재해보상보험법 제36조 제1항). ⚖

⚖️ **법령**

산업재해보상보험법 제36조(보험급여의 종류와 산정 기준 등)

① 보험급여의 종류는 다음 각 호와 같다. 다만, 진폐에 따른 보험급여의 종류는 제1호의 요양급여, 제4호의 간병급여, 제7호의 장례비, 제8호의 직업재활급여, 제91조의3에 따른 진폐보상연금 및 제91조의4에 따른 진폐유족연금으로 하고, 제91조의12에 따른 건강손상자녀에 대한 보험급여의 종류는 제1호의 요양급여, 제3호의 장해급여, 제4호의 간병급여, 제7호의 장례비, 제8호의 직업재활급여로 한다.

1. 요양급여
2. 휴업급여
3. 장해급여
4. 간병급여
5. 유족급여
6. 상병(傷病)보상연금
7. 장례비
8. 직업재활급여

14 산업재해보상보험법령상 과태료 부과 대상이 되는 자는?

1
2
3

① 근로복지공단의 임직원이나 그 직에 있었던 사람이 그 직무상 알게 된 비밀을 누설한 자

2년 이하의 징역 또는 1천만원 이하의 벌금에 처한다(산업재해보상보험법 제127조 제4항). ⚖️

② 산재보험 의료기관의 종사자로서 거짓이나 그 밖의 부정한 방법으로 진료비를 지급받은 자

3년 이하의 징역 또는 3천만원 이하의 벌금에 처한다(산업재해보상보험법 제127조 제2항). ⚖️

③ 거짓이나 그 밖의 부정한 방법으로 보험급여를 받도록 시키거나 도와준 자

2년 이하의 징역 또는 2천만원 이하의 벌금에 처한다(산업재해보상보험법 제127조 제3항 제2호). ⚖️

☑️ **근로복지공단이 아닌 자가 근로복지공단과 비슷한 명칭을 사용한 자**

200만원 이하의 과태료를 부과한다(산업재해보상보험법 제129조 제2항 제1호). ⚖️

⑤ 근로자가 보험급여를 신청한 것을 이유로 근로자를 해고한 사업주

2년 이하의 징역 또는 2천만원 이하의 벌금에 처한다(산업재해보상보험법 제127조 제3항 제3호). ⚖️

산업재해보상보험법 제127조(벌칙)

① 제31조의2 제3항을 위반하여 공동이용하는 전산정보자료를 같은 조 제1항에 따른 목적 외의 용도로 이용 하거나 활용한 자는 3년 이하의 징역 또는 3천만원 이하의 벌금에 처한다.

② 산재보험 의료기관이나 제46조 제1항에 따른 약국의 종사자로서 거짓이나 그 밖의 부정한 방법으로 진료 비나 약제비를 지급받은 자는 3년 이하의 징역 또는 3천만원 이하의 벌금에 처한다.

③ 다음 각 호의 어느 하나에 해당하는 자는 2년 이하의 징역 또는 2천만원 이하의 벌금에 처한다.

   1. 거짓이나 그 밖의 부정한 방법으로 보험급여를 받은 자

   2. 거짓이나 그 밖의 부정한 방법으로 보험급여를 받도록 시키거나 도와준 자

   3. 제111조의2를 위반하여 근로자를 해고하거나 그 밖에 근로자에게 불이익한 처우를 한 사업주

④ 제21조 제3항을 위반하여 비밀을 누설한 자는 2년 이하의 징역 또는 1천만원 이하의 벌금에 처한다.

산업재해보상보험법 제129조(과태료)

① 제91조의21을 위반하여 자료 또는 정보의 제공 요청에 따르지 아니한 자에게는 300만원 이하의 과태료를 부과한다.

② 다음 각 호의 어느 하나에 해당하는 자에게는 200만원 이하의 과태료를 부과한다.

   1. 제34조를 위반하여 근로복지공단 또는 이와 비슷한 명칭을 사용한 자

   2. 제45조 제1항을 위반하여 공단이 아닌 자에게 진료비를 청구한 자

③ 다음 각 호의 어느 하나에 해당하는 자에게는 100만원 이하의 과태료를 부과한다.

   1. 제47조 제1항에 따른 진료계획을 정당한 사유 없이 제출하지 아니하는 자

   2. 제105조 제4항(제109조 제1항에서 준용하는 경우를 포함한다)에 따른 질문에 답변하지 아니하거나 거 짓된 답변을 하거나 검사를 거부·방해 또는 기피한 자

   3. 제114조 제1항 또는 제118조에 따른 보고를 하지 아니하거나 거짓된 보고를 한 자 또는 서류나 물건의 제출 명령에 따르지 아니한 자

   4. 제117조 또는 제118조에 따른 공단의 소속 직원의 질문에 답변을 거부하거나 조사를 거부·방해 또는 기피한 자

   5. 삭제

15 산업재해보상보험법령상 간병 및 이송에 관한 내용으로 옳지 않은 것은?

① 요양 중인 근로자가 회복실에서 요양 중인 경우 그 기간에는 별도의 간병을 제공하지 않는다.

> 간병은 요양 중인 근로자의 부상·질병 상태 및 간병이 필요한 정도에 따라 구분하여 제공한다. 다만, 요양 중인 근로자가 중환자실이나 회복실에서 요양 중인 경우 그 기간에는 별도의 간병을 제공하지 않는다(산업재 해보상보험법 시행규칙 제11조 제1항).

② 간병은 요양 중인 근로자의 부상·질병 상태가 의학적으로 다른 사람의 간병이 필요하다고 인정되는 경우로서 신체 표면 면적의 35퍼센트 이상에 걸친 화상을 입어 수시로 적절한 조치 를 할 필요가 있는 사람에게 제공한다. 산업재해보상보험법 시행규칙 제11조 제2항 제5호

③ 해당 근로자의 13세 이상의 자녀 또는 형제자매도 간병을 할 수 있는 사람이다.

> 해당 근로자의 배우자(사실상 혼인관계에 있는 사람을 포함한다), 부모, 13세 이상의 자녀 또는 형제자매는 간병을 할 수 있는 사람에 해당한다(산업재해보상보험법 시행규칙 제12조 제1항 제3호).

☑ 간병의 대상이 되는 근로자의 부상·질병 상태 등이 전문적인 간병을 필요로 하는 경우에는 의료법에 따른 간호사만 간병을 하도록 할 수 있다.

간병의 대상이 되는 근로자의 부상·질병 상태 등이 전문적인 간병을 필요로 하는 경우에는 <u>의료법에 따른</u> <u>간호사·간호조무사 또는 노인복지법에 따른 요양보호사 등 공단이 인정하는 간병 교육을 받은 사람에 따른</u> <u>사람만</u> 간병을 하도록 할 수 있다(산업재해보상보험법 시행규칙 제12조 제2항).

⑤ 해당 근로자의 부상·질병 상태로 보아 이송 시 간호인의 동행이 필요하다고 인정되는 경우에는 간호인 1명이 동행할 수 있으나, 의학적으로 특별히 필요하다고 인정되는 경우에는 2명까지 동행할 수 있다. 산업재해보상보험법 시행규칙 제17조 제1항

16 국민연금법령상 노령연금 수급권자에 관한 내용이다. (   )에 들어갈 숫자의 합은?

> 국민연금 가입기간이 (   )년 이상인 가입자 또는 가입자였던 자 중 특수직종근로자는 (   )세가 된 때부터 그가 생존하는 동안 노령연금을 지급한다.

① 55 　　　　　　　　　　　　　　② 60

✔ 65 　　　　　　　　　　　　　　④ 70

⑤ 75

> 가입기간이 (10)년 이상인 가입자 또는 가입자였던 자 중 특수직종근로자는 (55)세가 된 때부터 그가 생존하는 동안 노령연금을 지급한다(국민연금법 제61조 제1항).
> 따라서 정답은 10+55=<u>65</u>이다.

17 국민연금법령에 관한 내용으로 옳지 않은 것은?

① 국민기초생활 보장법에 따른 생계급여 수급자는 지역가입자에서 제외된다.

> 국민기초생활 보장법에 따른 생계급여 수급자 또는 의료급여 수급자는 지역가입자에서 제외한다(국민연금법 제9조 제4호). ⚖

✔ 지역가입자가 국적을 상실한 때에는 그에 해당하게 된 날에 그 자격을 상실한다.

> 지역가입자가 국적을 상실하거나 국외로 이주한 때에는 <u>그에 해당하게 된 날의 다음 날에 자격을</u> 상실한다(국민연금법 제12조 제2항 제2호).

③ 지역가입자가 사업장가입자의 자격을 취득한 때에는 그에 해당하게 된 날에 그 자격을 상실한다. 국민연금법 제12조 제2항 제4호

④ 임의가입자는 가입 신청이 수리된 날에 자격을 취득한다. 국민연금법 제11조 제3항

⑤ 사립학교교직원 연금법을 적용받는 사립학교 교직원은 국민연금 가입대상에서 제외된다.

> 국내에 거주하는 국민으로서 18세 이상 60세 미만인 자는 국민연금 가입 대상이 된다. 다만, 공무원연금법, 군인연금법, <u>사립학교교직원</u> 연금법 및 별정우체국법을 <u>적용받는</u> 공무원, 군인, <u>교직원</u> 및 별정우체국 직원, 그 밖에 대통령령으로 정하는 자는 <u>제외한다</u>(국민연금법 제6조).

국민연금법 제9조(지역가입자)

제8조에 따른 사업장가입자가 아닌 자로서 18세 이상 60세 미만인 자는 당연히 지역가입자가 된다. 다만, 다음 각 호의 어느 하나에 해당하는 자는 제외한다.

1. 다음 각 목의 어느 하나에 해당하는 자의 배우자로서 별도의 소득이 없는 자
    가. 제6조 단서에 따라 국민연금 가입 대상에서 제외되는 자
    나. 사업장가입자, 지역가입자 및 임의계속가입자
    다. 삭제
    라. 노령연금 수급권자 및 퇴직연금등수급권자
2. 퇴직연금등수급권자. 다만, 퇴직연금등수급권자가 국민연금과 직역연금의 연계에 관한 법률 제8조에 따라 연계 신청을 한 경우에는 그러하지 아니하다.
3. 18세 이상 27세 미만인 자로서 학생이거나 군 복무 등의 이유로 소득이 없는 자(연금보험료를 납부한 사실이 있는 자는 제외한다)
4. 국민기초생활 보장법 제7조 제1항 제1호에 따른 생계급여 수급자 또는 같은 항 제3호에 따른 의료급여 수급자
5. 1년 이상 행방불명된 자. 이 경우 행방불명된 자에 대한 인정 기준 및 방법은 대통령령으로 정한다.

18 국민건강보험법령상 일반건강검진의 대상이 아닌 자는?

① 직장가입자

✔ 6세 미만의 피부양자

③ 20세 이상인 지역가입자

④ 20세 이상인 피부양자

⑤ 세대주인 지역가입자

> 국민건강보험법령상 일반건강검진의 대상은 <u>직장가입자, 세대주인 지역가입자, 20세 이상인 지역가입자 및 20세 이상인 피부양자</u>이다. 6세 미만의 피부양자는 일반건강검진의 대상에 해당하지 않는다(국민건강보험법 제52조 제2항 제1호).

19 국민건강보험법령상 보험가입자의 자격 상실 시기로 옳은 것을 모두 고른 것은?

> ㄱ. 사망한 날
> ㄴ. 국적을 잃은 날
> ㄷ. 국내에 거주하지 아니하게 된 날
> ㄹ. 직장가입자의 피부양자가 된 날

✔ ㄹ

② ㄱ, ㄷ

③ ㄱ, ㄴ, ㄷ

④ ㄴ, ㄷ, ㄹ

⑤ ㄱ, ㄴ, ㄷ, ㄹ

> 보험 가입자는 사망한 날·국적을 잃은 날·국내에 거주하지 아니하게 된 날의 다음 날, 그리고 <u>직장가입자의 피부양자가 된 날</u>에 그 자격을 잃는다(국민건강보험법 제10조).

> **국민건강보험법 제10조(자격의 상실 시기 등)**
> ① 가입자는 다음 각 호의 어느 하나에 해당하게 된 날에 그 자격을 잃는다.
> 1. 사망한 날의 다음 날
> 2. 국적을 잃은 날의 다음 날
> 3. 국내에 거주하지 아니하게 된 날의 다음 날
> 4. 직장가입자의 피부양자가 된 날
> 5. 수급권자가 된 날
> 6. 건강보험을 적용받고 있던 사람이 유공자등 의료보호대상자가 되어 건강보험의 적용배제신청을 한 날

20 고용보험 및 산업재해보상보험의 보험료징수 등에 관한 법령상 보험료의 부과 및 징수에 관한 내용으로 옳은 것은?

① 건설업 중 건설장비운영업은 보험료의 월별 부과·징수 제외대상사업에 해당한다.

> 건설업 중 건설장비운영업은 보험료의 월별 부과·징수 제외대상사업에서 제외한다(고용보험 및 산업재해보상보험의 보험료징수 등에 관한 법률 시행령 제19조의2 제1호).

② 임업 중 벌목업은 보험료의 월별 부과·징수 대상사업에 해당한다.

> 임업 중 벌목업은 보험료의 월별 부과·징수 제외대상사업에 해당한다(고용보험 및 산업재해보상보험의 보험료징수 등에 관한 법률 시행령 제19조의2 제2호).

③ 근로복지공단은 사업주에게 납부기한 20일 전까지 월별보험료의 납입을 고지하여야 한다.

> 건강보험공단은 사업주에게 징수하고자 하는 보험료 등의 종류, 납부하여야 할 보험료 등의 금액, 납부기한 및 장소 등을 적은 문서로써 납부기한 10일 전까지 월별보험료의 납입을 고지하여야 한다(고용보험 및 산업재해보상보험의 보험료징수 등에 관한 법률 제16조의8 제1항).

④ 장애인고용촉진 및 직업재활법상 장애인인 보험가입자의 보험료는 근로복지공단이 매월 부과하고, 한국장애인고용공단이 이를 징수한다.

> 장애인고용촉진 및 직업재활법상 장애인도 고용보험법이 적용되므로, 장애인인 보험가입자의 보험료는 근로복지공단이 매월 부과하고, 국민건강보험공단이 이를 징수한다(고용보험 및 산업재해보상보험의 보험료징수 등에 관한 법률 제16조의2 제1항).

✔ 제조업의 보험료는 근로복지공단이 매월 부과하고, 국민건강보험공단이 이를 징수한다.

> 보험료는 공단이 매월 부과하고, 건강보험공단이 이를 징수한다(고용보험 및 산업재해보상보험의 보험료징수 등에 관한 법률 제16조의2 제1항).

21 고용보험 및 산업재해보상보험의 보험료징수 등에 관한 법령상 보험료의 납부 등에 관한 내용으로 옳지 않은 것은?

① 법인이 합병한 경우에 합병 후 존속하는 법인은 합병으로 소멸된 법인이 내야 하는 보험료를 낼 의무를 진다.

> 법인이 합병한 경우에 합병 후 존속하는 법인 또는 합병으로 설립되는 법인은 합병으로 소멸된 법인에 부과되거나 그 법인이 내야 하는 보험료와 이 법에 따른 그 밖의 징수금과 체납처분비를 낼 의무를 진다(고용보험 및 산업재해보상보험의 보험료징수 등에 관한 법률 제28조의2).

❷ 근로복지공단은 사업주가 국세를 체납하여 체납처분을 받은 경우에는 보험료와 이 법에 따른 징수금 총액이 300만원 미만이면 납부기한 전이라도 즉시 보험료를 징수하여야 한다.

> 공단 또는 건강보험공단은 사업주가 국세를 체납하여 체납처분을 받은 경우에는 납부기한 전이라도 이미 납부의무가 확정된 보험료, 이 법에 따른 그 밖의 징수금을 징수할 수 있다. 다만, 보험료와 이 법에 따른 그 밖의 징수금의 총액이 500만원 미만인 경우에는 그러하지 아니하다(고용보험 및 산업재해보상보험의 보험료징수 등에 관한 법률 제27조의2 제1항 제1호).

③ 국민건강보험공단은 소멸시효가 완성된 경우에는 고용노동부장관의 승인을 받아 보험료와 이 법에 따른 그 밖의 징수금을 결손처분할 수 있다.

> 건강보험공단은 체납처분이 끝나고 체납액에 충당된 배분금액이 그 체납액보다 적은 경우, 소멸시효가 완성된 경우, 징수할 가능성이 없다고 인정하여 대통령령으로 정하는 경우 등에 해당하는 사유가 있을 때에는 고용노동부장관의 승인을 받아 보험료와 이 법에 따른 그 밖의 징수금을 결손처분할 수 있다(고용보험 및 산업재해보상보험의 보험료징수 등에 관한 법률 제29조 제1항).

④ 공동사업에 관계되는 보험료, 이 법에 따른 그 밖의 징수금과 체납처분비는 공동사업자가 연대하여 낼 의무를 진다. 고용보험 및 산업재해보상보험의 보험료징수 등에 관한 법률 제28조의4 제1항

⑤ 상속이 개시된 때에 그 상속인은 피상속인에게 부과되거나 피상속인이 내야 하는 보험료를 상속받은 재산의 한도에서 낼 의무를 진다.

> 상속이 개시된 때에 그 상속인(민법 제1078조에 따라 포괄적 유증을 받은 자를 포함한다. 이하 같다) 또는 민법 제1053조에 따른 상속재산관리인(이하 "상속재산관리인"이라 한다)은 피상속인에게 부과되거나 그 피상속인이 내야 하는 보험료, 이 법에 따른 그 밖의 징수금과 체납처분비를 상속받은 재산의 한도에서 낼 의무를 진다(고용보험 및 산업재해보상보험의 보험료징수 등에 관한 법률 제28조의3 제1항).

22 고용보험 및 산업재해보상보험의 보험료징수 등에 관한 법령상 보험관계의 성립일 또는 소멸일에 관한 법령상 보험관계의 성립일 또는 소멸일에 관한 내용으로 옳지 않은 것은?

① 사업이 폐업되거나 끝난 날의 다음 날에 소멸한다.

> 고용보험 및 산업재해보상보험의 보험료징수 등에 관한 법률 제10조 제1호

② 일괄적용을 받는 사업의 경우에는 처음 하는 사업이 시작된 날에 성립한다.

> 고용보험 및 산업재해보상보험의 보험료징수 등에 관한 법률 제7조 제4호

③ 근로복지공단이 계속하여 보험관계를 유지할 수 없다고 인정하여 그 보험관계를 소멸시키는 경우에는 그 소멸을 결정·통지한 날의 다음 날에 소멸한다.

> 고용보험 및 산업재해보상보험의 보험료징수 등에 관한 법률 제10조 제3호

④ 근로복지공단의 승인을 얻어 가입한 보험계약을 해지하는 경우에는 그 해지에 관하여 근로복지공단의 승인을 받은 날의 다음 날에 소멸한다.

> 고용보험 및 산업재해보상보험의 보험료징수 등에 관한 법률 제10조 제2호

✔ 보험에 가입한 하수급인의 경우에는 그 하도급공사의 착공일의 다음 날에 성립한다.

> 보험에 가입한 하수급인의 경우에는 그 하도급공사의 착공일에 성립한다(고용보험 및 산업재해보상보험의 보험료징수 등에 관한 법률 제7조 제5호).

23 고용보험 및 산업재해보상보험의 보험료 징수 등에 관한 법령상 사업주는 보험에 가입된 사업에 변경 사항이 있으면 그 변경된 날부터 14일 이내에 근로복지공단에 그 변경사항을 신고하여야 한다. 변경신고 사항에 해당하는 것을 모두 고른 것은?

1
2
3

| ㄱ. 사업주의 이름 및 주민등록번호 | ㄴ. 사업의 종류 |
| ㄷ. 사업의 명칭 및 소재지 | ㄹ. 사업자등록번호 |

① ㄱ, ㄴ
② ㄴ, ㄷ
③ ㄱ, ㄴ, ㄹ
④ ㄱ, ㄷ, ㄹ
✔ ㄱ, ㄴ, ㄷ, ㄹ

> 사업주의 이름 및 주민등록번호, 사업의 종류, 사업의 명칭 및 소재지, 사업자등록번호는 모두 보험관계의 변경신고사항에 해당한다(고용보험 및 산업재해보상보험의 보험료징수 등에 관한 법률 시행령 제9조). ⚖

⚖
법령

고용보험 및 산업재해보상보험의 보험료징수 등에 관한 법률 시행령 제9조(보험관계의 변경신고)
법 제12조에 따라 사업주는 보험에 가입된 사업에 다음 각 호의 사항이 변경되면 그 변경된 날부터 14일 이내에 공단에 신고하여야 한다. 다만, 제6호는 다음 보험연도 첫날부터 14일 이내에 신고하여야 한다.
1. 사업주(법인인 경우에는 대표자)의 이름 및 주민등록번호
2. 사업의 명칭 및 소재지
3. 사업의 종류
4. 사업자등록번호(법인인 경우에는 법인등록번호를 포함한다)
5. 건설공사 또는 벌목업 등 기간의 정함이 있는 사업의 경우 사업의 기간
6. 고용보험법 시행령 제12조에 따른 우선지원 대상기업의 해당 여부에 변경이 있는 경우 상시근로자 수

24 고용보험 및 산업재해보상보험의 보험료 징수 등에 관한 법령상 국가 · 지방자치단체가 직접 하는 사업의 고용안정 · 직업능력개발사업의 보험료율은?

① 1만분의 25 　　　　　　　　　　　　② 1만분의 45

③ 1만분의 65 　　　　　　　　　　　　✔ 1만분의 85

⑤ 1천분의 16

> 국가 · 지방자치단체가 직접 하는 사업의 고용안정 · 직업능력개발사업의 보험료율은 <u>1만분의 85</u>이다(고용보험 및 산업재해보상보험의 보험료징수 등에 관한 법률 시행령 제12조 제1항 제1호 라목). ⚖️

⚖️
법령

> **고용보험 및 산업재해보상보험의 보험료징수 등에 관한 법률 시행령 제12조(고용보험료율)**
> ① 법 제14조 제1항에 따른 고용보험료율은 다음 각 호와 같다.
> 　1. 고용안정 · 직업능력개발사업의 보험료율 : 다음 각 목의 구분에 따른 보험료율
> 　　가. 상시근로자수가 150명 미만인 사업주의 사업 : 1만분의 25
> 　　나. 상시근로자수가 150명 이상인 사업주의 사업으로서 고용보험법 시행령 제12조에 따른 우선지원 대상기업의 범위에 해당하는 사업 : 1만분의 45
> 　　다. 상시근로자수가 150명 이상 1천명 미만인 사업주의 사업으로서 나목에 해당하지 않는 사업 : 1만분의 65
> 　　라. 상시근로자수가 1천명 이상인 사업주의 사업으로서 나목에 해당하지 않는 사업 및 국가 · 지방자치단체가 직접 하는 사업 : <u>1만분의 85</u>
> 　2. 실업급여의 보험료율 : 1천분의 16

25 고용보험 및 산업재해보상보험의 보험료 징수 등에 관한 법령상 소멸시효에 관한 내용으로 옳지 않은 것은?

✔ 월별보험료의 고지로 중단된 소멸시효는 월별보험료를 고지한 날부터 새로 진행한다.

> 월별보험료의 고지로 중단된 소멸시효는 <u>고지한 월별보험료의 납부기한이 지난 때부터</u> 새로 진행한다 (고용보험 및 산업재해보상보험의 보험료징수 등에 관한 법률 제42조 제2항 제1호).

② 소멸시효에 관하여는 이 법에 규정된 것을 제외하고는 민법에 따른다.

> 고용보험 및 산업재해보상보험의 보험료징수 등에 관한 법률 제41조 제2항

③ 징수금의 독촉에 따라 중단된 소멸시효는 독촉에 의한 납부기한이 지난 때부터 새로 진행한다.

> 고용보험 및 산업재해보상보험의 보험료징수 등에 관한 법률 제42조 제2항 제2호

④ 이 법에 따른 그 밖의 징수금을 징수할 수 있는 권리는 3년간 행사하지 아니하면 시효로 인하여 소멸한다.

> 보험료, <u>이 법에 따른 그 밖의 징수금을 징수하거나 그 반환받을 수 있는 권리는 3년간 행사하지 아니하면 시효로 인하여 소멸한다</u>(고용보험 및 산업재해보상보험의 보험료징수 등에 관한 법률 제41조 제1항).

⑤ 이 법에 따른 체납처분 절차에 따라 하는 교부청구로 중단된 소멸시효는 교부청구중의 기간이 지난 때부터 새로 진행한다.

> 고용보험 및 산업재해보상보험의 보험료징수 등에 관한 법률 제42조 제2항 제4호

01	02	03	04	05	06	07	08	09	10	11	12	13	14	15	16	17	18	19	20	21	22	23	24	25
②	②	⑤	①	③	⑤	③	⑤	④	③	⑤	①	⑤	③	②	③	①	④	③	③	④	④	②	②	①

01 사회보장기본법에 관한 설명으로 옳은 것은?

① 사회보장수급권은 다른 사람에게 양도하거나 담보로 제공할 수 있으며, 이를 압류할 수 있다.

> 사회보장수급권은 관계 법령에서 정하는 바에 따라 <u>다른 사람에게 양도하거나 담보로 제공할 수 없으며, 이를 압류할 수 없다</u>(사회보장기본법 제12조).

✔ 국내에 거주하는 외국인에게 사회보장제도를 적용할 때에는 상호주의에 따르되, 관계법령에서 정하는 바에 따른다. 　사회보장기본법 제8조

③ 사회보장수급권의 포기는 원칙적으로 취소할 수 없다.

> 사회보장수급권의 포기는 <u>취소할 수 있다</u>(사회보장기본법 제14조 제2항).

④ 국가는 사회보장제도의 안정적인 운영을 위하여 중장기 사회보장 재정추계를 3년마다 실시한다.

> 국가는 사회보장제도의 안정적인 운영을 위하여 중장기 사회보장 재정추계를 <u>격년으로 실시하고 이를 공표하여야 한다</u>(사회보장기본법 제5조 제4항).

⑤ 공공부조란 국민에게 발생하는 사회적 위험을 보험의 방식으로 대처함으로써 국민의 건강과 소득을 보장하는 제도를 말한다.

> 공공부조란 <u>국가와 지방자치단체의 책임하에 생활 유지 능력이 없거나 생활이 어려운 국민의 최저생활을 보장하고 자립을 지원하는 제도를 말한다</u>(사회보장기본법 제3조 제3호).

02 사회보장기본법상 사회보장 기본계획에 관한 설명으로 옳지 않은 것은?

① 사회보장 기본계획은 사회보장위원회와 국무회의의 심의를 거쳐 확정한다.

> 사회보장기본법 제16조 제3항

✔ 다른 법령에 따라 수립되는 사회보장에 관한 계획은 사회보장 기본계획에 우선한다.

> <u>사회보장 기본계획은 다른 법령에 따라 수립되는 사회보장에 관한 계획에 우선</u>하며 그 계획의 기본이 된다(사회보장기본법 제17조).

③ 보건복지부장관은 관계 중앙행정기관의 장과 협의하여 사회보장 증진을 위하여 사회보장에 관한 기본계획을 5년마다 수립하여야 한다. 사회보장기본법 제16조 제1항

④ 사회보장 기본계획에는 사회보장 전달체계가 포함되어야 한다.

사회보장기본법 제16조 제2항 제6호

⑤ 보건복지부장관 및 관계 중앙행정기관의 장은 사회보장 기본계획에 따라 사회보장과 관련된 소관 주요 시책의 시행계획을 매년 수립·시행하여야 한다. 사회보장기본법 제18조 제1항

03 사회보장기본법령상 사회보장위원회에 관한 설명으로 옳지 않은 것은?

① 국무총리 소속으로 둔다.

사회보장에 관한 주요 시책을 심의·조정하기 위하여 국무총리 소속으로 사회보장위원회를 둔다(사회보장기본법 제20조 제1항).

② 부위원장은 기획재정부장관, 교육부장관 및 보건복지부장관이 된다.

위원장은 국무총리가 되고 부위원장은 기획재정부장관, 교육부장관 및 보건복지부장관이 된다(사회보장기본법 제21조 제2항).

③ 보궐위원의 임기는 전임자 임기의 남은 기간으로 한다. 사회보장기본법 제21조 제5항

④ 사무 처리를 위한 사무국은 보건복지부에 둔다.

위원회의 사무를 효율적으로 처리하기 위하여 보건복지부에 사무국을 둔다(사회보장기본법 제21조 제8항).

✓ 심의사항을 전문적으로 검토하기 위하여 전문위원회를 두며, 전문위원회에 분야별 실무위원회를 둔다.

위원회를 효율적으로 운영하고 위원회의 심의·조정 사항을 전문적으로 검토하기 위하여 위원회에 실무위원회를 두며, 실무위원회에 분야별 전문위원회를 둘 수 있다(사회보장기본법 제21조 제6항).

2020년

04 고용보험법상 구직급여에 관한 설명으로 옳지 않은 것은?

✓ 피보험 단위기간을 계산할 때, 최후로 피보험자격을 취득한 날 이전에 구직급여를 받은 사실이 있는 경우에는 그 구직급여와 관련된 피보험자격 상실일 이전의 피보험 단위기간은 산입한다.

피보험 단위기간을 계산할 때에는 최후로 피보험자격을 취득한 날 이전에 구직급여를 받은 사실이 있는 경우에는 그 구직급여와 관련된 피보험자격 상실일 이전의 피보험 단위기간은 넣지 아니한다(고용보험법 제41조 제2항).

② 최종 이직 당시 건설일용근로자였던 피보험자가 구직급여를 받으려는 경우에는 건설일용근로자로서 수급자격 인정신청일 이전 14일간 연속하여 근로내역이 없어야 한다.

고용보험법 제40조 제1항 제5호 나목

③ 구직급여를 지급받으려는 사람은 이직 후 지체 없이 직업안정기관에 출석하여 실업을 신고하여야 한다. 고용보험법 제42조 제1항

④ 직업안정기관의 장은 필요하다고 인정하면 수급자격자의 실업인정대상기간 중의 취업 사실에 대하여 조사할 수 있다. 고용보험법 제47조 제2항

⑤ 수급자격자가 질병이나 부상으로 직업안정기관에 출석할 수 없었던 경우로서 그 기간이 계속하여 7일 미만인 경우에는 직업안정기관에 출석할 수 없었던 사유를 적은 증명서를 제출하여 실업의 인정을 받을 수 있다. 고용보험법 제44조 제3항 제1호

05 고용보험법령상 고용조정의 지원에 관한 내용이다. (   )에 들어갈 내용으로 옳은 것은?

고용노동부장관은 사업의 폐업 또는 전환으로 고용조정이 불가피하게 된 사업주가 근로자에 대한 휴업, 휴직 등 근로자의 고용안정을 위한 조치를 하면 대통령령으로 정하는 바에 따라 그 사업주에게 필요한 지원을 할 수 있다. 이 경우 휴업이나 휴직 등 고용안정을 위한 조치로 근로자의 임금이 평균임금의 100분의 (   ) 미만(지급되는 임금이 없는 경우를 포함한다)으로 감소할 때에는 대통령령으로 정하는 바에 따라 그 근로자에게도 필요한 지원을 할 수 있다.

① 30   ② 40

✔ 50   ④ 60

⑤ 70

휴업이나 휴직 등 고용안정을 위한 조치로 근로자의 임금(근로기준법 제2조 제1항 제5호에 따른 임금을 말한다)이 대통령령으로 정하는 수준으로 감소할 때에는 대통령령으로 정하는 바에 따라 그 근로자에게도 필요한 지원을 할 수 있다(고용보험법 제21조 제1항). 이 경우 "대통령령으로 정하는 수준"이란 평균임금의 100분의 (50) 미만(지급되는 임금이 없는 경우를 포함한다)을 말한다(고용보험법 시행령 제21조의2).

06 고용보험법령상 육아휴직 급여 신청기간의 연장 사유가 아닌 것은?

① 천재지변

② 배우자의 질병 · 부상

③ 병역법에 따른 의무복무

④ 범죄혐의로 인한 구속

✔ 배우자의 국외발령 등에 따른 동거 목적의 거소 이전

배우자의 국외발령 등에 따른 동거 목적의 거소 이전은 육아휴직 급여 신청기간의 연장 사유에 해당하지 않는다. ⚖

07 고용보험법상의 취업촉진 수당에 해당하지 않은 것은?

① 이주비 　　　　　　② 직업능력개발 수당

❷ **구직급여** 　　　　④ 광역 구직활동비

⑤ 조기(早期)재취업 수당

> 구직급여는 취업촉진 수당에 해당하지 않는다. ⚖️

08 고용보험법상 고용보험위원회에 관한 설명으로 옳은 것은?

① 근로복지공단에 고용보험위원회를 둔다.

> 주요 사항을 심의하기 위하여 고용노동부에 고용보험위원회를 둔다(고용보험법 제7조 제1항).

② 심의 사항을 사전에 검토 · 조정하기 위하여 실무위원회를 둔다.

> 위원회는 심의 사항을 사전에 검토 · 조정하기 위하여 위원회에 전문위원회를 둘 수 있다(고용보험법 제7조 제5항).

③ 위원장 1명을 포함한 15명 이내의 위원으로 구성한다.

> 위원회는 위원장 1명을 포함한 20명 이내의 위원으로 구성한다(고용보험법 제7조 제3항).

④ 위원장은 고용노동부장관이 된다.

> 위원회의 위원장은 고용노동부차관이 된다(고용보험법 제7조 제4항).

✅ 심의 사항에는 보험제도 및 보험사업의 개선에 관한 사항이 포함된다.

고용보험법 제7조 제2항 제1호 ⚖️

⚖️
법령

고용보험법 제7조(고용보험위원회)

② 위원회는 다음 각 호의 사항을 심의한다.

1. 보험제도 및 보험사업의 개선에 관한 사항
2. 보험료징수법에 따른 보험료율의 결정에 관한 사항
3. 제11조의2에 따른 보험사업의 평가에 관한 사항
4. 제81조에 따른 기금운용 계획의 수립 및 기금의 운용 결과에 관한 사항
5. 그 밖에 위원장이 보험제도 및 보험사업과 관련하여 위원회의 심의가 필요하다고 인정하는 사항

09 고용보험법령상 고용보험법이 적용되지 않는 것을 모두 고른 것은? **기출 수정**

1
2
3

ㄱ. 주택법 제4조에 따른 주택건설사업자가 시공하는 공사
ㄴ. 가구 내 고용활동 및 달리 분류되지 아니한 자가소비 생산활동
ㄷ. 연면적이 200제곱미터 이하인 건축물의 대수선에 관한 공사

① ㄱ
② ㄱ, ㄴ
③ ㄱ, ㄷ
✅ ㄴ, ㄷ
⑤ ㄱ, ㄴ, ㄷ

고용보험법 제8조에 따라 이 법은 근로자를 사용하는 모든 사업 또는 사업장에 적용한다. 다만 산업별 특성 및 규모 등을 고려하여 대통령령으로 정하는 사업에 대하여는 적용하지 아니한다. 이에 대해 ㄱ은 동법 시행령 제2조 제1항 제2호와 동법 제15조 제2항 제2호에 따라 고용보험법이 적용된다. ⚖️

고용보험법 시행령 제2조(적용 범위)

① 법 제8조 제1항 단서에서 "대통령령으로 정하는 사업"이란 다음 각 호의 어느 하나에 해당하는 사업을 말한다.

1. 삭제

2. 다음 각 목의 어느 하나에 해당하는 공사. 다만, 법 제15조 제2항 각 호에 해당하는 자가 시공하는 공사는 제외한다.

    가. 고용보험 및 산업재해보상보험의 보험료징수 등에 관한 법률 시행령 제2조 제1항 제2호에 따른 총공사금액이 2천만원 미만인 공사

    나. 연면적이 100제곱미터 이하인 건축물의 건축 또는 연면적이 200제곱미터 이하인 건축물의 대수선에 관한 공사

3. 가구 내 고용활동 및 달리 분류되지 아니한 자가소비 생산활동

고용보험법 제15조(피보험자격에 관한 신고 등)

② 고용산재보험료징수법 제9조에 따라 원수급인(元受給人)이 사업주로 된 경우에 그 사업에 종사하는 근로자 중 원수급인이 고용하는 근로자 외의 근로자에 대하여는 그 근로자를 고용하는 다음 각 호의 하수급인(下受給人)이 제1항에 따른 신고를 하여야 한다. 이 경우 원수급인은 고용노동부령으로 정하는 바에 따라 하수급인에 관한 자료를 고용노동부장관에게 제출하여야 한다.

1. 건설산업기본법 제2조 제7호에 따른 건설사업자

2. 주택법 제4조에 따른 주택건설사업자

    ⋮

10 고용보험법령상 구직급여와 관련한 내용이다. (   )에 들어갈 내용으로 옳은 것은?

1
2
3

- 훈련연장급여의 지급 기간은 (ㄱ)년을 한도로 한다.
- 개별연장급여는 (ㄴ)일의 범위에서 대통령령으로 정하는 기간 동안 지급한다.

① ㄱ : 1, ㄴ : 60   ② ㄱ : 1, ㄴ : 90

✔ ㄱ : 2, ㄴ : 60   ④ ㄱ : 2, ㄴ : 90

⑤ ㄱ : 3, ㄴ : 60

> 훈련연장급여의 지급 기간은 (2)년을 한도로 한다(고용보험법 시행령 제72조). 또한 개별연장급여는 (60)일의 범위에서 대통령령으로 정하는 기간 동안 지급한다(고용보험법 제52조 제2항).

11 산업재해보상보험법상 심사청구 및 재심사청구에 관한 설명으로 옳은 것은?

① 재심사위원회의 재결은 근로복지공단을 기속하지 아니한다.

재심사위원회의 재결은 공단을 기속한다(산업재해보상보험법 제109조 제2항).

② 재심사위원회 위원(당연직위원은 제외)의 임기는 2년으로 하되 연임할 수 없다.

재심사위원회 위원(당연직위원은 제외한다)의 임기는 3년으로 하되 연임할 수 있고, 위원장이나 위원의 임기가 끝난 경우 그 후임자가 임명될 때까지 그 직무를 수행한다(산업재해보상보험법 제107조 제7항).

③ 보험급여에 관한 결정에 대해서는 행정심판법에 따른 행정심판을 제기할 수 있다.

보험급여 결정등에 대하여는 행정심판법에 따른 행정심판을 제기할 수 없다(산업재해보상보험법 제103조 제5항).

④ 재심사위원회 위원장 및 위원은 고용노동부장관이 임명한다.

재심사위원회의 위원장 및 위원은 고용노동부장관의 제청으로 대통령이 임명한다(산업재해보상보험법 제107조 제5항).

✔ 재심사 청구의 제기는 시효의 중단에 관하여 민법 제168조에 따른 재판상의 청구로 본다.

산업재해보상보험법 제111조 제1항

12 산업재해보상보험법상 진폐에 따른 보험급여의 특례에 관한 설명으로 옳지 않은 것은?

✔ 고용노동부에 진폐심사회의를 둔다.

진폐의 진단결과에 대하여 진폐병형 및 합병증 등을 심사하기 위하여 공단에 관계 전문가 등으로 구성된 진폐심사회의를 둔다(산업재해보상보험법 제91조의7 제1항).

② 진폐보상연금은 진폐장해등급별 진폐장해연금과 기초연금을 합산한 금액으로 한다.

산업재해보상보험법 제91조의3 제2항

③ 진폐유족연금은 사망 당시 진폐근로자에게 지급하고 있거나 지급하기로 결정된 진폐보상연금과 같은 금액으로 하되 유족보상연금을 초과할 수 없다.

산업재해보상보험법 제91조의4 제2항

④ 근로복지공단은 근로자가 진폐에 대한 요양급여를 청구하면 진폐의 예방과 진폐근로자의 보호 등에 관한 법률에 따른 건강진단기관에 진폐판정에 필요한 진단을 의뢰하여야 한다.

산업재해보상보험법 제91조의6 제1항

⑤ 장해보상연금을 받고 있는 사람에게는 진폐에 대한 진단을 받는 경우 진단수당을 지급하지 아니한다. 산업재해보상보험법 제91조의6 제5항

13 산업재해보상보험법령상 휴업급여에 관한 설명으로 옳은 것은?

① 1일당 지급액은 평균임금의 100분의 70에 상당하는 금액으로 하며 취업하지 못한 기간이 5일 이내이면 지급하지 아니한다.

> 1일당 지급액은 평균임금의 100분의 70에 상당하는 금액으로 한다. 다만, 취업하지 못한 기간이 <u>3일 이내</u>이면 지급하지 아니한다(산업재해보상보험법 제52조).

② 요양을 받고 있는 근로자가 그 요양기간 중 단시간 취업을 하는 경우에는 취업한 시간에 해당하는 그 근로자의 평균임금에서 취업한 시간에 대한 임금을 뺀 금액의 100분의 70에 상당하는 금액을 지급할 수 있다.

> 요양 또는 재요양을 받고 있는 근로자가 그 요양기간 중 일정기간 또는 단시간 취업을 하는 경우에는 <u>그 취업한 날</u>에 해당하는 그 근로자의 평균임금에서 <u>그 취업한 날</u>에 대한 임금을 뺀 금액의 100분의 <u>80</u>에 상당하는 금액을 지급할 수 있다. 다만, 제54조 제2항 및 제56조 제2항에 따라 최저임금액을 1일당 휴업급여 지급액으로 하는 경우에는 최저임금액(별표 1 제2호에 따라 감액하는 경우에는 그 감액한 금액)에서 취업한 날에 대한 임금을 뺀 금액을 지급할 수 있다(산업재해보상보험법 제53조 제1항).

③ 휴업급여를 받는 근로자가 60세가 되면 그 이후의 휴업급여는 감액하여 지급한다.

> 휴업급여를 받는 근로자가 <u>61세</u>가 되면 그 이후의 휴업급여는 별표1에 따라 산정한 금액을 지급한다(산업재해보상보험법 제55조).

④ 재요양을 받는 사람에 대하여는 재요양 당시의 임금을 기준으로 산정한 평균임금의 100분의 90에 상당하는 금액을 1일당 휴업급여 지급액으로 한다.

> 재요양을 받는 사람에 대하여는 재요양 당시의 임금을 기준으로 산정한 평균임금의 <u>100분의 70</u>에 상당하는 금액을 1일당 휴업급여 지급액으로 한다(산업재해보상보험법 제56조 제1항).

☑ 재요양을 받는 사람에 대하여 산정한 1일당 휴업급여 지급액이 최저임금액보다 적으면 최저임금액을 1일당 휴업급여 지급액으로 한다. 　산업재해보상보험법 제56조 제2항

14 산업재해보상보험법령에 따른 업무상 재해에 해당하는 것을 모두 고른 것은?

> ㄱ. 업무수행 과정에서 하는 용변 등 생리적 필요 행위를 하던 중에 발생한 사고
> ㄴ. 통상적인 경로와 방법으로 출퇴근하는 중 일상생활에 필요한 용품을 구입하기 위한 출퇴근 경로 일탈 중의 사고
> ㄷ. 사업주가 제공한 시설물 등을 사업주의 구체적인 지시를 위반하여 이용한 행위로 발생한 사고
> ㄹ. 직장 내 괴롭힘 등으로 인한 업무상 정신적 스트레스가 원인이 되어 발생한 질병

① ㄱ, ㄴ　　　　　　　　　　　　　　　② ㄴ, ㄷ
☑ ㄱ, ㄴ, ㄹ　　　　　　　　　　　　　④ ㄱ, ㄷ, ㄹ
⑤ ㄴ, ㄷ, ㄹ

ㄱ. (○) 산업재해보상보험법 시행령 제27조 제1항 제2호
ㄴ. (○) 산업재해보상보험법 제37조 제3항 및 동법 시행령 제35조 제2항 제1호
ㄷ. (×) 사업주가 제공한 시설물 등을 사업주의 구체적인 지시를 위반하여 이용한 행위로 발생한 사고는 <u>업무상 사고로 보지 않는다</u>(산업재해보상보험법 시행령 제28조 제2항). ⚖
ㄹ. (○) 산업재해보상보험법 제37조 제1항 제2호 다목

⚖
법령

산업재해보상보험법 시행령 제28조(시설물 등의 결함 등에 따른 사고)
① 사업주가 제공한 시설물, 장비 또는 차량 등(이하 이 조에서 "시설물 등"이라 한다)의 결함이나 사업주의 관리 소홀로 발생한 사고는 법 제37조 제1항 제1호 나목에 따른 업무상 사고로 본다.
② 사업주가 제공한 시설물 등을 <u>사업주의 구체적인 지시를 위반하여 이용한 행위로 발생한 사고</u>와 그 시설물 등의 관리 또는 이용권이 근로자의 전속적 권한에 속하는 경우에 그 관리 또는 이용 중에 발생한 사고는 법 제37조 제1항 제1호 나목에 따른 <u>업무상 사고로 보지 않는다.</u>

15 산업재해보상보험법상 직업재활급여에 관한 설명으로 옳은 것은?

① 직업훈련비용은 직업훈련을 받은 자에게 지급한다.

> 직업훈련비용은 직업훈련을 실시한 <u>직업훈련기관에 지급한다</u>(산업재해보상보험법 제73조 제2항).

✔ **직업훈련비용의 금액은 고용노동부장관이 훈련비용, 훈련기간 및 노동시장의 여건 등을 고려하여 고시하는 금액의 범위에서 실제 드는 비용으로 한다.**

> 산업재해보상보험법 제73조 제3항

③ 직업훈련비용을 지급하는 훈련기관은 24개월 이내로 한다.

> 직업훈련비용을 지급하는 훈련기간은 <u>12개월 이내</u>로 한다(산업재해보상보험법 제73조 제3항).

④ 직장적응훈련비 및 재활운동비의 지급기간은 6개월 이내로 한다.

> 직장적응훈련비 및 재활운동비는 고용노동부장관이 직장적응훈련 또는 재활운동에 드는 비용을 고려하여 고시하는 금액의 범위에서 실제 드는 비용으로 하되, 그 지급기간은 <u>3개월 이내</u>로 한다(산업재해보상보험법 제75조 제3항).

⑤ 직업훈련수당의 1일당 지급액은 평균임금의 100분의 70에 상당하는 금액으로 한다.

> 직업훈련수능은 직업훈련을 받는 훈련대상자에게 그 직업훈련으로 인하여 취업하지 못하는 기간에 대하여 지급하되, 1일당 지급액은 <u>최저임금액</u>에 상당하는 금액으로 한다(산업재해보상보험법 제74조 제1항)

16 산업재해보상보험법상 보험급여의 일시 중지를 할 수 있는 사유가 아닌 것은?

① 질문이나 조사에 응하지 아니하는 경우 산업재해보상보험법 제120조 제1항 제4호 ⚖️

② 보고 · 서류제출 또는 신고를 하지 아니하는 경우 산업재해보상법 제120조 제1항 제3호 ⚖️

☑️ 거짓이나 그 밖의 부정한 방법으로 진료비나 약제비를 지급받은 경우

거짓이나 그 밖의 부정한 방법으로 진료비나 약제비를 지급받은 경우는 보험급여의 일시 중지를 할 수 있는 사유에 해당하지 않는다.

④ 진찰 요구에 따르지 아니하는 경우 산업재해보상법 제120조 제1항 제5호 ⚖️

⑤ 근로복지공단이 직권으로 실시하는 장해등급 또는 진폐장해등급 재판정 요구에 응하지 아니하는 경우 산업재해보상보험법 제120조 제1항 제2호 ⚖️

⚖️ 법령

산업재해보상보험법 제120조(보험급여의 일시 중지)

① 공단은 보험급여를 받고자 하는 사람이 다음 각 호의 어느 하나에 해당되면 보험급여의 지급을 일시 중지할 수 있다.
  1. 요양 중인 근로자가 제48조 제1항에 따른 공단의 의료기관 변경 요양 지시를 정당한 사유 없이 따르지 아니하는 경우
  2. 제59조에 따라 공단이 직권으로 실시하는 장해등급 또는 진폐장해등급 재판정 요구에 따르지 아니하는 경우
  3. 제114조나 제115조에 따른 보고 · 서류제출 또는 신고를 하지 아니하는 경우
  4. 제117조에 따른 질문이나 조사에 따르지 아니하는 경우
  5. 제119조에 따른 진찰 요구에 따르지 아니하는 경우

17 국민연금법상 가입자 자격의 상실 시기가 옳지 않은 것은?

☑️ 사업장가입자의 경우 사용관계가 끝난 날

사업장가입자는 사용관계가 끝난 날의 다음 날에 자격을 상실한다(국민연금법 제12조 제1항 제3호). ⚖️

② 지역가입자의 경우 사망한 날의 다음 날 국민연금법 제12조 제2항 제1호 ⚖️

③ 지역가입자의 경우 국민연금 가입 대상 제외자에 해당하게 된 날

국민연금법 제12조 제2항 제3호 ⚖️

④ 임의가입자의 경우 사업장가입자의 자격을 취득한 날 국민연금법 제12조 제3항 제6호 ⚖️

⑤ 임의가입자의 경우 60세가 된 날의 다음 날 국민연금법 제12조 제3항 제4호 ⚖️

국민연금법 제12조(가입자 자격의 상실 시기)

① 사업장가입자는 다음 각 호의 어느 하나에 해당하게 된 날의 다음 날에 자격을 상실한다. 다만, 제5호의 경우에는 그에 해당하게 된 날에 자격을 상실한다.

   1. 사망한 때

   2. 국적을 상실하거나 국외로 이주한 때

   3. 사용관계가 끝난 때

   4. 60세가 된 때

   5. 제6조 단서에 따른 국민연금 가입 대상 제외자에 해당하게 된 때

② 지역가입자는 다음 각 호의 어느 하나에 해당하게 된 날의 다음 날에 자격을 상실한다. 다만, 제3호와 제4호의 경우에는 그에 해당하게 된 날에 그 자격을 상실한다.

   1. 사망한 때

   2. 국적을 상실하거나 국외로 이주한 때

   3. 제6조 단서에 따른 국민연금 가입 대상 제외자에 해당하게 된 때

   4. 사업장가입자의 자격을 취득한 때

   5. 제9조 제1호에 따른 배우자로서 별도의 소득이 없게 된 때

   6. 60세가 된 때

③ 임의가입자는 다음 각 호의 어느 하나에 해당하게 된 날의 다음 날에 자격을 상실한다. 다만, 제6호와 제7호의 경우에는 그에 해당하게 된 날에 그 자격을 상실한다.

   1. 사망한 때

   2. 국적을 상실하거나 국외로 이주한 때

   3. 제10조 제2항에 따른 탈퇴 신청이 수리된 때

   4. 60세가 된 때

   5. 대통령령으로 정하는 기간 이상 계속하여 연금보험료를 체납한 때

   6. 사업장가입자 또는 지역가입자의 자격을 취득한 때

   7. 제6조 단서에 따른 국민연금 가입 대상 제외자에 해당하게 된 때

18 국민연금법상 급여에 관한 설명으로 옳지 않은 것은?

① 급여의 종류는 노령연금, 장애연금, 유족연금, 반환일시금이 있다.   국민연금법 제49조

② 급여는 수급권자의 청구에 따라 국민연금공단이 지급한다.   국민연금법 제50조 제1항

③ 연금액은 지급사유에 따라 기본연금액과 부양가족연금액을 기초로 산정한다.

  국민연금법 제50조 제2항

✔️ 연금은 매월 25일에 그 달의 금액을 지급하되, 지급일이 공휴일이면 그 다음날에 지급한다.

  연금은 매월 25일에 그 달의 금액을 지급하되, 지급일이 토요일이나 공휴일이면 그 전날에 지급한다(국민연금법 제54조 제2항).

⑤ 급여수급전용계좌에 입금된 급여와 이와 관한 채권은 압류할 수 없다.

  국민연금법 제58조 제3항

19 국민건강보험법상 이의신청 및 심판청구에 관한 설명으로 옳은 것을 모두 고른 것은?

1
2
3

> ㄱ. 요양급여비용에 관한 건강보험심사평가원의 처분에 이의가 있는 자는 건강보험심사평가원에 이의신청을 할 수 있다.
> ㄴ. 이의신청은 처분이 있음을 안 날부터 90일 이내에, 처분이 있은 날부터 1년 이내에 문서로 하여야 한다.
> ㄷ. 이의신청에 대한 결정에 불복하는 자는 건강보험분쟁조정위원회에 심판청구를 할 수 있다.

① ㄴ   ② ㄱ, ㄴ
☑ ㄱ, ㄷ   ④ ㄴ, ㄷ
⑤ ㄱ, ㄴ, ㄷ

> ㄱ. (○) 국민건강보험법 제87조 제2항 ⚖
> ㄴ. (×) 이의신청은 처분이 있음을 안 날부터 90일 이내에 문서(전자문서를 포함한다)로 하여야 하며 처분이 있은 날부터 180일을 지나면 제기하지 못한다(국민건강보험법 제87조 제3항). ⚖
> ㄷ. (○) 국민건강보험법 제88조 제1항 ⚖

⚖
법령

국민건강보험법 제87조(이의신청)
① 가입자 및 피부양자의 자격, 보험료등, 보험급여, 보험급여 비용에 관한 공단의 처분에 이의가 있는 자는 공단에 이의신청을 할 수 있다.
② 요양급여비용 및 요양급여의 적정성 평가 등에 관한 심사평가원의 처분에 이의가 있는 공단, 요양기관 또는 그 밖의 자는 심사평가원에 이의신청을 할 수 있다.
③ 제1항 및 제2항에 따른 이의신청은 처분이 있음을 안 날부터 90일 이내에 문서(전자문서를 포함한다)로 하여야 하며 처분이 있은 날부터 180일을 지나면 제기하지 못한다. 다만, 정당한 사유로 그 기간에 이의신청을 할 수 없었음을 소명한 경우에는 그러하지 아니하다.
④ 제3항 본문에도 불구하고 요양기관이 제48조에 따른 심사평가원의 확인에 대하여 이의신청을 하려면 같은 조 제2항에 따라 통보받은 날부터 30일 이내에 하여야 한다.
⑤ 제1항부터 제4항까지에서 규정한 사항 외에 이의신청의 방법·결정 및 그 결정의 통지 등에 필요한 사항은 대통령령으로 정한다.

2020년

20 국민건강보험법상의 요양급여가 아닌 것은?

1
2
3

① 입원   ② 이송
☑ 상병수당   ④ 예방·재활
⑤ 약제·치료재료의 지급

> 상병수당은 국민건강보험법에서 정한 요양급여 외의 부가급여에 해당한다. ⚖

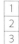

국민건강보험법 제41조(요양급여)

① 가입자와 피부양자의 질병, 부상, 출산 등에 대하여 다음 각 호의 요양급여를 실시한다.

   1. 진찰 · 검사

   2. 약제(藥劑) · 치료재료의 지급

   3. 처치 · 수술 및 그 밖의 치료

   4. 예방 · 재활

   5. 입원

   6. 간호

   7. 이송(移送)

국민건강보험법 제50조(부가급여)

공단은 이 법에서 정한 요양급여 외에 대통령령으로 정하는 바에 따라 임신 · 출산 진료비, 장제비, 상병수당, 그 밖의 급여를 실시할 수 있다.

---

21 고용보험 및 산업재해보상보험의 보험료 징수 등에 관한 법률상의 내용이다. ( )에 들어갈 내용으로 옳은 것은?

> • 국민건강보험공단은 보험가입자가 보험료를 납부기한까지 내지 아니하면 기한을 정하여 그 납부의무자에게 징수금을 낼 것을 독촉하여야 한다. 국민건강보험공단이 독촉을 하는 경우에는 독촉장을 발급하여야 한다. 이 경우의 납부기한은 독촉장 발급일부터 (ㄱ)일 이상의 여유가 있도록 하여야 한다.
> • 보험료를 징수하거나 그 반환받을 수 있는 권리는 (ㄴ)년간 행사하지 아니하며 시효로 인하여 소멸한다.

① ㄱ : 7, ㄴ : 1

② ㄱ : 7, ㄴ : 3

③ ㄱ : 10, ㄴ : 1

④ ㄱ : 10, ㄴ : 3

⑤ ㄱ : 14, ㄴ : 1

> • 건강보험공단은 보험가입자가 보험료를 납부기한까지 내지 아니하여 독촉을 하는 경우에는 독촉장을 발급하여야 한다. 이 경우의 납부기한은 독촉장 발급일부터 (10)일 이상의 여유가 있도록 하여야 한다(고용보험 및 산업재해보상보험의 보험료 징수 등에 관한 법률 제27조 제3항).
> • 보험료, 이 법에 따른 그 밖의 징수금을 징수하거나 그 반환받을 수 있는 권리는 (3)년간 행사하지 아니하면 시효로 인하여 소멸한다(고용보험 및 산업재해보상보험의 보험료 징수 등에 관한 법률 제41조 제1항).

22 고용보험 및 산업재해보상보험의 보험료징수 등에 관한 법률상 산재보험료율의 결정에 관한 내용이다. (   )에 들어갈 내용으로 옳은 것은?

> • 업무상 사고에 따른 업무상 재해에 관한 산재보험료율은 매년 6월 30일 현재 과거 (ㄱ)년 동안 의 보수총액에 대한 산재보험급여총액의 비율을 기초로 하여 산업재해보상보험법에 따른 연금 등 산재보험급여에 드는 금액, 재해예방 및 재해근로자의 복지증진에 드는 비용 등을 고려하여 사업의 종류별로 구분하여 고용노동부령으로 정한다.
> • 고용노동부장관은 산재보험료율을 정하는 경우에는 특정 사업 종류의 산재보험료율이 전체 사 업의 평균 산재보험료율의 (ㄴ)배를 초과하지 아니하도록 하여야 한다.

① ㄱ : 2, ㄴ : 20 ② ㄱ : 2, ㄴ : 30
③ ㄱ : 3, ㄴ : 15 ✔ ㄱ : 3, ㄴ : 20
⑤ ㄱ : 3, ㄴ : 30

> ㄱ. 업무상의 재해에 관한 산재보험료율은 매년 6월 30일 현재 과거 (3)년 동안의 보수총액에 대한 산재보험급여총액의 비율을 기초로 하여, 산업재해보상보험법에 따른 연금 등 산재보험급여에 드는 금액, 재해예방 및 재해근로자의 복지증진에 드는 비용 등을 고려하여 사업의 종류별로 구분하여 고용노동부령으로 정한다(고용보험 및 산업재해보상보험의 보험료 징수 등에 관한 법률 제14조 제3항).
> ㄴ. 고용노동부장관은 산재보험료율을 정하는 경우에는 특정 사업 종류의 산재보험료율이 전체 사업의 평균 산재보험료율의 (20)배를 초과하지 아니하도록 하여야 한다(고용보험 및 산업재해보상보험의 보험료 징수 등에 관한 법률 제14조 제5항).

23 고용보험 및 산업재해보상보험의 보험료 징수 등에 관한 법률상 보험사무대행기관 등에 관한 설명으로 옳은 것을 모두 고른 것은?

> ㄱ. 공인노무사가 보험사무를 대행하려는 경우에는 근로복지공단의 인가를 받아야 한다.
> ㄴ. 근로복지공단은 보험료, 이 법에 따른 그 밖의 징수금의 납입의 통지 등을 보험사무대행기관에 함으로써 그 사업주에 대한 통지를 갈음한다.
> ㄷ. 근로복지공단이 가산금을 부과하여 징수하는 경우에 그 징수사유가 보험사무대행기관의 귀책 사유로 인한 것일 때에는 보험사무대행기관이 100분의 50에 해당하는 금액을 내야 한다.

① ㄱ ✔ ㄱ, ㄴ
③ ㄱ, ㄷ ④ ㄴ, ㄷ
⑤ ㄱ, ㄴ, ㄷ

> ㄱ. (○) 고용보험 및 산업재해보상보험의 보험료 징수 등에 관한 법률 제33조 제2항
> ㄴ. (○) 고용보험 및 산업재해보상보험의 보험료 징수 등에 관한 법률 제34조
> ㄷ. (×) 공단이 가산금, 연체금 및 산재보험급여에 해당하는 금액을 징수하는 경우에 그 징수사유가 보험사무대행기관의 귀책사유로 인한 것일 때에는 그 한도 안에서 보험사무대행기관이 해당 금액을 내야 한다(고용보험 및 산업재해보상보험의 보험료 징수 등에 관한 법률 제35조).

24 고용보험 및 산업재해보상보험의 보험료징수 등에 관한 법률상 월별보험료 연체와 관련된 내용이다. ( )에 들어갈 내용으로 옳은 것은? 기출 수정

> 국민건강보험공단은 납부기한 후 30일이 지난 날부터 매 (ㄱ)일이 경과할 때마다 체납된 월별보험료의 (ㄴ)에 해당하는 연체금을 이미 발생한 연체금에 더하여 징수한다. 이 경우 연체금은 체납된 월별보험료의 (ㄷ)을 넘지 못한다.

① ㄱ : 1, ㄴ : 3천분의 1, ㄷ : 1천분의 30

② ㄱ : 1, ㄴ : 6천분의 1, ㄷ : 1천분의 50

③ ㄱ : 1, ㄴ : 3천분의 1, ㄷ : 1천분의 90

④ ㄱ : 7, ㄴ : 3천분의 1, ㄷ : 1천분의 30

⑤ ㄱ : 7, ㄴ : 6천분의 1, ㄷ : 1천분의 50

> 건강보험공단은 사업주가 보험료 또는 이 법에 따른 그 밖의 징수금을 내지 아니하면 납부기한 후 30일이 지난 날부터 매 (1)일이 지날 때마다 체납된 보험료, 그 밖의 징수금의 (6천분의 1)에 해당하는 연체금을 이미 발생한 연체금에 더하여 징수한다. 이 경우 연체금은 체납된 보험료, 그 밖의 징수금의 (1천분의 50)을 넘지 못한다(고용보험 및 산업재해보상보험의 보험료 징수 등에 관한 법률 제25조 제3항).

25 고용보험 및 산업재해보상보험의 보험료징수 등에 관한 법령상 보수총액 등의 신고와 관련한 내용으로 옳지 않은 것은?

① 보수총액신고는 문서로 함을 원칙으로 한다.

> 보수총액 등의 사항을 신고하여야 하는 사업주는 해당 신고를 정보통신망을 이용하거나 콤팩트디스크 등 전자적 기록매체로 제출하는 방식으로 하여야 한다. 다만, 대통령령으로 정하는 규모에 해당하는 사업주는 해당 신고를 문서로 할 수 있다(고용보험 및 산업재해보상보험의 보험료 징수 등에 관한 법률 제16조의10 제8항).

② 사업주는 근로자가 다른 사업장으로 전보되는 등 대통령령으로 정하는 사유가 발생한 때에는 그 사유 발생일부터 14일 이내에 그 사실을 근로복지공단에 신고하여야 한다.

> 고용보험 및 산업재해보상보험의 보험료 징수 등에 관한 법률 제16조의10 제5항

③ 사업주는 사업의 폐지 등으로 보험관계가 소멸한 때에는 그 보험관계가 소멸한 날부터 14일 이내에 근로자에게 지급한 보수총액 등을 근로복지공단에 신고하여야 한다.

> 고용보험 및 산업재해보상보험의 보험료 징수 등에 관한 법률 제16조의10 제2항

④ 사업주는 전년도 근로자에게 지급한 보수총액 등을 매년 3월 15일까지 근로복지공단에 신고하여야 한다. 고용보험 및 산업재해보상보험의 보험료 징수 등에 관한 법률 제16조의10 제1항

⑤ 사업주는 근로자와 고용관계를 종료한 때에는 그 근로자에게 지급한 보수총액, 고용관계 종료일 등을 그 근로자의 고용관계가 종료한 날이 속하는 달의 다음 달 15일까지 근로복지공단에 신고하여야 한다. 고용보험 및 산업재해보상보험의 보험료 징수 등에 관한 법률 제16조의10 제4항

01	02	03	04	05	06	07	08	09	10	11	12	13	14	15	16	17	18	19	20	21	22	23	24	25
①	④	②	④	③	②	③	④	⑤	④	⑤	②	③	②	⑤	②	⑤	④	④	③	①	①	③	④	②

01 사회보장기본법령상 사회보장제도의 운영에 관한 설명으로 옳지 않은 것은? `기출 수정`

① ✔ 사회보험은 국가와 지방자치단체의 책임으로 시행하고, 공공부조와 사회서비스는 국가의 책임으로 시행하는 것을 원칙으로 한다.

> 사회보험은 국가의 책임으로 시행하고, 공공부조와 사회서비스는 국가와 지방자치단체의 책임으로 시행하는 것을 원칙으로 한다. 다만, 국가와 지방자치단체의 재정 형편 등을 고려하여 이를 협의·조정할 수 있다(사회보장기본법 제25조 제5항).

② 국가와 지방자치단체는 효과적인 사회보장정책의 수립·시행을 위하여 사회보장에 관한 통계를 작성·관리하여야 한다. `사회보장기본법 제32조 제1항`

③ 국가와 지방자치단체는 사회보장제도를 신설하거나 변경할 경우 기존 제도와의 관계, 사회보장 전달체계에 미치는 영향, 재원의 규모·조달방안을 포함한 재정에 미치는 영향 및 지역별 특성 등을 사전에 충분히 검토하고 상호협력하여 사회보장급여가 중복 또는 누락되지 아니하도록 하여야 한다. `사회보장기본법 제26조 제1항`

④ 보건복지부장관은 사회서비스의 품질기준 마련, 평가 및 개선 등의 업무를 수행하기 위하여 필요한 전담기구를 설치할 수 있다. `사회보장기본법 제30조 제2항`

⑤ 국가와 지방자치단체는 개인·법인 또는 단체가 사회보장에 참여하는 데에 드는 경비의 전부 또는 일부를 지원하거나 그 업무를 수행하기 위하여 필요한 지원을 할 수 있다.

`사회보장기본법 제27조 제3항`

02 사회보장기본법령상 사회보장 비용의 부담에 관한 설명으로 옳지 않은 것은?

① 사회보장 비용의 부담은 각각의 사회보장제도의 목적에 따라 국가, 지방자치단체 및 민간부문 간에 합리적으로 조정되어야 한다. `사회보장기본법 제28조 제1항`

② 사회보험에 드는 비용은 사용자, 피용자 및 자영업자가 부담하는 것을 원칙으로 한다.

> 사회보험에 드는 비용은 사용자, 피용자(被傭者) 및 자영업자가 부담하는 것을 원칙으로 하되, 관계 법령에서 정하는 바에 따라 국가가 그 비용의 일부를 부담할 수 있다(사회보장기본법 제28조 제2항).

③ 부담 능력이 있는 국민에 대한 사회서비스에 드는 비용은 그 수익자가 부담함을 원칙으로 한다.

> 부담 능력이 있는 국민에 대한 사회서비스에 드는 비용은 그 수익자가 부담함을 원칙으로 하되, 관계 법령에서 정하는 바에 따라 국가와 지방자치단체가 그 비용의 일부를 부담할 수 있다(사회보장기본법 제28조 제4항).

✔ 공공부조에 드는 비용은 수익자가 부담함을 원칙으로 한다.

> 공공부조 및 관계 법령에서 정하는 일정 소득 수준 이하의 국민에 대한 사회서비스에 드는 비용의 전부 또는 일부는 국가와 지방자치단체가 부담한다(사회보장기본법 제28조 제3항). 수익자 부담이 원칙인 것은 부담 능력이 있는 국민에 대한 사회서비스에 드는 비용이다.

⑤ 공공부조 및 관계 법령에서 정하는 일정 소득 수준 이하의 국민에 대한 사회서비스에 드는 비용의 전부 또는 일부는 국가와 지방자치단체가 부담한다. `사회보장기본법 제28조 제3항`

03 사회보험 관련법령의 적용에 관한 내용으로 옳지 않은 것은?

① 사립학교교직원 연금법의 적용을 받는 자에게는 고용보험법을 적용하지 아니한다.

`고용보험법 제10조 제1항 제4호` ⚖

✔ 1개월 미만 동안 고용된 일용근로자는 고용보험법의 적용이 제외되는 근로자이다.

> 고용보험법 제10조 제1항 제2호에 따라 "해당 사업에서 소정(所定)근로시간이 대통령령으로 정하는 시간 미만인 근로자(1개월간 소정근로시간이 60시간 미만이거나 1주간의 소정근로시간이 15시간 미만)는 고용보험법 적용제외 대상이다. 다만, 동법 시행령 제2항의 규정에 따라 해당 사업에서 3개월 이상 계속하여 근로를 제공하는 근로자, 일용근로자(1개월 미만 동안 고용되는 사람)에게는 고용보험이 적용된다(고용보험법 시행령 제3조 제1항, 고용보험법 제2조 제6호). ⚖

③ 국민연금에 가입된 사업장에 종사하는 18세 미만 근로자는 사업장가입자가 되는 것으로 보나, 본인이 원하지 아니하면 사업장가입자가 되지 아니할 수 있다.

`국민연금법 제8조 제2항`

④ 비상근 근로자는 국민건강보험법의 직장가입자에서 제외된다.

`국민건강보험법 시행령 제9조 제1호`

⑤ 1개월 동안의 소정근로시간이 60시간 미만인 단시간근로자는 국민건강보험법의 직장가입자에서 제외된다. `국민건강보험법 시행령 제9조 제1호`

⚖️
법령

고용보험법 제10조(적용 제외)

① 다음 각 호의 어느 하나에 해당하는 사람에게는 <u>이 법을 적용하지 아니한다.</u>
  1. 삭제
  2. 해당 사업에서 소정(所定)근로시간이 대통령령으로 정하는 시간 미만인 근로자

> **고용보험법 제3조(적용 제외 근로자)**
>
> ① 법 제10조 제1항 제2호에서 "해당 사업에서 소정(所定)근로시간이 대통령령으로 정하는 시간 미만인 근로자"란 해당 사업에서 1개월간 소정근로시간이 60시간 미만이거나 1주간의 소정근로시간이 15시간 미만인 근로자를 말한다.
> ② 제1항에도 불구하고 <u>다음 각 호의 어느 하나에 해당하는 근로자는 법 적용 대상으로 한다.</u>
>   1. <u>해당 사업에서 3개월 이상 계속하여 근로를 제공하는 근로자</u>
>   2. <u>일용근로자</u>

  3. 국가공무원법과 지방공무원법에 따른 공무원. 다만, 대통령령으로 정하는 바에 따라 별정직공무원, 국가공무원법 제26조의5 및 지방공무원법 제25조의5에 따른 임기제공무원의 경우는 본인의 의사에 따라 고용보험(제4장에 한정한다)에 가입할 수 있다.
  4. <u>사립학교교직원 연금법의 적용을 받는 사람</u>
  5. 그 밖에 대통령령으로 정하는 사람

04 사회보장기본법령상 사회보장수급권에 관한 설명으로 옳지 않은 것은?

1
2
3

① 사회보장수급권은 관계 법령에서 정하는 바에 따라 다른 사람에게 양도하거나 담보로 제공할 수 없다.

> 사회보장수급권은 관계 법령에서 정하는 바에 따라 <u>다른 사람에게 양도하거나 담보로 제공할 수 없으며, 이를 압류할 수 없다</u>(사회보장기본법 제12조).

② 사회보장수급권은 제한되거나 정지될 수 없으나, 관계 법령에서 따로 정하고 있는 경우에는 그러하지 아니하다. `사회보장기본법 제13조 제1항`

③ 사회보장수급권이 정지되는 경우에는 정지하는 목적에 필요한 최소한의 범위에 그쳐야 한다.

> `사회보장기본법 제13조 제2항`

✔️ **사회보장수급권은 포기할 수 있으나 포기한 후에는 이를 취소할 수 없다.**

> 사회보장수급권은 정당한 권한이 있는 기관에 서면으로 통지하여 포기할 수 있다(사회보장기본법 제14조 제1항). <u>사회보장수급권의 포기는 취소할 수 있다(동조 제2항).</u>

⑤ 제3자의 불법행위로 피해를 입은 국민이 그로 인하여 사회보장수급권을 가지게 된 경우 사회보장제도를 운영하는 자는 그 불법행위의 책임이 있는 자에 대하여 관계 법령에서 정하는 바에 따라 구상권을 행사할 수 있다. `사회보장기본법 제15조`

05 고용보험법령의 내용으로 옳지 않은 것은?

① 국민기초생활 보장법에 따라 자활을 위한 근로기회를 제공하기 위한 사업은 고용보험법의 적용을 받는 사업으로 본다. 고용보험법 제113조의2 제1항 전단

② 국가는 매년 고용보험사업에 드는 비용의 일부를 일반회계에서 부담하여야 한다.

고용보험법 제5조 제1항

❸ 피보험자가 사망한 경우에는 사망한 날에 그 피보험자격을 상실한다.

피보험자가 사망한 경우에는 <u>사망한 날의 다음 날</u> 그 피보험자격을 상실한다(고용보험법 제14조 제1항 제4호).

④ 고용보험법에 따른 보험관계의 성립 및 소멸에 대하여는 고용보험 및 산업재해보상보험의 보험료징수 등에 관한 법률로 정하는 바에 따른다. 고용보험법 제9조

⑤ 구직급여는 수급자격자가 실업한 상태에 있는 날 중에서 직업안정기관의 장으로부터 실업의 인정을 받은 날에 대하여 지급한다. 고용보험법 제44조 제1항

06 고용보험법령상 폐업한 자영업자인 피보험자의 구직급여 수급 요건으로 옳지 않은 것은?

① 법령을 위반하여 허가 취소를 받음에 따라 폐업한 경우가 아니어야 한다.

고용보험법 제69조의3 제3호

❷ 폐업일 이전 18개월간 자영업자인 피보험자로서 갖춘 피보험 단위기간이 합산하여 180일 이상이어야 한다.

<u>폐업일 이전 24개월간</u> 제41조 제1항 단서에 따라 자영업자인 피보험자로서 갖춘 피보험 단위기간이 합산하여 <u>1년 이상일 것</u>을 요한다(고용보험법 제69조의3 제1호).

③ 법령을 위반하여 영업 정지를 받음에 따라 폐업한 경우가 아니어야 한다.

고용보험법 제69조의3 제3호

④ 재취업을 위한 노력을 적극적으로 하여야 한다. 고용보험법 제69조의3 제4호

⑤ 근로의 의사와 능력이 있음에도 불구하고 취업을 하지 못한 상태에 있어야 한다.

고용보험법 제69조의3 제2호

고용보험법 제69조의3(구직급여의 수급 요건)

구직급여는 폐업한 자영업자인 피보험자가 다음 각 호의 요건을 모두 갖춘 경우에 지급한다.

1. 폐업일 이전 24개월간 제41조 제1항 단서에 따라 자영업자인 피보험자로서 갖춘 피보험 단위기간이 합산하여 1년 이상일 것
2. 근로의 의사와 능력이 있음에도 불구하고 취업을 하지 못한 상태에 있을 것
3. 폐업사유가 제69조의7에 따른 수급자격의 제한 사유에 해당하지 아니할 것
4. 재취업을 위한 노력을 적극적으로 할 것

고용보험법 제69조의7(폐업사유에 따른 수급자격의 제한)

제69조의3에도 불구하고 폐업한 자영업자인 피보험자가 다음 각 호의 어느 하나에 해당한다고 직업안정기관의 장이 인정하는 경우에는 수급자격이 없는 것으로 본다.

1. 법령을 위반하여 허가 취소를 받거나 영업 정지를 받음에 따라 폐업한 경우
2. 방화(放火) 등 피보험자 본인의 중대한 귀책사유로서 고용노동부령으로 정하는 사유로 폐업한 경우
3. 매출액 등이 급격하게 감소하는 등 고용노동부령으로 정하는 사유가 아닌 경우로서 전직 또는 자영업을 다시 하기 위하여 폐업한 경우
4. 그 밖에 고용노동부령으로 정하는 정당한 사유에 해당하지 아니하는 사유로 폐업한 경우

---

07 고용보험법령상 심사 및 재심사에 관한 설명으로 옳지 않은 것은?

① 실업급여에 관한 처분에 이의가 있는 자는 고용보험심사관에게 심사를 청구할 수 있다.
　　고용보험법 제87조 제1항

② 심사의 청구가 법령으로 정한 방식을 위반하여 보정하지 못할 것인 경우에 고용보험심사관은 그 심사의 청구를 결정으로 각하하여야 한다.　고용보험법 제92조 제1항

❸ 재심사청구인은 법정대리인 외에 자신의 형제자매를 대리인으로 선임할 수 없다.
　　고용보험법 제88조 제1호에 따라, 형제자매도 대리인으로 선임할 수 있는 범위에 포함된다.

④ 심사 및 재심사의 청구는 시효중단에 관하여 재판상의 청구로 본다.　고용보험법 제87조 제3항

⑤ 재심사청구에 대한 심리는 공개로 하나, 당사자의 양쪽 또는 어느 한 쪽이 신청한 경우에는 공개하지 아니할 수 있다.　고용보험법 제101조 제3항

고용보험법 제88조(대리인의 선임)

심사청구인 또는 재심사청구인은 법정대리인 외에 다음 각 호의 어느 하나에 해당하는 자를 대리인으로 선임할 수 있다.

1. 청구인의 배우자, 직계존속·비속 또는 형제자매
2. 청구인인 법인의 임원 또는 직원
3. 변호사나 공인노무사
4. 제99조에 따른 심사위원회의 허가를 받은 자

08 고용보험법령상 고용보험기금의 용도를 모두 고른 것은?

1
2
3

> ㄱ. 직업능력개발 사업에 필요한 경비
> ㄴ. 고용보험법령에서 정한 국민연금 보험료의 지원
> ㄷ. 실업급여의 지급
> ㄹ. 육아휴직 급여의 지급
> ㅁ. 고용보험법령에서 정한 국민건강 보험료의 지원

① ㄱ, ㄴ, ㅁ   ② ㄴ, ㄷ, ㄹ

③ ㄷ, ㄹ, ㅁ   ☑ ㄱ, ㄴ, ㄷ, ㄹ

⑤ ㄱ, ㄷ, ㄹ, ㅁ

> ㄱ, ㄴ, ㄷ, ㄹ 모두 고용보험기금의 용도에 해당한다. ⚖

⚖
법령

고용보험법 제80조(기금의 용도)
① 기금은 다음 각 호의 용도에 사용하여야 한다.
  1. 고용안정·직업능력개발 사업에 필요한 경비
  2. 실업급여의 지급
  2의2. 제55조의2에 따른 국민연금 보험료의 지원
  3. 육아휴직 급여 및 출산전후휴가 급여등의 지급
  4. 보험료의 반환
  5. 일시 차입금의 상환금과 이자
  6. 이 법과 보험료징수법에 따른 업무를 대행하거나 위탁받은 자에 대한 출연금
  7. 그 밖에 이 법의 시행을 위하여 필요한 경비로서 대통령령으로 정하는 경비와 제1호 및 제2호에 따른 사업의 수행에 딸린 경비

09 고용보험법령상 수급권 보호에 관한 내용이다. (   )에 들어갈 내용은?

1
2
3

> 실업급여를 받을 권리는 양도 또는 압류하거나 담보로 제공할 수 없으며, 실업급여수급계좌의 예금 중 (   ) 이하의 금액에 관한 채권은 압류할 수 없다.

① 월 보수총액   ② 월 보험료액

③ 3개월 평균임금   ④ 월 최저임금액

☑ 실업급여수급계좌에 입금된 금액 전액

> 법 제38조 제2항에서 "대통령령으로 정하는 액수"란 법 제37조의2 제1항에 따라 실업급여수급계좌에 입금된 금액 전액을 말한다(고용보험법 시행령 제58조의3).

10 산업재해보상보험법령상 보험급여 중 시효의 완성 기간이 다른 것은? 기출 수정

① 요양급여를 받을 권리
② 간병급여를 받을 권리
③ 상병보상연금을 받을 권리
✓ 장례비를 받을 권리
⑤ 직업재활급여를 받을 권리

장례비를 받을 권리의 시효 완성 기간은 5년, 나머지는 3년이다. ⚖️

⚖️ 법령

산업재해보상보험법 제112조(시효)
① 다음 각 호의 권리는 3년간 행사하지 아니하면 시효로 말미암아 소멸한다. 다만, 제1호의 보험급여 중 장해급여, 유족급여, 장례비, 진폐보상연금 및 진폐유족연금을 받을 권리는 5년간 행사하지 아니하면 시효의 완성으로 소멸한다.
　1. 제36조 제1항에 따른 보험급여를 받을 권리(요양급여, 휴업급여, 장해급여, 간병급여, 유족급여, 상병보상연금, 장례비, 직업재활급여)
　2. 제45조(진료비의 청구)에 따른 산재보험 의료기관의 권리
　3. 제46조(약제비의 청구)에 따른 약국의 권리
　4. 제89조(수급권의 대위)에 따른 보험가입자의 권리
　5. 제90조 제1항(요양급여 비용의 정산)에 따른 국민건강보험공단등의 권리
② 제1항에 따른 소멸시효에 관하여는 이 법에 규정된 것 외에는 민법에 따른다.

11 산업재해보상보험법령상 장해보상연금의 수급권 소멸사유를 모두 고른 것은?

ㄱ. 수급권자가 사망한 경우
ㄴ. 대한민국 국민이었던 수급권자가 국적을 상실하고 외국에서 거주하고 있는 경우
ㄷ. 대한민국 국민이 아닌 수급권자가 외국에서 거주하기 위해 출국하는 경우
ㄹ. 수급권자의 장해등급이 변경되어 장해보상연금의 지급 대상에서 제외되는 경우

① ㄱ, ㄴ
② ㄱ, ㄹ
③ ㄴ, ㄷ
④ ㄱ, ㄷ, ㄹ
✓ ㄱ, ㄴ, ㄷ, ㄹ

산업재해보상보험법 제58조에 따르면 ㄱ, ㄴ, ㄷ, ㄹ 모두 장해보상연금의 수급권 소멸사유에 해당한다.

⚖️ 법령

산업재해보상보험법 제58조(장해보상연금 등의 수급권의 소멸)
장해보상연금 또는 진폐보상연금의 수급권자가 다음 각 호의 어느 하나에 해당하면 그 수급권이 소멸한다.
1. 사망한 경우
2. 대한민국 국민이었던 수급권자가 국적을 상실하고 외국에서 거주하고 있거나 외국에서 거주하기 위하여 출국하는 경우
3. 대한민국 국민이 아닌 수급권자가 외국에서 거주하기 위하여 출국하는 경우
4. 장해등급 또는 진폐장해등급이 변경되어 장해보상연금 또는 진폐보상연금의 지급 대상에서 제외되는 경우

2019년

12 산업재해보상보험법령상 노무제공자의 범위에 해당하지 않는 자는? `기출 수정`

1
2
3

① 한국표준직업분류표의 세세분류에 따른 학습지 방문강사

산업재해보상보험법 시행령 제83조의5 제3호

☑ **택배서비스종사자로서 전화 상담 업무를 하는 사람**

택배서비스종사자로서 집화 또는 배송(설치를 수반하는 배송을 포함한다) 업무를 하는 사람이 아닌 전화 상담 업무를 하는 사람은 노무제공자 범위에 해당하지 아니한다.

③ 보험을 모집하는 보험업법에 따른 보험설계사   산업재해보상보험법 시행령 제83조의5 제1호 가목

④ 체육시설의 설치·이용에 관한 법률에 따라 직장체육시설로 설치된 골프장에서 골프경기를 보조하는 골프장 캐디   산업재해보상보험법 시행령 제83조의5 제4호

⑤ 여신전문금융업법에 따른 신용카드회원 모집인   산업재해보상보험법 시행령 제83조의5 제8호

13 산업재해보상보험법령상 심사청구의 대상이 아닌 것은?

1
2
3

① 약제비에 관한 결정   ② 보험급여에 관한 결정

☑ **보험료 부과에 관한 결정**   ④ 수급권의 대위에 관한 결정

⑤ 부당이득의 징수에 관한 결정

보험료 부과에 관한 결정은 산업재해보상보험법 제103조에 따른 심사청구의 대상이 아니다. ⚖️

⚖️
법령

산업재해보상보호법 제103조(심사 청구의 제기)

① 다음 각 호의 어느 하나에 해당하는 공단의 결정 등(이하 "보험급여 결정 등"이라 한다)에 불복하는 자는 공단에 심사 청구를 할 수 있다.

1. 제3장, 제3장의2 및 제3장의3에 따른 보험급여에 관한 결정
2. 제45조 및 제91조의6 제4항에 따른 진료비에 관한 결정
3. 제46조에 따른 약제비에 관한 결정
4. 제47조 제2항에 따른 진료계획 변경 조치등
5. 제76조에 따른 보험급여의 일시지급에 관한 결정
5의2. 제77조에 따른 합병증 등 예방관리에 관한 조치
6. 제84조에 따른 부당이득의 징수에 관한 결정
7. 제89조에 따른 수급권의 대위에 관한 결정

---

14 산업재해보상보험법령상 보험급여에 관한 설명으로 옳은 것은?

① 부상 또는 질병이 7일 이내의 요양으로 치유될 수 있으면 요양급여를 지급하지 아니한다.

> 부상 또는 질병이 <u>3일 이내의 요양</u>으로 치유될 수 있으면 요양급여를 지급하지 아니한다(산업재해보상보험법 제40조 제3항).

☑ **요양급여의 신청을 한 사람은 근로복지공단이 요양급여에 관한 결정을 하기 전에는 국민건강** **보험법상 요양급여를 받을 수 있다.** 산업재해보상보험법 제42조 제1항

③ 장해급여는 근로자가 업무상의 사유로 질병에 걸려 치유된 후 신체 등에 장해가 있는 경우에 한국장애인고용공단에서 지급한다.

> 장해급여는 근로자가 업무상의 사유로 부상을 당하거나 질병에 걸려 치유된 후 신체 등에 장해가 있는 경우에 <u>근로복지공단에서 그 근로자에게 지급한다</u>(산업재해보상보험법 제57조 제1항, 제11조 제1항 제3호).

④ 장해보상연금의 수급권자가 재요양을 받는 경우에는 그 연금의 지급을 정지한다.

> 장해보상연금의 수급권자가 재요양을 받는 경우에도 <u>그 연금의 지급을 정지하지 아니한다</u>(산업재해보상보험법 제60조 제1항).

⑤ 간병급여는 실제로 간병을 실시한 자에게 직접 지급한다.

> 간병급여는 제40조에 따른 요양급여를 받은 사람 중 치유 후 의학적으로 상시 또는 수시로 간병이 필요하여 <u>실제로 간병을 받는 사람에게 지급한다</u>(산업재해보상보험법 제61조 제1항).

15 산업재해보상보험법령상 통상적인 출퇴근 경로의 일탈 또는 중단이 일상생활에 필요한 행위로서 사유가 있는 경우에는 출퇴근 재해로 보는데, 다음 중 그 사유에 해당하는 것은 모두 몇 개인가?

- 일상생활에 필요한 용품을 구입하는 행위
- 방송통신대학에서 직업능력 개발향상에 기여할 수 있는 교육을 받는 행위
- 선거권이나 국민투표권의 행사
- 근로자가 사실상 보호하고 있는 아동을 보육기관으로부터 데려오는 행위
- 의료기관에서 질병의 예방을 목적으로 진료를 받는 행위

① 1개   ② 2개

③ 3개   ④ 4개

☑ 5개

> 산업재해보상법 제37조 제3항 및 동법 시행령 제35조 제2항에 따라, 모두 출퇴근 재해 사유에 해당한다. ⚖

산업재해보상법 제37조(업무상의 재해의 인정 기준)

③ 제1항 제3호 나목의 사고 중에서 출퇴근 경로 일탈 또는 중단이 있는 경우에는 해당 일탈 또는 중단 중의 사고 및 그 후의 이동 중의 사고에 대하여는 출퇴근 재해로 보지 아니한다. 다만, 일탈 또는 중단이 일상생활에 필요한 행위로서 대통령령으로 정하는 사유가 있는 경우에는 출퇴근 재해로 본다.

산업재해보상법 시행령 제35조(출퇴근 중의 사고)

① 근로자가 출퇴근하던 중에 발생한 사고가 다음 각 호의 요건에 모두 해당하면 법 제37조 제1항 제3호 가목에 따른 출퇴근 재해로 본다.

1. 사업주가 출퇴근용으로 제공한 교통수단이나 사업주가 제공한 것으로 볼 수 있는 교통수단을 이용하던 중에 사고가 발생하였을 것
2. 출퇴근용으로 이용한 교통수단의 관리 또는 이용권이 근로자측의 전속적 권한에 속하지 아니하였을 것

② 법 제37조 제3항 단서에서 "일상생활에 필요한 행위로서 대통령령으로 정하는 사유"란 다음 각 호의 어느 하나에 해당하는 경우를 말한다.

1. 일상생활에 필요한 용품을 구입하는 행위
2. 고등교육법 제2조에 따른 학교(방송통신대학 등) 또는 직업교육훈련 촉진법 제2조에 따른 직업교육훈련기관에서 직업능력 개발향상에 기여할 수 있는 교육이나 훈련 등을 받는 행위
3. 선거권이나 국민투표권의 행사
4. 근로자가 사실상 보호하고 있는 아동 또는 장애인을 보육기관 또는 교육기관에 데려주거나 해당 기관으로부터 데려오는 행위
5. 의료기관 또는 보건소에서 질병의 치료나 예방을 목적으로 진료를 받는 행위
6. 근로자의 돌봄이 필요한 가족 중 의료기관 등에서 요양 중인 가족을 돌보는 행위
7. 제1호부터 제6호까지의 규정에 준하는 행위로서 고용노동부장관이 일상생활에 필요한 행위라고 인정하는 행위

16 국민연금법령상 출산에 대한 가입기간 추가 산입에 관한 내용이다. ( )에 들어갈 내용으로 옳은 것은?

1
2
3

> 2 이상의 자녀가 있는 가입자가 노령연금수급권을 취득한 때에는 다음 각호에 따른 기간을 가입기간에 추가로 산입한다. 다만, 추가로 산입하는 기간은 (ㄱ)개월을 초과할 수 없다.
> 1. 자녀가 2명인 경우 : (ㄴ)개월
> 2. 자녀가 3명 이상인 경우 : 둘째 자녀에 대하여 인정되는 (ㄴ)개월에 2자녀를 초과하는 자녀 1명마다 (ㄷ)개월을 더한 개월 수

① ㄱ : 50, ㄴ : 6, ㄷ : 12　　　　　❷ ㄱ : 50, ㄴ : 12, ㄷ : 18

③ ㄱ : 60, ㄴ : 6, ㄷ : 12　　　　　④ ㄱ : 60, ㄴ : 6, ㄷ : 18

⑤ ㄱ : 60, ㄴ : 12, ㄷ : 18

> 2 이상의 자녀가 있는 가입자 또는 가입자였던 자가 노령연금수급권을 취득한 때(이 조에 따라 가입기간이 추가 산입되면 노령연금수급권을 취득할 수 있는 경우를 포함한다)에는 다음 각 호에 따른 기간을 가입기간에 추가로 산입한다. 다만, 추가로 산입하는 기간은 (50)개월을 초과할 수 없으며, 자녀 수의 인정방법 등에 관하여 필요한 사항은 대통령령으로 정한다(국민연금법 제19조 제1항).
> 1. 자녀가 2명인 경우 : (12)개월
> 2. 자녀가 3명 이상인 경우 : 둘째 자녀에 대하여 인정되는 (12)개월에 2자녀를 초과하는 자녀 1명마다 (18)개월을 더한 개월 수

17 국민연금법령상 유족연금에 관한 설명으로 옳은 것은?

① 사실상의 혼인관계에 있는 배우자는 유족연금을 지급받을 수 있는 유족에 해당하지 않는다.

> 국민연금법을 적용할 때 배우자, 남편, 또는 아내에는 사실상의 혼인관계에 있는 자를 포함한다(국민연금법 제3조 제2항).

② 수급권자가 산업재해보상보험법에 의한 유족급여를 받는 경우에는 유족연금을 지급하지 않는다.

> 수급권자가 산업재해보상보험법에 의한 유족급여를 받는 경우에는 유족연금액은 그 2분의 1에 해당하는 금액을 지급한다(국민연금법 제113조 제2호).

③ 유족연금을 지급받을 수 있는 유족의 범위는 배우자, 자녀, 부모, 손자녀, 조부모 및 형제자매이다. 형제자매는 유족연금을 지급받을 수 있는 유족의 범위에 해당하지 않는다(국민연금법 제73조 제1항).

④ 유족연금 수급권자인 자녀가 사망 시 다음 순위자인 부모에게 유족연금을 지급한다.

> 유족연금은 순위에 따라 최우선 순위자에게만 지급한다. 다만, 배우자의 경우 수급권이 소멸되거나 정지되면 차순위 유족(자녀)에게 지급한다(국민연금법 제73조 제2항). 즉, 유족연금 수급권자인 자녀가 사망했을 경우 수급권은 다음 순위자인 부모에게 지급되지 않고 소멸한다.

☑ 부모, 손자녀 또는 조부모인 유족의 유족연금 수급권은 가입자 또는 가입자였던 사람이 사망할 당시에 그 가입자 또는 가입자였던 사람의 태아가 출생하여 수급권을 갖게 되면 소멸한다.

> 국민연금법 제75조 제2항 ⚖

⚖ 법령

> **국민연금법 제75조(유족연금 수급권의 소멸)**
> ② 부모, 손자녀 또는 조부모인 유족의 유족연금 수급권은 가입자 또는 가입자였던 사람이 사망할 당시에 그 가입자 또는 가입자였던 사람의 태아가 출생하여 수급권을 갖게 되면 소멸한다.

2019년

18 국민건강보험법령상 급여의 제한 및 정지에 관한 설명으로 옳지 않은 것은? (기출 수정)

① 국민건강보험공단은 보험급여를 받을 수 있는 사람이 중대한 과실로 인한 범죄행위에 그 원인이 있는 경우 보험급여를 하지 아니한다. 국민건강보험법 제53조 제1항 제1호

② 국민건강보험공단은 보험급여를 받을 수 있는 사람이 다른 법령에 따라 국가로부터 보험급여에 상당하는 비용을 지급받게 되는 경우에는 그 한도에서 보험급여를 하지 아니한다.

> 국민건강보험법 제53조 제2항

③ 보험급여를 받을 수 있는 사람이 국외에 체류하는 경우 그 기간에는 보험급여를 하지 아니한다.

> 국민건강보험법 제54조 제2호

☑ 국민건강보험공단은 지역가입자가 1개월 이상 세대단위의 보험료를 체납한 경우 그 체납한 보험료를 완납할 때까지 그 가입자를 제외한 피부양자에 대하여 보험급여를 실시하지 아니한다.

> 공단은 가입자가 대통령령으로 정하는 기간 이상 다음 각 호의 보험료를 체납한 경우 그 체납한 보험료를 완납할 때까지 <u>그 가입자 및 피부양자</u>에 대하여 보험급여를 실시하지 아니할 수 있다(국민건강보험법 제53조 제3항 본문).

⑤ 보험급여를 받을 수 있는 사람이 교도소에 수용되어 있는 경우 그 기간에는 보험급여를 하지 아니한다. `국민건강보험법 제54조 제4호`

19 국민건강보험법령상 보험료에 관한 설명으로 옳지 않은 것은?

① 지역가입자의 월별 보험료액은 세대 단위로 산정한다. `국민건강보험법 제69조 제5항`

② 직장가입자의 보수 외 소득월액보험료는 직장가입자가 부담한다. `국민건강보험법 제76조 제2항`

③ 지역가입자의 보험료는 그 가입자가 속한 세대의 지역가입자 전원이 연대하여 부담한다.

`국민건강보험법 제76조 제3항`

☑ 직장가입자가 교직원으로서 사립학교에 근무하는 교원인 경우 보수월액보험료는 그 직장가입자와 사립학교를 설립·운영하는 자가 각각 보험료액의 100분의 50씩 부담한다.

> 직장가입자가 교직원으로서 사립학교에 근무하는 교원이면 보험료액은 그 직장가입자가 100분의 50을 제3조 제2호 다목에 해당하는 <u>사용자가 100분의 30을, 국가가 100분의 20을 각각 부담한다</u>(국민건강보험법 제76조 제1항 단서).

⑤ 직장가입자가 공무원인 경우 보수월액보험료는 그 직장가입자와 그 공무원이 소속되어 있는 국가 또는 지방자치단체가 각각 보험료액의 100분의 50씩 부담한다.

`국민건강보험법 세76조 제1항 제2호`

20 국민건강보험법령상 보험료의 경감 대상이 될 수 있는 가입자는?

① 직장가입자로서 65세 이상인 사람

② 직장가입자로서 출산 휴가 중인 사람

☑ 직장가입자 중 휴직기간이 1개월 이상인 사람

> 국민건강보험법 시행규칙 제46조 제5호에 따라 보험료의 경감 대상이 된다. ⚖

④ 직장가입자 중 장애인복지법에 따라 등록한 장애인

⑤ 직장가입자 중 국가유공자 등 예우 및 지원에 관한 법률에 따른 국가유공자

국민건강보험법 제75조(보험료의 경감 등)

① 다음 각 호의 어느 하나에 해당하는 가입자 중 보건복지부령으로 정하는 가입자에 대하여는 그 가입자 또는 그 가입자가 속한 세대의 보험료의 일부를 경감할 수 있다.

국민건강보험법 시행규칙 제46조(보험료 경감 대상자)

법 제75조 제1항 각 호 외의 부분에서 "보건복지부령으로 정하는 가입자"란 다음 각 호의 어느 하나에 해당하는 사람을 말한다.

1. 영 제45조 제1호에 해당하는 지역에 거주하는 가입자
2. 영 제45조 제2호에 해당하는 지역에 거주하는 지역가입자로서 다음 각 목의 어느 하나에 해당하는 사람. 다만, 영 제45조 제2호나목 및 다목에 해당하는 지역의 경우 라목에 해당하는 사람은 제외한다.
   가. 농어업·농어촌 및 식품산업 기본법 제3조 제2호에 따른 농어업인
   나. 수산업법 제2조 제12호에 따른 어업인
   다. 광업법 제3조 제2호에 따른 광업에 종사하는 사람
   라. 소득세법 제19조에 따른 사업소득이 연간 500만원 이하인 사람
3. 영 제45조 제3호에 해당하는 지역에 거주하는 직장가입자로서 보건복지부장관이 정하여 고시하는 사람
4. 법 제75조 제1항 제2호부터 제4호까지에 해당하는 지역가입자
5. 법 제75조 제1항 제5호에 해당하는 직장가입자 중 휴직기간이 1개월 이상인 사람
6. 법 제75조 제1항 제6호에 해당하는 가입자

---

21 고용보험 및 산업재해보상보험의 보험료징수 등에 관한 법령상 보험사무대행기관에 보험사무를 위임할 수 있는 업무의 범위가 아닌 것은?

1
2
3

✔️ **확정보험료의 부과**

> 확정보험료의 부과는 보험사무대행기관에 위임할 수 있는 업무에 해당되지 않는다. ⚖️

② 개산보험료의 신고
③ 고용보험 피보험자의 자격 관리에 관한 사무
④ 보험관계의 소멸의 신고
⑤ 보험관계의 변경의 신고

고용보험 및 산업재해보상보험의 보험료징수 등에 관한 법률 시행령 제46조(위임대상 보험사무의 범위)

법 제33조 제1항 후단에 따라 보험사무대행기관에 위임할 수 있는 업무의 범위는 다음 각 호와 같다.

1. 법 제16조의10에 따른 보수총액 등의 신고
2. 개산보험료·확정보험료의 신고
3. 고용보험 피보험자의 자격 관리에 관한 사무
4. 보험관계의 성립·변경·소멸의 신고
5. 그 밖에 사업주가 지방노동관서 또는 공단에 대하여 하여야 할 보험에 관한 사무

22 고용보험 및 산업재해보상보험의 보험료징수 등에 관한 법령의 내용으로 옳은 것은?

☑ 사업의 폐업 · 도산 등으로 근로자, 예술인 또는 노무제공자의 보수 또는 보수액을 산정 · 확인하기 곤란한 경우에는 기준보수를 보수로 할 수 있다.

> 고용보험 및 산업재해보상보험의 보험료징수 등에 관한 법률 제3조 제1항 제1호

② 원수급인으로부터 사업의 전부를 도급받아 하는 자는 하수급인에 해당하지 않는다.

> "하수급인"이란 원수급인으로부터 그 사업의 전부 또는 일부를 도급받아 하는 자와 그 자로부터 그 사업의 전부 또는 일부를 도급받아 하는 자를 말한다(고용보험 및 산업재해보상보험의 보험료징수 등에 관한 법률 제2조 제5호).

③ 고용보험료를 징수하는 경우에는 근로자가 휴직기간 중에 사업주 외의 자로부터 지급받는 금품 일체는 보수로 보지 않는다.

> "보수"란 소득세법 제20조에 따른 근로소득에서 대통령령으로 정하는 금품을 뺀 금액을 말한다. 다만, 제13조 제1항 제1호에 따른 고용보험료를 징수하는 경우에는 근로자가 휴직이나 그 밖에 이와 비슷한 상태에 있는 기간 중에 사업주 외의 자로부터 지급받는 금품 중 고용노동부장관이 정하여 고시하는 금품은 보수로 본다(고용보험 및 산업재해보상보험의 보험료징수 등에 관한 법률 제2조 제3호).

④ 보험에 가입한 사업주는 사업의 명칭 및 소재지, 사업의 종류 등이 변경된 경우에는 다음 보험연도 첫날부터 14일 이내에 그 변경사항을 근로복지공단에 신고하여야 한다.

> 보험에 가입한 사업주는 그 이름, 사업의 소재지 등 대통령령으로 정하는 사항이 변경된 경우에는 그 날부터 14일 이내에 그 변경사항을 공단에 신고하여야 한다(고용보험 및 산업재해보상보험의 보험료징수 등에 관한 법률 제12조).

⑤ 산업재해보상보험법을 적용받는 사업의 사업주는 근로복지공단의 승인을 받아 산업재해보상보험에 가입할 수 있다.

> 산업재해보상보험법을 적용받는 사업의 사업주는 당연히 산업재해보상보험법에 따른 산업재해보상보험의 보험가입자가 된다(고용보험 및 산업재해보상보험의 보험료징수 등에 관한 법률 제5조 제3항).

23 고용보험 및 산업재해보상보험의 보험료징수 등에 관한 법령의 내용으로 옳지 않은 것은?

기출 수정

① 근로복지공단은 사업 실체가 없는 등의 사유로 계속하여 보험관계를 유지할 수 없다고 인정하는 경우에는 그 보험관계를 소멸시킬 수 있다.

> 고용보험 및 산업재해보상보험의 보험료징수 등에 관한 법률 제5조 제7항

② 근로자가 월의 중간에 새로이 고용된 경우 월별보험료는 해당 월의 다음 달부터 산정한다.

> 고용보험 및 산업재해보상보험의 보험료징수 등에 관한 법률 제16조의4 제1호

✓ 근로복지공단은 소멸시효가 완성된 경우에는 고용노동부장관의 승인을 받아 보험료와 이 법에 따른 그 밖의 징수금을 결손처분할 수 있다.

> 건강보험공단은 소멸시효가 완성된 경우에는 고용노동부장관의 승인을 받아 보험료와 이 법에 따른 그 밖의 징수금을 결손처분할 수 있다(고용보험 및 산업재해보상보험의 보험료징수 등에 관한 법률 제29조 제1항 제2호).

④ 사업종류의 변경으로 보험료 납부방법이 변경되는 경우에는 사업종류의 변경일 전일을 변경 전 사업폐지일로, 사업종류의 변경일을 새로운 사업성립일로 본다.

> 고용보험 및 산업재해보상보험의 보험료징수 등에 관한 법률 제19조의2

⑤ 공동사업에 관계되는 보험료, 이 법에 따른 그 밖의 징수금과 체납처분비는 공동사업자가 연대하여 낼 의무를 진다.

> 고용보험 및 산업재해보상보험의 보험료징수 등에 관한 법률 제28조의4 제1항

24 고용보험 및 산업재해보상보험의 보험료징수 등에 관한 법령상 (   )에 들어갈 내용으로 옳은 것은?

> • 고용노동부장관은 천재지변이나 그 밖에 대통령령으로 정하는 특수한 사유가 있어 보험료를 경감할 필요가 있다고 인정하는 보험가입자에 대하여 고용보험위원회 또는 산업재해보상보험 및 예방심의위원회의 심의를 거쳐 보험료와 그 밖의 징수금을 경감할 수 있다. 현재 경감비율은 보험료와 그 밖의 징수금의 (ㄱ)이다.
> • 현재 자영업자에게 적용하는 실업급여의 보험료율은 (ㄴ)이다.

① ㄱ : 100분의 20, ㄴ : 1천분의 13　　　② ㄱ : 100분의 20, ㄴ : 1천분의 20

③ ㄱ : 100분의 30, ㄴ : 1천분의 13　　　✓ ㄱ : 100분의 30, ㄴ : 1천분의 20

⑤ ㄱ : 100분의 30, ㄴ : 1천분의 25

> • 법 제22조의2 제1항 후단에 따른 경감비율은 보험료와 그 밖의 징수금의 (100분의 30)으로 한다(고용보험 및 산업재해보상보험의 보험료징수 등에 관한 법률 시행령 제30조의2 제2항).
> • 법 제49조의2 제7항에 따른 자영업자의 실업급여의 보험료율은 (1천분의 20)이다(고용보험 및 산업재해보상보험의 보험료징수 등에 관한 법률 시행령 제56조의19 제1항 제2호).

25 고용보험 및 산업재해보상보험의 보험료징수 등에 관한 법령상 보험료율의 인상 또는 인하 등에 따른 조치로 옳지 않은 것은?

① 보험료율이 인상된 경우 근로복지공단은 월별보험료를 증액 조정한다.

> 고용보험 및 산업재해보상보험의 보험료징수 등에 관한 법률 제18조 제1항

✔️ 보험료율이 인상된 경우 국민건강보험공단은 개산보험료를 증액 조정한다.

> 보험료율이 인상된 경우 <u>근로복지공단이</u> 개산보험료를 증액 조정한다(고용보험 및 산업재해보상보험의 보험료징수 등에 관한 법률 제18조 제1항). ⚖️

③ 보험료율 인상으로 개산보험료가 증액된 때에는 근로복지공단이 징수한다.

> 고용보험 및 산업재해보상보험의 보험료징수 등에 관한 법률 제18조 제1항

④ 보험료율 인상으로 월별보험료가 증액된 때에는 국민건강보험공단이 징수한다.

> 고용보험 및 산업재해보상보험의 보험료징수 등에 관한 법률 제18조 제1항

⑤ 근로복지공단은 보험료를 감액 조정한 경우에는 보험료율의 인하를 결정한 날부터 20일 이내에 그 감액 조정 사실을 사업주에게 알려야 한다.

> 고용보험 및 산업재해보상보험의 보험료징수 등에 관한 법률 시행령 제24조 제1항

⚖️
법령

고용보험 및 산업재해보상보험의 보험료징수 등에 관한 법률 제18조(보험료율의 인상 또는 인하 등에 따른 조치)
① 근로복지공단은 보험료율이 인상 또는 인하된 때에는 월별보험료 및 개산보험료를 증액 또는 감액 조정하고, 월별보험료가 증액된 때에는 건강보험공단이, 개산보험료가 증액된 때에는 근로복지공단이 각각 징수한다. 이 경우 사업주에 대한 통지, 납부기한 등 필요한 사항은 대통령령으로 정한다.
② 근로복지공단은 사업주가 보험연도 중에 사업의 규모를 축소하여 실제의 개산보험료 총액이 이미 신고한 개산보험료 총액보다 대통령령으로 정하는 기준 이상으로 감소하게 된 경우에는 사업주의 신청을 받아 그 초과액을 감액할 수 있다.

01	02	03	04	05	06	07	08	09	10	11	12	13	14	15	16	17	18	19	20	21	22	23	24	25
⑤	④	⑤	③	③	④	③	②	②	③	③	⑤	②	⑤	①	①	⑤	⑤	①	①	④	②	③	④	④

01 사회보장기본법상 내용으로 옳은 것은?

① 국가는 중장기 사회보장 재정추계를 매년 실시하고 공표하여야 한다.

> 국가는 사회보장제도의 안정적인 운영을 위하여 중장기 사회보장 재정추계를 격년으로 실시하고 이를 공표하여야 한다(사회보장기본법 제5조 제4항).

② 사회보장수급권의 포기는 취소할 수 없다.

> 사회보장수급권의 포기는 취소할 수 있다(사회보장기본법 제14조 제2항).

③ 사회서비스란 사회적 위험을 보험의 방식으로 대처함으로써 국민의 건강과 소득을 보장하는 제도를 말한다.

> "사회서비스"란 국가 · 지방자치단체 및 민간부문의 도움이 필요한 모든 국민에게 복지, 보건의료, 교육, 고용, 주거, 문화, 환경 등의 분야에서 인간다운 생활을 보장하고 상담, 재활, 돌봄, 정보의 제공, 관련 시설의 이용, 역량 개발, 사회참여 지원 등을 통하여 국민의 삶의 질이 향상되도록 지원하는 제도를 말한다(사회보장기본법 제3조 제4호). 사회적 위험을 보험의 방식으로 대처함으로써 국민의 건강과 소득을 보장하는 제도는 "사회보험"이다(사회보장기본법 제3조 제2호).

④ 사회보장수급권은 다른 사람에게 양도할 수 있다.

> 사회보장수급권은 관계 법령에서 정하는 바에 따라 다른 사람에게 양도하거나 담보로 제공할 수 없으며, 이를 압류할 수 없다(사회보장기본법 제12조).

✔ 국가와 지방자치단체는 최저보장수준과 최저임금 등을 고려하여 사회보장급여의 수준을 결정하여야 한다. 사회보장기본법 제10조 제3항

02 사회보장기본법상 내용으로 옳지 않은 것은?

① 사회보장기본법은 사회보장에 관한 국민의 권리와 국가 및 지방자치단체의 책임을 정하고 있다. 사회보장기본법 제1조

② 사회보장은 사회참여·자아실현에 필요한 제도와 여건을 조성하여 사회통합과 행복한 복지사회를 실현하는 것을 기본 이념으로 한다. 사회보장기본법 제2조

③ 국가와 지방자치단체의 책임하에 생활 유지 능력이 없거나 생활이 어려운 국민의 최저생활을 보장하고 자립을 지원하는 제도를 공공부조라 한다. 사회보장기본법 제3조 제3호

④ 사회보장위원회는 사회보장급여 관련 업무에 공통적으로 적용되는 기준을 마련하여야 한다.

보건복지부장관은 사회보장급여 관련 업무에 공통적으로 적용되는 기준을 마련할 수 있다(사회보장기본법 제26조 제5항).

⑤ 국내에 거주하는 외국인에게 사회보장제도를 적용할 때에는 상호주의의 원칙에 따르되, 관계 법령에서 정하는 바에 따른다. 사회보장기본법 제8조

03 사회보장기본법상 사회보장정보시스템의 구축·운영 등에 관한 설명으로 옳지 않은 것은?

① 보건복지부장관은 사회보장정보시스템의 구축·운영을 총괄한다.

사회보장기본법 제37조 제3항

② 국가와 지방자치단체는 국민편익의 증진과 사회보장업무의 효율성 향상을 위하여 사회보장업무를 전자적으로 관리하도록 노력하여야 한다. 사회보장기본법 제37조 제1항

③ 국가와 지방자치단체가 조사하거나 제공받은 개인·법인의 정보는 이 법과 관련 법률에 근거하지 아니하고 보유, 이용, 제공되어서는 아니 된다. 사회보장기본법 제38조 제2항

④ 관계 중앙행정기관 및 지방자치단체의 장은 사회보장정보와 관련하여 사회보장정보시스템의 활용이 필요한 경우 사전에 보건복지부장관과 협의하여야 한다.

사회보장기본법 제37조 제6항

④ 사회복지법인의 보조금 수급이력에 관한 자료는 사회보장정보시스템의 운영을 위하여 수집·보유할 수 있는 정보에 해당하지 않는다.

사회복지법인 및 사회복지시설, 관련 기관 및 단체의 보조금 수급이력에 관한 자료는 보건복지부장관이 사회보장정보시스템의 운영을 위하여 수집·보유·이용·제공할 수 있는 정보의 범위에 포함된다(사회보장기본법 시행령 제19조 제2항 제4호).

04 고용보험법령상 피보험기간이 4년인 자영업자인 경우 구직급여의 소정급여일수는?

기출 수정

① 90일   ② 120일

③ 150일   ④ 180일

⑤ 210일

법령

고용보험법 [별표 2] 자영업자의 구직급여의 소정급여일수

구분	피보험기간			
	1년 이상 3년 미만	3년 이상 5년 미만	5년 이상 10년 미만	10년 이상
소정급여일수	120일	150일	180일	210일

05 고용보험법에서 사용하는 용어의 뜻으로 옳은 것은?

① 피보험자 : 근로기준법상 근로자와 사업주를 말한다.

② 이직 : 근로계약이 당사자의 합의에 의해 해지되는 것을 말하며, 정년퇴직은 포함되지 아니한다.

③ 실업 : 근로의 의사와 능력이 있음에도 불구하고 취업하지 못한 상태에 있는 것을 말한다.

    고용보험법 제2조 제3호

④ 보수 : 사용자로부터 받는 일체의 금품을 말한다.

⑤ 일용근로자 : 3개월 미만 동안 고용된 사람을 말한다.

법령

고용보험법 제2조(정의)
이 법에서 사용하는 용어의 뜻은 다음과 같다.
1. "피보험자"란 다음 각 목에 해당하는 사람을 말한다.
   가. 고용보험 및 산업재해보상보험의 보험료징수 등에 관한 법률 제5조 제1항·제2항, 제6조 제1항, 제8조 제1항·제2항, 제48조의2 제1항 및 제48조의3 제1항에 따라 보험에 가입되거나 가입된 것으로 보는 근로자, 예술인 또는 노무제공자
   나. 고용산재보험료징수법 제49조의2 제1항·제2항에 따라 고용보험에 가입하거나 가입된 것으로 보는 자영업자
2. "이직(離職)"이란 피보험자와 사업주 사이의 고용관계가 끝나게 되는 것을 말한다.
3. "실업"이란 근로의 의사와 능력이 있음에도 불구하고 취업하지 못한 상태에 있는 것을 말한다.
4. "실업의 인정"이란 직업안정기관의 장이 제43조에 따른 수급자격자가 실업한 상태에서 적극적으로 직업을 구하기 위하여 노력하고 있다고 인정하는 것을 말한다.
5. "보수"란 소득세법 제20조에 따른 근로소득에서 대통령령으로 정하는 금품을 뺀 금액을 말한다. 다만, 휴직이나 그 밖에 이와 비슷한 상태에 있는 기간 중에 사업주 외의 자로부터 지급받는 금품 중 고용노동부장관이 정하여 고시하는 금품은 보수로 본다.
6. "일용근로자"란 1개월 미만 동안 고용되는 사람을 말한다.

2018년

06 고용보험법령상 적용제외근로자에 관한 내용이다. (　　)에 들어갈 숫자를 순서대로 옳게 나열한 것은? 기출 수정

> 1개월간 소정근로시간이 (　　)시간 미만이거나 1주간의 소정근로시간이 15시간 미만인 근로자는 고용보험법을 적용하지 아니한다. 다만, 해당 사업에서 (　　)개월 이상 계속하여 근로를 제공하는 근로자는 법 적용 대상으로 한다.

① 15, 1　　　　　　　　　　　　　　② 15, 3
③ 60, 1　　　　　　　　　　　　　　✔ 60, 3
⑤ 90, 1

고용보험법 제10조 및 동법 시행령 제3조의 규정에 따라 1개월간 소정근로시간이 (60)시간 미만이거나 1주간의 소정근로시간이 15시간 미만인 근로자는 고용보험법을 적용하지 아니한다. 다만, 해당 사업에서 (3)개월 이상 계속하여 근로를 제공하는 근로자는 법 적용 대상으로 한다. ⚖

법령

고용보험법 제10조(적용 제외)
① 다음 각 호의 어느 하나에 해당하는 사람에게는 이 법을 적용하지 아니한다.
　1. 삭제
　2. 해당 사업에서 소정(所定)근로시간이 대통령령으로 정하는 시간 미만인 근로자

> **고용보험법 제3조(적용 제외 근로자)**
> ① 법 제10조 제1항 제2호에서 "해당 사업에서 소정(所定)근로시간이 대통령령으로 정하는 시간 미만인 근로자"란 해당 사업에서 1개월간 소정근로시간이 60시간 미만이거나 1주간의 소정근로시간이 15시간 미만인 근로자를 말한다.
> ② 제1항에도 불구하고 다음 각 호의 어느 하나에 해당하는 근로자는 법 적용 대상으로 한다.
> 　1. 해당 사업에서 3개월 이상 계속하여 근로를 제공하는 근로자
> 　2. 일용근로자

　3. 국가공무원법과 지방공무원법에 따른 공무원. 다만, 대통령령으로 정하는 바에 따라 별정직공무원, 국가공무원법 제26조의5 및 지방공무원법 제25조의5에 따른 임기제공무원의 경우는 본인의 의사에 따라 고용보험(제4장에 한정한다)에 가입할 수 있다.
　4. 사립학교교직원 연금법의 적용을 받는 사람
　5. 그 밖에 대통령령으로 정하는 사람

07 고용보험법상 피보험자의 관리에 관한 내용으로 옳은 것은?

① 피보험자가 이직을 한 경우에는 이직한 날에 그 피보험자격을 상실한다.

> 피보험자가 이직한 경우에는 이직한 날의 다음 날에 그 피보험자격을 상실한다(고용보험법 제14조 제1항 제3호).

② 이 법의 적용 제외 근로자였던 자가 이 법의 적용을 받게 된 경우에는 해당 사업에 고용된 날에 피보험자격을 취득한다.

> 고용보험법 제10조 및 제10조의2에 따른 적용 제외 근로자였던 사람이 이 법의 적용을 받게 된 경우에는 그 적용을 받게 된 날에 피보험자격을 취득한다(고용보험법 제13조 제1항 제1호).

✔️ 피보험자 또는 피보험자였던 사람은 언제든지 고용노동부장관에게 피보험자격의 취득 또는 상실에 관한 확인을 청구할 수 있다. 고용보험법 제17조 제1항

④ 근로자가 보험관계가 성립되어 있는 두 개의 사업에 동시에 고용되어 있는 경우에는 두 개의 피보험자격을 취득한다.

> 근로자가 보험관계가 성립되어 있는 둘 이상의 사업에 동시에 고용되어 있는 경우에는 대통령령으로 정하는 바에 따라 그중 한 사업의 근로자로서의 피보험자격을 취득한다(고용보험법 제18조 제1항).

⑤ 피보험자가 사망한 경우에는 사망한 날에 그 피보험자격을 상실한다.

> 피보험자가 사망한 경우에는 사망한 날의 다음 날에 그 피보험자격을 상실한다(고용보험법 제14조 제1항 제4호).

08 고용보험법령상 구직급여에 관한 내용으로 옳지 않은 것은? 기출 수정

① 구직급여는 수급자격자가 실업한 상태에 있는 날 중에서 직업안정기관의 장으로부터 실업의 인정을 받은 날에 대하여 지급한다. 고용보험법 제44조 제1항

✔️ 수급자격자가 인터넷 등을 이용하여 구인에 응모한 경우에는 적극적인 재취업활동을 한 것으로 보지 아니한다.

> 구인업체를 방문하거나 우편·인터넷 등을 이용하여 구인에 응모한 경우에는 적극적인 재취업활동을 한 것으로 본다(고용보험법 시행규칙 제87조 제1항 제1호).

③ 자영업자가 아닌 피보험자의 피보험 단위기간은 피보험기간 중 보수 지급의 기초가 된 날을 합하여 계산한다. 고용보험법 제41조 제1항

④ 최종 이직 당시 일용근로자였던 피보험자가 구직급여를 받으려는 경우에는 수급자격 인정신청일이 속한 달의 직전 달 초일부터 수급자격 인정신청일까지의 근로일 수의 합이 같은 기간 동안의 총 일수의 3분의 1 미만이어야 한다. 고용보험법 제40조 제1항 제5호 가목 ⚖️

⑤ 구직급여를 지급받으려는 사람은 이직 후 지체 없이 직업안정기관에 출석하여 실업을 신고해야 한다. 고용보험법 제42조 제1항

⚖️ 법령

고용보험법 제40조(구직급여의 수급 요건)
① 구직급여는 이직한 근로자인 피보험자가 다음 각 호의 요건을 모두 갖춘 경우에 지급한다. 다만, 제5호와 제6호는 최종 이직 당시 일용근로자였던 사람만 해당한다.
  1. 제2항에 따른 기준기간(이하 "기준기간"이라 한다) 동안의 피보험 단위기간(제41조에 따른 피보험 단위기간을 말한다. 이하 같다)이 합산하여 180일 이상일 것
  2. 근로의 의사와 능력이 있음에도 불구하고 취업(영리를 목적으로 사업을 영위하는 경우를 포함한다. 이하 이 장 및 제5장에서 같다)하지 못한 상태에 있을 것
  3. 이직사유가 제58조에 따른 수급자격의 제한 사유에 해당하지 아니할 것
  4. 재취업을 위한 노력을 적극적으로 할 것
  5. 다음 각 목의 어느 하나에 해당할 것
    가. 제43조에 따른 수급자격 인정신청일이 속한 달의 직전 달 초일부터 수급자격 인정신청일까지의 근로일 수의 합이 같은 기간 동안의 총 일수의 3분의 1 미만일 것

나. 건설일용근로자(일용근로자로서 이직 당시에 통계법 제22조 제1항에 따라 통계청장이 고시하는 한국표준산업분류의 대분류상 건설업에 종사한 사람을 말한다. 이하 같다)로서 수급자격 인정신청일 이전 14일간 연속하여 근로내역이 없을 것

6. 최종 이직 당시의 기준기간 동안의 피보험 단위기간 중 다른 사업에서 제58조에 따른 수급자격의 제한 사유에 해당하는 사유로 이직한 사실이 있는 경우에는 그 피보험 단위기간 중 90일 이상을 일용근로자로 근로하였을 것

09 고용보험법령상 고용조정의 지원에 관한 내용으로 옳지 않은 것은?

1
2
3

① 고용노동부장관은 산업구조의 변화에 따른 사업의 전환으로 고용조정이 불가피하게 된 사업주가 근로자에 대한 휴직, 인력의 재배치 등을 실시하면 그 사업주에게 필요한 지원을 할 수 있다. 　고용보험법 제21조 제1항

☞ **경영상 이유에 따른 사업주의 권고에 따라 퇴직이 예정된 자를 1개월 동안 이직시키지 아니한 경우에는 고용유지지원금을 지급한다.**

> 고용노동부장관은 고용조정이 불가피하게 된 사업주가 그 사업에서 고용하여 피보험자격 취득 후 90일이 지난 피보험자(일용근로자, 근로기준법 제26조에 따라 해고가 예고된 자와 경영상 이유에 따른 사업주의 권고에 따라 퇴직이 예정된 자는 제외한다. 이하 이 장에서 같다)에게 고용유지조치를 취하여 그 고용유지조치 기간과 이후 1개월 동안 고용조정으로 피보험자를 이직시키지 않은 경우에 지원금(이하 "고용유지지원금")을 지급한다(고용보험법 시행령 제19조 제1항).

③ 사업주가 고용유지조치 기간 동안 근로자를 새로 고용하는 경우에는 관할 직업안정기관의 장이 불가피하다고 인정하는 경우를 제외하고는 해당 달에 대한 고용유지지원금을 지급하지 아니한다. 　고용보험법 시행령 제19조 제2항

④ 고용노동부장관은 신고한 고용유지조치계획과 다르게 고용유지조치를 이행한 사업주에게는 해당 사실이 발생한 날이 속한 달에 대한 고용유지지원금의 전부 또는 일부를 지급하지 아니할 수 있다. 　고용보험법 시행령 제20조의2

⑤ 고용유지지원금을 받으려는 사업주는 그 사업의 근로자대표와 협의를 거쳐 고용유지조치계획을 수립해야 한다. 　고용보험법 시행령 제20조 제1항 제1호

10 고용보험법령상 자영업자인 피보험자에 대한 실업급여 적용의 특례에 관한 내용으로 옳은 것은? 　기출 수정

1
2
3

① 자영업자인 피보험자의 실업급여의 종류에는 조기재취업 수당이 포함된다.

> 자영업자인 피보험자의 실업급여의 종류는 제37조에 따른다. 다만, 제51조부터 제55조까지의 규정에 따른 연장급여와 제64조에 따른 조기재취업 수당은 제외한다(고용보험법 제69조의2).

② 자영업자인 피보험자의 실업급여에는 취업촉진 수당이 포함되지 아니한다.

> 자영업자인 피보험자의 실업급여에는 구직급여와 취업촉진 수당이 포함된다. 다만 연장급여와 조기재취업 수당은 제외된다(고용보험법 제69조의2).

✔ 자영업자인 피보험자로서 폐업한 수급자격자에 대한 구직급여일액은 그 수급자격자의 기초일액에 100분의 60을 곱한 금액으로 한다.   고용보험법 제69조의5

④ 폐업사유에 관계없이 수급자격이 인정된다.

> 폐업사유가 고용보험법 제69조의7에 따른 수급자격의 제한 사유에 해당하지 아니하여야 수급자격이 인정된다(고용보험법 제69조의3). ⚖

⑤ 폐업한 자영업자인 피보험자의 구직급여 수급요건에 재취업을 위한 노력을 적극적으로 하는 것은 포함되지 아니한다.

> 폐업한 자영업자인 피보험자의 구직급여 수급요건에 재취업을 위한 노력을 적극적으로 하는 것이 포함된다 (고용보험법 제69조의3). ⚖

⚖ 법령

> **고용보험법 제69조의3(구직급여의 수급 요건)**
> 구직급여는 폐업한 자영업자인 피보험자가 다음 각 호의 요건을 모두 갖춘 경우에 지급한다.
> 1. 폐업일 이전 24개월간 제41조 제1항 단서에 따라 자영업자인 피보험자로서 갖춘 피보험 단위기간이 합산하여 1년 이상일 것
> 2. 근로의 의사와 능력이 있음에도 불구하고 취업을 하지 못한 상태에 있을 것
> 3. 폐업사유가 제69조의7에 따른 수급자격의 제한 사유에 해당하지 아니할 것
> 4. 재취업을 위한 노력을 적극적으로 할 것

11 산업재해보상보험법에 관한 설명으로 옳은 것을 모두 고른 것은?

> ㄱ. 근로자의 보험급여를 받을 권리는 퇴직하여도 소멸되지 아니한다.
> ㄴ. 수급권의 대위 규정에 따른 보험가입자의 권리는 3년간 행사하지 아니하면 시효로 말미암아 소멸한다.
> ㄷ. 보험급여에 관한 공단의 결정에 불복하는 자의 심사 청구는 보험급여 결정이 있음을 안 날로부터 180일 이내에 하여야 한다.

① ㄱ

② ㄴ

✔ ㄱ, ㄴ

④ ㄴ, ㄷ

⑤ ㄱ, ㄴ, ㄷ

> ㄱ. (○) 산업재해보상보험법 제88조 제1항
> ㄴ. (○) 산업재해보상보험법 제112조 제1항 제4호
> ㄷ. (×) 제1항에 따른 심사 청구는 보험급여 결정 등이 있음을 안 날부터 90일 이내에 하여야 한다(산업재해보상보험법 제103조 제3항).

12 산업재해보상보험법령상 업무상의 재해에 해당하는 것을 모두 고른 것은?(다툼이 있으면 판례에 따름)

ㄱ. 휴게시간 중 사업주의 지배관리하에 있다고 볼 수 있는 행위로 발생한 사고
ㄴ. 사업주의 지시에 따라 참여한 행사 중에 발생한 사고
ㄷ. 업무와 관련하여 정신적 충격을 유발할 수 있는 사건에 의해 발생한 외상후스트레스장애
ㄹ. 사업주가 제공한 시설물을 이용하던 중 그 시설물의 결함으로 발생한 사고

① ㄱ, ㄷ
② ㄴ, ㄹ
③ ㄱ, ㄴ, ㄹ
④ ㄴ, ㄷ, ㄹ
☑ ㄱ, ㄴ, ㄷ, ㄹ

산업재해보상보험법 제37조에 따라 ㄱ, ㄴ, ㄷ, ㄹ 모두 업무상의 재해에 해당한다. ⚖

⚖ 법령

산업재해보상보험법 제37조(업무상의 재해의 인정 기준)
1. 업무상 사고
   가. 근로자가 근로계약에 따른 업무나 그에 따르는 행위를 하던 중 발생한 사고
   나. 사업주가 제공한 시설물 등을 이용하던 중 그 시설물 등의 결함이나 관리소홀로 발생한 사고
   다. 삭제
   라. 사업주가 주관하거나 사업주의 지시에 따라 참여한 행사나 행사준비 중에 발생한 사고
   마. 휴게시간 중 사업주의 지배관리하에 있다고 볼 수 있는 행위로 발생한 사고
   바. 그 밖에 업무와 관련하여 발생한 사고
2. 업무상 질병
   가. 업무수행 과정에서 물리적 인자(因子), 화학물질, 분진, 병원체, 신체에 부담을 주는 업무 등 근로자의 건강에 장해를 일으킬 수 있는 요인을 취급하거나 그에 노출되어 발생한 질병
   나. 업무상 부상이 원인이 되어 발생한 질병
   다. 근로기준법 제76조의2에 따른 직장 내 괴롭힘, 고객의 폭언 등으로 인한 업무상 정신적 스트레스가 원인이 되어 발생한 질병
   라. 그 밖에 업무와 관련하여 발생한 질병
3. 출퇴근 재해
   가. 사업주가 제공한 교통수단이나 그에 준하는 교통수단을 이용하는 등 사업주의 지배관리하에서 출퇴근하는 중 발생한 사고
   나. 그 밖에 통상적인 경로와 방법으로 출퇴근하는 중 발생한 사고

산업재해보상보험법 시행령 [별표 3] 업무상 질병에 대한 구체적인 인정 기준
4. 신경정신계 질병
   바. 업무와 관련하여 정신적 충격을 유발할 수 있는 사건에 의해 발생한 외상후스트레스장애
   사. 업무와 관련하여 고객 등으로부터 폭력 또는 폭언 등 정신적 충격을 유발할 수 있는 사건 또는 이와 직접 관련된 스트레스로 인하여 발생한 적응장애 또는 우울병 에피소드

13 산업재해보상보험법령상 보험급여에 관한 설명으로 옳지 않은 것은?

① 장해급여 청구사유 발생 당시 대한민국 국민이 아닌 사람으로서 외국에서 거주하고 있는 근로자에게는 장해보상일시금을 지급한다. 산업재해보상보험법 제57조 제3항

✔ **2급 장해등급 근로자에게는 장해보상연금 또는 장해보상일시금을 근로자의 선택에 따라 지급한다.**

> 장해보상연금 또는 장해보상일시금은 수급권자의 선택에 따라 지급한다. 다만, 대통령령으로 정하는 노동력을 완전히 상실한 장해등급의 근로자에게는 장해보상연금을 지급하고, 장해급여 청구사유 발생 당시 대한민국 국민이 아닌 사람으로서 외국에서 거주하고 있는 근로자에게는 장해보상일시금을 지급한다(산업재해보상보험법 제57조 제3항). 법 제57조 제3항 단서에서 "대통령령으로 정하는 노동력을 완전히 상실한 장해등급"이란 [별표 6]의 제1급부터 제3급까지의 장해등급을 말한다(산업재해보상보험법 시행령 제53조 제5항). 따라서 2급 장해등급 근로자에게는 장해보상연금을 지급하게 된다.

③ 장례비는 장례를 지낼 유족이 없는 경우에는 평균임금의 120일분에 상당하는 금액의 범위에서 실제 드는 비용을 그 장례를 지낸 사람에게 지급한다. 산업재해보상보험법 제71조 제1항

④ 상병보상연금을 산정할 때 평균임금이 최저임금액의 70분의 100보다 적을 때에는 최저임금액의 70분의 100에 해당하는 금액을 평균임금으로 본다. 산업재해보상보험법 제67조 제1항

⑤ 요양급여는 소정의 산재보험 의료기관에서 요양을 하게 하는 것이고 부득이한 경우에는 요양에 갈음하여 요양비를 지급할 수 있다. 산업재해보상보험법 제40조 제2항

14 산업재해보상보험법에 관한 설명으로 옳은 것은?

① 근로자를 진료한 산재보험 의료기관은 요양급여의 신청을 대행할 수 없다.

> 근로자를 진료한 제43조 제1항에 따른 산재보험 의료기관은 그 근로자의 재해가 업무상의 재해로 판단되면 그 근로자의 동의를 받아 요양급여의 신청을 대행할 수 있다(산업재해보상보험법 제41조 제2항).

② 보험급여는 지급결정일로부터 30일 이내에 지급하여야 한다.

> 보험급여는 지급 결정일부터 14일 이내에 지급하여야 한다(산업재해보상보험법 제82조 제1항).

③ 근로복지공단은 제3자의 행위에 따른 재해로 보험급여를 지급한 경우에는 손해배상청구권을 대위할 수 없다.

> 공단은 제3자의 행위에 따른 재해로 보험급여를 지급한 경우에는 그 급여액의 한도 안에서 급여를 받은 자의 제3자에 대한 손해배상청구권을 대위(代位)한다(산업재해보상보험법 제87조 제1항 본문).

④ 요양급여가 지급된 후 그 지급결정이 취소된 경우 국민건강보험공단은 그 건강보험 요양급여액을 근로복지공단에 청구할 수 있다.

> 공단이 수급권자에게 요양급여를 지급한 후 그 지급결정이 취소된 경우로서 그 지급한 요양급여가 국민건강보험법 또는 의료급여법에 따라 지급할 수 있는 건강보험 요양급여 등에 상당한 것으로 인정되면 공단은 그 건강보험 요양급여 등에 해당하는 금액을 국민건강보험공단 등에 청구할 수 있다(산업재해보상보험법 제90조 제2항).

✔ **보험급여로서 지급된 금품에 대하여는 국가나 지방자치단체의 공과금을 부과하지 아니한다.**

> 산업재해보상보험법 제91조

15 산업재해보상보험법령상 노무제공자의 직종에 해당하는 자는? `기출 수정`

☑ ① 여신전문금융업법에 따른 신용카드회원 모집인

> 여신전문금융법에 따른 신용카드회원 모집인은 노무제공자의 범위에 포함된다(산업재해보상보험법 시행령 제83조의5 제8호). ⚖

② 예술인 복지법에 따른 예술인

③ 택배서비스종사자로서 전화 상담 업무를 하는 사람

④ 자동차관리법에 따른 자동차정비업자

⑤ 여객자동차 운수사업법에 따른 여객자동차 운송사업자

⚖
법령

산업재해보상보험법 제91조의15(노무제공자 등의 정의)

이 장에서 사용하는 용어의 뜻은 다음과 같다.

1. "노무제공자"란 자신이 아닌 다른 사람의 사업을 위하여 다음 각 목의 어느 하나에 해당하는 방법에 따라 자신이 직접 노무를 제공하고 그 대가를 지급받는 사람으로서 업무상 재해로부터의 보호 필요성, 노무제공 형태 등을 고려하여 대통령령으로 정하는 직종에 종사하는 사람을 말한다.

   가. 노무제공자가 사업주로부터 직접 노무제공을 요청받은 경우

   나. 노무제공자가 사업주로부터 일하는 사람의 노무제공을 중개·알선하기 위한 전자적 정보처리시스템(이하 "온라인 플랫폼"이라 한다)을 통해 노무제공을 요청받은 경우

산업재해보상보험법 시행령 제83조의5(노무제공자의 범위)

법 제91조의15 제1호 각 목 외의 부분에서 "대통령령으로 정하는 직종에 종사하는 사람"이란 다음 각 호의 사람을 말한다.

1. 보험을 모집하는 사람으로서 다음 각 목의 어느 하나에 해당하는 사람

   가. 보험업법 제83조 제1항 제1호에 따른 보험설계사

   나. 새마을금고법 및 신용협동조합법에 따른 공제의 모집을 전업으로 하는 사람

   다. 우체국예금·보험에 관한 법률에 따른 우체국보험의 모집을 전업으로 하는 사람

2. 건설기계관리법 제3조 제1항에 따라 등록된 건설기계를 직접 운전하는 사람

3. 통계법 제22조에 따라 통계청장이 고시하는 직업에 관한 표준분류(이하 "한국표준직업분류표"라 한다)의 세세분류에 따른 학습지 방문강사, 교육교구 방문강사 등 회원의 가정 등을 직접 방문하여 아동이나 학생 등을 가르치는 사람

4. 체육시설의 설치·이용에 관한 법률 제7조에 따라 직장체육시설로 설치된 골프장 또는 같은 법 제19조에 따라 체육시설업의 등록을 한 골프장에서 골프경기를 보조하는 골프장 캐디

5. 한국표준직업분류표의 세분류에 따른 택배원으로서 다음 각 목의 어느 하나에 해당하는 사람

   가. 생활물류서비스산업발전법 제2조 제6호 가목에 따른 택배서비스종사자로서 집화 또는 배송(설치를 수반하는 배송을 포함한다) 업무를 하는 사람

   나. 가목 외의 택배사업(소화물을 집화·수송 과정을 거쳐 배송하는 사업을 말한다)에서 집화 또는 배송 업무를 하는 사람

6. 한국표준직업분류표의 세분류에 따른 택배원으로서 퀵서비스업의 사업주로부터 업무를 의뢰받아 배송 업무를 하는 사람. 다만, 제5호 또는 제14호에 해당하는 사람은 제외한다.

7. 대부업 등의 등록 및 금융이용자 보호에 관한 법률 제3조 제1항 단서에 따른 대출모집인

8. 여신전문금융업법 제14조의2 제1항 제2호에 따른 신용카드회원 모집인

9. 다음 각 목의 어느 하나에 해당하는 사업자로부터 업무를 의뢰받아 자동차를 운전하는 사람

   가. 대리운전업자(자동차 이용자의 요청에 따라 그 이용자와 동승하여 해당 자동차를 목적지까지 운전하는 사업의 사업주를 말한다)

   나. 탁송업자(자동차 이용자의 요청에 따라 그 이용자와 동승하지 않고 해당 자동차를 목적지까지 운전하는 사업의 사업주를 말한다)

다. 대리주차업자(자동차 이용자의 요청에 따라 그 이용자를 대신하여 해당 자동차를 주차하는 사업의 사업주를 말한다)

10. 방문판매 등에 관한 법률 제2조 제2호에 따른 방문판매원 또는 같은 조 제8호에 따른 후원방문판매원으로서 방문판매업무를 하는 사람. 다만, 다음 각 목의 어느 하나에 해당하는 경우는 제외한다.

    가. 방문판매는 하지 않고 자가 소비만 하는 경우

    나. 제3호 또는 제11호에 해당하는 경우

11. 한국표준직업분류표의 세세분류에 따른 대여 제품 방문점검원

12. 한국표준직업분류표의 세분류에 따른 가전제품 설치 및 수리원으로서 가전제품의 판매를 위한 배송 업무를 주로 수행하고 가전제품의 설치 · 시운전 등을 통해 작동상태를 확인하는 사람

13. 화물자동차 운수사업법 제2조 제1호에 따른 화물자동차 중 고용노동부령으로 정하는 자동차를 운전하는 사람

14. 화물자동차 운수사업법 제2조 제11호에 따른 화물차주로서 다음 각 목의 어느 하나에 해당하는 자동차를 운전하는 사람. 다만, 제5호, 제12호 또는 제13호에 해당하는 사람은 제외한다.

    가. 자동차관리법 제3조 제1항 제3호에 따른 화물자동차

    나. 자동차관리법 제3조 제1항 제4호에 따른 특수자동차 중 견인형 자동차 또는 특수작업형 사다리차(이사 등을 위하여 높은 건물에 필요한 물건을 올리기 위한 자동차를 말한다)

15. 소프트웨어 진흥법 제2조 제3호에 따른 소프트웨어사업에서 노무를 제공하는 같은 조 제10호에 따른 소프트웨어기술자

16. 다음 각 목의 어느 하나에 해당하는 강사

    가. 초 · 중등교육법 제2조에 따른 학교에서 운영하는 방과후학교의 과정을 담당하는 강사

    나. 유아교육법 제2조 제2호에 따른 유치원에서 운영하는 같은 조 제6호에 따른 방과후 과정을 담당하는 강사

    다. 영유아보육법 제2조 제3호에 따른 어린이집에서 운영하는 같은 법 제29조 제4항에 따른 특별활동프로그램을 담당하는 강사

17. 관광진흥법 제38조 제1항 단서에 따른 관광통역안내의 자격을 가진 사람으로서 외국인 관광객을 대상으로 관광안내를 하는 사람

18. 도로교통법 제2조 제23호에 따른 어린이통학버스를 운전하는 사람

---

16 산업재해보상보험법상 과태료 부과 대상이 아닌 경우는?

① ✔ 거짓으로 보험급여를 받은 경우

> 거짓으로 보험급여를 받은 경우에는 <u>2년 이하의 징역 또는 2천만원 이하의 벌금</u>에 처한다(산업재해보상보험법 제127조 제3항 제1호). ⚖

② 심사 청구의 심리 · 결정 등을 위하여 확인이 필요하다고 인정된 사업장의 조사를 거부한 경우

③ 보험급여 결정 등을 위하여 확인이 필요하다고 인정된 사업장의 조사를 방해한 경우

④ 유사명칭의 사용 금지를 위반하여 근로복지공단 또는 이와 비슷한 명칭을 사용한 경우

⑤ 요양기간을 연장할 필요가 있는 때 제출해야 할 진료계획을 정당한 사유 없이 제출하지 아니한 경우

산업재해보상보험법 제127조(벌칙)

① 제31조의2 제3항을 위반하여 공동이용하는 전산정보자료를 같은 조 제1항에 따른 목적 외의 용도로 이용하거나 활용한 자는 3년 이하의 징역 또는 3천만원 이하의 벌금에 처한다.

② 산재보험 의료기관이나 제46조 제1항에 따른 약국의 종사자로서 거짓이나 그 밖의 부정한 방법으로 진료비나 약제비를 지급받은 자는 3년 이하의 징역 또는 3천만원 이하의 벌금에 처한다.

③ 다음 각 호의 어느 하나에 해당하는 자는 <u>2년 이하의 징역 또는 2천만원 이하의 벌금</u>에 처한다.

　1. <u>거짓이나 그 밖의 부정한 방법으로 보험급여를 받은 자</u>

　2. 거짓이나 그 밖의 부정한 방법으로 보험급여를 받도록 시키거나 도와준 자

　3. 제111조의2를 위반하여 근로자를 해고하거나 그 밖에 근로자에게 불이익한 처우를 한 사업주

④ 제21조 제3항을 위반하여 비밀을 누설한 자는 2년 이하의 징역 또는 1천만원 이하의 벌금에 처한다.

산업재해보상보험법 제129조(과태료)

① 제91조의21을 위반하여 자료 또는 정보의 제공 요청에 따르지 아니한 자에게는 300만원 이하의 과태료를 부과한다.

② 다음 각 호의 어느 하나에 해당하는 자에게는 <u>200만원 이하의 과태료</u>를 부과한다.

　1. <u>제34조를 위반하여 근로복지공단 또는 이와 비슷한 명칭을 사용한 자</u>

　2. 제45조 제1항을 위반하여 공단이 아닌 자에게 진료비를 청구한 자

③ 다음 각 호의 어느 하나에 해당하는 자에게는 <u>100만원 이하의 과태료</u>를 부과한다.

　1. <u>제47조 제1항에 따른 진료계획을 정당한 사유 없이 제출하지 아니하는 자</u>

　2. 제105조 제4항(제109조 제1항에서 준용하는 경우를 포함한다)에 따른 질문에 답변하지 아니하거나 거짓된 답변을 하거나 검사를 거부·방해 또는 기피한 자

　3. 제114조 제1항 또는 제118조에 따른 보고를 하지 아니하거나 거짓된 보고를 한 자 또는 서류나 물건의 제출 명령에 따르지 아니한 자

　4. <u>제117조 또는 제118조에 따른 공단의 소속 직원의 질문에 답변을 거부하거나 조사를 거부·방해 또는 기피한 자</u>

　5. 삭제

---

17 국민연금법상 사업장가입자 자격의 상실 사유에 해당하는 것을 모두 고른 것은?

ㄱ. 사망한 때	ㄴ. 60세가 된 때
ㄷ. 사용관계가 끝난 때	ㄹ. 국적을 상실하거나 국외로 이주한 때

① ㄱ, ㄴ　　　　　　　　　　　　　② ㄱ, ㄴ, ㄷ

③ ㄱ, ㄷ, ㄹ　　　　　　　　　　　④ ㄴ, ㄷ, ㄹ

✓ ㄱ, ㄴ, ㄷ, ㄹ

> 국민연금법 제12조에 따라 ㄱ, ㄴ, ㄷ, ㄹ 모두 국민연금법상 사업장가입자 자격의 상실 사유에 해당한다. ⚖

법령

국민연금법 제12조(가입자 자격의 상실 시기)

① 사업장가입자는 다음 각 호의 어느 하나에 해당하게 된 날의 다음 날에 자격을 상실한다. 다만, 제5호의 경우에는 그에 해당하게 된 날에 자격을 상실한다.
  1. 사망한 때
  2. 국적을 상실하거나 국외로 이주한 때
  3. 사용관계가 끝난 때
  4. 60세가 된 때
  5. 제6조 단서에 따른 국민연금 가입 대상 제외자에 해당하게 된 때

18 국민연금법상 ( )에 들어갈 내용을 순서대로 옳게 나열한 것은? 〔기출 수정〕

1
2
3

배우자의 가입기간 중의 혼인 기간이 ( )년 이상인 자가 배우자와 이혼하였을 것, 배우자였던 사람이 노령연금 수급권자일 것, ( )세가 되었을 것의 요건을 모두 갖추면 그때부터 그가 생존하는 동안 배우자였던 자의 노령연금을 분할한 일정한 금액의 연금을 받을 수 있다.

① 1, 55
② 3, 55
③ 3, 60
④ 5, 55
☑ 5, 60

5년 이상, 60세일 것을 요한다(국민연금법 제64조). **⚖**

법령

국민연금법 제64조(분할연금 수급권자 등)

① 혼인 기간(배우자의 가입기간 중의 혼인 기간으로서 별거, 가출 등의 사유로 인하여 실질적인 혼인관계가 존재하지 아니하였던 기간을 제외한 기간을 말한다. 이하 같다)이 (5)년 이상인 자가 다음 각 호의 요건을 모두 갖추면 그때부터 그가 생존하는 동안 배우자였던 자의 노령연금을 분할한 일정한 금액의 연금(이하 "분할연금"이라 한다)을 받을 수 있다.
  1. 배우자와 이혼하였을 것
  2. 배우자였던 사람이 노령연금 수급권자일 것
  3. (60)세가 되었을 것

19 국민건강보험법령상 보험급여의 제한에 관한 내용으로 옳지 않은 것은?

① 공단은 보험급여를 제한하는 경우에는 지체 없이 구두로 그 내용과 사유를 가입자에게 알려야 한다.

> 공단은 법 제53조에 따라 보험급여를 제한하는 경우에는 <u>문서로 그 내용과 사유를 가입자에게 알려야 한다</u> (국민건강보험법 시행규칙 제27조 제1항).

② 공단은 보험급여를 받을 수 있는 사람이 중대한 과실로 요양기관의 요양에 관한 지시에 따르지 아니한 경우에는 보험급여를 지급하지 아니한다. `국민건강보험법 제53조 제1항 제2호` ⚖

③ 공단은 보험급여를 받을 수 있는 사람이 다른 법령에 따라 국가나 지방자치단체로부터 보험급여에 상당하는 급여를 받은 경우에는 그 한도에서 보험급여를 하지 아니한다.

`국민건강보험법 제53조 제2항` ⚖

④ 공단은 보험급여를 받을 수 있는 사람이 업무로 생긴 질병으로 다른 법령에 따른 보험급여를 받게 된 경우에는 보험급여를 하지 아니한다. `국민건강보험법 제53조 제1항 제4호` ⚖

⑤ 공단은 보험급여를 받을 수 있는 사람이 고의로 사고를 일으킨 경우에는 보험급여를 하지 아니한다. `국민건강보험법 제53조 제1항 제1호` ⚖

⚖ 법령

국민건강보험법 제53조(급여의 제한)
① 공단은 보험급여를 받을 수 있는 사람이 다음 각 호의 어느 하나에 해당하면 보험급여를 하지 아니한다.
  1. 고의 또는 중대한 과실로 인한 범죄행위에 그 원인이 있거나 <u>고의로 사고를 일으킨 경우</u>
  2. 고의 또는 중대한 과실로 공단이나 요양기관의 요양에 관한 지시에 따르지 아니한 경우
  3. 고의 또는 중대한 과실로 제55조에 따른 문서와 그 밖의 물건의 제출을 거부하거나 질문 또는 진단을 기피한 경우
  4. 업무 또는 공무로 생긴 질병 · 부상 · 재해로 <u>다른 법령에 따른 보험급여나 보상(報償) 또는 보상(補償)을</u> 받게 되는 경우
② 공단은 보험급여를 받을 수 있는 사람이 다른 법령에 따라 <u>국가나 지방자치단체로부터 보험급여에</u> <u>상당하는 급여를 받거나</u> 보험급여에 상당하는 비용을 지급받게 되는 경우에는 <u>그 한도에서 보험급여를</u> <u>하지 아니한다.</u>

---

20 국민건강보험법상 보험료에 관한 내용으로 옳지 않은 것은?

① 보험료는 가입자의 자격을 매월 1일에 취득하는 경우에는 다음 달부터 가입자의 자격을 잃은 날의 전날이 속하는 달까지 징수한다.

> 보험료는 가입자의 자격을 취득한 날이 속하는 달의 다음 달부터 가입자의 자격을 잃은 날의 전날이 속하는 달까지 징수한다. 다만, <u>가입자의 자격을 매월 1일에 취득한 경우</u> 또는 제5조 제1항 제2호 가목에 따른 건강보험 적용 신청으로 가입자의 자격을 취득하는 경우에는 그 달부터 징수한다(국민건강보험법 제69조 제2항).

② 휴직으로 보수의 전부 또는 일부가 지급되지 아니하는 가입자의 보수월액보험료는 해당 사유가 생기기 전 달의 보수월액을 기준으로 산정한다. `국민건강보험법 제70조 제2항`

③ 보험료부과점수의 산정방법과 산정기준을 정할 때 법령에 따라 재산권의 행사가 제한되는 계산에 대하여는 다른 재산과 달리 정할 수 있다. `국민건강보험법 제72조 제2항`

④ 직장가입자의 보수 외 소득월액보험료는 직장가입자가 부담한다.   국민건강보험법 제76조 제2항

⑤ 지역가입자의 보험료는 그 가입자가 속한 세대의 지역가입자 전원이 연대하여 부담한다.

국민건강보험법 제76조 제3항

21 고용보험 및 산업재해보상보험의 보험료징수 등에 관한 법률상 근로복지공단의 업무가 아닌 것은?

① 고용보험료의 월별 부과   고용보험 및 산업재해보상보험의 보험료징수 등에 관한 법률 제16조의2 제1항

② 환수대상이 되는 고용보험료의 지원금의 징수

고용보험 및 산업재해보상보험의 보험료징수 등에 관한 법률 제21조의2 제2항

③ 사업주가 법이 정한 기한까지 확정보험료를 신고하지 않은 경우 부과한 보험료 가산금의 징수

고용보험 및 산업재해보상보험의 보험료징수 등에 관한 법률 제24조 제1항

✔ 사업주가 법이 정한 납부기한까지 보험료를 내지 아니한 경우 보험료 연체금의 징수

건강보험공단은 사업주가 제16조의7, 제17조 및 제19조에 따른 납부기한까지 보험료 또는 이 법에 따른 그 밖의 징수금을 내지 아니한 경우에는 그 납부기한이 지난 날부터 매 1일이 지날 때마다 체납된 보험료, 그 밖의 징수금의 1천500분의 1에 해당하는 금액을 가산한 연체금을 징수한다. 이 경우 연체금은 체납된 보험료 등의 1천분의 20을 초과하지 못한다(고용보험 및 산업재해보상보험의 보험료징수 등에 관한 법률 제25조 제1항).

⑤ 사업주가 산재보험료의 납부를 게을리한 기간 중에 발생한 재해에 대하여 산재보험급여를 지급하는 경우 사업주로부터 그 급여에 해당하는 금액의 징수

고용보험 및 산업재해보상보험의 보험료징수 등에 관한 법률 제26조 제1항 제2호

22 고용보험 및 산업재해보상보험의 보험료징수 등에 관한 법령상 보험료 등의 분할 납부에 관한 설명으로 옳은 것은? 기출 수정

① 사업주는 납부기한이 지난 고용보험료의 분할 납부의 승인을 근로복지공단에 신청할 수 있다.

보험의 당연가입자인 사업주는 제7조에 따른 보험관계 성립일부터 1년 이상이 지나서 보험관계 성립신고를 한 경우에는 납부기한이 지난 보험료와 이 법에 따른 그 밖의 징수금의 분할 납부를 승인하여 줄 것을 건강보험공단에 신청할 수 있다(고용보험 및 산업재해보상보험의 보험료징수 등에 관한 법률 제27조의3 제1항).

✔ 건강보험공단은 분할 납부 승인을 신청한 사업주에 대하여 납부능력을 확인하여 보험료와 이 법에 따른 그 밖의 징수금의 분할 납부를 승인할 수 있다.

고용보험 및 산업재해보상보험의 보험료징수 등에 관한 법률 제27조의3 제3항

③ 분할 납부의 승인과 취소에 관한 절차·방법, 분할 납부의 기간 및 납부능력 확인 등에 필요한 사항은 대통령령으로 정한다.

> 분할 납부의 승인과 취소에 관한 절차·방법, 분할 납부의 기간 및 납부능력 확인 등에 필요한 사항은 고용노동부령으로 정한다(고용보험 및 산업재해보상보험의 보험료징수 등에 관한 법률 제27조의3 제5항).

④ 근로복지공단은 분할 납부 승인을 받은 사업주가 분할 납부하여야 하는 보험료를 정당한 사유 없이 내지 아니한 경우에는 분할 납부의 승인을 취소할 수 있다.

> 건강보험공단은 분할 납부 승인을 받은 사업주가 분할 납부하여야 하는 보험료와 이 법에 따른 그 밖의 징수금을 정당한 사유 없이 두 번 이상 내지 아니한 경우에는 분할 납부의 승인을 취소하고 분할 납부의 대상이 되는 보험료와 이 법에 따른 그 밖의 징수금을 한꺼번에 징수할 수 있다(고용보험 및 산업재해보상보험의 보험료징수 등에 관한 법률 제27조의3 제4항 제1호).

⑤ 분할 납부의 총 기간은 분할 납부의 승인을 받은 다음 날부터 1년 이내로 한다.

> 분할 납부의 총 기간은 분할 납부의 승인을 받은 날의 다음 날부터 2년 이내로 한다(고용보험 및 산업재해보상보험의 보험료징수 등에 관한 법률 시행규칙 제32조의3 제2항).

23 고용보험 및 산업재해보상보험의 보험료징수 등에 관한 법령상 징수 및 체납처분 등에 관한 설명으로 옳은 것은?

1
2
3

① 상속이 개시된 경우 피상속인에 대한 처분의 효력은 상속인에게 미치지 않는다.

> 제1항의 경우에 피상속인에 대한 처분 또는 절차는 상속인 또는 상속재산관리인에 대하여도 효력이 있다(고용보험 및 산업재해보상보험의 보험료징수 등에 관한 법률 제28조의3 제5항).

② 근로복지공단은 월별보험료의 독촉을 받은 자가 그 기한까지 내지 아니한 경우에는 국세 체납처분의 예에 따라 이를 징수할 수 있다.

> 건강보험공단은 제27조 제2항 및 제3항에 따른 독촉을 받은 자가 그 기한까지 보험료나 이 법에 따른 그 밖의 징수금을 내지 아니한 경우에는 고용노동부장관의 승인을 받아 국세 체납처분의 예에 따라 이를 징수할 수 있다(고용보험 및 산업재해보상보험의 보험료징수 등에 관한 법률 제28조 제1항).

✔️ 한국자산관리공사는 공매대행의 의뢰를 받은 날부터 2년 이내에 공매되지 않은 재산이 있으면 국민건강보험공단에 그 재산에 대한 공매대행 의뢰의 해제를 요구할 수 있다.

> 고용보험 및 산업재해보상보험의 보험료징수 등에 관한 법률 시행령 제39조 제1항

④ 국민건강보험공단은 독촉할 경우 그 납부기한은 독촉장 발급일부터 7일 이상의 여유가 있도록 하여야 한다.

> 건강보험공단은 제2항에 따라 독촉을 하는 경우에는 독촉장을 발급하여야 한다. 이 경우의 납부기한은 독촉장 발급일부터 10일 이상의 여유가 있도록 하여야 한다(고용보험 및 산업재해보상보험의 보험료징수 등에 관한 법률 제27조 제3항).

⑤ 사업주가 국세를 체납하여 체납처분을 받은 경우 보험료의 총액이 500만원이라면 납부기한 전에 이미 납부의무가 확정된 보험료를 징수할 수 없다.

> 공단 또는 건강보험공단은 사업주가 국세를 체납하여 체납처분을 받은 경우에는 납부기한 전이라도 이미 납부의무가 확정된 보험료, 이 법에 따른 그 밖의 징수금을 징수할 수 있다. 다만, 보험료와 이 법에 따른 그 밖의 징수금의 총액이 500만원 미만인 경우에는 그러하지 아니하다(고용보험 및 산업재해보상보험의 보험료징수 등에 관한 법률 제27조의2 제1항).

24 고용보험 및 산업재해보상보험의 보험료징수 등에 관한 법률상 징수금의 결손처분에 해당하는 사유를 모두 고른 것은?

1
2
3

> ㄱ. 경매가 개시된 경우
> ㄴ. 소멸시효가 완성된 경우
> ㄷ. 체납자의 행방이 분명하지 않아 징수할 가능성이 없다고 인정되는 경우
> ㄹ. 체납처분이 끝나고 체납액에 충당된 배분금액이 그 체납액보다 적은 경우

① ㄷ
② ㄴ, ㄷ
③ ㄴ, ㄹ
✔ ㄴ, ㄷ, ㄹ
⑤ ㄱ, ㄴ, ㄷ, ㄹ

> 고용보험 및 산업재해보상보험의 보험료징수 등에 관한 법률 제29조에 따라 징수금의 결손처분에 ㄴ, ㄷ, ㄹ이 해당된다. ⚖️

⚖️
법령

> **고용보험 및 산업재해보상보험의 보험료징수 등에 관한 법률 제29조(징수금의 결손처분)**
> ① 건강보험공단은 다음 각 호의 어느 하나에 해당하는 사유가 있을 때에는 고용노동부장관의 승인을 받아 보험료와 이 법에 따른 그 밖의 징수금을 결손처분할 수 있다.
> 1. 체납처분이 끝나고 체납액에 충당된 배분금액이 그 체납액보다 적은 경우
> 2. 소멸시효가 완성된 경우
> 3. 징수할 가능성이 없다고 인정하여 대통령령으로 정하는 경우
>
> > **고용보험 및 산업재해보상보험의 보험료징수 등에 관한 법률 시행령 제41조(징수금의 결손처분)**
> > ① 법 제29조 제1항 제3호에서 "대통령령으로 정하는 경우"란 다음 각 호의 어느 하나에 해당하는 경우를 말한다.
> > 1. 체납자의 행방이 분명하지 않은 경우
> > 2. 체납자의 재산이 없거나 체납처분의 목적물인 총재산의 견적가격이 체납처분비에 충당하고 나면 나머지가 생길 여지가 없음이 확인된 경우
> > 3. 체납처분의 목적물인 총재산이 보험료, 그 밖의 징수금보다 우선하는 국세·지방세 등의 채권 변제에 충당하고 나면 나머지가 생길 여지가 없음이 확인된 경우
> > 4. 채무자 회생 및 파산에 관한 법률 제251조에 따라 체납회사가 보험료 등의 납부책임을 지지 않게 된 경우

25 고용보험 및 산업재해보상보험의 보험료징수 등에 관한 법률상 ( )에 들어갈 내용을 순서 대로 옳게 나열한 것은?

- 산재보험의 가입자인 사업주가 그 사업을 운영하다가 근로자를 고용하지 아니하게 되었을 때에는 그 날부터 ( )의 범위에서 근로자를 사용하지 아니한 기간에도 보험에 가입한 것으로 본다.
- 고용보험료율은 보험수지의 동향과 경제상황 등을 고려하여 ( )의 범위에서 고용안정 · 직업 능력개발사업의 보험료율 및 실업급여의 보험료율로 구분하여 대통령령으로 정한다.

① 6개월, 1000분의 15   ② 6개월, 1000분의 30
③ 1년, 1000분의 15   ✔ 1년, 1000분의 30
⑤ 3년, 1000분의 30

- 제5조 제1항부터 제4항까지의 규정에 따른 사업주가 그 사업을 운영하다가 근로자(고용보험의 경우에는 고용보험법 제10조 및 제10조의2에 따른 적용 제외 근로자는 제외한다)를 고용하지 아니하게 되었을 때에는 그 날부터 (1년)의 범위에서 근로자를 사용하지 아니한 기간에도 보험에 가입한 것으로 본다(고용보험 및 산업재해보상보험의 보험료징수 등에 관한 법률 제6조 제3항).
- 고용보험료율은 보험수지의 동향과 경제상황 등을 고려하여 (1000분의 30)의 범위에서 고용안정 · 직업 능력개발사업의 보험료율 및 실업급여의 보험료율로 구분하여 대통령령으로 정한다(고용보험 및 산업재해 보상보험의 보험료징수 등에 관한 법률 제14조 제1항).

내가 뽑은 원픽!

PART

05

공인노무사 1차 시험 7개년 기출문제집

경영학개론

[정답 및 해설]

01	02	03	04	05	06	07	08	09	10	11	12	13	14	15	16	17	18	19	20
⑤	③	⑤	②	③	③	⑤	②	①	③	①	①	③	⑤	③	④	④	⑤	③	②
21	22	23	24	25	26	27	28	29	30	31	32	33	34	35	36	37	38	39	40
③	④	⑤	④	②	①	②	④	②	②	①	⑤	①	④	②	④	④	④	①	③

01 테일러(F. W. Taylor)의 과학적 관리법에 제시된 원칙으로 옳은 것을 모두 고른 것은?

```
1
2
3
```

> ㄱ. 작업방식의 과학적 연구   ㄴ. 과학적 선발 및 훈련
> ㄷ. 관리자와 작업자들 간의 협력   ㄹ. 관리활동의 분업

① ㄱ, ㄴ

② ㄷ, ㄹ

③ ㄱ, ㄴ, ㄷ

④ ㄴ, ㄷ, ㄹ

⑤ ㄱ, ㄴ, ㄷ, ㄹ

ㄱ, ㄴ, ㄷ, ㄹ 모두 옳다.

> **Tip** 테일러(F. W. Taylor)의 과학적 관리법
> • 과업관리 : 동작 연구 및 시간연구
> • 차별적 성과급 제도
> • 기획부문과 집행부문의 원리
> • 기능식 직장제도
> • 작업지도표 제도
> • 노동자의 과학적 선발, 훈련 및 배치
> • 노동자와 관리자 간의 과업, 책임 분배 및 협력

02 카츠(R. L. Katz)가 제시한 경영자의 기술에 관한 설명으로 옳은 것을 모두 고른 것은?

ㄱ. 전문적 기술은 자신의 업무를 정확히 파악하고 능숙하게 처리하는 능력을 말한다.
ㄴ. 인간적 기술은 다른 조직구성원과 원만한 인간관계를 유지하는 능력을 말한다.
ㄷ. 개념적 기술은 조직의 현황이나 현안을 파악하여 세부적으로 처리하는 실무적 능력을 말한다.

① ㄱ   ② ㄴ

③ ㄱ, ㄴ   ④ ㄱ, ㄷ

⑤ ㄱ, ㄴ, ㄷ

ㄷ은 전문적 기술에 대한 설명이다.

Tip 카츠(R. L. Katz)의 경영자의 기술	
개념적 기술 (Conceptual Skill)	• 조직을 운용하는 최고 관리자에게 요구되는 기술 • 문제에 대한 통찰력과 새로운 대안을 제시하는 능력
인간적 기술 (Human Skill)	• 조직 구성원들과 함께 일하는 관리자에게 요구되는 기술 • 조직 구성원에 대한 개별적인 이해와 갈등을 관리하는 능력
전문적 기술 (Technical Skill)	• 전문 과업 분야에서 사용할 수 있는 능력으로 관리자들이 갖추어야 하는 기술 • 자신의 업무를 정확히 파악하고 능숙하게 처리하고 수행할 수 있는 능력 • 조직의 현황이나 현안을 파악하여 세부적으로 처리하는 실무적 능력

03 기업 외부의 개인이나 그룹과 접촉하여 외부환경에 관한 중요한 정보를 얻는 활동은?

① 광고

조직, 아이디어, 제품, 및 서비스에 대한 비대면적 촉진 활동이다.

② 예측활동

데이터와 정보를 이용하여 미래의 결과와 추세를 예측하기 위한 활동이다.

③ 공중관계(PR)

정부, 정당, 기업, 개인 등의 마케팅 주체가 대중(공중)과의 호의적인 관계를 위해 하는 모든 활동이다.

④ 활동영역 변경

조직을 보다 안정적인 환경으로 변경하거나 적극적으로 활동영역을 확대하여 환경의 불확실성을 흡수하는 것이다.

⑤ 경계연결(boundary spanning)

조직 및 팀이 그 집단의 전반적인 목표를 이루기 위해 외부환경의 사람들과의 관계를 구축하고 외부환경에 관해 중요한 정보를 얻는 활동이다.

04 조직의 목표를 달성하기 위하여 조직구성원들이 담당해야 할 역할 구조를 설정하는 관리과정의 단계는?

① 계획

  조직의 사명과 목표를 달성하기 위한 행동 방안을 선택하는 단계이다.

✔ 조직화

  조직 내 구성원들에게 담당할 역할 구조를 의도적으로 설정하는 단계이다.

③ 지휘

  조직 구성원들에게 구체적인 업무를 수행하도록 지시하고 진행시키는 단계이다.

④ 조정

  관련 자원이 부족하거나 중복되는 경우 계획대로 진행될 수 있도록 보안하고 조율하는 단계이다.

⑤ 통제

  결과와 계획을 비교하여 다음 계획 수립 시 참고할 수 있도록 수정 자료를 제시하는 단계이다.

05 캐롤(B. A. Carroll)이 주장한 기업의 사회적 책임 중 책임성격이 의무성보다 자발성에 기초하는 것을 모두 고른 것은?

| ㄱ. 경제적 책임 | ㄴ. 법적 책임 |
| ㄷ. 윤리적 책임 | ㄹ. 자선적 책임 |

① ㄱ, ㄴ

② ㄴ, ㄷ

✔ ㄷ, ㄹ

④ ㄱ, ㄴ, ㄹ

⑤ ㄴ, ㄷ, ㄹ

  ㄷ, ㄹ은 기업이 자발적으로 실전하는 사회적 책임에 해당한다.

Tip 캐롤(B. A. Carroll) 기업의 사회적 책임

1단계 경제적 책임	• 기업은 사회의 기본적인 경제단위로서 재화와 서비스를 생산할 책임을 가짐 • 고용과 임금 지급을 통해 시장경제체제를 유지하도록 함
2단계 법적 책임	• 기업경영에 최소한의 정당성 유지하기 위해 사회에서 요구하는 법과 규제를 준수해야 하는 책임 • 뇌물, 부당거래, 담합 등과 같은 행위를 금지함
3단계 윤리적 책임	법에서 규정하지는 못하나 기업에서 사회구성원으로서 기대하는 도덕적 행동과 활동(⑩ 투명한 정보 공개, 인권보호, 노동환경 개선 등)
4단계 자선적 책임	• 기업에 대해서 명백한 메시지를 갖고 있지 않으나 기업의 개별적 판단이나 선택에 맡겨져 있는 책임으로 자발적 영역에 속하는 활동 • 기업의 자원과 이윤의 일정 부분을 사회 발전을 위해 무상으로 전달하는 행위(⑩ 기부, 임직원 자원봉사활동, NGO 지원 등)

06 포터(M. Porter)의 산업구조분석 모형에 관한 설명으로 옳지 않은 것은?

① 산업 내 경쟁이 심할수록 산업의 수익률은 낮아진다.

② 새로운 경쟁자에 대한 진입장벽이 낮을수록 해당 산업의 경쟁이 심하다.

☑ 산업 내 대체재가 많을수록 기업의 수익이 많이 창출된다.

> 산업 내 대체재가 많을수록 가격 경쟁이 심화되어 <u>기업의 수익이 감소한다.</u>

④ 구매자의 교섭력은 소비자들이 기업의 제품을 선택하거나 다른 제품을 구매할 수 있는 힘을 의미한다.

⑤ 공급자의 교섭력을 결정하는 요인으로는 공급자의 집중도, 공급물량, 공급자 판매품의 중요도 등이 있다.

Tip 포터의 산업구조분석 모형 - 5가지 요인	
신규 기업의 진입 위협	• 신규 진출 시 진입장벽을 넘어야 하며 기존 조직은 새로운 진입자를 막기 위해 높은 진입장벽을 만들어야 함 • 신규 기업이 많아질수록 산업의 매력도는 감소함
기존 기업의 경쟁 강도	• 특성 산업에서 다른 기업에 비해 유리한 위치를 점하기 위해 경쟁 과정을 분석해야 함 • 경쟁 강도가 높을수록 제품의 차별성이 떨어지고 가격 경쟁, 품질 및 서비스 경쟁이 심화됨
구매자의 협상력	• 구매자의 영향력이 크면 수익성은 낮아짐 • 구매자의 협상력이 높을수록 차별성이 높아짐
공급자의 협상력	• 원자재 공급업체의 영향력이 크면 수익성이 낮아짐 • 공급자의 교섭력을 결정하는 요인 : 공급자의 집중도, 공급물량, 공급자 판매품의 중요도 등
대체재의 위협	대체재가 많을수록 경쟁은 심화되고, 높은 가격을 받을 수 있는 가능성이 낮아짐

특정 산업 내의 이 5가지 요인이 강하면 해당 산업에 속한 기업들의 평균 수익률은 떨어지고, 산업의 전반적인 매력도도 감소함

07 효과적인 의사소통을 방해하는 요인 중 발신자와 관련된 요인이 아닌 것은?

① 의사소통 기술의 부족　　　　② 준거체계의 차이

③ 의사소통 목적의 결여　　　　④ 신뢰성의 부족

☑ 정보의 과부하

> 정보의 과부화는 <u>상황 관련 장애요인</u>에 해당한다.

Tip	의사소통의 장애요인 유형	
발신자 관련 장애요인	• 의사소통 목적의 결여 • 타인에 대한 민감성 부족 • 신뢰성의 부족	• 의사소통 기술의 부족 • 준거체계의 차이
상황 관련 장애요인	• 어의상의 문제 • 시간의 부족	• 정보의 과부화 • 비언어적 메세지 및 분위기
수신자 관련 장애요인	• 가치판단 • 선택적 청취 및 피드백의 결여	• 선입견

08 변혁적 리더십의 구성요소 중 다음 내용에 해당하는 것은?

> • 높은 기대치를 전달하고, 노력에 집중할 수 있도록 상징을 사용
> • 미래에 대한 매력적인 비전 제시, 업무의 의미감 부여, 낙관주의와 열정을 표출

① 예외에 의한 관리

구성원의 성과가 미흡했을 때 리더가 개입하여 행동을 관찰하고 수정하는 것이다.

☑ 영감적 동기부여

구성원들과의 소통을 통해 비전을 제시하며, 격려를 통하여 업무에 몰입할 수 있도록 하는 것이다.

③ 지적 자극

조직원들의 창의성을 일깨우고 새로운 시각으로 문제를 해결하고 업무를 수행할 수 있도록 자극하는 것이다.

④ 이상적 영향력

높은 수준의 도덕·윤리적 품행을 통해 조직원들에게 존경과 자부심을 느끼게 하여 영향력을 미치는 것이다.

⑤ 개인화된 배려

조직원의 감정과 욕구를 파악하여 개인적인 관심을 기울이고, 동기를 부여하는 것이다.

09 다음 특성에 부합하는 직무평가 방법으로 옳은 것은?

> • 비계량적 평가
> • 직무 전체를 포괄적으로 평가
> • 직무와 직무를 상호 비교하여 평가

☑ 서열법

제시된 특성에 모두 부합하는 직무평가 방법은 서열법이다.

② 등급법

③ 점수법

④ 분류법

⑤ 요소비교법

Tip 직무평가 방법		
비계량적	서열법	• 직무의 중요도에 따른 상대적 가치를 기준으로 서열을 정하는 것 • 직무 전체를 포괄적으로 평가 • 직무 간의 차이가 명확한 경우에 적용 가능
	분류법	직무등급표를 통해 직무에 등급을 매기는 것
계량적	점수법	• 직무의 평가요소에 등급을 매기고, 점수를 배정하여 점수의 합계로 비교하는 것 • 점수법을 통해 직무급여액을 산정할 수 있음
	요소비교법	직무의 상대적 가치를 임금액으로 평가

10 기업이 종업원에게 지급하는 임금의 계산 및 지불 방법에 해당하는 것은?

① 임금수준

기업이 모든 구성원들에 대해 지불하는 임금의 평균으로 일반적인 기업 전체의 임금 수준, 즉 일정한 기간에 한 기업 내에 모든 종업원에게 지급되는 임금의 평균 수준

② 임금체계

임금이 결정 또는 조정되는 기준과 방식

✔ 임금형태

임금형태는 임금의 산정 및 지급 방법으로 시급제, 일당제, 월급제, 연봉제 등으로 구분한다.

④ 임금구조

여러 근로자의 개별임금을 특정한 임금결정요소별로 분류한 임금의 실태

⑤ 임금결정

임금의 결정

11 고과자가 평가방법을 잘 이해하지 못하거나 피고과자들 간의 차이를 인식하지 못하는 무능력에서 발생할 수 있는 인사고과의 오류는?

☑ **중심화 경향**

고과자의 평가 점수가 척도상의 중간 점수에 집중되는 경향으로 고과자가 평가 방법을 잘 이해하지 못하거나 피고과자들 간의 차이를 인식하지 못했을 때 주로 나타난다.

② 논리적 오류

평가자 스스로 평가요소 사이에 관련이 있다고 생각한 평가요소에는 동일 또는 유사한 평가를 하는 경향이다.

③ 현혹효과

피고과자의 어떠한 특성을 우수하다고 평가하면 다른 면에서도 우수한 것으로 평가하는 경향이다.

④ 상동적 태도

피고과자가 속한 집단의 특성에 근거하여 그를 판단하는 경향으로 고정관념으로 이해할 수 있다.

⑤ 근접오차

인사고과표상에 근접되어 있는 평가요소의 평가 결과 혹은 특정평가 시간 내에서의 평정 요소 간의 평정결과가 비슷한 경향이다.

12 산업별 노동조합 또는 교섭권을 위임받은 상급단체와 개별 기업의 사용자 간에 이루어지는 단체교섭 유형은?

☑ **대각선 교섭**

산업별 노동조합과 개별 사용자가 행하는 교섭 또는 기업별 노동조합의 상급 단체와 개별 기업의 사용자 간에 이루어지는 단체교섭을 의미한다.

② 통일적 교섭

산업별, 직종별 노동조합과 이에 대응하는 산업별, 직종별 사용자 단체 간에 이루어지는 단체교섭을 의미한다.

③ 기업별 교섭

특정 기업 또는 사업장의 노동조합과 그 상대방인 사용자 간에 이루어지는 단체교섭을 의미한다.

④ 공동교섭

산업별 노동조합과 그 지부가 공동으로 사용자와 교섭하는 것을 의미한다.

⑤ 집단교섭

다수의 노동조합과 그에 대응하는 다수의 사용자가 서로 집단을 만들어 교섭에 응하는 것을 의미한다.

13 외부 모집과 비교한 내부 모집의 장점을 모두 고른 것은?

1
2
3

> ㄱ. 승진기회 확대로 종업원 동기 부여   ㄴ. 지원자에 대한 평가의 정확성 확보
> ㄷ. 인력수요에 대한 양적 충족 가능

① ㄱ
② ㄴ
✓ ㄱ, ㄴ
④ ㄴ, ㄷ
⑤ ㄱ, ㄴ, ㄷ

ㄷ은 <u>외부 모집</u>의 장점이다.

Tip 외부 모집과 내부 모집		
구분	외부 모집	내부 모집
장점	• 외부 인력을 통해 기존과 다른 새로운 아이디어 도입 가능 • 인력 수요에 대한 양적 충족 가능 • 새로운 인력을 외부에서 유입함으로써 조직의 분위기 환기 가능	• 승진 기회 확대로 종업원 동기부여 • 구성원들의 내부 평가 자료를 활용 가능 • 지원자에 대한 평가의 정확성 확보 • 채용 비용과 시간을 절약
단점	• 채용 비용과 시간이 증가 • 승진 기회 축소 및 사기 저하 • 외부 인력 채용의 리스크 발생(새로운 인력의 업무 적응 실패 등) • 지원자에 대한 평가의 부정확성	• 모집범위 제한 • 조직의 폐쇄성 강화 • 인력 수요에 대한 양적 충족 불가능 • 구성원들 간의 경쟁과 갈등이 발생
예시	• 모집 광고 • 직업소개소 및 교육훈련기관	사내 공개모집제도

14 다음과 같은 장점을 지닌 조직구조는?

1
2
3

> • 관리 비용을 절감할 수 있음
> • 작은 기업들도 전 세계의 자원과 전문적인 인력을 활용할 수 있음
> • 창업 초기에 공장이나 설비 등의 막대한 투자없이도 사업이 가능

① 사업별 조직구조

사업별 조직구조의 장점으로 성과책임 분명, 기능 간 조정 우수 등이 있다.

② 프로세스 조직구조

프로세스 조직구조의 장점으로 신속한 고객 요구 대응, 업무 프로세스의 간결성, 책임과 권한의 명확화 등이 있다.

③ 매트릭스 조직구조

매트릭스 조직구조의 장점으로 환경변화에 유연한 대응과 구성원의 창의력 및 사기 제고 등이 있다.

④ 지역별 조직구조

지역별 조직구조의 장점은 지역별로 책임이 이양되어 지역 맞춤 전략을 세울 수 있다는 것이다.

✔ 네트워크 조직구조

네트워크 조직구조는 외부 환경 조건에 유연하게 대응할 수 있고, 조직 간의 경계를 넘어 기업 간 협력이 가능하며 시공간적 제약을 극복하여 거래 비용을 감소할 수 있다.

15 페로우(C. Perrow)의 기술분류 유형 중 과업다양성과 분석가능성이 모두 낮은 유형은?

① 일상적 기술

② 비일상적 기술

✔ 장인기술

페로우(C. Perrow)의 기술분류 유형 중 과업다양성과 분석가능성이 모두 낮은 유형은 장인기술이다.

④ 공학기술

⑤ 중개기술

Tip 페로우(C. Perrow)의 기술분류			
구분		과업다양성	
		낮음	높음
분석가능성	낮음	장인기술 • 대체로 유기적 • 소수의 예외 발생	비일상기술 • 유기적 • 다수의 예외 발생
	높음	일상기술 • 기계적 • 소수의 예외 발생	공학기술 • 대체로 기계적 • 다수의 예외 발생

16 마일즈(R. Miles)와 스노우(C. Snow)의 전략 유형 중 유연성이 높고 분권화된 학습지향 조직구조로 설계하는 것이 적합한 전략은?

① 반응형 전략

② 저원가 전략

③ 분석형 전략

✔ 공격형 전략

마일즈(R. Miles)와 스노우(C. Snow)의 전략 유형 중 유연성이 높고 분권화된 학습지향 조직구조로 설계하는 것이 적합한 전략은 공격형 전략이다.

⑤ 방어형 전략

Tip	마일즈(R. Miles)와 스노우(C. Snow)의 전략 유형
공격형 전략	• 신제품과 혁신이 주요 경쟁 수단 • 위험을 감수, 모험을 추구하는 적극적 전략 • 분권화된 학습지향구조
방어형 전략	• 안정적인 유지를 추구하는 소극적 전략 • 기능식 조직 • 업무과정지향적
분석형 전략	• 공격형 전략과 방어형 전략의 중간형태 • 공격형에 비해 시장 영역이 좁고 낮은 유연성 • 방어형에 비해 안정성 추구 정도가 낮음
반응형 전략	• 환경 변화에 대한 압박이 높을 경우에만 대응하는 유형 • 즉흥적으로 전략 수립

17 핵심자기평가(core self-evaluation)가 높은 사람들은 자신을 가능성 있고, 능력 있고, 가치 있는 사람으로 평가한다. 핵심자기평가의 구성요소를 모두 고른 것은?

ㄱ. 자존감　　　　　　　　　　　　ㄴ. 관계성
ㄷ. 통제위치　　　　　　　　　　　ㄹ. 일반화된 자기효능감
ㅁ. 정서적 안정성

① ㄱ, ㄴ, ㄷ　　　　　　　　　　② ㄱ, ㄴ, ㅁ
③ ㄱ, ㄴ, ㄹ, ㅁ　　　　　　　　✔ ㄱ, ㄷ, ㄹ, ㅁ
⑤ ㄴ, ㄷ, ㄹ, ㅁ

핵심자기평가(core self-evaluation)는 ㄱ. 자아존중감(자존감), ㄷ. 통제위치, ㄹ. 일반화된 자기효능감, ㅁ. 정서적 안정성(신경증) 등 4가지의 개인 특성들로 구성되어 있다.

18 킬만(T. Kilmann)의 갈등관리 유형 중 목적달성을 위해 비협조적으로 자기 관심사만을 만족시키려는 유형은?

① 협력형　　　　　　　　　　　　② 수용형
③ 회피형　　　　　　　　　　　　④ 타협형
✔ 경쟁형

킬만(T. Kilmann)의 갈등관리 유형 중 목적달성을 위해 비협조적으로 자기 관심사만을 만족시키려는 유형은 경쟁형이다. 경쟁형은 상대에 대한 협력은 낮지만, 자신의 목표 달성 의지는 강한 유형이다.

2024년 제33회 정답 및 해설　**617**

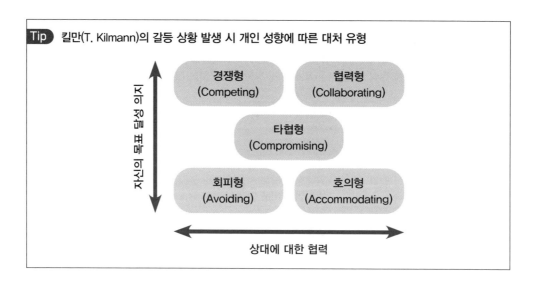

Tip 킬만(T. Kilmann)의 갈등 상황 발생 시 개인 성향에 따른 대처 유형

---

19 효과적인 시장세분화가 되기 위한 조건으로 옳지 않은 것은?

① 세분화를 위해 사용되는 변수들이 측정가능해야 한다.

② 세분시장에 속하는 고객들에게 효과적이고 효율적으로 접근할 수 있어야 한다.

❸ 세분시장 내 고객들과 기업의 적합성은 가능한 낮아야 한다.

> 세분시장 내 고객들과 기업의 적합성은 가능한 <u>높아야 한다</u>.

④ 같은 세분시장에 속한 고객들끼리는 최대한 비슷해야 하고 서로 다른 세분시장에 속한 고객들 간에는 이질성이 있어야 한다.

⑤ 세분시장의 규모는 마케팅활동으로 이익이 날 수 있을 정도로 충분히 커야 한다.

Tip 효과적인 시장세분화가 되기 위한 조건
- 측정가능성 : 세분시장의 특성(고객 수, 구매력)이 측정 가능해야 한다.
- 충분한 시장의 규모 : 충분한 이익을 얻을 수 있어야 한다.
- 접근가능성 : 유통경로나 매체를 통해 접근이 가능해야 한다.
- 실행가능성 : 세분시장을 공략하기 위한 효과적 마케팅 프로그램을 개발할 수 있어야 한다.
- 차별화 가능성 : 다른 마케팅믹스에 다른 반응을 보여야 한다.

20 다음에서 설명하는 제품수명주기의 단계는?

> • 고객의 신제품수용이 늘어나 생산량이 급속히 증가하면서 단위당 제품원가, 유통비용, 촉진비용이 하락한다.
> • 지속적인 판매량 증대로 이익이 빠르게 늘어난다.

① 도입기

제품이 시장이 도입된 후 인지도를 높이기 위한 시기이며 제품의 이익 증가보다 시장점유율의 확보를 목표로 접근하는 단계이다.

☑ 성장기

제품의 인지도가 상승하고 제품에 대한 판매가 급속도로 증가하는 단계이다.

③ 성숙기

가장 높은 매출을 실현하는 시기로 어느 순간 판매량이 점차 줄어들며 일정 수준의 매출이 유지되는 단계이다.

④ 정체기

제품수명주기 단계에 해당하지 않는다.

⑤ 쇠퇴기

시장수요 포화, 트렌드의 변화와 같은 이유로 제품 판매량과 이익이 감소하는 단계이다.

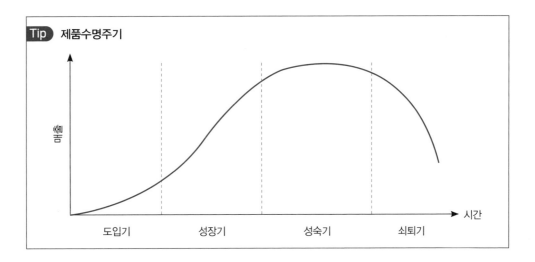

Tip 제품수명주기

21 4P 중 가격에 관한 설명으로 옳지 않은 것은?

① 가격은 다른 마케팅믹스 요소들과 달리 상대적으로 쉽게 변경할 수 있다.

② 구매자가 가격이 비싼지 싼지를 판단하는 기준으로 삼는 가격을 준거가격이라 한다.

✓ 구매자가 어떤 상품에 대해 지불할 용의가 있는 최저가격을 유보가격이라 한다.

> 유보가격은 구매자가 어떤 상품에 대해 지불할 용의가 있는 <u>최고가격</u>이다.

④ 가격변화를 느끼게 만드는 최소의 가격변화 폭을 JND(just noticeable difference)라 한다.

⑤ 구매자들이 가격이 높은 상품일수록 품질도 높다고 믿는 것을 가격 – 품질 연상이라 한다.

---

22 판매촉진의 수단 중 소비자들의 구입가격을 인하시키는 효과를 갖는 가격수단의 유형을 모두 고른 것은?

| ㄱ. 할인쿠폰 | ㄴ. 샘플 |
| ㄷ. 보상판매 | ㄹ. 보너스팩 |

① ㄱ, ㄴ

② ㄷ, ㄹ

③ ㄱ, ㄴ, ㄷ

✓ ㄱ, ㄷ, ㄹ

> 판매촉진의 수단 중 소비자들의 구입가격을 인하시키는 효과를 갖는 가격 수단 유형은 ㄱ, ㄷ, ㄹ이다.

⑤ ㄱ, ㄴ, ㄷ, ㄹ

Tip	판매촉진 수단의 구분
가격수단	가격을 인하하는 효과 → 매출액에 미치는 효과가 매우 빠름 예 할인쿠폰, 보너스팩, 보상판매, 세일 등
비가격수단	가격수단에 비해 매출액에 미치는 효과가 느림 → 상품 호감도 상승에 영향을 미침 예 샘플, 사은품, 소비자현상경품, 콘테스트 등

23 브랜드에 관한 설명으로 옳지 않은 것은?

① 브랜드는 제품이나 서비스와 관련된 이름, 상징, 혹은 기호로서 그것에 대해 구매자가 심리적인 의미를 부여하는 것이다.

② 브랜드 자산은 소비자가 브랜드에 부여하는 가치, 즉 브랜드가 창출하는 부가가치를 말한다.

③ 켈러(J. Keller)에 따르면, 브랜드 자산의 원천은 브랜드의 인지도와 브랜드의 이미지이다.

④ 브랜드 이미지는 긍정적이고 독특하며 강력해야 한다.

⑤ 브랜드 개발은 창의적인 광고를 통해 관련 이미지를 만들어내는 것이다.

> 브랜드는 생산 경쟁자와 구별하고 식별하기 위한 이름, 언어, 심볼 및 디자인 등 총체를 의미한다. 따라서 브랜드 개발이 창의적 광고를 통해 관련 이미지를 만들어내는 것이라고 할 수는 없다.

24 금년 초에 5,000원의 배당(=d_0)을 지급한 A기업의 배당은 매년 영원히 5%로 일정하게 성장할 것으로 예상된다. 요구수익률이 10%일 경우 이 주식의 현재가치는?

① 50,000원

② 52,500원

③ 100,000원

④ 105,000원

> - 연금액 = 배당액 × (1 + 성장률) = 5,000원 × (1 + 0.05) = 5,250원
> - 영구연금 현재가치 = $\dfrac{\text{연금액}}{\text{요구수익률} - \text{성장률}} = \dfrac{5,250원}{0.1 - 0.05} = 105,000원$

⑤ 110,000원

25 자본시장선(CML)과 증권시장선(SML)에 관한 설명으로 옳지 않은 것은?

① 증권시장선 보다 아래에 위치하는 주식은 주가가 과대평가 된 주식이다.

② 자본시장선은 개별위험자산의 기대수익률과 체계적 위험(베타) 간의 선형관계를 설명한다.

> 자본시장선(CML)은 효율적인 포트폴리오에서만 성립하는 것으로, 비효율적 포트폴리오나 개별위험자산의 균형가격을 설명하지 못한다. 하지만 증권시장선(SML)은 효율적이지 않은 포트폴리오까지 포함하여 개별위험자산의 기대수익률과 체계적 위험(베타) 간의 선형관계를 설명한다.

③ 자본시장선 상에는 비체계적 위험을 가진 포트폴리오가 놓이지 않는다.

④ 동일한 체계적 위험(베타)을 가지고 있는 자산이면 증권시장선 상에서 동일한 위치에 놓인다.

⑤ 균형상태에서 모든 위험자산의 체계적 위험(베타) 대비 초과수익률(기대수익률[E(ri)] − 무위험수익률[rf])이 동일하다.

26 투자안의 경제성 분석방법에 관한 설명으로 옳은 것은?

☑ 투자형 현금흐름의 투자안에서 내부수익률은 투자수익률을 의미한다.

② 화폐의 시간가치를 고려하는 분석방법은 순현재가치법이 유일하다.

> 화폐의 시간가치를 고려하는 분석방법으로는 순현재가치법, 내부수익률법, 수익성지수법, 현가회수기간법이 있다.

③ 순현재가치법에서는 가치가산의 원칙이 성립하지 않는다.

> 순현가법에서는 가치가산의 원칙이 성립한다.

④ 내부수익률법에서는 재투자수익률을 자본비용으로 가정한다.

> 내부수익률법에서는 내부수익률을 자본비용으로 가정한다.

⑤ 수익성지수법은 순현재가치법과 항상 동일한 투자선택의 의사결정을 한다.

> 현금유출이 없는 투자안에서 사용할 수 없는 수익성지수법은 순현재가치법과 항상 동일한 투자선택의 의사결정을 하지 않는다.

27 총자산순이익률(ROA)이 20%, 매출액순이익률이 8%일 때 총자산회전율은?

① 2　　　　　　　　　　　　　　☑ 2.5

③ 3　　　　　　　　　　　　　　④ 3.5

⑤ 4

> • 총자산순이익률 $= \dfrac{\text{순이익}}{\text{총자산}} = 20\%$, 총자산 $= \dfrac{\text{순이익}}{0.2} = 5 \times \text{순이익}$
>
> • 매출액순이익률 $= \dfrac{\text{순이익}}{\text{매출액}} \times 100 = 8\%$, 매출액 $= \dfrac{\text{순이익}}{0.08} = 12.5 \times \text{순이익}$
>
> • 총자산회전율 $= \dfrac{\text{매출액}}{\text{총자산}} = \dfrac{12.5 \times \text{순이익}}{5 \times \text{순이익}} = 2.5$

28 다음 채권의 듀레이션은?(단, 소수점 셋째 자리에서 반올림한다.)

• 액면가액 1,000원	• 액면이자율 연 10%, 매년 말 이자지급
• 만기 2년	• 만기수익률 연 12%

① 1.75년 ② 1.83년

③ 1.87년 ✓ 1.91년

⑤ 2.00년

- 1차년도 현금유입액 현재가치 $= \dfrac{100}{1.12} = 89.286$

- 2차년도 현금유입액 현재가치 $= \dfrac{1,100}{1.12^2} = 876.913$

- 채권의 듀레이션 $= \dfrac{(1\text{차년도 현재가치} \times 1) + (2\text{차년도 현재가치} \times 2)}{1\text{차년도 현재가치} + 2\text{차년도 현재가치}} = \dfrac{1843.112}{966.199} ≒ 1.91(\text{년})$

따라서 제시된 채권의 듀레이션은 1.91년이다.

29 가치분석/가치공학분석에서 사용하는 브레인스토밍(brainstorming)의 주제로 옳지 않은 것은?

① 불필요한 제품의 특성은 없는가?

✓ 추가되어야 할 공정은 없는가?

가치분석(VA ; Value Analysis) 또는 가치공학(VE ; Value Engineering)이란 제품 또는 서비스 등에 포함되어 있는 불필요한 기능 또는 비용을 발견하여 이를 제거하고, 원가를 절감시키는 기법을 말하는데, 공정과정이 추가되면 비용이 증가하게 되어 브레인스토밍의 주제로 옳지 않다.

③ 무게를 줄일 수는 없는가?

④ 두 개 이상의 부품을 하나로 결합할 수 없는가?

⑤ 제거되어야 할 비표준화된 부품은 없는가?

30 최근 5개월간의 실제 제품의 수요에 대한 데이터가 주어져 있다고 할 때, 3개월 가중이동평균법을 적용하여 계산된 5월의 예측 수요 값은?(단, 가중치는 0.6, 0.2, 0.2이다.)

구분	1월	2월	3월	4월	5월
실제 수요(개)	680만	820만	720만	540만	590만

① 606만개 ✓ 632만개

③ 658만개 ④ 744만개

⑤ 766만개

가중이동평균법을 적용하여 5월의 예측 수요 값을 구하면
=(820만개×0.2)+(720만개×0.2)+(540만개×0.6)
=632만개
따라서 5월의 예측 수요 값은 632만개이다.

31 공급사슬관리의 효율성을 측정하는 지표로 옳은 것은?

① ✔ 재고회전율

> 재고회전율은 공급사슬관리의 효율성을 측정하는 지표로 중 재고 관련 지표 중 하나이다. 공급사슬관리의 재고 관련 지표는 평균총재고가치, 재고일수, 재고회전율 등이 있다.

② 원자재투입량

③ 최종고객주문량

④ 수요통제

⑤ 채찍효과

32 준비비용이 일정하다고 가정하는 경제적 주문량(EOQ)과는 달리 준비비용을 최대한 줄이고자 하는 시스템은?

① 유연생산시스템(FMS)

> 유연생산시스템(FMS)은 다양한 종류를 소량 생산하는 시스템이다.

② 자재소요관리시스템(MRP)

> 자재소요관리시스템(MRP)은 특정기간에 생산 가능한 완제품의 수량을 계획하여 자재를 효율적으로 사용하기 위한 방식이다.

③ 컴퓨터통합생산시스템(CIM)

> 컴퓨터통합생산시스템(CIM)은 전산화된 시스템을 컴퓨터와 연결하여 제품의 개발·생산·영업의 정보 흐름 과정을 설계하고 관리하는 종합적인 생산관리시스템이다.

④ ABC 재고관리시스템

> ABC 재고관리시스템은 재고의 효율적인 관리를 위해 품목을 중요도에 따라 세 등급(A, B, C)으로 나누어 차별적으로 관리하는 재고 관리 방식이다.

⑤ ✔ 적시생산시스템(JIT)

> 적시생산시스템(JIT)은 주문과 함께 생산을 시작하여 필요한 양만큼만 생산해내며 준비비용을 최대한 줄이고자 하는 시스템이다.

> **Tip** ABC 재고관리
>
> | A등급 | • 연간 사용금액이 가장 큰 항목
• 관리의 필요도가 가장 높은 재고
• 전체 가치의 80% |
> |---|---|
> | B등급 | • 연간 사용금액이 중간인 항목
• 관리의 필요도가 중간 정도인 재고
• 전체 가치의 15% |
> | C등급 | • 연간 사용금액이 가장 적은 항목
• 관리의 필요도가 낮은 재고
• 전체 가치의 5% |

33 기업에서 생산목표상의 경쟁우선순위에 해당하지 않는 것은?

① ☑ 기술

> 기업에서 생산목표상의 경쟁우선순위의 유형으로는 <u>원가, 품질, 시간, 유연성</u>이 있다. 기술은 경쟁우선순위의 유형에 해당하지 않는다.

② 품질

③ 원가

④ 시간

⑤ 유연성

> **Tip** 경쟁우선순위의 유형
>
> | 원가(Cost) | • 경쟁기업보다 낮은 원가로 제품을 생산하는 기업의 능력
• 원가에 기초해서 경쟁, 생산부문은 노무비, 불량품 폐기, 원자재 구입 원가, 간접비 등을 낮춤 |
> |---|---|
> | 품질(Quality) | 제품이나 서비스를 고객이 기대한 것과 동일하게 제공 |
> | 시간(Time) | • 주문을 받고 제품이나 서비스를 제공하는 데 소요되는 시간
• 소비자가 원하는 시간에 제품이나 서비스를 제공 |
> | 유연성(Flexibility) | • 고객의 특정 요구를 처리
• 수요 변동에 대응할 수 있는 능력 |

34 품질문제와 관련하여 발생하는 외부 실패비용에 해당하지 않는 것은?

① 고객불만 비용

② 보증 비용

③ 반품 비용

✔ 스크랩 비용

> 스크랩 비용은 내부 실패비용에 해당한다.

⑤ 제조물책임 비용

Tip 외부 실패비용과 내부 실패비용	
외부 실패비용	• 보증기간 만료 후의 불만처리비용(반품비, 교환비 등) • 제조물책임비용 • 반품 비용
내부 실패비용	• 스크랩비용 • 재작업비용 • 등급저하로 인한 손실비용 • 외주불량비용

35 회계거래 분개 시 차변에 기록해야 하는 것은?

① 선수금의 증가

> 선수금의 증가는 부채의 증가로 대변에 기록한다.

✔ 미수수익의 증가

> 미수수익의 증가는 자산의 증가로 차변에 기록한다.

③ 매출의 발생

> 매출의 발생은 수익의 발생으로 대변에 기록한다.

④ 미지급비용의 증가

> 미지급비용의 증가는 부채의 증가로 대변에 기록한다.

⑤ 매입채무의 증가

> 매입채무의 증가는 부채의 증가로 대변에 기록한다.

Tip 회계거래 분개 시 기록			
차변		**대변**	
• 자산의 증가	• 부채의 감소	• 자산의 감소	• 부채의 증가
• 자본의 감소	• 비용의 발생	• 자본의 증가	• 수익의 발생

36 재무비율에 관한 설명으로 옳지 않은 것은?

① 자산이용의 효율성을 분석하는 것은 활동성비율이다.

② 이자보상비율은 채권자에게 지급해야 할 고정비용인 이자비용의 안전도를 나타낸다.

③ 유동비율은 유동자산을 유동부채로 나눈 것이다.

✔ **자기자본순이익률(ROE)은 주주 및 채권자의 관점에서 본 수익성비율이다.**

> 자기자본순이익률(ROE)은 채권자가 아닌 주주의 관점에서 본 수익성비율이다.

⑤ 재무비율분석 시 기업 간 회계방법의 차이가 있음을 고려해야 한다.

37 유형자산의 감가상각에 관한 설명으로 옳은 것은?

① 감가상각누계액은 내용연수 동안 비용처리 할 감가상각비의 총액이다.

> 내용연수 동안 비용처리 할 감가상각비의 총액은 감가상각대상금액이다. 감가상각누계액은 자산의 취득시점부터 현재까지 인식한 감가상각비의 총액을 의미한다.

② 정액법과 정률법에서는 감가대상금액을 기초로 감가상각비를 산정한다.

> 정액법은 감가대상금액을 기초로 감가상각비를 산정하지만, 정률법은 장부금액을 기초로 감가상각비를 산정한다.

③ 정률법은 내용연수 후반부로 갈수록 감가상각비를 많이 인식한다.

> 정률법은 내용연수 초기에 감가상각비를 많이 인식한다.

✔ **회계적 관점에서 감가상각은 자산의 평가과정이라기보다 원가배분과정이라고 할 수 있다.**

> 자산의 사용에 따라 수익이 창출되는 기간에 그에 대응하는 비용을 인식하는 것(원가배분과정)을 회계적 감가상각이라 한다.

⑤ 모든 유형자산은 시간이 경과함에 따라 가치가 감소하므로 가치의 감소를 인식하기 위해 감가상각한다.

> 토지는 감가상각대상자산에 해당하지 않는다.

38 유형자산의 취득원가에 포함되는 것은?

① 파손된 유리와 소모품의 대체

② 마모된 자산의 원상복구

③ 건물 취득 후 가입한 보험에 대한 보험료

✔ **유형자산 취득 시 발생한 운반비**

> 유형자산의 취득원가는 취득금액과 사용가능한 상태에 이르기까지의 부대비용의 합으로 유형자산 취득 시 발생한 운반비는 유형자산 취득원가에 포함된다.

⑤ 건물의 도색

39 다음에서 설명하는 것은?

1
2
3

- 데이터 소스에서 가까운 네트워크 말단의 서버들에서 일부 데이터 처리를 수행한다.
- 클라우드 컴퓨팅 시스템을 최적화하는 방법이다.

✔ 엣지 컴퓨팅

엣지 컴퓨팅은 클라우드 컴퓨팅과 반대되는 개념으로, 인터넷이 아닌 로컬 장치(⑩ 스마트폰, 태블릿 등)에서 데이터를 처리하는 기술이다. 이를 통해 데이터 처리 및 분석이 인터넷 대역폭을 절약하고, 응답 시간을 단축할 수 있다.

② 그리드 컴퓨팅

그리드 컴퓨팅은 서로 다른 지리적 위치에 분산된 컴퓨터, 저장장치, 데이터베이스 시스템 등과 같은 컴퓨터 자원을 결합하여 공유할 수 있도록 하는 방식이다.

③ 클라이언트/서버 컴퓨팅

클라이언트는 노트북이나 스마트폰과 같은 장치에서 실행되는 애플리케이션이고, 서버는 클라이언트에 서비스를 제공하는 장치이다. 클라이언트와 서버는 네트워크를 통해 통신하며, 클라이언트가 데이터 또는 서비스 요청을 서버로 보내면 서버는 요청을 처리하는 컴퓨팅 모델이다.

④ 온디멘드 컴퓨팅

클라우드 컴퓨팅 개념인 온디멘드 컴퓨팅은 외부 서비스 공급자가 데이터를 관리하는 방식이다.

⑤ 엔터프라이즈 컴퓨팅

엔터프라이즈 컴퓨팅은 공동의 목적을 이루기 위해 컴퓨터를 활용하는 것이다.

40 비정형 텍스트 데이터의 가치와 의미를 찾아내는 빅데이터 분석기법은?

① 에쓰노그라피(ethnography) 분석

> 에쓰노그라피(ethnography) 분석은 제품이나 서비스를 사용하는 실제 환경에서 사용자의 행동을 관찰하며 자연적인 반응과 비언어적인 반응, 예상하지 못한 상황들을 분석한다.

② 포커스그룹(focus group) 인터뷰

> 포커스그룹(focus group) 인터뷰는 숙달된 진행자가 6~12명정도 규모의 참여자와 함께 밀도있게 진행하는 소규모 논의방식으로, '현재' 일어나고 있는 특정 주제에 대한 의견을 교환하거나 '미래' 전략을 도출하기 위해서 사용하는 방식이다.

☑ **텍스트마이닝**

> 텍스트마이닝은 비정형 텍스트를 정형화하여 비정형 데이터의 가치와 의미를 찾아내는 빅데이터 분석기법이다.

④ 군집 분석

> 군집 분석은 서로 유사한 정도에 따라 다수의 객체를 군집으로 나누는 분석방법이다.

⑤ 소셜네트워크 분석

> 소셜네트워크 분석은 컴퓨터 및 데이터 등으로 '구성원 간 관계' 측면에서 네트워크 특성과 구조를 분석하고 이를 시각화하는 분석기법이다.

01	02	03	04	05	06	07	08	09	10	11	12	13	14	15	16	17	18	19	20	21	22	23	24	25
⑤	④	④	①	③	②	⑤	④	③	①	①	⑤	③	②	④	②	④	①	③	③	②	③	①	②	③

01 다음 특성에 모두 해당되는 기업의 형태는?

- 대규모 자본 조달이 용이하다.
- 출자자들은 유한책임을 진다.
- 전문경영인을 고용하여 소유와 경영의 분리가 가능하다.
- 자본의 증권화를 통해 소유권 이전이 용이하다.

① 개인기업 　　　　　　　　　　② 합명회사

③ 합자회사 　　　　　　　　　　④ 유한회사

☑ 주식회사

> 주식회사는 자본의 증권화로 주식의 분산이 많이 이루어지며, 다수의 출자자로부터 대규모 자본 조달이 용이하다.

02 다음 BCG 매트릭스의 4가지 영역 중, 시장성장률이 높은(고성장) 영역과 상대적 시장점유율이 높은(고점유) 영역이 옳게 짝지어진 것은?

ㄱ. 현금젖소(cash cow) 　　　　　ㄴ. 별(star)
ㄷ. 물음표(question) 　　　　　　ㄹ. 개(dog)

	고성장	고점유
①	ㄱ, ㄴ	ㄴ, ㄷ
②	ㄱ, ㄴ	ㄴ, ㄹ
③	ㄱ, ㄹ	ㄱ, ㄴ
☑	ㄴ, ㄷ	ㄱ, ㄴ
⑤	ㄴ, ㄷ	ㄱ, ㄷ

> 시장성장률이 높은 영역은 별과 물음표이고, 상대적 시장점유율이 높은 영역은 현금젖소, 별이다.

Tip BCG 매트릭스

시장성장률 \ 상대적 시장점유율	고	저
고	별(star)	물음표(question)
저	현금젖소(cash cow)	개(dog)

03 경영환경을 일반환경과 과업환경으로 구분할 때, 기업에게 직접적인 영향을 주는 과업환경에 해당하는 것은?

① 정치적 환경　　　　　　　　　　② 경제적 환경

③ 기술적 환경　　　　　　　　　　✔ 경쟁자

⑤ 사회문화적 환경

경쟁자는 과업환경이고, 나머지는 일반환경이다.

Tip 경영환경(기업환경)

일반환경	• 사회 모든 조직단위에 간접적으로 영향을 미치는 환경 • 경제적 환경 : 산업구조 변화, 물가수준 변화, 환율변동, 원유가격 변동 등 • 정치적 환경 : 정부보조 정책, 공정거래법 개정, 환경보호 관련법규 등 • 사회문화적 환경 : 성별, 연령, 소득수준, 저출산 등 • 자원환경 : 노동시장, 금융시장, 부동산 등 • 기술적 환경 : 정보기술의 발전 등
과업환경	• 조직이 목표를 달성하는데 직접적으로 영향을 미치는 환경 • 산업부문 : 경쟁기업 출현, 산업의 규모 등 • 원재료 부문 : 공급업체, 제조업체 등 • 시장 부문 : 제품 및 서비스의 고객, 잠재적 사용자 등

04 민츠버그(H. Mintzberg)의 5가지 조직유형에 해당하지 않는 것은?

✔ 매트릭스 조직　　　　　　　　　② 기계적 관료제

③ 전문적 관료제　　　　　　　　　④ 애드호크라시

⑤ 사업부제 조직

민츠버그(H. Mintzberg)의 조직유형은 단순구조, 기계적 관료제, 전문적 관료제, 애드호크라시, 사업부제 조직이다.

Tip 민츠버그(H. Mintzberg)의 조직유형

단순구조	권한이 최고경영자에게 집중되어 있으며 중간라인 계층이 거의 존재하지 않고, 개인 간, 부서 간 업무조정에 주로 사용되는 수단은 경영자의 직접적인 감독에 의존
기계적 관료제	집권화된 형태의 의사결정 유형을 보이며 관리구조가 라인과 스탭으로 명확하게 세분화되어 있어, 제한된 수평적 분권화의 형태
전문적 관료제	작업활동이 표준화되고 안정적이어서 예측이 가능하지만, 그 작업이 너무 복잡하여 그것을 수행하는 전문가들의 직접적인 통제가 필요하기 때문에 집권화되지 않은 상태의 관료제 구조
애드호크라시	당면 과제를 해결하기 위해 다양한 분야의 전문가들로 구성된 임시 조직 구조로 획일화된 통제 대신 유연한 의사소통을 통해 혁신을 추구하는 형태
사업부제 조직	각각의 사업부를 관리하는 하나의 본부를 갖춘 시장중심의 구조이며, 그 각각의 사업부는 산출물을 표준화하는 성과통제시스템을 토대로 각기 독자적으로 운영되므로 수직적 분권화의 제한적 형태

05 퀸과 카메론(R. Quinn & K. Cameron)이 제시한 조직수명주기 단계의 순서로 옳은 것은?

1
2
3

> ㄱ. 창업 단계　　　ㄴ. 공식화 단계　　　ㄷ. 집단공동체 단계　　　ㄹ. 정교화 단계

① ㄱ → ㄴ → ㄷ → ㄹ
② ㄱ → ㄴ → ㄹ → ㄷ
✓③ ㄱ → ㄷ → ㄴ → ㄹ
④ ㄱ → ㄷ → ㄹ → ㄴ
⑤ ㄱ → ㄹ → ㄴ → ㄷ

> 퀸(Quinn)과 카메론(Cameron)이 제시한 조직수명주기 모형의 각 단계는 창업 단계-집단공동체 단계-공식화 단계-정교화 단계이다.

06 켈리(H. Kelly)의 귀인이론에서 행동의 원인을 내적 또는 외적으로 판단하는 데 활용하는 것을 모두 고른 것은?

1
2
3

> ㄱ. 특이성(distinctiveness)　　　ㄴ. 형평성(equity)
> ㄷ. 일관성(consistency)　　　ㄹ. 합의성(consensus)
> ㅁ. 관계성(relationship)

① ㄱ, ㄴ, ㄷ
✓② ㄱ, ㄷ, ㄹ
③ ㄱ, ㄹ, ㅁ
④ ㄴ, ㄷ, ㅁ
⑤ ㄴ, ㄹ, ㅁ

> 켈리(H. Kelly)의 귀인이론에서 특이성, 일관성, 합의성에 따라 내적 귀인을 할 것인지, 외적 귀인을 할 것인지 결정된다.

> **Tip** 켈리(H. Kelly)의 귀인이론
> - 특이성(distinctiveness) : 다른 상황과 다른 행동을 보일수록 특이성이 높음
> - 일관성(consistency) : 과거와 동일한 행동을 보일수록 일관성이 높음
> - 합의성(consensus) : 다른 사람들과 동일한 행동을 보일수록 합의성이 높음

귀인＼요소	합의성	특이성	일관성
내적 귀인	저	저	고
외적 귀인	고	고	저

07 집단사고(groupthink)의 증상에 해당하지 않는 것은?

① 자신의 집단은 잘못된 의사결정을 하지 않는다는 환상

② 의사결정이 만장일치로 이루어져야 한다는 환상

③ 반대의견을 스스로 자제하려는 자기검열

④ 외부집단에 대한 부정적인 상동적 태도

☑ **개방적인 분위기를 형성해야 한다는 압력**

> 집단사고는 집단 구성원들 간에 강한 응집력을 보이는 집단에서, 의사결정 시에 만장일치에 도달하려는 분위기가 다른 대안들을 현실적으로 평가하려는 경향을 억압할 때 나타나므로 개방적인 분위기를 형성하지 못하는 비합리적인 사고방식이 나타난다.

08 성격의 Big 5 모형에 해당하지 않는 것은?

① 정서적 안정성

② 성실성

③ 친화성

☑ **모험선호성**

⑤ 개방성

> 성격의 Big 5 모형은 흔히 'OCEAN'으로 불리며 경험성에 대한 개방성(Openness to Experience), 성실성(Conscientiousness), 외향성(Extraversion), 친화성(Agreeableness), 정서적 안정성(Neuroticism)이 있다.

09 피들러(F. Fiedler)의 상황적합 리더십이론에 관한 설명으로 옳지 않은 것은?

① LPC 척도는 가장 선호하지 않는 동료작업자를 평가하는 것이다.

② LPC 점수를 이용하여 리더십 유형을 파악한다.

✓ **③ 상황요인 3가지는 리더 − 부하관계, 과업구조, 부하의 성숙도이다.**

> 피들러의 상황적합모델에서 상황에 대한 3가지 요인은 리더와 부하직원 관계, 업무 구조, 직원 권력이다.
> 3가지 요소를 잘 가질수록 상황에 대한 리더의 통제력이 더 커진다.

④ 상황의 호의성이 중간 정도인 경우에는 관계지향적 리더십이 효과적이다.

⑤ 상황의 호의성이 좋은 경우에는 과업지향적 리더십이 효과적이다.

10 직무특성모형에서 중요심리상태의 하나인 의미충만(meaningfulness)에 영향을 미치는 핵심 직무차원을 모두 고른 것은?

ㄱ. 기술다양성	ㄴ. 과업정체성	ㄷ. 과업중요성
ㄹ. 자율성	ㅁ. 피드백	

✓ ① ㄱ, ㄴ, ㄷ   ② ㄱ, ㄴ, ㅁ

③ ㄱ, ㄹ, ㅁ   ④ ㄴ, ㄷ, ㄹ

⑤ ㄷ, ㄹ, ㅁ

> 의미충만에 영향을 미치는 핵심직무차원은 기술다양성, 과업정체성, 과업중요성이다.

Tip 핵심직무특성

핵심직무차원	중요 심리상태	결과
기술다양성 직무정체성 직무중요성	경험적 의미충만성	동기부여 성과향상 만족도 증대 이직 결근율 저하
자율성	작업 결과 경험적 책임감	
피드백	실제 결과의 인식	

11 기업 경영에서 마케팅 개념(marketing concept)이 발전해 온 순서로 옳은 것은?

✓ **① 생산 개념 → 제품 개념 → 판매 개념 → 마케팅 개념**

> 마케팅 개념의 발전 단계는 생산 개념 → 제품 개념 → 판매 개념 → 마케팅 개념 → 사회 지향적 개념이다.

② 생산 개념 → 판매 개념 → 제품 개념 → 마케팅 개념

③ 제품 개념 → 생산 개념 → 판매 개념 → 마케팅 개념

④ 제품 개념 → 판매 개념 → 생산 개념 → 마케팅 개념

⑤ 판매 개념 → 제품 개념 → 생산 개념 → 마케팅 개념

Tip 마케팅 개념의 발전 순서	
1. 생산 개념	• 싼 값에 많이 만들면 제품이 판매되는 시기 • 원자재 가격을 낮추어서 고객들이 살 수 있는 정도의 가격을 만들어주는 것
2. 제품 개념	• 남들과 다른 차별화된 제품을 원하는 소비자 등장 • 양질의 제품을 생산하고 이를 개선하는 데 노력을 기울임
3. 판매 개념	시장이 이미 포화상태이기 때문에 효과적인 판매활동과 촉진도구를 활용해야 하는 시기
4. 마케팅 개념	• 고객중심적 마케팅 관리개념으로 고객의 니즈에 초점을 맞춘 4P 중심 • 고객만족을 통한 이윤 추구가 중심
5. 사회 지향적 개념	• 소비자뿐만 아니라 환경과 공익도 고려해야 한다는 시각에서 발현된 마케팅 개념 • 윤리적이고 착한소비에 대한 니즈가 발생하므로 이에 맞춰 공익적이고 환경친화적 제품생산에 초점

12 광고(advertising)와 홍보(publicity)에 관한 설명으로 옳지 않은 것은?

① 광고는 홍보와 달리 매체 비용을 지불한다.

② 홍보는 일반적으로 광고보다 신뢰성이 높다.

③ 광고는 일반적으로 홍보보다 기업이 통제할 수 있는 영역이 많다.

④ 홍보는 언론의 기사나 뉴스 형태로 많이 이루어진다.

✔ 홍보의 세부 유형으로 PR(Public Relations)이 있다.

홍보와 PR은 일반적으로 같은 의미로 사용되고 있다.

Tip 광고와 홍보	
광고 (advertising)	• 다양한 미디어를 통해 내보낼 수 있고 표현에 제약이 없으므로 자유도가 매우 높은 편 • 비용을 지불하면 언제든지 할 수 있기 때문에 신뢰도가 낮은 편 • 기업이 직접 문구, 내용 및 디자인을 선택할 수 있음
홍보 (publicity)	• 뉴스나 보도자료와 같은 매체를 통해 내보내기 때문에 신뢰도가 높은 편 • 기업이 작성한 내용에서 필터링을 거쳐 객관적 사실만 보도됨

13 로저스(E. Rogers)의 혁신에 대한 수용자 유형이 아닌 것은?

① 혁신자(innovators) ② 조기수용자(early adopters)

✔ **후기수용자(late adopters)** ④ 조기다수자(early majority)

⑤ 후기다수자(late majority)

> 로저스(E. Rogers)의 혁신에 대한 수용자 유형은 혁신자(Innovators), 조기수용자(Early Adopters), 조기다수자
> (Early Majority), 후기다수자(Late Majority), 최후수용자(Laggards)이다.

14 (주)한국의 매출 및 매출채권 자료가 다음과 같을 때, 매출채권의 평균회수기간은? (단, 1년은 360일로 가정한다.)

매출액	₩3,000,000
기초매출채권	150,000
기말매출채권	100,000

① 10일 ✔ **15일**

③ 18일 ④ 20일

⑤ 24일

> $$평균회수기간 = \frac{평균\ 매출채권}{1일\ 매출액} = \frac{(150,000+100,000)/2}{3,000,000/360} = 15일$$

15 적대적 M&A의 방어전략 중 다음에서 설명하는 것은?

> 피인수기업의 기존 주주에게 일정조건이 충족되면 상당히 할인된 가격으로 주식을 매입할 수 있는
> 권리를 부여함으로써, 적대적 M&A를 시도하려는 세력에게 손실을 가하고자 한다.

① 백기사(white knight)

> 적대적인 M&A(기업인수합병)의 목표대상이 된 기업이 모든 방어수단을 동원해도 공격을 막을 수 없을 경우
> 우호적인 기업인수자에게 경영권을 넘기게 되는데, 이 때 우호적인 기업인수자를 백기사라 한다.

② 그린메일(green mail)

> 경영권을 담보로 보유주식을 시가보다 비싸게 되파는 행위이다.

③ 황금낙하산(gold parachute)

> 황금낙하산(golden parachute)이란 인수대상 기업의 이사가 임기 전에 물러나게 될 경우 일반적인 퇴직금
> 외에 거액의 특별 퇴직금이나 보너스, 스톡옵션 등을 주도록 하는 제도이다.

✔ **독약조항(poison pill)**

> 독약조항은 적대적 M&A나 경영권 침해 시도가 발생하는 경우에 기존 주주들에게 시가보다 훨씬 싼 가격에
> 지분을 매입할 수 있도록 미리 권리를 부여하는 제도이다.

⑤ 왕관보석(crown jewel)

M&A 대상이 되는 회사의 가장 가치 있는 자산을 처분함으로써 대상 회사의 가치 및 매력을 감소시켜 M&A를 방지한다.

16 (주)한국은 다음과 같은 조건의 사채(액면금액의 ₩1,000,000, 액면이자율 8%, 만기 5년, 이자는 매년 말 지급)를 발행하였다. 시장이자율이 10%일 경우, 사채의 발행금액은? (단, 사채발행비는 없으며, 현가계수는 주어진 자료를 이용한다.)

기간(년)	단일금액 ₩1의 현가계수		정상연금 ₩1의 현가계수	
	8%	10%	8%	10%
5	0.68	0.62	3.99	3.79

① ₩896,800
✔ ₩923,200
③ ₩939,800
④ ₩983,200
⑤ ₩999,200

사채의 발행금액＝(₩1,000,000×0.08×3.79)＋(₩1,000,000×0.62)＝₩923,200

17 제품설계 기법에 관한 설명으로 옳은 것은?

① 동시공학은 부품이나 조립품의 호환성과 공용화를 높여서 생산원가를 절감하는 기법이다.

동시공학은 모든 부서가 통합된 통신망과 시스템의 지원 아래 동시 진행과 상호 교류로 제품 설계에서 생산까지의 모든 단계에 소비되는 시간과 비용을 최소화하는 것을 말한다.

② 모듈러설계는 불필요한 원가요인을 발굴하여 제거함으로써 제품의 가치를 높이는 기법이다.

모듈러설계는 호환성이 있는 표준 모듈들을 여러 가지로 다르게 결합하여 제품의 다양성과 생산원가를 절감하는 기법이다.

③ 가치공학은 신제품 출시과정을 병렬적으로 진행하여 신제품 출시기간을 단축하는 기법이다.

가치공학은 소비자가 바라는 가치있는 상품을 제조하기 위해 생산, 마케팅, 경영 등 각 부문이 소비자를 중심에 놓고 고품질 원가 절감 제품 개발에 나서는 기법이다.

✔ 품질기능전개는 소비자의 요구사항을 체계적으로 제품의 기술적 설계에 반영하는 과정이다.

품질기능전개(QFD)는 고객의 요구사항을 제품 설계, 개발을 통해 제조, 판매, 서비스 등에 반영하는 방법을 말한다.

⑤ 가치분석은 제품이나 공정을 처음부터 환경변화의 영향을 덜 받도록 설계하는 것이다.

가치분석은 제품 가치에 대하여 기능상·제조기술상·구매정책상 등의 측면에서 원가절감에 이바지하기 위해서 조직적으로 분석·검토하여 그 결과에 의해서 원가절감을 실시하는 것이다.

18 최종소비자의 수요변동 정보가 전달되는 과정에서 지연이나 왜곡현상이 발생하여 재고부족 또는 과잉 문제가 발생하고 공급사실 상류로 갈수록 수요변동이 증폭되는 현상은?

☑ 채찍 효과

> 채찍 효과는 공급망에 있어서 소비자 수요의 작은 변동이 제조업체에 전달될 때는 확대되므로, 제조업체 입장에서는 수요의 변동이 매우 불확실하게 보이는 것을 말한다.

② 포지셔닝 효과

> 포지셔닝 효과는 소비자의 마음 또는 인식에서 경쟁 브랜드에 비해 특정 브랜드가 차지하고 있는 위치를 강화하거나 변화시키는 전략이다.

③ 리스크 풀링 효과

> 리스크 풀링 효과는 지역별 수요를 통합할 경우에 전체적인 수요의 변동이 작아지므로 최적재고수준이 감축된다는 것이다.

④ 크로스 도킹 효과

> 크로스 도킹 효과는 물류센터로 입고되는 상품을 물류센터에 보관하는 것이 아니라, 분류 또는 재포장 과정을 거쳐 곧바로 다시 배송되는 물류 시스템이다. 이를 통해 임대료, 물류비용 절감 효과가 있다.

⑤ 레버리지 효과

> 레버리지 효과는 다른 사람으로부터 빌린 차입금을 지렛대처럼 이용하여 적은 자기자본으로도 자기자본이익률을 높이는 것을 말한다.

19 다음 중 도요타 생산시스템에서 정의한 7가지 낭비유형에 해당하는 것을 모두 고른 것은?

| ㄱ. 과잉생산에 의한 낭비 | ㄴ. 대기시간으로 인한 낭비 |
| ㄷ. 재고로 인한 낭비 | ㄹ. 작업자 재교육으로 인한 낭비 |

① ㄱ, ㄴ

② ㄷ, ㄹ

☑ ㄱ, ㄴ, ㄷ

④ ㄴ, ㄷ, ㄹ

⑤ ㄱ, ㄴ, ㄷ, ㄹ

> 도요타 생산시스템에서 정의한 7가지 낭비유형은 불량의 낭비, 재고의 낭비, 과잉생산의 낭비, 가공의 낭비, 동작의 낭비, 운반의 낭비, 대기의 낭비이다.

20 다음의 수요예측기법 중 시계열(time series) 예측기법에 해당하는 것을 모두 고른 것은?

| ㄱ. 이동평균법 | ㄴ. 지수평활법 | ㄷ. 델파이 기법 |

① ㄱ
② ㄴ
③ ㄱ, ㄴ
④ ㄴ, ㄷ
⑤ ㄱ, ㄴ, ㄷ

> 시계열 예측기법은 <u>이동평균법, 지수평활법</u>, 최소자승법 등이 있다. 델파이 기법은 정성적 예측기법이다.

Tip 수요예측기법

정성적	정량적
• 델파이 • 시장조사 • 판매원 이용 • 패널동의 • 역사적 유추	• 인과형 기법 : 회귀분석 • 시계열 기법 : 이동평균법, 지수평활법

21 거래의 결합관계가 비용의 발생과 부채의 증가에 해당하는 것은?(단, 거래금액은 고려하지 않는다.)

① 외상으로 구입한 업무용 컴퓨터를 현금으로 결제하였다.

> 외상으로 구입한 컴퓨터를 결제한 것은 부채가 감소한 것, 현금 결제는 자산이 감소한 것이다.

② 종업원 급여가 발생하였으나 아직 지급하지 않았다.

> 종업원 급여가 발생하는 것은 비용이 발생한 것, 종업원 급여 미지급은 <u>부채가 증가</u>한 것이다.

③ 대여금에 대한 이자를 현금으로 수령하지 못하였으나 결산기말에 인식하였다.

> 대여금 이자는 수익이 발생한 것, 이자를 수령한 것은 자산이 증가한 것이다.

④ 거래처에서 영업용 상품을 외상으로 구입하였다.

> 상품을 외상으로 구입한 것은 부채가 증가한 것, 상품을 구입한 것은 자산이 증가한 것이다.

⑤ 은행으로부터 빌린 차입금을 상환하였다.

> 차입금의 상환은 부채가 감소하고, 자산이 감소한 것이다.

22 도소매업을 영위하는 (주)한국의 재고 관련 자료가 다음과 같을 때, 매출이익은?

총매출액	₩10,000	총매입액	₩7,000
매출환입액	50	매입에누리액	80
기초재고액	200	매입운임액	20
기말재고액	250		

① ₩2,980   ② ₩3,030

③ ₩3,060   ④ ₩3,080

⑤ ₩3,110

- 매출원가 = 기초재고액 + (총매입액 + 매입운임액 − 매입에누리) − 기말재고액
  = 200 + (₩7,000 + ₩20 − ₩80) − ₩250 = ₩6,890
- 매출이익(매출순이익) = (총매출액 − 매출환입액) − 매출원가
  = (₩10,000 − ₩50) − ₩6,890 = ₩3,060

23 현행 K−IFRS에 의한 재무제표에 해당하지 않는 것은?

① 재무상태변동표   ② 포괄손익계산서

③ 자본변동표   ④ 현금흐름표

⑤ 주석

재무제표의 종류는 재무상태표, 포괄손익계산서, 현금흐름표, 자본변동표, 주석이다.

24 일반 사용자의 컴퓨터 시스템 접근을 차단한 후, 접근을 허용하는 조건으로 대가를 요구하는 악성코드는?

① 스니핑(sniffing)

스피닝은 네트워크 트래픽 분석에 사용할 수도 있고, 악의적 목적으로 해커(hacker)가 네트워크 패킷을 엿보면서 데이터를 도청하는 유형이다.

② 랜섬웨어(ransomware)

랜섬웨어는 시스템을 잠그거나 데이터를 암호화해 사용할 수 없도록 하고 이를 인질로 금전을 요구하는 악성 프로그램이다.

③ 스팸웨어(spamware)

스팸웨어는 스팸 발송자가 발송을 위해 특별히 고안한 소프트웨어 유틸리티를 말한다.

④ 피싱(phishing)

피싱은 신뢰할 수 있는 사람 또는 기관이 보낸 메시지를 가장하여 개인정보를 부정하게 얻으려는 방법이다.

⑤ 파밍(pharming)

파밍은 사용자가 자신의 웹 브라우저에서 정확한 웹 페이지 주소를 입력해도 가짜 웹 페이지에 접속하게 하여 개인정보를 훔치는 것이다.

25 다음에서 설명하는 기술발전의 법칙은?

1
2
3

- 1965년 미국 반도체회사의 연구개발 책임자가 주장하였다.
- 마이크로프로세서의 성능은 18개월마다 2배씩 향상된다.

① 길더의 법칙

길더의 법칙은 광섬유의 대역폭(1초 동안 전송 가능한 데이터의 양)은 12개월마다 3배씩 증가한다는 법칙이다.

② 메칼프의 법칙

메칼프의 법칙은 네트워크의 가치는 사용자 수의 제곱에 비례한다는 이론이다.

✔ 무어의 법칙

무어의 법칙은 마이크로칩 기술의 발전 속도에 관한 일종의 법칙으로 마이크로칩에 저장할 수 있는 데이터 분량이 18~24개월마다 두 배씩 증가한다는 법칙이다.

④ 롱테일 법칙

롱테일 법칙은 80%의 사소한 다수가 20%의 핵심 소수보다 뛰어난 가치를 창출한다는 이론이다.

⑤ 파레토 법칙

파레토 법칙은 결과물의 80%는 조직의 20%에 의하여 생산된다는 이론이다.

01	02	03	04	05	06	07	08	09	10	11	12	13	14	15	16	17	18	19	20	21	22	23	24	25
①	②	③	⑤	⑤	④	④	④	④	①	⑤	②	②	②	④	⑤	②	④	①	③	⑤	③	③	⑤	③

01 프랜차이즈(franchise)에 관한 설명으로 옳지 않은 것은?

✔ 가맹점은 운영측면에서 개인점포에 비해 자율성이 높다.

> 가맹점은 본사에서 정한 경영방식에 의해 운영되어야 하므로 자율성이 높지 않다.

② 가맹본부의 사업확장이 용이하다.

③ 가맹점은 인지도가 있는 브랜드와 상품으로 사업을 시작할 수 있다.

④ 가맹점은 가맹본부로부터 경영지도와 지원을 받을 수 있다.

⑤ 가맹점은 프랜차이즈 비용이 부담이 될 수 있다.

02 앤소프(H. I. Ansoff)의 제품–시장 확장전략 중 기존 제품으로 기존 시장의 점유율을 확대해 가는 전략은?

① 원가우위 전략   ✔ 시장침투 전략

③ 시장개발 전략   ④ 제품개발 전략

⑤ 다각화 전략

> 앤소프의 제품/시장 매트릭스는 기업 성장을 목적으로 제품과 시장에 대한 전략을 설명한다. 이 중 기존 제품으로 기존 시장의 점유율을 확대해 가는 전략은 시장침투 전략이다.

Tip 앤소프 제품/시장 매트릭스

구분	기존 제품(Existing Product)	신제품(New Product)
기존 시장(Existing Market)	시장침투 전략	제품개발 전략
신시장(New Market)	시장개발 전략	다각화 전략

03 포터(M. Porter)의 산업구조분석 모형에서, 소비자 관점의 사용용도가 유사한 다른 제품을 고려하는 경쟁분석의 요소는?

① 산업 내 기존 경쟁업체 간 경쟁 ② 잠재적 경쟁자의 진입 가능성

❸ 대체재의 위협 ④ 공급자의 교섭력

⑤ 구매자의 교섭력

> 포터의 산업구조분석 모형은 산업 내 경쟁에 영향을 미치는 요인과 강도를 파악하여 기업의 경영전략을 수립하는 데 활용된다. 소비자 관점의 사용용도가 유사한 다른 제품을 고려하는 경쟁분석의 요소는 <u>대체제의 위협</u>이다.

Tip 포터의 산업구조분석 모형−5가지 요인	
산업 내 기존 경쟁업체 간 경쟁	경쟁이 치열할수록 수익성은 떨어짐
잠재적 경쟁자의 진입 가능성	신규 진입 기업들이 시장에 더욱 안정적으로 진입하기 위해서는 진입장벽을 넘어야 함
대체재의 위협	대체재가 많을수록 높은 가격을 받을 수 있는 가능성은 낮아짐
공급자의 교섭력	원자재 공급업체의 영향력이 크면 수익성은 낮아짐
구매자의 교섭력	구매자의 영향력이 크면 수익성은 낮아짐

2022년

04 직무스트레스에 관한 설명으로 옳지 않은 것은?

① 직무스트레스의 잠재적 원인으로는 환경요인, 조직적 요인, 개인적 요인이 존재한다.

② 직무스트레스 원인과 경험된 스트레스 간에 조정변수가 존재한다.

③ 사회적 지지는 직무스트레스의 조정변수이다.

④ 직무스트레스 결과로는 생리적 증상, 심리적 증상, 행동적 증상이 있다.

❺ 직무스트레스와 직무성 간의 관계는 U자형으로 나타난다.

> 적정 수준의 직무스트레스는 심신활동을 촉진시키고 활성화시켜 직무수행의 향상에 기여하지만 과도한 직무스트레스는 역기능이 작용하여 심신을 황폐화시키거나 직무성과에 부정적인 영향을 미친다. 따라서 직무스트레스와 직무성과 간의 관계는 <u>역U자형</u>으로 나타난다.

05 메이요(E. Mayo)의 호손실험 중 배선작업 실험에 관한 설명으로 옳지 않은 것은?

① 작업자를 둘러싸고 있는 사회적 요인들이 작업능률에 미치는 영향을 파악하였다.
② 생산현장에서 비공식조직을 확인하였다.
③ 비공식조직이 작업능률에 영향을 미치는 것을 발견하였다.
④ 관찰연구를 통해 진행되었다.
⑤ 경제적 욕구의 중요성을 재확인하였다.

> 호손실험을 통해 근로자는 고전 모형이 중요시한 경제적 욕구나 합리적인 행동보다는 비경제적인 요인(사회적 욕구, 심리적 욕구, 집단의 지지, 교우관계 등)을 중시한다는 것을 확인하였다.

06 조직설계의 상황변수에 해당하는 것을 모두 고른 것은?

| ㄱ. 복잡성 | ㄴ. 전략 | ㄷ. 공식화 | ㄹ. 기술 | ㅁ. 규모 |

① ㄱ, ㄴ, ㄷ   ② ㄱ, ㄴ, ㄹ
③ ㄱ, ㄷ, ㅁ   ④ ㄴ, ㄹ, ㅁ
⑤ ㄷ, ㄹ, ㅁ

> 조직설계의 상황변수로는 전략, 기술, 규모, 환경 등이 있고, 기본변수로는 복잡성, 공식화, 집권화, 분권화가 있다.

07 맥그리거(D. McGregor)의 XY이론 중 Y이론에 관한 설명으로 옳은 것을 모두 고른 것은?

> ㄱ. 동기부여는 생리적 욕구나 안전욕구 단계에서만 가능하다.
> ㄴ. 작업조건이 잘 갖추어지면 일은 놀이와 같이 자연스러운 것이다.
> ㄷ. 대부분의 사람들은 엄격하게 통제되어야 하고 조직목표를 달성하기 위해서는 강제되어야 한다.
> ㄹ. 사람은 적절하게 동기부여가 되면 자율적이고 창의적으로 업무를 수행한다.

① ㄱ, ㄴ   ② ㄱ, ㄷ
③ ㄴ, ㄷ   ④ ㄴ, ㄹ
⑤ ㄷ, ㄹ

> ㄱ. (×) X이론 : 동기부여는 생리적 욕구나 안전욕구 단계에서만 가능하다.
> ㄴ. (○) Y이론 : 작업조건이 잘 갖추어지면 일은 놀이와 같이 자연스러운 것이다.
> ㄷ. (×) X이론 : 대부분의 사람들은 엄격하게 통제되어야 하고 조직목표를 달성하기 위해서는 강제되어야 한다.
> ㄹ. (○) Y이론 : 사람은 적절하게 동기부여가 되면 자율적이고 창의적으로 업무를 수행한다.

Tip	맥그리거(D. McGregor)의 X–Y이론
X이론	• 인간은 본래 일하기를 싫어하며 지시받은 일만 행한다. • 경영자는 금전적 보상을 유인책으로 사용하고 엄격한 감독과 상세한 명령으로 통제를 강화해야 한다.
Y이론	• 인간에게 노동은 놀이와 같은 자연스러운 행위이며, 노동을 통해 자신의 능력을 발휘하고 자아를 실현하고자 한다. • 경영자는 자율적 · 창의적으로 일할 수 있는 여건을 노동자에게 제공해야 한다.

08 다음에서 설명하는 조직이론은?

• 조직형태는 환경에 의하여 선택되거나 도태될 수 있다.
• 기존 대규모 조직들은 급격한 환경변화에 적응하기 어려워 공룡신세가 되기 쉽다.
• 변화과정은 변이(variation), 선택(selection), 보존(retention)의 단계를 거친다.

① 자원의존 이론

조직은 생존을 위해서는 환경에 대응할 수 있는 필수적인 자원들을 획득 및 유지할 수 있는 능력을 갖추어야 한다는 이론

② 제도화 이론

조직의 생존을 위해서 이해관계자로부터의 정당성 획득을 중시하며, 이를 통하여 조직을 둘러싼 환경 안에서 어떤 조직의 존재가 외부적으로 정당하다고 인정될 때 조직이 성공할 수 있다는 이론

③ 학습조직 이론

기업은 조직원이 학습할 수 있도록 모든 기회 및 환경을 제공하고, 그 학습결과에 따라 지속적으로 조직의 변화가 이루어진다는 이론

✔ 조직군 생태학 이론

조직군 생태학 이론은 조직 개체군 내 조직들의 다양성 및 적응을 중심으로, 조직의 출현 또는 소멸을 설명하는 이론이다.

⑤ 거래비용 이론

기업조직의 관리는 기업의 거래비용을 최소화하기 위해 이루어지고 있다는 이론

09 직무분석에 관한 설명으로 옳은 것은?

① 직무의 내용을 체계적으로 정리하여 직무명세서를 작성한다.

> 직무의 내용을 체계적으로 정리하여 직무기술서를 작성한다.

② 직무수행자에게 요구되는 자격요건을 정리하여 직무기술서를 작성한다.

> 직무수행자에게 요구되는 자격요건을 정리하여 직무명세서를 작성한다.

③ 직무분석과 인력확보를 연계하는 것은 타당하지 않다.

> 직무분석과 인력확보를 연계하는 것은 적절하다.

✔ 직무분석은 작업장의 안전사고 예방에 도움이 된다.

> 직무분석은 직무의 성격 · 내용에 연관되는 각종 정보를 수집, 분석, 종합하는 활동으로, 기업조직이 요구하는 업무의 내용들을 정리 · 분석하는 과정이다. 이는 작업장의 안전사고 예방에 도움이 된다.

⑤ 직무분석은 직무평가 결과를 토대로 실시한다.

> 직무평가는 직무분석 결과를 토대로 실시한다.

10 스캔론 플랜(Scanlon Plan)에 관한 설명으로 옳지 않은 것은?

✔ 기업이 창출한 부가가치를 기준으로 성과급을 산정한다.

> 스캔론 플랜은 생산성의 변동에 임금을 연결시켜 산출하는 것으로, 판매가치를 기준으로 성과급을 산정한다. 영업실적 향상에 의해 생긴 경제적 이익을 노사 모두의 협조에 의한 결과로 보고, 이를 노사 간에 분배하여 종업원의 참여의욕을 높이려는 제도이다.

② 집단성과급제도이다.

③ 생산제품의 판매가치와 인건비의 관계에서 배분액을 결정한다.

④ 실제인건비가 표준인건비보다 적을 때 그 차액을 보너스로 배분한다.

⑤ 산출된 보너스액 중 일정액을 적립한 후 종업원분과 회사분으로 배분한다.

11 기존 브랜드명을 새로운 제품 범주의 신제품에 사용하는 것은?

① 공동 브랜딩(co-branding)

> 이미 소비자에게 강력한 이미지로 인식되어 있는 두 개 이상의 브랜드를 서로 합쳐 사용하는 방식

② 복수 브랜딩(multi-branding)

> 동일한 제품 범주 안에서 서로 다른 특성을 가진 다양한 브랜드 제품을 도입하는 방식

③ 신규 브랜드(new brand)

> 기존 브랜드명 파워가 약해지거나 새로운 제품 범주를 도입할 때 사용하는 방식

④ 라인 확장(line extension)

> 기존 제품을 개선한 신제품에 기존 브랜드를 확장 적용하여 사용하는 방식

✔ 브랜드 확장(brand extension)

> 브랜드 확장은 기존 브랜드명을 다른 범주에 속하는 신상품에 그대로 사용하는 것을 말한다. 이는 기존 브랜드의 가치를 활용하여 단기간에 높은 인지도와 안정적인 신뢰도를 확보할 수 있다는 장점을 지닌다.

12 제품의 기본가격을 조정하여 세분시장별로 가격을 달리하는 가격결정이 아닌 것은?

① 고객집단 가격결정

> 고객집단에 따라 가격을 다르게 책정하는 방법
> ⑩ 성인과 청소년의 버스요금 차이

✔ 묶음제품 가격결정

> 묶음제품 가격결정은 개별 상품이 아닌 묶음 상품으로 가격을 책정하여, 이로 인한 판매량의 상승이 할인으로 줄어든 수익을 상쇄해주는 전략이다.

③ 제품형태 가격결정

> 제품형태에 따라 가격을 다르게 책정하는 방법
> ⑩ A사의 생수와 미스트의 가격 차이

④ 입지 가격결정

> 입지에 따라 가격을 다르게 책정하는 방법
> ⑩ 영화관 좌석별 가격 차이

⑤ 시간 가격결정

> 시즌, 주중·주말 등에 따라 가격을 다르게 책정하는 방법
> ⑩ 호텔의 성수기와 비수기 가격 차이

13 새로운 마케팅 기회를 확보하기 위해 동일한 유통경로 단계에 있는 둘 이상의 기업이 제휴하는 시스템은?

① 혁신 마케팅시스템　　　　　　　　　　　　✔ 수평적 마케팅시스템
③ 계약형 수직적 마케팅시스템　　　　　　　　④ 관리형 수직적 마케팅시스템
⑤ 기업형 수직적 마케팅시스템

> 수평적 마케팅시스템은 같은 경로 단계에서 활동하는 개별적인 둘 이상의 자원이나 프로그램을 결합하여 기술이나 유통경로 등을 공동으로 계획하고 추진하는 마케팅시스템이다. 단독으로 효과적인 마케팅을 수행할 수 없을 경우에 새로운 마케팅 기회를 확보하기 위해 활용된다.

Tip 수직적 마케팅시스템

수직적 마케팅시스템은 소유권의 정도와 통제력의 강도에 따라 기업형 VMS → 계약형 VMS → 관계형 VMS 순서로 나열할 수 있다.

기업형 VMS	경로를 구성하는 한 구성원이 다른 구성원을 법적으로 소유·관리함으로써 하나의 회사형태로 유통시스템을 수직적으로 통합하는 방법
계약형 VMS	경로 구성원들이 경제적·법률적으로 독립성을 유지하면서 계약에 의한 공식적인 유통경로를 통해 수직적 통합을 이루고 상호 간에 경제적 이득을 추구하고자 하는 유통시스템 방법
관리형 VMS	경로 구성원 중에서 주도적인 기업이 유통경로를 조정·관리함으로써 생산 및 유통과정이 비공식적으로 협력·통합되는 방법

---

14 증권시장선(SML)에 관한 설명으로 옳은 것을 모두 고른 것은?

> ㄱ. 개별주식의 기대수익률과 체계적 위험 간의 선형관계를 나타낸다.
> ㄴ. 효율적 포트폴리오에 한정하여 균형가격을 산출할 수 있다.
> ㄷ. 증권시장선보다 상단에 위치하는 주식은 주가가 과소평가된 주식이다.
> ㄹ. 증권시장선은 위험자산만을 고려할 경우 효율적 투자기회선이다.

① ㄱ, ㄴ　　　　　　　　　　　　　　　✔ ㄱ, ㄷ
③ ㄱ, ㄹ　　　　　　　　　　　　　　　④ ㄴ, ㄷ
⑤ ㄷ, ㄹ

> ㄴ. (×) 증권시장선은 효율적 포트폴리오뿐만 아니라 효율적이지 않은 포트폴리오를 포함하여 균형가격을 산출할 수 있다.
> ㄹ. (×) 증권시장선은 위험자산만을 고려할 경우 효율적 투자기회선이 되지 못한다.

15 재무상태표의 자산 항목에 해당하지 않는 것은?

① 미수금   ② 단기대여금

③ 선급금   ✔ 이익준비금

⑤ 선급비용

이익준비금은 이익잉여금으로 재무상태표의 <u>자본</u> 항목에 해당한다.

Tip 재무상태표

자산	유동자산	현금, 매출채권, <u>미수금</u>, <u>선급금</u>, <u>선급비용</u>, <u>단기대여금</u>, 재고자산, 기타 유동자산
	비유동자산	유형자산, 무형자산, 투자자산, 기타 비유동자산
부채	유동부채	매입채무, 미지급금, 예수금, 미지급비용, 선수금, 단기차입금, 충당부채, 기타 유동부채
	비유동부채	사채, 장기차입금, 장기충당부채, 기타 비유동부채
자본	자본금	자본금, <u>이익잉여금</u>, 기타자본항목

16 투자안의 경제성 평가 방법에 관한 설명으로 옳은 것은?

① 회계적이익률법의 회계적이익률은 연평균 영업이익을 연평균 매출액으로 나누어 산출한다.

회계적이익률은 연평균 순이익을 연평균 투자액으로 나누어 산출한다.

② 회수기간법은 회수기간 이후의 현금흐름을 고려한다.

회수기간법은 투자를 하였을 때 그로 인해 발생하는 현금흐름으로부터 투자자금을 모두 회수하기까지 걸리는 기간으로 자본예산편성과 관련하여 투자안의 가치를 비교ㆍ평가하는 기법이다. 회수기간 이후의 현금흐름은 고려하지 않는다.

③ 순현재가치법은 재투자수익률을 내부수익률로 가정한다.

순현재가치법은 투자하려는 금액과 투자로 발생하는 전 투자기간의 현금유입을 기대이율로 할인하여 얻은 현가를 비교하는 방법이다.

④ 내부수익률법에서 개별투자안의 경우 내부수익률이 0보다 크면 경제성이 있다.

내부수익률은 투자액과 투자의 예상수익이 같아져 투자의 순현재가치(IRR)가 0이 되는 수익률로, 내부수익률법에서는 순현재가치가 0이 되는 할인율을 찾고자 한다. 이를 위해 내부수익율을 투자안의 자본비용과 비교하여 투자를 결정한다.

✔ 수익성지수법에서 개별투자안의 경우 수익성 지수가 1보다 크면 경제성이 있다.

수익성지수법은 투자 금액 대비 회수할 수 있는 금액에 대한 비율을 의미하며, 지수가 1보다 크면 경제성이 있어 투자할 가치가 있다고 본다.

17 A주식에 대한 분산은 0.06이고, B주식에 대한 분산은 0.08이다. A주식의 수익률과 B주식의 수익률 간의 상관계수가 0인 경우, 총 투자자금 중 A주식과 B주식에 절반씩 투자한 포트폴리오의 분산은?

① 0.025
✔ 0.035
③ 0.045
④ 0.055
⑤ 0.065

$$\text{Var}(R\mu) = w_A^2\sigma_A^2 + w_B^2\sigma_B^2 + 2w_Aw_B\sigma_{AB} = (0.5^2 \times 0.06) + (0.5^2 \times 0.08) = 0.035$$

18 경제적 주문량(EOQ)에 관한 설명으로 옳지 않은 것은?

① 연간 재고유지비용과 연간 주문비용의 합이 최소화되는 주문량을 결정하는 것이다.
② 연간 재고유지비용과 연간 주문비용이 같아지는 지점에서 결정된다.
③ 연간 주문비용이 감소하면 경제적 주문량이 감소한다.
✔ 연간 재고유지비용이 감소하면 경제적 주문량이 감소한다.

연간 재고유지비용이 감소하면 경제적 주문량이 증가한다.

⑤ 연간 수요량이 증가하면 경제적 주문량이 증가한다.

> **Tip** 경제적 주문량(EOQ ; Economic Order Quantity)
> • 재고유지비용과 주문비용의 합을 최소로 하는 주문량
> • $\sqrt{\dfrac{2 \times \text{연간 수요량} \times 1\text{회당 주문비용}}{\text{재고유지비용}}}$

19 생산 프로세스에서 낭비를 제거하여 부가가치를 극대화하기 위한 것은?

✔ 린(lean) 생산

'Lean'은 '마른, 날씬한'의 뜻으로, 린 생산은 각 생산단계에서 생산능력을 필요한 만큼만 유지하면서 생산효율을 극대화하는 방식이다.

② 자재소요계획(MRP)

일정계획에 맞춰 생산이 이루어지도록 컴퓨터를 활용하여 필요한 원자재 및 부품 등에 대한 조달계획을 수립하는 관리기법

③ 장인생산(craft production)

고도의 숙련자가 고객의 요구조건에 따라 단순하고 범용적인 도구를 사용하여 제품을 생산하는 방법

④ 대량고객화(mass customization)

맞춤화된 상품과 서비스를 대량생산을 통해 비용을 낮춰 경쟁력을 창출하는 새로운 생산과 마케팅 방식

⑤ 오프쇼오링(off‒shoring)

경영 활동의 일부를 국내 기업에 맡기는 아웃소싱의 범위가 해외로 확대된 것

20 (주)한국의 4개월간 제품 실제 수요량과 예측치가 다음과 같다고 할 때, 평균절대오차(MAD)는?

월(t)	실제 수요량(Dt)	예측치(Ft)
1월	200개	225개
2월	240개	220개
3월	300개	285개
4월	270개	290개

① 2.5   ② 10

✔ 20   ④ 412.5

⑤ 1650

오차는 '실제 수요량−예측치'이다. 월별 오차는 다음과 같다.
- 1월의 오차=200−225=−25
- 2월의 오차=240−220=20
- 3월의 오차=300−285=15
- 4월의 오차=270−290=−20

따라서 평균절대오차는 $\dfrac{|-25|+20+15+|-20|}{4}=20$이다.

21 서비스 품질평가에 사용되는 SERVQUAL 모형의 서비스 차원이 아닌 것은?

① 유형성(tangibles)   ② 신뢰성(reliability)

③ 반응성(responsiveness)   ④ 공감성(empathy)

✔ 소멸성(perishability)

서비스 품질평가에 사용되는 SERVQUAL 모형의 서비스 차원은 <u>신뢰성, 확신성, 유형성, 공감성, 반응성</u>이다.

22 다음의 주어진 자료를 이용하여 산출한 기말자본액은?

1
2
3

〈자료〉

기초자산 : 380,000원, 기초부채 : 180,000원

당기 중 유상증자 : 80,000원, 당기 중 현금배당 : 40,000원

당기순이익 : 100,000원

① 260,000원   ② 300,000원

③ **340,000원**   ④ 380,000원

⑤ 420,000원

- 기초자본 = 기초자산 − 기초부채 = 380,000원 − 180,000원 = 200,000원
- 기말자본 = 기초자본 + 유상증자 + 당기순이익 − 현금배당 = 200,000원 + 80,000원 + 100,000원 − 40,000원 = 340,000원

23 회계거래 분개에 관한 설명으로 옳은 것은?

1
2
3

① 매입채무의 증가는 차변에 기록한다.

    매입채무(부채)의 증가는 대변에 기록한다.

② 장기대여금의 증가는 대변에 기록한다.

    장기대여금(자산)의 증가는 차변에 기록한다.

③ **자본금의 감소는 차변에 기록한다.**

④ 임대료 수익의 발생은 차변에 기록한다.

    임대료 수익의 발생은 대변에 기록한다.

⑤ 급여의 지급은 대변에 기록한다.

    급여의 지급은 차변에 기록한다.

Tip 차변과 대변

차변	대변
자산의 증가	자산의 감소
부채의 감소	부채의 증가
자본의 감소	자본의 증가
비용의 발생	수익의 발생

24 컴퓨터, 저장장치, 애플리케이션, 서비스 등과 같은 컴퓨팅 자원의 공유된 풀(pool)을 인터넷으로 접근할 수 있게 해주는 것은?

① 클라이언트/서버 컴퓨팅(client/server computing)

> 계산, 데이터베이스, 프린트, 통신 등의 자원(리소스)을 각각의 서버를 공유하여 그룹 전체의 업무 목적을 분산 처리하는 형태

② 엔터프라이즈 컴퓨팅(enterprise computing)

> 공동의 목적을 이루기 위해 컴퓨터를 활용하는 것

③ 온프레미스 컴퓨팅(on-premise computing)

> 소프트웨어 등 솔루션을 클라우드 같이 원격 환경이 아닌 자체적으로 보유한 전산실 서버에 직접 설치해 운영하는 방식

④ 그린 컴퓨팅(green computing)

> 컴퓨터 작업에서 소모되는 에너지를 줄여 환경을 보호하자는 개념

✔️ 클라우드 컴퓨팅(cloud computing)

> 클라우드 컴퓨팅은 인터넷상의 서버를 통하여 데이터 저장, 네트워크, 콘텐츠 사용 등 IT 관련 서비스를 다양한 종류의 컴퓨터 단말 장치로 제공하는 것이다.

25 특정기업의 이메일로 위장한 메일을 불특정 다수에게 발송하여 권한 없이 데이터를 획득하는 방식은?

① 파밍(pharming)

> 사용자를 속여 사용자가 가짜 사이트에 접속하도록 유도하는 사기 기법

② 스니핑(sniffing)

> 'sniffing'은 냄새를 맡는다는 뜻으로, 타인의 대화를 엿듣거나 도청하는 방식의 수동적 형태의 공격 방법

✔️ 피싱(phishing)

> 개인정보(Private Data)와 낚시(Fishing)의 합성어로 금융기관 등으로부터 개인정보를 불법적으로 알아내는 해킹방법으로 특정기업의 이메일로 위장한 메일을 불특정 다수에게 발송하여 권한 없이 데이터를 획득하는 방법

④ 서비스 거부 공격(denial-of-service attack)

> 도스(Dos)라고도 하며, 특정 네트워크 또는 웹서버에 수많은 접속을 시도하여 리소스를 부족하게 함으로써 그 시스템을 의도된 용도로 사용하지 못하게 하는 해킹 방법

⑤ 웜(worm)

> 일반적인 컴퓨터 바이러스와는 달리 자체적으로 실행되면서 다른 컴퓨터에 전파할 수 있는 프로그램

01	02	03	04	05	06	07	08	09	10	11	12	13	14	15	16	17	18	19	20	21	22	23	24	25
④	④	①	①	③	⑤	③	⑤	③	③	①	①	②	⑤	③	②	①	③	②	④	④	②	②	②	⑤

01 페이욜(H. Fayol)의 일반적 관리원칙에 해당하지 않는 것은?

① 지휘의 통일성
② 직무의 분업화
③ 보상의 공정성
④ 조직의 분권화 ✓
⑤ 권한과 책임의 일치

> 페이욜은 경영활동을 기술활동, 상업활동, 재무활동, 보호활동, 회계활동, 관리활동 등 6가지로 구분하였으며, 이러한 6가지의 경영활동을 수행하는 데 요구되는 일반적인 규칙 14가지를 제시하였다. 14가지 규칙 중에는 지휘의 통일성, 분업, 공정성, 권한과 책임, <u>조직의 집권화</u> 등이 있다.

Tip 페이욜(H. Fayol)의 일반적 관리원칙

- <u>분업</u>
- 질서
- 규율
- 보수
- 집권화
- <u>공정성</u>
- 단결심
- 주도권
- 계층적 연쇄
- <u>권한과 책임</u>
- 명령의 일원화
- <u>지휘의 통일성</u>
- 직장의 안정성
- 전체 이익을 위한 개인의 복종

---

02 다음의 특성에 해당되는 기업집중 형태는?

- 주식 소유, 금융적 방법 등에 의한 결합
- 외형상으로 독립성이 유지되지만 실질적으로는 종속관계
- 모회사와 자회사 형태로 존재

① 카르텔(cartel)

> 카르텔은 기업연합이라고도 하며, 시장통제를 목적으로 동일 산업부문의 독립기업을 독점적으로 결합시키는 기업연합형태를 말한다.

② 콤비나트(combinat)

콤비나트는 기술적 연관이 있는 여러 생산부문이 근접 입지하여 형성된 기업의 지역적 결합체를 말한다.

③ 트러스트(trust)

트러스트는 다수의 개별기업들이 각기 독립성을 상실하고 자본으로 결합한 기업합체형 기업집중형태를 말한다.

☑ 콘체른(concern)

콘체른은 법률적으로 독립하고 있는 몇 개의 기업이 출자 등의 자본적 연휴를 기초로 하는 지배·종속 관계에 의해 형성되는 기업결합체를 말한다. 모회사와 자회사의 형태로 존재하며, 각각의 기업의 독립성을 보장하는 카르텔과 달리 법률상의 독립성만 유지되는 특징을 갖는다.

⑤ 디베스티처(divestiture)

디베스티처란 경영성과가 부진하거나 비효율적인 생산라인을 타사에 매각하여 기업의 체질을 개선하고 경쟁력을 향상시키려는 기업집중전략을 말한다. 즉, 회사 전체를 매각하는 것이 흡수합병이라면 디베스티처는 채산성이 떨어지는 부분이나 이익이 나지 않는 생산라인 일부를 매각하는 것이다.

03 캐롤(B.A. Carrol)의 피라미드 모형에서 제시된 기업의 사회적 책임의 단계로 옳은 것은?

☑ 경제적 책임 → 법적 책임 → 윤리적 책임 → 자선적 책임
② 경제적 책임 → 윤리적 책임 → 법적 책임 → 자선적 책임
③ 경제적 책임 → 자선적 책임 → 윤리적 책임 → 법적 책임
④ 경제적 책임 → 법적 책임 → 자선적 책임 → 윤리적 책임
⑤ 경제적 책임 → 윤리적 책임 → 자선적 책임 → 법적 책임

캐롤은 피라미드 모형을 통해 기업의 사회적 책임을 경제적 책임, 법적 책임, 윤리적 책임, 자선적 책임의 순으로 배열하였다.

> **Tip** 기업의 사회적 책임
> • 경제적 책임 : 기업의 사회적 책임 중 제1의 책임으로, 기업은 사회의 기본적인 경제단위로서 재화와 서비스를 생산할 책임을 갖는다.
> • 법적 책임 : 사회는 기업이 법적 요구사항의 구조 내에서 경제적 임무를 수행할 것을 요구한다.
> • 윤리적 책임 : 법에서 규정하지는 못하나 기업에서 사회구성원으로서 기대하는 도덕적 행동과 활동을 말한다.
> • 자선적 책임 : 기업에 대해서 명백한 메시지를 갖고 있지 않으나 기업의 개별적 판단이나 선택에 맡겨져 있는 책임으로 자발적 영역에 속하는 활동을 말한다.

04 GE/맥킨지 매트릭스(GE/McKinsey matrix)에서 전략적 사업부를 분류하기 위한 두 기준은?

① 산업매력도 – 사업단위 위치(경쟁력)

② 시장성장률 – 시장점유율

③ 산업매력도 – 시장성장률

④ 사업단위 위치(경쟁력) – 시장점유율

⑤ 시장점유율 – 가격경쟁력

> GE/맥킨지 매트릭스는 기업의 산업매력도와 산업단위의 경쟁력이라는 2가지 기준으로 전략산업단위를 평가하는 분석모델을 말한다. GE/맥킨지 매트릭스는 시장성장률과 시장점유율을 기준으로 사업의 매력도를 비교하는 BCG 매트릭스의 한계를 보완하여 보다 다양한 변수를 사용한 분석방법이다.

05 허츠버그(F. Herzberg)의 2요인이론에서 위생요인에 해당하는 것은?

① 성취감　　　　　　　　　　② 도전감

② 임금　　　　　　　　　　　④ 성장가능성

⑤ 직무내용

> 허츠버그는 현실적인 기업 관리에 있어 어떠한 상황이 욕구를 충족시킬 수 있는 동기가 되는지를 탐구하며, 동기를 일으키는 욕구를 동기요인과 위생요인으로 구분하였다. 동기요인에는 성취감, 인정, 직무 자체의 보람, 성장, 승진 등이 있으며, 위생요인에는 회사의 정책, 행정, 감독, 임금, 대인관계, 작업조건 등이 있다.

06 전통적 직무설계와 관련 없는 것은?

① 분업　　　　　　　　　　　② 과학적 관리

③ 전문화　　　　　　　　　　④ 표준화

⑤ 직무순환

> 직무순환은 현대적 직무설계와 관련이 있다. 직무설계는 조직의 목표를 달성하는 동시에 직무를 수행하는 개인에게 의미와 만족감을 부여하기 위하여 필요한 직무의 내용·기능·관계 등을 적극적으로 설계하는 활동을 말한다. 직무설계의 전통적 접근방법에서 아담스미스는 효율성의 논리를 바탕으로 분업을 강조하였으며, 테일러는 과업의 세분화·단순화·표준화 등을 강조한 과학적 관리법을 강조하였다. 그러나 이러한 직무전문화에 따른 반복성, 단조로움은 구성원들로 하여금 직무불만족을 경험하게 하였고, 이에 따라 현대적 접근방법에서는 집단을 대상으로 여러 작업자가 일정기간 동안 다양한 과업을 순환하는 직무순환이나 직무확대와 같은 과도기적 직무설계가 등장하였다.

07 인사평가의 분배적 오류에 해당하는 것은?

① 후광효과

> 피고과자의 어떠한 특성을 우수하다고 평가하면 다른 면에서도 우수한 것으로 평가하는 경향

② 상동적 태도

> 피평가자가 속한 집단의 특성에 근거한 편향적인 견해나 선입견, 또는 고정관념에 의한 오류

✔ **③ 관대화 경향**

> 인사평가의 오류 중 분배적 오류는 평가자가 평가측정을 하여 다수의 피평가자들에게 점수를 부여할 시 점수의 분포가 특정방향으로 쏠리는 현상을 말한다. 분배적 오류의 대표 유형으로 <u>관대화 경향</u>, 가혹화 경향, 중심화 경향 등이 있다.

④ 대비오류

> 특정한 피평가자가 다른 피평가자의 평가에 영향을 미치는 것

⑤ 확증편향

> 평가자가 평가 매뉴얼을 따르지 않고 자신만의 기준과 신념에 따라 피평가자를 판단하는 것

Tip 분배적 오류

- 관대화 경향 : 피평가자를 실제보다 더 높게 평가하려는 경향. 주로 특정인에게 유리하게 평가하고자 하는 의도에서 나타난다.
- 가혹화 경향 : 피평가자를 실제보다 더 낮게 평가하려는 경향. 평가자가 높은 가치관에 의해 기대수준을 높게 잡거나 평가자와 피평가자가 갈등관계에 놓인 경우에 나타난다.
- 중심화 경향 : 피평가자에 대한 평가 점수를 척도상의 보통 또는 중심점에 집중하여 부여하는 경향. 집단화 경향이라고도 하며, 평가자가 평가방법에 대한 이해도가 낮거나 평가방법에 회의적인 경우에 나타난다.

---

08 교육참가자들이 소규모 집단을 구성하여 팀워크로 경영상의 실제 문제를 해결하도록 하여 문제해결과정에 대한 성찰을 통해 학습하게 하는 교육방식은?

① team learning

> 팀학습이란 공동의 목표를 달성하기 위해 개개인이 갖고 있는 다양한 아이디어를 대화를 통해 공유하면서 지식을 창출하는 학습활동을 말한다.

② organizational learning

> 조직학습이란 조직목표의 효과적 달성을 위해 과거의 경험에 비추어 특정한 행동들을 강화하거나 수정하면서 환경 변화에 적응해 가는 학습활동을 말한다.

③ problem based learning

> 문제중심학습이란 학습자들이 현실에서 접할 수 있는 복잡하고 비정형화된 문제를 해결하기 위하여 협동학습과 자기 주도적 학습 과정을 통해 새로운 지식을 습득하고 협동 학습 능력, 문제 해결 능력, 의사소통 능력 등을 얻는 학습활동을 말한다.

④ blended learning

> 혼합학습이란 두 가지 이상의 학습방법이 지니는 장점을 결합하여 적절히 활용함으로써 학습효과를 극대화하기 위한 학습형태를 말한다. 일반적으로 오프라인과 온라인 활동을 결합한 학습활동이 대표적이다.

✔ action learning

> 액션러닝(행동학습)이란 교육참가자들이 소규모 집단을 구성하여 개인과 집단이 팀워크를 바탕으로 경영상의 실제 문제를 해결하는 동시에, 문제해결과정에 대한 성찰을 통해 학습하도록 지원하는 교육방식을 말한다. 액션러닝 방식을 도입할 경우 복잡한 조직문제 해결, 학습 조직 구축, 리더십 개발 등의 효과를 거둘 수 있다.

09 마키아벨리즘(machiavellism)에 관한 설명으로 옳지 않은 것은?

① 마키아벨리즘은 자신의 이익을 위해 타인을 이용하고 조작하려는 성향이다.

② 마키아벨리즘이 높은 사람은 감정적 거리를 잘 유지한다.

✔ 마키아벨리즘이 높은 사람은 남을 잘 설득하며 자신도 잘 설득된다.

> 마키아벨리즘이란 자신의 목적을 위한 타인을 이용하거나 설득하려는 개인적 성향을 의미한다. 마키아벨리즘이 높은 사람은 남에게 설득되는 대신, 자신의 목적 달성을 위하여 남을 설득하려 한다는 특성을 지닌다.

④ 마키아벨리즘이 높은 사람은 최소한의 규정과 재량권이 있을 때 높은 성과를 보이는 경향이 있다.

⑤ 마키아벨리즘이 높은 사람은 목적이 수단을 정당화시킬 수 있다고 믿는 경향이 있다.

10 조직으로부터 나오는 권력을 모두 고른 것은?

ㄱ. 보상적 권력	ㄴ. 전문적 권력
ㄷ. 합법적 권력	ㄹ. 준거적 권력
ㅁ. 강제적 권력	

① ㄱ, ㄴ, ㄷ   ② ㄱ, ㄴ, ㄹ

✔ ㄱ, ㄷ, ㅁ   ④ ㄴ, ㄹ, ㅁ

⑤ ㄷ, ㄹ, ㅁ

> 프렌치와 레이븐이 제안한 권력의 유형 중 보상적 권력, 합법적 권력, 강제적 권력은 조직상의 직위에서 나오는 것으로 공식적 권력에 속하며, 준거적 권력과 전문적 권력은 개인의 특질·자질에서 나오는 것으로 개인적 권력에 속한다.

11 직무특성모형(job characteristics model)의 핵심직무차원에 포함되지 않는 것은?

☑ 성장욕구 강도(growth need strength)

② 과업 정체성(task identity)

③ 과업 중요성(task significance)

④ 자율성(autonomy)

⑤ 피드백(feedback)

직무특성모형은 올드햄과 해크만에 의해 제시된 개념으로, 5가지 직무특성(핵심직무차원)이 종업원의 동기부여와 생산성에 미치는 관계를 설명한다. 이러한 핵심직무차원은 기술 다양성, 과업 정체성, 과업 중요성, 자율성, 피드백의 5가지 형태로 제시된다.

Tip	직무특성모형의 핵심직무차원

- 기술 다양성 : 근로자가 전문적인 기술과 지식을 사용하여 얼마나 다양한 활동을 하는가의 정도
- 과업 정체성 : 일의 구성이 전체를 완성하는 것과 얼마나 연계되어 있는가의 정도
- 과업 중요성 : 직무가 다른 사람이나 일의 결과에 얼마나 중요한 영향을 미치는가의 정도
- 자율성 : 직무 수행에 있어 근로자가 작업일정과 과정에 대한 계획을 세우고 수행상에 결정을 얼마나 하는가의 정도
- 피드백 : 직무가 요구하는 활동의 수행결과에 대하여 작업자가 그 효과성 여부에 대한 직접적이고 명확한 정보를 얻을 수 있는 정도

12 다음 설명에 해당하는 의사결정기법은?

```
1
2
3
```

> - 자유롭게 아이디어를 제시할 수 있다.
> - 타인이 제시한 아이디어에 대해 비판은 금지된다.
> - 아이디어의 질보다 양을 강조한다.

☑ **브레인스토밍(brainstorming)**

다수의 구성원이 한 가지 주제를 놓고 아이디어를 무작위로 자유분방하게 제시하여 그중에서 가장 좋은 해결안을 모색하는 기법. 보다 많은 창조적인 아이디어를 얻기 위해 타인의 아이디어를 비판·평가해서는 안 된다.

② 명목진단법(nominal group technique)

모임의 참여자들에게 생각을 하도록 시간을 준 후, 그 생각을 순서대로 발표하고 집단 토론을 하여 그 생각을 이해하고 수정한 다음에 결론을 거쳐 생각 목록에 합의하도록 하는 기법

③ 델파이법(delphi technique)

집단의 의사결정 기법 중 미래 예측을 위해 전문가 집단의 반복적인 설문조사 과정을 통하여 의견 일치를 유도하는 기법

④ 지명반론자법(devil's advocacy)

집단을 둘로 나누어 한 집단이 제시한 의견에 대해 반론자로 지명된 집단의 반론을 듣고, 토론을 벌여 원래의 안을 수정하고 보완하는 일련의 과정을 거친 후 최종 대안을 도출하는 기법. 반론자의 의무적인 지적을 통해 최선의 해결책을 도출해낸다.

⑤ 프리모텀법(premortem)

프로젝트를 시작하기 전에 미리 실패를 상상하여 위험을 예측하고 방지하는 기법

13 선매품(shopping goods)에 관한 설명으로 옳은 것은?

```
1
2
3
```

① 소비자가 필요하다고 느낄 때 수시로 구매하는 경향을 보인다.

편의품은 제품 구매 시 시간·노력을 많이 들이지 않고 쉽고 편리하게 구입할 수 있는 물품을 말한다.

☑ **소비자는 가격, 품질, 스타일 등 다양한 정보를 수집하여 신중하게 비교하는 경향을 보인다.**

선매품은 제품 구매 전 다양한 제품을 비교하여 선별적으로 구매하는 물품을 말한다.

③ 소비자는 잘 알지 못하거나 알고 있어도 능동적으로 구매하려 하지 않는다.

미탐색품은 소비자들이 상품에 대하여 잘 알지 못하거나 알고 있어도 평소에 탐색 의도를 거의 보이지 않는 제품을 말한다.

④ 일상생활에서 빈번히 구매하는 저관여 제품들이 많다.

편의품에 대한 설명이다.

⑤ 독특한 특정을 지니거나 브랜드 차별성을 지니는 제품들이 많다.

전문품은 상표나 제품의 특징이 뚜렷하여 구매자가 브랜드의 신용과 명성에 따라 구매하는 제품을 말한다.

14 브랜드(brand) 요소를 모두 고른 것은?

| ㄱ. 징글(jingle) | ㄴ. 캐릭터(character) |
| ㄷ. 슬로건(slogan) | ㄹ. 심벌(symbol) |

① ㄱ, ㄴ
② ㄷ, ㄹ
③ ㄱ, ㄴ, ㄷ
④ ㄴ, ㄷ, ㄹ
☑ ㄱ, ㄴ, ㄷ, ㄹ

> 브랜드는 정체성 형성과 차별화를 위한 요소를 지니며, 이는 브랜드 네임, 브랜드 컬러, 징글, 심벌과 로고, 캐릭터, 슬로건, 패키지, 서체, 디스플레이 등으로 구성된다.

15 서비스의 특성으로 옳지 않은 것은?

① 무형성
② 비분리성
☑ 반응성
④ 소멸성
⑤ 변동성(이질성)

> 서비스는 판매를 위해 제공되거나 상품판매와의 관계에서 준비되는 재활동·편익·만족으로 정의된다. 서비스의 특성에는 무형성, 비분리성, 소멸성, 변동성(이질성) 등이 있으며, 반응성은 서비스의 특성에 해당하지 않는다.

Tip 서비스의 특성

- 무형성 : 서비스는 눈에 보이지 않는다.
- 비분리성 : 서비스는 생산과 동시에 소비된다.
- 변동성(이질성) : 동일한 서비스라도 제공하는 사람과 제공받는 사람에 따라 그 결과가 달라진다.
- 소멸성 : 서비스는 시간의 변동에 따라 소멸되며 재고로 보관될 수 없다.

16 K사는 A, B, C 세 투자안을 검토하고 있다. 모든 투자안의 내용연수는 1년으로 동일하며, 투자안의 자본비용은 10%이다. 투자액은 투자 실행 시 일시에 지출되며 모든 현금흐름은 기간 말에 발생한다. 투자안의 투자액과 순현재가치(NPV)가 다음과 같을 경우 내부수익률(IRR)이 높은 순서대로 나열한 것은?

투자안	A	B	C
투자액	100억 원	200억 원	250억 원
순현재가치	20억 원	30억 원	40억 원

① A, B, C ✓② A, C, B

③ B, A, C ④ C, A, B

⑤ C, B, A

> 내부수익률은 투자액과 투자의 예상수익이 같아져 투자의 순현재가치(IRR)가 0이 되는 수익률을 말한다.
>
> 순현재가치 $= \dfrac{수익}{1+자본비용} - 투자액 \rightarrow$ 수익$=($순현재가치$+$투자액$)\times(1+$자본비용$)$
>
> - 투자안 A의 수익$=($20억 원$+$100억 원$)\times1.1=$132억 원
> - 투자안 B의 수익$=($30억 원$+$200억 원$)\times1.1=$253억 원
> - 투자안 C의 수익$=($40억 원$+$250억 원$)\times1.1=$319억 원
>
> 투자액$-\dfrac{수익}{1+IRR}=0 \rightarrow IRR=\dfrac{수익}{투자액}-1$
>
> - 투자안 A의 IRR$=\dfrac{132억 원}{100억 원}-1=0.320=32.0\%$
>
> - 투자안 B의 IRR$=\dfrac{253억 원}{200억 원}-1=0.265=26.5\%$
>
> - 투자안 C의 IRR$=\dfrac{319억 원}{250억 원}-1=0.276=27.6\%$
>
> 따라서 내부수익률이 높은 투자안을 순서대로 나열하면 A(32.0%) → C(27.6%) → B(26.5%)이다.

17 증권시장선(SML)과 자본시장선(CML)에 관한 설명으로 옳지 않은 것은?

1 2 3 ✓① 증권시장선의 기울기는 표준편차로 측정된 위험 1단위에 대한 균형가격을 의미한다.

> 증권시장선은 체계적 위험(표준편차)과 기대수익률 사이의 관계를 나타내는 것으로, 증권시장선의 기울기는 시장포트폴리오에 대한 위험프리미엄을 의미한다.

② 증권시장선 아래에 위치한 자산은 과대평가된 자산이다.

③ 자본시장선은 효율적 자산의 기대수익률과 표준편차의 선형관계를 나타낸다.

④ 자본시장선에 위치한 위험자산은 무위험자산과 시장포트폴리오의 결합으로 구성된 자산이다.

⑤ 자본시장선에 위치한 위험자산과 시장포트폴리오의 상관계수는 1이다.

18 올해 말(t=1)에 예상되는 A사 보통주의 주당 배당금은 1,000원이며, 이후 배당금은 매년 10%씩 영구히 증가할 것으로 기대된다. 현재(t=0) A사 보통주의 주가(내재가치)가 10,000원이라고 할 경우 이 주식의 자본비용은?

① 10% 　　　　　　　　　　　② 15%

✔ 20% 　　　　　　　　　　　④ 25%

⑤ 30%

- 주당 현재가치 $= \dfrac{\text{주당 배당금}}{\text{요구수익률} - \text{배당금성장률}}$
- 요구수익률 $= \dfrac{\text{주당 배당금}}{\text{주당 현재가치}} + \text{배당금성장률} = \dfrac{1,000}{10,000} + 0.1 = 20\%$
- ∴ 요구수익률 = 주식의 자본비용 = 20%

19 주식 A와 B의 기대수익률은 각각 10%, 20%이다. 총 투자자금 중 40%를 주식 A에, 60%를 주식 B에 투자하여 구성한 포트폴리오 P의 기대수익률은?

① 15% 　　　　　　　　　　　✔ 16%

③ 17% 　　　　　　　　　　　④ 18%

⑤ 19%

- 구성비율 = 각 자산의 투자자금/총 투자자금
- 포트폴리오의 기대수익률
  = Σ(각 자산의 구성비율×각 자산의 기대수익률)
  = (0.4×0.1) + (0.6×0.2)
  = 0.16 = 16%

20 식스시그마의 성공적 수행을 위한 5단계 활동으로 옳은 순서는?

① 계획 → 분석 → 측정 → 개선 → 평가

② 계획 → 분석 → 측정 → 평가 → 개선

③ 계획 → 측정 → 평가 → 통제 → 개선

✔ 정의 → 측정 → 분석 → 개선 → 통제

⑤ 정의 → 측정 → 평가 → 통제 → 개선

식스시그마의 해결 기법 과정은 DMAIC로 대표되며, 이는 정의(Define) → 측정(Measure) → 분석(Analyze) → 개선(Improve) → 통제, 관리(Control)의 5단계로 구성된다.

21 공급자에서 기업 내 변환과정과 유통망을 거쳐 최종 고객에 제품, 서비스 및 정보의 흐름을 전체 시스템 관점에서 설계하고 관리하는 것은?

① EOQ

> 경제적 주문량(Economic Order Quantity) : 재고유지비용과 주문비용의 합을 최소로 하는 주문량

② MRP

> 자재소요계획(Material Requirement Planning) : 주일정계획에 맞춰 생산이 이루어지도록 컴퓨터를 활용하여 필요한 원자재 및 부품 등에 대한 조달계획을 수립하는 관리기법

③ TQM

> 전사적 품질경영(Total Quality Control) : 제품과 서비스 품질관리뿐만 아니라 업무환경, 구성원의 자질 등 기업활동의 전반적인 분야의 품질을 높이는 데 주력하는 관리기법

✓ SCM

> 공급사슬관리(Supply Chain Management) : 공급자로부터 기업 내 변환과정, 유통망을 거쳐 최종고객에 이르기까지의 자재 조달, 제품 생산, 유통, 판매 등의 흐름을 적절히 관리하여 시간·비용을 절약하고 고객요구에 대한 빠른 대응을 실현하는 관리기법

⑤ FMS

> 유연생산시스템(Flexible Manufacturing System) : 생산성과 유연성의 양립을 목적으로 동일한 생산라인에서 상이한 제품에 대한 다양한 생산을 가능하게 하는 고도로 자동화된 관리기법

22 공장을 신축하고자 1억원의 토지를 현금으로 취득한 거래가 재무제표 요소에 미치는 영향은?

① 자본의 감소, 자산의 감소 　　　　　 ✓ 자산의 증가, 자산의 감소
③ 자산의 증가, 자본의 증가 　　　　　 ④ 자산의 증가, 부채의 증가
⑤ 비용의 증가, 자산의 감소

> 1억원의 당좌자산이 지출되며 자산이 감소하며, 동일한 가격의 토지인 유형자산이 유입되며 자산이 다시 증가한다.

23 유형자산에 해당하는 항목을 모두 고른 것은?

ㄱ. 특허권	ㄴ. 건물	ㄷ. 비품	ㄹ. 라이선스

① ㄱ, ㄴ
② ㄴ, ㄷ ✓
③ ㄱ, ㄴ, ㄷ
④ ㄴ, ㄷ, ㄹ
⑤ ㄱ, ㄴ, ㄷ, ㄹ

건물과 비품은 유형자산에 해당한다. 특허권과 라이선스는 무형자산에 해당한다.

Tip 자산의 분류

분류		항목
유동 자산	당좌자산	현금 및 현금성자산(보통예금), 단기금융상품, 단기매매증권, 선급금, 단기대여금, 미수금, 미수수익, 선급비용 등
	재고자산	상품, 제품, 재공품, 원재료, 저장품 등
비유동 자산	투자자산	장기금융상품, 장기투자증권, 투자부동산 등
	유형자산	토지, 건물, 구축물, 기계장치, 차량운반구, 비품, 건설 중인 자산 등
	무형자산	산업재산권(특허권, 상표권 등), 개발비, 광업권, 어업권, 라이선스 등
	기타 비유동자산	임차보증금, 전세권, 장기미수금, 장기선급금, 이연법인세자산 등

24 재무상태표의 부채에 해당하지 않는 것은?

① 매입채무
② 선급비용 ✓
③ 선수금
④ 사채
⑤ 예수금

선급비용은 자산이므로 부채에 해당하지 않는다. 반면 매입채무, 선수금, 예수금은 유동부채, 사채는 비유동부채로 부채에 해당한다.

Tip 재무상태표

자산	유동자산	현금, 매출채권, 미수금, 선급금, 선급비용, 재고자산, 기타 유동자산
	비유동자산	유형자산, 무형자산, 투자자산, 기타 비유동자산
부채	유동부채	매입채무, 미지급금, 예수금, 미지급비용, 선수금, 단기차입금, 충당부채, 기타 유동부채
	비유동부채	사채, 장기차입금, 장기충당부채, 기타 비유동부채
자본	자본금	자본금, 이익잉여금, 기타자본항목

25 급여계산, 고객주문처리, 재고관리 등 일상적이고 반복적인 과업을 주로 수행하는 정보시스템은?

① EIS

> 임원정보시스템(Executive Information System) : 최고 경영진에게 전략적인 의사결정에 필요한 정보를 제공하는 시스템. 기업 내·외부의 정보에 모두 접근하여 기업 경영자가 정확하고 신속하게 의사결정을 할 수 있도록 지원한다.

② DSS

> 의사결정시스템(Decision Making System) : 기업경영에 당면하는 여러 가지 문제를 해결하기 위해 복수의 대안을 개발하고, 비교 평가하여 최적안을 선택하는 의사결정과정을 지원하는 정보시스템. 정보를 도식화하여 분석모형과 데이터를 제공함으로써 의사결정과정을 보다 효과적으로 이루어지게 한다.

③ ES

> 전문가시스템(Expert System) : 전문가가 지닌 전문 지식과 경험, 노하우 등을 컴퓨터에 축적하여 전문가와 동일한 또는 그 이상의 문제 해결 능력을 가질 수 있도록 만들어진 시스템. 의료 진단, 생산 일정 계획 수립, 경영 계획 분야 등 인간의 지적 능력을 필요로 하는 분야에 적용된다.

④ SIS

> 전략정보시스템(Strategic Information System) : 기업의 전략을 실현하여 경쟁우위를 확보하기 위한 목적으로 사용되는 정보시스템. 금융기관의 대규모 온라인 시스템, 항공사의 좌석 예약 시스템, 슈퍼마켓(체인점) 등에서의 판매 시점 관리 등 기업의 경쟁우위 확보를 위한 다양한 정보를 제공한다.

⑤ TPS

> 거래처리시스템(Transactional Processing System) : <u>기업에서 일상적·반복적으로 발생하는 거래에 대한 데이터를 처리하는 정보시스템</u>. 많은 양의 데이터를 신속하고 정확하게 처리한다.

01	02	03	04	05	06	07	08	09	10	11	12	13	14	15	16	17	18	19	20	21	22	23	24	25
③	④	①	③	①	③	②	③	①	⑤	①	④	②	②	⑤	②	③	⑤	④	④	⑤	⑤	④	①	③

01 페로우(C. Perrow)가 제시한 기술 분류 기준으로 옳은 것을 모두 고른 것은?

> ㄱ. 기술복잡성   ㄴ. 과업다양성
> ㄷ. 상호의존성   ㄹ. 과업정체성
> ㅁ. 문제분석 가능성

① ㄱ, ㄴ   ② ㄴ, ㄹ
③ ㄴ, ㅁ   ④ ㄷ, ㅁ
⑤ ㄱ, ㄷ, ㄹ

> 페로우는 기술이 조직체에서 매우 중요한 상황요소로 작용하며 각 부서는 다른 부서와 구별되는 독특한 기술을 사용하므로 과업다양성과 분석가능성에 따라 일상적, 공학적, 장인적, 비일상적 기술의 4가지로 구분하였다.

02 (주)한국은 정부의 대규모 사업에 참여하면서 다수 기업과 공동출자를 하고자 한다. 이 전략 유형에 해당하는 것은?

① 우회전략(turnaround strategy)

> 기업의 환경이 열악하거나 전체 경기가 후퇴하거나 침체될 때, 업종과 사업 방향을 전환하거나 혁신적으로 변화시키는 전략

② 집중전략(concentration strategy)

> 특정 소비자 집단이나 특정 지역 등의 틈새시장을 집중적으로 공략하는 전략

③ 프랜차이징(franchising)

> 프랜차이저(본사)가 프랜차이지(가맹점)에게 상표 등에 대한 사용권을 허가해 주고 기업의 운영도 계속적으로 지원해주는 계약을 체결하는 방식

④ 컨소시엄(consortium)

> 컨소시엄 전략이란 두 개 이상의 기업, 협회 또는 단체가 공동의 목적을 위해 자원을 투입하는 전략이다.

⑤ 포획전략(captive strategy)

기업이 자사 상표의 제품 속성에 대한 유리한 정보를 계속 흘림으로써 자사 제품에 관심을 둔 소비자를 사로잡아(포획) 점유율을 높이는 전략

03 매트릭스 조직의 장점에 해당하지 않는 것은?

① ✔ 구성원들 간 갈등해결 용이

매트릭스 조직은 서로 다른 기능부서에 속해 있는 전문 인력들이 함께 일하게 되면서 신속한 의사소통, 창조성 개발, 효율적 자원 사용 등이 이루어지게 된다. 하지만 명령통일의 원칙이 깨지면서 조직질서 혼란, 권력 다툼 등의 문제가 생길 수 있으며, 장기적 문제에 대해서는 오히려 미봉책을 산출할 수 있다는 단점도 있다.

② 환경 불확실성에 신속한 대응

③ 인적자원의 유연성 활용

④ 제품 다양성 확보

⑤ 구성원들의 역량향상 기회 제공

04 사용자가 노동조합의 정당한 활동을 방해하는 것은?

① 태업

표면적으로는 작업을 하면서 집단적으로 작업능률을 저하시켜 사용자에게 손해를 주는 쟁의행위

② 단체교섭

노동조합의 대표자와 사용자 사이에 노동 조건의 유지 및 개선에 관하여 이루어지는 교섭

✔ 부당노동행위

부당노동행위는 사용자가 근로자의 근로3권(단결권, 단체교섭권, 단체행동권) 행사를 방해하는 침해행위를 말한다.

④ 노동쟁의

임금·근로시간·복지·해고 기타 대우 등 근로조건의 결정에 관한 노동관계 당사자 간의 주장의 불일치로 일어나는 분쟁상태

⑤ 준법투쟁

법규를 규정대로 지키면서 사용자에게 손해를 주는 노동쟁의 방법

05 하우스(R. House)가 제시한 경로-목표이론의 리더십 유형에 해당하지 않는 것은?

☑ 권한위임적 리더십

> 하우스의 경로-목표이론에서는 목표에 도달하기 위해 상황에 따라 <u>지시적 리더, 지원적 리더, 참가적(참여적) 리더, 성취지향적 리더</u>의 4가지 리더십을 사용할 것을 권하고 있다.

② 지시적 리더십

> 구체적 지시를 내리고, 참여보다는 리더가 명확하게 방향을 제시하는 리더십이다.

③ 지원적 리더십

> 관계를 중시하는 것으로 구성원의 욕구와 복지에 관심을 가지며 구성원과 동료적 관계의 관점을 가진다.

④ 성취지향적 리더십

> 의사결정 과정에서 구성원이 제안하도록 하고 그들의 제안을 의사결정에 활용한다.

⑤ 참가적 리더십

> 구성원에게 도전적인 목표를 설정하도록 도와준다.

06 구성원들 간 의사소통이 강력한 특정 리더에게 집중되는 유형은?

① 원형

> 구성원 간의 신분적 서열이 없고 중심인물이 없는 상태에서 나타나는 형태로, 구성원들의 상호작용은 집중되지 않고 널리 분산되어 있어 수평적 커뮤니케이션이 가능하다.

② Y자형

> 집단 내에 특정의 리더가 있는 것은 아니지만, 비교적 집단을 대표할 수 있는 인물이 있는 경우에 나타난다.

☑ 수레바퀴형

> 수레바퀴형은 집단 내에 특정한 리더가 있을 때 발생하며, 특정 리더에 의해 모든 정보의 전달이 이루어지므로 <u>정보가 리더에게 집중되어 정보공유가 안 된다</u>는 단점을 가지고 있다.

④ 사슬형

> 공식적인 명령계통과 수직적인 경로를 통해 의사나 정보의 전달이 위아래로만 이루어지는 형태로 명령과 권한의 체계가 명확한 공식적인 조직에서 사용되는 커뮤니케이션 네트워크이다.

⑤ 전체연결형

> 구성원 전체가 서로의 의견이나 정보를 자유의지에 따라 교환하는 형태로 창의적이고 참신한 아이디어 산출이 가능해지며, 새로운 대안을 찾아내기 위한 브레인스토밍 과정에서 많이 사용될 수 있다.

07 기업의 사회적 책임 중에서 제1의 책임에 해당하는 것은?

① 법적 책임

사회는 기업이 법적 요구사항의 구조 내에서 경제적 임무를 수행할 것을 요구한다는 것

✓ 경제적 책임

경제적 책임은 기업의 사회적 책임 중 <u>제1의 책임</u>이며, 기업은 사회의 기본적인 경제단위로서 재화와 서비스를 생산할 책임을 지고 있다.

③ 윤리적 책임

법에서 규정하지는 못하나 기업에서 사회의 구성원으로서 기대하는 행동과 활동

④ 자선적 책임

기업에 대해서 명백한 메시지를 갖고 있지 않으나 기업의 개별적 판단이나 선택에 맡겨져 있는 책임으로 자발적 영역에 속하는 활동

⑤ 환경적 책임

환경적 관심사들을 분석하고 수용하여 기업의 경영 활동에 적극적으로 적용하는 활동

08 파스칼(R. Pascale)과 피터스(T. Peters)의 조직문화 7S 중 다른 요소들을 연결시켜 주는 핵심적인 요소는?

① 전략(strategy)

조직체의 장기방향과 기본성격을 결정하는 것으로 조직문화 구성요소들에 많은 영향을 미친다.

② 관리기술(skill)

조직에서 보유하고 있는 능력으로 구성원들의 동기부여 등 경영전반의 관리기법을 포함한다.

✓ 공유가치(shared value)

공유가치는 구성원들 모두가 <u>공동으로 소유</u>하고 있는 가치관과 이념 그리고 조직 전반에 공유되고 있는 믿음, 신념이다.

④ 관리시스템(system)

조직체 경영의 관리기법상 절차 등을 포함하는 틀이다.

⑤ 구성원(staff)

조직문화는 구성원들의 행동을 통하여 실제로 나타난다.

09 브룸(V. Vroom)이 제시한 기대이론의 작동순서로 올바른 것은?

① **기대감 → 수단성 → 유의성**

> 브룸이 제시한 기대이론의 작동순서는 다음과 같다. 먼저 노력하면 좋은 결과가 있을 것이라는 <u>기대감</u>, 그 결과가 보상으로 연결될 수 있을지에 대한 <u>수단성</u>, 마지막으로 그 보상이 나한테 가치가 있을까에 대한 <u>유의성</u>이다.

② 기대감 → 유의성 → 수단성

③ 수단성 → 유의성 → 기대감

④ 유의성 → 수단성 → 기대감

⑤ 유의성 → 기대감 → 수단성

10 MBO에서 목표설정 시 SMART 원칙으로 옳지 않은 것은?

① 구체적(specific)이어야 한다.

② 축적가능(measurable)하여야 한다.

③ 조직목표와 일치성(aligned with organizational goal)이 있어야 한다.

④ 현실적이며 결과지향적(realistic and result-oriented)이어야 한다.

⑤ **훈련가능(trainable)하여야 한다.**

> 목표에 의한 조직관리(MBO)의 SMART 원칙에서 T는 Time-bounded의 약자로 시간제약적이어야 한다는 의미이다. 즉, 정해진 시간 내에 목표를 이룰 수 있어야 한다.

11 (주)한국은 10,000원에 상당하는 두루마리 화장지 가격을 9,900원으로 책정하였다. 이러한 가격결정 방법은?

① **단수가격**

> 단수가격은 100원, 1,000원, 10,000원 등 화폐단위에 맞게 결정하는 것이 아니라 조금 낮은 <u>95원, 950원, 9,900원 등으로 가격을 책정하는 방법</u>이다. 상당히 낮은 가격으로 느낄 수 있고, 정확한 계산에 의해 가격이 책정되었다는 느낌을 줄 수 있다.

② 명성가격

> 가격과 품질의 상관관계가 매우 높게 인지되는 제품인 경우 고가격을 유지하는 경우가 많다.

③ 층화가격

> 구매자는 가격에 큰 차이가 있을 경우에만 이를 인식하게 된다고 보고 선정된 제품 계열에 한정된 수의 가격만 설정하는 방법이다.

④ 촉진가격

약간의 품목에 대하여 정상적인 가격보다는 낮거나, 원가 이하의 가격을 설정하여 고객들을 유치하기 위해 사용하는 방법이다.

⑤ 관습가격

원가 상승에도 불구하고 오랜 기간 동안 소비자들이 습관적으로 일정 금액을 지불해 왔기 때문에 기업들이 그에 따라 책정하는 가격을 말한다. 약간의 가격 인상도 소비자에게는 크게 느껴지게 되어 가격 인상보다는 양을 줄이는 방법을 쓰는 경우가 많다.

12 마약퇴치 운동과 같이 불건전한 수요를 파괴시키는 데 활용되는 마케팅은?

① 동시화 마케팅(synchro marketing)

공급의 수준과 실제 수요의 크기를 조정하여 양자의 시간적 패턴을 일치시키는 마케팅

② 재마케팅(remarketing)

제품이 개발·판매되는 경로에 변화를 줌으로써 새로운 시장을 개척하거나 수요를 창출하는 마케팅

③ 디마케팅(demarketing)

기업이 생산해 내는 상품에 대한 고객의 구매를 의도적으로 줄임으로서 적정한 수요를 창출하고자 하는 마케팅

✔ 대항 마케팅(counter marketing)

대항 마케팅은 소비자나 사회 또는 기업 측면에서 볼 때, 수요가 바람직하지 않다고 여겨지는 경우 수요의 파괴를 위한 마케팅이다.

⑤ 터보 마케팅(turbo marketing)

시간을 가장 중요한 변수로 간주하여 시간적 우위에서 경쟁력을 확보하려는 마케팅

13 마케팅전략에 관한 설명으로 옳은 것은?

① 마케팅 비용을 절감하기 위해 차별화 마케팅전략을 도입한다.

업종이 서로 다른 기업과 협력하여 전개하는 공동마케팅은 비용 절감 효과를 얻을 수 있다. 차별화 마케팅전략은 시장 구성원들이 원하는 것의 차이를 인식하여, 이를 바탕으로 도출한 세분 시장 중에서 두 개 이상을 표적 시장으로 선정하여 별도의 마케팅 믹스를 제공하는 전략이다.

✔ 제품전문화 전략은 표적시장 선정전략의 일종이다.

표적시장 선정전략에는 선별적 전문화, 시장전문화, 제품전문화, 전체 시장 확보 및 특정 세분시장 집중 등이 있다.

③ 포지셔닝은 전체 시장을 목표로 하는 마케팅전략이다.

> 포지셔닝은 소비자의 마인드에 나의 브랜드를 다른 경쟁사 브랜드보다 더욱 경쟁적인 위치로 자리잡게 만드는 작업이다.

④ 제품의 확장속성이란 판매자가 제공하거나 구매자가 추구하는 본질적 편익을 말한다.

> 제품의 확장속성은 제품에 대한 맞춤 생산, 배달 및 A/S 외에 디자인, 컬러, 포장 그리고 브랜드파워의 육성 등 서비스향상도 함께 진행되어야 한다는 것을 말한다.

⑤ 시장세분화 전제조건으로서의 실질성이란 세분시장의 구매력 등이 측정가능해야 함을 의미한다.

> 실질성이란 세분시장의 규모가 충분히 크고 이익이 발생할 가능성이 큰 정도를 의미한다. 세분시장의 구매력 등이 측정가능해야 한다는 것은 측정가능성에 대한 설명이다.

14 포터(M. Porter)의 가치사슬(value chain) 모델에서 주요활동(primary activities)에 해당하는 것은?

① 인적자원관리

✅ 서비스

> 포터의 가치사슬 모델은 주요활동과 지원활동으로 나뉘는데, 주요활동에는 내부 물류, 제조·생산, 외부 물류, 마케팅·영업, 서비스가 있으며, 지원활동에는 하부구조, 인적자원관리, 기술개발, 조달 활동이 있다.

③ 기술개발

④ 기획·재무

⑤ 법률자문

15 경영정보시스템 용어에 관한 설명으로 옳지 않은 것은?

① 비즈니스 프로세스 리엔지니어링(business process reengineering)은 새로운 방식으로 최대한의 이득을 얻기 위해 기존의 비즈니스 프로세스를 변경하는 것이다.

② 비즈니스 인텔리전스(business intelligence)는 사용자가 정보에 기반하여 보다 나은 비즈니스 의사결정을 돕기 위한 응용프로그램, 기술 및 데이터 분석 등을 포함하는 시스템이다.

③ 의사결정지원시스템(decision support system)은 컴퓨터를 이용하여 의사결정자가 효과적인 의사결정을 할 수 있도록 지원하는 시스템이다.

④ 위키스(Wikis)는 사용자들이 웹페이지 내용을 쉽게 추가·편집할 수 있는 웹사이트의 일종이다.

✔ 자율컴퓨팅(autonomous computing)은 지리적으로 분산된 네트워크 환경에서 수많은 컴퓨터와 데이터베이스 등을 고속 네트워크로 연결하여 공유할 수 있도록 한다.

> 자율컴퓨팅은 컴퓨터 시스템이 스스로 상태를 인식하여 인간의 관여 없이 복구, 재구성, 보호 및 자원 재할당을 하면서 작업을 처리한다. 지리적으로 분산된 네트워크 환경에서 수많은 컴퓨터와 데이터베이스 등을 고속 네트워크로 연결하여 공유할 수 있도록 하는 것은 그리드컴퓨팅에 대한 설명이다.

16 품질의 산포가 우연원인에 의한 것인지, 이상원인에 의한 것인지를 밝혀주는 역할을 하며, 제조공정의 상태를 파악하기 위해 공정관리에 이용되는 것은?

① 파레토도

> 제조현장에서 문제가 되는 품질에 대한 불량·결점·고장 등이 발생하였을 경우 그러한 현상에 대하여 원인별로 데이터를 분류하여 영향이 큰 순으로 정리하여 그 크기를 막대그래프로 나타낸 것이다.

✔ 관리도

> 관리도는 공정변동성과 안정성을 시각적으로 평가할 수 있도록 공정품질 특성치를 시간의 변화에 따라 나타낸 그래프로 공정의 관리상태(안전상태)로 유지·개선하는 데 사용된다.

③ 산포도

> 두 종류의 데이터의 관계를 점으로 나타낸 것으로, 결과와 원인 사이의 연관관계가 어느 정도인지를 파악할 수 있는 유용한 도구이다.

④ 특성요인도

> 문제해결에 있어 제품의 특성인 결과에 대한 원인이 어떤 관계를 갖고 있으며 어떻게 영향을 주고 있는가를 알 수 있도록 작성한 시각적 그림이다.

⑤ 히스토그램

> 어떤 조건하에서 취해진 데이터가 여러 개 있을 때, 데이터가 어떤 값을 중심으로 어떤 분포를 하고 있는지를 요약한 도표이다.

17 (주)한국의 연도별 제품 판매량은 다음과 같다. 과거 3년간의 데이터를 바탕으로 단순이동평균법을 적용하였을 때 2020년도의 수요예측량은?

연도	판매량(개)
2014	2,260
2015	2,090
2016	2,110
2017	2,150
2018	2,310
2019	2,410

① 2,270 　　　　　　　　　　　　② 2,280

☑ 2,290 　　　　　　　　　　　　④ 2,230

⑤ 2,310

> 단순이동평균은 특정한 기간 동안의 판매량을 단순 평균하여 계산하는 방법이다. 과거 3년간의 데이터를 바탕으로 한다고 했으므로 2017년~2019년까지의 판매량을 모두 더해 3으로 나눠주면 된다. 즉, 단순이동평균은 (2,150+2,310+2,410)÷3=2,290이다.

18 선물거래에 관한 설명으로 옳지 않은 것은?

① 조직화된 공식시장에서 거래가 이루어진다.

② 다수의 불특정 참가자가 자유롭게 시장에 참여한다.

③ 거래대상, 거래단위 등의 거래조건이 표준화되어 있다.

④ 계약의 이행을 보증하려는 제도적 장치로 일일정산, 증거금 등이 있다.

☑ 반대매매를 통한 중도청산이 어려워 만기일에 실물의 인수·인도가 이루어진다.

> 선물거래는 규격과 품질, 수량 등이 표준화되어 있는 특정 대상물을 계약체결 시 정한 가격으로 미래 일정한 시점에 인도 혹은 인수할 것을 약속하는 거래이다. 계약체결은 거래소 형태의 특정한 장소에서 일정 시간 동안 경쟁매매 방식으로 이루어지며 계약 만기 전이라도 <u>반대매매를 통하여 중도청산할 수 있다.</u>

2020년

19 다음에서 설명하는 투자안의 경제적 평가방법은?

> • 투자안으로부터 예상되는 미래 기대현금 유입액의 현재가치와 기대현금 유출액의 현재가치를 일치시키는 할인율을 구한다.
> • 산출된 할인율, 즉 투자수익률을 최소한의 요구수익률인 자본비용 또는 기회비용과 비교하여 투자안의 채택여부를 결정한다.

① 순현가법

> 투자하려는 금액과 투자로 발생하는 전 투자기간의 현금유입을 기대이율로 할인하여 얻은 현가를 비교하는 방법이다.

② 수익성지수법

> 투자 금액 대비 회수할 수 있는 금액에 대한 비율로, 지수가 1보다 크면 경제성이 있어 투자할 가치가 있다고 본다.

③ 회수기간법

> 투자를 하였을 때 그로 인해 발생하는 현금흐름으로부터 투자자금을 모두 회수하기까지 걸리는 기간으로 자본예산편성과 관련하여 투자안의 가치를 비교·평가하는 기법이다.

🖋 내부수익률법

내부수익률은 투자액과 투자의 예상수익이 같아져 투자의 순현재가치(IRR)가 0이 되는 수익률로, 내부수익률법은 <u>내부수익률을 투자안의 자본비용과 비교하여 투자를 결정한다.</u>

⑤ 평균회계이익률법

평균투자액 또는 총투자액에 대한 연평균 순이익의 비율을 구하여 투자안을 평가하는 방법이다.

20 (주)한국의 총자산이 40억원, 비유동자산이 25억원, 유동부채가 10억원인 경우 유동비율은?

① 50% ② 70%

③ 100% 🖋 150%

⑤ 200%

유동비율은 유동자산의 유동부채에 대한 비율로 (유동자산÷유동부채)×100(%)의 계산식을 사용한다. (주)한국의 총 자산이 40억원이고, 비유동자산이 25억이므로 유동자산은 40−25=15억원이고, 유동부채가 10억원이라고 했으므로 유동비율은 15÷10×100=150%이다.

21 자본항목의 분류가 다른 것은?

① 주식할인발행차금 ② 감자차손

③ 자기주식 ④ 미교부주식배당금

🖋 자기주식처분이익

자본조정 항목에는 주식할인발행차금, 자기주식, 감사차손 및 자기주식처분손실, 미교부주식배당금 등이 있다. 자기주식처분이익은 자본잉여금에 해당한다.

> **Tip** 자본의 종류
>
> | 분류 | 계정 |
> |---|---|
> | 자본금 | 보통주자본금, 우선주자본금 |
> | 자본잉여금 | 주식발행초과금, 감자차익, <u>자기주식처분이익</u> |
> | 자본조정 | • 가산항목 : <u>미교부주식배당금</u>, 주식매수 선택권, 출자전환채무 등
• 차감항목 : <u>자기주식</u>, 자기주식처분손실, <u>주식할인발행차금</u>, <u>감자차손</u>, 배당건설이자 등 |
> | 이익잉여금 | 일반(법정적립금, 임의적립금), 미처분(미처리결손금) 등 |
> | 기타 포괄손익누계액 | 매도가능증권 평가손익, 해외사업환산손익, 위험회피파생상품 평가손익, 재평가잉여금 등 |

22 부채에 관한 설명으로 옳지 않은 것은?

① 매입채무는 일반적인 상거래에서 발생한 외상매입금과 지급어음을 말한다.

② 예수금은 거래처나 종업원을 대신하여 납부기관에 납부할 때 소멸하는 부채이다.

③ 미지급금은 비유동자산의 취득 등 일반적인 상거래 이외에서 발생한 채무를 말한다.

④ 장기차입금의 상환기일이 결산일로부터 1년 이내에 도래하는 경우 유동성장기차입금으로 대체하고 유동부채로 분류한다.

✓ 매입채무, 차입금, 선수금, 사채 등은 금융부채에 속한다.

> 매입채무, 차입금, 선수금, 사채 등은 유동부채에 해당한다. 금융부채는 다음과 같다.
> • 거래상대방에게 현금 등 금융자산을 인도하기로 한 계약상 의무 또는 잠재적으로 불리한 조건으로 거래상대방과 금융자산이나 금융부채를 교환하기로 한 계약상 의무
> • 자기지분상품으로 결제하거나 결제할 수 있는 계약으로서 인도할 지분상품의 수량이 확정되지 않은 비파생상품
> • 자기지분상품으로 결제하거나 결제할 수 있는 계약으로서 확정수량의 지분상품에 대하여 확정금액의 현금 등 금융자산을 교환하여 결제하는 방법이 아닌 방법으로 결제될 파생상품. 이 경우에 자기지분상품을 미래에 수취하거나 인도하기 위한 계약 자체는 자기지분상품에 해당하지 않는다.

23 재무상태표와 관련된 것을 모두 고른 것은?

ㄱ. 수익·비용대응의 원칙	ㄴ. 일정시점의 재무상태
ㄷ. 유동성배열법	ㄹ. 일정기간의 경영성과
ㅁ. 자산, 부채 및 자본	

① ㄱ, ㄴ

② ㄱ, ㄹ

③ ㄴ, ㄷ, ㄹ

✓ ㄴ, ㄷ, ㅁ

⑤ ㄷ, ㄹ, ㅁ

> ㄱ, ㄹ. (×) 수익·비용대응의 원칙과 일정기간의 경영성과는 <u>손익계산서</u>와 관련되는 것이다.
> ㄴ. (○) 재무상태표는 특정시점의 재무상태를 나타내는 표이다.
> ㄷ. (○) 재무상태표에서 자산항목은 유동성 배열법에 따라서 현금화 속도가 빠른 자산이 위쪽, 현금화 속도가 느린 자산이 아래쪽에 위치한다.
> ㅁ. (○) 재무상태표에 표시되는 항목은 크게 자산, 부채, 자본으로 구성된다.

24 전자(상)거래의 유형에 관한 설명으로 옳은 것은?

① B2E는 기업과 직원 간 전자(상)거래를 말한다.

② B2C는 소비자와 소비자 간 전자(상)거래를 말한다.

B2C는 기업과 소비자 간의 전자상거래를 말한다.

③ B2B는 기업 내 전자(상)거래를 말한다.

B2B는 기업과 기업 사이에 이루어지는 전자상거래를 말한다.

④ C2C는 기업과 소비자 간 전자(상)거래를 말한다.

C2C는 소비자와 소비자 간의 전자상거래를 말한다.

⑤ C2G는 기업 간 전자(상)거래를 말한다.

C2G는 소비자 대 정부 간의 전자상거래를 말한다.

25 기업이 미래 의사결정 및 예측을 위하여 보유하고 있는 고객, 거래, 상품 등의 데이터와 각종 외부 데이터를 분석하여 숨겨진 패턴이나 규칙을 발견하는 것은?

① 데이터 관리(data management)

데이터 자원 유효 활용 및 데이터의 완전성 유지를 도모하기 위해 데이터를 통일적으로 관리, 제어하는 것

② 데이터 무결성(data integrity)

데이터의 저장 혹은 전송 시 인가되지 않은 방법으로 변경할 수 없도록 정확성과 일관성을 유지하고 보증하는 것

③ 데이터 마이닝(data mining)

대용량의 데이터 속 숨겨져 있는 패턴과 규칙 속의 유용한 상관관계를 발견하여 기업 경영 활동에 필요한 다양한 의사결정에 활용되는 기술

④ 데이터 정제(data cleaning)

빠진 데이터 또는 이상한 데이터를 제거하는 작업

⑤ 데이터 마트(data mart)

사용자가 관심을 갖는 데이터들을 담은 소규모 단일 주제의 데이터 웨어하우스(DW)

01	02	03	04	05	06	07	08	09	10	11	12	13	14	15	16	17	18	19	20	21	22	23	24	25
③	④	③	④	⑤	⑤	②	④	②	①	①	⑤	②	⑤	②	①	①	④	③	②	③	④	①	⑤	③

01 테일러(F. W. Taylor)의 과학적 관리법에 관한 설명으로 옳지 않은 것은?

① 시간 및 동작 연구

② 기능적 직장제도

✔ 집단중심의 보상

> 테일러의 과학적 관리법은 시간 및 동작 연구를 통해 과업에 적합한 종업원을 선발 및 훈련하고, 이를 통해 고임금 저노무비의 달성과 기능적 직장제도를 실현하여 생산성을 향상하는 것을 추구하므로 집단보다 개인 중심의 보상이 옳은 설명이다.

④ 과업에 적합한 종업원 선발과 훈련 강조

⑤ 고임금 저노무비 지향

02 매슬로우(A. H. Maslow)의 욕구단계이론에 관한 설명으로 옳지 않은 것은?

① 최하위 단계의 욕구는 생리적 욕구이다.

② 최상위 단계의 욕구는 자아실현 욕구이다.

③ 욕구계층을 5단계로 설명하고 있다.

✔ 다른 사람으로부터 인정과 존경을 받고자 하는 욕구는 성장욕구에 속한다.

> 다른 사람으로부터 인정과 존경을 받고자 하는 욕구는 존경의 욕구에 속한다.

⑤ 하위단계의 욕구가 충족되어야 상위단계의 욕구를 충족시키기 위한 동기부여가 된다.

> **Tip** 매슬로우의 욕구단계이론
> • 1단계 : 생리적 욕구(의식주, 수면)
> • 2단계 : 안전의 욕구(신체 · 정신적 안전)
> • 3단계 : 애정과 소속감의 욕구(타인과의 관계, 단체 소속)
> • 4단계 : 존경의 욕구(명예, 성취)
> • 5단계 : 자아실현의 욕구

03 균형성과표(Balanced Score Card)에 해당하지 않는 것은?

① 고객 관점

② 내부 프로세스 관점

✔ **사회적 책임 관점**

> 균형성과표는 기업의 성과를 고객, 내부 프로세스, 학습과 성장, 재무의 4가지 관점으로 구분하여 평가한다.

④ 학습과 성장 관점

⑤ 재무 관점

> **Tip** 균형성과표의 관점
> • 재무 관점 : 매출증가, 원가절감, 비용절감 등
> • 고객 관점 : 시장점유율, 고객확보율, 고객만족도 등
> • 내부 프로세스 관점 : 프로세스 원가 등
> • 학습과 성장 관점 : 종업원 만족도, 종업원 유지율 등

04 강화계획(schedules of reinforcement)에서 불규칙한 횟수의 바람직한 행동 후 강화요인을 제공하는 기법은?

① 고정간격법

② 변동간격법

③ 고정비율법

✔ **변동비율법**

⑤ 연속강화법

> 변동비율법에 대한 설명이다. 강화계획(schedules of reinforcement)은 강화요인을 적용하는 방법에 따라 연속 강화계획과 불연속 강화계획으로 나눌 수 있으며, 불연속 강화계획은 강화요인 적용 사이의 시간적 간격의 고정성 여부에 따라 고정간격법과 변동간격법으로, 그리고 변동비율법으로 나눌 수 있다.

05 아담스(J. S. Adams)의 공정성이론에서 조직구성원들이 개인적 불공정성을 시정(是正)하기 위한 방법에 해당하지 않는 것은?

① 투입의 변경

② 산출의 변경

③ 투입과 산출의 인지적 왜곡

④ 장(場) 이탈

✔ **준거인물 유지**

> 아담스의 공정성이론에 따른 불공정성 해소방안으로는 투입의 변경, 산출의 변경, 투입과 산출의 인지적 왜곡, 장(場) 이탈, 준거인물 변경 및 준거인에 영향을 가하는 것을 들 수 있다.

06 직무급의 특징에 관한 설명으로 옳지 않은 것은?

① 직무의 상대적 가치에 따라 개별임금이 결정된다.

② 능력주의 인사풍토 조성에 유리하다.

③ 인건비의 효율성이 증대된다.

④ 동일노동 동일임금 실현이 가능해진다.

☑ **시행 절차가 간단하고 적용이 용이하다.**

> 직무급은 직무의 상대적 가치에 따라 개별임금이 결정되므로 동일노동 동일임금 실현이 가능해지며, 이를 통해 개인별 임금격차에 대한 불만이 해소되고 능력주의 인사풍토의 조성을 추구할 수 있다. 시행 절차가 간단하고 적용이 용이한 것은 <u>연공급</u>이다.

07 노동조합의 조직형태에 관한 설명으로 옳지 않은 것은?

① 직종별 노동조합은 동종 근로자 집단으로 조직되어 단결이 강화되고 단체교섭과 임금협상이 용이하다.

☑ **일반노동조합은 숙련근로자들의 최저생활조건을 확보하기 위한 조직으로 초기에 발달한 형태이다.**

> 일반노동조합은 숙련근로자가 아니라 <u>비숙련근로자를 대상</u>으로 하였으며, 숙련근로자를 기반으로 초기에 발달한 노동조합은 직종별 노동조합이다.

③ 기업별 노동조합은 조합원들이 동일기업에 종사하고 있으므로 근로조건을 획일적으로 적용하기가 용이하다.

④ 산업별 노동조합은 기업과 직종을 초월한 거대한 조직으로서 정책활동 등에 의해 압력단체로서의 지위를 가진다.

⑤ 연합체 조직은 각 지역이나 기업 또는 직종별 단위조합이 단체의 자격으로 지역적 내지 전국적 조직의 구성원이 되는 형태이다.

08 상사 A에 대한 나의 태도를 기술한 것이다. 다음에 해당하는 태도의 구성요소를 옳게 연결한 것은?

1
2
3

> ㄱ. 나의 상사 A는 권위적이다.
> ㄴ. 나는 상사 A가 권위적이어서 좋아하지 않는다.
> ㄷ. 나는 권위적인 상사 A의 지시를 따르지 않겠다.

① ㄱ. 감정적 요소, ㄴ. 인지적 요소, ㄷ. 행동적 요소
② ㄱ. 감정적 요소, ㄴ. 행동적 요소, ㄷ. 인지적 요소
③ ㄱ. 인지적 요소, ㄴ. 행동적 요소, ㄷ. 감정적 요소
☑ **ㄱ. 인지적 요소, ㄴ. 감정적 요소, ㄷ. 행동적 요소**

태도의 구성요소에는 인지적, 감정적, 행동적 요소가 있으며, ㄱ에서 인지를, ㄴ은 감정을, ㄷ에는 행동의 요소를 보이고 있다.

⑤ ㄱ. 행동적 요소, ㄴ. 감정적 요소, ㄷ. 인지적 요소

09 프렌치와 레이븐(French & Raven)의 권력원천 분류에 따라 개인적 원천의 권력에 해당하는 것을 모두 고른 것은?

1
2
3

ㄱ. 강제적 권력	ㄴ. 준거적 권력
ㄷ. 전문적 권력	ㄹ. 합법적 권력
ㅁ. 보상적 권력	

① ㄱ, ㄴ   ☑ **ㄴ, ㄷ**
③ ㄷ, ㄹ   ④ ㄹ, ㅁ
⑤ ㄱ, ㄴ, ㅁ

프렌치와 레이븐의 권력원천은 합법적, 보상적, 전문적, 강압적, 준거적 권력으로 구분된다. 이 중 개인적 원천의 권력에 해당하는 것은 준거적, 전문적 권력이며, 나머지는 사회적(공식적) 권력이다.

Tip 권력의 분류

공식적 권력	보상적 권력	승진, 급여인상 등의 보상
	합법적 권력	대통령, 장관 등 타인으로부터 인정받은 타이틀을 지니는 권력
	강제적 권력	해고, 좌천 등과 같은 위협 및 처벌
개인적 권력	준거적 권력	카리스마, 경외심 등의 리더십을 발휘
	전문적 권력	지식과 능력을 바탕으로 주변인으로부터 신뢰감 등을 제공

10 모집 방법 중 사내공모제(job posting system)의 특징에 관한 설명으로 옳지 않은 것은?

① 종업원의 상위직급 승진 기회가 제한된다.

> 사내공모제(job posting system)는 기업이 신규 시장 진출을 위해 사내에서 인재를 모집하는 방법으로, 종업원의 상위직급 승진 기회가 열리게 되어 사기를 증진할 수 있는 장점이 있다.

② 외부 인력의 영입이 차단되어 조직이 정체될 가능성이 있다.

③ 지원자의 소속부서 상사와의 인간관계가 훼손될 수 있다.

④ 특정부서의 선발 시 연고주의를 고집할 경우 조직 내 파벌이 조성될 수 있다.

⑤ 선발과정에서 여러번 탈락되었을 때 지원자의 심리적 위축감이 고조된다.

11 인사고과의 오류 중 피고과자가 속한 사회적 집단에 대한 평가에 기초하여 판단하는 것은?

① 상동적 오류(stereotyping errors)

> 상동적 오류는 피고과자가 속한 집단의 특성에 근거하여 그를 판단하는 경향·오류로, 일종의 고정관념으로 이해할 수 있다.

② 논리적 오류(logical errors)

> 평가자 스스로 평가요소 사이에 관련이 있다고 생각한 평가요소에는 동일 또는 유사한 평가를 하는 경향

③ 대비오류(contrast errors)

> 고과자 자신이 지닌 특성을 기준으로 피고과자를 평가하는 경향

④ 근접오류(proximity errors)

> 인사고과표상에 근접되어 있는 평가요소의 평가 결과 혹은 특정평가 시간 내에서의 평정 요소간의 평정결과가 비슷한 경향

⑤ 후광효과(halo effect)

> 피고과자의 어떠한 특성을 우수하다고 평가하면 다른 면에서도 우수한 것으로 평가하는 경향

12 집단의사결정의 특징에 관한 설명으로 옳지 않은 것은?

① 구성원으로부터 다양한 정보를 얻을 수 있다.

② 의사결정에 참여한 구성원들의 교육효과가 높게 나타난다.

③ 구성원의 합의에 의한 것이므로 수용도와 응집력이 높아진다.

④ 서로의 의견에 비판없이 동의하는 경향이 있다.

⑤ 차선책을 채택하는 오류가 발생하지 않는다.

> 집단의사결정에서는 다수의견이 몰려 최적안을 고르지 못하여 차선택을 채택하는 오류가 발생할 수 있다.

13 생산성을 높이고, 유통을 효율화시키는 등 주로 원가절감에 관심을 갖는 마케팅 개념은?

① 판매 개념

☑ **생산 개념**

> 생산 개념은 고객 유지를 위하여 제품의 생산성을 높이고 유통효율을 높이는 동시에 비용을 절약하는 것에 집중해야 한다는 개념이다. 원가절감이라는 키워드를 통해 생산만 하면 손쉽게 판매할 수 있는 생산 개념 마케팅이라는 것을 알 수 있다.

③ 관계마케팅 개념

④ 통합마케팅 개념

⑤ 내부마케팅 개념

14 수요가 공급을 초과할 때 수요를 감소시키는 것을 목적으로 하는 마케팅관리 기법은?

① 전환적 마케팅(conversional marketing)

> 부정적 수요상태에서 실제 수요를 (−)에서 (+)로 전환시켜 수요를 바람직하게 일치시키기 위한 마케팅관리 기법

② 동시화 마케팅(synchro marketing)

> 규칙적이지 않은 수요 상태에서 수요의 평준화를 맞추기 위한 마케팅관리 기법

③ 자극적 마케팅(stimulative marketing)

> 수요가 없는 상황에서 소비자의 무관심을 자극하여 수요를 창출하는 마케팅관리 기법

④ 개발적 마케팅(developmental marketing)

> 잠재적 수요상태에서 잠재적 고객들이 공통적으로 원하는 바를 충족하기 위한 수단을 개발하는 마케팅관리 기법

☑ **디마케팅**(demarketing)

> 디마케팅(demarketing)은 수요가 공급을 초과하거나 기업의 입장에서 수익에 도움이 되지 않는 수요가 존재하는 경우, 의도적으로 수요를 줄여 자사 상품의 판매를 감소시키는 마케팅관리 기법이다.

15 수직적 마케팅시스템(Vertical Marketing System) 중 소유권의 정도와 통제력이 강한 유형에 해당하는 것은?

① 계약형 VMS

☑ **기업형 VMS**

③ 관리형 VMS

④ 협력형 VMS

⑤ 혼합형 VMS

> 수직적 마케팅시스템은 소유권의 정도와 통제력의 강도에 따라 기업형 VMS → 계약형 VMS → 관계형 VMS 순서로 나열할 수 있다.

16 소비자 심리에 근거한 가격 결정 방법으로 옳지 않은 것은?

① ✔ 종속가격(captive pricing)

> 종속가격(captive pricing)이란 제품이 기능하려면 본체와 부속품이 모두 필요하고, 저가의 본체로 구매를 유도 및 부속품을 고가로 하는 가격 결정 방법을 말하며, 소비자 심리와는 관계가 없다.

② 단수가격(odd pricing)

> 제품 가격의 끝자리를 홀수(단수)로 표시하여 소비자로 하여금 제품이 저렴하다는 인식을 심어주어 구매욕을 부추기는 등 소비자의 심리를 고려한 가격 결정법 중 하나이다.

③ 준거가격(reference pricing)

> 소비자가 제품의 구매를 결정할 때 기준이 되는 가격 결정법을 말하며 일반적으로 고객의 과거 경험이나 기억, 외부에서 들어온 정보로 형성되므로 소비자의 심리가 영향을 미친다.

④ 긍지가격(prestige pricing)

> 사회적 지위를 중요하게 여기는 소비자들이 지불 가능한 가장 높은 가격에 지속적으로 유지하는 가격 결정법이며 명성가격이라고도 불리며 소비자의 심리가 영향을 미친다.

⑤ 관습가격(customary pricing)

> 시장에서 한 제품군에 대해 오랜 기간 고정되어 있는 가격 결정법으로 껌·라면·담배 등이 대표적이며 제품의 가격이 상승하면 소비자의 저항이 발생한다.

17 (주)한국의 유동자산은 1,200,000원이고, 유동비율과 당좌비율은 각각 200%와 150%이다. (주)한국의 재고자산은?

① ✔ 300,000원 ② 600,000원

③ 900,000원 ④ 1,800,000원

⑤ 2,400,000원

> - 유동비율＝유동자산/유동부채＝120만/x×100＝200%, x＝60만원
> - 당좌비율＝당좌자산/유동부채＝y/60만×100＝150%, y＝90만원
> - 재고자사＝유동자산－당좌자산＝120만－90만＝30만원

18 투자안의 경제성 분석 방법 중 화폐의 시간가치를 고려한 방법을 모두 고른 것은?

> ㄱ. 회수기간법　　　　　　　　　ㄴ. 수익성지수법
> ㄷ. 회계적이익률법　　　　　　　ㄹ. 순현재가치법
> ㅁ. 내부수익률법

① ㄱ, ㄴ　　　　　　　　　　　　② ㄱ, ㄹ

③ ㄴ, ㄷ　　　　　　　　　　　　✔ ㄴ, ㄹ, ㅁ

⑤ ㄷ, ㄹ, ㅁ

　회수기간법과 회계적이익률법은 화폐의 시간가치를 고려하지 않는다.

19 (주)한국의 자기자본 시장가치와 타인자본 시장가치는 각각 5억원이다. 자기자본비용은 16%이고, 세전 타인자본비용은 12%이다. 법인세율이 50%일 때 (주)한국의 가중평균자본비용(WACC)은?

① 6%　　　　　　　　　　　　　② 8%

✔ 11%　　　　　　　　　　　　　④ 13%

⑤ 15%

　가중평균자본비용(WACC)

$$=\frac{\text{자기자본}}{\text{자기자본+타인자본}}\times\text{자기자본비용}+\frac{\text{타인자본}}{\text{자기자본+타인자본}}\times\text{타인자본비용(세후)}$$

$$=\frac{\text{5억원}}{\text{5억원+5억원}}\times0.16+\frac{\text{5억원}}{\text{5억원+5억원}}\times0.12\times(1-0.5)=11\%$$

20 (주)한국의 A부품에 대한 연간수요는 4,000개이며, A부품 구입가격은 단위당 8,000원이다. 1회당 주문비용은 4,000원이고, 단위당 연간 재고유지비용은 구입가격의 10%일 때 A부품의 경제적 주문량(EOQ)은?

① 100개　　　　　　　　　　　　✔ 200개

③ 300개　　　　　　　　　　　　④ 400개

⑤ 600개

$$EOQ=\sqrt{\frac{2\times\text{연간 수요량}\times\text{1회당 주문비용}}{\text{재고유지비용}}}=\sqrt{\frac{2\times4,000\times4,000}{8,000\times0.1}}=\sqrt{40,000}=200\text{개}$$

21 수요예측기법 중 인과형 예측기법(causal forecasting methods)에 해당하는 것은?

① 델파이법

② 패널동의법

❸ 회귀분석법

> 회귀분석법은 인과형 예측기법의 가장 대표적인 사례에 해당한다. 나머지는 정성적 예측기법이다.

④ 판매원 의견종합법

⑤ 자료유추법

22 포괄손익계산서의 계정에 해당하지 않는 것은?

① 감가상각비

② 광고비

③ 매출원가

❹ 자기주식처분이익

> 자기주식처분이익은 재무상태표 자본계정의 자본잉여금에 해당한다. 포괄손익계산서는 매출액, 매출원가, 매출총이익, 판매관리비, 영업이익, 영업외수익, 영업외비용 등으로 이루어진다.

⑤ 유형자산처분이익

23 (주)한국(결산일 : 12월 31일)은 2017년 초 기계장치를 2,000,000원에 취득하고, 잔존가치 200,000원, 내용연수 5년, 정액법으로 감가상각하였다. (주)한국은 2019년 초 이 기계장치를 1,300,000원에 처분하였다. (주)한국의 기계장치 처분으로 인한 손익은?

❶ 처분이익 20,000원

> - 2년간 감가상각액 $= 2 \times \dfrac{2,000,000 - 200,000}{5} = 720,000$
> - 2년 경과 후의 가치 $= 2,000,000 - 720,000 = 1,280,000$
> - 처분이익 $= 1,300,000 - 1,280,000 = 20,000$

② 처분손실 20,000원

③ 처분이익 100,000원

④ 처분손실 100,000원

⑤ 처분손실 300,000원

24 다음 중 자본잉여금에 해당하는 항목은?

① 미교부주식배당금   ② 법정적립금

③ 임의적립금   ④ 미처분이익잉여금

☑ 주식발행초과금

> 자본잉여금의 계정과목은 주식발행초과금, 감자차익, 자기주식처분이익 등으로 이루어진다

> **Tip** **자본의 종류**
>
> | 분류 | 계정 |
> |---|---|
> | 자본금 | 보통주자본금, 우선주자본금 |
> | 자본잉여금 | <u>주식발행초과금</u>, 감자차익, 자기주식처분이익 |
> | 자본조정 | • 가산항목 : <u>미교부주식배당금</u>, 주식매수 선택권, 출자전환채무 등
• 차감항목 : 자기주식, 자기주식처분손실, 주식할인발행차금, 감자차손, 배당건설이자 등 |
> | 이익잉여금 | 일반(<u>법정적립금</u>, <u>임의적립금</u>), <u>미처분</u>(미처리결손금) 등 |
> | 기타 포괄손익누계액 | 매도가능증권 평가손익, 해외사업환산손익, 위험회피파생상품 평가손익, 재평가잉여금 등 |

25 스마트폰에 신용카드 등의 금융정보를 담아 10~15cm의 근거리에서 결제를 가능하게 하는 무선통신기술은?

① 블루투스(Bluetooth)

> 단거리 무선통신으로, 전송속도를 높여가며 꾸준히 진화하고 있다.

② GPS(Global Positioning System)

> 인공위성의 신호를 이용하여 위치를 계산하는 범세계적 위성항법시스템이다.

☑ NFC(Near Field Communication)

> NFC(Near Field Communication)는 10cm 이내의 가까운 거리에서 다양한 데이터를 주고받을 수 있는 무선통신기술을 말한다. 근거리에서 결제를 가능하게 한다는 것으로 Near Field와 연관이 있다는 것을 알 수 있다.

④ IoT(Internet of Things)

> 사물에 센서를 부착하여 인터넷을 통해 실시간으로 데이터를 주고받는 기술이다.

⑤ 텔레매틱스(Telematics)

> 텔레커뮤니케이션(Telecommunication)과 인포매틱스(informatics)의 합성어로, 무선통신과 자동차를 결합한 차량 무선 인터넷 서비스이다.

01	02	03	04	05	06	07	08	09	10	11	12	13	14	15	16	17	18	19	20	21	22	23	24	25
②	①	②	⑤	⑤	③	②	②	⑤	④	③	①	④	⑤	③	①	④	①	③	⑤	②	③	④	③	④

01 동종 또는 유사업종의 기업들이 법적, 경제적 독립성을 유지하면서 협정을 통해 수평적으로 결합하는 형태는?

① 지주회사(holding company)

> 다른 회사의 주식을 소유함으로써 지배하는 것을 주된 사업 활동 목적으로 하는 회사

✔ **카르텔(cartel)**

> 카르텔은 기업연합이라고도 하며, 시장통제를 목적으로 동일 산업부문의 독립기업을 독점적으로 결합시키는 기업연합 형태를 말한다.

③ 컨글로메리트(conglomerate)

> 업종이 다른 기업을 매수 · 합병하여 경영을 다각화하는 기업 형태

④ 트러스트(trust)

> 다수의 개별기업들이 각기 독립성을 상실하고 자본으로 결합한 기업합체형 기업집중 형태

⑤ 콘체른(concern)

> 법률적으로 독립하고 있는 몇 개의 기업이 출자 등의 자본적 연휴를 기초로 하는 지배 · 종속 관계에 의해 형성되는 기업결합체. 모회사와 자회사의 형태로 존재하며, 각각의 기업의 독립성을 보장하는 카르텔과 달리 법률상의 독립성만 유지됨

02 포터(M. Porter)의 경쟁전략 유형에 해당하는 것은?

✔ **차별화(differentiation) 전략**　　　　② 블루오션(blue ocean) 전략

③ 방어자(defender) 전략　　　　　　　④ 반응자(reactor) 전략

⑤ 분석자(analyzer) 전략

> 포터의 경쟁전략 유형에는 저원가 전략, 차별화 전략, 집중화 전략이 있으며, 나머지는 마일즈와 스노우의 전략 유형에 해당한다.

03 다음 사례에서 A의 행동을 설명하는 동기부여이론은?

팀원 A는 작년도 목표 대비 업무실적을 100% 달성하였다. 이에 반해 같은 팀 동료인 B는 동일 목표 대비 업무실적이 10% 부족하였지만 A와 동일한 인센티브를 받았다. 이 사실을 알게 된 A는 팀장에게 추가 인센티브를 요구하였으나 받아들여지지 않자 결국 이직하였다.

① 기대이론

구성원 개인의 동기부여의 정도와 업무에서의 성과의 관련성에 대한 이론

☑ 공정성이론

공정성이론은 조직구성원은 자신의 노력에 대한 보상과 유사한 일을 하는 타인의 노력 및 보상을 비교하여 동기부여를 한다는 이론이다.

③ 욕구단계이론

인간의 욕구가 위계상 그 중요도별로 일련의 단계를 형성하며, 하위 욕구의 충족은 상위 욕구의 충족의 전제가 된다는 이론(생리적 욕구 → 안전 욕구 → 소속·애정 욕구 → 존중 욕구 → 자아실현 욕구)

④ 목표설정이론

의도한 목표가 동기의 기초가 된다는 이론

⑤ 인지적평가이론

내재적 동기화가 된 행동에 외재적 보상(승진 등)이 가미되면 오히려 타인에 의해 통제된다는 느낌으로 인하여 동기유발의 정도를 감소시키게 된다는 이론

04 평가센터법(assessment center)에 관한 설명으로 옳지 않은 것은?

① 평가에 대한 신뢰성이 양호하다.
② 승진에 대한 의사결정에 유용하다.
③ 교육훈련에 대한 타당성이 높다.
④ 평가센터에 초대받지 못한 종업원의 심리적 저항이 예상된다.

☑ 다른 평가기법에 비해 상대적으로 비용과 시간이 적게 소요된다.

평가센터법은 여러 기법을 동원하여 종합적으로 결과를 평가하는 방법이므로 표준화가 어렵고, 비용과 시간이 많이 소요된다.

05 최저임금제의 필요성으로 옳지 않은 것은?

① 계약자유 원칙의 한계 보완   ② 저임금 노동자 보호

③ 임금인하 경쟁 방지   ④ 유효수요 창출

☑ 소비자 부담 완화

> 소비자 부담 완화는 최저임금제의 필요 가치에 해당하지 않는다.

Tip 최저임금제의 필요성

- 계약자유 원칙의 한계 보완 : 경제적 강자가 보호되거나 경제적 약자가 지배되는 제도로의 전환과 같은 한계점 보완
- 사회적 약자 보호 : 생존임금 및 생활임금을 보장하여 노동자의 생활안정 및 노동력의 질적 향상을 보장
- 시장실패 보완 : 임금이 하락함에도 불구하고 노동공급은 계속해서 증가하여 임금이 계속 떨어지는 시장실패를 보완
- 유효수요 증대 : 저소득층의 한계소비성향을 높여 사회 전반적인 수요를 증대

※ 단, 최저임금제를 도입하면 노동강도와 무관하게 임금이 지급되며, 기업의 임금 지급에 대한 부담 등의 단점이 있다.

---

06 인사평가방법 중 피평가자의 능력, 태도, 작업, 성과 등에 관련된 표준행동들을 제시하고 평가자가 해당 서술문을 대조하여 평가하는 방법은?

① 서열법

> 피평정자의 업적 또는 능력에 대한 비교를 통하여 서열을 매기는 방법

② 평정척도법

> 관찰된 행동의 질적 차이를 연속성이 있는 단계로 점수 또는 등급을 부여하여 평정하는 방법

☑ 체크리스트법

> 체크리스트법은 평가에 적합한 표준행동들을 구체적으로 기술한 리스트와 피평가자의 행동을 대조하여 부합하는 항목에 체크하고 그 결과를 채점기준표로 평가하여 등급을 매기는 방법이다.

④ 중요사건기술법

> 기업목표 달성에 크게 영향을 미치는 중요사건들을 중점으로 평정하는 것으로, 여러 중요사건들을 몇개의 영역으로 나누어 기록하여 평가하는 방법

⑤ 목표관리법

> 하급자와 상급자가 함께 목표를 설정 · 실행 · 평가하는 결과지향의 평가 방법

07 교육훈련 필요성을 파악하기 위한 일반적인 분석방법이 아닌 것은?

① 전문가자문법   ✔ **역할연기법**

③ 자료조사법   ④ 면접법

⑤ 델파이기법

> 역할연기법은 특정 역할에 대한 연기를 통해 문제점을 파악 또는 바람직한 행동을 개발하는 방법으로, 연기 후 각자의 입장에서 토의 및 검토하는 방법이다. 즉, 교육훈련 필요성을 파악하기 위한 분석방법이 아닌 교육훈련방법에 해당한다.

08 맥그리거(D. McGregor)의 X-Y이론은 인간에 대한 기본 가정에 따라 동기부여방식이 달라진 다는 것이다. Y이론에 해당하는 가정 또는 동기부여방식이 아닌 것은?

① 문제해결을 위한 창조적 능력 보유   ✔ **직무수행에 대한 분명한 지시**

③ 조직목표 달성을 위한 자기 통제   ④ 성취감과 자아실현 추구

⑤ 노동에 대한 자연스러운 수용

> 직무수행에 대한 분명한 지시는 X이론에 해당한다.

Tip 맥그리거(D. McGregor)의 X-Y이론	
X이론	• 인간은 본래 일하기를 싫어하며 지시받은 일만 행한다. • 경영자는 금전적 보상을 유인책으로 사용하고 엄격한 감독과 상세한 명령으로 통제를 강화해야 한다.
Y이론	• 인간에게 노동은 놀이와 같은 자연스러운 행위이며, 노동을 통해 자신의 능력을 발휘하고 자아를 실현하고자 한다. • 경영자는 자율적·창의적으로 일할 수 있는 여건을 노동자에게 제공해야 한다.

09 서번트(servant) 리더의 특성으로 옳지 않은 것은?

① 부하의 성장을 위해 헌신한다.

② 부하의 감정에 공감하고 이해하려고 노력한다.

③ 권력이나 지시보다는 설득으로 부하를 대한다.

④ 조직의 구성원들에게 공동체 정신을 심어준다.

✔ **비전 달성을 위해 위험감수 등 비범한 행동을 보인다.**

> 비전 달성을 위해 위험감수 등의 비범한 행동을 보이는 것은 변혁적 리더십의 특성에 해당한다.

10 다음에서 설명하는 것은?

- 기업이 주어진 인건비로 평시보다 더 많은 부가가치를 창출하였을 경우, 이 초과된 부가가치를 노사협동의 산물로 보고 기업과 종업원 간에 배분하는 제도
- 노무비 외 원재료비 및 기타 비용의 절감액도 인센티브 산정에 반영함

① 연봉제

개인의 능력·실적·공헌도에 대한 평가를 통한 연 단위 계약을 통해 임금액을 결정하는 임금지급 체계

② 개인성과급제

개별 종업원이 수행한 성과 등을 기초로 임금을 산정하여 적용하는 임금지급 체계

③ 임금피크제

고용을 연장(정년연장 또는 재고용)하면서 연령 등을 기준으로 임금을 감액하는 제도

✔ **럭커 플랜**

럭커 플랜은 노무비를 부가가치로 나눈 표준생산성비율을 기준으로 이를 초과하는 부가가치액을 노사 간에 분배하는 제도를 말한다.

⑤ 스캔론 플랜

생산성의 변동에 임금을 연결시켜 산출하는 것으로, 영업실적 향상에 의해 생긴 경제적 이익을 노사 모두의 협조에 의한 결과로 보고, 이를 노사 간에 분배하여 종업원의 참여 의욕을 높이려는 제도

11 다음에서 설명하는 소비재는?

> • 특정 브랜드에 대한 고객 충성도가 높다.
> • 제품마다 고유한 특성을 지니고 있다.
> • 브랜드마다 차이가 크다.
> • 구매 시 많은 시간과 노력을 필요로 한다.

① 편의품(convenience goods)

제품 구매 시 시간·노력을 많이 들이지 않고 쉽고 편리하게 구입할 수 있는 물품

② 선매품(shopping goods)

제품 구매 전 다양한 제품을 비교하여 선별적으로 구매하는 물품

✓ 전문품(speciality goods)

전문품은 상표나 제품의 특징이 뚜렷하여 구매자가 브랜드의 신용과 명성에 따라 구매하는 제품을 말한다.

④ 자본재(capital items)

다른 재화를 생산하기 위해 사용되는 재화

⑤ 원자재(raw materials)

공업 생산의 원료가 되는 재화

12 신제품 가격결정방법 중 초기고가전략(skimming pricing)을 채택하기 어려운 경우는?

✓ 수요의 가격탄력성이 높은 경우

초기고가전략은 수요의 가격탄력성이 낮은 경우(소비자가 가격에 둔감한 상황)에 채택하여야 한다.

② 생산 및 마케팅 비용이 높은 경우
③ 경쟁자의 시장진입이 어려운 경우
④ 제품의 혁신성이 큰 경우
⑤ 독보적인 기술이 있는 경우

13 효과적인 시장세분화를 위한 요건으로 옳지 않은 것은?

① 측정가능성   ② 충분한 시장 규모
③ 접근가능성   ✓ 세분시장 간의 동질성
⑤ 실행가능성

시장세분화는 <u>이질적</u> 요구를 지닌 다양한 소비자들을 일정한 기준에 따라 세분화하여 나누는 것을 말한다.

14 촉진믹스(promotion mix) 활동에 해당되지 않는 것은?

① 옥외광고　　　　　　　　　　　　② 방문판매

③ 홍보　　　　　　　　　　　　　　④ 가격할인

⑤ 개방적 유통

> 촉진믹스(promotion mix) 활동에는 광고, PR, 판매촉진, 인적판매, 직·간접마케팅, 가격할인 등이 있으며, 개방적 유통은 이에 해당하지 않는다.

15 A기업은 액면가액 10,000원, 만기 2년, 액면이자율 연3%인 채권을 발행하였다. 시장이자율이 연 2%라면, 이 채권의 이론가격은? (단, 가격은 소수점 첫째 자리에서 반올림한다)

① 9,194원　　　　　　　　　　　　② 9,594원

③ 10,194원　　　　　　　　　　　④ 10,594원

⑤ 10,994원

> $$P=\frac{10,000\times0.03}{(1+0.02)^1}+\frac{10,000\times0.03}{(1+0.02)^2}+\frac{10,000}{(1+0.02)^2}=294+288+9,612=10,194원$$

16 자본예산은 투자로 인한 수익이 1년 이상에 걸쳐 장기적으로 실현될 투자결정에 관한 일련의 과정을 말한다. 투자안의 평가방법에 해당하지 않는 것은?

① 유동성분석법　　　　　　　　　　② 수익성지수법

③ 순현재가치법　　　　　　　　　　④ 내부수익률법

⑤ 회수기간법

> 유동성분석법이란 현재 자신의 자산 상황이 향후 빠져나갈 부채 상황을 충분히 감당할 수 있는지를 분석하는 방법을 말한다.

17 A기업은 2019년 1월 1일에 150만원을 투자하여 2019년 12월 31일과 2020년 12월 31일에 각각 100만원을 회수하는 투자안을 고려하고 있다. A기업의 요구수익률이 연 10%일 때, 이 투자안의 순현재가치(NPV)는 약 얼마인가? (단, 연 10% 기간이자율에 대한 2기간 단일현가계수와 연금현가계수는 각각 0.8264, 1.7355이다)

① 90,910원   ② 173,550원

③ 182,640원   ✔ 235,500원

⑤ 256,190원

> 연 10%에 기간이자율에 대한 1기간 단일 현가계수 = $1/(1+0.1) = 1 \div 1.1 = 0.9091$
> 순현재가치(NPV) = $(1,000,000 \times 0.9091 + 1,000,000 \times 0.8264) - 1,500,000 = 235,500$원

18 최종품목 또는 완제품의 주생산일정계획(master production schedule)을 기반으로 제품생산에 필요한 각종 원자재, 부품, 중간조립품의 주문량과 주문시기를 결정하는 재고관리방법은?

✔ 자재소요계획(MRP)

> 자재소요계획은 일정계획에 맞춰 생산이 이루어지도록 컴퓨터를 활용하여 필요한 <u>원자재 및 부품 등에 대한 조달계획을 수립하는 관리기법</u>을 말한다.

② 적시(JIT) 생산시스템

> 제품을 생산하는 데 필요한 자재를 적시에 조달하여 낭비적 요소를 없도록 하는 재고관리시스템

③ 린(lean) 생산

> 'Lean'은 '마른, 날씬한'의 뜻으로, 각 생산단계에서 생산능력을 필요한 만큼만 유지하면서 생산효율을 극대화하는 방식

④ 공급사슬관리(SCM)

> 공급자로부터 중간과정을 거쳐 최종적으로 고객에 이르기까지의 자재 조달, 서비스 및 정보의 <u>흐름을 전체 시스템적으로 관리하는 것</u>

⑤ 칸반(kanban) 시스템

> 적재적소에 필요한 물품을 필요한 양만큼 만들어 보다 효율적으로 빠르게, 정체되지 않도록 흐름을 유지하는 시스템

19 A점포의 연간 자전거 판매수량은 500대이고, 한 번 주문할 때 소요되는 주문비용은 10만원이다. 자전거 한 대의 구입가격은 15만원이며, 재고 유지를 위해 매년 부담하는 비용은 대당 1만원이다. A점포의 경제적 주문량(EOQ)과 최적주문횟수는 각각 얼마인가?

① 50대, 5회

② 50대, 10회

✔ 100대, 5회

④ 100대, 7회

⑤ 250대, 2회

- EOQ $= \sqrt{\dfrac{2 \times \text{연간 수요량} \times \text{1회당 주문비용}}{\text{재고유지비용}}}$

  $= \sqrt{\dfrac{2 \times 500 \times 10만원}{1만원}} = \sqrt{10,000} = 100$대

- 최적주문횟수 $= \dfrac{\text{연간 수요량}}{\text{EOQ}} = \dfrac{500}{100} = 5$회

20 재고품목을 가치나 상대적 중요도에 따라 차별화하여 관리하는 ABC 재고관리에 관한 설명으로 옳은 것은?

① A등급은 재고가치가 낮은 품목들이 속한다.

> A등급은 재고가치가 높은 품목들이 속한다.

② A등급 품목은 로트 크기를 크게 유지한다.

> A등급 품목은 로트 크기를 작게 유지한다.

③ C등급 품목은 재고유지비가 높다.

> C등급 품목은 재고유지비가 낮다.

④ ABC등급 분석을 위해 롱테일(long tail) 법칙을 활용한다.

> ABC등급 분석을 위해 파레토 법칙을 활용한다.

✔ 가격, 사용량 등을 기준으로 등급을 구분한다.

> ABC 재고관리는 파레토의 법칙을 재고관리에 적용한 것으로, 적은 가치 품목 관리에서 절약된 노력을 높은 가치의 품목에 쏟도록 한다.

Tip ABC 재고관리

- A등급 : 상위 15% 정도, 연간 사용금액이 가장 큰 항목, 아주 엄격하게 재고 통제
- B등급 : 35% 정도, 연간 사용금액이 중간인 항목, 중간 정도의 재고 통제
- C등급 : 50% 정도, 연간 사용금액이 작은 항목, 느슨하게 재고 통제

2018년

21 시산표는 재무상태표 구성요소와 포괄손익계산서 구성요소를 한 곳에 집계한 표이다. 다음 시산표 등식에서 (　　)에 들어갈 항목으로 옳은 것은?

> 자산+비용=부채+(　　)+수익

① 매출액　　　　　　　　　　　　　　　☑ 자본
③ 법인세　　　　　　　　　　　　　　　④ 미지급금
⑤ 감가상각비

　　자산+비용=부채+(자본)+수익

---

22 당좌자산에 해당하는 것을 모두 고른 것은?

> ㄱ. 현금　　　　　　　　　　　　ㄴ. 보통예금
> ㄷ. 투자부동산　　　　　　　　　ㄹ. 단기금융상품

① ㄱ, ㄴ　　　　　　　　　　　　　　② ㄷ, ㄹ
☑ ㄱ, ㄴ, ㄹ　　　　　　　　　　　　④ ㄴ, ㄷ, ㄹ
⑤ ㄱ, ㄴ, ㄷ, ㄹ

　　당좌자산은 1년 이내에 현금화될 수 있는 유동자산 중에서 환금(換金)성이 가장 높은 유동자산으로, 현금 및 현금성 자산(보통예금), 단기금융상품, 유가증권, 매출채권, 단기대여금, 미수금, 미수수익, 선급금, 선급비용 등이 있다.

| Tip | 자산의 분류 | | |

분류	항목	항목
유동 자산	당좌자산	현금 및 현금성자산(보통예금), 단기금융상품, 단기매매증권, 선급금, 단기대여금, 미수금, 미수수익, 선급비용 등
	재고자산	상품, 제품, 재공품, 원재료, 저장품 등
비유동 자산	투자자산	장기금융상품, 장기투자증권, 투자부동산 등
	유형자산	토지, 건물, 구축물, 기계장치, 차량운반구, 비품, 건설 중인 자산 등
	무형자산	산업재산권(특허권, 상표권 등), 개발비, 광업권, 어업권, 라이선스 등
	기타 비유동자산	임차보증금, 전세권, 장기미수금, 장기선급금, 이연법인세자산 등

23 재무상태표의 항목에 해당되지 않는 것은?

① 차입금
② 이익잉여금
③ 매출채권
✓ 판매비
⑤ 재고자산

판매비는 판매활동과 관련하여 발생하는 비용으로, 손익계산서의 항목이다.

Tip	재무상태표	
자산	유동자산	현금, 매출채권, 미수금, 선급금, 선급비용, 재고자산, 기타 유동자산
	비유동자산	유형자산, 무형자산, 투자자산, 기타 비유동자산
부채	유동부채	매입채무, 미지급금, 예수금, 미지급비용, 선수금, 단기차입금, 충당부채, 기타 유동부채
	비유동부채	사채, 장기차입금, 장기충당부채, 기타 비유동부채
자본	자본금	자본금, 이익잉여금, 기타자본항목

24 네트워크 붕괴를 목적으로 다수의 잘못된 통신이나 서비스 요청을 특정 네트워크 또는 웹 서버에 보내는 방식을 의미하는 것은?

① 스푸핑(spoofing)

속인다는 뜻으로, 의도적으로 타인의 IP 주소를 강탈하여 어떠한 권한을 획득하는 것

② 스니핑(sniffing)

'sniffing'은 냄새를 맡는다는 뜻으로, 타인의 대화를 엿듣거나 도청하는 방식의 수동적 형태의 공격 방법

✓ 서비스 거부 공격(denial-of-service attack)

서비스 거부 공격, 일명 도스(Dos)는 특정 네트워크 또는 웹서버에 수많은 접속을 시도하여 리소스를 부족하게 함으로써 그 시스템을 의도된 용도로 사용하지 못하게 하는 해킹 방법을 말한다.

④ 신원도용(identity theft)

개인을 유일하게 식별하는 주민등록번호, DNA 등을 유출하여 사용하는 것

⑤ 피싱(phishing)

개인정보(Private Date)와 낚시(Fishing)의 합성어로 금융기관 등으로부터 개인정보를 불법적으로 알아내는 것

25 다음에서 설명하는 것은?

1
2
3

지리적으로 분산된 네트워크 환경에서 수많은 컴퓨터와 저장장치, 데이터베이스 시스템 등과 같은 자원들을 고속 네트워크로 연결하여 그 자원을 공유할 수 있도록 하는 방식

① 전문가 시스템(Expert System)

전문가가 가지고 있는 전문지식을 이용하고자 이를 인위적으로 컴퓨터에 부여하여, 비전문가 역시 이를 활용할 수 있도록 만들어진 시스템

② 그린 컴퓨팅(Green Computing)

컴퓨터 작업에서 소모되는 에너지를 줄여 환경을 보호하자는 개념

③ 사물인터넷(Internet of Things)

정보통신기술을 기반으로 모든 사물을 연결하여 사람과 사물, 사물과 사물 간에 정보 교류 및 상호 소통하는 지능형 인프라 및 서비스기술

✔ 그리드 컴퓨팅(Grid Computing)

그리드 컴퓨팅은 원거리 네트워크로 연결된 수많은 컴퓨터 등의 자원을 하나의 초고속 네트워크로 연결하여 그 자원을 공유함으로써 가상의 고성능 컴퓨터를 구성하는 방식이다.

⑤ 인트라넷(Intranet)

해당 조직의 내부 업무를 통합적으로 수행할 수 있도록 하는 폐쇄적 정보시스템

내가 뽑은 원픽!

2025 공인노무사
1차 시험 7개년 기출문제집
—

초 판 발 행	2019년 03월 15일
개정6판1쇄	2024년 10월 15일

편 저 자	공인노무연구소
발 행 인	정용수
발 행 처	(주)예문아카이브
주 소	서울시 마포구 동교로 18길 10 2층
T E L	02) 2038 - 7597
F A X	031) 955 - 0660

등 록 번 호	제2016 - 000240호

정 가	32,000원

홈페이지 http://www.yeamoonedu.com

I S B N   979-11-6386-344-1   [13360]

2025

공인노무사
1차 시험 [해설편]
7개년 기출문제집

발행일	2024년 10월 15일(6판1쇄)
발행인	정용수
Editor	Susan
Designer	Mary
주소	경기도 파주시 직지길460(출판도시)
대표번호	031)955-0550
등록번호	제2016-000240호

www.yeamoonedu.com

내가 뽑은 원픽!

최신 출제경향에 맞춘 최고의 수험서

www.yeamoonedu.com

값 32,000원

13360

9791163863441

ISBN 979-11-6386-344-1